Igl

Gesetz über die Pflegeberufe (Pflegeberufegesetz – PflBG)
Pflegeberufe-Ausbildungs- und -Prüfungsverordnung (PflAPrV)
Pflegeberufe-Ausbildungsfinanzierungsverordnung (PflAFinV)
Praxiskommentar

Gesetz über die Pflegeberufe (Pflegeberufegesetz – PflBG) Pflegeberufe-Ausbildungs- und -Prüfungsverordnung (PflAPrV) Pflegeberufe-Ausbildungsfinanzierungsverordnung (PflAFinV)

Praxiskommentar

von

Prof. Dr. Gerhard Igl

2., neu bearbeitete und erweiterte Auflage

 medhochzwei

Bibliografische Information der Deutschen Nationalbibliothek

Die Deutsche Nationalbibliothek verzeichnet diese Publikation in der Deutschen Nationalbibliografie; detaillierte bibliografische Daten sind im Internet über http://dnb.d-nb.de abrufbar.

Bei der Herstellung des Werkes haben wir uns zukunftsbewusst für umweltverträgliche und wiederverwertbare Materialien entschieden.
Der Inhalt ist auf elementar chlorfreiem Papier gedruckt.

ISBN 978-3-86216-494-3

© 2019 medhochzwei Verlag GmbH, Heidelberg

www.medhochzwei-verlag.de

Satz: Reemers Publishing Services GmbH, Krefeld
Druck: M. P. Media-Print Informationstechnologie GmbH, Paderborn
Umschlaggestaltung: Wachter Kommunikationsdesign, St. Martin
Titelbild: © Monkey Business Images/shutterstock.com # 737467720

Vorwort

Das Gesetz über die Pflegeberufe (Pflegeberufegesetz – PflBG) ist nach einem ziemlich mühsamen und lange dauernden Gesetzgebungsprozess im Juli 2017 im Bundestag verabschiedet worden. Es wird bis auf einige wenige Vorschriften am 1. Januar 2020 in Kraft treten. Die zu diesem Gesetz gehörige Ausbildungs- und Prüfungsverordnung (Pflegeberufe-Ausbildungs- und -Prüfungsverordnung – PflAPrV) sowie die Pflegeberufe-Ausbildungsfinanzierungsverordnung (PflAFinV) sind am 10. Oktober 2018 im Bundesgesetzblatt verkündet worden. Die PflAFinV tritt am 1. Januar 2019 in Kraft. Bis auf die §§ 50 bis 60 PflAPrV, die am Tage nach der Verkündung in Kraft getreten sind, tritt die PflAPrV am 1. Januar 2020 in Kraft.

Nachdem mit der 1. Auflage eine Kommentierung zum PflBG in einem kurzen Zeitraum nach Verkündung des Gesetzes vorgelegt werden konnte, soll mit der 2. Auflage ebenso wieder zeitnah nach der Verkündung der PflAPrV und der PflAFinV reagiert werden. Dabei mussten sich die Kommentierungen zu den beiden Verordnungen in weiten Teilen an den Begründungen zu den Verordnungen orientieren. Die bisherige Kommentierung zum PflBG ist im Vergleich zur Erstauflage in einigen Teilen erheblich erweitert und ergänzt worden.

Wie schon die Vorauflage richtet sich dieses Werk insbesondere an die Praxis, d. h. an die zuständigen Behörden, die Träger der praktischen Ausbildung und die Pflegeschulen. Die Kommentierung soll aber auch all denen von Nutzen sein, die in der Verantwortung für das Versorgungsgeschehen und in gesundheitspolitischer Verantwortung stehen. Das Gesetz über die Pflegeberufe ist an den Herausforderungen orientiert, die an die Pflegeberufe heute und in Zukunft gestellt werden. Insofern kann dieses Gesetz auch als Vorbild für die weitere Gestaltung von Gesetzen für die anderen als ärztlichen Heilberufe gelten.

Diese Kommentierung stammt von einem Rechtswissenschaftler, nicht von einem Pflegewissenschaftler. Auch wenn die berufliche Befassung eines Juristen mit Angelegenheiten der Pflege und der Pflegeberufe ein Verständnis für deren Belange voraussetzt, ist doch eine Unterstützung seitens der Fachwelt unerlässlich. Diese Unterstützung verdanke ich wie schon in der Vorauflage an erster Stelle Frau *Gertrud Stöcker*, Lehrerin für Pflege an Schulen und Hochschulen und Gründungsmitglied und Präsidentin – heute Ehrenpräsidentin – des Deutsches Pflegerates, die mich seit längerer Zeit in die Welt der Pflege geführt, dort mit ihrem breiten Wissen kritisch begleitet und die auch die jetzt vorliegende Kommentierung aus pflegefachlicher Sicht lektoriert hat. Dem Vorsitzenden der Dekanekonferenz Pflegewissenschaft, *Prof. Dr. Johannes Korporal*, schulde ich vor allem Dank für die akribischen Hinweise zur PflAPrV. Weiter danke ich für viele Hinweise der Pflege- und Pflegepädagogikwissenschaftlerin *Prof. Dr. Ingrid Darmann-Finck* (Universität Bremen) und dem Pflegewissenschaftler *Prof. Dr. Andreas Büscher* (Hochschule Osnabrück).

Schließlich soll nicht vergessen werden, dass es im medhochzwei Verlag vor allem Frau *Annette Xandry* und Frau *Melanie Christner* zu verdanken ist, dass dieses Werk außergewöhnlich zügig erstellt werden konnte und dass die Zusammenarbeit so angenehm war.

Hamburg, im Oktober 2018 *Gerhard Igl*

Inhaltsverzeichnis

A.
Gesetzestext

B.
Kommentar

C.
Verordnungstext

D.
Kommentar

E.
Verordnungstext

F.
Kommentar

Anhang

Abkürzungsverzeichnis

a. a. O.	am angegebenen Ort
Abl.	Amtsblatt
Abs.	Absatz
AEUV	Vertrag über die Arbeitsweise der Europäischen Union
a. F.	alte Fassung
AltPflG	Altenpflegegesetz
Anm.	Anmerkung
Art.	Artikel
Aufl.	Auflage
Az.	Aktenzeichen
BAföG	Bundesausbildungsförderungsgesetz
BAG	Bundesarbeitsgericht
BAGE	Entscheidungen des Bundesarbeitsgerichts
BAnz.	Bundesanzeiger
BÄO	Bundesärzteordnung
BayVBl	Bayerische Verwaltungsblätter
BayVGH	Bayerischer Verwaltungsgerichtshof
BBiG	Berufsbildungsgesetz
BDSG	Bundesdatenschutzgesetz
Beschl.	Beschluss
BGB	Bürgerliches Gesetzbuch
BGBl.	Bundesgesetzblatt
BR-Drs.	Bundesrat Drucksache
BRKG	Bundesreisekostengesetz
BStatG	Bundesstatistikgesetz
BT-Drs.	Deutscher Bundestag Drucksache
BTHG	Bundesteilhabegesetz
BVerfG	Bundesverfassungsgericht
BVerfGE	Entscheidungen des Bundesverfassungsgerichts
BVerwG	Bundesverwaltungsgericht
BVerwGE	Entscheidungen des Bundesverwaltungsgerichts
DQR	Deutscher Qualifikationsrahmen
DSGVO	Datenschutz-Grundverordnung
EQR	Europäischer Qualifikationsrahmen
Erl.	Erläuterungen
et al.	et alii (= und andere)
etc.	et cetera (= und übrige)
EU	Europäische Union
Fn.	Fußnote
G-BA	Gemeinsamer Bundesausschuss
GBl.	Gesetzblatt; Gesetz- und Verordnungsblatt
GG	Grundgesetz

GKV	Gesetzliche Krankenversicherung
GMBl	Gemeinsames Ministerialblatt
GmS-OBG	Gemeinsamer Senat der obersten Gerichtshöfe des Bundes
Halbs.	Halbsatz
Hrsg.	Herausgeber
i. d. F.	in der Fassung
i. S. v.	im Sinne von
i. V. m.	in Verbindung mit
JArbSchG	Jugendarbeitsschutzgesetz
KrPflG	Krankenpflegegesetz
NJW	Neue Juristische Wochenschrift
NZA	Neue Zeitschrift für Arbeitsrecht
NZS	Neue Zeitschrift für Sozialrecht
MDK	Medizinischer Dienst der Krankenversicherung
MDS	Medizinischer Dienst des Spitzenverbandes Bund der Krankenkassen
MedR	Zeitschrift für Medizinrecht
MTAG	Gesetz über technische Assistenten in der Medizin (MTA-Gesetz)
Nr.	Nummer
PflAFinV	Pflegeberufe-Ausbildungsfinanzierungsverordnung
PflAPrV	Pflegeberufe-Ausbildungs- und -Prüfungsverordnung
PflBG	Pflegeberufegesetz
PflBRefG	Pflegeberufereformgesetz
PflR	PflegeRecht
RL	Richtlinie
Rn.	Randnummer
S.	Satz; Seite
s.	siehe
SGB	Sozialgesetzbuch
SGB IV	Sozialgesetzbuch – Viertes Buch
SGB V	Sozialgesetzbuch – Fünftes Buch
SGB VI	Sozialgesetzbuch – Sechstes Buch
SGB VII	Sozialgesetzbuch – Siebtes Buch
SGB VIII	Sozialgesetzbuch – Achtes Buch
SGB IX	Sozialgesetzbuch – Neuntes Buch
SGB XI	Sozialgesetzbuch – Elftes Buch
SGB XII	Sozialgesetzbuch – Zwölftes Buch
SPV	Soziale Pflegeversicherung
StGB	Strafgesetzbuch
SvEV	Sozialversicherungsentgeltverordnung
u. a.	und andere
UN-BRK	UN-Behindertenrechtskonvention
Urt.	Urteil
VG	Verwaltungsgericht
VGH	Verwaltungsgerichtshof

vgl.	vergleiche
VwGO	Verwaltungsgerichtsordnung
VwVfG	Verwaltungsverfahrensgesetz
WHO	World Health Organization
z. B.	zum Beispiel
Z Gerontol Geriat	Zeitschrift für Gerontologie und Geriatrie

Vorbemerkung

zum Gesetz über die Pflegeberufe (Pflegeberufegesetz – PflBG), zu der Pflegeberufe-Ausbildungs- und –Prüfungsverordnung (PflAPrV) und zu der Pflegeberufe-Ausbildungsfinanzierungsverordnung (PflAFinV) sowie zu der Richtlinie 2005/36/EG

Das **Gesetz zur Reform der Pflegeberufe (Pflegeberufereformgesetz – PflBRefG)** ist am 17. Juli 2017 vom Deutschen Bundestag verabschiedet und im Bundesgesetzblatt vom 24. Juli 2017 verkündet worden (BGBl. I S. 2581). Art. 1 dieses Gesetzes enthält das **Gesetz über die Pflegeberufe (Pflegeberufegesetz – PflBG).** Das Pflegeberufegesetz tritt am 1. Januar 2020 in Kraft (Art. 15 Abs. 4 PflBRefG). Die §§ 53–56 PflBG sind am Tage nach der Verkündung des Gesetzes in Kraft getreten, also am 25. Juli 2017 (Art. 15 Abs. 1 PflBRefG).

Die wesentlichen Gesetzesmaterialien sind der ursprüngliche Gesetzentwurf (BR-Drucksache 20/16 und BT-Drucksache 18/7823) sowie die BT-Drucksache 18/12847 und die BR-Drucksache 511/17. Die BT-Drucksache 18/12847 enthält die Beschlussempfehlung und den Bericht des Ausschusses für Gesundheit. In dieser Drucksache sind die ursprüngliche Fassung des Gesetzentwurfs und die späteren Änderungen synoptisch aufgeführt (S. 7 ff.). Diese Drucksache enthält weiter die Begründungen zu den Änderungen (S. 95 ff.). In der BR-Drucksache 511/17 ist der Gesetzesbeschluss des Deutschen Bundestages enthalten. Er enthält den am 17. Juli 2017 in dritter Lesung vom Deutschen Bundestag verabschiedeten Gesetzestext. Das Krankenpflegegesetz und das Altenpflegegesetz treten am 31. Dezember 2019 außer Kraft (Art. 15 Abs. 5 PflBRefG).

Die zu diesem Gesetz gehörige **Ausbildungs- und Prüfungsverordnung für die Pflegeberufe (Pflegeberufe-Ausbildungs- und -Prüfungsverordnung – PflAPrV)** sowie die **Verordnung über die Finanzierung der beruflichen Ausbildung nach dem Pflegeberufegesetz sowie zur Durchführung statistischer Erhebungen (Pflegeberufe-Ausbildungsfinanzierungsverordnung – PflAFinV)** sind am 10. Oktober 2018 im Bundesgesetzblatt verkündet worden (PflAPrV: BGBl. I S. 1572; PflAFinV: BGBl. I S. 1622). Die PflAFinV tritt am 1. Januar 2019 in Kraft (§ 28 PflAFinV). Bis auf die §§ 50 bis 60 PflAPrV, die am Tage nach der Verkündung in Kraft getreten sind, tritt die PflAPrV am 1. Januar 2020 in Kraft (§ 62 Abs. 1 PflAPrV). Die Altenpflege-Ausbildungs- und Prüfungsverordnung (AltPflAPrV) und die Ausbildungs- und Prüfungsverordnung für die Berufe in der Krankenpflege (KrPflAPrV) treten am 31. Dezember 2019 außer Kraft (§ 62 Abs. 2 PflAPrV).

Die BT-Drucksache 19/2707 enthält die vom Bundesministerium für Familie, Senioren, Frauen und Jugend und vom Bundesministerium für Gesundheit vorgelegte Pflegeberufe-Ausbildungs- und -Prüfungsverordnung, die durch die Beschlussempfehlung des Ausschusses für Gesundheit des Bundestages (BT-Drucksache 19/3045) geändert worden ist. Der Bundesrat hat der so geänderten Verordnung am 29. September 2018 zugestimmt und gleichzeitig eine Entschließung gefasst (BR-Drucksache 355/18 [Beschluss]).

Der vom Bundesministerium für Familie, Senioren, Frauen und Jugend und vom Bundesministerium für Gesundheit vorgelegten Pflegeberufe-Ausbildungsfinanzierungsverordnung (BR-Drucksache 360/18) hat der Bundesrat mit Änderungen am 21. September 2018 zugestimmt und gleichzeitig eine Entschließung gefasst (BR-Drucksache 360/18 [Beschluss]).

Die im Anhang zur Kommentierung abgedruckte Richtlinie 2005/36/EG ist auf dem Stand vom Dezember 2018. Im PflBG wird in der Fußnote 1 und in § 15 Abs. 1 Satz 1 auf die zur Zeit der Verabschiedung des PflBG aktuelle Fassung der Richtlinie 2005/36/EG verwiesen.

A.

Gesetzestext

Gesetz über die Pflegeberufe (Pflegeberufegesetz – PflBG) [1*]

vom 17.7.2017 (BGBl. I S. 2581)

Inhaltsübersicht

---

1 Dieses Gesetz dient der Umsetzung der Richtlinie 2005/36/EG des Europäischen Parlaments und des Rates vom 7. September 2005 über die Anerkennung von Berufsqualifikationen (ABl. L 255 vom 30.9.2005, S. 22; L 271 vom 16.10.2007, S. 18), die zuletzt durch den Delegierten Beschluss (EU) 2016/790 (ABl. L 134 vom 24.5.2016, S. 135) geändert worden ist.

* **Anm. d. Verlages:**
Das G wurde als Artikel 1 des G v. 17.7.2017 I 2581 vom Bundestag mit Zustimmung des Bundesrates beschlossen. Es wird gem. Art. 15 Abs. 4 dieses G am 1.1.2020 in Kraft treten. Gem. Art. 15 Abs. 1 dieses G treten die §§ 53 bis 56 am 25.7.2017 in Kraft. Gem. Art. 15 Abs. 2 dieses G treten die §§ 26 bis 36 und § 66 am 1.1.2019 in Kraft.

Teil 1
Allgemeiner Teil

Abschnitt 1
Erlaubnis zum Führen der Berufsbezeichnung

§ 1   Führen der Berufsbezeichnung

(1) [1]Wer die Berufsbezeichnung „Pflegefachfrau" oder „Pflegefachmann" führen will, bedarf der Erlaubnis. [2]Personen mit einer Ausbildung nach Teil 3 führen die Berufsbezeichnung „Pflegefachfrau" oder „Pflegefachmann" mit dem akademischen Grad.

(2) Die Urkunde für die Erlaubnis nach Absatz 1 enthält neben der Berufsbezeichnung nach Absatz 1 einen Hinweis auf den nach § 7 Absatz 4 Satz 1 durchgeführten Vertiefungseinsatz.

§ 2   Voraussetzungen für die Erteilung der Erlaubnis

Die Erlaubnis zum Führen der Berufsbezeichnung ist auf Antrag zu erteilen, wenn die antragstellende Person

1. die durch dieses Gesetz vorgeschriebene berufliche oder hochschulische Ausbildung absolviert und die staatliche Abschlussprüfung bestanden hat,
2. sich nicht eines Verhaltens schuldig gemacht hat, aus dem sich die Unzuverlässigkeit zur Ausübung des Berufs ergibt,
3. nicht in gesundheitlicher Hinsicht zur Ausübung des Berufs ungeeignet ist und
4. über die für die Ausübung des Berufs erforderlichen Kenntnisse der deutschen Sprache verfügt.

§ 3   Rücknahme, Widerruf und Ruhen der Erlaubnis

(1) [1]Die Erlaubnis ist zurückzunehmen, wenn bei Erteilung der Erlaubnis entweder die Voraussetzung nach § 2 Nummer 1 oder die Voraussetzung nach § 2 Nummer 2 nicht vorgelegen hat oder die Ausbildung nach den §§ 40 bis 42 nicht abgeschlossen war. [2]Die Erlaubnis kann zurückgenommen werden, wenn bei Erteilung der Erlaubnis entweder die Voraussetzung nach § 2 Nummer 3 oder die Voraussetzung nach § 2 Nummer 4 nicht vorgelegen hat.

(2) ¹Die Erlaubnis ist zu widerrufen, wenn nachträglich bekannt wird, dass die Voraussetzung nach § 2 Nummer 2 nicht erfüllt ist. ²Die Erlaubnis kann widerrufen werden, wenn nachträglich die Voraussetzung nach § 2 Nummer 3 weggefallen ist.

(3) ¹Das Ruhen der Erlaubnis kann angeordnet werden, wenn gegen die betreffende Person wegen des Verdachts einer Straftat, aus der sich die Unzuverlässigkeit zur Ausübung des Pflegeberufs ergeben würde, ein Strafverfahren eingeleitet wurde. ²Die Anordnung ist aufzuheben, wenn ihre Voraussetzungen nicht mehr vorliegen.

Abschnitt 2
Vorbehaltene Tätigkeiten

§ 4   Vorbehaltene Tätigkeiten

(1) ¹Pflegerische Aufgaben nach Absatz 2 dürfen beruflich nur von Personen mit einer Erlaubnis nach § 1 Absatz 1 durchgeführt werden. ²Ruht die Erlaubnis nach § 3 Absatz 3 Satz 1, dürfen pflegerische Aufgaben nach Absatz 2 nicht durchgeführt werden.

(2) Die pflegerischen Aufgaben im Sinne des Absatzes 1 umfassen

1. die Erhebung und Feststellung des individuellen Pflegebedarfs nach § 5 Absatz 3 Nummer 1 Buchstabe a,
2. die Organisation, Gestaltung und Steuerung des Pflegeprozesses nach § 5 Absatz 3 Nummer 1 Buchstabe b sowie
3. die Analyse, Evaluation, Sicherung und Entwicklung der Qualität der Pflege nach § 5 Absatz 3 Nummer 1 Buchstabe d.

(3) Wer als Arbeitgeber Personen ohne eine Erlaubnis nach § 1 Absatz 1 oder Personen, deren Erlaubnis nach § 3 Absatz 3 Satz 1 ruht, in der Pflege beschäftigt, darf diesen Personen Aufgaben nach Absatz 2 weder übertragen noch die Durchführung von Aufgaben nach Absatz 2 durch diese Personen dulden.

Teil 2
Berufliche Ausbildung in der Pflege

Abschnitt 1
Ausbildung

§ 5   Ausbildungsziel

(1) ¹Die Ausbildung zur Pflegefachfrau oder zum Pflegefachmann vermittelt die für die selbstständige, umfassende und prozessorientierte Pflege von Menschen aller Altersstufen in akut und dauerhaft stationären sowie ambulanten Pflegesituationen erforderlichen fachlichen und personalen Kompetenzen einschließlich der zugrunde liegenden methodischen, sozialen, interkulturellen und kommunikativen Kompetenzen und der zugrunde liegenden Lernkompetenzen sowie der Fähigkeit zum Wissenstransfer und zur Selbstreflexion. ²Lebenslanges Lernen wird dabei als ein Prozess

der eigenen beruflichen Biographie verstanden und die fortlaufende persönliche und fachliche Weiterentwicklung als notwendig anerkannt.

(2) ¹Pflege im Sinne des Absatzes 1 umfasst präventive, kurative, rehabilitative, palliative und sozialpflegerische Maßnahmen zur Erhaltung, Förderung, Wiedererlangung oder Verbesserung der physischen und psychischen Situation der zu pflegenden Menschen, ihre Beratung sowie ihre Begleitung in allen Lebensphasen und die Begleitung Sterbender. ²Sie erfolgt entsprechend dem allgemein anerkannten Stand pflegewissenschaftlicher, medizinischer und weiterer bezugswissenschaftlicher Erkenntnisse auf Grundlage einer professionellen Ethik. ³Sie berücksichtigt die konkrete Lebenssituation, den sozialen, kulturellen und religiösen Hintergrund, die sexuelle Orientierung sowie die Lebensphase der zu pflegenden Menschen. ⁴Sie unterstützt die Selbstständigkeit der zu pflegenden Menschen und achtet deren Recht auf Selbstbestimmung.

(3) Die Ausbildung soll insbesondere dazu befähigen

1. die folgenden Aufgaben selbstständig auszuführen:
   a) Erhebung und Feststellung des individuellen Pflegebedarfs und Planung der Pflege,
   b) Organisation, Gestaltung und Steuerung des Pflegeprozesses,
   c) Durchführung der Pflege und Dokumentation der angewendeten Maßnahmen,
   d) Analyse, Evaluation, Sicherung und Entwicklung der Qualität der Pflege,
   e) Bedarfserhebung und Durchführung präventiver und gesundheitsfördernder Maßnahmen,
   f) Beratung, Anleitung und Unterstützung von zu pflegenden Menschen bei der individuellen Auseinandersetzung mit Gesundheit und Krankheit sowie bei der Erhaltung und Stärkung der eigenständigen Lebensführung und Alltagskompetenz unter Einbeziehung ihrer sozialen Bezugspersonen,
   g) Erhaltung, Wiederherstellung, Förderung, Aktivierung und Stabilisierung individueller Fähigkeiten der zu pflegenden Menschen insbesondere im Rahmen von Rehabilitationskonzepten sowie die Pflege und Betreuung bei Einschränkungen der kognitiven Fähigkeiten,
   h) Einleitung lebenserhaltender Sofortmaßnahmen bis zum Eintreffen der Ärztin oder des Arztes und Durchführung von Maßnahmen in Krisen- und Katastrophensituationen,
   i) Anleitung, Beratung und Unterstützung von anderen Berufsgruppen und Ehrenamtlichen in den jeweiligen Pflegekontexten sowie Mitwirkung an der praktischen Ausbildung von Angehörigen von Gesundheitsberufen,
2. ärztlich angeordnete Maßnahmen eigenständig durchzuführen, insbesondere Maßnahmen der medizinischen Diagnostik, Therapie oder Rehabilitation,
3. interdisziplinär mit anderen Berufsgruppen fachlich zu kommunizieren und effektiv zusammenzuarbeiten und dabei individuelle, multidisziplinäre und berufsübergreifende Lösungen bei Krankheitsbefunden und Pflegebedürftigkeit zu entwickeln sowie teamorientiert umzusetzen.

(4) Während der Ausbildung zur Pflegefachfrau oder zum Pflegefachmann werden ein professionelles, ethisch fundiertes Pflegeverständnis und ein berufliches Selbstverständnis entwickelt und gestärkt.

§ 6   Dauer und Struktur der Ausbildung

(1) [1]Die Ausbildung zur Pflegefachfrau oder zum Pflegefachmann dauert unabhängig vom Zeitpunkt der staatlichen Abschlussprüfung in Vollzeitform drei Jahre, in Teilzeitform höchstens fünf Jahre. [2]Sie besteht aus theoretischem und praktischem Unterricht und einer praktischen Ausbildung; der Anteil der praktischen Ausbildung überwiegt.

(2) [1]Der theoretische und praktische Unterricht wird an staatlichen, staatlich genehmigten oder staatlich anerkannten Pflegeschulen nach § 9 auf der Grundlage eines von der Pflegeschule zu erstellenden schulinternen Curriculums erteilt. [2]Das schulinterne Curriculum wird auf der Grundlage der Empfehlungen des Rahmenlehrplans nach § 53 Absatz 1 und 2 und der Vorgaben der Ausbildungs- und Prüfungsverordnung nach § 56 Absatz 1 und 2 erstellt. [3]Die Länder können unter Beachtung der Vorgaben der Ausbildungs- und Prüfungsverordnung einen verbindlichen Lehrplan als Grundlage für die Erstellung der schulinternen Curricula der Pflegeschulen erlassen.

(3) [1]Die praktische Ausbildung wird in den Einrichtungen nach § 7 auf der Grundlage eines vom Träger der praktischen Ausbildung zu erstellenden Ausbildungsplans durchgeführt. [2]Sie gliedert sich in Pflichteinsätze, einen Vertiefungseinsatz sowie weitere Einsätze. [3]Wesentlicher Bestandteil der praktischen Ausbildung ist die von den Einrichtungen zu gewährleistende Praxisanleitung im Umfang von mindestens 10 Prozent der während eines Einsatzes zu leistenden praktischen Ausbildungszeit. [4]Die Pflegeschule unterstützt die praktische Ausbildung durch die von ihr in angemessenem Umfang zu gewährleistende Praxisbegleitung.

(4) Die Pflegeschule, der Träger der praktischen Ausbildung und die weiteren an der praktischen Ausbildung beteiligten Einrichtungen wirken bei der Ausbildung auf der Grundlage entsprechender Kooperationsverträge zusammen.

(5) Zum Ende des zweiten Ausbildungsdrittels findet eine Zwischenprüfung statt.

§ 7   Durchführung der praktischen Ausbildung

(1) Die Pflichteinsätze in der allgemeinen Akutpflege in stationären Einrichtungen, der allgemeinen Langzeitpflege in stationären Einrichtungen und der allgemeinen ambulanten Akut- und Langzeitpflege werden in folgenden Einrichtungen durchgeführt:

1. zur Versorgung nach § 108 des Fünften Buches Sozialgesetzbuch zugelassenen Krankenhäusern,
2. zur Versorgung nach § 71 Absatz 2 und § 72 Absatz 1 des Elften Buches Sozialgesetzbuch zugelassenen stationären Pflegeeinrichtungen,

3. zur Versorgung nach § 71 Absatz 1 und § 72 Absatz 1 des Elften Buches Sozial-
    gesetzbuch und nach § 37 des Fünften Buches Sozialgesetzbuch zugelassenen
    ambulanten Pflegeeinrichtungen.

(2) Die Pflichteinsätze in den speziellen Bereichen der pädiatrischen Versorgung
und der allgemein-, geronto-, kinder- oder jugendpsychiatrischen Versorgung sowie
weitere Einsätze können auch in anderen, zur Vermittlung der Ausbildungsinhalte
geeigneten Einrichtungen durchgeführt werden.

(3) Die Pflichteinsätze nach Absatz 1 sowie der Pflichteinsatz in der pädiatrischen
Versorgung nach Absatz 2 sollen vor der Zwischenprüfung nach § 6 Absatz 5 durchgeführt werden.

(4) [1]Der Vertiefungseinsatz soll beim Träger der praktischen Ausbildung in einem
der Bereiche, in denen bereits ein Pflichteinsatz stattgefunden hat, durchgeführt
werden. [2]Der Vertiefungseinsatz im Bereich des Pflichteinsatzes nach Absatz 1
Nummer 3 kann auf den Bereich der ambulanten Langzeitpflege ausgerichtet werden. [3]Insgesamt soll der überwiegende Teil der praktischen Ausbildung beim Träger
der praktischen Ausbildung stattfinden. [4]Das Nähere regelt die Ausbildungs- und
Prüfungsverordnung nach § 56 Absatz 1.

(5) [1]Die Geeignetheit von Einrichtungen nach den Absätzen 1 und 2 zur Durchführung von Teilen der praktischen Ausbildung bestimmt sich nach den jeweiligen
landesrechtlichen Regelungen, wobei ein angemessenes Verhältnis von Auszubildenden zu Pflegefachkräften gewährleistet sein muss. [2]Die zuständige Landesbehörde
kann im Falle von Rechtsverstößen einer Einrichtung die Durchführung der Ausbildung untersagen.

(6) Die Länder können durch Landesrecht bestimmen, dass eine Ombudsstelle zur
Beilegung von Streitigkeiten zwischen der oder dem Auszubildenden und dem
Träger der praktischen Ausbildung bei der zuständigen Stelle nach § 26 Absatz 4
eingerichtet wird.

§ 8 Träger der praktischen Ausbildung

(1) [1]Der Träger der praktischen Ausbildung trägt die Verantwortung für die
Durchführung der praktischen Ausbildung einschließlich ihrer Organisation. [2]Er
schließt mit der oder dem Auszubildenden einen Ausbildungsvertrag.

(2) Träger der praktischen Ausbildung können ausschließlich Einrichtungen nach
§ 7 Absatz 1 sein,

1. die eine Pflegeschule selbst betreiben oder
2. die mit mindestens einer Pflegeschule einen Vertrag über die Durchführung des
    theoretischen und praktischen Unterrichts geschlossen haben.

(3) Der Träger der praktischen Ausbildung hat über Vereinbarungen mit den
weiteren an der praktischen Ausbildung beteiligten Einrichtungen zu gewährleisten,
dass

1. die vorgeschriebenen Einsätze der praktischen Ausbildung in den weiteren an der praktischen Ausbildung beteiligten Einrichtungen durchgeführt werden können und

2. die Ausbildung auf der Grundlage eines Ausbildungsplans zeitlich und sachlich gegliedert so durchgeführt werden kann, dass das Ausbildungsziel in der vorgesehenen Zeit erreicht werden kann.

(4) [1]Die Aufgaben des Trägers der praktischen Ausbildung nach Absatz 3 können von einer Pflegeschule wahrgenommen werden, wenn Trägeridentität besteht oder soweit der Träger der praktischen Ausbildung die Wahrnehmung der Aufgaben durch Vereinbarung auf die Pflegeschule übertragen hat. [2]Die Pflegeschule kann in diesem Rahmen auch zum Abschluss des Ausbildungsvertrages für den Träger der praktischen Ausbildung bevollmächtigt werden.

(5) [1]Auszubildende sind für die gesamte Dauer der Ausbildung Arbeitnehmer im Sinne von § 5 des Betriebsverfassungsgesetzes oder von § 4 des Bundespersonalvertretungsgesetzes des Trägers der praktischen Ausbildung. [2]Träger der praktischen Ausbildung bleibt auch in den Fällen des Absatzes 4 die Einrichtung nach den Absätzen 1 und 2.

§ 9 Mindestanforderungen an Pflegeschulen

(1) Pflegeschulen müssen folgende Mindestanforderungen erfüllen:

1. hauptberufliche Leitung der Schule durch eine pädagogisch qualifizierte Person mit einer abgeschlossenen Hochschulausbildung auf Master- oder vergleichbarem Niveau,

2. Nachweis einer im Verhältnis zur Zahl der Ausbildungsplätze angemessenen Zahl fachlich und pädagogisch qualifizierter Lehrkräfte mit entsprechender, insbesondere pflegepädagogischer, abgeschlossener Hochschulausbildung auf Master- oder vergleichbarem Niveau für die Durchführung des theoretischen Unterrichts sowie mit entsprechender, insbesondere pflegepädagogischer, abgeschlossener Hochschulausbildung für die Durchführung des praktischen Unterrichts,

3. Vorhandensein der für die Ausbildung erforderlichen Räume und Einrichtungen sowie ausreichender Lehr- und Lernmittel, die den Auszubildenden kostenlos zur Verfügung zu stellen sind.

(2) [1]Das Verhältnis nach Absatz 1 Nummer 2 soll für die hauptberuflichen Lehrkräfte mindestens einer Vollzeitstelle auf 20 Ausbildungsplätze entsprechen. [2]Eine geringere Anzahl von hauptberuflichen Lehrkräften ist nur vorübergehend zulässig.

(3) [1]Die Länder können durch Landesrecht das Nähere zu den Mindestanforderungen nach den Absätzen 1 und 2 bestimmen und weitere, auch darüber hinausgehende Anforderungen festlegen. [2]Sie können für die Lehrkräfte für die Durchführung des theoretischen Unterrichts nach Absatz 1 Nummer 2 befristet bis zum 31. Dezember 2029 regeln, inwieweit die erforderliche Hochschulausbildung nicht oder nur für einen Teil der Lehrkräfte auf Master- oder vergleichbarem Niveau vorliegen muss.

§ 10 Gesamtverantwortung der Pflegeschule

(1) [1]Die Pflegeschule trägt die Gesamtverantwortung für die Koordination des Unterrichts mit der praktischen Ausbildung. [2]Sie prüft, ob der Ausbildungsplan für die praktische Ausbildung den Anforderungen des schulinternen Curriculums entspricht. [3]Ist dies nicht der Fall, ist der Träger der praktischen Ausbildung zur Anpassung des Ausbildungsplans verpflichtet.

(2) [1]Die Pflegeschule überprüft anhand des von den Auszubildenden zu führenden Ausbildungsnachweises, ob die praktische Ausbildung gemäß dem Ausbildungsplan durchgeführt wird. [2]Die an der praktischen Ausbildung beteiligten Einrichtungen unterstützen die Pflegeschule bei der Durchführung der von dieser zu leistenden Praxisbegleitung.

§ 11 Voraussetzungen für den Zugang zur Ausbildung

(1) Voraussetzung für den Zugang zu der Ausbildung zur Pflegefachfrau oder zum Pflegefachmann ist

1. der mittlere Schulabschluss oder ein anderer als gleichwertig anerkannter Abschluss oder
2. der Hauptschulabschluss oder ein anderer als gleichwertig anerkannter Abschluss, zusammen mit dem Nachweis
   a) einer erfolgreich abgeschlossenen Berufsausbildung von mindestens zweijähriger Dauer,
   b) einer erfolgreich abgeschlossenen landesrechtlich geregelten Assistenz- oder Helferausbildung in der Pflege von mindestens einjähriger Dauer, die die von der Arbeits- und Sozialministerkonferenz 2012 und von der Gesundheitsministerkonferenz 2013 als Mindestanforderungen beschlossenen „Eckpunkte für die in Länderzuständigkeit liegenden Ausbildungen zu Assistenz- und Helferberufen in der Pflege" (BAnz AT 17.02.2016 B3) erfüllt,
   c) einer bis zum 31. Dezember 2019 begonnenen, erfolgreich abgeschlossenen landesrechtlich geregelten Ausbildung in der Krankenpflegehilfe oder Altenpflegehilfe von mindestens einjähriger Dauer oder
   d) einer auf der Grundlage des Krankenpflegegesetzes vom 4. Juni 1985 (BGBl. I S. 893), das durch Artikel 18 des Gesetzes vom 16. Juli 2003 (BGBl. I S. 1442) aufgehoben worden ist, erteilten Erlaubnis als Krankenpflegehelferin oder Krankenpflegehelfer,
   oder
3. der erfolgreiche Abschluss einer sonstigen zehnjährigen allgemeinen Schulbildung.

(2) § 2 Nummer 2 bis 4 findet entsprechende Anwendung.

§ 12 Anrechnung gleichwertiger Ausbildungen

(1) [1]Die zuständige Behörde kann auf Antrag eine andere erfolgreich abgeschlossene Ausbildung oder erfolgreich abgeschlossene Teile einer Ausbildung im Umfang

ihrer Gleichwertigkeit bis zu zwei Dritteln der Dauer einer Ausbildung nach § 6 Absatz 1 Satz 1 anrechnen. [2]Das Erreichen des Ausbildungsziels darf durch die Anrechnung nicht gefährdet werden.

(2) Ausbildungen, die die von der Arbeits- und Sozialministerkonferenz 2012 und von der Gesundheitsministerkonferenz 2013 als Mindestanforderungen beschlossenen „Eckpunkte für die in Länderzuständigkeit liegenden Ausbildungen zu Assistenz- und Helferberufen in der Pflege" (BAnz AT 17.02.2016 B3) erfüllen, sind auf Antrag auf ein Drittel der Dauer der Ausbildung nach § 6 Absatz 1 Satz 1 anzurechnen.

§ 13   Anrechnung von Fehlzeiten

(1) Auf die Dauer der Ausbildung werden angerechnet:

1. Urlaub, einschließlich Bildungsurlaub oder Ferien,
2. Fehlzeiten wegen Krankheit oder aus anderen, von der Auszubildenden oder dem Auszubildenden nicht zu vertretenden Gründen
   a) bis zu 10 Prozent der Stunden des theoretischen und praktischen Unterrichts sowie
   b) bis zu 10 Prozent der Stunden der praktischen Ausbildung
   nach Maßgabe der Ausbildungs- und Prüfungsverordnung,
3. Fehlzeiten aufgrund mutterschutzrechtlicher Beschäftigungsverbote bei Auszubildenden, die einschließlich der Fehlzeiten nach Nummer 2 eine Gesamtdauer von 14 Wochen nicht überschreiten.

(2) [1]Auf Antrag kann die zuständige Behörde auch über Absatz 1 hinausgehende Fehlzeiten berücksichtigen, wenn eine besondere Härte vorliegt und das Erreichen des Ausbildungsziels durch die Anrechnung nicht gefährdet wird. [2]Ist eine Anrechnung der Fehlzeiten nicht möglich, kann die Ausbildungsdauer entsprechend verlängert werden.

(3) Freistellungsansprüche nach dem Betriebsverfassungsgesetz, dem Bundespersonalvertretungsgesetz oder den Landespersonalvertretungsgesetzen bleiben unberührt.

§ 14   Ausbildung im Rahmen von Modellvorhaben nach § 63 Absatz 3c des Fünften Buches Sozialgesetzbuch

(1) [1]Zur zeitlich befristeten Erprobung von Ausbildungsangeboten, die der Weiterentwicklung des nach diesem Gesetz geregelten Berufes im Rahmen von Modellvorhaben nach § 63 Absatz 3c des Fünften Buches Sozialgesetzbuch dienen, können über die in § 5 beschriebenen Aufgaben hinausgehende erweiterte Kompetenzen zur Ausübung heilkundlicher Tätigkeiten vermittelt werden. [2]Dabei darf die Erreichung des Ausbildungsziels nicht gefährdet sein.

(2) Soweit die Ausbildung nach Absatz 1 über die in diesem Gesetz und die in der Ausbildungs- und Prüfungsverordnung nach § 56 Absatz 1 geregelten Ausbildungs-

inhalte hinausgeht, werden die Ausbildungsinhalte in gesonderten schulinternen Curricula der Pflegeschulen und Ausbildungsplänen der Träger der praktischen Ausbildung festgelegt.

(3) [1]Die schulinternen Curricula und Ausbildungspläne nach Absatz 2 sind gemeinsam vom Bundesministerium für Familie, Senioren, Frauen und Jugend und vom Bundesministerium für Gesundheit zu genehmigen. [2]Die Genehmigung setzt voraus, dass sich die erweiterte Ausbildung auf ein vereinbartes Modellvorhaben nach § 63 Absatz 3c des Fünften Buches Sozialgesetzbuch bezieht und die Ausbildung geeignet ist, die zur Durchführung dieses Modellvorhabens erforderliche Qualifikation zu vermitteln.

(4) [1]Abweichend von Absatz 3 Satz 2 kann die Fachkommission nach § 53 für die zusätzliche Ausbildung standardisierte Module entwickeln, die gemeinsam vom Bundesministerium für Familie, Senioren, Frauen und Jugend und vom Bundesministerium für Gesundheit auch ohne Vorliegen eines vereinbarten Modellvorhabens nach § 63 Absatz 3c des Fünften Buches Sozialgesetzbuch genehmigt werden können. [2]Die Genehmigung der standardisierten Module erfolgt einmalig; Änderungen bedürfen einer erneuten Genehmigung.

(5) Die Ausbildungsdauer nach § 6 Absatz 1 Satz 1 ist nach Maßgabe der genehmigten schulinternen Curricula und Ausbildungspläne entsprechend zu verlängern.

(6) Die staatliche Abschlussprüfung erstreckt sich auch auf die mit der zusätzlichen Ausbildung erworbenen erweiterten Kompetenzen.

(7) [1]Die Absätze 1 bis 5 gelten entsprechend für Personen, die bereits zur Führung der Berufsbezeichnung nach § 1 Absatz 1 berechtigt sind. [2]Die erworbenen erweiterten Kompetenzen werden zum Abschluss des Ausbildungsangebots staatlich geprüft.

§ 15 Modellvorhaben zur Weiterentwicklung des Pflegeberufs

(1) [1]Zur zeitlich befristeten Erprobung von Konzepten zur Durchführung der schulischen und praktischen Ausbildung können die Länder im Einvernehmen mit dem Bundesministerium für Familie, Senioren, Frauen und Jugend und dem Bundesministerium für Gesundheit Abweichungen von den §§ 6, 7 und 10 und den Vorschriften der Ausbildungs- und Prüfungsverordnung nach § 56 Absatz 1, die sich nicht auf Inhalte oder Prüfungsvorgaben beziehen, zulassen, sofern das Erreichen der Ausbildungsziele nach § 5 nicht gefährdet wird und die Vereinbarkeit der Ausbildung mit der Richtlinie 2005/36/EG des Europäischen Parlaments und des Rates vom 7. September 2005 über die Anerkennung von Berufsqualifikationen (ABl. L 255 vom 30.9.2005, S. 22; L 271 vom 16.10.2007, S. 18), die zuletzt durch den Delegierten Beschluss (EU) 2016/790 (ABl. L 134 vom 24.5.2016, S. 135) geändert worden ist, gewährleistet ist. [2]Dabei können Teile des theoretischen Unterrichts nach § 6 Absatz 2 als Fernunterricht erteilt werden.

(2) Die Zulassung als Modellvorhaben setzt voraus, dass

1. das Erprobungsziel beschrieben wird und erkennen lässt, welche qualitativen Verbesserungen für die Pflegeausbildung unter Beachtung der berufsfeldspezifischen Anforderungen erwartet werden,

2. eine sachgerecht begleitende und abschließende wissenschaftliche Evaluierung des Modellvorhabens gewährleistet ist und

3. die Laufzeit des Modellvorhabens fünf Jahre nicht überschreitet und eine Verlängerung um höchstens zwei Jahre anhand der Evaluierungsergebnisse zu begründen ist.

Abschnitt 2
Ausbildungsverhältnis

§ 16   Ausbildungsvertrag

(1) Zwischen dem Träger der praktischen Ausbildung und der oder dem Auszubildenden ist ein schriftlicher Ausbildungsvertrag nach Maßgabe der Vorschriften dieses Abschnitts zu schließen.

(2) Der Ausbildungsvertrag muss mindestens Folgendes enthalten:

1. die Bezeichnung des Berufs, zu dem nach den Vorschriften dieses Gesetzes ausgebildet wird sowie den gewählten Vertiefungseinsatz einschließlich einer Ausrichtung nach § 7 Absatz 4 Satz 2,

2. den Beginn und die Dauer der Ausbildung,

3. Angaben über die der Ausbildung zugrunde liegende Ausbildungs- und Prüfungsverordnung,

4. eine Darstellung der inhaltlichen und zeitlichen Gliederung der praktischen Ausbildung (Ausbildungsplan),

5. die Verpflichtung der Auszubildenden oder des Auszubildenden zum Besuch der Ausbildungsveranstaltungen der Pflegeschule,

6. die Dauer der regelmäßigen täglichen oder wöchentlichen praktischen Ausbildungszeit,

7. die Dauer der Probezeit,

8. Angaben über Zahlung und Höhe der Ausbildungsvergütung einschließlich des Umfangs etwaiger Sachbezüge nach § 19 Absatz 2,

9. die Dauer des Urlaubs,

10. die Voraussetzungen, unter denen der Ausbildungsvertrag gekündigt werden kann, und

11. einen in allgemeiner Form gehaltenen Hinweis auf die dem Ausbildungsvertrag gegebenenfalls zugrunde liegenden tariflichen Bestimmungen, Betriebs- oder Dienstvereinbarungen sowie auf die Rechte als Arbeitnehmer im Sinne von § 5 des Betriebsverfassungsgesetzes oder von § 4 des Bundespersonalvertretungsgesetzes des Trägers der praktischen Ausbildung.

(3) [1]Der Ausbildungsvertrag ist von einer vertretungsberechtigten Person des Trägers der praktischen Ausbildung und der oder dem Auszubildenden, bei Minderjährigen auch von deren gesetzlichen Vertretern, zu unterzeichnen. [2]Eine Ausfertigung des unterzeichneten Ausbildungsvertrages ist der oder dem Auszubildenden und deren gesetzlichen Vertretern auszuhändigen.

(4) Auf den Ausbildungsvertrag sind, soweit sich aus seinem Wesen und Zweck sowie aus diesem Gesetz nichts anderes ergibt, die für Arbeitsverträge geltenden Rechtsvorschriften und Rechtsgrundsätze anzuwenden.

(5) [1]Änderungen des Ausbildungsvertrages bedürfen der Schriftform. [2]Auch eine Änderung des Vertiefungseinsatzes ist bis zu dessen Beginn jederzeit in beiderseitigem Einverständnis möglich. [3]Die Absätze 2 bis 4 gelten entsprechend.

(6) [1]Der Ausbildungsvertrag bedarf zu seiner Wirksamkeit im Falle des § 8 Absatz 2 Nummer 2 der schriftlichen Zustimmung der Pflegeschule. [2]Liegt die Zustimmung bei Vertragsschluss nicht vor, ist sie unverzüglich durch den Träger der praktischen Ausbildung einzuholen. [3]Hierauf ist der oder die Auszubildende und sind bei minderjährigen Auszubildenden auch deren gesetzliche Vertreter hinzuweisen.

§ 17   Pflichten der Auszubildenden

[1]Die oder der Auszubildende hat sich zu bemühen, die in § 5 genannten Kompetenzen zu erwerben, die erforderlich sind, um das Ausbildungsziel zu erreichen. [2]Sie oder er ist insbesondere verpflichtet,

1. an den vorgeschriebenen Ausbildungsveranstaltungen der Pflegeschule teilzunehmen,
2. die ihr oder ihm im Rahmen der Ausbildung übertragenen Aufgaben sorgfältig auszuführen,
3. einen schriftlichen Ausbildungsnachweis zu führen,
4. die für Beschäftigte in den Einrichtungen nach § 7 geltenden Bestimmungen über die Schweigepflicht einzuhalten und über Betriebsgeheimnisse Stillschweigen zu wahren und
5. die Rechte der zu pflegenden Menschen zu achten.

§ 18   Pflichten des Trägers der praktischen Ausbildung

(1) Der Träger der praktischen Ausbildung ist verpflichtet,

1. die Ausbildung in einer durch ihren Zweck gebotenen Form auf der Grundlage des Ausbildungsplans zeitlich und sachlich gegliedert so durchzuführen, dass das Ausbildungsziel in der vorgesehenen Zeit erreicht werden kann,
2. zu gewährleisten, dass die nach § 16 Absatz 2 Nummer 4 vereinbarten Einsätze der praktischen Ausbildung durchgeführt werden können,
3. sicherzustellen, dass die nach § 6 Absatz 3 Satz 3 zu gewährleistende Praxisanleitung der oder des Auszubildenden im Umfang von mindestens 10 Prozent der während eines Einsatzes zu leistenden praktischen Ausbildungszeit stattfindet,
4. der oder dem Auszubildenden kostenlos die Ausbildungsmittel einschließlich der Fachbücher, Instrumente und Apparate zur Verfügung zu stellen, die zur praktischen Ausbildung und zum Ablegen der staatlichen Abschlussprüfung erforderlich sind, und
5. die Auszubildende oder den Auszubildenden für die Teilnahme an Ausbildungsveranstaltungen der Pflegeschule und für die Teilnahme an Prüfungen freizustellen und bei der Gestaltung der Ausbildung auf die erforderlichen Lern- und Vorbereitungszeiten Rücksicht zu nehmen.

(2) Der oder dem Auszubildenden dürfen nur Aufgaben übertragen werden, die dem Ausbildungszweck und dem Ausbildungsstand entsprechen; die übertragenen Aufgaben müssen den physischen und psychischen Kräften der Auszubildenden angemessen sein.

§ 19   Ausbildungsvergütung

(1) [1]Der Träger der praktischen Ausbildung hat der oder dem Auszubildenden für die gesamte Dauer der Ausbildung eine angemessene Ausbildungsvergütung zu zahlen. [2]Die oder der Auszubildende steht den zur Berufsausbildung Beschäftigten im Sinne sozialversicherungsrechtlicher Bestimmungen gleich.

(2) [1]Sachbezüge können in der Höhe der Werte, die durch Rechtsverordnung nach § 17 Absatz 1 Satz 1 Nummer 4 des Vierten Buches Sozialgesetzbuch bestimmt sind, angerechnet werden; sie dürfen jedoch 75 Prozent der Bruttovergütung nicht überschreiten. [2]Kann die oder der Auszubildende aus berechtigtem Grund Sachbezüge nicht abnehmen, so sind diese nach den Sachbezugswerten abzugelten. [3]Eine Anrechnung von Sachbezügen ist nur zulässig, soweit dies im Ausbildungsvertrag vereinbart worden ist.

(3) Eine über die vereinbarte regelmäßige tägliche oder wöchentliche Ausbildungszeit hinausgehende Beschäftigung ist nur ausnahmsweise zulässig und besonders zu vergüten oder in Freizeit auszugleichen.

§ 20   Probezeit

[1]Das Ausbildungsverhältnis beginnt mit der Probezeit. [2]Die Probezeit beträgt sechs Monate, sofern sich aus tarifvertraglichen Regelungen keine andere Dauer ergibt.

§ 21   Ende des Ausbildungsverhältnisses

(1) Das Ausbildungsverhältnis endet unabhängig vom Zeitpunkt der staatlichen Abschlussprüfung mit Ablauf der Ausbildungszeit.

(2) Besteht die oder der Auszubildende die staatliche Prüfung nicht oder kann sie oder er ohne eigenes Verschulden die staatliche Prüfung nicht vor Ablauf der Ausbildung ablegen, so verlängert sich das Ausbildungsverhältnis auf schriftliches Verlangen gegenüber dem Träger der praktischen Ausbildung bis zur nächstmöglichen Wiederholungsprüfung, höchstens jedoch um ein Jahr.

§ 22   Kündigung des Ausbildungsverhältnisses

(1) Während der Probezeit kann das Ausbildungsverhältnis von jedem Vertragspartner jederzeit ohne Einhaltung einer Kündigungsfrist gekündigt werden.

(2) Nach der Probezeit kann das Ausbildungsverhältnis nur gekündigt werden

1. von jedem Vertragspartner ohne Einhalten einer Kündigungsfrist bei Vorliegen eines wichtigen Grundes,
2. von der oder dem Auszubildenden mit einer Kündigungsfrist von vier Wochen.

(3) ¹Die Kündigung muss schriftlich erfolgen. ²Bei einer Kündigung durch den Träger der praktischen Ausbildung ist das Benehmen mit der Pflegeschule herzustellen. ³In den Fällen des Absatzes 2 Nummer 1 sind die Kündigungsgründe anzugeben.

(4) ¹Eine Kündigung aus einem wichtigen Grund ist unwirksam, wenn die ihr zugrunde liegenden Tatsachen der kündigungsberechtigten Person länger als 14 Tage bekannt sind. ²Ist ein vorgesehenes Güteverfahren vor einer außergerichtlichen Stelle eingeleitet, so wird bis zu dessen Beendigung der Lauf dieser Frist gehemmt.

§ 23   Beschäftigung im Anschluss an das Ausbildungsverhältnis

Wird die oder der Auszubildende im Anschluss an das Ausbildungsverhältnis beschäftigt, ohne dass hierüber ausdrücklich etwas vereinbart worden ist, so gilt ein Arbeitsverhältnis auf unbestimmte Zeit als begründet.

§ 24   Nichtigkeit von Vereinbarungen

(1) Eine Vereinbarung, die zu Ungunsten der oder des Auszubildenden von den übrigen Vorschriften dieses Abschnitts abweicht, ist nichtig.

(2) ¹Eine Vereinbarung, durch die die oder der Auszubildende für die Zeit nach Beendigung des Ausbildungsverhältnisses in der Ausübung ihrer oder seiner beruflichen Tätigkeit beschränkt wird, ist nichtig. ²Dies gilt nicht, wenn die oder der Auszubildende innerhalb der letzten drei Monate des Ausbildungsverhältnisses für die Zeit nach dessen Beendigung ein Arbeitsverhältnis eingeht.

(3) Nichtig ist auch eine Vereinbarung über

1. die Verpflichtung der oder des Auszubildenden, für die praktische Ausbildung eine Entschädigung oder für die Teilnahme am theoretischen und praktischen Unterricht an der Pflegeschule eine Vergütung oder ein Schulgeld zu zahlen,
2. Vertragsstrafen,
3. den Ausschluss oder die Beschränkung von Schadensersatzansprüchen und
4. die Festsetzung der Höhe eines Schadensersatzes in Pauschalbeträgen.

§ 25   Ausschluss der Geltung von Vorschriften dieses Abschnitts

Die §§ 16 bis 24 finden keine Anwendung auf Auszubildende, die Diakonissen, Diakonieschwestern oder Mitglieder geistlicher Gemeinschaften sind.

Abschnitt 3
Finanzierung der beruflichen Ausbildung in der Pflege

§ 26   Grundsätze der Finanzierung

(1) Mit dem Ziel,

1. bundesweit eine wohnortnahe qualitätsgesicherte Ausbildung sicherzustellen,
2. eine ausreichende Zahl qualifizierter Pflegefachfrauen und Pflegefachmänner auszubilden,

3. Nachteile im Wettbewerb zwischen ausbildenden und nicht ausbildenden Einrichtungen zu vermeiden,
4. die Ausbildung in kleineren und mittleren Einrichtungen zu stärken und
5. wirtschaftliche Ausbildungsstrukturen zu gewährleisten,

werden die Kosten der Pflegeausbildung nach Teil 2 durch Ausgleichsfonds nach Maßgabe von § 26 Absatz 2 bis § 36 finanziert.

(2) Die Ausgleichsfonds werden auf Landesebene organisiert und verwaltet.

(3) An der Finanzierung der Ausgleichsfonds nehmen teil:

1. Krankenhäuser nach § 7 Absatz 1 Nummer 1,
2. stationäre und ambulante Pflegeeinrichtungen nach § 7 Absatz 1 Nummer 2 und 3,
3. das jeweilige Land,
4. die soziale Pflegeversicherung und die private Pflege-Pflichtversicherung.

(4) [1]Die zuständige Stelle im Land ermittelt den erforderlichen Finanzierungsbedarf nach § 32 und erhebt Umlagebeträge bei den Einrichtungen nach § 33 Absatz 3 und 4. [2]Sie verwaltet die eingehenden Beträge nach § 33 Absatz 1 einschließlich der Beträge aus Landesmitteln nach § 33 Absatz 1 Nummer 3 sowie der Beträge nach § 33 Absatz 1 Nummer 4 als Sondervermögen und zahlt Ausgleichszuweisungen an die Träger der praktischen Ausbildung und die Pflegeschulen aus.

(5) Finanzierungs- und Abrechnungszeitraum ist jeweils das Kalenderjahr.

(6) [1]Das jeweilige Land bestimmt die zuständige Stelle nach Absatz 4 und kann ergänzende Regelungen erlassen. [2]Es bestimmt ebenfalls die zuständige Behörde nach § 30 Absatz 1 sowie eine weitere Behörde, die die Vertreter des Landes nach § 36 Absatz 2 entsendet. [3]Die zuständige Stelle unterliegt der Rechtsaufsicht des zuständigen Landesministeriums. [4]Die Aufgaben der zuständigen Stelle nach Absatz 4 können im Wege der Beleihung auf eine zur Wahrnehmung dieser Aufgaben geeignete juristische Person des Privatrechts, die die Gewähr für eine sachgerechte Aufgabenerledigung bietet, übertragen werden. [5]Diese Aufgabenübertragung kann mit Auflagen verbunden werden und ist widerruflich. [6]Satz 3 gilt entsprechend.

(7) Die Bestimmung der zuständigen Stelle kann länderübergreifend erfolgen.

§ 27　Ausbildungskosten

(1) [1]Kosten der Pflegeberufsausbildung sind die Mehrkosten der Ausbildungsvergütungen und die Kosten der praktischen Ausbildung einschließlich der Kosten der Praxisanleitung. [2]Zu den Ausbildungskosten gehören auch die Betriebskosten der Pflegeschulen nach § 6 Absatz 2 einschließlich der Kosten der Praxisbegleitung. [3]Nicht zu den Ausbildungskosten gehören die Investitionskosten. [4]Investitionskosten sind Aufwendungen für Maßnahmen einschließlich Kapitalkosten, die dazu bestimmt sind, die für den jeweiligen Betrieb notwendigen Gebäude und sonstigen abschreibungsfähigen Anlagegüter herzustellen, anzuschaffen, wiederzubeschaffen oder zu ergänzen.

(2) Bei der Ermittlung der Mehrkosten der Ausbildungsvergütung sind Personen, die nach Teil 2 dieses Gesetzes in der Pflege ausgebildet werden, in Krankenhäusern und in stationären Pflegeeinrichtungen im Verhältnis 9,5 zu 1 auf die Stelle einer voll ausgebildeten Pflegefachkraft anzurechnen; bei ambulanten Pflegeeinrichtungen erfolgt eine Anrechnung im Verhältnis von 14 zu 1.

§ 28 Umlageverfahren

(1) Die Finanzierung der Ausgleichsfonds durch Krankenhäuser und ambulante und stationäre Pflegeeinrichtungen erfolgt über landesweite Umlageverfahren nach Maßgabe des Absatzes 2 und der §§ 29 bis 35.

(2) Die an den Umlageverfahren teilnehmenden Krankenhäuser können die auf sie entfallenden Umlagebeträge zusätzlich zu den Entgelten oder Vergütungen für ihre Leistungen als Ausbildungszuschläge erheben; für ambulante und stationäre Pflegeeinrichtungen sind die auf sie entfallenden Umlagebeträge in der Vergütung der allgemeinen Pflegeleistungen (§ 84 Absatz 1, § 89 des Elften Buches Sozialgesetzbuch) berücksichtigungsfähig.

§ 29 Ausbildungsbudget, Grundsätze

(1) [1]Die Träger der praktischen Ausbildung und die Pflegeschulen erhalten für einen zukünftigen Zeitraum (Finanzierungszeitraum) ein Ausbildungsbudget zur Finanzierung der Ausbildungskosten. [2]Das Ausbildungsbudget des Trägers der praktischen Ausbildung umfasst auch die Ausbildungskosten der weiteren an der praktischen Ausbildung beteiligten Einrichtungen nach § 8 Absatz 3; es setzt sich zusammen aus den voraussichtlichen Mehrkosten der Ausbildungsvergütung und aus den Kosten der praktischen Ausbildung je Auszubildender oder je Auszubildendem.

(2) [1]Das Ausbildungsbudget soll die Kosten der Ausbildung bei wirtschaftlicher Betriebsgröße und wirtschaftlicher Betriebsführung decken. [2]Die Bezahlung tarifvertraglich vereinbarter Vergütungen sowie entsprechender Vergütungen nach kirchlichen Arbeitsrechtsregelungen kann nicht als unwirtschaftlich abgelehnt werden. [3]Grundlage des Ausbildungsbudgets sind die Ausbildungszahlen, die an die zuständige Stelle gemeldet werden, ebenso wie die Höhe der Mehrkosten der Ausbildungsvergütung. [4]Mehrkosten der Ausbildungsvergütungen dürfen nicht unangemessen sein; sie können nicht als unangemessen beanstandet werden, soweit ihnen tarifvertraglich vereinbarte Ausbildungsvergütungen sowie entsprechende Vergütungen nach kirchlichen Arbeitsrechtsregelungen zugrunde liegen.

(3) [1]Die für den Finanzierungszeitraum zu erwartenden Kostenentwicklungen sind zu berücksichtigen. [2]Die Ausbildung in der Region darf nicht gefährdet werden. [3]Soweit eine Pflegeschule in der Region erforderlich ist, zum Beispiel weil die Entfernungen und Fahrzeiten zu anderen Pflegeschulen nicht zumutbar sind, können auch langfristig höhere Finanzierungsbeträge vorgesehen werden. [4]Die Parteien nach § 31 Absatz 1 können Strukturverträge schließen, die den Ausbau, die Schließung oder die Zusammenlegung von Pflegeschulen finanziell unterstützen und zu wirtschaftlichen Ausbildungsstrukturen führen. [5]§ 27 Absatz 1 Satz 3 gilt entsprechend.

(4) Soweit Ausbildungskosten nach anderen Vorschriften aufgebracht werden, ist dies bei der Festlegung des Ausbildungsbudgets mindernd zu berücksichtigen.

(5) [1]Das Ausbildungsbudget erfolgt als Pauschalbudget nach § 30. [2]Es wird als Individualbudget vereinbart, wenn dies das jeweilige Land oder die Parteien nach Absatz 6 übereinstimmend bis zum 15. Januar des Vorjahres des Finanzierungszeitraums schriftlich erklären. [3]Diese Erklärungen können auch nur für die Finanzierung der Träger der praktischen Ausbildung oder die Finanzierung der Pflegeschulen abgegeben werden.

(6) [1]Die Erklärungen der Parteien nach Absatz 5 erfolgen für die Finanzierung der Träger der praktischen Ausbildung von den Parteien nach § 30 Absatz 1 Satz 1 und für die Finanzierung der Pflegeschulen von den Parteien nach § 30 Absatz 1 Satz 2. [2]Eine ausdrückliche Enthaltungserklärung ist zulässig. [3]Ist eine der Parteien durch mehrere Vertreter vertreten, gilt die Erklärung der Partei dann als abgegeben, wenn entsprechende Erklärungen von der jeweiligen Mehrheit der Vertreter dieser Partei abgegeben worden sind.

(7) [1]Das Land und die Parteien sind an ihre Erklärungen für den folgenden Finanzierungszeitraum gebunden. [2]Darüber hinaus gelten die Erklärungen nach Absatz 5 bis zu einer abweichenden Erklärung fort. [3]Die abweichenden Erklärungen können ebenfalls bis zum 15. Januar des Vorjahres des jeweiligen Finanzierungszeitraumes abgegeben werden.

§ 30   Pauschalbudgets

(1) [1]Die zuständige Behörde des Landes, die Landeskrankenhausgesellschaft, die Vereinigungen der Träger der ambulanten oder stationären Pflegeeinrichtungen im Land, die Landesverbände der Kranken- und Pflegekassen sowie der Landesausschuss des Verbandes der privaten Krankenversicherung legen durch gemeinsame Vereinbarungen Pauschalen zu den Kosten der praktischen Ausbildung fest. [2]Die gemeinsame Vereinbarung der Pauschalen zu den Ausbildungskosten der Pflegeschulen wird von der zuständigen Behörde des Landes, den Landesverbänden der Kranken- und Pflegekassen, dem Landesausschuss des Verbandes der privaten Krankenversicherung sowie von Interessenvertretungen der öffentlichen und der privaten Pflegeschulen auf Landesebene getroffen. [3]Keiner Pauschalierung zugänglich sind die Mehrkosten der Ausbildungsvergütung.

(2) Kommt eine Vereinbarung bis zum 30. April des Vorjahres des Finanzierungszeitraums nicht zustande, entscheidet auf Antrag einer Vertragspartei die Schiedsstelle nach § 36 innerhalb von sechs Wochen.

(3) [1]Die Pauschalen sind alle zwei Jahre anzupassen. [2]Kommt bis zum 30. Juni des Vorjahres des hierauf folgenden Finanzierungszeitraums eine neue Vereinbarung weder durch Vereinbarung noch durch Schiedsspruch zustande, gilt die bisherige Pauschalvereinbarung fort. [3]Abweichend von Satz 1 kann die Pauschalvereinbarung von jedem der Beteiligten mit Wirkung für alle bis zum 1. Januar des Vorjahres des Finanzierungszeitraums gekündigt werden.

(4) [1]Der Träger der praktischen Ausbildung und die Pflegeschule teilen der zuständigen Stelle die voraussichtliche Zahl der Ausbildungsverhältnisse beziehungsweise die voraussichtlichen Schülerzahlen sowie die voraussichtlichen Mehrkosten der Ausbildungsvergütung und das sich daraus ergebende Gesamtbudget mit. [2]Dabei ist auch die Höhe der voraussichtlich für jeden Auszubildenden anfallenden Ausbildungsvergütung mitzuteilen. [3]Die angenommenen Ausbildungs- oder Schülerzahlen werden näher begründet. [4]Die zuständige Stelle setzt auf Grundlage der Mitteilungen nach den Sätzen 1 bis 3 das Ausbildungsbudget fest; sie weist unangemessene Ausbildungsvergütungen und unplausible Ausbildungs- und Schülerzahlen zurück.

(5) Erfolgt eine Mitteilung nach Absatz 4 Satz 1 bis 3 nicht oder nicht vollständig innerhalb von für die Mitteilung vorgegebenen Fristen oder wurden bestimmte Angaben in der Mitteilung nach Absatz 4 Satz 4 zurückgewiesen und werden die zurückgewiesenen Angaben nicht fristgerecht nachträglich mitgeteilt, nimmt die zuständige Stelle eine Schätzung vor.

§ 31 Individualbudgets

(1) [1]Werden die Ausbildungsbudgets nach § 29 Absatz 5 Satz 2 und 3 individuell vereinbart, sind Parteien der Budgetverhandlung

1. der Träger der praktischen Ausbildung oder die Pflegeschule,
2. die zuständige Behörde des Landes und
3. die Kranken- und Pflegekassen oder deren Arbeitsgemeinschaften, soweit auf sie im Jahr vor Beginn der Budgetverhandlungen mehr als 5 Prozent der Belegungs- und Berechnungstage oder der betreuten Pflegebedürftigen bei ambulanten Pflegediensten bei einem der kooperierenden Träger der praktischen Ausbildung entfallen.

[2]Pflegeschulen und Träger der praktischen Ausbildung können vereinbaren, dass das Ausbildungsbudget des Trägers der praktischen Ausbildung die Ausbildungskosten der Pflegeschule mit umfasst und vom Träger der praktischen Ausbildung mit verhandelt werden.

(2) [1]Die Verhandlungen nach Absatz 1 sind zügig zu führen. [2]Vor Beginn der Verhandlungen hat der Träger der praktischen Ausbildung den Beteiligten rechtzeitig Nachweise und Begründungen insbesondere über Anzahl der voraussichtlich belegten Ausbildungsplätze und die Ausbildungskosten vorzulegen sowie im Rahmen der Verhandlungen zusätzliche Auskünfte zu erteilen, soweit diese erforderlich sind und nicht außer Verhältnis stehen. [3]Satz 2 gilt für die Pflegeschulen entsprechend.

(3) Kommt eine Vereinbarung über ein Ausbildungsbudget für den Finanzierungszeitraum nicht innerhalb von zwei Monaten nach Vorlage von Verhandlungsunterlagen zustande, entscheidet auf Antrag einer Vertragspartei die Schiedsstelle nach § 36 innerhalb von sechs Wochen.

(4) [1]Die Parteien nach Absatz 1 teilen der zuständigen Stelle gemeinsam die Höhe der vereinbarten oder der von der Schiedsstelle nach Absatz 3 festgesetzten Ausbildungsbudgets und den jeweiligen Träger der praktischen Ausbildung mit. [2]Dabei

geben sie die Zahl der Ausbildungsplätze sowie die voraussichtlichen Mehrkosten der Ausbildungsvergütung unter Mitteilung der Höhe der voraussichtlich für jeden Auszubildenden anfallenden Ausbildungsvergütung an, die der Vereinbarung oder der Festsetzung zugrunde gelegt worden sind. ³Die zuständige Stelle weist unangemessene Ausbildungsvergütungen zurück.

(5) Erfolgt eine Mitteilung nach Absatz 4 Satz 1 und 2 nicht oder nicht vollständig innerhalb von für die Mitteilung vorgegebenen Fristen oder wurden bestimmte Angaben in der Mitteilung nach Absatz 4 Satz 3 zurückgewiesen und werden die zurückgewiesenen Angaben nicht fristgerecht nachträglich mitgeteilt, nimmt die zuständige Stelle eine Schätzung vor.

§ 32   Höhe des Finanzierungsbedarfs; Verwaltungskosten

(1) ¹Die zuständige Stelle ermittelt für den jeweiligen Finanzierungszeitraum die Höhe des Finanzierungsbedarfs für die Pflegeausbildung im Land aus

1. der Summe aller Ausbildungsbudgets eines Landes nach den §§ 30 und 31,
2. einem Aufschlag auf diese Summen von 3 Prozent zur Bildung einer Liquiditätsreserve, die die erforderlichen Mittel abdeckt für in der Meldung des Ausbildungsbudgets nach § 30 Absatz 4 und nach § 31 Absatz 4 noch nicht berücksichtigte Ausbildungsverhältnisse sowie für Forderungsausfälle und Zahlungsverzüge.

²Schätzungen nach § 30 Absatz 5 und § 31 Absatz 5 stehen den bei der Ermittlung des Finanzierungsbedarfs festgesetzten oder vereinbarten Ausbildungsbudgets gleich.

(2) ¹Die zuständige Stelle erhebt als Ausgleich für anfallende Verwaltungs- und Vollstreckungskosten 0,6 Prozent der sich aus Absatz 1 Nummer 1 ergebenden Summe (Verwaltungskostenpauschale). ²Dieser Betrag wird gesondert ausgewiesen und zum Finanzierungsbedarf nach Absatz 1 hinzugerechnet.

§ 33   Aufbringung des Finanzierungsbedarfs; Verordnungsermächtigung

(1) Der nach § 32 ermittelte Finanzierungsbedarf wird durch die Erhebung von Umlagebeträgen und Zahlungen nach § 26 Absatz 3 nach folgenden Anteilen aufgebracht:

1. 57,2380 Prozent durch Einrichtungen nach § 7 Absatz 1 Nummer 1,
2. 30,2174 Prozent durch Einrichtungen nach § 7 Absatz 1 Nummer 2 und 3,
3. 8,9446 Prozent durch das Land und
4. 3,6 Prozent durch Direktzahlung der sozialen Pflegeversicherung, wobei die private Pflege-Pflichtversicherung der sozialen Pflegeversicherung 10 Prozent ihrer Direktzahlung erstattet.

(2) ¹Die Zahlungen nach Absatz 1 Nummer 1 und 2 werden als monatlicher Teilbetrag an die zuständige Stelle abgeführt. ²Soweit einer zur Zahlung eines Umlagebetrages verpflichteten Einrichtung infolge der praktischen Ausbildung eine Ausgleichszuweisung nach § 34 zusteht, kann die zuständige Stelle die Beträge miteinander verrechnen.

(3) [1]Der von den Trägern der Einrichtungen nach § 7 Absatz 1 Nummer 1 zu zahlende Anteil kann als Teilbetrag des Ausbildungszuschlags je voll- und teilstationärem Fall nach § 17a Absatz 5 Satz 1 Nummer 2 des Krankenhausfinanzierungsgesetzes oder als eigenständiger Ausbildungszuschlag je voll- und teilstationärem Fall aufgebracht werden. [2]Vereinbart wird die Höhe des Zuschlags oder des Teilbetrages durch die Vertragsparteien nach § 18 Absatz 1 Satz 2 des Krankenhausfinanzierungsgesetzes. [3]Die Vertragsparteien teilen der zuständigen Stelle gemeinsam die Höhe des vereinbarten Zuschlags oder des Teilbetrages mit, die diesen Zuschlag als Umlagebetrag gegenüber den Einrichtungen nach Absatz 1 Nummer 1 festsetzt.

(4) [1]Der von den Trägern der Einrichtungen nach § 7 Absatz 1 Nummer 2 und 3 zu zahlende Anteil nach Absatz 1 Nummer 2 wird über Ausbildungszuschläge aufgebracht. [2]Die zuständige Stelle setzt gegenüber jeder Einrichtung den jeweils zu entrichtenden Umlagebetrag fest. [3]Dafür wird der Anteil nach Absatz 1 Nummer 2 auf die Sektoren „voll- und teilstationär" und „ambulant" im Verhältnis der in diesen Sektoren beschäftigten Pflegefachkräfte aufgeschlüsselt. [4]Einzelheiten zu dem Verfahren werden durch eine Umlageordnung nach § 56 Absatz 3 Nummer 3 festgelegt. [5]Die Länder können ergänzende Regelungen erlassen.

(5) [1]Die Zahlungen nach Absatz 1 Nummer 3 und 4 erfolgen je Finanzierungszeitraum als Einmalzahlung zwei Monate vor Fälligkeit der ersten Ausgleichszahlung. [2]Die Direktzahlung der sozialen Pflegeversicherung sowie die Erstattung der privaten Pflege-Pflichtversicherung nach Absatz 1 Nummer 4 werden aus Mitteln des Ausgleichsfonds nach § 65 des Elften Buches Sozialgesetzbuch oder an den Ausgleichsfonds erbracht. [3]§ 45c Absatz 7 des Elften Buches Sozialgesetzbuch gilt entsprechend.

(6) [1]Die in § 30 Absatz 1 Satz 1 genannten Beteiligten auf Landesebene vereinbaren die erforderlichen Verfahrensregelungen im Zusammenhang mit der Einzahlung der Finanzierungsmittel und den in Rechnung zu stellenden Zuschlägen. [2]Hierzu gehören insbesondere Vorgaben zur Verzinsung ausstehender Einzahlungen, die mit einem Zinssatz von 8 Prozent über dem Basiszinssatz nach § 247 Absatz 1 des Bürgerlichen Gesetzbuchs zu verzinsen sind. [3]Kommt eine Vereinbarung nicht zustande, entscheidet die Schiedsstelle nach § 36 auf Antrag eines Beteiligten.

(7) [1]Gegen den Festsetzungs- und Zahlungsbescheid der zuständigen Stelle nach den Absätzen 3 und 4 ist der Verwaltungsrechtsweg gegeben. [2]Widerspruch und Klage haben keine aufschiebende Wirkung.

(8) [1]Die Bundesregierung prüft alle drei Jahre, erstmals 2023, die Notwendigkeit und Höhe einer Anpassung des Prozentsatzes der Direktzahlung der sozialen Pflegeversicherung nach Absatz 1 Nummer 4. [2]Die Bundesregierung legt den gesetzgebenden Körperschaften des Bundes einen Bericht über das Ergebnis und die tragenden Gründe vor. [3]Die Bundesregierung wird ermächtigt, durch Rechtsverordnung mit Zustimmung des Bundesrates

1. nach Vorlage des Berichts unter Berücksichtigung etwaiger Stellungnahmen der gesetzgebenden Körperschaften des Bundes den Prozentsatz nach Absatz 1 Nummer 4 zum 1. Januar des Folgejahres anzupassen und

2. bei Anpassung des Prozentsatzes nach Absatz 1 Nummer 4 auch den Prozentsatz nach Absatz 1 Nummer 2 anzupassen, so dass die Summe der Prozentsätze nach Absatz 1 Nummer 2 und 4 unverändert bleibt.

[4]Rechtsverordnungen nach Satz 3 sind dem Bundestag zuzuleiten. [5]Die Zuleitung erfolgt vor der Zuleitung an den Bundesrat. [6]Die Rechtsverordnungen können durch Beschluss des Bundestages geändert oder abgelehnt werden. [7]Der Beschluss des Bundestages wird der Bundesregierung zugeleitet. [8]Hat sich der Bundestag nach Ablauf von drei Sitzungswochen seit Eingang der Rechtsverordnung nicht mit ihr befasst, so wird die unveränderte Rechtsverordnung dem Bundesrat zugeleitet.

§ 34   Ausgleichszuweisungen

(1) [1]Die Ausgleichszuweisungen erfolgen an den Träger der praktischen Ausbildung und an die Pflegeschule in monatlichen Beträgen entsprechend dem nach § 29 festgesetzten Ausbildungsbudget durch die zuständige Stelle. [2]Die Ausgleichszuweisungen sind zweckgebunden für die Ausbildung zu verwenden. [3]Abweichungen zwischen der Zahl der Ausbildungsplätze, die der Meldung nach § 30 Absatz 4 oder der Budgetvereinbarung nach § 31 zugrunde gelegt worden sind, und der tatsächlichen Anzahl der Ausbildungsplätze teilt der Träger der praktischen Ausbildung der zuständigen Stelle mit; er beziffert die aufgrund der Abweichung anfallenden Mehr- oder Minderausgaben. [4]Minderausgaben sind bei den monatlichen Ausgleichzuweisungen vollständig zu berücksichtigen; Mehrausgaben sind zu berücksichtigen, soweit die Liquiditätsreserve dies zulässt. [5]Entsprechende Mitteilungspflichten haben die Pflegeschulen.

(2) Der Träger der praktischen Ausbildung leitet die in den Ausgleichszuweisungen enthaltenen Kosten der übrigen Kooperationspartner und im Falle des § 31 Absatz 1 Satz 2 der Pflegeschulen auf Grundlage der Kooperationsverträge und im Falle von Individualbudgets nach § 31 unter Berücksichtigung der vereinbarten Ausbildungsbudgets an diese weiter.

(3) [1]Die Pflegeschule stellt Auszubildenden, soweit sie nach § 81 des Dritten Buches Sozialgesetzbuch oder nach § 16 des Zweiten Buches Sozialgesetzbuch in Verbindung mit § 81 des Dritten Buches Sozialgesetzbuch gefördert werden, unbeschadet von § 24 Absatz 3 Nummer 1 zweite Alternative, Lehrgangskosten in angemessener Höhe in Rechnung. [2]Die Leistungen für Lehrgangskosten sind gemäß § 83 Absatz 2 Satz 1 des Dritten Buches Sozialgesetzbuch an die Pflegeschule als Träger der Maßnahme auszuzahlen. [3]Leistungen zur Finanzierung der Ausbildung, wie beispielsweise Fördermittel nach dem Dritten Kapitel des Dritten Buches Sozialgesetzbuch, sind vom Auszahlungsberechtigten anzugeben und werden, soweit sie nicht bereits im Rahmen des Ausbildungsbudgets nach § 29 Absatz 4 berücksichtigt worden sind, mit der Ausgleichszuweisung verrechnet.

(4) [1]Ein Anspruch auf Ausgleichszuweisungen besteht nur, soweit bezüglich der begünstigten ausbildenden Einrichtung ein rechtskräftiger Umlagebescheid nach § 33 Absatz 3 Satz 3 oder nach § 33 Absatz 4 Satz 2 besteht. [2]Erfolgt eine Kostenschätzung nach § 30 Absatz 5 oder nach § 31 Absatz 5 ist die Ausgleichszuweisung auf diese Kostenschätzung begrenzt, auch wenn die erforderlichen Angaben nach

§ 30 Absatz 4 Satz 1 bis 3 oder nach § 31 Absatz 4 Satz 1 und 2 der zuständigen Stelle nachträglich mitgeteilt werden. [3]Bis zum Vorliegen aller erforderlichen Angaben wird die Ausgleichszuweisung ausgesetzt. [4]§ 34 Absatz 6 erster Teilsatz gilt entsprechend.

(5) [1]Nach Ablauf des Finanzierungszeitraums haben der Träger der praktischen Ausbildung und die Pflegeschule der zuständigen Stelle eine Abrechnung über die Einnahmen aus den Ausgleichszahlungen und die im Ausbildungsbudget vereinbarten Ausbildungskosten vorzulegen. [2]Für gezahlte pauschale Anteile kann lediglich ein Nachweis und eine Abrechnung darüber gefordert werden, dass die Grundvoraussetzungen, wie zum Beispiel die Zahl der Ausbildungsverträge, im Abrechnungszeitraum vorgelegen haben.

(6) [1]Überschreiten die tatsächlichen Ausgaben aufgrund gestiegener Ausbildungszahlen die Höhe der Ausgleichszuweisungen, werden diese Mehrausgaben bei der auf die Abrechnung folgenden Festlegung oder Vereinbarung des Ausbildungsbudgets nach den §§ 30, 31 berücksichtigt; dies gilt nicht, soweit diese Mehrausgaben bereits nach Absatz 1 finanziert wurden. [2]Überzahlungen aufgrund gesunkener Ausbildungszahlen sind unverzüglich an die zuständige Stelle zurückzuzahlen. [3]Das Nähere zum Prüfverfahren wird durch Landesrecht bestimmt, soweit nicht das Bundesministerium für Familie, Senioren, Frauen und Jugend und das Bundesministerium für Gesundheit von der Ermächtigung nach § 56 Absatz 3 Nummer 4 Gebrauch machen.

§ 35 Rechnungslegung der zuständigen Stelle

(1) Nach Ablauf des Finanzierungszeitraumes und nach der Abrechnung nach § 34 Absatz 5 und 6 erfolgt eine Rechnungslegung der zuständigen Stelle über die als Ausgleichsfonds und im Rahmen des Umlageverfahrens verwalteten Mittel.

(2) Bei der Rechnungslegung ermittelte Überschüsse oder Defizite werden bei dem nach § 32 ermittelten Finanzierungsbedarf in dem auf die Rechnungslegung folgenden Erhebungs- und Abrechnungsjahr berücksichtigt

§ 36 Schiedsstelle; Verordnungsermächtigung

(1) Die Landesverbände der Kranken- und Pflegekassen, die Vereinigungen der Träger der ambulanten oder stationären Pflegeeinrichtungen im Land, die Landeskrankenhausgesellschaften und Vertreter des Landes bilden für jedes Land eine Schiedsstelle.

(2) [1]Die Schiedsstellen bestehen aus einem neutralen Vorsitzenden, aus drei Vertretern der Kranken- und Pflegekassen, aus zwei Vertretern der Krankenhäuser, einem Vertreter der ambulanten Pflegedienste und einem Vertreter der stationären Pflegeeinrichtungen sowie aus einem Vertreter des Landes. [2]Der Schiedsstelle gehört auch ein von dem Landesausschuss des Verbandes der Privaten Krankenversicherung bestellter Vertreter an, der auf die Zahl der Vertreter der Krankenkassen angerechnet wird. [3]Die Vertreter der Kranken- und Pflegekassen und deren Stellvertreter werden von den Landesverbänden der Kranken- und Pflegekassen, die Vertreter der Krankenhäuser und deren Stellvertreter werden von der Landeskran-

kenhausgesellschaft, die Vertreter der Pflegeeinrichtungen und deren Stellvertreter werden von den Landesverbänden der Pflegeeinrichtungen, die Vertreter des Landes und ihre Stellvertreter werden vom Land bestellt. [4]Der Vorsitzende und sein Stellvertreter werden von den beteiligten Organisationen gemeinsam bestellt; kommt eine Einigung nicht zustande, entscheidet das Los.

(3) [1]Bei Schiedsverfahren zu den Pauschalen der Pflegeschulen nach § 30 oder den individuellen Ausbildungsbudgets der Pflegeschulen nach § 31 treten an die Stelle der Vertreter der Krankenhäuser und des Vertreters der ambulanten Pflegedienste und des Vertreters der stationären Pflegeeinrichtungen vier Vertreter der Interessen der Pflegeschulen auf Landesebene. [2]Sie werden von den Landesverbänden der Interessenvertretungen der Schulen bestellt. [3]Die Sitzverteilung erfolgt entsprechend dem Verhältnis der Schulen in öffentlicher und in privater Trägerschaft. [4]Sind sowohl Schulen in öffentlicher als auch in privater Trägerschaft in dem Ausbildungsbereich der Pflege tätig, ist eine Vertretung beider in der Schiedsstellenbesetzung zu gewährleisten.

(4) [1]Die Mitglieder der Schiedsstellen führen ihr Amt als Ehrenamt. [2]Sie sind in Ausübung ihres Amtes an Weisungen nicht gebunden. [3]Jedes Mitglied hat eine Stimme. [4]Die Entscheidungen werden mit der Mehrheit der Mitglieder getroffen; ergibt sich keine Mehrheit, gibt die Stimme des Vorsitzenden den Ausschlag.

(5) [1]Die Landesregierungen werden ermächtigt, durch Rechtsverordnung das Nähere über

1. die Bestellung, die Amtsdauer und die Amtsführung der Mitglieder der Schiedsstelle sowie die ihnen zu gewährende Erstattung der Barauslagen und Entschädigung für Zeitaufwand der Mitglieder der Schiedsstelle,
2. die Führung der Geschäfte der Schiedsstelle,
3. das Verfahren und die Verfahrensgebühren

zu bestimmen; sie können diese Ermächtigung durch Rechtsverordnung auf oberste Landesbehörden übertragen. [2]Die Kosten der Schiedsstelle werden anteilig der Sitzverteilung nach den Absätzen 2 und 3 von den Rechtsträgern der Parteien nach den Absätzen 1 und 3 getragen.

(6) [1]Gegen die Entscheidung der Schiedsstelle ist der Verwaltungsrechtsweg gegeben. [2]Ein Vorverfahren findet nicht statt; die Klage hat keine aufschiebende Wirkung.

Teil 3
Hochschulische Pflegeausbildung.

§ 37   Ausbildungsziele

(1) Die primärqualifizierende Pflegeausbildung an Hochschulen befähigt zur unmittelbaren Tätigkeit an zu pflegenden Menschen aller Altersstufen und verfolgt gegenüber der beruflichen Pflegeausbildung nach Teil 2 ein erweitertes Ausbildungsziel.

(2) Die hochschulische Ausbildung zur Pflegefachfrau oder zum Pflegefachmann vermittelt die für die selbstständige umfassende und prozessorientierte Pflege von Menschen aller Altersstufen nach § 5 Absatz 2 in akut und dauerhaft stationären sowie ambulanten Pflegesituationen erforderlichen fachlichen und personalen Kompetenzen auf wissenschaftlicher Grundlage und Methodik.

(3) [1]Die hochschulische Ausbildung umfasst die in § 5 Absatz 3 beschriebenen Kompetenzen der beruflichen Pflegeausbildung. [2]Sie befähigt darüber hinaus insbesondere

1. zur Steuerung und Gestaltung hochkomplexer Pflegeprozesse auf der Grundlage wissenschaftsbasierter oder wissenschaftsorientierter Entscheidungen,
2. vertieftes Wissen über Grundlagen der Pflegewissenschaft, des gesellschaftlich-institutionellen Rahmens des pflegerischen Handelns sowie des normativ-institutionellen Systems der Versorgung anzuwenden und die Weiterentwicklung der gesundheitlichen und pflegerischen Versorgung dadurch maßgeblich mitzugestalten,
3. sich Forschungsgebiete der professionellen Pflege auf dem neuesten Stand der gesicherten Erkenntnisse erschließen und forschungsgestützte Problemlösungen wie auch neue Technologien in das berufliche Handeln übertragen zu können sowie berufsbezogene Fort- und Weiterbildungsbedarfe zu erkennen,
4. sich kritisch-reflexiv und analytisch sowohl mit theoretischem als auch praktischem Wissen auseinandersetzen und wissenschaftsbasiert innovative Lösungsansätze zur Verbesserung im eigenen beruflichen Handlungsfeld entwickeln und implementieren zu können und
5. an der Entwicklung von Qualitätsmanagementkonzepten, Leitlinien und Expertenstandards mitzuwirken.

(4) [1]Die Hochschule kann im Rahmen der ihr obliegenden Ausgestaltung des Studiums die Vermittlung zusätzlicher Kompetenzen vorsehen. [2]Das Erreichen des Ausbildungsziels darf hierdurch nicht gefährdet werden.

(5) § 5 Absatz 4 und § 14 gelten entsprechend.

§ 38 Durchführung des Studiums

(1) [1]Das Studium dauert mindestens drei Jahre. [2]Es umfasst theoretische und praktische Lehrveranstaltungen an staatlichen oder staatlich anerkannten Hochschulen anhand eines modularen Curriculums sowie Praxiseinsätze in Einrichtungen nach § 7.

(2) [1]Die Studiengangskonzepte unterliegen der Überprüfung durch die zuständige Landesbehörde im Akkreditierungsverfahren. [2]Wesentliche Änderungen der Studiengangskonzepte nach Abschluss des Akkreditierungsverfahrens unterliegen ebenfalls der Überprüfung durch die zuständigen Landesbehörden.

(3) [1]Die Praxiseinsätze gliedern sich in Pflichteinsätze, einen Vertiefungseinsatz sowie weitere Einsätze. [2]Wesentlicher Bestandteil der Praxiseinsätze ist die von den Einrichtungen zu gewährleistende Praxisanleitung. [3]Die Hochschule unterstützt die Praxiseinsätze durch die von ihr zu gewährleistende Praxisbegleitung. [4]Auf der

Grundlage einer landesrechtlichen Genehmigung kann ein geringer Anteil der Praxiseinsätze in Einrichtungen durch praktische Lerneinheiten an der Hochschule ersetzt werden.

(4) [1]Die Hochschule trägt die Gesamtverantwortung für die Koordination der theoretischen und praktischen Lehrveranstaltungen mit den Praxiseinsätzen. [2]Sie ist auch für die Durchführung der Praxiseinsätze verantwortlich und schließt hierfür Kooperationsvereinbarungen mit den Einrichtungen der Praxiseinsätze.

(5) Die im Rahmen einer erfolgreich abgeschlossenen Pflegeausbildung nach Teil 2 oder nach dem Krankenpflegegesetz in der bis zum 31. Dezember 2019 geltenden Fassung oder dem Altenpflegegesetz in der Fassung der Bekanntmachung vom 25. August 2003 (BGBl. I S. 1690) in der bis zum 31. Dezember 2019 geltenden Fassung erworbenen Kompetenzen und Fähigkeiten sollen als gleichwertige Leistungen auf das Studium angerechnet werden.

(6) [1]Die weitere Ausgestaltung des Studiums obliegt den Hochschulen. [2]Sie beachtet die Vorgaben der Richtlinie 2005/36/EG.

§ 39   Abschluss des Studiums, staatliche Prüfung zur Erlangung der Berufszulassung

(1) [1]Das Studium schließt mit der Verleihung des akademischen Grades durch die Hochschule ab. [2]Die Hochschule überprüft das Erreichen der Ausbildungsziele nach § 37.

(2) [1]Die Überprüfung der Kompetenzen nach § 5 und erforderlichenfalls nach § 14 soll nach Absatz 1 Satz 2 zum Ende des Studiums erfolgen. [2]Bundesweit einheitliche Rahmenvorgaben regelt die Ausbildungs- und Prüfungsverordnung nach § 56 Absatz 1.

(3) [1]Die Hochschule legt mit Zustimmung der zuständigen Landesbehörde die Module nach Absatz 2 Satz 1 fest. [2]Die hochschulische Prüfung nach Absatz 1 Satz 2 umfasst auch die staatliche Prüfung zur Erlangung der Berufszulassung.

(4) [1]Die Modulprüfungen nach Absatz 2 Satz 1 werden unter dem gemeinsamen Vorsitz von Hochschule und Landesbehörde durchgeführt. [2]Die zuständige Landesbehörde kann die Hochschule beauftragen, den Vorsitz auch für die zuständige Landesbehörde wahrzunehmen.

Teil 4
Anerkennung ausländischer Berufsabschlüsse; Zuständigkeiten; Fachkommission; Statistik und Verordnungsermächtigungen; Bußgeldvorschriften

Abschnitt 1
Außerhalb des Geltungsbereichs des Gesetzes erworbene Berufsabschlüsse

§ 40   Gleichwertigkeit und Anerkennung von Ausbildungen

(1) Eine außerhalb des Geltungsbereichs dieses Gesetzes und außerhalb eines Mitgliedstaats der Europäischen Union oder eines anderen Vertragsstaates des Abkommens über den Europäischen Wirtschaftsraum oder der Schweiz erworbene abgeschlossene Ausbildung erfüllt die Voraussetzungen des § 2 Nummer 1, wenn die Gleichwertigkeit des Ausbildungsstandes gegeben ist.

(2) [1]Der Ausbildungsstand ist als gleichwertig anzusehen, wenn die Ausbildung der antragstellenden Person in dem Beruf, für den die Anerkennung beantragt wird, keine wesentlichen Unterschiede gegenüber der in diesem Gesetz und in der Ausbildungs- und Prüfungsverordnung für diesen Beruf geregelten Ausbildung aufweist. [2]Wesentliche Unterschiede im Sinne des Satzes 1 liegen vor, wenn

1. die Ausbildung der antragstellenden Person hinsichtlich der beruflichen Tätigkeit Themenbereiche oder Bereiche der praktischen Ausbildung umfasst, die sich wesentlich von denen unterscheiden, die nach diesem Gesetz und der Ausbildungs- und Prüfungsverordnung für die Pflegeberufe vorgeschrieben sind, oder
2. der Beruf der Pflegefachfrau oder des Pflegefachmanns, der Beruf der Gesundheits- und Kinderkrankenpflegerin oder des Gesundheits- und Kinderkrankenpflegers oder der Beruf der Altenpflegerin oder des Altenpflegers eine oder mehrere reglementierte Tätigkeiten umfasst, die im Herkunftsstaat der antragstellenden Person nicht Bestandteil des Berufs sind, der dem der Pflegefachfrau oder des Pflegefachmanns, der Gesundheits- und Kinderkrankenpflegerin oder des Gesundheits- und Kinderkrankenpflegers oder der Altenpflegerin oder des Altenpflegers entspricht, und wenn sich die Ausbildung für die jeweiligen Tätigkeiten auf Themenbereiche oder Bereiche der praktischen Ausbildung nach diesem Gesetz und der Ausbildungs- und Prüfungsverordnung für die Pflegeberufe beziehen, die sich wesentlich von denen unterscheiden, die von der Ausbildung der antragstellenden Person abgedeckt sind, und

die antragstellende Person diese Unterschiede nicht durch Kenntnisse und Fähigkeiten ausgleichen kann, die sie im Rahmen ihrer tatsächlichen und rechtmäßigen Ausübung des Berufs der Pflegefachfrau oder des Pflegefachmanns, der Gesundheits- und Kinderkrankenpflegerin oder des Gesundheits- und Kinderkrankenpflegers oder der Altenpflegerin oder des Altenpflegers in Voll- oder Teilzeit oder durch lebenslanges Lernen erworben hat, sofern die durch lebenslanges Lernen erworbenen Kenntnisse und Fähigkeiten von einer dafür in dem jeweiligen Staat zuständigen Stelle formell als gültig anerkannt wurden; dabei ist nicht entscheidend, in welchem Staat diese Kenntnisse und Fähigkeiten erworben worden sind. [3]Themenbereiche oder Bereiche der praktischen Ausbildung unterscheiden sich wesentlich, wenn die nachgewiesene Ausbildung der antragstellenden Person wesentliche inhaltliche Abweichungen hinsichtlich der Kenntnisse und Fähigkeiten aufweist, die eine wesentliche Voraussetzung für die Ausübung des Berufs der Pflegefachfrau oder des Pflegefachmanns, der Gesundheits- und Kinderkrankenpflegerin oder des Gesundheits- und Kinderkrankenpflegers oder der Altenpflegerin oder des Altenpflegers in Deutschland sind; Satz 2 letzter Teilsatz gilt entsprechend.

(3) [1]Ist die Gleichwertigkeit des Ausbildungsstandes nach Absatz 2 nicht gegeben oder kann sie nur mit unangemessenem zeitlichen oder sachlichen Aufwand festgestellt werden, weil die erforderlichen Unterlagen und Nachweise aus Gründen, die nicht in der antragstellenden Person liegen, von dieser nicht vorgelegt werden können, ist ein gleichwertiger Kenntnisstand nachzuweisen. [2]Dieser Nachweis wird durch eine Kenntnisprüfung, die sich auf den Inhalt der staatlichen Abschlussprüfung erstreckt, oder einen höchstens dreijährigen Anpassungslehrgang erbracht, der mit einer Prüfung über den Inhalt des Anpassungslehrgangs abschließt. [3]Die antragstellende Person hat das Recht, zwischen der Kenntnisprüfung und dem Anpassungslehrgang zu wählen.

(4) Das Berufsqualifikationsfeststellungsgesetz findet mit Ausnahme des § 17 keine Anwendung.

(5) Die Länder können vereinbaren, dass die Aufgaben nach den §§ 40 und 41 von einem anderen Land oder einer gemeinsamen Einrichtung wahrgenommen werden.

§ 41 Gleichwertigkeit entsprechender Ausbildungen; Verordnungsermächtigung

(1) [1]Für Personen, die eine Erlaubnis nach § 1 Absatz 1 beantragen, gilt die Voraussetzung des § 2 Nummer 1 als erfüllt, wenn aus einem Europäischen Berufsausweis oder aus einem in einem Mitgliedstaat der Europäischen Union oder einem anderen Vertragsstaat des Abkommens über den Europäischen Wirtschaftsraum erworbenen Ausbildungsnachweis hervorgeht, dass die antragstellende Person eine Pflegeausbildung, die den Mindestanforderungen des Artikels 31 in Verbindung mit dem Anhang V Nummer 5.2.1 der Richtlinie 2005/36/EG entspricht, erworben hat und dies durch Vorlage eines in der Anlage aufgeführten und nach dem dort genannten Stichtag ausgestellten Ausbildungsnachweis eines der übrigen Mitgliedstaaten der Europäischen Union nachweist. [2]Satz 1 gilt entsprechend für in der Anlage aufgeführte und nach dem 31. Dezember 1992 ausgestellte Ausbildungsnachweise eines anderen Vertragsstaates des Abkommens über den Europäischen Wirtschaftsraum. [3]Das Bundesministerium für Familie, Senioren, Frauen und Jugend und das Bundesministerium für Gesundheit werden ermächtigt, durch Rechtsverordnung, die nicht der Zustimmung des Bundesrates bedarf, die Anlage zu diesem Gesetz späteren Änderungen des Anhangs V Nummer 5.2.1 der Richtlinie 2005/36/ EG anzupassen. [4]Gleichwertig den in Satz 1 genannten Ausbildungsnachweisen sind nach einem der in der Anlage aufgeführten Stichtag von den übrigen Mitgliedstaaten der Europäischen Union oder anderen Vertragsstaaten des Abkommens über den Europäischen Wirtschaftsraum ausgestellte Ausbildungsnachweise der Pflegefachfrau oder des Pflegefachmanns, die den in der Anlage zu Satz 1 für den betreffenden Staat aufgeführten Bezeichnungen nicht entsprechen, aber mit einer Bescheinigung

der zuständigen Behörde oder Stelle des Staates darüber vorgelegt werden, dass sie eine Ausbildung abschließen, die den Mindestanforderungen des Artikels 31 in Verbindung mit dem Anhang V Nummer 5.2.1 der Richtlinie 2005/36/EG entspricht und den für diesen Staat in der Anlage zu Satz 1 genannten Nachweisen gleichsteht. [5]Inhaber eines bulgarischen Befähigungsnachweises für den Beruf des „фелдшер" („Feldscher") haben keinen Anspruch auf Anerkennung ihres beruflichen Befähigungsnachweises in anderen Mitgliedstaaten im Rahmen dieses Absatzes.

(2) [1]Für Personen, die eine Erlaubnis nach § 58 Absatz 1 oder Absatz 2 beantragen, gilt die Voraussetzung des § 58 Absatz 3 in Verbindung mit § 2 Nummer 1 als erfüllt, wenn aus einem Europäischen Berufsausweis oder aus einem in einem anderen Mitgliedstaat der Europäischen Union oder einem anderen Vertragsstaat des Abkommens über den Europäischen Wirtschaftsraum erworbenen Ausbildungsnachweis hervorgeht, dass die antragstellende Person eine Ausbildung erworben hat, die in diesem Staat für den unmittelbaren Zugang zu einem dem Beruf der Gesundheits- und Kinderkrankenpflegerin oder des Gesundheits- und Kinderkrankenpflegers oder dem Beruf der Altenpflegerin oder des Altenpflegers entsprechenden Beruf erforderlich ist. [2]Ausbildungsnachweise im Sinne dieses Gesetzes sind Ausbildungsnachweise gemäß Artikel 3 Absatz 1 Buchstabe c der Richtlinie 2005/36/EG, die mindestens dem in Artikel 11 Buchstabe b der Richtlinie 2005/36/EG genannten Niveau entsprechen und denen eine Bescheinigung des Herkunftsmitgliedstaats über das Ausbildungsniveau beigefügt ist. [3]Satz 2 gilt auch für einen Ausbildungsnachweis oder eine Gesamtheit von Ausbildungsnachweisen, die von einer zuständigen Behörde in einem Mitgliedstaat ausgestellt wurden, sofern sie den erfolgreichen Abschluss einer in der Europäischen Union auf Voll- oder Teilzeitbasis im Rahmen formaler oder nichtformaler Ausbildungsprogramme erworbenen Ausbildung bescheinigen, von diesem Mitgliedstaat als gleichwertig anerkannt wurden und in Bezug auf die Aufnahme oder Ausübung des Berufs der Gesundheits- und Kinderkrankenpflegerin oder des Gesundheits- und Kinderkrankenpflegers oder des Berufs der Altenpflegerin oder des Altenpflegers dieselben Rechte verleihen oder auf die Ausübung des jeweiligen Berufs vorbereiten. [4]Antragstellende Personen mit einem Ausbildungsnachweis aus einem anderen Mitgliedstaat der Europäischen Union oder einem anderen Vertragsstaat des Abkommens über den Europäischen Wirtschaftsraum haben einen höchstens dreijährigen Anpassungslehrgang zu absolvieren oder eine Eignungsprüfung abzulegen, wenn die Ausbildung der antragstellenden Person wesentliche Unterschiede gegenüber den in diesem Gesetz und in der Ausbildungs- und Prüfungsverordnung für die Pflegeberufe geregelten Ausbildung zum Beruf der Gesundheits- und Kinderkrankenpflegerin oder des Gesundheits- und Kinderkrankenpflegers oder zum Beruf der Altenpflegerin oder des Altenpflegers aufweist. [5]§ 40 Absatz 2 Satz 2 und 3 gilt entsprechend. [6]Die antragstellende Person hat das Recht, zwischen dem Anpassungslehrgang und der Eignungsprüfung zu wählen.

(3) [1]§ 40 Absatz 2 und 3 gilt entsprechend für antragstellende Personen, die ihre Ausbildung in einem anderen Mitgliedstaat der Europäischen Union oder einem anderen Vertragsstaat des Abkommens über den Europäischen Wirtschaftsraum abgeschlossen haben und nicht unter Absatz 1 oder § 42 fallen, sowie antragstellende Personen, die über einen Ausbildungsnachweis als Pflegefachfrau oder Pflegefachmann aus einem Staat, der nicht Mitgliedstaat der Europäischen Union oder Ver-

tragsstaat des Abkommens über den Europäischen Wirtschaftsraum (Drittstaat) ist, verfügen, der in einem anderen Mitgliedstaat der Europäischen Union oder einem anderen Vertragsstaat des Abkommens über den Europäischen Wirtschaftsraum anerkannt wurde. [2]Zum Ausgleich der festgestellten wesentlichen Unterschiede haben die antragstellenden Personen in einem höchstens dreijährigen Anpassungslehrgang oder einer Eignungsprüfung, die sich auf die festgestellten wesentlichen Unterschiede erstrecken, nachzuweisen, dass sie über die zur Ausübung des Berufs der Pflegefachfrau oder des Pflegefachmanns in Deutschland erforderlichen Kenntnisse und Fähigkeiten verfügen. [3]Sie haben das Recht, zwischen dem Anpassungslehrgang und der Eignungsprüfung zu wählen.

(4) Absatz 3 gilt entsprechend für Personen, die

1. eine Erlaubnis nach § 1 Absatz 1 beantragen und über einen in einem anderen Mitgliedstaat der Europäischen Union oder einem anderen Vertragsstaat des Abkommens über den Europäischen Wirtschaftsraum ausgestellten Ausbildungsnachweis oder eine Gesamtheit von Ausbildungsnachweisen verfügen, die eine Ausbildung zur spezialisierten Pflegefachfrau oder zum spezialisierten Pflegefachmann bescheinigen, die nicht die allgemeine Pflege umfasst, oder
2. eine Erlaubnis nach § 58 Absatz 1 oder 2 beantragen und über eine in einem anderen Mitgliedstaat der Europäischen Union oder einem anderen Vertragsstaat des Abkommens über den Europäischen Wirtschaftsraum ausgestellten Ausbildungsnachweis oder eine Gesamtheit von Ausbildungsnachweisen, die den Mindestanforderungen des Artikels 31 in Verbindung mit dem Anhang V Nummer 5.2.1 der Richtlinie 2005/36/EG entsprechen, und eine darauf aufbauende Spezialisierung in der Gesundheits- und Kinderkrankenpflege oder in der Altenpflege verfügen.

(5) Für antragstellende Personen nach Absatz 4, die über einen Ausbildungsnachweis verfügen, der dem in Artikel 11 Buchstabe a der Richtlinie 2005/36/EG genannten Niveau entspricht, gelten die Absätze 1 bis 4 und § 40 mit der Maßgabe, dass die erforderliche Ausgleichsmaßnahme aus einer Eignungsprüfung besteht.

(6) Die Absätze 1 bis 5 gelten entsprechend für den Europäischen Berufsausweis für den Beruf der Pflegefachfrau oder des Pflegefachmanns sowie für den Fall der Einführung eines Europäischen Berufsausweises für den Beruf der Gesundheits- und Kinderkrankenpflegerin oder des Gesundheits- und Kinderkrankenpflegers und für den Beruf der Altenpflegerin oder des Altenpflegers.

(7) Die Absätze 1 bis 6 gelten entsprechend für Drittstaatsdiplome, für deren Anerkennung sich nach dem Recht der Europäischen Union eine Gleichstellung ergibt.

§ 42 Erlaubnis bei Vorlage von Nachweisen anderer EWR-Vertragsstaaten

(1) [1]Antragstellenden Personen, die die Voraussetzungen nach § 2 Nummer 2 bis 4 erfüllen und eine Erlaubnis nach § 1 Absatz 1 aufgrund der Vorlage eines Ausbildungsnachweises beantragen,

1. der von der früheren Tschechoslowakei verliehen wurde und die Aufnahme des Berufs der Krankenschwester oder des Krankenpflegers, die für die allgemeine Pflege verantwortlich sind, gestattet oder aus dem hervorgeht, dass die Ausbildung zum Beruf der Krankenschwester oder des Krankenpflegers, die für die allgemeine Pflege verantwortlich sind, im Falle der Tschechischen Republik oder der Slowakei vor dem 1. Januar 1993 begonnen wurde, oder

2. der von der früheren Sowjetunion verliehen wurde und die Aufnahme des Berufs der Krankenschwester oder des Krankenpflegers, die für die allgemeine Pflege verantwortlich sind, gestattet oder aus dem hervorgeht, dass die Ausbildung zum Beruf der Krankenschwester oder des Krankenpflegers, die für die allgemeine Pflege verantwortlich sind, im Falle Estlands vor dem 20. August 1991, im Falle Lettlands vor dem 21. August 1991, im Falle Litauens vor dem 11. März 1990 begonnen wurde, oder

3. der vom früheren Jugoslawien verliehen wurde und die Aufnahme des Berufs der Krankenschwester oder des Krankenpflegers, die für die allgemeine Pflege verantwortlich sind, gestattet oder aus dem hervorgeht, dass die Ausbildung zum Beruf der Krankenschwester oder des Krankenpflegers, die für die allgemeine Pflege verantwortlich sind, im Falle Sloweniens vor dem 25. Juni 1991 begonnen wurde,

ist die Erlaubnis zu erteilen, wenn die zuständigen Behörden der jeweiligen Mitgliedstaaten bescheinigen, dass dieser Ausbildungsnachweis hinsichtlich der Aufnahme und Ausübung des Berufs der Krankenschwester oder des Krankenpflegers, die für die allgemeine Pflege verantwortlich sind, in ihrem Hoheitsgebiet die gleiche Gültigkeit hat wie der von ihnen verliehene Ausbildungsnachweis und eine von den gleichen Behörden ausgestellte Bescheinigung darüber vorgelegt wird, dass die betreffende Person in den fünf Jahren vor Ausstellung der Bescheinigung mindestens drei Jahre ununterbrochen tatsächlich und rechtmäßig die Tätigkeit der Krankenschwester oder des Krankenpflegers, die für die allgemeine Pflege verantwortlich sind, in ihrem Hoheitsgebiet ausgeübt hat. [2]Die Tätigkeit muss die volle Verantwortung für die Planung, die Organisation und die Ausführung der Krankenpflege des Patienten umfasst haben.

(2) Antragstellende Personen, die die Voraussetzungen nach § 2 Nummer 2 bis 4 erfüllen und die eine Erlaubnis nach § 1 Absatz 1 aufgrund der Vorlage eines Ausbildungsnachweises beantragen, der in Polen für Krankenschwestern und Krankenpfleger verliehen worden ist, deren Ausbildung vor dem 1. Mai 2004 abgeschlossen wurde und den Mindestanforderungen an die Berufsausbildung gemäß Artikel 31 der Richtlinie 2005/36/EG nicht genügte, ist die Erlaubnis zu erteilen, wenn ihm ein Bakkalaureat-Diplom beigefügt ist, das auf der Grundlage eines Aufstiegsfortbildungsprogramms erworben wurde, das in einem der in Artikel 33 Absatz 3 Buchstabe b Doppelbuchstabe i oder Doppelbuchstabe ii der Richtlinie 2005/36/EG genannten Gesetze enthalten ist.

(3) [1]Antragstellende Personen, die die Erlaubnis nach § 1 Absatz 1 aufgrund einer in Rumänien abgeleisteten Ausbildung im Beruf der Krankenschwester oder des Krankenpflegers, die für die allgemeine Pflege verantwortlich sind, beantragen, die

den Mindestanforderungen an die Berufsausbildung des Artikels 31 der Richtlinie 2005/36/EG nicht genügt, erhalten die Erlaubnis, wenn sie über ein

1. ‚Certificat de competenţe profesionale de asistent medical generalist' mit einer postsekundären Ausbildung an einer ‚şcoală postliceală', dem eine Bescheinigung beigefügt ist, dass die Ausbildung vor dem 1. Januar 2007 begonnen wurde,
2. ‚Diplomă des absolvire des asistent medical generalist' mit einer Hochschulausbildung von kurzer Dauer, dem eine Bescheinigung beigefügt ist, dass die Ausbildung vor dem 1. Oktober 2003 begonnen wurde, oder
3. ‚Diplomyă de licenţă de asistent medical generalist' mit einer Hochschulausbildung von langer Dauer, dem eine Bescheinigung beigefügt ist, dass die Ausbildung vor dem 1. Oktober 2003 begonnen wurde,

verfügen, dem eine Bescheinigung beigefügt ist, aus der hervorgeht, dass die antragstellenden Personen während der letzten fünf Jahre vor Ausstellung der Bescheinigung mindestens drei Jahre lang den Beruf der Krankenschwester und des Krankenpflegers, die für die allgemeine Pflege verantwortlich sind, in Rumänien ununterbrochen tatsächlich und rechtmäßig ausgeübt haben und sie die Voraussetzungen nach § 2 Nummer 2 bis 4 erfüllen. [2]Absatz 1 Satz 2 gilt entsprechend.

(4) [1]Antragstellende Personen, die nicht unter die Absätze 1 bis 3 fallen, die Voraussetzungen nach § 2 Nummer 2 bis 4 erfüllen und eine Erlaubnis nach § 1 Absatz 1 aufgrund der Vorlage eines vor dem nach § 41 Absatz 1 in Verbindung mit der Anlage zu diesem Gesetz genannten Stichtag ausgestellten Ausbildungsnachweises eines der übrigen Mitgliedstaaten der Europäischen Union beantragen, ist die Erlaubnis zu erteilen, auch wenn dieser Ausbildungsnachweis nicht alle Anforderungen an die Ausbildung nach Artikel 31 der Richtlinie 2005/36/EG erfüllt, sofern dem Antrag eine Bescheinigung darüber beigefügt ist, dass der Inhaber während der letzten fünf Jahre vor Ausstellung der Bescheinigung mindestens drei Jahre lang ununterbrochen tatsächlich und rechtmäßig den Beruf der Pflegefachfrau oder des Pflegefachmanns ausgeübt hat. [2]Absatz 1 Satz 2 gilt entsprechend.

(5) Bei antragstellenden Personen, für die einer der Absätze 1 bis 4 gilt und die die dort genannten Voraussetzungen mit Ausnahme der geforderten Dauer der Berufserfahrung erfüllen, wird das Anerkennungsverfahren nach § 41 Absatz 3 durchgeführt.

§ 43   Feststellungsbescheid

[1]Wird die Voraussetzung nach § 2 Nummer 1 auf eine Ausbildung gestützt, die außerhalb des Geltungsbereichs dieses Gesetzes abgeschlossen worden ist, soll die Gleichwertigkeit der Berufsqualifikation nach den Regelungen dieses Abschnitts vor den Voraussetzungen nach § 2 Nummer 2 bis 4 geprüft werden. [2]Auf Antrag ist der antragstellenden Person ein gesonderter Bescheid über die Feststellung ihrer Berufsqualifikation zu erteilen.

Abschnitt 2
Erbringen von Dienstleistungen

§ 44 Dienstleistungserbringende Personen

(1) [1]Staatsangehörige eines Mitgliedstaates der Europäischen Union oder eines Vertragsstaates des Abkommens über den Europäischen Wirtschaftsraum, die zur Ausübung des Berufes der Pflegefachfrau oder des Pflegefachmanns in einem anderen Mitgliedstaat der Europäischen Union oder einem anderen Vertragsstaat des Europäischen Wirtschaftsraumes aufgrund einer nach deutschen Rechtsvorschriften abgeschlossenen Ausbildung oder aufgrund eines den Anforderungen des § 41 Absatz 1 entsprechenden Ausbildungsnachweises berechtigt sind und in einem dieser Mitgliedstaaten rechtmäßig niedergelassen sind, dürfen als dienstleistungserbringende Personen im Sinne des Artikels 57 des Vertrages über die Arbeitsweise der Europäischen Union (ABl. C 326 vom 26.10.2012, S. 47) vorübergehend und gelegentlich ihren Beruf im Geltungsbereich dieses Gesetzes ausüben. [2]Sie führen die Berufsbezeichnung nach § 1 Absatz 1 ohne Erlaubnis und dürfen die Tätigkeiten nach § 4 Absatz 2 ausüben.

(2) [1]Staatsangehörige eines Mitgliedstaates der Europäischen Union oder eines Vertragsstaates des Abkommens über den Europäischen Wirtschaftsraum, die zur Ausübung des Berufes der Gesundheits- und Kinderkrankenpflegerin oder des Gesundheits- und Kinderkrankenpflegers oder der Altenpflegerin oder des Altenpflegers in einem anderen Mitgliedstaat der Europäischen Union oder einem anderen Vertragsstaat des Europäischen Wirtschaftsraumes aufgrund einer nach deutschen Rechtsvorschriften abgeschlossenen Ausbildung oder aufgrund eines den Anforderungen des § 41 Absatz 2 entsprechenden Ausbildungsnachweises berechtigt sind und

1. in einem Mitgliedstaat rechtmäßig niedergelassen sind oder,
2. wenn der Beruf der Gesundheits- und Kinderkrankenpflegerin oder des Gesundheits- und Kinderkrankenpflegers oder der Altenpflegerin oder des Altenpflegers oder die Ausbildung zu diesem Beruf im Niederlassungsmitgliedstaat nicht reglementiert ist, diesen Beruf während der vorhergehenden zehn Jahre mindestens ein Jahr im Niederlassungsmitgliedstaat rechtmäßig ausgeübt haben,

dürfen als dienstleistungserbringende Personen im Sinne des Artikels 57 des Vertrages über die Arbeitsweise der Europäischen Union vorübergehend und gelegentlich ihren Beruf im Geltungsbereich dieses Gesetzes ausüben. [2]Sie führen die Berufsbezeichnung nach § 58 Absatz 1 oder Absatz 2 ohne Erlaubnis und dürfen die Tätigkeiten nach § 4 Absatz 2 ausüben.

(3) [1]Der vorübergehende und gelegentliche Charakter der Dienstleistungserbringung wird im Einzelfall beurteilt. [2]In die Beurteilung sind Dauer, Häufigkeit, regelmäßige Wiederkehr und Kontinuität der Dienstleistung einzubeziehen.

(4) Die Berechtigung nach Absatz 1 oder Absatz 2 besteht nicht, wenn die Voraussetzungen für eine Rücknahme oder einen Widerruf, die sich auf die Tatbestände

nach § 2 Nummer 2 oder Nummer 3 beziehen, zwar vorliegen, die Rücknahme oder der Widerruf jedoch nicht vollzogen werden kann, da die betroffene Person keine deutsche Berufserlaubnis besitzt.

(5) Die Absätze 1 bis 4 sowie die §§ 45 bis 48 gelten entsprechend für Drittstaaten und Drittstaatsangehörige, soweit sich hinsichtlich der Anerkennung von Ausbildungsnachweisen nach dem Recht der Europäischen Union eine Gleichstellung ergibt.

§ 45   Rechte und Pflichten

Dienstleistungserbringende Personen haben beim Erbringen der Dienstleistung im Geltungsbereich dieses Gesetzes die gleichen Rechte und Pflichten wie Personen mit einer Erlaubnis nach § 1 Absatz 1 oder § 58 Absatz 1 oder Absatz 2.

§ 46   Meldung der dienstleistungserbringenden Person an die zuständige Behörde

(1) [1]Wer beabsichtigt, im Sinne des § 44 Absatz 1 oder Absatz 2 Dienstleistungen zu erbringen, hat dies der zuständigen Behörde vorher schriftlich zu melden. [2]Die Meldung ist einmal jährlich zu erneuern, wenn die dienstleistungserbringende Person beabsichtigt, während des betreffenden Jahres vorübergehend und gelegentlich Dienstleistungen im Geltungsbereich dieses Gesetzes zu erbringen. [3]Wird die Meldung nach Satz 1 mittels eines Europäischen Berufsausweises vorgenommen, ist abweichend von Satz 2 die Meldung 18 Monate nach Ausstellung des Europäischen Berufsausweises zu erneuern.

(2) [1]Bei der erstmaligen Meldung oder bei wesentlichen Änderungen hat die dienstleistungserbringende Person folgende Dokumente vorzulegen:

1. einen Staatsangehörigkeitsnachweis,
2. einen Berufsqualifikationsnachweis,
3. im Fall der Dienstleistungserbringung
    a) nach § 44 Absatz 1 eine Bescheinigung über die rechtmäßige Niederlassung im Beruf der Pflegefachfrau oder des Pflegefachmanns in einem anderen Mitgliedstaat, die sich darauf erstreckt, dass der dienstleistungserbringenden Person die Ausübung dieser Tätigkeit zum Zeitpunkt der Vorlage der Bescheinigung nicht, auch nicht vorübergehend, untersagt ist und keine Vorstrafen vorliegen, oder
    b) nach § 44 Absatz 2 Satz 1 Nummer 1 eine Bescheinigung über die rechtmäßige Niederlassung im Beruf der Gesundheits- und Kinderkrankenpflegerin oder des Gesundheits- und Kinderkrankenpflegers oder der Altenpflegerin oder des Altenpflegers in einem anderen Mitgliedstaat, oder im Fall des § 44 Absatz 2 Satz 1 Nummer 2 einen Nachweis in beliebiger Form darüber, dass die dienstleistungserbringende Person den Beruf der Gesundheits- und Kinderkrankenpflegerin oder des Gesundheits- und Kinderkrankenpflegers oder der Altenpflegerin oder des Altenpflegers während der vorhergehenden zehn Jahre mindestens ein Jahr lang rechtmäßig ausgeübt hat; dabei darf der dienstleistungserbringenden Person die Ausübung dieser Tätigkeit zum Zeitpunkt der

Vorlage der Bescheinigung nicht, auch nicht vorübergehend, untersagt sein, und es dürfen keine Vorstrafen vorliegen und

4. eine Erklärung der dienstleistungserbringenden Person, dass sie über die zur Erbringung der Dienstleistung erforderlichen Kenntnisse der deutschen Sprache verfügt.

[2]Die für die Ausübung der Dienstleistung erforderlichen Kenntnisse der deutschen Sprache müssen vorhanden sein.

(3) [1]Im Fall der erstmaligen Dienstleistungserbringung nach § 44 Absatz 2 prüft die zuständige Behörde den nach § 46 Absatz 2 Satz 1 Nummer 2 vorgelegten Berufsqualifikationsnachweis. [2]§ 41 Absatz 2 gilt entsprechend mit der Maßgabe, dass für wesentliche Unterschiede zwischen der beruflichen Qualifikation der dienstleistungserbringenden Person und der nach diesem Gesetz und der Ausbildungs- und Prüfungsverordnung für die Pflegeberufe geforderten Ausbildung zum Beruf des Gesundheits- und Kinderkrankenpflegers oder der Gesundheits- und Kinderkrankenpflegerin oder der Altenpflegerin oder des Altenpflegers Ausgleichsmaßnahmen nur gefordert werden dürfen, wenn die Unterschiede so groß sind, dass ohne den Nachweis der fehlenden Kenntnisse und Fähigkeiten die öffentliche Gesundheit gefährdet wäre. [3]Soweit dies für die Beurteilung der Frage, ob wesentliche Unterschiede vorliegen, erforderlich ist, kann die zuständige Behörde bei der zuständigen Behörde des Niederlassungsmitgliedstaates Informationen über die Ausbildungsgänge der dienstleistungserbringenden Person anfordern. [4]Der Ausgleich der fehlenden Kenntnisse und Fähigkeiten erfolgt durch eine Eignungsprüfung.

(4) Sofern eine vorherige Meldung wegen der Dringlichkeit des Tätigwerdens nicht möglich ist, hat die Meldung unverzüglich nach Erbringen der Dienstleistung zu erfolgen.

§ 47   Bescheinigungen der zuständigen Behörde

[1]Einer oder einem Staatsangehörigen eines Mitgliedstaates der Europäischen Union oder eines Vertragsstaates des Abkommens über den Europäischen Wirtschaftsraum, die oder der im Geltungsbereich dieses Gesetzes den Beruf der Pflegefachfrau oder des Pflegefachmanns, der Gesundheits- und Kinderkrankenpflegerin oder des Gesundheits- und Kinderkrankenpflegers oder der Altenpflegerin oder des Altenpflegers auf Grund einer Erlaubnis nach § 1 Absatz 1 oder § 58 Absatz 1 oder Absatz 2 ausübt, ist auf Antrag für Zwecke der Dienstleistungserbringung in einem anderen Mitgliedstaat der Europäischen Union oder einem anderen Vertragsstaat des Abkommens über den Europäischen Wirtschaftsraum eine Bescheinigung darüber auszustellen, dass sie oder er

1. als Pflegefachfrau oder Pflegefachmann, als Gesundheits- und Kinderkrankenpflegerin oder Gesundheits- und Kinderkrankenpfleger oder als Altenpflegerin oder Altenpfleger rechtmäßig niedergelassen ist und ihr oder ihm die Ausübung des Berufs nicht, auch nicht vorübergehend, untersagt ist,

2. über die zur Ausübung der jeweiligen Tätigkeit erforderliche berufliche Qualifikation verfügt.

[2]Gleiches gilt für Drittstaaten und Drittstaatsangehörige, soweit sich hinsichtlich der Anerkennung von Ausbildungsnachweisen nach dem Recht der Europäischen Union eine Gleichstellung ergibt.

§ 48   Verwaltungszusammenarbeit bei Dienstleistungserbringung

(1) Wird gegen die Pflichten nach § 45 verstoßen, so hat die zuständige Behörde unverzüglich die zuständige Behörde des Niederlassungsmitgliedstaates dieser dienstleistungserbringenden Person hierüber zu unterrichten.

(2) Im Falle von berechtigten Zweifeln sind die zuständigen Behörden berechtigt, für jede Dienstleistungserbringung von den zuständigen Behörden des Niederlassungsmitgliedstaates Informationen über die Rechtmäßigkeit der Niederlassung sowie darüber anzufordern, ob berufsbezogene disziplinarische oder strafrechtliche Sanktionen vorliegen.

(3) Auf Anforderung der zuständigen Behörden eines Mitgliedstaates der Europäischen Union oder eines Vertragsstaates des Abkommens über den Europäischen Wirtschaftsraum haben die zuständigen Behörden in Deutschland nach Artikel 56 der Richtlinie 2005/36/EG der anfordernden Behörde Folgendes zu übermitteln:

1. alle Informationen über die Rechtmäßigkeit der Niederlassung und die gute Führung der dienstleistungserbringenden Person sowie
2. Informationen darüber, dass keine berufsbezogenen disziplinarischen oder strafrechtlichen Sanktionen vorliegen.

Abschnitt 3
Aufgaben und Zuständigkeiten

§ 49   Zuständige Behörden

Die Länder bestimmen die zur Durchführung dieses Gesetzes zuständigen Behörden.

§ 50   Unterrichtungspflichten

(1) Die zuständigen Behörden des Landes, in dem der Beruf der Pflegefachfrau oder des Pflegefachmanns ausgeübt wird oder zuletzt ausgeübt worden ist, unterrichten die zuständigen Behörden des Herkunftsmitgliedstaates über das Vorliegen strafrechtlicher Sanktionen, über die Rücknahme, den Widerruf und die Anordnung des Ruhens der Erlaubnis, über die Untersagung der Ausübung der Tätigkeit und über Tatsachen, die eine dieser Sanktionen oder Maßnahmen rechtfertigen würden; dabei sind die Vorschriften zum Schutz personenbezogener Daten einzuhalten.

(2) Erhalten die zuständigen Behörden der Länder Auskünfte von den zuständigen Behörden der Aufnahmemitgliedstaaten, die sich auf die Ausübung des Berufs der Pflegefachfrau oder des Pflegefachmanns auswirken könnten, so prüfen sie die Richtigkeit der Sachverhalte, befinden über Art und Umfang der durchzuführenden Prüfungen und unterrichten den Aufnahmemitgliedstaat über die Konsequenzen, die aus den übermittelten Auskünften zu ziehen sind.

(3) [1]Das Bundesministerium für Familie, Senioren, Frauen und Jugend und das Bundesministerium für Gesundheit benennen nach Mitteilung der Länder gemeinsam die Behörden und Stellen, die für die Ausstellung oder Entgegennahme der in der Richtlinie 2005/36/EG genannten Ausbildungsnachweise und sonstigen Unterlagen oder Informationen zuständig sind, sowie die Behörden und Stellen, die die Anträge annehmen und Entscheidungen treffen können, die im Zusammenhang mit dieser Richtlinie stehen. [2]Sie unterrichten die anderen Mitgliedstaaten und die Europäische Kommission unverzüglich über die Benennung.

(4) Die für die Entscheidungen nach diesem Gesetz zuständigen Behörden und Stellen übermitteln dem Bundesministerium für Familie, Senioren, Frauen und Jugend und dem Bundesministerium für Gesundheit statistische Aufstellungen über die getroffenen Entscheidungen, die die Europäische Kommission für den nach Artikel 60 Absatz 1 der Richtlinie 2005/36/EG erforderlichen Bericht benötigt, zur Weiterleitung an die Kommission.

§ 51   Vorwarnmechanismus

(1) Die jeweils zuständige Stelle unterrichtet die zuständigen Behörden der anderen Mitgliedstaaten der Europäischen Union, der anderen Vertragsstaaten des Abkommens über den Europäischen Wirtschaftsraum und der Schweiz über

1. den Widerruf oder die Rücknahme der Erlaubnis nach § 1 Absatz 1 oder § 58 Absatz 1 oder Absatz 2, die sofort vollziehbar oder unanfechtbar sind,
2. den Verzicht auf die Erlaubnis,
3. das Verbot der Ausübung des Berufs der Pflegefachfrau oder des Pflegefachmanns, der Gesundheits- und Kinderkrankenpflegerin oder des Gesundheits- und Kinderkrankenpflegers oder der Altenpflegerin oder des Altenpflegers durch unanfechtbare gerichtliche Entscheidung oder
4. das vorläufige Berufsverbot durch gerichtliche Entscheidung.

(2) [1]Die Mitteilung nach Absatz 1 (Warnmitteilung) enthält folgende Angaben:

1. die zur Identifizierung der betroffenen Person erforderlichen Angaben, insbesondere Name, Vorname, Geburtsdatum und Geburtsort,
2. Beruf der betroffenen Person,
3. Angaben über die Behörde oder das Gericht, die oder das die Entscheidung getroffen hat,
4. Umfang der Entscheidung oder des Verzichts und
5. Zeitraum, in dem die Entscheidung oder der Verzicht gilt.

[2]Die Warnmitteilung erfolgt unverzüglich, spätestens jedoch drei Tage nach Eintritt der Unanfechtbarkeit einer Entscheidung nach Absatz 1 Nummer 1 oder Nummer 3, nach Bekanntgabe einer Entscheidung nach Absatz 1 Nummer 4 oder nach einem Verzicht nach Absatz 1 Nummer 2. [3]Sie ist über das durch die Verordnung (EU) Nr. 1024/2012 des Europäischen Parlaments und des Rates vom 25. Oktober 2012 über die Verwaltungszusammenarbeit mit Hilfe des Binnenmarkt-Informationssystems und zur Aufhebung der Entscheidung 2008/49/EG der Kommission (ABl. L 316 vom 14.11.2012, S. 1) eingerichtete Binnenmarkt-Informationssystem (IMI) zu übermitteln. [4]Zeitgleich mit der Warnmitteilung unterrichtet

die Stelle, die die Warnmitteilung getätigt hat, die betroffene Person über die Warnmitteilung und deren Inhalt schriftlich unter Beifügung einer Rechtsbehelfsbelehrung. [5]Wird ein Rechtsbehelf gegen die Warnmitteilung eingelegt, ergänzt die Stelle, die die Warnmitteilung getätigt hat, die Warnmitteilung um einen entsprechenden Hinweis.

(3) [1]Im Fall der Aufhebung einer in Absatz 1 genannten Entscheidung oder eines Widerrufs des Verzichts unterrichtet jeweils die zuständige Stelle die zuständigen Behörden der anderen Mitgliedstaaten der Europäischen Union, der anderen Vertragsstaaten des Abkommens über den Europäischen Wirtschaftsraum und der Schweiz unverzüglich unter Angabe des Datums über die Aufhebung der Entscheidung oder den Widerruf des Verzichts. [2]Die zuständige Stelle unterrichtet die zuständigen Behörden der anderen Mitgliedstaaten der Europäischen Union, der anderen Vertragsstaaten des Abkommens über den Europäischen Wirtschaftsraum und der Schweiz ebenfalls unverzüglich über jede Änderung des nach Absatz 2 Satz 1 Nummer 5 angegebenen Zeitraums. [3]Die zuständige Stelle löscht Warnmitteilungen nach Absatz 1 im IMI unverzüglich, spätestens jedoch drei Tage nach Aufhebung der Entscheidung oder Widerruf des Verzichts.

(4) [1]Wird gerichtlich festgestellt, dass eine Person, die die Erteilung der Erlaubnis oder die Feststellung der Gleichwertigkeit ihrer Berufsqualifikation nach diesem Gesetz beantragt hat, dabei gefälschte Berufsqualifikationsnachweise verwendet hat, unterrichtet die zuständige Stelle die zuständigen Behörden der anderen Mitgliedstaaten der Europäischen Union, der anderen Vertragsstaaten des Abkommens über den Europäischen Wirtschaftsraum und der Schweiz über die Identität dieser Person, insbesondere über Name, Vorname, Geburtsdatum und Geburtsort, und den Umstand, dass diese Person gefälschte Berufsqualifikationsnachweise verwendet hat. [2]Die Unterrichtung erfolgt unverzüglich, spätestens jedoch drei Tage nach Unanfechtbarkeit der Feststellung über das IMI. [3]Absatz 2 Satz 4 und 5 gilt für die Unterrichtung nach Satz 1 entsprechend.

(5) Ergänzend zu den Absätzen 1 bis 4 ist die Durchführungsverordnung (EU) 2015/983 der Kommission vom 24. Juni 2015 betreffend das Verfahren zur Ausstellung des Europäischen Berufsausweises und die Anwendung des Vorwarnmechanismus gemäß der Richtlinie 2005/36/EG des Europäischen Parlaments und des Rates (ABl. L 159 vom 25.6.2015, S. 27) in der jeweils geltenden Fassung zu beachten.

§ 52   Weitere Aufgaben der jeweils zuständigen Behörden

(1) Die Entscheidung, ob die Erlaubnis erteilt wird, die Berufsbezeichnung nach § 1 Absatz 1 oder § 58 Absatz 1 oder Absatz 2 zu führen, trifft die zuständige Behörde des Landes, in dem die antragstellende Person die Prüfung abgelegt hat.

(2) Die Entscheidungen über den Zugang zur Ausbildung nach § 11, die Anrechnung gleichwertiger Ausbildungen und die Anrechnung von Fehlzeiten trifft die zuständige Behörde des Landes, in dem die Ausbildung durchgeführt wird oder dem Antrag entsprechend durchgeführt werden soll.

(3) [1]Die Meldung der dienstleistungserbringenden Person nach § 46 nimmt die zuständige Behörde des Landes entgegen, in dem die Dienstleistung erbracht werden soll oder erbracht worden ist. [2]Sie fordert die Informationen nach § 46 Absatz 2 an.

(4) [1]Die Informationen nach § 48 Absatz 3 werden durch die zuständige Behörde des Landes übermittelt, in dem der Beruf der Pflegefachfrau oder des Pflegefachmanns, der Gesundheits- und Kinderkrankenpflegerin oder des Gesundheits- und Kinderkrankenpflegers oder der Altenpflegerin oder des Altenpflegers ausgeübt wird oder zuletzt ausgeübt worden ist. [2]Die Unterrichtung des Herkunftsmitgliedstaates gemäß § 48 Absatz 1 erfolgt durch die zuständige Behörde des Landes, in dem die Dienstleistung erbracht wird oder erbracht worden ist.

(5) Die Bescheinigungen nach § 46 Absatz 2 Satz 1 Nummer 3 stellt die zuständige Behörde des Landes aus, in dem die antragstellende Person den Beruf der Pflegefachfrau oder des Pflegefachmanns, der Gesundheits- und Kinderkrankenpflegerin oder des Gesundheits- und Kinderkrankenpflegers oder der Altenpflegerin oder des Altenpflegers ausübt.

Abschnitt 4
Fachkommission, Beratung, Aufbau unterstützender Angebote und Forschung

§ 53   Fachkommission; Erarbeitung von Rahmenplänen

(1) Zur Erarbeitung eines Rahmenlehrplans und eines Rahmenausbildungsplans für die Pflegeausbildung nach Teil 2 sowie zur Wahrnehmung der weiteren ihr nach diesem Gesetz zugewiesenen Aufgaben wird eine Fachkommission eingerichtet.

(2) [1]Die Rahmenpläne der Fachkommission haben empfehlende Wirkung und sollen kontinuierlich, mindestens alle fünf Jahre, durch die Fachkommission auf ihre Aktualität überprüft und gegebenenfalls angepasst werden. [2]Sie sind dem Bundesministerium für Familie, Senioren, Frauen und Jugend und dem Bundesministerium für Gesundheit zur Prüfung der Vereinbarkeit mit diesem Gesetz vorzulegen, erstmals bis zum 1. Juli 2019.

(3) [1]Die Fachkommission besteht aus pflegefachlich, pflegepädagogisch und pflegewissenschaftlich für die Aufgaben nach Absatz 1 ausgewiesenen Expertinnen und Experten. [2]Sie wird vom Bundesministerium für Familie, Senioren, Frauen und Jugend und vom Bundesministerium für Gesundheit für die Dauer von jeweils fünf Jahren eingesetzt. [3]Die Berufung der Mitglieder erfolgt durch das Bundesministerium für Familie, Senioren, Frauen und Jugend und das Bundesministerium für Gesundheit im Benehmen mit den Ländern.

(4) [1]Die Fachkommission gibt sich eine Geschäftsordnung, die der Zustimmung des Bundesministeriums für Familie, Senioren, Frauen und Jugend und des Bundesministeriums für Gesundheit bedarf. [2]Das Bundesministerium für Familie, Senioren, Frauen und Jugend und das Bundesministerium für Gesundheit, die oder der Bevollmächtigte der Bundesregierung für Pflege sowie jeweils eine Vertreterin oder

ein Vertreter der Gesundheitsministerkonferenz, der Arbeits- und Sozialministerkonferenz und der Kultusministerkonferenz können an den Sitzungen der Fachkommission teilnehmen.

(5) ¹Die Fachkommission wird bei der Erfüllung ihrer Aufgaben durch eine
Geschäftsstelle, die beim Bundesinstitut für Berufsbildung angesiedelt ist, unterstützt. ²Die Fachaufsicht über die Geschäftsstelle üben das Bundesministerium für
Familie, Senioren, Frauen und Jugend und das Bundesministerium für Gesundheit
gemeinsam aus.

§ 54   Beratung; Aufbau unterstützender Angebote und Forschung

Das Bundesinstitut für Berufsbildung übernimmt die Aufgabe der Beratung und
Information zur Pflegeausbildung nach diesem Gesetz, die Aufgabe des Aufbaus
unterstützender Angebote und Strukturen zur Organisation der Pflegeausbildung
nach den Teilen 2 und 3 sowie zur Unterstützung der Arbeit der Fachkommission die
Aufgabe der Forschung zur Pflegeausbildung nach diesem Gesetz und zum Pflegeberuf nach Weisung des Bundesministeriums für Familie, Senioren, Frauen und
Jugend und des Bundesministeriums für Gesundheit.

Abschnitt 5
Statistik und Verordnungsermächtigung

§ 55   Statistik; Verordnungsermächtigung

(1) ¹Das Bundesministerium für Familie, Senioren, Frauen und Jugend und das
Bundesministerium für Gesundheit werden ermächtigt, für Zwecke dieses Gesetzes,
gemeinsam durch Rechtsverordnung mit Zustimmung des Bundesrates jährliche
Erhebungen über die bei der zuständigen Stelle nach § 26 Absatz 4 zur Erfüllung der
Aufgaben nach Teil 2 Abschnitt 3, auch in Verbindung mit § 59 Absatz 1, vorliegenden Daten als Bundesstatistik anzuordnen. ²Die Statistik kann folgende Sachverhalte
umfassen:

1. die Träger der praktischen Ausbildung, die weiteren an der Ausbildung beteiligten Einrichtungen sowie die Pflegeschulen,
2. die in der Ausbildung befindlichen Personen nach Geschlecht, Geburtsjahr,
   Beginn und Ende der Ausbildung, Grund der Beendigung der Ausbildung,
   Weiterbildung oder Umschulung,
3. die Ausbildungsvergütungen.

³Auskunftspflichtig sind die zuständigen Stellen gegenüber den statistischen Ämtern
der Länder.

(2) Die Befugnis der Länder, zusätzliche, von Absatz 1 nicht erfasste Erhebungen
über Sachverhalte des Pflege- oder Gesundheitswesens als Landesstatistik anzuordnen, bleibt unberührt.

§ 56 Ausbildungs- und Prüfungsverordnung, Finanzierung; Verordnungsermächtigungen

(1) [1]Das Bundesministerium für Familie, Senioren, Frauen und Jugend und das Bundesministerium für Gesundheit werden ermächtigt, gemeinsam durch Rechtsverordnung mit Zustimmung des Bundesrates in einer Ausbildungs- und Prüfungsverordnung

1. die Mindestanforderungen an die Ausbildung nach den Teilen 2, 3 und 5, einschließlich der Zwischenprüfung nach § 6 Absatz 5,
2. das Nähere über die staatliche Prüfung nach § 2 Nummer 1, auch in Verbindung mit § 58 Absatz 3, oder nach § 14 Absatz 6 in Verbindung mit § 2 Nummer 1 oder nach § 14 Absatz 7 in Verbindung mit § 2 Nummer 1, jeweils auch in Verbindung mit § 58 Absatz 3 und § 59 Absatz 1, einschließlich der Prüfung nach § 39, auch in Verbindung mit § 37 Absatz 5, die Urkunde für die Erlaubnis nach § 1 Absatz 1 oder § 58 Absatz 1 oder Absatz 2,
3. das Nähere über die Kooperationsvereinbarungen nach § 6 Absatz 4, auch in Verbindung mit § 59 Absatz 1,
4. das Nähere zur Errichtung, Zusammensetzung und Konkretisierung der Aufgaben der Fachkommission nach § 53, auch in Verbindung mit § 59 Absatz 1,
5. das Nähere zu den Aufgaben der Geschäftsstelle nach § 53, auch in Verbindung mit § 59 Absatz 1, und
6. das Nähere zu den Aufgaben des Bundesinstituts für Berufsbildung nach § 54, auch in Verbindung mit § 59 Absatz 1,

zu regeln. [2]Die Rechtsverordnung ist dem Bundestag zur Beschlussfassung zuzuleiten. [3]Die Zuleitung erfolgt vor der Zuleitung an den Bundesrat. [4]Die Rechtsverordnung kann durch Beschluss des Bundestages geändert oder abgelehnt werden. [5]Der Beschluss des Bundestages wird der Bundesregierung zugeleitet. [6]Hinsichtlich Satz 1 Nummer 1 und 2 erfolgt der Erlass der Rechtsverordnung im Benehmen, hinsichtlich Satz 1 Nummer 5 und 6 im Einvernehmen mit dem Bundesministerium für Bildung und Forschung. [7]Hinsichtlich Satz 1 Nummer 6 erfolgt der Erlass der Rechtsverordnung zudem im Benehmen mit dem Bundesministerium der Finanzen.

(2) In der Rechtsverordnung nach Absatz 1 ist für Inhaberinnen und Inhaber von Ausbildungsnachweisen, die eine Erlaubnis nach § 2 in Verbindung mit § 40 oder § 41 beantragen, Folgendes zu regeln:

1. das Verfahren bei der Prüfung der Voraussetzungen des § 2 Nummer 2 und 3, insbesondere die Vorlage der von der antragstellenden Person vorzulegenden Nachweise und die Ermittlung durch die zuständige Behörde entsprechend Artikel 50 Absatz 1 bis 3 in Verbindung mit Anhang VII der Richtlinie 2005/36/EG,
2. die Pflicht von Inhaberinnen und Inhabern von Ausbildungsnachweisen, nach Maßgabe des Artikels 52 Absatz 1 der Richtlinie 2005/36/EG die Berufsbezeichnung des Aufnahmemitgliedstaates zu führen und deren etwaige Abkürzung zu verwenden,
3. die Fristen für die Erteilung der Erlaubnis,
4. das Verfahren über die Voraussetzungen zur Dienstleistungserbringung gemäß den §§ 44 bis 48,

5. die Regelungen zur Durchführung und zum Inhalt der Anpassungsmaßnahmen nach § 40 Absatz 3 Satz 2 und § 41 Absatz 2 Satz 4 und Absatz 3 Satz 2,
6. das Verfahren bei der Ausstellung eines Europäischen Berufsausweises.

(3) Das Bundesministerium für Familie, Senioren, Frauen und Jugend und das Bundesministerium für Gesundheit werden ermächtigt, gemeinsam und im Benehmen mit dem Bundesministerium der Finanzen durch Rechtsverordnung mit Zustimmung des Bundesrates Vorschriften zu erlassen über die Finanzierung der beruflichen Ausbildung in der Pflege nach Teil 2 Abschnitt 3 und Teil 5; dies betrifft insbesondere

1. die nähere Bestimmung der Ausbildungskosten nach § 27,
2. das Verfahren der Ausbildungsbudgets einschließlich der Vereinbarung der Pauschalen und Individualbudgets nach den §§ 29 bis 31,
3. die Aufbringung des Finanzierungsbedarfs sowie der Zahlverfahren nach § 33 Absatz 2 bis 7,
4. die Erbringung und Weiterleitung der Ausgleichszuweisungen nach § 34 Absatz 1 bis 3, die Verrechnung nach § 34 Absatz 4, die Abrechnung, Zurückzahlung und nachträgliche Berücksichtigung nach § 34 Absatz 5 und 6,
5. die Rechnungslegung der zuständigen Stelle nach § 35

einschließlich der erforderlichen Vorgaben zum Erheben, Verarbeiten und Nutzen personenbezogener Daten und zum Datenschutz, soweit es für das Verfahren zur Finanzierung der beruflichen Ausbildung in der Pflege erforderlich ist.

(4) Der Spitzenverband Bund der Kranken- und Pflegekassen, der Verband der Privaten Krankenversicherung, die Vereinigungen der Träger der Pflegeeinrichtungen auf Bundesebene und die Deutsche Krankenhausgesellschaft vereinbaren spätestens bis drei Monate nach Verkündung dieses Gesetzes im Benehmen mit den Ländern Vorschläge für die Regelungsinhalte nach Absatz 3 Nummer 1 bis 5.

(5) Abweichungen durch Landesrecht von den Regelungen des Verwaltungsverfahrens in der auf Grundlage der Absätze 1 bis 3 erlassenen Rechtsverordnung sind ausgeschlossen.

Abschnitt 6
Bußgeldvorschriften

§ 57   Bußgeldvorschriften

(1) Ordnungswidrig handelt, wer

1. ohne Erlaubnis nach § 1 Absatz 1, § 58 Absatz 1 oder Absatz 2 eine dort genannte Berufsbezeichnung führt,
2. entgegen § 4 Absatz 1, auch in Verbindung mit § 58 Absatz 3, als selbstständig erwerbstätige Person eine dort genannte Aufgabe durchführt,
3. entgegen § 4 Absatz 3, auch in Verbindung mit § 58 Absatz 3, einer dort genannten Person eine dort genannte Aufgabe zur Durchführung gegenüber Dritten überträgt oder die Durchführung der Aufgabe durch diese Person gegenüber Dritten duldet.

(2) Die Ordnungswidrigkeit kann in den Fällen des Absatzes 1 Nummer 2 und 3 mit einer Geldbuße bis zu zehntausend Euro, in den übrigen Fällen mit einer Geldbuße bis zu dreitausend Euro geahndet werden.

Teil 5
Besondere Vorschriften über die Berufsabschlüsse in der Gesundheits- und Kinderkrankenpflege sowie in der Altenpflege

§ 58 Führen der Berufsbezeichnungen in der Gesundheits- und Kinderkrankenpflege sowie in der Altenpflege

(1) Wer die Berufsbezeichnung „Gesundheits- und Kinderkrankenpflegerin" oder „Gesundheits- und Kinderkrankenpfleger" führen will, bedarf der Erlaubnis.

(2) Wer die Berufsbezeichnung „Altenpflegerin" oder „Altenpfleger" führen will, bedarf der Erlaubnis.

(3) Die §§ 2 bis 4 sind entsprechend anzuwenden.

§ 59 Gemeinsame Vorschriften; Wahlrecht der Auszubildenden

(1) Die Regelungen in Teil 2, § 52 Absatz 1 und 2 sowie Teil 4 Abschnitt 4 gelten entsprechend nach Maßgabe der Absätze 2 bis 5 sowie der §§ 60 und 61.

(2) Ist im Ausbildungsvertrag ein Vertiefungseinsatz im speziellen Bereich der pädiatrischen Versorgung vereinbart, kann sich die oder der Auszubildende für das letzte Ausbildungsdrittel entscheiden, statt die bisherige Ausbildung nach Teil 2 fortzusetzen, eine Ausbildung zur Gesundheits- und Kinderkrankenpflegerin oder zum Gesundheits- und Kinderkrankenpfleger nach Maßgabe des § 60 mit dem Ziel durchzuführen, eine Erlaubnis nach § 58 Absatz 1 zu erhalten.

(3) Ist im Ausbildungsvertrag ein Vertiefungseinsatz im Bereich der allgemeinen Langzeitpflege in stationären Einrichtungen oder der allgemeinen ambulanten Akut- und Langzeitpflege mit der Ausrichtung auf den Bereich der ambulanten Langzeitpflege vereinbart, kann sich die oder der Auszubildende für das letzte Ausbildungsdrittel entscheiden, statt die bisherige Ausbildung nach Teil 2 fortzusetzen, eine Ausbildung zur Altenpflegerin oder zum Altenpfleger nach Maßgabe des § 61 mit dem Ziel durchzuführen, eine Erlaubnis nach § 58 Absatz 2 zu erhalten.

(4) [1]Der Träger der praktischen Ausbildung stellt sicher, dass die oder der Auszubildende vor Ausübung des Wahlrechts die in § 7 Absatz 3 benannten Einsätze jeweils mindestens zur Hälfte absolviert hat. [2]Er stellt darüber hinaus nach Ausübung des Wahlrechts die Durchführung der jeweiligen gewählten Ausbildung nach § 60 oder § 61 selbst oder über Kooperationsverträge nach § 6 Absatz 4 mit anderen Einrichtungen und Pflegeschulen sicher.

(5) [1]Das Wahlrecht nach Absatz 2 oder Absatz 3 soll vier Monate und kann frühestens sechs Monate vor Beginn des letzten Ausbildungsdrittels gegenüber dem Träger der praktischen Ausbildung ausgeübt werden. [2]Besteht ein Wahlrecht, muss

der Ausbildungsvertrag nach § 16 Angaben zum Wahlrecht und zum Zeitpunkt der Ausübung enthalten. [3]Wird das Wahlrecht ausgeübt, ist der Ausbildungsvertrag nach § 16 entsprechend anzupassen.

§ 60 Ausbildung zur Gesundheits- und Kinderkrankenpflegerin oder zum Gesundheits- und Kinderkrankenpfleger; Ausbildungsziel und Durchführung der Ausbildung

(1) Wählt die oder der Auszubildende nach § 59 Absatz 2, eine Ausbildung zur Gesundheits- und Kinderkrankenpflegerin oder zum Gesundheits- und Kinderkrankenpfleger durchzuführen, gilt § 5 für die weitere Ausbildung mit der Maßgabe, dass die Kompetenzvermittlung speziell zur Pflege von Kindern und Jugendlichen erfolgt.

(2) [1]Die praktische Ausbildung des letzten Ausbildungsdrittels ist in Bereichen der Versorgung von Kindern und Jugendlichen durchzuführen. [2]Der theoretische und praktische Unterricht des letzten Ausbildungsdrittels ist am Ausbildungsziel des Absatzes 1 auszurichten.

§ 61 Ausbildung zur Altenpflegerin oder zum Altenpfleger; Ausbildungsziel und Durchführung der Ausbildung

(1) Wählt die oder der Auszubildende nach § 59 Absatz 3, eine Ausbildung zur Altenpflegerin oder zum Altenpfleger durchzuführen, gilt § 5 für die weitere Ausbildung mit der Maßgabe, dass die Kompetenzvermittlung speziell zur Pflege alter Menschen erfolgt.

(2) [1]Die praktische Ausbildung des letzten Ausbildungsdrittels ist in Bereichen der Versorgung von alten Menschen durchzuführen. [2]Der theoretische und praktische Unterricht des letzten Ausbildungsdrittels ist am Ausbildungsziel des Absatzes 1 auszurichten.

§ 62 Überprüfung der Vorschriften über die Berufsabschlüsse in der Gesundheits- und Kinderkrankenpflege sowie in der Altenpflege

(1) [1]Das Bundesministerium für Familie, Senioren, Frauen und Jugend und das Bundesministerium für Gesundheit ermitteln bis zum 31. Dezember 2025, welcher Anteil der Auszubildenden das Wahlrecht nach § 59 Absatz 2 einerseits und nach § 59 Absatz 3 andererseits ausgeübt hat. [2]Das Bundesministerium für Familie, Senioren, Frauen und Jugend und das Bundesministerium für Gesundheit berichten dem Deutschen Bundestag bis zum 31. Dezember 2025, welcher Anteil der Auszubildenden das Wahlrecht nach § 59 Absatz 2 einerseits und nach § 59 Absatz 3 andererseits ausgeübt hat. [3]Der Bericht soll für den Fall, dass der jeweilige Anteil geringer als 50 Prozent ist, Vorschläge zur Anpassung des Gesetzes enthalten.

(2) Die zuständigen Stellen nach § 26 Absatz 4 erheben für jedes Ausbildungsjahr zum Zweck der Evaluierung nach Absatz 1 die folgenden Angaben und übermitteln sie an das Bundesministerium für Familie, Senioren, Frauen und Jugend und das Bundesministerium für Gesundheit:

1. die Zahl der in der Ausbildung befindlichen Personen, getrennt nach Wahl des Vertiefungseinsatzes,
2. die Zahl der Personen nach § 59 Absatz 2, die das Wahlrecht ausüben,
3. die Zahl der Personen nach § 59 Absatz 3, die das Wahlrecht ausüben.

Teil 6
Anwendungs- und Übergangsvorschriften

§ 63   Nichtanwendung des Berufsbildungsgesetzes

Für die Ausbildung nach diesem Gesetz findet das Berufsbildungsgesetz, soweit nicht die Aufgaben des Bundesinstituts für Berufsbildung nach § 53 Absatz 5 Satz 1 und § 54 in Verbindung mit § 90 Absatz 3a des Berufsbildungsgesetzes betroffen sind, keine Anwendung.

§ 64   Fortgeltung der Berufsbezeichnung

[1]Eine Erlaubnis zum Führen der Berufsbezeichnung nach dem Krankenpflegegesetz in der am 31. Dezember 2019 geltenden Fassung oder nach dem Altenpflegegesetz in der am 31. Dezember 2019 geltenden Fassung bleibt durch dieses Gesetz unberührt. [2]Sie gilt zugleich als Erlaubnis nach § 1 Absatz 1 Satz 1. [3]Die die Erlaubnis nach § 1 Absatz 1 Satz 1 betreffenden Vorschriften sind entsprechend anzuwenden.

§ 65   Weitergeltung staatlicher Anerkennungen von Schulen; Bestandsschutz

(1) Schulen, die am 31. Dezember 2019 nach den Vorschriften des Krankenpflegegesetzes in der am 31. Dezember 2019 geltenden Fassung staatlich anerkannt sind, gelten weiterhin als staatlich anerkannt nach § 6 Absatz 2, wenn die Anerkennung nicht nach Maßgabe des Absatzes 3 widerrufen wird.

(2) Altenpflegeschulen, die am 31. Dezember 2019 nach den Vorschriften des Altenpflegegesetzes in der am 31. Dezember 2019 geltenden Fassung staatlich anerkannt sind, gelten weiterhin als staatlich anerkannt nach § 6 Absatz 2, wenn die Anerkennung nicht nach Maßgabe des Absatzes 3 widerrufen wird.

(3) [1]Staatliche Anerkennungen von Schulen nach Absatz 1 oder von Altenpflegeschulen nach Absatz 2 sind zu widerrufen, falls das Vorliegen der Voraussetzungen nach § 9 Absatz 1 und 2 nicht bis zum 31. Dezember 2029 nachgewiesen wird. [2]Am 31. Dezember 2019 bestehende staatliche Schulen nach den Vorschriften des Krankenpflegegesetzes in der am 31. Dezember 2019 geltenden Fassung oder nach den Vorschriften des Altenpflegegesetzes in der am 31. Dezember 2019 geltenden Fassung setzen die Voraussetzungen nach § 9 Absatz 1 und 2 bis zum 31. Dezember 2029 um. [3]§ 9 Absatz 3 bleibt unberührt.

(4) Die Voraussetzungen des § 9 Absatz 1 Nummer 1 und 2 gelten als erfüllt, wenn als Schulleitung oder Lehrkräfte Personen eingesetzt werden, die am 31. Dezember 2019

1. eine staatliche oder staatlich anerkannte (Kinder-) Krankenpflegeschule oder eine staatliche oder staatlich anerkannte Altenpflegeschule rechtmäßig leiten,
2. als Lehrkräfte an einer staatlichen oder staatlich anerkannten (Kinder-)Krankenpflegeschule oder an einer staatlichen oder staatlich anerkannten Altenpflegeschule rechtmäßig unterrichten,
3. über die Qualifikation zur Leitung oder zur Tätigkeit als Lehrkraft an einer staatlichen oder staatlich anerkannten (Kinder-)Krankenpflegeschule oder an einer staatlichen oder staatlich anerkannten Altenpflegeschule verfügen oder
4. an einer Weiterbildung zur Leitung einer staatlichen oder staatlich anerkannten Altenpflegeschule oder zur Lehrkraft teilnehmen und diese bis zum 31. Dezember 2020 erfolgreich abschließen.

§ 66 Übergangsvorschriften für begonnene Ausbildungen nach dem Krankenpflegegesetz oder dem Altenpflegegesetz

(1) [1]Eine Ausbildung

1. zur Gesundheits- und Krankenpflegerin oder zum Gesundheits- und Krankenpfleger oder
2. zur Gesundheits- und Kinderkrankenpflegerin oder zum Gesundheits- und Kinderkrankenpfleger,

die vor Ablauf des 31. Dezember 2019 begonnen wurde, kann bis zum 31. Dezember 2024 auf der Grundlage der Vorschriften des Krankenpflegegesetzes in der am 31. Dezember 2019 geltenden Fassung abgeschlossen werden. [2]Nach Abschluss der Ausbildung erhält die antragstellende Person, wenn die Voraussetzungen des § 2 Nummer 2 bis 4 vorliegen, die Erlaubnis, die Berufsbezeichnung „Gesundheits- und Krankenpflegerin" oder „Gesundheits- und Krankenpfleger" oder die Bezeichnung „Gesundheits- und Kinderkrankenpflegerin" oder „Gesundheits- und Kinderkrankenpfleger" zu führen. [3]Die Möglichkeit der Überleitung einer vor Außerkrafttreten des Krankenpflegegesetzes nach den Vorschriften des Krankenpflegegesetzes begonnenen Ausbildung in die neue Pflegeausbildung nach Teil 2 bleibt hiervon unberührt; das Nähere regeln die Länder.

(2) [1]Eine Ausbildung zur Altenpflegerin oder zum Altenpfleger, die vor Ablauf des 31. Dezember 2019 begonnen wurde, kann bis zum 31. Dezember 2024 auf der Grundlage der Vorschriften des Altenpflegegesetzes, einschließlich der darin enthaltenen Kostenregelungen, in der am 31. Dezember 2019 geltenden Fassung abgeschlossen werden. [2]Nach Abschluss der Ausbildung erhält die antragstellende Person, wenn die Voraussetzungen des § 2 Nummer 2 bis 4 vorliegen, die Erlaubnis, die Berufsbezeichnung „Altenpflegerin" oder „Altenpfleger" zu führen. [3]Die Möglichkeit der Überleitung einer vor Außerkrafttreten des Altenpflegegesetzes nach den Vorschriften des Altenpflegegesetzes begonnenen Ausbildung in die neue Pflegeausbildung nach Teil 2 bleibt hiervon unberührt; das Nähere regeln die Länder.

(3) Für die Finanzierung der Ausbildung nach Absatz 1 Satz 1 gilt § 17a des Krankenhausfinanzierungsgesetzes in der am 31. Dezember 2018 geltenden Fassung.

§ 67 Kooperationen von Hochschulen und Pflegeschulen

(1) [1]Bestehende Kooperationen von Hochschulen mit Schulen auf der Grundlage von § 4 Absatz 6 des Krankenpflegegesetzes oder mit Altenpflegeschulen auf der Grundlage von § 4 Absatz 6 des Altenpflegegesetzes können auf Antrag zur Durchführung der hochschulischen Pflegeausbildung nach Teil 3 bis zum 31. Dezember 2031 fortgeführt werden. [2]Kooperiert die Hochschule bei den Lehrveranstaltungen mit einer Schule nach Satz 1, stellt sie sicher, dass die Ausbildungsziele erreicht werden. [3]Eine Kooperation kann nur erfolgen, wenn der Anteil der Lehrveranstaltungen an der Hochschule deutlich überwiegt. [4]Die Schule nach Satz 1 kann die Praxisbegleitung anteilig übernehmen.

(2) Neue Kooperationen von Hochschulen und Pflegeschulen können auf Antrag unter Beachtung der weiteren Maßgaben des Absatzes 1 zugelassen werden, soweit dies zur Förderung der hochschulischen Pflegeausbildung nach Teil 3 erforderlich ist.

§ 68 Evaluierung

(1) Das Bundesministerium für Familie, Senioren, Frauen und Jugend und das Bundesministerium für Gesundheit evaluieren bis zum 31. Dezember 2024 die Wirkung des § 11 Absatz 1 Nummer 3 auf wissenschaftlicher Grundlage.

(2) Das Bundesministerium für Familie, Senioren, Frauen und Jugend und das Bundesministerium für Gesundheit evaluieren bis zum 31. Dezember 2029 die Wirkung der §§ 53 und 54 auf wissenschaftlicher Grundlage.

(3) Das Bundesministerium für Familie, Senioren, Frauen und Jugend und das Bundesministerium für Gesundheit überprüfen bis zum 31. Dezember 2029 die Wirkung des § 67 auf wissenschaftlicher Grundlage im Rahmen einer umfassenden Evaluierung der hochschulischen Ausbildung.

(4) Das Bundesministerium für Familie, Senioren, Frauen und Jugend und das Bundesministerium für Gesundheit evaluieren bis zum 31. Dezember 2025 die Wirkungen des Teils 2 Abschnitt 3 auf wissenschaftlicher Grundlage.

Anlage
(zu § 41 Abs. 1 Satz 1)

Land	Ausbildungsnachweis	Ausstellende Stelle	Berufs-bezeichnung	Stichtag
België/ Belgique/ Belgien	– Diploma gegradue-erde verpleger/ver-pleegster/Diplôme d'infirmier(ère) gradué(e)/Diplom eines (einer) gradu-ierten Krankenpfle-gers (-pflegerin) – Diploma in de zie-kenhuisverpleeg-kunde/Brevet d'in-firmier(ère) hospi-talier(ère)/Brevet eines (einer) Kran-kenpflegers(-pfle-gerin) – Brevet van verplee-gassistent(e)/Brevet d'hospitalier(ère)/ Brevet einer Pfle-geassistentin	– De erkende opleidingsinsti-tuten/Les étab-lissements d'enseignement reconnus/Die anerkannten Ausbildungs-anstalten – De bevoegde Examencom-missie van de Vlaamse Ge-meenschap/Le Jury compétent d'enseignement de la Commu-nauté française/ Die zuständi-gen Prüfungs-ausschüsse der Deutschspra chigen Ge-meinschaft	– Hospitalier (ère)/Ver-pleegassis-tent(e) – Infirmier (ère) hospi-talier(ère)/ Ziekenhuis-verpleger (-verpleegs-ter)	29. Juni 1979
България	Диплома за висше образование на образователно-квалификационна степен ‚Бакалавър‘ с професионална квалификация ‚Медицинска сестра‘	Университет	Медицинска сестра	1. Januar 2007
Česká republika	– 1. Diplom o ukon-čení studia ve stu-dijním programu ošetřovatelství ve studijním oboru všeobecná sestra (bakalář, Bc.), zu-sammen mit fol-gender Bescheini-gung: Vysv dčení o státní záv rečné zkoušce – 2. Diplom o ukon-čení studia ve stu-	1. Vysoká škola zřízená nebo uznaná státem 2. Vyšší odborná škola zřízená nebo uznaná státem	1. Všeobecná sestra 2. Všeobecný ošetřovatel	1. Mai 2004

Land	Ausbildungsnachweis	Ausstellende Stelle	Berufs-bezeichnung	Stichtag
	dijním oboru diplomovaná všeobecná sestra (diplomovaný specialista, DiS.), zusammen mit folgender Bescheinigung: Vysv dčení o absolutoriu			
Danmark	Eksamensbevis efter gennemført sygeplejerskeuddannelse	Sygeplejeskole godkendt af Undervisningsministeriet	Sygeplejerske	29. Juni 1979
Eesti	Diplom õe erialal	1. Tallinna Meditsiinikool 2. Tartu Meditsiinikool 3. Kohtla-Järve Meditsiinikool	õde	1. Mai 2004
Ελλάς	1. Πτυχίο Νοσηλευτικής Παν/μίου Αθηνών 2. Πτυχίο Νοσηλευτικής Τεχνολογικών Εκπαιδευτικών Ιδρυμάτων (Τ.Ε.Ι) 3. Πτυχίο Αξιωματικών Νοσηλευτικής 4. Πτυχίο Αδελφών Νοσοκόμων πρώην Ανωτέρων Σχολών Υπουργείου Υγείας και Πρόνοιας 5. Πτυχίο Αδελφών Νοσοκόμων και Επισκεπτριών πρώην Ανωτέρων Σχολών Υπουργείου Υγείας και Πρόνοιας 6. Πτυχίο Τμήματος Νοσηλευτικής	1. Πανεπιστήμιο Αθηνών 2. Τεχνολογικά Εκπαιδευτικά Ιδρύματα Υπουργείο Εθνικής Παιδείας και Θρησκευμάτων 3. Υπουργείο Εθνικής 'Αμυνας 4. Υπουργείο Υγείας και Πρόνοιας 5. Υπουργείο Υγείας και Πρόνοιας 6. ΚΑΤΕΕ Υπουργείου Εθνικής Παιδείας και Θρησκευμάτων	Δίπλωματούχος ή πτυχίούχος νοσοκόμος, νοσηλευτής ή νοσηλευτρια	1. Januar 1981
España			Enfermero/a diplomado/a	1. Januar 1986

Land	Ausbildungsnachweis	Ausstellende Stelle	Berufs-bezeichnung	Stichtag
	Título de Diplomado universitario en Enfermería	– Ministerio de Educación y Cultura – El rector de una universidad		
France	– Diplôme d'Etat d'infirmier(ère) – Diplôme d'Etat d'infirmier(ère) délivré en vertu du décret no 99-1147 du 29 décembre 1999	Le ministère de la santé	Infirmier(ère)	29. Juni 1979
Hrvatska	1. Svjedodžba „medicinska sestra opće njege/medicinski tehničar opće njege" 2. Svjedodžba „prvostupnik (baccalaureus) sestrinstva/ prvostupnica (baccalaurea) sestrinstva"	1. Srednje strukovne škole koje izvode program za stjecanje kvalifikacije „medicinska sestra opće njege/medicinski tehničar opće njege" 2. Medicinski fakulteti sveučilišta u Republici Hrvatskoj Sveučilišta u Republici Hrvatskoj Veleučilišta u Republici Hrvatskoj	1. medicinska sestra opće njege/medicinski tehničar opće njege 2. prvostupnik (baccalaureus) sestrinstva/ prvostupnica (baccalaurea) sestrinstva	1. Juli 2013
Ireland	Certificate of Registered General Nurse	An Bord Altranais (The Nursing Board)	Registered General Nurse	29. Juni 1979
Italia	Diploma di infermiere professionale	Scuole riconosciute dallo Stato	Infermiere professionale	29. Juni 1979
Κύπρος	Δίπλωμα Γενικής Νοσηλευτικής	Νοσηλευτική Σχολή	Εγγεγραμμένος Νοσηλευτικής	1. Mai 2004
Latvija	1. Diploms par māsas kvalifikācijas iegūšanu 2. Māsas diploms	1. Māsu skolas 2. Universitātes tipa augstskola pamatojoties uz Valsts eksāmenu komisijas lēmumu	Māsa	1. Mai 2004

Land	Ausbildungsnachweis	Ausstellende Stelle	Berufs-bezeichnung	Stichtag
Lietuva	1. Aukštojo mokslo diplomas, nurodantis suteiktą bendrosios praktikos slaugytojo profesinę kvalifikaciją 2. Aukštojo mokslo diplomas (neuniversitetinės studijos), nurodantis suteiktą bendrosios praktikos slaugytojo profesinę kvalifikaciją	1. Universitetas 2. Kolegija	Bendrosios praktikos slaugytojas	1. Mai 2004
Luxembourg	– Diplôme d'Etat infirmier – Diplôme d'Etat infirmier hospitalier gradué	Ministère de l'éducation nationale, de la formation professionnelle et des sports	Infirmier	29. Juni 1979
Magyarország	1. Ápoló bizonyítvány 2. Diplomás ápoló oklevél 3. Egyetemi okleveles ápoló oklevél	1. Iskola 2. Egyetem/főiskola 3. Egyetem	Ápoló	1. Mai 2004
Malta	Lawrja jew diploma fl-istudji tal-infermerija	Universita' ta' Malta	Infermier Registrat tal-Ewwel Livell	1. Mai 2004
Nederland	1. Diploma's verpleger A, verpleegster A, verpleegkundige A 2. Diploma verpleegkundige MBOV (Middelbare Beroepsopleiding Verpleegkundige) 3. Diploma verpleegkundige HBOV (Hogere Beroepsopleiding Verpleegkundige) 4. Diploma beroepsonderwijs verpleegkundige – Kwalificatieniveau 4	1. Door een van overheidswege benoemde examencommissie 2. Door een van overheidswege benoemde examencommissie 3. Door een van overheidswege benoemde examencommissie 4. Door een van overheidswege aangewezen	Verpleegkundige	29. Juni 1979

Land	Ausbildungsnachweis	Ausstellende Stelle	Berufs-bezeichnung	Stichtag
	5. Diploma hogere be-roepsopleiding ver-pleegkundige – Kwalificatieniveau 5	opleidingsin-stelling 5. Door een van overheidswege aangewezen opleidingsin-stelling		
Österreich	1. Diplom als „Diplo-mierte Gesund-heits- und Kran-kenschwester, Di-plomierter Gesund-heits- und Krankenpfleger" 2. Diplom als „Diplo-mierte Kranken-schwester, Diplo-mierter Kranken-pfleger"	1. Schule für all-gemeine Ge-sundheits- und Krankenpflege 2. Allgemeine Krankenpflege-schule	– Diplomierte Kranken-schwester – Diplomier-ter Kran-kenpfleger	1. Januar 1994
Polska	Dyplom ukończenia studiów wyższych na kierunku pielęgniarst-wo z tytułem „magister pielęgniarstwa"	Instytucja prowad-ząca kształcenie na poziomie wyższym uznana przez właś-ciwe władze (von den zuständigen Behörden aner-kannte höhere Bil-dungseinrichtung)	Pielęgniarka	1. Mai 2004
Portugal	1. Diploma do curso do enfermagem ge-ral 2. Diploma/carta de curso de bacharela-to em enfermagem 3. Carta de curso de licenciatura em en-fermagem	1. Escolas de En-fermagem 2. Escolas Supe-riores de Enfer-magem 3. Escolas Supe-riores de Enfer-magem; Escolas Superiores de Saúde	Enfermeiro	1. Januar 1986
România	1. Diplomă de absol-vire de asistent me-dical generalist cu studii superioare de scurtă durată 2. Diplomă de licență de asistent medical generalist cu studii	1. Universităţi 2. Universităţi	asistent medical generalist	1. Januar 2007

Land	Ausbildungsnachweis	Ausstellende Stelle	Berufs-bezeichnung	Stichtag
	superioare de lungă durată			
Slovenija	Diploma, s katero se podeljuje strokovni naslov „diplomirana medicinska sestra/diplomirani zdravstvenik"	1. Univerza 2. Visoka strokovna šola	Diplomirana medicinska sestra/Diplomirani zdravstvenik	1. Mai 2004
Slovensko	1. Vysokoškolský diplom o udelení akademického titulu „magister z ošetrovateľstva" („Mgr.") 2. Vysokoškolský diplom o udelení akademického titulu „bakalár z ošetrovateľstva" („Bc.") 3. Absolventský diplom v študijnom odbore diplomovaná všeobecná sestra	1. Vysoká škola 2. Vysoká škola 3. Stredná zdravotnícka škola	Sestra	1. Mai 2004
Suomi/ Finland	1. Sairaanhoitajan tutkinto/Sjukskötarexamen 2. Sosiaali- ja terveysalan ammattikorkeakoulututkinto, sairaanhoitaja (AMK)/Yrkeshögskoleexamen inom hälsovård och det sociala området, sjukskötare (YH)	1. Terveydenhuoltooppilaitokset/Hälsovårdsläroanstalter 2. Ammattikorkeakoulut/Yrkeshögskolor	Sairaanhoitaja/ Sjukskötare	1. Januar 1994
Sverige	Sjuksköterskeexamen	Universitet eller högskola	Sjuksköterska	1. Januar 1994
United Kingdom	Statement of Registration as a Registered General Nurse in part 1 or part 12 of the register kept by the United Kingdom Central Council for Nursing, Midwifery and Health Visiting	Various	– State Registered Nurse – Registered General Nurse	29. Juni 1979

B.

Kommentar

Gesetz über die Pflegeberufe (Pflegeberufegesetz – PflBG)[1*)]

vom 17.7.2017 (BGBl. I S. 2581)

Teil 1
Allgemeiner Teil

Abschnitt 1
Erlaubnis zum Führen der Berufsbezeichnung

§ 1   Führen der Berufsbezeichnung

(1) [1]Wer die Berufsbezeichnung „Pflegefachfrau" oder „Pflegefachmann" führen will, bedarf der Erlaubnis. [2]Personen mit einer Ausbildung nach Teil 3 führen die Berufsbezeichnung „Pflegefachfrau" oder „Pflegefachmann" mit dem akademischen Grad.

(2) Die Urkunde für die Erlaubnis nach Absatz 1 enthält neben der Berufsbezeichnung nach Absatz 1 einen Hinweis auf den nach § 7 Absatz 4 Satz 1 durchgeführten Vertiefungseinsatz.

---

1   Dieses Gesetz dient der Umsetzung der Richtlinie 2005/36/EG des Europäischen Parlaments und des Rates vom 7. September 2005 über die Anerkennung von Berufsqualifikationen (ABl. L 255 vom 30.9.2005, S. 22; L 271 vom 16.10.2007, S. 18), die zuletzt durch den Delegierten Beschluss (EU) 2016/790 (ABl. L 134 vom 24.5.2016, S. 135) geändert worden ist. Abdruck der Richtlinie im Anhang.

*   **Anm. d. Verlages:**
    Das G wurde als Artikel 1 des G v. 17.7.2017 I 2581 vom Bundestag mit Zustimmung des Bundesrates beschlossen. Es wird gem. Art. 15 Abs. 4 dieses G am 1.1.2020 in Kraft treten. Gem. Art. 15 Abs. 1 dieses G treten die §§ 53 bis 56 PflBG am 25.7.2017 in Kraft. Gem. Art. 15 Abs. 2 dieses G treten die §§ 26 bis 36 und § 66 PflBG am 1.1.2019 in Kraft.

Erläuterungen

Übersicht

I. Allgemeines

1. Gesetzgebungskompetenz

a) Konkurrierende Gesetzgebungskompetenz – Erforderlichkeitsklausel

1 Die Länder haben das Recht der Gesetzgebung, soweit das Grundgesetz (GG) nicht dem Bunde Gesetzgebungsbefugnisse verleiht (Art. 70 Abs. 1 GG). Voraussetzung für die Gesetzgebungszuständigkeit des Bundes für das Gesetz über die Pflegeberufe ist deshalb eine Gesetzgebungsbefugnis. Diese findet sich im Rahmen der **konkurrierenden Gesetzgebungszuständigkeiten** in Art. 74 Abs. 1 GG (s. dazu unten → Rn. 2). Weiter ist für bestimmte Kompetenzen auch die **Erforderlichkeitsklausel** (Art. 72 Abs. 2 GG) zu beachten (s. dazu unten → Rn. 7).

Den Ländern bleibt im Bereich der konkurrierenden Gesetzgebung die Befugnis zur Gesetzgebung, solange und soweit der Bund von seiner Gesetzgebungszuständigkeit nicht durch Gesetz Gebrauch gemacht hat (Art. 72 Abs. 1 GG).

b) Einschlägige Gesetzgebungskompetenzen

2 Für das Gesetz über die Pflegeberufe besteht eine konkurrierende Gesetzgebungskompetenz des Bundes. Die **zentrale Kompetenzvorschrift** findet sich in Art. 74 Abs. 1 Nr. 19 GG (Zulassung zu ärztlichen und anderen Heilberufen). Weiter stützt sich die Gesetzgebungskompetenz des Bundes auf Art. 74 Abs. 1 Nr. 7 GG (öffentliche Fürsorge – ohne Heimrecht), Art. 74 Abs. 1 Nr. 12 GG (Arbeitsrecht – umfasst auch das Ausbildungsverhältnis und die Sozialversicherung) und Art. 74 Abs. 1 Nr. 19a GG (wirtschaftliche Sicherung der Krankenhäuser und die Regelung der Krankenhauspflegesätze). Die in Abschnitt 6 (§ 57) enthaltenen Bußgeldvorschriften stützen sich auf Art. 74 Abs. 1 Nr. 1 GG (Strafrecht).

c) Pflegefachfrau/Pflegefachmann als anderer Heilberuf (Art. 74 Abs. 1 Nr. 19 GG)

Art. 74 Abs. 1 Nr. 19 GG gibt dem Bund die konkurrierende Gesetzgebungskompetenz für die „Zulassung zu ärztlichen und anderen Heilberufen". Der Beruf der Pflegefachfrau und des Pflegefachmannes erfüllt die Anforderungen des Begriffs der **„anderen Heilberufe"** im Sinne dieser Vorschrift. Der Beruf ist ein Heilberuf. Die Ausbildung vermittelt die notwendigen Kompetenzen zur Wiedererlangung, der Verbesserung und der Erhaltung der Gesundheit pflegebedürftiger Menschen. Das Bundesverfassungsgericht hat im Altenpflegeurteil die Anforderungen an den Heilberuf formuliert und diese Anforderungen für das Altenpflegegesetz und implizit für das Krankenpflegegesetz als erfüllt angesehen (BVerfG, Urt. v. 24.10.2002, 2 BvF 1/01 = BVerfGE 106, 62). 3

Unter **Zulassung** werden dabei nicht nur die Berufszulassung, sondern auch die Mindestanforderungen an die Ausbildung und Prüfung als Voraussetzung für die Berufszulassung verstanden. Diese Mindestanforderungen werden im Einzelnen in der entsprechenden Ausbildungs- und Prüfungsverordnung festgelegt (vgl. § 56 PflBG). 4

Nicht vom Begriff der Zulassung **umfasst sind Regelungen zur Berufsausübung**. Hierfür sind die Länder zuständig, die in ihren Heilberufsgesetzen Vorschriften z. B. zur **Fort- und Weiterbildung** erlassen können (s. hierzu die Verpflichtung zur „Stärkung einer steten beruflichen Fortbildung" in Art. 22 Buchst. b) der Richtlinie 2005/36/EG[1], die hier von den Ländern wahrzunehmen ist). Auch die Errichtung von **Pflegekammern** fällt in die Gesetzgebungskompetenz der Länder. Sollte eine Bundespflege(berufe)kammer errichtet werden, kann dies nur durch freiwilligen Zusammenschluss der Pflege(berufe)kammern der Länder, etwa in Form einer Arbeitsgemeinschaft, geschehen, wobei auch hierfür eine Ermächtigung im jeweiligen Landesgesetz vorgesehen sein muss. Eine Gesetzgebungskompetenz des Bundes zur Errichtung einer Bundespflege(berufe)kammer besteht nicht. 5

Regelungen zu **vorbehaltenen Tätigkeiten**, wie sie in § 4 aufgeführt werden, sind vom Begriff der Zulassung unter engen Voraussetzungen erfasst, wenn „sie nicht das gesamte berufliche Betätigungsfeld ausmachen, sondern nur einen eng abgrenzbaren Bereich, und daher genau definiert werden können" (BVerfG, Urt. v. 24.10.2002, 2 BvF 1/01, Rn. 251 = BVerfGE 106, 62). Solche vorbehaltenen Tätigkeiten existieren auch für die Hebammen/Entbindungspfleger (§ 4 HebG) und die medizinisch-technischen Assistenten (§ 9 MTAG). 6

d) Erforderlichkeitsklausel (Art. 72 Abs. 2 GG)

Ein Gesetzgebungsrecht des Bundes auf den Gebieten des Art. 74 Abs. 1 Nr. 4, 7, 11, 13, 15, 19a, 20, 22, 25 und 26 GG hat der Bund, wenn und soweit die Herstellung 7

---

1 Richtlinie 2005/36/EG des Europäischen Parlaments und des Rates v. 7.9.2005 über die Anerkennung von Berufsqualifikationen, ABl. L 255 v. 30.9.2005, S. 22, zuletzt geändert durch Delegierten Beschluss (EU) 2017/2113 der Kommission v. 11.9.2017 zur Änderung des Anhangs V der Richtlinie 2005/36/EG des Europäischen Parlaments und des Rates hinsichtlich von Ausbildungsnachweisen und den Titeln von Ausbildungsgängen, ABl. L 317 v. 1.12.2017, S. 119. Abdruck der Richtlinie im Anhang.

gleichwertiger Lebensverhältnisse im Bundesgebiet oder die Wahrung der Rechts- oder Wirtschaftseinheit im gesamtstaatlichen Interesse eine bundesgesetzliche Regelung erforderlich macht (Art. 72 Abs. 2 GG). In dieser Vorschrift ist Art. 74 Abs. 1 Nr. 19 GG nicht aufgeführt. Die Erforderlichkeitsklausel gilt deshalb nicht für gesetzliche Vorschriften, die auf Basis des Art. 74 Abs. 1 Nr. 19 GG (Zulassung zu anderen Heilberufen) erlassen worden sind. Damit sind **alle Vorschriften zur Erlaubnis, Ausbildung und Prüfung nicht von der Erforderlichkeitsklausel erfasst**. Die folgenden Ausführungen beziehen sich deshalb nur auf die Kompetenzvorschriften in Art. 74 Abs. 1 Nr. 7 (öffentliche Fürsorge – ohne Heimrecht) und Nr. 19a GG (wirtschaftliche Sicherung der Krankenhäuser und die Regelung der Krankenhauspflegesätze).

In der Gesetzesbegründung (BT-Drs. 18/7823, S. 55) wird hierzu ausgeführt:

„Die Voraussetzungen der Erforderlichkeitsklausel nach Artikel 72 Absatz 2 GG in Verbindung mit Artikel 74 Absatz 1 Nummer 7 und 19a GG sind gegeben. Die bislang bundesgesetzlich geregelten Ausbildungen nach dem Altenpflegegesetz und dem Krankenpflegegesetz werden durch das Pflegeberufsgesetz abgelöst. Nur die Verlässlichkeit bundesweit einheitlicher Grundsätze und Grundregelungen der Kostentragung der beruflichen Pflegeausbildung gewährleistet bundesweit vergleichbare Festlegungen zu Standards und Qualitätsanforderungen an den neuen Pflegeberuf. Ziel ist, bundesweit auf gleich hohem Niveau professionell ausgebildete Fachkräfte heranzubilden. Die bundeseinheitliche Regelung stärkt die Attraktivität der neuen Pflegeausbildung. Es besteht daher ein gesamtstaatliches Interesse an einer bundeseinheitlichen Kostenregelung der neuen Pflegeausbildung zur Wahrung der Wirtschaftseinheit, insbesondere um eine vergleichbare pflegerische Versorgung der Bevölkerung auf hohem Niveau im Sinne des Patientenschutzes zu gewährleisten. Mit den vorliegenden Regelungen zur Finanzierung der neuen beruflichen Pflegeausbildung werden darüber hinaus bundesweit Wettbewerbsnachteile von ausbildenden Pflegeeinrichtungen gegenüber nicht ausbildenden Einrichtungen ausgeschlossen und damit auch bundesweit die Ausbildungsbereitschaft gestärkt und ein Anreiz für Krankenhäuser sowie ambulante und stationäre Pflegeeinrichtungen gesetzt, Ausbildungsplätze zu schaffen."

Die Gesetzesbegründung nimmt auf die in Art. 74 Abs. 1 Nr. 7 und 19a GG geregelten Gesetzgebungskompetenzen Bezug. In der Gesetzesbegründung wird nicht explizit gesagt, für welche Vorschriften des PflBG welche der beiden in Art. 72 Abs. 2 GG genannten Alternativen („Herstellung gleichwertiger Lebensverhältnisse im Bundesgebiet" – „Wahrung der Rechts- oder Wirtschaftseinheit im gesamtstaatlichen Interesse") gemeint sind, oder ob beide Alternativen angesprochen werden sollen.

Im Gesetzgebungsverfahren war teilweise strittig, ob die Erforderlichkeitsklausel gewahrt ist (s. den entsprechenden Antrag des Landes Nordrhein-Westfalen, BR-Drs. 20/2/16, abgelehnt in der 942. Sitzung des Bundesrates v. 26.2.2016, Stenografischer Bericht der 942. Sitzung, S. 87).

e) Sonstige verfassungsrechtliche Anforderungen

Die Frage, ob der Gesetzgeber befugt ist, überkommene Berufsbilder zeitgerecht zu 8 verändern, ist durch Urteil des Bundesverfassungsgerichts geklärt (Altenpflegeurteil – BVerfG, Urt. v. 24.10.2002, 2 BvF 1/01 = BVerfGE 106, 62, Leitsatz 1. a)). Eine Veränderung überkommener Berufsbilder ist zur Durchsetzung wichtiger Gemeinschaftsinteressen möglich. Der Gesetzgeber ist nicht an starr bestehende, traditionelle Vorprägungen gebunden.

2. Unionsrechtliche Anforderungen

Das Berufsrecht der Krankenpflege (nicht der Kinderkrankenpflege und nicht der 9 Altenpflege) wird unionsrechtlich durch Art. 31 bis 33a der Richtlinie 2005/36/EG[2] sehr stark geprägt. Diese Richtlinie ist durch die Richtlinie 2013/55/EU mit Wirkungen für die Krankenpflege geändert worden.[3]

In Art. 31 ff. Richtlinie 2005/36/EG wird von „Krankenschwestern und Kranken- 10 pflegern für allgemeine Pflege" gesprochen. Dieser Begrifflichkeit entspricht in Deutschland die „Gesundheits- und Krankenpflegerin" und der „Gesundheits- und Krankenpfleger" i. S. d. § 1 Abs. 1 Nr. 1 KrPflG. Mit dem PflBG wird entgegen der ursprünglichen Intention kein einheitlicher Pflegeberuf geschaffen. So wie nur der Beruf der Gesundheits- und Krankenpflege unter die Maßgaben der Richtlinie 2005/36/EG fällt, muss auch nur der Beruf mit der Bezeichnung „Pflegefachfrau" oder „Pflegefachmann" der Richtlinie entsprechen. Nur für diesen Beruf ist eine Ausbildung zu gewährleisten, die den Anforderungen der Art. 31 ff. der Richtlinie 2005/36/EG entspricht. Deshalb ist auch nur für diese Berufsqualifikation eine automatische Anerkennung in den EU-Mitgliedstaaten gegeben (Art. 21 Abs. 1 und 6 Richtlinie 2005/36/EG). Die Berufsqualifikationen, die nach § 58 Abs. 1 PflBG zur Berufsbezeichnung „Gesundheits- und Kinderkrankenpflegerin" oder „Gesundheits- und Kinderkrankenpfleger" und nach § 58 Abs. 2 PflBG zur Berufsbezeichnung „Altenpflegerin" und „Altenpfleger" führen, werden demgegenüber nicht automatisch in den EU-Mitgliedstaaten anerkannt.

Gemäß der Richtlinie (EU) 2018/958 des Europäischen Parlaments und des Rates v. 11 28.6.2018 über eine Verhältnismäßigkeitsprüfung vor Erlass neuer Berufsreglementierungen (ABl. L 173 v. 9.7.2018, S. 25–34, in Kraft ab 29.7.2018) wird die **Einführung einer „geschützten Berufsbezeichnung"** einer **Verhältnismäßigkeitsprüfung** unterworfen. Danach wird die geschützte Berufsbezeichnung wie folgt definiert (Art. 3 Buchst a) der Richtlinie):

a) *„geschützte Berufsbezeichnung" bezeichnet eine Form der Reglementierung eines Berufs, bei der die Verwendung einer Bezeichnung bei der Ausübung einer*

---

2 S. oben Fn. 1.
3 Richtlinie 2013/55/EU des Europäischen Parlaments und des Rates vom 20.11.2013 zur Änderung der Richtlinie 2005/36/EG über die Anerkennung von Berufsqualifikationen und der Verordnung (EU) Nr. 1024/2012 über die Verwaltungszusammenarbeit mit Hilfe des Binnenmarktinformationssystems („IMI-Verordnung"), ABl. L 354 vom 28.12.2013, S. 132. Zum Verständnis der Zitierweise ist darauf hinzuweisen, dass auch nach der Änderung der Richtlinie 2005/36/EG durch die Richtlinie 2013/55/EU die erstgenannte Richtlinie (in der jeweils gültigen Fassung) zu zitieren ist. Abdruck der Richtlinie im Anhang.

beruflichen Tätigkeit oder einer Gruppe von beruflichen Tätigkeiten aufgrund von Rechts- und Verwaltungsvorschriften unmittelbar oder mittelbar dem Besitz einer bestimmten Berufsqualifikation unterliegt und bei einer missbräuchlichen Verwendung dieser Bezeichnung Sanktionen verhängt werden.

Bei den Berufsbezeichnungen nach §§ 1, 58 PflBG sowie den bisherigen Berufsbezeichnungen (§ 64 PflBG) handelt es sich um eine „geschützte Berufsbezeichnung" i. S. d. Art. 3 Buchst. a) der Richtlinie (EU) 2018/958. Die Einführung einer solchen geschützten Berufsbezeichnung muss gemäß Art. 6 der Richtlinie gerechtfertigt sein und ist einer Verhältnismäßigkeitsprüfung zu unterwerfen (Art. 7 der Richtlinie). Gemäß Art. 6 Abs. 2 der Richtlinie zählen Gründe der öffentlichen Gesundheit zu den Rechtfertigungsgründen für die Einführung einer geschützten Berufsbezeichnung. Bei der Reglementierung von Gesundheitsberufen, die Auswirkungen auf die Patientensicherheit haben, ist im Rahmen der Verhältnismäßigkeitsprüfung das Ziel der Sicherstellung eines hohen Gesundheitsschutzniveaus zu berücksichtigen (Art. 7 Abs. 5 der Richtlinie).

12   Die Richtlinie (EU) 2018/958 ist am 27.7.2018 in Kraft getreten (Art. 14 der Richtlinie). Die Mitgliedstaaten müssen spätestens bis zum 30.7.2020 die zur Einhaltung der Richtlinie notwendigen Rechts- und Verwaltungsvorschriften erlassen (Art. 13 Abs. 1 Satz 1 der Richtlinie). Da die Vorschriften der Richtlinie nur für die Einführung neuer oder die Änderung bestehender Rechts- und Verwaltungsvorschriften gelten (Art. 4 Abs. 1 der Richtlinie), ist die Richtlinie nicht auf die geschützten Berufsbezeichnungen nach dem PflBG und die bisherigen Berufsbezeichnungen nach dem AltPflG und KrPflG anwendbar. Diese Vorschriften sind vor Erlass der Richtlinie verabschiedet worden. Bei Änderungen dieser Vorschriften nach dem 30.7.2020 sind die Maßgaben der Richtlinie jedoch zu beachten.

3. Gesetzgebungsgeschichte

13   Das Gesetz über die Pflegeberufe (Pflegeberufegesetz – PflBG) ist als Art. 1 des Gesetzes zur Reform der Pflegeberufe (Pflegeberufereformgesetz – PflBRefG) v. 17.7.2017 (BGBl. I S. 2581) verkündet worden. Es tritt mit einigen Ausnahmen (Art. 15 Abs. 1–3 PflBRefG) am 1.1.2020 in Kraft (Art. 15 Abs. 4 PflBRefG). Das Altenpflegesetz (AltPflG) und das Krankenpflegegesetz (KrPflG) treten am 31. Dezember 2019 außer Kraft (Art. 15 Abs. 5 PflBRefG).

14   Der erste Gesetzentwurf wurde am 15.1.2016 vom Bundesrat eingebracht (BR-Drs. 20/16). Die entsprechende Bundestagsdrucksache (BT-Drs. 18/7823) trägt das Datum vom 9.3.2016. In diesem Gesetzentwurf ging es noch um die Einführung einer primärqualifizierenden generalistischen Ausbildung für die Pflegeberufe. Deshalb trug das Gesetz auch den Titel „Gesetz über den Pflegeberuf". Im weiteren Verlauf des Gesetzgebungsverfahrens wurde deutlich, dass die Widerstände gegen eine generalistische Pflegeausbildung sehr groß waren. Dies zeigen die mündlichen und schriftlichen Stellungnahmen anlässlich der gemeinsamen öffentlichen Anhörung des Ausschusses für Gesundheit und des Ausschusses für Familie, Senioren, Frauen und Jugend zum Pflegeberufereformgesetz am 30.5.2016 (Protokoll Nr. 18/62 und 18/76).

In der Beschlussempfehlung und dem Bericht des Ausschusses für Gesundheit 15 (BT-Drs. 18/12847) ist dann eine Veränderung der Ausbildung dergestalt empfohlen worden, dass bis zum Ende des zweiten Ausbildungsdrittels eine generalistische Ausbildung stattfindet. Nach diesem zweiten Ausbildungsdrittel, nach dem eine Zwischenprüfung stattfindet (§ 6 Abs. 5 PflBG), kann entweder die Weiterführung der generalistischen Ausbildung oder ein gesonderter Berufsabschluss in der pädiatrischen Versorgung (§ 59 Abs. 2 PflBG) oder der allgemeinen Langzeitpflege (§ 59 Abs. 3 PflBG) gewählt werden.

Der Bundestag hat den so geänderten Gesetzentwurf („Gesetz über die Pflegeberufe") 16 am 22.6.2017 in dritter Lesung beschlossen (Plenarprotokoll 18/240 der 240. Sitzung des Deutschen Bundestages, S. 24848 ff., zur zweiten und dritten Beratung des Gesetzentwurfs). Der Bundesrat hat am 7.7.2017 zugestimmt (Bundesrat, Plenarprotokoll 959. Sitzung, S. 354). Ausführlich zur Gesetzgebungsgeschichte *Weiß/Meißner/Kempa*, PflBRefG, 2018, S. 100–104.

4. Korrespondierende Vorschriften der PflAPrV

§ 42 PflAPrV enthält die Bestimmungen zur Erlaubnisurkunde. Das Muster der 17 Erlaubnisurkunde ist in Anlage 13 zu § 42 Satz 1 PflAPrV niedergelegt. Dieses Muster gilt auch bei Berufsabschlüssen nach § 58 Abs. 1 oder Abs. 2 PflBG ebenso wie bei einer hochschulischen Pflegeausbildung. Bei der hochschulischen Pflegeausbildung ist der akademische Grad hinzuzufügen (§ 1 Abs. 1 Satz 2 PflBG). Für den Hinweis auf den nach § 7 Abs. 4 Satz 1 PflBG durchgeführten Vertiefungseinsatz gilt das Muster in Anlage 14 zu § 42 Satz 2 PflAPrV.

Personen, die außerhalb des Geltungsbereiches des PflBG eine Ausbildung absolviert 18 haben, können eine Erlaubnis nach § 1 Abs. 1 oder § 58 Abs. 1 oder Abs. 2 PflBG beantragen (§ 43 Abs. 1 PflAPrV). Sie führen nach der Anerkennung ihrer Berufsqualifikation die Berufsbezeichnung „Pflegefachfrau" oder „Pflegefachmann" oder „Gesundheits- und Kinderkrankenpflegerin" oder „Gesundheits- und Kinderkrankenpfleger" oder „Altenpflegerin" oder „Altenpfleger" (§ 43 Abs. 2 PflAPrV).

II. Erläuterungen

1. Abs. 1 Satz 1: Führen der Berufsbezeichnung

Die Voraussetzungen für die Erteilung der Erlaubnis sind in § 2, für Widerruf, 19 Rücknahme und Ruhen der Erlaubnis in § 3 geregelt. Das Führen der Berufsbezeichnung ohne Erlaubnis ist mit Bußgeld bewehrt (§ 57 Abs. 1 Nr. 1) (s. dazu unten → Rn. 30) und → Erl. zu § 57 PflBG. Zum Muster der Erlaubnisurkunde s. oben → Rn. 17.

Mit dem Führen der **Berufsbezeichnung „Pflegefachfrau" oder „Pflegefachmann"** sollte gemäß der **ursprünglichen Gesetzesbegründung** (BT-Drs. 18/7823, S. 64) Folgendes bezweckt werden:

„Mit dem neuen Pflegeberufsgesetz wird nicht nur die formale Trennung zwischen den drei bisherigen Pflegeausbildungen Altenpflege-, Gesundheits- und Krankenpflege und Gesundheits- und Kinderkrankenpflege aufgehoben. Die einheitliche Berufsbezeich-

nung „Pflegefachmann/Pflegefachfrau" bildet den neuen generalistischen Ansatz in der Pflege auch sprachlich ab. Deutlich gemacht werden mit dieser Bezeichnung auch die besondere fachliche Kompetenz und die spezielle Qualifikation der beruflich Pflegenden."

Dieser Gesetzeszweck ist jetzt weggefallen (s. zu den Gründen BT-Drs. 18/12847, S. 95 ff.). Dennoch bleibt für die Absolventen der primärqualifizierenden generalistischen Pflegeausbildung diese Berufsbezeichnung erhalten. Die **Berufsbezeichnungen für die gesonderten Berufsabschlüsse nach Teil 5 PflBG** auf dem Gebiet der **Gesundheits- und Kinderkrankenpflege** und der **Altenpflege** entsprechen den früheren Berufsbezeichnungen nach dem AltPflG und KrPflG (§ 58 Abs. 1 und 2 PflBG).

20 Der **Schutz der Berufsbezeichnung** stellt eine Beschränkung der Berufsfreiheit dar (Art. 12 Abs. 1 GG). Das Bundesverfassungsgericht hat hier entsprechende Anforderungen gestellt, die vom Gesetzgeber erfüllt worden sind. Diese Anforderungen werden in der Gesetzesbegründung (BT-Drs. 18/7823, S. 64 f.) wie folgt dargestellt:

„*Regelungen, die die Verwendung einer Berufsbezeichnung unter einen Erlaubnisvorbehalt stellen, sind subjektive Berufszulassungsbeschränkungen oder diesen zumindest gleichwertig (BVerwGE 59, 213, 218f). […]*

Den Anforderungen für eine subjektive Zulassungsvoraussetzung ist Genüge getan, da die Regelung zum Schutz wichtiger Gemeinschaftsgüter geeignet, erforderlich sowie den Betroffenen zumutbar ist. Bei dem zu schützenden, wichtigen Gemeinschaftsgut handelt es sich um die Gesundheit der Bevölkerung sowie um das Anliegen, die Versorgungssicherheit in der Pflege sowie die Qualität der pflegerischen Versorgung durch einen attraktiven und zukunftsfähigen Pflegeberuf zu verbessern und sicherzustellen, dessen Ausbildung die veränderten und sich weiter verändernden Versorgungs- und Pflegebedarfe berücksichtigt. Der Schutz der Berufsbezeichnung, die ausschließlich nach vorangegangener Ausbildung und bestandener Prüfung erteilt werden kann, ist geeignet die Gesundheit der Bevölkerung zu schützen, da hierdurch sichergestellt wird, dass Angehörige des Pflegeberufs bestimmte Kenntnisse und Fähigkeiten aufweisen und zu pflegende Menschen sowie Arbeitgeber dies erkennen können. Der Schutz der Berufsbezeichnung stellt darüber hinaus im System der Heilberufe – zu denen der Pflegeberuf zählt (vgl. BVerfGE vom 24.10.2002, 2 BvF 1/01) – das am wenigsten beeinträchtigende Mittel zum Schutz der Gesundheit der Bevölkerung dar und bewährt sich bei einer Vielzahl berufsrechtlicher Regelungen im Bereich der Gesundheitsfachberufe über Jahrzehnte. Die zur Erlaubniserteilung zum Führen der Berufsbezeichnung vorgeschriebenen Kenntnisse und Fähigkeiten stehen darüber hinaus nicht außer Verhältnis zu dem zu schützenden Gemeinschaftsgut; der vorgeschriebene formale Ausbildungsgang mit staatlicher Abschlussprüfung beschwert den Berufsbewerber nicht übermäßig, (vgl. BVerfGE 13, 97,107)."

21 § 1 Abs. 1 Satz 1 PflBG schützt dem Wortlaut nach nur die entsprechende Berufsbezeichnung und versteht sich deshalb als **Erlaubnis zum Führen der Berufsbezeichnung**. Anders als bisher geht der Gesetzgeber aber jetzt davon aus, dass mit der Erteilung der Erlaubnis zum Führen der Berufsbezeichnung auch die **Berufszulassung** im Sinne der Zulassung zur beruflichen Tätigkeit verbunden ist. Aus dem

Gesetz selbst geht das insofern hervor, als in § 39 Abs. 3 Satz 2 PflBG von der „staatliche[n] Prüfung zur Erlangung der Berufszulassung" gesprochen wird. In der Gesetzesbegründung (BT-Drs. 18/7823, S. 64) heißt es:

„Die Pflegefachfrauen und Pflegefachmänner sind dabei im Rahmen der in der Ausbildung vermittelten Kompetenzen zur Ausübung der erlernten Tätigkeiten berechtigt, ohne dass es hierzu einer weiteren ausdrücklichen Ermächtigung bedarf. Dies gilt auch im Falle des Erwerbs erweiterter Kompetenzen zur Ausübung heilkundlicher Tätigkeiten nach § 14. Die in § 1 Absatz 1 Satz 2 Krankenpflegegesetz bzw. § 1 Satz 2 Altenpflegegesetz enthaltenen Formulierungen haben dies mehr verdeckt als klargestellt und wurden daher nicht übernommen."

Damit bedeutet die Erteilung der Erlaubnis zum Führen der Berufsbezeichnung auch die **Erlaubnis zur Ausübung der beruflichen Tätigkeit**. Insofern könnte man von einer Teilapprobation oder einer pflegefachlichen Approbation auf dem Gebiet der in der Ausbildung vermittelten Kompetenzen sprechen. Dies ist im Gesetz jedoch nicht klargestellt. Wenn in § 39 Abs. 3 Satz 2 PflBG die staatliche Prüfung zur Erlangung der Berufszulassung genannt wird, so ist dies insofern nicht eindeutig formuliert, als die Absolvierung der staatlichen Prüfung nur eine der Voraussetzungen für die Erteilung der Erlaubnis zum Führen der Berufsbezeichnung ist (vgl. § 2 Nr. 1). Die staatliche Prüfung kann also nicht für sich alleine zur Berufszulassung führen. 22

Deshalb ist festzuhalten, dass trotz der Bemerkungen in der Gesetzesbegründung eine **klarere gesetzliche Regelung zur Ausübung der beruflichen Tätigkeit wünschenswert** gewesen wäre. Solche Regelungen finden sich z. B. für Ärzte in § 1 Abs. 5 BÄO (Ausübung des ärztlichen Berufs ist die Ausübung der Heilkunde unter der Berufsbezeichnung „Arzt" oder „Ärztin") oder für Zahnärzte in § 1 Abs. 7 ZHG (Ausübung des zahnärztlichen Berufs ist die Ausübung der Zahnheilkunde unter der Berufsbezeichnung „Zahnarzt" oder „Zahnärztin"). Dabei hätte auch eine Definition des Betätigungsfeldes vorgenommen werden können, wie sie in § 1 Abs. 3 ZHG für Zahnärzte gegeben ist („Ausübung der Zahnheilkunde ist die berufsmäßige auf zahnärztlich wissenschaftliche Erkenntnisse gegründete Feststellung und Behandlung von Zahn-, Mund- und Kieferkrankheiten. Als Krankheit ist jede von der Norm abweichende Erscheinung im Bereich der Zähne, des Mundes und der Kiefer anzusehen, einschließlich der Anomalien der Zahnstellung und des Fehlens von Zähnen."). Als Betätigungsfeld der Berufsausübung in der Pflege hätte man die in der Vorschrift zu den Ausbildungszielen genannten Aufgaben und Tätigkeiten heranziehen können (vgl. § 5 Abs. 3 PflBG). 23

Unabhängig davon enthalten die **sozialleistungsrechtlichen Vorschriften** insbesondere der Gesetzlichen Krankenversicherung (SGB V) und der Sozialen Pflegeversicherung (SGB XI) jeweils für ihren sachlichen Anwendungsbereich Vorschriften über die Zulassung zur Leistungserbringung. Im PflBG selbst liegt mit der Vorschrift zu den **vorbehaltenen Tätigkeiten** (§ 4 Abs. 1 und 2 PflBG) faktisch eine **Berufsausübungsregelung** vor. 24

2. Abs. 1 Satz 2: Führen der Berufsbezeichnung mit akademischem Grad

25   Personen mit einer **hochschulischen Ausbildung nach Teil 3 des Gesetzes** führen die Berufsbezeichnung in Verbindung mit dem ebenfalls erworbenen akademischen Grad. Haben die Absolventinnen und Absolventen als akademischen Grad einen Bachelor of Arts erworben, lautet die Bezeichnung „Pflegefachfrau (B.A.)" oder „Pflegefachmann (B.A.)"; haben sie einen Bachelor of Science erworben, lautet die Bezeichnung „Pflegefachfrau (B.Sc.)" oder „Pflegefachmann (B.Sc). Die Länder sind aufgefordert, die Einführung eines akademischen Grads „Bachelor of Nursing" zu prüfen (s. Gesetzesbegründung BT-Drs. 18/7823, S. 65). Zum Muster der Erlaubnisurkunde s. oben → Rn. 17.

26   Nicht im PflBG geregelt ist die Situation, dass eine nach den Vorschriften des PflBG staatliche geprüfte Pflegefachperson eine hochschulische Qualifikation mitbringt, oder parallel oder später erwirbt, z. B. einen Bachelor auf dem Gebiet des Pflegemanagements. Da nur die Kombination von Pflegefachfrau bzw. Pflegefachmann mit dem akademischen Grad nach dem PflBG geschützt ist, kann eine anderweitig hochschulisch qualifizierte Person die Berufsbezeichnung „Pflegefachfrau" bzw. „Pflegefachmann" nicht direkt mit dem akademischen Grad kombinieren, sondern muss den hochschulischen Grad davon sichtbar getrennt und mit anderer Bezeichnung, z. B. Pflegemanager (B.A.) tragen.

27   § 1 Abs. 1 PflBG wirkt gegenüber anderen staatlichen Stellen, vor allem gegenüber Hochschulen, gleichzeitig als Verbot, akademische Grade in Kombination mit der Berufsbezeichnung „Pflegefachfrau" oder „Pflegefachmann" zu vergeben. Zwar sind die Hochschulen nicht Normadressaten des § 1 Abs. 1 PflBG. Sie sind jedoch aufgrund des rechtsstaatlichen Gebotes des Vorrangs des Gesetzes gehalten, bestehende Gesetze zu beachten.

3. Abs. 2: Hinweis auf Vertiefungseinsatz

28   Abs. 2 wurde im Gesetzgebungsverfahren in § 1 PflBG eingefügt. Der **Hinweis** auf den **Vertiefungseinsatz** ist nur **informatorisch**, ist also **nicht Bestandteil des Berufsbezeichnungsschutzes** (BT-Drs. 18/12847, S. 101). Zum Muster der entsprechenden Anlage zur Urkunde s. oben → Rn. 17.

III. Weitergeltung der bisherigen Berufsbezeichnungen

29   Die bisherigen Berufsbezeichnungen auf der Grundlage des AltPflG und des KrPflG gelten weiter (§ 64 Satz 1 PflBG). Sie gelten gleichzeitig als Erlaubnis nach § 1, § 64 Satz 2 PflBG. S. hierzu die → Erl. zu § 64 PflBG.

IV. Bußgeldbewehrung

30   Ordnungswidrig handelt, wer ohne Erlaubnis nach § 1 Abs. 1 PflBG eine dort genannte Berufsbezeichnung führt (§ 57 Abs. 1 Nr. 1 PflBG). Die Ordnungswidrigkeit kann mit einer Geldbuße von bis zu dreitausend Euro geahndet werden (§ 57 Abs. 2 PflBG).

V. Literaturhinweise

Bettig, Uwe/Frommelt, Mona/Roes, Martina/Schmidt, Roland/Thiele, Günther (Hrsg.): Pflegeberufe 31
der Zukunft: Akademisierung, Qualifizierung und Kompetenzentwicklung. Heidelberg 2017.

Dangel, Bärbel/Korporal, Johannes: Die novellierte berufsgesetzliche Regelung der Pflege – Struktur
und mögliche Wirkungen. In: GuS (Gesundheits- und Sozialpolitik. Zeitschrift für das gesamte
Gesundheitswesen) 2016, S. 8–18.

Darmann-Finck, Ingrid/Muths, Sabine: Die Generalistik kommt – die Differenzierung der Pflegeberufe bleibt bestehen. In: Dr. med. Mabuse Juli/August 2017, S. 32–34.

Funk, Eberhard: Neues Pflegeberufegesetz vom Deutschen Bundestag und Bundesrat verabschiedet.
In: NDV (Nachrichtendienst des Deutschen Vereins für öffentliche und private Fürsorge) 2017,
S. 343–346.

Igl, Gerhard: Weitere öffentlich-rechtliche Regulierung der Pflegeberufe und ihrer Tätigkeit –
Voraussetzungen und Anforderungen. München 2008.

Igl, Gerhard: Das Gesetz zur Reform der Pflegeberufe – gelungene oder nur fast gelungene Reform
der Pflegeberufe? In: MedR (Zeitschrift für Medizinrecht) 2017, S. 859–863.

Korporal, Johannes/Dangel, Bärbel: Pflegebildung – historische Determinanten, gegenwärtige berufsrechtliche Festlegungen und mögliche Wirkungen in Bildung und Praxis. In: *Welti, Felix/Fuchs,
Maximilian/Fuchsloch, Christine/Naegele, Gerhard/Udsching, Peter (Hrsg.):* Gesundheit, Alter, Pflege, Rehabilitation – Recht und Praxis im interdisziplinären Dialog. Festschrift für Gerhard Igl.
Baden-Baden 2017, S. 617–629.

Kostorz, Peter: Die Ausbildung zur Pflegefachfrau bzw. zum Pflegefachmann – Geplante Neuerun-
gen durch das Pflegeberufsgesetz im Vergleich zum Krankenpflegegesetz. In: NZS (Neue Zeitschrift
für Sozialrecht) 2016, S. 241–247.

Leuxner, Alexander/von Schwanenflügel, Matthias: Reform der Pflegeberufe. Mehr Qualität und
Attraktivität im zukünftig größten Ausbildungsberuf. In: NZS (Neue Zeitschrift für Sozialrecht)
2018, S. 201–207.

Ludwig, Jasmin: Der europarechtliche Einfluss auf die Entwicklung des nationalen Heilberuferechts.
Berlin 2018 (zugleich Kiel, Univ.-Diss., 2018).

Stöcker, Gertrud: Ausbildung der Pflegeberufe in Deutschland und Berlin. In: *Landenberger,
Margarete/Stöcker, Gertrud/Filkins, Jacqueline/de Jong, Anneke/Them, Christa/Selinger, Yvonne/
Schön, Peggy (Hrsg.):* Ausbildung der Pflegeberufe in Europa. Vergleichende Analyse und Vorbilder
für eine Weiterentwicklung in Deutschland. Hannover 2005, S. 25–77.

Stöcker, Gertrud (Hrsg.): Bildung und Pflege. Eine berufspolitische Standortbestimmung. Hannover
2002.

Weiß, Thomas/Meißner, Thomas/Kempa, Stephanie: Pflegeberufereformgesetz (PflBRefG). Praxiskommentar. Wiesbaden 2018.

§ 2 Voraussetzungen für die Erteilung der Erlaubnis

Die Erlaubnis zum Führen der Berufsbezeichnung ist auf Antrag zu erteilen, wenn die antragstellende Person

1. **die durch dieses Gesetz vorgeschriebene berufliche oder hochschulische Ausbildung absolviert und die staatliche Abschlussprüfung bestanden hat,**
2. **sich nicht eines Verhaltens schuldig gemacht hat, aus dem sich die Unzuverlässigkeit zur Ausübung des Berufs ergibt,**
3. **nicht in gesundheitlicher Hinsicht zur Ausübung des Berufs ungeeignet ist und**
4. **über die für die Ausübung des Berufs erforderlichen Kenntnisse der deutschen Sprache verfügt.**

Erläuterungen

Übersicht

I. Allgemeines

1. Regelungsinhalt

1 § 2 PflBG legt die Voraussetzungen für die Erteilung der Erlaubnis zum Führen der Berufsbezeichnung fest. Die Erlaubnis wird auf Antrag erteilt. Bei Vorliegen der in den Nrn. 1 bis 4 genannten Anforderungen besteht ein **Rechtsanspruch** auf Erteilung der Erlaubnis. Die Erlaubnis wird von der zuständigen Behörde (§ 49 PflBG) erteilt. Die Erteilung der Erlaubnis ist ein begünstigender Verwaltungsakt.

Die Voraussetzungen in Nrn. 1 bis 4 entsprechen dem bisherigen Recht nach § 2 Abs. 1 AltPflG und § 2 Abs. 1 KrPflG.

2. Ausbildungen außerhalb des Geltungsbereichs des Gesetzes

2 Die entsprechenden bisherigen Vorschriften des § 2 AltPflG/§ 2 KrPflG zur Erlaubniserteilung enthalten auch die Vorschriften für die Erlaubniserteilung bei Ausbildungen außerhalb des Geltungsbereichs des Gesetzes. Diese Vorschriften finden sich nunmehr in Teil 4 Abschnitt 1 (§§ 40–43 PflBG).

3. Entsprechende Anwendung

3 Die Vorschrift ist auf die Erlaubnis zur Führung der Berufsbezeichnungen „Gesundheits- und Kinderkrankenpflegerin" bzw. „Gesundheits- und Krankenpfleger" sowie

„Altenpflegerin" oder „Altenpflegerin" entsprechend anzuwenden (§ 58 Abs. 3 PflBG). Die Voraussetzungen der Nr. 2 bis 4 gelten auch für die Zulassung zur Ausbildung (§ 11 Abs. 2 PflBG).

4. Korrespondierende Vorschriften der PflAPrV

Das **Vorliegen der Voraussetzungen nach § 2 Nr. 1 PflBG** wird bei der **staatlichen** 4 **Prüfung** durch **Vorlage eines Zeugnisses** nach dem Muster der Anlage 8 PflAPrV nachgewiesen (§ 19 Abs. 2 Satz 1 PflAPrV). Bei der **hochschulischen Pflegeaus-bildung** stellt die Hochschule das Zeugnis aus, wobei der hochschulische und der staatliche Prüfungsteil bestanden sein müssen (§ 40 Abs. 1 PflAPrV). Das hochschu-lische Zeugnis enthält auch das Ergebnis der staatlichen Prüfung (§ 40 Abs. 2 Satz 2 PflAPrV). Zur Gestaltung des Zeugnisses bei **Modellvorhaben nach § 14 PflBG** s. § 24 Abs. 2 PflAPrV.

Im Zusammenhang der **Anerkennung ausländischer Berufsabschlüsse** ist einem 5 abgeleisteten **Anpassungslehrgang** (§ 44 Abs. 1 PflAPrV) eine Bescheinigung nach dem Muster der Anlage 9 PflAPrV vorzulegen (§ 44 Abs. 3 Satz 2 PflAPrV). Bei einer bestandenen **Kenntnisprüfung** (§ 45 Abs. 3 PflAPrV) ist eine Bescheinigung nach dem Muster der Anlage 10 PflAPrV vorzulegen (§ 45 Abs. 9 PflAPrV). Bei einer bestandenen **Eignungsprüfung** (§ 47 Abs. 1 PflAPrV) ist eine Bescheinigung nach dem Muster der Anlage 12 PflAPrV vorzulegen (§ 47 Abs. 5 Satz 2 PflAPrV).

Personen, die über einen **Ausbildungsnachweis aus einem anderen Mitgliedstaat** 6 **der Europäischen Union oder einem anderen Vertragsstaat des Abkommens über den Europäischen Wirtschaftsraum verfügen** und eine Erlaubnis nach § 1 Abs. 1 oder § 58 Abs. 1 oder Abs. 2 PflBG beantragen, können zum **Nachweis der Zuver-lässigkeit nach § 2 Nr. 2 PflBG** eine von der zuständigen Behörde ihres Herkunfts-mitgliedstaates ausgestellte entsprechende Bescheinigung oder einen von einer solchen Behörde ausgestellten Strafregisterauszug oder, wenn ein solcher nicht beigebracht werden kann, einen gleichwertigen Nachweis vorlegen (§ 48 Abs. 1 bis 3 PflAPrV).

Personen, die über einen **Ausbildungsnachweis aus einem anderen Mitgliedstaat** 7 **der Europäischen Union oder einem anderen Vertragsstaat des Abkommens über den Europäischen Wirtschaftsraum verfügen** und eine Erlaubnis nach § 1 Abs. 1 oder § 58 Abs. 1 oder Abs. 2 PflBG beantragen, können zum **Nachweis der gesund-heitlichen Eignung nach § 2 Nr. 3 PflBG** einen entsprechenden Nachweis ihres Herkunftsmitgliedstaates vorlegen (§ 48 Abs. 4 PflAPrV).

Fristen behördlicher Entscheidungen im Rahmen der Anerkennung ausländi- 8 **scher Berufsabschlüsse:** Die zuständige Behörde hat über Anträge auf Erteilung einer Erlaubnis als Pflegefachfrau oder Pflegefachmann nach § 1 Abs. 1 PflBG oder als Gesundheits- und Kinderkrankenpflegerin oder Gesundheits- und Kinderkran-kenpfleger nach § 58 Abs. 1 PflBG oder als Altenpflegerin oder Altenpfleger nach § 58 Abs. 2 PflBG kurzfristig, spätestens vier Monate, im Falle von Anträgen nach § 41 Abs. 1 PflBG spätestens drei Monate, nach Vorlage der vollständigen Unterla-gen zu entscheiden (§ 43 Abs. 3 PflAPrV).

9   **Bescheiderteilung:** Über die Feststellung wesentlicher Unterschiede, die zur Auferlegung einer Kenntnisprüfung, eines Anpassungslehrgangs oder einer Eignungsprüfung führen, ist den antragstellenden Personen ein rechtsmittelfähiger Bescheid
zu erteilen, der bestimmte Angaben enthalten muss (§ 43 Abs. 4 PflAPrV).

II. Erläuterungen

1. Nr. 1: Ausbildung – staatliche Abschlussprüfung

10   Die antragstellende Person hat nachzuweisen, dass sie die berufliche (Teil 2
Abschnitt 1) oder hochschulische (Teil 3) Ausbildung abgeleistet und die staatliche
Abschlussprüfung erfolgreich bestanden hat (s. auch § 39 Abs. 3 Satz 2 PflBG). Zu
den verschiedenen Nachweisen, die in der PflAPrV geregelt sind, s. oben → Rn. 4 bis
7.

2. Nr. 2: Zuverlässigkeit

11   Die antragstellende Person darf sich nicht eines Verhaltens schuldig gemacht haben,
aus dem sich die Unzuverlässigkeit zur Ausübung des Pflegeberufs ergibt. Dies kann
über die Vorlage eines erweiterten Führungszeugnisses nachgewiesen werden (§ 30
Abs. 5, § 32 Abs. 3 und 4 Bundeszentralregistergesetz – BZRG). Bei Eintragungen,
die vom Verwertungsverbot erfasst werden (§ 51 BZRG), ist § 52 Abs. 1 Nr. 4 BZRG
zu beachten. Zu den verschiedenen Nachweisen, die in der PflAPrV geregelt sind, s.
oben → Rn. 6.

12   Der Ausschluss unzuverlässiger Erlaubnisbewerber bzw. -inhaber für den Pflegeberuf
hat präventiven Charakter und dient der Abwehr von Gefahren für das Gemeinwohl.
§ 2 Abs. 1 Nr. 2 PflBG setzt daher eine strafgerichtliche Verurteilung nicht voraus;
„**schuldig gemacht**" im Sinn dieser Vorschrift bedeutet nicht „strafrechtlich schuldig
gemacht" (BayVGH, Urt. v. 25.9.1996, 7 B 95.2642).

13   Der Begriff „**Unzuverlässigkeit**" bzw. „**Zuverlässigkeit**" ist ein unbestimmter
Rechtsbegriff, der verwaltungsgerichtlich voll nachprüfbar ist. Entscheidend für die
Beurteilung der persönlichen Zuverlässigkeit ist, ob der Antragsteller ausreichende
Gewähr für eine ordnungsgemäße Berufsausübung bietet (vgl. hierzu BVerwGE 4,
250; 10, 338; 13, 326; 25, 201; 137, 1).

14   **Aus der Rechtsprechung:** Die **ausreichende Gewähr für eine ordnungsgemäße
Berufsausübung** ist nicht gegeben, wenn Tatsachen die Annahme rechtfertigen, der
Betreffende werde in Zukunft die berufsspezifischen Vorschriften und Pflichten
nicht beachten (vgl. BayVGH, Beschl. v. 20.7.1995, 21 CS 95.1607). Der BayVGH
(Urt. v. 25.9.1996, 7 B 95.2642) führt hierzu aus:

*„Die dabei zu treffende Prognose-Entscheidung beruht auf der Wertung des in der
Vergangenheit liegenden Verhaltens des Krankenpflegers bzw. Erlaubnisbewerbers.
Daraus muss mit hinreichender Wahrscheinlichkeit geschlossen werden können, dass
er in Zukunft den ihm auferlegten Berufspflichten nicht (mehr) genügen werde. Bei der
Beurteilung der Frage, ob sich aus dem festgestellten Verhalten die Unzuverlässigkeit
zur Ausübung des Krankenpflegeberufs ergibt, muss von der Eigenart des Berufs
ausgegangen werden, insbesondere von der Tatsache, dass dem Krankenpfleger ein*

besonderes Maß von Vertrauen entgegengebracht wird. Unzuverlässig zur Ausübung des Berufs eines Krankenpflegers ist mithin, wer die notwendigen charakterlichen Voraussetzungen für eine korrekte und integre Berufsausübung vermissen lässt. Dabei können auch nicht berufsbezogene Verfehlungen die Charakterschwäche des Krankenpflegers offenbaren, die seine Zuverlässigkeit zur Berufsausübung ausschließt [...]. Die Reinhaltung des Berufsstandes ist nicht nur bei den Ärzten, sondern auch beim Pflegepersonal besonders wichtig, weil Kranke wegen ihrer Schmerzen und Gebrechen und der damit nicht selten verbundenen Hilflosigkeit ihr ganzes Vertrauen nicht nur in den Arzt, sondern auch in das Pflegepersonal setzen und deshalb in diesem Vertrauen vor einem Missbrauch durch unzuverlässige Pflegekräfte geschützt werden müssen".

Auch ein **einmaliges Fehlverhalten** kann die Prognose rechtfertigen, dass jemand seine beruflichen Pflichten in Zukunft nicht zuverlässig erfüllen werde (BayVGH, Beschl. v. 9.3.2010, 21 ZB 09.3222, Rn. 8, zitiert nach juris). 15

Zur Beantwortung der Frage, ob und unter welchen Bedingungen ein **Cannabis-Konsum** die Gefahr mit sich bringt, dass ein Krankenpfleger seine beruflichen Pflichten nicht mehr zuverlässig erfüllen wird, kann darauf zurückgegriffen werden, unter welchen Voraussetzungen ein Cannabis-Konsum die Eignung zum Führen von Kraftfahrzeugen entfallen lässt. Die Anforderungen an Konzentration, Wahrnehmungsfähigkeit und Reaktionsvermögen beim Führen von Kraftfahrzeugen sind jedenfalls in Teilen vergleichbar mit den Anforderungen, die an einen Gesundheits- und Krankenpfleger zu stellen sind (so VG Arnsberg, Urt. v. 3.6.2013, 7 K 1597/12, Rn. 21, zitiert nach juris). 16

Bei der Beurteilung der Zuverlässigkeit hat das VG Augsburg (Urt. v. 19.5.2009, Au 2 K 08.1596, zitiert nach juris) einen strengen Maßstab angelegt und Unzuverlässigkeit bei einer Person angenommen, die zweimal wegen **nicht mit dem Altenpflegeberuf zusammenhängenden Delikten verurteilt** worden war, wobei das eine Delikt bereits fünfeinhalb Jahre zurücklag. 17

Das Bundesverwaltungsgericht hat im Zusammenhang der **Prognose der Zuverlässigkeit** beim Heilberuf des Logopäden ausgeführt, dass mit der Zulässigkeitsprüfung neben dem Zweck der Vermeidung konkreter Gefahren durch Pflichtverletzungen, wenn auch nicht mit ausschlaggebendem Gewicht, so doch zusätzlich, auch der weitergreifende berufsrechtliche Aspekt des Schutzes des Vertrauens der Bevölkerung in die Integrität der Personen verfolgt werde, denen die staatliche Erlaubnis zum Führen der Berufsbezeichnung Logopäde verliehen ist (BVerwG, Urt. v. 28.4.2010, 3 C 22/09, Rn. 19 ff. BVerwGE 137, 1 = NJW 2010, 2901 = MedR 2010, 793). Diese Ausführungen können insgesamt für die Heilberufe, also auch für die Pflegeberufe, gelten (BVerwG, Urt. v. 28.4.2010, 3 C 22/09, Rn. 10). 18

Maßgeblich für die **Prognose der Zuverlässigkeit** sind die jeweilige Situation des Heilberufsangehörigen zum Zeitpunkt des Abschlusses des Verwaltungsverfahrens sowie sein vor allem durch die Art, die Schwere und die Zahl der Verstöße gegen die Berufspflichten manifest gewordener Charakter. Ausschlaggebend für die Prognose der Zuverlässigkeit ist somit die **Würdigung der gesamten Persönlichkeit und ihrer Lebensumstände auf der Grundlage der Sachlage im Zeitpunkt des Abschlusses** 19

des Verwaltungsverfahrens. Insoweit gilt hier nichts anderes als im Berufsrecht der Ärzte und der Angehörigen anderer Heilberufe (BVerwG, Urt. v. 28.4.2010, 3 C 22/09, Rn. 10).[1]

3. Nr. 3: Gesundheitliche Eignung

20   Die Gesetzesbegründung (BT-Drs. 18/7823, S. 65) führt hierzu aus:

„Darüber hinaus darf die antragstellende Person nicht in gesundheitlicher Hinsicht zur Ausübung des in diesem Gesetz geregelten Berufs ungeeignet sein. Diese Formulierung statuiert das Erfordernis der gesundheitlichen Eignung für den Beruf, das im Hinblick auf den Schutz des Patienten erforderlich ist, ohne Missverständnisse hinsichtlich einer eventuellen Diskriminierung von Menschen mit Behinderung hervorzurufen. Nicht das Fehlen einer Behinderung ist entscheidend für die Berufszulassung, sondern dass die antragsstellende Person in gesundheitlicher Hinsicht nicht ungeeignet ist. Die Formulierung berücksichtigt damit die Vorgaben der UN-Behindertenrechtskonvention und erleichtert die entsprechende Beweisführung. Diese Voraussetzung, die bereits beim Zugang zur Ausbildung gegeben sein muss (§ 11 Absatz 2), kann insbesondere durch die Vorlage einer ärztlichen Bescheinigung nachgewiesen werden. Die Versagung einer Erlaubnis sollte nur dann erfolgen, wenn eine Berufsausübung aufgrund der gesundheitlichen Begebenheiten auch in weniger belastenden Tätigkeitsfeldern nicht möglich erscheint.“

Zu den verschiedenen Nachweisen, die in der PflAPrV geregelt sind, s. oben → Rn. 7.

21   Körperliche Gebrechen, die den Antragsteller nur an der Vornahme einzelner, bestimmter Tätigkeiten innerhalb des Pflegedienstes hindern, ihn aber nicht schlechthin zur Ausübung des Berufs ungeeignet machen, stehen einer Erlaubnis grundsätzlich nicht entgegen. Einem anfallsfreien **Epileptiker**, der seit mehr als drei Jahren keinen Anfall erlitten hat und nach ärztlichem Urteil bei gleichbleibender Medikation auch anfallsfrei bleiben wird, kann die Erlaubnis zur Führung der Berufsbezeichnung nicht versagt werden (OVG Hamburg, Urt. v. 1.2.2002, 4 Bf 139/00, NordÖR 2002, 386). Eine **HIV- oder Hepatitis-Infektion** z. B. ist deshalb allein kein Grund, die Erlaubnis zu versagen, insbesondere wenn kein Anlass besteht zu zweifeln, dass der Antragsteller die zum Schutz Dritter notwendigen Verhaltensmaßregeln einhält. Der Betreffende sollte aber von der zuständigen Behörde zweckmäßigerweise ausdrücklich auf seine Verantwortung für das Wohl der Patienten hingewiesen werden; gleichzeitig ist ihm (nicht zuletzt in seinem eigenen Interesse) zu empfehlen, Arbeitgeber über die Infektion zu informieren, soweit nicht ohnehin arbeitsvertraglich eine solche Mitteilungspflicht besteht.

---

1   In der Rechtsprechung wurde teilweise auch der Begriff der Heilhilfsberufe verwendet. Dieser Begriff ist anders als der in Art. 74 Abs. 1 Nr. 19 GG verwendete Begriff der „ärztlichen und anderen Heilberufe" kein verfassungsrechtlicher oder rechtlicher Begriff.

4. Nr. 4: Sprachkenntnisse

Die Gesetzesbegründung (BT-Drs. 18/7823, S. 65) führt hierzu aus: 22

„Des Weiteren muss die antragstellende Person über die zur Ausübung des Pflegeberufs erforderlichen Kenntnisse der deutschen Sprache verfügen. Gerade im Pflegebereich ist es unabdingbar, dass sich das Pflegepersonal mit den zu betreuenden Personen, mit deren Angehörigen, im Kollegenkreis und auch mit anderen in den Pflegeprozess eingebundenen Berufsgruppen verständigen kann. Missverständnisse, die durch unzureichende Kenntnisse der deutschen Sprache entstehen, können fatale Folgen nach sich ziehen. Die zu fordernden Sprachkenntnisse sollten sich am Sprachniveau B 2 des Gemeinsamen Europäischen Referenzrahmens für Sprachen orientieren und können über ein Sprachzertifikat nachgewiesen werden."

Das Sprachniveau B2 des Gemeinsamen Europäischen Referenzrahmens für Sprachen wird wie folgt definiert (http://www.europaeischer-referenzrahmen.de/):

„B2 – Selbständige Sprachverwendung

Kann die Hauptinhalte komplexer Texte zu konkreten und abstrakten Themen verstehen; versteht im eigenen Spezialgebiet auch Fachdiskussionen. Kann sich so spontan und fließend verständigen, dass ein normales Gespräch mit Muttersprachlern ohne größere Anstrengung auf beiden Seiten gut möglich ist. Kann sich zu einem breiten Themenspektrum klar und detailliert ausdrücken, einen Standpunkt zu einer aktuellen Frage erläutern und die Vor- und Nachteile verschiedener Möglichkeiten angeben."

III. Rechtsschutz

Die Erteilung der Erlaubnis stellt sich als begünstigender Verwaltungsakt dar. Wird 23
eine Erlaubnis beantragt, aber nicht erteilt, kann der Antragsteller Widerspruch (§ 68 Abs. 2 Verwaltungsgerichtsordnung – VwGO) und Verpflichtungsklage (§ 42 Abs. 1 VwGO) erheben. Bei Vorliegen der Voraussetzungen kann auch eine einstweilige Anordnung in Form der Regelungsanordnung beantragt werden (§ 123 Abs. 1 Satz 2 VwGO).

§ 3 Rücknahme, Widerruf und Ruhen der Erlaubnis

(1) [1]Die Erlaubnis ist zurückzunehmen, wenn bei Erteilung der Erlaubnis entweder die Voraussetzung nach § 2 Nummer 1 oder die Voraussetzung nach § 2 Nummer 2 nicht vorgelegen hat oder die Ausbildung nach den §§ 40 bis 42 nicht abgeschlossen war. [2]Die Erlaubnis kann zurückgenommen werden, wenn bei Erteilung der Erlaubnis entweder die Voraussetzung nach § 2 Nummer 3 oder die Voraussetzung nach § 2 Nummer 4 nicht vorgelegen hat.

(2) [1]Die Erlaubnis ist zu widerrufen, wenn nachträglich bekannt wird, dass die Voraussetzung nach § 2 Nummer 2 nicht erfüllt ist. [2]Die Erlaubnis kann widerrufen werden, wenn nachträglich die Voraussetzung nach § 2 Nummer 3 weggefallen ist.

(3) [1]Das Ruhen der Erlaubnis kann angeordnet werden, wenn gegen die betreffende Person wegen des Verdachts einer Straftat, aus der sich die Unzuverlässigkeit zur Ausübung des Pflegeberufs ergeben würde, ein Strafverfahren eingeleitet wurde. [2]Die Anordnung ist aufzuheben, wenn ihre Voraussetzungen nicht mehr vorliegen.

Erläuterungen

Übersicht

I. Allgemeines

1. Regelungsinhalt

1   Rücknahme und Widerruf einer Erlaubnis betreffen die **Bestandskraft** eines Verwaltungsaktes. Die Regelungen hierzu finden sich im Verwaltungsverfahrensgesetz des Bundes (VwVfG) und in den entsprechenden Verwaltungsverfahrensgesetzen der Länder. Danach bleibt ein Verwaltungsakt wirksam, solange und soweit er nicht zurückgenommen, widerrufen, anderweitig aufgehoben oder durch Zeitablauf oder auf andere Weise erledigt ist (vgl. § 43 Abs. 2 VwVfG). Ein **rechtswidriger Verwaltungsakt wird zurückgenommen** (Rücknahme, vgl. § 48 VwVfG). Ein **rechtmäßiger Verwaltungsakt wird widerrufen** (Widerruf, vgl. § 49 VwVfG).

2   Die Vorschriften zu Rücknahme und Widerruf stellen besondere Regelungen für die Rücknahme und Widerruf einer Erlaubnis nach § 2 PflBG dar. Die Voraussetzungen für Rücknahme und Widerruf nach § 3 Abs. 1 und 2 sind weniger streng als die

Voraussetzungen nach §§ 48, 49 VwVfG. Dies rechtfertigt sich aus dem besonderen Interesse am Schutz pflegebedürftiger Menschen (so die Gesetzesbegründung, BT-Drs. 18/7823, S. 66).

Rücknahme und Widerruf der Erlaubnis sind **nicht** dem **Berufsausübungsverbot** 3
i. S. d. Strafgesetzbuches gleichzusetzen, s. § 70 StGB.

2. Bisherige Regelungen im AltPflG und KrPflG

Im AltPflG und im KrPflG finden sich bisher die Vorschriften zur Rücknahme und 4
Widerruf der Erlaubnis jeweils in § 2 Abs. 2. Darin sind jedoch keine Vorschriften zum Ruhen der Erlaubnis enthalten. Die Rechtsprechung zu diesen Vorschriften kann auch für die entsprechenden Neuregelungen herangezogen werden (s. dazu unten → Rn. 15 ff.).

3. Entsprechende Anwendung

§ 3 PflBG Vorschrift ist auf die Erlaubnis zur Führung der Berufsbezeichnungen 5
„Gesundheits- und Kinderkrankenpflegerin" bzw. „Gesundheits- und Krankenpfleger" sowie „Altenpflegerin" oder „Altenpflegerin" entsprechend anzuwenden (§ 58 Abs. 3 PflBG). § 3 ist auf die Erlaubnis zum Führen der bisherigen Berufsbezeichnungen nach dem AltPflG und KrPflG entsprechend anwendbar (§ 64 Satz 3). Das bedeutet, dass auch die bisher in § 2 Abs. 2 AltPflG/KrPflG nicht enthaltene Möglichkeit der Anordnung des Ruhens der Erlaubnis (§ 3 Abs. 3 PflBG) gegeben ist.

4. Korrespondierende Vorschriften der PflAPrV

§ 42 PflAPrV regelt die Erteilung der Erlaubnis nach dem Muster der Anlage 13 der 6
PflAPrV und den Hinweis auf den Vertiefungseinsatz nach dem Muster der Anlage 14 der PflAPrV. S. hier zu → Erl. zu § 42 PflAPrV.

II. Erläuterungen

1. Abs. 1: Rücknahme der Erlaubnis

Bei der Rücknahme der Erlaubnis wird zwischen einer Muss- und einer Kann- 7
Entscheidung der zuständigen Behörde unterschieden. Die **Muss-Entscheidung** (Abs. 1 Satz 1) ist zu treffen, wenn zum **Zeitpunkt der Erlaubniserteilung** die Voraussetzung nach § 2 Nr. 1 oder 2 PflBG (Ausbildung und Prüfung; Zuverlässigkeit) nicht vorgelegen hat oder die Ausbildung nach den §§ 40–42 PflBG nicht abgeschlossen war. Der Verweis auf die §§ 40–42 PflBG betrifft die Berufsabschlüsse, die außerhalb des Geltungsbereichs des Gesetzes erworben worden sind.

Die **Kann-Entscheidung**, also die **Ermessensentscheidung** (Abs. 1 Satz 2) betrifft 8
die Voraussetzungen nach § 2 Nr. 3 und 4 (gesundheitliche Geeignetheit; erforderliche Sprachkenntnisse), die zum **Zeitpunkt der Erlaubniserteilung** nicht vorgelegen haben

In der Gesetzesbegründung (BT-Drs. 18/7823, S. 66) wird gesagt, dass die **Erlaubnis** 9
mit Wirkung für die Vergangenheit aufgehoben wird. Der Gesetzestext enthält aber keine Feststellung, dass die Erlaubnis nur mit Wirkung für die Vergangenheit

zurückgenommen werden kann. Wenn der Gesetzestext eine solche Feststellung nicht enthält, müssen beide Möglichkeiten – Rücknahme mit Wirkung für die Vergangenheit wie mit Wirkung für die Zukunft – eröffnet sein. Dies ergibt sich auch aus einem Vergleich mit der Rücknahmeregelung in § 43 Abs. 1 Satz 1 VwVfG, in der beide Möglichkeiten formuliert sind.

2. Abs. 2: Widerruf der Erlaubnis

10   Beim Widerruf der Erlaubnis wird ebenfalls zwischen einer Muss- und einer Kann-Entscheidung der zuständigen Behörde unterschieden. Die **Muss-Entscheidung** (Abs. 2 Satz 2) betrifft die Situation, dass sich ein Erlaubnisinhaber **nach Erteilung der Erlaubnis** eines Verhaltens schuldig gemacht, aus dem sich die **Unzuverlässigkeit** zur Ausübung des Pflegeberufs ergibt. Hier ist, so die Gesetzesbegründung (BT-Drs. 18/7823, S. 66), die Erlaubnis mit Wirkung für die Zukunft zu widerrufen.

11   Die **Kann-Entscheidung** (Ermessensentscheidung) betrifft den **Wegfall der gesundheitlichen Eignung** (Abs. 2 Satz 3) **nach Erteilung der Erlaubnis**. Der Widerruf der Erlaubnis steht im Ermessen der Behörde, wenn die antragsstellende Person im Nachgang zur Erlaubniserteilung in gesundheitlicher Hinsicht zur Ausübung des Pflegeberufs ungeeignet wird.

3. Abs. 3: Ruhen der Erlaubnis

12   Die Ruhensvorschrift, die an § 6 BÄO angelehnt ist, existiert im AltPflG und KrPflG nicht. In der Gesetzesbegründung (BT-Drs. 18/7823, S. 66) wird hierzu ausgeführt:

„Wurde gegen die Inhaberin oder den Inhaber der Erlaubnis nach § 1 ein Strafverfahren eingeleitet, aus dem sich die Unzuverlässigkeit zur Ausübung des Pflegeberufs ergeben kann, steht es im Ermessen der zuständigen Behörde das Ruhen der Erlaubnis mit der Folge anzuordnen, dass das Führen der Berufsbezeichnung nach § 1 nicht mehr zulässig ist. Diese Vorschrift zielt auf das hohe Schutzgut des Patientenschutzes pflegebedürftiger Menschen. Das Ruhenstellen der Erlaubnis beeinträchtigt die Erlaubnisinhaberin oder den Erlaubnisinhaber geringer als ein Widerruf der Erlaubnis. Die zuständige Behörde hat im Rahmen ihrer Ermessensausübung den erforderlichen Schutz der pflegebedürftigen Menschen mit dem Interesse der Berufsträgerin oder des Berufsträgers an der Berufsausübung sorgfältig abzuwägen. Dies gilt insbesondere, da der Einleitung eines Strafverfahrens nur der Verdacht einer Straftat zugrunde liegt, der gerade noch nicht als zutreffend erwiesen ist."

III. Rechtsschutz

13   Die Rücknahme oder der Widerruf einer Erlaubnis stellen sich als belastende Verwaltungsakte dar, gegen die **Widerspruch** (§ 68 Abs. 1 VwGO) und **Anfechtungsklage** (§ 42 Abs. 1 VwGO) erhoben werden kann. Widerspruch und Anfechtungsklage haben **aufschiebende Wirkung** (§ 80 Abs. 1 VwGO). Die aufschiebende Wirkung entfällt nur in den Fällen, in denen die **sofortige Vollziehung** im öffentlichen Interesse oder im überwiegenden Interesse eines Beteiligten von der Behörde, die den Verwaltungsakt erlassen oder über den Widerspruch zu entscheiden hat, besonders angeordnet wird (§ 80 Abs. 2 Satz 1 Nr. 4 VwGO). Das besondere Interes-

se an der sofortigen Vollziehung des Verwaltungsakts ist schriftlich zu begründen. Einer besonderen Begründung bedarf es nicht, wenn die Behörde bei Gefahr im Verzug, insbesondere bei drohenden Nachteilen für Leben, Gesundheit oder Eigentum vorsorglich eine als solche bezeichnete Notstandsmaßnahme im öffentlichen Interesse trifft (§ 80 Abs. 3 VwGO).

Bei den **Ermessensentscheidungen nach Abs. 1 Satz 2 und Abs. 2 Satz 2** ist insbesondere darauf zu achten, ob die zuständige Behörde ihr **Ermessen überhaupt betätigt** hat (§ 40 VwVfG). Entscheidet die Behörde ohne eine solche Ermessensbetätigung **(Ermessensunterschreitung)**, ist der Verwaltungsakt fehlerhaft (§ 114 Satz 1 VwGO). Allerdings kann die Behörde die Ermessenserwägungen im Verwaltungsgerichtsverfahren noch ergänzen (§ 114 Satz 2 VwGO). Ob die Behörde ihr Ermessen betätigt hat, wird auch daraus ersichtlich, ob die Begründung des Verwaltungsaktes die Gesichtspunkte für Ermessenserwägungen enthält (§ 39 Abs. 1 Satz 3 VwVfG). Hat die Behörde ihr Ermessen betätigt, wird sie sich regelmäßig auf den Schutz der pflegebedürftigen Personen berufen können. Dies darf allerdings nicht formelhaft geschehen. Vielmehr sind auch die Interessen des Erlaubnisinhabers mit in Rechnung zu stellen, der sich insbesondere auf den Schutz der Berufsfreiheit berufen kann (Art. 12 Abs. 1 GG). 14

IV. Aus der Rechtsprechung

Die nachfolgenden Entscheidungen sind zur Rechtslage nach dem AltPflG und KrPflG ergangen. Da sich die Vorschriften zu Rücknahme und Widerruf der Erlaubnis im PflBG nicht geändert haben, kann auf die bisherige Rechtsprechung zurückgegriffen werden. 15

Einem Krankenpfleger, der wegen des **Besitzes kinderpornographischer Bilder** verurteilt worden ist, kann wegen **Unzuverlässigkeit** die Erlaubnis widerrufen werden, denn es kann nicht mehr verantwortet werden, ihm die Pflege von Kindern anzuvertrauen (OVG Lüneburg, Beschl. v. 27.5.2009, 8 ME 62/09, Rn. 7, juris). 16

Zum zulässigen **„berufsrechtlichen Überhang"** im Hinblick auf eine strafrechtliche Entscheidung ausführlich VG Aachen (Urt. v. 2. Februar 2009, 5 K 404/08, Rn. 31 ff., zitiert nach juris.de, abgedruckt in PflR 2009, 469 mit Anm. *Roßbruch*) sowie OVG Nordrhein-Westfalen (Beschl. v. 29.6.2009, 13 A 596/09, juris, Rn. 12). Das – grundsätzlich zeitlich befristete – **Berufsverbot des § 70 StGB** ist eine tat- und täterbezogene Maßregel der Besserung und Sicherung zur Verhinderung einer Wiederholung einer der abgeurteilten Tat vergleichbaren Straftat und soll die Allgemeinheit vor weiterer Gefährdung schützen. Die berufsrechtliche Einschätzung einer Person als zuverlässig oder unzuverlässig zur Ausübung eines bestimmten Berufs ist hingegen auch auf die Einhaltung der beruflichen Pflichten und auf die Wahrung des Ansehens des Berufsstandes gerichtet und dient deshalb auch dazu, den Berufsstand vor unzuverlässigen Berufsausübenden zu schützen. Diese übergreifenden berufsrechtlichen Aspekte werden vom strafrechtlichen Berufsverbot nicht erfasst – „Überhang" – und schließen weitergehende berufsrechtliche Maßnahmen nicht aus. 17

Das VG Karlsruhe (Urt. v. 14.1.2010, 6 K 1545/08, juris; abgedruckt in PflR 2010, 338 mit Anm. *Roßbruch*) hat in Hinblick auf die für eine **Prognoseentscheidung** 18 notwendigen Anhaltspunkte bei **Vorliegen einer Straftat** ausgeführt, dass es darauf ankomme, ob die betreffende Person in ihren spezifischen Berufspflichten der Altenpflege oder in der Funktion der Pflegedienstleitung versagt habe. Fehlende organisatorische Fähigkeiten bei der Pflegedienstleitung könnten nicht zur Unzuverlässigkeit als Altenpfleger führen, weil diese Fähigkeiten nicht zu den Kardinalpflichten eines Altenpflegers gehören (VG Karlsruhe, a. a. O., Rn. 29). Außerdem sind Ausschlussgründe nach der Heimpersonalverordnung nicht geeignet, den Widerruf der Erlaubnis nach § 2 Abs. 2 Satz 2 AltPflG zu rechtfertigen (a. a. O., Rn. 31). Ein Schluss auf die Unzuverlässigkeit kann auch aus einer Anklageschrift der Staatsanwaltschaft gezogen werden (VG Oldenburg, Beschl. v. 12.7.2016, 7 B 3175/16, juris).

19   Der **Widerruf einer Erlaubnis** setzt ein Verhalten voraus, das nach Art, Schwere und Zahl von Verstößen gegen Berufspflichten die zu begründende **Prognose** rechtfertigt, der Betroffene biete aufgrund der begangenen Verfehlungen nicht die Gewähr, in Zukunft die berufsspezifischen Vorschriften und Pflichten zu beachten. Dabei sind die gesamte Persönlichkeit des Betroffenen und seine Lebensumstände im Zeitpunkt des Abschlusses des Verwaltungsverfahrens zu würdigen Der BayVGH (Urt. v. 2.3.2010, 21 B 08.3008, Rn. 22, juris, abgedruckt in PflR 2010, 572 mit Anm. *Roßbruch*) hat in einer von ihm selbst als Grenzfall bezeichneten Angelegenheit einen Altenpfleger, der am 1.10.2000 die Erlaubnis zum Führen der Berufsbezeichnung „Altenpfleger" erhalten hat, und der schon vorher seit Oktober 1987 in der Altenpflege gearbeitet hat, auch das Verhalten des Betroffenen vor dem 1.10.2000 berücksichtigt. Im konkreten Fall ging es um erhebliche Pflichtverletzungen in den Jahren 2004 und 2006. Neben dem beanstandungsfreien Verhalten des Betroffenen in den Jahren der Tätigkeit in der Altenpflege hat der BayVGH auch die allgemein angespannte Personalsituation in der Altenpflege in die Betrachtung einbezogen und deshalb eine daraus resultierende individuelle Überlastungssituation zugunsten des Betroffenen berücksichtigt (BayVGH, a. a. O., Rn. 25) (s. hierzu *Kling/Schwabenbauer*, BayVBl. 2011, 399).

20   **Misshandlungen und Verletzungen des Persönlichkeitsrechts** gegenüber schutzbedürftigen Personen, die einem Altenpfleger anvertraut sind, rechtfertigen in der Regel dessen Beurteilung als unzuverlässig (VG Stuttgart, Urt. v. 19.7.2011, 4 K 766/11, juris; Ebenso VG München (Beschl. v. 2.8.2016, M 16 S 16.2504, juris, PflR 2016, 797) bei strafrechtlichen Verurteilungen wegen Körperverletzungen. In dem Beschluss ging es um die sofortige Vollziehung des Widerrufs der Erlaubnis zur Führung der Berufsbezeichnung und die Wiederherstellung der aufschiebenden Wirkung i. S. d § 80 Abs. 5 Satz 1 VwGO.).

21   Zur **Verletzung des Vertrauensverhältnisses durch Unterschlagung** zu Lasten einer Patientin und durch nicht vereinbarungsgemäße Tilgung eines von einer Patientin aufgenommen Darlehens s. OVG Lüneburg (Beschl. v. 17.6.2013, 8 LA 155/12, juris). Das OVG Lüneburg geht hier ausführlich auf die gesetzlich nicht beschriebenen Berufspflichten ein, deren Verletzung einen Widerruf der Erlaubnis rechtfertigen (a. a. O., Rn. 10 ff.). Nutzt ein Krankenpfleger oder eine Krankenschwester ein bestehendes Vertrauensverhältnis zum Nachteil eines zu pflegenden Menschen aus oder verletzt dieses in erheblicher Weise, liegt hierin regelmäßig ein

schwerer Verstoß gegen eine wesentliche Berufspflicht, der zum Widerruf der Erlaubnis führt. Das Gericht beruft sich auf den Aufgabenkanon der Krankenpfleger/Krankenschwestern, wonach bei Ausübung dieses Berufs offensichtlich mehr erwartet wird als die bloße eigenverantwortliche und fachkundige Erbringung gesundheits- und krankenpflegerischer Leistungen. Der zu pflegende Mensch soll von dem Krankenpfleger nicht als bloßes Objekt pflegerischer Leistungen behandelt werden. Gefordert ist vielmehr ein individueller, die subjektive Pflege- und Lebenssituation, die Lebensphase und die konkreten Möglichkeiten der Selbständigkeit und Selbstbestimmung des Patienten berücksichtigender Umgang. Der Krankenpfleger soll den Patienten bei der individuellen Auseinandersetzung mit der Krankheit beraten und in gesundheits- und pflegerelevanten Fragen anleiten und unterstützen. Die Erfüllung dieser Aufgaben durch den Krankenpfleger setzt nahezu zwingend ein Vertrauensverhältnis zum Patienten voraus. Krankenpflegekräfte haben mit den engsten Kontakt zum Patienten; diese Beziehung bestimmt maßgeblich das Pflegeergebnis mit (a. a. O., Rn. 12).

Abschnitt 2
Vorbehaltene Tätigkeiten

§ 4 Vorbehaltene Tätigkeiten

(1) [1]Pflegerische Aufgaben nach Absatz 2 dürfen beruflich nur von Personen mit einer Erlaubnis nach § 1 Absatz 1 durchgeführt werden. [2]Ruht die Erlaubnis nach § 3 Absatz 3 Satz 1, dürfen pflegerische Aufgaben nach Absatz 2 nicht durchgeführt werden.

(2) Die pflegerischen Aufgaben im Sinne des Absatzes 1 umfassen

1. die Erhebung und Feststellung des individuellen Pflegebedarfs nach § 5 Absatz 3 Nummer 1 Buchstabe a,
2. die Organisation, Gestaltung und Steuerung des Pflegeprozesses nach § 5 Absatz 3 Nummer 1 Buchstabe b sowie
3. die Analyse, Evaluation, Sicherung und Entwicklung der Qualität der Pflege nach § 5 Absatz 3 Nummer 1 Buchstabe d.

(3) Wer als Arbeitgeber Personen ohne eine Erlaubnis nach § 1 Absatz 1 oder Personen, deren Erlaubnis nach § 3 Absatz 3 Satz 1 ruht, in der Pflege beschäftigt, darf diesen Personen Aufgaben nach Absatz 2 weder übertragen noch die Durchführung von Aufgaben nach Absatz 2 durch diese Personen dulden.

Erläuterungen

Übersicht

I. Allgemeines

1. Zum Begriff und den Arten der vorbehaltenen Tätigkeiten

1   In der Überschrift zu § 4 PflBG wird von „vorbehaltenen Tätigkeiten", in § 4 Abs. 1 Satz 1 PflBG von „pflegerischen Aufgaben" gesprochen. Dass eine Tätigkeit im Sinne

von einzelnen Handlungen aber nicht Aufgaben umfassen kann, sondern dass umgekehrt Aufgaben anhand von einzelnen Tätigkeiten im Sinne von Handlungen erfüllt werden, ist begrifflich selbstverständlich. Das ergibt sich auch aus der Bezugnahme auf die in § 5 Abs. 3 Nr. 1 PflBG aufgeführten Aufgaben. Der Gesetzgeber hat sich bei der Wahl des Begriffs „vorbehaltene Tätigkeiten" an die bisher im Heilberuferecht eingeführte Terminologie angelehnt (s. dazu unten → Rn. 2–5).

Diese **Terminologie** hat sich auch in der **EU** eingebürgert. Dort wird ebenfalls von vorbehaltenen Tätigkeiten gesprochen (s. Art. 3 Buchst. b) Richtlinie (EU) 2018/958 des Europäischen Parlaments und des Rates v. 28.6.2018 über eine Verhältnismäßigkeitsprüfung vor Erlass neuer Berufsreglementierung (ABl. L 173 v. 9.7.2018, S. 25– 34, in Kraft ab 29.7.2018). S. dazu unten → Rn. 20 ff.

2

Der Begriff der vorbehaltenen Tätigkeiten bedeutet, dass bestimmte Tätigkeiten nur von Angehörigen bestimmter Heilberufe durchgeführt werden dürfen. In der heilberuferechtlichen Terminologie wird der Begriff der **vorbehaltenen Tätigkeiten** bisher nur in **zwei Heilberufsgesetzen** verwendet (vgl. § 4 HebG; §§ 9, 10 MTAG). Für die Ärzte ergibt sich der Vorbehalt der Ausübung der gesamten Heilkunde indirekt aus § 1 Abs. 1 Heilpraktikergesetz, eine Vorschrift, die auch die Heilkundeausübung durch Heilpraktiker regelt, sowie aus § 2 Abs. 5 Bundesärzteordnung (BÄO).

3

Zu den **vorbehaltenen Tätigkeiten der Hebammen und Entbindungspfleger** heißt es, dass zur Leistung von Geburtshilfe, abgesehen von Notfällen, außer Ärztinnen und Ärzten nur Personen mit einer Erlaubnis zur Führung der Berufsbezeichnung „Hebamme" oder „Entbindungspfleger" sowie Dienstleistungserbringer nach § 1 Abs. 2 HebG berechtigt sind (§ 4 Abs. 1 Satz 1 HebG). Die Leistungen der Geburtshilfe können also auch von Ärztinnen und Ärzten erbracht werden. Ihnen gegenüber besteht der Vorbehalt nicht. In § 4 Abs. 1 Satz 2 HebG ist die Pflicht der Ärztin oder des Arztes geregelt, bei der Entbindung eine Hebamme oder einen Entbindungspfleger hinzuziehen.

4

Für die vorbehaltenen Tätigkeiten der **medizinisch-technischen Assistenten**, die in § 9 MTAG formuliert sind, besteht eine Reihe von Ausnahmen (§ 10 MTAG).

5

Die in den beiden Gesetzen formulierten Vorbehaltätigkeiten stellen keinen absoluten Vorbehalt dar. Weder sind andere Heilberufe noch Laien von den Tätigkeiten ausgeschlossen. Aufgrund der Formulierung der Hinzuziehungspflicht für **Hebammen und Entbindungspfleger** kann man von einem gegenüber Ärzten **prioritär wirkenden Vorbehalt** in § 4 Abs. 1 Satz 1 HebG sprechen. Die vorbehaltenen Tätigkeiten der **medizinisch-technischen Assistenten** in § 9 MTAG wirken wegen der Ausnahmeregelungen in § 10 Nrn. 1, 5 und 6 MTAG ebenfalls **prioritär** gegenüber den dort genannten Berufsangehörigen. S. hierzu *Igl*, 2008, S. 169; *Igl*, 2010, S. 22, 57 ff.

6

Demgegenüber sind die in § 4 PflBG formulierten vorbehaltenen Tätigkeiten für die Angehörigen des **Pflegeberufs** mit einer nicht ruhenden Erlaubnis zur Führung der Berufsbezeichnung nach § 1 Abs. 1 PflBG **im Verhältnis zu anderen Berufsgruppen** als **absolut wirkende Vorbehalte** zu sehen. Hier sind ausdrücklich alle anderen Personen ausgeschlossen, unabhängig davon, ob es sich um Angehörige von Heilbe-

7

rufen handelt oder nicht (§ 4 Abs. 1 PflBG). Außerdem darf ein Arbeitgeber vorbehaltene Tätigkeiten an Dritte nicht übertragen oder die Durchführung solcher Aufgaben durch solche Personen dulden (§ 4 Abs. 3 PflBG). Im Verhältnis zu Laien, die nicht berufsmäßig tätig werden, kann dagegen nur von einem relativen Vorbehalt gesprochen werden.

8   Bei dieser sehr weitgehenden Vorbehaltsregelung für die Angehörigen der Pflegeberufe i. S. v. § 1 Abs. 1, § 58 Abs. 1 und 2 PflBG ist allerdings zu berücksichtigen, dass im Recht der **Gesetzlichen Krankenversicherung (SGB V)** und im Recht der **Sozialen Pflegeversicherung (SGB XI)** Vorschriften existieren, mit denen Bereiche der vorbehaltenen Aufgaben nach § 4 Abs. 2 PflBG erfasst werden, wobei diese Vorschriften als **Spezialregelungen** gelten, die § 4 Abs. 2 PflBG vorgehen (s. dazu unten → Rn. 26 ff., 31 ff.).

2. Verfassungsrechtliche Anforderungen

9   Werden einer Berufsgruppe bestimmte Tätigkeiten/Aufgaben vorbehalten in dem Sinn, dass nur die Angehörigen dieses Berufs diese Tätigkeiten/Aufgaben ausüben dürfen, werden Angehörige anderer Berufe jedenfalls dann in ihrer Berufsausübung eingeschränkt, wenn sie bei vergleichbarer Qualifikation wegen des Vorbehalts diese Tätigkeiten/Aufgaben nicht ausüben dürfen. Damit ist die verfassungsrechtlich garantierte Berufsausübungsfreiheit berührt (Art. 12 Abs. 1 Satz 1 GG). Allerdings kann die Berufsausübung durch oder aufgrund eines Gesetzes geregelt werden (Art. 12 Abs. 1 Satz 2 GG). Dies ist möglich zum Schutz von kranken und pflegebedürftigen Personen, um der aus Art. 2 Abs. 2 Satz 1 GG resultierenden objektiven Schutzpflicht des Staates gerecht zu werden, wobei der Gesetzgeber die Verhältnismäßigkeit zu wahren hat. Die Aufwertung eines Berufsstandes hingegen ist kein verfassungsrechtliches Schutzgut (missverständlich hier die Gesetzesbegründung, BT-Drs. 18/7823, S. 66: *„Die Regelung bedeutet eine merkliche Aufwertung des Pflegeberufs […]".*). S. dazu *Kluth*, MedR 2010, S. 372 ff., 377.

10   Das **Bundesverfassungsgericht** hat im **Altenpflegeurteil** (Urt. v. 24.10.2002, 2 BvF 1/01, Rn. 251 = BVerfGE 106, 52) die verfassungsrechtlichen Anforderungen an die Einräumung vorbehaltener Tätigkeiten für Angehörige eines bestimmten Heilberufs klar formuliert: **Vorbehaltene Tätigkeiten dürfen nicht das gesamte berufliche Betätigungsfeld ausmachen, sondern nur einen eng abgrenzbaren Bereich, der genau definiert werden kann.**

11   Unter dem Blickwinkel der Festlegung des BVerfG stellt sich die Frage der **Verfassungsmäßigkeit der Einräumung von vorbehaltenen Aufgaben gemäß § 4 Abs. 2 PflBG** in folgenden Dimensionen:

   – Sind alle der pflegerischen Aufgaben, die in § 4 Abs. 2 PflBG aufgeführt sind, vorbehaltsfähig? (→ Rn. 12).
   – Ist der in § 4 Abs. 1 PflBG festgelegte Ausschluss aller Personen von den vorbehaltenen Tätigkeiten, die keine Erlaubnis nach § 1 Abs. 1 PflBG besitzen, verfassungsgemäß? (→ Rn. 13–15).
   – Sind Arbeitgeber durch die Verbote in § 4 Abs. 3 PflBG in der Berufsausübungsfreiheit verletzt? (→ Rn. 16).

– Ist die über die entsprechende Anwendung der Vorschrift (§ 58 Abs. 3 PflBG) geforderte Erstreckung der vorbehaltenen Tätigkeiten auf Angehörige der Gesundheits- und Kinderkrankenpflege sowie der Altenpflege hinreichend abgrenzbar und genau definiert? (→ Rn. 17–19).

Vorbehaltsfähigkeit der einzelnen in § 4 Abs. 2 PflBG festgelegten pflegerischen Aufgaben: Bei der „**Erhebung und Feststellung des Pflegebedarfs**" (§ 4 Abs. 2 Nr. 1 i. V. m. § 5 Abs. 3 Nr. 1 Buchst. a) PflBG) handelt es sich um einen eng abgrenzbaren Bereich des pflegerischen Handelns. Das Gleiche gilt für die „**Organisation, Gestaltung und Steuerung des Pflegeprozesses**" (§ 4 Abs. 2 Nr. 2 i. V. m. § 5 Abs. 3 Nr. 1 Buchst. b) PflBG). Fraglich könnte nur sein, ob die „**Analyse, Evaluation, Sicherung und Entwicklung der Qualität der Pflege**" (§ 4 Abs. 2 Nr. 3 i. V. m. § 5 Abs. 3 Nr. 1 Buchst. d) PflBG) in der vollen hier formulierten Breite vorbehaltsfähig ist. Zunächst wird man hier sagen müssen, dass diese vorbehalten Aufgaben für eine individuelle situationsorientierte Pflegebeziehung gelten, die Gegenstand der Analyse, Evaluation, Sicherung und Entwicklung der Qualität der Pflege ist. Allgemeine Aussagen oder z. B. auch Forschungen zur Evaluation der Pflegequalität können nicht Gegenstand einer vorbehalten Aufgabe sein. Die Einrichtung einer vorbehalten Aufgabe rechtfertigt sich nur aus dem Gesundheitsschutz. Unter diesem Gesichtspunkt könnte generell der Bereich der Entwicklung der Qualität der Pflege problematisch sein. Während die Analyse, Evaluation und Sicherung der Qualität der Pflege immer eine Aufgabe darstellt, die an einer individuellen situationsorientierten Pflegebeziehung festmacht, kann die Qualitätsentwicklung zwar auch eine individuelle situationsorientierte Pflegebeziehung zum Ausgangspunkt haben, jedoch insofern weiter ausgreifen, als es z. B. um die Gestaltung der gesamten Qualitätsentwicklung in einer Einrichtung geht. Weiter ist zu berücksichtigen, dass der Begriff der Qualitätsentwicklung keineswegs eindeutig ist (so etwa *Görres*, in: *Igl/Schiemann/Gerste/Klose (Hrsg.)*, 2002, S. 131 ff.; *Moers/Schiemann/Büscher*, in: *Schiemann/Moers/Büscher (Hrsg.)*, 2014, S. 11 ff.). Ein eng abgrenzbarer Bereich, der genau definiert werden kann, wie es das Bundesverfassungsgericht bei den Anforderungen an vorbehaltene Tätigkeiten postuliert, liegt damit nicht vor. Deswegen kann der **Begriff der Qualitätsentwicklung** hier nur **sehr eng verstanden** werden. Das bedeutet, dass sich die Qualitätsentwicklung auf eine individuelle situationsorientierte Pflegebeziehung richten muss. Nur dann kann die Rede von einer vorbehalten Aufgabe im Sinne der Vorschrift sein.

Verfassungsmäßigkeit des in § 4 Abs. 1 PflBG festgelegten Ausschlusses aller Personen, die keine Erlaubnis nach § 1 Abs. 1 PflBG besitzen, in Verbindung mit der Bußgeldbewehrung in § 57 Abs. 1 Nr. 2 PflBG: Der in § 4 Abs. 1 PflBG bestimmte Ausschluss von Personen wirkt als absoluter Ausschluss gegenüber allen Personen, die solche Aufgaben beruflich ausführen. Unter den Heilberufen sind damit vor allem die Ärzte betroffen. Möglicherweise sind auch andere Heilberufe betroffen, die am pflegerischen Geschehen beteiligt sind. Ausgeschlossen können auch Berufe sein, die zwar partiell auf dem Gebiet der Heilkunde tätig werden, aber nicht als Heilberufe gelten. Das könnte etwa der Fall sein bei bestimmten Tätigkeiten von Sozialarbeitern, die sich nicht in nur beratender Tätigkeit erschöpfen und dadurch Tätigkeiten nach § 4 Abs. 2 PflBG berühren, oder bei Tätigkeiten von Krankenpflegehelfern oder Pflegeassistenten. Für alle diese Personen könnte der

Ausschluss von den vorbehaltenen Tätigkeiten einen Eingriff in die Berufsausübungsfreiheit darstellen (Art. 12 Abs. 1 GG).

14 Der **Ausschluss von Ärzten** von den vorbehaltenen Tätigkeiten könnte insofern problematisch sein, als der Arzt mit der Approbation die Berechtigung zur Ausübung der Heilkunde erlangt (vgl. § 1 Abs. 5 BÄO). Ohne Zweifel wird man die in § 4 Abs. 2 PflBG aufgeführten Tätigkeiten als heilkundliche Tätigkeiten bestimmen können. Da in § 4 Abs. 1 PflBG nicht auf die Ausübung von Heilkunde, sondern auf das Innehaben der Erlaubnis zur Führung der Berufsbezeichnung nach § 1 Abs. 1 PflBG abgestellt wird, sind die Ärzte insofern in der Ausübung von Heilkunde und damit in ihrer Berufsausübungsfreiheit von Gesetzes wegen eingeschränkt. Diese Einschränkung lässt sich als Eingriff in die Berufsausübungsfreiheit (Art. 12 Abs. 1 GG) nur rechtfertigen mit dem Argument, dass die in § 4 Abs. 2 PflBG aufgeführten Tätigkeiten eine besondere Ausbildung erfordern, die die Ärzte nicht oder nicht in vergleichbarer Weise erhalten. Der Blick in die Approbationsordnung für Ärzte zeigt, dass die Ärzte für diese Tätigkeiten nicht ausgebildet werden (vgl. § 1 ÄApprO). Aus diesem Grund erscheint dieser Eingriff in die Berufsausübungsfreiheit der Ärzte gerechtfertigt und damit als verfassungsmäßig.

15 Da die **anderen Heilberufe** anders als die Ärzte nicht für die Tätigkeit auf dem gesamten Gebiet der Heilkunde ausgebildet bzw. zugelassen sind, gilt für sie die Rechtfertigung des Eingriffs in ihre jeweilige Berufsausübungsfreiheit mit noch stärkerem Grund als bei den Ärzten. Gleiches gilt für die **anderen Gesundheitsberufe**, die nicht den Heilberufen zuzurechnen sind, z. B. für die Krankenpflegehelfer und Pflegeassistenten.

16 **Verletzung der Berufsausübungsfreiheit der Arbeitgeber durch die in § 4 Abs. 3 PflBG formulierten Verbote in Verbindung mit der Bußgeldbewehrung in § 57 Abs. 1 Nr. 3 PflBG:** Das in § 4 Abs. 3 PflBG formulierte Verbot berührt die gemäß Art. 12 Abs. 1 GG gewährleistete Berufsausübungsfreiheit von Arbeitgebern. Zur Berufsausübungsfreiheit gehört es auch, für die gewählte unternehmerische Tätigkeit entsprechendes Personal auszuwählen. Allerdings ist dieser Eingriff in die Berufsausübungsfreiheit verfassungsrechtlich gerechtfertigt, da er, auch in Zusammenhang mit der Bußgeldbewehrung, der Durchsetzung des mit § 4 PflBG verfolgten Anliegens des Schutzes von Patienten und pflegebedürftigen Menschen dient und auch verhältnismäßig ist.

17 **Verfassungsmäßigkeit der über die entsprechende Anwendung der Vorschrift (§ 58 Abs. 3 PflBG) geforderten Erstreckung der vorbehaltenen Tätigkeiten auf Angehörige der Gesundheits- und Kinderkrankenpflege sowie der Altenpflege:** Zunächst ist zu fragen, ob mit der entsprechenden Anwendung der Vorschrift nicht nur Tätigkeiten auf dem Gebiet der Pflege von Kindern und Jugendlichen (§ 60 Abs. 1 PflBG) und der Pflege von alten Menschen (§ 61 Abs. 1 PflBG) gemeint sind, sondern ob diese Berufsangehörigen auch Menschen anderer Altersgruppen pflegen dürfen. Diese Frage betrifft primär die selbstständige Ausführung von Aufgaben, wie sie in § 5 Abs. 3 Nr. 1 PflBG aufgeführt sind. Da sich hier schon Zweifel ergeben, ob diese Personen jenseits ihres speziellen Kompetenzprofils „selbstständig" Aufgaben ausführen können (s. dazu die → Erl. zu § 5 Abs. 3 PflBG, Rn. 34), müssen dieses Zweifel umso stärker gelten, wenn es um vorbehaltene Aufgaben geht. S. dazu auch

die → Erl. zu § 59 PflBG, Rn. 10 sowie die Entschließung des Bundesrates zu Anlage 4 der PflAPrV, abgedruckt unter § 28 PflAPrV, Rn. 5.

Die weitere Frage ist, ob mit der Beschränkung auf die Pflege von Kindern und Jugendlichen und die Pflege alter Menschen die verfassungsrechtlich notwendige Definitionsklarheit hinsichtlich des Personenkreises erreicht werden kann. Zwar wird man die (obere) Altersgrenze bei den Kindern und Jugendlichen in Anlehnung an die Volljährigkeitsgrenze mit 18 Jahren festlegen können. Für die (untere) Altersgrenze bei der Pflege alter Menschen ist eine solche Vorgabe nicht ersichtlich. Das gesetzliche Eintrittsalter für die Regelaltersrente könnte hilfsweise zumindest als Anhaltspunkt herangezogen werden. Allerdings ergeben sich bei einem solchen Ansatz Inkongruenzen, denn der Personenkreis derer, die Langzeitpflege in Anspruch nehmen, beschränkt sich nicht auf alte Menschen. Schon in der Sozialen Pflegeversicherung (SGB XI) ist der Kreis der Leistungsempfänger nicht auf eine Altersgruppe beschränkt. 18

Im Sinne einer Präzisierung der Altersstufenbezogenheit der jeweiligen pflegerischen Aufgabenbereiche der Gesundheits- und Kinderkrankenpfleger und der Altenpfleger in Ansehung der ihnen jeweils vermittelten besonderen Kompetenzen würde eine **gesetzliche Klarstellung** die geschilderten Probleme beseitigen können. Dies gilt sowohl für die Wahrnehmung der selbstständigen Aufgaben gemäß § 5 Abs. 3 Nr. 1 PflBG wie für die Einräumung der vorbehaltenen Tätigkeiten. 19

3. Unionsrechtliche Anforderungen

Gemäß der Richtlinie (EU) 2018/958 des Europäischen Parlaments und des Rates v. 28.6.2018 über eine Verhältnismäßigkeitsprüfung vor Erlass neuer Berufsreglementierungen (ABl. L 173 v. 9.7.2018, S. 25–34, in Kraft ab 29.7.2018) wird die **Einführung** einer **„vorbehaltenen Tätigkeit"** einer **Verhältnismäßigkeitsprüfung** unterworfen. Danach werden die vorbehaltenen Tätigkeiten wie folgt definiert (Art. 3 Buchst b) der Richtlinie): 20

b) *„vorbehaltene Tätigkeiten" bedeutet eine Form der Reglementierung eines Berufs, bei der der Zugang zu einer beruflichen Tätigkeit oder einer Gruppe von beruflichen Tätigkeiten aufgrund von Rechts- und Verwaltungsvorschriften unmittelbar oder mittelbar Angehörigen eines reglementierten Berufs, die Inhaber einer bestimmten Berufsqualifikation sind, vorbehalten wird, und zwar auch dann, wenn diese Tätigkeit mit anderen reglementierten Berufen geteilt wird.*

Bei den vorbehaltenen Tätigkeiten nach § 4 PflBG handelt es sich um eine „vorbehaltene Tätigkeit" i. S. d. Art. 3 Buchst. b) der Richtlinie (EU) 2018/958. Die Einführung solcher vorbehaltenen Tätigkeiten muss gemäß Art. 6 der Richtlinie gerechtfertigt sein und ist einer Verhältnismäßigkeitsprüfung zu unterwerfen (Art. 7 der Richtlinie). Gemäß Art. 6 Abs. 2 der Richtlinie zählen Gründe der öffentlichen Gesundheit zu den Rechtfertigungsgründen für die Einführung einer geschützten Berufsbezeichnung. Bei der Reglementierung von Gesundheitsberufen, die Auswirkungen auf die Patientensicherheit haben, ist im Rahmen der Verhältnismäßigkeitsprüfung das Ziel der Sicherstellung eines hohen Gesundheitsschutzniveaus zu berücksichtigen (Art. 7 Abs. 5 der Richtlinie).

21 Die Einführung vorbehaltener Tätigkeiten ist in der Richtlinie unter mehreren Gesichtspunkten von Interesse. So soll im Rahmen der **Verhältnismäßigkeitsprüfung** der **Rückgriff auf ein gelinderes Mittel** geprüft werden (Art. 7 Abs. 2 Unterabs. 1 Buchst. e) der Richtlinie):

e) die Möglichkeit des Rückgriffs auf gelindere Mittel zur Erreichung des im Allgemeininteresse liegenden Ziels; für die Zwecke dieses Buchstabens, wenn die Vorschriften nur durch den Verbraucherschutz gerechtfertigt sind und sich die identifizierten Risiken auf das Verhältnis zwischen dem Berufsangehörigen und dem Verbraucher beschränken und sich deshalb nicht negativ auf Dritte auswirken, prüfen die Mitgliedstaaten insbesondere, ob das Ziel durch Maßnahmen erreicht werden kann, die gelinder sind, als die Tätigkeiten vorzubehalten;

22 Besonders von Interesse ist die **Kombination mit anderen die Berufszulassung reglementierenden Vorschriften,** hier der Einführung einer geschützten Berufsbezeichnung, wie es in §§ 1, 58 PflBG (s. → Erl. zu § 1 PflBG, Rn. 11 f.) der Fall ist (Art. 7 Abs. 2 Unterabs. 1 Buchst. f) der Richtlinie):

f) die Wirkung der neuen oder geänderten Vorschriften, wenn sie mit anderen Vorschriften, die den Zugang zu reglementierten Berufen oder deren Ausübung beschränken, kombiniert werden, und insbesondere, wie die neuen oder geänderten Vorschriften kombiniert mit anderen Anforderungen zum Erreichen desselben im Allgemeininteresse liegenden Ziels beitragen und ob sie hierfür notwendig sind.

23 Bei der Einführung vorbehaltener Tätigkeiten ist auch zu fragen, ob und warum diese **Tätigkeiten mit anderen Berufen geteilt oder nicht geteilt** werden können (Art. 7 Abs. 2 Unterabs. 2 Buchst. d) der Richtlinie).

24 Die Richtlinie (EU) 2018/958 ist am 27.7.2018 in Kraft getreten (Art. 14 der Richtlinie). Die Mitgliedstaaten müssen spätestens bis zum 30.7.2020 die zur Einhaltung der Richtlinie notwendigen Rechts- und Verwaltungsvorschriften erlassen (Art. 13 Abs. 1 Satz 1 der Richtlinie). Da die **Vorschriften der Richtlinie nur für die Einführung neuer oder die Änderung bestehender Rechts- und Verwaltungsvorschriften** gelten (Art. 4 Abs. 1 der Richtlinie), ist die Richtlinie nicht auf die geschützten Berufsbezeichnungen nach dem PflBG und die bisherigen Berufsbezeichnungen nach dem AltPflG und KrPflG anwendbar. Diese Vorschriften sind vor Erlass der Richtlinie verabschiedet worden. Bei Änderungen dieser Vorschriften nach dem 30.7.2020 sind die Maßgaben der Richtlinie jedoch zu beachten.

4. Vorbehaltene Tätigkeiten der Gesundheits- und Kinderkrankenpfleger und der Altenpfleger nach bisherigem Recht

25 Neben der vorstehend angesprochen Problematik der Reichweite der vorbehalten Tätigkeiten bei Berufsangehörigen mit einer Erlaubnis nach § 58 Abs. 1 oder 2 PflBG ergibt sich eine vergleichbare Problematik bei den Personen, für die die Berufsbezeichnung Gesundheits- und Kinderkrankenpfleger sowie Altenpfleger nach § 64 PflBG fortgilt. Hier wird in § 64 Satz 3 PflBG bestimmt, dass die für die Erlaubnis nach § 1 Abs. 1 Satz 1 PflBG geltenden Vorschriften entsprechend anzuwenden sind. Da sich § 4 Abs. 1 Satz 1 PflBG auf § 1 Abs. 1 Satz 1 PflBG bezieht, ist die Vorschrift zu den vorbehaltenen Tätigkeiten auch für diese Berufsangehörigen anwendbar.

Insofern besteht der vorstehend ausgemachte Klarstellungsbedarf auch für diese Berufsangehörigen, die nach bisherigem Recht ihre Erlaubnis erhalten haben (s. oben → Rn. 17).

5. Begutachtung und Fallmanagement in der Sozialen Pflegeversicherung

In der **Sozialen Pflegeversicherung (SGB XI)** sind zwei Zusammenhänge zu erwähnen, bei denen eine mögliche Überschneidung mit vorbehaltenen Tätigkeiten zu diskutieren ist. 26

Dies gilt zum einen für die in § 18 Abs. 7 SGB XI zur **Begutachtung der Pflegebedürftigkeit** genannten Personen: 27

(7) Die Aufgaben des Medizinischen Dienstes werden durch Ärzte in enger Zusammenarbeit mit Pflegefachkräften und anderen geeigneten Fachkräften wahrgenommen. Die Prüfung der Pflegebedürftigkeit von Kindern ist in der Regel durch besonders geschulte Gutachter mit einer Qualifikation als Gesundheits- und Kinderkrankenpflegerin oder Gesundheits- und Kinderkrankenpfleger oder als Kinderärztin oder Kinderarzt vorzunehmen. [...]

Im Rahmen des **Begutachtungsverfahrens nach § 18 SGB XI** wird der individuelle Pflegebedarf erhoben. Wenn auch die in dieser Vorschrift aufgeführten Aufgaben hauptsächlich der Feststellung der Pflegebedürftigkeit im Sinne des SGB XI dienen und damit den Charakter der Feststellung einer Leistungsberechtigung nach dem SGB XI haben, enthalten sie auch ein diagnostisches Element (vgl. § 18 Abs. 2 Satz 1 SGB XI: Der Versicherte ist „in seinem Wohnbereich zu untersuchen"). Diese Untersuchung kann sich auch mit der Erhebung und Feststellung des Pflegebedarfs im Sinne des § 4 Abs. 2 Nr. 1 PflBG decken. Pflegewissenschaftlich wird allerdings streng unterschieden zwischen der Feststellung der Pflegebedürftigkeit und der Erhebung des Pflegebedarfs. Bei der Pflegebedürftigkeit handelt es sich um eine rein deskriptive Kategorie, die ganz allgemein den Umstand bezeichnet, dass ein Mensch infolge eines Krankheitsereignisses oder anderer gesundheitlicher Probleme auf pflegerische Hilfen angewiesen ist. Die Erhebung des Pflegebedarfs ist hingegen schon als ein Teil der pflegerischen Interventionen im Sinne eines ersten Schrittes im Pflegeprozess zu sehen (*Wingenfeld*, in: *Schaeffer/Wingenfeld (Hrsg.)*, 2014, S. 263 ff.). Aus diesem Grund ist die Tätigkeit im Rahmen des Begutachtungsverfahrens nach § 18 SGB XI nicht als vorbehaltene Tätigkeit zu qualifizieren, weil keine Vorbereitung oder Einleitung des Pflegeprozesses bei einer bestimmten Person gegeben ist. Es handelt sich vielmehr um Verfahrensschritte, die in einem Verwaltungsverfahren zur Klärung und Bestimmung der Leistungsvoraussetzungen dienen.

Eine mögliche Überschneidung ist auch bei der **Organisation, Gestaltung und Steuerung des Pflegeprozesses im Zusammenhang der Aufgaben der Pflegestützpunkte nach § 7c SGB XI** gegeben. Es handelt sich hier vor allem um die Koordinierung der Versorgung und Betreuung und die Vernetzung entsprechender Angebote (§ 7c Abs. 2 Satz 1 Nr. 2 und 3 SGB XI). Im SGB XI ist nicht zwingend vorgeschrieben, dass diese Aufgaben nur von Pflegefachkräften vorge- 28 nommen werden dürfen. Die Beteiligung von Pflegefachkräften ist nur im Rahmen einer Soll-Vorschrift geregelt (§ 7c Abs. 2 Satz 4 Nr. 1 SGB XI).

29 Überschneidungen könnten sich jedoch vor allem mit der nach § 7a SGB XI zu gewährleistenden **Pflegeberatung und deren Aufgaben** ergeben (§ 7a Abs. 1 Satz 3 SGB XI):

(1) [...] Aufgabe der Pflegeberatung ist es insbesondere,

1. *den Hilfebedarf unter Berücksichtigung der Ergebnisse der Begutachtung durch den Medizinischen Dienst der Krankenversicherung sowie, wenn die nach Satz 1 anspruchsberechtigte Person zustimmt, die Ergebnisse der Beratung in der eigenen Häuslichkeit nach § 37 Absatz 3 systematisch zu erfassen und zu analysieren,*
2. *einen individuellen Versorgungsplan mit den im Einzelfall erforderlichen Sozial-leistungen und gesundheitsfördernden, präventiven, kurativen, rehabilitativen oder sonstigen medizinischen sowie pflegerischen und sozialen Hilfen zu erstellen,*
3. *auf die für die Durchführung des Versorgungsplans erforderlichen Maßnahmen einschließlich deren Genehmigung durch den jeweiligen Leistungsträger hinzuwir-ken,*
4. *die Durchführung des Versorgungsplans zu überwachen und erforderlichenfalls einer veränderten Bedarfslage anzupassen,*
5. *bei besonders komplexen Fallgestaltungen den Hilfeprozess auszuwerten und zu dokumentieren sowie*
6. *über Leistungen zur Entlastung der Pflegepersonen zu informieren.*

Im Unterschied zum Pflegeprozess, der in § 4 Abs. 2 Nr. 1 und 2 PflBG angespro-chen ist, sind die Aufgaben der Pflegeberatung nicht unter dem Blickwinkel des Pflegeprozesses, sondern der Sozialleistungen und sonstigen Hilfen zu sehen. Dies geht auch aus § 7a Abs. 1 Satz 1 SGB XI hervor, wonach Personen, die Leistungen nach dem SGB XI erhalten, Anspruch haben auf individuelle Beratung und Hilfe-stellung durch einen Pflegeberater oder eine Pflegeberaterin. Dieser Anspruch besteht bei der Auswahl und Inanspruchnahme von bundes- oder landesrechtlich vorgesehenen Sozialleistungen sowie sonstigen Hilfsangeboten, die auf die Unter-stützung von Menschen mit Pflege-, Versorgungs- oder Betreuungsbedarf ausgerich-tet sind. Allerdings ist nicht zu verkennen, dass die vorstehend aufgeführten Auf-gaben der Pflegeberatung tendenziell in Bereiche der in § 4 Abs. 2 PflBG bestimmten vorbehaltenen Aufgaben reichen können. Insofern besteht auch hier ein **gesetzlicher Klarstellungsbedarf.**

30 **Zusammenfassend** ist für die **Tätigkeiten im Rahmen der §§ 18, 7a und 7c SGB XI** Folgendes zu sagen: Versteht man die in § 4 Abs. 2 Nr. 1 und 2 PflBG aufgeführten vorbehaltenen Tätigkeiten als ein Handeln, das (nur) auf ein konkretes pflegerisches Geschehen bei einer bestimmten Person gerichtet ist und für das eine Pflegeperson im Sinne des § 1 Abs. 1 PflBG selbstständig handelnd verantwortlich ist, so ergeben sich keine Konflikte mit den Tätigkeiten von anderen Personen, die in den genann-ten Vorschriften des SGB XI erwähnt sind. Allerdings besteht bei den Aufgaben der Pflegeberatung nach § 7a Abs. 1 Satz 3 SGB XI ein gesetzlicher Klarstellungsbedarf.

6. Verordnung von häuslicher Krankenpflege; Versorgungsmanagement und Entlassmanagement in der Gesetzlichen Krankenversicherung

In der **Gesetzlichen Krankenversicherung (SGB V)** sind drei Zusammenhänge zu erwähnen, bei denen eine mögliche Überschneidung mit vorbehaltenen Tätigkeiten zu diskutieren ist. Es sind dies die **Verordnung von häuslicher Krankenpflege** (§ 37 SGB V), das **Versorgungsmanagement** (§ 11 Abs. 4 SGB V) und das **Entlassmanagement** (§ 39 Abs. 2 SGB V). 31

Die **Verordnung von häuslicher Krankenpflege** betrifft die Grundpflege und die Behandlungspflege sowie die hauswirtschaftliche Versorgung (§ 37 Abs. 1 Satz 3 SGB V). Der Gemeinsame **Bundesausschuss (G-BA)** regelt die Verordnung von häuslicher Krankenpflege in **Richtlinien** (§ 92 Abs. 1 Satz 2 Nr. 6 SGB V). Weiter regelt der G-BA in Richtlinien unter Berücksichtigung bestehender Therapieangebote das Nähere zur Versorgung von chronischen und schwer heilenden Wunden (§ 37 Abs. 7 SGB V) und legt in Richtlinien fest, an welchen Orten und in welchen Fällen Leistungen der häuslichen Krankenpflege auch außerhalb des Haushalts und der Familie des Versicherten erbracht werden können (§ 37 Abs. 6 SGB V). 32

In der **Richtlinie des Gemeinsamen Bundesausschusses über die Verordnung von häuslicher Krankenpflege (Häusliche Krankenpflege-Richtlinie)**[1] ist das Nähere zur Verordnung geregelt. Danach hat der Arzt in der Verordnung die verordnungsrelevante(n) Diagnose(n) als medizinische Begründung für die häusliche Krankenpflege, die zu erbringenden Leistungen sowie deren Beginn, Häufigkeit und Dauer anzugeben (§ 3 Abs. 2 Satz 2 Häusliche Krankenpflege-Richtlinie). Die **Leistungen bedürften der Genehmigung durch die Krankenkasse** (§ 6 Abs. 1 Häusliche Krankenpflege-Richtlinie). Der **Medizinische Dienst der Krankenversicherung** kann mit der **Prüfung der verordneten Maßnahmen** beauftragt werden (§ 6 Abs. 2 Satz 1 Häusliche Krankenpflege-Richtlinie). Zur **Sicherstellung der Leistungserbringung** im Rahmen der häuslichen Krankenpflege wirkt die Vertragsärztin oder der Vertragsarzt mit dem Pflegedienst und der Krankenkasse der oder des Versicherten eng zusammen. Die **Koordination der Zusammenarbeit** liegt bei der behandelnden Vertragsärztin oder dem behandelnden Vertragsarzt (§ 7 Abs. 1 Häusliche Krankenpflege-Richtlinie). 33

Mit der **Verordnung von häuslicher Krankenpflege** werden damit insgesamt Aufgaben berührt und zum Teil wahrgenommen, die **vorbehaltene Aufgaben** i. S. v. § 4 Abs. 2 PflBG darstellen. Damit besteht ein Konflikt zwischen den berufsrechtlichen Vorschriften des PflBG und den leistungsrechtlichen Vorschriften des SGB V auf dem Gebiet der häuslichen Krankenpflege. Dieser Konflikt kann nur dadurch gelöst werden, dass man die diesbezüglichen leistungsrechtlichen Vorschriften des SGB V als **lex specialis**, d. h. als **Sondervorschriften bei der Verordnung von häuslicher Krankenpflege** begreift, die damit **den berufsrechtlichen Vorschriften in § 4 Abs. 2 PflBG vorgehen**. Dafür spricht auch, dass der Gesetzgeber des PflBG es 34

---

1 Richtlinie des Gemeinsamen Bundesausschusses über die Verordnung von häuslicher Krankenpflege (Häusliche Krankenpflege-Richtlinie) in der Fassung v. 17.9.2009, veröffentlicht im Bundesanzeiger BAnz. Nr. 21a (Beilage) v. 9.2.2010, in Kraft getreten am 10.2.2010, zuletzt geändert am 21.12.2017, veröffentlicht im Bundesanzeiger BAnz AT 4.4.2018 B3, in Kraft getreten am 5.4.2018.

nicht für notwendig gehalten hat, auf diese Situation des Konfliktes zweier Regelungsbereiche einzugehen, weil er es offensichtlich für selbstverständlich angesehen
hat, dass die Vorschriften zur Verordnung der häuslichen Krankenpflege nach dem
SGB V von der Vorbehaltsvorschrift des PflBG nicht berührt werden. Es wäre
allerdings für die Zukunft zu bedenken, ob eine Änderung der gesetzlichen Vorschriften und damit auch der Häuslichen Krankenpflege-Richtlinie in Richtung auf
eine Kooperation zwischen Vertragsärzten und Personen mit einer Erlaubnis nach
§ 1 Abs. 1 PflBG herzustellen ist. Das gilt auch in Hinblick auf Zusammenarbeitsvorschrift in § 7 Häusliche Krankenpflege-Richtlinie.

35 Versicherte haben Anspruch auf ein **Versorgungsmanagement** insbesondere zur
Lösung von Problemen beim Übergang in die verschiedenen Versorgungsbereiche.
Die betroffenen Leistungserbringer sorgen für eine sachgerechte Anschlussversor-
gung des Versicherten. In das Versorgungsmanagement sind die Pflegeeinrichtungen
einzubeziehen; dabei ist eine enge Zusammenarbeit mit Pflegeberatern und Pflege-
beraterinnen nach § 7a SGB XI zu gewährleisten (vgl. § 11 Abs. 4 SGB V). Im
Rahmen des Versorgungsmanagements kann es Situationen geben, in denen die am
Versorgungsmanagement Beteiligten auch Aufgaben nach § 4 Abs. 2 PflBG wahr-
nehmen. Insoweit können die Vorschriften zum Versorgungsmanagement aber als
Spezialvorschriften gelten, die der Vorbehaltsvorschrift vorgehen (wie oben
→ Rn. 34).

36 Die Krankenhausbehandlung umfasst ein **Entlassmanagement** zur Unterstützung
einer sektorenübergreifenden Versorgung der Versicherten beim Übergang in die
Versorgung nach Krankenhausbehandlung. Soweit Hilfen durch die Pflegeversicherung in Betracht kommen, kooperieren Kranken- und Pflegekassen miteinander
(vgl. § 39 Abs. 1a SGB V). Soweit im Rahmen des Entlassmanagements auch
vorbehaltene Aufgaben nach § 4 Abs. 2 PflBG vorgenommen werden, kann auch
hier wieder der Spezialitätsgrundsatz greifen mit der Folge, dass die Vorschriften
zum Entlassmanagement diesbezüglich vorrangig vor § 4 PflBG sind (wie oben
→ Rn. 34).

7. Bußgeldbewehrung

37 Verstöße gegen § 4 PflBG sind als Ordnungswidrigkeit mit Geldbuße bewehrt (§ 57
PflBG). Wer ohne Erlaubnis nach §§ 1 Abs. 1, 58 Abs. 1 oder 2 PflBG eine dort
genannte Berufsbezeichnung führt oder entgegen § 4 Abs. 1 PflBG als selbstständig
erwerbstätige Person eine dort genannte Aufgabe durchführt, kann mit einer Geldbuße von bis zu dreitausend Euro belegt werden. Wer entgegen § 4 Abs. 3 PflBG
einer dort genannten Person eine dort genannte Aufgabe zur Durchführung gegenüber Dritten überträgt oder die Durchführung der Aufgabe durch diese Person
gegenüber Dritten duldet, kann mit einer Geldbuße von bis zu zehntausend Euro
belegt werden. Zur besonderen Situation eines pflegebedürftigen Menschen, der als
Arbeitgeber eine Pflegekraft beschäftigt, die keine Erlaubnis nach §§ 1 Abs. 1, 58
Abs. 1 oder 2 PflBG hat, und die vorbehaltene Aufgaben durchführt, s. → Erl. zu § 57
Rn. 12.

8. Korrespondierende Vorschriften der PflAPrV

In der PflAPrV wird in den folgenden Vorschriften auf vorbehaltene Tätigkeiten 38
Bezug genommen:

- § 17 Abs. 2 Satz 3: vorbehaltene Tätigkeiten als wesentliches Prüfungselement
  beim praktischen Teil der Prüfung;
- § 45 Abs. 3 Satz 3, § 46 Abs. 3 Satz 9: bei der Eignungsprüfung;
- Anlage 2 (zu § 9 Absatz 1 Satz 2): Kompetenzen für die staatliche Prüfung nach
  § 9 zur Pflegefachfrau oder zum Pflegefachmann (unter Ziffer V.2.e));
- Anlage 3 (zu § 26 Absatz 3 Satz 1): Kompetenzen für die staatliche Prüfung nach
  § 26 zur Gesundheits- und Kinderkrankenpflegerin oder zum Gesundheits- und
  Kinderkrankenpfleger (unter Ziffer V.2.e));
- Anlage 4 (zu § 28 Absatz 3 Satz 1): Kompetenzen für die staatliche Prüfung nach
  § 28 zur Altenpflegerin oder zum Altenpfleger (unter Ziffer V.2.e));
- Anlage 5 (zu § 35 Absatz 2, § 36 Absatz 1, § 37 Absatz 1): Kompetenzen für die
  staatliche Prüfung der hochschulischen Pflegeausbildung nach § 32 (unter
  Ziffer V.3).

II. Erläuterungen

1. Abs. 1: Personenkreis

Pflegerische Aufgaben, die dem Vorbehalt nach § 4 Abs. 2 PflBG unterliegen, dürfen 39
beruflich nur von Personen mit einer Erlaubnis nach § 1 Abs. 1 PflBG durchgeführt
werden.

Die Vorschrift spricht, anders als die Überschrift, von **pflegerischen Aufgaben**, nicht 40
von Tätigkeiten. Dieser Unterschied im Wortlaut wirkt sich rechtlich jedoch nicht
aus. Von einer Aufgabe spricht man eher mit Blick auf die Zielsetzung, z. B. die
Feststellung des Pflegebedarfs, während unter Tätigkeiten die einzelnen Verrichtungen zur Erledigung der Aufgabe gemeint sind (s. zu diesen Begriffen oben → Rn. 1).

Der Begriff der **beruflichen Durchführung** pflegerischer Aufgaben ist zunächst zu 41
verstehen im Sinne einer Abgrenzung zur ehrenamtlichen oder sonstigen privaten
Durchführung solcher Aufgaben, etwa in der Familie bei der Pflege von Angehörigen. Unter beruflicher Durchführung wird weiter verstanden, dass die Person eine
auf Erwerb gerichtete Beschäftigung ausübt. Dabei ist es unerheblich, ob diese
Tätigkeit selbstständig oder unselbstständig in einem Beschäftigungsverhältnis ausgeübt wird. Die Verwendung des Begriffes der beruflichen Durchführung ist auch
vor dem Hintergrund zu sehen, dass es dem Gesetzgeber um den Schutz von kranken
und pflegebedürftigen Personen geht. Nicht jegliche berufliche Tätigkeit in der Pflege
ist mit der speziellen Qualifikation gleichzusetzen, die mit einer Ausbildung nach
dem PflBG erworben worden ist.

Die Begrenzung der Durchführung von vorbehaltenen Tätigkeiten auf Personen, die 42
eine **Erlaubnis nach § 1 Abs. 1 PflBG** besitzen, stellt eine klare und eindeutige
gesetzliche Regelung dar. Nur diese Personen sind zur Durchführung von vorbehaltenen Tätigkeiten berechtigt. Damit sind **Angehörige anderer Heilberufe ausgeschlossen**. Dies gilt auch für Ärzte und Heilpraktiker. Ebenso sind ausgeschlossen

Personen, die hochschulische Qualifikationen als Bachelor oder Master auf dem Gebiet der Pflege erworben haben, ohne gleichzeitig die staatliche Prüfung zur Erlangung der Berufszulassung absolviert zu haben (vgl. § 39 PflBG).

43 In den **Übergangsvorschriften (§ 64 PflBG)** ist geregelt, dass die Erlaubnis zum Führen der Berufsbezeichnung nach dem KrPflG oder nach dem AltPflG als Erlaubnis nach § 1 Abs. 1 Satz 1 PflBG gilt und dass die für diese Erlaubnis betreffenden Vorschriften, so auch die Vorschrift des § 4 Abs. 1 PflBG, entsprechend anzuwenden sind (§ 64 Abs. 1 Satz 2 und 3 PflBG). S. auch die → Erl. zu § 64 Rn. 4.

2. Abs. 2: Pflegerische Aufgaben als vorbehaltene Tätigkeiten

44 Für die Benennung der vorbehaltenen Tätigkeiten nimmt die Vorschrift Bezug auf bestimmte in § 5 Abs. 3 PflBG formulierte Ausbildungsziele. Damit wird ein direkter Zusammenhang zwischen pflegerischer Ausbildung und pflegerischer Tätigkeit hergestellt. Gleichzeitig wird damit der Schutzzweck der Vorschrift unterstrichen, denn es sollen nur Personen mit einer bestimmten Ausbildung und entsprechenden Prüfung bestimmte pflegerische Aufgaben als vorbehaltene Tätigkeiten durchführen können.

a) Abs. 2 Nr. 1

45 In der Vorschrift wird Bezug genommen auf das in § 5 Abs. 3 Nr. 1 Buchst. a) PflBG formulierte Ausbildungsziel. Es wird aber nicht das gesamte dort formulierte Ausbildungsziel („Erhebung und Feststellung des individuellen Pflegebedarfs und Planung der Pflege") übernommen, sondern nur der Teil, der die **Erhebung und Feststellung des individuellen Pflegebedarfs** betrifft, **nicht** aber die **Planung der Pflege**. Es kann sich hier um ein gesetzgeberisches Versehen handeln. In der Gesetzesbegründung (BT-Drs. 18/7823, S. 66) wird allgemein auf den Pflegeprozess eingegangen: „*Der Pflegeprozess dient dabei als professionsspezifische, analytische Arbeitsmethode der systematischen Strukturierung und Gestaltung des Pflegearrangements.*" Daraus kann entnommen werden, dass der Pflegeprozess als Ganzes, einschließlich der Pflegeplanung, in den Blick genommen wird. Für die Einbeziehung der Pflegeplanung spricht auch, dass alle Pflegeprozessmodelle davon ausgehen, dass die Planung der Pflege die Organisation des Pflegeprozesses umfasst. Schließlich spricht auch die Einbeziehung der Organisation des Pflegeprozesses in § 5 Abs. 3 Nr. 1 Buchst. b) PflBG in die vorbehaltenen Tätigkeiten dafür, dass die Pflegeplanung zu den vorbehaltenen Tätigkeiten rechnet, denn ohne Pflegeplanung ist eine Organisation des Pflegeprozesses nicht möglich.

b) Abs. 2 Nr. 2

46 In der Vorschrift wird Bezug genommen auf das gesamte in § 5 Abs. 3 Nr. 1 Buchst. b) PflBG formulierte Ausbildungsziel der **Organisation, Gestaltung und Steuerung des Pflegeprozesses**. Dabei erhebt sich die Frage, ob die **Delegation einer pflegerischen Tätigkeit, die selbst nicht vorbehaltene Tätigkeit** ist, von einer Pflegefachperson z. B. an einen angelernten Pflegehelfer oder an einen Krankenpflegehelfer oder einen Pflegeassistenten, für sich genommen eine vorbehaltene Tätigkeit darstellt, mit der Konsequenz, dass der Arzt dann eine solche Delegation nicht mehr

anordnen dürfte. Rechnet man eine solche Delegation jedoch zur Durchführung der Pflege i. S. d. § 5 Abs. 3 Nr. 1 Buchst. c) PflBG, besteht keine vorbehaltene Tätigkeit.

c) Abs. 2 Nr. 3

In der Vorschrift wird Bezug genommen auf das gesamte in § 5 Abs. 3 Nr. 1 Buchst. **47** d) PflBG formulierte Ausbildungsziel der **Analyse, Evaluation, Sicherung und Entwicklung der Qualität der Pflege.** Die hier bezeichnete Aufgabe ist streng patientenbezogen zu verstehen. S. hierzu oben → Rn. 11.

3. Abs. 3: Pflichten des Arbeitgebers

Die Vorschrift untersagt es dem Arbeitgeber, Personen ohne Erlaubnis nach § 1 **48** Abs. 1 PflBG vorbehaltene Aufgaben im Sinne des § 4 Abs. 2 PflBG zu übertragen oder die Durchführung von solchen Aufgaben zu dulden.

In der Gesetzesbegründung wird auf den **zweifachen Schutzzweck der Vorschrift** **49** hingewiesen. Neben dem Gesundheitsschutz der zu pflegenden Personen geht es um den Schutz der Arbeitnehmerinnen und Arbeitnehmer vor Überforderung durch den Arbeitgeber (BT-Drs. 18/7823, S. 66).

Arbeitgeber ist die Person, die die Arbeitsleistung des Arbeitnehmers kraft Arbeits- **50** vertrages fordern kann und die das Arbeitsentgelt schuldet. Arbeitgeber kann eine natürliche Person oder eine juristische Person des Privatrechts oder des öffentlichen Rechts sein. Auch nicht rechtsfähige Personenverbände, z. B. ein nicht rechtsfähiger Verein oder eine Gesellschaft des bürgerlichen Rechts, können Arbeitgebereigen- schaft haben. Für die Feststellung, wer im Einzelfall Arbeitgeber ist, kann der Arbeitsvertrag herangezogen werden. Auch eine Einzelperson, die eine Person zur Pflege anstellt, ist Arbeitgeber i. S. d. Vorschrift. Das gilt auch bei **geringfügigen Beschäftigungen** § 8 SGB IV oder **geringfügigen Beschäftigungen in Privathaus- halten** (§ 8a SGB IV). Da sich die vorbehaltenen Aufgaben in § 4 Abs. 2 PflBG nicht auf die Durchführung der Pflege erstrecken, werden Fälle, in denen eine Privatperson eine andere Person zur Pflege arbeitsvertraglich beschäftigt, in der Regel in Hinblick auf die Ausübung vorbehaltener Tätigkeiten unproblematisch sein. Selbst wenn in einer solchen Situation vorbehaltene Aufgaben durchgeführt werden, stellt dies keine Ordnungswidrigkeit dar, s. § 57 Abs. 1 Nr. 3 PflBG sowie → Erl. zu dieser Vorschrift, Rn. 12.

Die Vorschrift enthält neben dem **Verbot,** Personen ohne Erlaubnis nach § 1 Abs. 1 **51** PflBG **vorbehaltene Tätigkeiten zu übertragen,** auch das **Verbot, die Durchfüh- rung solcher Aufgaben** durch solche Personen **zu dulden.** Während das erstere Verbot aktives Tun („Übertragen“) voraussetzt, ist bei letzterem Verbot kein aktives Tun erforderlich. Dabei taucht die Frage auf, ob der Arbeitgeber entsprechende Kenntnis von einer solchen Durchführung haben muss, um dieses Geschehen dann dulden zu können. In der Praxis wird eine solche Kenntnis nicht ohne weiteres zu beweisen sein, insbesondere dann nicht, wenn Betriebsangehörige nicht das Recht oder die Möglichkeit haben, im Falle eines Verstoßes gegen das in § 4 Abs. 1 PflBG enthaltene Verbot beim Arbeitgeber zu remonstrieren. Unabhängig davon wäre es sinnvoll gewesen, den Arbeitgeber gesetzlich zu verpflichten, Arbeitnehmerinnen und Arbeitnehmer in seinem Betrieb auf das in § 4 Abs. 1 PflBG enthaltene Verbot hinzuweisen.

52 **Verstöße gegen die Vorschrift** stellen eine **Ordnungswidrigkeit** dar und sind mit Bußgeld bis zu zehntausend Euro bewehrt (§ 57 Abs. 1 Nr. 3, Abs. 2 PflBG).

III. Literaturhinweise

53 *Görres, Stefan:* Übergreifende Ansätze in der Qualitätsentwicklung - Konzepte, Methoden, Instrumente. In: *Igl, Gerhard/Schiemann, Doris/Gerste, Bettina/Klose, Joachim (Hrsg.):* Qualität in der Pflege. Betreuung und Versorgung von pflegebedürftigen alten Menschen in der stationären und ambulanten Altenhilfe. Stuttgart 2002, S. 131–145.
Igl, Gerhard: Öffentlich-rechtliche Grundlagen für das Berufsfeld Pflege in Hinblick auf vorbehaltene Aufgabenbereiche. 1998 (unter Mitarbeit von Felix Welti).
Igl, Gerhard/Welti, Felix: Öffentlich-rechtliche Grundlagen für die Entwicklung vorbehaltener Aufgabenbereiche im Berufsfeld Pflege. In: VSSR (Vierteljahresschrift für Sozialrecht) 1999, S. 21–55.
Igl, Gerhard: Weitere öffentlich-rechtliche Regulierung der Pflegeberufe und ihrer Tätigkeit – Voraussetzungen und Anforderungen. München 2008.
Igl, Gerhard: Öffentlich-rechtliche Regulierung nichtärztlicher Gesundheitsfachberufe und ihrer Tätigkeit auf den Gebieten der Diätetik, der Medizintechnik, der Orthoptik und der Pharmazie. München 2010.
Igl, Gerhard: Vorbehaltene Tätigkeiten im Zusammenhang mit Qualitätssicherung und Patientenschutz. In: MTA Dialog 3 (2015) Jahrgang 16, S. 21–25.
Kluth, Winfried: Verlangt der demografische Wandel eine neue Zuordnung der ärztlichen und sonstigen Gesundheitsdienstleistungen? – Eine Problemskizze. In: MedR (Zeitschrift für Medizinrecht) 2010, S. 372–378.
Moers, Martin/Schiemann, Doris/Büscher, Andreas: Qualitätsentwicklung in der Pflege – Versuch einer Standortbestimmung. In: *Schiemann, Doris/Moers, Martin/Büscher, Andreas (Hrsg.):* Qualitätsentwicklung in der Pflege. Konzepte, Methoden, Instrumente. Stuttgart 2014, S. 11–19.
Wingenfeld, Klaus: Pflegebedürftigkeit, Pflegebedarf und pflegerische Leistungen. In: *Schaeffer, Doris/Wingenfeld, Klaus (Hrsg.):* Handbuch Pflegewissenschaft. Weinheim/Basel 2014, S. 263–290.

Teil 2
Berufliche Ausbildung in der Pflege

Abschnitt 1
Ausbildung

§ 5 Ausbildungsziel

(1) [1]Die Ausbildung zur Pflegefachfrau oder zum Pflegefachmann vermittelt die für die selbstständige, umfassende und prozessorientierte Pflege von Menschen aller Altersstufen in akut und dauerhaft stationären sowie ambulanten Pflegesituationen erforderlichen fachlichen und personalen Kompetenzen einschließlich der zugrunde liegenden methodischen, sozialen, interkulturellen und kommunikativen Kompetenzen und der zugrunde liegenden Lernkompetenzen sowie der Fähigkeit zum Wissenstransfer und zur Selbstreflexion. [2]Lebenslanges Lernen wird dabei als ein Prozess der eigenen beruflichen Biographie verstanden und die fortlaufende persönliche und fachliche Weiterentwicklung als notwendig anerkannt.

(2) [1]Pflege im Sinne des Absatzes 1 umfasst präventive, kurative, rehabilitative, palliative und sozialpflegerische Maßnahmen zur Erhaltung, Förderung, Wiedererlangung oder Verbesserung der physischen und psychischen Situation der zu pflegenden Menschen, ihre Beratung sowie ihre Begleitung in allen Lebensphasen und die Begleitung Sterbender. [2]Sie erfolgt entsprechend dem allgemein anerkannten Stand pflegewissenschaftlicher, medizinischer und weiterer bezugswissenschaftlicher Erkenntnisse auf Grundlage einer professionellen Ethik. [3]Sie berücksichtigt die konkrete Lebenssituation, den sozialen, kulturellen und religiösen Hintergrund, die sexuelle Orientierung sowie die Lebensphase der zu pflegenden Menschen. [4]Sie unterstützt die Selbstständigkeit der zu pflegenden Menschen und achtet deren Recht auf Selbstbestimmung.

(3) Die Ausbildung soll insbesondere dazu befähigen

1. die folgenden Aufgaben selbstständig auszuführen:
   a) Erhebung und Feststellung des individuellen Pflegebedarfs und Planung der Pflege,
   b) Organisation, Gestaltung und Steuerung des Pflegeprozesses,
   c) Durchführung der Pflege und Dokumentation der angewendeten Maßnahmen,
   d) Analyse, Evaluation, Sicherung und Entwicklung der Qualität der Pflege,
   e) Bedarfserhebung und Durchführung präventiver und gesundheitsfördernder Maßnahmen,
   f) Beratung, Anleitung und Unterstützung von zu pflegenden Menschen bei der individuellen Auseinandersetzung mit Gesundheit und Krankheit sowie bei der Erhaltung und Stärkung der eigenständigen Lebensführung und Alltagskompetenz unter Einbeziehung ihrer sozialen Bezugspersonen,
   g) Erhaltung, Wiederherstellung, Förderung, Aktivierung und Stabilisierung individueller Fähigkeiten der zu pflegenden Menschen insbesondere im

Rahmen von Rehabilitationskonzepten sowie die Pflege und Betreuung bei Einschränkungen der kognitiven Fähigkeiten,

h) Einleitung lebenserhaltender Sofortmaßnahmen bis zum Eintreffen der Ärztin oder des Arztes und Durchführung von Maßnahmen in Krisen- und Katastrophensituationen,

i) Anleitung, Beratung und Unterstützung von anderen Berufsgruppen und Ehrenamtlichen in den jeweiligen Pflegekontexten sowie Mitwirkung an der praktischen Ausbildung von Angehörigen von Gesundheitsberufen,

2. ärztlich angeordnete Maßnahmen eigenständig durchzuführen, insbesondere Maßnahmen der medizinischen Diagnostik, Therapie oder Rehabilitation,

3. interdisziplinär mit anderen Berufsgruppen fachlich zu kommunizieren und effektiv zusammenzuarbeiten und dabei individuelle, multidisziplinäre und berufsübergreifende Lösungen bei Krankheitsbefunden und Pflegebedürftigkeit zu entwickeln sowie teamorientiert umzusetzen.

(4) Während der Ausbildung zur Pflegefachfrau oder zum Pflegefachmann werden ein professionelles, ethisch fundiertes Pflegeverständnis und ein berufliches Selbstverständnis entwickelt und gestärkt.

Erläuterungen

Übersicht

I. Allgemeines

1. Regelungsinhalt

1 Die Vorschrift enthält das **Ausbildungsziel für die generalistische Ausbildung zur Pflegefachfrau/zum Pflegefachmann** in der beruflichen und hochschulischen Ausbildung, wobei das hochschulische Ausbildungsziel erweitert wird (vgl. § 37 PflBG).

Das Ausbildungsziel baut auf den bisherigen in § 4 AltPflG und vor allem auf den in § 3 KrPflG formulierten Ausbildungszielen auf. Im Verhältnis zu diesen Ausbildungszielen stellt sich das neu formulierte Ausbildungsziel strukturierter, differenzierter und als inhaltlich erweitert dar. Das bisherige im AltPflG beschriebene Ausbildungsziel hatte, anders als das Ausbildungsziel im KrPflG, noch keine Kompetenzorientierung zum Gegenstand.

Die Vorschrift gliedert sich in vier Absätze. **Abs. 1** beschreibt die fachlichen, personalen, methodischen, sozialen, interkulturellen und kommunikativen Kompetenzen, die für die selbstständige, umfassende und prozessorientierte Pflege von Menschen aller Altersstufen in akut und dauerhaft stationären sowie ambulanten Pflegesituationen erforderlich sind. **Abs. 2** enthält die Definition der Pflege und den Qualitätsmaßstab. **Abs. 3** beschreibt die pflegerischen Aufgaben. **Abs. 4** weist auf das Pflege- und Berufsverständnis hin. 2

2. Umsetzung der Anforderungen gemäß Art. 31 Richtlinie 2005/36/EG

Die Richtlinie 2005/36/EG[1] enthält in Art. 31 Vorgaben für die Ausbildung und die Ausbildungsziele der Krankenschwestern und Krankenpfleger für allgemeine Pflege. In Art. 31 Abs. 4 wird für die **theoretische Ausbildung** von Kenntnissen, Fähigkeiten und Kompetenzen gesprochen, ohne dass die Ausbildungsinhalte näher präzisiert werden. Für die **klinisch-praktische Unterweisung (Art. 31 Abs. 5)** wird ebenfalls von Kenntnissen, Fähigkeiten und Kompetenzen gesprochen. Hier werden die **Ausbildungsinhalte** aufgeführt: 3

(5) Die klinisch-praktische Unterweisung ist der Teil der Krankenpflegeausbildung, in dem die Krankenpflegeschülerinnen und -schüler als Mitglied eines Pflegeteams und in unmittelbarem Kontakt mit Gesunden und Kranken und/oder im Gemeinwesen lernen, anhand ihrer erworbenen Kenntnisse, Fähigkeiten und Kompetenzen die erforderliche umfassende Krankenpflege zu planen, durchzuführen und zu bewerten. Die Krankenpflegeschülerinnen und -schüler lernen nicht nur, als Mitglieder eines Pflegeteams tätig zu sein, sondern auch, ein Pflegeteam zu leiten und die umfassende Krankenpflege einschließlich der Gesundheitserziehung für Einzelpersonen und kleine Gruppen im Rahmen von Gesundheitseinrichtungen oder im Gemeinwesen zu organisieren.

Diese Unterweisung wird in Krankenhäusern und anderen Gesundheitseinrichtungen sowie im Gemeinwesen unter der Verantwortung des Krankenpflegelehrpersonals und in Zusammenarbeit mit anderen fachkundigen Krankenpflegern bzw. mit deren Unterstützung durchgeführt. Auch anderes fachkundiges Personal kann in diesen Unterricht mit einbezogen werden.

---

1 Richtlinie 2005/36/EG des Europäischen Parlaments und des Rates v. 7.9.2005 über die Anerkennung von Berufsqualifikationen, ABl. L 255 v. 30.9.2005, S. 22, zuletzt geändert durch Delegierten Beschluss (EU) 2017/2113 der Kommission v. 11.9.2017 zur Änderung des Anhangs V der Richtlinie 2005/36/EG des Europäischen Parlaments und des Rates hinsichtlich von Ausbildungsnachweisen und den Titeln von Ausbildungsgängen, ABl. L 317 v. 1.12.2017, S. 119. Diese Richtlinie wird vom Gesetzgeber in verschiedenen Berufsgesetzen umgesetzt, wie es auch hier mit den entsprechenden Vorschriften im PflBG geschieht. Abdruck der Richtlinie im Anhang.

Die Krankenpflegeschülerinnen und Krankenpflegeschüler beteiligen sich an dem Arbeitsprozess der betreffenden Abteilungen, soweit diese Tätigkeiten zu ihrer Ausbildung beitragen und es ihnen ermöglichen, verantwortliches Handeln im Zusammenhang mit der Krankenpflege zu erlernen.

4 In **Art. 31 Abs. 6 Richtlinie 2005/36/EG** sind die erforderlichen **Kenntnisse und Fähigkeiten** aufgeführt:

(6) Die Ausbildung von Krankenschwestern/Krankenpflegern, die für die allgemeine Pflege verantwortlich sind, stellt sicher, dass der betreffende Berufsangehörige folgende Kenntnisse und Fähigkeiten erwirbt:

a) umfassende Kenntnisse in den Wissenschaften, auf denen die allgemeine Krankenpflege beruht, einschließlich ausreichender Kenntnisse über den Organismus, die Körperfunktionen und das Verhalten des gesunden und des kranken Menschen sowie über die Einflüsse der physischen und sozialen Umwelt auf die Gesundheit des Menschen;

b) Kenntnisse in der Berufskunde und in der Berufsethik sowie über die allgemeinen Grundsätze der Gesundheit und der Krankenpflege;

c) eine angemessene klinische Erfahrung; diese muss der Ausbildung dienen und unter der Aufsicht von qualifiziertem Krankenpflegepersonal an Orten erworben werden, die aufgrund ihrer Ausstattung und wegen des in ausreichender Anzahl vorhandenen Personals für die Krankenpflege geeignet sind;

d) die Fähigkeit, an der praktischen Ausbildung von Angehörigen von Gesundheitsberufen mitzuwirken, und Erfahrung in der Zusammenarbeit mit diesem Personal;

e) Erfahrung in der Zusammenarbeit mit anderen im Gesundheitswesen tätigen Berufsangehörigen.

5 In **Art. 31 Abs. 7 Richtlinie 2005/36/EG** werden die erforderlichen **Kompetenzen** beschrieben:

(7) Formale Qualifikationen von Krankenschwestern/Krankenpflegern, die für die allgemeine Pflege verantwortlich sind, dienen unabhängig davon, ob die Ausbildung an einer Universität, einer Hochschule mit anerkannt gleichwertigem Niveau oder einer Berufsschule für Krankenpflege oder in einem Berufsausbildungsgang für Krankenpflege erfolgte, als Nachweis dafür, dass der betreffende Berufsangehörige mindestens über die folgenden Kompetenzen verfügt:

a) die Kompetenz, den Krankenpflegebedarf unter Rückgriff auf aktuelle theoretische und klinisch-praktische Kenntnisse eigenverantwortlich festzustellen und die Krankenpflege im Rahmen der Behandlung von Patienten auf der Grundlage der gemäß Absatz 6 Buchstaben a, b und c erworbenen Kenntnisse und Fähigkeiten im Hinblick auf die Verbesserung der Berufspraxis zu planen, zu organisieren und durchzuführen;

b) die Kompetenz zur effektiven Zusammenarbeit mit anderen Akteuren im Gesundheitswesen, einschließlich der Mitwirkung an der praktischen Ausbildung von Angehörigen von Gesundheitsberufen, auf der Grundlage der gemäß Absatz 6 Buchstaben d und e erworbenen Kenntnisse und Fähigkeiten;

c) die Kompetenz, Einzelpersonen, Familien und Gruppen auf der Grundlage der gemäß Absatz 6 Buchstaben a und b erworbenen Kenntnisse und Fähigkeiten zu einer gesunden Lebensweise und zur Selbsthilfe zu verhelfen;

d) die Kompetenz, eigenverantwortlich lebenserhaltende Sofortmaßnahmen einzuleiten und in Krisen- und Katastrophenfällen Maßnahmen durchzuführen;

e) die Kompetenz, pflegebedürftige Personen und deren Bezugspersonen eigenverantwortlich zu beraten, anzuleiten und zu unterstützen;

f) die Kompetenz, die Qualität der Krankenpflege eigenverantwortlich sicherzustellen und zu bewerten;

g) die Kompetenz zur umfassenden fachlichen Kommunikation und zur Zusammenarbeit mit anderen im Gesundheitswesen tätigen Berufsangehörigen;

h) die Kompetenz, die Pflegequalität im Hinblick auf die Verbesserung der eigenen Berufspraxis als Krankenschwestern und Krankenpfleger, die für die allgemeine Pflege verantwortlich sind, zu analysieren.

Die Beschreibung dieser Ausbildungsziele basiert auf einer Reihe von internationalen und europäischen Dokumenten, die auch schon bei der Novellierung des KrPflG von 2003 herangezogen worden sind. In der Gesetzesbegründung zum KrPflG 2003 wird dazu ausgeführt (BT-Drs. 15/13, S. 18): 6

„Die Definition des Ausbildungsziels berücksichtigt die für die Ausbildung in der Krankenpflege einschlägigen EU-Vorschriften (Europäisches Übereinkommen vom 13. Juni 1972, BGBl. II S. 630, Richtlinie 77/453/EWG des Rates vom 27. Juni 1977 zur Koordinierung der Rechts- und Verwaltungsvorschriften für die Tätigkeiten der Krankenschwester und des Krankenpflegers, die für die allgemeine Pflege verantwortlich sind (ABl. EG Nr. L 176 S. 8), die Berichte und Empfehlungen des Beratenden Ausschusses für die Ausbildung in der Krankenpflege (Bericht vom 16. Juni 1996, XV/E/8391/3/96-DE, Bericht vom 17. Oktober 1997, XV/E/ 9432/7/96-DE, Bericht vom 24. Juni 1998, XV/E/8481/4/ 97-DE) und entspricht in ihrer Zielsetzung den Strategien und Empfehlungen der WHO (Zweite WHO-Ministerkonferenz Pflege- und Hebammenwesen in München 15. bis 17. Juni 2000: WHO-Strategie für die Ausbildung von Pflegenden und Hebammen in Europa und die Erklärung von München vom 17. Juni 2000 sowie das Grundsatzpapier ‚Gesundheit 21' der WHO vom 22. Juli 1998)."

3. Notwendigkeit der Formulierung von Ausbildungszielen

Nicht alle heilberuferechtlichen Berufszulassungsgesetze enthalten so differenziert beschriebene Ausbildungsziele wie das jetzt für die Pflege vorliegende Ausbildungsziel in § 5 PflBG. Vergleichbar ist hier nur noch das im Gesetz über den Beruf der Notfallsanitäterin und des Notfallsanitäters (NotSanG) in § 4 formulierte Ausbildungsziel. Die **Formulierung von Ausbildungszielen** ist **aus drei Gründen** erforderlich: Nur anhand der einzelnen Ausbildungsziele lässt sich das Berufsprofil erkennen, denn die Ausbildungsziele sollen die Aufgaben abbilden, die die künftige berufliche Tätigkeit ausmachen. Weiter kann nur mit differenzierten Ausbildungszielen eine Grundlage für die Formulierung einer Ausbildungs- und Prüfungsverordnung hergestellt werden (§ 56 PflBG). Auch kann nur so der verfassungsrechtlichen Anforde- 7 rung entsprochen werden, wonach das zum Erlass einer Rechtsverordnung ermächtigende Gesetz Inhalt, Zweck und Ausmaß der Ermächtigung bestimmen muss (Art. 80 Abs. 1 Satz 2 GG).

4. Korrespondierende Vorschriften der PflAPrV

8 Die PflAPrV nimmt an zahlreichen Stellen auf das in § 5 PflBG formulierte Ausbildungsziel Bezug:

- § 1 Abs. 1 PflAPrV;
- § 2 Abs. 1 PflAPrV;
- § 3 Abs. 1 PflAPrV;
- § 9 Abs. 1 Satz 2 PflAPrV;
- § 26 Abs. 1 Satz 1, Abs. 3 Satz 1 PflAPrV;
- § 28 Abs. 1 Satz 1, Abs. 3 Satz 1 PflAPrV.

Die in den Anlagen 2, 3 und 4 formulierten Kompetenzen für die staatliche Prüfung nach § 9 PflAPrV zur Pflegefachfrau oder zum Pflegefachmann, nach § 26 PflAPrV zur Gesundheits- und Kinderkrankenpflegerin oder zum Gesundheits- oder Kinderkrankenpfleger sowie nach § 28 PflAPrV zur Altenpflegerin oder zum Altenpfleger spiegeln die in den Ausbildungszielen enthaltenen Kompetenzen.

II. Erläuterungen

1. Ausbildungsziel als Mindestanforderung

9 Das in § 5 PflBG beschriebene Ausbildungsziel enthält die Mindestanforderungen, die durch die Ausbildungs- und Prüfungsverordnung nach § 56 PflBG zu konkretisieren sind (vgl. Gesetzesbegründung, BT-Drs. 18/7823, S. 67). Der **Begriff der Mindestanforderungen** wird vom Bundesverfassungsgericht im Rahmen seiner Rechtsprechung zu den Heilberufen verwendet (BVerfGE 106, 62, Rn. 239). Dieser Begriff ist aber insofern missverständlich, als er an ein Verständnis von einer untersten („Mindest"-)Grenze erinnert. Gemeint ist aber, dass die vom Ausbildungsziel umfassten Gegenstände auf jeden Fall in der Ausbildung enthalten sein müssen.

2. Abs. 1: Allgemeine Ausbildungsziele

10 Die Vorschrift enthält in Satz 1 eine Beschreibung der Kompetenzen und in Satz 2 eine Aussage zum lebenslangen Lernen.

a) Abs. 1 Satz 1: Kompetenzen

11 Die zu vermittelnden **Kompetenzen** beziehen sich auf die **Pflege von Menschen** in **Pflegesituationen**. Dabei werden die Kompetenzen, die Art der Pflege und die Pflegesituationen näher beschrieben.

12 Die Beschreibung der Kompetenzen folgt der **Matrix des *Deutschen Qualifikationsrahmens (DQR)*.** Eine Zuordnung zu einem bestimmten Niveau nach dieser Matrix wird dabei nicht vorgenommen. Auch kann diese Matrix nicht für eine Bestimmung der Inhalte der für die Pflege erforderlichen Kompetenzen verwendet werden. Nach

dem Glossar des DQR werden die einzelnen Kompetenzen wie folgt definiert (*DQR Deutscher Qualifikationsrahmen für lebenslanges Lernen*, 2013 S. 43 ff.):

– *"Kompetenz bezeichnet im DQR die Fähigkeit und Bereitschaft des Einzelnen, Kenntnisse und Fertigkeiten sowie persönliche, soziale und methodische Fähigkeiten zu nutzen und sich durchdacht sowie individuell und sozial verantwortlich zu verhalten. Kompetenz wird in diesem Sinne als umfassende Handlungskompetenz verstanden.*

– *Fachkompetenz umfasst Wissen und Fertigkeiten. Sie bezeichnet die Fähigkeit und Bereitschaft, Aufgaben- und Problemstellungen eigenständig, fachlich angemessen, methodengeleitet zu bearbeiten und das Ergebnis zu beurteilen.*

– *Personale Kompetenz umfasst Sozialkompetenz und Selbstständigkeit. Sie bezeichnet die Fähigkeit und Bereitschaft, sich weiterzuentwickeln und das eigene Leben eigenständig und verantwortlich im jeweiligen sozialen, kulturellen bzw. beruflichen Kontext zu gestalten.*

– *Methodenkompetenz bezeichnet die Fähigkeit, an Regeln orientiert zu handeln. Dazu gehört auch die reflektierte Auswahl und Entwicklung von Methoden. Fachkompetenz und personale Kompetenz schließen Methodenkompetenz jeweils mit ein.*

– *Sozialkompetenz bezeichnet die Fähigkeit und Bereitschaft, zielorientiert mit anderen zusammenzuarbeiten, ihre Interessen und sozialen Situationen zu erfassen, sich mit ihnen rational und verantwortungsbewusst auseinanderzusetzen und zu verständigen sowie die Arbeits- und Lebenswelt mitzugestalten.*

– *Kommunikation bezeichnet den verständigungsorientierten Austausch von Informationen zwischen Personen, in Gruppen und Organisationen.*

– *Lernkompetenz ist die Fähigkeit, sich ein realistisches Bild vom Stand der eigenen Kompetenzentwicklung zu machen und diese durch angemessene Schritte weiter voranzutreiben."*

Die Pflege nach § 5 PflBG bezieht sich auf **Menschen aller Altersstufen**. Eine Unterscheidung zwischen Altenpflege und Kinderkrankenpflege fällt für die generalistische Ausbildung weg. Sie findet erst wieder in der fakultativen gesonderten Ausrichtung auf die Gesundheits- und Kinderkrankenpflege bzw. die Altenpflege Eingang (§§ 60 Abs. 1, 61 Abs. 1 PflBG). Das bedeutet im Ergebnis, dass die Pflege von Menschen aller Altersstufen nur für die Ausbildung der Pflegefachfrau/des Pflegefachmanns durchgängig, d. h. über die gesamte Ausbildungszeit hinweg, Gegenstand der Ausbildung ist. Bei der Ausbildung der Gesundheits- und Kinderkrankenpflegerin/des Gesundheits- und Kinderkrankenpflegers und der Altenpflegerin/des Altenpflegers ist die Pflege von Menschen aller Altersstufen nur für die ersten zwei Drittel der Ausbildungszeit Gegenstand der Ausbildung. 13

Die Vorschrift unterscheidet zwischen der **akuten und dauerhaft stationären Pflege** und der **ambulanten Pflege** und bezeichnet dies als **Pflegesituationen**. Klarzustellen ist, dass unter den Begriff der stationären Pflege die vollstationäre und die teilstationäre Pflege zu fassen ist. Der Gesetzgeber stellt auf die akute Krankenpflege in Krankenhäusern, die Langzeitpflege in Pflegeeinrichtungen und die ambulante Pflege als häusliche Krankenpflege und als häusliche Pflege von pflegebedürftigen Menschen ab. Damit sind nicht die verschiedenen Einteilungen der Pflege gemeint. 14

Diese Einteilungen sind in Abs. 2 Satz 1 aufgeführt. Aus der Beschreibung der Pflegesituationen kann deshalb nicht gefolgert werden, dass z. B. die präventive, rehabilitative oder palliative Pflege nicht gemeint sind.

b) Abs. 1 Satz 2: Lebenslanges Lernen

15   Die Vorschrift liefert eine Definition des Begriffs des lebenslangen Lernens. Die Vorschrift ist in der zweiten Satzhälfte sprachlich missglückt. Sie könnte etwa folgendermaßen lauten: „Lebenslanges Lernen wird dabei als ein Prozess der eigenen beruflichen Biographie verstanden, in dem die fortlaufende persönliche und fachliche Weiterentwicklung als notwendig anerkannt wird."

16   Die Vorschrift ist auch als **Umsetzung** der in **Art. 22 Buchst. b) der Richtlinie 2005/36/EG** (s. → Rn. 3, Fn. 1) postulierten **Notwendigkeit der steten beruflichen Fortbildung** u. a. für die Berufe der Krankenschwestern und Krankenschwestern für die allgemeine Pflege zu verstehen. Die Vorschrift lautet:

> *b) die Mitgliedstaaten sorgen im Einklang mit den spezifischen Verfahren der einzelnen Mitgliedstaaten durch die Stärkung einer steten beruflichen Fortbildung dafür, dass Berufsangehörige, deren Berufsqualifikation von Kapitel III dieses Titels erfasst wird, ihre Kenntnisse, Fähigkeiten und Kompetenzen aktualisieren können, um eine sichere und effektive Praxis zu wahren und mit den beruflichen Entwicklungen Schritt zu halten.*

17   Für die **fortlaufende fachliche Weiterentwicklung** sind die **Länder zuständig**. Diese haben entsprechende Regelungen zur **beruflichen Weiterbildung** vorgesehen. Die Vorschriften finden sich zum Teil in eigenen Gesetzen oder Verordnungen zur Weiterbildung, zum Teil in den Regelungen zur Berufsordnung oder in den Gesetzen zum Gesundheitsdienst. S. hierzu die Fundstellen zu diesen Vorschriften bei *Igl*, Recht der Gesundheitsfachberufe, Teil II, Weiterbildung.

3. Abs. 2: Allgemeine Inhalte der Pflege

18   In Abs. 2 werden als allgemeine Inhalte der Pflege die Maßnahmen und Ziele der Pflege (Satz 1), die Qualitätsmaßstäbe (Satz 2), die zu berücksichtigenden Umstände der zu pflegenden Menschen (Satz 3) und die Achtung der Selbstständigkeit und Selbstbestimmung der zu pflegenden Menschen (Satz 4) aufgeführt.

a) Abs. 2 Satz 1: Maßnahmen und Ziele der Pflege

19   Anders als im Ausbildungsziel nach dem KrPflG (§ 3 Abs. 1 Satz 2) werden jetzt alle **Maßnahmen der Pflege** in den verschiedenen Bereichen der Gesundheitsversorgung ausdrücklich genannt. Weiter werden genannt die Beratung, die Begleitung in allen Lebensphasen und die Begleitung Sterbender. Mit der Beratung und Begleitung in allen Lebensphasen werden auch Aufgabengebiete der Sozialarbeit berührt. Die Abgrenzung zu sozialarbeiterischen Aufgaben wird man entsprechend dem Kerngegenstand der Pflege vornehmen können. Beratung und Begleitung müssen auf diese Kerngegenstände bezogen sein, also mit Erhaltung, Förderung, Wiedererlangung oder Verbesserung der physischen und psychischen Situation der zu pflegenden Menschen zu tun haben (s. dazu *Igl*, Rechtliche Verankerung der Sozialen Arbeit

im Gesundheitswesen, 2017, S. 78 ff.). Die **Ziele der Pflege** (Erhaltung, Förderung, Wiedererlangung oder Verbesserung der physischen und psychischen Situation der zu pflegenden Menschen, ihre Beratung sowie ihre Begleitung in allen Lebensphasen und die Begleitung Sterbender) entsprechen insbesondere den in der Gesetzlichen Krankenversicherung (SGB V) (vgl. § 11 Abs. 1 und 2 SGB V) und der Sozialen Pflegeversicherung (SGB XI) vorgesehenen pflegebezogenen Leistungsbereichen.

b) Abs. 2 Satz 2: Qualitätsmaßstab

Der Qualitätsmaßstab ist der **allgemein anerkannte Stand pflegewissenschaftlicher,** 20 **medizinischer und weiterer bezugswissenschaftlicher Erkenntnisse.** Hinzu kommt, dass die Pflege auf der Grundlage **professioneller Ethik** stattzufinden hat. Darauf wird auch in Abs. 4 hingewiesen (Entwicklung und Stärkung eines ethisch fundierten Pflegeverständnisses).

Der hier formulierte Qualitätsmaßstab knüpft an dem in der **Sozialen Pflegever-** 21 **sicherung** formulierten Qualitätsmaßstab („allgemein anerkannter Stand medizinisch-pflegerischer Erkenntnisse", vgl. etwa §§ 11 Abs. 1 Satz 1, 28 Abs. 3, 69 Satz 1 SGB XI) an und erweitert diesen in Richtung auf die **pflegewissenschaftlichen, medizinischen und die weiteren bezugswissenschaftlichen Erkenntnisse.** Mit dieser Formulierung des Qualitätsmaßstabes wird der Tatsache Rechnung getragen, dass sich die wissenschaftliche Befassung mit Gegenständen der Pflege auch in der Qualitätssicherung niedergeschlagen hat. Zu nennen sind hier etwa die Aktivitäten des *Deutschen Netzwerks für Qualitätsentwicklung in der Pflege (DNQP)* oder die Projekte des *Zentrums für Qualität in der Pflege (ZQP)*. Auch die verschiedenen pflegewissenschaftlichen Einrichtungen an den Hochschulen haben wesentlich zur Qualitätsentwicklung in der Pflege beigetragen. Im Bereich der **Gesetzlichen Krankenversicherung** gilt der allgemein formulierte Qualitätsmaßstab für Leistungserbringer, wonach die Leistungserbringer zur Sicherung und Weiterentwicklung der Qualität der von ihnen erbrachten Leistungen verpflichtet sind und die Leistungen dem jeweiligen Stand der wissenschaftlichen Erkenntnisse entsprechen und in der fachlichen gebotenen Qualität erbracht werden müssen (§ 135a Abs. 1 SGB V). Dazu ist auch der allgemein anerkannte Stand medizinisch-pflegerischer Erkenntnisse zu rechnen.

Unter den **Bezugswissenschaften** können neben der Medizin etwa die Psychologie 22 und einzelne Sozialwissenschaften verstanden werden. Die Hereinnahme bezugswissenschaftlicher Erkenntnisse soll auch deutlich machen, dass gemäß einem zeitgemäßen Verständnis der Pflegewissenschaft die interdisziplinären Kontexte in den Blick zu nehmen sind.

Ethisches Handeln hat bei Berufen, die direkt mit Menschen zu tun haben, eine 23 besondere Bedeutung. Die **Ethik in der Pflege** gehört deshalb zu den Grundlagen pflegerischen Handelns. Darauf nimmt die Vorschrift Bezug. Vom *International Council of Nurses (ICN)* ist ein Ethikkodex für Pflegende herausgegeben worden (*International Council of Nurses (ICN) – Deutscher Berufsverband für Pflegeberufe (DBfK)*, 2010).

c) Abs. 2 Satz 3: Lebensweltbezug

24   Mit der Vorschrift wird verdeutlicht, dass sich jeder Mensch in einer bestimmten Lebenswelt befindet, die von der konkreten Lebenssituation und von weiteren Elementen, wie dem sozialen, kulturellen und religiösem Hintergrund, der sexuellen Orientierung sowie der Lebensphase geprägt wird. Damit kommt zum Ausdruck, dass der zu pflegende Mensch nicht Objekt der Pflege ist, sondern als Subjekt wahrgenommen werden muss.

25   An dieser Stelle ist auch auf **Art. 25 der UN-Behindertenrechtskonvention (UN-BRK)** (BGBl. II 2008, S. 1419) hinzuweisen (s. dazu *Igl*, in: *Bieback/ Bögemann/Igl/Welti (Hrsg.)*, 2016, S. 31 ff.). Art. 25 UN-BRK enthält das Recht auf Gesundheit. Im Rahmen dieses Rechts werden die Vertragsstaaten hinsichtlich der Angehörigen der Gesundheitsberufe zu Folgendem verpflichtet (Art. 25 Satz 3 Buchst. d):

> *d) erlegen die Vertragsstaaten den Angehörigen der Gesundheitsberufe die Verpflichtung auf, Menschen mit Behinderungen eine Versorgung von gleicher Qualität wie anderen Menschen angedeihen zu lassen, namentlich auf der Grundlage der freien Einwilligung nach vorheriger Aufklärung, indem sie unter anderem durch Schulungen und den Erlass ethischer Normen für die staatliche und private Gesundheitsversorgung das Bewusstsein für die Menschenrechte, die Würde, die Autonomie und die Bedürfnisse von Menschen mit Behinderungen schärfen;*

Vor diesem internationalrechtlichen Hintergrund ist es deshalb irritierend, dass in Abs. 2 Satz 3 nicht auf diese Vorschrift der UN-BRK Bezug genommen worden ist. Auch die Erwähnung von **Menschen mit Behinderungen** fehlt in Abs. 2 Satz 3.

d) Abs. 2 Satz 4: Selbstständigkeit – Selbstbestimmung

26   Die Selbstständigkeit und die Selbstbestimmung zu pflegender Menschen sind Ausfluss der **Menschenwürde** (Art. 1 Abs. 1 GG). Im Recht der Sozialen Pflegeversicherung werden diese Prinzipien ebenfalls erwähnt (§ 2 Abs. 1 SGB XI).

4. Abs. 3: Befähigungen

27   Während in Abs. 1, 2 und 4 Grundlagen, Rahmen und Ziele der Pflegeausbildung beschrieben werden, geht es in Abs. 3 um die einzelnen Befähigungen. Insoweit stellt diese Vorschrift das Herzstück für die Ausbildung und die Formulierung der Ausbildungs- und Prüfungsvorschriften in der Ausbildungs- und Prüfungsverordnung (§ 56 PflBG) dar. Die Vorschrift unterscheidet zwischen **selbstständig auszuführenden, eigenständig durchzuführenden** und **interdisziplinären Aufgaben**.

a) Abs. 3 Nr. 1: Selbstständig auszuführende Aufgaben

28   Der **Begriff der Selbstständigkeit** bedeutet nach dem *Deutschen Qualifikationsrahmen (DQR)* die Fähigkeit und Bereitschaft, eigenständig und verantwortlich zu handeln, eigenes und das Handeln anderer zu reflektieren und die eigene Handlungsfähigkeit weiterzuentwickeln (*DQR Deutscher Qualifikationsrahmen für lebenslanges Lernen*, 2013, S. 47; s. dazu oben → Rn. 11). In der Gesetzesbegründung wird

ausdrücklich auf die Verwendung dieser Begrifflichkeit des *Deutschen Qualifikationsrahmens (DQR)* hingewiesen (BT-Drs. 18/7823, S. 67).

Der **Begriff der selbstständigen Aufgabenausführung** wird im **KrPflG** bisher **nicht** verwendet. Dort wird nur von **eigenverantwortlicher Ausführung von Aufgaben** gesprochen (§ 3 Abs. 2 Nr. 1 KrPflG). Im AltPflG werden die Begriffe **selbstständige und eigenverantwortliche Pflege** nebeneinander gestellt (§ 3 Abs. 1 Satz 1 AltPflG), jedoch nicht mit Blick auf die verschiedenen altenpflegerischen Aufgaben differenziert verwendet.   29

In **heilberuferechtlicher Sicht** hat der Begriff der Selbstständigkeit eine zusätzliche Konnotation. Hier geht es vor allem um den **selbstständigen Leistungszugang** bestimmter anderer als ärztlicher Heilberufe, so vor allem der Physiotherapeuten, zum Leistungsgeschehen im Rahmen der Gesetzlichen Krankenversicherung (SGB V). Dabei wird unter selbstständigem Leistungszugang vor allem verstanden, dass vor dem entsprechenden Tätigwerden keine ärztliche Anordnung oder Verordnung nötig sein soll. Teilweise wird der Begriff des selbstständigen Handelns auch in der Debatte um die Delegation und Substitution ärztlichen Handelns verwendet.   30

Im Rahmen der **Modellvorhaben nach § 63 Abs. 3c SGB V** geht es um die **selbstständige Ausübung von Heilkunde** (s. hierzu auch die → Erl. zu § 14). Die entsprechende Richtlinie des Gemeinsamen Bundesausschusses hat hier eine diesem Geschehen angepasste Beschreibung vorgenommen.[2]   31

In der **Sozialversicherung ist der Begriff der selbstständigen Tätigkeit** anderer als ärztlicher Heilberufe im Kontext der Versicherungspflicht in der Renten- und Krankenversicherung von Relevanz. Hier geht es vor allem um die **Abgrenzung zu einer weisungsabhängigen Tätigkeit**, wobei die höchstrichterliche Rechtsprechung eine solche Weisungsabhängigkeit annimmt, wenn der heilberuflichen Tätigkeit eine ärztliche Anordnung vorausgeht (BSG, Urt. v. 23.7.2015, B 5 RE 17/14 R, SGb 2016, S. 354 ff., mit Anm. *Igl*, S. 359 ff.). Diese Rechtsprechung wird in der berufsrechtlichen Diskussion häufig missverstanden als fehlerhafte Deutung des jeweiligen berufsrechtlichen Status durch die Rechtsprechung. Sie hat jedoch mit der berufsrechtlichen Einordnung des Handelns von Heilberufen nichts zu tun.   32

Der **Begriff der selbstständigen Aufgabenausführung** wird, wie vorstehend ausgeführt, in **verschiedenen rechtlichen Zusammenhängen** mit unterschiedlichen Auswirkungen verwendet. Die Verwendung dieses Begriffs im Kontext der heilberuflichen Ausbildung wirkt aber vorprägend für die Verwendung in den anderen, insbesondere den sozialversicherungsrechtlichen Kontexten. Dabei ist immer darauf zu achten, dass bei den in § 4 Abs. 2 PflBG beschriebenen vorbehalten Tätigkeiten stets eine selbstständige Aufgabenausführung anzunehmen ist.   33

---

2 §§ 2 und 3 der Richtlinie des Gemeinsamen Bundesausschusses über die Festlegung ärztlicher Tätigkeiten zur Übertragung auf Berufsangehörige der Alten- und Krankenpflege zur selbständigen Ausübung von Heilkunde im Rahmen von Modellvorhaben nach § 63 Abs. 3c SGB V (Richtlinie nach § 63 Abs. 3c SGB V) in der Fassung v. 20.10.2011, veröffentlicht im Bundesanzeiger Nr. 46 (S. 1 128) v. 21.3.2012 und Nr. 50 (S. 1 228) v. 28.3.2012, in Kraft getreten am 22.3.2012.

34   Bei den **gesonderten Ausbildungen** in der **Gesundheits- und Kinderkrankenpflege**
und in der **Altenpflege** ist die Kompetenzvermittlung speziell auf die Pflege von
Kindern und Jugendlichen (§ 60 Abs. 1 PflBG) und auf die Pflege älterer Menschen
(§ 61 Abs. 1 PflBG) auszurichten. Dies hat zur Folge, dass Gesundheits- und Kinder-
krankenpfleger/-pflegerinnen und Altenpfleger/-pflegerinnen die in § 5 Abs. 3 PflBG
aufgeführten selbstständig auszuführenden Aufgaben nur bei diesen Personengrup-
pen selbstständig ausführen können.

Abs. 3 Nr. 1 Buchst. a)

35   **Erhebung und Feststellung des individuellen Pflegebedarfs und Planung der**
Pflege: Die Erhebung und Feststellung des individuellen Pflegebedarfs ist die erste
Stufe im Pflegeprozess und wird in den verschiedenen Pflegeprozessmodellen als
Assessment bezeichnet. In der Pflegeplanung als zweite Stufe werden die Pflegemaß-
nahmen geplant.

Die Erhebung und Feststellung des individuellen Pflegebedarfs stellt eine **vorbehal-**
tene Tätigkeit i. S. d. § 4 Abs. 2 Nr. 1 PflBG dar. Ob und inwieweit das auch für die
Planung der Pflege gilt, s. → Erl. zu § 4 Rn. 45.

Abs. 3 Nr. 1 Buchst. b)

36   **Organisation, Gestaltung und Steuerung des Pflegeprozesses:** Die Organisation
des Pflegeprozesses stellt die dritte Stufe des Pflegeprozesses dar. Die Gestaltung und
Steuerung des Pflegeprozesses gehören zur Vorbereitung der Durchführung der
Pflege und kann schon Durchführungselemente enthalten. Zur Organisation und
Gestaltung des Pflegeprozesses gehören auch die Organisation des Personaleinsatzes
und die Festlegung der Zuständigkeiten für die jeweiligen pflegerischen Maßnahmen.
Auch die Festlegung der Übertragung von pflegerischen Maßnahmen an andere
Personen als an Pflegefachmänner oder Pflegefachfrauen, Gesundheits- und Kinder-
krankenpflegerinnen oder Gesundheits- und Kinderkrankenpfleger sowie Altenpflegerinnen und Altenpfleger rechnet zur Organisation und Gestaltung des Pflegeprozesses.

Die Organisation, Gestaltung und Steuerung des Pflegeprozesses stellt eine **vor-**
behaltene Tätigkeit i. S. d. § 4 Abs. 2 Nr. 2 PflBG dar.

Abs. 3 Nr. 1 Buchst. c)

37   **Durchführung der Pflege und Dokumentation der angewendeten Maßnahmen:**
Die **Durchführung der Pflege** stellt eine weitere Stufe im Pflegeprozess dar. Die
Dokumentation der angewendeten Maßnahmen dient als Nachweis der professionellen systematischen Erfassung einer personenbezogenen Pflege. Sie sichert weiter
die Kontinuität und Organisation der Pflege durch eine übersichtliche, konkrete und
vollständige Verlaufsdarstellung und dient damit der Gestaltung und Sicherung der
Arbeitsorganisation der Pflege im Pflegeprozess. Die Dokumentation nimmt eine
Schlüsselstellung für den Nachweis der Leistungen und der Qualität einer Gesundheitseinrichtung ein und hat damit auch haftungsrechtliche Relevanz. Sie ist un-
erlässliche Voraussetzung für die intra- und interprofessionelle Kooperation im
Pflegeverlauf. In der Frage der Dokumentation in der Pflege und der Reduzierung
der Pflegedokumentation bahnen sich mittlerweile wichtige Änderungen an. Hierzu

hat im Rahmen der Entbürokratisierung der Pflege ein Projekt für eine veränderte Dokumentationspraxis stattgefunden (Projekt „Praktische Anwendung des Strukturmodells – Effizienzsteigerung der Pflegedokumentation in der ambulanten und stationären Langzeitpflege"). S. dazu *Jorzig/Börner*, Sozialrecht aktuell 2015, S. 17 ff. Einzelheiten unter www.bundesgesundheitsministerium.de/themen/pflege/entbuerokratisierung.html sowie www.ein-step.de [abgerufen am 29.8.2018].

Abs. 3 Nr. 1 Buchst. d)

Analyse, Evaluation, Sicherung und Entwicklung der Qualität der Pflege: Die   38
Analyse, Evaluation, Sicherung und Entwicklung der Qualität der Pflege bezieht sich auf den individuellen Pflegeprozess. Nicht gemeint ist damit eine allgemeine Qualitätsanalyse oder Qualitätsentwicklung z. B. in einer Einrichtung.

Die Bedeutung der auf eine individuelle Pflege bezogenen Qualitätssicherung wird dadurch unterstrichen, dass sie eine **vorbehaltene Tätigkeit** i. S. d. § 4 Abs. 2 Nr. 3 PflBG darstellt.

Abs. 3 Nr. 1 Buchst. e)

Bedarfserhebung und Durchführung präventiver und gesundheitsfördernder   39
Maßnahmen: Präventive und gesundheitsfördernde Maßnahmen haben im Bereich der Pflege schon mit der Schaffung der Sozialen Pflegeversicherung eine herausragende Bedeutung gespielt (vgl. § 5 SGB XI), auch wenn diesem Anliegen in der Praxis nicht immer gebührend Rechnung getragen worden ist. Mittlerweile ist mit dem Präventionsgesetz 2015 (BGBl. I S. 1368) die Bedeutung von Gesundheitsförderung und Prävention noch einmal besonders herausgestrichen worden (§§ 20 bis 24 SGB V). Misst man die Vorschrift an Art. 31 Abs. 7 Buchst. c) der Richtlinie 2005/36/EG (s. oben → Rn. 5), die die Gesundheitsförderung zum Gegenstand hat, so wird deutlich, dass die Formulierung in der Richtlinie erheblich weiter ist und auch die zugehende Familienpflege umfasst. Abs. 3 Nr. 1 Buchst. e) bleibt somit hinter dem in Art. 31 Abs. 1 Buchst. c) formulierten Anliegen der Richtlinie 2005/36/EG zurück.

Abs. 3 Nr. 1 Buchst. f)

Beratung, Anleitung und Unterstützung von zu pflegenden Menschen: Die   40
Beratung, Anleitung und Unterstützung von zu pflegenden Menschen ist gerichtet auf die individuelle Auseinandersetzung mit Gesundheit und Krankheit sowie auf die Erhaltung und Stärkung der eigenständigen Lebensführung und Alltagskompetenz, wobei ihre sozialen Bezugspersonen einzubeziehen sind. Der Ansatz an dem zu pflegenden Menschen stellt die Schnittstelle zur Beratung durch Sozialarbeiter dar (s. oben → Rn. 19). Im Pflegekontext sind die in § 1 Abs. 1 und § 58 Abs. 1 und 2 PflBG genannten Angehörigen der Pflegeberufe zur Beratung, Anleitung und Unterstützung aufgerufen.

Abs. 3 Nr. 1 Buchst. g)

Erhaltung, Wiederherstellung, Förderung, Aktivierung und Stabilisierung indivi-   41
dueller Fähigkeiten der zu Pflegenden – Pflege und Betreuung bei Einschränkun-
gen der kognitiven Fähigkeiten: Die Vermeidung und Minderung von Pflegebedürf-

tigkeit war schon im Gesundheits-Reformgesetz (GRG) von 1989 ein gesetzgeberisches Anliegen (s. § 11 Abs. 2 Satz 1 SGB V). In der Sozialen Pflegeversicherung ist dieses Anliegen vertieft worden mit der Erhaltung, Wiederherstellung, Förderung, Aktivierung und Stabilisierung individueller Fähigkeiten der zu Pflegenden insbesondere im Rahmen von Rehabilitationskonzepten (vgl. § 6 SGB XI). Die Pflege und Betreuung bei Einschränkungen der kognitiven Fähigkeiten ist seit den **Pflegestärkungsgesetzen I, II und III** Gegenstand des Leistungsrechts der Sozialen Pflegeversicherung (SGB XI). Mit Einführung des neuen Pflegebedürftigkeitsbegriffs sind die Leistungen des SGB XI auch diesem Personenkreis zugänglich (vgl. §§ 14, 15, 28 und 28a SGB XI).

Abs. 3 Nr. 1 Buchst. h)

42   **Einleitung lebenserhaltender Sofortmaßnahmen – Maßnahmen in Krisen- und Katastrophensituationen:** Die **Einleitung lebenserhaltender Sofortmaßnahmen** bis zum Eintreffen der Ärztin oder des Arztes stellt eine sehr allgemein gefasste Aufgabe dar. Zieht man dazu das Ausbildungsziel des Heilberufes des Notfallsanitäters heran, der neben dem Arzt für diese Situationen prädestiniert ist, so wird deutlich, dass der Bereich der lebenserhaltenden Sofortmaßnahmen sehr breit sein kann (s. § 4 Notfallsanitätergesetz – NotSanG). Bei einem Heilberuf wird man unter lebenserhaltenden Sofortmaßnahmen mehr verstehen müssen als nur die Erste Hilfe, zu der auch Laien befähigt sein sollten.

Die **Durchführung von Maßnahmen in Krisen- und Katastrophensituationen** stellt ebenfalls eine sehr weit gefasste Aufgabe dar.

Abs. 3 Nr. 1 Buchst. i)

43   **Anleitung, Beratung und Unterstützung von anderen Berufsgruppen und Ehrenamtlichen – Mitwirkung an der praktischen Ausbildung:** Die **Anleitung, Beratung und Unterstützung** von anderen Berufsgruppen und Ehrenamtlichen bezieht sich auf den jeweiligen Pflegekontext. Es geht also nicht um eine allgemeine Schulung anderer Berufsgruppen und Ehrenamtlicher. Diese Aufgabe trägt der Tatsache Rechnung, dass die Pflege insbesondere im häuslichen Bereich von Angehörigen, Nachbarn und ehrenamtlich Tätigen übernommen werden soll, und die professionellen Pflegepersonen diese Pflege unterstützen (vgl. §§ 3, 4 Abs. 1 Satz 1 SGB XI).

Die **Mitwirkung an der praktischen Ausbildung** von Angehörigen von Gesundheitsberufen ist insofern eine notwendige Aufgabe, als die praktische Ausbildung bei den Heilberufen und bei den anderen Gesundheitsberufen ein unverzichtbarer Teil der Ausbildung ist. Dazu ist es erforderlich, bereits nach dem PflBG ausgebildete Pflegefachpersonen mit einzubeziehen (vgl. § 6 Abs. 3 Satz 3 PflBG).

b) Abs. 3 Nr. 2: Eigenständig durchzuführende Aufgaben

44   Die eigenständige Durchführung von **ärztlich angeordneten Maßnahmen** betrifft insbesondere Maßnahmen der Diagnostik, Therapie und Rehabilitation. Der Begriff der **ärztlichen Anordnung** wird im **Krankenversicherungsrecht** bei der Anordnung der Hilfeleistung anderer Personen verwendet (vgl. § 73 Abs. 2 Nr. 6 SGB V). Der **Begriff der Verordnung** betrifft demgegenüber die Leistung und den Leistungsanspruch selbst, so etwa die Verordnung von Heilmitteln, von häuslicher Kranken-

pflege oder von spezialisierter ambulanter Palliativversorgung (§ 73 Abs. 2 Nr. 7, 8 und 14 SGB V). Diese sozialversicherungsrechtliche Begriffsverwendung liegt aber dem hier verwendeten Begriff der ärztlich angeordneten Maßnahmen nicht zugrunde. Vielmehr ist gemeint, dass bestimmte Maßnahmen unabhängig von deren sozialversicherungsrechtlicher Bedeutung vom Arzt in der Zusammenarbeit mit Pflegeberufsangehörigen ausgelöst und diesen zur Durchführung übertragen werden. Damit ist ein **allgemeiner Begriff der ärztlichen Anordnung** gemeint. Erfasst sind davon nicht nur pflegerische Maßnahmen, sondern auch Maßnahmen medizinischer Art, so insbesondere auf den Gebieten der Diagnostik der Therapie und der Rehabilitation. Der Arzt kann dabei auch im Sinne einer Delegation heilberuflicher Aufgaben tätig werden.

c) Abs. 3 Nr. 3: Interdisziplinäre Kommunikation und Zusammenarbeit

Die interdisziplinäre Zusammenarbeit verschiedener Berufsgruppen ist tagtäglich 45 gelebte Realität in der gesundheitlichen Versorgung und wird deshalb auch im PflBG bei den Ausbildungszielen in den Vordergrund gerückt. Entsprechende Ausbildungsanforderungen finden sich schon im AltPflG (§ 3 Abs. 1 Satz 3) und im KrPflG (§ 3 Abs. 2 Nr. 3). Die jetzige Zusammenarbeitsvorschrift ist demgegenüber wesentlich differenzierter und stellt auch auf die Aspekte der Kommunikation, der Lösungsentwicklung und der teamorientierten Umsetzung ab. Unabhängig davon setzt eine interdisziplinäre Kommunikation und Zusammenarbeit schon eine Begegnung der Professionen in der Aus-, Fort- und Weiterbildung voraus. Als Beispiel für die erforderliche interprofessionelle und interdisziplinäre Kooperation können die Umsetzungsempfehlungen zu den kommunikativen Kompetenzen im ärztlichen und pflegerischen Beruf des *Nationalen Krebsplanes* (Handlungsfeld 4 „Stärkung der Patientenorientierung") gelten.

5. Abs. 4: Pflegeverständnis – berufliches Selbstverständnis

Das Anliegen der Entwicklung und Stärkung eines professionellen, ethisch fundier- 46 ten **Pflegeverständnisses** ist vor dem Hintergrund der besonderen Verantwortung der Heilberufe für den Gesundheitsschutz und die gesundheitliche Versorgung der Bevölkerung zu sehen.

Die Entwicklung und Stärkung eines **beruflichen Selbstverständnisses** betrifft auch die Stellung des Heilberufs Pflegefachfrau/Pflegefachmann und der gesonderten Berufsabschlüsse in der Pflege im Verhältnis zu anderen Heilberufen. Das berufliche Selbstverständnis speist sich u. a. aus der Kenntnis der rechtlichen Regeln, die das Handeln der Heilberufe bestimmen, und der Institutionen des Gesundheitswesens und ihrer rechtlichen Verfasstheit, in deren Rahmen Heilberufe jeweils tätig werden. Dies betrifft vor allem die Regelungsbereiche der Gesetzlichen Krankenversicherung (SGB V), der Sozialen Pflegeversicherung (SGB XI) und der Rehabilitation (SGB IX).

III. Literaturhinweise

Bachem, Jörn/Börner, Karlheinz/Frings, Peter/Jorzig, Alexandra/Philipp, Albrecht/Plantholz, Mar- 47
kus/Udsching, Peter/Weiß, Thomas: Zweite Kasseler Erklärung der juristischen Expertengruppe zur

Bedeutung der Einzelleistungsnachweise für Maßnahmen der Grundpflege in der (teil-)stationären Versorgung (November 2015). In: Sozialrecht aktuell 2016, S. 12–13.

Bachem, Jörn/Börner, Karlheinz/Frings, Peter/Jorzig, Alexandra/Kamm, Johannes/Philipp, Albrecht/Plantholz, Markus/Udsching, Peter/Weiß, Thomas: Kasseler Erklärung – Notwendiger Umfang der Pflegedokumentation aus haftungsrechtlicher Sicht der Juristischen Expertengruppe. Entbürokratisierung der Pflegedokumentation (Januar 2014). In: SGb 2014, S. 130–132; PKR (Pflege- & Krankenhausrecht) 2014, S. 15–17.

Becker, Ulrich/Kingreen, Thorsten (Hrsg.): SGB V. Gesetzliche Krankenversicherung. Kommentar. 5. Aufl. München 2017.

Büscher, Andreas/Wingenfeld, Klaus/Igl, Gerhard: Weiterentwicklung der gesetzlichen Qualitätssicherung in der Sozialen Pflegeversicherung. In: *Jacobs, Klaus/Kuhlmey, Adelheid/Greß, Stefan/Klauber, Jürgen/Schwinger, Antje (Hrsg.):* Pflege-Report 2018. Qualität in der Pflege. Berlin 2018, S. 37–44.

Bund-Länder-Koordinierungsstelle für den Deutschen Qualifikationsrahmen für lebenslanges Lernen (Hrsg.): DQR Deutscher Qualifikationsrahmen für lebenslanges Lernen. 2013. Handbuch zum Deutschen Qualifikationsrahmen. 2013. Stand: 1.8.2013.

Deutsches Netzwerk für Qualitätsentwicklung in der Pflege (DNQP): Methodisches Vorgehen zur Entwicklung, Einführung und Aktualisierung von Expertenstandards in der Pflege. Osnabrück 2011.

Höppner, Heidi/Igl, Gerhard: Arbeitsteilung Gesundheitsberufe – Änderungen in den Aufgabenstellungen der Gesundheitsberufe und der Arbeitsteilung zwischen ihnen. In: *Brandhorst, Andreas/Hildebrandt, Helmut/Luthe, Ernst-Wilhelm (Hrsg.):* Kooperation und Integration – das unvollendete Projekt des Gesundheitssystems. Wiesbaden 2017, S. 467–487.

Igl, Gerhard: Gesundheitsberufe neu regeln: Rechtsexpertise. In: *Robert Bosch Stiftung (Hrsg.):* Gesundheitsberufe neu denken, Gesundheitsberufe neu regeln. Grundsätze und Perspektiven – Eine Denkschrift der Robert Bosch Stiftung. 2013, S. 235 ff. (Zur Kooperation von Gesundheitsberufen: S. 372–406).

Igl, Gerhard/Ludwig, Jasmin: Präzisierung der unionsrechtlichen Anforderungen an Heilberufe. In: Zeitschrift für Medizinrecht (MedR) 2014, S. 214–219.

Igl, Gerhard: Das Recht auf Gesundheit behinderter Menschen nach Art. 25 UN-BRK. In: *Bieback, Karl-Jürgen/Bögemann, Christoph/Igl, Gerhard/Welti, Felix (Hrsg.):* Der Beitrag des Sozialrechts zur Realisierung des Rechts auf Gesundheit und des Rechts auf Arbeit für behinderte Menschen. Berlin 2016, S. 31–46.

Igl, Gerhard: Rechtsfragen der Kooperation und Koordination der Berufe im Kontext der Langzeitpflege. In: *Jacobs, Klaus/Kuhlmey, Adelheid/Greß, Stefan/Klauber, Jürgen/Schwinger, Antje (Hrsg.):* Pflege-Report 2016. Schwerpunkt: Die Pflegenden im Fokus. Stuttgart 2016, S. 229–244.

Igl, Gerhard: Rechtliche Verankerung der Sozialen Arbeit im Gesundheitswesen. Berlin 2017.

Igl, Gerhard: Pflegeversicherung. In: *Ruland, Franz/Becker, Ulrich/Axer, Peter (Hrsg.):* Sozialrechtshandbuch (SRH). 6. Aufl. Baden-Baden 2018, S. 969–1008.

Igl, Gerhard: Recht der Gesundheitsfachberufe, Heilpraktiker und sonstigen Berufe im Gesundheitswesen. Heidelberg. Stand: 86. Aktualisierung, August 2018.

International Council of Nurses (ICN) – Deutscher Berufsverband für Pflegeberufe (DBfK): ICN-Ethikkodex für Pflegende. Berlin 2010.

Jorzig, Alexandra/Börner, Karlheinz: Notwendiger Umfang der Pflegedokumentation aus haftungsrechtlicher Sicht. In: Sozialrecht aktuell 2015, S. 17–19.

Klie, Thomas: Kooperation und Integration: die Herausforderung Rehabilitation vor Pflege. In: *Brandhorst, Andreas/Hildebrandt, Helmut/Luthe, Ernst-Wilhelm (Hrsg.):* Kooperation und Integration – das unvollendete Projekt des Gesundheitssystems. Wiesbaden 2017, S. 263–283.

Lachwitz, Klaus: Artikel 25 Gesundheit. In: *Kreutz, Marcus/Lachwitz, Klaus/Trenk-Hinterberger, Peter (Hrsg.):* Die UN-Behindertenrechtskonvention in der Praxis. Köln 2013, S. 254–268.

Ludwig, Jasmin: Der europarechtliche Einfluss auf die Entwicklung des nationalen Heilberuferechts. Berlin 2018 (zugleich Kiel, Univ.-Diss., 2018).

Nationaler Krebsplan: Handlungsfeld 4 „Stärkung der Patientenorientierung". Umsetzungsempfehlungen zu Ziel 12a „Kommunikative Kompetenzen im ärztlichen und pflegerischen Beruf". Stand: 15. Dezember 2016.

Stöcker, Gertrud (Hrsg.): Bildung und Pflege. Eine berufspolitische Standortbestimmung. Hannover 2002.

Stöcker, Gertrud: Ausbildung der Pflegeberufe in Deutschland und Berlin. In: *Landenberger, Margarete/Stöcker, Gertrud/Filkins, Jacqueline/de Jong, Anneke/Them, Christa/Selinger, Yvonne/Schön, Peggy (Hrsg.):* Ausbildung der Pflegeberufe in Europa. Hannover 2005, S. 25–70.

Udsching, Peter/Schütze, Bernd (Hrsg.): SGB XI. Soziale Pflegeversicherung. Kommentar. 5. Aufl. München 2018.

Weiß, Thomas: Pflegedokumentation: Was sagt das Berufsrecht? In: Die Schwester Der Pfleger 5/2015, S. 80–83.

Weiß, Thomas: Die berufsrechtlichen Vorschriften zur Pflegedokumentation. In: PKR (Pflege- & Krankenhausrecht) 2/2015, S. 33 ff.

Welti, Felix: Art. 25 und 26 – Gesundheit, Habilitation und Rehabilitation. In: *Welke, Antje (Hrsg.):* UN-Behindertenrechtskonvention mit rechtlichen Erläuterungen. Berlin 2012, S. 127–135.

§ 6   Dauer und Struktur der Ausbildung

(1) [1]Die Ausbildung zur Pflegefachfrau oder zum Pflegefachmann dauert unabhängig vom Zeitpunkt der staatlichen Abschlussprüfung in Vollzeitform drei Jahre, in Teilzeitform höchstens fünf Jahre. [2]Sie besteht aus theoretischem und praktischem Unterricht und einer praktischen Ausbildung; der Anteil der praktischen Ausbildung überwiegt.

(2) [1]Der theoretische und praktische Unterricht wird an staatlichen, staatlich genehmigten oder staatlich anerkannten Pflegeschulen nach § 9 auf der Grundlage eines von der Pflegeschule zu erstellenden schulinternen Curriculums erteilt. [2]Das schulinterne Curriculum wird auf der Grundlage der Empfehlungen des Rahmenlehrplans nach § 53 Absatz 1 und 2 und der Vorgaben der Ausbildungs- und Prüfungsverordnung nach § 56 Absatz 1 und 2 erstellt. [3]Die Länder können unter Beachtung der Vorgaben der Ausbildungs- und Prüfungsverordnung einen verbindlichen Lehrplan als Grundlage für die Erstellung der schulinternen Curricula der Pflegeschulen erlassen.

(3) [1]Die praktische Ausbildung wird in den Einrichtungen nach § 7 auf der Grundlage eines vom Träger der praktischen Ausbildung zu erstellenden Ausbildungsplans durchgeführt. [2]Sie gliedert sich in Pflichteinsätze, einen Vertiefungseinsatz sowie weitere Einsätze. [3]Wesentlicher Bestandteil der praktischen Ausbildung ist die von den Einrichtungen zu gewährleistende Praxisanleitung im Umfang von mindestens 10 Prozent der während eines Einsatzes zu leistenden praktischen Ausbildungszeit. [4]Die Pflegeschule unterstützt die praktische Ausbildung durch die von ihr in angemessenem Umfang zu gewährleistende Praxisbegleitung.

(4) Die Pflegeschule, der Träger der praktischen Ausbildung und die weiteren an der praktischen Ausbildung beteiligten Einrichtungen wirken bei der Ausbildung auf der Grundlage entsprechender Kooperationsverträge zusammen.

(5) Zum Ende des zweiten Ausbildungsdrittels findet eine Zwischenprüfung statt.

Erläuterungen

Übersicht

I. Allgemeines

1. Inhalt der Vorschrift

Die Vorschrift bestimmt die **Dauer und die Struktur** der beruflichen Pflegeaus- 1
bildung. Die **Durchführung der praktischen Ausbildung** ist in § 7 PflBG geregelt.
Die **Träger der praktischen Ausbildung** werden in § 8 PflBG aufgeführt. § 9 PflBG
enthält die **Mindestanforderungen an Pflegeschulen**. § 10 PflBG regelt die **Gesamtverantwortung der Pflegeschulen**.

Die Vorschrift setzt **Art. 31 Abs. 3 und 4 der Richtlinie 2005/36/EG**[1] um. Art. 31 2
Abs. 3 und 4 lauten:

*(3) Die Ausbildung zur Krankenschwester und zum Krankenpfleger für allgemeine
Pflege umfasst insgesamt mindestens drei Jahre (kann zusätzlich in der entsprechenden
Anzahl von ECTS-Punkten ausgedrückt werden) und besteht aus mindestens
4 600 Stunden theoretischer und klinisch-praktischer Ausbildung; die Dauer der
theoretischen Ausbildung muss mindestens ein Drittel und die der klinisch-praktischen
Ausbildung mindestens die Hälfte der Mindestausbildungsdauer betragen. Ist ein Teil
der Ausbildung im Rahmen anderer Ausbildungsgänge von mindestens gleichwertigem
Niveau erworben worden, so können die Mitgliedstaaten den betreffenden Berufsangehörigen für Teilbereiche Befreiungen gewähren.*

*Die Mitgliedstaaten tragen dafür Sorge, dass die mit der Ausbildung der Kranken-
schwestern und Krankenpfleger betrauten Einrichtungen die Verantwortung dafür
übernehmen, dass Theorie und Praxis für das gesamte Ausbildungsprogramm koordiniert werden.*

*(4) Die theoretische Ausbildung ist der Teil der Krankenpflegeausbildung, in dem die
Krankenpflegeschülerinnen und -schüler die in den Absätzen 6 und 7 verlangten
beruflichen Kenntnisse, Fähigkeiten und Kompetenzen erwerben. Die Ausbildung
wird an Universitäten, an Hochschulen mit anerkannt gleichwertigem Niveau oder
Berufsschulen für Krankenpflege oder in Berufsausbildungsgängen für Krankenpflege
von Lehrenden für Krankenpflege und anderen fachkundigen Personen durchgeführt.*

2. Korrespondierende Vorschriften der PflAPrV

In der PflAPrV wird in Teil 1 Abschnitt 1 in den Vorschriften zur Ausbildung und 3
Leistungsbewertung (§§ 1 bis 5 und § 8 PflAPrV) auf § 6 PflBG Bezug genommen:

- § 1 Inhalt und Gliederung der Ausbildung;
- § 2 Theoretischer und praktischer Unterricht;

---

1 Richtlinie 2005/36/EG des Europäischen Parlaments und des Rates v. 7.9.2005 über die
Anerkennung von Berufsqualifikationen, ABl. L 255 v. 30.9.2005, S. 22, zuletzt geändert durch
Delegierten Beschluss (EU) 2017/2113 der Kommission v. 11.9.2017 zur Änderung des Anhangs
V der Richtlinie 2005/36/EG des Europäischen Parlaments und des Rates hinsichtlich von
Ausbildungsnachweisen und den Titeln von Ausbildungsgängen, ABl. L 317 v. 1.12.2017, S. 119.
Diese Richtlinie wird vom Gesetzgeber in verschiedenen Berufsgesetzen umgesetzt, wie es auch
hier mit den entsprechenden Vorschriften im PflBG geschieht. Abdruck der Richtlinie im
Anhang.

- § 3 Praktische Ausbildung;
- § 4 Praxisanleitung;
- § 5 Praxisbegleitung;
- § 7 Zwischenprüfung;
- § 8 Kooperationsverträge.

II. Erläuterungen

1. Abs. 1: Ausbildungsdauer

4   Die **reguläre Ausbildungsdauer in Vollzeitform** beträgt drei Jahre. Dies gilt unabhängig vom Zeitpunkt der staatlichen Abschlussprüfung. Das Ausbildungsverhältnis erstreckt sich somit in Vollzeitform auch dann über drei Jahre, wenn die staatliche Prüfung aus organisatorischen Gründen früher abgelegt wird. Eine entsprechende Regelung wurde bereits nach der bisherigen Rechtslage im Altenpflegegesetz und im Krankenpflegegesetz aus rechtlichen und sozialen Gründen für erforderlich erachtet, um klarzustellen, dass das Ausbildungsverhältnis tatsächlich bis zum Ende der gesetzlich vorgeschriebenen Ausbildungszeit andauert (Gesetzesbegründung BT-Drs. 18/7823, S. 68).

5   Die **Ausbildung in Teilzeitform** mit einer Höchstdauer von fünf Jahren dient der besseren Vereinbarkeit von Beruf und Familie. Eine Beschränkung der Höchstdauer der Teilzeitausbildung ist erforderlich, weil sowohl die Auszubildenden als auch die Schule und der Träger der praktischen Ausbildung zu Beginn der Ausbildung eine zeitliche Perspektive für den Abschluss der Ausbildung benötigen. Der Zeitraum von fünf Jahren ist dabei angemessen; im Rahmen einer beruflichen Erstausbildung ist es zumutbar, wenn die Hälfte der regulären Arbeitszeit auf die Ausbildung entfällt (Gesetzesbegründung BT-Drs. 18/7823, S. 68). Bei der Ausbildung in Teilzeitform ist darauf zu achten, dass sie an die gleichen rechtlichen Voraussetzungen gebunden ist wie die dreijährige Ausbildung. Dazu gehört insbesondere die Zahlung einer Ausbildungsvergütung, die für die gesamte Dauer der Ausbildung zu entrichten ist (vgl. § 19 Abs. 1 Satz 1 PflBG). Ausbildungen in Teilzeitform genießen hinsichtlich der Einhaltung der Voraussetzungen der Ausbildungen keinen Sonderstatus. Bei der Ausbildung in Teilzeitform gilt die **Mindeststundenzahl** nach § 1 Abs. 2 PflAPrV (§ 1 Abs. 5 Satz 1 PflAPrV). Die **Fehlzeitenregelung nach** § 13 Abs. 1 Nr. 2 PflBG gilt entsprechend (§ 1 Abs. 5 Satz 2 PflAPrV). Ansonsten haben Gesetz- und Verordnungsgeber keine weiteren Regelungen zur Ausbildung in Teilzeitform vorgesehen, sodass die Länder hier in dem vorgegebenen Rahmen Gestaltungsfreiheit haben.

6   Die Ausbildung gliedert sich in **theoretischen und praktischen Unterricht** und eine **praktische Ausbildung.** Unter theoretischer Ausbildung i. S. d. Art. 31 Abs. 3 Richtlinie wird im PflBG wie schon bisher im KrPflG der theoretische und praktische Unterricht, unter klinisch-praktischer Ausbildung die praktische Ausbildung verstanden. In Art. 31 Abs. 3 der Richtlinie 2005/36/EG wird von der theoretischen Ausbildung mit einer Dauer von mindestens einem Drittel der 4.600 Stunden und von der klinisch-praktischen Ausbildung mindestens mit der

Hälfe der Mindestausbildungsdauer gesprochen. In der PflAPrV werden für den theoretischen und praktischen Unterricht mindestens 2.100 Stunden und für die praktische Ausbildung mindestens 2.500 Stunden festgelegt (§ 1 Abs. 2 PflAPrV).

2. Abs. 2: Theoretischer und praktischer Unterricht

Der theoretische und praktische Unterricht hat einen Umfang von 2.100 Stunden 7
(§ 1 Abs. 2 Nr. 1 PflAPrV) Er findet an einer **Pflegeschule** statt. Zu den Inhalten des Unterrichts s. § 2 Abs. 1 und 2 PflAPrV. Pflegeschulen sind entweder staatliche Schulen oder bedürfen der staatlichen Anerkennung bzw. Genehmigung und müssen den Mindestanforderungen nach § 9 PflBG genügen (**Abs. 2 Satz 1**) (s. § 65 PflBG zur Weitergeltung der staatlichen Anerkennung von Schulen). Das Schulrecht und die Anerkennung bzw. die Genehmigung von Schulen sind landesrechtlich geregelt. **Staatliche Schulen** sind Schulen in öffentlich-rechtlicher Trägerschaft. Da kein staatliches Schulmonopol existiert, sind auch Schulen in privater Trägerschaft zuzulassen, die der Genehmigung des Staates bedürfen (private Ersatzschulen) (Art. 7 Abs. 4 GG). Landesrechtlich wird zwischen staatlich genehmigten und staatlich anerkannten Schulen unterschieden, die beide als Ersatzschulen bezeichnet werden. Letztere haben das Recht, Prüfungen abzuhalten und Abschlüsse und Zeugnisse zu verteilen. S. zu den Schulen des Gesundheitswesens auch die Definition der Ausbildungsstätten in § 2 Nr. 1a KHG.

Alle Pflegeschulen in öffentlicher wie in privater Trägerschaft haben die **Min-** 8
destvoraussetzungen nach § 9 PflBG zu erfüllen. In der Gesetzesbegründung (BT-Drs. 18/12847, S. 102) wird die spezielle Situation von Schulen in privater Trägerschaft angesprochen: Bevor Pflegeschulen staatlich anerkannt werden, durchlaufen sie ein **Genehmigungsverfahren**, während dessen geprüft wird, ob die Voraussetzungen für eine staatliche Anerkennung gegeben sind. Um eine staatliche Genehmigung zu erhalten, müssen die Pflegeschulen ebenfalls die Voraussetzungen nach § 9 PflBG erfüllen. Ob die Ausbildung jedoch auch tatsächlich dem geforderten Standard entspricht, zeigt sich erst bei der praktischen Durchführung. Es muss daher auch staatlich genehmigten Pflegeschulen erlaubt sein, theoretischen und praktischen Unterricht zu erteilen. Die Regelungen des § 6 Abs. 2 PflBG müssen aus diesem Grund auch für staatlich genehmigte Pflegeschulen gelten.

Der theoretische und praktische Unterricht wird auf Grundlage eines von der Pfle- 9
geschule zu erstellenden **schulinternen Curriculums** durchgeführt (**Abs. 2 Satz 1**) (s. § 2 Abs. 3 PflAPrV). Die Curricula an den Pflegeschulen werden auf der Grundlage des von der Fachkommission bereitgestellten bundesweiten **Rahmenlehrplans** (§ 51 PflAPrV) und der Vorgaben der **Ausbildungs- und Prüfungsverordnung** erstellt (**Abs. 2 Satz 2**). Die Länder können unter Beachtung der Vorgaben der Ausbildungs- und Prüfungsordnung einen **verbindlichen Lehrplan** erstellen (**Abs. 2 Satz 3**). Zu den Curriculumeinheiten s. § 51 Abs. 2 Satz 1 PflAPrV.

3. Abs. 3: Gliederung der praktischen Ausbildung

10   Die praktische Ausbildung hat einen Umfang von 2.500 Stunden (§ 1 Abs. 2 Nr. 2 PflAPrV). Sie wird auf der Grundlage eines **Ausbildungsplans** durchgeführt, den der Träger der praktischen Ausbildung (§ 8 PflBG) erstellt **(Abs. 3 Satz 1)**. Die Auszubildenden leisten im Rahmen der praktischen Ausbildung Pflichteinsätze in den allgemeinen und speziellen Bereichen der Pflege, einen Vertiefungseinsatz sowie weitere Einsätze in den Einrichtungen nach § 7 PflBG **(Abs. 3 Satz 2)**. Zum Inhalt und zum Ablauf der praktischen Ausbildung s. § 3 PflAPrV.

11   In Abs. 3 Satz 1 wird, anders als in Abs. 2 Satz 2 für den theoretischen und praktischen Unterricht, wo auf den **Rahmenlehrplan der Fachkommission** hingewiesen wird, nicht auf den **Rahmenausbildungsplan** Bezug genommen (vgl. § 53 PflBG; s. zu den Rahmenplänen auch § 51 PflAPrV). Auch im weiteren Zusammenhang der praktischen Ausbildung geschieht dies nicht. Damit stellt sich die Frage, ob und in welcher Weise schon auf der Ebene der äußeren Vorgaben für den Ausbildungsplan weitere allgemeine Elemente einfließen, wie es bei den Rahmenlehrplänen für den theoretischen und praktischen Unterricht der Fall ist (vgl. Abs. 2). Da in § 51 Abs. 3 PflAPrV allgemein von der empfehlenden Wirkung der Rahmenpläne gesprochen wird, ist davon auszugehen, dass sich der Ausbildungsplan am Rahmenplan orientiert. Zu den Curriculumeinheiten s. § 51 Abs. 2 Satz 1 PflAPrV.

12   Die **Praxisanleitung (Abs. 3 Satz 3)** ist wesentlicher Bestandteil der praktischen Ausbildung. In der Gesetzesbegründung (BT-Drs. 18/7823, S. 68) wird zur Praxisanleitung **(Abs. 3 Satz 3)** ausgeführt:

„Wesentliche Bestandteile der praktischen Ausbildung und damit Garanten einer qualitätsvollen Ausbildung sind die Praxisanleitung in den Einrichtungen und die Praxisbegleitung durch die Pflegeschule. Die Auszubildenden werden durch Beschäftigte in den Einrichtungen, die die Funktion als Praxisanleiterinnen und Praxisanleiter übernehmen, vor Ort in die pflegerischen Aufgaben und Tätigkeiten schrittweise anhand des Ausbildungsplans eingewiesen und angeleitet. Der Praxisanleitung kommt damit eine wesentliche Rolle beim Erwerb der nach diesem Gesetz beschriebenen Kompetenzen zu und unterstreicht den Ausbildungscharakter der praktischen Ausbildungseinheiten. Mit der Reform der Pflegeberufe wird eine Aufwertung der Praxisanleitung angestrebt. Es ist gesetzlich vorgegeben, dass die Praxisanleitung mindestens zehn Prozent der auf den jeweiligen Einsatz entfallenden praktischen Ausbildungszeit umfasst.“

S. das Nähere zur Praxisanleitung in § 4 PflAPrV.

13   Die **Praxisbegleitung (Abs. 3 Satz 4)** dient dazu, die praktische Ausbildung zu unterstützen. In der Gesetzesbegründung (BT-Drs. 18/7823, S. 68) wird zur Praxisbegleitung **(Abs. 3 Satz 4)** ausgeführt:

„Die Pflegeschule unterstützt die praktische Ausbildung durch die von ihr zu gewährleistende Praxisbegleitung vor Ort in angemessenem Umfang. Näheres, insbesondere auch zur Qualifizierung der Praxisanleiterinnen und Praxisanleiter wird in der

Ausbildungs- und Prüfungsverordnung nach § 56 geregelt. Die Praxisanleitung in den Einrichtungen sowie die Praxisbegleitung durch die Pflegeschulen sind Teil der Pflegeausbildungskosten nach § 27."

S. das Nähere zur Praxisbegleitung in § 5 PflAPrV.

4. Abs. 4: Kooperationsverträge

Die Pflegeschule hat nach § 10 PflBG die Gesamtverantwortung für die Koordination 14
des Unterrichts mit der praktischen Ausbildung. Eines der rechtlichen Instrumente, dieser Gesamtverantwortung Rechnung zu tragen, sind die Kooperationsverträge mit den Trägern der praktischen Ausbildung und den weiteren an der praktischen Ausbildung beteiligten Einrichtungen. Kooperationsverträge werden in den Fällen des § 8 Abs. 2 bis 4 PflBG geschlossen (vgl. § 9 Satz 1 PflAPrV). In der Gesetzesbegründung (BT-Drs. 18/7823, S. 68) wird hierzu ausgeführt:

„Die generalistische Pflegeausbildung erfordert eine enge Zusammenarbeit der Pflegeschule, des Trägers der praktischen Ausbildung sowie den weiteren an der Ausbildung beteiligten Einrichtungen. Um diese Zusammenarbeit abzusichern und erfolgreich zu gestalten, schließen die Beteiligten entsprechende Kooperationsverträge. Zwischen der Pflegeschule, insbesondere den für die Praxisbegleitung zuständigen Lehrkräften, dem Träger der praktischen Ausbildung sowie den an der praktischen Ausbildung beteiligten Einrichtungen und den Praxisanleiterinnen und Praxisanleitern sollte auf Grundlage der Kooperationsverträge ein regelmäßiger Austausch erfolgen, damit eine Ausbildung auf hohem Niveau gewährleistet ist."

S. das Nähere zu den Kooperationsverträgen in § 8 PflAPrV und die → Erl. zu dieser Vorschrift.

5. Abs. 5: Zwischenprüfung

In der Gesetzesbegründung (BT-Drs. 18/12847, S. 102) wird hierzu ausgeführt: 15

„Nach zwei Dritteln der generalistischen Ausbildung, die in Vollzeit drei Jahre, in Teilzeit bis zu fünf Jahre dauert, wird in Anlehnung an berufsschulische Ausbildungen eine nicht-staatliche Zwischenprüfung zur Ermittlung des Ausbildungsstandes eingeführt. Den Ländern wird dadurch unter Beachtung der grundgesetzlichen Kompetenzregelungen die Möglichkeit eröffnet, die mit der Zwischenprüfung festgestellten Kompetenzen im Rahmen einer Pflegeassistenz- oder -helferausbildung anzuerkennen. Ein Bestehen der Prüfung ist nicht Voraussetzung für die Fortführung der Ausbildung nach dem Pflegeberufegesetz. Allgemein ist sicherzustellen, dass das Niveau der Pflegeausbildung mit dem Niveau des Schulabschlusses korrespondiert, der den Zugang zur Ausbildung eröffnet."

Die Zwischenprüfung ist demnach als schulische Prüfung zu gestalten (vgl. § 48 Abs. 1 BBiG).

Die **Zwischenprüfung** stellt keinen **formellen Bildungszwischenabschluss** dar, 16
sondern soll der/dem Auszubildenden eine Unterstützung in einer persönlichen

Entscheidungssituation bieten. Dies gilt insbesondere für die Entscheidung für die Weiterführung oder den Abbruch der generalistischen Ausbildung. S. das Nähere zur Zwischenprüfung in § 7 PflAPrV.

§ 7 Durchführung der praktischen Ausbildung

(1) Die Pflichteinsätze in der allgemeinen Akutpflege in stationären Einrichtungen, der allgemeinen Langzeitpflege in stationären Einrichtungen und der allgemeinen ambulanten Akut- und Langzeitpflege werden in folgenden Einrichtungen durchgeführt:

1. zur Versorgung nach § 108 des Fünften Buches Sozialgesetzbuch zugelassenen Krankenhäusern,
2. zur Versorgung nach § 71 Absatz 2 und § 72 Absatz 1 des Elften Buches Sozialgesetzbuch zugelassenen stationären Pflegeeinrichtungen,
3. zur Versorgung nach § 71 Absatz 1 und § 72 Absatz 1 des Elften Buches Sozialgesetzbuch und nach § 37 des Fünften Buches Sozialgesetzbuch zugelassenen ambulanten Pflegeeinrichtungen.

(2) Die Pflichteinsätze in den speziellen Bereichen der pädiatrischen Versorgung und der allgemein-, geronto-, kinder- oder jugendpsychiatrischen Versorgung sowie weitere Einsätze können auch in anderen, zur Vermittlung der Ausbildungsinhalte geeigneten Einrichtungen durchgeführt werden.

(3) Die Pflichteinsätze nach Absatz 1 sowie der Pflichteinsatz in der pädiatrischen Versorgung nach Absatz 2 sollen vor der Zwischenprüfung nach § 6 Absatz 5 durchgeführt werden.

(4) [1]Der Vertiefungseinsatz soll beim Träger der praktischen Ausbildung in einem der Bereiche, in denen bereits ein Pflichteinsatz stattgefunden hat, durchgeführt werden. [2]Der Vertiefungseinsatz im Bereich des Pflichteinsatzes nach Absatz 1 Nummer 3 kann auf den Bereich der ambulanten Langzeitpflege ausgerichtet werden. [3]Insgesamt soll der überwiegende Teil der praktischen Ausbildung beim Träger der praktischen Ausbildung stattfinden. [4]Das Nähere regelt die Ausbildungs- und Prüfungsverordnung nach § 56 Absatz 1.

(5) [1]Die Geeignetheit von Einrichtungen nach den Absätzen 1 und 2 zur Durchführung von Teilen der praktischen Ausbildung bestimmt sich nach den jeweiligen landesrechtlichen Regelungen, wobei ein angemessenes Verhältnis von Auszubildenden zu Pflegefachkräften gewährleistet sein muss. [2]Die zuständige Landesbehörde kann im Falle von Rechtsverstößen einer Einrichtung die Durchführung der Ausbildung untersagen.

(6) Die Länder können durch Landesrecht bestimmen, dass eine Ombudsstelle zur Beilegung von Streitigkeiten zwischen der oder dem Auszubildenden und dem Träger der praktischen Ausbildung bei der zuständigen Stelle nach § 26 Absatz 4 eingerichtet wird.

Erläuterungen

Übersicht

I. Allgemeines

1. Regelungsinhalt

1   Die Vorschrift ist an der **generalistischen Ausbildung** ausgerichtet. Für die praktische Ausbildung sind Einsätze in verschiedenen Einrichtungen notwendig. Dieser generalistische Ansatz ist auch in der verabschiedeten Gesetzesfassung beibehalten worden. Für die **gesonderte** Pflegeausbildung wird in §§ 60 Abs. 2, 61 Abs. 2 PflBG festgelegt, welche Einrichtungen jeweils in Betracht kommen.

2   Es werden **Pflicht- und Vertiefungseinsätze** unterschieden. Diese Unterscheidung wird bisher in der Alten- und Krankenpflegeausbildung nicht angebracht.

2. Korrespondierende Vorschriften der PflAPrV

3   In § 1 Abs. 1 Satz 1 PflAPrV wird von allgemeinen und speziellen Versorgungsbereichen gesprochen. Damit wird auf die in § 7 Abs. 1 PflBG erwähnten allgemeinen und die in § 7 Abs. 2 PflBG erwähnten speziellen Versorgungsbereiche abgestellt. Die zentrale Vorschrift zur Durchführung der praktischen Ausbildung findet sich in § 3 PflAPrV. Weiter sind hierzu die Vorschriften zur Praxisanleitung (§ 4 PflAPrV) und zur Praxisbegleitung (§ 5 PflAPrV) zu rechnen. In den Jahreszeugnissen sind auch die in der praktischen Ausbildung erbrachten Leistungen durch eine Note auszuweisen (§ 6 Abs. 1 PflAPrV). Auch die Zwischenprüfung erstreckt sich auf die in der praktischen Ausbildung erworbenen Kompetenzen (§ 7 PflAPrV). In Kooperationsverträgen wird die Zusammenarbeit zwischen der Pflegeschule, dem Träger der praktischen Ausbildung und weiteren an der Ausbildung beteiligten Einrichtungen vereinbart (§ 9 PflAPrV). In der Erlaubnisurkunde wird Hinweis auf den durchgeführten Vertiefungseinsatz nach dem Muster der Anlage 14 gegeben (§ 42 Satz 2 PflAPrV).

4   In der PflAPrV wird neben den im PflBG erwähnten Pflicht- und Vertiefungseinsätzen auch von **Orientierungseinsätzen** (§ 3 Abs. 2 Satz 2, Abs. 3 Satz 1 PflAPrV) und **„weiteren Einsätzen"** (§ 3 Abs. 3 Satz 3 PflAPrV) gesprochen. S. dazu die → Erl. zu § 3 PflAPrV, Rn. 3 ff. Zur **Stundenverteilung** s. Anlage 7 zur PflAPrV.

II. Erläuterungen

1. Abs. 1: Pflichteinsatz in den allgemeinen Versorgungsbereichen

In der Gesetzesbegründung (BT-Drs. 18/7823, S. 69) wird zu dieser Vorschrift ausgeführt: 5

„Absatz 1 sieht vor, dass Pflichteinsätze im Rahmen der praktischen Ausbildung in der allgemeinen Akutpflege in stationären Einrichtungen, der allgemeinen Langzeitpflege in stationären Einrichtungen und der allgemeinen ambulanten Akut- und Langzeit-pflege geleistet werden und regelt die Einrichtungen, in denen diese Pflichteinsätze durchgeführt werden können. Dies sind zugleich die Einrichtungen, die auch die Trägerschaft der praktischen Ausbildung nach § 8 übernehmen können und mit dem oder der Auszubildenden den Ausbildungsvertrag nach § 16 schließen sowie den Ausbildungsplan zur Durchführung der praktischen Ausbildung entwickeln. Die Definition nach Nummer 1 umfasst auch psychiatrische Krankenhäuser, wenn die Ausbildungsinhalte der allgemeinen Akutpflege vermittelt werden können. Gerade weil diese Einrichtungen die für die Ausbildung wichtige Funktion des Trägers der prakti-schen Ausbildung nach § 8 übernehmen können, wird unter Qualitätsaspekten Wert darauf gelegt, dass gesetzlich vorgegebene Kriterien erfüllt sind. Dies wird durch die Bezugnahme auf die genannten Vorschriften im Fünften Buch Sozialgesetzbuch und im Elften Buch Sozialgesetzbuch erreicht. Einrichtungen, die diese Kriterien nicht erfüllen, können über die Regelung in Absatz 2 in die Ausbildung einbezogen werden, sofern die dort genannten Voraussetzungen erfüllt sind.

Die Ausbildung soll dabei mit einem längeren Pflichteinsatz beim Träger der prakti-schen Ausbildung beginnen, um in der Einstiegsphase der Ausbildung für die oder den Auszubildenden einen festen Rahmen anbieten zu können."

S. zum Inhalt der praktischen Ausbildung § 3 Abs. 1 PflAPrV, zu den Orten der Ausbildung § 3 Abs. 2 PflAPrV und zur zeitlichen Abfolge § 3 Abs. 3 PflAPrV.

2. Abs. 2: Pflichteinsatz in den speziellen Versorgungsbereichen

In der Gesetzesbegründung (BT-Drs. 18/7823, S. 69) wird zu dieser Vorschrift ausgeführt: 6

„Die Auszubildenden müssen darüber hinaus nach Absatz 2 Pflichteinsätze in den speziellen Bereichen der pädiatrischen Versorgung und der allgemeinen, geronto-, kinder- oder jugendpsychiatrischen Versorgung leisten. Diese können in den in Absatz 1 aufgeführten Einrichtungen oder aber in anderen Einrichtungen (z. B. Kinderarzt-praxis) durchgeführt werden, soweit diese zur Vermittlung der Ausbildungsinhalte geeignet sind.

Die weiteren Einsätze können ebenfalls in den Einrichtungen nach Absatz 1 oder anderen geeigneten Einrichtungen durchgeführt werden. Sie dienen dazu, Bereiche der Pflege kennenzulernen, die in den Pflichteinsätzen nicht im Fokus stehen. So können diese beispielsweise im Bereich Sterbebegleitung, Palliation, Rehabilitation oder Pfle-geberatung absolviert werden."

3. Abs. 3: Pflichteinsätze vor der Zwischenprüfung

7   Die Vorschrift legt die **zeitliche Anordnung der Pflichteinsätze** nach Abs. 1 und des Pflichteinsatzes in der pädiatrischen Versorgung fest. Diese sollen **vor der Zwischenprüfung** nach § 6 Abs. 5 PflBG stattfinden. S. dazu Anlage 7 der PflAPrV (Stundenverteilung im Rahmen der praktischen Ausbildung der beruflichen Pflegeausbildung, Ziff. II. und III.).

4. Abs. 4: Vertiefungseinsatz

8   In der Gesetzesbegründung (BT-Drs. 18/7823, S. 69) wird zu dieser Vorschrift ausgeführt:

„Der Vertiefungseinsatz soll in der Regel wieder beim Träger der praktischen Ausbildung stattfinden. Er soll in einem der Bereiche geleistet werden, in dem der oder die Auszubildende bereits einen Pflichteinsatz geleistet hat. Insgesamt soll der überwiegende Teil der praktischen Ausbildung beim Träger der praktischen Ausbildung stattfinden. Hierdurch wird ermöglicht, dass eine enge Bindung zwischen dem Träger der praktischen Ausbildung, der die Durchführung der praktischen Ausbildung insgesamt verantwortet und dem oder der Auszubildenden entstehen kann. Damit wird der Übergang in die Berufstätigkeit und das Interesse der Träger an der Ausbildung unterstützt. Vor dem Hintergrund einer breit angelegten generalistischen Ausbildung kann von dieser Soll-Vorgabe abgewichen werden. So können der Träger der praktischen Ausbildung und die oder der Auszubildende beispielsweise festlegen, dass der Vertiefungseinsatz in einer anderen Einrichtung als beim Träger der praktischen Ausbildung geleistet werden soll."

In der Gesetzesbegründung (BT-Drs. 18/12874, S. 102 f.) wird zu der im Gesetzgebungsverfahren eingefügten Vorschrift des Abs. 4 Satz 2 ausgeführt:

„Für den Vertiefungseinsatz in der ambulanten Pflege wird nunmehr geregelt, dass der Träger der praktischen Ausbildung und die oder der Auszubildende eine Ausrichtung auf den Bereich der Langzeitpflege vereinbaren können. Damit wird zugleich die Grundlage dafür geschaffen, dass auch Auszubildende mit einem Ausbildungsvertrag bei einem ambulanten Pflegedienst wählen können, im letzten Ausbildungsdrittel nicht die bisherige, generalistische Ausbildung fortzusetzen, sondern nach Maßgabe des neuen Teils 5 dieses Gesetzes eine Ausbildung zur Altenpflegerin oder zum Altenpfleger durchzuführen."

Das Muster für den Hinweis auf den durchgeführten Vertiefungseinsatz in der Erlaubnisurkunde findet sich in Anlage 14 der PflAPrV (§ 42 Satz 2 PflAPrV).

5. Abs. 5: Geeignetheit von Einrichtungen

9   Ob eine Einrichtung grundsätzlich zur Durchführung von Teilen der praktischen Ausbildung geeignet ist, bestimmt sich nach Landesrecht. Bundesrechtlich ist in Abs. 5 vorgegeben, dass eine Einrichtung nur dann zur Vermittlung von Ausbildungsinhalten im Rahmen der praktischen Ausbildung geeignet ist, wenn ein **angemessenes Verhältnis von Auszubildenden zu Pflegefachkräften** gewährleistet

ist. Die zuständige Landesbehörde kann im Falle von Rechtsverstößen einer Einrichtung die Durchführung untersagen (s. Gesetzesbegründung BT-Drs. 18/7823, S. 69).

§ 3 Abs. 4 PflAPrV gibt eine **Möglichkeit**, die **Pflegefachkräfte durch geeignete** 10 **Fachkräfte zu ersetzen**, sofern in der Einrichtung keine Pflegefachkräfte tätig sind. S. hierzu → Erl. zu § 3 PflAPrV, Rn. 5 f.

6. Abs. 6: Ombudsstelle

Die Einrichtung einer Ombudsstelle soll dazu dienen, um Streitigkeiten zwischen der 11 oder dem Auszubildenden und dem Träger der praktischen Ausbildung einer einvernehmlichen Lösung zuzuführen. Bei Rechtsverstößen bleibt es der zuständigen Landesbehörde unbenommen, ein Ordnungswidrigkeitsverfahren einzuleiten oder einer Einrichtung die Durchführung der Ausbildung gänzlich zu untersagen (vgl. § 7 Abs. 5 Satz 2 PflBG) (s. Gesetzesbegründung BT-Drs. 18/12874, S. 102).

Die Ombudsstelle wird bei der **zuständigen Stelle** nach § 26 Abs. 4 PflBG einge- 12 richtet. Es handelt sich hierbei um diejenige Stelle, die im Zusammenhang mit der Finanzierung der beruflichen Ausbildung vom Land bestimmt wird (§ 26 Abs. 6 Satz 1 PflBG), wobei die Bestimmung auch länderübergreifend stattfinden kann (§ 26 Abs. 7 PflBG).

§ 8   Träger der praktischen Ausbildung

(1) [1]Der Träger der praktischen Ausbildung trägt die Verantwortung für die Durchführung der praktischen Ausbildung einschließlich ihrer Organisation. [2]Er schließt mit der oder dem Auszubildenden einen Ausbildungsvertrag.

(2) Träger der praktischen Ausbildung können ausschließlich Einrichtungen nach § 7 Absatz 1 sein,

1. die eine Pflegeschule selbst betreiben oder
2. die mit mindestens einer Pflegeschule einen Vertrag über die Durchführung des theoretischen und praktischen Unterrichts geschlossen haben.

(3) Der Träger der praktischen Ausbildung hat über Vereinbarungen mit den weiteren an der praktischen Ausbildung beteiligten Einrichtungen zu gewährleisten, dass

1. die vorgeschriebenen Einsätze der praktischen Ausbildung in den weiteren an der praktischen Ausbildung beteiligten Einrichtungen durchgeführt werden können und
2. die Ausbildung auf der Grundlage eines Ausbildungsplans zeitlich und sachlich gegliedert so durchgeführt werden kann, dass das Ausbildungsziel in der vorgesehenen Zeit erreicht werden kann.

(4) [1]Die Aufgaben des Trägers der praktischen Ausbildung nach Absatz 3 können von einer Pflegeschule wahrgenommen werden, wenn Trägeridentität besteht oder soweit der Träger der praktischen Ausbildung die Wahrnehmung der Aufgaben durch Vereinbarung auf die Pflegeschule übertragen hat. [2]Die Pflegeschule kann in diesem Rahmen auch zum Abschluss des Ausbildungsvertrages für den Träger der praktischen Ausbildung bevollmächtigt werden.

(5) [1]Auszubildende sind für die gesamte Dauer der Ausbildung Arbeitnehmer im Sinne von § 5 des Betriebsverfassungsgesetzes oder von § 4 des Bundespersonalvertretungsgesetzes des Trägers der praktischen Ausbildung. [2]Träger der praktischen Ausbildung bleibt auch in den Fällen des Absatzes 4 die Einrichtung nach den Absätzen 1 und 2.

Erläuterungen

Übersicht

I. Allgemeines

1. Regelungsinhalt

Im AltPflG und KrPflG und in den dazugehörigen Ausbildungs- und Prüfungsver- 1
ordnungen finden sich keine die Träger der praktischen Ausbildung betreffenden
Vorschriften in der zusammengefassten Form, wie es in § 8 PflBG der Fall ist. **Abs. 1
Satz 1** regelt die **Verantwortung** für die Durchführung der praktischen Ausbildung.
Abs. 1 Satz 2 verpflichtet den Träger der praktischen Ausbildung zum Abschluss
eines **Ausbildungsvertrages** mit dem Auszubildenden. **Abs. 2** bestimmt die **Ausbildungsträger.** In **Abs. 3** wird die Verpflichtung der Träger der praktischen Ausbildung bestimmt, Vereinbarungen mit anderen an der praktischen Ausbildung
beteiligten Einrichtungen zu schließen. **Abs. 4** gibt die Möglichkeit der Wahrnehmung der **praktischen Ausbildung durch Pflegeschulen**, wobei in **Abs. 5 Satz 2**
darauf hingewiesen wird, dass Träger der praktischen Ausbildung die Einrichtung
nach Abs. 1 und 2 bleibt. **Abs. 5 Satz 1** bestimmt den **Status der Auszubildenden als
Arbeitnehmer** im Sinne des Betriebsverfassungsgesetzes und des Bundespersonalvertretungsgesetzes. Diese Vorschrift gehört systematisch zu Teil 2 Abschnitt 2
PflBG, da sie am Ausbildungsverhältnis anknüpft.

2. Korrespondierende Vorschriften der PflAPrV

In der PflAPrV finden sich insbesondere in den Vorschriften zur praktischen 2
Ausbildung (§ 3 PflAPrV) und zur Praxisanleitung (§ 4 PflAPrV) Regelungen, die
auch die Träger der praktischen Ausbildung betreffen. Ebenso ist auf die Kooperationsverträge hinzuweisen, die für die Beteiligten nach § 6 Abs. 4 PflBG in den
Fällen des § 8 Abs. 2 bis 4 PflBG einschlägig sind (§ 8 PflAPrV).

II. Erläuterungen

1. Abs. 1: Verantwortung des Trägers der praktischen Ausbildung

Die Trägerschaft der praktischen Ausbildung durch einen Ausbildungsbetrieb, der 3
mit dem Auszubildenden einen Ausbildungsvertrag schließt, ist wesentliches Merk-
mal einer dualen Berufsausbildung. Hierdurch wird die Ausbildungsverantwortung
des Ausbildungsbetriebs gestärkt, aber auch die Identifikation und Zugehörigkeit der
Auszubildenden mit der jeweiligen Einrichtung gefördert (Gesetzesbegründung, BT-
Drs. 18/7823, S. 69). Obwohl zur Durchführung der praktischen Ausbildung selbstverständlich auch die Organisation der verschiedenen Praxiseinsätze gehört, ist die
Verpflichtung hierfür im Gesetz noch einmal besonders unterstrichen worden
(Gesetzesbegründung, BT-Drs. 18/12847, S. 103).

2. Abs. 2: Träger der praktischen Ausbildung

Träger der praktischen Ausbildung können nur die in § 7 Abs. 1 Nr. 1 bis 3 PflBG 4
genannten Einrichtungen sein, die eine Pflegeschule selbst betreiben oder die mit
mindestens einer Pflegeschule einen Vertrag über die Durchführung des theoretischen und praktischen Unterrichts geschlossen haben. Dies ist erforderlich, um die
Verknüpfung der theoretischen mit der praktischen Ausbildung sicherzustellen
(Gesetzesbegründung, BT-Drs. 18/7823, S. 69 f.). Die Pflegeschulen müssen die

Mindestanforderungen nach § 9 PflBG erfüllen. Sie tragen die Gesamtverantwortung für die Koordination des Unterrichts mit der praktischen Ausbildung (§ 10 PflBG).

3. Abs. 3: Gewährleistungspflichten des Trägers

5 In der Gesetzesbegründung (BT-Drs. 18/7823, S. 70) wird hierzu ausgeführt:

„Der Träger der praktischen Ausbildung trägt die Verantwortung für die Durchführung der praktischen Ausbildung einschließlich deren Organisation und Koordination bei mehreren an der praktischen Ausbildung beteiligten Einrichtungen.

Er erstellt einen Ausbildungsplan, auf dessen Grundlage die praktische Ausbildung erfolgt. Der Ausbildungsplan muss zeitlich und sachlich so gegliedert sein, dass das Ausbildungsziel in der Ausbildungszeit erreicht werden kann. Der Ausbildungsplan muss nach § 10 Absatz 1 Satz 3 den Anforderungen des Lehrplans der Pflegeschule entsprechen. Können, was auch bei größeren Trägern ganz regelmäßig der Fall sein wird, nicht alle vorgegebenen Einsätze der praktischen Ausbildung beim Träger der praktischen Ausbildung durchgeführt werden, sind weitere Einrichtungen, die den Anforderungen nach § 7 genügen, an der praktischen Ausbildung zu beteiligen. Der Träger der praktischen Ausbildung schließt dann mit den weiteren Einrichtungen Vereinbarungen, um die Durchführung auf der Grundlage des Ausbildungsplans zu gewährleisten. Hierzu gehört auch die Sicherstellung der Praxisanleitung in den Einrichtungen. Verfestigen sich diese Kooperationen zu dauerhaften Ausbildungsverbünden, wird die Organisation der Ausbildung in der Praxis stark vereinfacht."

Zu den **Kooperationsverträgen** s. § 8 PflAPrV.

4. Abs. 4: Anderweitige Aufgabenwahrnehmung

6 In der Gesetzesbegründung (BT-Drs. 18/7823, S. 70) wird hierzu ausgeführt:

„Wenn zwischen dem Träger der praktischen Ausbildung und einer Pflegeschule Trägeridentität besteht, kann unproblematisch die dann nur organisatorisch verselbständigte Pflegeschule die Aufgaben des Trägers der praktischen Ausbildung übernehmen. Besteht keine Trägeridentität, kann der Träger der praktischen Ausbildung durch Vereinbarung auch die Wahrnehmung von Aufgaben an die Pflegeschule übertragen. Eine solche Gestaltung kann gerade kleineren Ausbildungsbetrieben die Übernahme der Rolle des Trägers der praktischen Ausbildung erleichtern. In diesem Rahmen kann der Ausbildungsbetrieb die Pflegeschule zum Abschluss des Ausbildungsvertrages bevollmächtigen, so dass die formale Anmeldung zur Ausbildung in einem Schritt erfolgen kann.

Die über den Ausbildungsvertrag definierte Stellung eines Ausbildungsbetriebs als Träger der praktischen Ausbildung bleibt davon jedoch sowohl im Falle der Ausbildungsverbünde wie auch der Aufgabenübertragung auf eine Pflegeschule unberührt. Damit ist zugleich die betriebliche Zuordnung einschließlich der betrieblichen Mitbestimmungsrechte der oder des Auszubildenden zum Ausbildungsbetrieb sichergestellt."

Zu den **Kooperationsverträgen** s. § 8 PflAPrV.

5. Abs. 5: Auszubildende als Arbeitnehmer

Die Vorschrift stellt klar, dass die Auszubildenden unabhängig von der Ausgestaltung des Verhältnisses zwischen dem Träger der praktischen Ausbildung, den weiteren an der Ausbildung beteiligten Einrichtungen und der Pflegeschule ihre sich auf die Ausbildung beziehenden Rechte immer bei der Einrichtung ausüben können, bei der auch der überwiegende Teil der praktischen Ausbildung stattfinden soll, nämlich dem Träger der praktischen Ausbildung (Gesetzesbegründung, BT-Drs. 18/12847, S. 103).

7

§ 9   Mindestanforderungen an Pflegeschulen

(1) Pflegeschulen müssen folgende Mindestanforderungen erfüllen:

1. hauptberufliche Leitung der Schule durch eine pädagogisch qualifizierte Person mit einer abgeschlossenen Hochschulausbildung auf Master- oder vergleichbarem Niveau,
2. Nachweis einer im Verhältnis zur Zahl der Ausbildungsplätze angemessenen Zahl fachlich und pädagogisch qualifizierter Lehrkräfte mit entsprechender, insbesondere pflegepädagogischer, abgeschlossener Hochschulausbildung auf Master- oder vergleichbarem Niveau für die Durchführung des theoretischen Unterrichts sowie mit entsprechender, insbesondere pflegepädagogischer, abgeschlossener Hochschulausbildung für die Durchführung des praktischen Unterrichts,
3. Vorhandensein der für die Ausbildung erforderlichen Räume und Einrichtungen sowie ausreichender Lehr- und Lernmittel, die den Auszubildenden kostenlos zur Verfügung zu stellen sind.

(2) [1]Das Verhältnis nach Absatz 1 Nummer 2 soll für die hauptberuflichen Lehrkräfte mindestens einer Vollzeitstelle auf 20 Ausbildungsplätze entsprechen. [2]Eine geringere Anzahl von hauptberuflichen Lehrkräften ist nur vorübergehend zulässig.

(3) [1]Die Länder können durch Landesrecht das Nähere zu den Mindestanforderungen nach den Absätzen 1 und 2 bestimmen und weitere, auch darüber hinausgehende Anforderungen festlegen. [2]Sie können für die Lehrkräfte für die Durchführung des theoretischen Unterrichts nach Absatz 1 Nummer 2 befristet bis zum 31. Dezember 2029 regeln, inwieweit die erforderliche Hochschulausbildung nicht oder nur für einen Teil der Lehrkräfte auf Master- oder vergleichbarem Niveau vorliegen muss.

Erläuterungen

Übersicht

I. Allgemeines

1. Regelungsinhalt

1   Die Vorschrift regelt die Mindestanforderungen an Pflegeschulen. In **Abs. 1 Nr. 1** geht es um die **Qualifikation der Schulleitung**, in **Abs. 1 Nr. 2** um die **Qualifikation des Lehrpersonals** und den **Personalschlüssel**, der in **Abs. 2** präzisiert wird. In **Abs. 1 Nr. 3** werden die **sächlichen Anforderungen (Räume, Einrichtungen, Lehr-**

und Lernmittel) bestimmt. In **Abs. 3 Satz 1** wird darauf hingewiesen, dass die **Länder** die Mindestanforderungen präzisieren und über sie hinausgehen können. **Abs. 3 Satz 2** enthält eine **Übergangsregelung**, nach der die Länder bis zum 31.12.2029 von der **Qualifikation der Lehrkräfte für den theoretischen Unterricht** abweichen können.

2. Korrespondierende Vorschriften der PflAPrV

An den Pflegeschulen findet der **theoretische und praktische Unterricht** statt.   2 Hierfür hat die Pflegeschule ein schulinternes Curriculum unter Berücksichtigung der Empfehlungen im Rahmenlehrplan nach § 51 PflAPrV zu erstellen (§ 2 Abs. 3 PflAPrV). Die Einrichtungen der praktischen Ausbildung stellen die **Praxisanleitung** (§ 4 Abs. 1 Satz 1 PflAPrV) sicher. Aufgabe der Praxisanleitung ist es u. a. die **Verbindung mit der Pflegeschule** zu halten (§ 4 Abs. 1 Satz 2 PflAPrV). Die Pflegeschule stellt durch ihre Lehrkräfte für die Zeit der praktischen Ausbildung die **Praxisbegleitung** in den Einrichtungen der praktischen Ausbildung in angemessenem Umfang sicher (§ 5 Satz 1 PflAPrV).

Den Pflegeschulen kommen auch **Funktionen und Aufgaben im Prüfungswesen**   3 zu, so bei den Jahreszeugnissen (§ 6 PflAPrV) und bei der Zwischenprüfung (§ 7 PflAPrV), bei der Bildung eines Prüfungsausschusses (§ 10 Abs. 1 bis 3, § 33 Abs. 6 PflAPrV), bei den Vornoten (§ 13 Abs. 1 PflAPrV) und der Auswahl der Aufgaben für die Aufsichtsarbeiten (§ 14 Abs. 4, § 24 Abs. 3 PflAPrV).

Die Pflegeschulen sind Gegenstand der Beratung und Information durch das   4 **Bundesinstitut für Berufsbildung** (§ 60 Abs. 1 PflAPrV). Zu den Aufgaben des Bundesinstituts für Berufsbildung gehört auch die Erarbeitung von Konzepten zur Umsetzung der Ausbildung und Unterstützung bei der Umsetzung; der Aufbau und die Unterstützung von Netzwerken, Lernortkooperationen und Ausbildungsverbünden zwischen den Pflegeschulen, den Trägern der praktischen Ausbildung sowie den weiteren an der Ausbildung beteiligten Einrichtungen und den Hochschulen, und die Beratung über Kooperationsverträge nach § 9 PflBG und § 31 Abs. 2 PflBG (§ 60 Abs. 2 PflAPrV).

3. Bestandsschutz von Pflegeschulen

Zum Bestandsschutz für die **staatlich anerkannten Kranken- und Altenpflegeschu-**   5 **len**, für die **Schulleitungen** und für die **Lehrkräfte** s. → Erl. zu § 65 PflBG.

II. Erläuterungen

1. Abs. 1: Mindestanforderungen an Pflegeschulen

Zur **Qualifikation der hauptberuflichen Leitung der Schule (Abs. 1 Nr. 1)** wird in   6 der Gesetzesbegründung (BT-Drs. 18/7823, S. 70) ausgeführt:

„Die Schulleitung muss hauptberuflich durch eine pädagogisch qualifizierte Person erfolgen, die über eine abgeschlossene Hochschulausbildung auf Master- oder vergleichbarem Niveau verfügt. Eine abgeschlossene Berufsausbildung im sozialen oder pflegerischen Bereich, die nach dem Altenpflegegesetz mit mehrjähriger Berufserfah-

rung für die Leitung einer Altenpflegeschule ausreichend war, wird den Anforderungen des Pflegeberufsgesetzes mit seinen höheren Anforderungen gerade auch an die Qualifikation der Lehrkräfte nicht gerecht. Besondere pflegerische Fachkenntnisse der Schulleitung werden nicht vorausgesetzt. Diese sind angesichts der Leitungsfunktion nicht zwingend und wären darüber hinaus insbesondere für staatliche Schulzentren, die über mehrere Ausbildungsgänge verschiedener Fachrichtungen verfügen, nicht umsetzbar."

7   Bei der **Qualifikation der Lehrkräfte** wird zwischen der Durchführung des theoretischen und des praktischen Unterrichts unterschieden **(Abs. 1 Nr. 2).** Dazu wird in der Gesetzesbegründung (BT-Drs. 18/7823, S. 70 f.) ausgeführt:

„Die Pflegeschule hat darüber hinaus eine angemessene Zahl an fachlich und pädagogisch qualifizierten Lehrkräften zu beschäftigen und nachzuweisen. Die Lehrkräfte müssen, soweit sie theoretischen Unterricht erteilen, über eine entsprechende, insbesondere pflegepädagogische, abgeschlossene Hochschulausbildung auf Master- oder vergleichbarem Niveau und, soweit sie praktischen Unterricht erteilen, über eine entsprechende, insbesondere pflegepädagogische, abgeschlossene Hochschulausbildung verfügen. Diese Vorgabe geht hinsichtlich der Qualifikationen der Lehrkräfte für den theoretischen Unterricht über die bisherige Rechtslage in Krankenpflegegesetz und Altenpflegegesetz hinaus. Die Anhebung des Qualifikationsniveaus ist erforderlich, um eine qualitative Pflegeausbildung, die den steigenden Anforderungen an das Pflegepersonal und den fortschreitenden pflegewissenschaftlichen Erkenntnissen gerecht wird, sicherzustellen. Die geforderte Qualifikation entspricht dem für die Lehrerbildung üblichen Anforderungsniveau. Die Länder können befristet durch Landesrecht zulassen, dass die Hochschulausbildung nicht oder nur für einen Teil der Lehrkräfte auf Master- oder vergleichbarem Niveau vorliegen muss. Diese Übergangsregelung ist notwendig, um sicherzustellen, dass zu Beginn der Pflegeausbildung ausreichend Lehrpersonal für den theoretischen Unterricht zur Verfügung steht. Die Länder müssen in diesem zeitlichen Rahmen sicherstellen, dass ausreichend Qualifizierungsangebote für Lehrkräfte in der Pflege auf Master- oder vergleichbarem Niveau geschaffen werden. Die Übergangsvorschrift des § 60 reicht angesichts möglicher Veränderungen im Schulbestand durch Neugründungen und Fusionen sowie des personellen Ersatzbedarfs durch altersbedingt ausscheidende Lehrkräfte und möglichen personellen Mehrbedarfs bei steigenden Ausbildungszahlen nicht aus.

Die geforderte Qualifikation für den praktischen Unterricht entspricht der bisherigen Rechtslage nach dem Krankenpflegegesetz."

8   Die **Unterscheidung bei den Qualifikationsanforderungen nach theoretischem und praktischem Unterricht** ist nicht unproblematisch. So wird eine solche Unterscheidung z. B. in Nordrhein-Westfalen nach aktuellem Recht nicht getroffen (s. § 1 Verordnung zur Durchführung des Krankenpflegegesetzes (DVO-KrPflG NRW) v. 7.3.2006 i. d. F. der Verordnung v. 21.6.2016 (GV. NRW. S. 486). Auch die ländergemeinsamen inhaltlichen Anforderungen für die Fachwissenschaften und Fachdidaktiken in der Lehrerbildung (Beschluss der Kultusministerkonferenz v. 16.10.2008 i. d. F. v. 16.3.2017) legen einheitliche Qualifikationsanforderungen aus folgenden Gründen nahe (a. a. O., Besonderheiten der fachrichtungsbezogenen Didaktik Pflege, S. 85):

„Darüber hinaus besteht die Zielsetzung darin, das dialektische Verhältnis von Reflexion und Können sowohl im eigenen Handeln zu berücksichtigen als auch bei den Lernenden anzubahnen. Damit ist ein doppelter Handlungsbezug für die didaktische Transformation zu berücksichtigen: Die Praxis des Lehrens und Lernens in den jeweiligen dualen und vollzeitschulischen Bildungsgängen und die berufliche Praxis, in denen die Auszubildenden bzw. Schüler und Schülerinnen tätig sind."

Aus diesen Gründen sollten die Länder von der Möglichkeit nach Abs. 3 Satz 1 Gebrauch machen und gleiche Anforderungen an die Lehrpersonen ohne Unterscheidung nach theoretischem und praktischem Unterricht stellen.

Abs. 1 Nr. 3 betrifft die **Anforderungen an die Räume und Einrichtungen** und regelt die **Kostenfreiheit der Lehr- und Lernmittel.**   9

2. Abs. 2: Zahl der hauptberuflichen Lehrkräfte

In der Gesetzesbegründung (BT-Drs. 18/7823, S. 71) wird hierzu ausgeführt: 10

„Die Zahl der Lehrkräfte muss im Verhältnis zur Zahl der Ausbildungsplätze der Pflegeschule angemessen sein. Absatz 2 enthält eine Konkretisierung nur für die hauptberuflichen Lehrkräfte. Bei diesen soll das Verhältnis mindestens einer hauptberuflichen Vollzeitstelle auf zwanzig Ausbildungsplätze betragen. Die bundesgesetzliche Vorgabe stellt hier wie auch sonst nur Mindestanforderungen auf, die zur Sicherung der Ausbildungsqualität notwendig sind. Es soll sichergestellt werden, dass den Auszubildenden ein Mindestmaß an hauptberuflichen Lehrkräften als kontinuierliche Ansprechpartner zur Verfügung steht. Ein höherer Personalschlüssel kann geboten sein, um den gesetzlich vorgegebenen Bildungsauftrag der Schule umzusetzen. Der in der Fachdiskussion häufig als vorteilhaft benannte Personalschlüssel von 1:15 unter Einbeziehung von Honorarkräften wird durch die bundesgesetzliche Regelung einer Mindestvorgabe nicht in Frage gestellt. Die Refinanzierung eines höheren Schlüssels ist unter Beachtung der grundsätzlich für alle Finanzierungsregelungen geltenden Wirtschaftlichkeitsvorgabe möglich.

Im Interesse einer hohen Ausbildungsqualität sind die Anforderungen nach Absatz 1 Nummer 1 und 2 erforderlich, um die Auszubildenden angemessen auf das Erreichen des Ausbildungsziels und die Anforderungen im beruflichen Alltag vorzubereiten. Die Vorgabe einer Hochschulausbildung für Schulleitungen und Lehrkräfte stellt keinen ungerechtfertigten Eingriff in die Berufsfreiheit dar. Nach Artikel 12 des Grundgesetzes sind Beschränkungen der Berufsfreiheit nur durch Gesetz oder auf Grund eines Gesetzes möglich. Diese Voraussetzung wird durch das Pflegeberufsgesetz erfüllt. Die gesetzlich geregelten Einschränkungen genügen auch materiell-rechtlich der Rechtsprechung des Bundesverfassungsgerichts. Es handelt sich um subjektive Zulassungsvoraussetzungen, die dann zulässig sind, wenn sie zum Schutz wichtiger Gemeinschaftsgüter geeignet, erforderlich sowie den Betroffenen zumutbar sind und die vorgeschriebenen Kompetenzen nicht außer Verhältnis zur geplanten Tätigkeit stehen (vgl. BVerfGE 13, 97,107).

Die vorliegende Regelung dient dem Schutz der Gesundheit der Bevölkerung. Die vorgesehenen Qualifikationsvoraussetzungen sind geeignet und erforderlich, um die Gesundheit der Bevölkerung zu schützen. Sie verfolgen den Zweck, die Qualität der neuen Pflegeausbildung sicherzustellen. Moderne Lehr- und Lerntechniken erfordern sowohl eine fachliche als auch pädagogisch-didaktische Qualifikation, die auf Dauer nur durch hochschulische Lehrerbildung sichergestellt werden kann. Sie steht damit auch nicht außer Verhältnis zur geplanten Tätigkeit. Dem Vertrauensschutz der bisherigen Schulleitungen und Lehrkräfte wird durch Bestandsschutzvorschriften in § 60 Rechnung getragen. Die Länder erhalten darüber hinaus die Befugnis, das Qualifikationsniveau der Lehrkräfte abweichend zu regeln. Des Weiteren enthält § 60 weitreichende Übergangsvorschriften.

Weitere Mindestanforderungen an Pflegeschulen in Absatz 1 Nummer 3 betreffen die Ausstattung, die vorgehalten werden muss, um die Ausbildung erfolgreich durchzuführen."

Der Stellenschlüssel bezieht sich auf die Zahl der genehmigten Ausbildungsplätze, nicht auf die Zahl der tatsächlich ausgebildeten Personen.

3. Abs. 3: Landesrechtliche Regelungen

11 In der Gesetzesbegründung zu § 9 Abs. 3 Satz 1 (BT-Drs. 18/12874, S. 103) wird ausgeführt:

„Mit der Änderung sollen die Länder ermächtigt werden, auch über die in § 9 Absatz 1 und 2 genannten Mindestanforderungen hinausgehende Anforderungen zu bestimmen. Diese Ermächtigung ist unschädlich für die bundesgesetzliche Regelung, aber unerlässlich, um Qualifikationsanforderungen weiterentwickeln zu können beziehungsweise in den Punkten, in denen die Mindestanforderungen des Pflegeberufegesetzes unterhalb der bisherigen länderrechtlichen Anforderungen liegen, das bislang geregelte Qualitätsniveau aufrecht erhalten zu können.

Mit **Abs. 3 Satz 1** soll also ausdrücklich keine Möglichkeit geschaffen werden, die Mindestanforderungen nach Abs. 1 und 2 zu unterlaufen.

12 Mit **Abs. 3 Satz 2** wird für die Lehrkräfte für die Durchführung des theoretischen Unterrichts nach Abs. 1 Nr. 2 eine zum 31.12.2029 befristete Möglichkeit eingeräumt, auf Länderebene zu regeln, inwieweit die erforderliche Hochschulausbildung nicht oder nur für einen Teil der Lehrkräfte auf Master- oder vergleichbarem Niveau vorliegen muss. Die Befristung bezieht sich auf den Zeitraum, in dem die genannten Personen mit anderer als der sonst erforderlichen Qualifikation tätig werden können. Die Befristung bedeutet nicht, dass die Länder noch bis zum 31.12.2029 Regelungen treffen können, die für die genannten Personen über diesen Zeitpunkt hinaus wirken. Die Vorschrift stellt keine Bestandsschutzregelung für die Lehrkräfte des theoretischen Unterrichts dar. Vielmehr soll landesrechtlich den Pflegeschulen die Möglichkeit eröffnet werden, zur Aufrechterhaltung ihres Betriebs befristet bis zum 31.12.2029 von den sonst geforderten Qualifikationen abzuweichen. Insofern handelt es sich um eine **Übergangsregelung zugunsten der Pflegeschulen**.

13 Landesrechtlich sind auch die Folgen von **Verstößen gegen die Mindestanforderungen** zu regeln. Eine Untersagungsvorschrift, wie sie in § 7 Abs. 5 Satz 2 PflBG für die Einrichtungen der praktischen Ausbildung gegeben ist, ist bundesrechtlich für die Pflegeschulen nicht gegeben.

III. Literaturhinweise

Kultusministerkonferenz: Ländergemeinsame inhaltliche Anforderungen für die Fachwissenschaf- 14
ten und Fachdidaktiken in der Lehrerbildung (Beschluss der Kultusministerkonferenz v. 16.10.2008
i. d. F. v. 12.10.2017).

§ 10   Gesamtverantwortung der Pflegeschule

(1) ¹Die Pflegeschule trägt die Gesamtverantwortung für die Koordination des Unterrichts mit der praktischen Ausbildung. ²Sie prüft, ob der Ausbildungsplan für die praktische Ausbildung den Anforderungen des schulinternen Curriculums entspricht. ³Ist dies nicht der Fall, ist der Träger der praktischen Ausbildung zur Anpassung des Ausbildungsplans verpflichtet.

(2) ¹Die Pflegeschule überprüft anhand des von den Auszubildenden zu führenden Ausbildungsnachweises, ob die praktische Ausbildung gemäß dem Ausbildungsplan durchgeführt wird. ²Die an der praktischen Ausbildung beteiligten Einrichtungen unterstützen die Pflegeschule bei der Durchführung der von dieser zu leistenden Praxisbegleitung.

Erläuterungen

Übersicht

I. Allgemeines

1. Regelungsinhalt

1   Die Koordinierung der praktischen Ausbildung und des theoretischen und praktischen Unterrichts wird in Art. 31 Abs. 3 der **Richtlinie 2005/36/EG**[1] gefordert:

(3) [...]

Die Mitgliedstaaten tragen dafür Sorge, dass die mit der Ausbildung der Krankenschwestern und Krankenpfleger betrauten Einrichtungen die Verantwortung dafür übernehmen, dass Theorie und Praxis für das gesamte Ausbildungsprogramm koordiniert werden.

2   Die Vorschrift regelt die **Gesamtverantwortung der Pflegeschule** für die **Koordination** des theoretischen und praktischen Unterrichts mit der praktischen Ausbildung (**Abs. 1 Satz 1**) sowie die Prüfung, ob der **Ausbildungsplan** für die praktische Ausbildung (s. § 6 Abs. 3 PflBG) den Anforderungen des **schulinternen Curriculums** entspricht (**Abs. 1 Satz 2**). Ist das nicht der Fall, ist der Träger der praktischen Ausbildung zur Anpassung verpflichtet (**Abs. 1 Satz 3**). Die Gesamtverantwortung der Pflegeschule nach Abs. 1 unterscheidet sich dadurch von der Verantwortung des Trägers der praktischen Ausbildung für die Durchführung und

---

1   Richtlinie 2005/36/EG des Europäischen Parlaments und des Rates v. 7.9.2005 über die Anerkennung von Berufsqualifikationen, ABl. L 255 v. 30.9.2005, S. 22, zuletzt geändert durch Delegierten Beschluss (EU) 2017/2113 der Kommission v. 11.9.2017 zur Änderung des Anhangs V der Richtlinie 2005/36/EG des Europäischen Parlaments und des Rates hinsichtlich von Ausbildungsnachweisen und den Titeln von Ausbildungsgängen, ABl. L 317 v. 1.12.2017, S. 119. Abdruck der Richtlinie im Anhang.

Organisation der praktischen Ausbildung (§ 8 PflBG). Weiter hat die Pflegeschule die **Ausbildungsnachweise** der Auszubildenden für die praktische Ausbildung zu **überprüfen (Abs. 2)**.

2. Korrespondierende Vorschriften der PflAPrV

S. zu dem in § 10 Abs. 2 Satz 1 PflBG erwähnten **Ausbildungsnachweis** die korres- 3
pondierenden Vorschriften der PflAPrV bei den → Erl. zu § 17 PflBG Rn. 2.

II. Erläuterungen

1. Abs. 1: Koordinationsverantwortung

Anders als bisher im KrPflG vorgesehen, nach dem die Pflegeschule die Gesamtver- 4
antwortung für die Organisation und die Koordination des Unterrichts mit der praktischen Ausbildung hat (§ 4 Abs. 5 Satz 1 KrPflG; s. auch § 4 Abs. 4 Satz 1 AltPflG), kommt der Pflegeschule jetzt nur noch die Gesamtverantwortung für die Koordination des Unterrichts mit der praktischen Ausbildung zu (vgl. § 8 Abs. 1 Satz 1 PflBG zur Organisation der praktischen Ausbildung durch die Träger der praktischen Ausbildung). Dadurch wird in der Praxis das Zusammenwirken in der Organisation der Ausbildung erschwert. Deshalb war der Gesetzgeber bemüht, mit der Vorschrift eine optimale inhaltliche und zeitliche Theorie-Praxis-Verzahnung während der Ausbildung zu gewährleisten. Die Festlegung möglichst korrespondierender Ausbildungsinhalte zwischen Unterricht und praktischer Ausbildung stellt sicher, dass zu den Lerninhalten des Unterrichts Praxisbezug hergestellt wird. Die in der Pflegeschule erworbenen Kenntnisse und Fertigkeiten unterstützen die Auszubildenden bei der Umsetzung ihrer Aufgaben in den Einrichtungen. Darüber hinaus kann die Pflegeschule durch die Verzahnung, die Erfahrungen und Fertigkeiten des Auszubildenden aus der Praxis durch theoretische Grundlagen vertiefen und durch Einordnung in einen Gesamtkontext abstrahieren sowie bei der Reflexion helfen (so die Gesetzesbegründung, BT-Drs. 18/7823, S. 71 f.).

Die Verantwortung der Pflegeschulen für die Übereinstimmung des Ausbildungs- 5
plans für die praktische Ausbildung mit den Anforderungen des schulinternen Curriculums wird durch die Verpflichtung der Pflegeschule zur entsprechenden Prüfung des Ausbildungsplans **(Abs. 1 Satz 2)** und die Verpflichtung des Trägers der praktischen Ausbildung, den Ausbildungsplan ggf. anzupassen **(Abs. 1 Satz 3)**, konkretisiert.

2. Abs. 2: Überprüfung anhand der Ausbildungsnachweise

Zu dieser Vorschrift wird in der Gesetzesbegründung (BT-Drs. 18/7823, S. 72) 6
ausgeführt:

„Die Pflegeschule ist auch während der praktischen Ausbildung Ansprechpartnerin für die Auszubildenden. Sie hält zu den Auszubildenden Kontakt über die von ihr zu gewährleistende Praxisbegleitung. Sie ist Vermittlerin, falls Schwierigkeiten bei der Durchführung der praktischen Ausbildung entstehen. Sie überprüft anhand des Ausbildungsnachweises der oder des Auszubildenden, ob die praktische Ausbildung auf der Grundlage des Ausbildungsplans durchgeführt wird. Wird die praktische

Ausbildung nicht anhand des Ausbildungsplans durchgeführt, hat die Pflegeschule unterschiedliche Möglichkeiten der Handhabe. Besteht Trägeridentität mit dem Träger der praktischen Ausbildung, sind innerorganisatorische Maßnahmen zu ergreifen. Hat die Pflegeschule mit dem Träger der praktischen Ausbildung nach § 8 Absatz 2 Nummer 2 einen Vertrag geschlossen, sollte dieser die Konsequenzen im Innenverhältnis regeln. Sind an der praktischen Ausbildung weitere Einrichtungen beteiligt, sind auch diese nach Maßgabe des § 6 Absatz 4 über Kooperationsverträge mit der Pflegeschule verbunden. Primärer Ansprechpartner für die Pflegeschule wird allerdings in der Regel der Träger der praktischen Ausbildung sein, da dieser die Verantwortung für die Durchführung der praktischen Ausbildung trägt.

Bei Durchführung der Praxisbegleitung wird die Pflegeschule durch die an der Ausbildung beteiligten Einrichtungen unterstützt. Hierzu gehört insbesondere, dass die Einrichtungen den Lehrkräften der Pflegeschulen, die die Praxisbegleitung wahrnehmen, Zugang gewähren. Die Einzelheiten sind in den Kooperationsverträgen nach § 6 Absatz 4 zu regeln.

Die Regelung des § 10 ist damit im Kontext mit den weiteren, die Stellung der Pflegeschule beschreibenden Regelungen zu sehen. Ohne Vertrag mit einer Pflegeschule kann ein Ausbildungsbetrieb nach § 8 Absatz 2 nicht Träger der praktischen Ausbildung sein. Ohne Zustimmung der Pflegeschule kann der Träger der praktischen Ausbildung nach § 16 Absatz 6 keinen Ausbildungsvertrag abschließen. Finanziert wird die Pflegeschule unabhängig vom Träger der praktischen Ausbildung über ein eigenes Budget."

§ 11 Voraussetzungen für den Zugang zur Ausbildung

(1) Voraussetzung für den Zugang zu der Ausbildung zur Pflegefachfrau oder zum Pflegefachmann ist

1. der mittlere Schulabschluss oder ein anderer als gleichwertig anerkannter Abschluss oder
2. der Hauptschulabschluss oder ein anderer als gleichwertig anerkannter Abschluss, zusammen mit dem Nachweis
   a) einer erfolgreich abgeschlossenen Berufsausbildung von mindestens zweijähriger Dauer,
   b) einer erfolgreich abgeschlossenen landesrechtlich geregelten Assistenz- oder Helferausbildung in der Pflege von mindestens einjähriger Dauer, die die von der Arbeits- und Sozialministerkonferenz 2012 und von der Gesundheitsministerkonferenz 2013 als Mindestanforderungen beschlossenen „Eckpunkte für die in Länderzuständigkeit liegenden Ausbildungen zu Assistenz- und Helferberufen in der Pflege" (BAnz AT 17.02.2016 B3) erfüllt,
   c) einer bis zum 31. Dezember 2019 begonnenen, erfolgreich abgeschlossenen landesrechtlich geregelten Ausbildung in der Krankenpflegehilfe oder Altenpflegehilfe von mindestens einjähriger Dauer oder
   d) einer auf der Grundlage des Krankenpflegegesetzes vom 4. Juni 1985 (BGBl. I S. 893), das durch Artikel 18 des Gesetzes vom 16. Juli 2003 (BGBl. I S. 1442) aufgehoben worden ist, erteilten Erlaubnis als Krankenpflegehelferin oder Krankenpflegehelfer,
   oder
3. der erfolgreiche Abschluss einer sonstigen zehnjährigen allgemeinen Schulbildung.

(2) § 2 Nummer 2 bis 4 findet entsprechende Anwendung.

Erläuterungen

Übersicht

I. Allgemeines

Die Vorschrift regelt die Zugangsvoraussetzungen zur beruflichen Pflegeausbildung. Diese betreffen in **Abs. 1** die Ausbildungs- und beruflichen Voraussetzungen, und in **Abs. 2** die weiteren Voraussetzungen, die auch für die Erteilung der Erlaubnis zur Führung der Berufsbezeichnung erforderlich sind. Die Wirkungen des § 11 Abs. 1 Nr. 3 PflBG sollen **wissenschaftlich evaluiert** werden (vgl. § 68 Abs. 1 PflBG). 1

2   Die Vorschrift setzt Art. 31 Abs. 1 der Richtlinie 2005/36/EG[1] um:

Artikel 31
Ausbildung von Krankenschwestern und Krankenpflegern für allgemeine Pflege

(1) Die Zulassung zur Ausbildung zur Krankenschwester und zum Krankenpfleger, die für die allgemeine Pflege verantwortlich sind, setzt Folgendes voraus:

a) entweder eine zwölfjährige allgemeine Schulausbildung, deren erfolgreicher Abschluss durch ein von den zuständigen Behörden oder Stellen eines Mitgliedstaats ausgestelltes Diplom oder Prüfungszeugnis oder durch einen sonstigen Befähigungsnachweis oder durch ein Zeugnis über eine bestandene Prüfung von gleichwertigem Niveau bescheinigt wird, das zum Besuch von Universitäten oder anderen Hochschuleinrichtungen mit anerkannt gleichwertigem Niveau berechtigt, oder

b) eine mindestens zehnjährige allgemeine Schulausbildung, deren erfolgreicher Abschluss durch ein von den zuständigen Behörden oder Stellen eines Mitgliedstaats ausgestelltes Diplom oder Prüfungszeugnis oder durch einen sonstigen Befähigungsnachweis oder durch ein Zeugnis über eine bestandene Prüfung von gleichwertigem Niveau bescheinigt wird, das zum Besuch von Berufsschulen für Krankenpflege oder zur Teilnahme an Berufsausbildungsgängen für Krankenpflege berechtigt.

Unter **Krankenschwestern und Krankenpflegern für allgemeine Pflege** sind die Pflegefachfrau oder der Pflegefachmann nach § 1 Abs. 1 PflBG zu verstehen, nicht jedoch die Gesundheits- und Kinderkrankenpfleger/-innen und Altenpfleger/-innen nach § 58 Abs. 1 und 2 PflBG.

II. Erläuterungen

1. Abs. 1: Zugangsvoraussetzungen

3   In der Gesetzesbegründung (BT-Drs. 18/7823, S. 72 f.) wird zu dieser Vorschrift ausgeführt:

„§ 11 regelt die Zugangsvoraussetzungen zur beruflichen Pflegeausbildung.

Entsprechend der bisherigen Rechtslage und in Anbetracht der hohen Anforderungen an Pflegefachfrauen und Pflegefachmänner, die sich bereits in der Ausbildung niederschlagen, ist grundsätzlich ein mittlerer Schulabschluss oder ein als gleichwertig anerkannter Abschluss Voraussetzung für den Zugang zur Ausbildung.

Bewerberinnen oder Bewerber mit einem Hauptschulabschluss oder einem als gleichwertig anerkannten Abschluss werden zugelassen, wenn eine der zusätzlichen Voraussetzungen nach Absatz 1 Nummer 2 a bis d erfüllt ist. Hierzu gehört insbesondere der erfolgreiche Abschluss einer landesrechtlich geregelten Assistenz- oder Helferausbildung in der Pflege von mindestens einjähriger Dauer, die den von der Arbeits- und

---

1   Richtlinie 2005/36/EG des Europäischen Parlaments und des Rates v. 7.9.2005 über die Anerkennung von Berufsqualifikationen, ABl. L 255 v. 30.9.2005, S. 22, zuletzt geändert durch Delegierten Beschluss (EU) 2017/2113 der Kommission v. 11.9.2017 zur Änderung des Anhangs V der Richtlinie 2005/36/EG des Europäischen Parlaments und des Rates hinsichtlich von Ausbildungsnachweisen und den Titeln von Ausbildungsgängen, ABl. L 317 v. 1.12.2017, S. 119. Abdruck der Richtlinie im Anhang.

Sozialministerkonferenz 2012 und von der Gesundheitsministerkonferenz 2013 beschlossenen Mindestanforderungen entspricht. Diese Möglichkeit ist besonders bedeutsam für ein durchlässiges Pflegebildungssystem, da es den Übergang von den Assistenz- und Helferberufen in die dreijährige Fachkraftausbildung nach dem Pflegeberufsgesetz ebnet. Der Zugang zur Fachkraftausbildung über den Hauptschulabschluss und eine landesrechtlich geregelte einjährige Ausbildung in der Krankenpflegehilfe oder der Altenpflegehilfe, die nicht den beschlossenen Mindestanforderungen der ASMK und GMK entspricht, ist dann möglich, wenn diese bis zu einem Stichtag, dem 31. Dezember 2019, begonnen wurde. Eine berufliche Pflegeausbildung nach diesem Gesetz kann auch beginnen, wer zusätzlich zum Hauptschulabschluss über eine erfolgreich abgeschlossene Berufsausbildung von mindestens zweijähriger Dauer verfügt.

Darüber hinaus wird unter Berücksichtigung des bundesweiten Fachkräftemangels in der Pflege der Zugang zur neuen Ausbildung über eine erfolgreich abgeschlossene sonstige zehnjährige Schulbildung eröffnet. Hierunter fällt sowohl eine abgeschlossene zehnjährige Schulbildung, die den Hauptschulabschluss erweitert, als auch eine andere abgeschlossene zehnjährige allgemeine Schulbildung. Die Regelung entspricht den bisherigen befristeten Öffnungsklauseln nach dem Altenpflegegesetz und dem Krankenpflegegesetz. Die Erfahrungen haben gezeigt, dass in einigen wenigen Ländern der Anteil an Auszubildenden mit einer sonstigen zehnjährigen Schulbildung bedeutsam ist. Allerdings liegen keine zuverlässigen Daten über die Abbruchquote und den erfolgreichen Abschluss von Auszubildenden mit einer sonstigen zehnjährigen Schulbildung vor. Das Bundesministerium für Familie, Senioren, Frauen und Jugend und das Bundesministerium für Gesundheit werden daher gemäß § 63 Absatz 1 im Rahmen der neuen Pflegeausbildung diese Zugangsvoraussetzung fünf Jahre nach Inkrafttreten auf wissenschaftlicher Grundlage, insbesondere mit der Fragestellung nach der Erfolgsquote, evaluieren. Im Anschluss daran wird entschieden, ob die Regelung bestehen bleiben oder aufgehoben werden soll.

Zusätzlich zum schulischen Abschluss müssen die Ausbildungsbewerber weitere Zugangsvoraussetzungen erfüllen. Die Voraussetzungen nach § 2 Nummer 2 bis 4 finden entsprechende Anwendung. Die Bewerberin oder der Bewerber darf nicht in gesundheitlicher Hinsicht zur Ausbildung ungeeignet oder unzuverlässig sein und muss über die für das Absolvieren der Ausbildung erforderlichen Kenntnisse der deutschen Sprache verfügen. Die für die Ausbildung geforderten Sprachkenntnisse sind auf einem niedrigeren Niveau anzusetzen als die für die Ausübung des Berufs nach § 2 Nummer 4 geforderten Kenntnisse. Dass keine gesundheitlichen Aspekte der Ausbildung entgegenstehen, kann über eine ärztliche Untersuchung, die Zuverlässigkeit über die Vorlage eines erweiterten Führungszeugnisses und die Kenntnisse der deutschen Sprache über ein Sprachzertifikat nachgewiesen werden."

Zur Diskussion über diese Zugangsvoraussetzungen s. *Ludwig:* Der europarechtliche Einfluss auf die Entwicklung des nationalen Heilberuferechts 2018, S. 267 ff.

Zu Abs. 1 Nr. 2 Buchst. d wird in der Gesetzesbegründung (BT-Drs. 18/12874, S. 103 f.) ausgeführt: 4

„Mit dem Verweis auf das Krankenpflegegesetz vom 4. Juni 1985 erhalten die Absolventinnen und Absolventen einer Krankenpflegehilfeausbildung, die letztmalig

bundesgesetzlich im Krankenpflegegesetz vom 4. Juni 1985 geregelt war, Zugang zu der Ausbildung zur Pflegefachfrau oder zum Pflegefachmann, sofern sie die weiteren Voraussetzungen nach § 11 Absatz 1 Nummer 2 Buchstabe d (Hauptschulabschluss oder ein anderer als gleichwertig anerkannter Abschluss) erfüllen."

5   S. zu **Abs. 1 Nr. 2 Buchst. d** die Bestandsschutzregelung in § 23 Abs. 3 KrPflG. Das Krankenpflegegesetz v. 4.6.1985 (BGBl I S. 893) enthielt in § 1 Abs. 1 Nr. 3 auch die Führung der Berufsbezeichnung „Krankenpflegehelferin" oder „Krankenpflegehelfer".

6   Die von der Arbeits- und Sozialministerkonferenz 2012 und von der Gesundheitsministerkonferenz 2013 als Mindestanforderungen beschlossenen **„Eckpunkte für die in Länderzuständigkeit liegenden Ausbildungen zu Assistenz- und Helferberufen in der Pflege"** (BAnz AT v. 17.2.2016 B3) werden unter II. 3. (Rn. 8) abgedruckt.

2. Abs. 2: Weitere Voraussetzungen

7   Die weiteren Voraussetzungen nach Abs. 2 sind die Voraussetzungen, die auch für die Erteilung der Erlaubnis zur Führung der Berufsbezeichnung erforderlich sind. Diese Voraussetzungen sind die Zuverlässigkeit, die gesundheitliche Eignung und die erforderlichen deutschen Sprachkenntnisse (§ 2 Nr. 2 bis 4 PflBG). Nach der Gesetzesbegründung sollen die für die Ausbildung erforderlichen Sprachkenntnisse auf einem niedrigeren Niveau angesetzt werden als die für die Ausübung des Berufs nach § 2 Nr. 4 geforderten Kenntnisse (BT-Drs. 18/7823, S. 73). Diese Herabsetzung des Niveaus der Sprachkenntnisse ist nicht nachvollziehbar. Ein Auszubildender muss zum Verständnis der Materien beim theoretischen und praktischen Unterricht und in der praktischen Ausbildung über das gleiche Sprachniveau verfügen wie später in der Berufsausübung (so auch im Sinne einer engen Auslegung der Vorschrift *Weiß/ Meißner/Kempa*: Pflegeberufereformgesetz (PflBRefG), 2018, S. 162). S. zu den Voraussetzungen nach § 2 Nr. 2 bis 4 PflBG → Erl. zu § 2 PflBG, Rn. 11 bis 22.

3. Abdruck der Mindestanforderungen (Eckpunkte)

8

Bundesministerium
für Familie, Senioren, Frauen und Jugend
Bundesministerium für Gesundheit

Bekanntmachung
der von der 89. Arbeits- und Sozialministerkonferenz 2012
und der 86. Gesundheitsministerkonferenz 2013
als Mindestanforderungen beschlossenen
„Eckpunkte für die in Länderzuständigkeit liegenden Ausbildungen
zu Assistenz- und Helferberufen in der Pflege"

Vom 29. Januar 2016

Nachfolgend werden die von der 89. Arbeits- und Sozialministerkonferenz 2012 und der 86. Gesundheitsministerkonferenz 2013 beschlossenen „Eckpunkte für die in

Länderzuständigkeit liegenden Ausbildungen zu Assistenz- und Helferberufen in der Pflege" bekannt gegeben (Anlage).

Eckpunkte für die in Länderzuständigkeit liegenden Ausbildungen zu Assistenz- und Helferberufen in der Pflege

Beschlossen von der 89. Arbeits- und Sozialministerkonferenz 2012 am 28./29. November 2012
und der 86. Gesundheitsministerkonferenz 2013 am 26./27. Juni 2013

Präambel

Die 86. Arbeits- und Sozialministerkonferenz 2009 hat es für erforderlich gehalten, die in der Regelungszuständigkeit der Länder liegenden Berufsausbildungen in der Pflege attraktiver zu gestalten sowie sie mit dem Ziel der gegenseitigen Anerkennung und einer Verbesserung der Aufstiegsmöglichkeiten weiter zu entwickeln. Zu diesem Zweck wurde einvernehmlich in Aussicht genommen, gemeinsame Eckpunkte vergleichbar den Rahmenvereinbarungen der Kultusministerkonferenz festzulegen. Dadurch soll nach dem Beschluss der ASMK ein länderübergreifend transparentes sowie durchlässiges Aus- und Weiterbildungsangebot von Assistenz- und Helferberufen bis zu Pflegefachkraftberufen und akademischen Aus- und Weiterbildungen entstehen, das bei überschaubaren Ausbildungszeiten Beschäftigungsmöglichkeiten auf unterschiedlichen Fachniveaus bietet.

Die nachstehenden Eckpunkte stellen in diesem Sinne zwischen den Ländern vereinbarte Mindestanforderungen an Ausbildungen zu Assistenz- und Helferberufen in der Pflege dar. Sie werden in vielen Fällen und bei einzelnen Anforderungen von den geltenden Länderregelungen überschritten. Länderrechtlich geregelte Weiterbildungen und akademische Ausbildungen sind nicht Gegenstand dieser Eckpunkte.

Die Länder erkennen die auf Basis dieser Mindestanforderungen landesrechtlich geregelten Ausbildungsgänge gegenseitig an, sofern sie in länderrechtlichen Regelungen eine abgeschlossene Assistenz- oder Helferausbildung in der Pflege als Voraussetzung fordern. Die Länder, deren Regelungen im Zeitpunkt der Vereinbarung die Anforderungen noch nicht in allen Punkten erfüllen, sagen zu, bis zum Inkrafttreten des neuen Pflegeberufsgesetzes alle Mindestanforderungen in ihren Länderregelungen umgesetzt zu haben.

Die Länder bitten die Bundesregierung auf dieser Grundlage, eine gesetzliche Regelung zu treffen, die im Rahmen der künftigen Pflegefachkraftausbildung bei einer erfolgreich abgeschlossenen Ausbildung in den Assistenz- und Helferberufen in der Pflege eine Verkürzung der Ausbildungszeit von einem Jahr vorsieht.

1. Berufsbild: Kenntnisse, Fähigkeiten und Fertigkeiten
   Assistenzkräfte und Pflegehelfer arbeiten im Team mit Pflegefachkräften in der ambulanten Pflege, der stationären Akutpflege und der stationären Langzeitpflege. Sie betreuen und pflegen Menschen insbesondere in der Häuslichkeit, in Wohngruppen, Pflegeeinrichtungen und Krankenhäusern. Sie führen die Maßnahmen selbstständig durch (Durchführungsverantwortung), die von einer Pflegefachkraft geplant, überwacht und gesteuert werden (Steuerungsverantwortung der Pflege-

fachkraft). Bei Maßnahmen mit höherem Schwierigkeitsgrad, bei Mitwirkung an ärztlich verordneten Maßnahmen oder in instabilen Pflegesituationen beinhaltet die Steuerungsverantwortung auch die konkrete Anleitung der Assistenzkräfte und Pflegehelfer, sofern die Tätigkeit nicht ihrer Art und Schwierigkeit nach oder im Einzelfall aufgrund besonderer Umstände oder ihres Risikopotentials für die zu pflegende Person wegen von der Pflegefachkraft selbst durchgeführt werden müssen. Die länderrechtlich geregelten Ausbildungen zu Assistenz- und Helferberufen in der Pflege vermitteln mindestens diejenigen Kompetenzen, die in diesem Sinne zur selbstständigen Wahrnehmung insbesondere folgender Tätigkeiten befähigen:

a) grundpflegerische Maßnahmen in stabilen Pflegesituationen sicher durchführen,

b) im Pflegeprozess bei der Erstellung von Biographie und Pflegeplanung unterstützend mitwirken, den Pflegebericht fortschreiben und die eigenen Tätigkeiten selbständig dokumentieren,

c) Kontakte mit pflegebedürftigen Menschen herstellen, mit ihnen einen respektvollen Umgang pflegen und sie unter Beachtung wesentlicher Vorbeugungsmaßnahmen bei der Grundversorgung unterstützen, Ressourcen erkennen und aktivierend in die Pflegehandlung einbeziehen,

d) pflegebedürftige Menschen bei der Lebensgestaltung im Alltag unter Beachtung der Lebensgeschichte, der Kultur und der Religion unterstützen,

e) Notfallsituationen und Veränderungen der Pflegesituation durch gezielte Beobachtung rechtzeitig erkennen und angemessen handeln,

f) mit anderen Berufsgruppen unter Reflektion der Situation und der eigenen Rolle zusammenarbeiten.

Sie vermitteln mindestens diejenigen Kompetenzen, die dazu befähigen unter Anleitung und Überwachung von Pflegefachkräften insbesondere folgende Tätigkeiten durchzuführen:

a) bei der Durchführung ärztlich veranlasster therapeutischer und diagnostischer Verrichtungen mitwirken (insbesondere Kontrolle von Vitalzeichen, Medikamentengabe, subkutane Injektionen, Inhalationen, Einreibungen, An- und Ausziehen von Kompressionsstrümpfen),

b) Menschen in der Endphase des Lebens unterstützend begleiten und pflegen.

2. *Ausbildungsdauer*

Die Ausbildung dauert mindestens ein Jahr. Sie umfasst mindestens 700 Stunden berufsbezogenen schulischen Unterricht und 850 Stunden praktischer Ausbildung unter Anleitung einer Pflegefachkraft.

Eine längere Ausbildungsdauer kann insbesondere erforderlich sein, um

– *einen weiterführenden Schulabschluss zu vermitteln,*

– *einem höheren pädagogischen Bedarf unter Berücksichtigung der Zielgruppe der Ausbildung zu entsprechen,*

– *einen Assistenzberuf mit eigenem Profil zu erlernen,*

– *drei Praxisbereiche kennen zu lernen (insbesondere stationäre Akutpflege und stationäre Langzeitpflege),*

– *eine Ausbildung in Teilzeit zu ermöglichen.*

3. *Praxiseinsätze*

Die Auszubildenden bzw. Schüler lernen in der Ausbildung mindestens zwei Praxisbereiche kennen: ambulante Pflege und stationäre Akut- oder Langzeitversorgung.

4. *Zugangsvoraussetzung*
Die Ausbildungsgänge setzen einen Hauptschulabschluss voraus.
Die landesrechtliche Regelung kann vorsehen, dass die zuständige Behörde im Einzelfall eine Zulassung zur Ausbildung genehmigen kann, wenn eine positive Eignungsprognose der Schule vorliegt.

5. *Prüfung und Berufsabschluss*
Die Ausbildung schließt mit einer Prüfung ab, die mindestens einen schriftlichen und einen praktischen Teil umfasst. Die praktische Prüfung erfolgt in der Regel am Klienten. Leistungen aus der Ausbildungsphase (Vornoten) können in das Prüfungsergebnis einfließen.
Zur Prüfung können nach den landesrechtlichen Regelungen im Ermessen der zuständigen Behörde auch Personen zugelassen werden, die nicht oder nicht in vollem Umfang an der Ausbildung teilgenommen haben (Externenprüfung). Ziel dieser Prüfungsmöglichkeit ist ein erleichterter Zugang für pflegepraxiserfahrene Personen ohne Absenkung von Qualitätsanforderungen. Daher dürfen in diesem Fall die Zugangsvoraussetzungen, der Umfang der nachzuweisenden einschlägigen praktischen Tätigkeit und der Umfang der Prüfung nicht geringer sein als bei der regulären Ausbildung. Zur Qualitätssicherung soll ein einschlägiger Vorbereitungskurs einer Schule oder eines Bildungsträgers vorgeschrieben sein oder ein Nachweis, dass mind. die Hälfte der praktischen Tätigkeit unter Anleitung einer geeigneten Fachkraft stattgefunden hat.

6. *Außerdem kann zur Prüfung zugelassen werden, wer an einer bundesgesetzlich geregelten Ausbildung zur Pflegefachkraft regelmäßig teilgenommen hat, die in ihrem Umfang und Inhalt der Ausbildung zu Assistenz- und Helferberufen in der Pflege gleichwertig ist.*
Die erfolgreich abgeschlossene Prüfung führt zum Erlangen eines staatlich anerkannten oder staatlich geprüften Berufsabschlusses.

III. Literaturhinweise

Ludwig, Jasmin: Der europarechtliche Einfluss auf die Entwicklung des nationalen Heilberuferechts. **9**
Berlin 2018 (zugleich Kiel, Univ.-Diss., 2018).
Weiß, Thomas/Meißner, Thomas/Kempa, Stephanie: Pflegeberufereformgesetz (PflBRefG). Praxiskommentar. Wiesbaden 2018.
Eine ausführliche Erläuterung der Problematik des Zugangs zur Pflegeausbildung enthält die „Stellungnahme zum Zugang zur beruflichen Pflegeausbildung" des Deutschen Bildungsrates für Pflegeberufe vom 30.6.2016. http://bildungsrat-pflege.de/downloads/ [unter: „Positionspapier zum Zugang zur beruflichen Pflegeausbildung 30.06.2016" abgerufen am 19.4.2018].

§ 12   Anrechnung gleichwertiger Ausbildungen

(1) [1]Die zuständige Behörde kann auf Antrag eine andere erfolgreich abgeschlossene Ausbildung oder erfolgreich abgeschlossene Teile einer Ausbildung im Umfang ihrer Gleichwertigkeit bis zu zwei Dritteln der Dauer einer Ausbildung nach § 6 Absatz 1 Satz 1 anrechnen. [2]Das Erreichen des Ausbildungsziels darf durch die Anrechnung nicht gefährdet werden.

(2) Ausbildungen, die die von der Arbeits- und Sozialministerkonferenz 2012 und von der Gesundheitsministerkonferenz 2013 als Mindestanforderungen beschlossenen „Eckpunkte für die in Länderzuständigkeit liegenden Ausbildungen zu Assistenz- und Helferberufen in der Pflege" (BAnz AT 17.02.2016 B3) erfüllen, sind auf Antrag auf ein Drittel der Dauer der Ausbildung nach § 6 Absatz 1 Satz 1 anzurechnen.

Erläuterungen

Übersicht

I. Allgemeines

1   Die **Anrechnung von gleichwertigen Ausbildungen** geschieht in Hinblick auf die **Dauer der Ausbildung**, nicht in Hinblick auf die Voraussetzungen zum Zugang zur Ausbildung (s. § 11 PflBG). Da die Dauer der Ausbildung in Art. 31 Abs. 3 der Richtlinie 2005/36/EG[1] festgelegt ist, kann die Anrechnung nur in dem dort festgelegten Rahmen stattfinden:

(3) Die Ausbildung zur Krankenschwester und zum Krankenpfleger für allgemeine Pflege umfasst insgesamt mindestens drei Jahre (kann zusätzlich in der entsprechenden Anzahl von ECTS-Punkten ausgedrückt werden) und besteht aus mindestens 4 600 Stunden theoretischer und klinisch-praktischer Ausbildung; die Dauer der theoretischen Ausbildung muss mindestens ein Drittel und die der klinisch-praktischen Ausbildung mindestens die Hälfte der Mindestausbildungsdauer betragen. Ist ein Teil der Ausbildung im Rahmen anderer Ausbildungsgänge von mindestens gleichwertigem Niveau erworben worden, so können die Mitgliedstaaten den betreffenden Berufsangehörigen für Teilbereiche Befreiungen gewähren.

---

1   Richtlinie 2005/36/EG des Europäischen Parlaments und des Rates v. 7.9.2005 über die Anerkennung von Berufsqualifikationen, ABl. L 255 v. 30.9.2005, S. 22, zuletzt geändert durch Delegierten Beschluss (EU) 2017/2113 der Kommission v. 11.9.2017 zur Änderung des Anhangs V der Richtlinie 2005/36/EG des Europäischen Parlaments und des Rates hinsichtlich von Ausbildungsnachweisen und den Titeln von Ausbildungsgängen, ABl. L 317 v. 1.12.2017, S. 119. Abdruck der Richtlinie im Anhang.

II. Erläuterungen

1. Abs. 1: Gleichwertige Ausbildungen

In der Gesetzesbegründung (BT-Drs. 18/7823, S. 73) wird hierzu ausgeführt: 2

„Die Vorschrift ermöglicht, entsprechend den Regelungen in anderen Berufszulassungsgesetzen, die Anrechnung von anderen Ausbildungen oder von Teilen solcher Ausbildungen im Umfang von bis zu zwei Dritteln auf die Dauer einer Ausbildung zur Pflegefachfrau oder zum Pflegefachmann. Bei der Ausgestaltung sind die Vorgaben von Artikel 31 der Richtlinie 2005/36/EG als Voraussetzung der automatischen Berufsanerkennung zu beachten. Eine weitergehende Anrechnung insbesondere auch informell oder non-formal erworbener Kompetenzen ist daher nicht möglich.

Die Ausbildung oder die Ausbildungsteile können nur angerechnet werden, wenn sie erfolgreich abgeschlossen sind. Somit ist es nicht möglich, reine Ausbildungszeiten, die nicht mit einer bestandenen Prüfung oder in vergleichbarer Weise abgeschlossen wurden, zu berücksichtigen. Die Vorschrift ermöglicht insbesondere auch im Falle eines Abbruchs der hochschulischen Pflegeausbildung nach Teil 3, bereits abgeschlossene Studienleistungen auf eine berufliche Pflegeausbildung anrechnen zu lassen. Das Erreichen des Ausbildungsziels darf durch die Anrechnung nicht gefährdet werden.“

2. Abs. 2: Gleichwertigkeit bei Assistenz- und Helferberufen

In der Gesetzesbegründung (BT-Drs. 18/7823, S. 73) wird hierzu ausgeführt: 3

„Eine Besonderheit gilt bei Ausbildungen, die den von der Arbeits- und Sozialministerkonferenz 2012 und der Gesundheitsministerkonferenz 2013 beschlossenen Mindestanforderungen für Assistenz- und Helferberufe in der Pflege entsprechen. Diese sind nach Absatz 2 auf ein Drittel der Ausbildungsdauer nach § 6 anzurechnen. Eine weitergehende Anrechnung nach Absatz 1 wird durch Absatz 2 nicht ausgeschlossen. Eine weitergehende Anrechnung kann insbesondere in Betracht kommen, wenn eine zweijährige Ausbildung, die den von der Arbeits- und Sozialministerkonferenz 2012 und der Gesundheitsministerkonferenz 2013 beschlossenen Mindestanforderungen für Assistenz- und Helferberufe in der Pflege entspricht, vorliegt.

Die Anrechnung wird nicht von Amts wegen durchgeführt, sondern setzt einen Antrag voraus.“

Zu den vorstehend erwähnten Mindestanforderungen für Assistenz- und Helferberufe in der Pflege s. → Erl. zu § 11 Rn. 8.

§ 13   Anrechnung von Fehlzeiten

(1) Auf die Dauer der Ausbildung werden angerechnet:

1. **Urlaub, einschließlich Bildungsurlaub oder Ferien,**
2. **Fehlzeiten wegen Krankheit oder aus anderen, von der Auszubildenden oder dem Auszubildenden nicht zu vertretenden Gründen**
   a) **bis zu 10 Prozent der Stunden des theoretischen und praktischen Unterrichts sowie**
   b) **bis zu 10 Prozent der Stunden der praktischen Ausbildung**
   nach Maßgabe der Ausbildungs- und Prüfungsverordnung,
3. **Fehlzeiten aufgrund mutterschutzrechtlicher Beschäftigungsverbote bei Auszubildenden, die einschließlich der Fehlzeiten nach Nummer 2 eine Gesamtdauer von 14 Wochen nicht überschreiten.**

(2) ¹Auf Antrag kann die zuständige Behörde auch über Absatz 1 hinausgehende Fehlzeiten berücksichtigen, wenn eine besondere Härte vorliegt und das Erreichen des Ausbildungsziels durch die Anrechnung nicht gefährdet wird. ²Ist eine Anrechnung der Fehlzeiten nicht möglich, kann die Ausbildungsdauer entsprechend verlängert werden.

(3) Freistellungsansprüche nach dem Betriebsverfassungsgesetz, dem Bundespersonalvertretungsgesetz oder den Landespersonalvertretungsgesetzen bleiben unberührt.

Erläuterungen

Übersicht

I. Allgemeines

1. Arten der Fehlzeiten

1   Die Vorschrift regelt die Anrechnung von Fehlzeiten auf die Ausbildung. Dabei werden drei Situationen unterschieden: Fehlzeiten wie Urlaub, Krankheit, Mutterschutz oder andere vom Auszubildenden nicht zu vertretende Gründe (**Abs. 1**), Härtefälle (**Abs. 2**) und Fehlzeiten aufgrund von gesetzlich geregelten Freistellungsansprüchen (**Abs. 3**).

2. Hinweise zur Richtlinienkonformität der Fehlzeitenregelungen

Zur **Konformität der Fehlzeitenregelung** mit der **Richtlinie 2005/36/EG** ist Folgendes zu sagen: Die Richtlinie enthält in Art. 31 Abs. 3 **keine Aussagen zur Anrechnung von Fehlzeiten**. Daraus ist zu schließen, dass die in Art. 31 Abs. 3 der Richtlinie angegebenen Mindeststundenzahlen auch nicht durch Fehlzeiten gemindert werden dürfen. Wenn der nationale Gesetzgeber, wie in § 13 PflBG geschehen, Fehlzeiten ansetzt, bedeutet dies im Umkehrschluss, dass die Zahl der Ausbildungsstunden so anzusetzen ist, dass die Mindeststundenzahl nach Art. 31 Abs. 3 der Richtlinie nicht unterschritten wird.

Da in der Richtlinie die gesamte Mindestdauer der Ausbildung mit 4.600 Stunden angegeben ist, und da weiter die Dauer der theoretischen Ausbildung mindestens ein Drittel (= 1.533,33 Stunden) und die klinisch-praktische Ausbildung mindestens die Hälfte (= 2.300) davon betragen muss, dürfen Regelungen über Fehlzeiten nicht dazu führen, dass die jeweilige Mindestdauer der Ausbildung unterschritten wird. Nach § 1 Abs. 2 PflAPrV beträgt die **Mindestdauer des theoretischen und praktischen Unterrichts 2.100 Stunden** und der **praktischen Ausbildung 2.500 Stunden**.

§ 13 PflBG enthält keine vollständigen Aussagen zur **Obergrenze aller Fehlzeiten**. Nur für die Fehlzeiten in Abs. 1 Nr. 2 werden prozentuale Begrenzungen angebracht. Gemäß der Festlegung der Mindestdauer der Ausbildungszeiten nach § 1 Abs. 2 PflAPrV kann die folgende Berechnung angestellt werden: Die prozentualen Begrenzungen in Abs. 1 Nr. 2 sind bei den maximal anzurechnenden Fehlzeiten für den theoretischen und praktischen Unterricht in Höhe von 210 Stunden richtlinienkonform, da die in der PflAPrV vorgesehene Ausbildungsdauer (2.100 Stunden) so angesetzt ist, dass die Mindestausbildungsdauer nach Art. 31 Abs. 3 der Richtlinie (= 1.533,33 Stunden) nicht berührt wird. Anderes gilt für die praktische Ausbildung. Hier wird die Mindestausbildungsdauer um 50 Stunden unterschritten, da die maximal anzusetzende Fehlzeit in Höhe von 250 Stunden zu einer Dauer der praktischen Ausbildung von 2.250 Stunden führt, obwohl hierfür nach der Richtlinie 2.300 Stunden vorgeschrieben sind. Die **Richtlinienkonformität** kann aber in der Praxis dadurch hergestellt werden, dass über die in der PflAPrV genannten Zeiten der Ausbildungsdauer weitere Ausbildungsstunden vorgesehen werden. Dies ist ohne weiteres möglich, da diese Vorschriften schon jetzt in der PflAPrV die jeweilige Ausbildung als Mindestdauer vorsehen (vgl. § 1 Abs. 2 PflAPrV), die überschritten werden darf. Die nach § 1 Abs. 4 Satz 1 PflAPrV vorzunehmende Begrenzung auf einen Umfang von 25 % der Stunden des jeweiligen Pflichteinsatzes ändert an der vorstehenden Berechnung nichts.

Anders als in Abs. 1 Nr. 2 werden für die anderen Fehlzeiten keine Begrenzungen für eine maximale Anrechnungszeit angebracht. Führen diese Fehlzeiten zu einer Unterschreitung der in der Richtlinie 2005/36/EG in Art. 31 Abs. 3 angegebenen Stunden der Mindestausbildungsdauer, entspricht § 13 PflBG insofern nicht der Richtlinie. Auch hier kann **Richtlinienkonformität** in der Praxis dadurch hergestellt werden, dass über die in § 1 Abs. 2 PflAPrV genannten Zeiten der Ausbildungsdauer weitere Ausbildungsstunden vorgesehen werden.

3. Dauer der Ausbildung

6   Mit der **Dauer der Ausbildung** sind die Stundenzahlen nach Maßgabe der Aus-
bildungs- und Prüfungsverordnung gemeint. Diese Stundenzahlen betreffen nicht
nur die praktische Ausbildung, sondern auch den theoretischen und praktischen
Unterricht.

4. Korrespondierende Vorschriften der PflAPrV

7   § 1 Abs. 4 Satz 1 PflAPrV enthält eine spezielle Regelung zu § 13 Abs. 1 Nr. 2 PflBG
(**Fehlzeiten bei Pflichteinsätzen** wegen Krankheit und aus anderen nicht zu vertretenden Gründen). Die Fehlzeiten dürfen einen Umfang von 25 % der Stunden
eines jeweiligen Pflichteinsatzes nicht überschreiten. S. hierzu die → Erl. zu § 1
PflAPrV, Rn. 6. Allgemein dürfen Fehlzeiten nicht dazu führen, dass ein Pflichteinsatz soweit verkürzt wird, dass das für diesen Pflichteinsatz nach dem auf den
Lehrplan der Schule abgestimmten Ausbildungsplan vorgesehene Ausbildungsziel
nicht mehr erreicht wird (§ 1 Abs. 4 Satz 3 PflAPrV).

8   Die weiteren Vorschriften zu Fehlzeiten in der PflAPrV betreffen die **Ausweisung
von Fehlzeiten in den Jahreszeugnissen** (§ 6 Abs. 1 Satz 3, Abs. 2 Satz 1 PflAPrV)
und das **Nichtüberschreiten der Fehlzeiten bei der Zulassung zur Prüfung** (§ 11
Abs. 3 PflAPrV). Die **Fehlzeitenregelung bei hochschulischer Ausbildung** ist in
§ 30 Abs. 6 PflAPrV geregelt und wird den Hochschulen zur näheren Regelung
überantwortet.

II. Erläuterungen

1. Abs. 1: Dauer der Ausbildung und Arten der Fehlzeiten

a) Abs. 1 Nr. 1: Urlaub, Bildungsurlaub, Ferien

9   Mit der **Dauer der Ausbildung** sind die Stundenzahlen nach Maßgabe der Aus-
bildungs- und Prüfungsverordnung gemeint. Diese Stundenzahlen betreffen nicht
nur die praktische Ausbildung, sondern auch den theoretischen und praktischen
Unterricht, wenn durch die Fehlzeiten auch dieser Unterricht betroffen ist. Eine
Begrenzung in Hinblick auf eine bestimmte Obergrenze der Ausbildungsstunden
findet nicht statt.

10 Die Regelungen für den Urlaub bestimmen sich nach dem **Bundesurlaubsgesetz
(BUrlG)**, soweit tarifvertraglich nichts anderes vereinbart ist (§ 13 BUrlG). Das
BUrlG ist auch für die zu ihrer Berufsausbildung Beschäftigten anwendbar (§ 2
Satz 1 BUrlG). Die **Mindestdauer des Urlaubs** beträgt im Kalenderjahr 24 Werktage,
wobei als Werktage alle Kalendertage gelten, die nicht Sonn- oder gesetzliche
Feiertage sind (§ 3 BUrlG). Bei der **zeitlichen Festlegung des Urlaubs** sind die
Urlaubswünsche des Arbeitnehmers zu berücksichtigen, es sei denn, dass ihrer
Berücksichtigung dringende betriebliche Belange oder Urlaubswünsche anderer
Arbeitnehmer, die unter sozialen Gesichtspunkten den Vorrang verdienen, ent-
gegenstehen (§ 7 Abs. 1 Satz 1 BUrlG). Solche entgegenstehenden betrieblichen
Belange werden jetzt allgemein in § 1 Abs. 4 Satz 2 PflAPrV formuliert, wenn es
dort heißt, dass **Urlaub in der unterrichtsfreien Zeit zu gewähren** ist (s. die → Erl.

zu § 1 PflAPrV, Rn. 7). Der Urlaub ist **zusammenhängend zu gewähren**, es sei denn, dass dringende betriebliche oder in der Person des Arbeitnehmers liegende Gründe eine Teilung des Urlaubs erforderlich machen. Kann der Urlaub aus diesen Gründen nicht zusammenhängend gewährt werden, und hat der Arbeitnehmer Anspruch auf Urlaub von mehr als zwölf Werktagen, so muss einer der Urlaubsteile mindestens zwölf aufeinanderfolgende Werktage umfassen (§ 7 Abs. 2 BUrlG).

In **Tarifverträgen** kann die Dauer des Urlaubs länger sein als nach dem BUrlG. So   11
sind im **Tarifvertrag für Auszubildende der Länder in Pflegeberufen (TVA-L Pflege)**[1] in jedem Kalenderjahr 29 Ausbildungstage bei Verteilung der wöchentlichen Ausbildungszeit auf fünf Tage in der Kalenderwoche vereinbart (§ 9 TVA-L Pflege). Im **Tarifvertrag für Auszubildende des öffentlichen Dienstes (TVAöD) – Besonderer Teil Pflege – (TVAöD – Pflege)**[2] findet sich die gleiche Vereinbarung, ergänzt um die Klausel, dass im zweiten und dritten Ausbildungsjahr Auszubildende im Schichtdienst pauschal jeweils einen Tag Zusatzurlaub erhalten (§ 9 Abs. 1 TVAöD – Pflege). Der Erholungsurlaub ist nach Möglichkeit zusammenhängend während der unterrichtsfreien Zeit zu erteilen und in Anspruch zu nehmen (§ 9 Abs. 2 TVAöD – Pflege).

Während im **Arbeitsrecht**, dem auch die Regelung der Ausbildungsverhältnisse   12
entsprechend zuzurechnen ist, von **Urlaub** gesprochen wird, wird im **Schulrecht** der Begriff **Ferien** verwendet. Da in einigen Bundesländern die Ausbildung in der Krankenpflege dem Schulrecht unterstellt ist, müssen auch Ferien als Fehlzeiten angerechnet werden. Die Regelung der Ferien findet im jeweiligen Landesrecht statt.

Bildungsurlaub gilt ebenfalls als anrechenbare Fehlzeit. Der Bildungsurlaub ist nicht   13
allgemein bundesrechtlich geregelt. Die Vorschriften hierzu finden sich im jeweiligen Landesrecht. Bis auf Bayern und Sachsen existieren in jedem Bundesland Vorschriften zum Bildungsurlaub.

Elternzeit für zur Berufsbildung Beschäftigte im Sinne des § 20 Bundeselterngeld-   14
und Elternzeitgesetz (BEEG) **gilt nicht als Urlaub** und stellt damit keine anrechenbare Fehlzeit dar (Gesetzesbegründung, BT-Drs. 18/7823, S. 73).

b) Abs. 1 Nr. 2: Krankheit – vom Auszubildenden nicht zu vertretende Gründe

Während die Krankheit eines Auszubildenden in der Praxis einfach zu bestimmen   15
sein wird, ist dies nicht der Fall bei den vom Auszubildenden nicht zu vertretenden Gründen. Solche Gründe können z. B. in Unterbrechungen der Ausbildung aufgrund von Arbeitskampfmaßnahmen zu sehen sein, unabhängig davon, ob der Auszubildende selbst an einem Arbeitskampf teilnimmt oder ob die Fehlzeit durch die Wirkungen eines Arbeitskampfs verursacht wird.

---

1   Vom 12.10.2006 in der Fassung des Änderungstarifvertrages Nr. 7 v. 17.2.2017 zwischen der Tarifgemeinschaft deutscher Länder und ver.di und dbb tarifunion.
2   Vom 13.9.2005, zuletzt geändert durch Änderungstarifvertrag Nr. 11 v. 18.4.2018 zwischen der Bundesrepublik Deutschland und der Vereinigung der kommunalen Arbeitgeberverbände (VKA) einerseits und ver.di und weiteren Gewerkschaften.

16   Für die Anrechnung der Fehlzeiten besteht eine **Obergrenze** in Form von 10 % beim theoretischen und praktischen Unterricht und 10 % bei der praktischen Ausbildung. Entsprechend der Regelung der Ausbildungsstunden in § 1 Abs. 2 PflAPrV sind dies 210 bzw. 250 Stunden.

c) Abs. 1 Nr. 3: Mutterschutzrechtliche Beschäftigungsverbote

17   Unter die mutterschutzrechtlichen Beschäftigungsverbote fallen zum einen die Schutzfristen nach § 3 Abs. 2 (sechs Wochen vor der Entbindung) und § 6 Abs. 1 Mutterschutzgesetz (MuSchG) (acht Wochen nach der Entbindung) sowie die übrigen Beschäftigungsverbote nach § 3 Abs. 1 und §§ 4, 6 MuSchG. Die Fehlzeiten können einschließlich eventueller Fehlzeiten nach Abs. 1 Nr. 2 nur bis zu 14 Wochen angerechnet werden, da eine Unterbrechung darüber hinaus grundsätzlich das Ziel der Ausbildung gefährdet und im Interesse der Qualität der Ausbildung nicht vertretbar ist (so die Gesetzesbegründung, BT-Drs. 18/7823, S. 73). Beim **Zusammentreffen von Anrechnungen nach Abs. 1 Nr. 2 und Abs. 1 Nr. 3** sind bei den Fehlzeiten nach Abs. 1 Nr. 2 nur die Tage anzusetzen, an denen die Ausbildung stattgefunden hat.

2. Abs. 2: Härtefälle – Ausbildungsverlängerung

18   Die Vorschrift enthält zwei Tatbestände: Sie erlaubt die Berücksichtigung von über Abs. 1 hinausgehenden Fehlzeiten, wenn eine **besondere Härte** vorliegt **(Abs. 2 Satz 1)** und die **Verlängerung der Ausbildung (Abs. 2 Satz 2).**

19   In **Abs. 2 Satz 1** geht es nicht darum, dass neue Tatbestände für Fehlzeiten zur Ausnahmeregelung berechtigten, denn sonst müsste die Vorschrift lauten „andere als die in Absatz 1 genannten Fehlzeiten". Vielmehr geht es um die **Überschreitung der anrechenbaren Dauer von bereits gesetzlich vorgesehenen Fehlzeiten.**

20   Bei dem Begriff der **besonderen Härte** handelt es sich um einen unbestimmten Rechtsbegriff. Es genügt nicht, dass ein Härtefall vorliegt. Es muss sich um einen besonderen Härtefall handeln. Die zuständige Behörde (§ 49 PflBG) muss im Einzelfall prüfen, ob besondere Härte vorliegt. Ist die Behörde dieser Ansicht, hat sie zwar nach dem Wortlaut des Gesetzes in Abs. 2 Satz 1 einen Ermessensspielraum („kann"). Wenn die Voraussetzungen eines besonderen Härtefalls vorliegen, ist die Behörde jedoch grundsätzlich verpflichtet, die Fehlzeiten zu berücksichtigen. Allerdings ist diese Entscheidung an die weitere Voraussetzung der Nichtgefährdung des Ausbildungsziels geknüpft.

21   **Abs. 2 Satz 2** regelt die **Verlängerung der Ausbildungsdauer** für den Fall, dass eine Anrechnung von Fehlzeiten nicht möglich ist. Diese Möglichkeit besteht zunächst für die Fälle, in denen die anrechenbare Dauer der Fehlzeiten begrenzt ist, also die Fälle des Abs. 1 Nr. 2 und 3. Fraglich ist, ob es auch um Fehlzeiten geht, die in § 13 PflBG nicht als solche vorgesehen sind. Aus der Stellung der Vorschrift im Zusammenhang der Regelung des besonderen Härtefalls, der sich wiederum nur auf die Fehlzeiten nach Abs. 1 bezieht, kann geschlossen werden, dass anderweitige Fehlzeiten nicht gemeint sein. Dafür spricht auch, dass das Gesetz von „Anrechnung der

Fehlzeiten" und nicht von „Anrechnung von Fehlzeiten" spricht. Nur bei der letzteren Fassung des Gesetzes würde eine solche Auslegungsmöglichkeit eröffnet werden.

Die Vorschrift eröffnet der zuständigen Behörde, nach ihrem **pflichtgemäßen** 22
Ermessen zu handeln. Dieses Ermessen ist insofern gebunden, als das Grundrecht der Berufsfreiheit (Art. 12 Abs. 1 GG) des Auszubildenden betroffen ist. Deshalb wird die zuständige Behörde grundsätzlich von dieser Möglichkeit Gebrauch zu machen haben.

3. Abs. 3: Gesetzliche Freistellungsansprüche

Die in Abs. 3 genannten Freistellungsansprüche sind in § 37, 38 Betriebsverfassungs- 23
gesetz (BetrVG) und § 46 Abs. 3 und 7 des Bundespersonalvertretungsgesetzes (BPersVG) sowie im jeweiligen Landesrecht geregelt. Nicht ausdrücklich aufgeführt sind die Mitarbeitervertretungen in kirchlichen Einrichtungen. Aus Gründen der Gleichbehandlung wird die Vorschrift auch auf diese anzuwenden sein.

III. Literaturhinweise

Zu den arbeitsrechtlichen Fragen bei Urlaub und Mutterschaft und Schwangerschaft 24
s.: *Müller, Thorsten/Schabbeck, Jan B.*: Praxishandbuch Pflegerecht. Heidelberg 2018, S. 37 ff. (Urlaub), S. 42 ff. (Schwangerschaft/Mutterschaft).

§ 14   Ausbildung im Rahmen von Modellvorhaben nach § 63 Absatz 3c des Fünften Buches Sozialgesetzbuch

(1) [1]Zur zeitlich befristeten Erprobung von Ausbildungsangeboten, die der Weiterentwicklung des nach diesem Gesetz geregelten Berufes im Rahmen von Modellvorhaben nach § 63 Absatz 3c des Fünften Buches Sozialgesetzbuch dienen, können über die in § 5 beschriebenen Aufgaben hinausgehende erweiterte Kompetenzen zur Ausübung heilkundlicher Tätigkeiten vermittelt werden. [2]Dabei darf die Erreichung des Ausbildungsziels nicht gefährdet sein.

(2) Soweit die Ausbildung nach Absatz 1 über die in diesem Gesetz und die in der Ausbildungs- und Prüfungsverordnung nach § 56 Absatz 1 geregelten Ausbildungsinhalte hinausgeht, werden die Ausbildungsinhalte in gesonderten schulinternen Curricula der Pflegeschulen und Ausbildungsplänen der Träger der praktischen Ausbildung festgelegt.

(3) [1]Die schulinternen Curricula und Ausbildungspläne nach Absatz 2 sind gemeinsam vom Bundesministerium für Familie, Senioren, Frauen und Jugend und vom Bundesministerium für Gesundheit zu genehmigen. [2]Die Genehmigung setzt voraus, dass sich die erweiterte Ausbildung auf ein vereinbartes Modellvorhaben nach § 63 Absatz 3c des Fünften Buches Sozialgesetzbuch bezieht und die Ausbildung geeignet ist, die zur Durchführung dieses Modellvorhabens erforderliche Qualifikation zu vermitteln.

(4) [1]Abweichend von Absatz 3 Satz 2 kann die Fachkommission nach § 53 für die zusätzliche Ausbildung standardisierte Module entwickeln, die gemeinsam vom Bundesministerium für Familie, Senioren, Frauen und Jugend und vom Bundesministerium für Gesundheit auch ohne Vorliegen eines vereinbarten Modellvorhabens nach § 63 Absatz 3c des Fünften Buches Sozialgesetzbuch genehmigt werden können. [2]Die Genehmigung der standardisierten Module erfolgt einmalig; Änderungen bedürfen einer erneuten Genehmigung.

(5) Die Ausbildungsdauer nach § 6 Absatz 1 Satz 1 ist nach Maßgabe der genehmigten schulinternen Curricula und Ausbildungspläne entsprechend zu verlängern.

(6) Die staatliche Abschlussprüfung erstreckt sich auch auf die mit der zusätzlichen Ausbildung erworbenen erweiterten Kompetenzen.

(7) [1]Die Absätze 1 bis 5 gelten entsprechend für Personen, die bereits zur Führung der Berufsbezeichnung nach § 1 Absatz 1 berechtigt sind. [2]Die erworbenen erweiterten Kompetenzen werden zum Abschluss des Ausbildungsangebots staatlich geprüft.

Erläuterungen

Übersicht

I. Allgemeines

1. Anliegen der Modellvorhaben nach § 63 Abs. 3c SGB V

Die Möglichkeiten, für Angehörige der Pflegeberufe Modellvorhaben zur Übertragung ärztlicher Tätigkeiten vorzusehen, bei denen es sich um selbständige Ausübung von Heilkunde handelt, ist mit Art. 5 des Pflege-Weiterentwicklungsgesetzes v. 28.5.2008 (BGBl. I S. 874) geschaffen worden. Zu den Anliegen der Modellvorhaben wird in der Gesetzesbegründung (BT-Drs. 16/7439, S. 42) Folgendes ausgeführt: 1

„Darüber hinaus kann in Modellvorhaben die Übertragung von bestimmten ärztlichen Tätigkeiten auf entsprechend qualifizierte Pflegefachkräfte erprobt werden. Diese treten als eigenständige Leistungserbringer in der gesetzlichen Krankenversicherung auf. Da es sich hierbei um die eigenständige Ausübung von Heilkunde handelt, kann sich die Befugnis nur auf den Umfang der Tätigkeiten beziehen, die Gegenstand einer vorangegangenen zusätzlichen Ausbildung und staatlichen Prüfung waren. Die bildungsmäßigen Voraussetzungen im Hinblick auf die dafür erforderlichen erweiterten Kompetenzen werden durch entsprechende Änderungen im Krankenpflegegesetz und im Altenpflegegesetz geschaffen. Sie beinhalten im Kern modellhafte Ausbildungsgänge.“

Weiter wird in der Gesetzesbegründung (BT-Drs. 16/7439, S. 96 f.) ausgeführt:

„Bereits die derzeit geltenden Regelungen sowohl des Berufsrechts als auch des Fünften Buches ermöglichen eine Delegation von ärztlichen Tätigkeiten auf nichtärztliche Heilberufe. Diese Möglichkeiten wurden in der Vergangenheit nicht umfassend genutzt. Angehörige eines Berufes nach dem Krankenpflegegesetz und nach dem Altenpflegegesetz sollen im Rahmen des Delegationsprozesses eine größere Verantwortung übernehmen und den Arzt bzw. die Ärztin entlasten. Dies gewinnt angesichts des gebietsweise bereits eingetretenen und sich absehbar verschärfenden Hausärztemangels in strukturschwachen Regionen zum Beispiel der neuen Bundesländer zunehmend an Bedeutung.

[...]

„Absatz 3c lässt zu, dass im Rahmen von Modellvorhaben nach § 63 ff. bestimmte ärztliche Leistungen von entsprechend qualifizierten Pflegefachkräften ohne vorherige ärztliche Veranlassung erbracht werden können. Diese Pflegefachkräfte treten als eigenständige Leistungserbringer in der gesetzlichen Krankenversicherung auf, so dass hieraus eine Erweiterung der Leistungserbringerseite folgt."

Dazu waren entsprechenden Regelungen im KrPflG und im AltPflG vorgesehen (§ 4 Abs. 7, § 4a KrPflG; § 4 Abs. 7, § 4a AltPflG).

Nach der Gesetzesbegründung war das **Anliegen der Modellvorhaben** auf die **Arztentlastung** gerichtet. Dies spiegelt die Vorstellung einer gesundheitlichen Versorgung wieder, in der der Arzt die zentrale Steuerungs- und Verantwortungsfigur ist. Heilberuferechtlich drückt sich dies in der **selbstständigen Ausübung von Heilkunde** aus. Diese Formulierung wird hergeleitet aus dem Heilpraktikergesetz (§ 1 Abs. 1 HeilprG) und aus der Bundesärzteordnung (§ 2 Abs. 5 BÄO), wo aber nur von Ausübung der Heilkunde gesprochen wird. Allerdings wird hierunter gemeinhin in Rechtsprechung und Literatur die selbstständige Ausübung von Heilkunde verstanden. Aus diesem Grunde war eine Vorschrift im Recht der Gesetzlichen Krankenversicherung, die zum ersten Mal von einer selbstständigen Ausübung von Heilkunde im Bereich der ärztlichen Tätigkeiten durch andere Heilberufe sprach, für die Ärzteschaft und der Verbandsvertreter hochumstritten. Auch wenn diese Möglichkeit nur im Rahmen von Modellvorhaben eröffnet werden sollte, wurde dies doch als Einfallstor für eine künftige Lockerung des sog. Arztmonopols eingeschätzt. Bei dieser Diskussion ist allerdings übersehen worden, dass in anderen Ländern die Verteilung der Versorgungsverantwortung auch auf andere als ärztliche (Heil-) Berufe ohne Einbußen in der Qualität der Versorgung möglich ist.

2. Bisherige Entwicklung

2 Die Übertragung von ärztlichen Tätigkeiten, bei denen es sich um selbständige Ausübung von Heilkunde handelt, stellte ein Novum dar. Bislang war die selbständige Ausübung von Heilkunde nur Ärzten und Heilpraktikern vorbehalten. Aus diesem Grund war es nicht erstaunlich, dass die erste und bisher einzige Richtlinie nach § 63 Abs. 3c SGB V des Gemeinsamen Bundesausschusses erst im Oktober 2012 beschlossen werden konnte.[1]

Die bis 31.12.2019 geltende Fassung des § 63 Abs. 3c SGB V lautet:

(3c) [1]Modellvorhaben nach Absatz 1 können eine Übertragung der ärztlichen Tätigkeiten, bei denen es sich um selbständige Ausübung von Heilkunde handelt und für die die Angehörigen der im Krankenpflegegesetz geregelten Berufe auf Grund einer

---

1 Richtlinie des Gemeinsamen Bundesausschusses über die Festlegung ärztlicher Tätigkeiten zur Übertragung auf Berufsangehörige der Alten- und Krankenpflege zur selbständigen Ausübung von Heilkunde im Rahmen von Modellvorhaben nach § 63 Abs. 3c SGB V (Richtlinie nach § 63 Abs. 3c SGB V) in der Fassung v. 20.10.2011 veröffentlicht im Bundesanzeiger Nr. 46 (S. 1 128) v. 21.3.2012 und Nr. 50 (S. 1 228) v. 28.3.2012 in Kraft getreten am 22.3.2012. Die Richtlinie ist abgedruckt bei *Igl*, Recht der Gesundheitsfachberufe, Heilpraktiker und sonstigen Berufe im Gesundheitswesen, unter 216.3.

Ausbildung nach § 4 Abs. 7 des Krankenpflegegesetzes qualifiziert sind, auf diese vorsehen. [2]Satz 1 gilt für die Angehörigen des im Altenpflegegesetz geregelten Berufes auf Grund einer Ausbildung nach § 4 Abs. 7 des Altenpflegegesetzes entsprechend. [3]Der Gemeinsame Bundesausschuss legt in Richtlinien fest, bei welchen Tätigkeiten eine Übertragung von Heilkunde auf die Angehörigen der in den Sätzen 1 und 2 genannten Berufe im Rahmen von Modellvorhaben erfolgen kann. [4]Vor der Entscheidung des Gemeinsamen Bundesausschusses ist der Bundesärztekammer sowie den maßgeblichen Verbänden der Pflegeberufe Gelegenheit zur Stellungnahme zu geben. [5]Die Stellungnahmen sind in die Entscheidungen einzubeziehen.

Die Medizinische Fakultät der Martin-Luther-Universität Halle-Wittenberg hat im Rahmen des § 63 Abs. 3c SGB V zum Wintersemester 2016/17 als **erste Universität** einen **primärqualifizierenden Bachelor-Studiengang „Evidenzbasierte Pflege"** angeboten.

3. Neuregelung

§ 63 Abs. 3c SGB V in der Fassung des Art. 3 PflBRefG, in Kraft ab 1.1.2020, lautet: 3

(3c)[1] Modellvorhaben nach Absatz 1 können eine Übertragung der ärztlichen Tätigkeiten, bei denen es sich um selbstständige Ausübung von Heilkunde handelt und für die die Angehörigen des im Pflegeberufegesetz geregelten Berufs auf Grundlage einer Ausbildung nach § 14 des Pflegeberufegesetzes qualifiziert sind, auf diese vorsehen. [2]Die Krankenkassen und ihre Verbände sollen entsprechende Vorhaben spätestens bis zum Ablauf des 31. Dezember 2020 vereinbaren oder durchführen. [3]Der Gemeinsame Bundesausschuss legt in Richtlinien fest, bei welchen Tätigkeiten eine Übertragung von Heilkunde auf die Angehörigen des in Satz 1 genannten Berufs im Rahmen von Modellvorhaben erfolgen kann. [4]Vor der Entscheidung des Gemeinsamen Bundesausschusses ist der Bundesärztekammer sowie den maßgeblichen Verbänden der Pflegeberufe Gelegenheit zur Stellungnahme zu geben. [5]Die Stellungnahmen sind in die Entscheidungen einzubeziehen. [6]Durch den Gemeinsamen Bundesausschuss nach den Sätzen 2 bis 4 festgelegte Richtlinien gelten für die Angehörigen des in Satz 1 geregelten Berufs fort.

Die Neuregelungen bestehen also in der Anpassung an den Beruf des PflBG und in der Einfügung eines Satzes 2 mit der Verpflichtung der Krankenkassen, Modellvorhaben zu vereinbaren. Weiter wird die Fortgeltung der bisherigen Heilkundeübertragungsrichtlinie in Satz 6 für die Pflegefachfrau und den Pflegefachmann bestimmt.

4. Berufs- und ausbildungsbezogener Geltungsbereich der Vorschrift

Modellvorhaben nach § 63 Abs. 3c SGB V können künftig, d. h. ab 1.1.2020, **nur im**   4
Rahmen der generalistischen Ausbildung eingerichtet werden, also für die Ausbildung der Pflegefachfrauen und -männer i. S. d. § 1 Abs. 1 PflBG. Die Vorschrift spricht in Satz 1 ebenso wie § 14 Abs. 1 Satz 1 PflBG von den Angehörigen bzw. der Weiterentwicklung des im Pflegeberufegesetz geregelten Berufs. Eine Erweiterung auf die Gesundheitskinderkrankenpflegerinnen und -pfleger und die Altenpflegerin-

nen und -pfleger ist nicht vorgesehen. Ein Verweis auf diese gesonderten Berufs-abschlüsse nach §§ 60 Abs. 1, 61 Abs. 1 PflBG ist nicht gegeben.

Über die Verweisung in § 37 Abs. 5 PflBG gelten die Regelungen des § 14 PflBG entsprechend auch für die **hochschulische Pflegeausbildung**. Das bedeutet, dass auch in der hochschulischen Pflegeausbildung Modellvorhaben zur Übertragung von bestimmten ärztlichen Tätigkeiten, bei denen es sich um selbstständige Ausübung von Heilkunde handelt, auf Pflegepersonen nach § 1 Abs. 1 PflBG möglich sind.

5. Korrespondierende Vorschriften der PflAPrV

5   In § 24 PflAPrV ist die **Prüfung bei Modellvorhaben** nach § 14 PflBG geregelt. § 24 Abs. 1 bis 5 PflAPrV ist auch im Rahmen der hochschulischen Prüfungen bei Modellvorhaben nach § 14 PflBG anwendbar (§ 41 Satz 2 PflAPrV). Die entspre-chende Regelung für die **Entwicklung der standardisierten Module** nach § 14 Abs. 4 PflBG durch die **Fachkommission** findet sich in § 50 Satz 2 Nr. 3 PflAPrV.

II. Erläuterungen

1. Abs. 1: Modellvorhaben nach § 63 Abs. 3c SGB V

6   Obwohl die Erprobung der Modellvorhabensausbildungsgänge im Rahmen von Modellvorhaben der Gesetzlichen Krankenversicherung erfolgt, sind berufsrechtlich diese zusätzlich erworbenen Kompetenzen nicht auf Tätigkeiten im Rahmen der gesetzlichen Krankenversicherung beschränkt, da die Ausbildung grundlegende Kompetenzen vermittelt, die generell und dauerhaft den Zugang zum erlernten Beruf und damit die Ausübung der erlernten heilkundlichen Tätigkeit gestattet (Gesetzes-begründung, BT-Drs. 18/7823, S. 74).

7   In den bis zum 31.12.2019 geltenden Regelungen in § 1 Abs. 1 Satz 2 KrPflG bzw. § 1 Satz 2 AltPflG bildet sich diese erweiterte Kompetenz im Sinne einer **Berechtigung zur Ausübung heilkundlicher Tätigkeiten im Rahmen der in dieser Ausbildung vermittelten Kompetenzen** ab. Das soll laut Gesetzesbegründung nicht mehr erfor-derlich sein (Gesetzesbegründung, BT-Drs. 18/7823, S. 74). Hierzu ist zu vermerken, dass in der Gesetzesbegründung an anderer Stelle darauf hingewiesen wird, dass die geschützte Berufsbezeichnung auch die Zulassung zum Beruf regelt (Gesetzes-begründung, BT-Drs. 18/7823, S. 54 f.). Die Tatsache des Vorhandenseins erweiter-ter Kompetenzen kann nach außen, also in Richtung auf Arbeitgeber und Empfänger von Pflegeleistungen, nach der bis zum 31.12.2019 einschlägigen Rechtlage durch eine Bescheinigung über den Erwerb dieser Kompetenzen signalisiert werden (§ 4a Abs. 3 AltPflG; § 4a Abs. 3 KrPflG). Eine solche Regelung ist ab 1.1.2020 nicht mehr Gegenstand des PflBG. Eine entsprechende Regelung ist jetzt in § 24 Abs. 2 PflAPrV vorgesehen.

2. Abs. 2: Gesonderte Curricula und Ausbildungspläne

8   Die zusätzlichen Ausbildungsinhalte werden in gesonderten schulinternen Curricula der Pflegeschulen und Ausbildungsplänen der Träger der praktischen Ausbildung festgelegt.

3. Abs. 3: Genehmigung der gesonderten Curricula und Ausbildungspläne

Die schulinternen Curricula und Ausbildungspläne sind gemeinsam durch das   9
Bundesministerium für Familie, Senioren, Frauen und Jugend und das Bundesministerium für Gesundheit zu genehmigen. Hierfür ist es insbesondere erforderlich,
dass sich die erweiterte Ausbildung auf ein vereinbartes Modellvorhaben nach § 63
Abs. 3c SGB V bezieht.

4. Abs. 4: Standardisierte Module der Fachkommission

Zu der Besonderheit, dass erweiterte Kompetenzen auch ohne ein Modellvorhaben   10
erworben werden können, wird in der Gesetzesbegründung (BT-Drs. 18/7823, S. 74)
ausgeführt:

*„Da seit Einführung entsprechender Modellklauseln im bisherigen Altenpflegegesetz
und im bisherigen Krankenpflegegesetz durch das Gesetz zur strukturellen Weiterentwicklung der Pflegeversicherung im Jahr 2008 keine Modellvorhaben vereinbart
oder durchgeführt wurden, sieht Absatz 4 des Pflegeberufsgesetzes vor, dass die Fachkommission nach § 53 standardisierte Module zur Vermittlung erweiterter Kompetenzen zur Ausübung heilkundlicher Tätigkeiten entwickeln kann. Diese können gemeinsam durch das Bundesministerium für Familie, Senioren, Frauen und Jugend und das
Bundesministerium für Gesundheit genehmigt werden. Das Vorliegen eines vereinbarten Modellvorhabens ist hierbei nicht Voraussetzung. Die Genehmigung der standardisierten Module erfolgt einmalig; lediglich Änderungen bedürfen einer neuen
Genehmigung. Das Verfahren zur Entwicklung von Lehr- und Ausbildungsplänen
und ihrer Genehmigung durch die zuständigen Fachministerien wird dadurch verkürzt. Durch diese Regelung soll die angestrebte Weiterentwicklung des Pflegeberufs
gefördert und die Durchführung von Modellvorhaben erleichtert werden. Es besteht
nun die Möglichkeit, dass Ausbildungsstätten zur Durchführung von Modellvorhaben
auf bereits erarbeitete Ausbildungsmodule zurückgreifen können. Eine vergleichbare
Regelung, die durch das GKV-Versorgungsstärkungsgesetz 2015 eingeführt wurde,
sieht die Entwicklung entsprechender Module durch den Gemeinsamen Bundesausschuss vor. Diese Regelung wird durch das Pflegeberufsgesetz abgelöst. Bereits in der
Gesetzesbegründung zum GKV-Versorgungsstärkungsgesetz wurde angekündigt, dass
der Gesetzgeber selbst diese Aufgabe im Rahmen der Reform der Pflegeausbildungen in
geeigneter Form aufgreifen wird. Dies erfolgt durch die Einführung einer Fachkommission, die durch die Fachministerien berufen wird, und deren Beauftragung zur
Modulentwicklung."*

Die Vorschrift dient also der Beschleunigung des Anliegens, erweiterte Kompetenzen
zur selbstständigen Ausübung von Heilkunde auf dem Gebiet ärztlicher Tätigkeit zu
erwerben. Die entsprechende Regelung für die Entwicklung der standardisierten
Module durch die Fachkommission findet sich in § 50 Satz 1 Nr. 3 PflAPrV.

Bei der Entwicklung der Modellvorhaben ist stets die Vereinbarkeit der Ausbildung
mit der Richtlinie 2005/36/EG zu gewährleisten.

5. Abs. 5: Verlängerung der Ausbildungsdauer

11   Die Ausbildungsdauer nach § 6 Abs. 1 PflBG verlängert sich bei Modellvorhaben, soweit diese Teil einer Erstausbildung sind. Die Auszubildenden haben während der gesamten Dauer einen Anspruch auf Ausbildungsvergütung (so die Gesetzesbegründung, BT-Drs. 18/7823, S. 74).

6. Abs. 6: Staatliche Abschlussprüfung

12   Die staatliche Abschlussprüfung erstreckt sich auch auf die mit der zusätzlichen Ausbildung erworbenen erweiterten Kompetenzen.

7. Abs. 7: Ausbildung nach Ausbildungsabschluss

13   Auch für Personen, die bereits eine Erstausbildung durchgeführt haben und die zur Führung der Berufsbezeichnung nach § 1 Abs. 1 PflBG berechtigt sind, können erweiterte Kompetenzen erwerben (Abs. 7 Satz 1). Auch in diesem Fall werden die erweiterten Kompetenzen staatlich geprüft (Abs. 7 Satz 2).

III. Literaturhinweise

14   *Achterfeld, Claudia:* Aufgabenverteilung im Gesundheitswesen. Rechtliche Rahmenbedingungen der Delegation ärztlicher Leistungen. Kölner Schriften zum Medizinrecht, Bd. 15. Berlin/Heidelberg 2014.
Arbeitsgemeinschaft Rechtsanwälte im Medizinrecht e. V. (Hrsg.): Delegation und Substitution – wenn der Pfleger den Doktor ersetzt… Heidelberg u. a. 2010.
Bohne, Kerstin: Delegation ärztlicher Tätigkeiten. Frankfurt am Main 2012.
Heberlein, Ingo: Selbstständige Ausübung von Heilkunde durch Pflegekräfte. In: Gesundheit und Pflege (GuP) 2011, S. 86–90.
Huster, Stefan: § 63 Grundsätze. In: *Becker, Ulrich/Kingreen, Thorsten (Hrsg.):* SGB V Gesetzliche Krankenversicherung, Kommentar, 5. Aufl. München 2017.
Igl, Gerhard: Das Gesetz zur strukturellen Weiterentwicklung der Pflegeversicherung. In: NJW 2008, S. 2214–2219 (2218).
Igl, Gerhard (Hrsg.): Recht der Gesundheitsfachberufe, Heilpraktiker und sonstigen Berufe im Gesundheitswesen. Normsammlung mit Erläuterungen. Heidelberg, 86. Aktualisierung, August 2018.
Müller, Thorsten/Schabbeck, Jan B.: Delegation ärztlicher Leistungen an das Pflegepersonal. Heidelberg 2014.
Müller, Thorsten/Schabbeck, Jan B.: Praxishandbuch Pflegerecht. Heidelberg 2018, S. 411 ff.

§ 15   Modellvorhaben zur Weiterentwicklung des Pflegeberufs

(1) [1]Zur zeitlich befristeten Erprobung von Konzepten zur Durchführung der schulischen und praktischen Ausbildung können die Länder im Einvernehmen mit dem Bundesministerium für Familie, Senioren, Frauen und Jugend und dem Bundesministerium für Gesundheit Abweichungen von den §§ 6, 7 und 10 und den Vorschriften der Ausbildungs- und Prüfungsverordnung nach § 56 Absatz 1, die sich nicht auf Inhalte oder Prüfungsvorgaben beziehen, zulassen, sofern das Erreichen der Ausbildungsziele nach § 5 nicht gefährdet wird und die Vereinbarkeit der Ausbildung mit der Richtlinie 2005/36/EG des Europäischen Parlaments und des Rates vom 7. September 2005 über die Anerkennung von Berufsqualifikationen (ABl. L 255 vom 30.9.2005, S. 22; L 271 vom 16.10.2007, S. 18), die zuletzt durch den Delegierten Beschluss (EU) 2016/790 (ABl. L 134 vom 24.5.2016, S. 135) geändert worden ist, gewährleistet ist. [2]Dabei können Teile des theoretischen Unterrichts nach § 6 Absatz 2 als Fernunterricht erteilt werden.

(2) Die Zulassung als Modellvorhaben setzt voraus, dass

1. das Erprobungsziel beschrieben wird und erkennen lässt, welche qualitativen Verbesserungen für die Pflegeausbildung unter Beachtung der berufsfeldspezifischen Anforderungen erwartet werden,
2. eine sachgerecht begleitende und abschließende wissenschaftliche Evaluierung des Modellvorhabens gewährleistet ist und
3. die Laufzeit des Modellvorhabens fünf Jahre nicht überschreitet und eine Verlängerung um höchstens zwei Jahre anhand der Evaluierungsergebnisse zu begründen ist.

Erläuterungen

Übersicht

I. Allgemeines

Eine Vorschrift über Modellvorhaben fand sich bereits in § 5 Abs. 3 des Krankenpflegegesetzes von 1985. Die entsprechenden Regelungen, die bis zum 31.12.2019 gelten, finden sich in § 4 Abs. 6 KrPflG und § 4 Abs. 6 AltPflG.   1

§ 4 Abs. 6 KrPflG:

(6) Zur zeitlich befristeten Erprobung von Ausbildungsangeboten, die der Weiterentwicklung der Pflegeberufe unter Berücksichtigung der berufsfeldspezifischen Anforderungen dienen sollen, können die Länder von Absatz 2 Satz 1 sowie von der

Ausbildungs- und Prüfungsverordnung nach § 8 abweichen, sofern das Ausbildungsziel nicht gefährdet wird und die Vereinbarkeit der Ausbildung mit der Richtlinie 2005/36/EG gewährleistet ist.

§ 4 Abs. 6 AltPflG:

(6) Zur zeitlich befristeten Erprobung von Ausbildungsangeboten, die der Weiterentwicklung der Pflegeberufe unter Berücksichtigung der berufsfeldspezifischen Anforderungen dienen sollen, können die Länder von den Absätzen 2, 3 und 4 sowie von der nach § 9 zu erlassenden Ausbildungs- und Prüfungsverordnung abweichen, sofern das Ausbildungsziel nicht gefährdet wird.

II. Erläuterungen

1. Abs. 1: Modellvorhaben

a) Abs. 1 Satz 1: Voraussetzungen für Modellvorhaben

2   Entsprechend der bisherigen Rechtslage können auch im Rahmen der neuen Pflegeausbildung Modellvorhaben zur Erprobung von Ausbildungsangeboten, die der Weiterentwicklung des neuen Pflegeberufs dienen, befristet zugelassen werden. Dabei findet sich im Unterschied zu den bis zum 31.12.2019 geltenden Regelungen in § 4 Abs. 6 AltPflG/KrPflG der Hinweis auf die Weiterentwicklung nur noch in der Überschrift, während der Gesetzestext selbst von „Konzepten zur Durchführung der schulischen und praktischen Ausbildung" spricht. Neu ist, dass die die Zulassung durch die Länder jetzt im Einvernehmen mit dem Bundesministerium für Familie, Senioren, Frauen und Jugend und dem Bundesministerium für Gesundheit stattfinden muss.

b) Abs. 1 Satz 2: Fernunterricht

3   Abweichend von § 6 Abs. 2 PflBG können Teile der **theoretischen Ausbildung als Fernunterricht** durchgeführt werden können. Dies gilt nach Satz 1 mit der Maßgabe, dass dadurch das Erreichen der Ausbildungsziele nach § 5 nicht gefährdet wird und die Vereinbarkeit der Ausbildung mit der Richtlinie 2005/36 EG gewährleistet ist.

4   Der **Begriff des Fernunterrichts** wird im Fernunterrichtsschutzgesetz (FernUSG) v. 24.8.1976 (in der Fassung der Bekanntmachung v. 4.12.2000, BGBl. I S. 1670) definiert. § 1 Abs. 1 FernUSG lautet:

(1) Fernunterricht im Sinne dieses Gesetzes ist die auf vertraglicher Grundlage erfolgende, entgeltliche Vermittlung von Kenntnissen und Fähigkeiten, bei der

1. der Lehrende und der Lernende ausschließlich oder überwiegend räumlich getrennt sind und

2. der Lehrende oder sein Beauftragter den Lernerfolg überwachen.

Aus der Vorschrift des § 15 Abs. 1 Satz 2 PflBG geht nicht hervor, ob mit Fernunterricht ein Unterricht im Sinne von § 1 FernUSG gemeint ist, da ein Verweis auf dieses Gesetz fehlt. Es ist jedoch davon auszugehen, dass Fernunterricht im Sinne dieses

Gesetzes gemeint ist. Für die Erteilung von Fernunterricht ist ein Fernunterrichts-vertrag abzuschließen (§ 2 FernUSG) und es ist eine Zulassung erforderlich (§ 12 FernUSG).

Die Einführung einer Fernunterrichtsmöglichkeit ist insofern problematisch, als die   5
in Art. 31 Abs. 3 der Richtlinie 2006/36/EG festgesetzten Mindeststunden der Aus-bildung grundsätzlich als Präsenzzeiten zu verstehen sind. Da es sich bei der Fern-unterrichtserteilung nur um eine Möglichkeit innerhalb eines Modellvorhabens handelt, können Abweichungen von der Einhaltung von Präsenzzeiten eher hin-genommen werden. Allerdings sollte durch regelmäßige Lernkontrollen gesichert werden, dass die Anforderungen an den theoretischen Unterricht erfüllt sind.

2. Abs. 2: Zulassungsvoraussetzungen

Anders als bei der Regelung in § 4 Abs. 6 AltPflG/KrPflG ist die Zulassung als   6
Modellvorhaben an bestimmte jetzt bundesrechtlich definierte Zulassungsvorauss-setzungen geknüpft. Als besonders schwierig erweist sich die in **Abs. 2 Nr. 1** erhobene Anforderung der Beschreibung des Erprobungsziels und der zu erwarten-den qualitativen Verbesserungen für die Pflegeausbildung unter Beachtung der berufsfeldspezifischen Anforderungen, während die Evaluation (**Abs. 2 Nr. 2**) und die Laufzeit von fünf Jahren und die Verlängerungsmöglichkeit um zwei Jahre (**Abs. 2 Nr. 3**) unproblematisch sein dürften.

Abschnitt 2
Ausbildungsverhältnis

§ 16   Ausbildungsvertrag

(1) Zwischen dem Träger der praktischen Ausbildung und der oder dem Auszubildenden ist ein schriftlicher Ausbildungsvertrag nach Maßgabe der Vorschriften dieses Abschnitts zu schließen.

(2) Der Ausbildungsvertrag muss mindestens Folgendes enthalten:

1. die Bezeichnung des Berufs, zu dem nach den Vorschriften dieses Gesetzes ausgebildet wird sowie den gewählten Vertiefungseinsatz einschließlich einer Ausrichtung nach § 7 Absatz 4 Satz 2,
2. den Beginn und die Dauer der Ausbildung,
3. Angaben über die der Ausbildung zugrunde liegende Ausbildungs- und Prüfungsverordnung,
4. eine Darstellung der inhaltlichen und zeitlichen Gliederung der praktischen Ausbildung (Ausbildungsplan),
5. die Verpflichtung der Auszubildenden oder des Auszubildenden zum Besuch der Ausbildungsveranstaltungen der Pflegeschule,
6. die Dauer der regelmäßigen täglichen oder wöchentlichen praktischen Ausbildungszeit,
7. die Dauer der Probezeit,
8. Angaben über Zahlung und Höhe der Ausbildungsvergütung einschließlich des Umfangs etwaiger Sachbezüge nach § 19 Absatz 2,
9. die Dauer des Urlaubs,
10. die Voraussetzungen, unter denen der Ausbildungsvertrag gekündigt werden kann, und
11. einen in allgemeiner Form gehaltenen Hinweis auf die dem Ausbildungsvertrag gegebenenfalls zugrunde liegenden tariflichen Bestimmungen, Betriebs- oder Dienstvereinbarungen sowie auf die Rechte als Arbeitnehmer im Sinne von § 5 des Betriebsverfassungsgesetzes oder von § 4 des Bundespersonalvertretungsgesetzes des Trägers der praktischen Ausbildung.

(3) [1]Der Ausbildungsvertrag ist von einer vertretungsberechtigten Person des Trägers der praktischen Ausbildung und der oder dem Auszubildenden, bei Minderjährigen auch von deren gesetzlichen Vertretern, zu unterzeichnen. [2]Eine Ausfertigung des unterzeichneten Ausbildungsvertrages ist der oder dem Auszubildenden und deren gesetzlichen Vertretern auszuhändigen.

(4) Auf den Ausbildungsvertrag sind, soweit sich aus seinem Wesen und Zweck sowie aus diesem Gesetz nichts anderes ergibt, die für Arbeitsverträge geltenden Rechtsvorschriften und Rechtsgrundsätze anzuwenden.

(5) [1]Änderungen des Ausbildungsvertrages bedürfen der Schriftform. [2]Auch eine Änderung des Vertiefungseinsatzes ist bis zu dessen Beginn jederzeit in beiderseitigem Einverständnis möglich. [3]Die Absätze 2 bis 4 gelten entsprechend.

(6) [1]Der Ausbildungsvertrag bedarf zu seiner Wirksamkeit im Falle des § 8 Absatz 2 Nummer 2 der schriftlichen Zustimmung der Pflegeschule. [2]Liegt die Zustimmung bei Vertragsschluss nicht vor, ist sie unverzüglich durch den Träger der praktischen Ausbildung einzuholen. [3]Hierauf ist der oder die Auszubildende und sind bei minderjährigen Auszubildenden auch deren gesetzliche Vertreter hinzuweisen.

Erläuterungen

Übersicht

I. Allgemeines

1. Regelungsinhalt

Die Ausbildung in der Pflege wie auch in den anderen Heilberufen (außer den akademischen Heilberufen) orientiert sich an der **Dualität der Lernorte** Schule (§ 6 Abs. 2 PflBG) und Ort der praktischen Ausbildung (§ 6 Abs. 3 PflBG). Insofern ist eine Parallelität mit der beruflichen Ausbildung nach dem Berufsbildungsgesetz (BBiG) zu verzeichnen (vgl. § 2 BBiG), das aber auf die Pflegeberufe nicht anwendbar ist (§ 63 PflBG). Wie bei der Berufsausbildung nach dem BBiG (vgl. § 10 BBiG) wird das **Ausbildungsverhältnis** durch einen **Ausbildungsvertrag** zwischen dem Träger der praktischen Ausbildung und der oder dem Auszubildenden abgeschlossen. § 16 PflBG enthält die Regelungen zum Abschluss und zum Mindestinhalt des Ausbildungsvertrags zwischen dem Träger der praktischen Ausbildung und dem oder der Auszubildenden. S. auch § 59 Abs. 5 Satz 2 und 3 PflBG.   1

2. Korrespondierende Vorschriften der PflAPrV

In der PflAPrV wird der Ausbildungsvertrag nur an zwei Stellen genannt, so in § 26   2
Abs. 2 Satz 3 und in § 28 Abs. 2 Satz 3 PflAPrV, wobei es jeweils um die Anpassung des Ausbildungsvertrages bei der Wahl der gesonderten Ausbildung in der Gesundheits- und Kinderkrankenpflege sowie in der Altenpflege geht.

II. Erläuterungen

1. Abs. 1: Vertragsabschluss – Schriftform

Das Ausbildungsverhältnis zwischen dem oder der Auszubildenden gründet sich auf   3
einen Ausbildungsvertrag zwischen dem Träger der Ausbildung und der oder dem Auszubildenden. Seinem **Rechtscharakter** nach ist dieser **Ausbildungsvertrag kein**

Arbeitsvertrag. Jedoch sind die für den Arbeitsvertrag geltenden Rechtsvorschriften und Rechtsgrundsätze anzuwenden, wenn sich aus dem Wesen und Zweck des Ausbildungsvertrages und dem PflBG nichts anderes ergibt (Abs. 4).

4   Für den Vertragsabschluss sind alle **Voraussetzungen des BGB** zu einem gültigen Vertragsabschluss zu beachten. Dies gilt vor allem für die gesetzliche Vertretung bei noch nicht voll geschäftsfähigen Auszubildenden (§§ 107 ff. BGB).

5   Der Ausbildungsvertrag bedarf der **Schriftform** (§ 126 BGB). Wird die Schriftform nicht eingehalten, ist der Vertrag nichtig (§ 125 BGB). Auch **Vertragsänderungen** bedürfen der Schriftform (§ 16 Abs. 5 Satz 1 PflBG).

2. Abs. 2: Inhalt des Ausbildungsvertrages

6   Abs. 2 enthält die die Vertragsinhalte betreffenden Mindestanforderungen. Die Vorschrift ist § 11 Abs. 1 BBiG nachgebildet. Die **Rechtsfolge** bei einem **Verstoß gegen diese Vorschrift** ist in § 24 Abs. 1 PflBG geregelt.

7   **Abs. 2 Nr. 1** führt die Nennung der Berufsbezeichnung und des gewählten Vertiefungseinsatzes einschließlich einer Ausrichtung nach § 7 Abs. 4 Satz 2 PflBG an. Die **Berufsbezeichnung** bestimmt sich nach § 1 Abs. 1 und § 58 Abs. 1 und 2 PflBG. Auch der gewählte **Vertiefungseinsatz** ist aufzunehmen. Wird von der Ausrichtung des Vertiefungseinsatzes nach § 7 Abs. 1 Nr. 3 PflBG auf den Bereich der ambulanten Langzeitpflege Gebrauch gemacht, muss dies entsprechend im Ausbildungsvertrag angegeben werden. Der Vertiefungseinsatz kann bis zum Beginn des Vertiefungseinsatzes in beiderseitigem Einverständnis geändert werden (Abs. 5 Satz 2). Zum Inhalt des Ausbildungsvertrages bei Bestehen eines **Wahlrechts** s. § 59 Abs. 5 Satz 2 und 3 PflBG.

8   **Abs. 2 Nr. 2**: Der **Beginn und die Dauer der Ausbildung** sind mit Bestimmung des jeweiligen Datums festzulegen.

9   **Abs. 2 Nr. 3:** Der Ausbildungsvertrag muss die Angaben über die der Ausbildung zugrundeliegende **Ausbildungs- und Prüfungsverordnung** (Pflegeberufe-Ausbildungs- und -Prüfungsverordnung – PflAPrV) enthalten. Das bedeutet aber nicht, dass die Ausbildungs- und Prüfungsverordnung insgesamt auszuhändigen ist. Vielmehr genügt ein Hinweis auf die Fundstelle im Bundesgesetzblatt. Die Fundstelle ist über den kostenlosen Bürgerzugang des Bundesgesetzblattes elektronisch erreichbar und der Text der PflAPrV kann dort eingesehen und abgespeichert, aber nicht ausgedruckt werden. Ein Ausdruck ist über die Seite www.gesetze-im-internet.de möglich. Diese Seite enthält die in Kraft getretenen Gesetze und Verordnungen.

10   **Abs. 2 Nr. 4**: Der **Ausbildungsplan** für die praktische Ausbildung (§ 6 Abs. 3 PflBG) ist in der inhaltlichen und zeitlichen Gliederung darzustellen.

11   **Abs. 2 Nr. 5**: Die Verpflichtung der oder des Auszubildenden, die **Ausbildungsveranstaltungen der Pflegeschule** zu besuchen, ist bereits gesetzlich in § 17 Nr. 1 PflBG geregelt. Die zusätzliche Aufnahme dieser Verpflichtung in den Ausbildungsvertrag ist insofern wichtig, als eine Verletzung dieser Vertragspflicht durch die oder den Auszubildenden einen Kündigungsgrund nach § 22 Abs. 2 Nr. 1 PflBG darstellen kann.

Abs. 2 Nr. 6: Die Dauer der regelmäßigen **täglichen und wöchentlichen praktischen Ausbildungszeit** bestimmt sich nach den gesetzlichen Arbeitszeitschutzregelungen im Arbeitszeitgesetz (ArbZG) und im Jugendarbeitsschutzgesetz (JArbSchG) sowie nach tariflichen und betrieblichen Vereinbarungen. 12

Abs. 2 Nr. 7: Die **Dauer der Probezeit** ist bereits gesetzlich bestimmt und auf sechs Monate festgelegt, wenn sich aus tarifvertraglichen Regelungen keine andere Dauer ergibt (§ 20 PflBG). Aus diesem Grund ist die Festlegung der Dauer der Probezeit im Ausbildungsvertrag für die oder den Auszubildenden wichtig, da damit klargestellt wird, welche Dauer der Probezeit einschlägig ist. 13

Abs. 2 Nr. 8: Die Angaben über die **Ausbildungsvergütung** einschließlich des Umfangs etwaiger Sachbezüge sind dem Grunde nach schon Gegenstand der gesetzlichen Regelung zur Ausbildungsvergütung (§ 19 PflBG). Im Ausbildungsvertrag geht es um die Festlegung der **Zahlung und der Höhe der Ausbildungsvergütung** und des Umfangs von etwaigen Sachbezügen nach § 19 Abs. 2 PflBG. 14

Abs. 2 Nr. 9: Die Regelungen für die **Dauer des Urlaubs** bestimmen sich nach dem **Bundesurlaubsgesetz (BUrlG)**, soweit tarifvertraglich nichts anderes vereinbart ist (§ 13 BUrlG). Das BUrlG ist auch für die zu ihrer Berufsausbildung Beschäftigten anwendbar (§ 2 Satz 1 BUrlG). Die **Mindestdauer des Urlaubs** beträgt im Kalenderjahr 24 Werktage, wobei als Werktage alle Kalendertage gelten, die nicht Sonn- oder gesetzliche Feiertage sind (§ 3 BUrlG). In **Tarifverträgen** kann die Dauer des Urlaubs länger sein als nach dem BUrlG. So sind im **Tarifvertrag für Auszubildende der Länder in Pflegeberufen (TVA-L Pflege)**[1] in jedem Kalenderjahr 29 Ausbildungstage bei Verteilung der wöchentlichen Ausbildungszeit auf fünf Tage in der Kalenderwoche vereinbart (§ 9 TVA-L Pflege). Im **Tarifvertrag für Auszubildende des öffentlichen Dienstes (TVAöD) – Besonderer Teil Pflege – (TVAöD – Pflege)**[2] sind es 30 Ausbildungstage, ergänzt um die Klausel, dass im zweiten und dritten Ausbildungsjahr Auszubildende im Schichtdienst pauschal jeweils einen Tag Zusatzurlaub erhalten (§ 9 Abs. 1 TVAöD – Pflege). Der Erholungsurlaub ist nach Möglichkeit zusammenhängend während der unterrichtsfreien Zeit zu erteilen und in Anspruch zu nehmen (§ 9 Abs. 2 TVAöD – Pflege). 15

Abs. 2 Nr. 10: Die **Kündigungsmöglichkeiten** sind gesetzlich in § 22 PflBG festgelegt. Hierauf ist im Ausbildungsvertrag hinzuweisen. 16

Abs. 2 Nr. 11: Die **Hinweise** auf die in der Vorschrift genannten tariflichen **Bestimmungen** und der **Rechte nach dem Betriebsverfassungsgesetz** und dem **Bundespersonalvertretungsgesetz** dienen dazu, der oder dem Auszubildenden Klarheit über ihre Rechtsposition in den diesbezüglichen Punkten zu verschaffen. 17

---

1 Vom 12.10.2006 in der Fassung des Änderungstarifvertrages Nr. 7 v. 17.2.2017 zwischen der Tarifgemeinschaft deutscher Länder und ver.di und dbb tarifunion.
2 Vom 13.9.2005, zuletzt geändert durch Änderungstarifvertrag Nr. 11 v. 18.4.2018 zwischen der Bundesrepublik Deutschland und der Vereinigung der kommunalen Arbeitgeberverbände (VKA) einerseits und ver.di und weiteren Gewerkschaften.

3. Abs. 3: Unterzeichnung des Ausbildungsvertrages

18 Die Vorschrift enthält in **Abs. 3 Satz 1** eine Selbstverständlichkeit, da bei einem Vertrag, der der Schriftform bedarf, die Unterzeichnung der Parteien erforderlich ist. Diese hat auf derselben Urkunde zu erfolgen (§ 126 Abs. 2 Satz 1 BGB). **Abs. 3 Satz 2** bestimmt, dass dem oder der Auszubildenden und bei Minderjährigkeit deren gesetzlichen Vertretern eine Ausfertigung des unterzeichneten Ausbildungsvertrages auszuhändigen ist. Abs. 3 ist § 11 Abs. 2 und 3 BBiG nachgebildet.

4. Abs. 4: Anwendung der Rechtsgrundsätze des Arbeitsvertrages

19 Die Vorschrift ist § 10 Abs. 2 BBiG nachgebildet. Da der Ausbildungsvertrag kein Arbeitsvertrag ist, aber Elemente des Ausbildungsverhältnisses einem Arbeitsverhältnis ähnlich sind, sind die für den Arbeitsvertrag geltenden Rechtsvorschriften und Rechtsgrundsätze anzuwenden (vgl. § 611a BGB). Die Anwendung der arbeitsrechtlichen Vorschriften und Grundsätze hängt jedoch davon ab, ob das PflBG nach seinem Wesen und Zweck nichts Anderes enthält (zum jeweiligen Gesetzeszweck s. auch BAG, Urt. v. 21.9.2011, 7 AZR 375/10, BAGE 139, 213, Rn. 16).

5. Abs. 5: Änderungen des Ausbildungsvertrages

20 Ebenso wie der Abschluss des Ausbildungsvertrages (Abs. 1) bedarf auch dessen **Änderung der Schriftform (Abs. 5 Satz 1)**. Da in Abs. 2 Nummer 1 vorgesehen ist, auch den gewählten Vertiefungseinsatz bereits in den Ausbildungsvertrag aufzunehmen, bestimmt **Abs. 5 Satz 2** dass der gewählte **Vertiefungseinsatz** bis zum Beginn des Vertiefungseinsatzes in beiderseitigem Einverständnis **geändert** werden kann. Auch hier ist Schriftform erforderlich. S. auch § 26 Abs. 2 Satz 3 und in § 28 Abs. 2 Satz 3 PflAPrV. Für alle Vertragsänderungen gelten die Absätze 2 bis 4 entsprechend (**Abs. 5 Satz 3**). Die Vorschrift ist § 11 Abs. 4 BBiG nachgebildet. S. § 59 Abs. 5 Satz 3 PflBG bei Ausübung eines **Wahlrechts**.

6. Abs. 6: Zustimmung der Pflegeschule

21 Die Vorschrift legt in **Abs. 6 Satz 1** ein gesetzliches **Zustimmungserfordernis der Pflegeschule** fest. Die Zustimmung kann vor Abschluss des Ausbildungsvertrages erteilt werden. Dann handelt es sich um eine **Einwilligung** i. S. v. § 183 BGB. Wird die Zustimmung nach Abschluss des Vertrages erteilt, handelt es sich um eine **Genehmigung** i. S. v. § 184 BGB. Ohne diese Zustimmung ist der Ausbildungsvertrag unwirksam. Das Zustimmungserfordernis dient der Stärkung der Rolle der Pflegeschule, die nach § 10 PflBG die Gesamtverantwortung für die Ausbildung trägt. Damit die Pflegeschule eine Beurteilungsgrundlage für ihre Zustimmung hat, solle sie schon bei der Einstellung beteiligt werden und es sollten ihr die Bewerbungsunterlagen zugänglich gemacht werden (so die Gesetzesbegründung, BT-Drs. 18/7823, S. 75).

22 **Abs. 6 Satz 2** regelt eine Pflicht des Trägers der praktischen Ausbildung für den Fall, dass die Zustimmung bei Vertragsschluss nicht vorliegt. Hier muss der Träger unverzüglich, d. h. ohne schuldhaftes Zögern (vgl. § 121 Abs. 1 Satz 1 BGB) die Zustimmung einholen.

Abs. 6 Satz 3 bestimmt, dass für die Auszubildende oder für den Auszubildenden 23
und bei minderjährigen Auszubildenden auch für deren gesetzliche Vertreter ersichtlich sein muss, wenn der Ausbildungsvertrag aufgrund der Regelung in Abs. 6 noch nicht wirksam ist (Gesetzesbegründung, BT-Drs. 18/12847, S. 104).

III. Literaturhinweise

Müller, Thorsten/Schabbeck, Jan B.: Praxishandbuch Pflegerecht. Heidelberg 2018, 24
S. 37 ff. (Urlaub), S. 53 ff. (Beginn und Ende der Arbeitszeit), S. 59 (Beschäftigung und Arbeitszeit Jugendlicher).

§ 17 Pflichten der Auszubildenden

[1]Die oder der Auszubildende hat sich zu bemühen, die in § 5 genannten Kompetenzen zu erwerben, die erforderlich sind, um das Ausbildungsziel zu erreichen. [2]Sie oder er ist insbesondere verpflichtet,

1. an den vorgeschriebenen Ausbildungsveranstaltungen der Pflegeschule teilzunehmen,
2. die ihr oder ihm im Rahmen der Ausbildung übertragenen Aufgaben sorgfältig auszuführen,
3. einen schriftlichen Ausbildungsnachweis zu führen,
4. die für Beschäftigte in den Einrichtungen nach § 7 geltenden Bestimmungen über die Schweigepflicht einzuhalten und über Betriebsgeheimnisse Stillschweigen zu wahren und
5. die Rechte der zu pflegenden Menschen zu achten.

Erläuterungen

Übersicht

I. Allgemeines

1. Regelungsinhalt

1   Die Vorschrift umschreibt die den Auszubildenden im Rahmen der Ausbildung obliegenden Pflichten. Eine vergleichbare Vorschrift findet sich in § 13 BBiG.

2. Korrespondierende Vorschriften der PflAPrV

2   In § 3 Abs. 5 Satz 1 PflAPrV ist die **Gestaltung des Ausbildungsnachweises** nach § 17 Satz 1 Nr. 3 PflBG geregelt. Das **Bundesinstitut für Berufsbildung** entwickelt unter Beteiligung der Fachkommission den **Musterentwurf zum Ausbildungsnachweis für die praktische Ausbildung** gemäß § 3 Abs. 5 Satz 1 PflAPrV (§ 60 Abs. 5 PflAPrV). Dieser Musterentwurf ist von der Pflegeschule zu berücksichtigen (§ 3 Abs. 5 Satz 2 PflBG). Der Ausbildungsnachweis stellt einen der **Nachweise für die Zulassung zur Prüfung** dar (§ 11 Abs. 2 Nr. 2 PflAPrV).

3. Ausbildungsnachweise im Sinne der Richtlinie 2005/36/EG

3   Der in §§ 41, 42, 44, 47, 50 und 56 Abs. 2 PflBG sowie in § 48 Abs. 1, § 49 PflAPrV verwendete Begriff der Ausbildungsnachweise ist nicht mit dem Begriff des Ausbil-

dungsnachweises nach §§ 3 Abs. 5, 17 Satz 1 Nr. 3 PflBG identisch. Vielmehr handelt es sich dort um **Ausbildungsnachweise im Sinne des Art. 3 Abs. 1 Buchst. c) der Richtlinie 2005/36/EG:**

c) *„Ausbildungsnachweise" sind Diplome, Prüfungszeugnisse und sonstige Befähigungsnachweise, die von einer Behörde eines Mitgliedstaats, die entsprechend dessen Rechts- und Verwaltungsvorschriften benannt wurde, für den Abschluss einer überwiegend in der Gemeinschaft absolvierten Berufsausbildung ausgestellt werden. Findet Satz 1 keine Anwendung, so sind Ausbildungsnachweise im Sinne des Absatzes 3 den hier genannten Ausbildungsnachweisen gleichgestellt;*

II. Erläuterungen

1. Satz 1: Lernpflicht

Satz 1 statuiert eine Lernpflicht der Auszubildenden. Die Lernpflicht besteht nicht   4 nur in der Verpflichtung, an den jeweiligen Ausbildungsveranstaltungen teilzunehmen, sondern sich darüber hinaus aktiv um das Erreichen der in § 5 PflBG aufgeführten Kompetenzen zu bemühen, um das Ausbildungsziel zu erreichen.

2. Satz 2: Einzelne Pflichten

In Satz 2 werden einzelne **Pflichten**, die der **Erreichung des Ausbildungsziels**   5 dienen (Nr. 1 bis 3) und die im Rahmen der Ausbildung **Dritten gegenüber** bestehen (Nr. 4 und 5) aufgeführt.

Da eine allgemeine Schulpflicht für den Bereich der beruflichen Pflegeausbildung   6 nicht existiert, ist die **Teilnahme an den vorgeschriebenen Ausbildungsveranstaltungen der Pflegeschule** gesetzlich festzulegen (Nr. 1). Welche Ausbildungsveranstaltungen vorgeschriebenen sind, ist dem schulinternen Curriculum nach § 6 Abs. 2 PflBG zu entnehmen.

Die **Pflicht zur sorgfältigen Ausführung** der im Rahmen der Ausbildung übertra-   7 genen Aufgaben entspricht der Sorgfaltspflicht, wie sie auch in Arbeitsverhältnissen gegeben ist (**Nr. 2**). Eine Verletzung der Sorgfaltspflichten kann ggf. zur Haftung der oder des Auszubildenden führen.

Der **Ausbildungsnachweis** ist so auszugestalten, dass sich aus ihm die Ableistung der   8 praktischen Ausbildungsanteile und die Kompetenzentwicklung anhand der Lernangebote der Einsätze mit Blick auf das Ausbildungsziel nachweisen lassen (**Nr. 3**).

Die **Schweigepflicht** entspricht den Grundsätzen, die auch im Arbeitsverhältnis   9 gelten. Deshalb gelten für Auszubildende die gleichen Bestimmungen über die Schweigepflicht wie für die Beschäftigten in den in § 7 Abs. 1 und 2 PflBG aufgeführten Einrichtungen. Der **Schweigepflicht** unterfallen alle personenbezogenen Daten und Tatsachen Dritter, die der oder dem Auszubildenden bekannt werden. Über **Betriebsgeheimnisse** ist **Stillschweigen** zu wahren (**Nr. 4**). Geschäfts- und Betriebsgeheimnisse sind Tatsachen, die im Zusammenhang mit einem Geschäftsbetrieb stehen, nicht offenkundig, sondern nur einem eng begrenzten Personenkreis bekannt sind und nach dem bekundeten Willen des Betriebsinhabers geheim gehalten werden sollen, wenn dieser an deren Geheimhaltung ein berechtigtes wirtschaftliches Interesse hat (BAG, Beschl. v. 10.3.2009, 1 ABR 87/07, juris Rn. 25). Die Schweigepflicht besteht gegenüber Dritten. Sie dauert auch nach Beendigung des Ausbildungsverhältnisses an. Die **Verletzung von Privatgeheimnissen ist strafbewehrt** (§ 203 StGB). Der Schweigepflicht unterliegen die Angehörigen der Pflegeberufe als Heilberufe. S. zur Schweigepflicht in der Pflege *Leuchtner,* Datenschutz in der Pflege, 2018, S. 9 bis 18.

10   Die **Rechte der zu pflegenden Menschen (Nr. 5)** ergeben sich aus den Grundrechten des Grundgesetzes sowie bundes- und landesrechtlichen, so insbesondere den heimrechtlichen Vorschriften. Eine Zusammenfassung dieser Rechte insbesondere für den Bereich der Altenpflege und der Pflege im Rahmen der Sozialen Pflegeversicherung (SGB XI) bietet die **Charta der Rechte hilfe- und pflegebedürftiger Menschen**. Die Charta selbst hat keinen Rechts-, sondern nur Hinweischarakter.

3. Folgen bei Pflichtverletzungen

11   Die Verletzung der Pflichten kann zu einer **Kündigung** nach § 22 Abs. 2 Nr. 1 PflBG führen, wobei zu berücksichtigen ist, dass es sich hier um eine schwerwiegende Maßnahme handelt. S. dazu im Einzelnen die → Erl. zu § 22 PflBG.

12   Bei der **Haftung von Auszubildenden wegen Pflichtverletzungen** i. S. d. § 17 Satz 2 Nr. 2 PflBG gelten keine anderen Haftungsmaßstäbe als für andere Beschäftigte. Das Haftungsprivileg des Arbeitnehmers und die Vorschrift des § 828 Abs. 3 BGB reichen aus, um auch den Besonderheiten des Ausbildungsverhältnisses Rechnung zu tragen und Auszubildende ausreichend zu schützen (BAG, Urt. v. 19.3.2015, Az.: 8 AZR 67/14, juris, Rn. 25 und 27 – zur gleichlautenden Vorschrift in § 13 Abs. 2 Nr. 1 BBiG).

III. Literaturhinweise

13   *Leuchtner, Jörg M.:* Datenschutz in der Pflege. Ein Praxishandbuch. Heidelberg 2018.
Igl, Gerhard/Sulmann, Daniela: 10 Jahre Pflege-Charta. Zeit, Bilanz zu ziehen. In: Z Gerontol Geriat 2017, S. 287–293.
Igl, Gerhard: Die Rechte hilfe- und pflegebedürftiger Menschen. In: Die Schwester Der Pfleger 7/17, S. 60–62.
Müller, Thorsten/Schabbeck, Jan B.: Praxishandbuch Pflegerecht. Heidelberg 2018, S. 186 ff. (Arbeitnehmerhaftung).
Ausführliche Hinweise zur Pflege-Charta finden sich auf der Seite https://www.pflege-charta.de.

§ 18 Pflichten des Trägers der praktischen Ausbildung

(1) Der Träger der praktischen Ausbildung ist verpflichtet,

1. die Ausbildung in einer durch ihren Zweck gebotenen Form auf der Grundlage des Ausbildungsplans zeitlich und sachlich gegliedert so durchzuführen, dass das Ausbildungsziel in der vorgesehenen Zeit erreicht werden kann,

2. zu gewährleisten, dass die nach § 16 Absatz 2 Nummer 4 vereinbarten Einsätze der praktischen Ausbildung durchgeführt werden können,

3. sicherzustellen, dass die nach § 6 Absatz 3 Satz 3 zu gewährleistende Praxisanleitung der oder des Auszubildenden im Umfang von mindestens 10 Prozent der während eines Einsatzes zu leistenden praktischen Ausbildungszeit stattfindet,

4. der oder dem Auszubildenden kostenlos die Ausbildungsmittel einschließlich der Fachbücher, Instrumente und Apparate zur Verfügung zu stellen, die zur praktischen Ausbildung und zum Ablegen der staatlichen Abschlussprüfung erforderlich sind, und

5. die Auszubildende oder den Auszubildenden für die Teilnahme an Ausbildungsveranstaltungen der Pflegeschule und für die Teilnahme an Prüfungen freizustellen und bei der Gestaltung der Ausbildung auf die erforderlichen Lern- und Vorbereitungszeiten Rücksicht zu nehmen.

(2) Der oder dem Auszubildenden dürfen nur Aufgaben übertragen werden, die dem Ausbildungszweck und dem Ausbildungsstand entsprechen; die übertragenen Aufgaben müssen den physischen und psychischen Kräften der Auszubildenden angemessen sein.

Erläuterungen

Übersicht

I. Allgemeines

1. Regelungsinhalt

Dem Träger der praktischen Ausbildung obliegt die Verantwortung für die Durchführung der praktischen Ausbildung einschließlich ihrer Organisation zu (§ 8 Abs. 1 Satz 1 PflBG). § 18 PflBG konkretisiert diese Verantwortung im Rahmen des Ausbildungsverhältnisses, d. h. im Verhältnis zum Auszubildenden.   1

2. Korrespondierende Vorschriften der PflAPrV

In der PflAPrV sind die Pflichten des Trägers der praktischen Ausbildung vor allem   2
in §§ 3 bis 6, 9 PflAPrV niedergelegt.

II. Erläuterungen

1. Abs. 1: Pflichten des Trägers der praktischen Ausbildung

3   Die Regelungen in Abs. 1 Nr. 1 bis 5 sind zum Teil schon im KrPflG enthalten. Das gilt für die in **Nr. 1** geregelte **zeitliche und sachliche Gliederung des Ausbildungsplans** (vgl. § 10 Abs. 1 Nr. 1 KrPflG) und die in **Nr. 4** geregelte Verpflichtung **zur kostenlosen Stellung der Ausbildungsmittel** (vgl. § 10 Abs. 1 Nr. 2 KrPflG). Dazu zählen ausdrücklich auch die Ausbildungsmittel, die zum Ablegen der staatlichen Abschlussprüfung erforderlich sind.

4   Die in **Nr. 2** statuierte Gewährleistung der **Durchführung der vereinbarten Einsätze der praktischen Ausbildung** spiegelt die Verantwortung des Trägers der praktischen Ausbildung für deren Durchführung, wie sie schon in § 8 Abs. 1 PflBG geregelt ist. Zur praktischen Ausbildung s. § 3 PflAPrV.

5   **Nr. 3** spiegelt die **Sicherstellung** der in § 6 Abs. 3 Satz 3 PflBG vorgesehenen **Praxisanleitung** im Umfang von mindestens 10 % der während eines Einsatzes zu leistenden praktischen Ausbildungszeit. Damit wird auch die mit der Reform der Pflegeberufe angestrebte Aufwertung der Praxisanleitung noch einmal verdeutlicht (so die Gesetzesbegründung, BT-Drs. 18/12847, S. 104). Zur Praxisanleitung s. § 4 PflAPrV.

6   Die **Freistellungsregelung in Nr. 5** entspricht § 15 BBiG. Der Träger der praktischen Ausbildung hat die Auszubildenden für die Teilnahme an Ausbildungsveranstaltungen der Pflegeschule und für die Teilnahme an Prüfungen freizustellen. Die Freistellung muss eventuelle Reise- und Wegezeiten mitumfassen. Auch darüber hinaus ist dem Ausbildungscharakter entsprechend auf die erforderlichen Lern- und Vorbereitungszeiten Rücksicht zu nehmen. Die Ausbildungsvergütung muss nach § 19 Abs. 1 Halbsatz 1 PflBG grundsätzlich für die gesamte Dauer der Ausbildung gezahlt werden. Die Bezüge sind daher auch während der Teilnahme an Ausbildungsveranstaltungen der Pflegeschule und Prüfungen fortzuzahlen (Gesetzesbegründung, BT-Drs. 18/7823, S. 75).

7   Während der Freistellung bleibt der **sozialversicherungsrechtliche Status erhalten** (s. § 19 Abs. 1 Satz 2 PflBG). So ist z. B. in der Gesetzlichen Unfallversicherung ein Arbeitsunfall, auch ein Wegeunfall, während der Freistellung versichert (vgl. § 2 Abs. 1 Nr. 2 und 8 Buchst. b) SGB VII).

2. Abs. 2: Übertragung von Aufgaben an Auszubildende

8   Die Vorschrift entspricht § 10 Abs. 2 KrPflG. Durch diese **Schutzvorschrift** wird zugunsten der Auszubildenden sichergestellt, dass diesen nur Verrichtungen übertragen werden, die dem Ausbildungszweck dienen und deren Ausbildungsstand sowie deren physischen und psychischen Kräften entsprechen. Dadurch soll auch verhindert werden, dass die Auszubildenden lediglich als Arbeitskräfte eingesetzt werden. Die für jugendliche Auszubildende, d. h. für Personen unter 18 Jahren geltenden Arbeitsschutzvorschriften nach dem Jugendarbeitsschutzgesetz bleiben unberührt (Gesetzesbegründung, BT-Drs. 18/7823, S. 75).

§ 19 Ausbildungsvergütung

(1) [1]Der Träger der praktischen Ausbildung hat der oder dem Auszubildenden für die gesamte Dauer der Ausbildung eine angemessene Ausbildungsvergütung zu zahlen. [2]Die oder der Auszubildende steht den zur Berufsausbildung Beschäftigten im Sinne sozialversicherungsrechtlicher Bestimmungen gleich.

(2) [1]Sachbezüge können in der Höhe der Werte, die durch Rechtsverordnung nach § 17 Absatz 1 Satz 1 Nummer 4 des Vierten Buches Sozialgesetzbuch bestimmt sind, angerechnet werden; sie dürfen jedoch 75 Prozent der Bruttovergütung nicht überschreiten. [2]Kann die oder der Auszubildende aus berechtigtem Grund Sachbezüge nicht abnehmen, so sind diese nach den Sachbezugswerten abzugelten. [3]Eine Anrechnung von Sachbezügen ist nur zulässig, soweit dies im Ausbildungsvertrag vereinbart worden ist.

(3) Eine über die vereinbarte regelmäßige tägliche oder wöchentliche Ausbildungszeit hinausgehende Beschäftigung ist nur ausnahmsweise zulässig und besonders zu vergüten oder in Freizeit auszugleichen.

Erläuterungen

Übersicht

I. Allgemeines

Die Vorschrift entspricht im Wesentlichen § 12 KrPflG. Neu hinzugetreten sind die Regelungen in § 19 Abs. 1 Satz 2 und Abs. 2 Satz 3 PflBG. 1

II. Erläuterungen

1. Abs. 1: Ausbildungsvergütung

a) Nr. 1: Angemessenheit der Ausbildungsvergütung

Zum Begriff der **Angemessenheit der Ausbildungsvergütung** in **Abs. 1 Satz 1** wird in der Gesetzesbegründung (BT-Drs. 18/7823, S. 75 f.) Folgendes ausgeführt: 2

„Nach Absatz 1 hat der oder die Auszubildende grundsätzlich gegenüber dem Träger der praktischen Ausbildung Anspruch auf eine angemessene Ausbildungsvergütung für die gesamte Dauer der Ausbildung. Die Ausbildungsvergütung dient der finanziellen Unterstützung des oder der Auszubildenden und erhöht die Attraktivität der Ausbildung. Orientierungspunkt sollte insofern die Vergütung nach dem Tarifrecht des öffentlichen Dienstes sein. Angaben über Zahlung und Höhe der Ausbildungsvergütung sind im Ausbildungsvertrag nach § 16 festzulegen. Die Ausbildungsvergütung

muss angemessen sein, wobei der Maßstab der Angemessenheit gesetzlich nicht geregelt wird. Die Vertragsparteien haben somit einen gewissen Spielraum bei der Vereinbarung der Vergütung. Jedoch unterliegt die Frage, ob die gezahlte Ausbildungsvergütung im Einzelfall angemessen ist, im Zweifelsfall der vollen gerichtlichen Überprüfung. Bei der Beurteilung der Angemessenheit ist die Verkehrsanschauung maßgeblich, wobei das Bundesarbeitsgericht als wichtigsten Anhaltspunkt die einschlägigen Tarifverträge nennt (vgl. BAG, Urteil v. 23.08.2011, 3 AZR 575/09, Ziff. 37). Das Bundesarbeitsgericht hat ausgeführt, dass, soweit keine tarifliche Regelung gilt, branchenübliche Sätze oder eine der Verkehrsauffassung des betreffenden Bereichs entsprechende Vergütung zugrunde zu legen sind. Eine vereinbarte Ausbildungsvergütung sei dann unangemessenen, wenn sie die einschlägige tarifliche, branchenübliche oder in den kirchlichen Arbeitsvertragsrichtlinien festgelegte Vergütung um mehr als 20 Prozent unterschreitet (vgl. BAG, Urteil v. 23.08.2011, 3 AZR 575/09, Ziff. 41). Allerdings wird hierdurch der Anspruch der oder des Auszubildenden nicht auf das gerade noch zulässige Maß der Unterschreitung begrenzt. Zweck der Vorschrift ist es, eine angemessene Ausbildungsvergütung sicherzustellen. Das Bundesarbeitsgericht hat dargelegt, dass bei Unterschreitung der Angemessenheitsgrenze der Träger der praktischen Ausbildung die volle tarifliche, branchenübliche oder in den kirchlichen Arbeitsvertragsrichtlinien festgelegte Ausbildungsvergütung zu zahlen hat (vgl. BAG, Urteil v. 23.08.2011, 3 AZR 575/09, Ziff. 41)."

3 Im Falle einer **unangemessenen niedrigen Ausbildungsvergütung** wirkt die zuständige Stelle nach § 26 Abs. 6 PflBG darauf hin, dass der Träger der Ausbildung innerhalb eines Monats eine angemessene Ausbildungsvergütung vereinbart und mitteilt (§ 8 Abs. 1 PflAFinV). Im Falle einer **unangemessen hohen Ausbildungsvergütung** berücksichtigt die zuständige Stelle nach § 26 Abs. 6 PflBG diese bei der Festsetzung des Ausbildungsbudgets nur in angemessener Höhe und teilt dies dem Träger der praktischen Ausbildung mit (§ 6 Abs. 2 PflAFinV).

b) Nr. 2: Sozialversicherungsrechtliches Beschäftigungsverhältnis

4 Wie schon bisher in den Ausbildungsgängen in der Altenpflege, der Gesundheits- und Krankenpflege sowie der Gesundheits- und Kinderkrankenpflege sollen die sozialversicherungsrechtlichen Beschäftigungsverhältnisse auch im Rahmen der neuen Pflegeberufeausbildung aufrecht erhalten bleiben (**Abs. 1 Satz 2**) (Gesetzesbegründung, BT-Drs. 18/12847, S. 105).

2. Abs. 2: Sachbezüge

5 Im SGB IV gelten als Arbeitsentgelt alle laufenden und einmaligen Einnahmen, gleichgültig, unter welcher Bezeichnung und in welcher Form sie geleistet werden und ob sie unmittelbar aus der Beschäftigung oder im Zusammenhang mit ihr erzielt werden (vgl. § 14 Abs. 1 Satz 1 SGB IV). Einnahmen können deshalb auch in Form von Sachbezügen geleistet werden. § 19 Abs. 2 PflBG nimmt auf diese Vorschrift Bezug. Die **Werte** werden in der Sozialversicherungsentgeltverordnung (SvEV) festgelegt (§ 2 SvEV). Sachbezüge können nur in dem Umfang gewährt werden, in dem dies durch den Ausbildungsvertrag nach § 16 Abs. 2 Nr. 8 PflBG vorgesehen ist.

3. Abs. 3: Überplanmäßige Beschäftigung

Eine Beschäftigung über die vereinbarte regelmäßige täglich oder wöchentliche Aus-   6
bildungszeit hinaus muss dem Ausbildungszweck entsprechen (vgl. § 18 Abs. 1 Nr. 1
PflBG). Sie ist nur ausnahmsweise zulässig. Sie muss besonders vergütet werden oder
ist durch entsprechenden Freizeit auszugleichen. Auch bei einer über die vereinbarte
regelmäßige tägliche oder wöchentliche Ausbildungszeit hinausgehenden Beschäftigung sind die Arbeitszeitvorschriften des Arbeitszeitgesetzes und des Jugendarbeitsschutzgesetzes zu beachten (Gesetzesbegründung, BT-Drs. 18/7823, S. 76).

§ 20   Probezeit

[1]Das Ausbildungsverhältnis beginnt mit der Probezeit. [2]Die Probezeit beträgt sechs Monate, sofern sich aus tarifvertraglichen Regelungen keine andere Dauer ergibt.

Erläuterungen

Übersicht

I. Allgemeines

1   Zu Beginn des Ausbildungsverhältnisses steht als Bestandteil des Ausbildungsverhältnisses die Probezeit, die anders als nach dem BBiG (§ 20 BBiG: mindestens ein Monat, höchstens vier Monate) sechs Monate beträgt.

II. Erläuterungen

1. Besondere Dauer der Probezeit

2   **Abs. 1 Satz 1** regelt eine der besonderen Struktur der Ausbildung entsprechende Probezeit, die auf sechs Monate festgelegt wird. Sollte sich aus tarifvertraglichen Regelungen eine andere Dauer ergeben, so gilt diese. Die besondere Dauer der Probezeit rechtfertigt sich aus der besonderen Struktur der Ausbildung (so die Gesetzesbegründung, BT-Drs. 18/7823, S. 76). Damit ist gemeint, dass der Träger der praktischen Ausbildung die Möglichkeit haben muss, Erfahrungen über die berufliche Eignung und die oder der Auszubildende auch über die berufliche Neigung nicht nur im theoretischen und praktischen Unterricht, sondern auch in der praktischen Ausbildung zu sammeln. Das Bundesarbeitsgericht drückt dies folgendermaßen aus (BAG, Urt. v. 19.11.2015, 6 AZR 844/14, BAGE 153, 286 = NZA 2016, 228, Rn. 16 – Wiedergabe ohne Zitierungen):

„Die gesetzlich vorgeschriebene Probezeit soll einerseits sicherstellen, dass der Ausbildende den Auszubildenden dahingehend überprüfen kann, ob dieser für den zu erlernenden Beruf geeignet ist [...] und sich in das betriebliche Geschehen mit seinen Lernpflichten einordnen kann. Andererseits muss die Prüfung, ob der gewählte Beruf seinen Vorstellungen und Anlagen entspricht, auch dem Auszubildenden möglich sein [...]. Letztlich soll die Probezeit beiden Vertragspartnern ausreichend Gelegenheit einräumen, die für das Ausbildungsverhältnis im konkreten Ausbildungsberuf wesentlichen Umstände eingehend zu prüfen [...]. "

3   In **Tarifverträgen** kann die Dauer der Probezeit anders geregelt werden (**Abs. 1 Satz 2**). Nach dem Tarifvertrag für **Auszubildende der Länder in Pflegeberufen**

(**TVA-L Pflege**)[1] beträgt die Probezeit ebenfalls sechs Monate (§ 3 TVA-L Pflege). Im **Tarifvertrag für Auszubildende des öffentlichen Dienstes (TVAöD) – Besonderer Teil Pflege – (TVAöD – Pflege)**[2] findet sich die gleiche Dauer der Probezeit (§ 3 TVAöD – Pflege).

2. Verlängerung der Probezeit

Eine Verlängerung der Probezeit aufgrund von Fehlzeiten (§ 13 PflBG) ist gesetzlich   4
nicht vorgesehen. Das Bundesarbeitsgericht hat jedoch im Rahmen des § 20 BBiG kein Hindernis gesehen, eine Verlängerung der Probezeit bei Unterbrechung von mehr als zwei Dritteln der Probezeit vertraglich vorzusehen (BAG, Urt. v. 9.6.2016, 6 AZR 396/15, NJW 2016, 2972 = NZA 2016, 1406). Aus dieser Entscheidung kann der Grundsatz entnommen werden, dass die gesetzlich festgelegte Dauer der Probezeit dann verlängert werden kann, wenn dies zur Erfüllung des Zwecks der Probezeit dient und im Interesse beider Vertragsparteien liegt (BAG, a. a. O., Rn. 24 ff.).

3. Kündigung in der Probezeit

Eine Kündigung in der Probezeit ist für beide Vertragspartner jederzeit und ohne   5
Angabe von Gründen möglich (§ 22 Abs. 1 PflBG).

4. Verbot der Anrechnung von Praktikantenzeiten

Als besonders problematisch erweist sich die Anrechnung von Praktikantenzeiten   6
auf eine Probezeit. Das Bundesarbeitsgericht hat in einer Entscheidung zu § 20 Abs. 1 BBiG (BAG, Urt. v. 19.11.2015, 6 AZR 844/14, BAGE 153, 286 = NZA 2016, 228) dazu Näheres ausgeführt. Die Vorschrift sehe eine Anrechnung von Zeiten, in denen zwischen dem Ausbildenden und dem Auszubildenden bereits ein anderes Vertragsverhältnis bestand, nicht vor. Die Vorschrift knüpfe allein an den rechtlichen Bestand des Ausbildungsverhältnisses an. Zeiten eines anderen Vertragsverhältnisses derselben Parteien vor Beginn des Berufsausbildungsverhältnisses stehen weder der Vereinbarung einer Probezeit im Berufsausbildungsverhältnis entgegen noch finde eine Anrechnung auf die gemäß § 20 Satz 1 BBiG zu vereinbarende Probezeit statt. Dies ergebe sich aus dem klaren Wortlaut des § 20 Satz 1 BBiG und dem Zweck der Probezeit unter Berücksichtigung der unterschiedlichen Rechte und Pflichten in anderen Vertragsverhältnissen (BAG, a. a. O., Rn. 14 f.). Die Grundsätze dieser eindeutigen Rechtsprechung sind auch auf § 20 PflBG anwendbar.

---

1   Vom 12.10.2006 in der Fassung des Änderungstarifvertrages Nr. 7 v. 17.2.2017 zwischen der Tarifgemeinschaft deutscher Länder und ver.di und dbb tarifunion.
2   Vom 13.9.2005, zuletzt geändert durch Änderungstarifvertrag Nr. 11 v. 18.4.2018 zwischen der Bundesrepublik Deutschland und der Vereinigung der kommunalen Arbeitgeberverbände (VKA) einerseits und ver.di und weiteren Gewerkschaften.

§ 21   Ende des Ausbildungsverhältnisses

(1) Das Ausbildungsverhältnis endet unabhängig vom Zeitpunkt der staatlichen Abschlussprüfung mit Ablauf der Ausbildungszeit.

(2) Besteht die oder der Auszubildende die staatliche Prüfung nicht oder kann sie oder er ohne eigenes Verschulden die staatliche Prüfung nicht vor Ablauf der Ausbildung ablegen, so verlängert sich das Ausbildungsverhältnis auf schriftliches Verlangen gegenüber dem Träger der praktischen Ausbildung bis zur nächstmöglichen Wiederholungsprüfung, höchstens jedoch um ein Jahr.

Erläuterungen

Übersicht

I. Allgemeines

1. Regelungsinhalt

1   Die Vorschrift enthält eine gesetzliche Regelung zum Ende des Ausbildungsverhältnisses. Sie trifft Bestimmungen zum Ende des Ausbildungsverhältnisses (**Abs. 1**) und zum Verfahren bei Nichtbestehen der Prüfung (**Abs. 2**). Zur Beschäftigung im Anschluss an das Ausbildungsverhältnis s. § 23 PflBG.

2. Korrespondierende Vorschriften der PflAPrV

2   In § 19 Abs. 1 PflAPrV findet sich die Vorschrift zum Bestehen der staatlichen Prüfung. Die Wiederholungsmöglichkeit beim Nichtbestehen der Prüfung ist in § 19 Abs. 4 PflAPrV geregelt.

II. Erläuterungen

1. Abs. 1: Ende der Ausbildungszeit

3   Die Ausbildungszeit endet in jedem Fall erst nach Ablauf der Ausbildungszeit, auch wenn die Prüfung vorher abgelegt sein sollte. Dies gilt unabhängig davon, ob eine Ausbildung in Vollzeitform, d. h. mit dreijähriger Dauer, oder in Teilzeitform, d. h. mit einer Ausbildungsdauer bis höchstens fünf Jahre, stattfindet.

4   Die Vorschrift stellt eine Änderung gegenüber einer früheren Rechtsprechung des Gemeinsamen Senates der obersten Gerichtshöfe des Bundes (GmS-OBG, Beschl. v. 27.1.1983, 2/82, NJW 1983, 2070) dar. Der GmS-OBG hat in diesem Beschluss gesagt, dass das Ausbildungsverhältnis einer Krankenschwester, die vor Ablauf der dreijährigen Lehrgangsdauer die Abschlussprüfung erfolgreich bestanden hat, mit

dem Zeitpunkt der Prüfung endet, und dass nach erfolgreich bestandener Prüfung schon vor Ablauf der vorgesehenen dreijährigen Lehrgangsdauer in diesem Fall ein Tarifgehalt zu zahlen ist.

2. Abs. 2: Verlängerung der Ausbildungszeit

Die Möglichkeit, die Ausbildungszeit zu verlängern, ist für zwei Fälle vorgesehen: **Nichtbestehen der staatlichen Prüfung** oder **Ablegen der staatlichen Prüfung nach Ablauf der Ausbildung**. Im letzteren Fall darf kein Verschulden des Auszubildenden vorliegen. Das **Verschulden** kann in **Vorsatz oder Fahrlässigkeit** bestehen. Fahrlässig handelt, wer die im Verkehr erforderliche Sorgfalt außer Acht lässt (§ 276 Abs. 2 BGB). Vorsatz meint eine willentliche Pflichtverletzung. So kann ein schuldhafter Verstoß gegen die Pflichten der Auszubildenden, vor allem die Vernachlässigung der Teilnahme an den vorgeschriebenen Ausbildungsveranstaltungen (§ 16 Nr. 1 PflBG), eine willentliche Pflichtverletzung darstellen. 5

Der Auszubildende muss die **Verlängerung** gegenüber dem Träger der Ausbildung **schriftlich verlangen**. In diesem Verlangen wird der Auszubildende auch auf die Gründe eingehen müssen, wegen derer er eine Verlängerung wünscht. Ist der Ausbildungsträger der Ansicht, dass der Auszubildende schuldhaft die staatliche Prüfung nicht zum angesetzten Termin während der Ausbildungszeit hat ablegen können, trägt er die Beweislast für den Nachweis des Verschuldens. 6

Die **Verlängerungsmöglichkeit** besteht nur bis zur nächsten Wiederholungsprüfung, höchstens aber ein Jahr. Aus dem gesetzlichen Wortlaut („bis") ergibt sich nicht klar, ob damit der Tag der nächstmöglichen Wiederholungsprüfung oder erst der Tag, an dem die Bekanntgabe des Prüfungsergebnisses stattfindet, als Endzeitpunkt des Ausbildungsverhältnisses gemeint ist. Da der Gesetzgeber darauf verzichtet hat, die Regelung aus § 21 Abs. 2 BBiG in das PflBG zu übernehmen, wird man davon ausgehen müssen, dass der Tag des Beginns der Wiederholungsprüfung gemeint ist. Um Unklarheiten zu vermeiden, sollte im Ausbildungsvertrag hierzu Näheres bestimmt werden (vgl. § 16 Abs. 2 Nr. 2 PflBG). 7

§ 22   Kündigung des Ausbildungsverhältnisses

(1) Während der Probezeit kann das Ausbildungsverhältnis von jedem Vertragspartner jederzeit ohne Einhaltung einer Kündigungsfrist gekündigt werden.

(2) Nach der Probezeit kann das Ausbildungsverhältnis nur gekündigt werden

1. **von jedem Vertragspartner ohne Einhalten einer Kündigungsfrist bei Vorliegen eines wichtigen Grundes,**
2. **von der oder dem Auszubildenden mit einer Kündigungsfrist von vier Wochen.**

(3) [1]**Die Kündigung muss schriftlich erfolgen.** [2]**Bei einer Kündigung durch den Träger der praktischen Ausbildung ist das Benehmen mit der Pflegeschule herzustellen.** [3]**In den Fällen des Absatzes 2 Nummer 1 sind die Kündigungsgründe anzugeben.**

(4) [1]**Eine Kündigung aus einem wichtigen Grund ist unwirksam, wenn die ihr zugrunde liegenden Tatsachen der kündigungsberechtigten Person länger als 14 Tage bekannt sind.** [2]**Ist ein vorgesehenes Güteverfahren vor einer außergerichtlichen Stelle eingeleitet, so wird bis zu dessen Beendigung der Lauf dieser Frist gehemmt.**

Erläuterungen

Übersicht

I. Allgemeines

1   Die Regelung enthält die Bestimmungen für die Kündigung von Ausbildungsverhältnissen. Ähnliche Vorschriften finden sich in § 22 BBiG und § 15 KrPflG. Diesen Vorschriften gegenüber ist § 22 PflBG in Abs. 3 und 4 präzisiert worden. Eine Übernahme der Rechtsprechung zu § 22 BBiG und § 15 KrPflG ist nur insoweit möglich, als sie diese Präzisierungen nicht betrifft. Ansonsten sind die arbeitsrechtlichen Grundsätze für das Ausbildungsverhältnis einschlägig. Es empfiehlt sich deshalb, für die Einzelheiten der Kündigung auch auf die entsprechende arbeitsrechtliche Literatur und Rechtsprechung zurückzugreifen.

2   Die Kündigung ist eine einseitige, empfangsbedürftige Willenserklärung; sie muss dem Erklärungsempfänger schriftlich zugestellt werden.

II. Erläuterungen

1. Abs. 1: Kündigung während der Probezeit

Während der Probezeit kann jeder Vertragspartner jederzeit ohne Angabe von 3 Gründen und ohne Einhaltung einer Kündigungsfrist kündigen, wobei die Schriftform einzuhalten ist (Abs. 3 Satz 1). Bei einer Kündigung durch den Träger der praktischen Ausbildung ist das Benehmen mit der Pflegeschule herzustellen (Abs. 3 Satz 2). Es handelt sich um eine entfristete ordentliche Kündigung.

Die **erforderliche Mitbestimmung** bei Kündigungen ist bei Vorliegen der Voraus- 4 setzungen einzuhalten (vgl. § 102 BetrVG und die entsprechenden Vorschriften in den Personalvertretungsgesetzen).

Bereits vor **Beginn der Berufsausbildung** ist eine ordentliche entfristete Kündigung 5 möglich, sofern keine abweichende Regelung vereinbart wurde (BAG, Urt. v. 17.9.1987, 2 AZR 654/86; LAG Düsseldorf, Urt. v. 16.9.2011, 6 Sa 909/11). Schadensersatzansprüche des Ausbildenden werden hierdurch nicht begründet.

Die Kündigung darf nicht gegen die guten Sitten (§ 138 BGB) oder gegen Treu und 6 Glauben (§ 242 BGB) verstoßen (BAG, Urt. v. 8.3.1977, 4 AZR 700/75). Ein solcher Verstoß liegt nicht vor, wenn zu dem Zeitpunkt gekündigt wird, ab dem absehbar wird, dass die Ausbildung nicht beendet werden kann (a. a. O., Rn. 19).

Die **Kündigung einer schwangeren Auszubildenden** ist auch während der Pro- 7 bezeit ausgeschlossen (§ 9 MuSchG) (LAG Berlin, Urt. v. 1.7.1985, 9 Sa 28/85).

2. Abs. 2: Kündigung nach der Probezeit

Abs. 2 ist § 22 Abs. 2 BBiG nachgebildet. Nach der Probezeit kann das Ausbildungs- 8 verhältnis nur ausnahmsweise gekündigt werden, von beiden Vertragspartnern ohne Kündigungsfrist nur bei Vorliegen eines wichtigen Grundes (Abs. 2 Nr. 1) und vom Auszubildenden mit einer Kündigungsfrist von vier Wochen (Abs. 2 Nr. 2). Die Kündigung aus wichtigem Grund ist dabei an die Maßgaben des Abs. 4 gebunden.

Ein **wichtiger Grund** ist in Anlehnung an § 626 Abs. 1 BGB zu ermitteln und liegt 9 nur vor, wenn dem Kündigenden unter Berücksichtigung aller Umstände des Einzelfalls und unter Abwägung der Interessen beider Vertragsteile die Fortsetzung des Ausbildungsverhältnisses bis zum Ablauf der Ausbildungszeit nicht zugemutet werden kann. Die Vertragspartner können im Ausbildungsvertrag wichtige Gründe näher konkretisieren, sofern die Eigenart des Ausbildungsverhältnisses hierbei Berücksichtigung findet. Die Kündigung ist nur wirksam, wenn sie unter Angabe des Kündigungsgrundes schriftlich erfolgt (Abs. 3 Satz 1). S. im Einzelnen BeckOK ArbR/*Hagen*, 48. Ed. 1.6.2018, BBiG § 22, Rn. 6–10.

Für das **Erfordernis einer Abmahnung** gelten die gleichen Grundsätze wie im 10 Arbeitsverhältnis. Im Hinblick auf die Besonderheiten des Ausbildungsverhältnisses wird man vor dem Ausspruch einer Kündigung Auszubildender immer sehr sorgfältig prüfen müssen, ob das beanstandete Verhalten nicht zuvor abzumahnen ist. Eine Abmahnung wird dann entbehrlich sein, wenn die Hinnahme des Verhaltens Auszubildender durch den Ausbildenden ausgeschlossen ist. Besteht der dringende

Verdacht einer schwerwiegenden Pflichtverletzung, kann ein wichtiger Grund gegeben und eine Verdachtskündigung im Ausbildungsverhältnis zulässig sein. S. dazu im Einzelnen BeckOK ArbR/*Hagen*, 48. Ed. 1.6.2018, BBiG § 22, Rn. 9.

11 **Kündigt der Ausbildende fristlos**, muss der wichtige Grund in einem engen Zusammenhang mit dem Berufsausbildungsverhältnis stehen und das Ausbildungsziel bei objektivierender Vorschau zumindest erheblich gefährden. An den wichtigen Grund sind hohe Anforderungen zu stellen. Kurz vor dem Prüfungstermin wird eine fristlose Kündigung des Auszubildenden deshalb kaum noch möglich sein. Als wichtige Gründe kommen in Betracht: Verstöße gegen Pflichten des Auszubildenden im Betrieb, gegen Schulpflichten sowie sonstige Verstöße gegen öffentliches und privates Recht. S. im Einzelnen BeckOK ArbR/*Hagen*, 48. Ed. 1.6.2018, BBiG § 22, Rn. 11–12.

12 Wichtige Gründe für eine **Kündigung des Auszubildenden** sind z. B. schwerwiegende Verstöße gegen das JArbSchG, unbegründete Verweigerung der Freistellung nach § 13 PflBG, schlechte Behandlung durch den Ausbildenden, Nichtgewährung von Urlaub, Fehlen/Wegfall der Berechtigung zum Ausbilden. S. im Einzelnen BeckOK ArbR/*Hagen*, 48. Ed. 1.6.2018, BBiG § 22, Rn. 13.

3. Abs. 3: Kündigungsmodalitäten

13 Die Kündigung bedarf der **Schriftform (Abs. 3 Satz 1)**. Die elektronische Form ist ausgeschlossen (§ 623 BGB). Fehlt die Schriftform, ist die Kündigung wegen Formmangels unwirksam (§ 125 BGB).

14 Bei einer **Kündigung durch den Träger der praktischen Ausbildung** ist das **Benehmen mit der Pflegeschule** herzustellen (**Abs. 3 Satz 2**). Nach der Gesetzesbegründung (BT-Drs. 18/12847, S. 105) soll dadurch sichergestellt werden, dass im Fall einer Kündigung durch den Träger der praktischen Ausbildung die Pflegeschule beteiligt wird und gegebenenfalls moderierend zum Erhalt des Ausbildungsverhältnisses beitragen kann. Benehmen bedeutet kein Einvernehmen. Deshalb wird die abschließende Entscheidung über die Kündigung durch den Träger der praktischen Ausbildung getroffen.

15 Eine **Kündigung durch die Schule** ist **nicht vorgesehen**. Die Schule ist nicht Vertragspartner des Ausbildungsvertrages. Die Schule kann auch nicht die Zustimmung nach § 16 Abs. 6 Satz 1 PflBG widerrufen (s. die → Erl. zu § 16 Rn. 21). Wenn sich durch das Verhalten der/des Auszubildenden in der Schule z. B. durch einen Verstoß gegen die in § 17 Nr. 1 PflBG geregelte Teilnahmeverpflichtung eine Situation ergibt, dass die Schule es für sinnvoll hält, das Ausbildungsverhältnis zu beenden, so ist die Schule zunächst auf ihre schulrechtlich einschlägigen disziplinarischen Möglichkeiten zu verweisen. Reichen diese Möglichkeiten nicht aus, kann sie im Rahmen der Kooperation mit dem Träger der praktischen Ausbildung analog dem Grundsatz der Gesamtverantwortung (vgl. § 10 PflBG) darauf hinwirken, dass der Träger das Ausbildungsverhältnis kündigt.

16 Die **Kündigungsgründe** sind bei der Kündigung nach Abs. 2 schriftlich anzugeben (**Abs. 3 Satz 3**).

4. Abs. 4: Unwirksamkeit der Kündigung aus wichtigem Grund

Die Vorschrift in **Abs. 4 Satz 1** entspricht § 22 Abs. 4 Satz 1 BBiG, die wiederum in 17 § 626 Abs. 2 BGB ihren Grund findet. Die Vorschrift kann individual- oder kollektivvertraglich nicht geändert werden. Die Beweislast für die Einhaltung der Frist obliegt dem Kündigenden.

Die Vorschrift in **Abs. 4 Satz 2** entspricht § 22 Abs. 4 Satz 2 BBiG. Wird ein 18 vorgesehenes Güteverfahren vor einer außergerichtlichen Stelle eingeleitet, wird bis zu dessen Beendigung der Lauf der 14-Tage-Frist gehemmt. Ob die Ombudsstelle nach § 7 Abs. 6 PflBG solche Aufgaben übernehmen kann, ist landesrechtlicher Bestimmung überlassen (s. dazu die → Erl. zu § 7 Abs. 6 PflBG, Rn. 12 f.).

III. Literaturhinweise

Die Literatur zur Kündigung von Ausbildungsverhältnissen findet sich sowohl in den allgemeinen 19 arbeitsrechtlichen Kommentaren wie in den Kommentaren zum Berufsbildungsgesetz (BBiG). Weiter ist auf die Literatur zum Mutterschutzgesetz und zu den sonstigen Schutzgesetzen hinzuweisen.
Für die obenstehenden Ausführungen ist auf folgenden Kommentar zurückgegriffen worden:
Rolfs, Christian/Giesen, Richard/Kreikebohm, Ralf/Udsching, Peter (Hrsg.): BeckOK Arbeitsrecht. 48. Edition. Stand: 1.6.2018. München 2018 (zitiert: BeckOK ArbR/Bearbeiter, 48. Ed. 1.6.2018, BBiG).
Müller, Thorsten/Schabbeck, Jan B.: Praxishandbuch Pflegerecht. Heidelberg 2018, S. 106 ff. (Beendigung des Arbeitsverhältnisses).

§ 23   Beschäftigung im Anschluss an das Ausbildungsverhältnis

Wird die oder der Auszubildende im Anschluss an das Ausbildungsverhältnis beschäftigt, ohne dass hierüber ausdrücklich etwas vereinbart worden ist, so gilt ein Arbeitsverhältnis auf unbestimmte Zeit als begründet.

Erläuterungen

Übersicht

I. Allgemeines

1   Die Regelung ist eine Schutzvorschrift zugunsten der Auszubildenden, die dem Rechtsgedanken des § 625 BGB entspricht (Gesetzesbegründung, BT-Drs. 18/7823, S. 76). In dieser Vorschrift zur stillschweigenden Verlängerung eines Dienstverhältnisses heißt es: *„Wird das Dienstverhältnis nach dem Ablauf der Dienstzeit von dem Verpflichteten mit Wissen des anderen Teiles fortgesetzt, so gilt es als auf unbestimmte Zeit verlängert, sofern nicht der andere Teil unverzüglich widerspricht."* Eine § 23 PflBG entsprechende Regelung findet sich auch in § 24 BBiG und § 16 KrPflG. Der Schutz des Auszubildenden besteht darin, dass bei der Beschäftigung im Anschluss an das Ausbildungsverhältnis ein Arbeitsverhältnis auf unbestimmte Zeit begründet wird (vgl. § 611a BGB). Dabei sind die Vertragspartner darin frei, ein Arbeitsverhältnis einzugehen.

II. Erläuterungen

1. Voraussetzungen der Begründung eines Arbeitsverhältnisses

2   **Voraussetzung** für die Begründung eines Arbeitsverhältnisses ist, dass der Auszubildende **tatsächlich beschäftigt** wird und zwar **unmittelbar im Anschluss an das Ausbildungsverhältnis**. Dazu muss der Träger der praktischen Ausbildung Kenntnis von der Weiterbeschäftigung und der Beendigung des Ausbildungsverhältnisses haben. Das Ende des Ausbildungsverhältnisses ist in § 21 PflBG bestimmt.

2. Beteiligung des Betriebsrates/der Personalvertretungen

3   Bei der Weiterbeschäftigung im Anschluss an das Ausbildungsverhältnis sind die Mitbestimmungsvorschriften (§ 99 Abs. 1 BetrVG sowie die entsprechenden personalvertretungsrechtlichen Vorschriften) zu beachten.

3. Tarifvertragliche Regelungen

Der **Tarifvertrag für Auszubildende der Länder in Pflegeberufen (TVA-L Pflege)**[1]   4
enthält in § 18 Abs. 5 eine der Vorschrift des § 23 PflBG entsprechende Regelung.
Die entsprechende Regelung im **Tarifvertrag für Auszubildende des öffentlichen
Dienstes (TVAöD)**[2] – Besonderer Teil Pflege – (TVAöD – Pflege) (§ 16a) ist mit
Wirkung vom 1. März 2012 aufgehoben worden. Sie wird ersetzt durch § 16a des
**Tarifvertrages für Auszubildende des öffentlichen Dienstes (TVAöD – Allgemei-
ner Teil)**[3]. Danach werden Auszubildende nach erfolgreich bestandener Abschlussprüfung bei dienstlichem bzw. betrieblichem Bedarf im unmittelbaren Anschluss an
das Ausbildungsverhältnis für die Dauer von zwölf Monaten in ein Arbeitsverhältnis
übernommen, sofern nicht im Einzelfall personenbedingte, verhaltensbedingte, be-
triebsbedingte oder gesetzliche Gründe entgegenstehen. Im Anschluss daran werden
diese Beschäftigten bei entsprechender Bewährung in ein unbefristetes Arbeitsverhältnis übernommen. Der dienstliche bzw. betriebliche Bedarf muss zum Zeitpunkt
der Beendigung der Ausbildung vorliegen und setzt zudem eine freie und besetzbare
Stelle bzw. einen freien und zu besetzenden Arbeitsplatz voraus, die/der eine aus-
bildungsadäquate Beschäftigung auf Dauer ermöglicht. Bei einer Auswahlentschei-
dung sind die Ergebnisse der Abschlussprüfung und die persönliche Eignung zu
berücksichtigen. Bestehende Mitbestimmungsrechte bleiben unberührt.

4. Höhe des Arbeitsentgeltes

Wird nach § 23 PflBG ein Arbeitsverhältnis auf unbestimmte Zeit begründet, hat der   5
Arbeitnehmer **Anspruch auf die branchen- bzw. ortsübliche oder die tarifliche
Vergütung** (§ 612 BGB) (BAG, Urt. v. 16.6.2005, 6 AZR 411/04). Die Tarifverträge
enthalten spezielle Regelungen zum Arbeitsentgelt in diesen Fällen (vgl. § 14 Abs. 4
TVAöD – Pflege).

---

1   Vom 12.10.2006 in der Fassung des Änderungstarifvertrages Nr. 7 v. 17.2.2017 zwischen der
Tarifgemeinschaft deutscher Länder und ver.di und dbb tarifunion.
2   Vom 13.9.2005, zuletzt geändert durch Änderungstarifvertrag Nr. 11 v. 18.4.2018 zwischen der
Bundesrepublik Deutschland und der Vereinigung der kommunalen Arbeitgeberverbände
(VKA) einerseits und ver.di und weiteren Gewerkschaften.
3   Tarifvertrag für Auszubildende des öffentlichen Dienstes (TVAöD) – Allgemeiner Teil – des
Bundes v. 13.9.2005, zuletzt geändert durch Änderungstarifvertrag Nr. 6 v. 24.11.2016.

§ 24   Nichtigkeit von Vereinbarungen

(1) Eine Vereinbarung, die zu Ungunsten der oder des Auszubildenden von den übrigen Vorschriften dieses Abschnitts abweicht, ist nichtig.

(2) [1]Eine Vereinbarung, durch die die oder der Auszubildende für die Zeit nach Beendigung des Ausbildungsverhältnisses in der Ausübung ihrer oder seiner beruflichen Tätigkeit beschränkt wird, ist nichtig. [2]Dies gilt nicht, wenn die oder der Auszubildende innerhalb der letzten drei Monate des Ausbildungsverhältnisses für die Zeit nach dessen Beendigung ein Arbeitsverhältnis eingeht.

(3) Nichtig ist auch eine Vereinbarung über

1. **die Verpflichtung der oder des Auszubildenden, für die praktische Ausbildung eine Entschädigung oder für die Teilnahme am theoretischen und praktischen Unterricht an der Pflegeschule eine Vergütung oder ein Schulgeld zu zahlen,**
2. **Vertragsstrafen,**
3. **den Ausschluss oder die Beschränkung von Schadensersatzansprüchen und**
4. **die Festsetzung der Höhe eines Schadensersatzes in Pauschalbeträgen.**

Erläuterungen

Übersicht

I. Allgemeines

1   Die Vorschrift entspricht § 17 KrPflG. Abs. 1 entspricht § 25 BBiG; Abs. 2 und 3 entsprechen § 12 BBiG. Es handelt sich um Schutzvorschriften zugunsten des Auszubildenden.

II. Erläuterungen

1. Abs. 1: Nichtigkeit abweichender Vereinbarungen

2   Die Vorschrift bestimmt, dass die in diesem Gesetz zum Ausbildungsverhältnis enthaltenen Regelungen in Teil 2 Abschnitt 2 PflBG in keinem Fall zu Ungunsten der Auszubildenden abbedungen werden dürfen. Es handelt sich um eine **Schutzvorschrift**, da sich die Auszubildenden auf Grund der Ausbildung in einem Abhängigkeitsverhältnis und somit in einer besonders schutzbedürftigen Lage befinden (Gesetzesbegründung, BT-Drs. 18/7823, S. 76). Unter Vereinbarungen sind individual- und kollektivvertragliche Regelungen zu verstehen.

Ob sich eine Vereinbarung zu Ungunsten der oder des Auszubildenden auswirkt, ist 3
nach objektiven Maßstäben zu beurteilen (BeckOK ArbR/*Hagen*, 48. Ed. 1.6.2018,
BBiG § 25, Rn. 2). Nichtige Vereinbarungen werden durch die gesetzlichen Regeln
ersetzt (BAG, Urt. v. 13.3.1975, 5 AZR 199/74). Die Vorschrift des § 139 BGB greift
nicht (BAG, Urt. v. 13.3.1975, 5 AZR 199/74). Diese Vorschrift bestimmt bei
Teilnichtigkeit eines Rechtsgeschäfts die Nichtigkeit des ganzen Rechtsgeschäfts,
wenn nicht anzunehmen ist, dass das Rechtsgeschäft auch ohne den nichtigen Teil
vorgenommen sein würde. Mit dem Schutzzweck des § 24 Abs. 1 PflBG ist es nicht
vereinbar, dass die auf einem Verstoß gegen dieses Schutzgesetz zugunsten des
Auszubildenden beruhende Teilnichtigkeit zu einer Nichtigkeit auch des Teils der
Vereinbarung führt, die dem Auszubildenden das Recht auf Weiterbeschäftigung
einräumt.

Die Nichtigkeit können alle Personen geltend machen, die daran ein berechtigtes 4
Interesse haben. Dies gilt z. B. auch für gesetzliche Vertreter minderjähriger Auszu-
bildender (*Hergenröder* in: *Henssler/Willemsen/Kalb*, Arbeitsrecht Kommentar, § 25
BBiG, Rn. 2).

Ist die **Ausbildungsvergütung** nicht angemessen (vgl. § 19 Abs. 1 Satz 1 PflBG), so 5
ist die entsprechende Regelung hierüber nichtig. Zur Angemessenheit der Ausbildungsvergütung s. → Erl. zu § 19 PflBG, Rn. 2.

2. Abs. 2: Nichtigkeit von Berufsausübungsbeschränkungen

In **Abs. 2 Satz 1** ist die Nichtigkeit einer Vereinbarung festgelegt, durch die der 6
Auszubildende für die Zeit nach Beendigung des Berufsausbildungsverhältnisses in
der Ausübung seiner beruflichen Tätigkeit beschränkt wird. Nichtig sind **vertragliche Wettbewerbsabreden**, die es unterbinden, dass der Auszubildende in der Zeit
nach der Ausbildung seine erlernten Fähigkeiten und Kenntnisse nach eigenem
Ermessen frei verwerten kann. Auch ist es dem Träger der praktischen Ausbildung
nicht gestattet, mit Auszubildenden zu vereinbaren, dass diese nach Abschluss der
Ausbildung nur **außerhalb des Ortes der Ausbildungsstätte** oder nicht bei einem
Konkurrenzunternehmen tätig werden. Unwirksam ist eine Vereinbarung, wonach
sich an das erste ein weiteres Ausbildungsverhältnis anschließt. Ein Auszubildender
kann nicht durch die **Weiterarbeitsklausel** eines Ausbildungsvertrages gebunden
werden, die beide Parteien verpflichtet, es dem Vertragspartner spätestens drei
Monate vor dem voraussichtlichen Ende des Ausbildungsverhältnisses anzuzeigen,
falls sie nicht anschließend ein Arbeitsverhältnis mit dem anderen eingehen wollen
(BAG, Urt. v. 13.3.1975, 5 AZR 199/74) (alle Beispiele aus *Hergenröder* in: *Henssler/
Willemsen/Kalb*, Arbeitsrecht Kommentar, § 12 BBiG, Rn. 1–4; s. auch BeckOK
ArbR/*Hagen*, 48. Ed. 1.6.2018, BBiG § 12, Rn. 3– 8).

In **Abs. 2 Satz 2** sind die **Ausnahmen von der Nichtigkeit** berufsausübungs- 7
beschränkender Vereinbarungen geregelt. Nach dieser Vorschrift kann sich der
Auszubildende innerhalb der letzten sechs Monate des Ausbildungsverhältnisses
wirksam verpflichten, für die Zeit nach dessen Beendigung ein befristetes oder
unbefristetes Arbeitsverhältnis mit dem Träger der praktischen Ausbildung einzugehen. Die Frist berechnet sich nach der vereinbarten Vertragslaufzeit.

3. Abs. 3: Nichtigkeit von Zahlungsvereinbarungen

8 Der Träger der praktischen Ausbildung hat die Kosten für die Ausbildungsmittel zu tragen (§ 18 Abs. 1 Nr. 4 PflBG). Eine Vereinbarung über eine Entschädigung hierfür oder für die praktische Ausbildung insgesamt ist nichtig (**Abs. 3 Nr. 1**). Anders als § 12 Abs. 2 Nr. 1 BBiG enthält Abs. 3 Nr. 1 zusätzlich eine Regelung über die Nichtigkeit einer Verpflichtung der Auszubildenden, für die Teilnahme am theoretischen und praktischen Unterricht an der Pflegeschule eine **Vergütung oder ein Schulgeld** zu zahlen. Die Regelung soll gewährleisten, dass die Bestimmungen zur Ausbildungsvergütung nicht durch Schulgeldzahlungen konterkariert werden (Gesetzesbegründung, BT-Drs. 18/7823, S. 76). Eine von den Eltern eines Auszubildenden übernommene Verpflichtung zur Zahlung einer Entschädigung ist nichtig (BAG, Urt. v. 28.7.1982, 5 AZR 46/81, BAGE 39, 226 = NJW 1983, 783). Nichtig ist auch eine Vereinbarung über eine Entschädigung für Ausbildungsmaßnahmen außerhalb der Ausbildungsstätte (BAG, Urt. v. 29.6.1988, 5 AZR 450/87).

9 **Wirksam** ist eine Vereinbarung, wonach der Ausbildende die Fahrt- und Übernachtungskosten bei der Abschlussprüfung zu tragen hat (BAG, Urt. v. 14.12.1983, AZR 333/81, BAGE 44, 351).

10 **Abs. 3 Nr. 2** enthält ein **Verbot für Vertragsstrafen**. Dies gilt auch für Vertragsstrafen, zu denen Eltern verpflichtet werden sollen. Wurde nach Abs. 2 Satz 2 wirksam ein Anstellungsvertrag geschlossen, ist die Vereinbarung einer Vertragsstrafe für den Fall des Nichtantritts der Arbeit wirksam (BAG, Urt. v. 23.6.1982, 5 AZR 168/80).

11 **Abs. 3 Nr. 3** regelt den Ausschluss oder die Beschränkung von **Schadensersatzansprüchen des Trägers** der praktischen Ausbildung gegenüber dem Auszubildenden. Damit haftet der Träger der praktischen Ausbildung dem Auszubildenden in voller Höhe. **Haftungsbeschränkungen zugunsten des Auszubildenden** sind möglich (BeckOK ArbR/*Hagen*, 48. Ed. 1.6.2018, BBiG § 12, Rn. 17).

12 Vereinbarungen über die **Festsetzung der Höhe eines Schadensersatzes in Pauschbeträgen** sind nichtig (**Abs. 3 Nr. 4**).

4. Rechtsfolgen

13 Die Nichtigkeit einer Vereinbarung nach § 24 Abs. 1 bis 3 PflBG führt entgegen § 139 BGB nicht zur Gesamtnichtigkeit des Vertrages. Dieser bleibt im Übrigen wirksam. Die Nichtigkeit wirkt aufgrund des Schutzgesetzcharakters nur zugunsten des Auszubildenden. Soweit der Auszubildende aus einer Abrede Rechte geltend machen kann, bleibt sie gültig (BAG, Urt. v. 13.3.1975 – 5 AZR 199/74 – zu § 5 Nr. 2 BBiG a. F., AP Nr 2 zu § 5 BBiG; zitiert bei BeckOK ArbR/*Hagen*, 48. Ed. 1.6.2018, BBiG § 12, Rn. 17).

III. Literaturhinweise

14 Für die obenstehenden Ausführungen ist auf folgende Kommentare zurückgegriffen worden: *Henssler, Martin/Willemsen, Heinz Josef/Kalb, Heinz-Jürgen (Hrsg.):* Arbeitsrecht Kommentar. 7. Aufl. Köln 2016. Die Vorschriften der §§ 12 und 25 BBiG werden in diesem Kommentar von *C. S. Hergenröder* bearbeitet.

Rolfs, Christian/ Giesen, Richard/Kreikebohm, Ralf/Udsching, Peter (Hrsg.): BeckOK Arbeitsrecht. 48. Edition. Stand: 1.6.2018. München 2018 (zitiert: BeckOK ArbR/*Bearbeiter,* 48. Ed. 1.6.2018, BBiG).

§ 25   Ausschluss der Geltung von Vorschriften dieses Abschnitts

Die §§ 16 bis 24 finden keine Anwendung auf Auszubildende, die Diakonissen, Diakonieschwestern oder Mitglieder geistlicher Gemeinschaften sind.

Erläuterungen

1   In der Gesetzesbegründung (BT-Drs. 18/7823, S. 76) wird zu der Vorschrift ausgeführt:

„Aufgrund bestehender Sonderregelungen für Auszubildende, die Diakonissen, Diakonieschwestern oder Mitglieder geistlicher Gemeinschaften sind, wird durch § 25 deutlich gemacht, dass die Regelungen des 2. Abschnitts über das Ausbildungsverhältnis keine Anwendung finden. Entsprechend dem Autonomiestatut nach Artikel 140 GG in Verbindung mit Artikel 137 Absatz 3 Weimarer Reichsverfassung finden auf solche Auszubildenden, die zu einer Kirche oder einer sonstigen Religionsgemeinschaft in einem besonderen Rechtsverhältnis stehen, die Vorschriften des 2. Abschnitts keine Anwendung. Die Rechte und Pflichten dieser Auszubildenden werden durch sogenannte Gestellungsverträge zwischen der geistlichen Gemeinschaft und dem Träger der praktischen Ausbildung im Einzelnen geregelt."

Literaturhinweise

2   *Isensee, Josef:* Kirchenautonomie und sozialstaatliche Säkularisierung in der Krankenpflegeausbildung. Zur Verfassungsmäßigkeit der Erstreckung des Berufsbildungs-Modells auf kirchliche Krankenhäuser. Rechtsgutachten. Katholischer Krankenhausverband Deutschlands – Deutscher Evangelischer Krankenhausverband. Freiburg 1980.

Abschnitt 3
Finanzierung der beruflichen Ausbildung in der Pflege

§ 26 Grundsätze der Finanzierung

(1) Mit dem Ziel,

1. bundesweit eine wohnortnahe qualitätsgesicherte Ausbildung sicherzustellen,
2. eine ausreichende Zahl qualifizierter Pflegefachfrauen und Pflegefachmänner auszubilden,
3. Nachteile im Wettbewerb zwischen ausbildenden und nicht ausbildenden Einrichtungen zu vermeiden,
4. die Ausbildung in kleineren und mittleren Einrichtungen zu stärken und
5. wirtschaftliche Ausbildungsstrukturen zu gewährleisten,

werden die Kosten der Pflegeausbildung nach Teil 2 durch Ausgleichsfonds nach Maßgabe von § 26 Absatz 2 bis § 36 finanziert.

(2) Die Ausgleichsfonds werden auf Landesebene organisiert und verwaltet.

(3) An der Finanzierung der Ausgleichsfonds nehmen teil:

1. Krankenhäuser nach § 7 Absatz 1 Nummer 1,
2. stationäre und ambulante Pflegeeinrichtungen nach § 7 Absatz 1 Nummer 2 und 3,
3. das jeweilige Land,
4. die soziale Pflegeversicherung und die private Pflege-Pflichtversicherung.

(4) [1]Die zuständige Stelle im Land ermittelt den erforderlichen Finanzierungsbedarf nach § 32 und erhebt Umlagebeträge bei den Einrichtungen nach § 33 Absatz 3 und 4. [2]Sie verwaltet die eingehenden Beträge nach § 33 Absatz 1 einschließlich der Beträge aus Landesmitteln nach § 33 Absatz 1 Nummer 3 sowie der Beträge nach § 33 Absatz 1 Nummer 4 als Sondervermögen und zahlt Ausgleichszuweisungen an die Träger der praktischen Ausbildung und die Pflegeschulen aus.

(5) Finanzierungs- und Abrechnungszeitraum ist jeweils das Kalenderjahr.

(6) [1]Das jeweilige Land bestimmt die zuständige Stelle nach Absatz 4 und kann ergänzende Regelungen erlassen. [2]Es bestimmt ebenfalls die zuständige Behörde nach § 30 Absatz 1 sowie eine weitere Behörde, die die Vertreter des Landes nach § 36 Absatz 2 entsendet. [3]Die zuständige Stelle unterliegt der Rechtsaufsicht des zuständigen Landesministeriums. [4]Die Aufgaben der zuständigen Stelle nach Absatz 4 können im Wege der Beleihung auf eine zur Wahrnehmung dieser Aufgaben geeignete juristische Person des Privatrechts, die die Gewähr für eine sachgerechte Aufgabenerledigung bietet, übertragen werden. [5]Diese Aufgabenübertragung kann mit Auflagen verbunden werden und ist widerruflich. [6]Satz 3 gilt entsprechend.

(7) Die Bestimmung der zuständigen Stelle kann länderübergreifend erfolgen.

Erläuterungen

Übersicht

I. Allgemeines

1. Bisherige Regelungen in der Altenpflege und Krankenpflege

1   Wenn von der Finanzierung der beruflichen Ausbildung in der Pflege die Rede ist, wird damit nur ein bestimmtes Segment der Kosten angesprochen, nämlich vor allem die Finanzierung der Ausbildungskosten, die bei den Trägern der praktischen Ausbildung und bei den Trägern der schulischen Ausbildung entstehen, und die Kosten für die Ausbildungsvergütungen (s. die Definition der Ausbildungskosten in § 27 PflBG).

2   Einige Bundesländer haben bereits für den Bereich der **Finanzierung der Ausbildung in der Altenpflege** Regelungen geschaffen, so Baden-Württemberg, Hamburg, Nordrhein-Westfalen, Rheinland-Pfalz, Saarland und Sachsen. Für die **Finanzierung der Ausbildung in der Krankenpflege** existiert eine bundesgesetzliche Regelung im Krankenhausfinanzierungsgesetz (§ 17a KHG). Diese Finanzierung nach dem KHG wird mit Einführung der Finanzierung nach dem PflBG zum 1.1.2019 beendet (Art. 6 i. V. m. Art. 15 Abs. 2 PflBRefG). Für die Beendigung der Finanzierung der Ausbildung in der Altenpflege nach dem bisherigen Landesrecht sind die Länder zuständig.

2. Gründe für die Einführung einer einheitlichen Regelung

3   Das Anliegen einer einheitlichen Finanzierung wird in der Gesetzesbegründung zum ursprünglichen Gesetzentwurf mit der generalistischen Pflegeausbildung gerechtfertigt (BT-Drs. 18/7823, S. 76 f.):

„Mit einer generalistischen Pflegeausbildung, in der die bisherigen Ausbildungen zur Gesundheits- und Kranken-, zu Gesundheits- und Kinderkranken- und zur Alten-pflege zusammengeführt werden, werden auch eine einheitliche Finanzierung und einheitliche Finanzierungsgrundsätze eingeführt. Nur so kann tatsächlich von einer einheitlichen Ausbildung gesprochen werden."

Diese Rechtfertigung der Einführung einer Finanzierung der beruflichen Ausbildung in der Pflege kann für die jetzt Gesetz gewordene Ausbildung für drei Pflegeberufe nicht mehr gelten. Das ist aber unproblematisch, da die Notwendigkeit für eine Finanzierung für die berufliche Ausbildung in der Pflege mit den in § 26 Abs. 1 PflBG aufgeführten Zielen zu begründen ist. S. hierzu die → Erl. unter Rn. 8. Die Wirkungen der Finanzierung der beruflichen Ausbildung in der Pflege sollen **wissenschaftlich evaluiert** werden (vgl. § 68 Abs. 4 PflBG).

3. Finanzierungsinstrumente und -mechanismen

In der Gesetzesbegründung (BT-Drs. 18/7823, S. 76 f.) werden die Finanzierungs- 4 instrumente und -mechanismen aufgeführt:

„[…] Dabei ist es sachgerecht, die Kosten und Kostenanteile, die die bisherigen Kostenträger tragen, der gemeinsamen Finanzierung zu Grunde zu legen. Die Kostenbeiträge werden jeweils in einen Ausbildungsfonds auf Landesebene eingezahlt, d. h. die bisherigen Kostenträger speisen den Fonds. Ausbildende und nicht ausbildende Einrichtungen werden an den Ausbildungskosten beteiligt.

Finanziert wird eine am Ausbildungsbedarf orientierte, wohnortnahe Ausbildung. Die Ausbildungszahlen werden nicht durch finanzielle Vorgaben gedeckelt, sondern richten sich nach der tatsächlichen Zahl der Auszubildenden. Dabei finanziert der Fonds die Gesamtkosten der gemeinsamen Pflegeausbildungskosten, d. h. die laufenden Schulkosten, die Kosten der Ausbildungsvergütung unter Berücksichtigung eines Wertschöpfungsanteils der Auszubildenden sowie die sonstigen Kosten der praktischen Ausbildung (siehe § 27). Gedeckt werden die Kosten der Ausbildung bei wirtschaftlicher Betriebsführung. Hierfür erhalten die Pflegeschulen und der Träger der praktischen Ausbildung ein Ausbildungsbudget, dessen Höhe sich im Regelfall durch eine Pauschalvereinbarung (§ 30) zuzüglich der Mehrkosten der Ausbildungsvergütung oder durch eine Individualvereinbarung (§ 31) bestimmt. Die Mittelauszahlung erfolgt monatlich. Am Ende des Finanzierungszeitraumes (Kalenderjahr) erfolgt eine Abrechnung.

Die Liquidität des Fonds wird durch eine sogenannte Liquiditätsreserve sichergestellt, die Verwaltungskosten werden durch eine Verwaltungskostenpauschale gedeckt.

Die Finanzierungsregelungen beziehen sich auf die berufliche, nicht jedoch auf die hochschulische Ausbildung. Diese wird entsprechend den allgemeinen Grundsätzen, die für hochschulische Ausbildungen gelten, finanziert mit der Möglichkeit für die Studierenden, BAföG zu beziehen.“

4. Inkrafttreten

Da die Einrichtung der Finanzierungsinstrumente und -mechanismen einen gewis- 5 sen zeitlichen Vorlauf vor dem Inkrafttreten des PflBG zum 1.1.2020 benötigt, treten die §§ 26 bis 36 PflBG schon **am 1.1.2019** in Kraft (Art. 15 Abs. 2 PflBRefG).

5. Pflegeberufe-Ausbildungsfinanzierungsverordnung

6   Die Verordnung zur Pflegeberufe-Ausbildungsfinanzierung ist in Form der **Verordnung über die Finanzierung der beruflichen Ausbildung nach dem Pflegeberufegesetz sowie zur Durchführung statistischer Erhebungen (Pflegeberufe-Ausbildungsfinanzierungsverordnung – PflAFinV) vom 2.10.2018** erlassen worden (BGBl. I S. 1622). Sie tritt am 1.1.2019 in Kraft (§ 28 PflAFinV).

6. Korrespondierende Vorschriften der PflAFinV

7   Die Vorschriften zur Ausbildungsfinanzierung sind in Teil 1 der PflAFinV enthalten (§§ 1 bis 20 PflAFinV). Weiter ist die Vorschrift zur Verarbeitung personenbezogener Daten (§ 27 PflAFinV) zu beachten.

II. Erläuterungen

1. Abs. 1: Ziele der Finanzierung

8   Abs. 1 nennt in den Nr. 1 bis 5 verschiedene **Ziele der Finanzierung**. Hierzu führt die Gesetzesbegründung (BT-Drs. 18/7823, S. 77) aus:

„Absatz 1 beschreibt die Ziele, die mit einer bundesweit einheitlichen Finanzierungsregelung verfolgt werden. Bundesweit soll eine wohnortnahe qualitätsgesicherte Ausbildung sichergestellt werden. Zugleich sollen die bundeseinheitlichen Vorgaben gewährleisten, dass bundesweit eine ausreichende Zahl an Pflegefachkräften ausgebildet wird. Angesichts der demographischen Entwicklung ist dies erforderlich. Allein die Zahl der Pflegebedürftigen wird von derzeit 2,6 Millionen auf voraussichtlich weit über 4 Millionen im Jahr 2050 steigen. Im Gegenzug sinkt wegen der seit über 40 Jahren niedrigen Geburtenrate langfristig das Erwerbspersonenpotenzial aus dem Pflegefachkräfte gewonnen werden können. Vielmehr setzt die vorgesehene bundesweit nach gleichen Grundsätzen organisierte Ausbildungsumlage einheitliche finanzielle Anreize dafür, dass auch künftig in Ausbildung investiert wird. Dem dient auch das Ziel, Nachteile im Wettbewerb zwischen ausbildenden und nicht ausbildenden Einrichtungen zu vermeiden. Wie wichtig eine Finanzierungsbeteiligung von ausbildenden und nicht ausbildenden Pflegeeinrichtungen für hohe Ausbildungszahlen ist, haben die zuletzt nach Einführung der Ausbildungsumlage für die Altenpflegeausbildung in NRW aber auch im Saarland deutlich ansteigenden Ausbildungszahlen in diesen Ländern gezeigt. [Bundesministerium für Familie, Senioren, Frauen und Jugend, Zwischenbericht zur Ausbildungs- und Qualifizierungsoffensive (2012–2015), Seite 22.] Die Finanzierung durch ausbildende und nicht ausbildende Einrichtungen im Umlageverfahren stärkt die Ausbildung durch kleinere und mittlere Einrichtungen, die damit die finanziellen Belastungen nicht alleine tragen müssen. Auch dies ist ausdrücklich als Finanzierungsziel verankert."

9   Diese Ziele sollen durch eine bundesweit einheitliche Finanzierungsregelung auf der Ebene der Länder erreicht werden, die in Abs. 1 mit den Ausgleichsfonds benannt wird. Die **Ausgleichsfonds** stellen das Mittel zum Zweck der bundesweit einheitlichen Finanzierung und damit das **Instrument der Finanzierung** dar. Die Regelun-

gen zur Einzahlung in die Ausbildungsfonds und der Auszahlung aus den Ausbildungsfonds und die Erhebung und Berechnung der jeweiligen Beträge stellen die **Mechanismen der Finanzierung** dar.

2. Abs. 2: Ausgleichsfonds

Die Ausgleichsfonds werden auf **Landesebene** gebildet. Damit ist sichergestellt, dass Ausbildungsbedarfen und Gegebenheiten eines jeden Landes unmittelbar Rechnung getragen werden kann. Dementsprechend bestimmt das jeweilige Land die Stelle, die den Fonds verwaltet und kann damit selbst die geeignete Stelle im Land auswählen (Abs. 6) (Gesetzesbegründung, BT-Drs. 18/7823, S. 77). Die Ausgleichsfonds stellen ein **Sondervermögen** dar (Abs. 4 Satz 2). 10

3. Abs. 3: Beteiligte an der Finanzierung

Abs. 3 nennt die an der Finanzierung des Ausgleichsfonds Beteiligten. Dabei wird von dem Grundsatz ausgegangen, dass die bisherigen Kostenträger der Pflegeausbildungen auch jetzt für die Kosten der Pflegeausbildung aufkommen sollen (Gesetzesbegründung, BT-Drs. 18/7823, S. 77). 11

In **Abs. 3 Nr. 1 und 2** werden die **Ausbildungseinrichtungen** als Kostenträger aufgeführt. Die genannten Einrichtungen refinanzieren die Ausbildungskosten über Ausbildungszuschläge bzw. die Pflegevergütungen entsprechend der Regelungen der sozialen Sicherungssysteme. Wesentliche mittelbare Kostenträger sind insoweit die Gesetzliche Krankenversicherung und die Soziale Pflegeversicherung über den im Pflegesatz enthaltenen Kostenanteil für die Ausbildung, aber auch die private Krankenversicherung, die Beihilfe, die Sozialhilfe und die Pflegebedürftigen (Gesetzesbegründung, BT-Drs. 18/7823, S. 77). 12

In **Abs. 3 Nr. 3** ist das jeweilige **Land** aufgeführt. Die Länder beteiligen sich durch eine Direktzahlung. Die jeweiligen Leistungsanteile sind in § 33 Abs. 1 PflBG festgelegt. 13

In **Abs. 3 Nr. 4** ist die **soziale Pflegeversicherung** und die **private Pflege-Pflichtversicherung** als Kostenträger aufgeführt, wobei damit die Träger der sozialen Pflegeversicherung und die Unternehmen der privaten Pflegeversicherung gemeint sind. Die Beteiligung der sozialen Pflegeversicherung durch eine ergänzende Direktzahlung dient der Minderung der Belastung der pflegebedürftigen Versicherten aufgrund des Charakters der sozialen Pflegeversicherung als Teilleistungsversicherung, an der sich die private Pflege-Pflichtversicherung durch eine zehnprozentige Erstattung beteiligt (vgl. § 33 Abs. 1 Nr. 4 PflBG) (Gesetzesbegründung, BT-Drs. 18/7823, S. 78). 14

In der Gesetzesbegründung wird speziell der Einbezug der privaten Pflege-Pflichtversicherungen ausführlich rechtlich begründet. Dies geschieht in dem Bemühen, diesen Einbezug verfassungskonform zu gestalten. Die entsprechenden Ausführungen lauten (Gesetzesbegründung, BT-Drs. 18/7823, S. 78 f.): 15

„Die Einbeziehung der privaten Pflege-Pflichtversicherung ist mit verfassungsrechtlichen Vorgaben vereinbar. Die private Pflege-Pflichtversicherung ist zwar keine

klassische Sozialversicherung. Bei Einführung der Pflegeversicherung wurde dement-sprechend nicht nur Artikel 74 Absatz 1 Nummer 12 GG, sondern auch Artikel 74 Absatz 1 Nummer 11 GG als Grundlage der Gesetzgebungskompetenz herangezogen.

Zur Sozialversicherung gehört typischerweise die Finanzierung im Umlageverfahren. Die private Pflege-Pflichtversicherung legt ebenso wie andere Privatversicherungen, die nach Art der Lebensversicherung kalkuliert sind, das Kapitaldeckungsprinzip zur Grunde. Die private Pflege-Pflichtversicherung ist aber auf Umlageelemente angewie-sen, um die Vorgaben des SGB XI erfüllen zu können (Versicherungspflicht/Kon-trahierungszwang, Absicherung auch bereits pflegebedürftiger Personen, soziale Aus-gestaltung auf der Leistungs- und Beitragsseite).

In der privaten Pflege-Pflichtversicherung besteht zwar kein öffentlich-rechtliches, sondern ein privatrechtliches Verhältnis zwischen Versicherten und Versicherungs-unternehmen. Die privat Pflegeversicherten haben entsprechende privatrechtliche Versicherungsverträge abgeschlossen. Das SGB XI enthält aber zahlreiche Vorgaben zur sozialverträglichen Durchführung der privaten Pflege-Pflichtversicherung (§§ 23, 61, 110, 111 SGB XI). Das SGB XI ist in seiner Ausgestaltung durch zahlreiche solidarische Elemente einer Sozialversicherung stark angenähert. Rechte und Pflichten der Vertragspartner sind ganz überwiegend durch die sozialversicherungsrechtlichen Vorgaben bestimmt. Die sozialversicherungsrechtliche Ausgestaltung dominiert über zivilrechtliche Vorgaben: z. B. die zentrale Frage, welche Pflegeleistungen kann der Versicherte erhalten und in welcher Höhe, ergibt sich aus dem SGB XI, und erst für die weitere rechtliche Ausgestaltung, wie zum Beispiel die Verjährung des Anspruchs auf Pflegeleistungen, ist das Zivilrecht maßgeblich.

Die gesetzliche Pflegeversicherung als Gesamtversicherung mit einer Versicherungs-pflicht für alle besteht aus zwei Teilen, der SPV und der privaten Pflege-Pflichtver-sicherung. Es besteht ein einheitlicher Versicherungsschutz, d. h. die private Pflege-Pflichtversicherung muss immer gleichwertige Leistungen wie die SPV erbringen (bzw. bei Beihilfeberechtigten gleichwertige Leistungen zusammen mit den anteiligen Leis-tungen der Beihilfe; anteilige Leistungen für Beihilfeberechtigte nicht nur in der privaten Pflege-Pflichtversicherung, sondern auch in der SPV). Es gelten im Wesentli-chen die gleichen Leistungsvoraussetzungen in der privaten Pflege-Pflichtversicherung wie in der SPV. Die private Pflege-Pflichtversicherung darf keinen höheren Höchst-beitrag als die SPV erheben, das heißt der Höchstbeitrag ist vereinheitlicht.

Die private Pflege-Pflichtversicherung hat – was eigentlich nur eine Sozialversicherung im Umlageverfahren leisten kann – bei Einführung der Pflegeversicherung die bereits Pflegebedürftigen mit privater Krankenversicherung mit in die private Pflege-Pflicht-versicherung aufnehmen müssen, also einen Personenkreis, der von Anfang an Leistungen bezogen hat, aber für diese Leistungen keine Kapitalrückstellungen gebil-det hatte. Die Versicherungsunternehmen waren damals bereit, dieses solidarische Konzept zu Gunsten der bereits Pflegebedürftigen mitzutragen. Um das Risiko, das Versicherungsunternehmen eingegangen sind, zu begrenzen, wurde ein Risikoaus-gleich innerhalb der privaten Pflege-Pflichtversicherung eingerichtet (ebenso wie zwischen den Pflegekassen, – aber nicht systemübergreifend).

EU-rechtlich ist die private Pflege-Pflichtversicherung mit der SPV insofern gleichgestellt, als die Freizügigkeitsverordnung 883/04 nach einer Entscheidung des EuGH (RS C – 502/01-„Gaumain-Cerri" vom 8. Juli 2004) auf die private Pflege-Pflichtversicherung anwendbar ist. Für Streitigkeiten zwischen Versicherten und der privaten Pflege-Pflichtversicherung ist der Rechtsweg zu den Sozialgerichten eröffnet (Beschluss des BSG vom 8.8.1996, Az.: 3 BS 1/96).

Das BSG führt in dem genannten Beschluss unter anderem Folgendes aus:

- *‚Beide Zweige der Pflegeversicherung sind im SGB XI gesetzlich durch öffentlich-rechtliche Vorschriften des Sozialrechts geregelt. Zwischen beiden besteht ein enger Zusammenhang in der Weise, dass sie auf einer Versicherungspflicht beruhen und die Leistungen der privaten Pflegeversicherung den Leistungen der sozialen Pflegeversicherung nach Art und Umfang gleichwertig sein müssen (§ 23 Absatz 1 SGB XI).'*
- *‚Der Inhalt der mit privaten Versicherungsunternehmen abzuschließenden, unter Kontrahierungszwang (§ 23 Absatz 1, 2 SGB XI) stehenden Pflegeversicherungsverträge ist im Wesentlichen zwingend gesetzlich vorgeschrieben und damit der autonomen Gestaltung der Vertragspartner (Versicherungspflichtiger und privates Pflegeversicherungsunternehmen) entzogen.'*
- *‚Die Leistungen der privaten Pflegeversicherung und die Pflichten der Versicherten (z. B. Beitragspflicht) ergeben sich zwar aus dem Versicherungsvertrag, maßgebend für Voraussetzungen und Umfang dieser Ansprüche ist aber das SGB XI. Die Bestimmungen des Versicherungsvertrags wiederholen nur die in den §§ 23 und 110 SGB XI im Einzelnen zwingend festgelegten Leistungsumfänge.'*
- *‚Der enge Sachzusammenhang zwischen privater und sozialer Pflegeversicherung ergibt sich auch aus den folgenden Überlegungen. Die Leistungen der privaten Pflegeversicherung, die eine Pflichtversicherung ist, werden durch die §§ 23, 110 SGB XI weitestgehend vorgeschrieben, um eine Gleichwertigkeit des Versicherungsschutzes zwischen der gesetzlichen und der privaten Pflegeversicherung zu erreichen (…). Aufgrund dessen werden sowohl bei Rechtsstreitigkeiten in Angelegenheiten des einen wie des anderen Zweigs der Pflegeversicherung dieselben oder zumindest gleichgeartete Rechtsfragen in Streit stehen.'*

In der privaten Pflege-Pflichtversicherung sind im erheblichen Umfang ein solidarischer Ausgleich und soziale Elemente vorhanden, wie dies sich bei sonst keiner anderen privaten Versicherung wieder findet.

Die private Pflege-Pflichtversicherung ist daher in ihrem Charakter einer Sozialversicherung stark angenähert. Die private Pflege-Pflichtversicherung wurde bei der Finanzierung der Weiterentwicklung der pflegerischen Versorgungsstrukturen nach § 45c SGB XI zu einer gleichrangigen Mitfinanzierung verpflichtet. Es war vom Selbstverständnis der Versicherungsunternehmen und des sie vertretenden Verbandes auch kein Problem, sich an dieser Aufgabe der Daseinsvorsorge zu beteiligen und damit Länder und Kommunen in ihren Aufgaben zu entlasten (also eine Aufgabe der Daseinsvorsorge, die nur einen mittelbaren Zusammenhang mit Leistungen für konkret bei ihnen versicherte und leistungsberechtigte Personen hat). Die private Pflege-Pflichtversicherung will bei Erfüllung öffentlicher Aufgaben neben der SPV durchaus gleichgewichtig präsent sein."

195

16   Der **Nichteinbezug der Bundesagentur für Arbeit** wird in der Gesetzesbegründung folgendermaßen gerechtfertigt (BT-Drs. 18/7823, S. 78):

„Nicht vorgesehen ist ein Direktanteil der Bundesagentur für Arbeit (BA). Durch die Übernahme von Umschulungskosten im Bereich der Altenpflege finanziert diese nach dem Finanzierungsgutachten von WIAD/Prognos mit Stand 2013 rd. 1,9 Prozent der Gesamtkosten der Kranken- und Altenpflegeausbildung. Eine derartige Finanzierung findet auch nach der Reform des Pflegeberufs und der Neuregelung zur Finanzierung weiterhin finanzielle Berücksichtigung und mindert die von den sonstigen Finanzierungsträgern aufzubringenden Kosten. Allerdings erfolgt diese Berücksichtigung nicht unmittelbar über eine Einzahlung in den Fonds – ebenso wie andere Kostenträger, zum Beispiel die GKV, nicht unmittelbar in den Fonds einzahlen. Vielmehr findet die Übernahme von Kosten durch die Bundesagentur für Arbeit, soweit eine solche zu diesem Zeitpunkt bereits bekannt ist, bei der Festlegung bzw. Vereinbarung der Ausbildungsbudgets Berücksichtigung (vgl. § 29 Absatz 4). Ansonsten mindern Zahlungen der Bundesagentur für Arbeit den Auszahlungsanspruch bei Ausgleichszuweisungen (§ 34 Absatz 3) bzw. sind bei der Abrechnung nach § 34 Absatz 5 zu berücksichtigen."

4. Abs. 4: Aufgaben der zuständigen Stelle

17   Die **zuständige Stelle** ist der **Verwalter des Ausbildungsfonds**. Dieser ermittelt den erforderlichen Finanzierungsbedarf, erhebt Umlagebeträge bei den Einrichtungen und verwaltet die eingehenden Beträge. Außerdem zahlt der Verwalter des Ausbildungsfonds Ausgleichszuweisungen an den Träger der praktischen Ausbildung und die Pflegeschulen aus (Gesetzesbegründung, BT-Drs. 18/7823, S. 79). Mit dieser Vorschrift wird der **Gang des Verfahrens** zur Finanzierung der beruflichen Ausbildung in der Pflege beschrieben. Die Vorschrift ist damit grundlegend für das Verständnis des Finanzierungsverfahrens.

18   Der **Ausbildungsfonds** wird als **Sondervermögen** geführt. Auf Sondervermögen ist das Haushaltsgrundsätzegesetz (HGrG) entsprechend anzuwenden (§ 48 HGrG). Bei Sondervermögen des Landes handelt es sich um rechtlich unselbständige, abgesonderte Teile des Landesvermögens, die zur Erfüllung einzelner Aufgaben des Landes bestimmt sind und getrennt von dem sonstigen Landesvermögen verwaltet werden (vgl. Glossar wichtiger Begriffe der Finanz- und Haushaltswirtschaft des Landes NRW vom 4.1.2017).

5. Abs. 5: Finanzierungs- und Abrechnungszeitraum

19   Der Finanzierungs- und Abrechnungszeitraum beträgt ein Kalenderjahr. Damit wird den sich jährlich ändernden Ausbildungszahlen Rechnung getragen (Gesetzesbegründung, BT-Drs. 18/7823, S. 79).

20   In § 2 Abs. 3 PflAFinV wird eine **Begriffsbestimmung des Festsetzungsjahres** getroffen. Im jeweiligen Vorjahr zum Finanzierungs- und Abrechnungszeitraum sind die Vorbereitungen zu treffen, damit im Finanzierungszeitraum Umlagebeträge nach § 33 Abs. 1 PflBG von allen Krankenhäusern und Pflegeeinrichtungen erhoben werden und Ausgleichszuweisungen nach § 34 Abs. 1 PflBG an die Träger der

praktischen Ausbildung und an die Pflegeschulen erfolgen können. Zur terminologischen Vereinfachung wird in der PflAFinV für den im Pflegeberufegesetz verwandten Ausdruck „Vorjahr des Finanzierungszeitraumes" der Begriff Festsetzungsjahr eingeführt.

6. Abs. 6: Zuständige Stelle

In der Gesetzesbegründung (BT-Drs. 18/7823, S. 79) wird zu **Abs. 6 Satz 1 bis 3** 21 ausgeführt:

„Nach Absatz 6 bleibt die Bestimmung des Fondsverwalters (zuständige Stelle) den Ländern überlassen. Dies gibt den Ländern die Möglichkeit, bestehende organisatorische Strukturen zu nutzen und auf Strukturen und Erfahrungen im Zusammenhang mit etwaigen Umlageverfahren nach dem Altenpflegesetz zurückzugreifen. Als Fondsverwalter kommen ggf. auch die Landeskrankenhausgesellschaften in Frage, die auch die Ausgleichsfonds nach § 17a Absatz 5 Satz 1 Nummer 1 KHG verwalten."

Zur Möglichkeit der **Beleihung (Abs. 6 Satz 3 bis 4)** wird in der Gesetzesbegründung (BT-Drs. 18/12847, S. 105) ausgeführt:

„Nach Absatz 6 Satz 1 bestimmt das jeweilige Land die zuständige Stelle nach Absatz 4. Hier kann es unter Zugrundelegung bestehender organisatorischer Strukturen in den Ländern sinnvoll sein, die Aufgaben der zuständigen Stelle einer juristischen Person des Privatrechts zu übertragen. Dementsprechend wird in der Begründung zu § 26 darauf hingewiesen, dass als Fondsverwalter – neben anderen geeigneten juristischen Personen des Privatrechts – gegebenenfalls auch die Landeskrankenhausgesellschaften in Frage kommen. Da die zuständige Stelle hoheitliche Aufgaben wahrzunehmen hat – dies gilt insbesondere für den Erlass von Festsetzungs- und Zahlungsbescheiden nach § 33 – ist für eine derartige Aufgabenübertragung eine Beleihung notwendig. Eine Beleihung ist nur durch oder auf Grund eines Gesetzes zulässig. Um einen zügigen Aufbau der Fondsverwaltung zu ermöglichen, wird in das Pflegeberufegesetz selbst eine Beleihungsermächtigung aufgenommen und dadurch eine Ermächtigung durch Landesgesetz entbehrlich gemacht.

Die juristische Person des Privatrechts, auf welche die Aufgaben nach Absatz 4 übertragen werden sollen, muss für die Wahrnehmung der dort genannten Aufgaben geeignet sein, das heißt, sie muss die Gewähr für eine sachgerechte Aufgabenerledigung bieten. Der angefügte Satz 6 stellt klar, dass die beliehene Stelle der Rechtsaufsicht des zuständigen Landesministeriums unterliegt."

7. Abs. 7: Länderübergreifende zuständige Stelle

Die Länder können organisatorisch zusammenarbeiten und mehrere Länder können 22 dieselbe **zuständige Stelle** bestimmen können. Dies entspricht einem von mehreren Ländern geäußerten Anliegen (Gesetzesbegründung, BT-Drs. 18/7823, S. 80).

III. Entschließung des Bundesrates

23 Der Bundesrat hat in der Sitzung vom 21.9.2018 anlässlich der Beschlussfassung zur Pflegeberufe-Ausbildungsfinanzierungsverordnung folgende Entschließung verabschiedet (BR-Drs. 360/18 [Beschluss], S. 7, unter Nr. 2 und 3):

„2. Der Bundesrat bedauert, dass es nicht möglich ist, bestimmte im Nachgang zum PflBG identifizierte Probleme im Verordnungswege zu lösen. Dies sind insbesondere

- *die in Artikel 1 des Pflegepersonal-Stärkungsgesetzes für die Ausbildung in den Krankenpflegeberufen vorgesehene Änderung des § 17a Krankenhausfinanzierungsgesetz dauerhaft in § 27 Absatz 2 PflBG zu überführen, so dass die Anrechnung von Auszubildenden nicht bereits im ersten Ausbildungsjahr, sondern erst im zweiten und dritten Ausbildungsjahr zum Tragen kommt; hieraus ergeben sich Konsequenzen für die Vorarbeiten der zuständigen Stellen und für die Ermittlung der Ausbildungsbudgets der Länder,*
- *die fehlende Finanzierung der Vorlaufkosten für den Aufbau der Fondsstrukturen, die bereits im Jahr 2019 beginnen müssen und nicht auf die Kostenträger gemäß § 33 Absatz 1 PflBG anteilig umgelegt werden können,*
- *die fehlende (Anschub-)Finanzierung der Umstellungskosten für die Pflegeschulen, die bis zum Beginn der neuen Ausbildungen im Jahr 2020 einen nicht unerheblichen Aufwand zur Umstellung betreiben müssen (Curriculumentwicklung, Fortbildungen, Kooperationen, Akquise von neuen Lehrkräften et cetera),*
- *die insbesondere in den ersten Jahren der Umstellung auf das neue Finanzierungssystem absehbar nicht auskömmliche Verwaltungskostenpauschale (§ 32 Absatz 2 PflBG),*
- *die erforderliche Umsatzsteuerfreiheit der Verwaltungskosten der fondsverwaltenden Stelle, soweit diese keine Behörde ist,*
- *die fehlende Bußgeldregelung für ausbleibende Meldungen (§ 5 PflAFinV).*

3. Der Bundesrat fordert die Bundesregierung auf, die unter Nummer 2 beschriebenen Probleme zeitnah aufzugreifen und einer Lösung zuzuführen."

IV. Literaturhinweise

24 Glossar wichtiger Begriffe der Finanz- und Haushaltswirtschaft des Landes NRW vom 4.1.2017. Online: https://www.finanzverwaltung.nrw.de/de/haushalt-nordrhein-westfalen [abgerufen am 1.10.2018].

§ 27 Ausbildungskosten

(1) [1]Kosten der Pflegeberufsausbildung sind die Mehrkosten der Ausbildungsvergütungen und die Kosten der praktischen Ausbildung einschließlich der Kosten der Praxisanleitung. [2]Zu den Ausbildungskosten gehören auch die Betriebskosten der Pflegeschulen nach § 6 Absatz 2 einschließlich der Kosten der Praxisbegleitung. [3]Nicht zu den Ausbildungskosten gehören die Investitionskosten. [4]Investitionskosten sind Aufwendungen für Maßnahmen einschließlich Kapitalkosten, die dazu bestimmt sind, die für den jeweiligen Betrieb notwendigen Gebäude und sonstigen abschreibungsfähigen Anlagegüter herzustellen, anzuschaffen, wiederzubeschaffen oder zu ergänzen.

(2) Bei der Ermittlung der Mehrkosten der Ausbildungsvergütung sind Personen, die nach Teil 2 dieses Gesetzes in der Pflege ausgebildet werden, in Krankenhäusern und in stationären Pflegeeinrichtungen im Verhältnis 9,5 zu 1 auf die Stelle einer voll ausgebildeten Pflegefachkraft anzurechnen; bei ambulanten Pflegeeinrichtungen erfolgt eine Anrechnung im Verhältnis von 14 zu 1.

Erläuterungen

Übersicht

I. Allgemeines

1. Regelungsinhalt

Die Vorschrift bestimmt in **Abs. 1** den Begriff der **Ausbildungskosten** näher. In **Abs. 2** wird der **Anrechnungsschlüssel** bei der Ermittlung der **Mehrkosten der Ausbildungsvergütung** festgelegt.   1

2. Korrespondierende Vorschriften der PflAFinV

§ 3 PflAFinV betrifft u. a. die Ausbildungskosten nach § 27 Abs. 1 PflBG. In Anlage 1 der PflAFinV sind die Kosten der Träger der praktischen Ausbildung und der Pflegeschulen ohne Mehrkosten der Ausbildungsvergütung aufgeführt.   2

II. Erläuterungen

1. Abs. 1: Ausbildungskosten

Die **Ausbildungskosten** setzen sich aus **drei Kostenarten** zusammen (**Abs. 1 Satz 1 und 2**): die Mehrkosten der Ausbildungsvergütung (dazu Abs. 2); die Kosten der praktischen Ausbildung einschließlich der Kosten der Praxisanleitung und die   3

Betriebskosten der schulischen Ausbildung einschließlich der Kosten der Praxisbegleitung. Hierzu wird in der Gesetzesbegründung (BT-Drs. 18/7823, S. 80) ausgeführt:

„Den gesetzlichen Regelungen zu Grunde gelegt ist, dass die zu finanzierenden Kostentatbestände im Wesentlichen den Berechnungsgrundlagen des Finanzierungsgutachtens von WIAD/prognos vom 20. Juni 2013 folgen (vgl. Finanzierungsgutachten S. 151), die wiederum auf den Finanzierungsgrundsätzen der Schulen bzw. Ausbildungsstätten an Krankenhäusern nach § 17a KHG beruhen. Wesentlich finanziert werden sollen entsprechend der Rahmenvereinbarung zu § 17a Absatz 2 Nummer 1 KHG vom 25. Februar 2009 die Personalkosten (hauptamtliches und nebenberufliches Lehrpersonal), Sachkosten (z. B. Lehr- und Arbeitsmaterialien, Lernmittel, Reisekosten, Prüfungskosten) und Gemeinkosten (sonstige Personalkosten wie für Sekretariat, allgemeine Verwaltung, sonstige zentrale Dienste wie Hausmeister, technischen Dienst, Reinigungsdienst; Betriebskosten des Schulgebäudes).“

4   Nicht zu den Ausbildungskosten zählen die **Investitionskosten (Abs. 1 Satz 3)**. Hierzu wird in der Gesetzesbegründung (BT-Drs. 18/7823, S. 80) ausgeführt:

„Nicht enthalten sind ausdrücklich die Investitionskosten, d. h. die für den Betrieb notwendigen Aufwendungen für die Herstellung, Anschaffung, Wiederbeschaffung oder Ergänzung von Gebäuden. Die Finanzierungsverantwortung liegt insoweit bei den Ländern. Dies entspricht den geltenden Regelungen des § 82a Absatz 3 Nummer 3 SGB XI, 1. Halbsatz sowie §§ 82 Absatz 2 und 9 SGB XI und den Grundsätzen des Krankenhausfinanzierungsgesetzes, die eine Tragung der Investitionskosten durch die Länder vorsehen. Nähere Einzelheiten zu den anzuerkennenden Ausbildungskosten werden durch gemeinsame Rechtsverordnung des Bundesministeriums für Familie, Senioren, Frauen und Jugend und des Bundesministeriums für Gesundheit mit Zustimmung des Bundesrates bestimmt (vgl. § 56 Absatz 3 Nummer 1).“

2. Abs. 2: Ermittlung der Mehrkosten der Ausbildungsvergütung

5   Für die Ermittlung der Mehrkosten der Ausbildungsvergütung wird ein **besonderer Anrechnungsschlüssel** zugrunde gelegt. Zu dessen Berechnung wird in der Gesetzesbegründung (BT-Drs. 18/7823, S. 80) Folgendes angegeben:

„Kosten der Ausbildungsvergütung werden als sogenannte Mehrkosten im Rahmen eines Anrechnungsschlüssels berücksichtigt. Hintergrund hierfür ist, dass die Auszubildenden die Ausbildungsvergütung vor allem im Hinblick darauf erhalten, dass ihre praktische Tätigkeit für die Versorgung der Patientinnen und Patienten und der Pflegebedürftigen verwertbar ist. Im Umfang von 9,5 zu 1 wird dabei der Wertschöpfungsanteil der Auszubildenden in Krankenhäusern und in stationären Pflegeeinrichtungen im Verhältnis einer voll ausgebildeten Pflegefachkraft berücksichtigt. Diesen müssen sich die ausbildenden Einrichtungen anrechnen lassen. Der Wertschöpfungsanteil von 9,5 zu 1 bedeutet, dass von den Ausbildungsvergütungen von 9,5 Auszubildenden die Kosten der ausbildenden Einrichtung für eine voll ausgebildete Pflegefachkraft abzuziehen ist. Das Ergebnis dieser Differenzbildung sind die von den Kostenträgern zu finanzierenden Mehrkosten der Ausbildungsvergütung. Der Wertschöpfungsanteil von 9,5 zu 1 entspricht dem in der Krankenpflegeausbildung zurzeit geltenden Wert-

schöpfungsanteil (vgl. § 17a Absatz 1 Satz 4 KHG). In der Altenpflegeausbildung besteht zurzeit keine bundesweit einheitliche Wertschöpfungsquote. Geltende Quoten reichen von überhaupt keiner Anrechnung (Angaben aus sechs Ländern) bis zu einer Quote von 2:1 (vgl. Finanzierungsgutachten S. 86 ff.). Aufgrund der dortigen Pflegesituation wird in der ambulanten Pflege ein geringerer Wertschöpfungsanteil (14 zu 1) zu Grunde gelegt."

III. Entschließung des Bundesrates

Der Bundesrat hat in der Sitzung vom 21.9.2018 anlässlich der Beschlussfassung zur   6
Pflegeberufe-Ausbildungsfinanzierungsverordnung folgende Entschließung verabschiedet und die Bundesregierung aufgefordert, die beschriebenen Probleme zeitnah
aufzugreifen und einer Lösung zuzuführen (BR-Drs. 360/18 [Beschluss], S. 7, unter
Nr. 2 und 3):

„2. Der Bundesrat bedauert, dass es nicht möglich ist, bestimmte im Nachgang zum PflBG identifizierte Probleme im Verordnungswege zu lösen. Dies sind insbesondere

– die in Artikel 1 des Pflegepersonal-Stärkungsgesetzes für die Ausbildung in den Krankenpflegeberufen vorgesehene Änderung des § 17a Krankenhausfinanzierungsgesetz dauerhaft in § 27 Absatz 2 PflBG zu überführen, so dass die Anrechnung von Auszubildenden nicht bereits im ersten Ausbildungsjahr, sondern erst im zweiten und dritten Ausbildungsjahr zum Tragen kommt; hieraus ergeben sich Konsequenzen für die Vorarbeiten der zuständigen Stellen und für die Ermittlung der Ausbildungsbudgets der Länder,

[…]."

IV. Literaturhinweise

prognos/WIAD: Forschungsgutachten zur Finanzierung eines neuen Pflegeberufegesetzes. Ergeb-   7
nisbericht. 20.6.2013 (überarbeitete Fassung vom 14.10.2013). Online: https://www.prognos.com/
publikationen/alle-publikationen/434/show/52b8a9d86ea76384bbb285569a13c385/ [abgerufen am
1.10.2018].

§ 28   Umlageverfahren

(1) Die Finanzierung der Ausgleichsfonds durch Krankenhäuser und ambulante und stationäre Pflegeeinrichtungen erfolgt über landesweite Umlageverfahren nach Maßgabe des Absatzes 2 und der §§ 29 bis 35.

(2) Die an den Umlageverfahren teilnehmenden Krankenhäuser können die auf sie entfallenden Umlagebeträge zusätzlich zu den Entgelten oder Vergütungen für ihre Leistungen als Ausbildungszuschläge erheben; für ambulante und stationäre Pflegeeinrichtungen sind die auf sie entfallenden Umlagebeträge in der Vergütung der allgemeinen Pflegeleistungen (§ 84 Absatz 1, § 89 des Elften Buches Sozialgesetzbuch) berücksichtigungsfähig.

Erläuterungen

Übersicht

		Rn			Rn
I.	Allgemeines	1, 2	II.	Erläuterungen	3, 4
	1. Regelungsinhalt	1		1. Abs. 1: Landesweite Umlageverfahren	3
	2. Korrespondierende Vorschriften der PflAFinV	2		2. Abs. 2: Umlagebeträge	4

I. Allgemeines

1. Regelungsinhalt

1   **Abs. 1** regelt die Finanzierung der Ausgleichsfonds durch Krankenhäuser und Pflegeeinrichtungen durch **landesweite Umlageverfahren** zur Finanzierung der Ausgleichsfonds (vgl. § 26 Abs. 3 Nr. 1 und 2 PflBG). **Abs. 2** eröffnet die Möglichkeit der **Refinanzierung der Umlagebeträge** in den Vergütungen/Entgelten.

2. Korrespondierende Vorschriften der PflAFinV

2   § 17 PflAFinV enthält eine Vorschrift zur **Abrechnung der Umlagebeiträge**.

II. Erläuterungen

1. Abs. 1: Landesweite Umlageverfahren

3   Die Finanzierung der Ausbildungsfonds durch die Krankenhäuser und ambulanten und stationären Pflegeeinrichtungen erfolgt durch **landesweite Umlageverfahren**. Eine Unterscheidung zwischen ausbildenden und nicht ausbildenden Einrichtungen wird nicht getroffen. Mit dem Umlageverfahren sollen ausbildende und nicht ausbildende Betriebe gleichermaßen mit den Ausbildungskosten belastet, Wettbewerbsgerechtigkeit sichergestellt und dadurch die Ausbildung insgesamt gestärkt werden (so die Gesetzesbegründung, BT-Drs. 18/7823, S. 80).

2. Abs. 2: Umlagebeträge

4   Die Vorschrift regelt die **Refinanzierung der Umlagebeträge** durch die Entgelte bzw. Vergütungen der Einrichtungen. In der Gesetzesbegründung (BT-Drs. 18/7823, S. 80 f.) wird hierzu ausgeführt:

„*Absatz 2 regelt die vergütungsrechtlichen Folgen. Die an den Umlageverfahren teil-nehmenden Krankenhäuser können die auf sie entfallenden Umlagebeträge zusätzlich zu den Entgelten oder Vergütungen für ihre Leistungen als Ausbildungszuschläge erheben. Ambulante und stationäre Pflegeeinrichtungen können die von ihnen zu tragenden Umlagebeträge in die Vergütungssätze für die allgemeinen Pflegeleistungen einrechnen. Diese Regelung ergänzt § 82a SGB XI.*"

§ 29   Ausbildungsbudget, Grundsätze

(1) [1]Die Träger der praktischen Ausbildung und die Pflegeschulen erhalten für einen zukünftigen Zeitraum (Finanzierungszeitraum) ein Ausbildungsbudget zur Finanzierung der Ausbildungskosten. [2]Das Ausbildungsbudget des Trägers der praktischen Ausbildung umfasst auch die Ausbildungskosten der weiteren an der praktischen Ausbildung beteiligten Einrichtungen nach § 8 Absatz 3; es setzt sich zusammen aus den voraussichtlichen Mehrkosten der Ausbildungsvergütung und aus den Kosten der praktischen Ausbildung je Auszubildender oder je Auszubildendem.

(2) [1]Das Ausbildungsbudget soll die Kosten der Ausbildung bei wirtschaftlicher Betriebsgröße und wirtschaftlicher Betriebsführung decken. [2]Die Bezahlung tarifvertraglich vereinbarter Vergütungen sowie entsprechender Vergütungen nach kirchlichen Arbeitsrechtsregelungen kann nicht als unwirtschaftlich abgelehnt werden. [3]Grundlage des Ausbildungsbudgets sind die Ausbildungszahlen, die an die zuständige Stelle gemeldet werden, ebenso wie die Höhe der Mehrkosten der Ausbildungsvergütung. [4]Mehrkosten der Ausbildungsvergütungen dürfen nicht unangemessen sein; sie können nicht als unangemessen beanstandet werden, soweit ihnen tarifvertraglich vereinbarte Ausbildungsvergütungen sowie entsprechende Vergütungen nach kirchlichen Arbeitsrechtsregelungen zugrunde liegen.

(3) [1]Die für den Finanzierungszeitraum zu erwartenden Kostenentwicklungen sind zu berücksichtigen. [2]Die Ausbildung in der Region darf nicht gefährdet werden. [3]Soweit eine Pflegeschule in der Region erforderlich ist, zum Beispiel weil die Entfernungen und Fahrzeiten zu anderen Pflegeschulen nicht zumutbar sind, können auch langfristig höhere Finanzierungsbeträge vorgesehen werden. [4]Die Parteien nach § 31 Absatz 1 können Strukturverträge schließen, die den Ausbau, die Schließung oder die Zusammenlegung von Pflegeschulen finanziell unterstützen und zu wirtschaftlichen Ausbildungsstrukturen führen. [5]§ 27 Absatz 1 Satz 3 gilt entsprechend.

(4) Soweit Ausbildungskosten nach anderen Vorschriften aufgebracht werden, ist dies bei der Festlegung des Ausbildungsbudgets mindernd zu berücksichtigen.

(5) [1]Das Ausbildungsbudget erfolgt als Pauschalbudget nach § 30. [2]Es wird als Individualbudget vereinbart, wenn dies das jeweilige Land oder die Parteien nach Absatz 6 übereinstimmend bis zum 15. Januar des Vorjahres des Finanzierungszeitraums schriftlich erklären. [3]Diese Erklärungen können auch nur für die Finanzierung der Träger der praktischen Ausbildung oder die Finanzierung der Pflegeschulen abgegeben werden.

(6) [1]Die Erklärungen der Parteien nach Absatz 5 erfolgen für die Finanzierung der Träger der praktischen Ausbildung von den Parteien nach § 30 Absatz 1 Satz 1 und für die Finanzierung der Pflegeschulen von den Parteien nach § 30 Absatz 1 Satz 2. [2]Eine ausdrückliche Enthaltungserklärung ist zulässig. [3]Ist eine der Parteien durch mehrere Vertreter vertreten, gilt die Erklärung der Partei dann als abgegeben, wenn entsprechende Erklärungen von der jeweiligen Mehrheit der Vertreter dieser Partei abgegeben worden sind.

(7) [1]Das Land und die Parteien sind an ihre Erklärungen für den folgenden Finanzierungszeitraum gebunden. [2]Darüber hinaus gelten die Erklärungen nach Absatz 5 bis zu einer abweichenden Erklärung fort. [3]Die abweichenden Erklärungen können ebenfalls bis zum 15. Januar des Vorjahres des jeweiligen Finanzierungszeitraumes abgegeben werden.

Erläuterungen

Übersicht

I. Allgemeines

1. Regelungsinhalt

Das **Ausbildungsbudget** hat **zwei Funktionen**: Es dient dazu, für den Träger der 1 praktischen Ausbildung und den Pflegeschulen die Finanzierungsgrundlage für den Finanzierungszeitraum (§ 26 Abs. 5 PflBG) durch die Zuweisungen aus dem Ausgleichsfonds (§ 26 Abs. 2 PflBG) zu liefern, und es dient weiter dazu, im Land den Gesamtfinanzierungsbedarf für die Pflegeausbildung zu ermitteln (§ 32 Abs. 1 PflBG), auf dessen Basis dann die Umlagebeträge erhoben werden (§ 33 PflBG).

Die **Ausbildungsbudgets** werden entweder als **Pauschalbudgets** landesweit (§ 30 2 PflBG) oder als **Individualbudgets** (§ 31 PflBG) individuell vereinbart. Laut Gesetzesbegründung (BT-Drs. 18/7823, S. 81) soll durch die Festlegung von Ausbildungsbudgets über auf Landesebene vereinbarte Pauschalen als auch durch eine Individualvereinbarung eine auf die individuelle Ausbildungs- und Schulsituation zugeschnittene Finanzierung ermöglicht werden, was damit dem Erhalt und der Steigerung von Ausbildungsangeboten diene.

Die Finanzierung über Ausbildungsbudgets, die über gemeldete Ausbildungszahlen 3 bestimmt werden, stellt sicher, dass eine Ausbildung entsprechend dem tatsächlichen Bedarf und der bestehenden Kapazitäten erfolgt. Eine Deckelung, wie sie beispielsweise über zuvor festgelegte Finanzierungssummen erfolgen würde, findet nicht statt (Gesetzesbegründung, BT-Drs. 18/7823, S. 81).

2. Korrespondierende Vorschriften der PflAFinV

§ 3 Abs. 4 und 5 PflAFinV regelt die Bemessung von Pauschal- und Individualbud- 4 gets. § 4 PflAFinV betrifft die Pauschalbudgets und die zeitlich begrenzte Möglichkeit, unterschiedliche Pauschalbudgets festzusetzen. § 5 PflAFinV hat die Mitteilungspflichten vor Festsetzung von Ausbildungsbudgets zum Gegenstand. § 8 PflAFinV betrifft die Festsetzung der Ausbildungsbudgets.

II. Erläuterungen

1. Abs. 1: Ausbildungsbudget

5 Das **Ausbildungsbudget des Trägers der praktischen Ausbildung** stellt ein **Gesamtbudget für alle Auszubildenden** dar, mit denen der Träger der praktischen Ausbildung für den Finanzierungszeitraum einen Ausbildungsvertrag abgeschlossen hat bzw. abschließen wird (**Abs. 1 Satz 1**). Die **Pflegeschulen** erhalten ein **eigenes Ausbildungsbudget**.

6 Das **Ausbildungsbudget des Trägers der praktischen Ausbildung** umfasst auch die Ausbildungskosten der bei der praktischen Ausbildung kooperierenden weiteren Einrichtungen (§ 8 Abs. 3 PflBG) (**Abs. 1 Satz 2 1. Halbs.**). Das Ausbildungsbudget des Trägers der praktischen Ausbildung umschließt die Kosten der praktischen Ausbildung einschließlich der Mehrkosten der Ausbildungsvergütung (**Abs. 1 Satz 2 2. Halbs.**).

2. Abs. 2: Kostendeckung

7 In Abs. 2 wird der Grundsatz der **Kostendeckung** als Finanzierungsgrundsatz formuliert, wobei als Maßstab die wirtschaftliche Betriebsgröße und die wirtschaftliche Betriebsführung dienen (**Abs. 2 Satz 1**). Abweichend von dem Maßstab der wirtschaftlichen Betriebsführung kann die Bezahlung tarifvertraglich vereinbarter Vergütungen sowie entsprechender Vergütungen nach kirchlichen Arbeitsrechtsregelungen nicht als unwirtschaftlich abgelehnt werden (**Abs. 2 Satz 2**). Diese Ausnahme gilt für die Vergütungen der Bediensteten des Trägers der praktischen Ausbildung und der Pflegeschulen. Ein vergleichbarer Maßstab gilt für die Mehrkosten der Ausbildungsvergütung. Hier gelten solche Mehrkosten, denen tarifvertraglich vereinbarte Vergütungen sowie entsprechende Vergütungen nach kirchlichen Arbeitsrechtsregelungen zugrunde liegen, nicht als unangemessen (**Abs. 2 Satz 4**). Als Grundlage für das Ausbildungsbudget dienen die Ausbildungszahlen, die an die zuständige Stelle (§ 26 Abs. 6 PflBG) gemeldet werden, sowie die Höhe der Mehrkosten der Ausbildungsvergütung (**Abs. 2 Satz 3**). § 3 Abs. 3 PflAFinV enthält einen weiteren Grundsatz der Kostendeckung: Die Pauschalen und die Individualbudgets sind so zu bemessen, dass die Kosten der Pflegeausbildung bei Einhaltung aller Qualitätsvorgaben des PflBG und der landesrechtlichen Vorgaben vollständig durch die Ausbildungsbudgets finanziert werden. Für den Fall, dass ein Träger der praktischen Ausbildung eine unangemessen niedrige Ausbildungsvergütung mitgeteilt hat, s. § 8 Abs. 2 PflAFinV.

3. Abs. 3: Kostenentwicklung – Infrastrukturfragen

8 Die Notwendigkeit der **Berücksichtigung** der im Finanzierungszeitraum zu erwartenden **Kostenentwicklungen** bei der Bemessung des Ausbildungsbudgets ergibt sich aus dem Finanzierungsprinzip der Kostendeckung (**Abs. 3 Satz 1**). Aus diesem Grund gehört die Vorschrift systematisch zu Abs. 2.

9 **Abs. 3 Satz 2 bis 5** enthalten Bestimmungen, die mit der Ausbildungsinfrastruktur zu tun haben. Mit diesen Bestimmungen wird eine gesetzliche Ausnahme vom Maßstab der wirtschaftlichen Betriebsgröße und der wirtschaftlichen Betriebs-

führung (Abs. 2 Satz 1) geliefert. In **Satz 2** wird nur allgemein auf die **Gefährdung der Ausbildung** in der Region verwiesen. Kriterien für die Ausfüllung dieses unbestimmten Rechtsbegriffs enthält die Vorschrift nicht. Nur für die Pflegeschulen werden beispielhaft entsprechende Kriterien angegeben. So sollen langfristig höhere Finanzierungsbeiträge vorgesehen werden, soweit eine Pflegeschule in der Region aus Gründen der Erreichbarkeit erforderlich ist (**Satz 3**). Über Strukturverträge können Anpassungen wie der Ausbau, die Schließung oder die Zusammenlegung von Pflegeschulen finanziell unterstützt werden (**Satz 4**). Der Verweis auf § 27 Abs. 1 Satz 3 PflBG stellt klar, dass es bei dem Grundsatz bleibt, dass Investitionskosten aus Fondsmitteln nicht getragen werden (**Satz 5**). Mit diesen auf die Gestaltung der Infrastruktur an Pflegeschulen gerichteten Vorschriften werden die an der Finanzierung der Ausbildungsbudgets Beteiligten zu einer Infrastrukturaufgabe herangezogen. Dabei ist strikt darauf zu achten, dass im Rahmen dieser Finanzierung nicht auf verdeckte Weise Investitionskosten über die Strukturverträge finanziert werden.

4. Abs. 4: Kostenminderung

Die Bestimmung enthält zum einen den selbstverständlichen Grundsatz, dass Kosten   10
nicht mehrfach aus öffentlichen Mitteln finanziert werden sollen. Zum anderen bringt sie zum Ausdruck, dass die anderweitige Finanzierung vorrangig ist (Gesetzesbegründung, BT-Drs. 18/7823, S. 81).

5. Abs. 5: Budgetwahl

Die Vorschrift geht davon aus, dass regelmäßig für die Kosten der Ausbildung ein   11
Pauschalbudget vereinbart wird (**Abs. 5 Satz 1**). Es besteht jedoch die Möglichkeit, dass **Individualbudgets** vereinbart werden. Dies kann das Land entscheiden oder übereinstimmend von den Parteien nach Abs. 6, zu denen auch das Land gehört, erklärt werden (**Abs. 5 Satz 2**). Es besteht die Möglichkeit der ausdrücklichen Enthaltung (Abs. 6 Satz 2). So kann sich etwa das Land enthalten, um einer Entscheidung der übrigen Vertragsparteien nicht im Wege zu stehen. Die Erklärungen für die Wahl des Individualbudgets können auch nur für die Kosten der Träger der praktischen Ausbildung oder nur für die Kosten der Pflegeschulen getroffen werden (**Abs. 5 Satz 3**).

6. Abs. 6: Erklärungen zur Budgetwahl

Abs. 6 Satz 1 nennt die Parteien, die zur Erklärung berechtigt sind. Da die   12
Ausübung des Wahlrechts durch die Länder, Kostenträger und Zahlungsempfänger nicht von einem einzelnen Beteiligten blockiert werden können soll, wird durch die Enthaltungsmöglichkeit gemäß **Abs. 6 Satz 2** eine Mehrheitsentscheidung für die Vertreterinnen und Vertreter einer Partei vorgesehen (Gesetzesbegründung, BT-Drs. 18/7823, S. 82). **Abs. 6 Satz 3** legt eine Vertretungsregelung für den Fall der Vertretung einer Partei durch mehrere Vertreter fest.

7. Abs. 7: Bindung an die Erklärungen

13   Das Land und die Parteien sind an ihre Erklärungen für den folgenden Finanzierungszeitraum gebunden. Darüber hinaus gelten die Erklärungen bis zu einer abweichenden
Erklärung fort. Dabei kann jedoch das Wahlrecht für jeden Finanzierungszeitraum
erneut ausgeübt werden (Gesetzesbegründung, BT-Drs. 18/7823, S. 82).

§ 30   Pauschalbudgets

(1) [1]Die zuständige Behörde des Landes, die Landeskrankenhausgesellschaft, die Vereinigungen der Träger der ambulanten oder stationären Pflegeeinrichtungen im Land, die Landesverbände der Kranken- und Pflegekassen sowie der Landesausschuss des Verbandes der privaten Krankenversicherung legen durch gemeinsame Vereinbarungen Pauschalen zu den Kosten der praktischen Ausbildung fest. [2]Die gemeinsame Vereinbarung der Pauschalen zu den Ausbildungskosten der Pflegeschulen wird von der zuständigen Behörde des Landes, den Landesverbänden der Kranken- und Pflegekassen, dem Landesausschuss des Verbandes der privaten Krankenversicherung sowie von Interessenvertretungen der öffentlichen und der privaten Pflegeschulen auf Landesebene getroffen. [3]Keiner Pauschalierung zugänglich sind die Mehrkosten der Ausbildungsvergütung.

(2) Kommt eine Vereinbarung bis zum 30. April des Vorjahres des Finanzierungszeitraums nicht zustande, entscheidet auf Antrag einer Vertragspartei die Schiedsstelle nach § 36 innerhalb von sechs Wochen.

(3) [1]Die Pauschalen sind alle zwei Jahre anzupassen. [2]Kommt bis zum 30. Juni des Vorjahres des hierauf folgenden Finanzierungszeitraums eine neue Vereinbarung weder durch Vereinbarung noch durch Schiedsspruch zustande, gilt die bisherige Pauschalvereinbarung fort. [3]Abweichend von Satz 1 kann die Pauschalvereinbarung von jedem der Beteiligten mit Wirkung für alle bis zum 1. Januar des Vorjahres des Finanzierungszeitraums gekündigt werden.

(4) [1]Der Träger der praktischen Ausbildung und die Pflegeschule teilen der zuständigen Stelle die voraussichtliche Zahl der Ausbildungsverhältnisse beziehungsweise die voraussichtlichen Schülerzahlen sowie die voraussichtlichen Mehrkosten der Ausbildungsvergütung und das sich daraus ergebende Gesamtbudget mit. [2]Dabei ist auch die Höhe der voraussichtlich für jeden Auszubildenden anfallenden Ausbildungsvergütung mitzuteilen. [3]Die angenommenen Ausbildungs- oder Schülerzahlen werden näher begründet. [4]Die zuständige Stelle setzt auf Grundlage der Mitteilungen nach den Sätzen 1 bis 3 das Ausbildungsbudget fest; sie weist unangemessene Ausbildungsvergütungen und unplausible Ausbildungs- und Schülerzahlen zurück.

(5) Erfolgt eine Mitteilung nach Absatz 4 Satz 1 bis 3 nicht oder nicht vollständig innerhalb von für die Mitteilung vorgegebenen Fristen oder wurden bestimmte Angaben in der Mitteilung nach Absatz 4 Satz 4 zurückgewiesen und werden die zurückgewiesenen Angaben nicht fristgerecht nachträglich mitgeteilt, nimmt die zuständige Stelle eine Schätzung vor.

Erläuterungen

Übersicht

I. Allgemeines

1. Regelungsinhalt

1 Das Ausbildungsbudget kann als **Pauschalbudget** (§ 29 Abs. 5 Satz 1 PflBG) und als **Individualbudget** (§ 29 Abs. 5 Satz 2 PflBG) vereinbart werden. Die Vorschrift regelt das Pauschalbudget. Das Individualbudget wird in § 31 PflBG geregelt.

2. Korrespondierende Vorschriften der PflAFinV

2 § 3 PflAFinV betrifft die Bestimmung der Ausbildungskosten und die Bemessung von Pauschal- und Individualbudgets. § 5 PflAFinV die Mitteilungspflichten vor Festsetzung von Ausbildungsbudgets, § 6 PflAFinV die Zurückweisung unangemessener Ausbildungsvergütungen, und § 7 PflAFinV die Zurückweisung unplausibler Angaben.

II. Erläuterungen

1. Abs. 1: Gemeinsame Vereinbarung

3 **Abs. 1 Satz 1** bestimmt die Partner der gemeinsamen Vereinbarung der landesweit geltenden Pauschalen für die **Kosten der praktischen Ausbildung. Abs. 1 Satz 2** bestimmt die Vereinbarungspartner der landesweit geltenden **Pauschalen für die Ausbildungskosten der Pflegeschulen.** Dies sind einerseits die Interessensvertretungen der Kostenträger des Ausbildungsfonds auf Landesebene, andererseits die Interessensvertreter der ausbildenden Einrichtungen bzw. der Pflegeschulen. Laut Gesetzesbegründung soll dadurch sichergestellt werden, dass einerseits auskömmliche Beträge festgelegt, andererseits die Kostenentwicklung begrenzt wird (BT-Drs. 18/7823, S. 82).

4 **Abs. 1 Satz 3** stellt klar, dass die **Mehrkosten für die Ausbildungsvergütung**, die die Träger der praktischen Ausbildung zu leisten haben, **einer Pauschalierung nicht zugänglich** sind. Laut Gesetzesbegründung soll dies gewährleisten, dass angemessene Vergütungen gezahlt und tarifliche Vereinbarungen eingehalten werden (BT-Drs. 18/7823, S. 82).

2. Abs. 2: Nichtzustandekommen einer Vereinbarung

Kommt bis zum 30. April des Vorjahres des Finanzierungszeitraums keine Pauschal-   5
vereinbarung zustande, entscheidet auf Anruf einer Vereinbarungspartei die
Schiedsstelle nach § 36 PflBG innerhalb von sechs Wochen. Mit dieser Terminie-
rung ist gewährleistet, dass kein vertragsloser Zustand eintreten kann.

3. Abs. 3: Anpassung der Pauschalen

Die Vorschrift regelt die Anpassung der Pauschalen. Damit kann aktuellen Kosten-   6
entwicklungen Rechnung getragen werden. **Satz 1** bestimmt hierfür einen **Zwei-
jahresrhythmus**. Kommt eine **neue Vereinbarung nicht zustande**, so gilt die
bisherige Vereinbarung fort. Das ist der Fall, wenn bis zum 30. Juni des Vorjahres
des nachfolgenden Finanzierungszeitraums eine neue Vereinbarung weder durch
Vereinbarung noch durch Schiedsspruch der Schiedsstelle zustande kommt (**Satz 2**).
Die bisher geltende Vereinbarung kann von jedem der Beteiligten der gemeinsamen
Vereinbarung mit Wirkung für alle bis zum 1. Januar des Vorjahres des Finanzierungszeitraumes gekündigt werden (**Satz 3**).

Der Rhythmus der **Anpassung der Mehrkosten der Ausbildungsvergütung** ist   7
nicht ausdrücklich geregelt. Aus § 29 Abs. 1 i. V. m. § 26 Abs. 5 PflBG ergibt sich
jedoch, dass die Anpassungsvorschrift in § 30 Abs. 3 PflBG nicht für die Pauschalbudgets, sondern nur für die Pauschalen gilt. In § 30 PflBG wird zwar in der
Überschrift von Pauschalbudgets gesprochen. Das Ausbildungsbudget der Träger
der praktischen Ausbildung wird als Pauschalbudget in diesem Sinne vereinbart
(§ 29 Abs. 5 Satz 1 PflBG). In § 30 Abs. 1 Satz 1 PflBG wird jedoch nur von
Pauschalen für die Kosten der praktischen Ausbildung gesprochen. Die Mehrkosten
der Ausbildungsvergütung entziehen sich jedoch einer Pauschalisierung (§ 30 Abs. 1
Satz 3 PflBG). Das Ausbildungsbudget setzt sich aus den Pauschalen für die Kosten
der praktischen Ausbildung und aus den Mehrkosten für die Ausbildung zusammen
(§ 29 Abs. 2 2. Halbs. PflBG). Daraus ergibt sich, dass mit der Verwendung der
Begriffe Pauschalbudgets und Pauschalen unterschiedliche Sachverhalte gemeint
sind und § 30 Abs. 3 PflBG nicht auf die Anpassung der Mehrkosten der Ausbildungsvergütung anwendbar ist. Da diese Mehrkosten voll erstattet werden, sind
sie für jeden Finanzierungszeitraum (§ 26 Abs. 5 PflBG) festzusetzen.

4. Abs. 4: Angaben zum Ausbildungsbudget

Abs. 4 ist eine **Verfahrensvorschrift zur Ermittlung der Ausbildungsbudgets**.   8
Hierzu werden erst die Gesamtbudgets der Träger der praktischen Ausbildung und
der Pflegeschulen von diesen auf Grundlage der voraussichtlichen Zahl der Ausbildungsverhältnisse bzw. der voraussichtlichen Schülerzahlen ermittelt, wobei bei
den Trägern der praktischen Ausbildung die voraussichtlichen Mehrkosten der
Ausbildungsvergütung hinzutreten (**Satz 1**). Dabei ist auch die **Höhe der** voraussichtlich für **jeden Auszubildenden anfallenden Ausbildungsvergütung** mitzuteilen (**Satz 2**). Dies dient der zuständigen Stelle als Kalkulationsgrundlage für die Höhe
des Gesamtfinanzierungsbedarfs sowie als Grundlage nachträglich geltend gemach-
ter Kostensteigerungen und der Kontrolle der Angemessenheit der Ausbildungsvergütungen (BT-Drs. 18/12847, S. 105). Die angenommenen Ausbildungs- und

Schülerzahlen sind näher zu begründen (**Satz 3**). § 5 PflAFinV regelt das Nähere zu den Mitteilungspflichten vor Festsetzung von Ausbildungsbudgets.

9   Bei der Festsetzung des Ausbildungsbudgets auf Grundlage dieser Angaben kommt der zuständigen Stelle insofern eine **Kontrollmöglichkeit** zu, als sie die Ausbildungsvergütungen auf ihre Angemessenheit zur prüfen und ggf. zurückzuweisen hat. Damit soll verhindert werden, dass wegen der Vollerstattung der Mehrkosten der Ausbildungsvergütung im Einzelfall beliebig hohe Ausbildungsvergütungen zu Lasten aller Kostenträger angeboten werden. Gleichzeitig wird sichergestellt, dass keine zu niedrigen Vergütungen vorgesehen werden (vgl. § 19 Abs. 1 Satz 1 PflBG) (Gesetzesbegründung, BT-Drs. 18/7823, S. 82 f.). Auch unplausible Ausbildungs- und Schülerzahlen sind zurückzuweisen (**Satz 4**). § 6 PflAFinV regelt das Nähere zur Zurückweisung unangemessener Ausbildungsvergütungen.

5. Abs. 5: Schätzungsmöglichkeit

10 In der Gesetzesbegründung (BT-Drs. 18/12847, S. 105 f.) wird hierzu ausgeführt:

„Die Träger der praktischen Ausbildung und die Pflegeschule haben der zuständigen Stelle die voraussichtliche Zahl der Ausbildungsverhältnisse bzw. die voraussichtlichen Schülerzahlen, die voraussichtliche Ausbildungsvergütung und deren Mehrkosten sowie das sich daraus ergebende Gesamtbudget nach Absatz 4 mitzuteilen. Mit dem neuen Absatz 5 wird festgelegt, dass bei unterbliebener, unvollständiger oder zurück-gewiesener Mitteilung, die nicht fristgerecht nachgeholt wird, die zuständige Stelle eine Kostenschätzung vornimmt. Fristen für die Mitteilung können durch eine auf Grundlage von § 56 Absatz 3 erlassene Finanzierungsverordnung vorgegeben werden.

Die Regelung der Kostenschätzung ist notwendig, damit der Gesamtfinanzierungsbedarf des Ausbildungsfonds nach § 32 Absatz 1 auch bei fehlerhafter oder unterbliebener Mitteilung ermittelt werden kann. Eine entsprechende Klarstellung erfolgt dort.“

Eine fehlerhafte oder unterbliebene Mitteilung der Ausbildungskosten wirkt sich auch in anderen Zusammenhängen aus, so beim **Anspruch auf Ausgleichszuweisung** (§ 34 Abs. 4 Satz 2 und 3 PflBG). Zu der Schätzungsmöglichkeit bei nicht plausiblen Auszubildenden- oder Schülerzahlen s. § 7 Abs. 2 PflAFinV.

§ 31   Individualbudgets

(1) [1]Werden die Ausbildungsbudgets nach § 29 Absatz 5 Satz 2 und 3 individuell vereinbart, sind Parteien der Budgetverhandlung

1. der Träger der praktischen Ausbildung oder die Pflegeschule,
2. die zuständige Behörde des Landes und
3. die Kranken- und Pflegekassen oder deren Arbeitsgemeinschaften, soweit auf sie im Jahr vor Beginn der Budgetverhandlungen mehr als 5 Prozent der Belegungs- und Berechnungstage oder der betreuten Pflegebedürftigen bei ambulanten Pflegediensten bei einem der kooperierenden Träger der praktischen Ausbildung entfallen.

[2]Pflegeschulen und Träger der praktischen Ausbildung können vereinbaren, dass das Ausbildungsbudget des Trägers der praktischen Ausbildung die Ausbildungskosten der Pflegeschule mit umfasst und vom Träger der praktischen Ausbildung mit verhandelt werden.

(2) [1]Die Verhandlungen nach Absatz 1 sind zügig zu führen. [2]Vor Beginn der Verhandlungen hat der Träger der praktischen Ausbildung den Beteiligten rechtzeitig Nachweise und Begründungen insbesondere über Anzahl der voraussichtlich belegten Ausbildungsplätze und die Ausbildungskosten vorzulegen sowie im Rahmen der Verhandlungen zusätzliche Auskünfte zu erteilen, soweit diese erforderlich sind und nicht außer Verhältnis stehen. [3]Satz 2 gilt für die Pflegeschulen entsprechend.

(3) Kommt eine Vereinbarung über ein Ausbildungsbudget für den Finanzierungszeitraum nicht innerhalb von zwei Monaten nach Vorlage von Verhandlungsunterlagen zustande, entscheidet auf Antrag einer Vertragspartei die Schiedsstelle nach § 36 innerhalb von sechs Wochen.

(4) [1]Die Parteien nach Absatz 1 teilen der zuständigen Stelle gemeinsam die Höhe der vereinbarten oder der von der Schiedsstelle nach Absatz 3 festgesetzten Ausbildungsbudgets und den jeweiligen Träger der praktischen Ausbildung mit. [2]Dabei geben sie die Zahl der Ausbildungsplätze sowie die voraussichtlichen Mehrkosten der Ausbildungsvergütung unter Mitteilung der Höhe der voraussichtlich für jeden Auszubildenden anfallenden Ausbildungsvergütung an, die der Vereinbarung oder der Festsetzung zugrunde gelegt worden sind. [3]Die zuständige Stelle weist unangemessene Ausbildungsvergütungen zurück.

(5) Erfolgt eine Mitteilung nach Absatz 4 Satz 1 und 2 nicht oder nicht vollständig innerhalb von für die Mitteilung vorgegebenen Fristen oder wurden bestimmte Angaben in der Mitteilung nach Absatz 4 Satz 3 zurückgewiesen und werden die zurückgewiesenen Angaben nicht fristgerecht nachträglich mitgeteilt, nimmt die zuständige Stelle eine Schätzung vor.

Erläuterungen

Übersicht

I. Allgemeines

1. Regelungsinhalt

1   Das Ausbildungsbudget kann als **Pauschalbudget** (§ 29 Abs. 5 Satz 1 PflBG) und als **Individualbudget** (§ 29 Abs. 5 Satz 2 PflBG) vereinbart werden. Die Vorschrift regelt das Individualbudget. Das Pauschalbudget wird in § 30 PflBG geregelt.

2. Korrespondierende Vorschriften der PflAFinV

2   § 3 PflAFinV betrifft die Bestimmung der Ausbildungskosten und die Bemessung von Pauschal- und Individualbudgets. § 5 PflAFinV die Mitteilungspflichten vor Festsetzung von Ausbildungsbudgets, § 6 PflAFinV die Zurückweisung unangemessener Ausbildungsvergütungen, und § 7 PflAFinV die Zurückweisung unplausibler Angaben.

II. Erläuterungen

1. Abs. 1: Parteien der Budgetverhandlungen

3   Vereinbarungspartner der Individualbudgets sind außer dem Träger der praktischen Ausbildung oder der Pflegeschule (**Satz 1 Nr. 1**) die Kostenträger, die die Ausbildung finanzieren (**Satz 1 Nr. 3**). Das Land benennt hierfür eine Stelle; dies kann auch die den Fonds verwaltende Stelle sein (**Satz 1 Nr. 2**) (so die Gesetzesbegründung, BT-Drs. 18/7823, S. 83). Pflegeschulen und Träger der praktischen Ausbildung können vereinbaren, dass das Ausbildungsbudget des Trägers der praktischen Ausbildung das Budget der Pflegeschule mit umfasst und vom Träger der praktischen Ausbildung mit verhandelt wird (**Satz 2**).

2. Abs. 2: Verfahrensvorschriften – Nachweise

4   Die Vorschrift weist auf die Selbstverständlichkeit einer zügigen Verhandlungsführung hin (**Satz 1**). Ebenso ist es selbstverständlich, dass der Träger der praktischen Ausbildung den anderen Beteiligten rechtzeitig die erforderlichen Nachweise liefert (**Satz 2**). **Satz 3** erstreckt diese Anforderungen auf die Pflegeschulen.

3. Abs. 3: Nichtzustandekommen einer Vereinbarung

Die **Schiedsstelle** (§ 36 PflBG) kann durch eine Vertragspartei angerufen werden, 5
wenn eine Vereinbarung über das Ausbildungsbudget zwei Monate nach Vorlage der
Verhandlungsunterlagen nicht zustande kommt.

4. Abs. 4: Angaben zum Ausbildungsbudget

Die vereinbarten bzw. von der Schiedsstelle festgelegten Ausbildungsbudgets sind 6
der zuständigen Stelle von den Vertragsparteien gemeinsam mitzuteilen (**Satz 1**).
Um eine Grundlage für spätere Anpassungen bei den Ausgleichszuweisungen nach
§ 34 PflBG zu haben, geben sie die Zahl der Ausbildungsplätze sowie die Mehrkosten
der Ausbildungsvergütung unter Mitteilung der Höhe der für jeden Auszubildenden
anfallenden Ausbildungsvergütung an, die der Budgetvereinbarung bzw. Festsetzung
durch die Schiedsstelle zu Grunde gelegt worden sind (**Satz 2**). § 5 PflAFinV regelt
das Nähere zu den Mitteilungspflichten vor Festsetzung von Ausbildungsbudgets.

Bei der Festsetzung des Ausbildungsbudgets auf Grundlage dieser Angaben kommt 7
der zuständigen Stelle insofern eine **Kontrollmöglichkeit** zu, als sie die Ausbildungsvergütungen auf ihre Angemessenheit zu prüfen und ggf. zurückzuweisen hat (vgl.
§ 19 Abs. 1 Satz 1 PflBG) (**Satz 3**). § 6 PflAFinV regelt das Nähere zur Zurückweisung unangemessener Ausbildungsvergütungen.

5. Abs. 5: Schätzungsmöglichkeit

In der Gesetzesbegründung (BT-Drs. 18/12847, S. 106) wird hierzu ausgeführt: 8

*„Die vereinbarten bzw. die von der Schiedsstelle festgelegten Ausbildungsbudgets sind
der zuständigen Stelle von den Vertragsparteien gemeinsam mitzuteilen. Um eine
Grundlage für die Festlegung des Finanzierungsbedarfs nach § 32 Absatz 1 zu haben,
nimmt die zuständige Stelle eine Kostenschätzung vor, wenn die erforderliche Mitteilung innerhalb vorgegebener Fristen unterbleibt. Fristen für die Mitteilung können
durch eine auf Grundlage von § 56 Absatz 3 erlassene Finanzierungsverordnung
vorgegeben werden.*

*Die Änderung entspricht der Änderung zu den Pauschalbudgets in dem neu angefüg-
ten § 30 Absatz 5. Die Regelung ist notwendig, weil durch fehlende oder unplausible
Datenmeldungen der von der zuständigen Stelle zu ermittelnde Finanzierungsbedarf
zu gering ausfällt. Die Einnahmen der zuständigen Stelle wären dann zu niedrig, um
die Ausbildungskosten im Land zu finanzieren. Dies wird verhindert, wenn für Träger,
die keine, unvollständige oder unplausible Daten übermitteln, eine Kostenschätzung
erfolgt. Die weiteren Rechtsfolgen, dass bis zur erforderlichen Meldung keine Ausgleichszuweisungen erfolgen und danach die Zuweisungen im Finanzierungszeitraum
in der Höhe auf die Kostenschätzung begrenzt sind, werden in § 34 Absatz 4 Satz 2
und 3 festgelegt.“*

Zu der Schätzungsmöglichkeit bei nicht plausiblen Auszubildenden- oder Schülerzahlen s. § 7 Abs. 2 PflAFinV.

§ 32   Höhe des Finanzierungsbedarfs; Verwaltungskosten

(1) [1]Die zuständige Stelle ermittelt für den jeweiligen Finanzierungszeitraum die Höhe des Finanzierungsbedarfs für die Pflegeausbildung im Land aus

1. der Summe aller Ausbildungsbudgets eines Landes nach den §§ 30 und 31,
2. einem Aufschlag auf diese Summen von 3 Prozent zur Bildung einer Liquiditätsreserve, die die erforderlichen Mittel abdeckt für in der Meldung des Ausbildungsbudgets nach § 30 Absatz 4 und nach § 31 Absatz 4 noch nicht berücksichtigte Ausbildungsverhältnisse sowie für Forderungsausfälle und Zahlungsverzüge.

[2]Schätzungen nach § 30 Absatz 5 und § 31 Absatz 5 stehen den bei der Ermittlung des Finanzierungsbedarfs festgesetzten oder vereinbarten Ausbildungsbudgets gleich.

(2) [1]Die zuständige Stelle erhebt als Ausgleich für anfallende Verwaltungs- und Vollstreckungskosten 0,6 Prozent der sich aus Absatz 1 Nummer 1 ergebenden Summe (Verwaltungskostenpauschale). [2]Dieser Betrag wird gesondert ausgewiesen und zum Finanzierungsbedarf nach Absatz 1 hinzugerechnet.

Erläuterungen

Übersicht

I. Allgemeines

1. Regelungsinhalt

1   Es handelt sich um eine weitere Vorschrift zum Finanzierungsmechanismus, bei der es um die Ermittlung der Höhe des Finanzierungsbedarfs für die Pflegeausbildung geht. Die Vorschrift steht im Zusammenhang mit der Vorschrift zur Aufbringung des Finanzierungsbedarfs (§ 33 PflBG).

2. Korrespondierende Vorschriften der PflAFinV

2   § 5 PflAFinV konkretisiert diejenigen Sachverhalte, die der zuständigen Stelle zu übermitteln sind, so dass diese die Ausbildungsbudgets festlegen kann. § 6 PflAFinV regelt den Umgang mit unangemessen niedrigen und hohen Ausbildungsvergütungen, § 7 PflAFinV die Zurückweisung unplausibler Angaben. § 8 Abs. 3 PflAFinV betrifft die **Festsetzung der Ausbildungsbudgets** durch die zuständige Stelle nach § 26 Abs. 6 PflBG. § 9 Abs. 1 PflAFinV regelt die Festsetzung der **Liquididätsreserve**, § 9 Abs. 2 PflAFinV die Berücksichtigung der **Differenzbeträge** nach § 17 Abs. 1 Satz 1 PflAFinV ab dem Festsetzungsjahr 2021. § 10 PflAFinV bezieht sich auf die Mitteilungspflichten und die Aufteilung des nach § 32 Abs. 1 PflBG ermittelten

Finanzierungsbedarfs auf die **Krankenhäuser**. Dazu ist zunächst der Anteil der Krankenhäuser nach § 33 Abs. 1 PflBG zu ermitteln. Dieser Anteil ist dann im Verfahren nach § 33 Abs. 3 PflBG auf die einzelnen Krankenhäuser aufzuteilen. § 11 PflAFinV regelt Mitteilungspflichten zur Aufteilung des Finanzierungsbedarfs auf die Pflegeeinrichtungen an die zuständige Stelle. Diese Angaben sind erforderlich, um den nach § 32 PflBG ermittelten **Finanzierungsbedarf** auf die **stationären und ambulanten Pflegeeinrichtungen** nach § 7 Abs. 1 Nr. 2 und 3 PflBG aufzuteilen (§ 12 PflAFinV). § 13 PflAFinV regelt Einzelheiten der **Einzahlung in den Ausgleichsfonds und Zahlungstermine** im Zusammenhang der Aufbringung des auf der Grundlage der Ausbildungsbudgets ermittelten Finanzierungsbedarfes (§ 32 Abs. 1 und 2 PflBG).

II. Erläuterungen

1. Abs. 1: Ermittlung des Finanzierungsbedarfs

Die Vorschrift regelt die Ermittlung des Finanzierungsbedarfs der Pflegeberufsausbildung. Dieser ergibt sich aus der Summe aller Ausbildungsbudgets nach §§ 30, 31 PflBG für den jeweiligen Finanzierungszeitraum (**Satz 1 Nr. 1**). Hinzu kommt ein Sicherheitsaufschlag in Höhe von 3 % (**Satz 1 Nr. 2**). Dieser dient der Bildung einer Liquiditätsreserve und soll die Zahlungsfähigkeit des Fonds sicherstellen. Außerdem soll die Finanzierung einer im Vergleich zur Vereinbarung der Ausbildungsbudgets höheren Zahl von Ausbildungsverhältnissen ermöglicht werden. **Satz 3** ergänzt die Schätzungsvorschriften in § 30 Abs. 5 und § 31 Abs. 5 PflBG und stellt klar, dass auch die Kostenschätzungen der zuständigen Stelle nach diesen Vorschriften Grundlage für die Ermittlung des Finanzierungsbedarfs sind. Dies ist erforderlich, da andernfalls der ermittelte Finanzierungsbedarf zu gering ausfallen würde (Gesetzesbegründung, BT-Drs. 18/12847, S. 106). S. zur Ermittlung des Finanzierungsbedarfs auch § 9 PflAFinV.

2. Abs. 2: Verwaltungskostenpauschale

Zum Finanzierungsbedarf rechnen auch die Verwaltungs- und Vollstreckungskosten, die in Form einer Verwaltungskostenpauschale angesetzt werden (**Satz 1**). Die Verwaltungskostenpauschale orientiert sich in ihrer Höhe an den Pauschalen, die die Länder in ihren Umlageverfahren – soweit solche Verfahren eingerichtet worden sind – zur Finanzierung der Altenpflegeausbildung vorgesehen haben (Gesetzesbegründung, BT-Drs. 18/7823, S. 83). Die Verwaltungskostenpauschale ist getrennt auszuweisen (**Satz 2**).

III. Entschließung des Bundesrates

Der Bundesrat hat in der Sitzung vom 21.9.2018 anlässlich der Beschlussfassung zur Pflegeberufe-Ausbildungsfinanzierungsverordnung folgende Entschließung verabschiedet und die Bundesregierung aufgefordert, die beschriebenen Probleme zeitnah aufzugreifen und einer Lösung zuzuführen (BR-Drs. 360/18 [Beschluss], S. 7, unter Nr. 2 und 3):

3

4

5

„2. Der Bundesrat bedauert, dass es nicht möglich ist, bestimmte im Nachgang zum PflBG identifizierte Probleme im Verordnungswege zu lösen. Dies sind insbesondere

[...]

- *die insbesondere in den ersten Jahren der Umstellung auf das neue Finanzierungssystem absehbar nicht auskömmliche Verwaltungskostenpauschale (§ 32 Absatz 2 PflBG),*
- *die erforderliche Umsatzsteuerfreiheit der Verwaltungskosten der fondsverwaltenden Stelle, soweit diese keine Behörde ist,*

[...]."

§ 33 Aufbringung des Finanzierungsbedarfs; Verordnungsermächtigung

(1) Der nach § 32 ermittelte Finanzierungsbedarf wird durch die Erhebung von Umlagebeträgen und Zahlungen nach § 26 Absatz 3 nach folgenden Anteilen aufgebracht:

1. 57,2380 Prozent durch Einrichtungen nach § 7 Absatz 1 Nummer 1,
2. 30,2174 Prozent durch Einrichtungen nach § 7 Absatz 1 Nummer 2 und 3,
3. 8,9446 Prozent durch das Land und
4. 3,6 Prozent durch Direktzahlung der sozialen Pflegeversicherung, wobei die private Pflege-Pflichtversicherung der sozialen Pflegeversicherung 10 Prozent ihrer Direktzahlung erstattet.

(2) [1]Die Zahlungen nach Absatz 1 Nummer 1 und 2 werden als monatlicher Teilbetrag an die zuständige Stelle abgeführt. [2]Soweit einer zur Zahlung eines Umlagebetrages verpflichteten Einrichtung infolge der praktischen Ausbildung eine Ausgleichszuweisung nach § 34 zusteht, kann die zuständige Stelle die Beträge miteinander verrechnen.

(3) [1]Der von den Trägern der Einrichtungen nach § 7 Absatz 1 Nummer 1 zu zahlende Anteil kann als Teilbetrag des Ausbildungszuschlags je voll- und teilstationärem Fall nach § 17a Absatz 5 Satz 1 Nummer 2 des Krankenhausfinanzierungsgesetzes oder als eigenständiger Ausbildungszuschlag je voll- und teilstationärem Fall aufgebracht werden. [2]Vereinbart wird die Höhe des Zuschlags oder des Teilbetrages durch die Vertragsparteien nach § 18 Absatz 1 Satz 2 des Krankenhausfinanzierungsgesetzes. [3]Die Vertragsparteien teilen der zuständigen Stelle gemeinsam die Höhe des vereinbarten Zuschlags oder des Teilbetrages mit, die diesen Zuschlag als Umlagebetrag gegenüber den Einrichtungen nach Absatz 1 Nummer 1 festsetzt.

(4) [1]Der von den Trägern der Einrichtungen nach § 7 Absatz 1 Nummer 2 und 3 zu zahlende Anteil nach Absatz 1 Nummer 2 wird über Ausbildungszuschläge aufgebracht. [2]Die zuständige Stelle setzt gegenüber jeder Einrichtung den jeweils zu entrichtenden Umlagebetrag fest. [3]Dafür wird der Anteil nach Absatz 1 Nummer 2 auf die Sektoren „voll- und teilstationär" und „ambulant" im Verhältnis der in diesen Sektoren beschäftigten Pflegefachkräfte aufgeschlüsselt. [4]Einzelheiten zu dem Verfahren werden durch eine Umlageordnung nach § 56 Absatz 3 Nummer 3 festgelegt. [5]Die Länder können ergänzende Regelungen erlassen.

(5) [1]Die Zahlungen nach Absatz 1 Nummer 3 und 4 erfolgen je Finanzierungszeitraum als Einmalzahlung zwei Monate vor Fälligkeit der ersten Ausgleichszahlung. [2]Die Direktzahlung der sozialen Pflegeversicherung sowie die Erstattung der privaten Pflege-Pflichtversicherung nach Absatz 1 Nummer 4 werden aus Mitteln des Ausgleichsfonds nach § 65 des Elften Buches Sozialgesetzbuch oder an den Ausgleichsfonds erbracht. [3]§ 45c Absatz 7 des Elften Buches Sozialgesetzbuch gilt entsprechend.

(6) [1]Die in § 30 Absatz 1 Satz 1 genannten Beteiligten auf Landesebene vereinbaren die erforderlichen Verfahrensregelungen im Zusammenhang mit der Ein-

zahlung der Finanzierungsmittel und den in Rechnung zu stellenden Zuschlägen. [2]Hierzu gehören insbesondere Vorgaben zur Verzinsung ausstehender Einzahlungen, die mit einem Zinssatz von 8 Prozent über dem Basiszinssatz nach § 247 Absatz 1 des Bürgerlichen Gesetzbuchs zu verzinsen sind. [3]Kommt eine Vereinbarung nicht zustande, entscheidet die Schiedsstelle nach § 36 auf Antrag eines Beteiligten.

(7) [1]Gegen den Festsetzungs- und Zahlungsbescheid der zuständigen Stelle nach den Absätzen 3 und 4 ist der Verwaltungsrechtsweg gegeben. [2]Widerspruch und Klage haben keine aufschiebende Wirkung.

(8) [1]Die Bundesregierung prüft alle drei Jahre, erstmals 2023, die Notwendigkeit und Höhe einer Anpassung des Prozentsatzes der Direktzahlung der sozialen Pflegeversicherung nach Absatz 1 Nummer 4. [2]Die Bundesregierung legt den gesetzgebenden Körperschaften des Bundes einen Bericht über das Ergebnis und die tragenden Gründe vor. [3]Die Bundesregierung wird ermächtigt, durch Rechtsverordnung mit Zustimmung des Bundesrates

1. nach Vorlage des Berichts unter Berücksichtigung etwaiger Stellungnahmen der gesetzgebenden Körperschaften des Bundes den Prozentsatz nach Absatz 1 Nummer 4 zum 1. Januar des Folgejahres anzupassen und
2. bei Anpassung des Prozentsatzes nach Absatz 1 Nummer 4 auch den Prozentsatz nach Absatz 1 Nummer 2 anzupassen, so dass die Summe der Prozentsätze nach Absatz 1 Nummer 2 und 4 unverändert bleibt.

[4]Rechtsverordnungen nach Satz 3 sind dem Bundestag zuzuleiten. [5]Die Zuleitung erfolgt vor der Zuleitung an den Bundesrat. [6]Die Rechtsverordnungen können durch Beschluss des Bundestages geändert oder abgelehnt werden. [7]Der Beschluss des Bundestages wird der Bundesregierung zugeleitet. [8]Hat sich der Bundestag nach Ablauf von drei Sitzungswochen seit Eingang der Rechtsverordnung nicht mit ihr befasst, so wird die unveränderte Rechtsverordnung dem Bundesrat zugeleitet.

Erläuterungen

Übersicht

I. Allgemeines

1. Regelungsinhalt

Die Vorschrift legt die **Finanzierungsanteile** der in § 26 Abs. 3 PflBG genannten   1
Fondseinzahler fest (**Abs. 1**). Weiter werden die **Einzahlungsmodalitäten** und die
Grundsätze der Refinanzierung geregelt (**Abs. 2 bis 6**). Der Rechtsweg gegen den
Festsetzungs- und Zahlungsbescheid ist in **Abs. 7** geregelt. In **Abs. 8** finden sich die
Regelungen zur **Anpassung der Direktzahlung** der sozialen Pflegeversicherung nach
Abs. 1 Nr. 4 und die entsprechende Verordnungsermächtigung.

2. Korrespondierende Vorschriften der PflAFinV

§ 1 Abs. 1 PflAFinV definiert den Begriff des Sektors (S. 3 33 Abs. 4 PflBG). § 8   2
PflAFinV betrifft die **Festsetzung der Ausbildungsbudgets** durch die zuständige
Stelle nach § 26 Abs. 6 PflBG. Diese sind Grundlage für das Umlage- und Zahlungs-
verfahren nach § 33 Abs. 1 und 2 PflBG. § 10 PflAFinV bezieht sich auf die
Aufteilung des nach § 32 Abs. 1 PflBG ermittelten **Finanzierungsbedarfs** auf die
Krankenhäuser. Dazu ist zunächst der Anteil der Krankenhäuser nach § 33 Abs. 1
PflBG zu ermitteln. Dieser Anteil ist dann im Verfahren nach § 33 Abs. 3 PflBG auf
die einzelnen Krankenhäuser aufzuteilen. § 12 PflAFinV betrifft die **Aufteilung des
Finanzierungsbedarfs** auf die **Pflegeeinrichtungen.** Diese erfolgt gemäß § 33 Abs. 4
PflBG in zwei Schritten. Zunächst wird der gemäß § 33 Abs. 1 Nr. 2 PflBG von den
stationären und ambulanten Pflegeeinrichtungen aufzubringende Anteil am Finanzierungsbedarf auf die Sektoren „voll- und teilstationär" und „ambulant" aufgeteilt.
Im zweiten Schritt ist der auf den jeweiligen Sektor entfallende Finanzierungsbedarf
auf die einzelnen Einrichtungen aufzuteilen. Der Zeitpunkt der **Zahlung der Umlagebeträge** nach § 33 Abs. 2 Satz 1 PflBG wird in § 13 Abs. 1 PflAFinV bis zum
zehnten eines Kalendermonats festgelegt. Der **Zeitpunkt der Direktzahlungen** nach
§ 33 Abs. 5 Satz 3 PflBG wird in § 13 Abs. 2 PflAFinV auf den 30. November des
Festsetzungsjahres festgelegt. Zur Begriffsbestimmung des Festsetzungsjahres s. § 1
Abs. 3 PflAFinV.

II. Erläuterungen

1. Abs. 1: Erhebung von Umlagebeträgen

In der Gesetzesbegründung (BT-Drs. 18/7823, S. 83 f.) wird hierzu ausgeführt: 3

*„Absatz 1 bestimmt die von den Finanzierungsträgern zu zahlenden Anteile an den
nach § 32 ermittelten jährlichen Gesamtkosten der Pflegeberufsausbildung. Die fest-
geschriebenen Anteile beruhen auf den im Finanzierungsgutachten von WIAD/
Prognos vom 10. Juli 2013 ermittelten Kostentragungsanteilen, die auf Grundlage
der Kosten der getrennten Ausbildungen in der (Kinder-)Kranken- und der Altenpflege errechnet wurden (vgl. Abbildungen 2.12 und 4.62 im Finanzierungsgutachten) ohne BA-Anteil (siehe Begründung zu § 26 Absatz 3). Da die dort dar-
gestellten Anteile gerundet wurden und aufgrund von Rundungsdifferenzen die
Summe der gerundeten Anteile bei den Angaben ohne BA-/Jobcenter-Anteile (Krankenversicherung 57, 2 Prozent, Anteil Kostenträger Pflege 33,8 Prozent, Länder*

8,9 Prozent) nur 99,9 und keine 100 Prozent ergeben, wurden bei den Gutachtern die genauen Prozentanteile erfragt und hier verwendet.

Der im Finanzierungsgutachten auf den Pflegebereich entfallende Anteil, der auch anteilige Kosten der Pflegeversicherung enthält, wurde dabei aufgeteilt. Er besteht aus einem Einzahlungsanteil der Pflegeeinrichtungen (30,2174 Prozent), der zu etwa 50 Prozent von der Pflegeversicherung refinanziert wird, und einem ergänzenden Direktbeitrag der Pflegeversicherung. Mit einem Anteil von 3,6 Prozent der Gesamtkosten übernimmt die soziale Pflegeversicherung mit rd. 100 Millionen € die gesamten laut Gutachten auf den Pflegesektor entfallenden Mehrkosten der einheitlichen Pflegeausbildung und entlastet insoweit die Pflegebedürftigen.

Die private Pflege-Pflichtversicherung beteiligt sich wiederum im Umfang des Mittelwertes ihres Versichertenanteils von etwas mehr als zehn Prozent und ihres Pflegebedürftigenanteils von etwas weniger als zehn Prozent an den direkt von der sozialen Pflegeversicherung getragenen Kosten.“

2. Abs. 2: Zahlungsweisen nach Abs. 1 Nr. 1 und 2

4   Die Zahlungen der Einrichtungen sind monatlich in Teilbeträgen zu erbringen (s. auch § 13 Abs. 1 PflAFinV). Einzahlungen und Auszahlungen von Ausgleichsbeträgen (§ 34 PflBG) können miteinander verrechnet werden, wobei es der zuständigen Stelle überlassen bleibt, ob sie Einzahlungen und Auszahlungsansprüche miteinander verrechnet. Somit kann sie selbst entscheiden, ob sie einer Verrechnung den Vorzug gibt mit der Folge, gegebenenfalls ausstehende Einzahlungsleistungen nicht beitreiben zu müssen, oder ob sie getrennte Zahlungsströme bei Einnahmen und Ausgaben vorzieht, weil sie gemischte Verfahren für zu fehleranfällig hält (Gesetzesbegründung, BT-Drs. 18/12847, S. 107).

3. Abs. 3: Ausbildungszuschlag bei Krankenhäusern

5   In der Gesetzesbegründung (BT-Drs. 18/7823, S. 84) wird hierzu ausgeführt:

„Im Bereich der Finanzierung durch die Krankenhäuser erfolgt die Kostentragung durch Ausbildungszuschläge der Krankenhäuser entsprechend den dortigen Grundsätzen und Gegebenheiten. Zur Ermittlung der Höhe des Zuschlags werden die auf den Abrechnungszeitraum entfallenden Gesamtkosten durch die für diesen Zeitraum prognostizierte Fallzahl geteilt und dadurch der pro Fall zu erhebende Zuschlag ermittelt. Der Zuschlag kann als Teilbetrag des Ausbildungszuschlags nach § 17a Absatz 5 Satz 1 Nummer 2 KHG, der der Finanzierung der übrigen in § 2 Absatz 1a KHG genannten Ausbildungsberufe dient, oder als eigenständiger Zuschlag vereinbart werden. In beiden Fällen erfolgt die Vereinbarung durch die Vertragsparteien auf Landesebene nach § 18 Absatz 1 Satz 2 KHG. Der Ausbildungszuschlag ist sowohl von ausbildenden als auch von nicht ausbildenden Krankenhäusern zu erheben und an die zuständige Stelle weiterzuleiten.“

S. hierzu auch § 10 Abs. 2 PflAFinV.

4. Abs. 4: Ausbildungszuschlag bei Pflegeeinrichtungen

In der Gesetzesbegründung (BT-Drs. 18/7823, S. 84) wird hierzu ausgeführt: 6

„Im Bereich der voll- und teilstationären sowie der ambulanten Pflegeeinrichtungen scheidet eine Ermittlung und Festsetzung der Umlagebeträge aufgrund von Fallzahlen aus. Daher erfolgt hier ein anderes Festsetzungsverfahren. Die nähere Ausgestaltung des Umlageverfahrens wird durch Rechtsverordnung (Umlageordnung) auf Bundesebene und ggf. durch die Länder näher festgelegt.“

Die Aufteilung des Finanzierungsbedarfs auf die Pflegeeinrichtungen ist in § 12 PflAFinV geregelt.

Die in Abs. 4 Satz 3 aufgeführten Sektoren werden in § 1 Abs. 1 PflAFinV näher 7
festgelegt: Sektor im Sinne dieser Verordnung ist die jeweilige Gesamtheit der Pflegeeinrichtungen in den Bereichen „voll- und teilstationär“ sowie „ambulant“.

5. Abs. 5: Zahlungsweisen nach Abs. 1 Nr. 3 und 4

In der Gesetzesbegründung (BT-Drs. 18/7823, S. 84) wird hierzu ausgeführt: 8

„Die vorgesehene jährliche Zahlung des Länderanteils und des Direktanteils der Pflegeversicherung zwei Monate vor Fälligkeit der ersten Ausgleichszahlung sollen die Liquidität des Fonds vor Beginn des jeweiligen Auszahlungszeitraumes sicherstellen.

Die Beteiligung der privaten Pflege-Pflichtversicherung kann wie bei der Förderung von Modellmaßnahmen nach § 45c SGB XI durch Zahlung des Verbandes der privaten Krankenversicherung e. V. erfolgen.“

S. zu den jährlichen Direktzahlungen des Landes und der sozialen Pflegeversicherung § 13 Abs. 2 PflAFinV.

6. Abs. 6: Vereinbarung der Verfahrensregelungen

Die Beteiligten nach § 30 Abs. 1 1. Halbs. PflBG vereinbaren die Einzelheiten zur 9
Einzahlung. Kommt eine Vereinbarung nicht zustande, entscheidet die Schiedsstelle nach § 36 PflBG auf Antrag eines der genannten Beteiligten.

7. Abs. 7: Rechtsweg

Rechtsweg gegen den Feststellungs- und Zahlungsbescheid ist der Verwaltungs- 10
rechtsweg (§ 40 Verwaltungsgerichtsordnung – VwGO). Widerspruch und Klage haben keine aufschiebende Wirkung (§ 80 Abs. 2 Satz 1 Nr. 3 VwGO). Zur Möglichkeit der Anordnung der aufschiebenden Wirkung durch das Gericht der Hauptsache s. § 80 Abs. 5 VwGO.

8. Abs. 8: Anpassung der Direktzahlung nach Abs. 1 Nr. 4

In der Gesetzesbegründung (BT-Drs. 18/7823, S. 84) wird zu **Satz 1 bis 3** ausgeführt: 11

„Mit der Anpassungsmöglichkeit des Prozentsatzes durch Rechtsverordnung wird die untergesetzliche Möglichkeit geschaffen, dafür Sorge zu tragen, dass die Belastung der einzelnen Pflegebedürftigen mit Ausbildungskosten auch langfristig in einem ausgewo-

genen Verhältnis zur Kostenbeteiligung der Pflegeversicherung steht. Damit soll ver-hindert werden, dass die Belastung des einzelnen Pflegebedürftigen mit Ausbildungs-kosten stärker steigt als sein verfügbares Einkommen (i. d. R. die Rente)."

12 In **Satz 4 bis 8** ist ein besonderes Verfahren der Beteiligung des Bundestages bei Erlass der Rechtsverordnung festgelegt.

III. Entschließung des Bundesrates

13 Der Bundesrat hat in der Sitzung vom 21.9.2018 anlässlich der Beschlussfassung zur Pflegeberufe-Ausbildungsfinanzierungsverordnung folgende Entschließung verab-schiedet und die Bundesregierung aufgefordert, die beschriebenen Probleme zeitnah aufzugreifen und einer Lösung zuzuführen (BR-Drs. 360/18 [Beschluss], S. 7, unter Nr. 2 und 3):

„2. Der Bundesrat bedauert, dass es nicht möglich ist, bestimmte im Nachgang zum PflBG identifizierte Probleme im Verordnungswege zu lösen. Dies sind insbesondere

[...]

– die fehlende Finanzierung der Vorlaufkosten für den Aufbau der Fondsstrukturen, die bereits im Jahr 2019 beginnen müssen und nicht auf die Kostenträger gemäß § 33 Absatz 1 PflBG anteilig umgelegt werden können,

[...]."

IV. Literaturhinweise

14 *prognos/WIAD*: Forschungsgutachten zur Finanzierung eines neuen Pflegeberufegesetzes. Ergeb-nisbericht. 20.6.2013 (überarbeitete Fassung vom 14.10.2013). Online: https://www.prognos.com/ publikationen/alle-publikationen/434/show/52b8a9d86ea76384bbb285569a13c385/ [abgerufen am 1.10.2018].

§ 34 Ausgleichszuweisungen

(1) [1]Die Ausgleichszuweisungen erfolgen an den Träger der praktischen Ausbildung und an die Pflegeschule in monatlichen Beträgen entsprechend dem nach § 29 festgesetzten Ausbildungsbudget durch die zuständige Stelle. [2]Die Ausgleichszuweisungen sind zweckgebunden für die Ausbildung zu verwenden. [3]Abweichungen zwischen der Zahl der Ausbildungsplätze, die der Meldung nach § 30 Absatz 4 oder der Budgetvereinbarung nach § 31 zugrunde gelegt worden sind, und der tatsächlichen Anzahl der Ausbildungsplätze teilt der Träger der praktischen Ausbildung der zuständigen Stelle mit; er beziffert die aufgrund der Abweichung anfallenden Mehr- oder Minderausgaben. [4]Minderausgaben sind bei den monatlichen Ausgleichzuweisungen vollständig zu berücksichtigen; Mehrausgaben sind zu berücksichtigen, soweit die Liquiditätsreserve dies zulässt. [5]Entsprechende Mitteilungspflichten haben die Pflegeschulen.

(2) Der Träger der praktischen Ausbildung leitet die in den Ausgleichszuweisungen enthaltenen Kosten der übrigen Kooperationspartner und im Falle des § 31 Absatz 1 Satz 2 der Pflegeschulen auf Grundlage der Kooperationsverträge und im Falle von Individualbudgets nach § 31 unter Berücksichtigung der vereinbarten Ausbildungsbudgets an diese weiter.

(3) [1]Die Pflegeschule stellt Auszubildenden, soweit sie nach § 81 des Dritten Buches Sozialgesetzbuch oder nach § 16 des Zweiten Buches Sozialgesetzbuch in Verbindung mit § 81 des Dritten Buches Sozialgesetzbuch gefördert werden, unbeschadet von § 24 Absatz 3 Nummer 1 zweite Alternative, Lehrgangskosten in angemessener Höhe in Rechnung. [2]Die Leistungen für Lehrgangskosten sind gemäß § 83 Absatz 2 Satz 1 des Dritten Buches Sozialgesetzbuch an die Pflegeschule als Träger der Maßnahme auszuzahlen. [3]Leistungen zur Finanzierung der Ausbildung, wie beispielsweise Fördermittel nach dem Dritten Kapitel des Dritten Buches Sozialgesetzbuch, sind vom Auszahlungsberechtigten anzugeben und werden, soweit sie nicht bereits im Rahmen des Ausbildungsbudgets nach § 29 Absatz 4 berücksichtigt worden sind, mit der Ausgleichszuweisung verrechnet.

(4) [1]Ein Anspruch auf Ausgleichszuweisungen besteht nur, soweit bezüglich der begünstigten ausbildenden Einrichtung ein rechtskräftiger Umlagebescheid nach § 33 Absatz 3 Satz 3 oder nach § 33 Absatz 4 Satz 2 besteht. [2]Erfolgt eine Kostenschätzung nach § 30 Absatz 5 oder nach § 31 Absatz 5 ist die Ausgleichszuweisung auf diese Kostenschätzung begrenzt, auch wenn die erforderlichen Angaben nach § 30 Absatz 4 Satz 1 bis 3 oder nach § 31 Absatz 4 Satz 1 und 2 der zuständigen Stelle nachträglich mitgeteilt werden. [3]Bis zum Vorliegen aller erforderlichen Angaben wird die Ausgleichszuweisung ausgesetzt. [4]§ 34 Absatz 6 erster Teilsatz gilt entsprechend.

(5) [1]Nach Ablauf des Finanzierungszeitraums haben der Träger der praktischen Ausbildung und die Pflegeschule der zuständigen Stelle eine Abrechnung über die Einnahmen aus den Ausgleichszahlungen und die im Ausbildungsbudget vereinbarten Ausbildungskosten vorzulegen. [2]Für gezahlte pauschale Anteile kann lediglich ein Nachweis und eine Abrechnung darüber gefordert werden,

dass die Grundvoraussetzungen, wie zum Beispiel die Zahl der Ausbildungs-verträge, im Abrechnungszeitraum vorgelegen haben.

(6) [1]Überschreiten die tatsächlichen Ausgaben aufgrund gestiegener Ausbil-dungszahlen die Höhe der Ausgleichszuweisungen, werden diese Mehrausgaben bei der auf die Abrechnung folgenden Festlegung oder Vereinbarung des Aus-bildungsbudgets nach den §§ 30, 31 berücksichtigt; dies gilt nicht, soweit diese Mehrausgaben bereits nach Absatz 1 finanziert wurden. [2]Überzahlungen auf-grund gesunkener Ausbildungszahlen sind unverzüglich an die zuständige Stelle zurückzuzahlen. [3]Das Nähere zum Prüfverfahren wird durch Landesrecht be-stimmt, soweit nicht das Bundesministerium für Familie, Senioren, Frauen und Jugend und das Bundesministerium für Gesundheit von der Ermächtigung nach § 56 Absatz 3 Nummer 4 Gebrauch machen.

Erläuterungen

Übersicht

I. Allgemeines

1. Regelungsinhalt

1   Die Vorschrift enthält die Regelungen zum letzten Schritt der Realisierung der Finanzierung der beruflichen Ausbildung in der Pflege, deren Gang in § 26 Abs. 4 PflBG beschrieben ist, nämlich die Zahlung der Ausgleichszuweisungen an die Träger der praktischen Ausbildung und die Pflegeschulen.

2. Korrespondierende Vorschriften der PflAFinV

2   § 14 PflAFinV regelt die Ermittlung der Höhe der **Ausgleichszuweisungen**, die an die Träger der praktischen Ausbildung und die Pflegeschulen zu zahlen sind. § 15 PflAFinV regelt den **Termin der Zahlung der Ausgleichszuweisungen** an die Träger der praktischen Ausbildung und die Pflegeschulen. Die Zahlungen erfolgen zum letzten Tag jeden Monats, erstmals zum 31.1.2020. § 16 PflAFinV bezieht sich auf die **Abrechnung der Ausgleichszuweisungen**, die die Empfänger der Ausgleichszuwei-sungen nach § 34 Abs. 5 PflBG durchzuführen haben. § 17 PflAFinV betrifft die **Abrechnung der Umlagebeiträge und der Ausbildungszuschläge und die Angabe möglicher Differenzbeträge**.

II. Erläuterungen

1. Abs. 1: Ausgleichszuweisungen

In der Gesetzesbegründung (BT-Drs. 18/7823, S. 85) wird zu dieser Vorschrift 3
Folgendes ausgeführt:

*„Vorgesehen sind monatliche anteilmäßige Zahlungen in Höhe des vereinbarten
Ausbildungsbudgets.*

*Weicht die Zahl der in der Budgetfestsetzung bzw. -vereinbarung zu Grunde gelegten
Ausbildungsverhältnisse von der Zahl der tatsächlichen Ausbildungsverhältnisse ab,
so ist die Zahl der tatsächlichen Ausbildungsverhältnisse zu berücksichtigen. Damit
erfolgt eine passgenauere Auszahlung. Hiermit ist es insbesondere möglich, gestiegene
Ausbildungszahlen zu berücksichtigen. Übersteigt die Zahl der tatsächlichen Ausbildungsverhältnisse die in den Budgetverhandlungen angenommene Zahl, kann allerdings eine Berücksichtigung im laufenden Finanzierungszeitraum nur insoweit erfolgen, als dies die Liquiditätsreserve zulässt, andernfalls würde der Fonds notleidend.*

*Können aufgrund dieser Begrenzung Mehrkosten aufgrund gestiegener Ausbildungs-
zahlen nicht abgedeckt werden, erfolgt ihre Berücksichtigung bei der Abrechnung nach
Absatz 5 und bei den folgenden Budgetfestlegungen bzw. -verhandlungen. Sonstige
Mehrkosten werden nicht berücksichtigt. Minderkosten aufgrund gesunkener Ausbildungszahlen sind stets zu berücksichtigen."*

S. hierzu § 15 PflAFinV.

2. Abs. 2: Kostenweiterleitung

Die Vorschrift regelt eine Verpflichtung der Träger der praktischen Ausbildung. 4
Diese müssen die in den Ausgleichszuweisungen enthaltenen Kosten der übrigen
Kooperationspartner und ggf. der Pflegeschulen auf der Grundlage der Kooperationsverträge und entsprechend den festgesetzten bzw. vereinbarten Ausbildungsbudgets an diese weiterleiten.

3. Abs. 3: Berechnung bei SGB III–Förderung

Die Vorschrift beruht auf dem Grundsatz, dass Leistungen zur Finanzierung der 5
Ausbildung durch Dritte, etwa Leistungen zur Weiterbildung, anzurechnen sind.
Dadurch wird die Nachrangigkeit der Finanzierung der Pflegeausbildungen durch
den Ausgleichsfonds klar gestellt (s. auch die Gesetzesbegründung zur ursprüng-
lichen Fassung der Vorschrift, BT-Drs. 18/7823, S. 85). Lehrgangskosten nach
SGB III müssen jedoch angefallen sein. Dazu wird in der Gesetzesbegründung
(BT-Drs. 18/12847, S. 107) zu **Satz 1 und 2** ausgeführt:

*„Für Auszubildende, die Leistungen zur Förderung der beruflichen Weiterbildung
erhalten können, sollen wie bisher bei Umschulungen in der Altenpflege, Gesundheits-
und Krankenpflege und Gesundheits- und Kinderkrankenpflege auch bei Umschulungen in die neuen Pflegeberufe Lehrgangskosten über die Weiterbildungsförderung
nach dem Zweiten oder Dritten Buch Sozialgesetzbuch von den Jobcentern beziehungsweise den Agenturen für Arbeit getragen werden können. Dies setzt aber voraus, dass*

Lehrgangskosten für die Teilnehmerin oder den Teilnehmer an einer Weiterbildung auch anfallen. In dem neuen Satz 1 des Absatzes 3 wird daher geregelt, dass die Pflegeschule den Auszubildenden, soweit die Lehrgangskosten tatsächlich von den Agenturen für Arbeit beziehungsweise den Jobcentern übernommen und die Auszubildenden daher mit diesen nicht belastet werden, die angemessenen Lehrgangskosten in Rechnung stellt. Angemessen sind die Lehrgangskosten, die der Zulassung der Maßnahme für die berufliche Weiterbildungsförderung nach dem Dritten Buch Sozialgesetzbuch und der Akkreditierungs- und Zulassungsverordnung Arbeitsförderung zugrunde liegen. Die in Rechnung gestellten Lehrgangskosten werden von den Agenturen für Arbeit beziehungsweise den Jobcentern übernommen und nach § 83 Absatz 2 Satz 1 des Dritten Buches Sozialgesetzbuch unmittelbar der Pflegeschule ausgezahlt. Die Auszubildenden werden daher mit den Lehrgangskosten selbst nicht belastet. Es wird festgelegt, dass die Regelung des § 24 Absatz 3 Nummer 1 zweite Alternative der Erstattungsforderung von Lehrgangskosten bei geförderten Umschülern nicht entgegensteht.

Das Vorliegen der Voraussetzungen für eine Weiterbildungsförderung nach dem Zweiten oder Dritten Buch Sozialgesetzbuch und die Übernahme der Lehrgangskosten wird Arbeitnehmerinnen und Arbeitnehmern regelmäßig durch die Ausstellung eines Bildungsgutscheins durch die Agentur für Arbeit beziehungsweise das Jobcenter bescheinigt (§ 81 Absatz 4 des Dritten Buches Sozialgesetzbuch).

In Satz 2 wird klargestellt, dass die Lehrgangskosten über den Bildungsgutschein unmittelbar von der Pflegeschule mit der Agentur für Arbeit oder dem Jobcenter abgerechnet werden (§ 83 Absatz 2 Satz 1 des Dritten Buches Sozialgesetzbuch). Für die geförderte Teilnehmerin oder den geförderten Teilnehmer selbst bleibt die Weiterbildung daher kostenfrei."

6   In **Satz 3** ist geregelt, dass im Rahmen der Festlegung des Ausbildungsbudgets nicht geltend gemachte Erstattungsbeträge (hier die Übernahme der Weiterbildungskosten durch Jobcenter beziehungsweise Agenturen für Arbeit) von den der Pflegeschule zustehenden Ausgleichszuweisungen im Wege der Verrechnung in Abzug gebracht werden.

4. Abs. 4: Anspruch auf Ausgleichszahlung

7   Zu **Satz 1** wird in der Gesetzesbegründung (BT-Drs. 18/7823, S. 85) ausgeführt:

„Die Vorschrift enthält den Grundsatz, dass ein Auszahlungsanspruch für eine Ausgleichszuweisung nur besteht, soweit ein rechtskräftiger Festsetzungsbescheid für die Ausbildungsumlage nach § 33 Absätze 3 oder 4 besteht. Damit soll verhindert werden, dass Einrichtungen, die selbst nicht in den Fonds einzahlen, Leistungen aus dem Fonds erhalten."

8   Zu **Satz 2 bis 4** wird in der Gesetzesbegründung (BT-Drs. 18/12847, S. 108 f.) ausgeführt:

„Um einen wirksamen Anreiz für die Meldung an die zuständige Stelle zu setzen, sollen die Träger der praktischen Ausbildung und die Pflegeschulen, für die keine, eine unvollständige oder eine unplausible Meldung abgegeben wird, bis zu einer voll-

ständigen und plausiblen Meldung keine Ausgleichszuweisungen erhalten (Ände-rungsantrag zu § 34 Absatz 4). Liegt die vollständige Meldung nachträglich vor, wer-den die Ausgleichszuweisungen auf das geschätzte Ausbildungsbudget begrenzt. Die Regelung ist notwendig, weil durch fehlende oder unplausible Datenmeldungen der von der zuständigen Stelle zu ermittelnde Finanzierungsbedarf zu gering ausfällt. Die Einnahmen der zuständigen Stelle wären dann zu niedrig, um die Ausbildungskosten im Land zu finanzieren. Dies wird verhindert, wenn die Zahlungen begrenzt werden. Eine gegebenenfalls erforderliche Nachzahlung erfolgt dann im folgenden Finanzie-rungszeitraum. Insofern erfolgt eine Verweisung auf Absatz 6 Satz 1 erster Teilsatz."

5. Abs. 5: Abrechnung

Nach der Vorschrift hat nach Ablauf des Finanzierungs- bzw. Abrechnungszeit-   9
raums die Einrichtung bzw. die Pflegeschule, die Ausgleichszahlungen geltend gemacht bzw. erhalten hat, über die Verwendung der Mittel Rechnung zu legen (**Satz 1**). **Satz 2** stellt klar, dass für gezahlte pauschale Anteile lediglich Abrechnung und Nachweise darüber gefordert werden können, dass die Grundvoraussetzungen der Ausgleichszahlungen wie z. B. Zahl der Ausbildungsverträge vorgelegen haben. S. hierzu § 16 PflAFinV.

6. Abs. 6: Unter- und Überzahlungen

Unterzahlungen aufgrund gestiegener Ausbildungszahlen sind bei der auf die Abrech-   10
nung folgenden Budgetfestsetzung bzw. Budgetvereinbarung zu berücksichtigen (**Satz 1**). Überzahlungen sind unverzüglich an die zuständige Stelle zurückzuzahlen (**Satz 2**). Das entsprechende Prüfverfahren kann durch Landesrecht bzw. über eine Rechtsverordnung auf Bundesebene geregelt werden (**Satz 3**). S. hierzu § 17 PflAFinV.

§ 35   Rechnungslegung der zuständigen Stelle

(1) Nach Ablauf des Finanzierungszeitraumes und nach der Abrechnung nach § 34 Absatz 5 und 6 erfolgt eine Rechnungslegung der zuständigen Stelle über die als Ausgleichsfonds und im Rahmen des Umlageverfahrens verwalteten Mittel.

(2) Bei der Rechnungslegung ermittelte Überschüsse oder Defizite werden bei dem nach § 32 ermittelten Finanzierungsbedarf in dem auf die Rechnungslegung folgenden Erhebungs- und Abrechnungsjahr berücksichtigt

Erläuterungen

1   Nach Ablauf des Finanzierungszeitraumes und Abrechnung mit den zuweisungs-berechtigten Einrichtungen und Pflegeschulen erfolgt eine Rechnungslegung der den Fonds verwaltenden Stelle. Überschüsse und Defizite werden im auf die Rechnungs-legung folgenden Erhebungs- und Abrechnungsjahr berücksichtigt (Gesetzesbegrün-dung, BT-Drs. 18/7823, S. 85).

2   **Korrespondierende Vorschriften der PflAFinV:** In § 20 PflAFinV ist die **Rech-nungslegung** geregelt, die die zuständige Stelle gemäß § 35 Abs. 1 PflBG nach Ablauf des Finanzierungszeitraums und nach der Abrechnung nach § 16 PflAFinV durch-zuführen hat. Als Termin für die Rechnungslegung wird der 31. Oktober des auf den Finanzierungszeitraum folgenden Jahres festgelegt (§ 20 Abs. 2 PflAFinV).

§ 36 Schiedsstelle; Verordnungsermächtigung

(1) Die Landesverbände der Kranken- und Pflegekassen, die Vereinigungen der Träger der ambulanten oder stationären Pflegeeinrichtungen im Land, die Landeskrankenhausgesellschaften und Vertreter des Landes bilden für jedes Land eine Schiedsstelle.

(2) [1]Die Schiedsstellen bestehen aus einem neutralen Vorsitzenden, aus drei Vertretern der Kranken- und Pflegekassen, aus zwei Vertretern der Krankenhäuser, einem Vertreter der ambulanten Pflegedienste und einem Vertreter der stationären Pflegeeinrichtungen sowie aus einem Vertreter des Landes. [2]Der Schiedsstelle gehört auch ein von dem Landesausschuss des Verbandes der Privaten Krankenversicherung bestellter Vertreter an, der auf die Zahl der Vertreter der Krankenkassen angerechnet wird. [3]Die Vertreter der Kranken- und Pflegekassen und deren Stellvertreter werden von den Landesverbänden der Kranken- und Pflegekassen, die Vertreter der Krankenhäuser und deren Stellvertreter werden von der Landeskrankenhausgesellschaft, die Vertreter der Pflegeeinrichtungen und deren Stellvertreter werden von den Landesverbänden der Pflegeeinrichtungen, die Vertreter des Landes und ihre Stellvertreter werden vom Land bestellt. [4]Der Vorsitzende und sein Stellvertreter werden von den beteiligten Organisationen gemeinsam bestellt; kommt eine Einigung nicht zustande, entscheidet das Los.

(3) [1]Bei Schiedsverfahren zu den Pauschalen der Pflegeschulen nach § 30 oder den individuellen Ausbildungsbudgets der Pflegeschulen nach § 31 treten an die Stelle der Vertreter der Krankenhäuser und des Vertreters der ambulanten Pflegedienste und des Vertreters der stationären Pflegeeinrichtungen vier Vertreter der Interessen der Pflegeschulen auf Landesebene. [2]Sie werden von den Landesverbänden der Interessenvertretungen der Schulen bestellt. [3]Die Sitzverteilung erfolgt entsprechend dem Verhältnis der Schulen in öffentlicher und in privater Trägerschaft. [4]Sind sowohl Schulen in öffentlicher als auch in privater Trägerschaft in dem Ausbildungsbereich der Pflege tätig, ist eine Vertretung beider in der Schiedsstellenbesetzung zu gewährleisten.

(4) [1]Die Mitglieder der Schiedsstellen führen ihr Amt als Ehrenamt. [2]Sie sind in Ausübung ihres Amtes an Weisungen nicht gebunden. [3]Jedes Mitglied hat eine Stimme. [4]Die Entscheidungen werden mit der Mehrheit der Mitglieder getroffen; ergibt sich keine Mehrheit, gibt die Stimme des Vorsitzenden den Ausschlag.

(5) [1]Die Landesregierungen werden ermächtigt, durch Rechtsverordnung das Nähere über

1. die Bestellung, die Amtsdauer und die Amtsführung der Mitglieder der Schiedsstelle sowie die ihnen zu gewährende Erstattung der Barauslagen und Entschädigung für Zeitaufwand der Mitglieder der Schiedsstelle,
2. die Führung der Geschäfte der Schiedsstelle,
3. das Verfahren und die Verfahrensgebühren

zu bestimmen; sie können diese Ermächtigung durch Rechtsverordnung auf oberste Landesbehörden übertragen. [2]Die Kosten der Schiedsstelle werden anteilig der Sitzverteilung nach den Absätzen 2 und 3 von den Rechtsträgern der Parteien nach den Absätzen 1 und 3 getragen.

(6) [1]Gegen die Entscheidung der Schiedsstelle ist der Verwaltungsrechtsweg gegeben. [2]Ein Vorverfahren findet nicht statt; die Klage hat keine aufschiebende Wirkung.

Erläuterungen

Übersicht

I. Allgemeines

1   Ebenso wie es im Bereich des Sozialrechts, insbesondere des Sozialversicherungsrechts, üblich ist, bestimmte in der Regel vertragliche Angelegenheiten zwischen Kosten- und Leistungsträgern durch eine Schiedsstelle klären zu lassen, bevor der Rechtsweg zu den Gerichten eingeschlagen werden kann, ist auch im PflBG eine Schiedsstelle für die Klärung von Fragen im Zusammenhang mit Vereinbarungen bei der Finanzierung der beruflichen Pflegeausbildung vorgesehen. Es handelt sich um folgende Fälle:

– wenn nach gescheiterten Verhandlungen über Pauschalen nach § 30 Abs. 2 PflBG die Schiedsstelle von einer Vertragspartei angerufen wurde,
– wenn eine Vereinbarung des Ausbildungsbudgets nicht zustande kommt und die Schiedsstelle nach § 31 Abs. 3 PflBG von einer Vertragspartei angerufen wird,
– wenn ein Beteiligter die Schiedsstelle anruft, weil eine Vereinbarung über Verfahrensregelungen in Zusammenhang mit der Einzahlung der Finanzierungsmittel nach § 33 Abs. 6 PflBG nicht zustande gekommen ist.

II. Erläuterungen

1. Abs. 1: Bildung der Schiedsstellen

2   Die Vorschrift legt die Organisationen fest, die die Schiedsstellen bilden. Schiedsstellen sind in jedem Land zu bilden.

2. Abs. 2: Zusammensetzung der Schiedsstellen

3   Die Vorschrift regelt die Zusammensetzung der Schiedsstelle. Die Schiedsstellen bestehen aus einem neutralen Vorsitzenden sowie acht weiteren Mitgliedern. Dies sind vier Vertreter der Kostenträger (drei Vertreter der Kranken- und Pflegekassen einschließlich eines Vertreters der Privaten Krankenversicherung und ein Vertreter des Landes) und vier Vertreter der Leistungsträger (zwei Vertreter der Kranken-

häuser und je ein Vertreter der stationären und ein Vertreter der ambulanten Pflege) (**Satz 1 und 2**). Diese Zusammensetzung soll einen angemessenen Ausgleich der widerstreitenden Interessen zwischen Kosten- und Leistungsträgern ermöglichen und zugleich soll – auch aus Kostengründen – eine übergroße Schiedsstelle vermieden werden (Gesetzesbegründung, BT-Drs. 18/7823, S. 86). **Satz 3** regelt die Einzelheiten der Vertreterbestellung. **Satz 4** regelt die Bestellung des Vorsitzenden und seines Stellvertreters.

3. Abs. 3: Zusammensetzung in besonderen Fällen

Bei Entscheidungen, die die Pflegeschulen betreffen, ist eine Interessenvertretung der 4
Pflegeschulen auf Landesebene zu beteiligen (**Satz 1**). Diese werden von den Landesverbänden der Interessenvertretungen der Schulen bestellt (**Satz 2**). Da in den Ländern die Trägerstrukturen der Pflegeschulen sehr uneinheitlich sind, wird durch **Satz 3** sichergestellt, dass die Träger entsprechend den Strukturen des jeweiligen Landes in angemessenem Verhältnis an den Schiedsverfahren beteiligt werden. Darüber hinaus ist die Interessenvertretung von öffentlichen und privaten Schulen sichergestellt (**Satz 4**).

4. Abs. 4: Ehrenamtliche Tätigkeit der Schiedsstellenmitglieder

Die Mitglieder der Schiedsstelle führen ihr Amt als Ehrenamt (**Satz 1**). In Ausübung 5
ihres Amtes sind sie an Weisungen nicht gebunden (**Satz 2**). Jedes Mitglied hat eine Stimme (**Satz 3**). Entscheidungen werden mit Stimmenmehrheit getroffen, wobei bei Stimmengleichheit die Stimme des Vorsitzenden den Ausschlag gibt (**Satz 4**).

5. Abs. 5: Rechtsverordnung der Landesregierungen

Abs. 5 enthält eine Verordnungsermächtigung der Länder (**Satz 1**). Weiterhin wird 6
bestimmt, dass die Kostenträger des Ausbildungsfonds die Kosten der Schiedsstelle anteilig zu tragen haben (**Satz 2**). Der Anteil der Organisationen richtet sich dabei nach der Zahl der Sitze in der Schiedsstelle. Der neutrale Vorsitzende ist an der Kostentragung nicht beteiligt, da er nicht zu den Parteien nach § 36 Abs. 1 und 3 PflBG gehört (Gesetzesbegründung, BT-Drs. 18/12847, S. 108).

6. Abs. 6: Rechtsweg

Absatz 6 bestimmt den Verwaltungsrechtsweg (§ 40 VwGO) (**Satz 1**). Ein Vorver- 7
fahren findet nicht statt, die Klage hat keine aufschiebende Wirkung (vgl. § 80 Abs. 2 Satz 1 Nr. 2 VwGO) (**Satz 2**). Auf Antrag kann das Gericht der Hauptsache die aufschiebende Wirkung ganz oder teilweise anordnen (§ 80 Abs. 5 Satz 1 VwGO).

III. Literaturhinweise

Schnapp, Friedrich E./Düring, Ruth (Hrsg.): Handbuch des sozialrechtlichen Schiedsverfahrens. 8
2. Aufl. Berlin 2016.
(Das vorstehend genannte Handbuch behandelt zwar die Schiedsstelle nach § 36 PflBG nicht. Es enthält jedoch in einer Einleitung die Grundzüge des Schiedswesens im Sozialrecht, die auch für die Schiedsstelle nach dem PflBG einschlägig sind.)

Teil 3
Hochschulische Pflegeausbildung

§ 37 Ausbildungsziele

(1) Die primärqualifizierende Pflegeausbildung an Hochschulen befähigt zur unmittelbaren Tätigkeit an zu pflegenden Menschen aller Altersstufen und verfolgt gegenüber der beruflichen Pflegeausbildung nach Teil 2 ein erweitertes Ausbildungsziel.

(2) Die hochschulische Ausbildung zur Pflegefachfrau oder zum Pflegefachmann vermittelt die für die selbstständige umfassende und prozessorientierte Pflege von Menschen aller Altersstufen nach § 5 Absatz 2 in akut und dauerhaft stationären sowie ambulanten Pflegesituationen erforderlichen fachlichen und personalen Kompetenzen auf wissenschaftlicher Grundlage und Methodik.

(3) [1]Die hochschulische Ausbildung umfasst die in § 5 Absatz 3 beschriebenen Kompetenzen der beruflichen Pflegeausbildung. [2]Sie befähigt darüber hinaus insbesondere

1. zur Steuerung und Gestaltung hochkomplexer Pflegeprozesse auf der Grundlage wissenschaftsbasierter oder wissenschaftsorientierter Entscheidungen,
2. vertieftes Wissen über Grundlagen der Pflegewissenschaft, des gesellschaftlich-institutionellen Rahmens des pflegerischen Handelns sowie des normativ-institutionellen Systems der Versorgung anzuwenden und die Weiterentwicklung der gesundheitlichen und pflegerischen Versorgung dadurch maßgeblich mitzugestalten,
3. sich Forschungsgebiete der professionellen Pflege auf dem neuesten Stand der gesicherten Erkenntnisse erschließen und forschungsgestützte Problemlösungen wie auch neue Technologien in das berufliche Handeln übertragen zu können sowie berufsbezogene Fort- und Weiterbildungsbedarfe zu erkennen,
4. sich kritisch-reflexiv und analytisch sowohl mit theoretischem als auch praktischem Wissen auseinandersetzen und wissenschaftsbasiert innovative Lösungsansätze zur Verbesserung im eigenen beruflichen Handlungsfeld entwickeln und implementieren zu können und
5. an der Entwicklung von Qualitätsmanagementkonzepten, Leitlinien und Expertenstandards mitzuwirken.

(4) [1]Die Hochschule kann im Rahmen der ihr obliegenden Ausgestaltung des Studiums die Vermittlung zusätzlicher Kompetenzen vorsehen. [2]Das Erreichen des Ausbildungsziels darf hierdurch nicht gefährdet werden.

(5) § 5 Absatz 4 und § 14 gelten entsprechend.

Erläuterungen

Übersicht

I. Allgemeines

1. Regelungsinhalt

Die Vorschrift befasst sich mit den Ausbildungszielen einer primärqualifizierenden **1** hochschulischen Pflegeausbildung. Dabei wird der Ansatz verfolgt, dass zusätzlich zu den in der beruflichen Ausbildung erworbenen Kompetenzen ein **erweitertes Ausbildungsziel** zu verfolgen ist.

2. Bisherige Modellvorhaben zur hochschulischen Pflegeausbildung

Die hochschulische Pflegeausbildung kann bereits auf eine Reihe von Modellvor- **2** haben verweisen (Übersicht bei *Stöcker/Reinhart*, 2012). Zu bemerken ist hierzu, dass die bisherigen gesetzlichen Grundlagen keineswegs klar formuliert waren. So wird in § 4 Abs. 6 AltPflG/KrPflG nicht von einer hochschulischen Ausbildung gesprochen. Unabhängig davon sind in einigen Bundesländern auch Modellvorhaben zur hochschulischen Ausbildung durchgeführt worden. Was die gesetzliche Erwähnung von hochschulischer Ausbildung in diesem Zusammenhang angeht, so ist dies erstmals mit Einführung der Modellvorhabensvorschrift in § 63 Abs. 3c SGB V im AltPflG und KrPflG geschehen (s. hierzu die ausdrückliche Erwähnung der hochschulischen Ausbildung in § 4 Abs. 7 Satz 6 AltPflG und § 4 Abs. 7 Satz 4 KrPflG). Dies wird auch in der Kommentarliteratur so gesehen (*Dielmann*, Krankenpflegegesetz, 2013, S. 117; *Storsberg/Neumann/Neiheiser*, 2006, S. 82). Die bisherigen Formulierungen zur hochschulischen Ausbildung in Modellvorhaben waren also nicht eindeutig.

3. Korrespondierende Vorschriften der PflAPrV

In § 30 PflAPrV finden sich die Vorschriften zu **Inhalt und Gliederung der hoch- 3 schulischen Pflegeausbildung**. Die hierfür erforderlichen **Kompetenzen** finden sich in Anlage 5 zur PflAPrV. § 30 PflAPrV enthält auch die Hinweise zum **Arbeitsaufwand der Studierenden** (§ 30 Abs. 2 PflAPrV).

II. Erläuterungen

1. Abs. 1: Primärqualifizierende generalistische Pflegeausbildung

4   In der Vorschrift wird wie schon in § 5 Abs. 1 Satz 1 PflBG für die berufliche Ausbildung klargestellt, dass die hochschulische primärqualifizierende Pflegeausbildung zur Pflege an zu pflegenden Menschen aller Altersstufen befähigt. Besonders wird herausgestellt, dass diese Befähigung für die „unmittelbare Tätigkeit" an pflegenden Menschen gelten soll. Diese Formulierung, die in § 5 Abs. 1 Satz 1 PflBG für die berufliche Ausbildung so nicht zu finden ist, unterstreicht, dass auch die **hochschulische Ausbildung der unmittelbaren Pflege dient**. Damit wird auch den im Vorfeld der Diskussion um die hochschulische Qualifikation geäußerten Bedenken Rechnung getragen, dass die so ausgebildeten Pflegefachpersonen nicht zur Pflege „am Bett" geeignet seien.

2. Abs. 2: Allgemeines Ausbildungsziel

5   Das allgemeine hochschulische Ausbildungsziel verweist auf die Pflege im Sinne des § 5 Abs. 2 PflBG und setzt auf dem Ausbildungsziel der beruflichen Ausbildung nach § 5 Abs. 1 Satz 1 PflBG auf. Dies wird auch in Abs. 3 Satz 1 deutlich. Die Besonderheit des allgemeinen hochschulischen Ausbildungsziels besteht in der so definierten Pflege „auf wissenschaftlicher Grundlage und Methodik". Bei der Verwendung des Begriffs „selbstständig" wurde wie bei der beruflichen Ausbildung auf die Erläuterungen zu den Begrifflichkeiten des Deutschen Qualifikationsrahmens abgestellt (Gesetzesbegründung, BT-Drs. 18/7823, S. 87) (s. hierzu → Erl. zu § 5 Rn. 12). Der Begriff umfasst danach insbesondere auch das Element des Tätigwerdens in eigener Verantwortung.

3. Abs. 3: Kompetenzen

6   In der Anhörung des Ausschusses für Gesundheit des Deutschen Bundestages sind seitens eines Berufsverbandes Bedenken hinsichtlich der hohen Anforderungen insbesondere in Abs. 3 Satz 2 Nr. 1 und 3 geäußert worden. Zu Abs. 3 Satz 2 Nr. 4 wurde ausgeführt, dass die dafür erforderlichen Kompetenzen erst im Masterstudium zu erreichen seien (*DBfK*, Stellungnahme, S. 37).

a) Abs. 3 Satz 2 Nr. 1: Steuerung hochkomplexer Pflegeprozesse

7   Im Unterschied zum Ausbildungsziel in § 5 Abs. 3 Nr. 1 Buchst. b) PflBG geht es hier um hochkomplexe Pflegeprozesse, die auf der Grundlage wissenschaftsbasierter oder wissenschaftsorientierter Entscheidungen zu steuern und zu gestalten sind.

b) Abs. 3 Satz 2 Nr. 2: Wissenschaftliche Grundlage

8   Im Vergleich zum Ausbildungsziel in § 5 Abs. 2 Satz 2 PflBG wird hier vertieftes Wissen gefordert. Dieses Wissen bezieht sich nicht nur auf die Grundlagen der Pflegewissenschaft, sondern auf den gesellschaftlich-institutionellen Rahmen des pflegerischen Handelns sowie des normativ-institutionellen Systems der Versorgung. Weiter geht es um die Gestaltung der Weiterentwicklung der gesundheitlichen und pflegerischen Versorgung. Mit der Bezugnahme auf den gesellschaftlich und norma-

tiv-institutionellen Rahmen sind auch die die Pflege betreffenden Bereiche des Sozialgesetzbuchs (SGB) angesprochen, so insbesondere die Gesetzliche Krankenversicherung (SGB V), die neben der kurativen Versorgung mittlerweile auch zentrale Elemente der Gesundheitsförderung und Prävention sowie der Palliation enthält, weiter die Soziale Pflegeversicherung (SGB XI) und das gesamte Rehabilitationswesen (SGB IX).

c) Abs. 3 Satz 2 Nr. 3: Forschung – neue Technologien

Die in Abs. 3. Satz 2 Nr. 3 formulierte Kompetenz stellt sich als sehr anspruchsvoll dar. Diese Kompetenz entspricht teilweise eher einem Master- als einem Bachelorniveau. Dies gilt zumindest für die Teilkompetenz „sich Forschungsgebiete der professionellen Pflege auf dem neuesten Stand der gesicherten Erkenntnisse [zu] erschließen". Von zukünftiger Bedeutung angesichts des steigenden Einsatzes technikgestützter Assistenzsysteme ist sicherlich die Teilkompetenz „forschungsgestützte Problemlösungen wie auch neue Technologien in das berufliche Handeln übertragen zu können". Die Teilkompetenz „berufsbezogene Fort- und Weiterbildungsbedarfe zu erkennen" hat ebenfalls hohen Anspruch und entspricht zumindest dann eher einem Master- als einem Bachelorniveau, wenn solches Erkennen für das gesamte – bundesweite – Versorgungsgeschehen gilt. 9

d) Abs. 3 Satz 2 Nr. 4: Wissenschaftsbasierte Lösungen im Handlungsfeld

Neben der Pflegeprozesssteuerung wird mit dieser Teilkompetenz ein Aspekt der Steuerung der pflegerischen Entwicklung im eigenen Handlungsfeld angesprochen. 10

e) Abs. 3 Satz 2 Nr. 5: Qualitätsmanagement

Die Mitwirkung an der Entwicklung von Qualitätsmanagementkonzepten, Leitlinien Expertenstandards spricht ganz unterschiedliche Handlungsebenen an. Ein Qualitätsmanagementkonzept kann einmal auf der betrieblichen Ebene zu entwickeln sein. Es kann aber auch für das gesamte – bundesweite – Versorgungsgeschehen von Relevanz sein. Letzteres gilt für die Einbindung in die Entwicklung von Leitlinien und Expertenstandards. 11

4. Abs. 4: Gestaltungsmöglichkeiten der Hochschule

Die weiteren Gestaltungsmöglichkeiten der Hochschule sind vor dem Hintergrund der Wissenschaftsfreiheit (Art. 5 Abs. 3 GG) der Hochschulen zu sehen. Es ist der Hochschule überlassen, angesichts eines bereits sehr zeitintensiven hochschulischen Studiengangs noch zusätzliche Gestaltungsräume für die Vermittlung zusätzlicher Kompetenzen zu eröffnen, ohne dass die Ausbildungsziele insgesamt hierdurch gefährdet werden. Zweifelhaft ist allerdings, ob die Vermittlung zusätzlicher Kompetenzen ohne Verlängerung der Studienzeit zu erreichen ist. 12

5. Abs. 5: Deontologie – Modellversuche

13 Auch für die hochschulische Ausbildung gelten die ethischen und sonstigen Anforderungen, wie sie auch für die berufliche Pflegeausbildung einschlägig sind (vgl. § 5 Abs. 4 PflBG).

Der Verweis auf die Möglichkeit der Ausbildung im Zusammenhang mit Modellvorhaben nach § 63 Abs. 3c SGB V (vgl. § 14 PflBG) macht deutlich, dass diese Ausbildung auch hochschulisch stattfinden kann. So hat die Medizinische Fakultät der Martin-Luther-Universität Halle-Wittenberg im Rahmen des § 63 Abs. 3c SGB V zum Wintersemester 2016/17 als erste Universität einen primärqualifizierenden Bachelor-Studiengang „Evidenzbasierte Pflege" angeboten.

III. Literaturhinweise

14 *Arbeitsgemeinschaft christlicher Schwesternverbände und Pflegeorganisationen in Deutschland (ADS) / Deutscher Berufsverband für Pflegeberufe (DBfK):* Positionspapier zur Weiterentwicklung primärqualifizierender Pflegestudiengänge in Deutschland, Richtungskorrektur erforderlich. In: Die Schwester Der Pfleger 2/2015, S. 86–89.
Bund-Länder-Koordinierungsstelle für den Deutschen Qualifikationsrahmen für lebenslanges Lernen (Hrsg.): DQR Deutscher Qualifikationsrahmen für lebenslanges Lernen. 2013. Handbuch zum Deutschen Qualifikationsrahmen. 2013. Stand: 1.8.2013.
Darmann-Finck, Ingrid/Reuschenbach, Bernd: Qualität und Qualifikation: Schwerpunkt Akademisierung der Pflege. In: *Jacobs, Klaus/Kuhlmey, Adelheid/Greß, Stefan/Klauber, Jürgen/Schwinger, Antje (Hrsg.):* Pflege-Report 2018. Qualität in der Pflege. Berlin 2018. S. 163–170.
DBfK – Deutscher Berufsverband für Pflegeberufe: Stellungnahme des Deutschen Berufsverbandes für Pflegeberufe e. V. (DBfK) zum Entwurf eines Gesetzes zur Reform der Pflegeberufe (BT-Drucksache 18/7823) sowie Eckpunkte für eine Ausbildungs- und Prüfungsverordnung zum Pflegeberufsgesetz. Deutscher Bundestag, Ausschuss für Gesundheit, Ausschussdrucksache 18(14)0174 (6), Anhörung am 30.5.16.
Dielmann, Gerd: Krankenpflegegesetz und Ausbildungs- und Prüfungsverordnung für die Berufe in der Krankenpflege. Text und Kommentar für die Praxis. 3. akt. u. erw. Aufl. Frankfurt am Main 2013.
Hülsken-Giesler, Manfred (Hrsg.): Fachqualifikationsrahmen Pflege für die hochschulische Bildung. Berlin 2013.
Kälble, Karl/Pundt, Johanna: Pflege und Pflegebildung im Wandel – der Pflegeberuf zwischen generalistischer Ausbildung und Akademisierung. In: *Jacobs, Klaus/Kuhlmey, Adelheid/Greß, Stefan/Klauber, Jürgen/Schwinger, Antje (Hrsg.):* Pflege-Report 2016. Schwerpunkt: Die Pflegenden im Fokus. Stuttgart 2016, S. 37–50.
Krampe, Eva-Maria: Zwischenbilanz und aktuelle Entwicklungen in der Akademisierung der Pflegeberufe. In: *Pundt, Johanna/Kälble, Karl (Hrsg.):* Gesundheitsberufe und gesundheitsberufliche Bildungskonzepte. Bremen 2015, S. 139–163.
Moses, Simone: Die Akademisierung der Pflege in Deutschland. Bern 2015.
Stöcker, Gertrud/Reinhart, Margarete: Grundständig pflegeberufsausbildende Studiengänge in Deutschland. September 2012. Online: https://www.dbfk-pflege-als-beruf.de/downloads/Synopse_grundst__ndig.pdf [abgerufen am 14.7.2017].
Storsberg, Annette/Neumann, Claudia/Neiheiser, Ralf: Krankenpflegegesetz mit Ausbildungs- und Prüfungsverordnung für die Berufe in der Krankenpflege. Kommentar. 6., vollst. überarb. Aufl. Stuttgart 2006.
Thiele, Günter: Akademisierte Pflegekräfte – Ein- und Ausblicke. In: *Bettig, Uwe/Frommelt, Mona/ Roes, Martina/Schmidt, Roland/Thiele, Günter (Hrsg.):* Pflegeberufe der Zukunft: Akademisierung, Qualifizierung und Kompetenzentwicklung. Heidelberg 2017, S. 111–122.

§ 38 Durchführung des Studiums

(1) [1]Das Studium dauert mindestens drei Jahre. [2]Es umfasst theoretische und praktische Lehrveranstaltungen an staatlichen oder staatlich anerkannten Hochschulen anhand eines modularen Curriculums sowie Praxiseinsätze in Einrichtungen nach § 7.

(2) [1]Die Studiengangskonzepte unterliegen der Überprüfung durch die zuständige Landesbehörde im Akkreditierungsverfahren. [2]Wesentliche Änderungen der Studiengangskonzepte nach Abschluss des Akkreditierungsverfahrens unterliegen ebenfalls der Überprüfung durch die zuständigen Landesbehörden.

(3) [1]Die Praxiseinsätze gliedern sich in Pflichteinsätze, einen Vertiefungseinsatz sowie weitere Einsätze. [2]Wesentlicher Bestandteil der Praxiseinsätze ist die von den Einrichtungen zu gewährleistende Praxisanleitung. [3]Die Hochschule unterstützt die Praxiseinsätze durch die von ihr zu gewährleistende Praxisbegleitung. [4]Auf der Grundlage einer landesrechtlichen Genehmigung kann ein geringer Anteil der Praxiseinsätze in Einrichtungen durch praktische Lerneinheiten an der Hochschule ersetzt werden.

(4) [1]Die Hochschule trägt die Gesamtverantwortung für die Koordination der theoretischen und praktischen Lehrveranstaltungen mit den Praxiseinsätzen. [2]Sie ist auch für die Durchführung der Praxiseinsätze verantwortlich und schließt hierfür Kooperationsvereinbarungen mit den Einrichtungen der Praxiseinsätze.

(5) Die im Rahmen einer erfolgreich abgeschlossenen Pflegeausbildung nach Teil 2 oder nach dem Krankenpflegegesetz in der bis zum 31. Dezember 2019 geltenden Fassung oder dem Altenpflegegesetz in der Fassung der Bekanntmachung vom 25. August 2003 (BGBl. I S. 1690) in der bis zum 31. Dezember 2019 geltenden Fassung erworbenen Kompetenzen und Fähigkeiten sollen als gleichwertige Leistungen auf das Studium angerechnet werden.

(6) [1]Die weitere Ausgestaltung des Studiums obliegt den Hochschulen. [2]Sie beachtet die Vorgaben der Richtlinie 2005/36/EG.

Erläuterungen

Übersicht

I. Allgemeines

1. Regelungsinhalt

1   Die Vorschrift regelt die Durchführung des Studiums. Dabei geht es um die Dauer des Studiums (Abs. 1 Satz 1), die Art der Lehrveranstaltungen (Abs. 1 Satz 2), die Akkreditierung der Studiengangskonzepte (Abs. 2), die Praxiseinsätze (Abs. 3), die Gesamtverantwortung der Hochschule für die Koordination und Durchführung der Praxiseinsätze (Abs. 4), um die Anrechnung gleichwertiger Leistungen (Abs. 5) und um weitere Ausgestaltungsmöglichkeiten des Studiums durch die Hochschulen (Abs. 6).

2. Unionsrechtliche Vorgaben der Richtlinie 2005/36/EG

2   Die Richtlinie 2005/36/EG[1] gibt in Art. 31 Vorgaben für die Ausbildung und die Ausbildungsziele der Krankenschwestern und Krankenpfleger für allgemeine Pflege (s. dazu die → Erl. zu § 5 Rn. 3 ff.). Mit dem PflBG wird diese Richtlinie in deutsches Recht umgesetzt. In Art. 31 Richtlinie 2005/36/EG wird nicht zwischen beruflicher und hochschulischer Ausbildung unterschieden (Art. 31 Abs. 4 Satz 2).

---

1   Richtlinie 2005/36/EG des Europäischen Parlaments und des Rates v. 7.9.2005 über die Anerkennung von Berufsqualifikationen, ABl. L 255 v. 30.9.2005, S. 22, zuletzt geändert durch Delegierten Beschluss (EU) 2017/2113 der Kommission v. 11.9.2017 zur Änderung des Anhangs V der Richtlinie 2005/36/EG des Europäischen Parlaments und des Rates hinsichtlich von Ausbildungsnachweisen und den Titeln von Ausbildungsgängen, ABl. L 317 v. 1.12.2017, S. 119. Abdruck der Richtlinie im Anhang.

3. Korrespondierende Vorschriften der PflAPrV

In § 30 PflAPrV finden sich die Vorschriften zu **Inhalt und Gliederung der hoch-** 3
schulischen Pflegeausbildung. Weiter enthält die Vorschrift die Hinweise zur
Ausbildungsdauer und zur **Stundenverteilung** sowie zum **Arbeitsaufwand der**
Studierenden und zur Art der **Praxiseinsätze** (§ 30 Abs. 2 PflAPrV). § 31 PflAPrV
enthält die näheren Regelungen zur Durchführung der hochschulischen Pflegeausbildung, so zu den **Kooperationsverträgen** (§ 31 Abs. 1 Satz 1 PflAPrV), zur **Praxis-**
anleitung (§ 31 Abs. 1 Satz 2 PflAPrV), zur **Praxisbegleitung** (§ 31 Abs. 2 PflAPrV)
und zur **Aufgabenübertragung an die Studierenden im Rahmen der Praxisein-**
sätze (§ 31 Abs. 3 PflAPrV).

4. Entschließung des Bundesrates

Der Bundesrat hat in der Sitzung vom 21.9.2018 anlässlich der Beschlussfassung zur 4
Pflegeberufe-Ausbildungsfinanzierungsverordnung folgende Entschließung verabschiedet (BR-Drs. 360/18 [Beschluss], S. 8, unter Nr. 5):

„5. Der Bundesrat erinnert an seine Stellungnahme zum Entwurf eines Pflegebe-
rufereformgesetzes (vgl. BR-Drucksache 20/16 (Beschluss), Ziffer 40) und mahnt
erneut an, in geeigneter Weise sicherzustellen, dass die Kosten der praktischen Aus-
bildungteile auch im Falle einer Akademisierung der Ausbildung refinanziert werden.
Eine finanzielle Benachteiligung der hochschulischen Pflegeausbildung ist nicht hin-
nehmbar. Über die Notwendigkeit der Teil-Akademisierung der Pflegeberufe besteht
Konsens. Die Länder nehmen diesen Auftrag an, sehen die hochschulische Pflegeaus-
bildung jedoch als eine gesamtgesellschaftliche Aufgabe, bei der der Bund in der Pflicht
steht, die Grundlagen dafür zu schaffen, dass die Kosten des praktischen Teils der
Ausbildung nicht von den ausbildenden Einrichtungen, den Hochschulen oder den
Ländern übernommen werden müssen.

Wenn diese Kosten nicht übernommen werden, wird die im gesamtgesellschaftlichen
Interesse liegende Teil-Akademisierung von Pflegeberufen massiv behindert.“

II. Erläuterungen

1. Abs. 1: Studium und Art der Lehrveranstaltungen

a) Mindestdauer

Die Dauer des Studiums beträgt mindestens drei Jahre (**Abs. 1 Satz 1**). Das ent- 5
spricht den Vorgaben in Art. 31 Abs. 3 Satz 1 Richtlinie 2005/36/EG. Das Studium
besteht aus theoretischen und praktischen Lehrveranstaltungen an staatlichen oder
staatlich anerkannten Hochschulen sowie aus Praxiseinsätzen in den in § 7 PflBG
aufgeführten Einrichtungen. Das Studium wird anhand eines modularen Curriculums gestaltet (**Abs. 1 Satz 2**).

In Art. 31 Richtlinie 2005/36/EG wird nur zwischen theoretischer Ausbildung und 6
klinisch-praktischer Ausbildung bzw. Unterweisung unterschieden (Art. 31 Abs. 3
Satz 1, Abs. 4 und 5). In der schon im Krankenpflegegesetz vorgenommenen Unterscheidung zwischen theoretischem Unterricht, praktischem Unterricht und prakti-

scher Ausbildung (vgl. § 4 Abs. 1 Satz 2 KrPflG) gilt der theoretische und praktische Unterricht als theoretische Ausbildung und die praktische Ausbildung als klinisch-praktische Ausbildung im Sinne der Richtlinie. Statt von der praktischen Ausbildung wird jetzt im Zusammenhang mit der hochschulischen Ausbildung von Praxiseinsätzen gesprochen. Dies entspricht der klinisch-praktischen Ausbildung im Sinne der Richtlinie 2005/36/EG.

7 In Art. 31 Abs. 3 Satz 1 1. Halbs. Richtlinie 2005/36/EG ist die Mindestdauer der Ausbildung auf mindestens 4.600 Stunden theoretischer und klinisch-praktischer Ausbildung festgelegt. Die Dauer der theoretischen Ausbildung muss mindestens ein Drittel (= 1.533 Stunden) und die der klinisch-praktischen Ausbildung mindestens die Hälfte (= 2.300 Stunden) der Mindestausbildungsdauer betragen (Art. 31 Abs. 3 Satz 1 2. Halbs. Richtlinie 2005/36/EG). In der PflAPrV ist festgelegt, dass 2.100 Stunden auf die Lehrveranstaltungen und mindestens 2.300 Stunden auf die Praxiseinsätze entfallen (§ 30 Abs. 2 Satz 2 PflAPrV). Insgesamt ist der Arbeitsaufwand der Studierenden mit mindestens 4.600 Stunden bemessen (§ 30 Abs. 2 Satz 1 PflAPrV).

b) Begriff der Stunde, der Unterrichtsstunde und der Stunde beim Praxiseinsatz

8 In der Richtlinie 2005/36/EG wird nur der Begriff der Stunde verwendet. Es wird weder von Unterrichtsstunden noch von Unterrichtseinheiten gesprochen. Da die Stundennennung in der Richtlinie im Kontext der Ausbildung erfolgt, spricht viel dafür, dass die Mitgliedstaaten bei der Umsetzung der Richtlinie ihre jeweilige eigene Praxis der Stundenbemessung zugrunde legen können. Für die Stunden im theoretischen und praktischen Unterricht an Hochschulen kann auch das „Europäische System zur Übertragung von Studienleistungen" (ECTS) herangezogen werden, dass sich ebenfalls an Unterrichtsstunden orientiert. Auf dieses System wird auch in Art. 31 Abs. 3 Satz 1 1. Halbsatz Richtlinie 2005/36/EG Bezug genommen.

9 Die Dauer einer **Unterrichtsstunde** beträgt an Hochschulen wie Schulen üblicherweise 45 Minuten. Diese Festlegung beruht auf einer Übung der Bundesländer; zum Teil sind die Festlegungen auch in Vorschriften geregelt. Deshalb kann diese zeitliche Bemessung auch für den theoretischen und praktischen Unterricht zugrunde gelegt werden. Für die Dauer der mit der Zeiteinheit „Stunde" bemessenen **Praxiseinsätze bzw. Zeiten der praktischen Ausbildung** besteht eine solche Übung nicht. In der Kommentarliteratur zum Krankenpflegegesetz wird gemäß den tarifrechtlichen Gepflogenheiten die Stunde mit 60 Minuten bemessen (*Storsberg/Neumann/Neiheiser*, Krankenpflegegesetz, 2006, S. 130). Diese Bemessung gilt jedoch nur für Zeiten der praktischen Ausbildung im Rahmen der beruflichen Pflegeausbildung. Sie kann deshalb nicht ohne weiteres auf die Situation der Praxiseinsätze im Rahmen der hochschulischen Pflegeausbildung übertragen werden.

10 In der PflAPrV wird der Begriff der Stunde in den verschiedenen Zusammenhängen nicht definiert. § 30 Abs. 2 Satz 1 PflAPrV klärt nur, dass die nach der Richtlinie 2005/36/EG angesetzte Mindeststundenzahl von 4.600 Stunden als Stunden des Arbeitsaufwandes der Studierenden zu bemessen sind. Damit ist aber keine Aussage darüber getroffen, welche Minutenzahl für eine solche Stunde in den Zusammenhängen der Lehrveranstaltungen und der Praxiseinsätze anzusetzen ist. Hier wäre zur Klarstellung eine Äußerung des Gesetz- oder Verordnungsgebers oder auch des

Richtliniengebers hilfreich. Ersteres gilt im Übrigen auch mit Blick auf die anderen Heilberufe, in denen die Ausbildung nach Stunden bemessen wird.

2. Abs. 2: Akkreditierung der Studiengangskonzepte

Die hochschulischen Studiengangskonzepte werden durch die zuständige Landes- 11 behörde im Akkreditierungsverfahren überprüft. Diese Art der Überprüfung ist auch in den Landeshochschulgesetzen vorgesehen. **Wesentliche Änderungen der Studiengangskonzepte** nach Abschluss des Akkreditierungsverfahrens unterliegen ebenfalls der Überprüfung durch die zuständigen Landesbehörden.

Maßstab der Überprüfung im Akkreditierungsverfahren sind das PflBG und die 12 PflAPrV sowie die Rahmenpläne (§53 Abs. 1 PflBG). Ein Hinweis auf diesen Maßstab wäre in Hinblick auf eine Entscheidung des BVerfG (Beschl. v. 17.2.2016, 1 BvL 8/10 = BVerfGE 141, 143) dienlich gewesen. Danach darf der Gesetzgeber die wesentlichen Entscheidungen zur Akkreditierung nicht weitgehend anderen Akteuren überlassen, sondern muss sie unter Beachtung der Eigenrationalität der Wissenschaft selbst treffen. Auch wenn diese Entscheidung in Hinblick auf eine Bestimmung des Landeshochschulrechts ergangen ist, ist sie auch für die Vorschrift in §38 Abs. 2 Satz 1 PflBG von Bedeutung. Immerhin wird in der Gesetzesbegründung zu dieser Vorschrift darauf hingewiesen, „dass die angebotenen Studiengänge den Anforderungen dieses Gesetzes entsprechen" müssen (BT-Drs. 18/7823, S. 88).

3. Abs. 3: Praxiseinsätze

a) Abs. 3 Satz 1: Arten der Praxiseinsätze

Bei den Praxiseinsätzen werden drei Arten unterschieden: Pflichteinsätze, Vertie- 13 fungseinsatz sowie weitere Einsätze. Diese Einteilung gilt auch für die berufliche Ausbildung (vgl. §6 Abs. 3 Satz 2 PflBG). Die Praxiseinsätze werden in §7 Abs. 1 bis 3 PflBG beschrieben. §30 Abs. 2 Satz 3 PflAPrV bestimmt die Art der Praxiseinsätze, wonach mindestens jeweils 400 der auf die Praxiseinsätze entfallenden Stunden in der allgemeinen Akutpflege in stationären Einrichtungen, der allgemeinen Langzeitpflege in stationären Einrichtungen und der allgemeinen ambulanten Akut- und Langzeitpflege nach §7 Abs. 1 PflBG durchzuführen sind.

In der Gesetzesbegründung findet sich der Hinweis, dass der Umfang der Praxis- 14 zeiten gegenüber der beruflichen Ausbildung geringfügig auf das durch die Richtlinie 2005/36/EG vorgegebene Mindestmaß von 2.300 Stunden reduziert werden soll (BT-Drs. 18/7823, S. 88). Diese Aussage war als Hinweis für die entsprechende Gestaltung der Ausbildungs- und Prüfungsordnung zu verstehen, wonach jetzt 2.100 Stunden auf Lehrveranstaltungen und mindestens 2.300 Stunden auf die Praxiseinsätze entfallen sollen (§30 Abs. 2 Satz 2 PflAPrV).

Den **Studierenden** dürfen im Rahmen der Praxiseinsätze nur **Aufgaben übertragen** 15 werden, die dem **Ausbildungszweck** und dem **Ausbildungsstand** entsprechen; die übertragenen Aufgaben sollen den physischen und psychischen Kräften der Studierenden angemessen sein (§31 Abs. 3 PflAPrV).

b) Abs. 3 Satz 2: Praxisanleitung

16   Wesentlicher Bestandteil der Praxiseinsätze ist die von den Einrichtungen zu gewährleistende Praxisanleitung. Diese Regelung gilt auch für die berufliche Ausbildung. Für die berufliche Ausbildung ist weiter bestimmt, dass die Praxisanleitung mindestens zehn Prozent der während des Einsatzes zu leistenden praktischen Ausbildungszeit beträgt (vgl. § 6 Abs. 3 Satz 2 PflBG). Eine solche zeitliche Maßgabe ist in § 38 Abs. 3 Satz 2 PflBG nicht enthalten. In § 31 Abs. 1 Satz 1 PflAPrV wird nur von der Praxisleitung „in angemessenem Umfang" gesprochen.

17   Die Hochschule gewährleistet über schriftliche **Kooperationsverträge** mit den Einrichtungen die Durchführung der Praxiseinsätze und stellt damit sicher, dass sie in angemessenem Umfang eine Praxisanleitung entsprechend den curricularen Vorgaben der Hochschule durchführen. Die Praxisanleitung soll durch geeignetes, in der Regel hochschulisch qualifiziertes Pflegepersonal erfolgen. Die Länder können weitergehende Regelungen treffen. Sie können bis zum 31.12.2027 auch abweichende Anforderungen an die Eignung der Praxisanleiterinnen und Praxisanleiter zulassen (§ 31 Abs. 1 PflAPrV).

c) Abs. 3 Satz 3: Praxisbegleitung

18   Die Hochschule hat die Praxiseinsätze durch die von ihr zu gewährleistende Praxisbegleitung zu unterstützen. Die Hochschule stellt für die Zeit der Praxiseinsätze die Praxisbegleitung der Studierenden in angemessenem Umfang sicher. Sie regelt über **Kooperationsverträge** mit den Einrichtungen der Praxiseinsätze die Durchführung der Praxisbegleitung in den Einrichtungen und die Zusammenarbeit mit den Praxisanleiterinnen und Praxisanleitern (§ 31 Abs. 2 Satz 2 PflAPrV). S. zu den Kooperationsverträgen auch die mit anderen Beteiligten abzuschließenden Kooperationsverträge nach § 6 Abs. 4 PflBG sowie die → Erl. zu § 8 PflAPrV.

d) Abs. 3 Satz 4: Praktische Lerneinheiten

19   An den Hochschulen haben sich zunehmend Lernsituationen durchgesetzt, die einen Praxisbezug haben, aber nicht direkt in Verbindung mit Patienten stehen, so z. B. Simulationspatienten, Skills-Labs. Anhand dieser Lernsituationen findet eine Vorbereitung auf praktische Situationen statt (s. hierzu *Vosseler*, Lernortkooperation, S. 199 ff., 221). Im Verständnis der Richtlinie 2005/36/EG sind solche Lernsituationen dem theoretischen Unterricht zuzurechnen. Dies ergibt sich aus der Beschreibung der klinisch-praktischen Unterweisung in Art. 31 Abs. 5 Richtlinie 2005/36/EG, die solche Lernsituationen nicht enthält. Damit solche Lernsituationen nicht auf Kosten des sonstigen theoretischen Unterrichts gehen, sieht § 38 Abs. 3 Satz 4 PflBG die Möglichkeit vor, auf Grundlage einer landesrechtlichen Genehmigung einen geringen Anteil der Praxiseinsätze in Einrichtungen durch praktische Lerneinheiten an der Hochschule zu ersetzen. In der Gesetzesbegründung werden hier fünf Prozent der Praxiszeiten genannt (BT-Drs. 18/7823, S. 88). Bei 2.300 Stunden für die Praxiszeiten (s. oben → Rn. 6) sind dies 115 Stunden.

20   In § 30 Abs. 5 PflAPrV wird bestimmt, dass bei einem Antrag der Hochschule nach § 38 Abs. 3 Satz 4 PflBG sie in einem Konzept darzulegen hat, dass das Ziel der

Praxiseinsätze, insbesondere das Ziel als Mitglied eines Pflegeteams in unmittelbarem Kontakt mit zu pflegenden Menschen zu lernen, nicht gefährdet wird.

4. Abs. 4: Gesamtverantwortung der Hochschule

Die Hochschule trägt die Gesamtverantwortung für die **Koordination der theo-** 21
retischen und praktischen Lehrveranstaltungen mit den Praxiseinsätzen (Abs. 3
Satz 1). Dies entspricht der Gesamtverantwortung der Pflegeschule in § 10 Abs. 1
Satz 1 PflBG. Anders als in der beruflichen Ausbildung (vgl. § 8 Abs. 1 PflBG) ist die
Hochschule für die Durchführung der Praxiseinsätze verantwortlich, wozu sie
Kooperationsvereinbarungen mit den Einrichtungen der Praxiseinsätze schließt
(Abs. 3 Satz 2) (§ 31 Abs. 1 Satz 1 PflAPrV). S. zu den Kooperationsverträgen auch
die mit anderen Beteiligten abzuschließenden Kooperationsverträge nach § 6 Abs. 4
PflBG sowie die → Erl. zu § 8 PflAPrV. Damit gibt es keinen Träger der praktischen
Ausbildung mehr, der mit den Studierenden einen **Ausbildungsvertrag** für die
praktische Ausbildung schließt (vgl. für die berufliche Ausbildung § 8 Abs. 1 Satz 2
PflBG).

Die Zahlung einer **Ausbildungsvergütung** für die Praxiseinsätze ist gesetzlich nicht 22
vorgesehen, aber auch nicht untersagt (vgl. für die berufliche Ausbildung § 19
PflBG). In der Gesetzesbegründung heißt es dazu lapidar, dass die Ausbildungsvergütung vertraglich vereinbart werden kann (BT-Drs. 18/7823, S. 87). Allerdings
ist nicht klar, mit welchem Vertragspartner (Hochschule oder Einrichtungen der
Praxiseinsätze) Studierende einen Vertrag über eine Ausbildungsvergütung schließen sollen, wenn – anders als in der beruflichen Ausbildung – kein Träger der
praktischen Ausbildung vorgesehen ist, mit dem ein Ausbildungsvertrag besteht.

5. Abs. 5: Anrechnung gleichwertiger Leistungen

Abs. 5 enthält eine Anrechnungsvorschrift für Personen, die eine Pflegeausbildung 23
nach § 7 PflBG oder nach dem Krankenpflegegesetz oder dem Altenpflegegesetz
erfolgreich abgeschlossen haben. Diese Vorschrift ist konform mit der Richtlinie
2005/36/EG, die in Art. 31 Abs. 3 Satz 2 vorsieht, dass für einen Teil der Ausbildung
im Rahmen anderer Ausbildungsgänge von mindestens gleichwertigem Niveau
Befreiungen gewährt werden können. Gleichwertige Leistungen sollen auf das
Studium angerechnet werden.

In der Gesetzesbegründung (BT-Drs. 18/7823, S. 88) wird von einer **Anrechnung** 24
auf die Hälfte der Dauer einer hochschulischen Ausbildung gesprochen. Dies
entspricht dem Beschluss der *Kultusministerkonferenz* v. 28.6.2002 zur Anrechnung
von außerhalb des Hochschulwesens erworbenen Kenntnissen und Fähigkeiten auf
ein Hochschulstudium (I), wobei nach dem Beschluss der *Kultusministerkonferenz* v.
18.9.2008 zur Anrechnung von außerhalb des Hochschulwesens erworbenen Kenntnissen und Fähigkeiten auf ein Hochschulstudium (II) die Anrechnungsmöglich-
keiten jeweils bewerberindividuell zu prüfen sind.

6. Abs. 6: Ausgestaltungsmöglichkeiten der Hochschulen

25 Die Regelungen zur Durchführung des Studiums in § 38 PflBG und darauf fußend in der Ausbildungs- und Prüfungsverordnung sind als Mindestanforderungen zu verstehen. Darüber hinausgehend haben die Hochschulen einen eigenen Gestaltungsspielraum, wobei selbstverständlich die Maßgaben der Richtlinie 2005/36/EG zu beachten sind.

III. Literaturhinweise

26 *Kultusministerkonferenz:* Anrechnung von außerhalb des Hochschulwesens erworbenen Kenntnissen und Fähigkeiten auf ein Hochschulstudium (I). Beschluss der Kultusministerkonferenz vom 28.6.2002.

Kultusministerkonferenz: Anrechnung von außerhalb des Hochschulwesens erworbenen Kenntnissen und Fähigkeiten auf ein Hochschulstudium (II). Beschluss der Kultusministerkonferenz vom 18.9.2008.

Ludwig, Jasmin: Der europarechtliche Einfluss auf die Entwicklung des nationalen Heilberuferechts. Berlin 2018 (zugleich Kiel, Univ.-Diss, 2018).

Storsberg, Annette/Neumann, Claudia/Neiheiser, Ralf: Krankenpflegegesetz mit Ausbildungs- und Prüfungsverordnung für die Berufe in der Krankenpflege. Kommentar. 6., vollst. überarb. Aufl. Stuttgart 2006.

Vosseler, Birgit: Lernortkooperation: Standpunkte für die hochschulische Ausbildung in den Gesundheitsberufen am Beispiel der Pflegeausbildung. In: *Pundt, Johanne/Kälble, Karl (Hrsg.):* Gesundheitsberufe und gesundheitsberufliche Bildungskonzepte. Bremen 2015, S. 199–228.

§ 39 Abschluss des Studiums, staatliche Prüfung zur Erlangung der Berufszulassung

(1) [1]Das Studium schließt mit der Verleihung des akademischen Grades durch die Hochschule ab. [2]Die Hochschule überprüft das Erreichen der Ausbildungsziele nach § 37.

(2) [1]Die Überprüfung der Kompetenzen nach § 5 und erforderlichenfalls nach § 14 soll nach Absatz 1 Satz 2 zum Ende des Studiums erfolgen. [2]Bundesweit einheitliche Rahmenvorgaben regelt die Ausbildungs- und Prüfungsverordnung nach § 56 Absatz 1.

(3) [1]Die Hochschule legt mit Zustimmung der zuständigen Landesbehörde die Module nach Absatz 2 Satz 1 fest. [2]Die hochschulische Prüfung nach Absatz 1 Satz 2 umfasst auch die staatliche Prüfung zur Erlangung der Berufszulassung.

(4) [1]Die Modulprüfungen nach Absatz 2 Satz 1 werden unter dem gemeinsamen Vorsitz von Hochschule und Landesbehörde durchgeführt. [2]Die zuständige Landesbehörde kann die Hochschule beauftragen, den Vorsitz auch für die zuständige Landesbehörde wahrzunehmen.

Erläuterungen

Übersicht

I. Allgemeines

1. Regelungsinhalt

Die Vorschrift betrifft die Abschlussprüfung bei der hochschulischen Pflegeausbildung. Sie enthält Regelungen zum Abschluss des Studiums, zu den Gegenständen der hochschulischen und der staatlichen Prüfung, zur Durchführung der Prüfung und zum Vorsitz bei der Prüfung. 1

2. Zweck der Vorschrift: Vermeidung von Doppelprüfungen

2   Das zugrundeliegende Regelungsproblem ist darin zu sehen, dass die hochschulische Ausbildung neben den in § 5 Abs. 3 PflBG beschriebenen Kompetenzen der staatlichen Ausbildung (§ 37 Abs. 3 Satz 2 PflBG) auch die hochschulischen Ausbildungsziele umfasst (§ 37 Abs. 3 Satz 1 PflBG). Anliegen des Gesetzgebers ist es, Doppelprüfungen, etwa im Sinne einer staatlichen und einer hochschulischen Prüfung, zu vermeiden (Gesetzesbegründung, BT-Drs. 18/7823, S. 88). Die Realisierung dieses Anliegens stößt aus zwei Gründen auf Schwierigkeiten: Erstens folgen die hochschulischen Prüfungen im Rahmen des Bachelorstudiums anderen Grundsätzen als staatliche Prüfungen. Bei staatlichen Prüfungen wird in der Regel die Gesamtheit der erworbenen Kompetenzen und Fähigkeiten zum Abschluss der Ausbildung abgeprüft. Bei Bachelorprüfungen können schon während des Studiums Teile der Prüfung dieser Kompetenzen und Fähigkeiten absolviert werden. Zweitens muss bei einer staatlichen Prüfung, selbst wenn sie im hochschulischen Kontext durchgeführt wird, die Verantwortlichkeit für die Prüfung bei einer staatlichen Behörde, hier der zuständigen Landesbehörde (§ 49 PflBG), bleiben. Die Verantwortlichkeit erstreckt sich auf die Rechtsförmigkeit der Organisation und Durchführung der Prüfung ebenso wie auf die Einhaltung der inhaltlichen Prüfungsanforderungen.

3. Staatliche Letztverantwortung bei hochschulischer Prüfung

3   Der Gesetzgeber der Heilberufegesetze hat eine staatliche Prüfung als Abschluss der Ausbildung normiert. Die konkurrierende Gesetzgebungskompetenz des Bundes für die Zulassung zu den Heilberufen (Art. 74 Abs. 1 Nr. 19 GG) dient dem Gesundheitsschutz der Bevölkerung. Außerdem besteht die objektive staatliche Pflicht zum Gesundheitsschutz (Art. 2 Abs. 2 GG in Verbindung mit dem Sozialstaatsprinzip, Art. 20 Abs. 1 GG). Die Einführung einer staatlichen Prüfung stellt sich somit nicht nur als Wahrnehmung der staatlichen Schutzpflichten durch den Gesetzgeber dar, sondern auch als entsprechende Inpflichtnahme der Exekutive, hier der für die Staatsprüfung zuständigen Landesbehörden. Damit besteht auch für eine hochschulische Prüfung auf dem Gebiet der Heilkunde eine staatliche Letztverantwortung.

4. Vorbehalt des Gesetzes und Konkretisierung der Vorschrift durch die Ausbildungs- und Prüfungsverordnung

4   Die Vorschrift enthält nur wenige Aussagen zur staatlichen Prüfung bei hochschulischer Ausbildung. In diesem Zusammenhang ist darauf hinzuweisen, dass schon die staatliche Prüfung für die berufliche Ausbildung gesetzlich nicht geregelt ist. § 2 Nr. 1 PflBG spricht nur von einer „staatlichen Abschlussprüfung", enthält aber keine näheren Hinweise. Diese bleiben der Ausbildungs- und Prüfungsverordnung vorbehalten (§ 56 Abs. 1 Satz 1 Nr. 2 PflBG). Hinweise für die Gegenstände der staatlichen Prüfung enthält aber § 5 PflBG im Rahmen der Nennung der Ausbildungsziele.

5   Gemäß dem **Vorbehalt des Gesetzes** muss der „Gesetzgeber in grundlegenden normativen Bereichen alle wesentlichen Entscheidungen selbst treffen" (BVerfGE 84, 212, 226). Die Vorschrift enthält die wesentlichen Regelungen für die hochschulische Prüfung. Das Nähere kann durch Rechtsverordnung geregelt werden, wie es

auch in der Ermächtigungsgrundlage in § 56 Abs. 1 Satz 1 Nr. 2 PflBG vorgesehen und mit der Pflegeberufe-Ausbildungs- und -Prüfungsverordnung (PflAPrV) geschehen ist. Damit ist mit dieser Vorschrift dem Vorbehalt des Gesetzes Genüge geleistet.

5. Korrespondierende Vorschriften der PflAPrV

Teil 3 der PflAPrV enthält in den §§ 32 bis 41 die Vorschriften zur Prüfung im Rahmen der hochschulischen Ausbildung: 6

- § 32 Staatliche Prüfung zur Erlangung der Berufszulassung
- § 33 Prüfungsausschuss
- § 34 Zulassung zur Prüfung; Nachteilsausgleich
- § 35 Schriftlicher Teil der Prüfung
- § 36 Mündlicher Teil der Prüfung
- § 37 Praktischer Teil der Prüfung
- § 38 Niederschrift, Rücktritt von der Prüfung, Versäumnisfolgen, Ordnungsverstöße und Täuschungsversuche, Prüfungsunterlagen
- § 39 Bestehen und Wiederholung des staatlichen Prüfungsteils
- § 40 Erfolgreicher Abschluss der hochschulischen Pflegeausbildung, Zeugnis
- § 41 Prüfung bei Modellvorhaben nach § 14 des Pflegeberufegesetzes.

Diese Vorschriften der PflAPrV enthalten bis auf wenige Ausnahmen das gesamte Prüfungsrecht der hochschulischen Ausbildung. § 39 PflBG enthält Vorschriften zur hochschulischen Prüfung, die sich in den prüfungsrechtlichen Vorschriften der PflAPrV nicht abbilden, nur noch in § 39 Abs. 2 Satz 1 PflBG (Überprüfung der Kompetenzen zum Ende des Studiums) und in § 39 Abs. 4 Satz 2 PflBG (Beauftragung der Hochschule, den Vorsitz auch für die zuständige Landesbehörde wahrzunehmen). 7

II. Erläuterungen

1. Regelungskompromiss

Die Vorschrift ist Ausdruck eines Kompromisses einerseits zwischen den Grundsätzen einer staatlichen und einer hochschulischen (Bachelor-)Ausbildung und andererseits zwischen den jeweiligen Prüfungsverantwortlichkeiten der Hochschule und der zuständigen staatlichen (Landes-)Behörde. Dieser Regelungskompromiss führt auch dazu, dass die Vorschrift nicht klar aufgebaut und teilweise nur schwer verständlich ist. Im Folgenden soll die Vorschrift anhand der in ihr enthaltenen Regelungsbereiche **Abschluss des Studiums, staatliche Abschlussprüfung und Zeitpunkt der Prüfung, Gegenstände der hochschulischen und der staatlichen Prüfung, Vorsitz bei der Prüfung, Berufszulassung** und **Erteilung der Erlaubnis zur Berufszulassung** erläutert werden. 8

2. Abschluss des Studiums

Das Studium schließt mit der **Verleihung des akademischen Grades** durch die Hochschule ab (**§ 39 Abs. 1 Satz 1 PflBG**). Die Verleihung des akademischen Grades durch die Hochschule setzt eine Prüfung des Erreichens der Ausbildungsziele 9 nach § 37 PflBG voraus (**§ 39 Abs. 1 Satz 2 PflBG**). In der Gesetzesbegründung wird hierzu Folgendes ausgeführt (BT-Drs. 18/7823, S. 88):

„In der Regel verleihen die Hochschulen nach erfolgreichem Abschluss des Studiums einen Bachelor. Dies kann ein Bachelor of Arts oder ein Bachelor of Science sein. Die Länder werden gebeten zu prüfen, ob für Studiengänge, die auf der Grundlage dieses Gesetzes entstehen, ein Bachelor of Nursing eingeführt werden kann. Auf der Grundlage der erfolgreich abgeschlossenen hochschulischen Pflegeausbildung, die auch die staatliche Prüfung umfasst, wird die Erlaubnis nach § 1 erteilt. Die Hochschulabsolventen führen die Berufsbezeichnung ‚Pflegefachfrau' oder ‚Pflegefachmann' mit dem akademischen Grad als Zusatz."

10   S. zum Bestehen der staatlichen Prüfung § 39 Abs. 2 PflAPrV und der hochschulischen Prüfung § 40 Abs. 1 Satz 1 PflAPrV.

3. Staatliche Abschlussprüfung und Zeitpunkt der Prüfung

11   Dagegen schließt die staatliche Ausbildung mit der **staatlichen Abschlussprüfung** ab (§ 2 Nr. 1 PflBG). Diese soll zusammen mit der hochschulischen Prüfung **zum Ende des Studiums** erfolgen (**§ 39 Abs. 2 Satz 1 PflBG**). Die „Überprüfung der Kompetenzen nach § 5 und erforderlichenfalls nach § 14" stellt von der Funktion her die staatliche Prüfung dar. Die „Soll"-Bestimmung eröffnet die Möglichkeit, auch anders zu verfahren, d. h. diese Prüfung nicht am Ende des Studiums stattfinden zu lassen (BT-Drs. 18/7823, S. 89).

4. Verknüpfung der staatlichen mit der hochschulischen Prüfung

12   Die staatliche Prüfung ist mit der hochschulischen Prüfung verbunden (**§ 39 Abs. 3 Satz 2 PflBG**). Damit wird eine Doppelprüfung vermieden. Allerdings ist diese Regelung nicht ganz klar. Die Formulierung „Die hochschulische Prüfung [...] umfasst auch die staatliche Prüfung" deutet zunächst darauf hin, dass die staatliche Prüfung in die hochschulische Prüfung integriert ist. Damit kommt der hochschulischen Prüfung ein Doppelcharakter als hochschulische und staatliche Prüfung zu. Dieser Doppelcharakter der hochschulischen Prüfung ist aber insofern problematisch, als damit die staatliche Verantwortlichkeit für die Prüfung zumindest dem Buchstaben des Gesetzes nach nicht mehr gegeben ist. Aus diesem Grund wäre eine Formulierung „Die hochschulische und die staatliche Prüfung finden gemeinsam statt" mit Blick auf die staatliche Verantwortung eindeutiger gewesen. In der Begründung zum Entwurf der PflAPrV (BT-Drs. 19/2707, S. 111) wird jedoch die staatliche Verantwortung angesichts dieser Konstellation im Sinne einer **rechtlichen und faktischen Einheit** als gewahrt angesehen:

„Die hochschulische Überprüfung der Studienziele und die staatliche Prüfung zur Erlangung der Berufszulassung bilden innerhalb der hochschulischen Pflegeausbildung eine rechtliche und faktische Einheit. Durch diese Ausgestaltung werden Doppelprüfungen für die Studierenden vermieden und zugleich die staatliche Verantwortung für den Pflegeberuf als Heilberuf gewahrt. Ein Auseinanderfallen der hochschulischen Prüfung und der staatlichen Prüfung mit unterschiedlichen Ergebnissen wird verhindert. Die Studierenden können den akademischen Grad nicht ohne das Bestehen der

staatlichen Prüfungsanteile erhalten. Das Zeugnis der hochschulischen Pflegeausbildung kann daher auch nur im Einvernehmen mit der zuständigen Behörde angestellt werden."

5. Gegenstände der hochschulischen und der staatlichen Prüfung

Die Gegenstände der hochschulischen wie der staatlichen Prüfung werden im Einzelnen durch die Ausbildungs- und Prüfungsverordnung nach § 56 Abs. 1 PflBG festgelegt (§ 39 Abs. 2 Satz 2 PflBG). Dies geschieht mit bundesweit einheitlichen Rahmenvorgaben, die in der PflAPrV in der Anlage 5 formuliert werden. Für die Überprüfung der Kompetenzen nach § 5 PflBG und erforderlichenfalls für die im Rahmen eines Modellvorhabens vermittelten erweiterten Kompetenzen nach § 14 PflBG legt die Hochschule die Module nach § 39 Abs. 2 Satz 1 PflBG mit Zustimmung der zuständigen Landesbehörde fest, in denen eine Überprüfung der Kompetenzen nach § 5 PflBG zum Ende des Studiums erfolgt (§ 39 Abs. 3 Satz 1 PflBG; § 32 Abs. 4 PflAPrV). Diese Kompetenzen sind in der Anlage 2 der PflAPrV festgelegt. Das bedeutet, dass diese Kompetenzen zum Ende des Studiums modular geprüft werden müssen. Unter Modulen werden beim Bachelorstudium thematische Abschnitte im Studienverlauf verstanden, die mit Noten versehen werden. Da es sich bei der Prüfung der Kompetenzen nach § 5 PflBG aber um eine staatlich strukturierte Abschlussprüfung handelt, müssen die Module in ihrer Gesamtheit grundsätzlich zum Ende des Studiums geprüft werden. Im PflBG und in der PflAPrV ist jedoch keine Präzisierung dergestalt vorgesehen, was „zum Ende des Studiums" zeitlich bedeutet. Eine vergleichbare Prüfungssituation ergibt sich bei den Berufen in den sog. Modellvorhaben. Hier hat der Gesetzgeber eine Präzisierung hinsichtlich der modularen Prüfung der staatlichen Prüfungsanteile vorgesehen und gesagt, dass Modulprüfungen, die nicht früher als zwei Monate vor dem Ende der Studienzeit durchgeführt werden, mit Zustimmung der zuständigen Behörde den schriftlichen oder mündlichen Teil der staatlichen Prüfung ganz oder teilweise ersetzen können (s. § 4 Abs. 5 Satz 3 bis 5 Ergotherapeutengesetz; § 6 Abs. 3 Satz 3 bis 5 Hebammengesetz; § 4 Abs. 5 Satz 3 bis 5 Logopädengesetz; § 9 Abs. 2 Satz 3 bis 5 Masseur- und Physiotherapeutengesetz). 13

Die Problematik dieser Situation wird auch in der Entschließung des Bundesrates zur PflAPrV anlässlich der Zustimmung des Bundesrates zur Ausbildungs- und Prüfungsverordnung für die Pflegeberufe (Pflegeberufe-Ausbildungs- und -Prüfungsverordnung – PflAPrV) vom 21.9.2018 gesehen. Aus diesem Grund bittet der Bundesrat die Bundesregierung zu prüfen, ob die Anlage 5 PflAPrV entfallen kann (BR-Drs. 355/18 [Beschluss], S. 4). Zur Begründung wird ausgeführt (a. a. O., S. 5 f., zu Nr. 6 Buchst. g)): 14

„Nach der Systematik des § 37 PflBG umfasst die hochschulische Pflegeausbildung die bereits in Anlage 2 näher definierten Kompetenzen aus § 5 Absatz 2 und 3 PflBG und die weiteren akademischem Kompetenzen in § 37 Absatz 3 Satz 2 PflBG. Die Festlegungen in Anlage 5 enthalten eine Mischung der dort genannten Kompetenzen. Ziel der oben genannten Regelungen des PflBG ist durch eine Standardisierung der Anforderungen zu den Kompetenzen nach § 5 PflBG sicher zu stellen, dass die Patientensicherheit durch die Reglementierung des Berufszugangs gewahrt ist. § 37

Absatz 3 Satz 2 PflBG schafft andererseits Spielräume für den Erwerb zusätzlicher akademischer Kompetenzen in Verantwortung der Hochschulen, die für die Patienten einen wesentlichen Mehrwert darstellen, die Patientensicherheit aber nicht unmittelbar tangieren. Mit Blick auf die Systematik des § 39 PflBG sind hier daher, soweit eine weitere Konkretisierung der bereits im PflBG definierten Kompetenzen in der Rechtsverordnung erfolgen soll, jeweils getrennte Festlegungen erforderlich. Angesichts der Zielsetzung des § 37 Absatz 3 Satz 2 PflBG bedarf mit Blick auf die dort in den Nummern 1 bis 5 bereits umfassend geregelten Kompetenzen keiner weitergehenden Festlegungen, die die Entwicklungspotentiale an den Hochschulen im Sinne einer weiteren Qualitätsverbesserung für die Patienten einschränken. Soweit die Anlage 5 weitergehende Festlegungen zu den die Patientensicherheit betreffenden Kompetenzen nach § 5 PflBG enthält, wird angeregt diese gegebenenfalls in Anlage 2 zu integrieren."

Allerdings wird bei dieser Begründung verkannt, dass es gerade das Anliegen des Verordnungsgebers war, den Hochschulen Vorgaben für die Gestaltung der hochschulischen Pflegeausbildung zu liefern.

15   Mit der erforderlichen Zustimmung der zuständigen Landesbehörde zur Festlegung der Module ist der erforderliche staatliche Einfluss auf die Gegenstände der staatlichen Prüfung gewahrt. Hinsichtlich des hochschulischen Anteils der Prüfung (Ausbildungsziele nach § 37 PflBG) ist die Hochschule hingegen nicht abhängig von einer Zustimmung der Landesbehörde.

6. Vorsitz bei der Prüfung

16   Die Modulprüfungen des staatlichen Prüfungsanteils werden unter dem **gemeinsamen Vorsitz von Hochschule und Landesbehörde** durchgeführt (§ 39 Abs. 4 Satz 1 PflBG), wobei der Vorsitz von der zuständigen Landesbehörde auch an die Hochschule delegiert werden kann (§ 39 Abs. 4 Satz 2 PflBG; § 33 Abs. 3 Satz 1 PflAPrV. Diese Vorschrift begegnet rechtlichen Bedenken insofern, als der zuständigen Landesbehörde beim gemeinsamen Vorsitz keine Letztverantwortung für die Gestaltung der Modulprüfung, also des staatlichen Anteils, zukommt. Bei einem Dissens zwischen den Vorsitzenden hat die zuständige Landesbehörde als staatliche Behörde keine Möglichkeit, eine definitive Entscheidung herbeizuführen. Dadurch kann eine Blockade des Prüfungsgeschehens entstehen. Rechtlich unbedenklich wäre hingegen eine Lösung, dass sich die Vorsitzenden bei einem Dissens zunächst ins Benehmen setzen. Wenn dann keine Einigung über den Dissens hergestellt werden kann, sollte der staatlichen Behörde, d. h. der zuständigen Landesbehörde, die Letztentscheidung im Prüfungsverfahren zukommen. Damit wäre auch der Verantwortung der staatlichen Behörden für die staatlichen Ausbildungsteile der Prüfung Rechnung getragen. Eine Pattsituation könnte nicht mehr entstehen.

17   Unabhängig davon ist die Möglichkeit der **Beauftragung der Hochschule mit dem Vorsitz** (§ 39 Abs. 4 Satz 2 PflBG) dann unproblematisch, wenn die zuständige Landesbehörde sich die Beendigung des Auftrags vorbehält. Eine definitive und vorbehaltlose Beauftragung der Hochschule mit dem Vorsitz ist nicht möglich.

7. Berufszulassung

Die Vorschrift in § 39 Abs. 3 Satz 2 PflBG spricht von der staatlichen Prüfung zur   18
Erlangung der „Berufszulassung". Das PflBG enthält aber keine Vorschriften zur
Berufszulassung, sondern nur zur Erlaubnis des Führens der Berufsbezeichnung.
Allerdings wird in der Gesetzesbegründung an mehreren Stellen von der Berufs-
zulassung gesprochen. Außerdem wird in der Gesetzesbegründung herausgestellt,
dass die Erlaubnis zur Führung der Berufsbezeichnung „zur Ausübung der erlernten
Tätigkeiten berechtigt, ohne dass es hierzu einer weiteren ausdrücklichen Ermächtigung bedarf." (Gesetzesbegründung zu § 1 PflBG, BT-Drs. 18/7823, S. 64). Vor dem
Hintergrund dieser nunmehr eindeutig vorgenommen Klarstellung in der Gesetzesbegründung ist auch die Formulierung in § 39 Abs. 3 Satz 2 PflBG zu sehen. Die
Erlaubnis zur Führung der Berufsbezeichnung nach § 1 PflBG hat damit die Funktion einer Teilapprobation, d. h. einer pflegeberufefachlichen Approbation, die sich
auf die Pflege i. S. d. § 5 PflBG erstreckt. Auch in der PflAPrV wird von der
staatlichen Prüfung zur Berufszulassung gesprochen (§ 39 Abs. 2 Satz 1, § 40 Abs. 2
Satz 2 PflAPrV).

8. Erteilung der Erlaubnis zum Führen der Berufsbezeichnung

Die Erteilung der Erlaubnis zum Führen der Berufsbezeichnung „Pflegefachmann"   19
bzw. „Pflegefachfrau" ist bei der staatlichen wie bei der hochschulischen Ausbildung
an weitere Voraussetzungen geknüpft (Zuverlässigkeit, gesundheitliche Geeignetheit,
erforderliche Sprachkenntnisse, vgl. § 2 PflBG). Bei der hochschulischen Ausbildung
ist es für die Erlaubniserteilung erforderlich, dass der hochschulische als auch der
staatliche Prüfungsteil bestanden ist (§ 40 Abs. 1 Satz 1 PflAPrV). Zur Erteilung der
Erlaubnisurkunde s. § 42 PflAPrV. Zum Führen der Berufsbezeichnung s. § 1 Abs. 1
Satz 2 PflBG.

Teil 4
Anerkennung ausländischer Berufsabschlüsse; Zuständigkeiten; Fachkommission; Statistik und Verordnungsermächtigungen; Bußgeldvorschriften

Abschnitt 1
Außerhalb des Geltungsbereichs des Gesetzes erworbene Berufsabschlüsse

§ 40   Gleichwertigkeit und Anerkennung von Ausbildungen

(1) Eine außerhalb des Geltungsbereichs dieses Gesetzes und außerhalb eines Mitgliedstaats der Europäischen Union oder eines anderen Vertragsstaates des Abkommens über den Europäischen Wirtschaftsraum oder der Schweiz erworbene abgeschlossene Ausbildung erfüllt die Voraussetzungen des § 2 Nummer 1, wenn die Gleichwertigkeit des Ausbildungsstandes gegeben ist.

(2) [1]Der Ausbildungsstand ist als gleichwertig anzusehen, wenn die Ausbildung der antragstellenden Person in dem Beruf, für den die Anerkennung beantragt wird, keine wesentlichen Unterschiede gegenüber der in diesem Gesetz und in der Ausbildungs- und Prüfungsverordnung für diesen Beruf geregelten Ausbildung aufweist. [2]Wesentliche Unterschiede im Sinne des Satzes 1 liegen vor, wenn

1. die Ausbildung der antragstellenden Person hinsichtlich der beruflichen Tätigkeit Themenbereiche oder Bereiche der praktischen Ausbildung umfasst, die sich wesentlich von denen unterscheiden, die nach diesem Gesetz und der Ausbildungs- und Prüfungsverordnung für die Pflegeberufe vorgeschrieben sind, oder
2. der Beruf der Pflegefachfrau oder des Pflegefachmanns, der Beruf der Gesundheits- und Kinderkrankenpflegerin oder des Gesundheits- und Kinderkrankenpflegers oder der Beruf der Altenpflegerin oder des Altenpflegers eine oder mehrere reglementierte Tätigkeiten umfasst, die im Herkunftsstaat der antragstellenden Person nicht Bestandteil des Berufs sind, der dem der Pflegefachfrau oder des Pflegefachmanns, der Gesundheits- und Kinderkrankenpflegerin oder des Gesundheits- und Kinderkrankenpflegers oder der Altenpflegerin oder des Altenpflegers entspricht, und wenn sich die Ausbildung für die jeweiligen Tätigkeiten auf Themenbereiche oder Bereiche der praktischen Ausbildung nach diesem Gesetz und der Ausbildungs- und Prüfungsverordnung für die Pflegeberufe beziehen, die sich wesentlich von denen unterscheiden, die von der Ausbildung der antragstellenden Person abgedeckt sind, und

die antragstellende Person diese Unterschiede nicht durch Kenntnisse und Fähigkeiten ausgleichen kann, die sie im Rahmen ihrer tatsächlichen und rechtmäßigen Ausübung des Berufs der Pflegefachfrau oder des Pflegefachmanns, der Gesundheits- und Kinderkrankenpflegerin oder des Gesundheits- und Kinderkrankenpflegers oder der Altenpflegerin oder des Altenpflegers in Voll- oder Teilzeit oder durch lebenslanges Lernen erworben hat, sofern die durch lebenslanges Lernen erworbenen Kenntnisse und Fähigkeiten von einer dafür in dem jeweiligen Staat zuständigen Stelle formell als gültig anerkannt wurden; dabei ist nicht entscheidend, in welchem Staat diese Kenntnisse und Fähigkeiten erworben worden sind. [3]Themenbereiche oder Bereiche der praktischen Ausbildung unterscheiden sich wesentlich, wenn die nachgewiesene Ausbildung der antragstellenden Person wesentliche inhaltliche Abweichungen hinsichtlich der Kenntnisse und Fähigkeiten aufweist, die eine wesentliche Voraussetzung für die Ausübung des Berufs der Pflegefachfrau oder des Pflegefachmanns, der Gesundheits- und Kinderkrankenpflegerin oder des Gesundheits- und Kinderkrankenpflegers oder der Altenpflegerin oder des Altenpflegers in Deutschland sind; Satz 2 letzter Teilsatz gilt entsprechend.

(3) [1]Ist die Gleichwertigkeit des Ausbildungsstandes nach Absatz 2 nicht gegeben oder kann sie nur mit unangemessenem zeitlichen oder sachlichen Aufwand festgestellt werden, weil die erforderlichen Unterlagen und Nachweise aus Gründen, die nicht in der antragstellenden Person liegen, von dieser nicht vorgelegt werden können, ist ein gleichwertiger Kenntnisstand nachzuweisen. [2]Dieser Nachweis wird durch eine Kenntnisprüfung, die sich auf den Inhalt der staatlichen Abschlussprüfung erstreckt, oder einen höchstens dreijährigen Anpassungslehrgang erbracht, der mit einer Prüfung über den Inhalt des Anpassungslehrgangs abschließt. [3]Die antragstellende Person hat das Recht, zwischen der Kenntnisprüfung und dem Anpassungslehrgang zu wählen.

(4) Das Berufsqualifikationsfeststellungsgesetz findet mit Ausnahme des § 17 keine Anwendung.

(5) Die Länder können vereinbaren, dass die Aufgaben nach den §§ 40 und 41 von einem anderen Land oder einer gemeinsamen Einrichtung wahrgenommen werden.

Erläuterungen

Übersicht

I. Allgemeines

1. Anerkennung ausländischer Berufsabschlüsse

Bei der Anerkennung ausländischer Berufsabschlüsse auf dem Gebiet der Pflegeberufe ist als **grundlegende Voraussetzung** zu beachten, dass die Heilberufe auf einem Gebiet tätig werden, auf dem der **Gesundheitsschutz der Patienten und der Bevölkerung** Verfassungsrang hat und der Staat deshalb in einer besonderen Verantwortung gegenüber seinen Bürgerinnen und Bürgern steht (Art. 2 Abs. 2

1

Satz 1 i. V. m. Art. 20 Abs. 1 GG). Ausdruck dieser Verantwortung ist es, dass für die **Heilberufe besondere Anforderungen an ihre Ausbildung** und damit an ihre **Zulassung als Heilberuf** erhoben werden, die in den Heilberufegesetzen und den entsprechenden Ausbildungs- und Prüfungsverordnungen geregelt sind (Art. 74 Abs. 1 Nr. 19 GG). Formal spiegelt sich diese Verantwortung in der Erteilung einer Approbation (bei den Ärzten) oder der Erlaubnis zur Führung der Berufsbezeichnung (bei den anderen als ärztlichen Heilberufen) (vgl. § 2 PflBG). Die Erteilung dieser Erlaubnis setzt u. a. voraus, dass die Person eine entsprechende Ausbildung absolviert und die staatliche Abschlussprüfung bestanden hat (§ 2 Nr. 1 PflBG).

2   Eine Person mit einer **im Ausland erworbenen Ausbildung** kann deshalb eine solche Erlaubnis nur erhalten, wenn sie einen **gleichwertigen Ausbildungsstand** nachweist (§ 40 Abs. 2 PflBG). Der gleichwertige Ausbildungsstand ist gegeben, wenn die im Ausland durchgeführte Ausbildung **keine wesentlichen Unterschiede** gegenüber der Ausbildung nach dem PflBG und der Ausbildungs- und Prüfungsverordnung aufweist. Wenn diese Voraussetzung nicht vorliegt, besteht die Möglichkeit des **Nachweises des gleichen Kenntnisstandes**.

3   Für Personen mit einer im Ausland erworbenen Ausbildung stellt sich die Situation unterschiedlich dar je nachdem, ob der **Ausbildungsnachweis innerhalb oder außerhalb Europas** erworben worden ist. Für einen **Ausbildungsnachweis, der innerhalb Europas**, d. h. genauer gesagt in einem Mitgliedstaat der Europäischen Union (EU) oder einem Vertragsstaat des Abkommens über den Europäischen Wirtschaftsraum (EWR) oder in der Schweiz erworben worden ist, gelten besondere Regelungen. Diese beruhen darauf, dass für diese Personen die Freizügigkeit im Vertrag über die Europäische Union (EUV) und im Vertrag über die Arbeitsweise der Europäischen Union (AEUV) bzw. durch den EWR-Vertrag oder bilaterale Abkommen, wie hier mit der Schweiz, garantiert ist. Für diese Personen, seien sie Selbständige oder abhängig Beschäftigte, gilt die Richtlinie 2005/36/EG[1] über die Anerkennung von Berufsqualifikationen, die in den jeweiligen Ländern durch entsprechende Vorschriften umgesetzt worden ist. Die Anerkennung solcher Ausbildungsnachweise ist erheblich erleichtert, da sie der Sicherung des Rechts auf Freizügigkeit der Arbeitnehmer (Art. 45 AEUV), des Niederlassungsrechts (Art. 49 AEUV) sowie der Dienstleistungsfreiheit (Art. 56 AEUV) dienen. Die Vorschriften im PflBG zur Anerkennung ausländischer Berufsabschlüsse sind deshalb in Umsetzung der Richtlinie 2005/36/EG ergangen, soweit es sich um in Europa (im vorstehenden Sinn) erworbene Ausbildungsnachweise handelt (§ 41 PflBG). Für Ausbildungsnachweise, die außerhalb Europas (im vorstehenden Sinn) erworben worden sind, bestehen solche Erleichterungen nicht. Hier sind dann die Regelungen in § 40 PflBG einschlägig.

---

1   Richtlinie 2005/36/EG des Europäischen Parlaments und des Rates v. 7.9.2005 über die Anerkennung von Berufsqualifikationen, ABl. L 255 v. 30.9.2005, S. 22, zuletzt geändert durch Delegierten Beschluss (EU) 2017/2113 der Kommission v. 11.9.2017 zur Änderung des Anhangs V der Richtlinie 2005/36/EG des Europäischen Parlaments und des Rates hinsichtlich von Ausbildungsnachweisen und den Titeln von Ausbildungsgängen, ABl. L 317 v. 1.12.2017, S. 119. Abdruck der Richtlinie im Anhang.

Eine besondere Erleichterung besteht auch für Staatsangehörige eines EU-Mitgliedstaats oder EWR-Vertragsstaats, die **vorübergehend und gelegentlich Dienstleistungen** in Deutschland erbringen wollen. Dies gilt insbesondere für selbstständig tätige Pflegepersonen. Unter bestimmten Voraussetzungen können diese Personen die Berufsbezeichnungen nach dem PflBG führen und ihren Beruf hier ausüben (§ 44 PflBG). 4

2. Regelungsinhalt

Die Vorschrift regelt die Gleichwertigkeit und Anerkennung einer Ausbildung, die **außerhalb eines Mitgliedstaats der EU** oder eines anderen Vertragsstaats des Abkommens über den Europäischen Wirtschaftsraum (EWR) oder der Schweiz abgeschlossen worden ist (**Abs. 1**). **Abs. 2** legt die **Voraussetzungen für die Gleichwertigkeit des Ausbildungsstandes** fest. Danach dürfen keine wesentlichen Unterschiede gegenüber den Anforderungen nach dem PflBG und der Ausbildungs- und Prüfungsverordnung bestehen. In **Abs. 3** sind die Voraussetzungen der **Anerkennung bei fehlender Gleichwertigkeit** des Ausbildungsstandes bestimmt. Hier ist ein gleichwertiger Kenntnisstand durch eine Kenntnisprüfung oder einen höchstens dreijährigen Anpassungslehrgang nachzuweisen. **Abs. 4** erklärt die **Nichtanwendbarkeit des Berufsqualifikationsgesetzes** bis auf die Statistikvorschrift. **Abs. 5** gibt den Ländern die Möglichkeit, die **Aufgaben nach §§ 40 und 41 PflBG zu bündeln**. 5

3. Korrespondierende Vorschriften der PflAPrV

§§ 44, 45 PflAPrV regeln Inhalt und Durchführung des Anpassungslehrgangs und der Kenntnisprüfung. 6

II. Erläuterungen

1. Abs. 1: Gleichwertigkeit des Ausbildungsstandes

Abs. 1 bezieht sich auf Ausbildungen außerhalb des Geltungsbereichs dieses Gesetzes, soweit nicht die spezielleren Vorschriften auf Grund des EU-Rechts, des EWR-Vertrages (Island, Liechtenstein, Norwegen) oder der bilateralen Abkommen der EU mit der Schweiz greifen. Die Anerkennung einer sog. **Drittstaatsausbildung** setzt voraus, dass die Gleichwertigkeit des Ausbildungsstandes gegeben ist. 7

2. Abs. 2: Prüfung der Gleichwertigkeit

Die Vorschrift enthält die Vorgaben zur **Prüfung der Gleichwertigkeit**. Nach **Abs. 2 Satz 1** setzt diese voraus, dass die Ausbildung der antragstellenden Person gegenüber der deutschen Ausbildung **keine wesentlichen Unterschiede** enthält. Die Prüfung erfolgt im Rahmen eines Ausbildungsvergleichs. In der Gesetzesbegründung (BT-Drs. 18/7823, S. 89) wird dazu ausgeführt: 8

„Satz 2 Nummern 1 und 2 in Verbindung mit Satz 4 legen fest, wann wesentliche Unterschiede anzunehmen sind, wobei sich die Formulierung an dem durch die Richtlinie 2013/55/EU neu gefassten Artikel 7 Absatz 4 Unterabsatz 4 und dem neu gefassten Anerkennungsverfahren der Artikel 11, 12, 13 und 14 Absätze 4 und 5 der Richtlinie 2005/36/EG orientiert. Die Neuregelung der Richtlinie hat den Begriff der

‚wesentlichen Unterschiede' neu definiert und sieht insbesondere die Ausbildungsdauer nicht mehr als Kriterium für wesentliche Unterschiede an.

Nach Satz 2 zweiter Halbsatz werden entsprechend den Vorgaben der Richtlinie 2005/36/EG zum Ausgleich wesentlicher Unterschiede neben einer einschlägigen Berufserfahrung auch das lebenslange Lernen zugelassen, sofern eine zuständige Stelle des jeweiligen Staats die durch das lebenslange Lernen erworbenen Kenntnisse und Fähigkeiten formell als gültig anerkannt hat. Den zuständigen Anerkennungsbehörden obliegt allerdings die Entscheidung darüber, ob und in welchem Umfang entsprechende Nachweise zum Ausgleich wesentlicher Unterschiede tatsächlich geeignet sind. Für die Berücksichtigung der einschlägigen Erfahrungen der antragstellenden Person ist nicht von Bedeutung, wo diese erworben wurden."

9   Im Verhältnis zu der Vorschrift in § 12 Abs. 2 PflBG, in der für deutsche Ausbildungen bei **Assistenz-und Helferberufen** eine Gleichwertigkeit bei den Zugangsvoraussetzungen angenommen wird (s. → Erl. zu § 12 Rn. 3), erscheinen die Anforderungen an die Gleichwertigkeit, die in § 40 Abs. 2 PflBG formuliert werden, als höher. So wird insbesondere nicht auf die Gleichwertigkeit bei Assistenz- und Helferberufen in anderen Ländern eingegangen.

3. Abs. 3: Kenntnisprüfung – Anpassungslehrgang

10   In der Gesetzesbegründung (BT-Drs. 18/7823, S. 89 f.) wird zu dieser Vorschrift ausgeführt:

„Absatz 3 regelt die Rechtsfolge für den Fall, in dem ein Ausgleich wesentlicher Unterschiede nicht möglich ist oder indem die Gleichwertigkeit des Ausbildungsstandes auf Grund fehlender Nachweise zur Ausbildung der Anerkennungsbewerberin oder des Anerkennungsbewerbers nicht geprüft werden kann. Er sieht vor, dass die Gleichwertigkeit dann nach Wahl der antragstellenden Person in Form einer Kenntnisprüfung oder eines Anpassungslehrgangs mit abschließender Prüfung nachzuweisen ist. Die Kenntnisprüfung erstreckt sich dabei zwar auf die Inhalte der staatlichen Abschlussprüfung, ist mit dieser aber nicht identisch, da von einer antragstellenden Person aus einem Drittstaat nicht gefordert werden kann, dass sie die staatliche Prüfung in einem Umfang ablegt, die sich aktuell auf dem Wissensstand bewegt, der unmittelbar nach Abschluss der Ausbildung gegeben ist. Der Anpassungslehrgang dauert höchstens drei Jahre. Es schließt mit einer Prüfung über den Inhalt des Lehrgangs ab. Ist die Gleichwertigkeit des Ausbildungs- oder Kenntnisstandes gegeben und werden auch die in § 2 Nummern 2 bis 4 genannten persönlichen Voraussetzungen erfüllt, besteht ein Rechtsanspruch auf Erteilung der Berufserlaubnis."

Zum Anpassungslehrgang s. § 44 PflAPrV, zur Kenntnisprüfung § 45 PflAPrV.

4. Abs. 4: Nichtanwendung des Berufsqualifikationsgesetzes

11   Die im Pflegeberufsgesetz enthaltenen Vorschriften zur Anerkennung von Berufsqualifikationen, die außerhalb Deutschlands erworben wurden, sind abschließend. Abs. 4 stellt daher klar, dass das Berufsqualifikationsfeststellungsgesetz mit Ausnahme des § 17 PflBG (Statistik) keine Anwendung findet (Gesetzesbegründung, BT-Drs. 18/7823, S. 90).

5. Abs. 5: Aufgabenwahrnehmung

Abs. 5 soll es den Ländern ermöglichen, die Aufgaben nach den §§ 40 und 41 zu	12
bündeln. Dieses Anliegen ist im Interesse der Vereinheitlichung des Verwaltungs-
vollzugs sinnvoll (Gesetzesbegründung, BT-Drs. 18/7823, S. 90).

Seit dem 1.9.2016 hat die **Gutachtenstelle für Gesundheitsberufe (GfG) bei der**	13
Zentralstelle für Ausländisches Bildungswesen (ZAB) im Sekretariat der Ständigen
Konferenz der Kultusminister der Länder in der Bundesrepublik Deutschland
(KMK) in Bonn ihre Arbeit aufgenommen. In der Gutachtenstelle für Gesundheitsberufe bewerten Experten verschiedener Behörden (ZAB und Gesundheitsbehörden
der Länder) die Qualifikationen in enger Zusammenarbeit. Das geschieht sowohl mit
medizinischem Sachverstand als auch mit interkultureller und entsprechender
Sprachkompetenz sowie genauer Kenntnis der Bildungssysteme der Herkunftsstaa-
ten. So wird auf einheitlicher Grundlage über die Erlaubnis zur Berufsausübung in
Deutschland entschieden. Informationen zu den ausländischen Bildungssystemen
und zur Bewertung der dort vorhandenen Qualifikationen sollen über eine Datenbank allen zuständigen Behörden zugänglich gemacht werden, damit Parallelfälle
möglichst selbstständig und ebenfalls auf einheitlicher Basis entschieden werden
können. **Die Entscheidungen über die Anerkennungen von Berufsqualifikationen**
sind weiterhin durch die **Anerkennungsbehörden der Länder** zu treffen.

III. Literaturhinweise

Bollinger, Heinrich/Slotala, Lukas: Pflegekräfte aus dem Ausland. Integration als Teamwork. In:	14
Heilberufe / Das Pflegemagazin 6/2014, S. 1–6.
Bundesministerium für Bildung und Forschung: Erläuterungen zum Anerkennungsgesetz des
Bundes. 15.3.2015.
Deutscher Bildungsrat für Pflegeberufe (DBR): Analyse, Empfehlungen und Standard zum Anerken-
nungsverfahren zur Feststellung der Gleichwertigkeit ausländischer Berufsabschlüsse in der Kran-
kenpflege gem. § 2 KrPflG. Berlin, Januar 2015 (Autoren: *R. Ammende/G. Stöcker*). Online: http://
bildungsrat-pflege.de/publikationen/ [abgerufen am 17.10.2017].
Igl, Gerhard/Ludwig, Jasmin: Präzisierung der unionsrechtlichen Anforderungen an Heilberufe. In:
Zeitschrift für Medizinrecht (MedR) 2014, S. 214–219.
Ludwig, Jasmin: Der europarechtliche Einfluss auf die Entwicklung des nationalen Heilberuferechts.
Berlin 2018 (zugleich Kiel, Univ.-Diss., 2018).
Kultusministerkonferenz: Gutachtenstelle für Gesundheitsberufe nimmt Arbeit am 1. September
auf. Online: https://www.kmk.org/aktuelles/artikelansicht/gutachtenstelle-fuer-gesundheitsberufe-
nimmt-arbeit-am-1-september-auf.html [abgerufen am 17.10.2017].
Slotala, Lukas: Ausländische Fachkräfte im Gesundheitswesen. In: Das Krankenhaus 9/2013, S. 1–5.

§ 41   Gleichwertigkeit entsprechender Ausbildungen; Verordnungsermächtigung

(1) [1]Für Personen, die eine Erlaubnis nach § 1 Absatz 1 beantragen, gilt die Voraussetzung des § 2 Nummer 1 als erfüllt, wenn aus einem Europäischen Berufsausweis oder aus einem in einem Mitgliedstaat der Europäischen Union oder einem anderen Vertragsstaat des Abkommens über den Europäischen Wirtschaftsraum erworbenen Ausbildungsnachweis hervorgeht, dass die antragstellende Person eine Pflegeausbildung, die den Mindestanforderungen des Artikels 31 in Verbindung mit dem Anhang V Nummer 5.2.1 der Richtlinie 2005/36/EG entspricht, erworben hat und dies durch Vorlage eines in der Anlage aufgeführten und nach dem dort genannten Stichtag ausgestellten Ausbildungsnachweis eines der übrigen Mitgliedstaaten der Europäischen Union nachweist. [2]Satz 1 gilt entsprechend für in der Anlage aufgeführte und nach dem 31. Dezember 1992 ausgestellte Ausbildungsnachweise eines anderen Vertragsstaates des Abkommens über den Europäischen Wirtschaftsraum. [3]Das Bundesministerium für Familie, Senioren, Frauen und Jugend und das Bundesministerium für Gesundheit werden ermächtigt, durch Rechtsverordnung, die nicht der Zustimmung des Bundesrates bedarf, die Anlage zu diesem Gesetz späteren Änderungen des Anhangs V Nummer 5.2.1 der Richtlinie 2005/36/EG anzupassen. [4]Gleichwertig den in Satz 1 genannten Ausbildungsnachweisen sind nach einem der in der Anlage aufgeführten Stichtag von den übrigen Mitgliedstaaten der Europäischen Union oder anderen Vertragsstaaten des Abkommens über den Europäischen Wirtschaftsraum ausgestellte Ausbildungsnachweise der Pflegefachfrau oder des Pflegefachmanns, die den in der Anlage zu Satz 1 für den betreffenden Staat aufgeführten Bezeichnungen nicht entsprechen, aber mit einer Bescheinigung der zuständigen Behörde oder Stelle des Staates darüber vorgelegt werden, dass sie eine Ausbildung abschließen, die den Mindestanforderungen des Artikels 31 in Verbindung mit dem Anhang V Nummer 5.2.1 der Richtlinie 2005/36/EG entspricht und den für diesen Staat in der Anlage zu Satz 1 genannten Nachweisen gleichsteht. [5]Inhaber eines bulgarischen Befähigungsnachweises für den Beruf des „фелдшер" („Feldscher") haben keinen Anspruch auf Anerkennung ihres beruflichen Befähigungsnachweises in anderen Mitgliedstaaten im Rahmen dieses Absatzes.

(2) [1]Für Personen, die eine Erlaubnis nach § 58 Absatz 1 oder Absatz 2 beantragen, gilt die Voraussetzung des § 58 Absatz 3 in Verbindung mit § 2 Nummer 1 als erfüllt, wenn aus einem Europäischen Berufsausweis oder aus einem in einem anderen Mitgliedstaat der Europäischen Union oder einem anderen Vertragsstaat des Abkommens über den Europäischen Wirtschaftsraum erworbenen Ausbildungsnachweis hervorgeht, dass die antragstellende Person eine Ausbildung erworben hat, die in diesem Staat für den unmittelbaren Zugang zu einem dem Beruf der Gesundheits- und Kinderkrankenpflegerin oder des Gesundheits- und Kinderkrankenpflegers oder dem Beruf der Altenpflegerin oder des Altenpflegers entsprechenden Beruf erforderlich ist. [2]Ausbildungsnachweise im Sinne dieses Gesetzes sind Ausbildungsnachweise gemäß Artikel 3 Absatz 1 Buchstabe c der Richtlinie 2005/36/EG, die mindestens dem in Artikel 11 Buchstabe b der Richtlinie 2005/36/EG genannten Niveau entsprechen und denen eine Bescheinigung des Herkunftsmitgliedstaats über das Ausbildungsniveau beigefügt ist.

[3]Satz 2 gilt auch für einen Ausbildungsnachweis oder eine Gesamtheit von Ausbildungsnachweisen, die von einer zuständigen Behörde in einem Mitgliedstaat ausgestellt wurden, sofern sie den erfolgreichen Abschluss einer in der Europäischen Union auf Voll- oder Teilzeitbasis im Rahmen formaler oder nichtformaler Ausbildungsprogramme erworbenen Ausbildung bescheinigen, von diesem Mitgliedstaat als gleichwertig anerkannt wurden und in Bezug auf die Aufnahme oder Ausübung des Berufs der Gesundheits- und Kinderkrankenpflegerin oder des Gesundheits- und Kinderkrankenpflegers oder des Berufs der Altenpflegerin oder des Altenpflegers dieselben Rechte verleihen oder auf die Ausübung des jeweiligen Berufs vorbereiten. [4]Antragstellende Personen mit einem Ausbildungsnachweis aus einem anderen Mitgliedstaat der Europäischen Union oder einem anderen Vertragsstaat des Abkommens über den Europäischen Wirtschaftsraum haben einen höchstens dreijährigen Anpassungslehrgang zu absolvieren oder eine Eignungsprüfung abzulegen, wenn die Ausbildung der antragstellenden Person wesentliche Unterschiede gegenüber den in diesem Gesetz und in der Ausbildungs- und Prüfungsverordnung für die Pflegeberufe geregelten Ausbildung zum Beruf der Gesundheits- und Kinderkrankenpflegerin oder des Gesundheits- und Kinderkrankenpflegers oder zum Beruf der Altenpflegerin oder des Altenpflegers aufweist. [5]§ 40 Absatz 2 Satz 2 und 3 gilt entsprechend. [6]Die antragstellende Person hat das Recht, zwischen dem Anpassungslehrgang und der Eignungsprüfung zu wählen.

(3) [1]§ 40 Absatz 2 und 3 gilt entsprechend für antragstellende Personen, die ihre Ausbildung in einem anderen Mitgliedstaat der Europäischen Union oder einem anderen Vertragsstaat des Abkommens über den Europäischen Wirtschaftsraum abgeschlossen haben und nicht unter Absatz 1 oder § 42 fallen, sowie antragstellende Personen, die über einen Ausbildungsnachweis als Pflegefachfrau oder Pflegefachmann aus einem Staat, der nicht Mitgliedstaat der Europäischen Union oder Vertragsstaat des Abkommens über den Europäischen Wirtschaftsraum (Drittstaat) ist, verfügen, der in einem anderen Mitgliedstaat der Europäischen Union oder einem anderen Vertragsstaat des Abkommens über den Europäischen Wirtschaftsraum anerkannt wurde. [2]Zum Ausgleich der festgestellten wesentlichen Unterschiede haben die antragstellenden Personen in einem höchstens dreijährigen Anpassungslehrgang oder einer Eignungsprüfung, die sich auf die festgestellten wesentlichen Unterschiede erstrecken, nachzuweisen, dass sie über die zur Ausübung des Berufs der Pflegefachfrau oder des Pflegefachmanns in Deutschland erforderlichen Kenntnisse und Fähigkeiten verfügen. [3]Sie haben das Recht, zwischen dem Anpassungslehrgang und der Eignungsprüfung zu wählen.

(4) Absatz 3 gilt entsprechend für Personen, die

1. eine Erlaubnis nach § 1 Absatz 1 beantragen und über einen in einem anderen Mitgliedstaat der Europäischen Union oder einem anderen Vertragsstaat des Abkommens über den Europäischen Wirtschaftsraum ausgestellten Ausbildungsnachweis oder eine Gesamtheit von Ausbildungsnachweisen verfügen, die eine Ausbildung zur spezialisierten Pflegefachfrau oder zum spezialisierten Pflegefachmann bescheinigen, die nicht die allgemeine Pflege umfasst, oder

2. eine Erlaubnis nach § 58 Absatz 1 oder 2 beantragen und über eine in einem anderen Mitgliedstaat der Europäischen Union oder einem anderen Vertragsstaat des Abkommens über den Europäischen Wirtschaftsraum ausgestellten Ausbildungsnachweis oder eine Gesamtheit von Ausbildungsnachweisen, die den Mindestanforderungen des Artikels 31 in Verbindung mit dem Anhang V Nummer 5.2.1 der Richtlinie 2005/36/EG entsprechen, und eine darauf aufbauende Spezialisierung in der Gesundheits- und Kinderkrankenpflege oder in der Altenpflege verfügen.

(5) Für antragstellende Personen nach Absatz 4, die über einen Ausbildungsnachweis verfügen, der dem in Artikel 11 Buchstabe a der Richtlinie 2005/36/EG genannten Niveau entspricht, gelten die Absätze 1 bis 4 und § 40 mit der Maßgabe, dass die erforderliche Ausgleichsmaßnahme aus einer Eignungsprüfung besteht.

(6) Die Absätze 1 bis 5 gelten entsprechend für den Europäischen Berufsausweis für den Beruf der Pflegefachfrau oder des Pflegefachmanns sowie für den Fall der Einführung eines Europäischen Berufsausweises für den Beruf der Gesundheits- und Kinderkrankenpflegerin oder des Gesundheits- und Kinderkrankenpflegers und für den Beruf der Altenpflegerin oder des Altenpflegers.

(7) Die Absätze 1 bis 6 gelten entsprechend für Drittstaatsdiplome, für deren Anerkennung sich nach dem Recht der Europäischen Union eine Gleichstellung ergibt.

Erläuterungen

Übersicht

I. Allgemeines

1. Regelungsinhalt

1 Die Vorschrift behandelt die Gleichwertigkeit entsprechender Ausbildungen von Personen, die einen Europäischen Berufsausweis vorlegen oder die die Berufsqualifikationsanerkennungsvoraussetzungen sei es automatisch (Abs. 1), sei es nach dem allgemeinen Anerkennungssystem der Richtlinie 2005/36/EG erfüllen (Abs. 2).

2. Korrespondierende Vorschriften der PflAPrV

2 § 46 PflAPrV regelt Inhalt und Durchführung des Anpassungslehrgangs nach § 41 Abs. 2 Satz 4 oder § 41 Abs. 3 Satz 2 PflBG. § 47 PflAPrV regelt Inhalt und Durchführung der Eignungsprüfung nach § 41 Abs. 2 Satz 4 oder § 41 Abs. 3 Satz 2 PflBG.

II. Erläuterungen

1. Abs. 1

In der Gesetzesbegründung (BT-Drs. 18/7823, S. 90) wird zu dieser Vorschrift 3 ausgeführt:

„Absatz 1 enthält die Regelungen zur Anerkennung von Ausbildungsnachweisen in der allgemeinen Pflege aus anderen Mitgliedstaaten der Europäischen Union im System der automatischen Anerkennung der Richtlinie 2005/36/EG. Er entspricht im Wortlaut weitgehend dem Krankenpflegegesetz von 2004. Der neue generalistische Pflegeberuf mit der Berufsbezeichnung ‚Pflegefachfrau' und ‚Pflegefachmann' entspricht den Mindestanforderungen des Artikel 31 in Verbindung mit dem Anhang 5.2.1 der Richtlinie 2005/35/EG und unterfällt damit dem System der automatischen Anerkennung der Richtlinie. Die in Artikel 31 der Richtlinie 2005/36/EG verwendete Bezeichnung der ‚Krankenschwester oder des Krankenpflegers, die für die allgemeine Pflege verantwortlich sind', ist mit Blick auf die europaweit generalistisch ausgerichteten Pflegeausbildungen weit zu verstehen. Sie umfasst auch den neuen generalistischen Beruf nach dem Pflegeberufsgesetz, der nicht mehr zwischen Altenpflege, Kranken- oder Kinderkrankenpflege unterscheidet. Um Missverständnisse mit Blick auf die bisherige Rechtslage zu vermeiden, bestimmen die Vorschriften nach diesem Gesetz den neuen Pflegeberuf als Referenzberuf und verwendet die Bezeichnung Krankenschwester oder Krankenpfleger, die für die allgemeine Pflege verantwortlich sind, nicht."

Die Mindestanforderungen der Pflegeausbildung finden sich im Anhang V Nr. 5.2.1 4 der Richtlinie 2005/36/EG (in diesem Werk abgedruckt im Anhang). Die Bezeichnung der Ausbildungsnachweise (Anhang V Nr. 5.2.2 der Richtlinie 2005/36/EG ist im Bundesgesetzblatt als Anlage zu § 41 Abs. 1 Satz 1 PflBG am Ende des Gesetzes abgedruckt. Dieser Anhang findet sich in diesem Werk beim Abdruck des Gesetzestextes (A.) am Ende. Für die Anpassung der späteren Änderungen der Anlage besteht eine Verordnungsermächtigung (Abs. 1 Satz 3). Diese Verordnungsermächtigung ist insofern unklar, als sie auf spätere Änderungen der Anlage zum Gesetz hinweist, die Anhang V Nr. 5.2.1 der Richtlinie 2005/36/EG betreffen. In der Anlage zum Gesetz sind aber die Ausbildungsnachweise für die Krankenschwestern und Krankenpfleger, die für die allgemeine Pflege verantwortlich sind, enthalten. Diese sind wiederum in Anhang V Nr. 5.2.2, und nicht in Anhang V 5.2.1 der Richtlinie 2005/36/EG aufgeführt. Der Anhang V Nr. 5.2.2 der Richtlinie 2005/36/EG ist mittlerweile geändert worden, s. Delegierter Beschluss (EU) 2017/2113 der Kommission v. 11.9.2017 zur Änderung des Anhangs V der Richtlinie 2005/36/EG des Europäischen Parlaments und des Rates hinsichtlich von Ausbildungsnachweisen und den Titeln von Ausbildungsgängen, ABl. L 317 v. 1.12.2017, S. 119.

2. Abs. 2

In der Gesetzesbegründung (BT-Drs. 18/12847, S. 109) wird zu dieser Vorschrift 5 ausgeführt:

„Die in dem Gesetzentwurf neu aufgenommenen Berufsabschlüsse der Gesundheits- und Kinderkrankenpflege sowie der Altenpflege unterliegen nicht der automatischen Anerkennung. Durch die Regelungen werden die Voraussetzungen geschaffen, dass auch bei

diesen Ausbildungen eine Anerkennung möglich ist. Die Anerkennung richtet sich in diesem Fall nach dem sogenannten allgemeinen System der Richtlinie 2005/36/EG des Europäischen Parlaments und des Rates vom 7. September 2005 über die Anerkennung von Berufsqualifikationen (ABl. L 255 vom 30.9.2005, S. 22), die zuletzt durch den Delegierten Beschluss (EU) 2016/790 (ABl. L 134 vom 24.5.2016, S. 135) geändert worden ist. Das bedeutet, es wird ein Ausbildungsvergleich durchgeführt, bei dem wesentliche Unterschiede zu Ausgleichsmaßnahmen führen. Diese bestehen nach Wahl der antragstellenden Person aus einem Anpassungslehrgang oder einer Eignungsprüfung."

3. Abs. 3

6   In der Gesetzesbegründung (BT-Drs. 18/7823, S. 90) wird zu dieser Vorschrift, die in der ursprünglichen Entwurfsfassung des Gesetzes Abs. 2 war, Folgendes ausgeführt:

„Absatz 2 regelt die Anerkennung von Ausbildungsnachweisen aus der Europäischen Union in der allgemeinen Pflege, die nicht der automatischen Anerkennung unterfallen. In der Regel betrifft dies Diplome, die nicht den Anforderungen an die sogenannten erworbenen Rechte (vgl. dazu § 42) entsprechen. Unter Absatz 2 fallen aber auch die Ausbildungsnachweise von Personen, die ihre Ausbildung in einem Drittstaat abgeleistet haben und bereits in einem anderen Mitgliedstaat der Europäischen Union anerkannt worden sind. Die Anerkennung richtet sich in diesem Fall nach dem sogenannten allgemeinen System der Richtlinie. Sie folgt weitgehend der Systematik der Anerkennung von Drittstaatsdiplomen, das heißt, es wird auch hier ein Ausbildungsvergleich durchgeführt, bei dem wesentliche Unterschiede zu Ausgleichsmaßnahmen führen. Diese bestehen nach Wahl der antragstellenden Person aus einem Anpassungslehrgang oder einer Eignungsprüfung."

4. Abs. 4

7   In der Gesetzesbegründung (BT-Drs. 18/7823, S. 90) wird zu dieser Vorschrift für die Nr. 1, die in der ursprünglichen Entwurfsfassung des Gesetzes Abs. 3 war, Folgendes ausgeführt:

„Absatz 3 erstreckt die Regelungen zur Anerkennung von EU-Diplomen nach dem allgemeinen Anerkennungssystem auch auf sogenannte spezialisierte Ausbildungen in der Pflege, die nach den Vorgaben des jeweiligen Herkunftsmitgliedstaates nicht die allgemeine Pflege umfassen."

In der Gesetzesbegründung (BT-Drs. 18/12847, S. 109) wird zur Nr. 2, die in der ursprünglichen Entwurfsfassung des Gesetzes in Abs. 3 nicht enthalten war, darauf hingewiesen, dass es sich um eine Folgeänderung im Zusammenhang mit der Ermöglichung der Anerkennung der neu aufgenommenen Pflegeberufsabschlüsse handelt.

5. Abs. 5

8   In Abs. 5 werden die Vorgaben des durch die Richtlinie 2013/55/EU neu angefügten Art. 14 Abs. 3 Unterabs. 4 Buchst. a der Richtlinie 2005/36/EG umgesetzt.

6. Abs. 6

Für den Fall der Einführung eines Europäischen Berufsausweises für den Beruf der 9
Gesundheits- und Kinderkrankenpflegerin oder des Gesundheits- oder Kinderkrankenpflegers und für den Beruf der Altenpflegerin oder des Altenpflegers sieht Abs. 6
vor, dass dessen Ausstellung nach Maßgabe der für die Erlaubnis zum Führen der
Berufsbezeichnung geltenden Vorgaben erfolgt.

7. Abs. 7

Abs. 7 erstreckt die Regelungen der Abs. 1 bis 6 auch auf Ausbildungen aus der 10
Schweiz.

§ 42 Erlaubnis bei Vorlage von Nachweisen anderer EWR-Vertragsstaaten

(1) [1]Antragstellenden Personen, die die Voraussetzungen nach § 2 Nummer 2 bis 4 erfüllen und eine Erlaubnis nach § 1 Absatz 1 aufgrund der Vorlage eines Ausbildungsnachweises beantragen,

1. der von der früheren Tschechoslowakei verliehen wurde und die Aufnahme des Berufs der Krankenschwester oder des Krankenpflegers, die für die allgemeine Pflege verantwortlich sind, gestattet oder aus dem hervorgeht, dass die Ausbildung zum Beruf der Krankenschwester oder des Krankenpflegers, die für die allgemeine Pflege verantwortlich sind, im Falle der Tschechischen Republik oder der Slowakei vor dem 1. Januar 1993 begonnen wurde, oder

2. der von der früheren Sowjetunion verliehen wurde und die Aufnahme des Berufs der Krankenschwester oder des Krankenpflegers, die für die allgemeine Pflege verantwortlich sind, gestattet oder aus dem hervorgeht, dass die Ausbildung zum Beruf der Krankenschwester oder des Krankenpflegers, die für die allgemeine Pflege verantwortlich sind, im Falle Estlands vor dem 20. August 1991, im Falle Lettlands vor dem 21. August 1991, im Falle Litauens vor dem 11. März 1990 begonnen wurde, oder

3. der vom früheren Jugoslawien verliehen wurde und die Aufnahme des Berufs der Krankenschwester oder des Krankenpflegers, die für die allgemeine Pflege verantwortlich sind, gestattet oder aus dem hervorgeht, dass die Ausbildung zum Beruf der Krankenschwester oder des Krankenpflegers, die für die allgemeine Pflege verantwortlich sind, im Falle Sloweniens vor dem 25. Juni 1991 begonnen wurde,

ist die Erlaubnis zu erteilen, wenn die zuständigen Behörden der jeweiligen Mitgliedstaaten bescheinigen, dass dieser Ausbildungsnachweis hinsichtlich der Aufnahme und Ausübung des Berufs der Krankenschwester oder des Krankenpflegers, die für die allgemeine Pflege verantwortlich sind, in ihrem Hoheitsgebiet die gleiche Gültigkeit hat wie der von ihnen verliehene Ausbildungsnachweis und eine von den gleichen Behörden ausgestellte Bescheinigung darüber vorgelegt wird, dass die betreffende Person in den fünf Jahren vor Ausstellung der Bescheinigung mindestens drei Jahre ununterbrochen tatsächlich und rechtmäßig die Tätigkeit der Krankenschwester oder des Krankenpflegers, die für die allgemeine Pflege verantwortlich sind, in ihrem Hoheitsgebiet ausgeübt hat. [2]Die Tätigkeit muss die volle Verantwortung für die Planung, die Organisation und die Ausführung der Krankenpflege des Patienten umfasst haben.

(2) Antragstellende Personen, die die Voraussetzungen nach § 2 Nummer 2 bis 4 erfüllen und die eine Erlaubnis nach § 1 Absatz 1 aufgrund der Vorlage eines Ausbildungsnachweises beantragen, der in Polen für Krankenschwestern und Krankenpfleger verliehen worden ist, deren Ausbildung vor dem 1. Mai 2004 abgeschlossen wurde und den Mindestanforderungen an die Berufsausbildung gemäß Artikel 31 der Richtlinie 2005/36/EG nicht genügte, ist die Erlaubnis zu erteilen, wenn ihm ein Bakkalaureat-Diplom beigefügt ist, das auf der Grundlage eines Aufstiegsfortbildungsprogramms erworben wurde, das in einem der in

Artikel 33 Absatz 3 Buchstabe b Doppelbuchstabe i oder Doppelbuchstabe ii der Richtlinie 2005/36/EG genannten Gesetze enthalten ist.

(3) [1]Antragstellende Personen, die die Erlaubnis nach § 1 Absatz 1 aufgrund einer in Rumänien abgeleisteten Ausbildung im Beruf der Krankenschwester oder des Krankenpflegers, die für die allgemeine Pflege verantwortlich sind, beantragen, die den Mindestanforderungen an die Berufsausbildung des Artikels 31 der Richtlinie 2005/36/EG nicht genügt, erhalten die Erlaubnis, wenn sie über ein

1. ‚Certificat de competenţe profesionale de asistent medical generalist' mit einer postsekundären Ausbildung an einer ‚şcoală postliceală', dem eine Bescheinigung beigefügt ist, dass die Ausbildung vor dem 1. Januar 2007 begonnen wurde,
2. ‚Diplomă des absolvire des asistent medical generalist' mit einer Hochschulausbildung von kurzer Dauer, dem eine Bescheinigung beigefügt ist, dass die Ausbildung vor dem 1. Oktober 2003 begonnen wurde, oder
3. ‚Diplomă de licenţă de asistent medical generalist' mit einer Hochschulausbildung von langer Dauer, dem eine Bescheinigung beigefügt ist, dass die Ausbildung vor dem 1. Oktober 2003 begonnen wurde,

verfügen, dem eine Bescheinigung beigefügt ist, aus der hervorgeht, dass die antragstellenden Personen während der letzten fünf Jahre vor Ausstellung der Bescheinigung mindestens drei Jahre lang den Beruf der Krankenschwester und des Krankenpflegers, die für die allgemeine Pflege verantwortlich sind, in Rumänien ununterbrochen tatsächlich und rechtmäßig ausgeübt haben und sie die Voraussetzungen nach § 2 Nummer 2 bis 4 erfüllen. [2]Absatz 1 Satz 2 gilt entsprechend.

(4) [1]Antragstellende Personen, die nicht unter die Absätze 1 bis 3 fallen, die Voraussetzungen nach § 2 Nummer 2 bis 4 erfüllen und eine Erlaubnis nach § 1 Absatz 1 aufgrund der Vorlage eines vor dem nach § 41 Absatz 1 in Verbindung mit der Anlage zu diesem Gesetz genannten Stichtag ausgestellten Ausbildungsnachweises eines der übrigen Mitgliedstaaten der Europäischen Union beantragen, ist die Erlaubnis zu erteilen, auch wenn dieser Ausbildungsnachweis nicht alle Anforderungen an die Ausbildung nach Artikel 31 der Richtlinie 2005/36/EG erfüllt, sofern dem Antrag eine Bescheinigung darüber beigefügt ist, dass der Inhaber während der letzten fünf Jahre vor Ausstellung der Bescheinigung mindestens drei Jahre lang ununterbrochen tatsächlich und rechtmäßig den Beruf der Pflegefachfrau oder des Pflegefachmanns ausgeübt hat. [2]Absatz 1 Satz 2 gilt entsprechend.

(5) Bei antragstellenden Personen, für die einer der Absätze 1 bis 4 gilt und die die dort genannten Voraussetzungen mit Ausnahme der geforderten Dauer der Berufserfahrung erfüllen, wird das Anerkennungsverfahren nach § 41 Absatz 3 durchgeführt.

Erläuterungen

1   Mit § 42 PflBG wird Art. 33 der Richtlinie 2005/36/EG umgesetzt, der die sogenannten erworbenen Rechte beinhaltet (s. Abdruck der Richtlinie in der Anlage). Die
Vorschrift entspricht weitgehend dem bisherigen § 25 KrPflG unter Berücksichtigung der durch die Richtlinie 2013/55/EU erfolgten Änderungen.

§ 43 Feststellungsbescheid

[1]Wird die Voraussetzung nach § 2 Nummer 1 auf eine Ausbildung gestützt, die außerhalb des Geltungsbereichs dieses Gesetzes abgeschlossen worden ist, soll die Gleichwertigkeit der Berufsqualifikation nach den Regelungen dieses Abschnitts vor den Voraussetzungen nach § 2 Nummer 2 bis 4 geprüft werden. [2]Auf Antrag ist der antragstellenden Person ein gesonderter Bescheid über die Feststellung ihrer Berufsqualifikation zu erteilen.

Erläuterungen

Mit § 43 PflBG wird Art. 53 Abs. 3 Unterabs. 2 der Richtlinie 2005/36/EG umgesetzt (s. Abdruck der Richtlinie im Anhang). Dieser sieht vor, dass die Gleichwertigkeit der Berufsqualifikation der antragstellenden Person zeitlich vor den übrigen Voraussetzungen des § 2 PflBG geprüft werden soll (**Satz 1**). Die antragstellende Person erhält das Recht, einen isolierten Feststellungsbescheid zu beantragen, der sich auf die Anerkennung der Gleichwertigkeit der Berufsqualifikation der antragstellenden Person mit einer Ausbildung nach dem PflBG und der PflAPrV beschränkt (**Satz 2**).

1

Abschnitt 2
Erbringen von Dienstleistungen

§ 44   Dienstleistungserbringende Personen

(1) [1]Staatsangehörige eines Mitgliedstaates der Europäischen Union oder eines Vertragsstaates des Abkommens über den Europäischen Wirtschaftsraum, die zur Ausübung des Berufes der Pflegefachfrau oder des Pflegefachmanns in einem anderen Mitgliedstaat der Europäischen Union oder einem anderen Vertragsstaat des Europäischen Wirtschaftsraumes aufgrund einer nach deutschen Rechtsvorschriften abgeschlossenen Ausbildung oder aufgrund eines den Anforderungen des § 41 Absatz 1 entsprechenden Ausbildungsnachweises berechtigt sind und in einem dieser Mitgliedstaaten rechtmäßig niedergelassen sind, dürfen als dienstleistungserbringende Personen im Sinne des Artikels 57 des Vertrages über die Arbeitsweise der Europäischen Union (ABl. C 326 vom 26.10.2012, S. 47) vorübergehend und gelegentlich ihren Beruf im Geltungsbereich dieses Gesetzes ausüben. [2]Sie führen die Berufsbezeichnung nach § 1 Absatz 1 ohne Erlaubnis und dürfen die Tätigkeiten nach § 4 Absatz 2 ausüben.

(2) [1]Staatsangehörige eines Mitgliedstaates der Europäischen Union oder eines Vertragsstaates des Abkommens über den Europäischen Wirtschaftsraum, die zur Ausübung des Berufes der Gesundheits- und Kinderkrankenpflegerin oder des Gesundheits- und Kinderkrankenpflegers oder der Altenpflegerin oder des Altenpflegers in einem anderen Mitgliedstaat der Europäischen Union oder einem anderen Vertragsstaat des Europäischen Wirtschaftsraumes aufgrund einer nach deutschen Rechtsvorschriften abgeschlossenen Ausbildung oder aufgrund eines den Anforderungen des § 41 Absatz 2 entsprechenden Ausbildungsnachweises berechtigt sind und

1. in einem Mitgliedstaat rechtmäßig niedergelassen sind oder,
2. wenn der Beruf der Gesundheits- und Kinderkrankenpflegerin oder des Gesundheits- und Kinderkrankenpflegers oder der Altenpflegerin oder des Altenpflegers oder die Ausbildung zu diesem Beruf im Niederlassungsmitgliedstaat nicht reglementiert ist, diesen Beruf während der vorhergehenden zehn Jahre mindestens ein Jahr im Niederlassungsmitgliedstaat rechtmäßig ausgeübt haben,

dürfen als dienstleistungserbringende Personen im Sinne des Artikels 57 des Vertrages über die Arbeitsweise der Europäischen Union vorübergehend und gelegentlich ihren Beruf im Geltungsbereich dieses Gesetzes ausüben. [2]Sie führen die Berufsbezeichnung nach § 58 Absatz 1 oder Absatz 2 ohne Erlaubnis und dürfen die Tätigkeiten nach § 4 Absatz 2 ausüben.

(3) [1]Der vorübergehende und gelegentliche Charakter der Dienstleistungserbringung wird im Einzelfall beurteilt. [2]In die Beurteilung sind Dauer, Häufigkeit, regelmäßige Wiederkehr und Kontinuität der Dienstleistung einzubeziehen.

(4) Die Berechtigung nach Absatz 1 oder Absatz 2 besteht nicht, wenn die Voraussetzungen für eine Rücknahme oder einen Widerruf, die sich auf die

Tatbestände nach § 2 Nummer 2 oder Nummer 3 beziehen, zwar vorliegen, die Rücknahme oder der Widerruf jedoch nicht vollzogen werden kann, da die betroffene Person keine deutsche Berufserlaubnis besitzt.

(5) Die Absätze 1 bis 4 sowie die §§ 45 bis 48 gelten entsprechend für Drittstaaten und Drittstaatsangehörige, soweit sich hinsichtlich der Anerkennung von Ausbildungsnachweisen nach dem Recht der Europäischen Union eine Gleichstellung ergibt.

Erläuterungen

Übersicht

I. Allgemeines

1. Regelungsinhalt

Die Vorschrift regelt die Möglichkeit der vorübergehenden und gelegentlichen   1
Dienstleistungserbringung. Dabei ist zwischen den Personen zu unterscheiden, die nach der Richtlinie 2005/36/EG der **automatischen Anerkennung** unterliegen (**Abs. 1**) (vgl. Art. 21 bis 49 Richtlinie 2005/36/EG), und Personen, die dem System der **allgemeinen Anerkennung** (vgl. Art. 10 bis 15 Richtlinie 2005/36/EG) unterstellt sind (**Abs. 2**). S. Abdruck der Richtlinie in der Anlage.

2. Korrespondierende Vorschrift der PflAPrV

S. § 49 PflAPrV.   2

II. Erläuterungen

1. Abs. 1

Die Vorschrift regelt die Möglichkeit der vorübergehenden und gelegentlichen   3
Dienstleistungserbringung bei Personen, die nach der Richtlinie 2005/36/EG der **automatischen Anerkennung** unterliegen.

2. Abs. 2

Die Vorschrift regelt die Möglichkeit der vorübergehenden und gelegentlichen   4
Dienstleistungserbringung bei Personen, die nach der Richtlinie 2005/36/EG dem System der **allgemeinen Anerkennung** unterstellt sind.

3. Abs. 3

Entsprechend der Vorgabe der Richtlinie 2005/36/EG in Art. 5 Abs. 2 gelten die   5
Regelungen nur bei **vorübergehenden und gelegentlichen Tätigkeiten**, wobei dies

im Einzelfall zu beurteilen ist. Dabei müssen beide Voraussetzungen kumulativ vorliegen. Ist eine Dienstleistungserbringung nicht mehr vorübergehend und gelegentlich, so ist der dienstleistungserbringenden Person zuzumuten, die Erlaubnis zum Führen der Berufsbezeichnung zu beantragen (Gesetzesbegründung, BT-Drs. 18/7823, S. 91).

4. Abs. 4

6   Abs. 4 stellt klar, dass eine Berechtigung zur Dienstleistungserbringung nicht besteht, wenn die **Voraussetzungen für einen Entzug der Berufserlaubnis** vorliegen, dieser aber mangels deutscher Berufserlaubnis nicht vollzogen werden kann.

5. Abs. 5

7   Abs. 5 erstreckt die Regelungen zur Dienstleistungserbringung auch auf **Ausbildungen aus der Schweiz.** S. hierzu § 49 Abs. 4 PflAPrV.

§ 45   Rechte und Pflichten

Dienstleistungserbringende Personen haben beim Erbringen der Dienstleistung im Geltungsbereich dieses Gesetzes die gleichen Rechte und Pflichten wie Personen mit einer Erlaubnis nach § 1 Absatz 1 oder § 58 Absatz 1 oder Absatz 2.

Erläuterungen

In der Vorschrift werden die Rechte und Pflichten der dienstleistungserbringenden   1
Person entsprechend der Vorgabe in Art. 9 der Richtlinie 2005/36/EG geregelt,
soweit sie für die Heilberufe relevant sind. S. Abdruck der Richtlinie im Anhang.

§ 46   Meldung der dienstleistungserbringenden Person an die zuständige Behörde

(1) [1]Wer beabsichtigt, im Sinne des § 44 Absatz 1 oder Absatz 2 Dienstleistungen zu erbringen, hat dies der zuständigen Behörde vorher schriftlich zu melden. [2]Die Meldung ist einmal jährlich zu erneuern, wenn die dienstleistungserbringende Person beabsichtigt, während des betreffenden Jahres vorübergehend und gelegentlich Dienstleistungen im Geltungsbereich dieses Gesetzes zu erbringen. [3]Wird die Meldung nach Satz 1 mittels eines Europäischen Berufsausweises vorgenommen, ist abweichend von Satz 2 die Meldung 18 Monate nach Ausstellung des Europäischen Berufsausweises zu erneuern.

(2) [1]Bei der erstmaligen Meldung oder bei wesentlichen Änderungen hat die dienstleistungserbringende Person folgende Dokumente vorzulegen:

1. einen Staatsangehörigkeitsnachweis,
2. einen Berufsqualifikationsnachweis,
3. im Fall der Dienstleistungserbringung
   a) nach § 44 Absatz 1 eine Bescheinigung über die rechtmäßige Niederlassung im Beruf der Pflegefachfrau oder des Pflegefachmanns in einem anderen Mitgliedstaat, die sich darauf erstreckt, dass der dienstleistungserbringenden Person die Ausübung dieser Tätigkeit zum Zeitpunkt der Vorlage der Bescheinigung nicht, auch nicht vorübergehend, untersagt ist und keine Vorstrafen vorliegen, oder
   b) nach § 44 Absatz 2 Satz 1 Nummer 1 eine Bescheinigung über die rechtmäßige Niederlassung im Beruf der Gesundheits- und Kinderkrankenpflegerin oder des Gesundheits- und Kinderkrankenpflegers oder der Altenpflegerin oder des Altenpflegers in einem anderen Mitgliedstaat, oder im Fall des § 44 Absatz 2 Satz 1 Nummer 2 einen Nachweis in beliebiger Form darüber, dass die dienstleistungserbringende Person den Beruf der Gesundheits- und Kinderkrankenpflegerin oder des Gesundheits- und Kinderkrankenpflegers oder der Altenpflegerin oder des Altenpflegers während der vorhergehenden zehn Jahre mindestens ein Jahr lang rechtmäßig ausgeübt hat; dabei darf der dienstleistungserbringenden Person die Ausübung dieser Tätigkeit zum Zeitpunkt der Vorlage der Bescheinigung nicht, auch nicht vorübergehend, untersagt sein, und es dürfen keine Vorstrafen vorliegen und
4. eine Erklärung der dienstleistungserbringenden Person, dass sie über die zur Erbringung der Dienstleistung erforderlichen Kenntnisse der deutschen Sprache verfügt.

[2]Die für die Ausübung der Dienstleistung erforderlichen Kenntnisse der deutschen Sprache müssen vorhanden sein.

(3) [1]Im Fall der erstmaligen Dienstleistungserbringung nach § 44 Absatz 2 prüft die zuständige Behörde den nach § 46 Absatz 2 Satz 1 Nummer 2 vorgelegten Berufsqualifikationsnachweis. [2]§ 41 Absatz 2 gilt entsprechend mit der Maßgabe, dass für wesentliche Unterschiede zwischen der beruflichen Qualifikation der dienstleistungserbringenden Person und der nach diesem Gesetz und der Ausbildungs- und Prüfungsverordnung für die Pflegeberufe geforderten Aus-

bildung zum Beruf des Gesundheits- und Kinderkrankenpflegers oder der Gesundheits- und Kinderkrankenpflegerin oder der Altenpflegerin oder des Altenpflegers Ausgleichsmaßnahmen nur gefordert werden dürfen, wenn die Unterschiede so groß sind, dass ohne den Nachweis der fehlenden Kenntnisse und Fähigkeiten die öffentliche Gesundheit gefährdet wäre. [3]Soweit dies für die Beurteilung der Frage, ob wesentliche Unterschiede vorliegen, erforderlich ist, kann die zuständige Behörde bei der zuständigen Behörde des Niederlassungsmitgliedstaates Informationen über die Ausbildungsgänge der dienstleistungserbringenden Person anfordern. [4]Der Ausgleich der fehlenden Kenntnisse und Fähigkeiten erfolgt durch eine Eignungsprüfung.

(4) Sofern eine vorherige Meldung wegen der Dringlichkeit des Tätigwerdens nicht möglich ist, hat die Meldung unverzüglich nach Erbringen der Dienstleistung zu erfolgen.

Erläuterungen

Übersicht

I. Allgemeines

§ 46 PflBG regelt die Meldepflichten der dienstleistungserbringenden Person.   1

II. Erläuterungen

1. Abs. 1

Die Vorschrift bestimmt, dass die dienstleistungserbringende Person der zuständigen   2
Behörde ihre Tätigkeit zu melden und dies einmal jährlich zu wiederholen hat, wenn
sie in dem jeweiligen Jahr Dienstleistungen erbringen will.

Zu **Abs. 1 Satz 3** wird in der Gesetzesbegründung (BT-Drs. 18/12847, S. 110)   3
ausgeführt:

„Nach Einführung des Europäischen Berufsausweises für ‚Krankenschwestern und Krankenpfleger für allgemeine Pflege' im Sinne der Richtlinie 2005/36/EG des Europäischen Parlaments und des Rates vom 7. September 2005 über die Anerkennung von Berufsqualifikationen (ABl. L 255 vom 30.9.2005, S. 22), die zuletzt durch den Delegierten Beschluss (EU) 2016/790 (ABl. L 134 vom 24.5.2016, S. 135) geändert worden ist, durch die am 18. Januar 2016 in Kraft getretene Durchführungsverordnung (EU) 2015/983 der Kommission vom 24. Juni 2015 betreffend das Verfahren zur Ausstellung des Europäischen Berufsausweises und die Anwendung des Vorwarnmechanismus gemäß der Richtlinie 2005/36/EG des Europäischen Parlaments und des Rates (ABl. L 159 vom 25.6.2015, S. 27) ist die Frist für die erneute Meldung der Erbringung von Dienstleistungen durch Inhaber eines Europäischen Berufsausweises entsprechend Artikel 4c Absatz 1 Satz 4 der Richtlinie 2005/36/EG anzupassen. Danach darf der Aufnahmemitgliedstaat bei Ausstellung eines Europäischen Berufsaus-

weises für die vorübergehende und gelegentliche Erbringung von Dienstleistungen während der folgenden 18 Monate keine weitere Meldung verlangen."

2. Abs. 2

4   Bei der erstmaligen Meldung oder bei wesentlichen Änderungen sind die in **Abs. 2 Satz 1 Nr. 1 bis 4** aufgeführten **Dokumente** vorzulegen. Nr. 4 setzt Art. 7 Abs. 2 Buchst. f der Richtlinie 2005/36/EG um. **Abs. 2 Satz 2** setzt Art. 53 Abs. 1 der Richtlinie 2005/36/EG um. Er regelt damit den Prüfmaßstab für die **Sprachkenntnisse** bei der beabsichtigten Dienstleistungserbringung.

3. Abs. 3

5   Die Vorschrift enthält Prüfungsvorgaben der zuständigen Behörde im Hinblick auf dienstleistungserbringende Personen im Bereich der Berufe Gesundheits- und Kinderkrankenpflege sowie der Altenpflege, die anders als die Berufe Pflegefachfrau oder Pflegefachmann nicht der automatischen Anerkennung nach der Richtlinie 2005/36/EG unterliegen. Liegen wesentliche Unterschiede zwischen der beruflichen Qualifikation der dienstleistungserbringenden Person und der nach dem PflBG und der PflAPrV für die Pflegeberufe geforderten Ausbildung zum Beruf des Gesundheits- und Kinderkrankenpflegers oder der Gesundheits- und Kinderkrankenpflegerin oder der Altenpflegerin oder des Altenpflegers vor, kann der Ausgleich der fehlenden Kenntnisse und Fähigkeiten durch eine **Eignungsprüfung** erfolgen (Abs. 3 Satz 4).

4. Abs. 4

6   Ist vor Aufnahme der Dienstleistung aus Dringlichkeitsgründen keine Meldung möglich, ist diese unverzüglich nachzuholen.

§47 Bescheinigungen der zuständigen Behörde

[1]Einer oder einem Staatsangehörigen eines Mitgliedstaates der Europäischen Union oder eines Vertragsstaates des Abkommens über den Europäischen Wirtschaftsraum, die oder der im Geltungsbereich dieses Gesetzes den Beruf der Pflegefachfrau oder des Pflegefachmanns, der Gesundheits- und Kinderkrankenpflegerin oder des Gesundheits- und Kinderkrankenpflegers oder der Altenpflegerin oder des Altenpflegers auf Grund einer Erlaubnis nach § 1 Absatz 1 oder § 58 Absatz 1 oder Absatz 2 ausübt, ist auf Antrag für Zwecke der Dienstleistungserbringung in einem anderen Mitgliedstaat der Europäischen Union oder einem anderen Vertragsstaat des Abkommens über den Europäischen Wirtschaftsraum eine Bescheinigung darüber auszustellen, dass sie oder er

1. als Pflegefachfrau oder Pflegefachmann, als Gesundheits- und Kinderkrankenpflegerin oder Gesundheits- und Kinderkrankenpfleger oder als Altenpflegerin oder Altenpfleger rechtmäßig niedergelassen ist und ihr oder ihm die Ausübung des Berufs nicht, auch nicht vorübergehend, untersagt ist,
2. über die zur Ausübung der jeweiligen Tätigkeit erforderliche berufliche Qualifikation verfügt.

[2]Gleiches gilt für Drittstaaten und Drittstaatsangehörige, soweit sich hinsichtlich der Anerkennung von Ausbildungsnachweisen nach dem Recht der Europäischen Union eine Gleichstellung ergibt.

Erläuterungen

Die Vorschrift bestimmt, dass Personen mit einer im Inland abgeschlossenen Ausbildung die Bescheinigungen erhalten, die sie für die Dienstleistungserbringung in anderen Mitgliedstaaten benötigen. 1

277

§ 48   Verwaltungszusammenarbeit bei Dienstleistungserbringung

(1) Wird gegen die Pflichten nach § 45 verstoßen, so hat die zuständige Behörde unverzüglich die zuständige Behörde des Niederlassungsmitgliedstaates dieser dienstleistungserbringenden Person hierüber zu unterrichten.

(2) Im Falle von berechtigten Zweifeln sind die zuständigen Behörden berechtigt, für jede Dienstleistungserbringung von den zuständigen Behörden des Niederlassungsmitgliedstaates Informationen über die Rechtmäßigkeit der Niederlassung sowie darüber anzufordern, ob berufsbezogene disziplinarische oder strafrechtliche Sanktionen vorliegen.

(3) Auf Anforderung der zuständigen Behörden eines Mitgliedstaates der Europäischen Union oder eines Vertragsstaates des Abkommens über den Europäischen Wirtschaftsraum haben die zuständigen Behörden in Deutschland nach Artikel 56 der Richtlinie 2005/36/EG der anfordernden Behörde Folgendes zu übermitteln:

1. alle Informationen über die Rechtmäßigkeit der Niederlassung und die gute Führung der dienstleistungserbringenden Person sowie
2. Informationen darüber, dass keine berufsbezogenen disziplinarischen oder strafrechtlichen Sanktionen vorliegen.

Erläuterungen

1   § 48 PflBG enthält die Vorschriften zur Verwaltungszusammenarbeit und gegenseitigen Unterrichtung zwischen den Behörden der Mitgliedstaaten.

Abschnitt 3
Aufgaben und Zuständigkeiten

§ 49 Zuständige Behörden

Die Länder bestimmen die zur Durchführung dieses Gesetzes zuständigen Behörden.

Erläuterungen

Übersicht

I. Allgemeines

1. Regelungsinhalt

Die Länder sind für den Vollzug des Pflegeberufegesetzes zuständig. Sie haben deshalb die für Durchführung des Gesetzes zuständigen Behörden zu bestimmen. Die Vorschrift entspricht Art. 84 Abs. 1 Satz 1 GG, wonach die Länder bei den Bundesgesetzen, die sie als eigene Angelegenheit ausführen (vgl. Art. 83 GG), die Einrichtung der Behörden und das Verwaltungsverfahren selbst regeln. **1**

2. Behördenbegriff

Der Behördenbegriff wird bundesrechtlich in § 1 Abs. 4 VwVfG wie folgt definiert: „Behörde ist jede Stelle, die Aufgaben der öffentlichen Verwaltung wahrnimmt". In den Verwaltungsverfahrensgesetzen der Länder finden sich entsprechende Definitionen oder es wird auf diese Definition verwiesen. **2**

3. Zuständigkeiten

Im PflBG wird ebenso wie in der PflAPrV an verschiedenen Stellen von zuständigen Behörden gesprochen. Die Zuständigkeiten beziehen sich auf unterschiedliche Verwaltungsaufgaben. Diese Zuständigkeiten müssen nicht von einer einzigen Landesbehörde wahrgenommen werden. Vielmehr können diese Zuständigkeiten nach dem PflBG auf verschiedene Behörden verteilt werden. Der Begriff der zuständigen Behörde ist nicht mit dem Begriff der „zuständigen Stelle" zu verwechseln (vgl. § 26 Abs. 4 PflBG). **3**

Bei den Zuständigkeiten wird allgemein zwischen der sachlichen, der örtlichen und der instanziellen Zuständigkeit unterschieden. Die **sachliche Zuständigkeit** bezieht sich auf die inhaltlichen Aufgaben, die einer Behörde zugewiesen werden, so z. B. die **4**

Zuständigkeit für die Durchführung des PflBG. Die **örtliche Zuständigkeit** bestimmt den räumlichen Tätigkeitsbereich einer Behörde. Die **instanzielle Zuständigkeit** ist im Zusammenhang mit dem mehrstufigen Verwaltungsaufbau in den Ländern zu sehen.

5   Der **Verwaltungsaufbau** in den Ländern ist zwei- oder dreistufig. Die obere Stufe des Verwaltungsaufbaus wird von den Ministerien gebildet. Der Zuschnitt der ministeriellen Ressorts, also z. B. die Zuständigkeit für die Durchführung des PflBG, wird in den Ländern nach deren Bestimmungen (z. B. durch Organisationserlass der Landesregierungen) geregelt. Die direkt mit der Durchführung des PflBG befassten Behörden auf den der oberen Stufe untergeordneten Ebenen unterstehen der Aufsicht der übergeordneten Behörden.

6   Wenn im Folgenden von den zur Durchführung des PflBG zuständigen Behörden gesprochen wird, sind damit alle Behörden auf den verschiedenen Stufen angesprochen. In der Praxis wird die zuständige Behörde oft als diejenige Behörde verstanden, die mit dem Bürger oder einer juristischen Person direkt in Kontakt tritt oder bei der er einen Antrag zu stellen hat. Zuständige Behörden sind aber alle diejenigen Behörden, die auf den verschiedenen Verwaltungsstufen tätig werden, also auch die Behörden, die Aufsichts- und Weisungsbefugnisse gegenüber den untergeordneten Behörden haben.

4. Bisherige Zuständigkeiten für die Ausbildung in den Pflegeberufen

7   Besonders diskutiert wird in der Praxis die **Zuständigkeit für die Pflegeausbildung**. Zurzeit besteht in den verschiedenen Bundesländern **keine einheitliche Behördenzuständigkeit für die Ausbildung**. Zum Teil sind die für das berufliche Schulwesen zuständigen Behörden, zum Teil die für gesundheitliche Aufgaben zuständigen Gesundheitsbehörden als zuständige Behörden bestimmt worden. Diese Zuständigkeitszuordnung bildet sich dann in der Zuordnung zu den jeweiligen ministeriellen Ressorts ab.

8   Nach einer Übersicht des Deutschen Krankenhausinstituts (*Steffen/Löffert*, Ausbildungsmodelle in der Pflege, 2010, S. 43 und 54) war im Jahr 2010 in der **Gesundheits- und (Kinder)Krankenpflegeausbildung** in vier Ländern das **Schulrecht** anwendbar (Bayern, Mecklenburg-Vorpommern, Sachsen und Thüringen). In der **Altenpflegeausbildung** war dies in zehn Ländern der Fall (Baden-Württemberg, Bayern, Berlin, Hamburg, Mecklenburg-Vorpommern, Niedersachsen, Rheinland-Pfalz, Sachsen, Sachsen-Anhalt und Thüringen). Schon jetzt werden angesichts der Umsetzung des PflBG zum 1.1.2020 in einigen Ländern die Zuständigkeiten neu geordnet.

9   Aus der Übersicht des Deutschen Krankenhausinstituts folgt, dass **in einigen Ländern landesintern unterschiedliche Zuständigkeiten für die Ausbildung** in der Gesundheits- und (Kinder)Krankenpflege und in der Altenpflege vorliegen, so in Baden-Württemberg, Berlin, Hamburg, Niedersachsen, Rheinland-Pfalz und Sachsen-Anhalt.

II. Erläuterungen

1. Zuständigkeitsbestimmung durch die Länder

Den Ländern ist es freigestellt, welche Behörden sie für die verschiedenen aus dem 10
PflBG und der PflAPrV resultierenden Verwaltungsaufgaben bestimmen. Das gilt für
die Festlegung der sachlichen, örtlichen und instanziellen Zuständigkeit. In den
Ländern, in denen Pflege(berufe)kammern existieren, können auch diese als zuständige Behörden bestimmt werden

2. Zuständigkeit für die berufliche Pflegeausbildung

§ 49 PflBG trifft keine explizite Bestimmung darüber, ob die zuständigen Behörden 11
zur Durchführung der die Pflegeausbildung betreffenden Aufgaben des PflBG und
der PflAPrV in einheitlicher sachlicher Zuständigkeit einer Behörde liegen müssen.
Nach den bisherigen Zuständigkeitsvorschriften der Länder zur Durchführung des
AltPflG und des KrPflG war dies nicht immer der Fall (s. oben → Rn. 7 bis 9). Diese
Situation war dadurch gerechtfertigt, dass in beiden Gesetzen keine Regelungen
dafür getroffen wurden, dass die Behördenzuständigkeit für die Durchführung der
beiden Gesetze in der Hand einer sachlich zuständigen Behörde liegen muss (vgl. § 26
Abs. 4 AltPflG, § 20 Abs. 3 KrPflG).

3. Kriterien für die Bestimmung der Zuständigkeit in der beruflichen Pflegeaus-
bildung

Hinsichtlich der Festlegung der sachlichen Zuständigkeit für die berufliche Pfle- 12
geausbildung ergeben sich folgende Fragen: Zuerst ist die Frage zu klären, ob eine
einheitliche oder eine geteilte Zuständigkeit für den theoretischen und praktischen
Unterricht wie für die praktische Ausbildung notwendig ist. Sodann ist die weitere
Frage zu klären, welche Kriterien für die Zuständigkeitsbestimmung zu finden sind.
Dabei geht es darum, ob die für das berufliche Schulwesen zuständigen Behörden
oder die für die Ausbildung der anderen als ärztlichen Heilberufe im Gesundheitswesen zuständigen Behörden zuständig sein sollen. Da die Länder hier in der
Bestimmung der Zuständigkeit frei sind, können nur Anhaltspunkte und Kriterien
für die Bestimmung der Zuständigkeit gegeben werden.

Die **Frage nach der Notwendigkeit einer einheitlichen Zuständigkeit für den** 13
theoretischen und praktischen Unterricht wie für die praktische Ausbildung lässt
sich vornehmlich anhand der Verantwortlichkeiten je für den Unterricht und für die
praktische Ausbildung bestimmen. Im PflBG wird die Verantwortlichkeit für die
praktische Ausbildung einschließlich ihrer Organisation dem Träger der praktischen
Ausbildung zugewiesen (§ 8 Abs. 1 Satz 1 PflBG). Für die Verantwortlichkeit der
Pflegeschulen für den Unterricht fehlt eine solche Vorschrift. Diese Verantwortlichkeit ergibt sich jedoch indirekt aus § 6 Abs. 2 und § 9 PflBG, worin die Anforderungen an die Pflegeschulen festgelegt werden. Schließlich wird in § 10 PflBG von der
Gesamtverantwortung der Pflegeschule für die Koordination des Unterrichts mit der
praktischen Ausbildung gesprochen. Eine Gesamtverantwortung kann aber nur
übernommen werden, wenn eine eigene Verantwortung für den Unterricht gegeben
ist. Die genannten Vorschriften zu den Verantwortlichkeiten je der Träger der

praktischen Ausbildung und der Pflegeschulen lassen zwar den Schluss zu, dass das PflBG den Verantwortlichkeiten der Pflegeschulen ein höheres Maß beimisst als den Trägern der praktischen Ausbildung. Dies kommt direkt in der Vorschrift zur Gesamtverantwortung der Pflegeschulen für die Koordination des Unterrichts mit der praktischen Ausbildung (§ 10 PflBG) zum Ausdruck. Allerdings ist dieser Schluss nicht in der Weise zwingend, als daraus die Notwendigkeit einer alleinigen und einheitlichen Zuständigkeitszuweisung an die für das berufliche Schulwesen zuständigen Behörden abzuleiten wäre. Dies könnte der Fall sein, wenn die Pflegeschulen auch die ausschließliche Verantwortlichkeit für die praktische Ausbildung hätten.

14   Aus den vorliegenden Gründen kann deshalb die behördliche Zuständigkeit für die berufliche Pflegeausbildung den für das berufliche Schulwesen zuständigen Behörden oder den für die Ausbildung der anderen als ärztlichen Heilberufe im Gesundheitswesen zuständigen Behörden zugewiesen werden. Denkbar ist auch eine **Aufteilung der Zuständigkeit je für den theoretischen und praktischen Unterricht und für die praktische Ausbildung**. Bei einer solchen Zuständigkeitsaufteilung würde dann der Bereich des Unterrichts, d. h. die Pflegeschulen, den für das berufliche Schulwesen zuständigen Behörden zugewiesen werden. Der Bereich der praktischen Ausbildung, d. h. die Träger der praktischen Ausbildung, würden dann in der Zuständigkeit der für die Ausbildung der anderen als ärztlichen Heilberufe im Gesundheitswesen zuständigen Behörden liegen.

15   Wenn sich die Länder für die **Zuständigkeit nur eines Bereiches – Gesundheitswesen oder berufliches Schulwesen** – für die Pflegeschulen und die Träger der praktischen Ausbildung entscheiden, bleibt demnach die Frage, welche Gesichtspunkte für die jeweilige Zuständigkeitszuordnung herangezogen werden können. Für die **Zuordnung zum Gesundheitswesen** spricht vor allem, dass die Pflegeberufe als Heilberufe im gesamten gesundheitlichen Versorgungsgeschehen neben den Ärzten eine zentrale Rolle spielen. Die Träger der praktischen Ausbildung unterstehen in der Regel bereits der Aufsicht der Gesundheitsbehörden. Soweit es sich um Träger der praktischen Ausbildung nach § 7 Abs. 1 Nr. 2 und 3 PflBG (stationäre und ambulante Pflegeeinrichtungen) handelt, ist allerdings die Zuständigkeit der für die Durchführung der Landesheimgesetze (jetzt in der Regel als Wohngesetze tituliert) zuständigen Behörden gegeben. Eine Zuordnung von Zuständigkeiten nach dem PflBG an diese Behörden wird aber, soweit ersichtlich, nicht diskutiert. Bei einer Entscheidung für die Zuordnung der Zuständigkeit zum Gesundheitswesen steht damit im Vordergrund der künftige Tätigkeitsort der Pflegeberufe, nicht so sehr die Ausbildung als solche.

16   Die Ausbildung als solche steht hingegen im Vordergrund bei einer Entscheidung für die **Zuordnung** der Zuständigkeit **zum beruflichen Schulwesen**. Dafür spricht als Erstes, dass das PflBG sich zwar in seiner Funktion als Berufszulassungsgesetz und damit als Gesetz zum Eintritt in eine heilberufliche Tätigkeit versteht, dass aber die Inhalte des PflBG ganz überwiegend die Ausbildung und die Prüfung zum Gegenstand haben, also Bereiche des beruflichen Schulwesens. Das Schulwesen selbst verfügt über eine lange Tradition der Qualitätssicherung von Lehre und Unterricht ebenso wie der Lehrpersonen. Die Ausbildung der Lehrpersonen in der Pflege und damit die Anforderungen an diese Personen werden auch von Institutionen geprägt,

die dem Schul- und Bildungsbereich zugeordnet sind. So hat z. B. die *Kultusministerkonferenz* einen Beschluss zu den Besonderheiten der fachrichtungsbezogenen Didaktik Pflege gefasst (Ländergemeinsame inhaltliche Anforderungen für die Fachwissenschaften und Fachdidaktiken in der Lehrerbildung, S. 78–80). In der Fachdidaktik Pflege wird dabei dem doppelten Handlungsbezug Rechnung getragen: Zum einen der Praxis des Lehrens und Lernens und zum anderen der beruflichen Praxis, in der die Auszubildenden tätig sind, sowie der Komplexität des pflegerischen Handelns in den verschiedenen Settings. S. hierzu ausführlich *Huber*, in: *Stöcker* (Hrsg.), Bildung und Pflege, S. 167 ff.

Auch bei der künftigen **Pflegeausbildung an Hochschulen** (§§ 37 bis 39 PflBG)   17
müssen die zuständigen Landesbehörden bestimmt werden. Auch hier gibt es keinen Automatismus dergestalt, dass die schon jetzt für die Hochschulen zuständigen Behörden auch im Rahmen der Pflegeausbildung an Hochschulen zuständig sein sollen.

Zusammenfassend ist festzustellen, dass eine eindeutige Zuordnung der behördlichen Zuständigkeit für die berufliche Pflegeausbildung im Sinne einer rechtlich   18
geprägten Eindeutigkeit einer solchen Zuordnung nicht gegeben ist. Die Länder haben deshalb die von Art. 84 Abs. 1 Satz 1 GG eröffneten Möglichkeiten der eigenständigen Einrichtung der Behörden.

III. Literaturhinweise

Deutscher Bildungsrat für Pflegeberufe: Pflegebildung offensiv. München - Jena 2007.   19
Huber, Johannes: Pflegeausbildung im berufsbildenden System der Länder. In: *Stöcker, Gertrud (Hrsg.):* Bildung und Pflege. Eine berufspolitische Standortbestimmung. Hannover 2002, S. 167–201.
Kultusministerkonferenz: Ländergemeinsame inhaltliche Anforderungen für die Fachwissenschaften und Fachdidaktiken in der Lehrerbildung (Beschluss der Kultusministerkonferenz v.16.10.2008 i. d. F. vom 10.9.2015).
Steffen, Petra/Löffert, Sabine: Ausbildungsmodelle in der Pflege. Forschungsgutachten im Auftrag der Deutschen Krankenhausgesellschaft. Deutsches Krankenhausinstitut e. V. Düsseldorf 2010.

§ 50   Unterrichtungspflichten

(1) Die zuständigen Behörden des Landes, in dem der Beruf der Pflegefachfrau oder des Pflegefachmanns ausgeübt wird oder zuletzt ausgeübt worden ist, unterrichten die zuständigen Behörden des Herkunftsmitgliedstaates über das Vorliegen strafrechtlicher Sanktionen, über die Rücknahme, den Widerruf und die Anordnung des Ruhens der Erlaubnis, über die Untersagung der Ausübung der Tätigkeit und über Tatsachen, die eine dieser Sanktionen oder Maßnahmen rechtfertigen würden; dabei sind die Vorschriften zum Schutz personenbezogener Daten einzuhalten.

(2) Erhalten die zuständigen Behörden der Länder Auskünfte von den zuständigen Behörden der Aufnahmemitgliedstaaten, die sich auf die Ausübung des Berufs der Pflegefachfrau oder des Pflegefachmanns auswirken könnten, so prüfen sie die Richtigkeit der Sachverhalte, befinden über Art und Umfang der durchzuführenden Prüfungen und unterrichten den Aufnahmemitgliedstaat über die Konsequenzen, die aus den übermittelten Auskünften zu ziehen sind.

(3) [1]Das Bundesministerium für Familie, Senioren, Frauen und Jugend und das Bundesministerium für Gesundheit benennen nach Mitteilung der Länder gemeinsam die Behörden und Stellen, die für die Ausstellung oder Entgegennahme der in der Richtlinie 2005/36/EG genannten Ausbildungsnachweise und sonstigen Unterlagen oder Informationen zuständig sind, sowie die Behörden und Stellen, die die Anträge annehmen und Entscheidungen treffen können, die im Zusammenhang mit dieser Richtlinie stehen. [2]Sie unterrichten die anderen Mitgliedstaaten und die Europäische Kommission unverzüglich über die Benennung.

(4) Die für die Entscheidungen nach diesem Gesetz zuständigen Behörden und Stellen übermitteln dem Bundesministerium für Familie, Senioren, Frauen und Jugend und dem Bundesministerium für Gesundheit statistische Aufstellungen über die getroffenen Entscheidungen, die die Europäische Kommission für den nach Artikel 60 Absatz 1 der Richtlinie 2005/36/EG erforderlichen Bericht benötigt, zur Weiterleitung an die Kommission.

Erläuterungen

Übersicht

I. Umsetzung der Richtlinie 2005/36/EG

1   Die Vorschrift dient der Umsetzung der Art. 56 und 60 der Richtlinie 2006/36/EG. Art. 56 Abs. 1 Richtlinie 2005/36/EG bestimmt allgemein die Zusammenarbeitspflicht der zuständigen Behörden der Aufnahme- und Herkunftsmitgliedstaaten und die Leistung von Amtshilfe (Art. 56 Abs. 1 Richtlinie). Art. 60 enthält Berichtspflichten. S. Abdruck der Richtlinie im Anhang.

II. Abs. 1

Die Unterrichtung nach Abs. 1 Satz 1 erfolgt an den Herkunftsmitgliedstaat, also an den Mitgliedstaat, in dem die entsprechende Berufsqualifikation erworben worden ist. Mit der Vorschrift wird Art. 56 Abs. 2 der Richtlinie 2006/36/EG umgesetzt.

2

III. Abs. 2

Soweit Informationen über Entscheidungen aus anderen Mitgliedstaaten an die zuständigen Stellen der Länder gehen, haben diese zu prüfen, welche Auswirkungen die Entscheidungen auf die Berufsausübung der betreffenden Person in Deutschland haben. Sie haben den zuständigen Stellen des Mitgliedstaates, der die Information übermittelt hat, das Ergebnis der Prüfung mitzuteilen sowie gegebenenfalls die Eintragung einer getroffenen Entscheidung im Bundeszentralregister zu veranlassen. Mit der Vorschrift wird Art. 56 Abs. 2 der Richtlinie 2006/36/EG umgesetzt.

3

IV. Abs. 3

In der Vorschrift wird festgelegt, dass die Meldung der für Deutschland zuständigen Behörden und Stellen nach Mitteilung der Länder über das Bundesministerium für Familie, Senioren, Frauen und Jugend sowie das Bundesministerium für Gesundheit an die Kommission erfolgt. Mit dieser Vorschrift wird Art. 56 Abs. 3 der Richtlinie 2006/36/EG umgesetzt.

4

V. Abs. 4

Art. 60 Richtlinie 2005/36/EG postuliert die Berichtspflichten der Mitgliedstaaten an die Kommission (Art. 60 Abs. 1 Richtlinie) und die Berichtspflichten der Kommission (Art. 60 Abs. 2 Richtlinie). § 50 Abs. 4 PflBG setzt die an die Mitgliedstaaten gerichtete Berichtspflicht um.

5

§ 51 Vorwarnmechanismus

(1) Die jeweils zuständige Stelle unterrichtet die zuständigen Behörden der anderen Mitgliedstaaten der Europäischen Union, der anderen Vertragsstaaten des Abkommens über den Europäischen Wirtschaftsraum und der Schweiz über

1. den Widerruf oder die Rücknahme der Erlaubnis nach § 1 Absatz 1 oder § 58 Absatz 1 oder Absatz 2, die sofort vollziehbar oder unanfechtbar sind,
2. den Verzicht auf die Erlaubnis,
3. das Verbot der Ausübung des Berufs der Pflegefachfrau oder des Pflegefachmanns, der Gesundheits- und Kinderkrankenpflegerin oder des Gesundheits- und Kinderkrankenpflegers oder der Altenpflegerin oder des Altenpflegers durch unanfechtbare gerichtliche Entscheidung oder
4. das vorläufige Berufsverbot durch gerichtliche Entscheidung.

(2) [1]Die Mitteilung nach Absatz 1 (Warnmitteilung) enthält folgende Angaben:

1. die zur Identifizierung der betroffenen Person erforderlichen Angaben, insbesondere Name, Vorname, Geburtsdatum und Geburtsort,
2. Beruf der betroffenen Person,
3. Angaben über die Behörde oder das Gericht, die oder das die Entscheidung getroffen hat,
4. Umfang der Entscheidung oder des Verzichts und
5. Zeitraum, in dem die Entscheidung oder der Verzicht gilt.

[2]Die Warnmitteilung erfolgt unverzüglich, spätestens jedoch drei Tage nach Eintritt der Unanfechtbarkeit einer Entscheidung nach Absatz 1 Nummer 1 oder Nummer 3, nach Bekanntgabe einer Entscheidung nach Absatz 1 Nummer 4 oder nach einem Verzicht nach Absatz 1 Nummer 2. [3]Sie ist über das durch die Verordnung (EU) Nr. 1024/2012 des Europäischen Parlaments und des Rates vom 25. Oktober 2012 über die Verwaltungszusammenarbeit mit Hilfe des Binnenmarkt-Informationssystems und zur Aufhebung der Entscheidung 2008/49/EG der Kommission (ABl. L 316 vom 14.11.2012, S. 1) eingerichtete Binnenmarkt-Informationssystem (IMI) zu übermitteln. [4]Zeitgleich mit der Warnmitteilung unterrichtet die Stelle, die die Warnmitteilung getätigt hat, die betroffene Person über die Warnmitteilung und deren Inhalt schriftlich unter Beifügung einer Rechtsbehelfsbelehrung. [5]Wird ein Rechtsbehelf gegen die Warnmitteilung eingelegt, ergänzt die Stelle, die die Warnmitteilung getätigt hat, die Warnmitteilung um einen entsprechenden Hinweis.

(3) [1]Im Fall der Aufhebung einer in Absatz 1 genannten Entscheidung oder eines Widerrufs des Verzichts unterrichtet jeweils die zuständige Stelle die zuständigen Behörden der anderen Mitgliedstaaten der Europäischen Union, der anderen Vertragsstaaten des Abkommens über den Europäischen Wirtschaftsraum und der Schweiz unverzüglich unter Angabe des Datums über die Aufhebung der Entscheidung oder den Widerruf des Verzichts. [2]Die zuständige Stelle unterrichtet die zuständigen Behörden der anderen Mitgliedstaaten der Europäischen Union, der anderen Vertragsstaaten des Abkommens über den Europäischen Wirtschaftsraum und der Schweiz ebenfalls unverzüglich über jede Änderung des nach Absatz 2 Satz 1 Nummer 5 angegebenen Zeitraums. [3]Die

zuständige Stelle löscht Warnmitteilungen nach Absatz 1 im IMI unverzüglich, spätestens jedoch drei Tage nach Aufhebung der Entscheidung oder Widerruf des Verzichts.

(4) [1]Wird gerichtlich festgestellt, dass eine Person, die die Erteilung der Erlaubnis oder die Feststellung der Gleichwertigkeit ihrer Berufsqualifikation nach diesem Gesetz beantragt hat, dabei gefälschte Berufsqualifikationsnachweise verwendet hat, unterrichtet die zuständige Stelle die zuständigen Behörden der anderen Mitgliedstaaten der Europäischen Union, der anderen Vertragsstaaten des Abkommens über den Europäischen Wirtschaftsraum und der Schweiz über die Identität dieser Person, insbesondere über Name, Vorname, Geburtsdatum und Geburtsort, und den Umstand, dass diese Person gefälschte Berufsqualifikationsnachweise verwendet hat. [2]Die Unterrichtung erfolgt unverzüglich, spätestens jedoch drei Tage nach Unanfechtbarkeit der Feststellung über das IMI. [3]Absatz 2 Satz 4 und 5 gilt für die Unterrichtung nach Satz 1 entsprechend.

(5) Ergänzend zu den Absätzen 1 bis 4 ist die Durchführungsverordnung (EU) 2015/983 der Kommission vom 24. Juni 2015 betreffend das Verfahren zur Ausstellung des Europäischen Berufsausweises und die Anwendung des Vorwarnmechanismus gemäß der Richtlinie 2005/36/EG des Europäischen Parlaments und des Rates (ABl. L 159 vom 25.6.2015, S. 27) in der jeweils geltenden Fassung zu beachten.

Erläuterungen

Die Vorschrift dient der Umsetzung des Artikels 56a der Richtlinie 2005/36/EG. 1

Zuständige Stelle für die Veranlassung der Warnmitteilung ist die Stelle, die eine der in Abs. 1 genannten Entscheidungen (Widerruf, Rücknahme, Ruhen, Einschränkung der Ausübung des Berufs, Verbot der Ausübung des Berufs, vorläufiges Berufsverbot) originär getroffen hat, oder die Stelle, der gegenüber der Verzicht zu erklären ist. Zeitgleich mit der Warnmitteilung muss die zuständige Stelle, die die Warnmitteilung tätigt, die betroffene Person über die Warnmitteilung und deren Inhalt schriftlich unter Beifügung einer Rechtsbehelfsbelehrung unterrichten (Gesetzesbegründung, BT-Drs. 18/7823, S. 92).

§ 52 Weitere Aufgaben der jeweils zuständigen Behörden

(1) Die Entscheidung, ob die Erlaubnis erteilt wird, die Berufsbezeichnung nach § 1 Absatz 1 oder § 58 Absatz 1 oder Absatz 2 zu führen, trifft die zuständige Behörde des Landes, in dem die antragstellende Person die Prüfung abgelegt hat.

(2) Die Entscheidungen über den Zugang zur Ausbildung nach § 11, die Anrechnung gleichwertiger Ausbildungen und die Anrechnung von Fehlzeiten trifft die zuständige Behörde des Landes, in dem die Ausbildung durchgeführt wird oder dem Antrag entsprechend durchgeführt werden soll.

(3) [1]Die Meldung der dienstleistungserbringenden Person nach § 46 nimmt die zuständige Behörde des Landes entgegen, in dem die Dienstleistung erbracht werden soll oder erbracht worden ist. [2]Sie fordert die Informationen nach § 46 Absatz 2 an.

(4) [1]Die Informationen nach § 48 Absatz 3 werden durch die zuständige Behörde des Landes übermittelt, in dem der Beruf der Pflegefachfrau oder des Pflegefachmanns, der Gesundheits- und Kinderkrankenpflegerin oder des Gesundheits- und Kinderkrankenpflegers oder der Altenpflegerin oder des Altenpflegers ausgeübt wird oder zuletzt ausgeübt worden ist. [2]Die Unterrichtung des Herkunftsmitgliedstaates gemäß § 48 Absatz 1 erfolgt durch die zuständige Behörde des Landes, in dem die Dienstleistung erbracht wird oder erbracht worden ist.

(5) Die Bescheinigungen nach § 46 Absatz 2 Satz 1 Nummer 3 stellt die zuständige Behörde des Landes aus, in dem die antragstellende Person den Beruf der Pflegefachfrau oder des Pflegefachmanns, der Gesundheits- und Kinderkrankenpflegerin oder des Gesundheits- und Kinderkrankenpflegers oder der Altenpflegerin oder des Altenpflegers ausübt.

Erläuterungen

1   Die Vorschrift regelt die örtlichen Zuständigkeiten bei im Einzelnen aufgeführten, von den Ländern durchzuführenden Maßnahmen nach dem PflBG.

Abschnitt 4
Fachkommission, Beratung, Aufbau unterstützender Angebote und Forschung

§ 53 Fachkommission; Erarbeitung von Rahmenplänen

(1) Zur Erarbeitung eines Rahmenlehrplans und eines Rahmenausbildungsplans für die Pflegeausbildung nach Teil 2 sowie zur Wahrnehmung der weiteren ihr nach diesem Gesetz zugewiesenen Aufgaben wird eine Fachkommission eingerichtet.

(2) [1]Die Rahmenpläne der Fachkommission haben empfehlende Wirkung und sollen kontinuierlich, mindestens alle fünf Jahre, durch die Fachkommission auf ihre Aktualität überprüft und gegebenenfalls angepasst werden. [2]Sie sind dem Bundesministerium für Familie, Senioren, Frauen und Jugend und dem Bundesministerium für Gesundheit zur Prüfung der Vereinbarkeit mit diesem Gesetz vorzulegen, erstmals bis zum 1. Juli 2019.

(3) [1]Die Fachkommission besteht aus pflegefachlich, pflegepädagogisch und pflegewissenschaftlich für die Aufgaben nach Absatz 1 ausgewiesenen Expertinnen und Experten. [2]Sie wird vom Bundesministerium für Familie, Senioren, Frauen und Jugend und vom Bundesministerium für Gesundheit für die Dauer von jeweils fünf Jahren eingesetzt. [3]Die Berufung der Mitglieder erfolgt durch das Bundesministerium für Familie, Senioren, Frauen und Jugend und das Bundesministerium für Gesundheit im Benehmen mit den Ländern.

(4) [1]Die Fachkommission gibt sich eine Geschäftsordnung, die der Zustimmung des Bundesministeriums für Familie, Senioren, Frauen und Jugend und des Bundesministeriums für Gesundheit bedarf. [2]Das Bundesministerium für Familie, Senioren, Frauen und Jugend und das Bundesministerium für Gesundheit, die oder der Bevollmächtigte der Bundesregierung für Pflege sowie jeweils eine Vertreterin oder ein Vertreter der Gesundheitsministerkonferenz, der Arbeits- und Sozialministerkonferenz und der Kultusministerkonferenz können an den Sitzungen der Fachkommission teilnehmen.

(5) [1]Die Fachkommission wird bei der Erfüllung ihrer Aufgaben durch eine Geschäftsstelle, die beim Bundesinstitut für Berufsbildung angesiedelt ist, unterstützt. [2]Die Fachaufsicht über die Geschäftsstelle üben das Bundesministerium für Familie, Senioren, Frauen und Jugend und das Bundesministerium für Gesundheit gemeinsam aus.

Erläuterungen

Übersicht

I. Allgemeines

1. Regelungsinhalt

1   Die Einrichtung einer Fachkommission unterstützt die qualitative und bundesweit einheitliche inhaltliche Ausgestaltung der beruflichen Pflegeausbildung. Die Vorschrift ist am **25.7.2017**, am Tag nach der Verkündung des PflBG im Bundesgesetzblatt (BGBl. I S. 2481), **in Kraft getreten** (Art. 15 Abs. 1 PflBRefG). Die Wirkungen des § 53 PflBG sollen **wissenschaftlich evaluiert** werden (vgl. § 68 Abs. 2 PflBG).

2. Korrespondierende Vorschriften der PflAPrV

2   In der PflAPrV bestimmen die §§ 50 bis 58 das Nähere zur Funktionsweise und zu den Aufgaben der Fachkommission. Die PflAPrV wird am 1.1.2020 in Kraft treten. Die §§ 50 bis 60, die die Fachkommission und das Bundesinstitut für Berufsbildung betreffen, sind am Tag nach der Verkündung, d. h. am 11.10.2018, in Kraft getreten (§ 62 Abs. 1 PflAPrV).

II. Erläuterungen

1. Abs. 1: Fachkommission – Rahmenpläne

3   Die Fachkommission soll einen integrierten Bildungsplan, bestehend aus einem **Rahmenlehrplan** und einem **Rahmenausbildungsplan**, für die berufliche Ausbildung nach Teil 2 erarbeiten. Sie nimmt darüber hinaus weitere Aufgaben wahr, die ihr vom PflBG zugewiesen werden. Dies gilt für die Erarbeitung standardisierter Module im Rahmen des § 14 PflBG. S. hierzu §§ 50 bis 52 PflAPrV.

2. Abs. 2: Rechtscharakter der Rahmenpläne

4   In der Gesetzesbegründung (BT-Drs. 18/7823, S. 93) wird zu dieser Vorschrift ausgeführt

„Absatz 2 regelt die Rechtsnatur der von der Fachkommission zu entwickelnden Rahmenpläne. Diese entfalten als Orientierungshilfe zur Umsetzung der Ausbildung nach dem Pflegeberufsgesetz und der Ausbildungs- und Prüfungsverordnung empfehlende Wirkung und greifen somit nicht in die Durchführungszuständigkeit der Länder ein. In dieser Form sind die Rahmenpläne wichtige Grundlagen für eine inhaltlich möglichst bundeseinheitliche Umsetzung der neuen Pflegeausbildung. Die Fachkommission legt die entwickelten Rahmenpläne dem Bundesministerium für Familie, Senioren, Frauen und Jugend und dem Bundesministerium für Gesundheit zur Prüfung der Vereinbarkeit mit den Vorgaben des Pflegeberufsgesetzes vor. Sie wird die Rahmenpläne kontinuierlich, mindestens alle fünf Jahre, überprüfen und gegebenenfalls an aktuelle Entwicklungen anpassen. Um einen zügigen und einheitlichen Beginn der neuen Ausbildung zu ermöglichen, sind die ersten Rahmenpläne spätestens sechs Monate vor Beginn der neuen Ausbildung vorzulegen.“

3. Abs. 3: Zusammensetzung der Fachkommission

In der Gesetzesbegründung (BT-Drs. 18/7823, S. 93) wird zu dieser Vorschrift 5
ausgeführt:

„Die Fachkommission wird durch das Bundesministerium für Familie, Senioren, Frauen und Jugend und das Bundesministerium für Gesundheit gemeinsam für die Dauer von jeweils fünf Jahren eingesetzt. Beide Bundesministerien berufen die Mitglieder der Fachkommission gemeinsam. Die Länder werden in dieses Berufungsverfahren dadurch einbezogen, dass die Berufung der Mitglieder im Benehmen mit den Ländern zu erfolgen hat. Die Fachkommission soll sich aus Experten aus dem Pflegebereich, insbesondere aus Vertreterinnen und Vertretern der Pflegepädagogik, der Pflegewissenschaft, der Pflegeberufsverbände, der Krankenhäuser, der Pflegeeinrichtungen, der Länder und, soweit die Ausbildung nach Teil 3 betroffen ist, der Hochschulen zusammensetzen. Je nach zugewiesener Aufgabe werden sich die konkret berufenen Mitglieder unterscheiden können."

Näheres zur Mitgliedschaft und zum Vorsitz in der Aufgaben der Fachkommission regeln §§ 53, 54 PflAPrV (vgl. § 56 Abs. 1 Satz 1 Nr. 4 PflBG).

4. Abs. 4: Geschäftsordnung und Sitzungen der Fachkommission

Die Fachkommission gibt sich eine **Geschäftsordnung**, in der insbesondere auch die 6
Verfahren zur Wahl von Vorsitz und vertretendem Vorsitz geregelt werden. S. hierzu § 56 PflAPrV. Darüber hinaus können beispielsweise Regelungen zur Einberufung und Vorbereitung der **Sitzungen**, zur Protokollführung und zur Beschlussfassung getroffen werden. Die Geschäftsordnung bedarf der Zustimmung des Bundesministeriums für Familie, Senioren, Frauen und Jugend und des Bundesministeriums für Gesundheit (**Abs. 4 Satz 1**) (§ 56 Abs. 1 PflAPrV)

An den **Sitzungen** können neben den beteiligten Bundesministerien und dem 7
Bevollmächtigten der Bundesregierung für Pflege auch Vertreter der Länder aus der Gesundheitsministerkonferenz, der Arbeits- und Sozialministerkonferenz und der Kultusministerkonferenz teilnehmen (**Abs. 4 Satz 2**). S. zu den Sitzungen § 58 PflAPrV.

5. Abs. 5: Geschäftsstelle der Fachkommission – Fachaufsicht

Die beim Bundesinstitut für Berufsbildung angesiedelte Geschäftsstelle sichert die 8
Arbeitsfähigkeit der Fachkommission (**Abs. 5 Satz 1**). S. hierzu § 57 PflAPrV.

Die **gemeinsame Fachaufsicht** obliegt dem Bundesministerium für Familie, Senioren, Frauen und Jugend und dem Bundesministerium für Gesundheit (**Abs. 5 Satz 2**). Unter Fachaufsicht versteht man die Aufsicht über die rechtmäßige und zweckmäßige Erledigung der Verwaltungsaufgaben.

§ 54   Beratung; Aufbau unterstützender Angebote und Forschung

Das Bundesinstitut für Berufsbildung übernimmt die Aufgabe der Beratung und Information zur Pflegeausbildung nach diesem Gesetz, die Aufgabe des Aufbaus unterstützender Angebote und Strukturen zur Organisation der Pflegeausbildung nach den Teilen 2 und 3 sowie zur Unterstützung der Arbeit der Fachkommission die Aufgabe der Forschung zur Pflegeausbildung nach diesem Gesetz und zum Pflegeberuf nach Weisung des Bundesministeriums für Familie, Senioren, Frauen und Jugend und des Bundesministeriums für Gesundheit.

Erläuterungen

Übersicht

I. Allgemeines

1. Regelungsinhalt

1   Das **Bundesinstitut für Berufsbildung** ist eine bundesunmittelbare rechtsfähige Anstalt des öffentlichen Rechts mit Sitz in Bonn (§ 89 Berufsbildungsgesetz – BBiG). Das Bundesinstitut für Berufsbildung führt seine Aufgaben im Rahmen der Bildungspolitik der Bundesregierung durch. Seine Aufgaben bestehen neben der Erstellung des Berufsbildungsberichts vor allem darin, zur wissenschaftlichen Forschung zur Berufsbildungsforschung beizutragen (§ 90 BBiG). Wegen dieses Aufgabenzuschnitts liegt es nahe, dem Bundesinstitut für Berufsbildung auch Aufgaben auf dem Gebiet der Berufsbildung der Pflegeberufe zu übertragen, obwohl die heilberufliche Ausbildung ausdrücklich nicht dem BBiG unterstellt ist (§ 63 PflBG). Die Wirkungen des § 54 PflBG sollen **wissenschaftlich evaluiert** werden (vgl. § 68 Abs. 2 PflBG).

2   Die Vorschrift ist am **25.7.2017**, am Tag nach der Verkündung des PflBG im Bundesgesetzblatt (BGBl. I S. 2481), **in Kraft getreten** (Art. 15 Abs. 1 PflBRefG).

2. Korrespondierende Vorschrift der PflAPrV

3   Die **Aufgaben** des Bundesinstituts für Berufsbildung werden in § 60 PflAPrV näher bestimmt (vgl. § 56 Abs. 1 Satz 1 Nr. 6 PflBG).

II. Erläuterungen

1. Beratung und Information zur Pflegeausbildung

4   Das Bundesinstitut für Berufsbildung wird sowohl zur beruflichen als auch zur hochschulischen Pflegeausbildung beraten und informieren (§ 60 Abs. 1 PflAPrV).

2. Organisation der Pflegeausbildung

Der Aufbau unterstützender Angebote und Strukturen zur Organisation der Pfle-   5
geausbildung umfasst auch die Unterstützung von Ausbildungsverbünden, Lernortkooperationen und weiterer Angeboten insbesondere zur Unterstützung ambulanter Einrichtungen als auch die Erarbeitung von Konzepten zur Implementierung
der Pflegeausbildung sowie die Unterstützung von Absprachen zwischen den an der
Ausbildung beteiligten Akteuren (vgl. § 60 Abs. 2 PflAPrV). Davon zu unterscheiden
sind die unmittelbaren Beratungs-, Informations- und Unterstützungsangebote vor
Ort. Diese werden für die neue Pflegeausbildung weiterhin durch das Bundesamt für
Familie und zivilgesellschaftliche Aufgaben gewährleistet. Hierbei stützt sich das
Bundesamt für Familie und zivilgesellschaftliche Aufgaben auf die vorhandenen
regionalen Strukturen des bisherigen Beratungsteams Altenpflegeausbildung. Das
Bundesinstitut für Berufsbildung und das Bundesamt für Familie und zivilgesell-
schaftliche Aufgaben stimmen die jeweiligen Angebote aufeinander ab (so die
Gesetzesbegründung, BT-Drs. 18/7823, S. 93). S. hierzu die Koordinationsvorschrift
in § 60 Abs. 3 PflAPrV.

3. Forschung zur Unterstützung der Fachkommission

Diese Aufgabe umfasst insbesondere die Beobachtung und Evaluation der Umset-   6
zung der Pflegeausbildung einschließlich der Identifikation von möglichen inhaltlichen und strukturellen Nachsteuerungsbedarfen (so die Gesetzesbegründung,
BT-Drs. 18/7823, S. 93). S. hierzu § 60 Abs. 4 PflAPrV.

Abschnitt 5
Statistik und Verordnungsermächtigung

§ 55   Statistik; Verordnungsermächtigung

(1) [1]Das Bundesministerium für Familie, Senioren, Frauen und Jugend und das Bundesministerium für Gesundheit werden ermächtigt, für Zwecke dieses Gesetzes, gemeinsam durch Rechtsverordnung mit Zustimmung des Bundesrates jährliche Erhebungen über die bei der zuständigen Stelle nach § 26 Absatz 4 zur Erfüllung der Aufgaben nach Teil 2 Abschnitt 3, auch in Verbindung mit § 59 Absatz 1, vorliegenden Daten als Bundesstatistik anzuordnen. [2]Die Statistik kann folgende Sachverhalte umfassen:

1. die Träger der praktischen Ausbildung, die weiteren an der Ausbildung beteiligten Einrichtungen sowie die Pflegeschulen,
2. die in der Ausbildung befindlichen Personen nach Geschlecht, Geburtsjahr, Beginn und Ende der Ausbildung, Grund der Beendigung der Ausbildung, Weiterbildung oder Umschulung,
3. die Ausbildungsvergütungen.

[3]Auskunftspflichtig sind die zuständigen Stellen gegenüber den statistischen Ämtern der Länder.

(2) Die Befugnis der Länder, zusätzliche, von Absatz 1 nicht erfasste Erhebungen über Sachverhalte des Pflege- oder Gesundheitswesens als Landesstatistik anzuordnen, bleibt unberührt.

Erläuterungen

Übersicht

I. Allgemeines

1. Regelungsinhalt – Inkrafttreten

1   Die Vorschrift ermächtigt das Bundesministerium für Familie, Senioren, Frauen und Jugend und das Bundesministerium für Gesundheit gemeinsam, für Zwecke des PflBG eine Statistik als Bundesstatistik durch Rechtsverordnung mit Zustimmung des Bundesrates anzuordnen. Diese Verordnung ist in Form der **Verordnung über die Finanzierung der beruflichen Ausbildung nach dem Pflegeberufegesetz sowie zur Durchführung statistischer Erhebungen (Pflegeberufe-Ausbildungsfinanzierungsverordnung – PflAFinV) vom 2.10.2018** erlassen worden (BGBl. I S. 1622). Sie tritt am 1.1.2019 in Kraft (§ 28 PflAFinV).

Die Regelung dient dazu, dem Bund und den Ländern statistische Angaben über die Ausbildung nach dem PflBG zur Verfügung zu stellen. Diese Angaben werden benötigt, um über ausreichendes Datenmaterial über den Stand und die Entwicklung der Ausbildung nach dem PflBG zu verfügen.

Für die Statistik werden keine zusätzlichen Daten erhoben, sondern es werden ausschließlich Daten verwendet, die den zuständigen Stellen nach § 26 Abs. 4 PflBG zur Erfüllung ihrer Aufgaben im Rahmen des Finanzierungssystems nach Teil 2 Abschnitt 3 vorliegen (vgl. Gesetzesbegründung, BT-Drs. 18/7823, S. 94). Trotz des Verweises auf § 26 Abs. 4 PflBG handelt es sich aber nicht um eine Statistik im Rahmen der Finanzierung der beruflichen Ausbildung in der Pflege, sondern um eine Statistik für Zwecke des PflBG insgesamt. Diese Statistik ist als Bundesstatistik zu führen.

Die Vorschrift ist am **25.7.2017,** am Tag nach der Verkündung des PflBG im Bundesgesetzblatt (BGBl. I S. 2481), **in Kraft getreten** (Art. 15 Abs. 1 PflBRefG).   2

2. Korrespondierende Vorschriften der PflAFinV

Teil 2 der PflAFinV enthält die Vorschriften zur Durchführung statistischer Erhebungen. § 21 PflAFinV bestimmt Art und Zweck, sowie Umfang der Erhebungen. § 25 PflAFinV regelt die Auskunftspflicht, § 26 PflAPrV die Übermittlung. In § 22 PflAFinV werden die Erhebungsmerkmale, in § 23 PflAFinV die Hilfsmerkmale und in § 23 PflAFinV die Periodizität und die Berichtszeit bestimmt.   3

II. Erläuterungen

1. Abs. 1: Sachverhalte der Statistik

Die einzelnen Sachverhalte der Bundesstatistik beziehen sich auf die **Ausbildungs-** **einrichtungen** (Träger der praktischen Ausbildung, weitere an der Ausbildung beteiligte Einrichtungen, Pflegeschulen) (**Abs. 1 Satz 2 Nr. 1**), die in der **Ausbildung befindlichen Personen** (nach Geschlecht, Geburtsjahr, Beginn und Ende der Ausbildung, Weiterbildung oder Umschulung) (**Abs. 1 Satz 2 Nr. 2**) und die **Ausbildungsvergütungen** (**Abs. 1 Satz 2 Nr. 3**).   4

2. Abs. 2: Weitere Sachverhalte

Die Vorschrift über die Befugnis der Länder, zusätzliche, von Abs. 1 nicht erfasste Erhebungen über Sachverhalte des Pflege- oder Gesundheitswesens als Landesstatistik anzuordnen, hat nur deklaratorischen Charakter.   5

Erhebungen über die hochschulische Pflegeausbildung (Teil 3 PflBG) werden bereits von der Hochschulstatistik im Rahmen des Gesetzes über die Statistik für das Hochschulwesen sowie für Berufsakademien (Hochschulstatistikgesetz – HStatG) erfasst. Sie müssen also nicht mehr speziell für die Zwecke des PflBG erhoben werden.   6

§ 56 Ausbildungs- und Prüfungsverordnung, Finanzierung; Verordnungsermächtigungen

(1) [1]Das Bundesministerium für Familie, Senioren, Frauen und Jugend und das Bundesministerium für Gesundheit werden ermächtigt, gemeinsam durch Rechtsverordnung mit Zustimmung des Bundesrates in einer Ausbildungs- und Prüfungsverordnung

1. die Mindestanforderungen an die Ausbildung nach den Teilen 2, 3 und 5, einschließlich der Zwischenprüfung nach § 6 Absatz 5,

2. das Nähere über die staatliche Prüfung nach § 2 Nummer 1, auch in Verbindung mit § 58 Absatz 3, oder nach § 14 Absatz 6 in Verbindung mit § 2 Nummer 1 oder nach § 14 Absatz 7 in Verbindung mit § 2 Nummer 1, jeweils auch in Verbindung mit § 58 Absatz 3 und § 59 Absatz 1, einschließlich der Prüfung nach § 39, auch in Verbindung mit § 37 Absatz 5, die Urkunde für die Erlaubnis nach § 1 Absatz 1 oder § 58 Absatz 1 oder Absatz 2,

3. das Nähere über die Kooperationsvereinbarungen nach § 6 Absatz 4, auch in Verbindung mit § 59 Absatz 1,

4. das Nähere zur Errichtung, Zusammensetzung und Konkretisierung der Aufgaben der Fachkommission nach § 53, auch in Verbindung mit § 59 Absatz 1,

5. das Nähere zu den Aufgaben der Geschäftsstelle nach § 53, auch in Verbindung mit § 59 Absatz 1, und

6. das Nähere zu den Aufgaben des Bundesinstituts für Berufsbildung nach § 54, auch in Verbindung mit § 59 Absatz 1,

zu regeln. [2]Die Rechtsverordnung ist dem Bundestag zur Beschlussfassung zuzuleiten. [3]Die Zuleitung erfolgt vor der Zuleitung an den Bundesrat. [4]Die Rechtsverordnung kann durch Beschluss des Bundestages geändert oder abgelehnt werden. [5]Der Beschluss des Bundestages wird der Bundesregierung zugeleitet. [6]Hinsichtlich Satz 1 Nummer 1 und 2 erfolgt der Erlass der Rechtsverordnung im Benehmen, hinsichtlich Satz 1 Nummer 5 und 6 im Einvernehmen mit dem Bundesministerium für Bildung und Forschung. [7]Hinsichtlich Satz 1 Nummer 6 erfolgt der Erlass der Rechtsverordnung zudem im Benehmen mit dem Bundesministerium der Finanzen.

(2) In der Rechtsverordnung nach Absatz 1 ist für Inhaberinnen und Inhaber von Ausbildungsnachweisen, die eine Erlaubnis nach § 2 in Verbindung mit § 40 oder § 41 beantragen, Folgendes zu regeln:

1. das Verfahren bei der Prüfung der Voraussetzungen des § 2 Nummer 2 und 3, insbesondere die Vorlage der von der antragstellenden Person vorzulegenden Nachweise und die Ermittlung durch die zuständige Behörde entsprechend Artikel 50 Absatz 1 bis 3 in Verbindung mit Anhang VII der Richtlinie 2005/36/EG,

2. die Pflicht von Inhaberinnen und Inhabern von Ausbildungsnachweisen, nach Maßgabe des Artikels 52 Absatz 1 der Richtlinie 2005/36/EG die Berufsbezeichnung des Aufnahmemitgliedstaates zu führen und deren etwaige Abkürzung zu verwenden,

3. die Fristen für die Erteilung der Erlaubnis,

4. das Verfahren über die Voraussetzungen zur Dienstleistungserbringung gemäß den §§ 44 bis 48,

5. die Regelungen zur Durchführung und zum Inhalt der Anpassungsmaßnahmen nach § 40 Absatz 3 Satz 2 und § 41 Absatz 2 Satz 4 und Absatz 3 Satz 2,

6. das Verfahren bei der Ausstellung eines Europäischen Berufsausweises.

(3) Das Bundesministerium für Familie, Senioren, Frauen und Jugend und das Bundesministerium für Gesundheit werden ermächtigt, gemeinsam und im Benehmen mit dem Bundesministerium der Finanzen durch Rechtsverordnung mit Zustimmung des Bundesrates Vorschriften zu erlassen über die Finanzierung der beruflichen Ausbildung in der Pflege nach Teil 2 Abschnitt 3 und Teil 5; dies betrifft insbesondere

1. die nähere Bestimmung der Ausbildungskosten nach § 27,

2. das Verfahren der Ausbildungsbudgets einschließlich der Vereinbarung der Pauschalen und Individualbudgets nach den §§ 29 bis 31,

3. die Aufbringung des Finanzierungsbedarfs sowie der Zahlverfahren nach § 33 Absatz 2 bis 7,

4. die Erbringung und Weiterleitung der Ausgleichszuweisungen nach § 34 Absatz 1 bis 3, die Verrechnung nach § 34 Absatz 4, die Abrechnung, Zurückzahlung und nachträgliche Berücksichtigung nach § 34 Absatz 5 und 6,

5. die Rechnungslegung der zuständigen Stelle nach § 35

einschließlich der erforderlichen Vorgaben zum Erheben, Verarbeiten und Nutzen personenbezogener Daten und zum Datenschutz, soweit es für das Verfahren zur Finanzierung der beruflichen Ausbildung in der Pflege erforderlich ist.

(4) Der Spitzenverband Bund der Kranken- und Pflegekassen, der Verband der Privaten Krankenversicherung, die Vereinigungen der Träger der Pflegeeinrichtungen auf Bundesebene und die Deutsche Krankenhausgesellschaft vereinbaren spätestens bis drei Monate nach Verkündung dieses Gesetzes im Benehmen mit den Ländern Vorschläge für die Regelungsinhalte nach Absatz 3 Nummer 1 bis 5.

(5) Abweichungen durch Landesrecht von den Regelungen des Verwaltungsverfahrens in der auf Grundlage der Absätze 1 bis 3 erlassenen Rechtsverordnung sind ausgeschlossen.

Erläuterungen

Übersicht

I. Allgemeines

1   Die Vorschrift enthält die **Verordnungsermächtigungen** für die **Ausbildungs- und Prüfungsverordnung (Abs. 1)**, für die **Regelungen im Zusammenhang der Anerkennung ausländischer Berufsabschlüsse (Abs. 2)** und für die **Finanzierung der beruflichen Ausbildung in der Pflege (Abs. 3)**. Weiter ist eine **Beteiligung der Kostenträger und Leistungserbringer bei der Vorbereitung der Verordnungsgebung** vorgesehen (**Abs. 4**). Schließlich ist ein **Verbot von Abweichungen von Regelungen des Verwaltungsverfahrens** durch das Landesrecht geregelt (**Abs. 5**).

2   Die Vorschrift ist am **25.7.2017**, am Tag nach der Verkündung des PflBG im Bundesgesetzblatt (BGBl. I S. 2481) **in Kraft getreten** (Art. 15 Abs. 1 PflBRefG).

3   Die **Ausbildungs- und Prüfungsverordnung für die Pflegeberufe (Pflegeberufe-Ausbildungs- und -Prüfungsverordnung – PflAPrV) vom 2.10.2018** (BGBl. I S. 1572) wird am 1.1.2020 in Kraft treten. Die §§ 50 bis 60 treten am Tag nach der Verkündung, d. h. am 11.10.2018, in Kraft (§ 62 Abs. 1 PflAPrV). Die **Verordnung über die Finanzierung der beruflichen Ausbildung nach dem Pflegeberufegesetz sowie zur Durchführung statistischer Erhebungen (Pflegeberufe-Ausbildungsfinanzierungsverordnung – PflAFinV) vom 2.10.2018** (BGBl. I S. 1622) tritt am 1.1.2019 in Kraft (§ 28 PflAFinV).

II. Erläuterungen

1. Abs. 1: Ausbildungs- und Prüfungsverordnung

4   Die Rechtsverordnung zur Ausbildungs- und Prüfungsverordnung ist eine **gemeinsame Rechtsverordnung** des Bundesministeriums für Familie, Senioren, Frauen und Jugend und des Bundesministeriums für Gesundheit. Die Rechtsverordnung bedarf der **Zustimmung des Bundesrates**, da das PflBG ebenfalls der Zustimmung des Bundesrates bedarf (vgl. Art. 80 Abs. 2 GG). Der Bundesrat hat in der 970. Sitzung vom 21.9.2018 der Rechtsverordnung gemäß Art. 80 Abs. 2 GG zugestimmt (BR-Drs. 355/18 [Beschluss]).

5   Die Vorschriften über die **Ausbildungs- und Prüfungsverordnung** umfassen die Mindestanforderung an die Ausbildung sowie die Regelungen zu den staatlichen Prüfungen, wobei jeweils auch die hochschulische Ausbildung erfasst ist (**Abs. 1 Satz 1 Nr. 1 und 2**). Weiter ist im Rahmen der Rechtsverordnung zur Ausbildungs- und Prüfungsverordnung das Nähere über die **Kooperationsvereinbarungen** nach § 6 Abs. 4 PflBG (**Abs. 1 Satz 1 Nr. 3**), die **Fachkommission** nach § 53 PflBG (**Abs. 1 Satz 1 Nr. 4**), die Aufgaben der **Geschäftsstelle** nach § 53 PflBG (**Abs. 1 Satz 1 Nr. 5**) und zu den **Aufgaben des Bundesinstituts für Berufsbildung** nach § 54 PflBG (**Abs. 1 Satz 1 Nr. 6**) zu bestimmen.

6   **Abs. 1 Sätze 2 bis 4** enthalten besondere Bestimmungen über die **Beteiligung des Bundestages an der Beschlussfassung über die Rechtsverordnung**. Hierzu wird in der Gesetzesbegründung (BT-Drs. 18/12847, S. 112) ausgeführt:

„Mit der Änderung wird die Beteiligung des Deutschen Bundestages in dem in Absatz 1 geregelten Verfahren sichergestellt. Ein zügiger Abschluss des Verfahrens ist erforderlich, da die Länder anschließend ihre jeweiligen Gesetze und Verordnungen an die

Vorgaben der Ausbildungs- und Prüfungsverordnung anpassen müssen. Damit die von der Fachkommission zu erstellenden Rahmenlehr- und Rahmenausbildungspläne für die Pflegeausbildung wirksam werden können, müssen sie den Ländern und den an der Ausbildung beteiligten Trägern der praktischen Ausbildung und Pflegeschulen so rechtzeitig vorliegen, dass diese sie bei der Erarbeitung von Lehrplänen, schulinternen Curricula und Ausbildungsplänen berücksichtigen können. In den Ausbildungseinrichtungen und -schulen müssen danach noch die notwendigen organisatorischen und technischen Vorbereitungen getroffen werden. Nur bei rechtzeitigem Abschluss all dieser weiteren Maßnahmen können die neuen Ausbildungen nach dem Pflegeberufegesetz zum vorgesehenen Zeitpunkt begonnen werden."

Die Beteiligung des Bundestages beim Erlass einer Rechtsverordnung stellt in der Staatspraxis eine Ausnahme dar. Die **Beteiligung des Bundestages** findet hier in Form des **Änderungsvorbehaltes** und des **Ablehnungsvorbehaltes** statt (s. Abs. 1 Satz 4). Der Bundestag ist in seiner Sitzung vom 28.6.2018 beteiligt worden und hat Änderungen an der Verordnung des Bundesministeriums für Familie, Senioren, Frauen und Jugend und des Bundesministeriums für Gesundheit (BT-Drs. 19/2707) angebracht (BT-Drs. 19/3045) angebracht.

Abs. 1 Sätze 5 und 6 enthalten die Vorschriften über das herzustellende **Benehmen** 7
bzw. **Einvernehmen** mit den anderen beteiligten Ministerien.

2. Abs. 2: Anerkennung ausländischer Berufsabschlüsse

In der Gesetzesbegründung (BT-Drs. 18/7823, S. 94) wird zu dieser Vorschrift 8
ausgeführt:

„Absatz 2 trägt dem Erfordernis der Umsetzung der genannten Richtlinien und Abkommen Rechnung, indem die in Absatz 1 genannten Fachministerien ermächtigt werden, in der Rechtsverordnung das zum Vollzug der Anerkennung von Ausbildungsnachweisen aus Mitgliedstaaten der EU und Vertragsstaaten des Abkommens über den Europäischen Wirtschaftsraum notwendige Verwaltungsverfahren näher zu regeln. Darüber hinaus sind in der Ausbildungs- und Prüfungsverordnung Regelungen zur Durchführung und zum Inhalt der Anpassungsmaßnahmen nach Teil 4 Abschnitt 1 sowie zur Ausstellung eines europäischen Berufsausweises zu erlassen. Daneben sieht die Verordnungsermächtigung (Absatz 2 Nummer 5) vor, bundeseinheitliche Vorgaben zu Durchführung und Inhalt der in § 40 Absatz 3 Satz 2 vorgesehenen Kenntnisprüfung und des Anpassungslehrgangs mit anschließender Prüfung bezogen auf den Erfolg des Lehrgangs sowie der in § 41 Absatz 2 Satz 2 vorgesehenen Eignungsprüfung und des Anpassungslehrgangs in die Ausbildungs- und Prüfungsverordnung aufzunehmen. Sie ermöglicht dem Verordnungsgeber damit insbesondere Regelungen zu Umfang und Inhalten der Anpassungsmaßnahmen, die in angemessener Art und Weise sicherstellen sollen, dass die Antragsteller zur umfassenden Ausübung des Berufs in der Lage sind. So darf zum Beispiel im Falle der Kenntnisprüfung keine vollständige Abschlussprüfung entsprechend der staatlichen Prüfung gefordert werden.

Nummer 6 dient der Umsetzung der Artikel 4a bis 4e der Richtlinie 2005/36/EG zum Europäischen Berufsausweis, die erforderlichenfalls in der Ausbildungs- und Prüfungs-

verordnung für den Pflegeberuf erfolgen soll, sobald die Europäische Kommission den hierfür erforderlichen Durchführungsrechtsakt erlassen hat."

3. Abs. 3: Finanzierung der beruflichen Ausbildung

9　In der Gesetzesbegründung (BT-Drs. 18/7823, S. 94) wird zu dieser Vorschrift ausgeführt:

„Absatz 3 regelt die Ermächtigung des Bundesministeriums für Familie, Senioren, Frauen und Jugend und des Bundesministeriums für Gesundheit, gemeinsam eine Rechtsverordnung über die nähere Ausgestaltung der Finanzierungsregelungen der beruflichen Pflegeausbildung nach Teil 2 Abschnitt 3 zu erlassen. Hierzu gehören die nähere Bestimmung der Ausbildungskosten, das Verfahren der Ausbildungsbudgets einschließlich der Vereinbarung der Pauschalen und Individualbudgets nach §§ 29 bis 31, die Aufbringung des Finanzierungsbedarfs sowie der Zahlverfahren nach § 33, die Modalitäten der Ausgleichzuweisungen nach § 34 sowie die Rechnungslegung der zuständigen Stelle nach § 35 einschließlich der erforderlichen Vorgaben zur Daten-erhebung, Datennutzung, Datenverarbeitung und zum Datenschutz. Diese Rechtsver-ordnung ist aufgrund der davon erfassten Finanzierungsaspekte im Benehmen mit dem Bundesministerium der Finanzen zu erlassen."

10　Der entsprechenden Verordnung (s. oben → Rn. 3) hat der Bundesrat in seiner Sitzung vom 21. September 2018 der Verordnung zugestimmt (BR-Drs. 360/1/18, 360/18 [Beschluss]).

4. Abs. 4: Vorschläge der Kostenträger und der Leistungserbringer

11　Die Beteiligung der Kosten- und Leistungserbringer auf Bundesebene im Benehmen mit den Ländern durch Vorschläge für die Regelungsinhalte nach Abs. 3 Nr. 1 bis 5 ist insofern etwas ungewöhnlich, als hier eine Frist von drei Monaten nach Ver-kündung des Gesetzes aufgestellt wird. Da das Gesetz am 24.7.2017 im Bundes-gesetzblatt verkündet worden ist (BGBl. I S. 2581), sind die Vorschläge bis spätestens 25.10.2017 zu vereinbaren. In der Gesetzesbegründung (BT-Drs. 18/7823, S. 94 f.) wird hierzu ausgeführt:

„Um gerade bei der näheren Ausgestaltung der Finanzierungsregelungen nach Absatz 3 auf die Expertise der maßgeblich am Finanzierungsverfahren Beteiligten zurückzugreifen zu können, sieht Absatz 4 vor, dass die dort aufgezählten Stellen bis drei Monate nach Verkündung dieses Gesetzes Vorschläge für die Regelungsinhalte der Verordnung nach Absatz 3 vorlegen. Diese Vorschläge sind im Benehmen mit den Ländern zu ent-wickeln."

Diese Gemeinsamen Vorschläge sind zum 20.11.2017 vorgelegt worden.

5. Abs. 5: Abweichungsverbot

12　In der Gesetzesbegründung (BT-Drs. 18/7823, S. 95) wird zu dieser Vorschrift ausgeführt:

„Durch die Regelung des Absatzes 5 werden gemäß Artikel 84 Absatz 1 Satz 5 Grund-gesetz die auf der Grundlage von Absatz 1 bis 3 erlassenen Regelungen des Verwal-

tungsverfahrens in der Ausbildungs- und Prüfungsverordnung abweichungsfest aus- gestaltet. Für die bundeseinheitliche Ausgestaltung der Verfahrensregelungen besteht ein besonderes Bedürfnis, das die Annahme eines Ausnahmefalles rechtfertigt, weil das hohe Schutzgut der Gesundheit der Bevölkerung zu gewährleisten ist. Pflegebedürftige Menschen müssen überall im Bundesgebiet die qualitativ gleichen Leistungen der Pflegefachkräfte erhalten können."

Art. 84 Abs. 1 GG lautet:

(1) Führen die Länder die Bundesgesetze als eigene Angelegenheit aus, so regeln sie die Einrichtung der Behörden und das Verwaltungsverfahren. Wenn Bundesgesetze etwas anderes bestimmen, können die Länder davon abweichende Regelungen treffen. Hat ein Land eine abweichende Regelung nach Satz 2 getroffen, treten in diesem Land hierauf bezogene spätere bundesgesetzliche Regelungen der Einrichtung der Behörden und des Verwaltungsverfahrens frühestens sechs Monate nach ihrer Verkündung in Kraft, soweit nicht mit Zustimmung des Bundesrates anderes bestimmt ist. Artikel 72 Abs. 3 Satz 3 gilt entsprechend. In Ausnahmefällen kann der Bund wegen eines besonderen Bedürfnisses nach bundeseinheitlicher Regelung das Verwaltungsverfahren ohne Abweichungsmöglichkeit für die Länder regeln. Diese Gesetze bedürfen der Zustimmung des Bundesrates. Durch Bundesgesetz dürfen Gemeinden und Gemeinde- verbänden Aufgaben nicht übertragen werden.

Abschnitt 6
Bußgeldvorschriften

§ 57   Bußgeldvorschriften

(1) Ordnungswidrig handelt, wer

1. ohne Erlaubnis nach § 1 Absatz 1, § 58 Absatz 1 oder Absatz 2 eine dort genannte Berufsbezeichnung führt,
2. entgegen § 4 Absatz 1, auch in Verbindung mit § 58 Absatz 3, als selbstständig erwerbstätige Person eine dort genannte Aufgabe durchführt,
3. entgegen § 4 Absatz 3, auch in Verbindung mit § 58 Absatz 3, einer dort genannten Person eine dort genannte Aufgabe zur Durchführung gegenüber Dritten überträgt oder die Durchführung der Aufgabe durch diese Person gegenüber Dritten duldet.

(2) Die Ordnungswidrigkeit kann in den Fällen des Absatzes 1 Nummer 2 und 3 mit einer Geldbuße bis zu zehntausend Euro, in den übrigen Fällen mit einer Geldbuße bis zu dreitausend Euro geahndet werden.

Erläuterungen

Übersicht

I. Allgemeines

1 Die Vorschrift regelt die Tatbestände der Ordnungswidrigkeiten und die Höhe der Geldbußen.

1. Ordnungswidrigkeit

2 Das Recht der Ordnungswidrigkeiten ist in dem Gesetz über Ordnungswidrigkeiten (OWiG) vom 24. Mai 1968 in der Fassung der Bekanntmachung vom 19. Februar 1987 (BGBl. I S. 602) geregelt. Das OWiG gilt auch für Ordnungswidrigkeiten nach Landesrecht (§ 2 OWiG). Das OWiG enthält in § 1 Abs. 1 eine **Begriffsbestimmung der Ordnungswidrigkeit**: Eine Ordnungswidrigkeit ist eine rechtswidrige und vorwerfbare Handlung, die den Tatbestand eines Gesetzes verwirklicht, das die Ahndung mit einer Geldbuße zulässt. In § 1 Abs. 2 OWiG wird weiter definiert: Eine mit Geldbuße bedrohte Handlung ist eine rechtswidrige Handlung, die den Tatbestand eines Gesetzes im Sinne des § 57 Abs. 1 PflBG verwirklicht, auch wenn sie nicht vorwerfbar

begangen ist. Im Unterschied zum Strafgesetzbuch (StGB) handelt es sich bei der Verwirklichung von Ordnungswidrigkeiten um **kleinere Rechtsverstöße**, die aber kein Kriminalunrecht darstellen.

2. Zuständigkeit

Die Verfolgung von Ordnungswidrigkeiten ist eine verwaltungsrechtliche Angele- 3 genheit. Zuständig für die Verfolgung von Ordnungswidrigkeiten ist die Verwaltungsbehörde (§ 35 Abs. 1 OWiG). Dies ist die zuständige Behörde, die nach Landesrecht bestimmt wird (vgl. § 36 OWiG).

3. Vorsatz und Fahrlässigkeit

Als Ordnungswidrigkeit kann nur vorsätzliches Handeln geahndet werden, außer 4 wenn das Gesetz fahrlässiges Handeln ausdrücklich mit Geldbuße bedroht (§ 10 OWiG). In § 57 PflBG ist die fahrlässige Begehung der dort genannten Tatbestände nicht ausdrücklich mit Geldbuße belegt. Vorsatz bedeutet das bewusste und gewollte Begehen einer Handlung, wobei auch der Erfolg gewollt herbeigeführt wird. Nur **fahrlässig** handelt hingegen, wer die im Verkehr übliche Sorgfalt außer Acht lässt (vgl. § 276 Abs. 2 BGB), ohne dass der Erfolg gewollt herbeigeführt wird.

4. Geldbußen gegen juristische Personen und Personenvereinigungen

Im Ordnungswidrigkeitenrecht ist auch die Festsetzung von Geldbußen gegenüber 5 juristischen Personen und Personenvereinigungen möglich (§ 30 OWiG). Da der Träger einer Einrichtung auch eine juristische Person oder eine Personenvereinigung sein kann und in der Regel auch sein wird, ist diese Vorschrift von besonderer Relevanz für eine Ordnungswidrigkeit nach § 57 Abs. 1 Nr. 3 PflBG.

§ 30 Abs. 1 OWiG lautet:

(1) Hat jemand

1. *als vertretungsberechtigtes Organ einer juristischen Person oder als Mitglied eines solchen Organs,*
2. *als Vorstand eines nicht rechtsfähigen Vereins oder als Mitglied eines solchen Vorstandes,*
3. *als vertretungsberechtigter Gesellschafter einer rechtsfähigen Personengesellschaft,*
4. *als Generalbevollmächtigter oder in leitender Stellung als Prokurist oder Handlungsbevollmächtigter einer juristischen Person oder einer in Nummer 2 oder 3 genannten Personenvereinigung oder*
5. *als sonstige Person, die für die Leitung des Betriebs oder Unternehmens einer juristischen Person oder einer in Nummer 2 oder 3 genannten Personenvereinigung verantwortlich handelt, wozu auch die Überwachung der Geschäftsführung oder die sonstige Ausübung von Kontrollbefugnissen in leitender Stellung gehört,*

eine Straftat oder Ordnungswidrigkeit begangen, durch die Pflichten, welche die juristische Person oder die Personenvereinigung treffen, verletzt worden sind oder die juristische Person oder die Personenvereinigung bereichert worden ist oder werden sollte, so kann gegen diese eine Geldbuße festgesetzt werden.

Das **Höchstmaß der Geldbuße** bestimmt sich nach dem für die Ordnungswidrigkeit angedrohten Höchstmaß der Geldbuße (§ 30 Abs. 2 Satz 2 OWiG).

5. Verfolgung von Ordnungswidrigkeiten

6 Die Verfolgung von Ordnungswidrigkeiten liegt im pflichtgemäßen Ermessen der Verfolgungsbehörde. Solange das Verfahren bei ihr anhängig ist, kann sie es einstellen (§ 47 Abs. 1 OWiG).

6. Rechtsmittel

7 Die Ordnungswidrigkeit wird durch Bußgeldbescheid geahndet (§ 66 OWiG). Gegen ihn kann Einspruch eingelegt werden, über den das Amtsgericht entscheidet, in dessen Bezirk die Verwaltungsbehörde ihren Sitz hat (§§ 67, 68 Abs. 1 OWiG).

II. Erläuterungen

1. Abs. 1 Nr. 1

8 Die Vorschrift stellt das **missbräuchliche Führen der Berufsbezeichnung** nach § 1 Abs. 1 oder § 58 Abs. 1 oder 2 PflBG, ohne die dort genannten Voraussetzungen zu erfüllen, unter die Androhung einer Geldbuße bis zu dreitausend Euro.

9 Einer gesonderten **Bußgeldregelung für Fälle der Dienstleistungserbringung nach § 44 PflBG** bedarf es nicht. Sind die Voraussetzungen des § 44 PflBG nicht erfüllt, bedürfen diese Pflegekräfte der Erlaubnis nach § 1 Abs. 1 PflBG, so dass über diesen Weg die Bußgeldvorschrift Anwendung findet (Gesetzesbegründung, BT-Drs. 18/7823, S. 95).

2. Abs. 1 Nr. 2

10 Abs. 1 Nr. 2 droht Bußgeld für den Fall an, dass eine **selbständig erwerbstätige Person** eine Aufgabe auf dem Gebiet der **vorbehaltenen Tätigkeiten** entgegen § 4 Abs. 1 PflBG durchführt, ohne im Besitz einer Erlaubnis nach § 1 Abs. 1 oder § 58 Abs. 1 oder 2 PflBG zu sein. Der Verstoß einer **abhängig beschäftigten Person** gegen die Regelung des § 4 PflBG ist nicht bußgeldbewehrt. Grund dafür ist, dass diese Person in der Regel nur im Rahmen einer betrieblich vorgegebenen Aufgabenverteilung tätig wird. Als abhängig Beschäftigte hat sie auf die Ausgestaltung der betrieblichen Aufgabenverteilung nur geringen Einfluss und gerät damit in eine besondere Konfliktsituation (so die Gesetzesbegründung, BT-Drs. 18/7823, S. 95).

3. Abs. 1 Nr. 3

11 Veranlasst oder duldet ein Arbeitgeber die Durchführung von Aufgaben, die aus Gründen des Gesundheitsschutzes der Pflegebedürftigen nach § 4 PflBG einer Pflegefachfrau oder einem Pflegefachmann bzw. einer Person nach § 58 PflBG vorbehalten sind, durch eine andere Person, wird eine Geldbuße in Höhe von bis zu zehntausend Euro angedroht. Die Regelung ist Ausdruck der Verantwortung des Arbeitgebers für die Beachtung der Regelungen zu den Vorbehaltsaufgaben (so die Gesetzesbegründung, BT-Drs. 18/7823).

Die Bußgeldvorschrift ist in einer Hinsicht enger gefasst als die Verbotsnorm des § 4   12
Abs. 3 PflBG. Von der Bußgeldvorschrift nicht erfasst wird der Fall, dass die zu
pflegende Person als Arbeitgeber selbst eine Pflegekraft anstellt, die bei der zu
pflegenden Person vorbehaltene Aufgaben i. S. d. § 4 Abs. 2 PflBG durchführt. In
der Gesetzesbegründung wird dazu ausgeführt, dass es insoweit zwar zu einer
Selbstgefährdung des Arbeitgebers, aber nicht zu einer Fremdgefährdung Dritter
komme. Zudem dürfte es sich dabei um Ausnahmefälle handeln, da der Bereich der
Vorbehaltsaufgaben nach § 4 PflBG auf charakteristische Kernaufgaben der beruflichen Pflege im Bereich der systematischen Strukturierung und Gestaltung des
Pflegeprozesses beschränkt ist, die in den betreffenden Fällen typischerweise gerade
nicht durchgeführt würden (so die Gesetzesbegründung, BT-Drs. 18/7823, S. 95).

4. Abs. 2

Der differenzierte Bußgeldrahmen nach Abs. 2 berücksichtigt die in den Fällen des   13
Abs. 1 Nr. 2 und 3 bestehenden höheren finanziellen Anreize zum Normverstoß
(Gesetzesbegründung, BT-Drs. 18/7823, S. 95).

III. Entschließung des Bundesrates

Der Bundesrat hat in der Sitzung vom 21.9.2018 anlässlich der Beschlussfassung zur   14
Pflegeberufe-Ausbildungsfinanzierungsverordnung folgende Entschließung verabschiedet und die Bundesregierung aufgefordert, die beschriebenen Probleme zeitnah aufzugreifen und einer Lösung zuzuführen (BR-Drs. 360/18 [Beschluss], S. 7,
unter Nr. 2 und 3):

*„2. Der Bundesrat bedauert, dass es nicht möglich ist, bestimmte im Nachgang zum
PflBG identifizierte Probleme im Verordnungswege zu lösen. Dies sind insbesondere*

[...]

– die fehlende Bußgeldregelung für ausbleibende Meldungen (§ 5 PflAFinV).

[...].“

Teil 5
Besondere Vorschriften über die Berufsabschlüsse in der Gesundheits- und Kinderkrankenpflege sowie in der Altenpflege

§ 58 Führen der Berufsbezeichnungen in der Gesundheits- und Kinderkrankenpflege sowie in der Altenpflege

(1) Wer die Berufsbezeichnung „Gesundheits- und Kinderkrankenpflegerin" oder „Gesundheits- und Kinderkrankenpfleger" führen will, bedarf der Erlaubnis.

(2) Wer die Berufsbezeichnung „Altenpflegerin" oder „Altenpfleger" führen will, bedarf der Erlaubnis.

(3) Die §§ 2 bis 4 sind entsprechend anzuwenden.

Erläuterungen

Übersicht

I. Allgemeines

1   Teil 5 enthält die besonderen Vorschriften über die Berufsabschlüsse in der Gesundheits- und Kinderkrankenpflege sowie in der Altenpflege (§§ 58 bis 62 PflBG). Im ursprünglichen Gesetzentwurf (BT-Drs. 18/7823) waren diese Vorschriften noch nicht vorgesehen. Da sich die Einführung einer primärqualifizierenden generalistischen Pflegeausbildung mit der Schaffung eines Pflegeberufs mit einer neuen Berufsbezeichnung im Gesetzgebungsverfahren nicht hat durchsetzen können, hat sich der Gesetzgeber entschieden, neben der dreijährigen generalistischen Ausbildung, die zur Pflege von Menschen aller Altersstufen befähigt, eine Möglichkeit zu schaffen, dass diejenigen, die den Vertiefungseinsatz im Bereich der pädiatrischen Versorgung oder im Bereich der allgemeinen Langzeitpflege in stationären Einrichtungen gewählt haben, sich entscheiden, anstelle des generalistischen Abschlusses den Abschluss als Gesundheits- und Kinderkrankenpflegerin oder Gesundheits- und Kinderkrankenpfleger oder als Altenpflegerin oder Altenpfleger anzustreben und zu erwerben; die Ausbildung verläuft im letzten Drittel entsprechend angepasst (BT-Drs. 18/12847, S. 113).

2   Alle Auszubildenden werden in den ersten beiden Ausbildungsdritteln gemeinsam generalistisch ausgebildet. Für das letzte Ausbildungsdrittel können die Auszubildenden mit einem Vertiefungseinsatz im Bereich der pädiatrischen Versorgung oder einem Vertiefungseinsatz im Bereich der allgemeinen Langzeitpflege in stationären Einrichtungen oder der allgemeinen ambulanten Akut- und Langzeitpflege mit der

Ausrichtung auf den Bereich der ambulanten Langzeitpflege anstelle einer weiteren generalistischen Ausbildung auch Ausbildungsgänge wählen, die speziell auf die Versorgung von Kindern und Jugendlichen oder von alten Menschen ausgerichtet sind. Für die Ausbildung mit den besonderen Abschlüssen gelten besondere Regelungen, die im Teil 5 des Pflegeberufegesetzes sowie in Teil 2 (§§ 25 bis 29) PflAPrV verankert sind (BT-Drs. 18/12847, S. 113).

Die Vorschriften über die gesonderten Berufsabschlüsse treten wie das PflBG zum   3
1.1.2020 in Kraft (Art. 15 Abs. 4 PflBRefG). Das Krankenpflegegesetz und das Altenpflegegesetz treten am 31.12.2019 außer Kraft (Art. 15 Abs. 5 PflBRefG).

Zur **Erteilung der Erlaubnisurkunde** s. § 42 PflAPrV.   4

II. Erläuterungen

1. Abs. 1 und 2: Berufsbezeichnungen

Die Vorschriften der Abs. 1 und 2 sind an § 1 Abs. 1 Satz 1 PflBG angelehnt. Die   5
bisherige Berufsbezeichnung „Gesundheits- und Kinderkrankenpflegerin" oder „Gesundheits- und Kinderkrankenpfleger wurden schon im KrPflG (§ 1 Abs. 1 Satz 1 Nr. 2), die bisherige Berufsbezeichnung „Altenpflegerin" oder „Altenpfleger" im AltPflG (§ 1 Satz 1) verwendet. Da für diese Berufe die Möglichkeit einer hochschulischen Pflegeausbildung nicht eröffnet wird, ist ein Verweis auf § 1 Abs. 1 Satz 2 PflBG nicht erforderlich. Die Berufsbezeichnung Pflegefachfrau oder Pflegefachmann kann nicht neben den anderen Berufsbezeichnungen geführt werden.

2. Abs. 3: Entsprechende Anwendung von Vorschriften des PflBG

a) § 2 PflBG

§ 2 PflBG enthält die Vorschriften über die Erteilung der **Erlaubnis zum Führen der**   6
Berufsbezeichnung.

b) § 3 PflBG

§ 3 PflBG enthält die Vorschriften zu **Rücknahme, Widerruf und Ruhen der**   7
Erlaubnis zur Führung der Berufsbezeichnung.

c) § 4 PflBG

§ 4 PflBG enthält die Vorschriften zu den **vorbehaltenen Tätigkeiten**. Hier erhebt   8
sich die Frage, ob „entsprechende Anwendung" der Vorschrift bedeutet, dass sich der Vorbehalt wie bei den Pflegefachfrauen und -männern auf die Pflege von Menschen aller Altersstufen erstreckt, oder ob der Vorbehalt dann nur jeweils in Ansehung der Pflege von Kinder und Jugendlichen bzw. der Pflege alter Menschen eingeräumt ist. Da hier schon Zweifel bestehen, ob die Berufe der Gesundheits- und Kinderkrankenpflege bzw. der Altenpflege jenseits ihres spezifischen Kompetenzprofils selbstständige Tätigkeiten i. S. d. § 5 Abs. 3 Nr. 1 PflBG ausüben dürfen, müssen dieses Zweifel umso stärker gelten, wenn es um vorbehaltene Aufgaben geht (s. die → Erl. zu § 5 Abs. 3 Nr. 1). Weiter erhebt sich die Frage, ob die Vorschrift den verfassungsrecht-

lichen Vorgaben an die Definition vorbehaltener Tätigkeiten genügt, (s. dazu → Erl. zu § 4 Rn. 17–19). Eine diesbezügliche gesetzgeberische Klarstellung könnte diese Unklarheiten bereinigen.

§ 59 Gemeinsame Vorschriften; Wahlrecht der Auszubildenden

(1) Die Regelungen in Teil 2, § 52 Absatz 1 und 2 sowie Teil 4 Abschnitt 4 gelten entsprechend nach Maßgabe der Absätze 2 bis 5 sowie der §§ 60 und 61.

(2) Ist im Ausbildungsvertrag ein Vertiefungseinsatz im speziellen Bereich der pädiatrischen Versorgung vereinbart, kann sich die oder der Auszubildende für das letzte Ausbildungsdrittel entscheiden, statt die bisherige Ausbildung nach Teil 2 fortzusetzen, eine Ausbildung zur Gesundheits- und Kinderkrankenpflegerin oder zum Gesundheits- und Kinderkrankenpfleger nach Maßgabe des § 60 mit dem Ziel durchzuführen, eine Erlaubnis nach § 58 Absatz 1 zu erhalten.

(3) Ist im Ausbildungsvertrag ein Vertiefungseinsatz im Bereich der allgemeinen Langzeitpflege in stationären Einrichtungen oder der allgemeinen ambulanten Akut- und Langzeitpflege mit der Ausrichtung auf den Bereich der ambulanten Langzeitpflege vereinbart, kann sich die oder der Auszubildende für das letzte Ausbildungsdrittel entscheiden, statt die bisherige Ausbildung nach Teil 2 fortzusetzen, eine Ausbildung zur Altenpflegerin oder zum Altenpfleger nach Maßgabe des § 61 mit dem Ziel durchzuführen, eine Erlaubnis nach § 58 Absatz 2 zu erhalten.

(4) [1]Der Träger der praktischen Ausbildung stellt sicher, dass die oder der Auszubildende vor Ausübung des Wahlrechts die in § 7 Absatz 3 benannten Einsätze jeweils mindestens zur Hälfte absolviert hat. [2]Er stellt darüber hinaus nach Ausübung des Wahlrechts die Durchführung der jeweiligen gewählten Ausbildung nach § 60 oder § 61 selbst oder über Kooperationsverträge nach § 6 Absatz 4 mit anderen Einrichtungen und Pflegeschulen sicher.

(5) [1]Das Wahlrecht nach Absatz 2 oder Absatz 3 soll vier Monate und kann frühestens sechs Monate vor Beginn des letzten Ausbildungsdrittels gegenüber dem Träger der praktischen Ausbildung ausgeübt werden. [2]Besteht ein Wahlrecht, muss der Ausbildungsvertrag nach § 16 Angaben zum Wahlrecht und zum Zeitpunkt der Ausübung enthalten. [3]Wird das Wahlrecht ausgeübt, ist der Ausbildungsvertrag nach § 16 entsprechend anzupassen.

Erläuterungen

Übersicht

I. Allgemeines

1   Die Vorschrift enthält Regelungen, die gemeinsam gelten für die Ausbildungen nach § 58 PflBG mit dem Ziel, einen gesonderten Berufsabschluss in der Gesundheits- und Kinderkrankenpflege oder Altenpflege zu erwerben (**Abs. 1 bis 3**), weiter Regelungen zu den Verpflichtungen des Trägers im Zusammenhang mit der Ausübung des Wahlrechts (**Abs. 4**) sowie Regelungen zum Wahlrecht der Auszubildenden (**Abs. 5**).

2   S. zu **Inhalt und Durchführung der Ausbildung** in der **Gesundheits- und Kinderkrankenpflege** § 26 Abs. 1 und 2 PflAPrV und in der **Altenpflege** § 28 Abs. 1 und 2 PflAPrV.

II. Erläuterungen

1. Abs. 1: Entsprechende Geltung von Vorschriften

3   In Abs. 1 wird durch einen Verweis geregelt, welche Vorschriften des PflBG entsprechend auch für die Ausbildungen mit den gesonderten Berufsabschlüssen gelten, allerdings angepasst an die besonderen Bedingungen, die in § 59 Abs. 2 bis 5 PflBG sowie in den §§ 60 und 61 PflBG enthalten sind.

4   Die entsprechenden Regelungen in **Teil 2** betreffen die **berufliche Ausbildung in der Pflege** (§§ 5 bis 36 PflBG). **§ 52 Abs. 1 und 2 PflBG** gelten für die **Aufgaben der jeweils zuständigen Behörden**, die auch für die Erteilung der Erlaubnis zur Führung der Führung der Berufsbezeichnung nach § 58 Abs. 1 und 2 PflBG sowie für die Entscheidung über den Zugang zur Ausbildung und die Anrechnung gleichwertiger Ausbildung sowie die Anrechnung von Fehlzeiten zuständig sind. Die entsprechenden Regelungen in **Teil 4 Abschnitt 4** betreffen die **Fachkommission, die Beratung und den Aufbau unterstützender Angebote und die Forschung** (§§ 53 und 54 PflBG).

2. Abs. 2: Wahl der Ausbildung in der Gesundheits- und Kinderkrankenpflege

5   In der Gesetzesbegründung (BT-Drs. 18/12847, S. 113) wird zu dieser Vorschrift ausgeführt:

„Absatz 2 bestimmt, welche Auszubildenden sich für einen Abschluss in der Gesundheits- und Kinderkrankenpflege entscheiden können. Anknüpfungspunkt ist der im Ausbildungsvertrag vereinbarte Vertiefungseinsatz. Wer mit einem Vertiefungseinsatz in den speziellen Bereichen der pädiatrischen Versorgung bereits einen Ausbildungsschwerpunkt in der Pflege von Kindern und Jugendlichen gesetzt hat, kann sich entscheiden, ob im letzten Ausbildungsdrittel die generalistische Ausbildung mit dem entsprechenden Schwerpunkt fortgesetzt oder eine Ausbildung zur Gesundheits- und Kinderkrankenpflegerin oder zum Gesundheits- und Kinderkrankenpfleger durchgeführt werden soll."

6   Ein **Vertiefungseinsatz** stellt einen Teil der praktischen Ausbildung dar (§ 6 Abs. 3 Satz 2, § 7 Abs. 4 PflBG). Mit ihm soll allgemein entweder in der allgemeinen Akut- und Langzeitpflege, sowohl ambulant als auch stationär sowie in der pädiatrischen und in der psychiatrischen Versorgung ein Ausbildungsschwerpunkt gesetzt werden

(BT-Drs. 18/7823, S. 53). Für die Ausbildung in der Gesundheits- und Kinderkrankenpflege kommt deshalb nur ein Vertiefungseinsatz in der pädiatrischen Versorgung in Frage.

Der Vertiefungseinsatz ist im **Ausbildungsvertrag** zu vereinbaren (§ 16 Abs. 2 Nr. 1   7 PflBG). Der Vertiefungseinsatz kann bis zu dessen Beginn in beiderseitigem Einverständnis der Vertragspartner geändert werden (§ 16 Abs. 5 Satz 1 PflBG).

3. Abs. 3: Wahl der Ausbildung in der Altenpflege

In der Gesetzesbegründung (BT-Drs. 18/12847, S. 113) wird zu dieser Vorschrift   8 ausgeführt:

„In Absatz 3 wird festgelegt, welche Auszubildenden sich für einen Abschluss in der Altenpflege entscheiden können. Anknüpfungspunkt ist der im Ausbildungsvertrag vereinbarte Vertiefungseinsatz. Wer mit einem Vertiefungseinsatz im Bereich der allgemeinen Langzeitpflege in stationären Einrichtungen oder im Bereich der allgemeinen ambulanten Akut- und Langzeitpflege mit der Ausrichtung auf den Bereich der ambulanten Langzeitpflege bereits einen Ausbildungsschwerpunkt in der Pflege von alten Menschen gesetzt hat, kann sich entscheiden, ob im letzten Ausbildungsdrittel die generalistische Ausbildung mit dem entsprechenden Schwerpunk fortgesetzt oder eine Ausbildung zur Altenpflegerin oder zum Altenpfleger durchgeführt werden soll."

Für die Ausbildung in der Altenpflege kommt ein **Vertiefungseinsatz** im Bereich der   9 allgemeinen Langzeitpflege in stationären Einrichtungen oder im Bereich der allgemeinen ambulanten Akut- und Langzeitpflege mit der Ausrichtung auf den Bereich der ambulanten Langzeitpflege in Frage. Auch wenn der Ausbildungsvertrag mit einem Träger eines ambulanten Pflegedienstes geschlossen worden ist, kann ein Vertiefungseinsatz auf den Bereich der ambulanten Langzeitpflege ausgerichtet werden (§ 7 Abs. 4 Satz 2 PflBG) (s. auch Gesetzesbegründung BT-Drs. 18/23847, S. 106). Zum **Ausbildungsvertrag** s. oben die → Erl. zu Abs. 2, Rn. 7).

Der **Bundesrat** hat in einer **Entschließung** anlässlich seiner Zustimmung zur Aus-   10 bildungs- und Prüfungsverordnung für die Pflegeberufe (Pflegeberufe-Ausbildungs- und -Prüfungsverordnung – PflAPrV) die Bundesregierung aufgefordert, im Rahmen ihrer Informations- und Öffentlichkeitsarbeit umfassend über die **Konsequenzen der Ausübung des Wahlrechts in Richtung auf die Ausbildung zur Altenpflegerin oder zum Altenpfleger** zu informieren. Der Bundesrat ist der Ansicht, dass in der Anlage 4 der PflAPrV die Kompetenzen für die staatliche Prüfung zur Altenpflegerin oder zum Altenpfleger so festgelegt und beschrieben sind, dass sie gegenüber den Kompetenzen für die staatliche Prüfung zur Pflegefachfrau oder zum Pflegefachmann als Absenkung des Kompetenzniveaus verstanden werden müssen. Dies werde der Verantwortung nicht gerecht, die Pflegefachkräfte in der Langzeitpflege für die oft mehrjährige Planung, Durchführung und Evaluation multimorbider Pflegebedürftiger übernehmen. Im Hinblick auf die berufliche Mobilität und eine gleiche Bezahlung von Pflegefachkräften in Krankenhäusern und in der Langzeitpflege setze die Kompetenzbeschreibung außerdem ein falsches Signal (BR-Drs. 355/18 [Beschluss], S. 1 f.). S. zu dieser Problematik auch die → Erl. zu § 28 PflAPrV.

4. Abs. 4: Verpflichtungen des Trägers der praktischen Ausbildung

11   In der Gesetzesbegründung (BT-Drs. 18/12847, S. 114) wird zu dieser Vorschrift ausgeführt:

„Durch Absatz 4 wird gewährleistet, dass die oder der Auszubildende vor Ausübung des Wahlrechts alle maßgeblichen Ausbildungsbereiche zumindest teilweise kennenge-lernt hat und auf dieser Grundlage eine informierte Entscheidung treffen kann. Der Träger der praktischen Ausbildung hat für jeden wahlberechtigten Auszubildenden sicherzustellen, dass die gewünschte weitere Ausbildung nach Ausübung des Wahl-rechts durchgeführt werden kann. Kann er die weitere Durchführung der Ausbildung nicht selbst ermöglichen, muss er dies über Kooperationen mit anderen Einrichtungen und Schulen gewährleisten."

12   Die Vorschrift enthält **zwei Sicherstellungspflichten des Trägers der praktischen Ausbildung**. Die **Sicherstellungspflicht** des **Trägers der praktischen Ausbildung nach Abs. 4 Satz 1** besteht darin, dass der Auszubildende vor Ausübung des Wahl-rechts die in § 7 Abs. 3 PflBG benannten Einsätze jeweils mindestens zur Hälfte absolviert hat. Die **Sicherstellungspflicht des Trägers der praktischen Ausbildung nach Abs. 4 Satz 2** besteht in der Sicherstellung der Durchführung der gewählten Ausbildung.

13   Die **Sicherstellungspflicht des Trägers der praktischen Ausbildung nach Abs. 4 Satz 1** kann nur bedeuten, dass der Träger darauf hinwirkt, dass die in der Vorschrift formulierten Ausbildungserfordernisse erfüllt sind. Der Träger hat aber keine Mög-lichkeit, den Auszubildenden an der Ausübung seines Wahlrechts nach § 59 Abs. 2 oder 3 PflBG zu hindern, wenn diese Voraussetzungen nicht erfüllt sind. Die Absol-vierung der Zwischenprüfung nach § 6 Abs. 5 PflBG ist nicht Voraussetzung für die Ausübung des Wahlrechts.

14   Die **Sicherstellungspflicht des Trägers der praktischen Ausbildung nach Abs. 4 Satz 2** ist vor dem Hintergrund zu sehen, dass der Träger der praktischen Aus-bildung die Verantwortung für die Durchführung der praktischen Ausbildung einschließlich ihrer Organisation trägt (§ 8 Abs. 1 Satz 1 PflBG). Dem Gesetzgeber erschien ein Wechsel in dieser Verantwortung, d. h. ein eventueller Übergang dieser Verantwortung auf einen anderen Träger, bei Ausübung des Wahlrechts durch den Auszubildenden nicht tunlich. Deshalb wird der Träger der praktischen Ausbildung für den Fall, dass er die gewählte weitere Ausbildung nicht selbst durchführen kann, dazu verpflichtet, entsprechende Kooperationsverträge mit anderen Einrichtungen und Pflegeschulen (vgl. § 6 Abs. 4 PflBG) abzuschließen.

5. Abs. 5: Wahlrecht

a) Abs. 5 Satz 1: Fristen für die Ausübung des Wahlrechts

15   In der Gesetzesbegründung (BT-Drs. 18/12847, S. 114) wird zu dieser Vorschrift ausgeführt:

„Absatz 5 enthält Vorgaben zum Wahlrecht. Es wird bestimmt, dass das Wahlrecht vier Monate vor Beginn des letzten Ausbildungsdrittels ausgeübt werden soll und

frühestens sechs Monate vor Beginn des letzten Ausbildungsdrittels ausgeübt werden kann. Damit wird dem Träger der praktischen Ausbildung und den Pflegeschulen die Gelegenheit gegeben, rechtzeitig vor Beginn des dritten Ausbildungsdrittels die weitere Ausbildung zu planen.

Die Entscheidung kann frühestens sechs Monate vor Beginn des letzten Ausbildungsdrittels getroffen werden, da die Auszubildenden das Wahlrecht in Kenntnis der verschiedenen Ausbildungsbereiche ausüben sollen.“

Die Frist von **vier Monaten** stellt eine Schutzfrist für den Träger der praktischen Ausbildung dar. Damit soll ihm die weitere Planung und Organisation der Ausbildung erleichtert werden. Ggf. hat der Träger der praktischen Ausbildung in dieser Zeit auch die Kooperationsverträge vorzubereiten bzw. abzuschließen (vgl. § 59 Abs. 4 Satz 2 PflBG). Da es sich um Soll-Vorschrift handelt, kann der Träger der praktischen Ausbildung auch davon abweichen und eine spätere Ausübung des Wahlrechts zulassen.   16

Die Frist von **sechs Monaten** stellt eine Schutzfrist für den Auszubildenden dar. Er soll erst einen größeren Ausbildungsabschnitt absolviert haben, um eine Grundlage für seine Entscheidung zu haben. Da es sich um Soll-Vorschrift handelt, kann der Träger der praktischen Ausbildung auch davon abweichen und eine frühere Ausübung des Wahlrechts zulassen.   17

Der **Beginn des letzten Ausbildungsdrittels** bemisst sich nach der Dauer der Ausbildung. Sie dauert in Vollzeitform drei Jahre, in Teilzeitform höchstens fünf Jahre (§ 6 Abs. 1 Satz 1 PflBG). Bei der Ausbildung in Vollzeitform beginnt das letzte Ausbildungsdrittel nach zwei Jahren Ausbildung. Bei der Ausbildung in Teilzeitform hängt es von der angestrebten Gesamtdauer der Ausbildung ab, wann das letzte Ausbildungsdrittel beginnt.   18

b) Abs. 5 Satz 2: Inhalte des Ausbildungsvertrages

Wählt der Auszubildende einen der in Abs. 2 oder Abs. 3 genannten Vertiefungseinsätze, muss der Ausbildungsvertrag auch einen **Hinweis auf die spätere Wahlmöglichkeit** sowie auf den **Zeitpunkt der Ausübung** enthalten. Der Auszubildende ist in der Wahl der Vertiefungseinsätze frei. Vereinbarungen im Ausbildungsvertrag, die die Rechte der Auszubildenden einschränken, sind nichtig (s. § 24 Abs. 1 PflBG).   19

c) Abs. 5 Satz 3: Änderung des Ausbildungsvertrages

Bei Ausübung des Wahlrechts ist der Ausbildungsvertrag dahingehend schriftlich zu ändern (s. § 16 Abs. 5 PflBG), dass die Berufsbezeichnung im Sinne des § 16 Abs. 2 Nr. 1 PflBG anzupassen ist.   20

§ 60 Ausbildung zur Gesundheits- und Kinderkrankenpflegerin oder zum Gesundheits- und Kinderkrankenpfleger; Ausbildungsziel und Durchführung der Ausbildung

(1) Wählt die oder der Auszubildende nach § 59 Absatz 2, eine Ausbildung zur Gesundheits- und Kinderkrankenpflegerin oder zum Gesundheits- und Kinderkrankenpfleger durchzuführen, gilt § 5 für die weitere Ausbildung mit der Maßgabe, dass die Kompetenzvermittlung speziell zur Pflege von Kindern und Jugendlichen erfolgt.

(2) [1]Die praktische Ausbildung des letzten Ausbildungsdrittels ist in Bereichen der Versorgung von Kindern und Jugendlichen durchzuführen. [2]Der theoretische und praktische Unterricht des letzten Ausbildungsdrittels ist am Ausbildungsziel des Absatzes 1 auszurichten.

Erläuterungen

Übersicht

I. Allgemeines

1   Die Vorschrift betrifft das **letzte Ausbildungsdrittel**. Sie regelt das spezifische Ausbildungsziel in der Gesundheits- und Kinderkrankenpflege (Abs. 1) und die Durchführung der Ausbildung (Abs. 2). S. hierzu § 26 Abs. 1 und 2 PflAPrV.

II. Erläuterungen

1. Abs. 1: Spezielle Kompetenzvermittlung

2   Da das in § 5 PflBG festgelegte Ausbildungsziel an der Pflege von Menschen aller Altersstufen orientiert ist (vgl. § 5 Abs. 1 Satz 1 PflBG), ist für die Kompetenzvermittlung in der Gesundheits- und Kinderkrankenpflege das Ausbildungsziel speziell an der Pflege von Kindern und Jugendlichen auszurichten. Dies ist auch für die Gestaltung der staatlichen Abschlussprüfung zu beachten (so die Gesetzesbegründung in BT-Drs. 18/12847, S. 114).

2. Abs. 2: Gestaltung der Ausbildung

3   Auch die praktische Ausbildung und der theoretische und praktische Unterricht sind an der speziellen Kompetenzvermittlung auszurichten. Für die **praktische Ausbildung** ist deshalb vorgesehen, dass diese in Bereichen der Versorgung von Kindern und Jugendlichen durchgeführt wird (Abs. 2 Satz 1) (s. auch § 7 PflBG). Auch der **theoretische und praktische Unterricht** ist an der speziellen Kompetenzvermittlung auszurichten (Abs. 2 Satz 2) (s. auch § 6 Abs. 2 PflBG).

Die hierfür **erforderlichen Kompetenzen** sind in Anlage 3 der PflAPrV konkretisiert 4 (§ 26 Abs. 1 Satz 2 PflAPrV). Der **Pflichteinsatz** nach § 7 Abs. 2 2. Alternative PflBG ist in der kinder- und jugendpsychiatrischen Versorgung zu leisten (§ 26 Abs. 2 Satz 2 PflAPrV).

§ 61   Ausbildung zur Altenpflegerin oder zum Altenpfleger; Ausbildungsziel und Durchführung der Ausbildung

(1) Wählt die oder der Auszubildende nach § 59 Absatz 3, eine Ausbildung zur Altenpflegerin oder zum Altenpfleger durchzuführen, gilt § 5 für die weitere Ausbildung mit der Maßgabe, dass die Kompetenzvermittlung speziell zur Pflege alter Menschen erfolgt.

(2) [1]Die praktische Ausbildung des letzten Ausbildungsdrittels ist in Bereichen der Versorgung von alten Menschen durchzuführen. [2]Der theoretische und praktische Unterricht des letzten Ausbildungsdrittels ist am Ausbildungsziel des Absatzes 1 auszurichten.

Erläuterungen

Übersicht

I. Allgemeines

1   Die Vorschrift betrifft das **letzte Ausbildungsdrittel.** Sie regelt das spezifische Ausbildungsziel in der Altenpflege (**Abs. 1**) und die Durchführung der Ausbildung (**Abs. 2**). S. hierzu § 28 Abs. 1 und 2 PflAPrV.

II. Erläuterungen

1. Abs. 1: Spezielle Kompetenzvermittlung

2   Da das in § 5 PflBG festgelegte Ausbildungsziel an der Pflege von Menschen aller Altersstufen orientiert ist (vgl. § 5 Abs. 1 Satz 1 PflBG), ist für die Kompetenzvermittlung in der Altenpflege das Ausbildungsziel speziell an der Pflege alten Menschen auszurichten. Dies ist auch für die Gestaltung der staatlichen Abschlussprüfung zu beachten (so die Gesetzesbegründung in BT-Drs. 18/12847, S. 114).

2. Abs. 2: Gestaltung der Ausbildung

3   Auch die praktische Ausbildung und der theoretische und praktische Unterricht sind an der speziellen Kompetenzvermittlung auszurichten. Für die **praktische Ausbildung** ist deshalb vorgesehen, dass diese in Bereichen der Versorgung von alten Menschen durchgeführt wird (Abs. 2 Satz 1) (s. auch § 7 PflBG). Auch der **theoretische und praktische Unterricht** ist an der speziellen Kompetenzvermittlung auszurichten (Abs. 2 Satz 2) (s. auch § 6 Abs. 2 PflBG).

4   Die hierfür **erforderlichen Kompetenzen** sind in Anlage 4 der PflAPrV konkretisiert (§ 28 Abs. 1 Satz 2 PflAPrV). S. zur Entschließung des Bundesrates zur Anlage 4 die → Erl. zu § 59 PflBG, Rn. 10. Der **Pflichteinsatz** nach § 7 Abs. 2 2. Alternative PflBG ist in der gerontopsychiatrischen Versorgung zu leisten (§ 28 Abs. 2 Satz 2 PflAPrV).

§ 62 Überprüfung der Vorschriften über die Berufsabschlüsse in der Gesundheits- und Kinderkrankenpflege sowie in der Altenpflege

(1) ¹Das Bundesministerium für Familie, Senioren, Frauen und Jugend und das Bundesministerium für Gesundheit ermitteln bis zum 31. Dezember 2025, welcher Anteil der Auszubildenden das Wahlrecht nach § 59 Absatz 2 einerseits und nach § 59 Absatz 3 andererseits ausgeübt hat. ²Das Bundesministerium für Familie, Senioren, Frauen und Jugend und das Bundesministerium für Gesundheit berichten dem Deutschen Bundestag bis zum 31. Dezember 2025, welcher Anteil der Auszubildenden das Wahlrecht nach § 59 Absatz 2 einerseits und nach § 59 Absatz 3 andererseits ausgeübt hat. ³Der Bericht soll für den Fall, dass der jeweilige Anteil geringer als 50 Prozent ist, Vorschläge zur Anpassung des Gesetzes enthalten.

(2) Die zuständigen Stellen nach § 26 Absatz 4 erheben für jedes Ausbildungsjahr zum Zweck der Evaluierung nach Absatz 1 die folgenden Angaben und übermitteln sie an das Bundesministerium für Familie, Senioren, Frauen und Jugend und das Bundesministerium für Gesundheit:

1. die Zahl der in der Ausbildung befindlichen Personen, getrennt nach Wahl des Vertiefungseinsatzes,
2. die Zahl der Personen nach § 59 Absatz 2, die das Wahlrecht ausüben,
3. die Zahl der Personen nach § 59 Absatz 3, die das Wahlrecht ausüben.

Erläuterungen

Übersicht

I. Allgemeines

Die Vorschrift bezweckt eine Evaluierung durch die für das Pflegeberufegesetz zuständigen Ressorts der Bundesregierung, d. h. des Bundesministeriums für Familie, Senioren, Frauen und Jugend und des Bundesministeriums für Gesundheit, und eine Information des Deutschen Bundestages über das **Wahlverhalten der Auszubildenden** hinsichtlich der Wahlmöglichkeiten für eine spezielle Ausbildung im letzten Ausbildungsdrittel (**Abs. 1**). Dazu sind **statistische Angaben** erforderlich, die die zuständigen Landesbehörden zu liefern haben (**Abs. 2**). 1

II. Erläuterungen

1. Abs. 1: Evaluierung und Bericht über die Ausübung des Wahlrechts

In der Vorschrift ist zunächst die **Evaluierung** des Wahlverhaltens der Auszubildenden hinsichtlich ihrer Entscheidungen nach § 59 Abs. 1 und Abs. 2 PflBG geregelt. Diese Evaluierung wird vom Bundesministerium für Familie, Senioren, Frauen und 2

Jugend und vom Bundesministerium für Gesundheit getrennt für die jeweiligen gesonderten Ausbildungen durchgeführt (**Abs. 1 Satz 1**). In der Gesetzesbegründung (BT-Drs. 18/12847, S. 115) wird von der Evaluierung und Bestimmung der Abschlussraten und von speziellen Berufsabschlüssen gesprochen. Dies entspricht aber nicht dem Wortlaut des Gesetzes. Hier wird nur von der Ausübung des Wahlrechts und dem jeweiligen Anteil der Auszubildenden gesprochen, die das Wahlrecht ausgeübt haben. Dass es nicht um die Abschlüsse, sondern um die Ausübung des Wahlrechts gehen muss, ergibt sich indirekt auch aus der Möglichkeiten der Bemessung des Evaluierungszeitraums (s. dazu unten → Rn. 7 ff.)

3   Auf der Basis dieser Evaluierung **berichten** die in Abs. 1 Satz 1 genannten Bundesministerien **dem Deutschen Bundestag** bis zum 31.12.2025, welcher Anteil der Auszubildenden das Wahlrecht nach § 59 Abs. 2 einerseits und nach § 59 Abs. 3 PflBG andererseits ausgeübt hat (**Abs. 1 Satz 2**).

4   Der Bericht soll für den Fall, dass der jeweilige Anteil geringer als 50 % ist, **Vorschläge zur Anpassung des Gesetzes** enthalten (**Abs. 1 Satz 3**). Wie die Vorschläge aussehen können, wenn weniger als die Hälfte der jeweiligen Auszubildenden den entsprechenden gesonderten Abschluss wählt, wird in der Gesetzesbegründung ausgeführt: Für diesen Fall sei es gerechtfertigt, die entsprechenden Regelungen zur spezialisierten Ausbildung wieder aufzuheben (BT-Drs. 18/12847, S. 115).

2. Abs. 2: Datenerhebung und Übermittlung von Angaben

5   Für die Evaluierung nach Abs. 1 sind weitere Datenerhebungen erforderlich. Bereits zu Beginn der Ausbildung und für jedes Ausbildungsjahr müssen die Zahlen der Auszubildenden in den einzelnen Vertiefungsbereichen erfasst werden, d. h. auch für den Vertiefungsbereich, in dem die generalistische Ausbildung fortgeführt wird (vgl. § 7 Abs. 4 PflBG) (**Abs. 2 Nr. 1**). Außerdem muss erhoben werden, welche Auszubildenden mit dem Vertiefungseinsatz im Bereich der pädiatrischen Versorgung einerseits (**Abs. 2 Nr. 2**) und im Bereich der allgemeinen Langzeitpflege in stationären Einrichtungen andererseits (**Abs. 2 Nr. 3**) ihr Wahlrecht ausüben, um die jeweiligen Anteile ermitteln zu können.

6   In der Gesetzesbegründung wird noch darauf hingewiesen, dass die von den Ländern bestimmten zuständigen Stellen nach § 26 Abs. 4 PflBG im Rahmen der Finanzierungsvorschriften bereits umfassende Daten zu den Ausbildungszahlen und -kosten erheben (s. § 30 Abs. 4, § 31 Abs. 4 PflBG), sodass es sachgerecht sei, die für die Evaluierung erforderlichen Daten ebenfalls dort zu erheben (BT-Drs. 18/12847, S. 119).

3. Zeitraum der Evaluierung

7   § 62 PflBG enthält keine Angaben zum **Zeitraum**, für den die **Evaluierung** stattfinden soll. Da die Evaluierungsvorschrift des § 62 PflBG am 1.1.2020 in Kraft tritt (Art. 15 Abs. 4 PflBRefG) und die Berichterstattung an den Deutschen Bundestag zum 31.12.2025 stattzufinden hat (§ 62 Abs. 1 Satz 2 PflBG), beträgt dieser Zeitraum theoretisch maximal sechs Jahre. Da aber die Angaben für die Evaluierung entsprechend aufbereitet werden müssen, ist ein kürzerer Zeitraum anzusetzen. Dieser

Zeitraum wird mit fünf Jahren zu bemessen sein. Da die maximale Ausbildungsdauer in Teilzeitform höchstens fünf Jahre beträgt (vgl. § 6 Abs. 1 PflBG), darf der Zeitraum auch nicht kürzer sein, da sonst eine Ausbildungskohorte, die sich im Jahr 2020 für die Teilzeitausbildungsform entschieden hat, nicht vollständig erfasst werden kann. Wenn man allerdings berücksichtigt, dass es nicht auf die Berufsabschlüsse, sondern auf die Ausübung des Wahlrechts ankommt (s. oben → Rn. 2), könnte der Zeitraum auch kürzer bemessen werden, da das Wahlrecht mindestens vier Monate und frühestens sechs Monate vor Beginn des letzten Ausbildungsdrittels auszuüben ist (§ 59 Abs. 5 PflBG).

Für die **Ausbildungskohorten, die die dreijährige Vollzeitform** wählen, kann eine   8
Evaluierung für insgesamt vier Ausbildungskohorten stattfinden, d. h. für diejenigen Ausbildungskohorten, die in den Jahren 2020 bis 2023 ihre Ausbildung begonnen haben. Der Einbezug einer fünften Ausbildungskohorte mit Ausbildungsbeginn im Jahr 2024 könnte ebenfalls noch in Frage kommen, wenn man den für die Anfertigung der Evaluierung zur Verfügung stehenden Zeitraum mit vier Monaten bemisst. Diese Berechnung ergibt sich unter Zugrundelegung der in § 59 Abs. 5 PflBG festgelegten Fristen für die Ausübung des Wahlrechts.

Der hier vorgenommenen Berechnung der Zeiträume liegt die Annahme zugrunde,   9
dass die Ausbildungszeiträume jeweils zum Jahresbeginn stattfinden. Der Beginn der Ausbildung ist in den Ländern jedoch unterschiedlich festgelegt, so dass sich andere Berechnungsgrundlagen ergeben können.

Teil 6
Anwendungs- und Übergangsvorschriften

§ 63   Nichtanwendung des Berufsbildungsgesetzes

Für die Ausbildung nach diesem Gesetz findet das Berufsbildungsgesetz, soweit nicht die Aufgaben des Bundesinstituts für Berufsbildung nach § 53 Absatz 5 Satz 1 und § 54 in Verbindung mit § 90 Absatz 3a des Berufsbildungsgesetzes betroffen sind, keine Anwendung.

Erläuterungen

Übersicht

I. Allgemeines

1   Schon das AltPflG und das KrPflG enthalten Vorschriften, nach denen die Anwendung des Berufsbildungsgesetzes (BBiG) ausgeschlossen ist (§ 28 AltPflG; § 22 KrPflG). Dies beruht auf der verfassungsrechtlichen Kompetenzzuweisung, nach der der Bund die konkurrierende Gesetzgebungskompetenz für die Zulassung zu ärztlichen und anderen Heilberufen innehat (Art. 74 Abs. 1 Nr. 19 GG). Damit besteht für die berufliche Ausbildung der nichtakademischen anderen als ärztlichen Heilberufe eine Besonderheit in der beruflichen Ausbildung. S. hierzu *Dielmann*, 2013; zum Schulsystem *Bals*, 2002; zur verfassungsrechtlichen Problematik einer Heranziehung von Vorschriften des BBiG *Isensee*, 1980.

II. Erläuterungen

2   Die Vorschrift stellt klar, dass das Berufsbildungsgesetz (BBiG) mit Ausnahme des § 90 Abs. 3a BBiG keine Anwendung findet. In § 90 Abs. 3a BBiG, der zum 1.1.2010 in Kraft tritt, ist Folgendes geregelt: „Das Bundesinstitut für Berufsbildung nimmt die Aufgaben nach § 53 Absatz 5 Satz 1 und § 54 des Pflegeberufegesetzes wahr." (Art. 14, 15 Abs. 4 PflBRefG).

III. Literaturhinweise

3   *Bals, Thomas:* Schulsystem. In: *Stöcker, Gertrud (Hrsg.):* Bildung und Pflege. Eine berufs- und bildungspolitische Standortbestimmung. Hannover 2002, S. 136–141.
Dielmann, Gerd: Die Gesundheitsberufe und ihre Zuordnung im deutschen Berufsbildungssystem – eine Übersicht. In: *Robert Bosch Stiftung (Hrsg.):* Gesundheitsberufe neu denken, Gesundheitsberufe neu regeln. Grundsätze und Perspektiven. Eine Denkschrift der Robert Bosch Stiftung. Stuttgart 2013, S. 148 ff. (156 ff.).
Isensee, Josef: Kirchenautonomie und sozialstaatliche Säkularisierung in der Krankenpflegeausbildung – Zur Verfassungsmäßigkeit der Erstreckung des Berufsbildungs-Modells auf kirchliche Krankenhäuser. Rechtsgutachten. Katholischer Krankenhausverband Deutschlands – Deutscher Evangelischer Krankenhausverband. Freiburg 1980.

§64   Fortgeltung der Berufsbezeichnung

[1]Eine Erlaubnis zum Führen der Berufsbezeichnung nach dem Krankenpflege-gesetz in der am 31. Dezember 2019 geltenden Fassung oder nach dem Alten-pflegegesetz in der am 31. Dezember 2019 geltenden Fassung bleibt durch dieses Gesetz unberührt. [2]Sie gilt zugleich als Erlaubnis nach § 1 Absatz 1 Satz 1. [3]Die die Erlaubnis nach § 1 Absatz 1 Satz 1 betreffenden Vorschriften sind entspre-chend anzuwenden.

Erläuterungen

Übersicht

I. Allgemeines

Die Vorschrift regelt die Fortgeltung der bisherigen Berufsbezeichnungen nach dem Altenpflegegesetz und dem Krankenpflegegesetz (**Satz 1**), die Gleichsetzung mit der Erlaubnis nach § 1 Abs. 1 Satz 1 PflBG (**Satz 2**) und die entsprechende Anwendung der auf die Erlaubnis bezogenen Vorschriften (**Satz 3**).   1

II. Erläuterungen

1. Satz 1: Fortführung bisheriger Berufsbezeichnungen

Die Fortgeltung der bisherigen Berufsbezeichnungen nach dem Altenpflegegesetz   2 und dem Krankenpflegegesetz bleibt unberührt. Die Bezugnahme auf das Alten-pflege- und das Krankenpflegegesetz umfasst auch die dort geregelten Übergangs- und Anwendungsvorschriften (vgl. § 29 AltPflG; § 23 KrPflG) (so die Gesetzes-begründung, BT-Drs. 18/7823, S. 95, zur ursprünglichen Vorschrift in § 59 Abs. 1 des Gesetzentwurfs).

2. Satz 2: Gleichsetzung der Erlaubnis

Durch Satz 2 wird klargestellt, dass auch die für eine Aufhebung der Erlaubnis   3 geltenden Vorschriften des § 3 PflBG auf die bisherigen Berufsbezeichnungen anzuwenden sind.

3. Satz 3: Entsprechende Anwendung von Vorschriften

Satz 3 erstreckt die **Ausübung von vorbehaltenen Tätigkeiten** nach § 4 Abs. 2   4 PflBG auf die Inhaber der Erlaubnis nach Satz 1 (so ausdrücklich die Gesetzes-begründung, BT-Drs. 18/12847, S. 116). Diese Erstreckung ist zumindest für die Pflegeberufe der Gesundheits- und Kinderkrankenpflege und der Altenpflege problematisch. Schon die entsprechende Anwendung des § 4 PflBG auf Angehörige dieser Berufe, die die jetzt neu geregelte spezialisierte Ausbildung (§§ 60 und

61 PflBG) durchführen, erweist sich als problematisch, da eine **Kompetenzvermittlung für die Pflege von Menschen aller Altersstufen** nicht in der Weise stattfindet, wie dies bei der Ausbildung zur Pflegefachfrau bzw. zum Pflegefachmann der Fall ist. Gleiches muss daher für die bisherigen und bis zum 31.12.2019 nach dem AltPflG in der Altenpflege und nach dem KrPflG in der Gesundheits- und Kinderkrankenpflege ausgebildeten Personen gelten. S. dazu die → Erl. zu § 4 PflBG, Rn. 17–19, 25).

§ 65   Weitergeltung staatlicher Anerkennungen von Schulen; Bestandsschutz

(1) Schulen, die am 31. Dezember 2019 nach den Vorschriften des Krankenpflegegesetzes in der am 31. Dezember 2019 geltenden Fassung staatlich anerkannt sind, gelten weiterhin als staatlich anerkannt nach § 6 Absatz 2, wenn die Anerkennung nicht nach Maßgabe des Absatzes 3 widerrufen wird.

(2) Altenpflegeschulen, die am 31. Dezember 2019 nach den Vorschriften des Altenpflegegesetzes in der am 31. Dezember 2019 geltenden Fassung staatlich anerkannt sind, gelten weiterhin als staatlich anerkannt nach § 6 Absatz 2, wenn die Anerkennung nicht nach Maßgabe des Absatzes 3 widerrufen wird.

(3) [1]Staatliche Anerkennungen von Schulen nach Absatz 1 oder von Altenpflegeschulen nach Absatz 2 sind zu widerrufen, falls das Vorliegen der Voraussetzungen nach § 9 Absatz 1 und 2 nicht bis zum 31. Dezember 2029 nachgewiesen wird. [2]Am 31. Dezember 2019 bestehende staatliche Schulen nach den Vorschriften des Krankenpflegegesetzes in der am 31. Dezember 2019 geltenden Fassung oder nach den Vorschriften des Altenpflegegesetzes in der am 31. Dezember 2019 geltenden Fassung setzen die Voraussetzungen nach § 9 Absatz 1 und 2 bis zum 31. Dezember 2029 um. [3]§ 9 Absatz 3 bleibt unberührt.

(4) Die Voraussetzungen des § 9 Absatz 1 Nummer 1 und 2 gelten als erfüllt, wenn als Schulleitung oder Lehrkräfte Personen eingesetzt werden, die am 31. Dezember 2019

1. eine staatliche oder staatlich anerkannte (Kinder-) Krankenpflegeschule oder eine staatliche oder staatlich anerkannte Altenpflegeschule rechtmäßig leiten,
2. als Lehrkräfte an einer staatlichen oder staatlich anerkannten (Kinder-)Krankenpflegeschule oder an einer staatlichen oder staatlich anerkannten Altenpflegeschule rechtmäßig unterrichten,
3. über die Qualifikation zur Leitung oder zur Tätigkeit als Lehrkraft an einer staatlichen oder staatlich anerkannten (Kinder-)Krankenpflegeschule oder an einer staatlichen oder staatlich anerkannten Altenpflegeschule verfügen oder
4. an einer Weiterbildung zur Leitung einer staatlichen oder staatlich anerkannten Altenpflegeschule oder zur Lehrkraft teilnehmen und diese bis zum 31. Dezember 2020 erfolgreich abschließen.

Erläuterungen

Übersicht

I. Allgemeines

1   Die Vorschrift regelt die Weitergeltung der staatlichen Anerkennung von Schulen nach dem Krankenpflegegesetz sowie von Altenpflegeschulen nach dem Altenpflegegesetz. Die Vorschrift dient der Sicherung der Ausbildungskapazitäten sowie der Besitzstandswahrung und soll einen zeitlich gestreckten Übergang zu den Mindestanforderungen an Pflegeschulen nach § 9 PflBG schaffen (Gesetzesbegründung BT-Drs. 18/7823, S. 96).

II. Erläuterungen

1. Abs. 1 und 2: Weitergeltung der staatlichen Anerkennung von Schulen

2   Die **staatlichen Anerkennungen der Alten- und Krankenpflegeschulen gelten fort**, soweit sie nicht nach Abs. 3 widerrufen werden. Die Überprüfung der Voraussetzungen für die staatliche Anerkennung sowie gegebenenfalls deren Widerruf erfolgen durch die zuständige Landesbehörde. Übergangsfristen ermöglichen den Schulen, den neuen Anforderungen gerecht zu werden.

2. Abs. 3: Widerruf der staatlichen Anerkennung

3   Um die weiter anerkannten Schulen an die neuen Anforderungen des PflBG heranzuführen, müssen sie bis zum 31. Dezember 2029 das Vorliegen der Mindestanforderungen nach § 9 Abs. 1 und 2 PflBG nachweisen (**Abs. 3 Satz 1**). Dies gilt auch für staatliche Schulen (**Abs. 3 Satz 2**). Durch Landesrecht können die Mindestanforderungen näher bestimmt oder die Anforderungen höher angesetzt werden (**Abs. 3 Satz 3**). Die Vorschriften zum Widerruf gehen den allgemeinen Vorschriften zum Widerruf eines Verwaltungsakten nach dem Verwaltungsverfahrensgesetz (§ 49 VwVfG) bzw. den entsprechenden Widerrufsvorschriften der Landesverwaltungsverfahrensgesetze vor.

4   Damit gilt für die **Pflegeschulen** zusammenfassend Folgendes: Die Pflegeschulen unterliegen ab dem 1.1.2020 den in § 9 Abs. 1 und 2 PflBG formulierten Mindestanforderungen. Für die **staatlich anerkannten Kranken- und Altenpflegeschulen** wird hinsichtlich des Bestandsschutzes unterschieden zwischen den **Personalanforderungen** nach § 9 Abs. 1 Nr. 1 und 2 PflBG und den **sonstigen Anforderungen**. Bei den **personellen Mindestanforderungen an die Schulleitung und die Lehrkräfte** wird auf die Bestandsschutzregelung in **§ 65 Abs. 4 PflBG** verwiesen (Bestandsschutz der Lehrkräfte und Schulleitungen). Die Personalanforderungen gelten auch dann als erfüllt, wenn die staatlichen oder staatlich anerkannten (Kinder-) Kranken- und Altenpflegeschulen zum 31.12.2019 rechtmäßig geleitet werden beziehungsweise wenn die Lehrkräfte dort rechtmäßig unterrichten (§ 65 Abs. 4 Nr. 1 und 2 PflBG). Bei den **sonstigen Mindestanforderungen an die Pflegeschulen** nach § 9 Abs. 1 und 2 PflBG gilt ebenfalls eine Bestandsschutzregelung zum Stichtag 31.12.2019 (§ 65 Abs. 1 und 2 PflBG). Der Bestandsschutz gilt aber nur für eine Übergangsfrist bis zum 31.12.2029. Für **staatliche Schulen** besteht eine Verpflichtung, bis zu diesem Zeitpunkt die sonstigen Mindestanforderungen nach § 9 Abs. 1 und 2 PflBG umzusetzen (§ 65 Abs. 3 Satz 2 PflBG). Für **staatlich anerkannte Schulen** gilt die gleiche Frist, in der sie das Vorliegen der sonstigen Mindestanforde-

rungen nachweisen müssen. Geschieht dies nicht, muss (nicht: kann) die staatliche Anerkennung widerrufen werden (§ 65 Abs. 3 Satz 1 PflBG).

3. Abs. 4: Bestandsschutz für Schulleitung und Lehrkräfte

Die Bestandsschutzvorschriften für die Lehrkräfte und für die Schulleitung gelten für 5 die in Nr. 1 bis 4 jeweils genannten Funktionen als Schulleitung und als Lehrkräfte. Zu **Abs. 4 Nr. 4** wird in der Gesetzesbegründung Folgendes ausgeführt (BT-Drs. 18/12487, S. 116):

„Nach § 4 Absatz 3 Satz 1 Nummer 1 und 2 des Krankenpflegegesetzes (KrPflG) müssen Schulleitung und Lehrkräfte über eine abgeschlossene Hochschulausbildung verfügen.

Im Rahmen des Bestandsschutzes nach § 24 Absatz 2 Nummer 3 KrPflG gelten die Voraussetzungen nach § 4 Absatz 3 Satz 1 Nummer 1 und 2 KrPflG als erfüllt, wenn als Schulleitung oder Lehrkräfte Personen eingesetzt werden, die bei Inkrafttreten des Krankenpflegegesetzes (1. Januar 2004) an einer für die genannten Tätigkeiten nach dem Krankenpflegegesetz vom 4. Juni 1985 erforderlichen Weiterbildung bereits teilnehmen und diese erfolgreich abschließen.

Eine Weiterbildung zur Leitung einer Schule oder zur Lehrkraft, die nach dem 31. Dezember 2003 beginnen würde, kann daher nicht berücksichtigt werden.“

Zusammenfassend gilt beim **Bestandsschutz für Lehrkräfte und Schulleitungen** 6 Folgendes: Für Lehrkräfte und Schulleitungen werden in § 9 Abs. 1 Nr. 1 und 2 PflBG personelle Mindestanforderungen erhoben – eine abgeschlossene Hochschulausbildung und, außer bei den Lehrkräften für die Durchführung des praktischen Unterrichts, Masterniveau. Die entsprechende Bestandsschutzregelung findet sich in § 65 Abs. 4 Nr. 3 PflBG. Bisher zur Schulleitung oder zur Tätigkeit als Lehrkraft qualifizierte Personen (Stichtag: 31.12.2019) können weiterhin in diesen Funktionen beschäftigt werden, unabhängig davon, ob sie schon vorher in dieser Funktion tätig waren. Stellen Schulen solches Personal ein, gelten die Voraussetzungen der personellen Mindestanforderungen nach § 9 Abs. 1 Nr. 1 und 2 PflBG als erfüllt. Für Personen in einer Weiterbildung zur Leitung einer staatlichen oder staatlich anerkannten Altenpflegeschule oder zur Lehrkraft, die diese bis zum 31.12.2020 erfolgreich abschließen, gilt das gleiche (§ 65 Abs. 4 Nr. 4 PflBG). Diese Möglichkeit besteht für den Bereich der Krankenpflegeschulen nicht, da hierfür bereits eine Weiterbildungsmöglichkeit mit Bestandsschutz für Weiterbildungen vor dem 31.12.2003 gemäß § 24 Abs. 2 Nr. 3 KrPflG gegeben war. Eine Weiterbildung zur Leitung einer Schule oder zur Lehrkraft nach diesem Datum kann daher nicht berücksichtigt werden.

III. Literaturhinweise

Igl, Gerhard: Wo besteht Bestandsschutz? In: Die Schwester Der Pfleger 5/2018, S. 98–99. 7

§ 66   Übergangsvorschriften für begonnene Ausbildungen nach dem Krankenpflegegesetz oder dem Altenpflegegesetz

(1) [1]Eine Ausbildung

1. zur Gesundheits- und Krankenpflegerin oder zum Gesundheits- und Krankenpfleger oder
2. zur Gesundheits- und Kinderkrankenpflegerin oder zum Gesundheits- und Kinderkrankenpfleger,

die vor Ablauf des 31. Dezember 2019 begonnen wurde, kann bis zum 31. Dezember 2024 auf der Grundlage der Vorschriften des Krankenpflegegesetzes in der am 31. Dezember 2019 geltenden Fassung abgeschlossen werden. [2]Nach Abschluss der Ausbildung erhält die antragstellende Person, wenn die Voraussetzungen des § 2 Nummer 2 bis 4 vorliegen, die Erlaubnis, die Berufsbezeichnung „Gesundheits- und Krankenpflegerin" oder „Gesundheits- und Krankenpfleger" oder die Bezeichnung „Gesundheits- und Kinderkrankenpflegerin" oder „Gesundheits- und Kinderkrankenpfleger" zu führen. [3]Die Möglichkeit der Überleitung einer vor Außerkrafttreten des Krankenpflegegesetzes nach den Vorschriften des Krankenpflegegesetzes begonnenen Ausbildung in die neue Pflegeausbildung nach Teil 2 bleibt hiervon unberührt; das Nähere regeln die Länder.

(2) [1]Eine Ausbildung zur Altenpflegerin oder zum Altenpfleger, die vor Ablauf des 31. Dezember 2019 begonnen wurde, kann bis zum 31. Dezember 2024 auf der Grundlage der Vorschriften des Altenpflegegesetzes, einschließlich der darin enthaltenen Kostenregelungen, in der am 31. Dezember 2019 geltenden Fassung abgeschlossen werden. [2]Nach Abschluss der Ausbildung erhält die antragstellende Person, wenn die Voraussetzungen des § 2 Nummer 2 bis 4 vorliegen, die Erlaubnis, die Berufsbezeichnung „Altenpflegerin" oder „Altenpfleger" zu führen. [3]Die Möglichkeit der Überleitung einer vor Außerkrafttreten des Altenpflegegesetzes nach den Vorschriften des Altenpflegegesetzes begonnenen Ausbildung in die neue Pflegeausbildung nach Teil 2 bleibt hiervon unberührt; das Nähere regeln die Länder.

(3) Für die Finanzierung der Ausbildung nach Absatz 1 Satz 1 gilt § 17a des Krankenhausfinanzierungsgesetzes in der am 31. Dezember 2018 geltenden Fassung.

Erläuterungen

Übersicht

I. Allgemeines

Da das AltPflG und das KrPflG am 31.12.2019 außer Kraft treten (Art. 15 Abs. 5   1
PflBRefG), sind **Übergangsregelungen** für diejenigen Auszubildenden zu schaffen,
die ihre **Ausbildung** nach diesen Gesetzen vor dem 31.12.2019 begonnen haben. Die
entsprechenden Vorschriften finden sich in **Abs. 1** für die Gesundheits- und (Kin-
der-)Krankenpflege und in **Abs. 2** für die Altenpflege. § 66 PflBG **tritt am 1.1.2019**
in Kraft (Art. 15 Abs. 2 PflBRefG). Diese Regelungen erstrecken sich nicht nur auf
die schulische Ausbildung nach dem AltPflG/KrPflG, sondern auch auf Modellvorhaben, auch solche zur hochschulischen Ausbildung, die nach § 4 Abs. 6 AltPflG/
KrPflG eingerichtet worden sind. Die Übergangsvorschriften betreffen nicht nur die
Ausbildungsvorschriften im engeren Sinn, sondern auch die Vorschriften zum
Ausbildungsvertrag und zur Ausbildungsvergütung.

Da die Finanzierung der Ausbildung im PflBG neu geordnet wird, sind auch **Über-**   2
gangsregelungen für die Kosten der Ausbildung nötig. Diese finden sich für die
Altenpflege in Abs. 1 Satz 1, und für die **Gesundheits- und (Kinder-)Kranken-**
pflege in Abs. 3.

In § 61 PflAPrV finden sich die entsprechenden **Übergangsvorschriften für die**   3
weitere Anwendung der KrPflAPrV und der **AltPflAPrV**. Danach gelten auch die
Vorschriften zum Ausbildungsvertrag und zur Ausbildungsvergütung weiter. S.
→ Erl. zu § 61 PflAPrV, Rn. 3.

II. Erläuterungen

1. Abs. 1: Gesundheits- und (Kinder-)Krankenpflege

Abs. 1 enthält die Übergangsvorschrift für die Ausbildung in der Gesundheits- und   4
(Kinder-)Krankenpflege. Eine Ausbildung, die vor dem 31.12.2019 begonnen wurde,
kann bis zum 31.12.2024 auf der Grundlage der bisherigen Vorschriften abgeschlossen werden (**Abs. 1 Satz 1**). Damit kann auch eine Ausbildung in Teilzeitform
innerhalb von fünf Jahren durchgeführt werden (vgl. § 4 Abs. 1 Satz 1 KrPflG).
Nach Abschluss der Ausbildung kann die Erlaubnis, die Berufsbezeichnung „Ge-
sundheits- und Krankenpflegerin" oder „Gesundheits- und Krankenpfleger" oder die
Bezeichnung „Gesundheits- und Kinderkrankenpflegerin" oder „Gesundheits- und
Kinderkrankenpfleger" zu führen, beantragt werden. Die Erteilung der Erlaubnis
hängt von der Erfüllung der Voraussetzungen des § 2 Nr. 2 bis 4 PflBG ab (**Abs. 1**
Satz 2). Den Auszubildenden wird auch die Möglichkeit der Überleitung einer vor
Außerkrafttreten des KrPflG nach den Vorschriften des KrPflG begonnenen Aus-
bildung in die neue Pflegeausbildung nach Teil 2 PflBG eröffnet. Die näheren
Regelungen hierzu bleiben den Ländern überlassen (**Abs. 1 Satz 3**).

2. Abs. 2: Altenpflege

Abs. 2 enthält die Übergangsvorschrift für die Ausbildung in der Altenpflege, die der   5
Übergangsvorschriften für die Gesundheits- und (Kinder-)Krankenpflege nachgebildet ist. Eine Ausbildung, die vor dem 31.12.2019 begonnen wurde, kann bis zum
31.12.2024 auf der Grundlage der bisherigen Vorschriften abgeschlossen werden
(**Abs. 1 Satz 1**). Damit kann auch eine Ausbildung in Teilzeitform innerhalb von

fünf Jahren durchgeführt werden (vgl. § 4 Abs. 5 AltPflG). Nach Abschluss der Ausbildung kann die Erlaubnis, die Berufsbezeichnung „Altenpflegerin" oder „Altenpfleger" zu führen, beantragt werden. Die Erteilung der Erlaubnis hängt von der Erfüllung der Voraussetzungen des § 2 Nr. 2 bis 4 PflBG ab (**Abs. 1 Satz 2**). Den Auszubildenden wird auch die Möglichkeit der Überleitung einer vor Außerkrafttreten des AltPflG nach den Vorschriften des AltPflG begonnenen Ausbildung in die neue Pflegeausbildung nach Teil 2 PflBG eröffnet. Die näheren Regelungen hierzu bleiben den Ländern überlassen (**Abs. 1 Satz 3**).

6   Die Übergangsvorschrift gilt auch für die im AltPflG enthaltenen **Kostenregelungen zur Ausbildungsfinanzierung in der Altenpflege** (**Abs. 2 Satz 1**). Diese Kostenregelungen finden sich in §§ 24 und 25 AltPflG sowie in § 17 Abs. 1a AltPflG.

3. Abs. 3: Ausbildungsfinanzierung Krankenpflege

7   Abs. 3 enthält die Übergangsvorschrift für die **Kostenregelungen zur Ausbildung in der Gesundheits- und (Kinder-)Krankenpflege**. Die entsprechende Kostenregelung findet sich in § 17a Krankenhausfinanzierungsgesetz (KHG).

§67 Kooperationen von Hochschulen und Pflegeschulen

(1) [1]Bestehende Kooperationen von Hochschulen mit Schulen auf der Grundlage von § 4 Absatz 6 des Krankenpflegegesetzes oder mit Altenpflegeschulen auf der Grundlage von § 4 Absatz 6 des Altenpflegegesetzes können auf Antrag zur Durchführung der hochschulischen Pflegeausbildung nach Teil 3 bis zum 31. Dezember 2031 fortgeführt werden. [2]Kooperiert die Hochschule bei den Lehrveranstaltungen mit einer Schule nach Satz 1, stellt sie sicher, dass die Ausbildungsziele erreicht werden. [3]Eine Kooperation kann nur erfolgen, wenn der Anteil der Lehrveranstaltungen an der Hochschule deutlich überwiegt. [4]Die Schule nach Satz 1 kann die Praxisbegleitung anteilig übernehmen.

(2) Neue Kooperationen von Hochschulen und Pflegeschulen können auf Antrag unter Beachtung der weiteren Maßgaben des Absatzes 1 zugelassen werden, soweit dies zur Förderung der hochschulischen Pflegeausbildung nach Teil 3 erforderlich ist.

Erläuterungen

Übersicht

I. Allgemeines

1. Regelungsinhalt

Auf Grundlage jeweils der § 4 Abs. 6 AltPflG/KrPflG haben auch Modellvorhaben zur befristeten Erprobung hochschulischer Pflegeausbildung stattgefunden. In diesem Rahmen ist es zu Kooperationen von Hochschulen und Pflegeschulen insbesondere bei der praktischen Ausbildung gekommen. In **Abs. 1** wird die Möglichkeit der Weiterführung dieser Kooperationen geregelt. Auch neue Kooperationen sollen ermöglicht werden (**Abs. 2**). Die Wirkungen des § 67 PflBG sollen **wissenschaftlich evaluiert** werden (vgl. § 68 Abs. 3 PflBG). 1

2. Entschließung des Bundesrates

Der Bundesrat hat anlässlich der Zustimmung zur Ausbildungs- und Prüfungsverordnung für die Pflegeberufe (Pflegeberufe-Ausbildungs- und -Prüfungsverordnung – PflAPrV) am 21.9.2018 in einer Entschließung die Bundesregierung um Prüfung gebeten, in § 61 PflAPrV ebenfalls Übergangsvorschriften zu Kooperation von Hochschulen und Pflegeschulen aufzunehmen, da es systematisch zwingend erforderlich sei, auch die weiteren Übergangsvorschriften des § 67 PflBG zu Kooperationsmodellen aufzunehmen (BR-Drs. 355/18 [Beschluss], S. 4 unter Nr. 6. Buchst. f), S. 5). 2

II. Erläuterungen

1. Abs. 1: Weiterführung bestehender Kooperationen

3   In der Gesetzesbegründung (BT-Drs. 18/7823, S. 96) wird zu dieser Vorschrift ausgeführt:

„Die Regelung ist erforderlich, damit die bestehenden ausbildungsintegrierenden Modellstudiengänge nach dem Altenpflegegesetz oder dem Krankenpflegegesetz auf Grundlage der Vorschriften dieses Gesetzes fortgeführt werden können. Die hochschulische Pflegeausbildung nach Teil 3 sieht als Regel eine primärqualifizierende Ausbildung an Hochschulen vor. Ausbildungsintegrierende Studiengänge, die Kooperationen zwischen Hochschulen und Pflegeschulen beinhalten, können nach dieser Vorschrift jedoch auf Antrag befristet weitergeführt werden. Die Vorschrift gewährleistet damit, dass bestehende Angebote und funktionierende Kooperationen nicht abgebrochen werden müssen. Die Hochschule muss allerdings sicherstellen, dass die Ausbildungsziele nach § 37 erreicht werden und die Kooperation mit einer Pflegeschule ist nur zulässig, wenn der Anteil der Lehrveranstaltungen an der Hochschule deutlich überwiegt.“

2. Abs. 2: Zulassung neuer Kooperationen

4   In der Gesetzesbegründung (BT-Drs. 18/7823, S. 96) wird zu dieser Vorschrift ausgeführt:

„Auf Antrag kann die jeweils zuständige Landesbehörde ebenfalls neue Kooperationen zwischen Hochschulen und Pflegeschulen nach den Maßgaben des Absatz 1 befristet zulassen, soweit dies zur Förderung der hochschulischen Pflegeausbildung förderlich ist. Damit wird gerade in der Anlaufphase der hochschulischen Pflegeausbildung außerhalb des Modellcharakters sichergestellt, dass ausreichend neue Studienangebote entstehen können. Die Hochschule kann übergangsweise durch Zusammenarbeit mit der Pflegeschule deren Sachverstand und ggfs. Strukturen im Rahmen ausbildungsintegrierender Studiengänge nutzen, um zwischenzeitlich die Strukturen für primärqualifizierende Studiengänge aufzubauen.“

§ 68 Evaluierung

(1) Das Bundesministerium für Familie, Senioren, Frauen und Jugend und das Bundesministerium für Gesundheit evaluieren bis zum 31. Dezember 2024 die Wirkung des § 11 Absatz 1 Nummer 3 auf wissenschaftlicher Grundlage.

(2) Das Bundesministerium für Familie, Senioren, Frauen und Jugend und das Bundesministerium für Gesundheit evaluieren bis zum 31. Dezember 2029 die Wirkung der §§ 53 und 54 auf wissenschaftlicher Grundlage.

(3) Das Bundesministerium für Familie, Senioren, Frauen und Jugend und das Bundesministerium für Gesundheit überprüfen bis zum 31. Dezember 2029 die Wirkung des § 67 auf wissenschaftlicher Grundlage im Rahmen einer umfassenden Evaluierung der hochschulischen Ausbildung.

(4) Das Bundesministerium für Familie, Senioren, Frauen und Jugend und das Bundesministerium für Gesundheit evaluieren bis zum 31. Dezember 2025 die Wirkungen des Teils 2 Abschnitt 3 auf wissenschaftlicher Grundlage.

Erläuterungen

Der Zugang zur beruflichen Pflegeausbildung über eine abgeschlossene sonstige zehnjährige allgemeine Schulbildung nach § 11 Abs. 1 Nr. 3 PflBG (**Abs. 1**), die Wirkung der §§ 53 und 54 PflBG (**Abs. 2**) sowie die Kooperationen von Hochschulen mit Pflegeschulen im Rahmen ausbildungsintegrierender Studiengänge nach § 67 PflBG (**Abs. 3**) werden auf wissenschaftlicher Grundlage evaluiert. Da mit dem PflBG die Finanzierung der beruflichen Ausbildung auf eine völlig neue Grundlage gestellt wird, ist auch hier eine Evaluation erforderlich (**Abs. 4**). 1

Anlage
(zu § 41 Abs. 1 Satz 1)

Erläuterungen

1   Im Gesetzestext ist als Anlage zu § 41 Abs. 1 Satz 1 PflBG (BGBl. I S. 2581 [2606–2610]) die Anlage V Nr. 5.2.2 der Richtlinie 2005/36/EG abgedruckt (s. Abdruck der Richtlinie in der Anlage zu dieser Kommentierung).

2   Zu den § 41 Abs. 1 Satz 1 PflBG erwähnten Mindestanforderungen nach Art. 31 der Richtlinie 2005/36/EG s. die → Erl. zu § 41 PflBG, Rn. 3 und 4.

C.

Verordnungstext

Ausbildungs- und Prüfungsverordnung für die Pflegeberufe (Pflegeberufe-Ausbildungs- und -Prüfungsverordnung – PflAPrV) [*)]

vom 2.10.2018 (BGBl. I S. 1572)

Auf Grund des § 56 Absatz 1 und 2 des Pflegeberufegesetzes vom 17. Juli 2017 (BGBl. I S. 2581) verordnen das Bundesministerium für Familie, Senioren, Frauen und Jugend und das Bundesministerium für Gesundheit gemeinsam und hinsichtlich § 56 Absatz 1 Satz 1 Nummer 1 und 2 im Benehmen, hinsichtlich § 56 Absatz 1 Satz 1 Nummer 5 und 6 im Einvernehmen mit dem Bundesministerium für Bildung und Forschung, hinsichtlich § 56 Absatz 1 Satz 1 Nummer 6 im Benehmen mit dem Bundesministerium der Finanzen unter Berücksichtigung des Beschlusses des Bundestages vom 28. Juni 2018:

Inhaltsübersicht

---

[*]   Diese Verordnung dient der Umsetzung der Richtlinie 2005/36/EG des Europäischen Parlaments und des Rates vom 7. September 2005 über die Anerkennung von Berufsqualifikationen (ABl. L 255 vom 30.9.2005, S. 22; L 271 vom 16.10.2007, S. 18), die zuletzt durch die Richtlinie 2013/55/EU (ABl. L 354 vom 28.12.2013, S. 132) geändert worden ist.

Teil 1
Berufliche Pflegeausbildung zur Pflegefachfrau oder zum Pflegefachmann

Abschnitt 1
Ausbildung und Leistungsbewertung

§ 1 Inhalt und Gliederung der Ausbildung

(1) [1]Die Ausbildung zur Pflegefachfrau oder zum Pflegefachmann befähigt die Auszubildenden in Erfüllung des Ausbildungsziels nach § 5 des Pflegeberufegesetzes Menschen aller Altersstufen in den allgemeinen und speziellen Versorgungsbereichen der Pflege pflegen zu können. [2]Die hierfür erforderlichen Kompetenzen sind in Anlage 2 konkretisiert. [3]Der Kompetenzerwerb in der Pflege von Menschen aller Altersstufen berücksichtigt auch die besonderen Anforderungen an die Pflege von Kindern und Jugendlichen sowie alten Menschen in den unterschiedlichen Versorgungssituationen sowie besondere fachliche Entwicklungen in den Versorgungsbereichen der Pflege.

(2) Die Ausbildung umfasst mindestens

1. den theoretischen und praktischen Unterricht mit einem Umfang von 2 100 Stunden gemäß der in Anlage 6 vorgesehenen Stundenverteilung und

2. die praktische Ausbildung mit einem Umfang von 2 500 Stunden gemäß der in Anlage 7 vorgesehenen Stundenverteilung.

(3) [1]Die Ausbildung erfolgt im Wechsel von Abschnitten des theoretischen und praktischen Unterrichts und der praktischen Ausbildung. [2]Der Unterricht und die praktische Ausbildung erfolgen aufeinander abgestimmt auf der Grundlage von Kooperationsverträgen nach § 8.

(4) [1]Fehlzeiten können nach § 13 Absatz 1 Nummer 2 des Pflegeberufegesetzes angerechnet werden, soweit diese einen Umfang von 25 Prozent der Stunden eines Pflichteinsatzes nicht überschreiten. [2]Urlaub ist in der unterrichtsfreien Zeit zu gewähren. [3]Die Erreichung des Ausbildungsziels eines Pflichteinsatzes darf durch die Anrechnung von Fehlzeiten nicht gefährdet werden.

(5) [1]Bei Ausbildungen in Teilzeit nach § 6 Absatz 1 Satz 1 zweiter Halbsatz des Pflegeberufegesetzes ist sicherzustellen, dass die Mindeststundenzahl nach Absatz 2 erreicht wird. [2]Absatz 4 gilt entsprechend.

(6) Unter unmittelbarer Aufsicht von Inhabern einer Erlaubnis nach § 1 Absatz 1, § 58 Absatz 1, § 58 Absatz 2 oder § 64 des Pflegeberufegesetzes sollen ab der zweiten Hälfte der Ausbildungszeit mindestens 80, höchstens 120 Stunden der praktischen Ausbildung im Rahmen des Nachtdienstes abgeleistet werden.

(7) [1]Die zuständige Behörde weist die Auszubildende oder den Auszubildenden auf die Möglichkeit der Ausübung des Wahlrechts nach § 59 Absatz 2 oder Absatz 3 des Pflegeberufegesetzes hin. [2]Der Hinweis erfolgt schriftlich oder elektronisch so rechtzeitig, dass die oder der Auszubildende das Wahlrecht innerhalb der Frist nach § 59 Absatz 5 Satz 1 des Pflegeberufegesetzes ausüben kann.

§ 2 Theoretischer und praktischer Unterricht

(1) [1]Im Unterricht nach § 1 Absatz 2 Nummer 1 sind die Kompetenzen zu vermitteln, die zur Erreichung des Ausbildungsziels nach § 5 des Pflegeberufegesetzes erforderlich sind. [2]Die Auszubildenden werden befähigt, auf der Grundlage fachlichen Wissens und Könnens sowie auf der Grundlage des allgemein anerkannten Standes pflegewissenschaftlicher, medizinischer und weiterer bezugswissenschaftlicher Erkenntnisse die beruflichen Aufgaben zielorientiert, sachgerecht, methodengeleitet und selbständig zu lösen sowie das Ergebnis zu beurteilen. [3]Während des Unterrichts ist die Entwicklung der zur Ausübung des Pflegeberufs erforderlichen personalen Kompetenz einschließlich der Sozialkompetenz und der Selbständigkeit zu fördern.

(2) Im Unterricht ist sicherzustellen, dass die verschiedenen Versorgungsbereiche und Altersstufen angemessen berücksichtigt werden.

(3) Die Pflegeschule erstellt ein schulinternes Curriculum unter Berücksichtigung der Empfehlungen im Rahmenlehrplan nach § 51.

§ 3 Praktische Ausbildung

(1) [1]Während der praktischen Ausbildung nach § 1 Absatz 2 Nummer 2 sind die Kompetenzen zu vermitteln, die zur Erreichung des Ausbildungsziels nach § 5 des Pflegeberufegesetzes erforderlich sind. [2]Die Auszubildenden werden befähigt, die im Unterricht und in der praktischen Ausbildung erworbenen Kompetenzen aufeinander zu beziehen, miteinander zu verbinden und weiterzuentwickeln.

(2) [1]Die praktische Ausbildung beim Träger der praktischen Ausbildung soll mindestens 1 300 Stunden umfassen. [2]Ein Pflichteinsatz nach § 7 Absatz 1 des Pflegeberufegesetzes und der Orientierungseinsatz sind beim Träger der praktischen Ausbildung durchzuführen. [3]Der Vertiefungseinsatz soll beim Träger der praktischen Ausbildung durchgeführt werden. [4]Er ist in dem für den Vertiefungseinsatz gewählten Versorgungsbereich gemäß dem Ausbildungsvertrag durchzuführen.

(3) [1]Die praktische Ausbildung beginnt beim Träger der praktischen Ausbildung mit dem Orientierungseinsatz. [2]Die Pflichteinsätze in den allgemeinen Versorgungsbereichen der Pflege nach § 7 Absatz 1 des Pflegeberufegesetzes sowie der Pflichteinsatz in der pädiatrischen Versorgung nach § 7 Absatz 2 des Pflegeberufegesetzes sind in den ersten zwei Dritteln der Ausbildungszeit durchzuführen. [3]Der Pflichteinsatz in der allgemein-, geronto-, kinder- oder jugendpsychiatrischen Versorgung, der Vertiefungseinsatz sowie die weiteren Einsätze sind im letzten Ausbildungsdrittel durchzuführen. [4]Die genaue zeitliche Reihenfolge wird im Ausbildungsplan festgelegt.

(4) Soweit während eines Einsatzes einer Auszubildenden oder eines Auszubildenden nach § 7 Absatz 2 des Pflegeberufegesetzes in der jeweiligen Einrichtung keine Pflegefachkräfte tätig sind, ist im Hinblick auf die Anforderungen nach § 7 Absatz 5 Satz 1 des Pflegeberufegesetzes ein angemessenes Verhältnis von Auszubildenden zu anderen, zur Vermittlung der Ausbildungsinhalte geeigneten Fachkräften zu gewährleisten.

(5) [1]Der von den Auszubildenden zu führende Ausbildungsnachweis nach § 17 Satz 2 Nummer 3 des Pflegeberufegesetzes ist von der Pflegeschule so zu gestalten, dass sich aus ihm die Ableistung der praktischen Ausbildungsanteile in Übereinstimmung mit dem Ausbildungsplan und eine entsprechende Kompetenzentwicklung feststellen lassen. [2]Die Pflegeschule berücksichtigt bei der Gestaltung des Ausbildungsnachweises den Musterentwurf nach § 60 Absatz 5.

§ 4 Praxisanleitung

(1) [1]Die Einrichtungen der praktischen Ausbildung stellen die Praxisanleitung sicher. [2]Aufgabe der Praxisanleitung ist es, die Auszubildenden schrittweise an die Wahrnehmung der beruflichen Aufgaben als Pflegefachfrau oder Pflegefachmann heranzuführen, zum Führen des Ausbildungsnachweises nach § 3 Absatz 5 anzuhalten und die Verbindung mit der Pflegeschule zu halten. [3]Die Praxisanleitung erfolgt im Umfang von mindestens 10 Prozent der während eines Einsatzes zu leistenden praktischen Ausbildungszeit, geplant und strukturiert auf der Grundlage des vereinbarten Ausbildungsplanes.

(2) ¹Während des Orientierungseinsatzes, der Pflichteinsätze in Einrichtungen nach § 7 Absatz 1 des Pflegeberufegesetzes und des Vertiefungseinsatzes erfolgt die Praxisanleitung nach Absatz 1 Satz 2 durch Personen, die über mindestens ein Jahr Berufserfahrung als Inhaberin oder Inhaber einer Erlaubnis nach § 1 Absatz 1, nach § 58 Absatz 1 oder Absatz 2 oder nach § 64 des Pflegeberufegesetzes in den letzten fünf Jahren und die Befähigung zur Praxisanleiterin oder zum Praxisanleiter nach Absatz 3 verfügen; die Berufserfahrung soll im jeweiligen Einsatzbereich erworben worden sein. ²Während der weiteren Einsätze der praktischen Ausbildung soll die Praxisanleitung nach Absatz 1 Satz 2 durch entsprechend qualifizierte Fachkräfte sichergestellt werden.

(3) ¹Die Befähigung zur Praxisanleiterin oder zum Praxisanleiter ist durch eine berufspädagogische Zusatzqualifikation im Umfang von mindestens 300 Stunden und kontinuierliche, insbesondere berufspädagogische Fortbildung im Umfang von mindestens 24 Stunden jährlich gegenüber der zuständigen Behörde nachzuweisen. ²Für Personen, die am 31. Dezember 2019 nachweislich über die Qualifikation zur Praxisanleitung nach § 2 Absatz 2 der Ausbildungs- und Prüfungsverordnung für den Beruf der Altenpflegerin und des Altenpflegers in der am 31. Dezember 2019 geltenden Fassung oder § 2 Absatz 2 der Ausbildungs- und Prüfungsverordnung für die Berufe in der Krankenpflege in der am 31. Dezember 2019 geltenden Fassung verfügen, wird diese der berufspädagogischen Zusatzqualifikation gleichgestellt.

§ 5   Praxisbegleitung

¹Die Pflegeschule stellt durch ihre Lehrkräfte für die Zeit der praktischen Ausbildung die Praxisbegleitung in den Einrichtungen der praktischen Ausbildung in angemessenem Umfang sicher. ²Aufgabe der Lehrkräfte ist es, die Auszubildenden insbesondere fachlich zu betreuen und zu beurteilen sowie die Praxisanleiterinnen oder die Praxisanleiter zu unterstützen. ³Hierzu ist eine regelmäßige persönliche Anwesenheit der Lehrkräfte in den Einrichtungen zu gewährleisten. ⁴Im Rahmen der Praxisbegleitung soll für jede Auszubildende oder für jeden Auszubildenden daher mindestens ein Besuch einer Lehrkraft je Orientierungseinsatz, Pflichteinsatz und Vertiefungseinsatz in der jeweiligen Einrichtung erfolgen.

§ 6   Jahreszeugnisse und Leistungseinschätzungen

(1) ¹Für jedes Ausbildungsjahr erteilt die Pflegeschule den Auszubildenden ein Zeugnis über die im Unterricht und in der praktischen Ausbildung erbrachten Leistungen. ²Für jeden der beiden Bereiche ist eine Note zu bilden. ³Das Nähere zur Bildung der Noten regeln die Länder. ⁴Im Zeugnis sind etwaige Fehlzeiten differenziert nach Unterricht und praktischer Ausbildung auszuweisen.

(2) ¹Jede an der Ausbildung beteiligte Einrichtung erstellt eine qualifizierte Leistungseinschätzung über den bei ihr durchgeführten praktischen Einsatz unter Ausweisung von Fehlzeiten nach § 1 Absatz 4. ²Ist ein Praxiseinsatz am Ende eines Ausbildungsjahres nicht beendet, erfolgt die Berücksichtigung im nächsten Ausbildungsjahr. ³Die Leistungseinschätzung ist der Auszubildenden oder dem Auszubildenden bei Beendigung des Einsatzes bekannt zu machen und zu erläutern.

(3) Die Note für die praktische Ausbildung wird im Benehmen mit dem Träger der praktischen Ausbildung unter besonderer Berücksichtigung der für das Ausbildungsjahr erstellten qualifizierten Leistungseinschätzungen nach Absatz 2 festgelegt.

§ 7   Zwischenprüfung

[1]Gegenstand der Zwischenprüfung nach § 6 Absatz 5 des Pflegeberufegesetzes ist die Ermittlung des Ausbildungsstandes zum Ende des zweiten Ausbildungsdrittels. [2]Die Zwischenprüfung erstreckt sich auf die in Anlage 1 zur Vermittlung im ersten und zweiten Ausbildungsdrittel aufgeführten Kompetenzen. [3]Die Ausbildung kann unabhängig vom Ergebnis der Zwischenprüfung fortgesetzt werden. [4]Soweit nach dem Ergebnis der Zwischenprüfung die Erreichung des Ausbildungsziels gefährdet ist, prüfen der Träger der praktischen Ausbildung und die Pflegeschule gemeinsam mit der oder dem Auszubildenden, welche Maßnahmen im Rahmen der Ausbildung zur Sicherung des Ausbildungserfolgs erforderlich sind, und ergreifen diese. [5]Das Nähere zur Zwischenprüfung regeln die Länder.

§ 8   Kooperationsverträge

(1) [1]Um die erforderliche enge Zusammenarbeit der Pflegeschule, des Trägers der praktischen Ausbildung sowie der weiteren an der Ausbildung beteiligten Einrichtungen zu gewährleisten, schließen die Beteiligten nach § 6 Absatz 4 des Pflegeberufegesetzes in den Fällen des § 8 Absatz 2 bis 4 des Pflegeberufegesetzes Kooperationsverträge in Schriftform; Regelungen zur betrieblichen Mitbestimmung bleiben unberührt. [2]Das Nähere zu Kooperationsverträgen regeln die Länder.

(2) Auf der Grundlage dieser Verträge erfolgt zwischen der Pflegeschule, insbesondere den für die Praxisbegleitung zuständigen Lehrkräften, dem Träger der praktischen Ausbildung sowie den an der praktischen Ausbildung beteiligten Einrichtungen und den Praxisanleiterinnen und Praxisanleitern eine regelmäßige Abstimmung.

Abschnitt 2
Bestimmungen für die staatliche Prüfung

§ 9   Staatliche Prüfung

(1) [1]Die staatliche Prüfung für die Ausbildung umfasst jeweils einen schriftlichen, einen mündlichen und einen praktischen Teil. [2]Gegenstand sind die auf § 5 des Pflegeberufegesetzes beruhenden, in Anlage 2 aufgeführten Kompetenzen.

(2) [1]Im schriftlichen und mündlichen Teil der Prüfung hat die zu prüfende Person ihre Fachkompetenz und die zur Ausübung des Berufs erforderliche personale Kompetenz einschließlich der Sozialkompetenz und der Selbständigkeit nachzuweisen. [2]Im praktischen Teil der Prüfung hat die zu prüfende Person nachzuweisen, dass sie über die zur Pflege von Menschen in komplexen Pflegesituationen erforderlichen Kompetenzen verfügt und befähigt ist, die Aufgaben in der Pflege gemäß dem Ausbildungsziel des Pflegeberufegesetzes auszuführen.

(3) [1]Die zu prüfende Person legt den schriftlichen und mündlichen Teil der Prüfung bei der Pflegeschule ab, an der sie die Ausbildung abschließt. [2]Die zustän-

dige Behörde, in deren Bereich die Prüfung oder ein Teil der Prüfung abgelegt werden soll, kann aus wichtigem Grund Ausnahmen zulassen. [3]In diesem Fall sind die Vorsitzenden der beteiligten Prüfungsausschüsse vorher zu hören.

(4) Der praktische Teil der Prüfung wird in der Regel in der Einrichtung abgelegt, in der der Vertiefungseinsatz durchgeführt wurde.

§ 10   Prüfungsausschuss

(1) [1]An jeder Pflegeschule wird ein Prüfungsausschuss gebildet, der für die ordnungsgemäße Durchführung der Prüfung zuständig ist. [2]Er besteht mindestens aus folgenden Mitgliedern:

1. einer Vertreterin oder einem Vertreter der zuständigen Behörde oder einer von der zuständigen Behörde mit der Wahrnehmung dieser Aufgabe betrauten geeigneten Person,
2. der Schulleiterin, dem Schulleiter oder einem für die Pflegeausbildung zuständigen Mitglied der Schulleitung,
3. mindestens zwei Fachprüferinnen oder Fachprüfern, die an der Pflegeschule unterrichten, und
4. einer oder mehreren Fachprüferinnen oder Fachprüfern, die zum Zeitpunkt der Prüfung als praxisanleitende Personen nach § 4 Absatz 1 tätig sind und die Voraussetzungen nach § 4 Absatz 2 Satz 1 erfüllen und von denen mindestens eine Person in der Einrichtung tätig ist, in der der Vertiefungseinsatz durchgeführt wurde.

(2) [1]Die zuständige Behörde bestellt auf Vorschlag der Pflegeschule die Mitglieder des Prüfungsausschusses sowie deren Stellvertreterinnen oder Stellvertreter. [2]Für jedes Mitglied ist mindestens eine Stellvertreterin oder ein Stellvertreter zu bestimmen. [3]Als Fachprüferinnen oder Fachprüfer sollen die Lehrkräfte bestellt werden, die die zu prüfende Person überwiegend ausgebildet haben.

(3) [1]Das Mitglied nach Absatz 1 Satz 2 Nummer 1 ist Vorsitzende oder Vorsitzender des Prüfungsausschusses. [2]Es wird bei der Durchführung seiner Aufgaben von der zuständigen Behörde unterstützt. [3]Es bestimmt auf Vorschlag der Schulleiterin oder des Schulleiters die Fachprüferinnen oder Fachprüfer und deren Stellvertreterinnen oder Stellvertreter für die einzelnen Prüfungsbereiche des schriftlichen Teils der Prüfung und für den mündlichen und praktischen Teil der Prüfung.

(4) Die oder der Vorsitzende des Prüfungsausschusses ist verpflichtet, an den jeweiligen Teilen der Prüfung in dem Umfang teilzunehmen, der zur Erfüllung der in dieser Verordnung geregelten Aufgaben erforderlich ist; eine Verpflichtung zur Anwesenheit während der gesamten Dauer der Prüfung besteht nicht.

(5) [1]Die zuständige Behörde kann Sachverständige sowie Beobachterinnen und Beobachter zur Teilnahme an allen Prüfungsvorgängen entsenden. [2]Die Teilnahme an einer realen Pflegesituation ist nur mit Einwilligung des zu pflegenden Menschen zulässig.

§ 11   Zulassung zur Prüfung

(1) [1]Die oder der Vorsitzende des Prüfungsausschusses entscheidet auf Antrag der zu prüfenden Person über die Zulassung zur Prüfung und setzt die Prüfungstermine im Benehmen mit der Schulleiterin oder dem Schulleiter fest. [2]Der Prüfungsbeginn der staatlichen Prüfung soll nicht früher als drei Monate vor dem Ende der Ausbildung liegen.

(2) Die Zulassung zur Prüfung wird schriftlich oder elektronisch erteilt, wenn folgende Nachweise vorliegen:

1. ein Identitätsnachweis der zu prüfenden Person in amtlich beglaubigter Abschrift,
2. der ordnungsgemäß schriftlich geführte Ausbildungsnachweis nach § 3 Absatz 5 und
3. die Jahreszeugnisse nach § 6 Absatz 1.

(3) Die Zulassung zur staatlichen Prüfung kann nur erteilt werden, wenn die nach § 13 des Pflegeberufegesetzes in Verbindung mit § 1 Absatz 4 zulässigen Fehlzeiten nicht überschritten worden sind und die Durchschnittsnote der Jahreszeugnisse mindestens „ausreichend" beträgt.

(4) Die Zulassung zur staatlichen Prüfung sowie die Prüfungstermine werden der zu prüfenden Person spätestens zwei Wochen vor Prüfungsbeginn schriftlich oder elektronisch mitgeteilt.

§ 12   Nachteilsausgleich

(1) Die besonderen Belange von zu prüfenden Personen mit Behinderung oder Beeinträchtigung sind zur Wahrung ihrer Chancengleichheit bei Durchführung der Prüfungen zu berücksichtigen.

(2) Ein entsprechender individueller Nachteilsausgleich ist spätestens mit dem Antrag auf Zulassung zur Prüfung schriftlich oder elektronisch bei der zuständigen Behörde zu beantragen.

(3) [1]Die zuständige Behörde entscheidet, ob dem schriftlichen oder elektronischen Antrag zur Nachweisführung ein amtsärztliches Attest oder andere geeignete Unterlagen beizufügen sind. [2]Aus dem amtsärztlichen Attest oder den Unterlagen muss die leistungsbeeinträchtigende oder -verhindernde Auswirkung der Beeinträchtigung oder Behinderung hervorgehen.

(4) [1]Die zuständige Behörde bestimmt, in welcher geänderten Form die gleichwertige Prüfungsleistung zu erbringen ist. [2]Zur Festlegung der geänderten Form gehört auch eine Verlängerung der Schreib- oder Bearbeitungszeit der Prüfungsleistung.

(5) Die fachlichen Prüfungsanforderungen dürfen durch einen Nachteilsausgleich nicht verändert werden.

(6) Die Entscheidung der zuständigen Behörde wird der zu prüfenden Person in geeigneter Weise bekannt gegeben.

§ 13   Vornoten

(1) ¹Die oder der Vorsitzende des Prüfungsausschusses setzt auf Vorschlag der Pflegeschule jeweils eine Vornote für den schriftlichen, mündlichen und praktischen Teil der Prüfung fest. ²Grundlage der Festsetzung sind die Zeugnisse nach § 6 Absatz 1.

(2) Die Vornoten werden bei der Bildung der Noten des schriftlichen, mündlichen und praktischen Teils der Prüfung jeweils mit einem Anteil von 25 Prozent berücksichtigt.

(3) ¹Die Vornote für den schriftlichen Teil der Prüfung und die Vornote für den mündlichen Teil der Prüfung werden aus dem arithmetischen Mittel der jeweils in den Jahreszeugnissen ausgewiesenen Note für die im Unterricht erbrachten Leistungen gemäß § 6 Absatz 1 Satz 2 gebildet. ²Die Vornote für den praktischen Teil der Prüfung wird aus dem arithmetischen Mittel der jeweils in den Jahreszeugnissen ausgewiesenen Note der praktischen Ausbildung gemäß § 6 Absatz 1 Satz 2 gebildet.

(4) Die Vornoten werden den Auszubildenden spätestens drei Werktage vor Beginn des ersten Prüfungsteils mitgeteilt.

§ 14   Schriftlicher Teil der Prüfung

(1) Der schriftliche Teil der Prüfung erstreckt sich auf folgende Prüfungsbereiche aus den Kompetenzbereichen I bis V der Anlage 2:

1. Pflegeprozessgestaltung einschließlich Interaktion und Beziehungsgestaltung in akuten und dauerhaften Pflegesituationen (Kompetenzschwerpunkte I.1, II.1) unter Einbeziehung von lebensweltlichen Aspekten und pflegerischen Aufgaben im Zusammenhang mit der Lebensgestaltung sowie unter Berücksichtigung von Autonomieerhalt und Entwicklungsförderung der zu pflegenden Menschen (Kompetenzschwerpunkte I.5, I.6), wobei darüber hinaus ausgewählte Kontextbedingungen des Kompetenzbereiches IV in die Fallbearbeitung einbezogen werden sollen,
2. Pflegeprozessgestaltung bei Menschen mit gesundheitlichen Problemlagen unter besonderer Berücksichtigung von Gesundheitsförderung und Prävention in Verbindung mit verschiedenen Schwerpunkten und Gesichtspunkten von Beratung (Kompetenzschwerpunkte I.2, II.2), wobei im Rahmen der Fallbearbeitung erforderliche Handlungsentscheidungen anhand von pflegewissenschaftlichem Begründungswissen begründet werden sollen (Kompetenzschwerpunkt V.1),
3. Pflegeprozesssteuerung in kritischen und krisenhaften Pflegesituationen (Kompetenzschwerpunkte I.3, I.4) in Verbindung mit der eigenständigen Durchführung ärztlicher Anordnungen (Kompetenzschwerpunkt III.2) und ethischen Entscheidungsprozessen (Kompetenzschwerpunkt II.3).

(2) ¹Die zu prüfende Person hat zu jedem dieser drei Prüfungsbereiche in jeweils einer entsprechenden Aufsichtsarbeit schriftlich gestellte fallbezogene Aufgaben zu bearbeiten. ²Die Fallsituationen für die drei Aufsichtsarbeiten sollen insgesamt variiert werden in Bezug auf

1. die Altersstufe, der die zu pflegenden Menschen angehören,
2. das soziale und kulturelle Umfeld der oder des zu pflegenden Menschen,
3. die Versorgungsbereiche, in denen die Fallsituationen verortet sind.

(3) [1]Die Aufsichtsarbeiten dauern jeweils 120 Minuten. [2]Sie sind in der Regel an drei aufeinanderfolgenden Werktagen durchzuführen. [3]Die Aufsichtsführenden werden von der Schulleitung bestellt.

(4) [1]Die Aufgaben für die Aufsichtsarbeiten werden von der zuständigen Behörde auf Vorschlag der Pflegeschule ausgewählt. [2]Die zuständige Behörde kann zentrale Prüfungsaufgaben vorgeben, die unter Beteiligung von Pflegeschulen erarbeitet werden. [3]In diesem Fall ist von der zuständigen Behörde ein landeseinheitlicher Prüfungstermin festzulegen.

(5) [1]Jede Aufsichtsarbeit ist von mindestens zwei Fachprüferinnen oder Fachprüfern gemäß § 10 Absatz 1 Satz 2 Nummer 3 zu benoten. [2]Aus den Noten der Fachprüferinnen oder Fachprüfer bildet die oder der Vorsitzende des Prüfungsausschusses im Benehmen mit den Fachprüferinnen oder Fachprüfern die Note der einzelnen Aufsichtsarbeit.

(6) Der schriftliche Teil der Prüfung ist bestanden, wenn jede der drei Aufsichtsarbeiten mindestens mit „ausreichend" benotet wird.

(7) Die Gesamtnote für den schriftlichen Teil der Prüfung bildet die oder der Vorsitzende des Prüfungsausschusses aus dem arithmetischen Mittel der Noten der Aufsichtsarbeiten und der Vornote für den schriftlichen Teil der Prüfung nach § 13 Absatz 1 und 2.

§ 15 Mündlicher Teil der Prüfung

(1) [1]Der mündliche Teil der Prüfung erstreckt sich auf die folgenden Kompetenzbereiche der Anlage 2:

1. intra- und interprofessionelles Handeln in unterschiedlichen systemischen Kontexten verantwortlich gestalten und mitgestalten (Kompetenzbereich III),
2. das eigene Handeln auf der Grundlage von Gesetzen, Verordnungen und ethischen Leitlinien reflektieren und begründen (Kompetenzbereich IV),
3. das eigene Handeln auf der Grundlage von wissenschaftlichen Erkenntnissen und berufsethischen Werthaltungen und Einstellungen reflektieren und begründen (Kompetenzbereich V).

[2]Den Schwerpunkt des mündlichen Teils der Prüfung bilden die Auseinandersetzung mit der eigenen Berufsrolle und dem beruflichen Selbstverständnis und teambezogene, einrichtungsbezogene sowie gesellschaftliche Kontextbedingungen und ihr Einfluss auf das pflegerische Handeln.

(2) [1]Die drei Kompetenzbereiche der mündlichen Prüfung werden anhand einer komplexen Aufgabenstellung geprüft. [2]Die Prüfungsaufgabe besteht in der Bearbeitung einer Fallsituation aus einem anderen Versorgungskontext als dem der praktischen Prüfung und bezieht sich auch auf eine andere Altersstufe, der die zu pflegenden Menschen angehören.

(3) [1]Die zu prüfenden Personen werden einzeln oder zu zweit geprüft. [2]Die Prüfung soll für jede zu prüfende Person mindestens 30 und nicht länger als 45 Minuten dauern. [3]Eine angemessene Vorbereitungszeit unter Aufsicht ist zu gewähren.

(4) [1]Die Prüfung wird von mindestens zwei Fachprüferinnen oder Fachprüfern gemäß § 10 Absatz 1 Satz 2 Nummer 3 abgenommen und benotet. [2]Die oder der Vorsitzende des Prüfungsausschusses ist berechtigt, sich an der Prüfung zu beteiligen und dabei selbst Prüfungsfragen zu stellen.

(5) Aus den Noten der Fachprüferinnen oder Fachprüfer bildet die oder der Vorsitzende des Prüfungsausschusses im Benehmen mit den Fachprüferinnen oder Fachprüfern die Prüfungsnote.

(6) Der mündliche Teil der Prüfung ist bestanden, wenn die Prüfung mindestens mit „ausreichend" benotet wird.

(7) Die Gesamtnote für den mündlichen Teil der Prüfung bildet die oder der Vorsitzende des Prüfungsausschusses aus der Prüfungsnote und der Vornote für den mündlichen Teil der Prüfung nach § 13 Absatz 1 und 2.

(8) Die oder der Vorsitzende des Prüfungsausschusses kann mit Zustimmung der zu prüfenden Person die Anwesenheit von Zuhörerinnen und Zuhörern beim mündlichen Teil der Prüfung gestatten, wenn ein berechtigtes Interesse besteht.

§ 16 Praktischer Teil der Prüfung

(1) Der praktische Teil der Prüfung erstreckt sich auf die Kompetenzbereiche I bis V der Anlage 2.

(2) [1]Der praktische Teil der Prüfung besteht aus einer Aufgabe der selbständigen, umfassenden und prozessorientierten Pflege. [2]Die zu prüfende Person zeigt die erworbenen Kompetenzen im Bereich einer umfassenden personenbezogenen Erhebung des Pflegebedarfs, der Planung der Pflege, der Durchführung der erforderlichen Pflege und der Evaluation des Pflegeprozesses sowie im kommunikativen Handeln und in der Qualitätssicherung und übernimmt in diesem Rahmen alle anfallenden Aufgaben einer prozessorientierten Pflege. [3]Wesentliches Prüfungselement sind die vorbehaltenen Tätigkeiten nach § 4 des Pflegeberufegesetzes.

(3) [1]Die Prüfungsaufgabe soll insbesondere den Versorgungsbereich berücksichtigen, in dem die zu prüfende Person im Rahmen der praktischen Ausbildung den Vertiefungseinsatz nach § 6 Absatz 3 Satz 2 des Pflegeberufegesetzes absolviert hat. [2]Sie wird auf Vorschlag der Pflegeschule unter Einwilligung des zu pflegenden Menschen und des für den zu pflegenden Menschen verantwortlichen Fachpersonals durch die Fachprüferinnen und Fachprüfer nach Absatz 6 bestimmt.

(4) [1]Die Prüfung findet in realen und komplexen Pflegesituationen statt. [2]Sie erstreckt sich auf die Pflege von mindestens zwei Menschen, von denen einer einen erhöhten Pflegebedarf aufweist. [3]Die zu prüfenden Personen werden einzeln geprüft.

(5) [1]Die Prüfung besteht aus der vorab zu erstellenden schriftlichen oder elektronischen Ausarbeitung des Pflegeplans (Vorbereitungsteil), einer Fallvorstellung mit

ciner Dauer von maximal 20 Minuten, der Durchführung der geplanten und situativ erforderlichen Pflegemaßnahmen und einem Reflexionsgespräch mit einer Dauer von maximal 20 Minuten. [2]Die Prüfung ohne Vorbereitungsteil soll einschließlich des Reflexionsgesprächs die Dauer von 240 Minuten nicht überschreiten und kann durch eine organisatorische Pause von maximal einem Werktag unterbrochen werden. [3]Für den Vorbereitungsteil ist eine angemessene Vorbereitungszeit unter Aufsicht zu gewähren.

(6) [1]Die Prüfung wird von mindestens zwei Fachprüferinnen oder Fachprüfern, von denen eine oder einer Fachprüferin oder Fachprüfer nach § 10 Absatz 1 Satz 2 Nummer 4 ist, abgenommen und benotet. [2]Die oder der Vorsitzende des Prüfungsausschusses ist berechtigt, sich an der Prüfung zu beteiligen und dabei selbst Prüfungsfragen zu stellen.

(7) Aus den Noten der Fachprüferinnen oder Fachprüfer bildet die oder der Vorsitzende des Prüfungsausschusses im Benehmen mit den Fachprüferinnen oder Fachprüfern die Prüfungsnote.

(8) Der praktische Teil der Prüfung ist bestanden, wenn die Prüfung mindestens mit „ausreichend" benotet wird.

(9) Die Gesamtnote für den praktischen Teil der Prüfung bildet die oder der Vorsitzende des Prüfungsausschusses aus der Prüfungsnote und der Vornote für den praktischen Teil der Prüfung nach § 13 Absatz 1 und 2.

§ 17 Benotung

Für die Vornoten und für die staatliche Prüfung gelten folgende Noten:

Erreichter Wert	Note	Notendefinition
bis unter 1,50	sehr gut (1)	eine Leistung, die den Anforderungen in besonderem Maß entspricht
1,50 bis unter 2,50	gut (2)	eine Leistung, die den Anforderungen voll entspricht
2,50 bis unter 3,50	befriedigend (3)	eine Leistung, die im Allgemeinen den Anforderungen entspricht
3,50 bis unter 4,50	ausreichend (4)	eine Leistung, die zwar Mängel aufweist, aber im Ganzen den Anforderungen noch entspricht
4,50 bis unter 5,50	mangelhaft (5)	eine Leistung, die den Anforderungen nicht entspricht, jedoch erkennen lässt, dass die notwendigen Grundkenntnisse vorhanden sind und die Mängel in absehbarer Zeit behoben werden können
ab 5,50	ungenügend (6)	eine Leistung, die den Anforderungen nicht entspricht, und selbst die Grundkenntnisse so lückenhaft sind, dass die Mängel in absehbarer Zeit nicht behoben werden können

§ 18 Niederschrift

Über die Prüfung ist eine Niederschrift zu fertigen, aus der Gegenstand, Ablauf und Ergebnisse der Prüfung und etwa vorkommende Unregelmäßigkeiten hervorgehen.

§ 19 Bestehen und Wiederholung der staatlichen Prüfung, Zeugnis

(1) [1]Die staatliche Prüfung ist bestanden, wenn die Gesamtnote des schriftlichen Teils nach § 14 Absatz 7, des mündlichen Teils nach § 15 Absatz 7 und des praktischen Teils der Prüfung nach § 16 Absatz 9 jeweils mindestens mit „ausreichend" benotet worden ist. [2]Die Gesamtnote der staatlichen Prüfung wird aus dem arithmetischen Mittel der drei Prüfungsteile gebildet.

(2) [1]Wer die staatliche Prüfung bestanden hat, erhält ein Zeugnis nach dem Muster der Anlage 8. [2]Wer die staatliche Prüfung nicht bestanden hat, erhält von der oder dem Vorsitzenden des Prüfungsausschusses eine schriftliche oder elektronische Mitteilung, in der die Prüfungsnoten angegeben sind.

(3) Jede Aufsichtsarbeit der schriftlichen Prüfung, die mündliche Prüfung und die praktische Prüfung können einmal wiederholt werden, wenn die zu prüfende Person die Note „mangelhaft" oder „ungenügend" erhalten hat.

(4) [1]Hat die zu prüfende Person alle schriftlichen Aufsichtsarbeiten nach § 14 Absatz 2 Satz 1, den praktischen Teil der Prüfung oder alle Teile der Prüfung zu wiederholen, so darf sie zur Wiederholungsprüfung nur zugelassen werden, wenn sie an einer zusätzlichen Ausbildung teilgenommen hat. [2]Im Einzelfall kann die oder der Vorsitzende des Prüfungsausschusses im Benehmen mit den Fachprüferinnen oder Fachprüfern abweichend von Satz 1 über eine zusätzliche Ausbildung entscheiden. [3]Dauer und Inhalt der zusätzlichen Ausbildung bestimmt die oder der Vorsitzende des Prüfungsausschusses. [4]Die zusätzliche Ausbildung darf einschließlich der für die Prüfung erforderlichen Zeit die in § 21 Absatz 2 des Pflegeberufegesetzes festgelegte Dauer von einem Jahr nicht überschreiten; Ausnahmen kann die zuständige Behörde in begründeten Fällen zulassen. [5]Die zu prüfende Person hat ihrem Antrag auf Zulassung zur Wiederholungsprüfung einen Nachweis über die zusätzliche Ausbildung beizufügen.

§ 20 Rücktritt von der Prüfung

(1) Tritt eine zu prüfende Person nach ihrer Zulassung von der Prüfung oder einem Teil der Prüfung zurück, so hat sie der oder dem Vorsitzenden des Prüfungsausschusses den Grund für ihren Rücktritt unverzüglich schriftlich oder elektronisch mitzuteilen.

(2) [1]Genehmigt die oder der Vorsitzende des Prüfungsausschusses den Rücktritt, so gilt die Prüfung als nicht begonnen. [2]Die Genehmigung ist nur zu erteilen, wenn ein wichtiger Grund vorliegt. [3]Bei Krankheit ist die Vorlage eines amtsärztlichen Attests zu verlangen.

(3) [1]Genehmigt die oder der Vorsitzende des Prüfungsausschusses den Rücktritt nicht oder teilt die zu prüfende Person den Grund für den Rücktritt nicht unverzüglich mit, so gilt die Prüfung oder der betreffende Teil der Prüfung als nicht bestanden. [2]§ 19 Absatz 3 und 4 gilt entsprechend.

§ 21 Versäumnisfolgen

(1) [1]Versäumt eine zu prüfende Person einen Prüfungstermin, gibt sie eine Aufsichtsarbeit nicht oder nicht rechtzeitig ab oder unterbricht sie die Prüfung oder einen Teil der Prüfung, so gilt die Prüfung oder der betreffende Teil der Prüfung als nicht bestanden, wenn nicht ein wichtiger Grund vorliegt; § 19 Absatz 3 und 4 gilt entsprechend. [2]Liegt ein wichtiger Grund vor, so gilt die Prüfung oder der betreffende Teil der Prüfung als nicht begonnen.

(2) [1]Die Entscheidung darüber, ob ein wichtiger Grund vorliegt, trifft die oder der Vorsitzende des Prüfungsausschusses. [2]§ 20 Absatz 1 und Absatz 2 Satz 3 gilt entsprechend.

§ 22 Ordnungsverstöße und Täuschungsversuche

[1]Die oder der Vorsitzende des Prüfungsausschusses kann bei zu prüfenden Personen, die die ordnungsgemäße Durchführung der Prüfung in erheblichem Maße gestört oder eine Täuschung versucht haben, den betreffenden Teil der Prüfung für nicht bestanden erklären; § 19 Absatz 3 und 4 gilt entsprechend. [2]Eine solche Entscheidung ist im Falle der Störung der Prüfung nur bis zum Abschluss der gesamten Prüfung, im Falle eines Täuschungsversuchs nur innerhalb von drei Jahren nach Abschluss der Prüfung zulässig.

§ 23 Prüfungsunterlagen

[1]Auf Antrag ist der zu prüfenden Person nach Abschluss der Prüfung Einsicht in ihre Prüfungsunterlagen zu gewähren. [2]Schriftliche Aufsichtsarbeiten sind drei, Anträge auf Zulassung zur Prüfung und Prüfungsniederschriften zehn Jahre aufzubewahren.

§ 24 Prüfung bei Modellvorhaben nach § 14 des Pflegeberufegesetzes

(1) § 10 Absatz 1 gilt bei Ausbildungen nach § 14 des Pflegeberufegesetzes mit der Maßgabe, dass dem Prüfungsausschuss zusätzlich zu den in § 10 Absatz 1 Satz 2 Nummer 1 bis 4 genannten Personen die ärztlichen Fachprüferinnen und Fachprüfer anzugehören haben, die die Ausbildungsteilnehmerinnen und Ausbildungsteilnehmer in den erweiterten Kompetenzen zur Ausübung heilkundlicher Tätigkeiten unterrichtet haben, die Gegenstand der staatlichen Prüfung sind.

(2) Dem Zeugnis nach § 19 Absatz 2 Satz 1 ist bei Ausbildungen nach § 14 des Pflegeberufegesetzes eine Bescheinigung der Ausbildungsstätte beizufügen, aus der sich die heilkundlichen Tätigkeiten ergeben, die Gegenstand der erweiterten Ausbildung und der erweiterten staatlichen Prüfung waren.

(3) [1]Der schriftliche Teil der Prüfung erstreckt sich bei Ausbildungen nach § 14 des Pflegeberufegesetzes zusätzlich zu den Prüfungsbereichen nach § 14 Absatz 1 auf die erweiterten Kompetenzen zur Ausübung von heilkundlichen Tätigkeiten, die entsprechend den nach § 14 Absatz 2 des Pflegeberufegesetzes genehmigten Ausbildungsinhalten Gegenstand der zusätzlichen Ausbildung waren. [2]Die zu prüfende Person hat hierzu in ihrer Aufsichtsarbeit schriftlich gestellte Fragen zu bearbeiten. [3]Die Aufsichtsarbeit dauert 120 Minuten und ist an einem gesonderten Werktag durchzuführen. [4]§ 14 Absatz 3 Satz 3 gilt entsprechend. [5]Die Aufgaben für die Aufsichtsarbeit werden von der oder dem Vorsitzenden des Prüfungsausschusses auf Vorschlag der Pflegeschule ausgewählt, an der die Ausbildung stattgefunden hat. [6]Die zuständige Behörde kann zentrale Prüfungsaufgaben vorgeben, die unter Beteiligung der Pflegeschulen erarbeitet werden.

(4) [1]Der mündliche Teil der Prüfung erstreckt sich bei Ausbildungen nach § 14 des Pflegeberufegesetzes zusätzlich zu den Kompetenzbereichen nach § 15 Absatz 1 auf die erweiterten Kompetenzen zur Ausübung von heilkundlichen Tätigkeiten, die entsprechend den nach § 14 Absatz 2 des Pflegeberufegesetzes genehmigten Ausbildungsinhalten Gegenstand der erweiterten Ausbildung waren. [2]Die Prüfung der erweiterten Kompetenzen nach Satz 1 soll für die einzelne zu prüfende Person mindestens 15 Minuten und nicht länger als 30 Minuten dauern. [3]Für die Prüfung sind ärztliche Fachprüferinnen oder Fachprüfer gemäß Absatz 1 vorzusehen.

(5) [1]Der praktische Teil der Prüfung erstreckt sich bei Ausbildungen nach § 14 des Pflegeberufegesetzes zusätzlich zu § 16 Absatz 1 und 2 auf eine Aufgabe zur Ausübung heilkundlicher Tätigkeiten bei Patientinnen oder Patienten, die entsprechend den nach § 14 Absatz 2 des Pflegeberufegesetzes genehmigten Ausbildungsinhalten Gegenstand der erweiterten Ausbildung waren. [2]Die zu prüfende Person übernimmt dabei alle Aufgaben, die Gegenstand der Behandlung sind, einschließlich der Dokumentation. [3]In einem Prüfungsgespräch hat die zu prüfende Person ihre Diagnose- und Behandlungsmaßnahmen zu erläutern und zu begründen sowie die Prüfungssituation zu reflektieren. [4]Dabei hat sie nachzuweisen, dass sie in der Lage ist, die während der Ausbildung erworbenen erweiterten Kompetenzen in der beruflichen Praxis anzuwenden, und dass sie befähigt ist, die Aufgaben, die Gegenstand ihrer erweiterten Ausbildung waren, eigenverantwortlich zu lösen. [5]Die Auswahl der Patientinnen oder Patienten erfolgt durch eine ärztliche Fachprüferin oder einen ärztlichen Fachprüfer gemäß Absatz 1 unter Einwilligung der Patientin oder des Patienten. [6]Die Prüfung soll für die einzelne zu prüfende Person in der Regel nicht länger als 180 Minuten dauern. [7]Die Prüfung wird von zwei Fachprüferinnen oder Fachprüfern nach § 10 Absatz 1 Satz 2 Nummer 4 abgenommen und benotet.

(6) Im Übrigen gelten für die Ausbildung nach § 14 des Pflegeberufegesetzes die Vorschriften dieses Abschnitts zur staatlichen Prüfung.

Teil 2
Besondere Vorschriften zur beruflichen Pflegeausbildung nach Teil 5
des Pflegeberufegesetzes

Abschnitt 1
Allgemeine Vorschriften

§ 25 Anwendbarkeit der Vorschriften nach Teil 1

Auf die berufliche Pflegeausbildung nach Teil 5 des Pflegeberufegesetzes finden die Vorschriften des Teils 1 Anwendung, soweit sich aus den nachfolgenden Vorschriften dieses Teils nicht etwas anderes ergibt.

Abschnitt 2
Berufliche Ausbildung zur Gesundheits- und Kinderkrankenpflegerin oder
zum Gesundheits- und Kinderkrankenpfleger

§ 26 Inhalt und Durchführung der Ausbildung, staatliche Prüfung

(1) [1]Die Ausbildung zur Gesundheits- und Kinderkrankenpflegerin oder zum Gesundheits- und Kinderkrankenpfleger nach § 58 Absatz 1 des Pflegeberufegesetzes befähigt die Auszubildenden in Erfüllung des Ausbildungsziels nach § 5 in Verbindung mit § 60 Absatz 1 des Pflegeberufegesetzes zur Pflege von Kindern und Jugendlichen. [2]Die hierfür erforderlichen Kompetenzen sind in Anlage 3 konkretisiert.

(2) [1]Die Praxiseinsätze im letzten Ausbildungsdrittel sind gemäß der Stundenverteilung nach Anlage 7 in Bereichen der Versorgung von Kindern und Jugendlichen durchzuführen. [2]Der Pflichteinsatz in der psychiatrischen Versorgung nach § 7 Absatz 2 des Pflegeberufegesetzes erfolgt in der kinder- und jugendpsychiatrischen Versorgung. [3]Der im Ausbildungsvertrag vereinbarte Ausbildungsplan ist, soweit erforderlich, anzupassen.

(3) [1]Gegenstand der staatlichen Prüfung sind die auf der Grundlage von § 5 in Verbindung mit § 60 Absatz 1 des Pflegeberufegesetzes in Anlage 3 aufgeführten Kompetenzen. [2]Die Fachprüferinnen oder Fachprüfer nach § 10 Absatz 1 Satz 2 Nummer 4 sollen im Bereich der Pflege von Kindern und Jugendlichen tätig sein.

§ 27 Gegenstände des schriftlichen, mündlichen und praktischen Teils der Prüfung

(1) Der schriftliche Teil der Prüfung erstreckt sich auf folgende Prüfungsbereiche aus den Kompetenzbereichen I bis V der Anlage 3:

1. Pflegeprozessgestaltung einschließlich Interaktion und Beziehungsgestaltung in akuten und dauerhaften Pflegesituationen (Kompetenzschwerpunkte I.1, II.1) unter Einbeziehung von lebensweltlichen Aspekten und pflegerischen Aufgaben im Zusammenhang mit der Lebensgestaltung sowie unter Berücksichtigung von Autonomieerhalt und Entwicklungsförderung der zu pflegenden Kinder und

Jugendlichen (Kompetenzschwerpunkte I.5, I.6), wobei darüber hinaus ausgewählte Kontextbedingungen des Kompetenzbereiches IV in die Fallbearbeitung einbezogen werden sollen,

2. Pflegeprozessgestaltung bei Kindern und Jugendlichen mit gesundheitlichen Problemlagen unter besonderer Berücksichtigung von Gesundheitsförderung und Prävention in Verbindung mit verschiedenen Schwerpunkten und Gesichtspunkten von Beratung (Kompetenzschwerpunkte I.2, II.2), wobei im Rahmen der Fallbearbeitung erforderliche Handlungsentscheidungen anhand von pflegewissenschaftlichem Begründungswissen begründet werden sollen (Kompetenzschwerpunkt V.1),

3. Pflegeprozesssteuerung in kritischen und krisenhaften Pflegesituationen (Kompetenzschwerpunkte I.3, I.4) in Verbindung mit der eigenständigen Durchführung ärztlicher Anordnungen (Kompetenzschwerpunkt III.2) und ethischen Entscheidungsprozessen (Kompetenzschwerpunkt II.3).

(2) [1]Der mündliche Teil der Prüfung erstreckt sich auf die folgenden Kompetenzbereiche der Anlage 3:

1. intra- und interprofessionelles Handeln in unterschiedlichen systemischen Kontexten verantwortlich gestalten und mitgestalten (Kompetenzbereich III),

2. das eigene Handeln auf der Grundlage von Gesetzen, Verordnungen und ethischen Leitlinien reflektieren und begründen (Kompetenzbereich IV),

3. das eigene Handeln auf der Grundlage von wissenschaftlichen Erkenntnissen und berufsethischen Werthaltungen und Einstellungen reflektieren und begründen (Kompetenzbereich V).

[2]Den Schwerpunkt des mündlichen Teils der Prüfung bilden die Auseinandersetzung mit der eigenen Berufsrolle und dem beruflichen Selbstverständnis und teambezogene, einrichtungsbezogene sowie gesellschaftliche Kontextbedingungen und ihr Einfluss auf das pflegerische Handeln.

(3) Der praktische Teil der Prüfung erstreckt sich auf die Kompetenzbereiche I bis V der Anlage 3.

(4) Die Fallsituationen in den verschiedenen Teilen der Prüfung sind der Pflege von Kindern und Jugendlichen zu entnehmen.

Abschnitt 3
Berufliche Ausbildung zur Altenpflegerin oder zum Altenpfleger

§ 28   Inhalt und Durchführung der Ausbildung, staatliche Prüfung

(1) [1]Die Ausbildung zur Altenpflegerin oder zum Altenpfleger nach § 58 Absatz 2 des Pflegeberufegesetzes befähigt die Auszubildenden in Erfüllung des Ausbildungsziels nach § 5 in Verbindung mit § 61 Absatz 1 des Pflegeberufegesetzes zur Pflege von alten Menschen. [2]Die hierfür erforderlichen Kompetenzen sind in Anlage 4 konkretisiert.

(2) [1]Die Praxiseinsätze im letzten Ausbildungsdrittel sind gemäß der Stundenverteilung nach Anlage 7 in Bereichen der Versorgung von alten Menschen durch-

zuführen. [2]Der Pflichteinsatz in der psychiatrischen Versorgung nach § 7 Absatz 2 des Pflegeberufegesetzes erfolgt in der gerontopsychiatrischen Versorgung. [3]Der im Ausbildungsvertrag vereinbarte Ausbildungsplan ist, soweit erforderlich, anzupassen.

(3) [1]Gegenstand der staatlichen Prüfung sind die auf der Grundlage von § 5 in Verbindung mit § 61 Absatz 1 des Pflegeberufegesetzes in Anlage 4 aufgeführten Kompetenzen. [2]Die Fachprüferinnen oder Fachprüfer nach § 10 Absatz 1 Satz 2 Nummer 4 sollen im Bereich der Pflege alter Menschen tätig sein.

§ 29 Gegenstände des schriftlichen, mündlichen und praktischen Teils der Prüfung

(1) Der schriftliche Teil der Prüfung erstreckt sich auf folgende Prüfungsbereiche aus den Kompetenzbereichen I bis V der Anlage 4:

1. Pflegeprozessgestaltung einschließlich Interaktion und Beziehungsgestaltung in akuten und dauerhaften Pflegesituationen (Kompetenzschwerpunkte I.1, II.1) unter Einbeziehung von lebensweltlichen Aspekten und pflegerischen Aufgaben im Zusammenhang mit der Lebensgestaltung sowie unter Berücksichtigung von Autonomieerhalt und Entwicklungsförderung der zu pflegenden alten Menschen (Kompetenzschwerpunkte I.5, I.6), wobei darüber hinaus ausgewählte Kontextbedingungen des Kompetenzbereiches IV in die Fallbearbeitung einbezogen werden sollen,

2. Pflegeprozessgestaltung bei alten Menschen mit gesundheitlichen Problemlagen unter besonderer Berücksichtigung von Gesundheitsförderung und Prävention in Verbindung mit verschiedenen Schwerpunkten und Gesichtspunkten von Beratung (Kompetenzschwerpunkte I.2, II.2), wobei im Rahmen der Fallbearbeitung erforderliche Handlungsentscheidungen anhand von pflegewissenschaftlichem Begründungswissen begründet werden sollen (Kompetenzschwerpunkt V.1),

3. Pflegeprozesssteuerung in kritischen und krisenhaften Pflegesituationen (Kompetenzschwerpunkte I.3, I.4) in Verbindung mit der eigenständigen Durchführung ärztlicher Anordnungen (Kompetenzschwerpunkt III.2) und ethischen Entscheidungsprozessen (Kompetenzschwerpunkt II.3).

(2) [1]Der mündliche Teil der Prüfung erstreckt sich auf die folgenden Kompetenzbereiche der Anlage 4:

1. intra- und interprofessionelles Handeln in unterschiedlichen systemischen Kontexten verantwortlich gestalten und mitgestalten (Kompetenzbereich III),

2. das eigene Handeln auf der Grundlage von Gesetzen, Verordnungen und ethischen Leitlinien reflektieren und begründen (Kompetenzbereich IV),

3. das eigene Handeln auf der Grundlage von wissenschaftlichen Erkenntnissen und berufsethischen Werthaltungen und Einstellungen reflektieren und begründen (Kompetenzbereich V).

[2]Den Schwerpunkt des mündlichen Teils der Prüfung bilden die Auseinandersetzung mit der eigenen Berufsrolle und dem beruflichen Selbstverständnis und teambezogene, einrichtungsbezogene sowie gesellschaftliche Kontextbedingungen und ihr Einfluss auf das pflegerische Handeln.

(3) Der praktische Teil der Prüfung erstreckt sich auf die Kompetenzbereiche I bis V der Anlage 4.

(4) Die Fallsituationen in den verschiedenen Teilen der Prüfung sind der Pflege von alten Menschen zu entnehmen.

Teil 3
Hochschulische Pflegeausbildung

§ 30 Inhalt und Gliederung der hochschulischen Pflegeausbildung

(1) [1]Die hochschulische Pflegeausbildung nach Teil 3 des Pflegeberufegesetzes befähigt dazu, Menschen aller Altersstufen in den allgemeinen und speziellen Versorgungsbereichen der Pflege in Erfüllung der Ausbildungsziele nach § 37 des Pflegeberufegesetzes pflegen zu können. [2]Die hierfür erforderlichen Kompetenzen sind in Anlage 5 konkretisiert. [3]Der Kompetenzerwerb in der Pflege von Menschen aller Altersstufen berücksichtigt auch die besonderen Anforderungen an die Pflege von Kindern und Jugendlichen sowie alten Menschen in den unterschiedlichen Versorgungssituationen.

(2) [1]Die hochschulische Pflegeausbildung umfasst unter Beachtung der Vorgaben der Richtlinie 2005/36/EG des Europäischen Parlaments und des Rates vom 7. September 2005 über die Anerkennung von Berufsqualifikationen (ABl. L 255 vom 30.9.2005, S. 22; L 271 vom 16.10.2007, S. 18) einen Arbeitsaufwand der Studierenden von jeweils insgesamt mindestens 4 600 Stunden. [2]Davon entfallen mindestens 2 100 auf die Lehrveranstaltungen und mindestens 2 300 Stunden auf die Praxiseinsätze in Einrichtungen nach § 7 des Pflegeberufegesetzes. [3]Mindestens jeweils 400 der auf die Praxiseinsätze entfallen den Stunden sind in der allgemeinen Akutpflege in stationären Einrichtungen, der allgemeinen Langzeitpflege in stationären Einrichtungen und der allgemeinen ambulanten Akut- und Langzeitpflege nach § 7 Absatz 1 des Pflegeberufegesetzes durchzuführen.

(3) [1]Die hochschulische Pflegeausbildung erfolgt im Wechsel von Lehrveranstaltungen und Praxiseinsätzen. [2]Die Koordination erfolgt durch die Hochschule.

(4) Das modulare Curriculum wird auf der Grundlage der Ausbildungsziele nach § 37 des Pflegeberufegesetzes und der Vorgaben der Anlage 5 erstellt.

(5) Stellt die Hochschule bei der zuständigen Behörde einen Antrag nach § 38 Absatz 3 Satz 4 des Pflegeberufegesetzes, legt sie in einem Konzept dar, dass das Ziel der Praxiseinsätze, insbesondere das Ziel, als Mitglied eines Pflegeteams in unmittelbarem Kontakt mit zu pflegenden Menschen zu lernen, nicht gefährdet wird.

(6) [1]Fehlzeiten dürfen das Ausbildungsziel nach § 37 des Pflegeberufegesetzes nicht gefährden. [2]Das Nähere regelt die Hochschule.

§ 31 Durchführung der hochschulischen Pflegeausbildung

(1) [1]Die Hochschule gewährleistet über schriftliche Kooperationsverträge mit den Einrichtungen die Durchführung der Praxiseinsätze und stellt damit sicher, dass sie

in angemessenem Umfang eine Praxisanleitung entsprechend den Vorgaben des modularen Curriculums der Hochschule durchführen. [2]Die Praxisanleitung erfolgt durch geeignetes, in der Regel hochschulisch qualifiziertes Pflegepersonal. [3]Die Länder können weitergehende Regelungen treffen. [4]Sie können bis zum 31. Dezember 2029 auch abweichende Anforderungen an die Eignung der Praxisanleiterinnen und Praxisanleiter zulassen.

(2) [1]Die Hochschule stellt für die Zeit der Praxiseinsätze die Praxisbegleitung der Studierenden in angemessenem Umfang sicher. [2]Sie regelt über Kooperationsverträge mit den Einrichtungen der Praxiseinsätze die Durchführung der Praxisbegleitung in den Einrichtungen und die Zusammenarbeit mit den Praxisanleiterinnen und Praxisanleitern.

(3) Den Studierenden dürfen im Rahmen der Praxiseinsätze nur Aufgaben übertragen werden, die dem Ausbildungszweck und dem Ausbildungsstand entsprechen; die übertragenen Aufgaben sollen den physischen und psychischen Kräften der Studierenden angemessen sein.

§ 32 Modulprüfungen und staatliche Prüfung zur Erlangung der Berufszulassung

(1) [1]Die Prüfung umfasst jeweils einen schriftlichen, einen mündlichen und einen praktischen Teil. [2]Gegenstand der staatlichen Prüfung zur Erlangung der Berufszulassung sind die Kompetenzen nach § 39 Absatz 2 Satz 1 des Pflegeberufegesetzes. [3]Im schriftlichen und mündlichen Teil der Prüfung hat die zu prüfende Person ihre Fachkompetenz und die zur Ausübung des Berufs erforderliche personale Kompetenz einschließlich der Sozialkompetenz und der Selbständigkeit nachzuweisen. [4]Im praktischen Teil der Prüfung hat die zu prüfende Person nachzuweisen, dass sie über die zur Pflege von Menschen auch in hochkomplexen Pflegesituationen erforderlichen Kompetenzen verfügt und befähigt ist, die Aufgaben in der Pflege gemäß dem Ausbildungsziel des Pflegeberufegesetzes auszuführen.

(2) Die zu prüfende Person legt den schriftlichen und mündlichen Teil der Prüfung bei der Hochschule ab, an der sie die hochschulische Pflegeausbildung abschließt.

(3) Der praktische Teil der Prüfung wird in der Regel in der Einrichtung abgelegt, in der der Vertiefungseinsatz nach § 38 Absatz 3 Satz 1 des Pflegeberufegesetzes durchgeführt wurde.

(4) Die Hochschule legt mit Zustimmung der zuständigen Behörde die Module des Studiengangs fest, in denen die Überprüfung der Kompetenzen nach § 39 Absatz 2 Satz 1 des Pflegeberufegesetzes erfolgt, sowie die Art der jeweiligen Modulprüfung nach Maßgabe der §§ 35 bis 37.

§ 33 Prüfungsausschuss

(1) [1]An jeder Hochschule, die die hochschulische Pflegeausbildung anbietet, wird ein Prüfungsausschuss gebildet, der für die ordnungsgemäße Durchführung der Modulprüfungen nach § 39 Absatz 2 Satz 1 des Pflegeberufegesetzes zuständig ist. [2]Er besteht mindestens aus folgenden Mitgliedern:

1. einer Vertreterin oder einem Vertreter der zuständigen Behörde oder einer von der zuständigen Behörde mit der Wahrnehmung dieser Aufgabe betrauten geeigneten Person,
2. einer Vertreterin oder einem Vertreter der Hochschule,
3. mindestens einer Prüferin oder einem Prüfer, die oder der an der Hochschule für das Fach berufen ist, und einer Prüferin oder einem Prüfer, die oder der über eine Hochschulprüfungsberechtigung verfügen, sowie
4. mindestens einer Prüferin oder einem Prüfer, die oder der für die Abnahme des praktischen Prüfungsteils geeignet ist.

[3]Die Prüferinnen oder Prüfer nach Satz 2 Nummer 3 oder 4 müssen über eine Erlaubnis zum Führen der Berufsbezeichnung nach § 1 Absatz 1, § 58 Absatz 1 oder Absatz 2 oder § 64 des Pflegeberufegesetzes verfügen. [4]Für Prüferinnen oder Prüfer nach Satz 2 Nummer 3 können die Länder bis zum Jahr 2029 Ausnahmen vom Erfordernis nach Satz 3 genehmigen.

(2) [1]Die zuständige Behörde bestellt das Mitglied nach Absatz 1 Satz 2 Nummer 1 sowie dessen Stellvertreterin oder Stellvertreter. [2]Die Hochschule bestimmt das Mitglied nach Absatz 1 Satz 2 Nummer 2 sowie dessen Stellvertreterin oder Stellvertreter.

(3) [1]Der Prüfungsausschuss wird unter dem gemeinsamen Vorsitz der Mitglieder nach Absatz 1 Satz 2 Nummer 1 und Absatz 1 Satz 2 Nummer 2 geführt. [2]Das Mitglied nach Absatz 1 Satz 2 Nummer 1 wird bei der Durchführung seiner Aufgaben durch die zuständige Behörde unterstützt.

(4) Die Vorsitzenden des Prüfungsausschusses bestimmen gemeinsam auf Vorschlag der Hochschule die Prüferinnen oder Prüfer für die einzelnen Prüfungsteile sowie deren Stellvertreterinnen und Stellvertreter.

(5) Die Vorsitzenden des Prüfungsausschusses sind verpflichtet, an den jeweiligen Teilen der Prüfung in dem Umfang teilzunehmen, der zur Erfüllung der in dieser Verordnung geregelten Aufgaben erforderlich ist; eine Verpflichtung zur Anwesenheit während der gesamten Dauer der Prüfung besteht nicht.

(6) Bei Kooperation mit einer Pflegeschule nach § 67 des Pflegeberufegesetzes können die Vorsitzenden auch Vertreterinnen oder Vertreter der Pflegeschule in den Prüfungsausschuss berufen.

§ 34   Zulassung zur Prüfung, Nachteilsausgleich

(1) Die Vorsitzenden des Prüfungsausschusses entscheiden auf Antrag der oder des Studierenden und auf Grundlage der im Studiengangskonzept geregelten Voraussetzungen über die Zulassung zur staatlichen Prüfung.

(2) § 12 ist entsprechend anzuwenden.

§ 35   Schriftlicher Teil der Prüfung

(1) Der schriftliche Teil der Prüfung umfasst drei Aufsichtsarbeiten.

(2) Für die drei Aufsichtsarbeiten sind Module zu folgenden Prüfungsbereichen aus den Kompetenzbereichen I bis V der Anlage 5 festzulegen:

1. die Planung, Organisation, Gestaltung, Steuerung und Durchführung von Pflegeprozessen bei komplexen und hochkomplexen Pflegebedarfen, spezifischen Klientengruppen in Pflegesituationen mit besonderen gesundheitlichen Problemlagen sowie in hoch belasteten und kritischen Lebenssituationen auf der Grundlage wissenschaftlicher Theorien, Modelle und Forschungsergebnisse übernehmen,
2. die Entwicklung und Autonomie in der Lebensspanne und unterstützen Menschen aller Altersgruppen bei der Lebensgestaltung auf der Grundlage pflege- und bezugswissenschaftlicher Methoden und Forschungsergebnisse fördern,
3. Beratungs- und Schulungskonzepte auf der Basis gesicherter Forschungsergebnisse konzipieren, gestalten, reflektieren und evaluieren,
4. Kommunikations-, Interaktions- und Beratungsprozesse in der Pflegepraxis auf der Grundlage pflege- und bezugswissenschaftlicher Methoden und unter ethischen Gesichtspunkten analysieren, reflektieren und evaluieren,
5. die pflegerischen und gesundheitlichen Versorgungsstrukturen, die Steuerung von Versorgungsprozessen sowie die Formen von intra- und interprofessioneller Zusammenarbeit analysieren und reflektieren und an der Gestaltung von Strukturen und Versorgungsprozessen auf der Basis wissenschaftlicher Erkenntnisse mitwirken,
6. ärztliche Anordnungen und Maßnahmen der Diagnostik, Therapie oder Rehabilitation unter Berücksichtigung vertieften forschungsbasierten Wissens begründen,
7. Forschungsergebnisse bewerten und forschungsgestützte Problemlösungen sowie neue Technologien für die Gestaltung von Pflegeprozessen nutzen.

(3) [1]Soweit Module prüfungsbereichsübergreifend konzipiert sind, müssen die genannten Prüfungsbereiche in den gewählten Modulen jeweils zumindest einen Schwerpunkt bilden. [2]Die zu prüfende Person hat in den Aufsichtsarbeiten schriftlich gestellte fallbezogene Aufgaben zu bearbeiten. [3]Die Fallsituationen für die drei Aufsichtsarbeiten sollen insgesamt variiert werden in Bezug auf

1. die Altersstufe, der die zu pflegenden Menschen angehören,
2. das soziale und kulturelle Umfeld der oder des zu pflegenden Menschen,
3. die Versorgungsbereiche, in denen die Fallsituationen verortet sind.

[4]In allen drei Aufsichtsarbeiten werden die Reflexion und Begründung des eigenen Handelns auf der Grundlage von wissenschaftlichen Erkenntnissen geprüft. [5]Die Aufsichtsarbeiten schließen jeweils das nach Absatz 2 zugeordnete Modul ab.

(4) [1]Die Aufsichtsarbeiten dauern jeweils mindestens 120 Minuten. [2]Sie sind in der Regel an drei aufeinanderfolgenden Werktagen durchzuführen. [3]Die Aufsichtsführenden werden von der Hochschule bestellt.

(5) Die Aufgaben für die Aufsichtsarbeiten werden auf Vorschlag der Hochschule durch die Vorsitzenden des Prüfungsausschusses bestimmt.

(6) [1]Jede Aufsichtsarbeit ist von mindestens zwei Prüferinnen oder Prüfern zu benoten. [2]Aus den Noten der Prüferinnen oder Prüfer bilden die Vorsitzenden des Prüfungsausschusses im Benehmen mit den jeweiligen Prüferinnen oder Prüfern die Note der einzelnen Aufsichtsarbeiten.

(7) Der schriftliche Teil der staatlichen Prüfung ist bestanden, wenn jede der drei Aufsichtsarbeiten mindestens mit „ausreichend" benotet wird.

(8) [1]Die Gesamtnote für den schriftlichen Teil der staatlichen Prüfung ermitteln die Vorsitzenden des Prüfungsausschusses aus den drei Noten der Aufsichtsarbeiten. [2]Soweit die Module im Curriculum hinsichtlich des Arbeitsaufwandes unterschiedlich gewichtet sind, ist dies bei der Ermittlung der Gesamtnote des schriftlichen Prüfungsteils zu berücksichtigen.

§ 36   Mündlicher Teil der Prüfung

(1) Für den mündlichen Teil der Prüfung ist ein Modul oder sind Module zu folgenden Prüfungsbereichen aus den Kompetenzbereichen III bis V der Anlage 5 festzulegen:

1. verantwortliche Gestaltung und Mitgestaltung des intra- und interprofessionellen Handelns in unterschiedlichen systemischen Kontexten und zur Weiterentwicklung der gesundheitlichen und pflegerischen Versorgung,
2. Reflexion und Begründung des eigenen Handelns vor dem Hintergrund von Gesetzen, Verordnungen, ethischen Leitlinien und zur Mitwirkung an der Entwicklung und Implementierung von Qualitätsmanagementkonzepten, Leitlinien und Expertenstandards,
3. Reflexion und Begründung des eigenen Handelns auf der Grundlage von wissenschaftlichen Erkenntnissen und berufsethischen Werthaltungen und Einstellungen sowie zur Beteiligung an der Berufsentwicklung.

(2) [1]Im mündlichen Teil der Prüfung hat die zu prüfende Person berufliche Kompetenzen nachzuweisen. [2]Die Prüfung schließt das nach Absatz 1 zugeordnete Modul oder die zugeordneten Module ab.

(3) [1]Die drei Kompetenzbereiche der mündlichen Prüfung werden anhand von komplexen Aufgabenstellungen unter Berücksichtigung aktueller wissenschaftlicher Erkenntnisse geprüft. [2]Die Prüfungsaufgabe besteht in der Bearbeitung einer Fallsituation aus einem anderen Versorgungskontext als dem der praktischen Prüfung und bezieht sich auch auf eine andere Altersstufe der zu pflegenden Menschen.

(4) [1]Die zu prüfenden Personen werden einzeln oder zu zweit geprüft. [2]Die Prüfung soll für jede zu prüfende Person mindestens 30 Minuten und nicht länger als 45 Minuten dauern. [3]Eine angemessene Vorbereitungszeit unter Aufsicht ist zu gewähren.

(5) [1]Die Prüfung wird von mindestens zwei Prüferinnen oder Prüfern abgenommen und benotet. [2]Die Vorsitzenden des Prüfungsausschusses sind berechtigt, sich an der Prüfung zu beteiligen und dabei selbst Prüfungsfragen zu stellen.

(6) Aus den Noten der Prüferinnen oder Prüfer bilden die Vorsitzenden des Prüfungsausschusses im Benehmen mit den Prüferinnen und Prüfern die Note für die in der Prüfung erbrachte Leistung.

(7) Der mündliche Teil der Prüfung ist bestanden, wenn die Prüfungsleistung mindestens mit „ausreichend" benotet wird.

§ 37 Praktischer Teil der Prüfung

(1) Für den praktischen Teil der Prüfung ist ein eigenständiges Modul zu den Kompetenzbereichen I bis V der Anlage 5 festzulegen.

(2) [1]Der praktische Teil der Prüfung besteht aus einer Aufgabe der selbständigen, umfassenden und prozessorientierten Pflege und bezieht sich insbesondere auf die vorbehaltenen Tätigkeiten nach § 4 des Pflegeberufegesetzes. [2]Die zu prüfende Person zeigt die erworbenen Kompetenzen im Bereich einer umfassenden personenbezogenen Erhebung und Feststellung des individuellen Pflegebedarfs, der Planung und Gestaltung der Pflege, der Durchführung der erforderlichen Pflege und der Evaluation des Pflegeprozesses einschließlich der Kommunikation und Beratung sowie in der Qualitätssicherung und in der intra- und interprofessionellen Zusammenarbeit und übernimmt in diesem Rahmen alle anfallenden Aufgaben einer prozessorientierten Pflege. [3]Dabei stellt sie auch die Kompetenz unter Beweis, ihr Pflegehandeln wissenschaftsbasiert oder -orientiert zu begründen und zu reflektieren. [4]Der praktische Teil der Prüfung schließt das Modul nach Absatz 1 ab.

(3) [1]Die Prüfungsaufgabe soll insbesondere den Versorgungsbereich berücksichtigen, in dem die zu prüfende Person im Rahmen der praktischen Ausbildung den Vertiefungseinsatz nach § 6 Absatz 3 Satz 2 des Pflegeberufegesetzes absolviert hat. [2]Sie wird auf Vorschlag mindestens einer Prüferin oder eines Prüfers nach § 33 Absatz 1 Satz 2 Nummer 4 durch die Vorsitzenden des Prüfungsausschusses bestimmt.

(4) [1]Die Prüfung findet in realen und hochkomplexen Pflegesituationen statt. [2]Sie erstreckt sich auf die Pflege von mindestens zwei Menschen, von denen einer einen erhöhten Pflegebedarf und eine hochkomplexe Pflegesituation aufweist. [3]Die zu prüfenden Personen werden einzeln geprüft.

(5) [1]Die Prüfung besteht aus der vorab zu erstellenden schriftlichen oder elektronischen Ausarbeitung des Pflegeplans (Vorbereitungsteil), einer Fallvorstellung mit einer Dauer von maximal 20 Minuten, der Durchführung der geplanten und situativ erforderlichen Pflegemaßnahmen und einem Reflexionsgespräch mit einer Dauer von maximal 20 Minuten. [2]Mit der schriftlichen oder elektronischen Ausarbeitung des Pflegeplans stellt die zu prüfende Person unter Beweis, dass sie in der Lage ist, das Pflegehandeln fall-, situations- und zielorientiert sowie wissenschaftsbasiert oder -orientiert zu strukturieren und zu begründen. [3]Die Prüfung ohne den Vorbereitungsteil soll einschließlich des Reflexionsgesprächs die Dauer von 240 Minuten nicht überschreiten und kann durch eine organisatorische Pause von maximal einem Werktag unterbrochen werden. [4]Für den Vorbereitungsteil ist eine angemessene Vorbereitungszeit unter Aufsicht zu gewähren.

(6) ¹Die Prüfung wird von mindestens einer Prüferin oder einem Prüfer nach § 33 Absatz 1 Satz 2 Nummer 3 und einer Prüferin oder einem Prüfer nach § 33 Absatz 1 Satz 2 Nummer 4 abgenommen und benotet. ²Die Vorsitzenden des Prüfungsausschusses sind berechtigt, sich an der Prüfung zu beteiligen und dabei selbst Prüfungsfragen zu stellen.

(7) Aus den Noten der Prüferinnen oder Prüfer bilden die Vorsitzenden des Prüfungsausschusses im Benehmen mit den Prüferinnen und Prüfern die Note für die in der Prüfung erbrachte Leistung.

(8) Der praktische Teil der Prüfung ist bestanden, wenn die Prüfungsleistung mindestens mit „ausreichend" benotet wird.

§ 38 Niederschrift, Rücktritt von der Prüfung, Versäumnisfolgen, Ordnungsverstöße und Täuschungsversuche, Prüfungsunterlagen

Die §§ 18, 20 bis 23 sind entsprechend anzuwenden.

§ 39 Bestehen und Wiederholung des staatlichen Prüfungsteils

(1) ¹Die Beurteilung der Prüfungsleistungen erfolgt durch Noten. ²Die Benotung basiert auf einer Bewertung der Prüfungsleistung in Bezug auf die vollständige Erfüllung der Prüfungsanforderungen. ³Es gilt das Notensystem nach § 17.

(2) ¹Die staatliche Prüfung zur Berufszulassung ist bestanden, wenn jeder der nach § 32 Absatz 1 vorgeschriebenen Prüfungsteile bestanden ist. ²Aus dem arithmetischen Mittel der drei Prüfungsteile wird eine Gesamtnote gebildet.

(3) ¹Jede Modulprüfung, die Teil der staatlichen Überprüfung ist, kann einmal wiederholt werden, wenn die zu prüfende Person die Note „mangelhaft" oder „ungenügend" erhalten hat. ²§ 19 Absatz 4 ist entsprechend anzuwenden.

§ 40 Erfolgreicher Abschluss der hochschulischen Pflegeausbildung, Zeugnis

(1) ¹Die hochschulische Pflegeausbildung ist erfolgreich abgeschlossen, wenn sowohl der hochschulische als auch der staatliche Prüfungsteil bestanden sind. ²Ist die hochschulische Pflegeausbildung nicht insgesamt erfolgreich abgeschlossen worden, ist eine Erlaubniserteilung nach § 1 Absatz 1 des Pflegeberufegesetzes ausgeschlossen.

(2) ¹Das Zeugnis zur hochschulischen Pflegeausbildung stellt die Hochschule im Einvernehmen mit der zuständigen Behörde aus. ²Das Ergebnis der staatlichen Prüfung zur Berufszulassung wird im Zeugnis getrennt ausgewiesen und von der zuständigen Behörde unterzeichnet.

§ 41 Prüfung bei Modellvorhaben nach § 14 des Pflegeberufegesetzes

¹Die Prüfung bei Ausbildungen nach § 14 des Pflegeberufegesetzes, die im Rahmen der hochschulischen Pflegeausbildung stattfinden, ist an einer Hochschule abzule-

gen. [2]Für die Ausbildung nach § 14 des Pflegeberufegesetzes gelten die Vorschriften dieses Teils zur staatlichen Prüfung, wobei die Ergänzungen nach § 24 Absatz 1 bis 5 entsprechend anzuwenden sind.

Teil 4
Sonstige Vorschriften

Abschnitt 1
Erlaubniserteilung

§ 42   Erlaubnisurkunde

[1]Sind die Voraussetzungen nach § 2 des Pflegeberufegesetzes für die Erteilung der Erlaubnis zum Führen der Berufsbezeichnung nach § 1 Absatz 1 Satz 1 des Pflegeberufegesetzes, nach § 1 Absatz 1 Satz 2 des Pflegeberufegesetzes, nach § 58 Absatz 1 des Pflegeberufegesetzes oder nach § 58 Absatz 2 des Pflegeberufegesetzes erfüllt, so stellt die zuständige Behörde die Erlaubnisurkunde nach dem Muster der Anlage 13 aus. [2]Für die Ausbildung nach Teil 2 des Pflegeberufegesetzes enthält die Urkunde nach § 1 Absatz 2 des Pflegeberufegesetzes einen Hinweis auf den nach § 7 Absatz 4 Satz 1 des Pflegeberufegesetzes durchgeführten Vertiefungseinsatz nach dem Muster der Anlage 14.

Abschnitt 2
Anerkennung von ausländischen Berufsabschlüssen, erforderliche Anpassungsmaßnahmen und Erbringung von Dienstleistungen

§ 43   Allgemeines Verfahren, Bescheide, Fristen

(1) Eine Person, die außerhalb des Geltungsbereiches des Pflegeberufegesetzes eine Ausbildung absolviert hat, kann bei der zuständigen Behörde beantragen, dass ihr die Erlaubnis erteilt wird,

1. die Berufsbezeichnung „Pflegefachfrau" oder „Pflegefachmann" nach § 1 Absatz 1 des Pflegeberufegesetzes zu führen,
2. die Berufsbezeichnung „Gesundheits- und Kinderkrankenpflegerin" oder „Gesundheits- und Kinderkrankenpfleger" nach § 58 Absatz 1 des Pflegeberufegesetzes zu führen oder
3. die Berufsbezeichnung „Altenpflegerin" oder „Altenpfleger" nach § 58 Absatz 2 des Pflegeberufegesetzes zu führen.

(2) [1]Die Erlaubnis wird erteilt, wenn die Voraussetzungen nach § 2 des Pflegeberufegesetzes vorliegen. [2]Nach Erlaubniserteilung führt die Person die Berufsbezeich-

nung „Pflegefachfrau" oder „Pflegefachmann", „Gesundheits- und Kinderkrankenpflegerin" oder „Gesundheits- und Kinderkrankenpfleger" oder „Altenpflegerin"
oder „Altenpfleger".

(3) [1]Die zuständige Behörde hat über Anträge auf Erteilung einer Erlaubnis nach
Absatz 1 kurzfristig, spätestens vier Monate nach Vorlage der vollständigen Unterlagen durch die antragstellende Person zu entscheiden. [2]In den Fällen des § 41
Absatz 1 des Pflegeberufegesetzes hat die Entscheidung abweichend von Satz 1
spätestens drei Monate nach Vorlage der vollständigen Unterlagen durch die antragstellende Person zu erfolgen.

(4) [1]Stellt die Behörde hinsichtlich der Gleichwertigkeit der Berufsqualifikation
wesentliche Unterschiede fest, erteilt sie der antragstellenden Person einen rechtsmittelfähigen Bescheid. [2]Der Bescheid enthält folgende Angaben:

1. das Niveau der in Deutschland verlangten Qualifikation und das Niveau der von
   der antragstellenden Person vorgelegten Qualifikation gemäß der Klassifizierung
   in Artikel 11 der Richtlinie 2005/36/EG des Europäischen Parlaments und des
   Rates vom 7. September 2005 über die Anerkennung von Berufsqualifikationen
   (ABl. L 255 vom 30.9.2005, S. 22; L 271 vom 16.10.2007, S. 18) in der jeweils
   geltenden Fassung,
2. die Themenbereiche oder Ausbildungsbestandteile, bei denen wesentliche Unterschiede festgestellt wurden,
3. eine inhaltliche Erläuterung der wesentlichen Unterschiede sowie eine Begründung, warum diese dazu führen, dass die antragstellende Person nicht in ausreichender Form über die Kompetenzen verfügt, die in Deutschland zur
   Ausübung des Berufs der Pflegefachfrau oder des Pflegefachmanns, der Gesund-
   heits- und Kinderkrankenpflegerin oder des Gesundheits- und Kinderkrankenpflegers oder der Altenpflegerin oder des Altenpflegers notwendig sind, und
4. eine Begründung, warum die antragstellende Person die wesentlichen Unterschiede nicht durch Kompetenzen hat ausgleichen können, die sie im Sinne des
   § 40 Absatz 2 Satz 2 des Pflegeberufegesetzes im Rahmen ihrer nachgewiesenen
   Berufspraxis oder durch lebenslanges Lernen erworben hat.

§ 44   Inhalt und Durchführung des Anpassungslehrgangs nach § 40 Absatz 3 Satz 2 des Pflegeberufegesetzes

(1) [1]Ziel des Anpassungslehrgangs nach § 40 Absatz 3 Satz 2 des Pflegeberufege-
setzes ist es, festzustellen, dass die Teilnehmerin oder der Teilnehmer über die
Kompetenzen verfügt, die zur Ausübung des Berufs der Pflegefachfrau oder des
Pflegefachmanns, des Berufs der Gesundheits- und Kinderkrankenpflegerin oder des
Gesundheits- und Kinderkrankenpflegers oder des Berufs der Altenpflegerin oder
des Altenpflegers erforderlich sind. [2]Die zuständige Behörde legt die Dauer und die
Inhalte des Anpassungslehrgangs so fest, dass das Ziel des Anpassungslehrgangs
erreicht werden kann.

(2) [1]Der Anpassungslehrgang wird entsprechend dem Ziel des Anpassungslehrgangs in Form von theoretischem und praktischem Unterricht, einer praktischen
Ausbildung mit theoretischer Unterweisung oder beidem an Einrichtungen nach § 6

Absatz 2 oder Absatz 3 Satz 1 des Pflegeberufegesetzes oder an von der zuständigen Behörde als vergleichbar anerkannten Einrichtungen durchgeführt. [2]An der theoretischen Unterweisung sollen Praxisanleiterinnen oder Praxisanleiter, die die Voraussetzungen nach § 4 Absatz 2 erfüllen, in angemessenem Umfang beteiligt werden.

(3) [1]Der Anpassungslehrgang nach § 40 Absatz 3 Satz 2 des Pflegeberufegesetzes schließt mit einer Prüfung über die vermittelten Kompetenzen in Form eines Abschlussgespräches ab. [2]Das erfolgreiche Bestehen der Prüfung ist durch eine Bescheinigung nach dem Muster der Anlage 9 nachzuweisen.

(4) [1]Das Abschlussgespräch eines Anpassungslehrgangs nach § 40 Absatz 3 Satz 2 des Pflegeberufegesetzes wird von einer Fachprüferin oder einem Fachprüfer nach § 10 Absatz 1 Satz 2 Nummer 3 gemeinsam mit der Lehrkraft oder der Praxisanleiterin oder dem Praxisanleiter nach Absatz 2 Satz 2, die den Teilnehmer oder die Teilnehmerin während des Lehrgangs betreut hat, geführt. [2]Ergibt sich in dem Abschlussgespräch, dass die Teilnehmerin oder der Teilnehmer den Anpassungslehrgang nicht erfolgreich abgeleistet hat, entscheidet die Fachprüferin oder der Fachprüfer nach § 10 Absatz 1 Satz 2 Nummer 3 im Benehmen mit der an dem Gespräch teilnehmenden Lehrkraft oder der Praxisanleiterin oder dem Praxisanleiter über eine angemessene Verlängerung des Anpassungslehrgangs. [3]Eine Verlängerung ist nur einmal zulässig. [4]Der Verlängerung folgt ein weiteres Abschlussgespräch. [5]Kann auch nach dem Ergebnis dieses Gesprächs die Bescheinigung nach Absatz 3 Satz 2 nicht erteilt werden, darf die Teilnehmerin oder der Teilnehmer den Anpassungslehrgang einmal wiederholen.

§ 45 Inhalt und Durchführung der Kenntnisprüfung nach § 40 Absatz 3 Satz 2 des Pflegeberufegesetzes

(1) [1]In der Kenntnisprüfung hat die zu prüfende Person nachzuweisen, dass sie über die Kompetenzen verfügt, die zur Ausübung des Berufs der Pflegefachfrau oder des Pflegefachmanns, des Berufs der Gesundheits- und Kinderkrankenpflegerin oder des Gesundheits- und Kinderkrankenpflegers oder des Berufs der Altenpflegerin oder des Altenpflegers erforderlich sind. [2]Die Kenntnisprüfung umfasst einen mündlichen und einen praktischen Teil. [3]Sie ist erfolgreich abgeschlossen, wenn die zu prüfende Person beide Prüfungsteile bestanden hat. [4]Gegenstand der Kenntnisprüfung sind:

1. bei Personen, die eine Erlaubnis nach § 1 Absatz 1 des Pflegeberufegesetzes beantragen, die Kompetenzbereiche I bis V der Anlage 2,
2. bei Personen, die eine Erlaubnis nach § 58 Absatz 1 des Pflegeberufegesetzes beantragen, die Kompetenzbereiche I bis V der Anlage 3,
3. bei Personen, die eine Erlaubnis nach § 58 Absatz 2 des Pflegeberufegesetzes beantragen, die Kompetenzbereiche I bis V der Anlage 4.

(2) [1]Im mündlichen Teil der Prüfung ist eine komplexe Aufgabenstellung zu bearbeiten, die Anforderungen aus mindestens drei verschiedenen Kompetenzbereichen enthält. [2]Die Prüfungsaufgabe besteht in der Bearbeitung einer Fallsituation aus einem anderen Versorgungskontext als dem der praktischen Prüfung und bezieht

sich bei Personen, die eine Erlaubnis nach § 1 Absatz 1 des Pflegeberufegesetzes beantragen, auf eine andere Altersstufe der zu pflegenden Menschen.

(3) [1]Der mündliche Teil der Prüfung soll mindestens 45 und nicht länger als 60 Minuten dauern. [2]Er wird von zwei Fachprüferinnen oder Fachprüfern, von denen eine Person die Voraussetzungen des § 10 Absatz 1 Nummer 3 erfüllen muss, abgenommen und bewertet. [3]Der mündliche Teil der Kenntnisprüfung ist erfolgreich abgeschlossen, wenn die Fachprüferinnen und Fachprüfer in einer Gesamtbetrachtung die mit der Aufgabenstellung geforderten Kompetenzen aus den Kompetenzbereichen I bis V übereinstimmend mit „bestanden" bewerten. [4]Das Bestehen setzt mindestens voraus, dass die Leistung der zu prüfenden Person trotz ihrer Mängel noch den Anforderungen genügt. [5]Kommen die Fachprüferinnen oder Fachprüfer zu einer unterschiedlichen Bewertung, entscheidet die oder der Vorsitzende des Prüfungsausschusses nach Rücksprache mit den Fachprüferinnen oder Fachprüfern über das Bestehen.

(4) [1]Im praktischen Teil der Kenntnisprüfung hat die zu prüfende Person in mindestens zwei und höchstens vier Pflegesituationen nachzuweisen, dass sie die vorbehaltenen Tätigkeiten wahrnehmen und damit die erforderlichen Pflegeprozesse und die Pflegediagnostik verantwortlich planen, organisieren, gestalten, durchführen, steuern und evaluieren kann. [2]Im Rahmen der pflegerischen Versorgung hat eine situationsangemessene Kommunikation mit den zu pflegenden Menschen, ihren Bezugspersonen und den beruflich in die Versorgung eingebundenen Personen deutlich zu werden. [3]Die zuständige Behörde legt einen Einsatzbereich, der im Sinne der Anlage 7 als Pflichteinsatz aufgeführt ist, sowie die Zahl der Pflegesituationen fest.

(5) [1]Der praktische Teil der Prüfung soll für jede Pflegesituation nicht länger als 120 Minuten dauern und als Patientenprüfung ausgestaltet sein. [2]Sie wird von einer Fachprüferin oder einem Fachprüfer nach § 10 Absatz 1 Nummer 3 und einer Fachprüferin oder einem Fachprüfer nach § 10 Absatz 1 Nummer 4 abgenommen und bewertet. [3]Während der Prüfung sind den Fachprüferinnen und Fachprüfern Nachfragen gestattet, die sich auf das praktische Vorgehen und insbesondere auf die vorbehaltenen Tätigkeiten im Rahmen des Pflegeprozesses beziehen.

(6) [1]Der praktische Teil der Prüfung ist erfolgreich abgeschlossen, wenn die Fachprüferinnen und Fachprüfer jede Pflegesituation übereinstimmend mit „bestanden" bewerten. [2]Das Bestehen setzt mindestens voraus, dass die Leistung der zu prüfenden Person trotz ihrer Mängel noch den Anforderungen genügt. [3]Kommen die Fachprüferinnen und Fachprüfer zu einer unterschiedlichen Bewertung, entscheidet der oder die Vorsitzende des Prüfungsausschusses nach Rücksprache mit den Fachprüferinnen und Fachprüfern über das Bestehen.

(7) Die Kenntnisprüfung soll mindestens zweimal jährlich angeboten werden und darf im mündlichen Teil sowie in jeder Pflegesituation des praktischen Teils, die nicht bestanden wurde, einmal wiederholt werden.

(8) [1]Die Kenntnisprüfung findet in Form einer staatlichen Prüfung vor einer staatlichen Prüfungskommission statt. [2]Die Länder können zur Durchführung der Prüfungen die regulären Prüfungstermine der staatlichen Prüfung nach § 9 Absatz 1

nutzen; sie haben dabei sicherzustellen, dass antragstellende Personen die Prüfung innerhalb von sechs Monaten nach der Entscheidung nach § 43 Absatz 4 ablegen können. [3]Soweit in diesem Abschnitt nichts anderes bestimmt ist, gelten die §§ 18, 20 bis 23 für die Durchführung der Kenntnisprüfung entsprechend.

(9) Über die bestandene Kenntnisprüfung wird eine Bescheinigung nach dem Muster der Anlage 10 erteilt.

§ 46 Inhalt und Durchführung des Anpassungslehrgangs nach § 41 Absatz 2 Satz 4 oder Absatz 3 Satz 2 des Pflegeberufegesetzes

(1) [1]Ziel des Anpassungslehrgangs nach § 41 Absatz 2 Satz 4 oder Absatz 3 Satz 2 des Pflegeberufegesetzes ist es, die von der zuständigen Behörde festgestellten wesentlichen Unterschiede auszugleichen. [2]Die zuständige Behörde legt die Dauer und die Inhalte des Anpassungslehrgangs so fest, dass das Ziel des Anpassungslehrgangs erreicht werden kann.

(2) [1]Der Anpassungslehrgang wird entsprechend dem Ziel des Anpassungslehrgangs in Form von theoretischem und praktischem Unterricht, einer praktischen Ausbildung mit theoretischer Unterweisung oder beidem an Einrichtungen nach § 6 Absatz 2 oder Absatz 3 Satz 1 des Pflegeberufegesetzes oder an von der zuständigen Behörde als vergleichbar anerkannten Einrichtungen durchgeführt. [2]An der theoretischen Unterweisung sollen Praxisanleiterinnen oder Praxisanleiter, die die Voraussetzungen nach § 4 Absatz 2 erfüllen, in angemessenem Umfang beteiligt werden.

(3) Die Ableistung des Anpassungslehrgangs ist durch eine Bescheinigung nach dem Muster der Anlage 11 nachzuweisen.

§ 47 Inhalt und Durchführung der Eignungsprüfung nach § 41 Absatz 2 Satz 4 oder Absatz 3 Satz 2 des Pflegeberufegesetzes

(1) In der Eignungsprüfung hat die zu prüfende Person nachzuweisen, dass sie über die zum Ausgleich der von der zuständigen Behörde festgestellten wesentlichen Unterschiede erforderlichen Kompetenzen verfügt.

(2) [1]Die Eignungsprüfung besteht aus einer praktischen Prüfung, die mit einem Prüfungsgespräch verbunden ist. [2]Die zu prüfende Person hat in der praktischen Prüfung in mindestens zwei und höchstens vier Pflegesituationen nachzuweisen, dass sie die vorbehaltenen Tätigkeiten wahrnehmen und damit die erforderlichen Pflegeprozesse und die Pflegediagnostik verantwortlich planen, organisieren, gestalten, durchführen, steuern und evaluieren kann. [3]Im Rahmen der pflegerischen Versorgung hat eine situationsangemessene Kommunikation mit den zu pflegenden Menschen, ihren Bezugspersonen und den beruflich in die Versorgung eingebundenen Personen deutlich zu werden. [4]Die zuständige Behörde legt einen Einsatzbereich, der im Sinne der Anlage 7 als Pflichteinsatz aufgeführt ist, sowie die Zahl der Pflegesituationen fest. [5]Gemäß den festgestellten Unterschieden sind in der praktischen Prüfung nachzuweisen:

1. von Personen, die eine Erlaubnis nach § 1 Absatz 1 des Pflegeberufegesetzes beantragen, die Kompetenzen aus den Kompetenzbereichen I bis V der Anlage 2,
2. von Personen, die eine Erlaubnis nach § 58 Absatz 1 des Pflegeberufegesetzes beantragen, die Kompetenzen aus den Kompetenzbereichen I bis V der Anlage 3,
3. von Personen, die eine Erlaubnis nach § 58 Absatz 2 des Pflegeberufegesetzes beantragen, Kompetenzen aus den Kompetenzbereichen I bis V der Anlage 4.

(3) [1]Die Prüfung soll für jede Pflegesituation nicht länger als 120 Minuten dauern und als Patientenprüfung ausgestaltet sein. [2]Sie wird von einer Fachprüferin oder einem Fachprüfer nach § 10 Absatz 1 Nummer 3 und einer Fachprüferin oder einem Fachprüfer nach § 10 Absatz 1 Nummer 4 abgenommen und bewertet. [3]Während der Prüfung sind den Fachprüferinnen und Fachprüfern Nachfragen gestattet, die sich auf das praktische Vorgehen und insbesondere auf die vorbehaltenen Tätigkeiten im Rahmen des Pflegeprozesses beziehen.

(4) [1]Die Eignungsprüfung ist erfolgreich abgeschlossen, wenn die Fachprüferinnen und Fachprüfer jede Pflegesituation übereinstimmend mit „bestanden" bewerten. [2]Das Bestehen setzt mindestens voraus, dass die Leistung der zu prüfenden Person trotz ihrer Mängel noch den Anforderungen genügt. [3]Kommen die Fachprüferinnen und Fachprüfer zu einer unterschiedlichen Bewertung, entscheidet der oder die Vorsitzende des Prüfungsausschusses nach Rücksprache mit den Fachprüferinnen und Fachprüfern über das Bestehen.

(5) [1]Die Eignungsprüfung soll mindestens zweimal jährlich angeboten werden und darf in jeder Pflegesituation, die nicht bestanden wurde, einmal wiederholt werden. [2]Über die bestandene Eignungsprüfung wird eine Bescheinigung nach dem Muster der Anlage 12 erteilt.

(6) [1]Die Eignungsprüfung findet in Form einer staatlichen Prüfung vor einer staatlichen Prüfungskommission statt. [2]Die Länder können zur Durchführung der Prüfungen die regulären Prüfungstermine der staatlichen Prüfung nach § 9 Absatz 1 nutzen; sie haben dabei sicherzustellen, dass antragstellende Personen die Prüfung innerhalb von sechs Monaten nach der Entscheidung nach § 43 Absatz 4 ablegen können. [3]Soweit in diesem Abschnitt nichts anderes bestimmt ist, gelten die §§ 18, 20 bis 23 für die Durchführung der Eignungsprüfung entsprechend.

§ 48 Nachweis der Zuverlässigkeit und der gesundheitlichen Eignung durch Inhaberinnen und Inhaber von Ausbildungsnachweisen aus einem anderen Mitgliedstaat der Europäischen Union oder einem anderen Vertragsstaat des Abkommens über den Europäischen Wirtschaftsraum

(1) [1]Eine Person, die über einen Ausbildungsnachweis aus einem anderen Mitgliedstaat der Europäischen Union oder einem anderen Vertragsstaat des Abkommens über den Europäischen Wirtschaftsraum verfügt und eine Erlaubnis nach § 1 Absatz 1, § 58 Absatz 1 oder Absatz 2 des Pflegeberufegesetzes beantragt, kann zum Nachweis, dass bei ihr die in § 2 Nummer 2 des Pflegeberufegesetzes genannte Voraussetzung vorliegt, eine von der zuständigen Behörde ihres Herkunftsmitgliedstaates ausgestellte entsprechende Bescheinigung oder einen von einer solchen Behörde ausgestellten Strafregisterauszug oder, wenn ein solcher nicht beigebracht

werden kann, einen gleichwertigen Nachweis vorlegen. [2]Hat die für die Erteilung der Erlaubnis zuständige Behörde berechtigte Zweifel, kann sie von der zuständigen Behörde eines Mitgliedstaates eine Bestätigung verlangen, aus der sich ergibt, dass der antragstellenden Person die Ausübung des Berufs, der dem der Pflegefachfrau oder des Pflegefachmanns, der Gesundheits- und Kinderkrankenpflegerin oder des Gesundheits- und Kinderkrankenpflegers oder der Altenpflegerin oder des Altenpflegers entspricht, nicht auf Grund eines schwerwiegenden standeswidrigen Verhaltens oder einer Verurteilung wegen strafbarer Handlungen dauerhaft oder vorübergehend untersagt worden ist.

(2) Hat die für die Erteilung der Erlaubnis zuständige Behörde von Tatsachen Kenntnis, die außerhalb des Geltungsbereichs des Pflegeberufegesetzes eingetreten sind und im Hinblick auf die Voraussetzungen des § 2 Nummer 2 des Pflegeberufegesetzes von Bedeutung sein können, so hat sie die zuständige Stelle des Herkunftsmitgliedstaates zu unterrichten und sie zu bitten, diese Tatbestände zu überprüfen und ihr das Ergebnis und die Folgerungen, die sie hinsichtlich der von ihr ausgestellten Bescheinigungen und Nachweise daraus zieht, mitzuteilen.

(3) Werden von der zuständigen Stelle des Herkunftsmitgliedstaates die in Absatz 1 Satz 1 genannten Bescheinigungen nicht ausgestellt oder die nach Absatz 1 Satz 2 oder nach Absatz 2 nachgefragten Mitteilungen innerhalb von zwei Monaten nicht gemacht, kann die antragstellende Person sie durch Vorlage einer Bescheinigung über die Abgabe einer eidesstattlichen Erklärung gegenüber der zuständigen Behörde des Herkunftsmitgliedstaates ersetzen.

(4) [1]Eine antragstellende Person nach Absatz 1 kann zum Nachweis, dass bei ihr die in § 2 Nummer 3 des Pflegeberufegesetzes genannte Voraussetzung vorliegt, einen entsprechenden Nachweis ihres Herkunftsmitgliedstaates vorlegen. [2]Wird im Herkunftsmitgliedstaat ein solcher Nachweis nicht verlangt, ist eine von einer zuständigen Behörde dieses Staates ausgestellte Bescheinigung anzuerkennen, aus der sich ergibt, dass die in § 2 Nummer 3 des Pflegeberufegesetzes genannte Voraussetzung erfüllt ist.

(5) [1]Die für die Erteilung der Erlaubnis zuständige Behörde behandelt die in den Absätzen 1, 2 und 4 genannten Bescheinigungen und Mitteilungen vertraulich. [2]Die Bescheinigungen und Mitteilungen dürfen von der zuständigen Behörde der Beurteilung nur zugrunde gelegt werden, wenn der Zeitpunkt, zu dem sie ausgestellt worden sind, höchstens drei Monate zurückliegt.

(6) Die Absätze 1 bis 5 gelten entsprechend für Inhaberinnen und Inhaber von Drittstaatsdiplomen, für deren Anerkennung sich nach dem Recht der Europäischen Union eine Gleichstellung ergibt.

§ 49 Verfahren bei Erbringung von Dienstleistungen durch Inhaberinnen und Inhaber von Ausbildungsnachweisen aus einem anderen Mitgliedstaat der Europäischen Union oder einem anderen Vertragsstaat des Abkommens über den Europäischen Wirtschaftsraum

(1) [1]Die zuständige Behörde hat die Person, die beabsichtigt, eine Dienstleistung im Sinne des § 44 Absatz 1 oder 2 des Pflegeberufegesetzes zu erbringen, und dies

erstmalig anzeigt, binnen eines Monats nach Eingang der Meldung und der Begleitdokumente über das Ergebnis ihrer Prüfung gemäß § 46 Absatz 3 des Pflegeberufegesetzes zu unterrichten. [2]In der Unterrichtung teilt die Behörde der Person mit, ob sie der Person erlaubt, die Dienstleistung zu erbringen, oder von ihr verlangt, eine Eignungsprüfung nach § 47 abzulegen.

(2) [1]Ist der zuständigen Behörde in besonderen Ausnahmefällen nicht möglich, die Prüfung nach § 46 Absatz 3 des Pflegeberufegesetzes innerhalb eines Monats vorzunehmen, teilt sie der Person innerhalb dieser Frist die Gründe der Verzögerung mit. [2]Die zuständige Behörde hat die der Verzögerung zugrunde liegenden Schwierigkeiten binnen eines Monats nach dieser Mitteilung zu beheben. [3]Die zuständige Behörde unterrichtet spätestens innerhalb von zwei Monaten nach Behebung der Schwierigkeiten die Person über das Ergebnis ihrer Prüfung nach § 46 Absatz 3 des Pflegeberufegesetzes.

(3) Bleibt eine Reaktion der zuständigen Behörde in den in Absatz 1 Satz 1 und Absatz 2 Satz 1 und 3 genannten Fristen aus, so darf die Dienstleistung erbracht werden.

(4) Die Absätze 1 bis 3 gelten entsprechend für Inhaberinnen und Inhaber von Drittstaatsdiplomen, für deren Anerkennung sich nach dem Recht der Europäischen Union eine Gleichstellung ergibt.

Abschnitt 3
Fachkommission und Bundesinstitut für Berufsbildung

§ 50   Aufgaben der Fachkommission

[1]Die Fachkommission übernimmt die ihr nach dem Pflegeberufegesetz zugewiesenen Aufgaben. [2]Sie

1. erarbeitet für die berufliche Ausbildung in der Pflege nach Teil 2 des Pflegeberufegesetzes unter Berücksichtigung der in Teil 5 des Pflegeberufegesetzes geregelten Möglichkeit gesonderter Berufsabschlüsse einen Rahmenlehrplan für den theoretischen und praktischen Unterricht und einen Rahmenausbildungsplan für die praktische Ausbildung als Bestandteile integrierter Bildungspläne,
2. überprüft die Rahmenpläne nach Nummer 1 kontinuierlich auf ihre Aktualität und passt sie gegebenenfalls an,
3. kann für die erweiterte Ausbildung nach § 14 des Pflegeberufegesetzes und § 37 Absatz 5 in Verbindung mit § 14 des Pflegeberufegesetzes standardisierte Module entwickeln.

§ 51   Erarbeitung und Inhalte der Rahmenpläne

(1) [1]Die Fachkommission erarbeitet die Rahmenpläne auf der Grundlage der in den Anlagen 1 bis 4 dieser Verordnung beschriebenen Kompetenzen, die in den beruflichen Pflegeausbildungen vermittelt werden sollen. [2]Die in Anlage 6 festgelegte Stundenverteilung für den theoretischen und praktischen Unterricht legt die Fach-

kommission dem Rahmenlehrplan und die in Anlage 7 festgelegte Stundenverteilung für die praktische Ausbildung legt sie dem Rahmenausbildungsplan zugrunde.

(2) [1]Im Rahmenlehrplan und Rahmenausbildungsplan werden kompetenzorientierte und fächerintegrative Curriculumeinheiten mit Ziel- und Inhaltsempfehlungen für den theoretischen und praktischen Unterricht sowie für die praktische Ausbildung festgelegt. [2]Im Rahmenlehrplan kann die Fachkommission unterschiedliche vertiefende Angebote hinsichtlich spezifischer Fallsituationen und Zielgruppen im Pflegealltag berücksichtigen.

(3) Die Rahmenpläne haben empfehlende Wirkung.

§ 52   Überprüfung und Anpassung der Rahmenpläne

(1) [1]Die Fachkommission überprüft die Rahmenpläne mindestens alle fünf Jahre. [2]Das Bundesministerium für Familie, Senioren, Frauen und Jugend und das Bundesministerium für Gesundheit können eine Überprüfung jederzeit gemeinsam veranlassen. [3]Die Fachkommission schließt das Verfahren zur Prüfung und gegebenenfalls Anpassung der Rahmenpläne in diesen Fällen innerhalb von neun Monaten ab.

(2) [1]Die Fachkommission legt die Rahmenpläne oder das Ergebnis einer späteren Überprüfung dem Bundesministerium für Familie, Senioren, Frauen und Jugend und dem Bundesministerium für Gesundheit zur Prüfung der Vereinbarkeit mit dem Pflegeberufegesetz vor. [2]Die Bundesministerien schließen die Prüfung innerhalb von drei Monaten ab.

(3) Stellen das Bundesministerium für Familie, Senioren, Frauen und Jugend und das Bundesministerium für Gesundheit gemeinsam fest, dass die Rahmenpläne nicht mit dem Pflegeberufegesetz zu vereinbaren sind, überarbeitet die Fachkommission ihre Empfehlungen unter Beachtung der Feststellungen der beiden Bundesministerien innerhalb von drei Monaten.

§ 53   Mitgliedschaft in der Fachkommission

(1) [1]Das Bundesministerium für Familie, Senioren, Frauen und Jugend und das Bundesministerium für Gesundheit berufen gemeinsam im Benehmen mit den Ländern bis zu elf Expertinnen und Experten zu Mitgliedern der Fachkommission. [2]Bei der Berufung ist dafür Sorge zu tragen, dass die verschiedenen Versorgungsbereiche der Pflege angemessen berücksichtigt werden.

(2) [1]Die Tätigkeit in der Fachkommission wird ehrenamtlich ausgeübt. [2]Die Mitglieder sind zur Verschwiegenheit verpflichtet. [3]Für die Ausübung der ehrenamtlichen Tätigkeit und die Verschwiegenheitspflicht gelten die §§ 83 und 84 des Verwaltungsverfahrensgesetzes entsprechend.

(3) [1]Die Mitgliedschaft in der Fachkommission ist an die Person gebunden. [2]Sie beginnt, sofern die Person der Berufung zustimmt, zu dem im Berufungsschreiben hierfür angegebenen Zeitpunkt oder, wenn ein solcher nicht angegeben ist, mit der Bekanntgabe des Berufungsschreibens an den Adressaten.

(4) [1]Die Mitgliedschaft endet mit der Beendigung des jeweiligen Einsetzungszeitraumes der Fachkommission. [2]Ein Mitglied kann schriftlich oder elektronisch mit einer Frist von drei Monaten dem Bundesministerium für Familie, Senioren, Frauen und Jugend oder dem Bundesministerium für Gesundheit gegenüber sein Ausscheiden aus der Fachkommission erklären. [3]Die Wiederberufung ist zulässig.

(5) Verletzt ein Mitglied seine Pflichten nach dem Pflegeberufegesetz, nach dieser Verordnung oder nach der Geschäftsordnung gröblich oder kommt es dauerhaft seinen Aufgaben nicht nach, kann es durch das Bundesministerium für Familie, Senioren, Frauen und Jugend und das Bundesministerium für Gesundheit gemeinsam abberufen werden.

(6) [1]Scheidet ein Mitglied vorzeitig aus der Fachkommission aus, so wird ein neues Mitglied bis zur Beendigung des jeweiligen Einsetzungszeitraumes der Fachkommission berufen. [2]Das Bundesministerium für Familie, Senioren, Frauen und Jugend und das Bundesministerium für Gesundheit hören die Fachkommission an, bevor sie ein neues Mitglied berufen.

§ 54   Vorsitz, Vertretung

(1) [1]Die Mitglieder der Fachkommission wählen aus ihrer Mitte ein Mitglied, das den Vorsitz übernimmt, und ein Mitglied, das die Vertretung des Vorsitzes übernimmt. [2]§ 92 Absatz 1 und 2 des Verwaltungsverfahrensgesetzes gilt entsprechend.

(2) [1]Der Vorsitz endet spätestens mit der Mitgliedschaft des Mitglieds, das das Amt innehat. [2]Gleiches gilt für die Vertretung des Vorsitzes. [3]Der Rücktritt von dem Vorsitz oder von der Vertretung des Vorsitzes ist zulässig. [4]In diesem Fall ist Absatz 1 anzuwenden.

§ 55   Sachverständige, Gutachten

(1) Die Fachkommission kann im Rahmen der verfügbaren Haushaltmittel schriftlich beschließen, zu einzelnen Beratungsthemen Sachverständige hinzuzuziehen oder Gutachten, Expertisen oder Studien einzuholen, soweit dies im Einzelfall erforderlich ist.

(2) [1]Der Beschluss bedarf einer Begründung, aus der sich die tragenden Erwägungen und die fachliche Notwendigkeit für die jeweilige Maßnahme ergeben. [2]Er ist der Geschäftsstelle sowie dem Bundesministerium für Familie, Senioren, Frauen und Jugend und dem Bundesministerium für Gesundheit schriftlich bekannt zu geben.

(3) [1]Für die Umsetzung des Beschlusses ist die Geschäftsstelle zuständig. [2]Diese prüft, ob Rechtsgründe entgegenstehen.

(4) [1]Für die Sachverständigen gelten die Pflichten zur Verschwiegenheit nach § 53 Absatz 2 Satz 2 entsprechend. [2]Zum Schutz vor Interessenkonflikten und zur Vermeidung der Besorgnis der Befangenheit sind die §§ 20 und 21 des Verwaltungsverfahrensgesetzes entsprechend anzuwenden. [3]Hierauf sind Sachverständige vor Beginn ihrer Tätigkeit für die Fachkommission in geeigneter Form hinzuweisen.

§ 56 Geschäftsordnung

(1) Die Fachkommission übermittelt innerhalb von vier Wochen ab der Berufung aller Mitglieder der Fachkommission nach § 53 Absatz 1 den Entwurf einer Geschäftsordnung an das Bundesministerium für Familie, Senioren, Frauen und Jugend und das Bundesministerium für Gesundheit zur Zustimmung.

(2) Die Geschäftsordnung regelt insbesondere das Nähere zur Einberufung, Vorbereitung und Durchführung der Sitzungen der Fachkommission sowie zu den Aufgaben der am Bundesinstitut für Berufsbildung angesiedelten Geschäftsstelle nach § 53 Absatz 5 des Pflegeberufegesetzes.

(3) [1]Die Fachkommission kann sich in jedem weiteren Einsetzungszeitraum eine neue Geschäftsordnung nach Maßgabe des Absatzes 1 geben. [2]Die vorherige Geschäftsordnung bleibt bis zu dem Zeitpunkt in Kraft, ab dem das Bundesministerium für Familie, Senioren, Frauen und Jugend und das Bundesministerium für Gesundheit die jeweils neue Geschäftsordnung gemeinsam genehmigen.

§ 57 Aufgaben der Geschäftsstelle

[1]Die beim Bundesinstitut für Berufsbildung angesiedelte Geschäftsstelle unterstützt die Fachkommission bei ihrer Arbeit. [2]Sie übernimmt die administrativen Aufgaben für die Fachkommission.

§ 58 Sitzungen der Fachkommission

(1) Die Beratungen der Fachkommission sind nicht öffentlich.

(2) Das Bundesministerium für Familie, Senioren, Frauen und Jugend und das Bundesministerium für Gesundheit, die oder der Bevollmächtigte der Bundesregierung für Pflege sowie jeweils eine Vertreterin oder ein Vertreter der Arbeits- und Sozialministerkonferenz, der Gesundheitsministerkonferenz und der Kultusministerkonferenz der Länder können beratend an den Sitzungen der Fachkommission teilnehmen.

§ 59 Reisen und Abfindungen

Die Erstattung von Reisekosten und sonstigen Abfindungen für Mitglieder richtet sich nach den Richtlinien für die Abfindung der Mitglieder von Beiräten, Ausschüssen, Kommissionen und ähnlichen Einrichtungen im Bereich des Bundes (GMBl 2002 S. 92) in der jeweils geltenden Fassung.

§ 60 Aufgaben des Bundesinstituts für Berufsbildung

(1) Das Bundesinstitut für Berufsbildung berät und informiert über die berufliche Ausbildung und die hochschulische Ausbildung, insbesondere die Pflegeschulen, die Träger der praktischen Ausbildung sowie die weiteren an der Ausbildung beteiligten Einrichtungen und die Hochschulen.

(2) [1]Das Bundesinstitut für Berufsbildung baut unterstützende Angebote und Strukturen zur Organisation der beruflichen Ausbildung und der hochschulischen Ausbildung auf. [2]Zu den Aufgaben zählen insbesondere

1. die Erarbeitung von Konzepten zur Umsetzung der Ausbildung und Unterstützung bei der Umsetzung,
2. der Aufbau und die Unterstützung von Netzwerken, Lernortkooperationen und Ausbildungsverbünden zwischen den Pflegeschulen, den Trägern der praktischen Ausbildung sowie den weiteren an der Ausbildung beteiligten Einrichtungen und den Hochschulen und
3. die Beratung über Kooperationsverträge nach den §§ 8 und 31 Absatz 2.

(3) Soweit das Bundesamt für Familie und zivilgesellschaftliche Aufgaben die Aufgabe übernimmt, unmittelbare Beratungs-, Informations- und Unterstützungsangebote nach den Absätzen 1 und 2 vor Ort zu gewährleisten, stimmen sich das Bundesamt für Familie und zivilgesellschaftliche Aufgaben und das Bundesinstitut für Berufsbildung bei der Wahrnehmung ihrer Aufgaben untereinander ab.

(4) ¹Das Bundesinstitut für Berufsbildung übernimmt zur Unterstützung der Arbeit der Fachkommission die Aufgabe der Forschung zur beruflichen Ausbildung und zur hochschulischen Ausbildung und zum Pflegeberuf. ²Es erstattet dem Bundesministerium für Familie, Senioren, Frauen und Jugend und dem Bundesministerium für Gesundheit hierzu einmal jährlich Bericht. ³Die Forschung wird auf der Grundlage eines in der Regel jährlichen Forschungsprogramms durchgeführt. ⁴Das Forschungsprogramm bedarf der Genehmigung des Bundesministeriums für Familie, Senioren, Frauen und Jugend und des Bundesministeriums für Gesundheit.

(5) Das Bundesinstitut für Berufsbildung entwickelt unter Beteiligung der Fachkommission den Musterentwurf zum Ausbildungsnachweis für die praktische Ausbildung gemäß § 3 Absatz 5 Satz 1.

(6) ¹Das Bundesinstitut für Berufsbildung führt ein Monitoring zur Umsetzung der beruflichen und der hochschulischen Ausbildung in der Pflege durch. ²Es erstattet dem Bundesministerium für Familie, Senioren, Frauen und Jugend und dem Bundesministerium für Gesundheit hierzu einmal jährlich Bericht.

(7) Das Bundesministerium für Familie, Senioren, Frauen und Jugend und das Bundesministerium für Gesundheit können das Bundesinstitut für Berufsbildung im Einvernehmen mit dem Bundesministerium für Bildung und Forschung mit der Erstellung von Sondergutachten und Stellungnahmen beauftragen.

(8) Das Bundesinstitut für Berufsbildung unterliegt bei der Erfüllung seiner Aufgaben nach dieser Verordnung den Weisungen des Bundesministeriums für Familie, Senioren, Frauen und Jugend und des Bundesministeriums für Gesundheit.

Abschnitt 4
Übergangs- und Schlussvorschriften

§ 61   Übergangsvorschriften

(1) Für Ausbildungen, die nach dem Krankenpflegegesetz vor Ablauf des 31. Dezember 2019 begonnen wurden, ist bis zum 31. Dezember 2024 die Ausbildungs- und Prüfungsverordnung für die Berufe in der Krankenpflege in der am 31. Dezember 2019 geltenden Fassung anzuwenden.

(2) Für Ausbildungen, die nach dem Altenpflegegesetz vor Ablauf des 31. Dezember 2019 begonnen wurden, ist bis zum 31. Dezember 2024 die Ausbildungs- und Prüfungsverordnung für den Beruf der Altenpflegerin und des Altenpflegers in der am 31. Dezember 2019 geltenden Fassung anzuwenden.

§ 62   Inkrafttreten, Außerkrafttreten

(1) [1]Die §§ 50 bis 60 treten am Tag nach der Verkündung in Kraft. [2]Im Übrigen tritt diese Verordnung am 1. Januar 2020 in Kraft.

(2) Die Altenpflege-Ausbildungs- und Prüfungsverordnung vom 26. November 2002 (BGBl. I S. 4418, 4429), die zuletzt durch Artikel 35 des Gesetzes vom 18. April 2016 (BGBl. I S. 886) geändert worden ist, und die Ausbildungs- und Prüfungsverordnung für die Berufe in der Krankenpflege vom 10. November 2003 (BGBl. I S. 2263), die zuletzt durch Artikel 33 des Gesetzes vom 18. April 2016 (BGBl. I S. 886) geändert worden ist, treten am 31. Dezember 2019 außer Kraft.

Anlage 1
(zu § 7 Satz 2)

Kompetenzen für die Zwischenprüfung nach § 7

I. **Pflegeprozesse und Pflegediagnostik in akuten und dauerhaften Pflegesituationen verantwortlich planen, organisieren, gestalten, durchführen, steuern und evaluieren.**

1. **Die Pflege von Menschen aller Altersstufen verantwortlich planen, organisieren, gestalten, durchführen, steuern und evaluieren.**

   Die Auszubildenden

   a) verfügen über ein grundlegendes Verständnis von zentralen Theorien und Modellen zum Pflegeprozess und nutzen diese zur Planung von Pflegeprozessen bei Menschen aller Altersstufen,

   b) beteiligen sich an der Organisation und Durchführung des Pflegeprozesses,

   c) nutzen ausgewählte Assessmentverfahren und beschreiben den Pflegebedarf unter Verwendung von pflegediagnostischen Begriffen,

   d) schätzen häufig vorkommende Pflegeanlässe und Pflegebedarf in unterschiedlichen Lebens- und Entwicklungsphasen in akuten und dauerhaften Pflegesituationen ein,

   e) schlagen Pflegeziele vor, setzen gesicherte Pflegemaßnahmen ein und evaluieren gemeinsam die Wirksamkeit der Pflege,

   f) dokumentieren durchgeführte Pflegemaßnahmen und Beobachtungen in der Pflegedokumentation auch unter Zuhilfenahme digitaler Dokumentationssysteme und beteiligen sich auf dieser Grundlage an der Evaluation des Pflegeprozesses,

   g) integrieren in ihr Pflegehandeln lebensweltorientierte Angebote zur Auseinandersetzung mit und Bewältigung von Pflegebedürftigkeit und ihren Folgen,

   h) reflektieren den Einfluss der unterschiedlichen ambulanten und stationären Versorgungskontexte auf die Pflegeprozessgestaltung.

2. **Pflegeprozesse und Pflegediagnostik bei Menschen aller Altersstufen mit gesundheitlichen Problemlagen planen, organisieren, gestalten, durchführen, steuern und evaluieren unter dem besonderen Fokus von Gesundheitsförderung und Prävention.**

   Die Auszubildenden

   a) erheben pflegebezogene Daten von Menschen aller Altersstufen mit gesundheitlichen Problemlagen sowie zugehörige Ressourcen und Widerstandsfaktoren,

   b) interpretieren und erklären die vorliegenden Daten bei Menschen mit überschaubaren Pflegebedarfen und gesundheitsbedingten Einschränkungen anhand von grundlegenden pflege- und bezugswissenschaftlichen Erkenntnissen,

   c) setzen geplante kurative und präventive Pflegeinterventionen sowie Interventionen zur Förderung von Gesundheit um,

   d) beziehen Angehörige in ihre pflegerische Versorgung von Menschen aller Altersstufen ein,

e) nehmen Hinweiszeichen auf mögliche Gewaltausübung wahr und geben entsprechende Beobachtungen weiter,

f) verfügen über ein grundlegendes Verständnis zu physischen, psychischen und psychosomatischen Zusammenhängen, die pflegerisches Handeln begründen,

g) erschließen sich neue Informationen zu den Wissensbereichen der Pflege, Gesundheitsförderung und Medizin.

3. **Pflegeprozesse und Pflegediagnostik von Menschen aller Altersstufen in hoch belasteten und kritischen Lebenssituationen verantwortlich planen, organisieren, gestalten, durchführen, steuern und evaluieren.**

Die Auszubildenden

a) pflegen, begleiten und unterstützen Menschen aller Altersstufen in Phasen fortschreitender Demenz oder schwerer chronischer Krankheitsverläufe,

b) verfügen über grundlegendes Wissen zu Bewältigungsformen und Unterstützungsangeboten für Familien in entwicklungs- oder gesundheitsbedingten Lebenskrisen,

c) beteiligen sich an der Durchführung eines individualisierten Pflegeprozesses bei schwerstkranken und sterbenden Menschen in verschiedenen Handlungsfeldern,

d) begleiten schwerstkranke und sterbende Menschen, respektieren deren spezifische Bedürfnisse auch in religiöser Hinsicht und wirken mit bei der Unterstützung von Angehörigen zur Bewältigung und Verarbeitung von Verlust und Trauer,

e) verfügen über grundlegendes Wissen zu den spezifischen Schwerpunkten palliativer Versorgungsangebote.

4. **In lebensbedrohlichen sowie in Krisen- oder Katastrophensituationen zielgerichtet handeln.**

Die Auszubildenden

a) treffen in lebensbedrohlichen Situationen erforderliche Interventionsentscheidungen und leiten lebenserhaltende Sofortmaßnahmen bis zum Eintreffen der Ärztin oder des Arztes ein,

b) koordinieren den Einsatz der Ersthelferinnen oder Ersthelfer bis zum Eintreffen der Ärztin oder des Arztes,

c) erkennen Notfallsituationen in Pflege- und Gesundheitseinrichtungen und handeln nach den Vorgaben des Notfallplanes und der Notfall-Evakuierung.

5. **Menschen aller Altersstufen bei der Lebensgestaltung unterstützen, begleiten und beraten.**

Die Auszubildenden

a) erheben soziale und biografische Informationen des zu pflegenden Menschen und seines familiären Umfeldes und identifizieren Ressourcen in der Lebens- und Entwicklungsgestaltung,

b) nutzen Angebote für Menschen verschiedener Altersgruppen zur sinnstiftenden Aktivität, zur kulturellen Teilhabe, zum Lernen und Spielen und fördern damit die Lebensqualität und die umfassende Entwicklung in der Lebensspanne,

c) berücksichtigen bei der Planung und Gestaltung von Alltagsaktivitäten die Bedürfnisse und Erwartungen, die kulturellen und religiösen Kontexte sowie die Lebens- und Entwicklungsphase der zu pflegenden Menschen,

d) identifizieren die Potenziale freiwilligen Engagements in verschiedenen Versorgungskontexten.

6. Entwicklung und Autonomie in der Lebensspanne fördern.

Die Auszubildenden

a) wahren das Selbstbestimmungsrecht des zu pflegenden Menschen, insbesondere auch, wenn dieser in seiner Selbstbestimmungsfähigkeit eingeschränkt ist,

b) unterstützen verantwortlich Menschen mit angeborener oder erworbener Behinderung bei der Kompensation eingeschränkter Fähigkeiten,

c) nutzen ihr grundlegendes Wissen über die langfristigen Alltagseinschränkungen, tragen durch rehabilitative Maßnahmen zum Erhalt und zur Wiedererlangung von Alltagskompetenz bei und integrieren hierzu auch technische Assistenzsysteme in das pflegerische Handeln,

d) verfügen über grundlegendes Wissen zu familiären Systemen und sozialen Netzwerken und schätzen deren Bedeutung für eine gelingende Zusammenarbeit mit dem professionellen Pflegesystem ein,

e) stimmen die Interaktion sowie die Gestaltung des Pflegeprozesses auf den physischen, emotionalen und kognitiven Entwicklungsstand des zu pflegenden Menschen ab.

II. Kommunikation und Beratung personen- und situationsorientiert gestalten.

1. Kommunikation und Interaktion mit Menschen aller Altersstufen und ihren Bezugspersonen personen- und situationsbezogen gestalten und eine angemessene Information sicherstellen.

Die Auszubildenden

a) erkennen eigene Emotionen sowie Deutungs- und Handlungsmuster in der Interaktion,

b) bauen kurz- und langfristige Beziehungen mit Menschen unterschiedlicher Altersphasen und ihren Bezugspersonen auf und beachten dabei die Grundprinzipien von Empathie, Wertschätzung, Achtsamkeit und Kongruenz,

c) nutzen in ihrer Kommunikation neben verbalen auch nonverbale, paralinguistische und leibliche Interaktionsformen und berücksichtigen die Relation von Nähe und Distanz in ihrer Beziehungsgestaltung,

d) wenden Grundsätze der verständigungs- und beteiligungsorientierten Gesprächsführung an,

e) erkennen grundlegende, insbesondere gesundheits-, alters- oder kulturbedingte Kommunikationsbarrieren und setzen unterstützende Maßnahmen ein, um diese zu überbrücken,

f) erkennen sich abzeichnende oder bestehende Konflikte mit zu pflegenden Menschen, wenden grundlegende Prinzipien der Konfliktlösung an und nutzen kollegiale Beratung,

g) erkennen Asymmetrie und institutionelle Einschränkungen in der pflegerischen Kommunikation.

2. **Information, Schulung und Beratung bei Menschen aller Altersstufen verantwortlich organisieren, gestalten, steuern und evaluieren.**

Die Auszubildenden

a) informieren Menschen aller Altersstufen zu gesundheits- und pflegebezogenen Fragestellungen und leiten bei der Selbstpflege insbesondere Bezugspersonen und Ehrenamtliche bei der Fremdpflege an,

b) wenden didaktische Prinzipien bei Angeboten der Information und Instruktion an,

c) entwickeln ein grundlegendes Verständnis von den Prinzipien und Zielen einer ergebnisoffenen, partizipativen Beratung in Erweiterung zu Information, Instruktion und Schulung.

3. **Ethisch reflektiert handeln.**

Die Auszubildenden

a) respektieren Menschenrechte, Ethikkodizes sowie religiöse, kulturelle, ethnische und andere Gewohnheiten von zu pflegenden Menschen in unterschiedlichen Lebensphasen,

b) erkennen das Prinzip der Autonomie der zu pflegenden Person als eines von mehreren konkurrierenden ethischen Prinzipien und unterstützen zu pflegende Menschen bei der selbstbestimmten Lebensgestaltung,

c) erkennen ethische Konflikt- und Dilemmasituationen, ermitteln Handlungsalternativen und suchen Argumente zur Entscheidungsfindung.

III. **Intra- und interprofessionelles Handeln in unterschiedlichen systemischen Kontexten verantwortlich gestalten und mitgestalten.**

1. **Verantwortung in der Organisation des qualifikationsheterogenen Pflegeteams übernehmen.**

Die Auszubildenden

a) sind sich der Bedeutung von Abstimmungs- und Koordinierungsprozessen in qualifikationsheterogenen Teams bewusst und grenzen die jeweils unterschiedlichen Verantwortungs- und Aufgabenbereiche begründet voneinander ab,

b) fordern kollegiale Beratung ein und nehmen sie an,

c) verfügen über grundlegendes Wissen zur Einarbeitung und Anleitung von Auszubildenden, Praktikanten sowie freiwillig Engagierten und fördern diese bezüglich ihres eigenen Professionalisierungsprozesses im Team,

d) beteiligen sich an der Organisation pflegerischer Arbeit,

e) beteiligen sich an Teamentwicklungsprozessen und gehen im Team wertschätzend miteinander um.

2. **Ärztliche Anordnungen im Pflegekontext eigenständig durchführen.**

Die Auszubildenden

a) beachten die Anforderungen der Hygiene und wenden Grundregeln der Infektionsprävention in den unterschiedlichen pflegerischen Versorgungsbereichen an,

b) wirken entsprechend den rechtlichen Bestimmungen an der Durchführung ärztlich veranlasster Maßnahmen der medizinischen Diagnostik und Therapie im Rahmen des erarbeiteten Kenntnisstandes mit,

    c) beobachten und interpretieren die mit einem medizinischen Eingriff verbundenen Pflegephänomene und Komplikationen in stabilen Situationen,

    d) wirken entsprechend ihrem Kenntnisstand in der Unterstützung und Begleitung von Maßnahmen der Diagnostik und Therapie mit und übernehmen die Durchführung in stabilen Situationen,

    e) schätzen chronische Wunden prozessbegleitend ein und wenden die Grundprinzipien ihrer Versorgung an.

3. **In interdisziplinären Teams an der Versorgung und Behandlung von Menschen aller Altersstufen mitwirken und Kontinuität an Schnittstellen sichern.**
   Die Auszubildenden

    a) beteiligen sich an einer effektiven interdisziplinären Zusammenarbeit in der Versorgung und Behandlung und nehmen Probleme an institutionellen Schnittstellen wahr,

    b) reflektieren in der interprofessionellen Kommunikation die verschiedenen Sichtweisen der beteiligten Berufsgruppen,

    c) nehmen interprofessionelle Konflikte und Gewaltphänomene in der Pflegeeinrichtung wahr und verfügen über grundlegendes Wissen zu Ursachen, Deutungen und Handhabung,

    d) wirken an der Koordination von Pflege in verschiedenen Versorgungskontexten mit sowie an der Organisation von Terminen und berufsgruppenübergreifenden Leistungen,

    e) verfügen über grundlegendes Wissen zur integrierten Versorgung von chronisch kranken Menschen in der Primärversorgung,

    f) beteiligen sich auf Anweisung an der Evaluation von interprofessionellen Versorgungsprozessen im Hinblick auf Patientenorientierung und -partizipation.

IV. **Das eigene Handeln auf der Grundlage von Gesetzen, Verordnungen und ethischen Leitlinien reflektieren und begründen.**

1. **Die Qualität der pflegerischen Leistungen und der Versorgung in den verschiedenen Institutionen sicherstellen.**
   Die Auszubildenden

    a) integrieren grundlegende Anforderungen zur internen und externen Qualitätssicherung in ihr unmittelbares Pflegehandeln,

    b) orientieren ihr Handeln an qualitätssichernden Instrumenten, wie insbesondere evidenzbasierten Leitlinien und Standards.

2. **Versorgungskontexte und Systemzusammenhänge im Pflegehandeln berücksichtigen und dabei ökonomische und ökologische Prinzipien beachten.**
   Die Auszubildenden

    a) üben den Beruf unter Aufsicht und Anleitung von Pflegefachpersonen aus und reflektieren hierbei die gesetzlichen Vorgaben sowie ihre ausbildungs- und berufsbezogenen Rechte und Pflichten,

    b) verfügen über ausgewähltes Wissen zu gesamtgesellschaftlichen Veränderungen, ökonomischen, technologischen sowie epidemiologischen und demografischen Entwicklungen im Gesundheits- und Sozialsystem,

c) verfügen über grundlegendes Wissen zur Gesetzgebung im Gesundheits- und Sozialbereich,

d) verfügen über grundlegendes Wissen zu rechtlichen Zuständigkeiten und unterschiedlichen Abrechnungssystemen für stationäre, teilstationäre und ambulante Pflegesektoren,

e) sind aufmerksam für die Ökologie in den Gesundheitseinrichtungen, verfügen über grundlegendes Wissen zu Konzepten und Leitlinien für eine ökonomische und ökologische Gestaltung der Einrichtung und gehen mit materiellen und personellen Ressourcen ökonomisch und ökologisch nachhaltig um.

V. Das eigene Handeln auf der Grundlage von wissenschaftlichen Erkenntnissen und berufsethischen Werthaltungen und Einstellungen reflektieren und begründen.

1. **Pflegehandeln an aktuellen wissenschaftlichen Erkenntnissen, insbesondere an pflegewissenschaftlichen Forschungsergebnissen, Theorien und Modellen ausrichten.**
Die Auszubildenden

   a) verstehen und anerkennen die Bedeutung einer wissensbasierten Pflege und die Notwendigkeit, die Wissensgrundlagen des eigenen Handelns kontinuierlich zu überprüfen und gegebenenfalls zu verändern,

   b) erschließen sich wissenschaftlich fundiertes Wissen zu ausgewählten Themen und wenden einige Kriterien zur Bewertung von Informationen an,

   c) begründen und reflektieren das Pflegehandeln kontinuierlich auf der Basis von ausgewählten zentralen pflege- und bezugswissenschaftlichen Theorien, Konzepten, Modellen und evidenzbasierten Studien.

2. **Verantwortung für die Entwicklung (lebenslanges Lernen) der eigenen Persönlichkeit sowie das berufliche Selbstverständnis übernehmen.**
Die Auszubildenden

   a) bewerten das lebenslange Lernen als ein Element der persönlichen und beruflichen Weiterentwicklung, übernehmen Eigeninitiative und Verantwortung für das eigene Lernen und nutzen hierfür auch moderne Informations- und Kommunikationstechnologien,

   b) nehmen drohende Über- oder Unterforderungen frühzeitig wahr, erkennen die notwendigen Veränderungen am Arbeitsplatz und/oder des eigenen Kompetenzprofils und leiten daraus entsprechende Handlungsinitiativen ab,

   c) gehen selbstfürsorglich mit sich um und tragen zur eigenen Gesunderhaltung bei, nehmen Unterstützungsangebote wahr oder fordern diese am jeweiligen Lernort ein,

   d) reflektieren ihre persönliche Entwicklung als professionell Pflegende,

   e) verfügen über ein Verständnis für die historischen Zusammenhänge des Pflegeberufs und seine Funktion im Kontext der Gesundheitsberufe,

   f) verstehen die Zusammenhänge zwischen den gesellschaftlichen, soziodemografischen und ökonomischen Veränderungen und der Berufsentwicklung,

   g) verfolgen nationale und internationale Entwicklungen des Pflegeberufs.

Anlage 2
(zu § 9 Absatz 1 Satz 2)

**Kompetenzen für die staatliche Prüfung nach § 9 zur Pflegefachfrau
oder zum Pflegefachmann**

I. Pflegeprozesse und Pflegediagnostik in akuten und dauerhaften Pflegesituationen verantwortlich planen, organisieren, gestalten, durchführen, steuern und evaluieren.

1. **Die Pflege von Menschen aller Altersstufen verantwortlich planen, organisieren, gestalten, durchführen, steuern und evaluieren.**

   Die Absolventinnen und Absolventen

   a) verfügen über ein breites Verständnis von spezifischen Theorien und Modellen zur Pflegeprozessplanung und nutzen diese zur Steuerung und Gestaltung von Pflegeprozessen bei Menschen aller Altersstufen,

   b) übernehmen Verantwortung für die Organisation, Steuerung und Gestaltung des Pflegeprozesses bei Menschen aller Altersstufen,

   c) nutzen allgemeine und spezifische Assessmentverfahren bei Menschen aller Altersstufen und beschreiben den Pflegebedarf unter Verwendung von pflegediagnostischen Begriffen,

   d) schätzen diverse Pflegeanlässe und den Pflegebedarf bei Menschen aller Altersstufen auch in instabilen gesundheitlichen und vulnerablen Lebenssituationen ein,

   e) handeln die Pflegeprozessgestaltung mit den zu pflegenden Menschen aller Altersstufen und gegebenenfalls ihren Bezugspersonen aus, setzen gesicherte Pflegemaßnahmen ein und evaluieren gemeinsam die Wirksamkeit der Pflege,

   f) nutzen analoge und digitale Pflegedokumentationssysteme, um ihre Pflegeprozessentscheidungen in der Pflege von Menschen aller Altersstufen selbständig und im Pflegeteam zu evaluieren,

   g) entwickeln mit Menschen aller Altersstufen und ihren Bezugspersonen und dem sozialen Netz altersentsprechende lebensweltorientierte Angebote zur Auseinandersetzung mit und Bewältigung von Pflegebedürftigkeit und ihren Folgen,

   h) stimmen die Pflegeprozessgestaltung auf die unterschiedlichen ambulanten und stationären Versorgungskontexte ab.

2. **Pflegeprozesse und Pflegediagnostik bei Menschen aller Altersstufen mit gesundheitlichen Problemlagen planen, organisieren, gestalten, durchführen, steuern und evaluieren unter dem besonderen Fokus von Gesundheitsförderung und Prävention.**

   Die Absolventinnen und Absolventen

   a) erheben, erklären und interpretieren pflegebezogene Daten von Menschen aller Altersstufen auch in komplexen gesundheitlichen Problemlagen anhand von pflege- und bezugswissenschaftlichen Erkenntnissen,

   b) unterstützen Menschen aller Altersstufen durch Mitwirkung an der Entwicklung von fachlich begründeten Pflegeinterventionen der Gesundheitsförderung, Prävention und Kuration,

c) stärken die Kompetenzen von Angehörigen im Umgang mit pflegebedürftigen Menschen aller Altersstufen und unterstützen und fördern die Familiengesundheit,

d) erkennen Hinweiszeichen auf eine mögliche Gewaltausübung in der Versorgung von Menschen aller Altersstufen und reflektieren ihre Beobachtungen im therapeutischen Team,

e) verfügen über ein integratives Verständnis von physischen, psychischen und psychosomatischen Zusammenhängen in der Pflege von Menschen aller Altersstufen,

f) erkennen Wissensdefizite und erschließen sich bei Bedarf selbständig neue Informationen zu den Wissensbereichen der Pflege, Gesundheitsförderung und Medizin zu ausgewählten Aspekten in der Versorgung von Menschen aller Altersstufen.

3. **Pflegeprozesse und Pflegediagnostik von Menschen aller Altersstufen in hoch belasteten und kritischen Lebenssituationen verantwortlich planen, organisieren, gestalten, durchführen, steuern und evaluieren.**

Die Absolventinnen und Absolventen

a) pflegen, begleiten, unterstützen und beraten Menschen aller Altersstufen sowie deren Bezugspersonen in Phasen fortschreitender Demenz oder schwerer chronischer Krankheitsverläufe sowie am Lebensende,

b) unterstützen Familien, die sich insbesondere infolge einer Frühgeburt, einer schweren chronischen oder einer lebenslimitierenden Erkrankung in einer Lebenskrise befinden, und wirken bei der Stabilisierung des Familiensystems mit,

c) steuern, verantworten und gestalten den Pflegeprozess bei Menschen aller Altersstufen mit akuten und chronischen Schmerzen,

d) gestalten einen individualisierten Pflegeprozess bei schwerstkranken und sterbenden Menschen aller Altersstufen in verschiedenen Handlungsfeldern und integrieren die sozialen Netzwerke in das Handeln,

e) begleiten und unterstützen schwerstkranke Menschen aller Altersstufen sowie nahe Bezugspersonen in Phasen des Sterbens, erkennen und akzeptieren deren spezifische Bedürfnisse und bieten Unterstützung bei der Bewältigung und Verarbeitung von Verlust und Trauer an,

f) informieren schwerkranke und sterbende Menschen aller Altersstufen sowie deren Angehörige zu den spezifischen Schwerpunkten palliativer Versorgungsangebote.

4. **In lebensbedrohlichen sowie in Krisen- oder Katastrophensituationen zielgerichtet handeln.**

Die Absolventinnen und Absolventen

a) treffen in lebensbedrohlichen Situationen erforderliche Interventionsentscheidungen und leiten lebenserhaltende Sofortmaßnahmen bis zum Eintreffen der Ärztin oder des Arztes ein,

b) koordinieren den Einsatz der Ersthelferinnen oder Ersthelfer bis zum Eintreffen der Ärztin oder des Arztes,

c) erkennen Notfallsituationen in Pflege- und Gesundheitseinrichtungen und handeln nach den Vorgaben des Notfallplanes und der Notfall-Evakuierung.

5. **Menschen aller Altersstufen bei der Lebensgestaltung unterstützen, begleiten und beraten.**

   Die Absolventinnen und Absolventen

   a) erheben soziale, familiale und biografische Informationen sowie Unterstützungsmöglichkeiten durch Bezugspersonen und soziale Netzwerke bei Menschen aller Altersstufen und identifizieren Ressourcen und Herausforderungen in der Lebens- und Entwicklungsgestaltung,

   b) entwickeln gemeinsam mit Menschen aller Altersstufen und ihren Bezugspersonen Angebote zur sinnstiftenden Aktivität, zur kulturellen Teilhabe, zum Lernen und Spielen und fördern damit die Lebensqualität und die soziale Integration,

   c) berücksichtigen bei der Planung und Gestaltung von Alltagsaktivitäten die diversen Bedürfnisse und Erwartungen, die kulturellen und religiösen Kontexte, die sozialen Lagen, die Entwicklungsphase und Entwicklungsaufgaben von Menschen aller Altersstufen,

   d) beziehen freiwillig Engagierte zur Unterstützung und Bereicherung der Lebensgestaltung in die Versorgungsprozesse von Menschen aller Altersstufen ein.

6. **Entwicklung und Autonomie in der Lebensspanne fördern.**

   Die Absolventinnen und Absolventen

   a) wahren das Selbstbestimmungsrecht der zu pflegenden Menschen aller Altersstufen, insbesondere auch, wenn sie in ihrer Selbstbestimmungsfähigkeit eingeschränkt sind,

   b) unterstützen Menschen aller Altersstufen mit angeborener oder erworbener Behinderung bei der Wiederherstellung, Kompensation und Adaption eingeschränkter Fähigkeiten, um sie für eine möglichst selbständige Entwicklung, Lebensführung und gesellschaftliche Teilhabe zu befähigen,

   c) tragen durch rehabilitative Maßnahmen und durch die Integration technischer Assistenzsysteme zum Erhalt und zur Wiedererlangung der Alltagskompetenz von Menschen aller Altersstufen bei und reflektieren die Potenziale und Grenzen technischer Unterstützung,

   d) fördern und gestalten die Koordination und Zusammenarbeit zwischen familialen Systemen sowie den sozialen Netzwerken und den professionellen Pflegesystemen in der pflegerischen Versorgung von Menschen aller Altersstufen,

   e) stimmen die Interaktion sowie die Gestaltung des Pflegeprozesses auf den individuellen Entwicklungsstand der zu pflegenden Menschen aller Altersstufen ab und unterstützen entwicklungsbedingte Formen der Krankheitsbewältigung.

II. Kommunikation und Beratung personen- und situationsorientiert gestalten.

1. **Kommunikation und Interaktion mit Menschen aller Altersstufen und ihren Bezugspersonen personen- und situationsbezogen gestalten und eine angemessene Information sicherstellen.**

   Die Absolventinnen und Absolventen

   a) machen sich eigene Deutungs- und Handlungsmuster in der pflegerischen Interaktion mit Menschen aller Altersstufen und ihren Bezugspersonen und mit ihren unterschiedlichen, insbesondere kulturellen und sozialen, Hintergründen bewusst und reflektieren sie,

b) gestalten kurz- und langfristige professionelle Beziehungen mit Menschen aller Altersstufen und ihren Bezugspersonen, die auch bei divergierenden Sichtweisen oder Zielsetzungen und schwer nachvollziehbaren Verhaltensweisen von Empathie, Wertschätzung, Achtsamkeit und Kongruenz gekennzeichnet sind,

c) gestalten die Kommunikation von Menschen aller Altersstufen und ihren Bezugspersonen in unterschiedlichen Pflegesituationen unter Einsatz verschiedener Interaktionsformen und balancieren das Spannungsfeld von Nähe und Distanz aus,

d) gestalten pflegeberufliche Kommunikationssituationen mit zu pflegenden Menschen aller Altersstufen und deren Bezugspersonen auch bei divergierenden Zielsetzungen oder Sichtweisen verständigungsorientiert und fördern eine beteiligungsorientierte Entscheidungsfindung,

e) erkennen Kommunikationsbarrieren bei zu pflegenden Menschen aller Altersstufen, insbesondere bei spezifischen Gesundheitsstörungen oder Formen von Behinderungen, und setzen unterstützende und kompensierende Maßnahmen ein, um diese zu überbrücken,

f) reflektieren sich abzeichnende oder bestehende Konflikte in pflegerischen Versorgungssituationen mit Menschen aller Altersstufen und entwickeln Ansätze zur Konfliktschlichtung und -lösung, auch unter Hinzuziehung von Angeboten zur Reflexion professioneller Kommunikation,

g) reflektieren Phänomene von Macht und Machtmissbrauch in pflegerischen Handlungsfeldern der Versorgung von zu pflegenden Menschen aller Altersstufen.

2. **Information, Schulung und Beratung bei Menschen aller Altersstufen verantwortlich organisieren, gestalten, steuern und evaluieren.**
Die Absolventinnen und Absolventen

a) informieren Menschen aller Altersstufen zu komplexen gesundheits- und pflegebezogenen Fragestellungen und weitergehenden Fragen der pflegerischen Versorgung,

b) setzen Schulungen mit Einzelpersonen und kleineren Gruppen zu pflegender Menschen aller Altersstufen um,

c) beraten zu pflegende Menschen aller Altersstufen und ihre Bezugspersonen im Umgang mit krankheits- sowie therapie- und pflegebedingten Anforderungen und befähigen sie, ihre Gesundheitsziele in größtmöglicher Selbständigkeit und Selbstbestimmung zu erreichen,

d) reflektieren ihre Möglichkeiten und Begrenzungen zur Gestaltung von professionellen Informations-, Instruktions-, Schulungs- und Beratungsangeboten bei Menschen aller Altersstufen.

3. **Ethisch reflektiert handeln.**
Die Absolventinnen und Absolventen

a) setzen sich für die Verwirklichung von Menschenrechten, Ethikkodizes und die Förderung der spezifischen Bedürfnisse und Gewohnheiten von zu pflegenden Menschen aller Altersstufen und ihren Bezugspersonen ein,

b) fördern und unterstützen Menschen aller Altersstufen bei der Selbstverwirklichung und Selbstbestimmung über das eigene Leben, auch unter Abwägung konkurrierender ethischer Prinzipien,

c) tragen in ethischen Dilemmasituationen mit Menschen aller Altersstufen oder ihren Bezugspersonen im interprofessionellen Gespräch zur gemeinsamen Entscheidungsfindung bei.

III. Intra- und interprofessionelles Handeln in unterschiedlichen systemischen Kontexten verantwortlich gestalten und mitgestalten.

1. **Verantwortung in der Organisation des qualifikationsheterogenen Pflegeteams übernehmen.**

   Die Absolventinnen und Absolventen

   a) stimmen ihr Pflegehandeln zur Gewährleistung klientenorientierter komplexer Pflegeprozesse im qualifikationsheterogenen Pflegeteam ab und koordinieren die Pflege von Menschen aller Altersstufen unter Berücksichtigung der jeweiligen Verantwortungs- und Aufgabenbereiche in unterschiedlichen Versorgungsformen,

   b) delegieren unter Berücksichtigung weiterer rechtlicher Bestimmungen ausgewählte Maßnahmen an Personen anderer Qualifikationsniveaus und überwachen die Durchführungsqualität,

   c) beraten Teammitglieder kollegial bei pflegefachlichen Fragestellungen und unterstützen sie bei der Übernahme und Ausgestaltung ihres jeweiligen Verantwortungs- und Aufgabenbereiches,

   d) beteiligen sich im Team an der Einarbeitung neuer Kolleginnen und Kollegen und leiten Auszubildende, Praktikantinnen und Praktikanten sowie freiwillig Engagierte in unterschiedlichen Versorgungssettings an,

   e) übernehmen Mitverantwortung für die Organisation und Gestaltung der gemeinsamen Arbeitsprozesse,

   f) sind aufmerksam für Spannungen und Konflikte im Team, reflektieren diesbezüglich die eigene Rolle und Persönlichkeit und bringen sich zur Bewältigung von Spannungen und Konflikten konstruktiv im Pflegeteam ein.

2. **Ärztliche Anordnungen im Pflegekontext eigenständig durchführen.**

   Die Absolventinnen und Absolventen

   a) beachten umfassend die Anforderungen der Hygiene und wirken verantwortlich an der Infektionsprävention in den unterschiedlichen pflegerischen Versorgungsbereichen mit,

   b) führen entsprechend den rechtlichen Bestimmungen eigenständig ärztlich veranlasste Maßnahmen der medizinischen Diagnostik und Therapie bei Menschen aller Altersstufen durch,

   c) beobachten und interpretieren die mit einem medizinischen Eingriff bei Menschen aller Altersstufen verbundenen Pflegephänomene und Komplikationen auch in instabilen oder krisenhaften gesundheitlichen Situationen,

   d) unterstützen und begleiten zu pflegende Menschen aller Altersstufen umfassend auch bei invasiven Maßnahmen der Diagnostik und Therapie,

e) schätzen chronische Wunden bei Menschen aller Altersstufen prozessbegleitend ein, versorgen sie verordnungsgerecht und stimmen die weitere Behandlung mit der Ärztin oder dem Arzt ab,

f) vertreten die im Rahmen des Pflegeprozesses gewonnenen Einschätzungen zu Pflegediagnosen und erforderlichen Behandlungskonsequenzen bei Menschen aller Altersstufen in der interprofessionellen Zusammenarbeit.

3. **In interdisziplinären Teams an der Versorgung und Behandlung von Menschen aller Altersstufen mitwirken und Kontinuität an Schnittstellen sichern.**
Die Absolventinnen und Absolventen

a) übernehmen Mitverantwortung in der interdisziplinären Versorgung und Behandlung von Menschen aller Altersstufen und unterstützen die Kontinuität an interdisziplinären und institutionellen Schnittstellen,

b) bringen die pflegefachliche Sichtweise in die interprofessionelle Kommunikation ein,

c) bearbeiten interprofessionelle Konflikte in einem gemeinsamen Aushandlungsprozess auf Augenhöhe und beteiligen sich an der Entwicklung und Umsetzung einrichtungsbezogener Konzepte zum Schutz vor Gewalt,

d) koordinieren die Pflege von Menschen aller Altersstufen in verschiedenen Versorgungskontexten und organisieren Termine sowie berufsgruppenübergreifende Leistungen,

e) koordinieren die integrierte Versorgung von chronisch kranken Menschen aller Altersstufen in der Primärversorgung,

f) evaluieren den gesamten Versorgungsprozess gemeinsam mit dem therapeutischen Team im Hinblick auf Patientenorientierung und -partizipation.

IV. **Das eigene Handeln auf der Grundlage von Gesetzen, Verordnungen und ethischen Leitlinien reflektieren und begründen.**

1. **Die Qualität der pflegerischen Leistungen und der Versorgung in den verschiedenen Institutionen sicherstellen.**
Die Absolventinnen und Absolventen

a) integrieren erweiterte Anforderungen zur internen und externen Qualitätssicherung in das Pflegehandeln und verstehen Qualitätsentwicklung und -sicherung als rechtlich verankertes und interdisziplinäres Anliegen in Institutionen des Gesundheitswesens,

b) wirken an Maßnahmen der Qualitätssicherung sowie -verbesserung mit, setzen sich für die Umsetzung evidenzbasierter und/oder interprofessioneller Leitlinien und Standards ein und leisten so einen Beitrag zur Weiterentwicklung einrichtungsspezifischer Konzepte,

c) bewerten den Beitrag der eigenen Berufsgruppe zur Qualitätsentwicklung und -sicherung und erfüllen die anfallenden Dokumentationsverpflichtungen auch im Kontext von interner und externer Kontrolle und Aufsicht,

d) überprüfen regelmäßig die eigene pflegerische Praxis durch kritische Reflexionen und Evaluation im Hinblick auf Ergebnis- und Patientenorientierung und ziehen Schlussfolgerungen für die Weiterentwicklung der Pflegequalität.

2. **Versorgungskontexte und Systemzusammenhänge im Pflegehandeln berücksichtigen und dabei ökonomische und ökologische Prinzipien beachten.**
Die Absolventinnen und Absolventen
   a) üben den Beruf im Rahmen der gesetzlichen Vorgaben sowie unter Berücksichtigung ihrer ausbildungs- und berufsbezogenen Rechte und Pflichten eigenverantwortlich aus,
   b) erfassen den Einfluss gesamtgesellschaftlicher Veränderungen, ökonomischer Anforderungen, technologischer sowie epidemiologischer und demografischer Entwicklungen auf die Versorgungsverträge und Versorgungsstrukturen im Gesundheits- und Sozialsystem,
   c) erkennen die Funktion der Gesetzgebung im Gesundheits- und Sozialbereich zur Sicherstellung des gesellschaftlichen Versorgungsauftrags in stationären, teilstationären und ambulanten Handlungsfeldern,
   d) reflektieren auf der Grundlage eines breiten Wissens ihre Handlungs- und Entscheidungsspielräume in unterschiedlichen Abrechnungssystemen,
   e) wirken an der Umsetzung von Konzepten und Leitlinien zur ökonomischen und ökologischen Gestaltung der Einrichtung mit.

V. **Das eigene Handeln auf der Grundlage von wissenschaftlichen Erkenntnissen und berufsethischen Werthaltungen und Einstellungen reflektieren und begründen.**

1. **Pflegehandeln an aktuellen wissenschaftlichen Erkenntnissen, insbesondere an pflegewissenschaftlichen Forschungsergebnissen, Theorien und Modellen ausrichten.**
Die Absolventinnen und Absolventen
   a) vertreten die Notwendigkeit, die Wissensgrundlagen des eigenen Handelns kontinuierlich zu überprüfen und gegebenenfalls zu verändern,
   b) erschließen sich pflege- und bezugswissenschaftliche Forschungsergebnisse bezogen auf die Pflege von Menschen aller Altersstufen und bewerten sie hinsichtlich der Reichweite, des Nutzens, der Relevanz und des Umsetzungspotenzials,
   c) begründen und reflektieren das Pflegehandeln kontinuierlich auf der Basis von vielfältigen oder spezifischen pflegewissenschaftlichen und bezugswissenschaftlichen evidenzbasierten Studienergebnissen, Theorien, Konzepten und Modellen,
   d) leiten aus beruflichen Erfahrungen in der pflegerischen Versorgung und Unterstützung von Menschen aller Altersstufen und ihren Angehörigen mögliche Fragen an Pflegewissenschaft und -forschung ab.
2. **Verantwortung für die Entwicklung (lebenslanges Lernen) der eigenen Persönlichkeit sowie das berufliche Selbstverständnis übernehmen.**
Die Absolventinnen und Absolventen
   a) bewerten das lebenslange Lernen als ein Element der persönlichen und beruflichen Weiterentwicklung und übernehmen Eigeninitiative und Verantwortung für das eigene Lernen und nutzen hierfür auch moderne Informations- und Kommunikationstechnologien,

b) nehmen drohende Über- oder Unterforderungen frühzeitig wahr, erkennen die notwendigen Veränderungen am Arbeitsplatz und/oder des eigenen Kompetenzprofils und leiten daraus entsprechende Handlungsinitiativen ab,

c) setzen Strategien zur Kompensation und Bewältigung unvermeidbarer beruflicher Belastungen gezielt ein und nehmen Unterstützungsangebote frühzeitig wahr oder fordern diese aktiv ein,

d) reflektieren ihre persönliche Entwicklung als professionell Pflegende und entwickeln ein eigenes Pflegeverständnis sowie ein berufliches Selbstverständnis unter Berücksichtigung berufsethischer und eigener ethischer Überzeugungen,

e) verfügen über ein Verständnis für die historischen Zusammenhänge des Pflegeberufs und positionieren sich mit ihrer beruflichen Pflegeausbildung im Kontext der Gesundheitsberufe unter Berücksichtigung der ausgewiesenen Vorbehaltsaufgaben,

f) verstehen die Zusammenhänge zwischen den gesellschaftlichen, soziodemografischen und ökonomischen Veränderungen und der Berufsentwicklung,

g) bringen sich den gesellschaftlichen Veränderungen und berufspolitischen Entwicklungen entsprechend in die Weiterentwicklung des Pflegeberufs ein.

Anlage 3
(zu § 26 Absatz 3 Satz 1)

Kompetenzen für die staatliche Prüfung nach § 26 zur Gesundheits- und Kinderkrankenpflegerin oder zum Gesundheits- und Kinderkrankenpfleger

I. **Pflegeprozesse und Pflegediagnostik in akuten und dauerhaften Pflegesituationen verantwortlich planen, organisieren, gestalten, durchführen, steuern und evaluieren.**

1. **Die Pflege von Kindern und Jugendlichen verantwortlich planen, organisieren, gestalten, durchführen, steuern und evaluieren.**
   Die Absolventinnen und Absolventen
   a) verfügen über ein breites Verständnis von spezifischen Theorien und Modellen zur Pflegeprozessplanung und nutzen diese zur Steuerung und Gestaltung von Pflegeprozessen bei Kindern und Jugendlichen,
   b) übernehmen Verantwortung für die Organisation, Steuerung und Gestaltung des Pflegeprozesses bei Kindern und Jugendlichen,
   c) nutzen spezifische Assessmentverfahren bei Kindern und Jugendlichen und beschreiben den Pflegebedarf unter Verwendung von pflegediagnostischen Begriffen,
   d) schätzen diverse Pflegeanlässe und den Pflegebedarf bei Kindern und Jugendlichen auch in instabilen gesundheitlichen und vulnerablen Lebenssituationen ein,
   e) handeln die Pflegeprozessgestaltung mit dem zu pflegenden Kind oder Jugendlichen und gegebenenfalls seinen Bezugspersonen aus, setzen gesicherte Pflegemaßnahmen ein und evaluieren gemeinsam die Wirksamkeit der Pflege,
   f) nutzen analoge und digitale Pflegedokumentationssysteme, um ihre Pflegeprozessentscheidungen in der Pflege von Kindern und Jugendlichen selbständig und im Pflegeteam zu evaluieren,
   g) entwickeln mit Kindern und Jugendlichen, ihren Bezugspersonen und dem sozialen Netz altersentsprechende lebensweltorientierte Angebote zur Auseinandersetzung mit und Bewältigung von Pflegebedürftigkeit und ihren Folgen,
   h) stimmen die Pflegeprozessgestaltung auf spezifische ambulante und stationäre Versorgungskontexte für Kinder und Jugendliche ab.

2. **Pflegeprozesse und Pflegediagnostik bei Kindern und Jugendlichen mit gesundheitlichen Problemlagen planen, organisieren, gestalten, durchführen, steuern und evaluieren unter dem besonderen Fokus von Gesundheitsförderung und Prävention.**
   Die Absolventinnen und Absolventen
   a) erheben, erklären und interpretieren pflegebezogene Daten von Kindern und Jugendlichen auch in komplexen gesundheitlichen Problemlagen anhand von pflege- und bezugswissenschaftlichen Erkenntnissen,
   b) unterstützen Kinder und Jugendliche durch Mitwirkung an der Entwicklung von fachlich begründeten Pflegeinterventionen der Gesundheitsförderung, Prävention und Kuration,

c) stärken die Kompetenzen von Angehörigen im Umgang mit dem pflegebedürftigen Kind oder dem Jugendlichen und unterstützen und fördern die Familiengesundheit,

d) erkennen Hinweiszeichen auf eine mögliche Gewaltausübung in der Versorgung von Kindern und Jugendlichen und reflektieren ihre Beobachtungen im therapeutischen Team,

e) verfügen über ein integratives Verständnis von physischen, psychischen und psychosomatischen Zusammenhängen in der Pflege von Kindern und Jugendlichen,

f) erkennen Wissensdefizite und erschließen sich bei Bedarf selbständig neue Informationen zu den Wissensbereichen der Pflege, Gesundheitsförderung und Medizin, insbesondere zu pädiatrischen Fragestellungen.

3. **Pflegeprozesse und Pflegediagnostik von Kindern und Jugendlichen in hoch belasteten und kritischen Lebenssituationen verantwortlich planen, organisieren, gestalten, durchführen, steuern und evaluieren.**

Die Absolventinnen und Absolventen

a) pflegen, begleiten, unterstützen und beraten Kinder und Jugendliche sowie deren Bezugspersonen aus unterschiedlichen Zielgruppen in Phasen schwerer chronischer Krankheitsverläufe sowie am Lebensende,

b) unterstützen Familien, die sich insbesondere infolge einer Frühgeburt, einer schweren chronischen oder einer lebenslimitierenden Erkrankung ihres Kindes oder Jugendlichen in einer Lebenskrise befinden, und wirken bei der Stabilisierung des Familiensystems mit,

c) steuern, verantworten und gestalten den Pflegeprozess bei Kindern und Jugendlichen mit akuten und chronischen Schmerzen,

d) gestalten einen individualisierten Pflegeprozess bei schwerstkranken und sterbenden Kindern und Jugendlichen in verschiedenen Handlungsfeldern und integrieren die sozialen Netzwerke in das Handeln,

e) begleiten und unterstützen schwerstkranke Kinder und Jugendliche sowie nahe Bezugspersonen in Phasen des Sterbens, erkennen und akzeptieren deren spezifische Bedürfnisse und bieten Unterstützung bei der Bewältigung und Verarbeitung von Verlust und Trauer an,

f) informieren schwerkranke und sterbende Kinder und Jugendliche sowie deren Angehörige zu den spezifischen Schwerpunkten palliativer Versorgungsangebote.

4. **In lebensbedrohlichen sowie in Krisen- oder Katastrophensituationen zielgerichtet handeln.**

Die Absolventinnen und Absolventen

a) treffen in lebensbedrohlichen Situationen erforderliche Interventionsentscheidungen und leiten lebenserhaltende Sofortmaßnahmen bis zum Eintreffen der Ärztin oder des Arztes ein,

b) koordinieren den Einsatz der Ersthelferinnen oder Ersthelfer bis zum Eintreffen der Ärztin oder des Arztes,

c) erkennen Notfallsituationen in Pflege- und Gesundheitseinrichtungen und handeln nach den Vorgaben des Notfallplanes und der Notfall-Evakuierung.

5. **Kinder und Jugendliche bei der Lebensgestaltung unterstützen, begleiten und beraten.**

   Die Absolventinnen und Absolventen

   a) erheben soziale, familiale und biografische Informationen sowie Unterstützungsmöglichkeiten durch Bezugspersonen und soziale Netzwerke bei Kindern und Jugendlichen und identifizieren Ressourcen und Herausforderungen in der Lebens- und Entwicklungsgestaltung,

   b) entwickeln gemeinsam mit Kindern und Jugendlichen und ihren Bezugspersonen Angebote zur sinnstiftenden Aktivität, zur kulturellen Teilhabe, zum Lernen und Spielen und fördern damit die Lebensqualität und die soziale Integration,

   c) berücksichtigen bei der Planung und Gestaltung von Alltagsaktivitäten die diversen Bedürfnisse und Erwartungen, die kulturellen und religiösen Kontexte, die sozialen Lagen, die Entwicklungsphase und Entwicklungsaufgaben von Kindern und Jugendlichen,

   d) beziehen freiwillig Engagierte zur Unterstützung und Bereicherung der Lebensgestaltung in die Versorgungsprozesse von Kindern und Jugendlichen ein.

6. **Entwicklung und Autonomie in der Lebensspanne fördern.**

   Die Absolventinnen und Absolventen

   a) wahren das Selbstbestimmungsrecht der zu pflegenden Kinder und Jugendlichen, insbesondere auch, wenn sie in ihrer Selbstbestimmungsfähigkeit eingeschränkt sind,

   b) unterstützen Kinder und Jugendliche mit angeborener oder erworbener Behinderung bei der Wiederherstellung, Kompensation und Adaption eingeschränkter Fähigkeiten, um sie für eine möglichst selbständige Entwicklung, Lebensführung und gesellschaftliche Teilhabe zu befähigen,

   c) tragen durch rehabilitative Maßnahmen und durch die Integration technischer Assistenzsysteme zum Erhalt und zur Wiedererlangung von Alltagskompetenz von Kindern und Jugendlichen bei und reflektieren die Potenziale und Grenzen technischer Unterstützung,

   d) fördern und gestalten die Koordination und Zusammenarbeit zwischen familialen Systemen sowie den sozialen Netzwerken und den professionellen Pflegesystemen in der pflegerischen Versorgung von Kindern und Jugendlichen,

   e) stimmen die Interaktion sowie die Gestaltung des Pflegeprozesses auf den individuellen Entwicklungsstand der zu pflegenden Kinder und Jugendlichen ab und unterstützen entwicklungsbedingte Formen der Krankheitsbewältigung.

II. Kommunikation und Beratung personen- und situationsorientiert gestalten.

1. **Kommunikation und Interaktion mit Kindern und Jugendlichen und ihren Bezugspersonen personen- und situationsbezogen gestalten und eine angemessene Information sicherstellen.**

   Die Absolventinnen und Absolventen

   a) machen sich eigene Deutungs- und Handlungsmuster in der pflegerischen Interaktion mit Kindern, Jugendlichen und ihren Bezugspersonen und mit ihren unterschiedlichen, insbesondere kulturellen und sozialen, Hintergründen bewusst und reflektieren sie,

b) gestalten kurz- und langfristige professionelle Beziehungen mit Kindern, Jugendlichen und ihren Bezugspersonen, die auch bei divergierenden Sichtweisen oder Zielsetzungen und schwer nachvollziehbaren Verhaltensweisen von Empathie, Wertschätzung, Achtsamkeit und Kongruenz gekennzeichnet sind,

c) gestalten die Kommunikation in unterschiedlichen Pflegesituationen mit Kindern, Jugendlichen und ihren Bezugspersonen unter Einsatz verschiedener Interaktionsformen und balancieren das Spannungsfeld von Nähe und Distanz aus,

d) gestalten pflegeberufliche Kommunikationssituationen mit Kindern und Jugendlichen und deren Bezugspersonen auch bei divergierenden Zielsetzungen oder Sichtweisen verständigungsorientiert und fördern eine beteiligungsorientierte Entscheidungsfindung,

e) erkennen Kommunikationsbarrieren bei zu pflegenden Kindern und Jugendlichen, insbesondere bei spezifischen Gesundheits- oder Entwicklungsstörungen und Formen von Behinderungen, und setzen unterstützende und kompensierende Maßnahmen ein, um diese zu überbrücken,

f) reflektieren sich abzeichnende oder bestehende Konflikte in pflegerischen Versorgungssituationen von Kindern und Jugendlichen und entwickeln Ansätze zur Konfliktschlichtung und -lösung, auch unter Hinzuziehung von Angeboten zur Reflexion professioneller Kommunikation,

g) reflektieren Phänomene von Macht und Machtmissbrauch in pflegerischen Handlungsfeldern der Versorgung von Kindern und Jugendlichen.

2. **Information, Schulung und Beratung bei Kindern und Jugendlichen verantwortlich organisieren, gestalten, steuern und evaluieren.**

Die Absolventinnen und Absolventen

a) informieren Kinder und Jugendliche sowie ihre Bezugspersonen zu komplexen gesundheits- und pflegebezogenen Fragestellungen und weitergehenden Fragen der pflegerischen Versorgung in einer dem Entwicklungsstand und der Situation angemessenen Sprache,

b) setzen Schulungen mit Kindern, Jugendlichen und/oder ihren Bezugspersonen in Einzelarbeit oder kleineren Gruppen um,

c) beraten Kinder, Jugendliche und ihre Bezugspersonen im Umgang mit krankheits- sowie therapie- und pflegebedingten Anforderungen und befähigen sie, ihre Gesundheitsziele in größtmöglicher Selbständigkeit und Selbstbestimmung zu erreichen,

d) reflektieren ihre Möglichkeiten und Begrenzungen zur Gestaltung von professionellen Informations-, Instruktions-, Schulungs- und Beratungsangeboten bei Kindern und Jugendlichen.

3. **Ethisch reflektiert handeln.**

Die Absolventinnen und Absolventen

a) setzen sich für die Verwirklichung von Menschenrechten, Ethikkodizes und die Förderung der spezifischen Bedürfnisse und Gewohnheiten von zu pflegenden Kindern und Jugendlichen und ihren Bezugspersonen ein,

b) fördern und unterstützen Kinder und Jugendliche bei der Selbstverwirklichung und Selbstbestimmung über das eigene Leben sowie ihre Familien in der Begleitung dieser Entwicklung, auch unter Abwägung konkurrierender ethischer Prinzipien,

c) tragen in ethischen Dilemmasituationen mit Kindern, Jugendlichen oder ihren Bezugspersonen im interprofessionellen Gespräch zur gemeinsamen Entscheidungsfindung bei.

III. Intra- und interprofessionelles Handeln in unterschiedlichen systemischen Kontexten verantwortlich gestalten und mitgestalten.

1. **Verantwortung in der Organisation des qualifikationsheterogenen Pflegeteams übernehmen.**

   Die Absolventinnen und Absolventen

   a) stimmen ihr Pflegehandeln zur Gewährleistung klientenorientierter komplexer Pflegeprozesse im qualifikationsheterogenen Pflegeteam ab und koordinieren die Pflege unter Berücksichtigung der jeweiligen Verantwortungs- und Aufgabenbereiche, insbesondere in der Pädiatrie und Neonatologie,

   b) delegieren unter Berücksichtigung weiterer rechtlicher Bestimmungen ausgewählte Maßnahmen an Personen anderer Qualifikationsniveaus und überwachen die Durchführungsqualität,

   c) beraten Teammitglieder kollegial bei pflegefachlichen Fragestellungen und unterstützen sie bei der Übernahme und Ausgestaltung ihres jeweiligen Verantwortungs- und Aufgabenbereiches,

   d) beteiligen sich im Team an der Einarbeitung neuer Kolleginnen und Kollegen und leiten Auszubildende, Praktikantinnen und Praktikanten sowie freiwillig Engagierte in unterschiedlichen Versorgungssettings an,

   e) übernehmen Mitverantwortung für die Organisation und Gestaltung der gemeinsamen Arbeitsprozesse,

   f) sind aufmerksam für Spannungen und Konflikte im Team, reflektieren diesbezüglich die eigene Rolle und Persönlichkeit und bringen sich zur Bewältigung von Spannungen und Konflikten konstruktiv im Pflegeteam ein.

2. **Ärztliche Anordnungen im Pflegekontext eigenständig durchführen.**

   Die Absolventinnen und Absolventen

   a) beachten umfassend die Anforderungen der Hygiene und wirken verantwortlich an der Infektionsprävention in den unterschiedlichen pflegerischen Versorgungsbereichen mit,

   b) führen entsprechend den rechtlichen Bestimmungen eigenständig ärztlich veranlasste Maßnahmen der medizinischen Diagnostik und Therapie bei Kindern und Jugendlichen durch,

   c) beobachten und interpretieren die mit einem medizinischen Eingriff bei Kindern und Jugendlichen verbundenen Pflegephänomene und Komplikationen auch in instabilen oder krisenhaften gesundheitlichen Situationen,

   d) unterstützen und begleiten zu pflegende Kinder und Jugendliche sowie deren Bezugspersonen umfassend auch bei invasiven Maßnahmen der Diagnostik und Therapie,

e) schätzen chronische Wunden bei Kindern und Jugendlichen prozessbegleitend ein, versorgen sie verordnungsgerecht und stimmen die weitere Behandlung mit der Ärztin oder dem Arzt ab,

f) vertreten die im Rahmen des Pflegeprozesses gewonnenen Einschätzungen zu Pflegediagnosen und erforderlichen Behandlungskonsequenzen bei Kindern und Jugendlichen in der interprofessionellen Zusammenarbeit.

3. **In interdisziplinären Teams an der Versorgung und Behandlung von Kindern und Jugendlichen mitwirken und Kontinuität an Schnittstellen sichern.**
Die Absolventinnen und Absolventen

a) übernehmen Mitverantwortung in der interdisziplinären Versorgung und Behandlung von Kindern und Jugendlichen und unterstützen die Kontinuität an interdisziplinären und institutionellen Schnittstellen,

b) bringen die pflegefachliche Sichtweise in die interprofessionelle Kommunikation ein,

c) bearbeiten interprofessionelle Konflikte in einem gemeinsamen Aushandlungsprozess auf Augenhöhe und beteiligen sich an der Entwicklung und Umsetzung einrichtungsbezogener Konzepte zum Schutz vor Gewalt,

d) koordinieren die Pflege von Kindern und Jugendlichen in verschiedenen Versorgungskontexten und organisieren Termine sowie berufsgruppenübergreifende Leistungen,

e) koordinieren die integrierte Versorgung von chronisch kranken Kindern und Jugendlichen in der Primärversorgung,

f) evaluieren den gesamten Versorgungsprozess gemeinsam mit dem therapeutischen Team im Hinblick auf Patientenorientierung und -partizipation.

IV. **Das eigene Handeln auf der Grundlage von Gesetzen, Verordnungen und ethischen Leitlinien reflektieren und begründen.**

1. **Die Qualität der pflegerischen Leistungen und der Versorgung in den verschiedenen Institutionen sicherstellen.**
Die Absolventinnen und Absolventen

a) integrieren erweiterte Anforderungen zur internen und externen Qualitätssicherung in das Pflegehandeln und verstehen Qualitätsentwicklung und -sicherung als rechtlich verankertes und interdisziplinäres Anliegen in Institutionen des Gesundheitswesens,

b) wirken an Maßnahmen der Qualitätssicherung sowie -verbesserung mit, setzen sich für die Umsetzung evidenzbasierter und/oder interprofessioneller Leitlinien und Standards ein und leisten so einen Beitrag zur Weiterentwicklung einrichtungsspezifischer Konzepte,

c) bewerten den Beitrag der eigenen Berufsgruppe zur Qualitätsentwicklung und -sicherung und erfüllen die anfallenden Dokumentationsverpflichtungen auch im Kontext von interner und externer Kontrolle und Aufsicht,

d) überprüfen regelmäßig die eigene pflegerische Praxis durch kritische Reflexionen und Evaluation im Hinblick auf Ergebnis- und Patientenorientierung und ziehen Schlussfolgerungen für die Weiterentwicklung der Pflegequalität.

2. **Versorgungskontexte und Systemzusammenhänge im Pflegehandeln berücksichtigen und dabei ökonomische und ökologische Prinzipien beachten.**
Die Absolventinnen und Absolventen
   a) üben den Beruf im Rahmen der gesetzlichen Vorgaben sowie unter Berücksichtigung ihrer ausbildungs- und berufsbezogenen Rechte und Pflichten eigenverantwortlich aus,
   b) erfassen den Einfluss gesamtgesellschaftlicher Veränderungen, ökonomischer Anforderungen, technologischer sowie epidemiologischer und demografischer Entwicklungen auf die Versorgungsverträge und Versorgungsstrukturen im Gesundheits- und Sozialsystem,
   c) erkennen die Funktion der Gesetzgebung im Gesundheits- und Sozialbereich zur Sicherstellung des gesellschaftlichen Versorgungsauftrags in stationären, teilstationären und ambulanten Handlungsfeldern,
   d) reflektieren auf der Grundlage eines breiten Wissens ihre Handlungs- und Entscheidungsspielräume in unterschiedlichen Abrechnungssystemen,
   e) wirken an der Umsetzung von Konzepten und Leitlinien zur ökonomischen und ökologischen Gestaltung der Einrichtung mit.

V. **Das eigene Handeln auf der Grundlage von wissenschaftlichen Erkenntnissen und berufsethischen Werthaltungen und Einstellungen reflektieren und begründen.**

1. **Pflegehandeln an aktuellen wissenschaftlichen Erkenntnissen, insbesondere an pflegewissenschaftlichen Forschungsergebnissen, Theorien und Modellen ausrichten.**
Die Absolventinnen und Absolventen
   a) vertreten die Notwendigkeit, die Wissensgrundlagen des eigenen Handelns kontinuierlich zu überprüfen und gegebenenfalls zu verändern,
   b) erschließen sich pflege- und bezugswissenschaftliche Forschungsergebnisse bezogen auf die Pflege von Kindern und Jugendlichen und bewerten sie hinsichtlich der Reichweite, des Nutzens, der Relevanz und des Umsetzungspotenzials,
   c) begründen und reflektieren das Pflegehandeln kontinuierlich auf der Basis von vielfältigen oder spezifischen pflegewissenschaftlichen und bezugswissenschaftlichen evidenzbasierten Studienergebnissen, Theorien, Konzepten und Modellen,
   d) leiten aus beruflichen Erfahrungen in der pflegerischen Versorgung und Unterstützung von Kindern, Jugendlichen und Familien mögliche Fragen an Pflegewissenschaft und -forschung ab.
2. **Verantwortung für die Entwicklung (lebenslanges Lernen) der eigenen Persönlichkeit sowie das berufliche Selbstverständnis übernehmen.**
Die Absolventinnen und Absolventen
   a) bewerten das lebenslange Lernen als ein Element der persönlichen und beruflichen Weiterentwicklung und übernehmen Eigeninitiative und Verantwortung für das eigene Lernen und nutzen hierfür auch moderne Informations- und Kommunikationstechnologien,

b) nehmen drohende Über- oder Unterforderungen frühzeitig wahr, erkennen die notwendigen Veränderungen am Arbeitsplatz und/oder des eigenen Kompetenzprofils und leiten daraus entsprechende Handlungsinitiativen ab,

c) setzen Strategien zur Kompensation und Bewältigung unvermeidbarer beruflicher Belastungen gezielt ein und nehmen Unterstützungsangebote frühzeitig wahr oder fordern diese aktiv ein,

d) reflektieren ihre persönliche Entwicklung als professionell Pflegende und entwickeln ein eigenes Pflegeverständnis sowie ein berufliches Selbstverständnis unter Berücksichtigung berufsethischer und eigener ethischer Überzeugungen,

e) verfügen über ein Verständnis für die historischen Zusammenhänge des Pflegeberufs und positionieren sich mit ihrer beruflichen Pflegeausbildung im Kontext der Gesundheitsberufe unter Berücksichtigung der ausgewiesenen Vorbehaltsaufgaben,

f) verstehen die Zusammenhänge zwischen den gesellschaftlichen, soziodemografischen und ökonomischen Veränderungen und der Berufsentwicklung,

g) bringen sich den gesellschaftlichen Veränderungen und berufspolitischen Entwicklungen entsprechend in die Weiterentwicklung des Pflegeberufs ein.

Anlage 4
(zu § 28 Absatz 3 Satz 1)
Kompetenzen für die staatliche Prüfung nach § 28 zur Altenpflegerin oder zum Altenpfleger

I. Pflegebedarfe von alten Menschen erkennen sowie Pflege- und Betreuungsprozesse und Pflegediagnostik in akuten und dauerhaften Pflegesituationen verantwortlich planen, organisieren, gestalten, durchführen, steuern und bewerten.

1. **Die Pflege von alten Menschen verantwortlich planen, organisieren, gestalten, durchführen, steuern und bewerten.**
   Die Absolventinnen und Absolventen
   a) verfügen über ein ausreichendes Verständnis von spezifischen Theorien und Modellen zur Pflegeprozessplanung und -dokumentation und berücksichtigen diese bei der Steuerung und Gestaltung von Pflegeprozessen bei alten Menschen,
   b) übernehmen Verantwortung für die Organisation, Steuerung und Gestaltung des Pflegeprozesses bei alten Menschen,
   c) nutzen angemessene Messverfahren bei alten Menschen und beschreiben den Pflegebedarf unter Hinzuziehung von Pflegediagnosen,
   d) schätzen diverse Pflegeanlässe und den Pflegebedarf bei alten Menschen auch in instabilen gesundheitlichen und vulnerablen Lebenssituationen ein,
   e) handeln die Pflegeziele mit dem zu pflegenden alten Menschen und gegebenenfalls seinen Bezugspersonen aus, setzen gesicherte Pflegemaßnahmen ein und bewerten gemeinsam die Wirksamkeit der Pflege,
   f) nutzen Pflegedokumentationssysteme, um ihre Pflegeprozessentscheidungen in der Pflege von alten Menschen selbständig und im Pflegeteam zu bewerten,
   g) entwickeln mit alten Menschen, ihren Bezugspersonen und dem sozialen Netz altersentsprechende lebensweltorientierte Angebote zur Auseinandersetzung mit und Bewältigung von Pflegebedürftigkeit und ihren Folgen,
   h) stimmen die Pflegeprozessgestaltung auf spezifische ambulante und stationäre Versorgungskontexte für alte Menschen ab.

2. **Pflege bei alten Menschen mit gesundheitlichen Problemlagen planen, organisieren, gestalten, durchführen, steuern und bewerten unter dem besonderen Fokus von Gesundheitsförderung und Prävention.**
   Die Absolventinnen und Absolventen
   a) unterstützen, pflegen, begleiten und beraten auf der Grundlage der durchgeführten Untersuchungen alte Menschen bei gesundheitlichen und präventiven Maßnahmen auch in komplexen gesundheitlichen Problemlagen auf der Grundlage von pflege- und bezugswissenschaftlichen Erkenntnissen,
   b) unterstützen alte Menschen durch Mitwirkung an der Entwicklung von fachlich begründeten Pflegeinterventionen der Gesundheitsförderung, Prävention und Kuration,
   c) erkennen Belastungen durch Pflege, beraten und stärken die Kompetenzen von Angehörigen im Umgang mit dem pflegebedürftigen alten Menschen,

d) erkennen Hinweiszeichen auf eine mögliche Gewaltausübung in der Versorgung von alten Menschen und reflektieren ihre Beobachtungen im therapeutischen Team,

e) verfügen über ein integratives Verständnis von physischen, psychischen und psychosomatischen Zusammenhängen in der Pflege von alten Menschen,

f) erkennen Wissensdefizite und erschließen sich bei Bedarf selbständig neue Informationen zu den Wissensbereichen der Pflege, Gesundheitsförderung und Medizin, insbesondere zu geriatrischen Fragestellungen.

3. **Pflegebedarfe von alten Menschen erkennen und Pflege von alten Menschen in hoch belasteten und kritischen Lebenssituationen verantwortlich planen, organisieren, gestalten, durchführen, steuern und bewerten.**

Die Absolventinnen und Absolventen

a) pflegen, begleiten, unterstützen und beraten alte Menschen sowie deren Bezugspersonen bei Demenz, psychischen Krisen und gerontopsychiatrischen Erkrankungen,

b) steuern und gestalten den Pflegeprozess bei alten sowie bei schwerstkranken und sterbenden alten Menschen mit akuten und chronischen Schmerzen,

c) pflegen, begleiten, unterstützen und beraten alte Menschen sowie deren Bezugspersonen bei chronischen Krankheitsverläufen, akuten und chronischen Schmerzen sowie am Lebensende und beziehen die sozialen Netzwerke in das Handeln ein,

d) unterstützen und anerkennen die Ressourcen von Familien, die sich insbesondere infolge von schweren chronischen oder lebenslimitierenden Erkrankungen im höheren Lebensalter in einer Lebenskrise befinden, und wirken bei der Stabilisierung des Familiensystems mit,

e) kennen Hilfsangebote und Interventionswege und übernehmen Verantwortung,

f) reflektieren Phänomene von Macht und Machtmissbrauch in pflegerischen Handlungsfeldern der Versorgung von alten Menschen,

g) begleiten und unterstützen schwerstkranke alte Menschen sowie nahe Bezugspersonen in Phasen des Sterbens, erkennen und akzeptieren deren spezifische Bedürfnisse und bieten Unterstützung bei der Bewältigung und Verarbeitung von Verlust und Trauer an,

h) informieren schwerkranke und sterbende alte Menschen sowie deren Angehörige zu den spezifischen Schwerpunkten palliativer Versorgungsangebote.

4. **In lebensbedrohlichen sowie in Krisen- oder Katastrophensituationen zielgerichtet handeln.**

Die Absolventinnen und Absolventen

a) kennen und beachten im Notfall relevante rechtliche Grundlagen wie Vorsorgevollmachten und Patientenverfügungen,

b) treffen in lebensbedrohlichen Situationen erforderliche Interventionsentscheidungen und leiten lebenserhaltende Sofortmaßnahmen bis zum Eintreffen der Ärztin oder des Arztes ein,

c) koordinieren den Einsatz der Ersthelferinnen oder Ersthelfer bis zum Eintreffen der Ärztin oder des Arztes,

d) erkennen Notfallsituationen in Pflege- und Gesundheitseinrichtungen und handeln nach den Vorgaben des Notfallplanes und der Notfall-Evakuierung.

5. **Alte Menschen bei der Lebensgestaltung unterstützen, begleiten und beraten.**
Die Absolventinnen und Absolventen

a) erheben soziale, familiale und biografische Informationen sowie Unterstützungsmöglichkeiten durch Bezugspersonen und soziale Netzwerke bei alten Menschen und identifizieren Ressourcen und Herausforderungen in der Lebens- und Entwicklungsgestaltung,

b) entwickeln gemeinsam mit alten Menschen mögliche Angebote zur sozialen und kulturellen Teilhabe und unterstützen diese,

c) berücksichtigen bei der Planung und Gestaltung von Alltagsaktivitäten die Bedürfnisse und Erwartungen, die kulturellen Kontexte sowie die sozialen Lagen und die Entwicklungsphase von alten Menschen,

d) beziehen freiwillig Engagierte zur Unterstützung und Bereicherung der Lebensgestaltung in die Versorgungsprozesse von alten Menschen ein.

6. **Entwicklung und Autonomie in der Lebensspanne fördern.**
Die Absolventinnen und Absolventen

a) wahren das Selbstbestimmungsrecht alter Menschen mit Pflegebedarf, insbesondere auch, wenn sie in ihrer Selbstbestimmungsfähigkeit eingeschränkt sind,

b) unterstützen alte Menschen mit angeborener oder erworbener Behinderung bei der Wiederherstellung, Kompensation und Adaption eingeschränkter Fähigkeiten, um sie für eine möglichst selbständige Entwicklung, Lebensführung und gesellschaftliche Teilhabe zu befähigen,

c) tragen durch rehabilitative Maßnahmen bei alten Menschen zum Erhalt und zur Wiedererlangung von Alltagskompetenz bei,

d) fördern und gestalten die Zusammenarbeit zwischen familialen Systemen sowie den sozialen Netzwerken und den professionellen Pflegesystemen in der pflegerischen Versorgung von alten Menschen,

e) stimmen die Zusammenarbeit der Beteiligten sowie die Gestaltung des Pflegeprozesses auf den individuellen Entwicklungsstand des zu pflegenden alten Menschen ab und unterstützen entwicklungsbedingte Formen der Krankheitsbewältigung.

II. Kommunikation und Beratung personen- und situationsorientiert gestalten.

1. **Kommunikation und Interaktion mit alten Menschen und ihren Bezugspersonen personen- und situationsbezogen gestalten und eine angemessene Information sicherstellen.**
Die Absolventinnen und Absolventen

a) machen sich eigene Deutungs- und Handlungsmuster in der pflegerischen Interaktion mit alten Menschen und ihren Bezugspersonen und mit ihren unterschiedlichen, insbesondere kulturellen und sozialen Hintergründen bewusst und reflektieren sie,

b) reflektieren ihre Möglichkeiten und Grenzen in der Kommunikation und Beratung,

c) nutzen Empathie, Wertschätzung, Akzeptanz und Kongruenz für eine professionelle Beziehungsgestaltung und Kommunikation mit alten Menschen,

d) setzen Methoden der Gesprächsführung angemessen ein,

e) erkennen Kommunikationsbarrieren, insbesondere bei spezifischen Gesundheitsstörungen oder Formen von Behinderungen im Alter, und setzen unterstützende und kompensierende Maßnahmen ein, um diese zu überbrücken,

f) sind in der Lage, Konflikte wahrzunehmen, angemessen darauf zu reagieren und Konfliktgespräche zu führen unter Hinzuziehung von Angeboten zur Überprüfung der eigenen professionellen Kommunikation.

2. **Information, Schulung und Beratung bei alten Menschen verantwortlich organisieren, gestalten, steuern und bewerten.**

Die Absolventinnen und Absolventen

a) informieren alte Menschen zu komplexen gesundheits- und pflegebezogenen Fragestellungen und weitergehenden Fragen der pflegerischen Versorgung,

b) setzen Schulungen mit Einzelpersonen und kleineren Gruppen zu pflegender alter Menschen um,

c) beraten alte Menschen und ihre Bezugspersonen im Umgang mit krankheits- sowie therapie- und pflegebedingten Anforderungen und befähigen sie, ihre Gesundheitsziele in größtmöglicher Selbständigkeit und Selbstbestimmung zu erreichen,

d) reflektieren ihre Möglichkeiten und Begrenzungen zur Gestaltung von professionellen Informations-, Instruktions-, Schulungs- und Beratungsangeboten bei alten Menschen.

3. **Ethisch reflektiert handeln.**

Die Absolventinnen und Absolventen

a) setzen sich für die Verwirklichung von Menschenrechten, Ethikkodizes und die Förderung der spezifischen Bedürfnisse und Gewohnheiten von zu pflegenden alten Menschen und im Zusammenhang mit ihren Bezugspersonen ein,

b) fördern und unterstützen alte Menschen bei der Selbstverwirklichung und Selbstbestimmung über das eigene Leben, auch unter Abwägung konkurrierender ethischer Prinzipien,

c) tragen in ethischen Dilemmasituationen mit alten Menschen oder ihren Bezugspersonen im interprofessionellen Gespräch zur gemeinsamen Entscheidungsfindung bei.

III. **Intra- und interprofessionelles Handeln in unterschiedlichen systemischen Kontexten verantwortlich gestalten und mitgestalten.**

1. **Verantwortung in der Organisation des qualifikationsheterogenen Pflegeteams übernehmen.**

Die Absolventinnen und Absolventen

a) stimmen ihr Pflegehandeln zur Gewährleistung klientenorientierter komplexer Pflegeprozesse im qualifikationsheterogenen Pflegeteam ab und koordinieren die Pflege von alten Menschen unter Berücksichtigung der jeweiligen

Verantwortungs- und Aufgabenbereiche, insbesondere in der stationären Langzeitversorgung und ambulanten Pflege,

b) delegieren unter Berücksichtigung weiterer rechtlicher Bestimmungen ausgewählte Maßnahmen an Personen anderer Qualifikationsniveaus und überwachen die Durchführungsqualität,

c) beraten Teammitglieder kollegial bei pflegefachlichen Fragestellungen und unterstützen sie bei der Übernahme und Ausgestaltung ihres jeweiligen Verantwortungs- und Aufgabenbereiches,

d) beteiligen sich im Team an der Einarbeitung neuer Kolleginnen und Kollegen und leiten Auszubildende, Praktikantinnen und Praktikanten sowie freiwillig Engagierte in unterschiedlichen Versorgungssettings an,

e) übernehmen Mitverantwortung für die Organisation und Gestaltung der gemeinsamen Arbeitsprozesse,

f) reflektieren ihre eigene Rolle in der Zusammenarbeit und wenden das Wissen über erfolgreiche Teamarbeit an.

2. **Ärztliche Anordnungen im Pflegekontext eigenständig durchführen.**
Die Absolventinnen und Absolventen

a) beachten umfassend die Anforderungen der Hygiene und wirken verantwortlich an der Infektionsprävention in den unterschiedlichen pflegerischen Versorgungsbereichen mit,

b) führen entsprechend den rechtlichen Bestimmungen eigenständig ärztlich veranlasste Maßnahmen der medizinischen Diagnostik und Therapie bei alten Menschen durch,

c) beobachten und interpretieren die mit regelmäßig vorkommenden medizinischen Eingriffen und Untersuchungen bei alten Menschen verbundenen Pflegephänomene und Komplikationen, auch in instabilen oder krisenhaften gesundheitlichen Situationen,

d) unterstützen und begleiten zu pflegende alte Menschen umfassend auch bei invasiven Maßnahmen der Diagnostik und Therapie,

e) schätzen chronische Wunden bei alten Menschen prozessbegleitend ein, versorgen sie verordnungsgerecht und stimmen die weitere Behandlung mit der Ärztin oder dem Arzt ab,

f) vertreten die im Rahmen des Pflegeprozesses gewonnenen Einschätzungen zum Pflegebedarf und erforderlichen Behandlungskonsequenzen bei alten Menschen in der interprofessionellen Zusammenarbeit.

3. **In interdisziplinären Teams an der Versorgung und Behandlung von alten Menschen mitwirken und Kontinuität an Schnittstellen sichern.**
Die Absolventinnen und Absolventen

a) übernehmen Mitverantwortung in der interdisziplinären Versorgung und Behandlung von alten Menschen und unterstützen die Kontinuität an interdisziplinären und institutionellen Schnittstellen,

b) bringen sowohl die Perspektive der Betroffenen als auch die pflegefachliche Sichtweise in die interprofessionelle Kommunikation ein,

c) bearbeiten interprofessionelle Konflikte in einem gemeinsamen Aushandlungsprozess auf Augenhöhe,

d) koordinieren die Pflege von alten Menschen in verschiedenen Versorgungskontexten und organisieren Termine sowie berufsgruppenübergreifende Leistungen,

e) koordinieren die integrierte Versorgung von chronisch kranken alten Menschen in der Primärversorgung,

f) bewerten den gesamten Versorgungsprozess gemeinsam mit dem therapeutischen Team im Hinblick auf Orientierung am Bewohner, Klienten, Patienten und auf seine Partizipation.

IV. **Das eigene Handeln auf der Grundlage von Gesetzen, Verordnungen und ethischen Leitlinien reflektieren und begründen.**

1. **Die Qualität der pflegerischen Leistungen und der Versorgung in den verschiedenen Institutionen sicherstellen.**
   Die Absolventinnen und Absolventen
   a) integrieren erweiterte Anforderungen zur internen und externen Qualitätssicherung in das Pflegehandeln und verstehen Qualitätsentwicklung und -sicherung als rechtlich verankertes und interdisziplinäres Anliegen in Institutionen des Gesundheitswesens,
   b) wirken an Maßnahmen der Qualitätssicherung sowie -verbesserung und der Weiterentwicklung wissenschaftlich gesicherter einrichtungsspezifischer Konzepte mit,
   c) beachten den Beitrag der eigenen Berufsgruppe zur Qualitätsentwicklung und -sicherung und erfüllen die anfallenden Dokumentationsverpflichtungen auch im Kontext von interner und externer Kontrolle und Aufsicht,
   d) überprüfen regelmäßig die eigene pflegerische Praxis durch kritische Reflexionen im Hinblick auf Ergebnis- und Patientenorientierung und ziehen Schlussfolgerungen für die Weiterentwicklung der Pflegequalität.

2. **Versorgungskontexte und Systemzusammenhänge im Pflegehandeln berücksichtigen und dabei ökonomische und ökologische Prinzipien beachten.**
   Die Absolventinnen und Absolventen
   a) üben den Beruf im Rahmen der gesetzlichen Vorgaben sowie unter Berücksichtigung ihrer ausbildungs- und berufsbezogenen Rechte und Pflichten eigenverantwortlich aus,
   b) kennen den Einfluss gesamtgesellschaftlicher Veränderungen, ökonomischer Anforderungen sowie epidemiologischer und demografischer Entwicklungen auf die Versorgungsstrukturen,
   c) erkennen die Funktion der Gesetzgebung im Gesundheits- und Sozialbereich zur Sicherstellung des gesellschaftlichen Versorgungsauftrags in stationären, teilstationären und ambulanten Handlungsfeldern,
   d) überblicken auf der Grundlage eines ausreichenden Wissens ihre Handlungs- und Entscheidungsspielräume in unterschiedlichen Abrechnungssystemen,
   e) wirken an der Umsetzung von Konzepten und Leitlinien zur ökonomischen und ökologischen Gestaltung der Einrichtung mit.

V. Das eigene Handeln auf der Grundlage von wissenschaftlichen Erkenntnissen und berufsethischen Werthaltungen und Einstellungen überdenken und begründen.

1. **Auf der Grundlage von pflege- und bezugswissenschaftlichen Erkenntnissen, ethischen Grundsätzen und beruflichen Aufgaben handeln.**
   Die Absolventinnen und Absolventen
   a) vertreten die Notwendigkeit, die Wissensgrundlagen des eigenen Handelns kontinuierlich zu überprüfen und gegebenenfalls zu verändern, und übernehmen Eigeninitiative und Verantwortung für das eigene Lernen,
   b) reflektieren die Bedeutung ihres Berufs im Kontext von gesellschaftlichen, soziodemografischen und ökonomischen Veränderungen,
   c) handeln auf der Grundlage pflege- und bezugswissenschaftlicher Erkenntnisse bezogen auf die Pflege von alten Menschen und reflektieren und bewerten ihr Pflegehandeln hinsichtlich möglicher Verbesserungen.

2. **Verantwortung für die Entwicklung (lebenslanges Lernen) der eigenen Persönlichkeit sowie das berufliche Selbstverständnis übernehmen.**
   Die Absolventinnen und Absolventen
   a) bewerten das lebenslange Lernen als ein Element der persönlichen und beruflichen Weiterentwicklung und übernehmen Eigeninitiative und Verantwortung für das eigene Lernen,
   b) nehmen drohende Über- oder Unterforderungen frühzeitig wahr, erkennen die notwendigen Veränderungen am Arbeitsplatz und/oder des eigenen Kompetenzprofils und leiten daraus entsprechende Handlungsinitiativen ab,
   c) setzen Strategien zur Kompensation und Bewältigung unvermeidbarer beruflicher Belastungen gezielt ein und nehmen Unterstützungsangebote frühzeitig wahr oder fordern diese aktiv ein,
   d) reflektieren ihre persönliche Entwicklung als professionell Pflegende und entwickeln ein eigenes Pflegeverständnis sowie ein berufliches Selbstverständnis unter Berücksichtigung berufsethischer und eigener ethischer Überzeugungen,
   e) verfügen über ein Verständnis für die historischen Zusammenhänge des Pflegeberufs und positionieren sich mit ihrer beruflichen Pflegeausbildung im Kontext der Gesundheitsberufe unter Berücksichtigung der ausgewiesenen Vorbehaltsaufgaben,
   f) verstehen die Zusammenhänge zwischen den gesellschaftlichen, soziodemografischen und ökonomischen Veränderungen und der Berufsentwicklung,
   g) werden befähigt, sich in die gesellschaftlichen Veränderungen und berufspolitischen Entwicklungen sowie in die Weiterentwicklung des Pflegeberufs einzubringen.

Anlage 5
(zu § 35 Absatz 2, § 36 Absatz 1, § 37 Absatz 1)

Kompetenzen für die Prüfung der hochschulischen Pflegeausbildung nach § 32

I. Wissenschaftsbasierte Planung, Organisation, Gestaltung, Durchführung, Steuerung und Evaluation auch von hochkomplexen Pflegeprozessen bei Menschen aller Altersstufen.

Die Absolventinnen und Absolventen

1. erheben und beurteilen den individuellen Pflegebedarf, potentielle Risiken und Gesundheitsgefährdungen in komplexen und hochkomplexen akuten und dauerhaften Pflegesituationen und nutzen spezifische wissenschaftsorientierte Assessmentverfahren,
2. übernehmen Verantwortung für die Planung, Organisation, Gestaltung, Durchführung, Steuerung und Evaluation von Pflegeprozessen bei Menschen mit besonderen gesundheitlichen Problemlagen unter Berücksichtigung von wissenschaftlich fundierten Ansätzen der Gesundheitsförderung, Prävention und Kuration,
3. übernehmen Verantwortung für die Planung, Organisation, Gestaltung, Durchführung, Steuerung und Evaluation von Pflegeprozessen bei Menschen in hochbelasteten und kritischen Lebens- und Pflegesituationen auch bei hochkomplexen Pflegebedarfen, spezifischen Klientengruppen und besonderen Verlaufsdynamiken wissenschaftsbasiert und fallorientiert,
4. übernehmen die Organisation und Durchführung von Interventionen in lebensbedrohlichen Krisen- und in Katastrophensituationen bis zum Eintreffen der Ärztin oder des Arztes,
5. fördern die Entwicklung und Autonomie der zu pflegenden Menschen unter Einbeziehung ihrer familialen Kontexte, Lebenslagen und Lebenswelten auf der Basis eines breiten pflege- und bezugswissenschaftlichen Wissens,
6. unterstützen die zu pflegenden Menschen bei der Entwicklung von Alltagskompetenzen und bei der Lebensgestaltung unter Berücksichtigung eines vertieften pflege- und bezugswissenschaftlichen Wissens,
7. analysieren, evaluieren und reflektieren Pflegeprozesse auf der Grundlage pflege- und bezugswissenschaftlicher Methoden, Theorien und Forschungsergebnisse.

II. Personen- und situationsorientierte Kommunikation und Beratung von zu pflegenden Menschen aller Altersstufen und ihren Bezugspersonen.

Die Absolventinnen und Absolventen

1. nutzen ein vertieftes und kritisches pflege- und bezugswissenschaftliches Wissen in hochkomplexen Kommunikations-, Interaktions- und Beratungssituationen,
2. analysieren, reflektieren und evaluieren kritisch Kommunikations-, Interaktions- und Beratungsprozesse in der Pflegepraxis auf der Grundlage pflege- und bezugswissenschaftlicher Methoden sowie unter ethischen Gesichtspunkten,
3. konzipieren, gestalten und evaluieren Beratungs- und Schulungskonzepte auf der Basis gesicherter Forschungsergebnisse,

4. treffen in moralischen Konflikt- und Dilemmasituationen begründete ethische Entscheidungen unter Berücksichtigung von Menschenrechten sowie pflegeethischer Ansätze und fördern berufsethisches Handeln in der Pflegepraxis.

III.   Verantwortliche Gestaltung des intra- und interprofessionellen Handelns in unterschiedlichen systemischen Kontexten und Weiterentwicklung der gesundheitlichen und pflegerischen Versorgung von Menschen aller Altersstufen.

Die Absolventinnen und Absolventen

1. konzipieren und gestalten die pflegerische Arbeitsorganisation in qualifikationsheterogenen Pflegeteams und in unterschiedlichen Versorgungssettings auf der Basis gesicherter Forschungsergebnisse,
2. führen entsprechend den rechtlichen Bestimmungen ärztliche Anordnungen und Maßnahmen der Diagnostik, Therapie oder Rehabilitation eigenständig und unter Berücksichtigung vertieften forschungsbasierten Wissens durch,
3. analysieren wissenschaftlich begründet die derzeitigen pflegerischen/gesundheitlichen Versorgungsstrukturen, die Steuerung von Versorgungsprozessen und Formen von intra- und interprofessioneller Zusammenarbeit und reflektieren diese kritisch,
4. wirken an der Weiterentwicklung und Implementierung von wissenschaftsorientierten, innovativen Lösungsansätzen der Zusammenarbeit von Berufsgruppen und der Steuerung von Versorgungsprozessen in unterschiedlichen Versorgungsbereichen und über die Versorgungsbereiche hinweg mit.

IV.   Reflexion und Begründung des eigenen Handelns vor dem Hintergrund von Gesetzen, Verordnungen, ethischen Leitlinien und Mitwirkung an der Entwicklung und Implementierung von Qualitätsmanagementkonzepten, Leitlinien und Expertenstandards.

Die Absolventinnen und Absolventen

1. analysieren wissenschaftlich begründet rechtliche, ökonomische und gesellschaftliche Rahmenbedingungen sowie Verfahren des Qualitätsmanagements und der Qualitätsentwicklung und reflektieren diese kritisch,
2. wirken an der Entwicklung, Implementierung und Evaluation von wissenschaftsbasierten oder -orientierten innovativen Ansätzen des Qualitätsmanagements und der Qualitätsentwicklung mit,
3. beteiligen sich an gesellschaftlichen Aushandlungsprozessen zur Pflege- und Versorgungsqualität

V.   Reflexion und Begründung des eigenen Handelns auf der Grundlage von wissenschaftlichen Erkenntnissen und berufsethischen Werthaltungen und Einstellungen sowie Beteiligung an der Berufsentwicklung.

Die Absolventinnen und Absolventen

1. erschließen und bewerten gesicherte Forschungsergebnisse und wählen diese für den eigenen Handlungsbereich aus,

2. nutzen forschungsgestützte Problemlösungen und neue Technologien für die Gestaltung von Pflegeprozessen,
3. gestalten die vorbehaltenen Tätigkeiten verantwortlich aus und positionieren pflegewissenschaftliche Erkenntnisse im intra- und interdisziplinären Team,
4. identifizieren eigene und teamübergreifende berufsbezogene Fort- und Weiterbildungsbedarfe,
5. analysieren und reflektieren wissenschaftlich begründet berufsethische Werthaltungen und Einstellungen,
6. entwickeln ein fundiertes Pflegeverständnis und ein berufliches Selbstverständnis als hochschulisch qualifizierte Pflegefachperson,
7. wirken an der Weiterentwicklung der Profession mit.

Anlage 6
(zu § 1 Absatz 2 Nummer 1, § 25)

Stundenverteilung im Rahmen des theoretischen und praktischen Unterrichts der beruflichen Pflegeausbildung

Kompetenzbereich	Erstes und zweites Ausbildungsdrittel	letztes Ausbildungsdrittel	Gesamt
I. Pflegeprozesse und Pflegediagnostik in akuten und dauerhaften Pflegesituationen verantwortlich planen, organisieren, gestalten, durchführen, steuern und evaluieren.	680 Std.	320 Std.	1 000 Std.
II. Kommunikation und Beratung personen- und situationsbezogen gestalten.	200 Std.	80 Std.	280 Std.
III. Intra- und interprofessionelles Handeln in unterschiedlichen systemischen Kontexten verantwortlich gestalten und mitgestalten.	200 Std.	100 Std.	300 Std.
IV. Das eigene Handeln auf der Grundlage von Gesetzen, Verordnungen und ethischen Leitlinien reflektieren und begründen.	80 Std.	80 Std.	160 Std.
V. Das eigene Handeln auf der Grundlage von wissenschaftlichen Erkenntnissen und berufsethischen Werthaltungen und Einstellungen reflektieren und begründen.	100 Std.	60 Std.	160 Std.
Stunden zur freien Verteilung	140 Std.	60 Std.	200 Std.
Gesamtsumme	1 400 Std.	700 Std.	2 100 Std.

In der Ausbildung zur Pflegefachfrau oder zum Pflegefachmann entfallen über die Gesamtdauer der Ausbildung im Rahmen des Unterrichts zur Vermittlung von Kompetenzen zur Pflege von Menschen aller Altersstufen jeweils mindestens 500 und höchstens 700 Stunden auf die Kompetenzvermittlung anhand der besonderen Pflegesituationen von Kindern und Jugendlichen sowie von alten Menschen.

Anlage 7
(zu § 1 Absatz 2 Nummer 2, § 26 Absatz 2 Satz 1, § 28 Absatz 2 Satz 1)

Stundenverteilung im Rahmen der praktischen Ausbildung der beruflichen Pflegeausbildung

Erstes und zweites Ausbildungsdrittel	
I. Orientierungseinsatz	
Flexibel gestaltbarer Einsatz zu Beginn der Ausbildung beim Träger der praktischen Ausbildung	400 Std.[*]
II. Pflichteinsätze in den drei allgemeinen Versorgungsbereichen	
1. Stationäre Akutpflege	400 Std.
2. Stationäre Langzeitpflege	400 Std.
3. Ambulante Akut-/Langzeitpflege	400 Std.
III. Pflichteinsatz in der pädiatrischen Versorgung	
Pädiatrische Versorgung	120 Std.[*]
Summe erstes und zweites Ausbildungsdrittel	1 720 Std.

Letztes Ausbildungsdrittel	
IV. Pflichteinsatz in der psychiatrischen Versorgung	
1. Allgemein-, geronto-, kinder- oder jugendpsychiatrische Versorgung	
2. Bei Ausübung des Wahlrechts nach § 59 Absatz 2 PflBG: nur kinder- oder jugendpsychiatrische Versorgung	120 Std.
3. Bei Ausübung des Wahlrechts nach § 59 Absatz 3 PflBG: nur gerontopsychiatrische Versorgung	
V. Vertiefungseinsatz im Bereich eines Pflichteinsatzes	
1. Im Bereich eines Pflichteinsatzes nach II. bis IV.1. Im Bereich des Pflichteinsatzes nach II.3. auch mit Ausrichtung auf die ambulante Langzeitpflege	500 Std.
2. Für das Wahlrecht nach § 59 Absatz 2 PflBG: Im Bereich eines Pflichteinsatzes nach III.	

---

[*]   Bis zum 31. Dezember 2024 entfallen auf „III. Pflichteinsatz in der pädiatrischen Versorgung" mindestens 60 und höchstens 120 Stunden. Die gegebenenfalls freiwerdenden Stundenkontingente erhöhen entsprechend die Stunden von „I. Orientierungseinsatz".

[*]   Bis zum 31. Dezember 2024 entfallen auf „III. Pflichteinsatz in der pädiatrischen Versorgung" mindestens 60 und höchstens 120 Stunden. Die gegebenenfalls freiwerdenden Stundenkontingente erhöhen entsprechend die Stunden von „I. Orientierungseinsatz".

3.	Für das Wahlrecht nach § 59 Absatz 3 PflBG: Im Bereich eines Pflichteinsatzes nach II.2. oder II.3. mit Ausrichtung auf die ambulante Langzeitpflege	
VI.	**Weitere Einsätze/Stunden zur freien Verteilung**	
1.	Weiterer Einsatz (z. B. Pflegeberatung, Rehabilitation, Palliation) – bei Ausübung des Wahlrechts nach § 59 Absatz 2 PflBG: nur in Bereichen der Versorgung von Kindern und Jugendlichen – bei Ausübung des Wahlrechts nach § 59 Absatz 3 PflBG: nur in Bereichen der Versorgung von alten Menschen	80 Std.
2.	Zur freien Verteilung im Versorgungsbereich des Vertiefungseinsatzes	80 Std.
Summe letztes Ausbildungsdrittel		750 Std.

Gesamtsumme	**2 500 Std.**

Anlage 8
(zu § 19 Absatz 2 Satz 1)

Die/der Vorsitzende
des Prüfungsausschusses

**Zeugnis über die staatliche Prüfung der beruflichen Pflegeausbildung
für**

„. . . . . "

Name, Vorname

. . . .

Geburtsdatum   Geburtsort

. . . .

hat am . . . . die staatliche Prüfung nach § 2 Nummer 1 des Pflegeberufegesetzes vor dem staatlichen Prüfungsausschuss bei der

. . . .

in . . . . bestanden.

Sie/Er hat folgende Prüfungsnoten (Gesamtnoten der einzelnen Prüfungsteile) erhalten:

1. im schriftlichen Teil der Prüfung   „. . . . . "

2. im mündlichen Teil der Prüfung   „. . . . . "

3. im praktischen Teil der Prüfung   „. . . . . "

Gesamtnote der staatlichen Prüfung   „. . . . . "
(auf der Grundlage der Prüfungsnoten nach den Nummern 1 bis 3)

Ort, Datum
. . . .   (Siegel)

. . . .
(Unterschrift der/des Vorsitzenden des Prüfungsaus-
schusses)

Anlage 9
(zu § 44 Absatz 3 Satz 2)

. . . .
Bezeichnung der Einrichtung

Bescheinigung über die Teilnahme am Anpassungslehrgang

Name, Vorname

. . . .
Geburtsdatum   Geburtsort

. . . .

hat in der Zeit vom . . . . bis . . . . regelmäßig an dem Anpassungslehrgang teilgenommen, der nach § 44 der Ausbildungs- und Prüfungsverordnung für die Pflegeberufe von der zuständigen Behörde vorgeschrieben wurde.

Das Abschlussgespräch hat sie/er bestanden/nicht bestanden[*].

Ort, Datum

. . . .   (Stempel)

. . . .
(Unterschrift(en) der Einrichtung)

---

[*]   Nichtzutreffendes streichen.

Anlage 10
(zu § 45 Absatz 9)

Der/die Vorsitzende
des Prüfungsausschusses

Bescheinigung über die staatliche Kenntnisprüfung
für

„. . . . . "

Name, Vorname
. . . .

Geburtsdatum   Geburtsort
. . . .

hat am . . . . die staatliche Kenntnisprüfung nach § 45 der Ausbildungs- und Prüfungsverordnung
für die Pflegeberufe bestanden/nicht bestanden*).

Ort, Datum
. . . .   (Siegel)

. . . .
(Unterschrift der/des Vorsitzenden des
Prüfungsausschusses)

---

*   Nichtzutreffendes streichen.

Anlage 11
(zu § 46 Absatz 3)

. . . .
Bezeichnung der Einrichtung

Bescheinigung über die Teilnahme am Anpassungslehrgang

Name, Vorname

. . . .

Geburtsdatum   Geburtsort

. . . .

hat in der Zeit vom . . . . bis . . . . regelmäßig und mit Erfolg an dem Anpassungslehrgang
teilgenommen, der nach § 46 der Ausbildungs- und Prüfungsordnung für die Pflegeberufe von der zuständigen
Behörde vorgeschrieben wurde.

Ort, Datum

. . . .   (Stempel)

. . . .
(Unterschrift(en) der Einrichtung)

Anlage 12
(zu § 47 Absatz 5 Satz 2)

Der/die Vorsitzende
des Prüfungsausschusses

Bescheinigung über die staatliche Eignungsprüfung
für

„. . . . ."

Name, Vorname

. . . .

Geburtsdatum   Geburtsort

. . . .

hat am . . . . die staatliche Eignungsprüfung nach § 47 der Ausbildungs- und Prüfungsverordnung
für die Pflegeberufe bestanden/nicht bestanden[*)].

Ort, Datum

. . . .   (Siegel)

. . . .

(Unterschrift der/des Vorsitzenden des
Prüfungsausschusses)

---

*   Nichtzutreffendes streichen.

Anlage 13
(zu § 42 Satz 1)

Urkunde über die Erlaubnis zum Führen der Berufsbezeichnung

Name, Vorname

. . . .

Geburtsdatum   Geburtsort

. . . .

erhält auf Grund des Pflegeberufegesetzes mit Wirkung vom heutigen Tage die Erlaubnis, die Berufsbezeichnung

„ . . . . “

zu führen.

Ort, Datum

. . . .   (Siegel)

. . . .

(Unterschrift)

Anlage 14
(zu § 42 Satz 2)

Anlage zur Urkunde über die Erlaubnis zum Führen der Berufsbezeichnung

(Hinweis nach § 1 Absatz 2 des Pflegeberufegesetzes)

Name, Vorname

....

Geburtsdatum   Geburtsort

....

hat den Vertiefungseinsatz nach § 7 Absatz 4 Satz 1 des Pflegeberufegesetzes im Bereich

....

bei

....

durchgeführt.

Ort, Datum

....   (Siegel)

....

(Unterschrift)

D.

Kommentar

Ausbildungs- und Prüfungsverordnung für die Pflegeberufe (Pflegeberufe-Ausbildungs- und -Prüfungsverordnung – PflAPrV) [*)]

vom 2.10.2018 (BGBl. I S. 1572)

Auf Grund des § 56 Absatz 1 und 2 des Pflegeberufegesetzes vom 17. Juli 2017 (BGBl. I S. 2581) verordnen das Bundesministerium für Familie, Senioren, Frauen und Jugend und das Bundesministerium für Gesundheit gemeinsam und hinsichtlich § 56 Absatz 1 Satz 1 Nummer 1 und 2 im Benehmen, hinsichtlich § 56 Absatz 1 Satz 1 Nummer 5 und 6 im Einvernehmen mit dem Bundesministerium für Bildung und Forschung, hinsichtlich § 56 Absatz 1 Satz 1 Nummer 6 im Benehmen mit dem Bundesministerium der Finanzen unter Berücksichtigung des Beschlusses des Bundestages vom 28. Juni 2018:

Teil 1
Berufliche Pflegeausbildung zur Pflegefachfrau oder zum Pflegefachmann

Abschnitt 1
Ausbildung und Leistungsbewertung

§ 1 Inhalt und Gliederung der Ausbildung

(1) [1]Die Ausbildung zur Pflegefachfrau oder zum Pflegefachmann befähigt die Auszubildenden in Erfüllung des Ausbildungsziels nach § 5 des Pflegeberufegesetzes Menschen aller Altersstufen in den allgemeinen und speziellen Versorgungsbereichen der Pflege pflegen zu können. [2]Die hierfür erforderlichen Kompetenzen sind in Anlage 2 konkretisiert. [3]Der Kompetenzerwerb in der Pflege von Menschen aller Altersstufen berücksichtigt auch die besonderen Anforderungen an die Pflege von Kindern und Jugendlichen sowie alten Menschen in den

---

* Diese Verordnung dient der Umsetzung der Richtlinie 2005/36/EG des Europäischen Parlaments und des Rates vom 7. September 2005 über die Anerkennung von Berufsqualifikationen (ABl. L 255 vom 30.9.2005, S. 22; L 271 vom 16.10.2007, S. 18), die zuletzt durch die Richtlinie 2013/55/EU (ABl. L 354 vom 28.12.2013, S. 132) geändert worden ist.

unterschiedlichen Versorgungssituationen sowie besondere fachliche Entwicklungen in den Versorgungsbereichen der Pflege.

(2) Die Ausbildung umfasst mindestens

1. den theoretischen und praktischen Unterricht mit einem Umfang von 2 100 Stunden gemäß der in Anlage 6 vorgesehenen Stundenverteilung und
2. die praktische Ausbildung mit einem Umfang von 2 500 Stunden gemäß der in Anlage 7 vorgesehenen Stundenverteilung.

(3) [1]Die Ausbildung erfolgt im Wechsel von Abschnitten des theoretischen und praktischen Unterrichts und der praktischen Ausbildung. [2]Der Unterricht und die praktische Ausbildung erfolgen aufeinander abgestimmt auf der Grundlage von Kooperationsverträgen nach § 8.

(4) [1]Fehlzeiten können nach § 13 Absatz 1 Nummer 2 des Pflegeberufegesetzes angerechnet werden, soweit diese einen Umfang von 25 Prozent der Stunden eines Pflichteinsatzes nicht überschreiten. [2]Urlaub ist in der unterrichtsfreien Zeit zu gewähren. [3]Die Erreichung des Ausbildungsziels eines Pflichteinsatzes darf durch die Anrechnung von Fehlzeiten nicht gefährdet werden.

(5) [1]Bei Ausbildungen in Teilzeit nach § 6 Absatz 1 Satz 1 zweiter Halbsatz des Pflegeberufegesetzes ist sicherzustellen, dass die Mindeststundenzahl nach Absatz 2 erreicht wird. [2]Absatz 4 gilt entsprechend.

(6) Unter unmittelbarer Aufsicht von Inhabern einer Erlaubnis nach § 1 Absatz 1, § 58 Absatz 1, § 58 Absatz 2 oder § 64 des Pflegeberufegesetzes sollen ab der zweiten Hälfte der Ausbildungszeit mindestens 80, höchstens 120 Stunden der praktischen Ausbildung im Rahmen des Nachtdienstes abgeleistet werden.

(7) [1]Die zuständige Behörde weist die Auszubildende oder den Auszubildenden auf die Möglichkeit der Ausübung des Wahlrechts nach § 59 Absatz 2 oder Absatz 3 des Pflegeberufegesetzes hin. [2]Der Hinweis erfolgt schriftlich oder elektronisch so rechtzeitig, dass die oder der Auszubildende das Wahlrecht innerhalb der Frist nach § 59 Absatz 5 Satz 1 des Pflegeberufegesetzes ausüben kann.

Erläuterungen

Übersicht

I. Allgemeines

In Teil 1 der PflAPrV finden sich die Vorschriften der beruflichen Ausbildung zur 1
Pflegefachfrau oder zum Pflegefachmann (§§ 1 bis 24 PflAPrV). Die Vorschriften zur
beruflichen Ausbildung in der Gesundheits- und Kinderkrankenpflege und in der
Altenpflege finden sich in Teil 2 (§§ 25 bis 29 PflAPrV), die Vorschriften zur
hochschulischen Pflegeausbildung in Teil 3 (§§ 30 bis 41 PflAPrV). Diese Vorschriften enthalten jeweils Regelungen zur Ausbildung und zur Prüfung.

§ 1 PflAPrV bezieht sich in **Abs. 1** auf das **Ausbildungsziel** in § 5 PflBG und die 2
entsprechenden **Kompetenzen**. **Abs. 2** enthält die Mindeststundenzahlen in der
Verteilung auf die verschiedenen Unterrichtsanteile. **Abs. 3** legt den **Wechsel der
Unterrichtsabschnitte** fest. **Abs. 4** konkretisiert die Vorschrift zu den **Fehlzeiten**
(§ 13 PflBG). **Abs. 5** befasst sich mit der **Mindeststundenzahl** bei **Teilzeitausbildung**. **Abs. 6** bestimmt die **Mindest- und Höchstdauer von Nachteinsätzen**. **Abs. 7**
enthält die Verpflichtung der zuständigen Behörde, auf die Möglichkeit der Ausübung des Wahlrechts hinzuweisen.

II. Erläuterungen

1. Abs. 1: Ausbildungsziel – Kompetenzen

In der Begründung zur Verordnung (BT-Drs. 19/2707, S. 87 f.) wird zu dieser 3
Vorschrift Folgendes ausgeführt:

*„In § 5 PflBG ist das Ziel der Ausbildung zur Pflegefachfrau oder zum Pflegefachmann
ausführlich geregelt. Inhalt und Gliederung der Ausbildung müssen darauf ausgerichtet sein, dass dieses Ausbildungsziel erreicht wird. Ausbildungsbewerberinnen oder
-bewerber, die die Mindestzugangsvoraussetzungen zur beruflichen Pflegeausbildung
nach § 11 Absatz 1 PflBG erfüllen, haben damit die Voraussetzungen erlangt, um das
Ausbildungsziel erreichen zu können. Dies umfasst insbesondere auch diejenigen mit
einem Hauptschulabschluss im Zusammenhang mit einer erfolgreich abgeschlossenen
landesrechtlich geregelten Assistenz- oder Helferausbildung in der Pflege von mindestens einjähriger Dauer bzw. einer landesrechtlich geregelten einjährigen Ausbildung in
der Krankenpflegehilfe oder der Altenpflegehilfe. Mit dem PflBG ist ein neuer Beruf
geschaffen worden. Den Auszubildenden werden Kompetenzen vermittelt, die über die
Kompetenzen der bisherigen getrennt geregelten Ausbildungen in der Gesundheits-
und Krankenpflege, der Gesundheits- und Kinderkrankenpflege und der Altenpflege
hinausgehen und den Aufbau einer umfassenden Handlungskompetenz verfolgen.
Dies gelingt nicht durch eine Addition bisheriger Ausbildungsinhalte, sondern nur
durch eine Neukonzeption. Dabei müssen die Auszubildenden so ausgebildet werden,
dass sie den wesentlichen Anforderungen des bisherigen Berufsfeldes der Altenpflege,
der Gesundheits- und Kranken- und der Gesundheits- und Kinderkrankenpflege
genügen. Gleichzeitig erwerben sie die notwendigen Kompetenzen für einen im Sinne
lebenslangen Lernens erforderlichen Entwicklungsprozess. Die hierfür erforderlichen
Kompetenzen werden in der Anlage 2 beschrieben. Bei der Entwicklung dieser Anlagen
haben die Bundesministerien für Familie, Senioren, Frauen und Jugend sowie für
Gesundheit auf die fachliche Expertise von ausgewiesenen Expertinnen zurückgegriffen. Deutlich gemacht wird in Absatz 1 Satz 3, dass bei der Kompetenzvermittlung für*

die Pflege von Menschen aller Altersstufen auch die besonderen Anforderungen an die Pflege von Kindern und Jugendlichen sowie von alten Menschen in den unterschiedlichen Versorgungssituationen zu berücksichtigen sind. Die in Anlage 2 konkretisierten Kompetenzen sind auch vor dem Hintergrund besonderer fachlicher Entwicklungen zu lehren. So ist der pflegerische Aspekt der Stärkung der Selbständigkeit (§ 5 Absatz 2 Satz 4 PflBG) durch die Einführung des neuen Pflegebedürftigkeitsbegriffs zum 1. Januar 2017 zum zentralen Leitmotiv der sozialen Pflegeversicherung geworden. Maßnahmen in der Pflege alter Menschen sind daher seitdem in besonderen Maße daran auszurichten. In diesem Zusammenhang wurde auch das in der Pflege alter Menschen vielfach eingesetzte ‚Strukturmodell zur Entbürokratisierung der Pflegedokumentation' entwickelt. Es ist daher wichtig, dass die Auszubildenden einen Überblick die verschiedenen, aktuell fachlich gleichermaßen anerkannten Pflegeprozessmodelle und die Konzepte der Pflegeziele und Pflegediagnosen erhalten. Das Beherrschen verschiedener pflegefachlicher Konzepte trägt maßgeblich zu einer qualitätsvollen Pflege bei und schafft die Möglichkeit für eine fachgerechte Weiterentwicklung der Pflegepraxis."

2. Abs. 2: Struktur der Ausbildung – Mindeststundenzahlen

4   In der Begründung zur Verordnung (BT-Drs. 19/2707, S. 88) wird zu dieser Vorschrift Folgendes ausgeführt:

„Absatz 2 regelt Umfang und Struktur der Ausbildung zum Beruf der Pflegefachfrau oder des Pflegefachmanns. Die Ausbildung besteht aus theoretischem und praktischem Unterricht im Umfang von 2100 Stunden und aus einer praktischen Ausbildung von 2500 Stunden. Sie entspricht damit den europarechtlichen Vorgaben der EU-Berufsanerkennungsrichtlinie.

In den Anlagen 1 und 2 sind – verteilt auf fünf Kompetenzbereiche – die Kompetenzen aufgeführt, die Gegenstand der Zwischenprüfung nach § 7, beziehungsweise der staatlichen Prüfung nach § 9 und insofern im theoretischen und praktischen Unterricht zu vermitteln sind.

Die Stundenverteilung für den theoretischen und praktischen Unterricht auf die fünf Kompetenzbereiche wird in Anlage 6 geregelt. Eine weitere Aufgliederung nach den einzelnen Kompetenzgruppen oder Kompetenzen erfolgt nicht, um der in Teil 4 Abschnitt 3 näher geregelten Fachkommission ausreichende Freiräume zu belassen.

Die Stundenverteilung für die praktische Ausbildung findet sich in der Anlage 7. Dort sind die einzelnen zu durchlaufenden – teils europarechtlich vorgegebenen – Pflicht-, Vertiefungs- und weiteren Einsätze mit konkreten Stundenvorgaben hinterlegt, getrennt für das erste und zweite Ausbildungsdrittel einerseits und das letzte Ausbildungsdrittel mit dem generalistischen Abschluss und den Spezialisierungsmöglichkeiten andererseits. Die im dritten Jahr vorgesehenen Stunden zur freien Verteilung sind im Versorgungsbereich des Vertiefungseinsatzes zu absolvieren."

3. Abs. 3: Struktur der Ausbildung – Wechsel der Ausbildungsabschnitte

5   In der Begründung zur Verordnung (BT-Drs. 19/2707, S. 88) wird zu dieser Vorschrift Folgendes ausgeführt:

„Absatz 3 gibt vor, dass die Abschnitte des theoretischen und praktischen Unterrichts und der praktischen Ausbildung im Wechsel und zudem aufeinander abgestimmt erfolgen, um eine sinnvolle Verbindung zwischen Theorie und Praxis während der Ausbildung herzustellen. Die im Unterricht vermittelten Inhalte sollen mit den in den praktischen Einsätzen erworbenen Fähigkeiten so verknüpft werden, dass sie sich thematisch ergänzen und Erkenntnisse aus dem Unterricht unmittelbar in die praktische Ausbildung einfließen können und umgekehrt. Um dies sicherzustellen, bedarf es eines engen Austausches zwischen der Schule und den Einrichtungen der praktischen Ausbildung. Die Erwartung, dass ein solcher enger Austausch erfolgt, wird ausdrücklich durch Verweis auf § 8, der Regelung zum Abschluss von Kooperationsverträgen, deutlich gemacht."

4. Abs. 4: Fehlzeiten

Die Vorschrift enthält in **Satz 1** eine Regelung zur Konkretisierung der Fehlzeiten- 6 regelung in § 13 Abs. 1 Nr. 2 PflBG (Fehlzeiten wegen Krankheit und aus anderen nicht zu vertretenden Gründen). Danach können bis zu 10 % der Stunden des theoretischen und praktischen Unterrichts sowie bis zu 10 % der Stunden der praktischen Ausbildung auf die Dauer der Ausbildung angerechnet werden. § 1 Abs. 4 Satz 1 PflAPrV präzisiert diese Regelung für die Pflichteinsätze in der praktischen Ausbildung. Während also die Regelung in **§ 13 Abs. 1 Nr. 2 PflBG** die **Anrechnungsmöglichkeit über alle Zeiten der praktischen Ausbildung** mit einem Wert von 10 % (= 250 Stunden) allgemein festlegt, bestimmt **§ 1 Abs. 4 Satz 1 PflAPrV** in diesem Rahmen speziell **die Anrechnung von Fehlzeiten, die sich auf den jeweiligen Pflichteinsatz** (und nicht auf die Pflichteinsätze insgesamt) auswirken mit jeweils 25 %. Dadurch wird sichergestellt, dass genügend Anteile für einen erfolgreichen Abschluss des betreffenden Pflichteinsatzes absolviert wurden (so die Begründung zur Verordnung, BT-Drs. 19/2707, S. 88).

Satz 2 ist im Verhältnis zu § 13 Abs. 1 Nr. 1 PflBG zu sehen. Dort ist geregelt, dass 7 Urlaub, einschließlich Bildungsurlaub und Ferien, auf die Dauer der Ausbildung anzurechnen sind. In § 1 Abs. 4 Satz 2 PflAPrV ist geregelt, dass Urlaub in der unterrichtsfreien Zeit zu gewähren ist. Damit soll, so die Begründung zur Verordnung (BT-Drs. 19/2707, S. 96), eine kontinuierliche Teilnahme am theoretischen und praktischen Unterricht sichergestellt werden. Vor diesem Hintergrund wird es auch möglich sein, einem Auszubildenden für einzelne Tage für besondere Anlässe Urlaub zu gewähren. Insofern hätte Satz 2 präziser formuliert werden können, etwa in dem Sinn, dass der Jahresurlaub in der unterrichtsfreien Zeit zu gewähren ist. Mit der Vorschrift wird im Übrigen auf tarifvertragliche Regelungen Bezug genommen (s. hierzu die → Erl. zu § 13 PflBG, Rn. 11).

Allgemein dürfen Fehlzeiten nicht dazu führen, dass ein Praxiseinsatz soweit ver- 8 kürzt wird, dass das für diesen Praxiseinsatz nach dem auf den Lehrplan der Schule abgestimmten Ausbildungsplan vorgesehene Ausbildungsziel nicht mehr erreicht wird (**Satz 3**) (so die Begründung zur Verordnung, BT-Drs. 19/2707, S. 88).

5. Abs. 5: Ausbildung in Teilzeit

9   Die PflAPrV enthält bis auf die vorliegende Vorschrift keine Hinweise zur Teilzeitausbildung. In der Begründung zur Verordnung (BT-Drs. 19/2707, S. 88) wird zu
dieser Vorschrift Folgendes ausgeführt:

*„In Absatz 5 wird deutlich gemacht, dass auch bei einer Ausbildung in Teilzeit
sicherzustellen ist, dass die Mindeststundenzahl für den theoretischen und praktischen
Unterricht und die praktische Ausbildung nach Absatz 2 erreicht wird. Nur dann kann
gewährleistet werden, dass alle Ausbildungsbestandteile in hinreichender Intensität
vermittelt wurden und zudem entspricht die Ausbildung nur bei Einhaltung der
Stundenvorgaben den europarechtlichen Rahmenbedingungen."*

6. Abs. 6: Mindest- und Höchstdauer des Nachtdienstes

10   In der Begründung zur Verordnung (BT-Drs. 19/2707, S. 89) wird zu dieser Vorschrift Folgendes ausgeführt:

*„In der praktischen Ausbildung sollen die Auszubildenden auch den in der pflegerischen
Versorgung Nachtdienst kennenlernen. Sind Nachtdienste insbesondere aufgrund der
Vorgaben des Jugendarbeitsschutzgesetzes nicht durchführbar, kann darauf verzichtet
werden. Um sicherzustellen, dass es hier nicht zu Überforderungen der – vielfach noch
sehr jungen – Auszubildenden kommt, gibt Absatz 6 vor, dass praktische Ausbildungsanteile im Nachtdienst nur in Betracht kommen, wenn diese unter Aufsicht einer
ausgebildeten Pflegefachkraft mit einer Erlaubnis zum Führen der Berufsbezeichnungen
als Pflegefachfrau oder Pflegefachmann, Gesundheits- und Krankenpflegerin oder
Gesundheits- und Krankenpfleger, Gesundheits- und Kinderkrankenpflegerein oder
Gesundheits- und Kinderkrankenpfleger sowie als Altenpflegerin oder Altenpfleger
nach § 1 Absatz 1, § 58 Absatz 1, § 58 Absatz 2 oder § 64 PflBG erfolgt. Zudem ist durch
Stundenvorgaben vorgegeben, dass auf Anteile der praktischen Ausbildung im Nachtdienst nicht völlig verzichtet werden kann (mindestens 80 Stunden), es auf der anderen
Seite aber auch nicht zu einer Überforderung der Auszubildenden führen darf (höchs-
tens 120 Stunden). Die für Personen unter 18 Jahren geltenden Schutzvorschriften des
Jugendarbeitsschutzgesetzes sind zu beachten."*

7. Abs. 7: Hinweis auf Wahlrecht

11   In der Begründung zur Verordnung (BT-Drs. 19/2707, S. 89) wird zu dieser Vorschrift Folgendes ausgeführt:

*„Nach § 59 Absatz 5 des Pflegeberufegesetzes muss bereits der von der oder dem
Auszubildenden zu unterzeichnende Ausbildungsvertrag Angaben über ein gegebenenfalls bestehendes Wahlrecht und den Zeitpunkt der Ausübung enthalten. Absatz 7
stellt nunmehr sicher, dass jede Auszubildende und jeder Auszubildender durch die
zuständige Behörde zu einem späteren Zeitpunkt nochmals über sein Wahlrecht nach
§ 59 Absatz 2 oder 3 PflBG informiert wird, so dass dieses noch rechtzeitig innerhalb
der Frist von § 59 Absatz 5 Satz 1 PflBG ausgeübt werden kann. Die zuständige
Behörde kann dies schriftlich oder elektronisch sicherstellen. Sie kann die Auszubildenden direkt informieren oder eine Weitergabe der behördlichen Information z. B.
über die Pflegeschulen veranlassen."*

§2 Theoretischer und praktischer Unterricht

(1) [1]Im Unterricht nach § 1 Absatz 2 Nummer 1 sind die Kompetenzen zu vermitteln, die zur Erreichung des Ausbildungsziels nach § 5 des Pflegeberufegesetzes erforderlich sind. [2]Die Auszubildenden werden befähigt, auf der Grundlage fachlichen Wissens und Könnens sowie auf der Grundlage des allgemein anerkannten Standes pflegewissenschaftlicher, medizinischer und weiterer bezugswissenschaftlicher Erkenntnisse die beruflichen Aufgaben zielorientiert, sachgerecht, methodengeleitet und selbständig zu lösen sowie das Ergebnis zu beurteilen. [3]Während des Unterrichts ist die Entwicklung der zur Ausübung des Pflegeberufs erforderlichen personalen Kompetenz einschließlich der Sozialkompetenz und der Selbständigkeit zu fördern.

(2) Im Unterricht ist sicherzustellen, dass die verschiedenen Versorgungsbereiche und Altersstufen angemessen berücksichtigt werden.

(3) Die Pflegeschule erstellt ein schulinternes Curriculum unter Berücksichtigung der Empfehlungen im Rahmenlehrplan nach § 51.

Erläuterungen

Übersicht

I. Allgemeines

Abs. 1 bezieht sich auf das **Ausbildungsziel** in § 5 PflBG und die entsprechenden **Kompetenzen**. In **Abs. 2** geht es um die Berücksichtigung der **verschiedenen Versorgungsbereiche und Altersstufen** (vgl. § 5 Abs. 2 PflBG). **Abs. 3** spricht die Verpflichtung der Pflegeschule an, ein **schulinternes Curriculum** zu erstellen. Die Vorschrift wiederholt damit § 6 Abs. 2 Satz 1 und 2 PflBG.   1

II. Erläuterungen

1. Abs. 1: Ausbildungsziel – Kompetenzen

In der Begründung zur Verordnung (BT-Drs. 19/2707, S. 89) wird zu dieser Vorschrift Folgendes ausgeführt: 2

„Im Rahmen des theoretischen und praktischen Unterrichts sind den Auszubildenden die Fachkompetenzen zu vermitteln, die die Basis für die praktische Ausbildung bilden, um dort die für die Berufsausübung erforderliche Handlungssicherheit zu entwickeln. Die in den Anlagen 1 und 2 aufgeführten Kompetenzbereiche sind nach modernen berufspädagogischen Gesichtspunkten ausgerichtet und ermöglichen eine stärkere Verbindung zwischen Theorie und Praxis. Im Ergebnis dient die Ausbildung damit dem Ziel, die erforderliche personale Kompetenz zu entwickeln, die für die Ausübung des Pflegeberufs erforderlich ist. Die in den Anlagen 1 und 2 abgebildeten Kompetenzbereiche bilden die theoretischen Grundlagen, die erforderlich sind, um das in § 5

PflBG enthaltene Ausbildungsziel zu erreichen. Anlage 1 enthält die Vorgaben für die zum Ende des zweiten Ausbildungsdrittels abzulegende Zwischenprüfung, Anlage 2 die Vorgaben für die Abschlussprüfung im durchgängig generalistisch ausgerichteten Zweig der Ausbildung. Zu den im dritten Ausbildungsjahr möglichen speziellen Ausbildungen zur Gesundheits- und Kinderkrankenpflege und zur Altenpflege siehe die Begründung zu den §§ 26 und 28.

Die einzelnen Kompetenzbereiche für den theoretischen und praktischen Unterricht sind in den Anlagen 1 und 2 mit den Mindeststundenvorgaben in der Anlage 6 verknüpft. Dabei ist jeweils ein Anteil von Stunden zur freien Verfügung vorgesehen, der es den Schulen ermöglichen soll, eigene Schwerpunkte zu setzen oder auch einzelne Bestandteile des theoretischen und praktischen Unterrichts gesondert zu vertiefen.“

2. Abs. 2: Versorgungsbereiche – Altersstufen

3   In der Begründung zur Verordnung (BT-Drs. 19/2707, S. 89 f.) wird zu dieser Vorschrift Folgendes ausgeführt:

„Alle Auszubildenden schließen im Rahmen der beruflichen Pflegeausbildung zum Beginn ihrer Ausbildung einen Ausbildungsvertrag mit dem Ausbildungsziel nach § 1 Absatz 1 Satz 1 PflBG ab. Die Pflegeausbildung ist in den ersten beiden Ausbildungsjahren daher für alle Auszubildenden und im dritten Jahr für diejenigen Auszubildenden, die von ihrem Wahlrecht nach § 59 PflBG keinen Gebrauch machen, generalistisch ausgerichtet. Die für spezielle Versorgungssituationen erforderlichen Kompetenzen, die bislang den verschiedenen Ausbildungen der Gesundheits- und Krankenpflege, der Gesundheits- und Kinderkrankenpflege sowie der Altenpflege zugewiesen wurden, werden in die einzelnen Themenbereiche integriert und adäquat abgebildet. Die Auszubildenden werden zur Pflege von Menschen in unterschiedlichen Lebensphasen und Versorgungsstrukturen befähigt. Während der Ausbildung zur Pflegefachfrau oder zum Pflegefachmann erfolgt die Vermittlung von Kompetenzen zur Pflege von Menschen aller Altersstufen unter exemplarischer Berücksichtigung der verschiedenen Versorgungsbereiche. Dabei ist den jeweiligen besonderen Anforderungen an die Pflege von Kindern und Jugendlichen sowie an die Pflege von alten Menschen im Rahmen des generalistischen Unterrichts angemessen und ausreichend Rechnung zu tragen. In der Stundenverteilung des theoretischen und praktischen Unterrichts der Anlage 6 ist hierfür ein Umfang von insgesamt jeweils mindestens 500 Stunden und höchstens 700 Stunden über die Gesamtdauer der Ausbildung festgelegt. Entsprechend der Zielsetzung der generalistischen Pflegeausbildung ist von einer angemessenen Verteilung der Stunden auf die drei Ausbildungsdrittel auszugehen.

Wird das Wahlrecht nach § 59 Absatz 2 oder Absatz 3 PflBG ausgeübt, ist der Unterricht im letzten Ausbildungsdrittel nach den gesetzlichen Regelungen in Teil 5 des Pflegeberufegesetzes vollständig auf die besonderen Anforderungen an die Pflege von Kindern und Jugendlichen oder die Pflege alter Menschen auszurichten.“

3. Abs. 3: Schulinternes Curriculum

4   In der Begründung zur Verordnung (BT-Drs. 19/2707, S. 90) wird zu dieser Vorschrift Folgendes ausgeführt:

„*Unter Beachtung der Vorgaben des PflBG und dieser Verordnung entwickelt jede Pflegeschule ein schulinternes Curriculum. Zu berücksichtigen ist zudem der von der Fachkommission beim Bundesinstitut für Berufsbildung gemäß § 51 entwickelte Rahmenlehrplan, der empfehlenden Charakter hat. Das schulinterne Curriculum ist an aktuelle Entwicklungen wie zum Beispiel die Entwicklung des Pflegebedürftigkeitsbegriffs oder veränderte Anforderungen an die Qualität der Ausbildung oder veränderte Dokumentationspflichten anzupassen.*"

Die Länder können einen **verbindlichen Lehrplan** erlassen, der als Grundlage für die Erstellung der schulinternen Curricula dient (§ 6 Abs. 2 Satz 3 PflBG). 5

§ 3   Praktische Ausbildung

(1) [1]Während der praktischen Ausbildung nach § 1 Absatz 2 Nummer 2 sind die Kompetenzen zu vermitteln, die zur Erreichung des Ausbildungsziels nach § 5 des Pflegeberufegesetzes erforderlich sind. [2]Die Auszubildenden werden befähigt, die im Unterricht und in der praktischen Ausbildung erworbenen Kompetenzen aufeinander zu beziehen, miteinander zu verbinden und weiterzuentwickeln.

(2) [1]Die praktische Ausbildung beim Träger der praktischen Ausbildung soll mindestens 1 300 Stunden umfassen. [2]Ein Pflichteinsatz nach § 7 Absatz 1 des Pflegeberufegesetzes und der Orientierungseinsatz sind beim Träger der praktischen Ausbildung durchzuführen. [3]Der Vertiefungseinsatz soll beim Träger der praktischen Ausbildung durchgeführt werden. [4]Er ist in dem für den Vertiefungseinsatz gewählten Versorgungsbereich gemäß dem Ausbildungsvertrag durchzuführen.

(3) [1]Die praktische Ausbildung beginnt beim Träger der praktischen Ausbildung mit dem Orientierungseinsatz. [2]Die Pflichteinsätze in den allgemeinen Versorgungsbereichen der Pflege nach § 7 Absatz 1 des Pflegeberufegesetzes sowie der Pflichteinsatz in der pädiatrischen Versorgung nach § 7 Absatz 2 des Pflegeberufegesetzes sind in den ersten zwei Dritteln der Ausbildungszeit durchzuführen. [3]Der Pflichteinsatz in der allgemein-, geronto-, kinder- oder jugendpsychiatrischen Versorgung, der Vertiefungseinsatz sowie die weiteren Einsätze sind im letzten Ausbildungsdrittel durchzuführen. [4]Die genaue zeitliche Reihenfolge wird im Ausbildungsplan festgelegt.

(4) Soweit während eines Einsatzes einer Auszubildenden oder eines Auszubildenden nach § 7 Absatz 2 des Pflegeberufegesetzes in der jeweiligen Einrichtung keine Pflegefachkräfte tätig sind, ist im Hinblick auf die Anforderungen nach § 7 Absatz 5 Satz 1 des Pflegeberufegesetzes ein angemessenes Verhältnis von Auszubildenden zu anderen, zur Vermittlung der Ausbildungsinhalte geeigneten Fachkräften zu gewährleisten.

(5) [1]Der von den Auszubildenden zu führende Ausbildungsnachweis nach § 17 Satz 2 Nummer 3 des Pflegeberufegesetzes ist von der Pflegeschule so zu gestalten, dass sich aus ihm die Ableistung der praktischen Ausbildungsanteile in Übereinstimmung mit dem Ausbildungsplan und eine entsprechende Kompetenzentwicklung feststellen lassen. [2]Die Pflegeschule berücksichtigt bei der Gestaltung des Ausbildungsnachweises den Musterentwurf nach § 60 Absatz 5.

Erläuterungen

Übersicht

I. Allgemeines

Abs. 1 bezieht sich auf das **Ausbildungsziel** in § 5 PflBG und die entsprechenden **Kompetenzen. Abs. 2** bestimmt die **Einsätze beim Träger der praktischen Ausbildung** und legt hierfür eine **Mindeststundenzahl** fest. **Abs. 3** regelt die **zeitliche Reihenfolge der verschiedenen Einsätze. Abs. 4** bestimmt das **Verhältnis von Fachkräften zu Auszubildenden** für den Fall, dass keine Pflegefachkräfte in der jeweiligen Einrichtung tätig sind. **Abs. 5** befasst sich mit der Gestaltung des **Ausbildungsnachweises.**

1

II. Erläuterungen

1. Abs. 1: Ausbildungsziel – Kompetenzen

In der Begründung zur Verordnung (BT-Drs. 19/2707, S. 90) wird zu dieser Vorschrift Folgendes ausgeführt:

2

„Im Rahmen der praktischen Ausbildung ist sicherzustellen, dass die Auszubildenden Gelegenheit haben, die im theoretischen und praktischen Unterricht erworbenen Kenntnisse einzuüben und zu vertiefen, um so die erforderlichen praktischen Fertigkeiten zu entwickeln, die sie zur Pflege von Menschen aller Altersgruppen in den verschiedenen Pflegebereichen befähigen. Die Inhalte des theoretischen und praktischen Unterrichts fließen dabei in die praktische Ausbildung ein und dienen als Grundlage dazu, die für die Berufsausübung notwendigen Handlungskompetenzen zu entwickeln. Die in der Anlage 7 vorgenommenen Stundenvorgaben für die verschiedenen Einsätze in der praktischen Ausbildung sollen gewährleisten, dass in der praktischen Ausbildung bei allen zu durchlaufenden Versorgungsbereichen ausreichend Zeit vorhanden ist, um den Erwerb der erforderlichen Kompetenzen durch die notwendigen Praxiseinsätze zu vertiefen. Durch den Orientierungseinsatz zu Beginn der Ausbildung und den Vertiefungseinsatz zum Ende der Ausbildung soll darüber hinaus die Verbindung zum Träger der praktischen Ausbildung gestärkt und gefestigt werden. Durch die Stunden zur freien Verteilung im dritten Ausbildungsjahr steht den Auszubildenden und den Einrichtungen der praktischen Ausbildung eine flexibel nutzbare Zeit zur Verfügung."

2. Abs. 2: Einsätze beim Träger der praktischen Ausbildung

In der Begründung zur Verordnung (BT-Drs. 19/2707, S. 90) wird zu dieser Vorschrift Folgendes ausgeführt:

3

„§ 7 Absatz 4 Satz 3 PflBG gibt vor, dass der überwiegende Teil der praktischen Ausbildung beim Träger der praktischen Ausbildung stattfinden soll. Dementsprechend ist in Absatz 3 geregelt, dass die praktische Ausbildung beim Träger der praktischen Ausbildung mindestens 1300 Stunden (von insgesamt 2500 Stunden) umfassen soll. In jedem Fall ist der zu Beginn der praktischen Ausbildung stattfindende Orientierungseinsatz und ein Pflichteinsatz nach § 7 Absatz 1 PflBG beim Träger der praktischen Ausbildung durchzuführen. Entsprechend der Vorgabe in § 7 Absatz 4 Satz 1 PflBG regelt Absatz 3, dass der Vertiefungseinsatz beim Träger der praktischen Ausbildung stattfinden soll. Ergänzend wird klargestellt, dass sich die ‚Soll'-Regelung ausschließlich auf den Einsatz beim Träger der praktischen Ausbildung bezieht. Sie

bedeutet nicht, dass der Vertiefungseinsatz ganz oder teilweise in einem anderen als dem für den Vertiefungseinsatz gewählten und im Ausbildungsvertrag festgelegten Versorgungsbereich durchgeführt werden kann."

3. Abs. 3: Zeitliche Verteilung der Ausbildungsabschnitte

4   In der Begründung zur Verordnung (BT-Drs. 19/2707, S. 90 f.) wird zu dieser Vorschrift Folgendes ausgeführt:

„Absatz 2 regelt in Ergänzung zu § 7 PflBG, in welchen Bereichen die praktische Ausbildung zu erfolgen hat. Es wird auf die Bestimmungen des § 7 PflBG verwiesen, in denen geregelt ist, welche Einrichtungen für die Durchführung der einzelnen Abschnitte der praktischen Ausbildung in Betracht kommen. Ergänzt werden die – teils durch europarechtliche Vorgaben erforderlichen – Pflichteinsätze und der Vertiefungseinsatz um einen zu Beginn der praktischen Ausbildung stattfindenden Orientierungseinsatz und weitere Einsätze, die in speziellen Pflegebereichen außerhalb der im Rahmen der Pflichteinsätze zu durchlaufenden Pflegebereiche absolviert werden können. Die Stundenverteilung in der Anlage 7 führt als mögliche Einsatzbereiche für diese weiteren Einsätze die Pflegeberatung, die Rehabilitation oder die Palliation an.

Des Weiteren regelt Absatz 3 die zeitliche Abfolge der verschiedenen Einsätze in der praktischen Ausbildung. Zu Beginn der Ausbildung findet der Orientierungseinsatz statt, der es der oder dem Auszubildenden ermöglichen soll, zu Beginn der Ausbildung erste Einblicke in die praktische Pflegetätigkeit zu erhalten, gerade auch in dem Pflegebereich, den der Träger der praktischen Ausbildung abdeckt. Aufgrund des in § 59 PflBG enthaltenen Wahlrechts der Auszubildenden regelt Absatz 3 in Ergänzung des § 59 Absatz 4 Satz 1 PflBG, dass die allgemeinen Pflichteinsätze in den allgemeinen Versorgungsbereichen nach § 7 Absatz 1 PflBG und der Pflichteinsatz in der pädiatrischen Versorgung nach § 7 Absatz 2 PflBG in den ersten beiden Ausbildungsdritteln stattzufinden haben. Den Auszubildenden wird dadurch die Möglichkeit eröffnet, vor Ausübung des Wahlrechts die verschiedenen Pflegebereiche kennenzulernen und ihr Wahlrecht auch auf Erfahrungen in der praktischen Ausbildung in den verschiedenen Pflegebereichen zu stützen.

Der Stundenumfang des Pflichteinsatzes in der pädiatrischen Versorgung nach § 7 Absatz 2 PflBG (vgl. Anlage 7, III.) kann für einen Übergangszeitraum bis zum 31. Dezember 2024 flexibel gestaltet werden. Damit kann je nach Bedarf den ausbildenden Einrichtungen im Hinblick auf mögliche Kapazitätsprobleme bei der Durchführung des Pflichteinsatzes in der pädiatrischen Versorgung ausreichend Zeit gegeben werden, die Ausbildungsstrukturen entsprechend aufzubauen. Die Flexibilisierung des Stundenumfangs des Pflichteinsatzes in der pädiatrischen Versorgung und ihre Umsetzung in der Praxis kann in die Evaluierung nach § 68 PflBG einbezogen werden, einschließlich der Frage der Befristung oder möglichen Entfristung dieser Übergangsregelung."

4. Abs. 4: Verhältnis von Fachkräften zu Auszubildenden

5   Die Vorschrift ist in Zusammenhang mit § 7 Abs. 5 Satz 1 PflBG zu sehen. In dieser Vorschrift wird die Geeignetheit von Einrichtungen für die Einsätze nach § 7 Abs. 2

PflBG zur Durchführung von Teilen der praktischen Ausbildung dem Landesrecht unterstellt, wobei darauf hingewiesen wird, dass ein angemessenes Verhältnis von Auszubildenden zu Pflegefachkräften gewährleistet sein muss. § 3 Abs. 4 PflAPrV gibt eine Möglichkeit, die Pflegefachkräfte durch geeignete Fachkräfte zu ersetzen. S. hierzu → Erl. zu § 7 Abs. 5 PflBG, Rn. 10.

In der Begründung zur Verordnung (BT-Drs. 19/2707, S. 91) wird hierzu Folgendes ausgeführt: 6

„Absatz 4 enthält eine Klarstellung zur Frage der Geeignetheit von Einrichtungen nach § 7 Absatz 5 PflBG. Für den Fall, dass in der jeweiligen Einrichtung, z. B. in Kinderarztpraxen, keine Pflegefachkräfte tätig sind, sieht Absatz 4 vor, dass auch ein angemessenes Verhältnis von Auszubildenden zu anderen, zur Vermittlung der Ausbildungsinhalte geeigneten Fachkräften ausreicht.“

In der Begründung der Beschlussempfehlung und des Berichtes des Ausschusses für   7 Gesundheit (BT-Drs. 19/3045, S. 138) wird hierzu Folgendes ausgeführt:

„Außerdem wird im Zusammenhang mit diesem Einsatz einer oder eines Auszubildenden der Verweis auf § 7 des Pflegeberufegesetzes präziser gefasst. Insgesamt ist eine angemessene Qualifikation der Praxisanleiterinnen und Praxisanleiter insbesondere in der Kinderkrankenpflege gefordert. Die in § 3 Absatz 4 geregelte Ausnahme von dem angemessenen Verhältnis zwischen Pflegefachkräften und Auszubildenden gilt nur für die kleinen Einsätze (pädiatrische Versorgung, psychiatrische Versorgung sowie die „weiteren Einsätze“), so dass sich der Verweis richtigerweise nur auf § 7 Absatz 2 des Pflegeberufegesetzes bezieht. Folglich wird der Verweis auf Absatz 1 der Vorschrift, der die großen Pflichteinsätze umfasst, gestrichen.“

5. Abs. 5: Gestaltung des Ausbildungsnachweises

In der Begründung zur Verordnung (BT-Drs. 19/2707, S. 91) wird zu dieser Vor-   8 schrift Folgendes ausgeführt:

„Die Pflegeschule überprüft anhand des von den Auszubildenden nach § 17 Satz 2 Nummer 3 PflBG zu führenden Ausbildungsnachweises, ob die praktische Ausbildung auf der Grundlage des Ausbildungsplans durchgeführt wird. Es handelt sich bei diesem Prozess um einen Soll-Ist-Vergleich, der zur Qualitätssicherung der Ausbildung wichtig ist. Hierfür soll der Ausbildungsnachweis alle erforderlichen Angaben enthalten. Er soll zugleich modernen pädagogischen Anforderungen entsprechen. Daher ist es sinnvoll, dass der Ausbildungsplan und der Ausbildungsnachweis eine vergleichbare Struktur aufweisen. Um dies zu gewährleisten und eine einheitliche Entwicklung der Ausbildungsstandards sicherzustellen, berücksichtigt die Pflegeschule bei der Gestaltung des Ausbildungsnachweises den vom Bundesinstitut für Berufsbildung unter Beteiligung der Fachkommission erstellten Musterentwurf.“

§ 4   Praxisanleitung

(1) [1]Die Einrichtungen der praktischen Ausbildung stellen die Praxisanleitung sicher. [2]Aufgabe der Praxisanleitung ist es, die Auszubildenden schrittweise an die Wahrnehmung der beruflichen Aufgaben als Pflegefachfrau oder Pflegefachmann heranzuführen, zum Führen des Ausbildungsnachweises nach § 3 Absatz 5 anzuhalten und die Verbindung mit der Pflegeschule zu halten. [3]Die Praxisanleitung erfolgt im Umfang von mindestens 10 Prozent der während eines Einsatzes zu leistenden praktischen Ausbildungszeit, geplant und strukturiert auf der Grundlage des vereinbarten Ausbildungsplanes.

(2) [1]Während des Orientierungseinsatzes, der Pflichteinsätze in Einrichtungen nach § 7 Absatz 1 des Pflegeberufegesetzes und des Vertiefungseinsatzes erfolgt die Praxisanleitung nach Absatz 1 Satz 2 durch Personen, die über mindestens ein Jahr Berufserfahrung als Inhaberin oder Inhaber einer Erlaubnis nach § 1 Absatz 1, nach § 58 Absatz 1 oder Absatz 2 oder nach § 64 des Pflegeberufegesetzes in den letzten fünf Jahren und die Befähigung zur Praxisanleiterin oder zum Praxisanleiter nach Absatz 3 verfügen; die Berufserfahrung soll im jeweiligen Einsatzbereich erworben worden sein. [2]Während der weiteren Einsätze der praktischen Ausbildung soll die Praxisanleitung nach Absatz 1 Satz 2 durch entsprechend qualifizierte Fachkräfte sichergestellt werden.

(3) [1]Die Befähigung zur Praxisanleiterin oder zum Praxisanleiter ist durch eine berufspädagogische Zusatzqualifikation im Umfang von mindestens 300 Stunden und kontinuierliche, insbesondere berufspädagogische Fortbildung im Umfang von mindestens 24 Stunden jährlich gegenüber der zuständigen Behörde nachzuweisen. [2]Für Personen, die am 31. Dezember 2019 nachweislich über die Qualifikation zur Praxisanleitung nach § 2 Absatz 2 der Ausbildungs- und Prüfungsverordnung für den Beruf der Altenpflegerin und des Altenpflegers in der am 31. Dezember 2019 geltenden Fassung oder § 2 Absatz 2 der Ausbildungs- und Prüfungsverordnung für die Berufe in der Krankenpflege in der am 31. Dezember 2019 geltenden Fassung verfügen, wird diese der berufspädagogischen Zusatzqualifikation gleichgestellt.

Erläuterungen

Übersicht

I. Allgemeines

1   Abs. 1 regelt Allgemeines zur **Praxisanleitung**. **Abs. 2** regelt die **Qualifikation der Praxisanleiter** gemäß den jeweiligen Einsätzen in der praktischen Ausbildung und **Abs. 3 Satz 1** den **Qualifikationsnachweis**, wobei eine **Bestandsschutzregelung** gilt (**Abs. 3 Satz 2**).

II. Erläuterungen

1. Abs. 1: Praxisanleitung

In der Begründung zur Verordnung (BT-Drs. 19/2707, S. 91 f.) wird zu dieser 2
Vorschrift Folgendes ausgeführt:

„Wesentlicher Bestandteil der praktischen Ausbildung ist die Praxisanleitung in den Einrichtungen, die den Ausbildungscharakter der Ausbildung unterstreicht. Durch den Ausbildungsplan, der vom Träger der praktischen Ausbildung unter Berücksichtigung der Vorgaben des Lehrplans der Pflegeschule zu erstellen ist, wird die geplante und strukturierte Durchführung der Praxisanleitung in den Einrichtungen entsprechend dem Ausbildungsziel unterstützt.

Um sicherzustellen, dass die Praxisanleitung und die praktische Ausbildung insgesamt im vorgesehenen (Mindest-)Umfang durchgeführt und der Ausbildungsplan eingehalten wird, ist dies mit Ausbildungsnachweis nach § 3 Absatz 5 zu dokumentieren. Zugleich sollen Auszubildende und Ausbildende zur Reflexion über die Inhalte und den Verlauf der Ausbildung angehalten werden. Die Praxisanleitung erfolgt im Umfang von mindestens zehn Prozent der während eines Einsatzes zu leistenden praktischen Ausbildungszeit. Zu diesem Umfang ist ein angemessener Zeitaufwand für die Vor- und Nachbereitung je Auszubildender oder Auszubildendem und Ausbildungsjahr zu berücksichtigen.

Die Praxisanleitung soll die Auszubildenden schrittweise an die Wahrnehmung der in § 5 Absatz 3 PflBG beschriebenen Aufgaben heranführen. Dies beinhaltet insbesondere die Vermittlung der selbständigen und eigenständigen Ausführung der Aufgaben und die Vermittlung des effektiven Zusammenarbeitens. Außerdem sollen die Auszubildenden auch zur Führung des Ausbildungsnachweises angehalten werden.

Der Bedarf an Praxisanleiterinnen und Praxisanleitern wird künftig bundesweit weiter zunehmen. Es ist daher wichtig, die Tätigkeit als Praxisanleiterin oder als Praxisanleiter attraktiv zu gestalten. Den Ländern steht die Möglichkeit offen, für als Praxisanleiterinnen und Praxisanleiter tätige Pflegefachkräfte finanzielle Aufschläge zu gewähren oder eine höhere Einstufung beim Grundgehalt vorzunehmen. Einige Länder haben von dieser Möglichkeit bereits Gebrauch gemacht. Nach § 27 Absatz 1 Satz PflBG sind Kosten der Praxisanleitung Bestandteil der Ausbildungskosten und werden über den Ausbildungsfonds refinanziert."

2. Abs. 2: Qualifikation der Praxisanleiter

In der Begründung zur Verordnung (BT-Drs. 19/2707, S. 92) wird zu dieser Vor- 3
schrift Folgendes ausgeführt:

„Absatz 2 regelt die Qualifikationsanforderungen an Praxisanleiterinnen und Praxisanleiter. Diese erfordern eine Berufserlaubnis nach dem Pflegeberufegesetz, eine Berufserfahrung von mindestens einem Jahr mit entsprechender Berufserlaubnis und die Befähigung zur Praxisanleiterin oder zum Praxisanleiter. Um die Aktualität der Praxiserfahrung sicherzustellen, muss die Berufserfahrung innerhalb eines Fünfjahreszeitraums vor Beginn der Tätigkeit als Praxisanleiterinnen oder Praxisanleiter erwor-

ben worden sein. Die Berufserfahrung soll im jeweiligen Einsatzbereich erworben worden sein, d. h. in dem Bereich, in dem der jeweilige Einsatz nach § 3 Absatz 3 durchgeführt wird.

Gemäß § 64 PflBG gilt die Erlaubnis zum Führen der Berufsbezeichnung nach dem Krankenpflegegesetz oder dem Altenpflegegesetz zugleich als Erlaubnis nach § 1 Satz 1 PflBG. Diese Gleichstellung führt dazu, dass auch die Berufserfahrung als Altenpflegerin oder Altenpfleger beziehungsweise Gesundheits- und Kranken-/Kinderkrankenpflegerin oder Gesundheits- und Kranken-/Kinderkrankenpfleger anzuerkennen ist und diese somit als Praxisanleiterin oder Praxisanleiter tätig werden dürfen.

Aufgrund der erheblichen Bandbreite der Praxiseinsätze nach § 7 Absatz 2 PflBG ist für diese eine gleichwertige Qualifikation der Praxisanleiterinnen und Praxisanleiter sicher zu stellen. Damit können zum Beispiel auch Personen ohne eine Berufsqualifikation nach dem Pflegeberufegesetz die Praxisanleitung übernehmen."

3. Abs. 3: Qualifikationsnachweis – Bestandsschutz

4   In der Begründung zur Verordnung (BT-Drs. 19/2707, S. 92) wird zu dieser Vorschrift Folgendes ausgeführt:

„Absatz 3 regelt die zusätzlichen Qualifikationsanforderungen an die Praxisanleiterinnen und Praxisanleiter; Absatz 2 Satz 2 bleibt unberührt.

Personen, die die Voraussetzungen nach § 2 Absatz 2 des Altenpflegegesetzes oder § 2 Absatz 2 des Krankenpflegegesetzes erfüllen, müssen aufgrund des notwendigen Bestandsschutzes keine berufspädagogische Zusatzqualifikation im Umfang von mindestens 300 Stunden nachweisen, nehmen jedoch an der jährlichen Fortbildungsverpflichtung teil."

III. Literaturhinweise

5   *Althans, Yvonne/Paridon, Hiltraut:* Problematische Doppelrolle. In: Die Schwester Der Pfleger 9/2018, S. 96–97.

§ 5 Praxisbegleitung

[1]Die Pflegeschule stellt durch ihre Lehrkräfte für die Zeit der praktischen Ausbildung die Praxisbegleitung in den Einrichtungen der praktischen Ausbildung in angemessenem Umfang sicher. [2]Aufgabe der Lehrkräfte ist es, die Auszubildenden insbesondere fachlich zu betreuen und zu beurteilen sowie die Praxisanleiterinnen oder die Praxisanleiter zu unterstützen. [3]Hierzu ist eine regelmäßige persönliche Anwesenheit der Lehrkräfte in den Einrichtungen zu gewährleisten. [4]Im Rahmen der Praxisbegleitung soll für jede Auszubildende oder für jeden Auszubildenden daher mindestens ein Besuch einer Lehrkraft je Orientierungseinsatz, Pflichteinsatz und Vertiefungseinsatz in der jeweiligen Einrichtung erfolgen.

Erläuterungen

In der Begründung zur Verordnung (BT-Drs. 19/2707, S. 92) wird zu dieser Vor- 1
schrift ausgeführt:

„§ 5 konkretisiert die Anforderungen an die von der Pflegeschule zu leistende Praxisbegleitung. Dazu gehört auch eine Mindestanzahl von Besuchen einer Lehrkraft in den Ausbildungseinrichtungen.

Die Praxisbegleitung erfolgt realitätsnah unter Einbeziehung des zu pflegenden Menschen. Die fachliche Begleitung und Beratung der Auszubildenden erfolgt deshalb in exemplarischen Pflegesituationen. Einzusetzen sind Lehrkräfte der Pflegeschulen, das heißt Personen, die im Lehrbetrieb der Schule eingesetzt werden und die Anforderungen des § 9 Absatz 1 Nummer 2 PflBG erfüllen. Die Lehrkräfte haben die Möglichkeit, die Besuche in den Ausbildungseinrichtungen so zu koordinieren und zu bündeln, dass mehrere Auszubildende in einer Ausbildungseinrichtung besucht werden können."

§ 6   Jahreszeugnisse und Leistungseinschätzungen

(1) [1]Für jedes Ausbildungsjahr erteilt die Pflegeschule den Auszubildenden ein Zeugnis über die im Unterricht und in der praktischen Ausbildung erbrachten Leistungen. [2]Für jeden der beiden Bereiche ist eine Note zu bilden. [3]Das Nähere zur Bildung der Noten regeln die Länder. [4]Im Zeugnis sind etwaige Fehlzeiten differenziert nach Unterricht und praktischer Ausbildung auszuweisen.

(2) [1]Jede an der Ausbildung beteiligte Einrichtung erstellt eine qualifizierte Leistungseinschätzung über den bei ihr durchgeführten praktischen Einsatz unter Ausweisung von Fehlzeiten nach § 1 Absatz 4. [2]Ist ein Praxiseinsatz am Ende eines Ausbildungsjahres nicht beendet, erfolgt die Berücksichtigung im nächsten Ausbildungsjahr. [3]Die Leistungseinschätzung ist der Auszubildenden oder dem Auszubildenden bei Beendigung des Einsatzes bekannt zu machen und zu erläutern.

(3) Die Note für die praktische Ausbildung wird im Benehmen mit dem Träger der praktischen Ausbildung unter besonderer Berücksichtigung der für das Ausbildungsjahr erstellten qualifizierten Leistungseinschätzungen nach Absatz 2 festgelegt.

Erläuterungen

Übersicht

I. Allgemeines

1   **Abs. 1** beschreibt den Inhalt des **Jahreszeugnisses**. **Abs. 2** regelt die Erstellung der **qualifizierten Leistungseinschätzung**, **Abs. 3** die Festlegung der **Note für die praktische Ausbildung**.

II. Erläuterungen

1. Abs. 1: Inhalt des Jahreszeugnisses

2   In der Begründung zur Verordnung (BT-Drs. 19/2707, S. 93) wird zu dieser Vorschrift Folgendes ausgeführt:

„Die Regelung schreibt vor, dass für jedes Ausbildungsjahr Zeugnisse erstellt werden. Die dort enthaltenen Leistungsbewertungen sollen den pädagogischen Zweck erfüllen, den Auszubildenden einen Überblick über ihre Lernentwicklung und den Leistungsstand zu geben. Sie sind außerdem Maßstab dafür, ob die mit der Ausbildung verfolgten Ziele erfüllt werden.

Für den Unterricht beziehungsweise die praktische Ausbildung ist für den Fall, dass mehrere Noten in einem Jahreszeugnis ausgewiesen werden, jeweils eine Gesamtnote für jeden Bereich zu bilden. Sie sind jeweils Grundlage der Vornoten nach § 13 für die staatliche Abschlussprüfung. Das Nähere zur Bildung der Noten regeln die Länder."

2. Abs. 2: Qualifizierte Leistungseinschätzung

In der Begründung zur Verordnung (BT-Drs. 19/2707, S. 93) wird zu dieser Vorschrift Folgendes ausgeführt: 3

„Die von der Einrichtung für den jeweiligen Praxiseinsatz zu erstellende qualifizierte Leistungseinschätzung dokumentiert die von der oder dem Auszubildenden während des Einsatzes erbrachten Leistungen unter Ausweisung von Fehlzeiten nach § 1 Absatz 4. Sie ist zugleich Gegenstand eines Abschlussgesprächs, indem der oder dem Auszubildenden eine Rückmeldung zu dem erreichten Leistungsstand gegeben wird."

3. Abs. 3: Note für die praktische Ausbildung

In der Begründung zur Verordnung (BT-Drs. 19/2707, S. 93) wird zu dieser Vorschrift Folgendes ausgeführt: 4

„Die Note für die praktische Ausbildung ist im Benehmen mit dem Träger der praktischen Ausbildung festzulegen. Um einen umfassenden Überblick über die im jeweiligen Ausbildungsjahr erbrachten Praxisleistungen zu gewährleisten, erfolgt die Festlegung der Note durch die Pflegeschule unter besonderer Berücksichtigung der von den an der Ausbildung beteiligten Pflegeeinrichtungen nach Absatz 2 zu erstellenden qualifizierten Leistungseinschätzungen. Diese fundierte, strukturierte und schriftliche Beschreibung der Leistungen ist neben den eigenen Eindrücken der Pflegeschule aus der Praxisbegleitung wesentliche Grundlage der Benotung durch die Pflegeschule."

§ 7   Zwischenprüfung

[1]Gegenstand der Zwischenprüfung nach § 6 Absatz 5 des Pflegeberufegesetzes ist die Ermittlung des Ausbildungsstandes zum Ende des zweiten Ausbildungsdrittels. [2]Die Zwischenprüfung erstreckt sich auf die in Anlage 1 zur Vermittlung im ersten und zweiten Ausbildungsdrittel aufgeführten Kompetenzen. [3]Die Ausbildung kann unabhängig vom Ergebnis der Zwischenprüfung fortgesetzt werden. [4]Soweit nach dem Ergebnis der Zwischenprüfung die Erreichung des Ausbildungsziels gefährdet ist, prüfen der Träger der praktischen Ausbildung und die Pflegeschule gemeinsam mit der oder dem Auszubildenden, welche Maßnahmen im Rahmen der Ausbildung zur Sicherung des Ausbildungserfolgs erforderlich sind, und ergreifen diese. [5]Das Nähere zur Zwischenprüfung regeln die Länder.

Erläuterungen

Übersicht

I. Allgemeines

1   Die Vorschrift beschreibt **Ziel, Inhalt, Durchführung und Wirkungen der Zwischenprüfung** und präzisiert damit § 6 Abs. 5 PflBG. Zur Durchführung von Pflichteinsätzen vor der Zwischenprüfung s. § 7 Abs. 3 PflBG.

2   Erstreckt sich eine Ausbildung über mehrere Jahre, so ist es üblich, einzelne Abschnitte mit der Möglichkeit zu versehen, Kenntnis über den Ausbildungsstand zu erwerben. Dazu dienen auch die Jahreszeugnisse und Leistungseinschätzungen (§ 6 PflAPrV).

II. Erläuterungen

1. Satz 1: Ziel der Zwischenprüfung

3   In der Begründung zur Verordnung (BT-Drs. 19/2707, S. 93) wird zu dieser Vorschrift Folgendes ausgeführt:

„Die nicht-staatliche Zwischenprüfung dient zur Ermittlung des Ausbildungsstandes zum Ende des zweiten Ausbildungsdrittels, um so einen Überblick über den Leistungsstand der Auszubildenden zu ermöglichen."

2. Satz 2: Inhalt und Durchführung der Zwischenprüfung

4   In der Begründung zur Verordnung (BT-Drs. 19/2707, S. 93) wird zu dieser Vorschrift Folgendes ausgeführt:

„Die Zwischenprüfung erstreckt sich auf das gesamte Kompetenzspektrum der Anlage 1. Die Ergebnisse der Zwischenprüfung vermitteln ein qualifiziertes Leistungsbild der zu prüfenden Personen. Den Ländern wird dadurch unter Beachtung der grundgesetzlichen Kompetenzregelungen die Möglichkeit eröffnet, die mit der Zwischenprüfung festgestellten Kompetenzen der Anlage 1 im Rahmen einer Pflegeassistenz- oder -helferausbildung anzuerkennen."

3. Satz 3: Fortsetzung der Ausbildung

In der Begründung zur Verordnung (BT-Drs. 19/2707, S. 93) wird zu dieser Vorschrift Folgendes ausgeführt: 5

„Ein Bestehen der Prüfung ist nicht Voraussetzung für die Fortführung der beruflichen Ausbildungen. Vielmehr handelt es sich um ein pädagogisches Instrument beziehungsweise Indikator um bei einer Gefährdung des Ausbildungsziels geeignete Maßnahmen zu ergreifen. Das Ausbildungsziel ist unter anderem dann gefährdet, wenn die jeweils in der Zwischenprüfung erzielten Noten schlechter als ‚ausreichend' betragen oder das Gesamtbild Rückschlüsse auf ein zu erwartendes Nichtbestehen der jeweiligen Prüfungsteile der staatlichen Prüfungen gemäß § 14 Absatz 6, § 15 Absatz 6 und § 16 Absatz 8 zulässt."

4. Satz 4: Gefährdung des Ausbildungsziels

In der Begründung zur Verordnung (BT-Drs. 19/2707, S. 93) wird zu dieser Vorschrift Folgendes ausgeführt: 6

„Bei einer Gefährdung des Ausbildungsziels soll gemeinsam mit dem Träger der praktischen Ausbildung, der Pflegeschule und der oder dem Auszubildenden über geeignete Maßnahmen zur Sicherung des Ausbildungserfolgs beraten werden. Im Vordergrund stehen hierbei pädagogische Maßnahmen zur Unterstützung der oder des Auszubildenden, wie beispielsweise Zusatzkurse, zusätzliche Praxisbegleitung oder individuelle Förderung. Diese Maßnahmen sind gemeinsam mit der oder dem Auszubildenden unverzüglich zu vereinbaren und umzusetzen. Gegebenenfalls sind die Erziehungsberechtigten hinzuzuziehen."

5. Satz 5: Regelung durch die Länder

Die Länder regeln das Nähere zur Zwischenprüfung. 7

§ 8   Kooperationsverträge

(1) [1]Um die erforderliche enge Zusammenarbeit der Pflegeschule, des Trägers der praktischen Ausbildung sowie der weiteren an der Ausbildung beteiligten Einrichtungen zu gewährleisten, schließen die Beteiligten nach § 6 Absatz 4 des Pflegeberufegesetzes in den Fällen des § 8 Absatz 2 bis 4 des Pflegeberufegesetzes Kooperationsverträge in Schriftform; Regelungen zur betrieblichen Mitbestimmung bleiben unberührt. [2]Das Nähere zu Kooperationsverträgen regeln die Länder.

(2) Auf der Grundlage dieser Verträge erfolgt zwischen der Pflegeschule, insbesondere den für die Praxisbegleitung zuständigen Lehrkräften, dem Träger der praktischen Ausbildung sowie den an der praktischen Ausbildung beteiligten Einrichtungen und den Praxisanleiterinnen und Praxisanleitern eine regelmäßige Abstimmung.

Erläuterungen

Übersicht

I. Allgemeines

1. Regelungszwecke

1   Zu den in **Abs. 1** geregelten **Kooperationsverträgen** wird in der Begründung zur Verordnung (BT-Drs. 19/2707, S. 93 f.) Folgendes ausgeführt:

„Die neue Pflegeausbildung erfordert eine enge Zusammenarbeit der Pflegeschule, des Trägers der praktischen Ausbildung sowie der weiteren an der Ausbildung beteiligten Einrichtungen. Um diese Zusammenarbeit abzusichern, erfolgreich und arbeitsteilig zu gestalten, schließen die Beteiligten nach § 6 Absatz 4 PflBG Kooperationsverträge. Hiermit wird im Interesse der Auszubildenden ein fortlaufender und systematischer Austausch zwischen allen an der Ausbildung beteiligten Akteuren sichergestellt.

Die in den Fällen des § 8 Absatz 2 bis 4 PflBG zu schließenden Kooperationsverträge bedürfen nach Satz 1 der Schriftform gemäß § 126 des Bürgerlichen Gesetzbuches."

Die **enge Zusammenarbeit zwischen den Beteiligten** stellt den Hauptzweck der Kooperationsverträge dar. In § 1 Abs. 3 Satz 2 PflAPrV wird auf die Notwendigkeit der Abstimmung des Unterrichts mit der praktischen Ausbildung auf Grundlage der Kooperationsverträge verwiesen.

Abs. 2 bestimmt die erforderliche **regelmäßige Abstimmung zwischen den an den Kooperationsverträgen Beteiligten**. Damit haben die Kooperationsverträge neben dem Hauptzweck, die enge Zusammenarbeit der Beteiligten zu gestalten, den weiteren Zweck, als Grundlage für die Abstimmung der Beteiligten zu dienen. 2

2. Rechtsgrundlagen im PflBG

Ausgangspunkt für die Regelungen zu den Kooperationsverträgen ist die **Gesamtverantwortung der Pflegeschule** für die **Koordination des Unterrichts mit der praktischen Ausbildung** (§ 10 PflBG). Das geeignete rechtliche Instrument zur Herstellung dieser Kooperation sind die **Kooperationsverträge**, die die Grundlage für das Zusammenwirken der Pflegeschule, der Träger der praktischen Ausbildung und der weiteren an der praktischen Ausbildung beteiligten Einrichtungen sein sollen (§ 6 Abs. 4 PflBG). 3

Die verschiedenen **Fälle, in denen eine Kooperationsnotwendigkeit besteht**, sind in § 8 Abs. 2 bis 4 PflBG aufgeführt. Darauf wird in § 8 Abs. 1 Satz 1 PflAPrV Bezug genommen. 4

3. Weitere Regelungsgrundlagen

Die Länder sind aufgefordert, das Nähere zu den Kooperationsverträgen zu regeln (§ 8 Abs. 1 Satz 2 PflAPrV). Damit wird auch **Landesrecht für die Kooperationsverträge** einschlägig. In der Praxis werden die **landesrechtlichen Regelungen die wichtigste Grundlage für die Kooperationsverträge** darstellen. Soweit **Regelungen zur betrieblichen Mitbestimmung** greifen, bleiben diese unberührt (§ 8 Abs. 1 Satz 1 2. Halbsatz PflAPrV). 5

4. Sonstige Kooperationsverträge

Im Rahmen der **hochschulischen Pflegeausbildung** wird ebenfalls auf Kooperationsverträge verwiesen, die zwischen der Hochschule und den Einrichtungen zur Durchführung der Praxiseinsätze (§ 31 Abs. 1 Satz 1 PflAPrV) und zur Durchführung der Praxisbegleitung (§ 31 Abs. 2 Satz 2 PflAPrV) vereinbart werden. 6

5. Beratung durch das Bundesinstitut für Berufsbildung

Zu den Aufgaben des Bundesinstituts für Berufsbildung zählt auch die Beratung über Kooperationsverträge nach den §§ 8 und 31 Abs. 2 PflAPrV (§ 60 Abs. 2 Satz 2 Nr. 3 PflAPrV). 7

II. Erläuterungen

1. Abs. 1 Satz 1 1. Halbsatz: Kooperationsverträge

a) Begriff des Kooperationsvertrages

8   Es gibt **keinen gesetzlich geregelten Vertragstyp des Kooperationsvertrages**. Zum Teil finden sich Kooperationsverträge in landesrechtlichen Vorschriften im Zusammenhang mit anderen Rechtsgebieten. Der Begriff wird im PflBG und in der PflAPrV als Oberbegriff für die Verträge/Vereinbarungen in den Fällen des § 8 Abs. 2 bis 4 PflBG sowie in § 31 Abs. 1 Satz 1, Abs. 2 Satz 2 PflAPrV verwendet. Den **Begriffen Verträge/Vereinbarungen** liegen keine unterschiedlichen Inhalte oder Formen zugrunde. Nach dem Bürgerlichen Recht besteht ein Vertrag aus übereinstimmenden Willenserklärungen zweier oder mehrerer Rechtssubjekte (§ 145 BGB). Ein Vertrag enthält in der Regel Vereinbarungen über mehrere Punkte. Die Begriffe Vertrag und Vereinbarung werden häufig unterschiedslos gebraucht. Dies ist auch in § 8 Abs. 2 bis 4 PflBG der Fall, wo von Vertrag (§ 8 Abs. 2 Nr. 2 PflBG) und von Vereinbarung (en) (§ 8 Abs. 3, Abs. 4 Satz 1 PflBG) gesprochen wird.

b) Zuordnung zum öffentlichen Recht oder zum Privatrecht?

9   Die Gesetzesbegründung zum PflBG und die Verordnungsbegründung zur PflAPrV geben keine Hinweise, ob es sich bei den Kooperationsverträgen um privatrechtliche oder öffentlich-rechtliche Verträge handelt. Unstrittig sind die Vertragsgegenstände des § 8 Abs. 2 bis 4 PflBG öffentlich-rechtlicher Natur, da diese im öffentlichen Recht geregelt sind. Daran ändert auch nichts, dass der Ausbildungsvertrag (§§ 16 ff. PflBG) ein privatrechtlicher Vertrag ist. Öffentlich-rechtliche Verträge sind grundsätzlich möglich, wenn der Vertragsgegenstand dem öffentlichen Recht zuzuordnen ist und einer der Vertragsbeteiligten eine Behörde ist (§ 54 VwVfG). Öffentlich-rechtliche Verträge zwischen privaten Rechtssubjekten sind hingegen nur ausnahmsweise zulässig, etwa wenn die Privatperson beliehener Unternehmer ist. Bei den Pflegeschulen handelt es sich entweder um Träger öffentlicher Verwaltung oder um staatlich anerkannte oder genehmigte Schulen (§ 6 Abs. 2 Satz 1 PflBG). Bei der staatlichen Anerkennung oder Genehmigung von nichtstaatlichen Schulen bleiben diese private Rechtssubjekte, nehmen aber öffentlich-rechtliche Aufgaben wahr und sind insofern mit diesen Aufgaben beauftragt, ohne dass eine förmliche Beleihung vorliegen muss.

10   Kooperationsverträge regeln die Zusammenarbeit zwischen Verwaltung und Privatunternehmer bei der Erfüllung öffentlicher Aufgaben vor allem im Rahmen der Public Private Partnership (so *Maurer/Waldhoff*, Allgemeines Verwaltungsrecht, S. 428). Alleine die Wahrnehmung öffentlicher Aufgaben bedeutet aber nicht, dass diese Verträge öffentlich-rechtlicher Natur sind (*Kopp/Ramsauer*, VwVfG, § 50, Rn. 40d). Mit den Kooperationsverträgen werden öffentlich-rechtliche Pflichten nach dem PflBG wahrgenommen. Es geht darum, die Voraussetzungen und Modalitäten des Handelns der Träger der praktischen Ausbildung zu regeln (vgl. § 8 Abs. 2 bis 4 PflBG). Aus diesem Grund spricht viel dafür, die Kooperationsverträge nach § 6 Abs. 4 PflBG und § 8 PflAPrV dem öffentlichen Recht zuzuordnen. Aus Gründen der Rechtssicherheit in der Frage der Zuordnung der Kooperationsverträge zum

öffentlichen oder zum Privatrecht wäre es hilfreich, wenn die **landesrechtlichen Vorschriften** zu den Kooperationsverträgen einen klarstellenden Hinweis hierzu enthielten. Für eine solche **Klarstellung der Zuordnung der Kooperationsverträge** zum Privatrecht oder zum öffentlichen Recht besteht auch eine entsprechende Kompetenz des Landes, da die Länder das Nähere zu den Kooperationsverträgen regeln sollen (§ 8 Abs. 1 Satz 2 PflAPrV).

Die Zuordnung zum öffentlichen Recht oder zum Privatrecht ist auch entscheidend   11
für den **Rechtsschutz**. In zivilrechtlichen Streitigkeiten ist der Rechtsweg zu den Zivilgerichten, in öffentlich-rechtlichen Streitigkeiten zu den Verwaltungsgerichten gegeben. Es kann angenommen werden, dass die Verwaltungsgerichte, die über öffentlich-rechtliche Streitigkeiten entscheiden (§ 40 Abs. 1 Satz 1 VwGO), mit öffentlich-rechtlichen Gegenständen, wie sie die Verpflichtungen der Beteiligten nach § 6 Abs. 4 PflBG enthalten, vertrauter sind als die Zivilgerichte.

c) Schriftform

Die Kooperationsverträge sind in Schriftform zu schließen. Die Schriftform ist schon   12
allgemein für öffentlich-rechtliche Verträge vorgeschrieben (vgl. § 57 VwVfG bzw. die entsprechenden verwaltungsverfahrensrechtlichen Vorschriften der Länder). In der Begründung zur Verordnung (BT-Drs. 19/2707, S. 94) (s. oben → Rn. 1) wird darauf hingewiesen, dass die Kooperationsverträge der Schriftform gemäß § 126 BGB bedürfen. Dieser Hinweis in der Begründung zur Verordnung auf eine Vorschrift des Bürgerlichen Rechts darf nicht missverstanden als Hinweis darauf, dass die Kooperationsverträge nicht öffentlich-rechtlich, sondern privatrechtlich seien. Vielmehr enthält § 126 BGB anders als § 57 VwVfG genauere Hinweise darüber, was unter Schriftform zu verstehen ist:

§ 126
Schriftform

(1) Ist durch Gesetz schriftliche Form vorgeschrieben, so muss die Urkunde von dem Aussteller eigenhändig durch Namensunterschrift oder mittels notariell beglaubigten Handzeichens unterzeichnet werden.

(2) Bei einem Vertrag muss die Unterzeichnung der Parteien auf derselben Urkunde erfolgen. Werden über den Vertrag mehrere gleichlautende Urkunden aufgenommen, so genügt es, wenn jede Partei die für die andere Partei bestimmte Urkunde unterzeichnet.

(3) Die schriftliche Form kann durch die elektronische Form ersetzt werden, wenn sich nicht aus dem Gesetz ein anderes ergibt.

(4) Die schriftliche Form wird durch die notarielle Beurkundung ersetzt.

d) Gegenstand und Reichweite der Vereinbarungsbefugnis

Da für die Kooperationsverträge – vorbehaltlich der näheren Regelungen durch die   13
Länder – keine Regelungsinhalte vorgegeben sind, stellt sich die Frage nach Gegenstand und Reichweite der Vereinbarungsbefugnis. Gegenstand der Vereinbarungsbefugnis sind die den Fällen der § 8 Abs. 2 bis 4 PflBG zugrunde liegenden Materien

(s. dazu unten → Rn. 14 ff.). Innerhalb dieser in § 8 Abs. 2 bis 4 PflBG vorgesehenen Fälle sind alle Angelegenheiten, die diese Fälle betreffen, vertraglich zu vereinbaren. Über diese Fälle hinaus besteht keine Ermächtigung für die nach § 6 Abs. 4 PflBG Beteiligten (Pflegeschule, Träger der praktischen Ausbildung, weitere an der praktischen Ausbildung beteiligte Einrichtungen) zum Abschluss von Kooperationsverträgen. Unabhängig davon gelten in der **hochschulischen Pflegeausbildung** die Bestimmungen über die Kooperationsverträge nach § 31 Abs. 1 Satz 1, Abs. 2 Satz 2 PflAPrV.

e) Fälle des § 8 Abs. 2 PflBG

14   In § 8 Abs. 2 PflBG geht es um die Bestimmung der Träger der praktischen Ausbildung. Das können die Träger der praktischen Ausbildung sein, die selbst eine Pflegeschule betreiben (Nr. 1), oder wenn sie mit einer Pflegeschule einen Vertrag über die Durchführung des theoretischen und praktischen Unterrichts geschlossen haben (Nr. 2). Nur im letzteren Fall ist ein Kooperationsvertrag erforderlich, wie schon die Vorschrift besagt. **Vertragsbeteiligte** sind hier der Träger der praktischen Ausbildung und eine Pflegeschule. **Vertragsgegenstand** ist die Durchführung des theoretischen und praktischen Unterrichts durch die Pflegeschule. **Vereinbarungspunkte** sind vor allem:

– die Verpflichtung der Pflegeschule, dass diese den theoretischen und praktischen Unterricht gemäß den Vorschriften des PflBG und der PflAPrV durchführt;
– Angaben über die voraussichtlichen Schülerzahlen;
– Regelung der Praxisbegleitung (§ 5 PflAPrV);
– Bestimmung der Laufzeit des Vertrages;
– Vertragsanpassungs- und -änderungsmöglichkeiten:
– Kündigungsmöglichkeiten;
– Ausschluss der außerordentlichen Kündigung.

f) Fälle des § 8 Abs. 3 PflBG

15   In § 8 Abs. 3 PflBG geht es um die Kooperation des Trägers der praktischen Ausbildung mit den weiteren an der praktischen Ausbildung beteiligten Einrichtungen **(Vertragsbeteiligte)**. In Nr. 1 sind als **Vertragsgegenstände** die Sicherstellung der Durchführung der Ausbildungseinsätze, in Nr. 2 die Ausbildung auf der Grundlage eines Ausbildungsplans geregelt. **Vereinbarungspunkte** sind bei Nr. 1 Angaben über die Geeignetheit der Einrichtungen (vgl. § 7 Abs. 5 PflBG) und die Beschreibung der jeweiligen Einsätze. Bei Nr. 2 ist der Ausbildungsplan (§ 6 Abs. 3 Satz 1 PflBG) zugrunde zu legen. Zu den **weiteren Vereinbarungspunkten** gehören die voraussichtliche Zahl der benötigten Ausbildungsplätze sowie die bei jedem Vertrag üblichen Punkte wie Laufzeit, Anpassungs- und Änderungsmöglichkeiten, Kündigungsmöglichkeiten (s. oben → Rn. 14).

g) Fälle des § 8 Abs. 4 PflBG

16   In **§ 8 Abs. 4 Satz 1 PflBG** ist die Übertragung der Aufgaben des Trägers der praktischen Ausbildung auf die Pflegeschule **(Vertragsbeteiligte)** geregelt, wobei ein Kooperationsvertrag nur bei fehlender Identität zwischen Träger der praktischen

Ausbildung und Pflegeschule erforderlich ist. **Vertragsgegenstand** sind die Vertragsabschlüsse nach § 8 Abs. 3 PflBG. Weiter gehören dazu die bei jedem Vertrag üblichen Punkte wie Anpassungs- und Änderungsvoraussetzungen, Kündigungsmöglichkeiten (s. oben → Rn. 14).

Gemäß **§ 8 Abs. 4 Satz 2 PflBG** kann die **Pflegeschule** im Rahmen des Koope- 17
rationsvertrages nach Satz 1 zum **Abschluss des Ausbildungsvertrages** für den Träger der praktischen Ausbildung **bevollmächtigt** werden. Die Vorschrift bezieht sich ausdrücklich auf den **Abschluss** des Ausbildungsvertrages. Damit wird nicht die Verpflichtungsstellung des Ausbildungsbetriebes als Träger der praktischen Ausbildung geändert (s. dazu Gesetzesbegründung, BT-Drs. 18/7823, S. 70, abgedruckt bei → Erl. zu § 8 PflBG, Rn. 6). Die Bevollmächtigung darf sich deshalb nur auf den Vertragsabschluss beziehen.

2. Abs. 1 Satz 1 2. Halbsatz: Regelungen zur betrieblichen Mitbestimmung

Regelungen zur betrieblichen Mitbestimmung sind im Betriebsverfassungsgesetz 18
(BetrVG) und in den entsprechenden Gesetzen der Länder vorgesehen.

3. Abs. 1 Satz 2: Landesrechtliche Regelungen

Die Länder haben das Nähere zu den Kooperationsverträgen zu bestimmen. Diese 19
Ermächtigung für die Länder bezieht sich auf die Kooperationsverträge für die Fälle der § 8 Abs. 2 bis 4 PflBG. Eine weitergehende Ermächtigung besteht in diesem Rahmen nicht.

4. Abs. 2: Abstimmung der Beteiligten

Die Vorschrift regelt die **Verpflichtung zur regelmäßigen Abstimmung** auf Grund- 20
lage der Kooperationsverträge. Diese Verpflichtung trifft die Pflegeschule, insbesondere die für die Praxisbegleitung zuständigen Lehrkräfte, die Träger der praktischen Ausbildung und die an der praktischen Ausbildung beteiligten Einrichtungen sowie die Praxisanleiterinnen und Praxisanleiter. Die Vorschrift bezeichnet damit auch einen **Zweck der Kooperationsverträge**. Die Vorschrift ist damit auch Ausdruck der Gesamtverantwortung der Pflegeschule (§ 10 Abs. 1 PflBG).

III. Literaturhinweise

Kopp, Ferdinand/Ramsauer, Ulrich (Hrsg.): Verwaltungsverfahrensgesetz. Kommentar. 19. Aufl. 21
München 2018.
Maurer, Hartmut/Waldhoff, Christian: Allgemeines Verwaltungsrecht. 19. Aufl. München 2017.

Abschnitt 2
Bestimmungen für die staatliche Prüfung

§ 9   Staatliche Prüfung

(1) [1]Die staatliche Prüfung für die Ausbildung umfasst jeweils einen schriftlichen, einen mündlichen und einen praktischen Teil. [2]Gegenstand sind die auf § 5 des Pflegeberufegesetzes beruhenden, in Anlage 2 aufgeführten Kompetenzen.

(2) [1]Im schriftlichen und mündlichen Teil der Prüfung hat die zu prüfende Person ihre Fachkompetenz und die zur Ausübung des Berufs erforderliche personale Kompetenz einschließlich der Sozialkompetenz und der Selbständigkeit nachzuweisen. [2]Im praktischen Teil der Prüfung hat die zu prüfende Person nachzuweisen, dass sie über die zur Pflege von Menschen in komplexen Pflegesituationen erforderlichen Kompetenzen verfügt und befähigt ist, die Aufgaben in der Pflege gemäß dem Ausbildungsziel des Pflegeberufegesetzes auszuführen.

(3) [1]Die zu prüfende Person legt den schriftlichen und mündlichen Teil der Prüfung bei der Pflegeschule ab, an der sie die Ausbildung abschließt. [2]Die zuständige Behörde, in deren Bereich die Prüfung oder ein Teil der Prüfung abgelegt werden soll, kann aus wichtigem Grund Ausnahmen zulassen. [3]In diesem Fall sind die Vorsitzenden der beteiligten Prüfungsausschüsse vorher zu hören.

(4) Der praktische Teil der Prüfung wird in der Regel in der Einrichtung abgelegt, in der der Vertiefungseinsatz durchgeführt wurde.

Erläuterungen

Übersicht

I. Allgemeines

1. Bedeutung der staatlichen Prüfung

1   Auch wenn mit dem Pflegeberufegesetz zum ersten Mal die Möglichkeit einer hochschulischen Pflegeausbildung außerhalb von Modellvorhaben geschaffen worden ist (§§ 37 bis 39 PflBG), bleibt doch die staatliche Prüfung im Zentrum bestehen. Selbst bei der hochschulischen Ausbildung wird die staatliche Prüfung nicht durch eine

hochschulische Prüfung ersetzt (vgl. § 39 Abs. 3 Satz 2 PflBG). Für die staatliche Prüfung finden sich im PflBG außer der Verordnungsermächtigung in § 56 Abs. 1 Satz 1 Nr. 2 PflBG keine konstitutiven Regelungen zur Prüfung. Die Prüfung wird nur als „staatliche Abschlussprüfung" (vgl. § 2 Nr. 1 PflBG) oder als „staatliche Prüfung" (§ 39 Abs. 3 Satz 2 PflBG) erwähnt. Für die staatliche Prüfung im hochschulischen Kontext liegen hingegen einige wenige konstitutive Regelungen in § 39 PflBG vor.

2. Anwendungsbereich

Neben der Anwendung der Vorschriften der staatlichen Prüfung auf die **staatliche** **Abschlussprüfung für Pflegefachfrauen und -männer** werden diese Vorschriften auch zum Teil auf die **Prüfung bei Modellvorhaben nach § 14 PflBG** (§ 24 Abs. 6 PflAPrV) und die **Prüfung bei Gesundheits- und Kinderkrankenpfleger und -pflegerinnen** (§§ 26 bis 27 PflAPrV) sowie der **Altenpflegerinnen und -pfleger** (§§ 28 bis 29 PflAPrV) angewendet (§ 25 PflAPrV). Weiter werden diese Vorschriften zum Teil auf **Eignungsprüfungen** nach § 47 Abs. 6 PflAPrV und **Kenntnisprüfungen** nach § 45 Abs. 8 PflAPrV angewendet.

2

3. Leistungsbewertung / Benotung

Die Vorschriften über die **Benotung** finden sich in § 17 PflAPrV. Danach wird am bisherigen sechsstufigen Notensystem festgehalten (vgl. § 4 AltPflAPrV; § 7 KrPflAPrV). Dieses Notensystem ist für allgemeinbildende Schulen und in anderen beruflichen Bildungsgängen üblich, s. → Erl. zu § 17 PflAPrV, Rn. 1. Auch bei der **hochschulischen Pflegeausbildung** gilt das Notensystem nach § 8 PflAPrV (§ 39 Abs. 1 Satz 3 PflAPrV).

3

II. Erläuterungen

1. Abs. 1: Umfang und Gegenstand der staatlichen Prüfung

Die Vorschrift bestimmt, dass die staatliche Prüfung einen schriftlichen, mündlichen und praktischen Teil enthält (**Abs. 1 Satz 1**). Dabei ist hervorzuheben, dass bei den Gesundheitsberufen, die direkt mit Menschen zu tun haben, der praktischen Prüfung eine besondere Bedeutung zukommt. Deshalb findet diese Prüfung in „realen und komplexen Pflegesituationen" statt (vgl. § 16 Abs. 4 PflAPrV), Rn. 1. Prüfungsgegenstand der staatlichen Prüfung sind die Kompetenzen auf Grundlage des § 5 PflBG. Diese Kompetenzen sind in der Anlage 2 PflAPrV (Kompetenzen für die staatliche Prüfung nach § 10 zur Pflegefachfrau oder zum Pflegefachmann) im Einzelnen näher aufgeführt (**Abs. 1 Satz 2**).

4

2. Abs. 2: Kompetenzen

a) Abs. 2 Satz 1: Schriftlicher und mündlicher Prüfungsteil

Die im schriftlichen und mündlichen Teil der Prüfung geforderten Kompetenzen sind die **Fachkompetenz und die personale Kompetenz** einschließlich der **Sozialkompetenz** und der **Selbständigkeit** (**Abs. 2 Satz 1**). Diese Kompetenzen sind in der Matrix des Deutschen **Qualifikationsrahmens (DQR)** enthalten und werden wie

5

folgt definiert (DQR Deutscher Qualifikationsrahmen für lebenslanges Lernen, 2013 S. 43 ff.) (s. im Einzelnen zu diesen Kompetenzen die → Erl. zu § 5 PflBG, Rn. 12):

- *„**Fachkompetenz** umfasst Wissen und Fertigkeiten. Sie bezeichnet die Fähigkeit und Bereitschaft, Aufgaben- und Problemstellungen eigenständig, fachlich angemessen, methodengeleitet zu bearbeiten und das Ergebnis zu beurteilen.*
- ***Personale Kompetenz** umfasst Sozialkompetenz und Selbstständigkeit. Sie bezeichnet die Fähigkeit und Bereitschaft, sich weiterzuentwickeln und das eigene Leben eigenständig und verantwortlich im jeweiligen sozialen, kulturellen bzw. beruflichen Kontext zu gestalten.*
- ***Sozialkompetenz** bezeichnet die Fähigkeit und Bereitschaft, zielorientiert mit anderen zusammenzuarbeiten, ihre Interessen und sozialen Situationen zu erfassen, sich mit ihnen rational und verantwortungsbewusst auseinanderzusetzen und zu verständigen sowie die Arbeits- und Lebenswelt mitzugestalten.“*

b) Abs. 2 Satz 2: Praktischer Teil

6   Für den praktischen Teil der Prüfung sind die zur Pflege von Menschen in komplexen Pflegesituationen erforderlichen Kompetenzen ausschlaggebend.

3. Abs. 3: Prüfungsort der schriftlichen und mündlichen Prüfung

7   Der Prüfungsort der schriftlichen und mündlichen Prüfung ist die **Pflegeschule, an der die Ausbildung abgeschlossen** worden ist (**Abs. 3 Satz 1**). Hiervon kann die zuständige Behörde (§ 49 PflBG) aus wichtigem Grund **Ausnahmen** zulassen, wobei die Vorsitzenden der beteiligten Prüfungsausschüsse vorher zu hören sind (**Abs. 3 Satz 2 und 3**).

4. Abs. 4: Prüfungsort der praktischen Prüfung

8   Die praktische Prüfung findet in der Regel in der Einrichtung statt, in der der Vertiefungseinsatz durchgeführt worden ist (vgl. § 7 Abs. 4 PflBG).

III. Literaturhinweise

9   *Bund-Länder-Koordinierungsstelle für den Deutschen Qualifikationsrahmen für lebenslanges Lernen (Hrsg.):* DQR Deutscher Qualifikationsrahmen für lebenslanges Lernen. 2013. Handbuch zum Deutschen Qualifikationsrahmen. 2013. Online: https://www.dqr.de/media/content/DQR_Handbuch_01_08_2013.pdf [abgerufen am 27.8.2018].
S. weiter die ausführlichen Literaturhinweise bei den → Erl. zu § 5 PflBG, Rn. 47.

§ 10 Prüfungsausschuss

(1) [1]An jeder Pflegeschule wird ein Prüfungsausschuss gebildet, der für die ordnungsgemäße Durchführung der Prüfung zuständig ist. [2]Er besteht mindestens aus folgenden Mitgliedern:

1. einer Vertreterin oder einem Vertreter der zuständigen Behörde oder einer von der zuständigen Behörde mit der Wahrnehmung dieser Aufgabe betrauten geeigneten Person,

2. der Schulleiterin, dem Schulleiter oder einem für die Pflegeausbildung zuständigen Mitglied der Schulleitung,

3. mindestens zwei Fachprüferinnen oder Fachprüfern, die an der Pflegeschule unterrichten, und

4. einer oder mehreren Fachprüferinnen oder Fachprüfern, die zum Zeitpunkt der Prüfung als praxisanleitende Personen nach § 4 Absatz 1 tätig sind und die Voraussetzungen nach § 4 Absatz 2 Satz 1 erfüllen und von denen mindestens eine Person in der Einrichtung tätig ist, in der der Vertiefungseinsatz durchgeführt wurde.

(2) [1]Die zuständige Behörde bestellt auf Vorschlag der Pflegeschule die Mitglieder des Prüfungsausschusses sowie deren Stellvertreterinnen oder Stellvertreter. [2]Für jedes Mitglied ist mindestens eine Stellvertreterin oder ein Stellvertreter zu bestimmen. [3]Als Fachprüferinnen oder Fachprüfer sollen die Lehrkräfte bestellt werden, die die zu prüfende Person überwiegend ausgebildet haben.

(3) [1]Das Mitglied nach Absatz 1 Satz 2 Nummer 1 ist Vorsitzende oder Vorsitzender des Prüfungsausschusses. [2]Es wird bei der Durchführung seiner Aufgaben von der zuständigen Behörde unterstützt. [3]Es bestimmt auf Vorschlag der Schulleiterin oder des Schulleiters die Fachprüferinnen oder Fachprüfer und deren Stellvertreterinnen oder Stellvertreter für die einzelnen Prüfungsbereiche des schriftlichen Teils der Prüfung und für den mündlichen und praktischen Teil der Prüfung.

(4) Die oder der Vorsitzende des Prüfungsausschusses ist verpflichtet, an den jeweiligen Teilen der Prüfung in dem Umfang teilzunehmen, der zur Erfüllung der in dieser Verordnung geregelten Aufgaben erforderlich ist; eine Verpflichtung zur Anwesenheit während der gesamten Dauer der Prüfung besteht nicht.

(5) [1]Die zuständige Behörde kann Sachverständige sowie Beobachterinnen und Beobachter zur Teilnahme an allen Prüfungsvorgängen entsenden. [2]Die Teilnahme an einer realen Pflegesituation ist nur mit Einwilligung des zu pflegenden Menschen zulässig.

Erläuterungen

Übersicht

I. Allgemeines

1. Zur Terminologie

1   Die allgemeine Terminologie bezüglich der Gremien, die mit Prüfungen befasst sind, ist uneinheitlich. So werden zum Teil als **Prüfungskommissionen** Gremien bezeichnet, in denen eine Mehrzahl von Prüfern die Leistungen des Prüflings ermitteln und bewerten, während **Prüfungsausschüsse** Gremien sind, die an Verwaltungsentscheidungen der Prüfungsbehörden mitwirken oder diese laut Prüfungsordnung selbstständig zu treffen haben, etwa in der Frage, ob eine Täuschungshandlung vorliegt (*Niehues et al.*, Prüfungsrecht, 2018, S. 170, Rn. 356).

2. Zu den Aufgaben des Prüfungsausschusses und des Vorsitzenden

2   Der in § 10 PflAPrV geregelte **Prüfungsausschuss** nimmt hingegen **umfassende Aufgaben** im Zusammenhang mit der ordnungsgemäßen Durchführung der Prüfung vor. Dabei kommt dem Vorsitzenden des Prüfungsausschuss eine herausragende Rolle zu, die das Prüfungsverfahren, z. B. die Zulassung zur Prüfung (§ 11 Abs. 1 PflAPrV), die Beurteilung von Täuschungsversuchen (vgl. § 22 PflAPrV) bis hin zur Notenbildung und Unterzeichnung des Prüfungszeugnisses betrifft. Zur **Gewährleistung der staatlichen Verantwortung für die staatliche Prüfung** ist der Vorsitzende des Prüfungsausschusses ein Vertreter der zuständigen Behörde. Die gleiche Zielsetzung der staatlichen Verantwortung findet sich bei den Vorschriften zur Notengebung. Hier werden die **Noten durch den Prüfungsausschussvorsitzenden „im Benehmen" mit den Fachprüfern gebildet** (§§ 14 Abs. 5, 15 Abs. 5, 16 Abs. 7 PflAPrV). Das bedeutet, dass im Fall einer Bewertungsdivergenz kein Einvernehmen unter den einzelnen Prüfern hergestellt werden muss, was eine einvernehmliche Bestimmung der Note bedeuten würde. Es genügt vielmehr die Herstellung des Benehmens, was für den Prüfungsausschussvorsitzenden eine Berücksichtigung, aber nicht eine Beachtung der Gründe für die Divergenz bedeutet.

3   Dem Vorsitzenden des Prüfungsausschusses obliegt auch die **Einhaltung der prüfungsrechtlichen Grundsätze**, die auf dem aus dem Gleichbehandlungsgrundsatz (Art. 3 Abs. 1 GG) hergeleiteten prüfungsrechtlichen Fairnessgebot und dem Gebot der Chancengleichheit beruhen. Diese prüfungsrechtlichen Grundsätze finden sich nur zum Teil in den Prüfungsvorschriften der PflAPrV wieder, so etwa in § 12 PflAPrV zum Nachteilsausgleich. So stellt es einen wichtigen prüfungsrechtlichen Grundsatz dar, die Prüflinge vor Beginn der Durchführung von Prüfungen daraufhin zu befragen, ob sie sich gesundheitlich in der Lage fühlen, die Prüfung zu absolvieren. Auch hat der Prüfungsausschussvorsitzende die Prüfung zu unterbrechen, wenn während der Prüfung gesundheitliche Beeinträchtigungen auftreten, z. B. bei Ohnmacht eines Prüflings (*Niehues et al.*, Prüfungsrecht, 2018, S. 116 ff., Rn. 349 ff.). Zum ordnungsgemäßen Ablauf einer Prüfung gehört auch, dass die Prüfung störungsfrei abläuft. Das gilt etwa bei den

Prüfungsverlauf störenden Lärmeinwirkungen, ungewöhnlicher Raumtemperatur oder sonstigen störenden Umwelteinflüssen (*Niehues et al.*, Prüfungsrecht, 2018, S. 218, Rn. 467 ff.). Die zuständigen Behörden (§ 48 PflBG) tun deshalb gut daran, wenn sie den Prüfungsausschussvorsitzenden entsprechende Schulungen anbieten, damit der ordnungsgemäße Prüfungsablauf schon durch den Prüfungsausschussvorsitzenden gewährleistet ist und damit kein Anlass gegeben wird, Prüfungen zu wiederholen.

3. Fachliche Eignung der Mitglieder des Prüfungsausschusses

Alle Prüfenden müssen die allgemeine fachliche Qualifikation für die sachkundige 4
Beurteilung von Leistungen in dem Bereich des Prüfungsgegenstandes haben (*Niehues et al.*, Prüfungsrecht, 2018, S. 145 ff., Rn. 304 ff.). Dies wird in der Regel dadurch belegt, dass der Prüfer selbst die Prüfung abgelegt hat, in der er zur Prüfung bestellt wird. Die allgemeine fachliche Qualifikation kann auch anderweitig „gleichwertig" belegt werden. Hier sind strenge Anforderungen zu stellen.

II. Erläuterungen

1. Abs. 1: Bildung und Mitglieder des Prüfungsausschusses

Ein Prüfungsausschuss ist an jeder Pflegeschule zu bilden. Er verantwortet die 5
ordnungsgemäße Durchführung der Prüfung (**Abs. 1 Satz 1**).

Der Prüfungsausschuss besteht zum einem aus dem **Vertreter oder Beauftragten der** 6
Behörde, der zugleich Vorsitzender des Prüfungsausschusses ist (**Abs. 1 Satz 2 Nr. 1**).
Diese Person ist auch der **Vorsitzende des Prüfungsausschusses (Abs. 3 Satz 1)**.

Die **weiteren Mitglieder des Prüfungsausschusses** sind die **Schulleiter (Abs. 1 Satz 2** 7
Nr. 2), mindestens zwei **Fachprüfer**, die an der Pflegeschule unterrichten (**Abs. 1**
Satz 2 Nr. 3) und eine oder mehrere **Fachprüfer**, die zum Zeitpunkt der Prüfung als
praxisanleitende Personen nach § 4 Abs. 1 PflAPrV tätig sind und die Voraussetzungen nach § 4 Abs. 2 Satz 1 PflAPrV erfüllen und von denen mindestens eine Person in
der Einrichtung tätig ist, in der der Vertiefungseinsatz durchgeführt wurde (**Abs. 1**
Satz 2 Nr. 4). **Ärztliche Fachprüfer** sind im Prüfungsausschuss nur noch beteiligt **an**
Prüfungen bei Modellvorhaben nach § 14 PflBG (§ 24 Abs. 1 PflAPrV).

2. Abs. 2: Bestellung der Mitglieder

Die Mitglieder des Prüfungsausschusses sowie ihre Stellvertreter werden von der 8
zuständigen Behörde auf Vorschlag der Pflegeschule bestellt (**Abs. 2 Satz 1 und 2**).
Als eigenartig erscheint, dass die Pflegeschule auch hinsichtlich des Vorsitzenden des
Prüfungsausschusses ein Vorschlagsrecht hat, selbst wenn er Vertreter der zuständigen Behörde ist. Es ist nicht ersichtlich, woraus sich dieses Vorschlagsrecht ergeben
soll. Nachvollziehbar ist dies allenfalls, wenn es sich um eine Person handelt, die von
der zuständigen Behörde mit der Wahrnehmung der Aufgabe als Vorsitzender
betraut werden soll (Abs. 1 Satz 2 Nr. 1 2. Alternative). Als Fachprüfer sollen Lehrkräfte bestellt werden, die den Prüfling überwiegend ausgebildet haben (**Abs. 2**
Satz 3). Der Begriff „überwiegend" ist dabei nicht rein rechnerisch zu verstehen,
sondern kann sich auch an anderen Kriterien orientieren. So kann für die Prüfung
die Fachprüferin oder der Fachprüfer ausgewählt werden, die oder der in dem
prüfungsrelevanten Themenbereich zuletzt unterrichtet hat und damit maßgeblich

an der Vorbereitung der Schülerinnen und Schüler auf die Prüfung beteiligt war (so die Begründung der Verordnung, BT-Drs. 19/2707, S. 94 f.).

3. Abs. 3: Funktionen des Prüfungsausschussvorsitzenden

9   Der Prüfungsausschussvorsitzende (**Abs. 3 Satz 1**) wird in der Funktion des Vorsitzes bei der Durchführung seiner Aufgaben von der zuständigen Behörde unterstützt (**Abs. 3 Satz 2**). Dies wird vor allem bei der Bewältigung organisatorischer und administrativer Aufgaben gelten ebenso wie bei der Klärung prüfungsrechtlicher Fragen. Der Prüfungsausschussvorsitzende bestimmt auf Vorschlag der Schulleiter auch die Fachprüfer und ihre Stellvertreter für die einzelnen Prüfungsbereiche des schriftlichen Teils der Prüfung und für den mündlichen und praktischen Teil der Prüfung (**Abs. 3 Satz 3**).

4. Abs. 4: Prüfungsteilnahme durch den Prüfungsausschussvorsitzenden

10   Zwar ist es grundsätzlich üblich und auch sinnvoll, dass der Vorsitzende einer Prüfung an allen Prüfungen teilnimmt. Davon wird aber in Abs. 4 abgewichen. In der Begründung der Verordnung (BT-Drs. 19/2707, S. 95) heißt es hierzu:

„Absatz 4 sieht vor, dass die oder der Vorsitzende des Prüfungsausschusses in dem Umfang an den einzelnen Teilen der Prüfung teilzunehmen hat, in dem dies zur Erfüllung ihrer oder seiner Aufgaben erforderlich ist. Eine konkrete zeitliche Festlegung ist im Hinblick auf die unterschiedlichen Gegebenheiten an den einzelnen Pflegeschulen und die unterschiedlichen Umstände der Prüfung nicht sinnvoll. Auf sie wird daher verzichtet. Soweit die Länder weitergehende Regelungen zur Anwesenheit der oder des Vorsitzenden des Prüfungsausschusses für erforderlich halten, können sie diese in ihren Durchführungsbestimmungen zur Verordnung vorsehen."

Es versteht sich von selbst, dass die Anwesenheit des Vorsitzenden des Prüfungsausschusses bei der schriftlichen Prüfung nicht erforderlich ist. Hier muss nur eine verlässliche Aufsicht gewährleistet sein, die auch beauftragte Personen wahrnehmen können. Die Teilnahme des Vorsitzenden an der mündlichen und an der praktischen Prüfung sollte jedoch grundsätzlich stattfinden, damit er sich ein persönliches Bild von der zu prüfenden Person machen kann, was insbesondere bei Bewertungsdifferenzen von Bedeutung sein kann. Aus diesem Grund ist die Vorschrift eng auszulegen und so zu verstehen, dass der Vorsitzende des Prüfungsausschusses zumindest zeitweise bei jeder mündlichen und praktischen Prüfung einer zu prüfenden Person anwesend ist.

5. Abs. 5: Entsendung von Sachverständigen und Beobachtern

11   Die Entsendung von Sachverständigen und Beobachtern durch die zuständige Behörde kann Kontroll- wie Informationszwecken dienen (**Satz 1**). Eine Pflicht zur Begründung der Entsendung besteht nicht. Letztlich dient diese Möglichkeit der Gewährleistung der staatlichen Verantwortung für die Prüfung durch die zuständige Behörde. Die Teilnahme an einer realen Pflegesituation ist dabei nur mit Einwilligung des jeweils zu pflegenden Menschen zulässig (**Satz 2**).

III. Literaturhinweise

12   *Niehues, Norbert/Fischer, Edgar/Jeremias, Christoph*: Prüfungsrecht. 7. Aufl. München 2018.

§11 Zulassung zur Prüfung

(1) [1]Die oder der Vorsitzende des Prüfungsausschusses entscheidet auf Antrag der zu prüfenden Person über die Zulassung zur Prüfung und setzt die Prüfungstermine im Benehmen mit der Schulleiterin oder dem Schulleiter fest. [2]Der Prüfungsbeginn der staatlichen Prüfung soll nicht früher als drei Monate vor dem Ende der Ausbildung liegen.

(2) Die Zulassung zur Prüfung wird schriftlich oder elektronisch erteilt, wenn folgende Nachweise vorliegen:

1. ein Identitätsnachweis der zu prüfenden Person in amtlich beglaubigter Abschrift,
2. der ordnungsgemäß schriftlich geführte Ausbildungsnachweis nach § 3 Absatz 5 und
3. die Jahreszeugnisse nach § 6 Absatz 1.

(3) Die Zulassung zur staatlichen Prüfung kann nur erteilt werden, wenn die nach § 13 des Pflegeberufegesetzes in Verbindung mit § 1 Absatz 4 zulässigen Fehlzeiten nicht überschritten worden sind und die Durchschnittsnote der Jahreszeugnisse mindestens „ausreichend" beträgt.

(4) Die Zulassung zur staatlichen Prüfung sowie die Prüfungstermine werden der zu prüfenden Person spätestens zwei Wochen vor Prüfungsbeginn schriftlich oder elektronisch mitgeteilt.

Erläuterungen

In der Begründung zur Verordnung (BT-Drs. 19/2707, S. 95) wird zu dieser Vorschrift Folgendes ausgeführt: 1

„Die Entscheidung über die Zulassung zur Prüfung trifft auf Grund ihrer oder seiner Leitungsfunktion die oder der Vorsitzende des Prüfungsausschusses im Benehmen mit der Schulleiterin oder dem Schulleiter (Absatz 1 Satz 1). Sie oder er setzt auch die Prüfungstermine fest.

Die antragstellende Person hat unter anderem den ordnungsgemäß schriftlich geführten Ausbildungsnachweis nach § 3 Absatz 5 sowie die Jahreszeugnisse nach § 6 Absatz 1 vorzulegen. Zur Prüfung wird nur zugelassen, wenn die Durchschnittsnote des Jahreszeugnisses des letzten Ausbildungsdrittels vor der Prüfung mindestens „ausreichend" beträgt (Absatz 3). Liegen die geforderten Nachweise vor und sind die Voraussetzungen von Absatz 3 erfüllt, hat der Auszubildende einen Rechtsanspruch auf Zulassung (Absatz 2). Die Zulassung kann schriftlich oder elektronisch erfolgen.

Bei der Festsetzung des Prüfungsbeginns und der Mitteilung der Prüfungstermine sollen im Interesse eines ordnungsgemäßen Prüfungsablaufs und einer rechtzeitigen Unterrichtung der zu prüfenden Person bestimmte Mindestfristen eingehalten werden (Absatz 1 Satz 2 und Absatz 4). In besonderen Ausnahmefällen können die genannten Fristen auch über- oder unterschritten werden."

Der Vorsitzende des Prüfungsausschusses hat hinsichtlich der Zulassung zur Prüfung nur das Recht, förmlich zu prüfen, ob die erforderlichen Unterlagen vorliegen. 2

Sind diese nicht vollständig, so ist eine Zulassung zur Prüfung nicht möglich. Ein eigenes Bewertungsrecht hinsichtlich der Leistungen, die dem Jahreszeugnis zugrunde liegen, kommt ihm nicht zu (so zu § 5 KrPflAPrV Beschl. des VGH Baden-Württemberg v. 8.7.1996, 9 S 1849/96, juris, PflR 1998, S. 238 f. mit Anm. *Roßbruch*).

3   In der Begründung zur Beschlussempfehlung und zum Bericht des Ausschusses für Gesundheit (BT-Drs. 19/3045, S. 138) wird zu Abs. 3, der in der vorherigen Fassung einen Verweis auf § 17 PflAPrV enthielt, Folgendes ausgeführt:

„Es wird ein nicht korrekter Verweis auf § 17 gestrichen. In § 11 Absatz 3 geht es um die Durchschnittsnoten der in § 6 geregelten Jahreszeugnisse. Dagegen betrifft die in § 17 geregelte Benotung allein die Vornoten und die Noten der staatlichen Prüfung."

§12 Nachteilsausgleich

(1) Die besonderen Belange von zu prüfenden Personen mit Behinderung oder Beeinträchtigung sind zur Wahrung ihrer Chancengleichheit bei Durchführung der Prüfungen zu berücksichtigen.

(2) Ein entsprechender individueller Nachteilsausgleich ist spätestens mit dem Antrag auf Zulassung zur Prüfung schriftlich oder elektronisch bei der zuständigen Behörde zu beantragen.

(3) [1]Die zuständige Behörde entscheidet, ob dem schriftlichen oder elektronischen Antrag zur Nachweisführung ein amtsärztliches Attest oder andere geeignete Unterlagen beizufügen sind. [2]Aus dem amtsärztlichen Attest oder den Unterlagen muss die leistungsbeeinträchtigende oder -verhindernde Auswirkung der Beeinträchtigung oder Behinderung hervorgehen.

(4) [1]Die zuständige Behörde bestimmt, in welcher geänderten Form die gleichwertige Prüfungsleistung zu erbringen ist. [2]Zur Festlegung der geänderten Form gehört auch eine Verlängerung der Schreib- oder Bearbeitungszeit der Prüfungsleistung.

(5) Die fachlichen Prüfungsanforderungen dürfen durch einen Nachteilsausgleich nicht verändert werden.

(6) Die Entscheidung der zuständigen Behörde wird der zu prüfenden Person in geeigneter Weise bekannt gegeben.

Erläuterungen

Übersicht

I. Allgemeines

1. Nachteilsausgleich im deutschen und internationalen Recht

Zum ersten Mal wird im Heilberuferecht für Menschen mit Behinderung ein Nachteilsausgleich bei der staatlichen Prüfung in der beruflichen Ausbildung (§ 12 PflAPrV) wie beim staatlichen Prüfungsteil in der hochschulischen Ausbildung (§ 34 Abs. 2 PflAPrV) gewährt. In der sonstigen beruflichen Ausbildung ebenso wie bei hochschulischen Prüfungen ist der Nachteilsausgleich bereits weit verbreitet. Im Heilberuferecht wird diese Entwicklung etwas verspätet nachvollzogen. 1

Die Schaffung eines Nachteilsausgleichs ist **verfassungsrechtlich geboten**, denn niemand darf wegen seiner Behinderung benachteiligt werden (Art. 3 Abs. 3 Satz 2 2

GG). Nachteilsausgleiche existieren nicht nur bei Prüfungen, sondern betreffen alle Lebensbereiche, so z. B. den in § 209 SGB IX geregelten Nachteilsausgleich. Auch die **UN-Behindertenrechtskonvention (UN-BRK),** die in Deutschland als Gesetz[1] gilt, fordert angemessene Vorkehrungen beim diskriminierungsfreien und gleichberechtigten Zugang zur Berufsausbildung und zur allgemeinen Hochschulausbildung (Art. 24 Abs. 5 UN-BRK) ebenso wie das gleiche Recht von Menschen mit Behinderungen auf Arbeit (Art. 27 Abs. 1 UN-BRK). „Angemessene Vorkehrungen" bedeuten dabei notwendige und geeignete Änderungen und Anpassungen, die keine unverhältnismäßige oder unbillige Belastung darstellen und die, wenn sie in einem bestimmten Fall erforderlich sind, vorgenommen werden, um zu gewährleisten, dass Menschen mit Behinderungen gleichberechtigt mit anderen alle Menschenrechte und Grundfreiheiten genießen oder ausüben können (Art. 2 UN-BRK). Ein Nachteilsausgleich bei einer Prüfung als Bildungsabschluss und Voraussetzung für die Berufszulassung stellt eine solche angemessene Vorkehrung dar.

2. Nachteilsausgleich bei anderen Leistungsnachweisen

3   In der PflAPrV existiert neben dem Nachteilsausgleich nach § 12 und § 34 Abs. 2 PflAPrV kein Nachteilsausgleich bei den anderen Leistungsnachweisen. Obwohl die **Zwischenprüfung** (§ 6 Abs. 5 PflBG, § 7 PflAPrV) nur der Ermittlung des Ausbildungsstandes zum Ende des zweiten Ausbildungsdrittels dient und daher selbst bei ihrem Nichtbestehen der weitere Fortgang der Ausbildung nicht ausgeschlossen wird (vgl. § 7 Satz 3 PflAPrV), würde es sich auch hier als sinnvoll erweisen, einen Nachteilsausgleich einzuführen. Auch Menschen mit Behinderungen haben ein Recht auf eine nichtdiskriminierende Einschätzung einer möglichen Gefährdung der Erreichung des Ausbildungsziels (vgl. § 7 Satz 1 PflAPrV).

4   Bei der Erteilung der **Jahreszeugnisse** und der damit zusammenhängenden Notenfestlegung (§ 6 PflAPrV) ist die Einrichtung eines Nachteilsausgleichs unabdingbar, da die Noten der Jahreszeugnisse für die Zulassung zur Prüfung (§ 11 Abs. 2 Nr. 3 PflAPrV) und als **Vornoten** jeweils zu 25 % bei der Bildung der Noten des schriftlichen, mündlichen und praktischen Teils der Prüfung berücksichtigt werden (§ 13 Abs. 2 PflAPrV).

5   Für den **hochschulischen Teil** der **Prüfung bei der hochschulischen Pflegeausbildung** ist eine Regelung in der PflAPrV anders als für den staatlichen Teil (§ 34 Abs. 2 PflAPrV) nicht erforderlich, da hierfür die Hochschulen zuständig sind bzw. das jeweilige Hochschulrecht entsprechende Vorkehrungen zu treffen hat.

3. Behinderungsbegriff

6   In § 13 PflAPrV wird nicht auf einen spezifischen **Behinderungsbegriff** Bezug genommen. In der Begründung des Referentenentwurfs zu der Vorschrift (S. 103) wird dazu gesagt, dass sich die Verordnung an dem Behinderungsbegriff des Über-

---

1   Gesetz zu dem Übereinkommen der Vereinten Nationen v. 13.12.2006 über die Rechte von Menschen mit Behinderungen sowie zu dem Fakultativprotokoll v. 13.12.2006 zum Übereinkommen der Vereinten Nationen über die Rechte von Menschen mit Behinderungen v. 21.12.2008, BGBl. II (2008), S. 1419.

einkommens der Vereinten Nationen über die Rechte von Menschen mit Behinderungen (UN-BRK) orientiert. Einschlägig ist der Behinderungsbegriff in § 2 Abs. 1 SGB IX, der den Behinderungsbegriff des Art. 1 UN-BRK reflektiert:

§ 2 Abs. 1 SGB IX

Menschen mit Behinderungen sind Menschen, die körperliche, seelische, geistige oder Sinnesbeeinträchtigungen haben, die sie in Wechselwirkung mit einstellungs- und umweltbedingten Barrieren an der gleichberechtigten Teilhabe an der Gesellschaft mit hoher Wahrscheinlichkeit länger als sechs Monate hindern können. Eine Beeinträchtigung nach Satz 1 liegt vor, wenn der Körper- und Gesundheitszustand von dem für das Lebensalter typischen Zustand abweicht. Menschen sind von Behinderung bedroht, wenn eine Beeinträchtigung nach Satz 1 zu erwarten ist.

Ausdrücklich ist darauf hinzuweisen, dass es sich bei dem von § 12 PflAPrV erfassten Personenkreis nicht um schwerbehinderte oder gleichgestellte Personen i. S. v. § 2 Abs. 2 und 3 SGB IX handeln muss.

II. Erläuterungen

1. Abs. 1: Grundsatz des Nachteilsausgleichs

Die Vorschrift enthält den Grundsatz des Nachteilsausgleichs für Menschen mit Behinderungen i. S. v. § 2 Abs. 1 SGB IX und betont die Gewährleistung der Chancengleichheit. Dabei handelt es sich um einen individuellen Nachteilsausgleich, der auf die behinderungsbedingten Bedürfnisse der jeweiligen Person abstellt (s. auch Abs. 2).   7

2. Abs. 2: Antragstellung

Für die Gewährung des Nachteilsausgleichs ist ein schriftlicher Antrag bei der zuständigen Behörde erforderlich, der spätestens mit dem Antrag auf Zulassung zur Prüfung einzureichen ist (§ 11 Abs. 1 PflAPrV). Obwohl Abs. 2 keine Hinweise für die **Begründung des Antrags** enthält, wird der Antragsteller sinnvollerweise auf die Art seiner Behinderung und deren Auswirkungen im Zusammenhang von Prüfungen hinweisen. Wenn er bereits Erfahrungen im Nachteilsausgleich bei Prüfungen, z. B. bei schulischen Prüfungen, hat, kann ebenfalls darauf hingewiesen werden.   8

3. Abs. 3: Nachweise

Die zuständige Behörde kann unabhängig von den Hinweisen des Antragstellers entscheiden, ob dem Antrag ein amtsärztliches Attest oder andere geeignete Unterlagen beizufügen sind (**Abs. 3 Satz 1**). Aus dem amtsärztlichen Attest oder den Unterlagen muss die leistungsbeeinträchtigende oder leistungsverhindernde Auswirkung der Beeinträchtigung oder Behinderung hervorgehen (**Abs. 3 Satz 2**).   9

4. Abs. 4, 5 und 6: Entscheidung über die Form des Nachteilsausgleichs

Der Nachteilsausgleich muss den Belangen des Menschen mit Behinderung im Zusammenhang der Gewährung von Chancengleichheit gerecht werden. In diesem Sinn ist der Nachteilsausgleich zu gestalten (**Abs. 4 Satz 1**). Zur möglichen Form   10 eines Nachteilsausgleichs wird in **Abs. 4 Satz 2** auf eine Verlängerung der Schreib- oder Bearbeitungszeit der Prüfungsleistung hingewiesen. S. hierzu auch *Fuerst,* 139 Schule, S. 944 ff., Rn. 17 ff.; *Niehues et al.,* Prüfungsrecht, 2018, S. 119 ff., Rn. 258 ff.

11 Bei der Gestaltung der Maßnahmen zum Nachteilsausgleich müssen die **fachlichen Prüfungsanforderungen gewahrt** bleiben **(Abs. 5).**

12 Die **Entscheidung der zuständigen Behörde** ist in geeigneter Weise bekannt zu geben **(Abs. 6).** In der Regel wird dies schon aus Gründen möglichen Rechtsschutzes in Schriftform geschehen. Ob ein förmlicher Bescheid zu erteilen ist, ist der Vorschrift nicht zu entnehmen.

13 **Rechtsschutz** gegen nicht erteilten Nachteilsausgleich ist bei Abschlussprüfungen im Wege der Verpflichtungsklage (§ 42 Abs. 1 VwGO) zu erlangen. Da in der Regel Eilrechtsschutz geboten ist, ist die einstweilige Anordnung als Regelungsanordnung (§ 123 VwGO) einschlägig (*Fuerst,* 139 Schule, S. 948, Rn. 27).

III. Literaturhinweise

14 *Aichele, Valentin/Althoff, Nina:* Nichtdiskriminierung und angemessene Vorkehrungen in der UN-Behindertenrechtskonvention. In: *Welke, Antje (Hrsg.):* UN-Behindertenrechtskonvention mit rechtlichen Erläuterungen. Berlin 2012, S. 104–118.
Fuerst, Anna-Maria: 139 Schule. In: *Deinert, Olaf/Welti, Felix (Hrsg):* Behindertenrecht. Stichwortkommentar. 2. Aufl. Baden-Baden 2018, S. 937-948.
Krajewski, Markus/Bernhard, Thomas: Artikel 24 Bildung. In: *Welke, Antje (Hrsg.):* UN-Behindertenrechtskonvention mit rechtlichen Erläuterungen. Berlin 2012, S. 164–172.
Niehues, Norbert/Fischer, Edgar/Jeremias, Christoph: Prüfungsrecht. 7. Aufl. München 2018.
Trenk-Hinterberger, Peter: Artikel 27 Arbeit und Beschäftigung. In: *Welke, Antje (Hrsg.):* UN-Behindertenrechtskonvention mit rechtlichen Erläuterungen. Berlin 2012, S. 190–202.

§ 13   Vornoten

(1) [1]Die oder der Vorsitzende des Prüfungsausschusses setzt auf Vorschlag der Pflegeschule jeweils eine Vornote für den schriftlichen, mündlichen und praktischen Teil der Prüfung fest. [2]Grundlage der Festsetzung sind die Zeugnisse nach § 6 Absatz 1.

(2) Die Vornoten werden bei der Bildung der Noten des schriftlichen, mündlichen und praktischen Teils der Prüfung jeweils mit einem Anteil von 25 Prozent berücksichtigt.

(3) [1]Die Vornote für den schriftlichen Teil der Prüfung und die Vornote für den mündlichen Teil der Prüfung werden aus dem arithmetischen Mittel der jeweils in den Jahreszeugnissen ausgewiesenen Note für die im Unterricht erbrachten Leistungen gemäß § 6 Absatz 1 Satz 2 gebildet. [2]Die Vornote für den praktischen Teil der Prüfung wird aus dem arithmetischen Mittel der jeweils in den Jahreszeugnissen ausgewiesenen Note der praktischen Ausbildung gemäß § 6 Absatz 1 Satz 2 gebildet.

(4) Die Vornoten werden den Auszubildenden spätestens drei Werktage vor Beginn des ersten Prüfungsteils mitgeteilt.

Erläuterungen

Übersicht

I. Allgemeines

Vornoten sind bereits nach der AltPflAPrV (§ 9) gebildet worden. Nach der KrPflAPrV wurden keine Vornoten gebildet. Durch die Vornoten fließen während der Ausbildung erbrachte Leistungen der Schülerinnen oder Schüler in einer einheitlichen Größenordnung in die Prüfungsergebnisse ein, ohne den besonderen Stellenwert der Einzelleistungen während der staatlichen Prüfung einzuschränken. Es entspricht modernen pädagogischen Erfordernissen, neben den punktuell unter besonderen Prüfungsbedingungen erbrachten Leistungen auch die während der Ausbildung erbrachten Leistungen in die Gesamtbewertung miteinzubeziehen (Begründung zur Verordnung, BT-Drs. 19/2707. S. 96).   1

II. Erläuterungen

1. Abs. 1: Vornotenfestsetzung

Die Vorschrift betrifft die **Festsetzung von Vornoten**. Das vorsitzende Mitglied des Prüfungsausschusses setzt die Vornoten auf Vorschlag der Pflegeschule fest. Grundlage der Vornotenbildung sind die entsprechenden Noten der Jahreszeugnisse nach § 6 Abs. 1 PflAPrV. Die **Art und Weise der Vornotenbildung** ist in Abs. 3 festgelegt.   2

3   Es gilt das in § 17 PflAPrV festgelegte **Benotungssystem**.

4   Die **Vornoten** sollen **jeweils für den schriftlichen, mündlichen und praktischen Teil der Prüfung** festgesetzt werden (Abs. 1 Satz 1). Zur Notenbildung s. Abs. 3.

2. Abs. 2: Vornotenberücksichtigung

5   Vornoten werden mit einem Anteil von 25 % bei der Bildung der Noten für den schriftlichen, mündlichen und praktischen Teil der Prüfung berücksichtigt. Gemäß § 14 Abs. 6, § 15 Abs. 6 und § 16 Abs. 8 PflAPrV kann die staatliche Prüfung, unabhängig von der Berücksichtigung der Vornoten, jedoch nur bestanden werden, wenn auch jeder Prüfungsteil mit mindestens „ausreichend" benotet wird. Die Einbeziehung der Vornoten führt nicht dazu, dass ein nicht bestandener Prüfungsteil ausgeglichen wird. Jeder Prüfungsteil muss für sich bestanden werden.

3. Abs. 3: Vornotenbildung

6   Zur Vornotenbildung ist das arithmetische Mittel der in den drei Jahreszeugnissen erzielten Noten jeweils für den Unterricht und die praktische Ausbildung zu bilden. Die so zusammengefassten Noten für den Unterricht bilden jeweils zugleich die Vornote für den schriftlichen (§ 14 Abs. 7 PflAPrV) und mündlichen (§ 15 Abs. 7 PflAPrV) Teil der Prüfung. Die zusammengefassten Noten der praktischen Ausbildung und deren arithmetisches Mittel bilden die Vornote (§ 16 Abs. 9 PflAPrV) für den praktischen Teil der Prüfung.

4. Abs. 4: Mitteilung der Vornoten

7   Die Vornoten werden dem Auszubildenden spätestens drei Werktage vor Beginn des ersten Prüfungsteils mitgeteilt. Für die Berechnung dieser Fristen gilt das Landesverwaltungsverfahrensgesetz. Im Verwaltungsverfahrensgesetz des Bundes (VwVfG) werden die Fristen nach den Vorschriften der §§ 187 bis 193 BGB berechnet (§ 31 Abs. 1 VwVfG). Fällt der letzte Tag einer Frist auf einen Sonntag oder einen Sonnabend, so tritt an Stelle eines solchen Tages der nächste Werktag (§ 31 Abs. 3 VwVfG; § 193 BGB). Beginnt z. B. eine Prüfung an einem Montag, so ist der letzte Tag, an dem der Prüfungsbeginn mitgeteilt werden kann, der vorhergehende Dienstag.

§ 14 Schriftlicher Teil der Prüfung

(1) Der schriftliche Teil der Prüfung erstreckt sich auf folgende Prüfungsbereiche aus den Kompetenzbereichen I bis V der Anlage 2:

1. Pflegeprozessgestaltung einschließlich Interaktion und Beziehungsgestaltung in akuten und dauerhaften Pflegesituationen (Kompetenzschwerpunkte I.1, II.1) unter Einbeziehung von lebensweltlichen Aspekten und pflegerischen Aufgaben im Zusammenhang mit der Lebensgestaltung sowie unter Berücksichtigung von Autonomieerhalt und Entwicklungsförderung der zu pflegenden Menschen (Kompetenzschwerpunkte I.5, I.6), wobei darüber hinaus ausgewählte Kontextbedingungen des Kompetenzbereiches IV in die Fallbearbeitung einbezogen werden sollen,

2. Pflegeprozessgestaltung bei Menschen mit gesundheitlichen Problemlagen unter besonderer Berücksichtigung von Gesundheitsförderung und Prävention in Verbindung mit verschiedenen Schwerpunkten und Gesichtspunkten von Beratung (Kompetenzschwerpunkte I.2, II.2), wobei im Rahmen der Fallbearbeitung erforderliche Handlungsentscheidungen anhand von pflegewissenschaftlichem Begründungswissen begründet werden sollen (Kompetenzschwerpunkt V.1),

3. Pflegeprozesssteuerung in kritischen und krisenhaften Pflegesituationen (Kompetenzschwerpunkte I.3, I.4) in Verbindung mit der eigenständigen Durchführung ärztlicher Anordnungen (Kompetenzschwerpunkt III.2) und ethischen Entscheidungsprozessen (Kompetenzschwerpunkt II.3).

(2) [1]Die zu prüfende Person hat zu jedem dieser drei Prüfungsbereiche in jeweils einer entsprechenden Aufsichtsarbeit schriftlich gestellte fallbezogene Aufgaben zu bearbeiten. [2]Die Fallsituationen für die drei Aufsichtsarbeiten sollen insgesamt variiert werden in Bezug auf

1. die Altersstufe, der die zu pflegenden Menschen angehören,
2. das soziale und kulturelle Umfeld der oder des zu pflegenden Menschen,
3. die Versorgungsbereiche, in denen die Fallsituationen verortet sind.

(3) [1]Die Aufsichtsarbeiten dauern jeweils 120 Minuten. [2]Sie sind in der Regel an drei aufeinanderfolgenden Werktagen durchzuführen. [3]Die Aufsichtsführenden werden von der Schulleitung bestellt.

(4) [1]Die Aufgaben für die Aufsichtsarbeiten werden von der zuständigen Behörde auf Vorschlag der Pflegeschule ausgewählt. [2]Die zuständige Behörde kann zentrale Prüfungsaufgaben vorgeben, die unter Beteiligung von Pflegeschulen erarbeitet werden. [3]In diesem Fall ist von der zuständigen Behörde ein landeseinheitlicher Prüfungstermin festzulegen.

(5) [1]Jede Aufsichtsarbeit ist von mindestens zwei Fachprüferinnen oder Fachprüfern gemäß § 10 Absatz 1 Satz 2 Nummer 3 zu benoten. [2]Aus den Noten der Fachprüferinnen oder Fachprüfer bildet die oder der Vorsitzende des Prüfungsausschusses im Benehmen mit den Fachprüferinnen oder Fachprüfern die Note der einzelnen Aufsichtsarbeit.

(6) Der schriftliche Teil der Prüfung ist bestanden, wenn jede der drei Aufsichtsarbeiten mindestens mit „ausreichend" benotet wird.

(7) Die Gesamtnote für den schriftlichen Teil der Prüfung bildet die oder der Vorsitzende des Prüfungsausschusses aus dem arithmetischen Mittel der Noten der Aufsichtsarbeiten und der Vornote für den schriftlichen Teil der Prüfung nach § 13 Absatz 1 und 2.

Erläuterungen

Übersicht

I. Allgemeines

1 In der Vorschrift werden die Gegenstände der **schriftlichen Prüfung** (Abs. 1 und 2), prüfungsverfahrensrechtliche Punkte (Auswahl der Aufgaben, Dauer) **(Abs. 3 und 4)** und die Benotung der Leistungen **(Abs. 5, 6 und 7)** behandelt. Die entsprechenden Vorschriften für die **mündliche Prüfung** finden sich in § 15 PflAPrV und für die **praktische Prüfung** in § 16 PflAPrV. Zur Bildung der Gesamtnote der staatlichen Prüfung s. § 19 Abs. 1 Satz 2 PflAPrV, wobei § 17 PflAPrV zu beachten ist.

2 **Allgemeine prüfungsrechtliche Vorschriften** betreffen die **Wiederholung** (§ 19 Abs. 4 PflAPrV), den **Rücktritt** von der Prüfung (§ 20 PflAPrV), die **Versäumnisfolgen** (§ 21 PflAPrV), die **Ordnungsverstöße und Täuschungsversuche** (§ 22 PflAPrV) sowie die **Einsicht in Prüfungsunterlagen** (§ 23 PflAPrV).

II. Erläuterungen

1. Abs. 1: Prüfungsbereiche

3 Gegenstand der schriftlichen Prüfung sind die **Kompetenzbereiche I bis V der Anlage 2**, aus denen bestimmte **Prüfungsbereiche** ausgewählt werden (Nr. 1 bis 3). In der Begründung zur Verordnung (BT-Drs. 19/2707, S. 96) wird zu Abs. 1 ausgeführt:

„Der schriftliche Prüfungsteil erfolgt als übergreifende, generalistisch auf alle Altersgruppen bezogene Fallbearbeitung und ist auf die Kompetenzbereiche I bis V der Anlage 2 mit den jeweils aufgeführten und zu vermittelnden Kompetenzen ausgerichtet. Die zu prüfenden Personen zeigen, dass sie über diese Kompetenzen verfügen und in der Lage sind, individuelle Pflegesituationen mit Hilfe ihres Wissens analytisch zu erschließen, das Wissen fachgerecht einzusetzen und situationsbezogen kritisch, reflexiv, fachlich und ethisch begründet urteilen zu können."

In der Begründung zur Verordnung (BT-Drs. 19/2707, S. 97) wird zu Abs. 1 Nr. 1 bis 3 ausgeführt:

„In den Nummern 1 bis 3 sind die Kompetenzbereiche aufgeführt, die konkret Gegenstand der schriftlichen Prüfung sind. Im Mittelpunkt stehen die Kompetenzbereiche I und II der Anlage 2. Ergänzt werden diese um ausgewählte Schwerpunkte aus den Kompetenzbereichen III, IV und V. Hierdurch wird gleichzeitig die Vergleichbarkeit der Prüfungsleistungen gewährleistet. Die in den Nummern 1 bis 3 aufgeführten Kompetenzschwerpunkte spiegeln die Berufswirklichkeit wider. Ausgehend von praktischen pflegerischen Alltagssituationen werden Kompetenzschwerpunkte zusammengeführt, die auch in der praktischen Tätigkeit nicht getrennt werden können. Es handelt sich um sinnvolle Kombinationen, die auch aktuell in curricularen Vorgaben zu finden sind. Ohne konkrete Vorgaben würde zudem die Gefahr bestehen, dass wichtige Kompetenzschwerpunkte in der schriftlichen Prüfung vernachlässigt werden.“

2. Abs.: Fallsituationen

In den schriftlichen Aufsichtsarbeiten werden nicht Fächer, sondern **fallbezogene** 4 **Aufgaben** (**Fallsituationen**) bearbeitet, die sich an Altersstufen, am sozialen und kulturellen Umfeld und an den Versorgungsbereichen orientieren. In der Begründung zur Verordnung (BT-Drs. 19/2707, S. 97) wird zu Abs. 2 ausgeführt:

„Jeder der in Absatz 1 Nummer 1 bis 3 genannten Prüfungsbereiche ist in jeweils einer schriftlichen Aufsichtsarbeit zu bearbeiten. Jede zu prüfende Person hat damit in der schriftlichen Prüfung drei Aufsichtsarbeiten anzufertigen. Dabei sind die Fallsituationen, die den Aufsichtsarbeiten zugrunde gelegt werden, in Bezug auf die in den Nummern 1 bis 3 aufgeführten Themen zu variieren. Damit soll erreicht werden, dass die unterschiedlichen Altersstufen und die unterschiedlichen sozialen und kulturellen Rahmenbedingungen der zu pflegenden Menschen sowie die unterschiedlichen Versorgungskontexte möglichst gleichmäßig in den Fallgestaltungen der Aufsichtsarbeiten Berücksichtigung finden. Es soll – im Sinne der generalistisch ausgerichteten Ausbildung – gewährleistet werden, dass die Aufgaben zur Pflege von Menschen unterschiedlicher Altersgruppen und in verschiedenen ambulanten und stationären Versorgungskontexten Gegenstand der Prüfung sind.“

Unter dem Begriff der **Versorgungsbereiche** sind die allgemeinen und speziellen 5 Versorgungsbereiche i. S. d. § 1 Abs. 1 Satz 1 PflAPrV zu verstehen. Diese Vorschrift ist im Zusammenhang mit § 7 Abs. 1 PflBG und den dort genannten allgemeinen Versorgungsbereichen der allgemeinen Akutpflege in stationären Einrichtungen, der allgemeinen Langzeitpflege in stationären Einrichtungen und der allgemeinen ambulanten Akut- und Langzeitpflege sowie im Zusammenhang mit § 7 Abs. 2 PflBG und den dort genannten speziellen Versorgungsbereichen der pädiatrischen Versorgung und der allgemein-, geronto-, kinder- oder jugendpsychiatrischen Versorgung zu sehen.

3. Abs. 3: Prüfungsdauer – Prüfungszeitraum – Aufsichtsführung

6   Die Vorschrift regelt die **Prüfungsdauer (Abs. 3 Satz 1)**, den **Prüfungszeitraum (Abs. 3 Satz 2)** und die **Aufsichtsführung (Abs. 3 Satz 3)**. In der Begründung zur Verordnung (BT-Drs. 19/2707, S. 97) wird zu Abs. 3 ausgeführt:

„Die Aufsichtsarbeiten dauern jeweils 120 Minuten. Sie sind an drei Tagen zu schreiben, die regelmäßig, aber nicht zwingend aufeinanderfolgen müssen. Die Arbeiten haben unter Aufsicht stattzufinden, die Aufsicht ist durch die Schulleitung zu bestellen."

4. Abs. 4: Auswahl der Aufgaben

7   In der Begründung zur Verordnung (BT-Drs. 19/2707, S. 97) wird zu Abs. 4 ausgeführt:

„Die Aufgaben der Aufsichtsarbeiten werden auf Vorschlag der Schulen von der zuständigen Behörde ausgewählt. In Satz 2 wird ausdrücklich die Möglichkeit eröffnet, dass die zuständige Behörde zentrale Prüfungsaufgaben vorgeben kann, die dann bei allen in dem Zuständigkeitsbereich der Behörde stattfindenden schriftlichen Prüfungen zu verwenden sind. Dadurch kann gewährleistet werden, dass allen zu prüfenden Personen die gleichen Aufgaben mit den gleichen Schwierigkeitsgraden gestellt werden. Zudem ist dann eine weitergehende Vergleichbarkeit der erzielten Prüfungsergebnisse möglich."

5. Abs. 5: Benotung

8   Der **Benotungsvorgang** ist **zweistufig**. Für die **anzusetzenden Noten** gilt § 17 **PflAPrV**. Das heißt, dass nur eine der dort aufgeführten sechs Noten vom jeweiligen Fachprüfer und vom Prüfungsvorsitzenden vergeben werden kann. Noten mit Nachkommastellen sind unzulässig. Zunächst benoten die **Fachprüfer** die Aufsichtsarbeit (**Abs. 5 Satz 1**). Aus diesen Noten bildet der Prüfungsvorsitzende die **Note der einzelnen Aufsichtsarbeit (Abs. 5 Satz 2)**. In der Vorschrift ist nicht festgelegt, dass hierzu zunächst das arithmetische Mittel aus den Noten der Fachprüfer zu bilden ist. Es heißt nur, dass die **Note „im Benehmen" mit den Fachprüfern** zu bilden ist. Ein Benehmen kann aber nur dann hergestellt werden, wenn sich bei den Noten der Fachprüfer Divergenzen ergeben haben, die durch Bildung des arithmetischen Mittels nicht zu einer eindeutigen Notenbildung im Sinne des § 17 PflAPrV führen. Benoten z. B. drei Fachprüfer eine Aufsichtsarbeit mit den Noten 2, 3 und 4, so ist kein Benehmen herzustellen, da das arithmetische Mittel (berechnet ohne Nachkommastelle) hier zur Note 3 führt. Benoten z. B. zwei Fachprüfer die Aufsichtsarbeit jeweils mit der Note 3 und ein Fachprüfer mit der Note 2, so ergibt sich kein glattes arithmetisches Mittel, wenn man die Nachkommastellen in Betracht zieht (2,66…). Da in § 17 PflAPrV bis zu zwei Nachkommastellen in die Notenwertbildung eingehen, ergibt sich nach dieser Vorschrift eine Bewertung mit der Note 3. Es ist daher nicht ganz nachvollziehbar, wann und in welcher Weise der Vorsitzende des Prüfungsausschusses Gelegenheit hat, das Benehmen bei der Notenbildung für die einzelne Aufsichtsarbeit nach Abs. 5 Satz 2 herzustellen, wenn das Benotungssystem nach § 17 PflAPrV gilt. Nur wenn man

der Ansicht ist, dass die jeweiligen Noten der Fachprüfer bei den Aufsichtsarbeiten noch keine Noten für die staatliche Prüfung sind, weil damit noch nicht die Note für die Aufsichtsarbeit gebildet werden, könnte für die Herstellung eines Benehmens Raum sein. Es wäre aber schwer erklärlich, warum das Notensystem des § 17 PflAPrV hier nicht gelten soll.

In der Begründung zum Verordnungsentwurf zu Abs. 5 (BT-Drs. 19/2707, S. 97)   9
werden hierzu keine genaueren Hinweise geliefert:

„Bei der Bildung der Note für die jeweilige Aufsichtsarbeit stimmt sich die oder der Vorsitzende des Prüfungsausschusses mit den Fachprüferinnen und Fachprüfern ab. Jede Aufsichtsarbeit ist von mindestens zwei Fachprüferinnen oder Fachprüfern zu benoten, die an der Pflegeschule unterrichten."

6. Abs. 6: Bestehen

In der Begründung zur Verordnung (BT-Drs. 19/2707, S. 97) wird zu Abs. 6 aus-   10
geführt:

„Der schriftliche Teil der Prüfung ist bestanden, wenn die zu prüfende Person in jeder der drei Aufsichtsarbeiten mindestens die Note ,ausreichend' erhalten hat. Es reicht also nicht, dass lediglich einzelne der Aufsichtsarbeiten mindestens mit ,ausreichend' bestanden sind. Ein Ausgleich einer nichtbestandenen durch eine oder zwei eventuell mit sehr guter Benotung bestandener Aufsichtsarbeiten findet nicht statt. Da die Vornote erst im Rahmen der Bildung der Gesamtnote nach Absatz 7 berücksichtigt wird, ist auch für die schriftliche Prüfung sichergestellt, dass eine gute Vornote eine mangelhafte Leistung in der schriftlichen Prüfung nicht ausgleichen kann."

7. Abs. 7: Gesamtnote

Die Bildung der **Gesamtnote** für den schriftlichen Teil der Prüfung vollzieht sich in   11
den Schritten der Bildung des arithmetischen Mittels aus den Noten der Aufsichtsarbeiten und der Vornote für den schriftlichen Teil der Prüfung, wobei die Vornote
nur mit einem Anteil von 25 % zu berücksichtigen ist (§ 13 Abs. 2 PflAPrV).

In der Begründung zur Verordnung (BT-Drs. 19/2707, S. 97 f.) wird zu Abs. 7   12
ausgeführt:

„Die Gesamtnote für den schriftlichen Teil der staatlichen Prüfung wird von der oder dem Vorsitzenden des Prüfungsausschusses aus dem arithmetischen Mittel der Noten der einzelnen Aufsichtsarbeiten gebildet. Dabei ist die Vornote für den schriftlichen Teil der Prüfung nach § 13 Absatz 3 in die Berechnung einzubeziehen. Da alle in den drei Prüfungsarbeiten abzubildenden Kompetenzschwerpunkte gleichermaßen wichtig sind, entfällt eine Gewichtung der Arbeiten bei der Bildung der Gesamtnote für die schriftliche Prüfung."

Hierzu folgendes **Berechnungsbeispiel zum schriftlichen Teil der Prüfung**:   13

Noten der drei Aufsichtsarbeiten: 4, 2, 4; Vornote 1.

Die Vornote ist mit einem Anteil von 25 % zu berücksichtigen.

$(4 + 2 + 4) + 1 \times 0{,}25 = 10{,}25$

Daraus ist das arithmetische Mittel mit zwei Nachkommastellen zu bilden: 10,25 / 4 = 2,56.

Als Gesamtnote für den schriftlichen Teil ergibt sich nach § 17 PflAPrV die Note befriedigend (3).

§15 Mündlicher Teil der Prüfung

(1) [1]Der mündliche Teil der Prüfung erstreckt sich auf die folgenden Kompetenzbereiche der Anlage 2:

1. intra- und interprofessionelles Handeln in unterschiedlichen systemischen Kontexten verantwortlich gestalten und mitgestalten (Kompetenzbereich III),
2. das eigene Handeln auf der Grundlage von Gesetzen, Verordnungen und ethischen Leitlinien reflektieren und begründen (Kompetenzbereich IV),
3. das eigene Handeln auf der Grundlage von wissenschaftlichen Erkenntnissen und berufsethischen Werthaltungen und Einstellungen reflektieren und begründen (Kompetenzbereich V).

[2]Den Schwerpunkt des mündlichen Teils der Prüfung bilden die Auseinandersetzung mit der eigenen Berufsrolle und dem beruflichen Selbstverständnis und teambezogene, einrichtungsbezogene sowie gesellschaftliche Kontextbedingungen und ihr Einfluss auf das pflegerische Handeln.

(2) [1]Die drei Kompetenzbereiche der mündlichen Prüfung werden anhand einer komplexen Aufgabenstellung geprüft. [2]Die Prüfungsaufgabe besteht in der Bearbeitung einer Fallsituation aus einem anderen Versorgungskontext als dem der praktischen Prüfung und bezieht sich auch auf eine andere Altersstufe, der die zu pflegenden Menschen angehören.

(3) [1]Die zu prüfenden Personen werden einzeln oder zu zweit geprüft. [2]Die Prüfung soll für jede zu prüfende Person mindestens 30 und nicht länger als 45 Minuten dauern. [3]Eine angemessene Vorbereitungszeit unter Aufsicht ist zu gewähren.

(4) [1]Die Prüfung wird von mindestens zwei Fachprüferinnen oder Fachprüfern gemäß § 10 Absatz 1 Satz 2 Nummer 3 abgenommen und benotet. [2]Die oder der Vorsitzende des Prüfungsausschusses ist berechtigt, sich an der Prüfung zu beteiligen und dabei selbst Prüfungsfragen zu stellen.

(5) Aus den Noten der Fachprüferinnen oder Fachprüfer bildet die oder der Vorsitzende des Prüfungsausschusses im Benehmen mit den Fachprüferinnen oder Fachprüfern die Prüfungsnote.

(6) Der mündliche Teil der Prüfung ist bestanden, wenn die Prüfung mindestens mit „ausreichend" benotet wird.

(7) Die Gesamtnote für den mündlichen Teil der Prüfung bildet die oder der Vorsitzende des Prüfungsausschusses aus der Prüfungsnote und der Vornote für den mündlichen Teil der Prüfung nach § 13 Absatz 1 und 2.

(8) Die oder der Vorsitzende des Prüfungsausschusses kann mit Zustimmung der zu prüfenden Person die Anwesenheit von Zuhörerinnen und Zuhörern beim mündlichen Teil der Prüfung gestatten, wenn ein berechtigtes Interesse besteht.

Erläuterungen

Übersicht

I. Allgemeines

1   In der Vorschrift werden die Gegenstände der **mündlichen Prüfung (Abs. 1 und 2)**, prüfungsverfahrensrechtliche Punkte (Zahl der zu prüfenden Personen, Dauer) (**Abs. 3**), die Benotung der Leistungen (**Abs. 4, 5, 6 und 7**) und die Anwesenheit von Zuhörern (**Abs. 8**) behandelt. Die entsprechenden Vorschriften für die **schriftliche Prüfung** finden sich in § 14 PflAPrV und für die **praktische Prüfung** in § 16 PflAPrV. Zur Bildung der Gesamtnote der staatlichen Prüfung s. § 19 Abs. 1 Satz 2 PflAPrV, wobei § 17 PflAPrV zu beachten ist.

2   **Allgemeine prüfungsrechtliche Vorschriften** betreffen die **Wiederholung** (§ 19 Abs. 4 PflAPrV), den **Rücktritt** von der Prüfung (§ 20 PflAPrV), die **Versäumnisfolgen** (§ 21 PflAPrV), die **Ordnungsverstöße und Täuschungsversuche** (§ 22 PflAPrV) sowie **die Einsicht in Prüfungsunterlagen** (§ 23 PflAPrV).

II. Erläuterungen

1. Abs. 1: Prüfungsbereiche

3   Gegenstand der mündlichen Prüfung sind die **Kompetenzbereiche III bis V der Anlage 2 (Abs. 1 Satz 1)**, wobei der **Schwerpunkt** des mündlichen Teils der Prüfung in Abs. 1 Satz 2 bestimmt ist. In der Begründung zur Verordnung (BT-Drs. 19/2707, S. 98) wird zu Abs. 1 ausgeführt:

„Auch im mündlichen Teil der Prüfung hat die zu prüfende Person anwendungsbereite berufliche Kompetenzen nachzuweisen. Dem wird das ausschließliche Abfragen von Fachwissen nicht gerecht. Die zu prüfende Person hat vielmehr wegen der handlungsorientierten Ausrichtung des Unterrichts in der mündlichen Prüfung nachzuweisen, dass er in der Lage ist, das in der Ausbildung erworbene Wissen und Können fallbezogen zu nutzen. Gegenstand der Prüfung sind die in Absatz 1 in den Nummern 1 bis 3 benannten Kompetenzbereiche III, IV und V der Anlage 2. Diese beziehen sich auf teambezogene Aufgaben, den Einfluss einrichtungs- und gesellschaftsbezogener Rahmenbedingungen auf das Pflegehandeln sowie die Auseinandersetzung mit der eigenen Berufsrolle und dem beruflichen Selbstverständnis. Diese Kompetenzbereiche eignen sich besonders für den mündlichen Teil der staatlichen Prüfung. Zusammen mit der schriftlichen Prüfung, welche den Schwerpunkt auf die Kompetenzbereiche I und II der Anlage 2 legt, ist damit sichergestellt, dass alle Kompetenzbereiche der Anlage 2 Gegenstand der staatlichen Prüfung sind.“

2. Abs. 2: Aufgabenstellung

Die Vorschrift bestimmt, dass die **drei Kompetenzbereiche** der mündlichen Prüfung 4 anhand einer **komplexen Aufgabenstellung** geprüft werden (**Abs. 2 Satz 1**). In der Begründung zur Verordnung (BT-Drs. 19/2707, S. 98) wird zu Abs. 2 ausgeführt:

„Die mündliche Prüfung erfolgt anhand einer komplexen Aufgabenstellung, die es ermöglicht, die in Absatz 1 genannten Kompetenzbereiche einzubeziehen. Die zu prüfende Personen müssen sich mit einer Fallsituation auseinandersetzen, bei deren Bearbeitung sie nachweisen können, dass sie über die in der Ausbildung erworbenen Kompetenzen zur situationsangemessenen Handlungsplanung und zur Reflexion der Handlungsfolgen verfügen. In Satz 2 wird vorgegeben, dass sich die Fallsituation, die Gegenstand der mündlichen Prüfung ist, hinsichtlich des Versorgungsbereichs und der Altersstufe der zu pflegenden Menschen von der praktischen Prüfung unterscheiden muss. Dadurch soll – im Sinne der generalistischen Ausrichtung der Ausbildung – gewährleistet werden, dass in der Prüfung alle Versorgungskontexte berücksichtigt werden.“

3. Abs. 3: Zahl der zu prüfenden Personen – Prüfungsdauer

Die Vorschrift regelt die **Zahl der zu prüfenden Personen** (**Abs. 3 Satz 1**), die 5 **Prüfungsdauer** (**Abs. 3 Satz 2**) und die **Vorbereitungszeit** (**Abs. 3 Satz 3**). In der Begründung zur Verordnung (BT-Drs. 19/2707, S. 98) wird zu Abs. 3 ausgeführt:

„Absatz 3 regelt die Form und die Dauer der mündlichen Prüfung. Festgelegt werden die Anzahl der an einer mündlichen Prüfung teilnehmenden zu prüfenden Personen und der zeitliche Rahmen. Für die Vorbereitung auf die mündliche Prüfung ist den zu prüfenden Personen eine angemessene Zeit einzuräumen. Als Orientierungsgröße können 20 bis 30 Minuten gelten. Die genaue Festlegung dieser angemessenen Vorbereitungszeit erfolgt auf der Grundlage der Fallsituation, die Gegenstand der Prüfung ist. Vorgegeben wird, dass die Vorbereitung unter Aufsicht erfolgt, um Täuschungsversuche von vornherein auszuschließen.“

4. Abs. 4: Prüfungsabnahme

Die mündliche Prüfung findet vor mindestens zwei Fachprüferinnen oder Fach- 6 prüfern statt, die an der Pflegeschule unterrichten (**Abs. 4 Satz 1**). Der Vorsitzende des Prüfungsausschusses kann an der Prüfung teilnehmen und sich durch Fragen aktiv in das Prüfungsgeschehen einbringen (**Abs. 4 Satz 2**).

5. Abs. 5: Benotung

Der **Benotungsvorgang** ist **zweistufig**. Für die **anzusetzenden Noten** gilt § 17 7 **PflAPrV**. Das heißt, dass nur eine der dort aufgeführten sechs Noten vom jeweiligen Fachprüfer und vom Prüfungsvorsitzenden vergeben werden kann. Noten mit Nachkommastellen sind unzulässig. Zunächst benoten die **Fachprüfer** die mündliche Prüfungsleistung (**Abs. 4 Satz 1**). Aus den Noten der Fachprüfer bildet der Prüfungsvorsitzende im Benehmen mit den Fachprüfern die **Note der mündlichen Prüfung** (**Abs. 5**). In der Vorschrift ist nicht festgelegt, dass hierzu zunächst das arithmetische Mittel aus den Noten der Fachprüfer zu bilden ist. Es heißt nur, dass die Note „im

Benehmen" mit den Fachprüfern zu bilden ist. Ein Benehmen kann aber nur dann hergestellt werden, wenn sich bei den Noten der Fachprüfer Divergenzen ergeben haben, die durch Bildung des arithmetischen Mittels nicht zu einer eindeutigen Notenbildung im Sinne des § 17 PflAPrV führen. S. hierzu die → Erl. zu § 14 PflAPrV, Rn. 8.

8   In der Begründung zur Verordnung (BT-Drs. 19/2707, S. 98) werden hierzu keine genaueren Hinweise geliefert:

„Absatz 5 regelt die Festlegung der Prüfungsnote der mündlichen Prüfung. Der oder die Vorsitzende des Prüfungsausschusses setzt sich ins Benehmen mit den Fachprüfe-rinnen und Fachprüfern und legt die Prüfungsnote auf der Grundlage der Benotungen der Fachprüferinnen und Fachprüfer fest."

6. Abs. 6: Bestehen

9   In der Begründung zur Verordnung (BT-Drs. 19/2707, S. 98) wird zu Abs. 6 aus-geführt:

„Voraussetzung für das Bestehen des mündlichen Teils der Prüfung ist, dass er im Ergebnis der Gesamtbetrachtung mindestens mit ‚ausreichend' benotet wird. Da die Vornote erst im Rahmen der Bildung der Gesamtnote nach Absatz 7 berücksichtigt wird, ist auch für die mündliche Prüfung sichergestellt, dass eine gute Vornote eine mangelhafte Leistung in der mündlichen Prüfung nicht ausgleichen kann."

7. Abs. 7: Gesamtnote

10   Die Bildung der **Gesamtnote** für den mündlichen Teil der Prüfung vollzieht sich in der Zusammenrechnung der Note der mündlichen Prüfung und der Vornote für den mündlichen Teil der Prüfung, wobei die Vornote nur mit einem Anteil von 25 % zu berücksichtigen ist (§ 13 Abs. 2 PflAPrV).

11   In der Begründung zur Verordnung (BT-Drs. 19/2707, S. 98 f.) wird zu Abs. 7 ausgeführt:

„In Absatz 7 ist das Verfahren zur Festlegung der Gesamtnote für die mündliche Prüfung geregelt. Diese Aufgabe obliegt der oder dem Vorsitzenden des Prüfungs-ausschusses. Grundlage für die Festsetzung der Gesamtnote sind die Prüfungsnote, die nach den Vorgaben des Absatzes 5 festgelegt wird, und die Vornote für den münd-lichen Teil der Prüfung nach § 13."

8. Abs. 8: Zuhörer

12   In der Begründung zur Verordnung (BT-Drs. 19/2707, S. 99) wird zu Abs. 8 aus-geführt:

„Nach Absatz 8 kann Zuhörerinnen und Zuhörern bei berechtigtem Interesse die Anwesenheit bei der mündlichen Prüfung gestattet werden. Die störungsfreie Durch-führung der Prüfung darf dadurch nicht gefährdet werden. Ein berechtigtes Interesse ist in der Regel anzunehmen, wenn es sich um Auszubildende der jeweiligen Schule oder Personen handelt, die in der Ausbildung des Berufs an der jeweiligen Schule tätig

sind. Die Entscheidung über die Anwesenheit von Zuhörerinnen und Zuhörern trifft die oder der Vorsitzende des Prüfungsausschusses mit Zustimmung des oder der zu prüfenden Personen."

§ 16 Praktischer Teil der Prüfung

(1) Der praktische Teil der Prüfung erstreckt sich auf die Kompetenzbereiche I bis V der Anlage 2.

(2) [1]Der praktische Teil der Prüfung besteht aus einer Aufgabe der selbständigen, umfassenden und prozessorientierten Pflege. [2]Die zu prüfende Person zeigt die erworbenen Kompetenzen im Bereich einer umfassenden personenbezogenen Erhebung des Pflegebedarfs, der Planung der Pflege, der Durchführung der erforderlichen Pflege und der Evaluation des Pflegeprozesses sowie im kommunikativen Handeln und in der Qualitätssicherung und übernimmt in diesem Rahmen alle anfallenden Aufgaben einer prozessorientierten Pflege. [3]Wesentliches Prüfungselement sind die vorbehaltenen Tätigkeiten nach § 4 des Pflegeberufegesetzes.

(3) [1]Die Prüfungsaufgabe soll insbesondere den Versorgungsbereich berücksichtigen, in dem die zu prüfende Person im Rahmen der praktischen Ausbildung den Vertiefungseinsatz nach § 6 Absatz 3 Satz 2 des Pflegeberufegesetzes absolviert hat. [2]Sie wird auf Vorschlag der Pflegeschule unter Einwilligung des zu pflegenden Menschen und des für den zu pflegenden Menschen verantwortlichen Fachpersonals durch die Fachprüferinnen und Fachprüfer nach Absatz 6 bestimmt.

(4) [1]Die Prüfung findet in realen und komplexen Pflegesituationen statt. [2]Sie erstreckt sich auf die Pflege von mindestens zwei Menschen, von denen einer einen erhöhten Pflegebedarf aufweist. [3]Die zu prüfenden Personen werden einzeln geprüft.

(5) [1]Die Prüfung besteht aus der vorab zu erstellenden schriftlichen oder elektronischen Ausarbeitung des Pflegeplans (Vorbereitungsteil), einer Fallvorstellung mit einer Dauer von maximal 20 Minuten, der Durchführung der geplanten und situativ erforderlichen Pflegemaßnahmen und einem Reflexionsgespräch mit einer Dauer von maximal 20 Minuten. [2]Die Prüfung ohne Vorbereitungsteil soll einschließlich des Reflexionsgesprächs die Dauer von 240 Minuten nicht überschreiten und kann durch eine organisatorische Pause von maximal einem Werktag unterbrochen werden. [3]Für den Vorbereitungsteil ist eine angemessene Vorbereitungszeit unter Aufsicht zu gewähren.

(6) [1]Die Prüfung wird von mindestens zwei Fachprüferinnen oder Fachprüfern, von denen eine oder einer Fachprüferin oder Fachprüfer nach § 10 Absatz 1 Satz 2 Nummer 4 ist, abgenommen und benotet. [2]Die oder der Vorsitzende des Prüfungsausschusses ist berechtigt, sich an der Prüfung zu beteiligen und dabei selbst Prüfungsfragen zu stellen.

(7) Aus den Noten der Fachprüferinnen oder Fachprüfer bildet die oder der Vorsitzende des Prüfungsausschusses im Benehmen mit den Fachprüferinnen oder Fachprüfern die Prüfungsnote.

(8) Der praktische Teil der Prüfung ist bestanden, wenn die Prüfung mindestens mit „ausreichend" benotet wird.

(9) Die Gesamtnote für den praktischen Teil der Prüfung bildet die oder der Vorsitzende des Prüfungsausschusses aus der Prüfungsnote und der Vornote für den praktischen Teil der Prüfung nach § 13 Absatz 1 und 2.

Erläuterungen

Übersicht

I. Allgemeines

In der Vorschrift werden die Gegenstände der **praktischen Prüfung (Abs. 1, 2, 3 und 4)**, die Strukturierung der Prüfung **(Abs. 5),** die Prüfungsabnahme und Benotung der Leistungen **(Abs. 6, 7, 8 und 9)** behandelt. Die entsprechenden Vorschriften für die schriftliche Prüfung finden sich in § 14 PflAPrV und für die **mündliche Prüfung** in § 15 PflAPrV. Zur Bildung der Gesamtnote der staatlichen Prüfung s. § 19 Abs. 1 Satz 2 PflAPrV, wobei § 17 PflAPrV zu beachten ist.   1

Allgemeine prüfungsrechtliche Vorschriften betreffen die **Wiederholung** (§ 19 Abs. 4 PflAPrV), den **Rücktritt** von der Prüfung (§ 20 PflAPrV), die **Versäumnisfolgen** (§ 21 PflAPrV), die **Ordnungsverstöße und Täuschungsversuche** (§ 22 PflAPrV) sowie die **Einsicht in Prüfungsunterlagen** (§ 23 PflAPrV).   2

II. Erläuterungen

1. Abs. 1: Prüfungsbereiche

Gegenstand der praktischen Prüfung sind die **Kompetenzbereiche I bis V der Anlage 2 (Abs. 1)**. In der Begründung zur Verordnung (BT-Drs. 19/2707, S. 99) wird zu Abs. 1 ausgeführt: 3

„In der praktischen Prüfung sollen sich die Anforderungen des Berufes vollumfänglich widerspiegeln, deshalb ist sie auf alle fünf Kompetenzbereiche auszurichten. Um sie möglichst valide entsprechend den situativen Anforderungen gestalten zu können, macht die Ausbildungs- und Prüfungsverordnung hierzu keine eingrenzenden Angaben. Der Gegenstand der praktischen Prüfung ergibt sich aus dem Arbeitsalltag in der Pflege. In welchem Umfang die einzelnen Kompetenzbereiche im Rahmen der praktischen Prüfung eine Rolle spielen, hängt von der konkreten Pflegesituation und der zu pflegenden Person ab."

2. Abs. 2: Aufgabenstellung

4   Die **Aufgabe** soll in der selbständigen, umfassenden und prozessorientierten Pflege bestehen (**Abs. 2**). In der Begründung zur Verordnung (BT-Drs. 19/2707, S. 99) wird zu Abs. 2 ausgeführt:

„Absatz 2 regelt umfassend den Gegenstand der praktischen Prüfung. Es muss sichergestellt sein, dass alle Prüfungsinhalte ordnungsgemäß abgebildet und geprüft werden können. Die Prüfung umfasst die Übernahme aller anfallenden Aufgaben einer prozessorientierten Pflege und spiegelt die späteren, maßgeblichen beruflichen Tätigkeiten des Pflegeberufs wider.

In der praktischen Prüfung muss die zu prüfende Person ihre Kompetenzen in der pflegerischen Versorgung demonstrieren. Die zu prüfende Person übernimmt dabei alle für eine fachgerechte Versorgung der zu pflegenden Menschen notwendigen Aufgaben.

Die praktische Prüfung ermöglicht den Nachweis über das Vorliegen der im Ausbildungsziel nach § 5 PflBG beschriebenen beruflichen Kompetenzen. Es ist Aufgabe der zu prüfenden Person, alle Kompetenzen einzubringen, die für eine angemessene Bewältigung der als Prüfungssituation ausgewählten Pflegesituationen erforderlich sind.

Die – erstmalig für den Pflegebereich eingeführten – vorbehaltenen Tätigkeiten nach § 4 PflBG sind bei der praktischen Prüfung als wesentliches Prüfungselement zu berücksichtigen. Die vorbehaltenen Tätigkeiten, die künftig ausschließlich von ausgebildeten Pflegefachkräften mit einer entsprechenden Berufserlaubnis wahrgenommen werden dürfen, spielen bei der künftigen pflegerischen Versorgung eine wichtige Rolle. Gerade durch die praktische Prüfung ist sicherzustellen, dass die zu prüfenden Personen in der Lage sind, die in § 4 PflBG im Einzelnen geregelten vorbehaltenen Tätigkeiten unter Anwendung der erforderlichen und in der Ausbildung erworbenen Kompetenzen fachgerecht auszuüben."

3. Abs. 3: Zu berücksichtigender Versorgungsbereich

5   Die Vorschrift bestimmt den in der Prüfungsaufgabe zu berücksichtigenden **Versorgungsbereich**. Zum Begriff der Versorgungsbereiche s. → Erl. zu § 14 PflAPrV, Rn. 5.

6   In der Begründung zur Verordnung (BT-Drs. 19/2707, S. 99) wird zu Abs. 3 ausgeführt:

„Der praktische Prüfungsteil soll insbesondere den Versorgungsbereich einbeziehen, in dem die oder der Auszubildende den Vertiefungseinsatz absolviert hat. In diesem Bereich hat die zeitlich umfassendste und intensivste Ausbildung stattgefunden und gerade in diesem Bereich muss die zu prüfende Person in der Lage sein, ihre pflegerischen Kompetenzen in einem praktischen Umfeld nachzuweisen.

Die Aufgabe wird durch die Fachprüferinnen und Fachprüfer nach Absatz 6 festgelegt. Die Pflegeschule schlägt eine Aufgabe vor. Dabei ist von wesentlicher Bedeutung, dass dieser Vorschlag nur erfolgen kann, wenn zum einen der zu pflegende Mensch und zum anderen das für den zu pflegenden Menschen verantwortliche Fachpersonal damit einverstanden sind. Damit soll vor allem verhindert werden, dass zu pflegende Menschen ohne oder gegen ihren Willen Mitwirkende einer praktischen Prüfung werden.“

4. Abs. 4: Prüfung in Pflegesituationen

In der Begründung zur Verordnung (BT-Drs. 19/2707, S. 100) wird zu Abs. 4   7
ausgeführt:

„Die Prüfung wird in einer realen und komplexen Pflegesituation durchgeführt. Damit soll der Praxisbezug dieses Prüfungsteils sichergestellt werden. Nur in einer Situation des pflegerischen Alltags können die Kompetenzen der zu prüfenden Person hinrei-chend nachgewiesen werden. Dabei umfasst die Prüfung die Pflege von zwei Menschen, von denen einer einen erhöhten Pflegebedarf aufweist.

Vorgegeben wird, dass die zu prüfenden Personen einzeln geprüft werden. Damit wird gewährleistet, dass die Kompetenzen der einzelnen zu prüfenden Person zur umfas-senden Bewältigung von Pflegesituationen und die damit verbundene Verantwor-tungsübernahme Gegenstand der Prüfung und Beurteilung sind. Bei einer Gruppen-prüfung mit Beteiligung mehrerer zu prüfender Personen können die individuellen Anteile nicht zuverlässig bestimmt und nachgewiesen werden. Dies wäre besonders problematisch, wenn Fehler gemacht würden und diese nicht eindeutig einer zu prüfenden Person zugerechnet werden könnten.“

5. Abs. 5: Strukturierung der Prüfung

In der Begründung zur Verordnung (BT-Drs. 19/2707, S. 100) wird zu Abs. 5   8
ausgeführt:

„Absatz 5 regelt den Ablauf der praktischen Prüfung und den zeitlichen Umfang. Die praktische Prüfung beginnt mit einer vorab zu erstellenden Ausarbeitung der Pfle-geplanung, anhand derer der Die zu prüfende Person dokumentiert, dass er in der Lage ist, das Pflegehandeln fall- und situationsorientiert zu strukturieren und zu begrün-den. Für die Pflegeplanung ist eine – der Komplexität und dem Umfang der Aufgabe – angemessene Vorbereitungszeit einzuräumen, in der die zu prüfende Person zu beaufsichtigen ist. Anschließend erfolgen ein Übergabegespräch, die Durchführung der Pflegemaßnahmen durch die zu prüfende Person und abschließend ein Reflexions-gespräch. Im Interesse der zu prüfenden Person und zur Gewährleistung der Chancen-gleichheit im Prüfungsverfahren sollen Übergabe- und Reflexionsgespräch jeweils höchstens 20 Minuten dauern und die praktische Prüfung ohne den Vorbereitungsteil höchstens 240 Minuten. Um dem Prüfungsausschuss zeitliche Flexibilität bei der Organisation des praktischen Teils der Prüfung zu ermöglichen, ist eine organisatori-sche Pause von maximal einem Werktag zulässig.

Voraussetzung für die ordnungsgemäße Erledigung der Prüfungsaufgaben sind die während der Ausbildung erworbenen Kompetenzen, auf die es bei der späteren Berufsausübung entscheidend ankommt. Die zu prüfende Person hat daher in einem sich an die Pflegemaßnahme anschließenden Reflexionsgespräch Erläuterungen und Begründungen zu der von ihm geplanten und durchgeführten pflegerischen Versor-gung abzugeben. Sie erhält dadurch die Gelegenheit nachzuweisen, dass sie nicht nur

Prüfungsaufgaben sachgerecht erledigen kann, sondern auch in der Lage ist, ihr Handeln auf andere Fallkonstellationen zu übertragen. Mit dem Beleg für ein begründetes Handeln in der pflegerischen Versorgung und der Aufforderung, das eigene Tun kritisch zu hinterfragen, wird im Rahmen der praktischen Prüfung eine wichtige Grundlage für die selbständige Gestaltung des Arbeitsprozesses während der späteren Tätigkeit in der Pflege gelegt. Das Prüfungsgeschehen stellt eine Einheit mit der handlungsorientierten Ausrichtung des Unterrichts und der praktischen Ausbildung dar und schließt damit den Kreis zur Erreichung des im PflBG formulierten Ausbildungsziels. Bei dem Reflexionsgespräch ist darauf zu achten, dass die Nachfragen der prüfenden Personen nicht zur Situation einer weiteren mündlichen Prüfung führen."

6. Abs. 6: Abnahme der Prüfung

9   In der Begründung zur Verordnung (BT-Drs. 19/2707, S. 100) wird zu Abs. 6 ausgeführt:

„Die praktische Prüfung findet vor mindestens zwei Fachprüferinnen oder Fachprüfern statt, von denen eine oder einer zum Zeitpunkt der Prüfung als praxisanleitende Person oder in der Einrichtung, in der der Vertiefungseinsatz durchgeführt wurde, tätig ist. Damit soll gewährleistet werden, dass auf Seiten der Fachprüferinnen und Fachprüfer auch praktische Erfahrungen in der Pflege vorhanden sind, die für die Bewertung der Prüfungsleistungen unverzichtbar sind. Die Fachprüferinnen und Fachprüfer benoten die Prüfung. Der Vorsitzende des Prüfungsausschusses kann an der Prüfung teilnehmen und sich durch Fragen aktiv in das Prüfungsgeschehen einbringen."

7. Abs. 7: Benotung

10   Der **Benotungsvorgang** ist **zweistufig**. Für die **anzusetzenden Noten** gilt § 17 **PflAPrV**. Das heißt, dass nur eine der dort aufgeführten sechs Noten vom jeweiligen Fachprüfer und vom Prüfungsvorsitzenden vergeben werden kann. Zunächst benoten die **Fachprüfer** die mündliche Prüfungsleistung (**Abs. 6 Satz 1**). Aus den Noten der Fachprüfer bildet der Prüfungsvorsitzende die **Note der praktischen Prüfung** (**Abs. 7**). In der Vorschrift ist nicht festgelegt, dass hierzu zunächst das arithmetische Mittel aus den Noten der Fachprüfer zu bilden ist. Es heißt nur, dass die Note „im Benehmen" mit den Fachprüfern zu bilden ist. Ein Benehmen kann aber nur dann hergestellt werden, wenn sich bei den Noten der Fachprüfer Divergenzen ergeben haben, die durch Bildung des arithmetischen Mittels nicht zu einer eindeutigen Notenbildung im Sinne des § 17 PflAPrV führen. S. hierzu die → Erl. zu § 14 PflAPrV, Rn. 8.

11   In der Begründung zur Verordnung (BT-Drs. 19/2707, S. 100) zu Abs. 7 werden hierzu keine genaueren Hinweise geliefert:

„Absatz 7 regelt die Festlegung der Prüfungsnote der praktischen Prüfung. Der oder die Vorsitzende des Prüfungsausschusses setzt sich ins Benehmen mit den Fachprüferinnen und Fachprüfern und legt die Prüfungsnote auf der Grundlage der Benotungen der Fachprüferinnen und Fachprüfer fest."

8. Abs. 8: Bestehen

In der Begründung zur Verordnung (BT-Drs. 19/2707, S. 100 f.) wird zu Abs. 8   **12** ausgeführt:

„Voraussetzung für das Bestehen des praktischen Teils der Prüfung ist, dass er im Ergebnis der Gesamtbetrachtung mindestens mit ‚ausreichend' benotet wird. Da die Vornote erst im Rahmen der Bildung der Gesamtnote nach Absatz 9 berücksichtigt wird, ist auch für die praktische Prüfung sichergestellt, dass eine gute Vornote eine mangelhafte Leistung in der praktischen Prüfung nicht ausgleichen kann."

9. Abs. 9: Gesamtnote

Die Bildung der **Gesamtnote** für den praktischen Teil der Prüfung vollzieht sich in   **13** der Zusammenrechnung der Note der praktischen Prüfung und der Vornote für den praktischen Teil der Prüfung, wobei die Vornote nur mit einem Anteil von 25 % zu berücksichtigen ist (§ 13 Abs. 2 PflAPrV).

In der Begründung zur Verordnung (BT-Drs. 19/2707, S. 101) wird zu Abs. 9   **14** ausgeführt:

„In Absatz 9 ist das Verfahren zur Festlegung der Gesamtnote für die praktische Prüfung geregelt. Diese Aufgabe obliegt dem oder der Vorsitzenden des Prüfungsausschusses. Grundlage für die Festsetzung der Gesamtnote sind die Prüfungsnote, die nach den Vorgaben des Absatzes 7 festgelegt wird, und die Vornote für den praktischen Teil der Prüfung nach § 13."

§ 17   Benotung

Für die Vornoten und für die staatliche Prüfung gelten folgende Noten:

Erreichter Wert	Note	Notendefinition
bis unter 1,50	sehr gut (1)	eine Leistung, die den Anforderungen in besonderem Maß entspricht
1,50 bis unter 2,50	gut (2)	eine Leistung, die den Anforderungen voll entspricht
2,50 bis unter 3,50	befriedigend (3)	eine Leistung, die im Allgemeinen den Anforderungen entspricht
3,50 bis unter 4,50	ausreichend (4)	eine Leistung, die zwar Mängel aufweist, aber im Ganzen den Anforderungen noch entspricht
4,50 bis unter 5,50	mangelhaft (5)	eine Leistung, die den Anforderungen nicht entspricht, jedoch erkennen lässt, dass die notwendigen Grundkenntnisse vorhanden sind und die Mängel in absehbarer Zeit behoben werden können
ab 5,50	ungenügend (6)	eine Leistung, die den Anforderungen nicht entspricht, und selbst die Grundkenntnisse so lückenhaft sind, dass die Mängel in absehbarer Zeit nicht behoben werden können

Erläuterungen

1   Für die Bewertung der Leistungen im Unterricht und in der praktischen Ausbildung für die Vornoten (§ 13 PflAPrV) – nicht jedoch für die Jahreszeugnisse (§ 6 Abs. 3 PflAPrV) – sowie der Leistungen im schriftlichen, mündlichen und praktischen Teil der Prüfung gilt § 17 PflAPrV. Damit wird das Notensystem übernommen, das für allgemeinbildende Schulen und in anderen beruflichen Bildungsgängen üblich ist (Begründung zur Verordnung, BT-Drs. 19/2707, S. 101). Damit gilt ein sechsstufiges Notensystem.

2   Unter dem **Begriff der Note** wird hier das Endprodukt der Zusammenrechnung mehrerer Werte der zu bewertenden Leistungen verstanden. Die Vorschrift enthält keine Hinweise, ob und ggf. welche **Regeln bei der Zusammenrechnung** von mehreren Werten gelten. Solche Zusammenrechnungsregeln enthalten jedoch einzelne Vorschriften, in denen darauf hingewiesen wird dass das arithmetische Mittel von Noten zu bilden ist (z. B. §§ 13 Abs. 3, 14 Abs. 7, 19 Abs. 1 Satz 2, 39 Abs. 2 Satz 2 PflAPrV). Bei der Bildung des arithmetischen Mittels von Noten können sich eine, zwei oder unendliche Stellen hinter dem Komma ergeben. Hier könnten **Rundungsregeln** helfen, einen entsprechenden Wert zu finden. § 17 PflAPrV und die Vorschriften zum arithmetischen Mittel enthalten solche Rundungsregeln nicht. Aus diesem Grund wird, wie **indirekt** aus den in § 17 PflAPrV angegebenen Werten zu entnehmen ist, eine weitere Berechnung der Note über die zweite Nachkom-

mastelle hinaus nicht vorgenommen. Eine Rundung von der dritten Nachkommastelle zur zweiten Nachkommastelle wird nicht vorgenommen. Unabhängig davon wäre ein Hinweis in § 17 PflAPrV hilfreich, der deutlich besagt, dass Werte bis zur zweiten Nachkommastelle errechnet werden und dass eine Rundung nicht stattfindet.

Der **Bundesrat** hat in der Sitzung vom 21.9.2018 folgende **Entschließung** verabschiedet (BR-Drs. 355/18 [Beschluss], S. 4 f., unter Nr. 6 Buchst. c): 3

„*6. Der Bundesrat bittet die Bundesregierung zu prüfen,*

[...]

c) ob in § 17 PflAPrV das im Hochschulbereich gängige Notensystem zu Grunde gelegt werden kann;

[...]

Begründung (zu Nummer 6):

[...]

zu Buchstabe c:

Angesichts des oben genannten Doppelcharakters der Prüfungen ist das in § 17 PflAPrV geregelte Notensystem mit den Noten 1 bis 6 nicht zielführend. Stattdessen ist das im Hochschulbereich gängige Notensystem zu Grunde zu legen.

[...]“

§ 18 Niederschrift

Über die Prüfung ist eine Niederschrift zu fertigen, aus der Gegenstand, Ablauf und Ergebnisse der Prüfung und etwa vorkommende Unregelmäßigkeiten hervorgehen.

Erläuterungen

Übersicht

I. Erläuterungen

1 Die Niederschrift dient der Gewährleistung eines ordnungsgemäßen Prüfungsablaufs und sichert die Möglichkeit einer eventuellen späteren Überprüfung des Prüfungsvorgangs (Begründung zur Verordnung, BT-Drs. 19/2707, S. 101). Es ist darauf hinzuweisen, dass die Führung eines Prüfungsprotokolls unter prüfungsrechtlichen Gesichtspunkten von hoher Bedeutung ist, da es die Grundlage für die Feststellung des korrekten Prüfungsablaufs und für die Nachvollziehbarkeit der Prüfungsvorgänge ist. Es soll vor allem Beweiszwecken dienen. Es ist nicht als Wort-, sondern als Ergebnisprotokoll zu führen (*Niehues et al.*, Prüfungsrecht, 2018, S. 214 ff., Rn. 455 ff.). Es empfiehlt sich daher, dass die zuständige Landesbehörde den Prüfungsvorsitzenden und den Protokollführern entsprechende rechtliche Hinweise zur Art und Weise der Protokollführung an die Hand gibt.

II. Literaturhinweise

2 *Niehues, Norbert/Fischer, Edgar/Jeremias, Christoph*: Prüfungsrecht. 7. Aufl. München 2018.

§ 19 Bestehen und Wiederholung der staatlichen Prüfung, Zeugnis

(1) ¹Die staatliche Prüfung ist bestanden, wenn die Gesamtnote des schriftlichen Teils nach § 14 Absatz 7, des mündlichen Teils nach § 15 Absatz 7 und des praktischen Teils der Prüfung nach § 16 Absatz 9 jeweils mindestens mit „ausreichend" benotet worden ist. ²Die Gesamtnote der staatlichen Prüfung wird aus dem arithmetischen Mittel der drei Prüfungsteile gebildet.

(2) ¹Wer die staatliche Prüfung bestanden hat, erhält ein Zeugnis nach dem Muster der Anlage 8. ²Wer die staatliche Prüfung nicht bestanden hat, erhält von der oder dem Vorsitzenden des Prüfungsausschusses eine schriftliche oder elektronische Mitteilung, in der die Prüfungsnoten angegeben sind.

(3) Jede Aufsichtsarbeit der schriftlichen Prüfung, die mündliche Prüfung und die praktische Prüfung können einmal wiederholt werden, wenn die zu prüfende Person die Note „mangelhaft" oder „ungenügend" erhalten hat.

(4) ¹Hat die zu prüfende Person alle schriftlichen Aufsichtsarbeiten nach § 14 Absatz 2 Satz 1, den praktischen Teil der Prüfung oder alle Teile der Prüfung zu wiederholen, so darf sie zur Wiederholungsprüfung nur zugelassen werden, wenn sie an einer zusätzlichen Ausbildung teilgenommen hat. ²Im Einzelfall kann die oder der Vorsitzende des Prüfungsausschusses im Benehmen mit den Fachprüferinnen oder Fachprüfern abweichend von Satz 1 über eine zusätzliche Ausbildung entscheiden. ³Dauer und Inhalt der zusätzlichen Ausbildung bestimmt die oder der Vorsitzende des Prüfungsausschusses. ⁴Die zusätzliche Ausbildung darf einschließlich der für die Prüfung erforderlichen Zeit die in § 21 Absatz 2 des Pflegeberufegesetzes festgelegte Dauer von einem Jahr nicht überschreiten; Ausnahmen kann die zuständige Behörde in begründeten Fällen zulassen. ⁵Die zu prüfende Person hat ihrem Antrag auf Zulassung zur Wiederholungsprüfung einen Nachweis über die zusätzliche Ausbildung beizufügen.

Erläuterungen

Übersicht

I. Allgemeines

Die Vorschrift enthält die Bestehensregelung (**Abs. 1 Satz 1**) die Berechnungsweise der Gesamtnote der staatlichen Prüfung (**Abs. 1 Satz 2**), die Zeugniserteilung und die schriftliche Mitteilung bei Nichtbestehen der Prüfung (**Abs. 2**), die Wiederholungsmöglichkeiten (**Abs. 3**) und Zulassung zur Wiederholungsprüfung (**Abs. 4**). 1

II. Erläuterungen

1. Abs. 1 Satz 1: Bestehen der staatlichen Prüfung

2 Voraussetzung für das Bestehen der staatlichen Prüfung ist, dass alle Teile der Prüfung bestanden und die Gesamtnoten der einzelnen Prüfungsteile mindestens mit „ausreichend" bewertet wurden. Das ist bei den einzelnen Prüfungsbestandteilen geregelt (siehe § 14 Abs. 7, § 15 Abs. 7 und § 16 Abs. 9 PflAPrV). In der Begründung zur Verordnung (BT-Drs. 19/2707, S. 101) wird zu der Funktion der Vorschrift Folgendes ausgeführt:

„Als Berufszulassungsprüfung dient die staatliche Prüfung der Feststellung, ob das Ausbildungsziel erreicht wurde und die Auszubildenden ab sofort den Anforderungen des Berufs im Alltag genügen. Hierzu ist es erforderlich, dass sie diese Befähigung unter Anwendung sämtlicher in der Ausbildung erworbenen Kompetenzen in der abschließenden Prüfung nachweisen."

2. Abs. 1 Satz 2: Gesamtnote der staatlichen Prüfung

3 Die Fassung des Wortlauts der Vorschrift ist undeutlich. Nach der Vorschrift wird die Gesamtnote der staatlichen Prüfung aus dem arithmetischen Mittel der drei Prüfungsteile gebildet. Gemeint sind aber nicht die Prüfungsteile, sondern die jeweiligen Gesamtnoten nach § 14 Abs. 7, § 15 Abs. 7 und § 16 Abs. 9 PflAPrV. Dies kommt auch in der Begründung zur Verordnung (BT-Drs. 19/2707, S. 101) zum Ausdruck, wonach Voraussetzung für das Bestehen der staatlichen Prüfung ist, dass alle Teile der Prüfung bestanden wurden, wobei die Gesamtnote der staatlichen Prüfung aus dem arithmetischen Mittel der Noten der mündlichen, der schriftlichen und der praktischen Prüfung gebildet wird.

4 Das heißt also, dass die Gesamtnote der staatlichen Prüfung aus dem arithmetischen Mittel der Noten für die drei Prüfungsteile gebildet wird. Aus § 17 PflAPrV ergibt sich, dass bei der Berechnung des arithmetischen Mittels nur bis zur zweiten Nachkommastelle und ohne Rundung zu rechnen ist. So ergibt z. B. eine Summe der Noten der drei Prüfungsteile von 7 ein arithmetisches Mittel von 2,33 und eine Gesamtnote von gut (2); eine Notensumme von 8 ergibt ein arithmetisches Mittel von 2,66 und eine Gesamtnote von befriedigend (3). S. dazu die → Erl. zu § 17, Rn. 2.

3. Abs. 2: Zeugnis – schriftliche Mitteilung

5 In der Begründung zur Verordnung (BT-Drs. 19/2707, S. 101) wird zu Abs. 2 ausgeführt:

„Im Falle des Bestehens der Prüfung erhält die zu prüfende Person ein Zeugnis nach dem amtlichen Muster der Anlage 8, in dem die Noten der einzelnen Prüfungsbestandteile und die Gesamtnote einzutragen sind. Besteht die zu prüfende Person nicht, so erhält sie von der dem Prüfungsausschuss vorsitzenden Person eine schriftliche oder elektronische Mitteilung unter Angabe der Prüfungsnoten."

4. Abs. 3: Wiederholungsmöglichkeiten

Die Vorschrift regelt die Wiederholungsmöglichkeiten, wenn die zu prüfende Person   6
die staatliche Prüfung nicht bestanden hat. Dabei kann jede einzelne der Aufsichtsarbeiten sowie die mündliche und praktische Prüfung einmal wiederholt werden, so
dass nicht die gesamte Prüfung wiederholt werden muss, wenn einzelne Teile der
Prüfung nicht bestanden sind.

5. Abs. 4: Zulassung zur Wiederholungsprüfung

In der Begründung zur Verordnung (BT-Drs. 19/2707, S. 101) wird zu Abs. 4   7
ausgeführt:

*„Hat die zu prüfende Person eine schriftliche Aufsichtsarbeit der schriftlichen Prüfung,
den praktischen Teil der Prüfung oder alle Teile der Prüfung zu wiederholen, dann
muss sie vor der Wiederholungsprüfung eine zusätzliche Ausbildung absolvieren. Die
Dauer und den Inhalt der zusätzlichen Ausbildung bestimmt die dem Prüfungsausschuss vorsitzende Person, die sich dabei an den in den nicht bestandenen Prüfungsteilen offenbarten Defiziten orientieren wird.*

*§ 21 Absatz 2 PflBG enthält die Regelung, dass das Ausbildungsverhältnis im Falle des
Nichtbestehens der Prüfung um längstens ein Jahr verlängert wird. Dies wird in
Absatz 4 aufgegriffen, in dem, auch um ungerechtfertigte Verzögerungen zum Nachteil
der zu prüfenden Person zu vermeiden, geregelt ist, dass die zusätzliche Ausbildung
einschließlich der für die Prüfung erforderlichen Zeit die Dauer von einem Jahr nicht
überschreiten darf. Für besondere Fallgestaltungen und zur Vermeidung von unbil-
ligen Härtefällen kann die zuständige Behörde in begründeten Fällen eine Ausnahme
zulassen.“*

§ 20   Rücktritt von der Prüfung

(1) Tritt eine zu prüfende Person nach ihrer Zulassung von der Prüfung oder einem Teil der Prüfung zurück, so hat sie der oder dem Vorsitzenden des Prüfungsausschusses den Grund für ihren Rücktritt unverzüglich schriftlich oder elektronisch mitzuteilen.

(2) [1]Genehmigt die oder der Vorsitzende des Prüfungsausschusses den Rücktritt, so gilt die Prüfung als nicht begonnen. [2]Die Genehmigung ist nur zu erteilen, wenn ein wichtiger Grund vorliegt. [3]Bei Krankheit ist die Vorlage eines amtsärztlichen Attests zu verlangen.

(3) [1]Genehmigt die oder der Vorsitzende des Prüfungsausschusses den Rücktritt nicht oder teilt die zu prüfende Person den Grund für den Rücktritt nicht unverzüglich mit, so gilt die Prüfung oder der betreffende Teil der Prüfung als nicht bestanden. [2]§ 19 Absatz 3 und 4 gilt entsprechend.

Erläuterungen

1   Die Vorschrift regelt die Modalitäten beim Rücktritt von der Prüfung.

§21 Versäumnisfolgen

(1) [1]Versäumt eine zu prüfende Person einen Prüfungstermin, gibt sie eine Aufsichtsarbeit nicht oder nicht rechtzeitig ab oder unterbricht sie die Prüfung oder einen Teil der Prüfung, so gilt die Prüfung oder der betreffende Teil der Prüfung als nicht bestanden, wenn nicht ein wichtiger Grund vorliegt; §19 Absatz 3 und 4 gilt entsprechend. [2]Liegt ein wichtiger Grund vor, so gilt die Prüfung oder der betreffende Teil der Prüfung als nicht begonnen.

(2) [1]Die Entscheidung darüber, ob ein wichtiger Grund vorliegt, trifft die oder der Vorsitzende des Prüfungsausschusses. [2]§20 Absatz 1 und Absatz 2 Satz 3 gilt entsprechend.

Erläuterungen

Die Vorschrift regelt die Folgen beim Versäumnis eines Prüfungstermins. Beim **Vorliegen eines wichtigen Grundes** gilt die Prüfung oder der Prüfungsteil als nicht begonnen. Als wichtiger Grund kann z. B. eine Krankheit gelten.   1

§ 22   Ordnungsverstöße und Täuschungsversuche

[1]Die oder der Vorsitzende des Prüfungsausschusses kann bei zu prüfenden Personen, die die ordnungsgemäße Durchführung der Prüfung in erheblichem Maße gestört oder eine Täuschung versucht haben, den betreffenden Teil der Prüfung für nicht bestanden erklären; § 19 Absatz 3 und 4 gilt entsprechend. [2]Eine solche Entscheidung ist im Falle der Störung der Prüfung nur bis zum Abschluss der gesamten Prüfung, im Falle eines Täuschungsversuchs nur innerhalb von drei Jahren nach Abschluss der Prüfung zulässig.

Erläuterungen

1   Die Vorschrift regelt die Folgen bei Ordnungsverstößen und Täuschungsversuchen.

§ 23   Prüfungsunterlagen

[1]Auf Antrag ist der zu prüfenden Person nach Abschluss der Prüfung Einsicht in ihre Prüfungsunterlagen zu gewähren. [2]Schriftliche Aufsichtsarbeiten sind drei, Anträge auf Zulassung zur Prüfung und Prüfungsniederschriften zehn Jahre aufzubewahren.

Erläuterungen

Die Vorschrift regelt in **Satz 1** die **Einsicht in die Prüfungsunterlagen**. Es fehlt die   1
Bestimmung einer Frist, innerhalb derer die zu prüfende Person die Einsichtnahme geltend zu machen hat. Das Recht auf Anfertigung von Kopien der Prüfungsunterlagen ist ebenfalls nicht geregelt. Anderes gilt für das Klageverfahren vor dem Verwaltungsgericht. Hier können die Verfahrensbeteiligten Akteneinsicht geltend machen und Kopien auf ihre Kosten anfertigen (§ 100 Verwaltungsgerichtsordnung – VwGO).

In **Satz 2** sind die **Fristen zur Aufbewahrung der schriftlichen Aufsichtsarbeiten**   2
und der Anträge auf Zulassung zur Prüfung und der Prüfungsniederschriften geregelt.

§ 24   Prüfung bei Modellvorhaben nach § 14 des Pflegeberufegesetzes

(1) § 10 Absatz 1 gilt bei Ausbildungen nach § 14 des Pflegeberufegesetzes mit der Maßgabe, dass dem Prüfungsausschuss zusätzlich zu den in § 10 Absatz 1 Satz 2 Nummer 1 bis 4 genannten Personen die ärztlichen Fachprüferinnen und Fachprüfer anzugehören haben, die die Ausbildungsteilnehmerinnen und Ausbildungsteilnehmer in den erweiterten Kompetenzen zur Ausübung heilkundlicher Tätigkeiten unterrichtet haben, die Gegenstand der staatlichen Prüfung sind.

(2) Dem Zeugnis nach § 19 Absatz 2 Satz 1 ist bei Ausbildungen nach § 14 des Pflegeberufegesetzes eine Bescheinigung der Ausbildungsstätte beizufügen, aus der sich die heilkundlichen Tätigkeiten ergeben, die Gegenstand der erweiterten Ausbildung und der erweiterten staatlichen Prüfung waren.

(3) [1]Der schriftliche Teil der Prüfung erstreckt sich bei Ausbildungen nach § 14 des Pflegeberufegesetzes zusätzlich zu den Prüfungsbereichen nach § 14 Absatz 1 auf die erweiterten Kompetenzen zur Ausübung von heilkundlichen Tätigkeiten, die entsprechend den nach § 14 Absatz 2 des Pflegeberufegesetzes genehmigten Ausbildungsinhalten Gegenstand der zusätzlichen Ausbildung waren. [2]Die zu prüfende Person hat hierzu in ihrer Aufsichtsarbeit schriftlich gestellte Fragen zu bearbeiten. [3]Die Aufsichtsarbeit dauert 120 Minuten und ist an einem gesonderten Werktag durchzuführen. [4]§ 14 Absatz 3 Satz 3 gilt entsprechend. [5]Die Aufgaben für die Aufsichtsarbeit werden von der oder dem Vorsitzenden des Prüfungsausschusses auf Vorschlag der Pflegeschule ausgewählt, an der die Ausbildung stattgefunden hat. [6]Die zuständige Behörde kann zentrale Prüfungsaufgaben vorgeben, die unter Beteiligung der Pflegeschulen erarbeitet werden.

(4) [1]Der mündliche Teil der Prüfung erstreckt sich bei Ausbildungen nach § 14 des Pflegeberufegesetzes zusätzlich zu den Kompetenzbereichen nach § 15 Absatz 1 auf die erweiterten Kompetenzen zur Ausübung von heilkundlichen Tätigkeiten, die entsprechend den nach § 14 Absatz 2 des Pflegeberufegesetzes genehmigten Ausbildungsinhalten Gegenstand der erweiterten Ausbildung waren. [2]Die Prüfung der erweiterten Kompetenzen nach Satz 1 soll für die einzelne zu prüfende Person mindestens 15 Minuten und nicht länger als 30 Minuten dauern. [3]Für die Prüfung sind ärztliche Fachprüferinnen oder Fachprüfer gemäß Absatz 1 vorzusehen.

(5) [1]Der praktische Teil der Prüfung erstreckt sich bei Ausbildungen nach § 14 des Pflegeberufegesetzes zusätzlich zu § 16 Absatz 1 und 2 auf eine Aufgabe zur Ausübung heilkundlicher Tätigkeiten bei Patientinnen oder Patienten, die entsprechend den nach § 14 Absatz 2 des Pflegeberufegesetzes genehmigten Ausbildungsinhalten Gegenstand der erweiterten Ausbildung waren. [2]Die zu prüfende Person übernimmt dabei alle Aufgaben, die Gegenstand der Behandlung sind, einschließlich der Dokumentation. [3]In einem Prüfungsgespräch hat die zu prüfende Person ihre Diagnose- und Behandlungsmaßnahmen zu erläutern und zu begründen sowie die Prüfungssituation zu reflektieren. [4]Dabei hat sie nachzuweisen, dass sie in der Lage ist, die während der Ausbildung erworbenen erweiterten Kompetenzen in der beruflichen Praxis anzuwenden, und dass sie

befähigt ist, die Aufgaben, die Gegenstand ihrer erweiterten Ausbildung waren, eigenverantwortlich zu lösen. [5]Die Auswahl der Patientinnen oder Patienten erfolgt durch eine ärztliche Fachprüferin oder einen ärztlichen Fachprüfer gemäß Absatz 1 unter Einwilligung der Patientin oder des Patienten. [6]Die Prüfung soll für die einzelne zu prüfende Person in der Regel nicht länger als 180 Minuten dauern. [7]Die Prüfung wird von zwei Fachprüferinnen oder Fachprüfern nach § 10 Absatz 1 Satz 2 Nummer 4 abgenommen und benotet.

(6) Im Übrigen gelten für die Ausbildung nach § 14 des Pflegeberufegesetzes die Vorschriften dieses Abschnitts zur staatlichen Prüfung.

Erläuterungen

Übersicht

I. Allgemeines

In der Begründung zur Verordnung (BT-Drs. 19/2707, S. 102) wird zu der Vorschrift ausgeführt: 1

„*§ 24 überführt die in § 4a Absatz 2 bis 7 des Gesetzes über die Berufe in der Krankenpflege (Krankenpflegegesetz) und in § 4a Absatz 2 bis 6 des Gesetzes über die Berufe in der Altenpflege (Altenpflegegesetz) enthaltenen Regelungen zur Staatlichen Prüfung bei Modellvorhaben nach § 63 Absatz 3c des Fünften Buches Sozialgesetzbuch auf die Pflegeausbildungen nach dem PflBG. Vorgenommen wurden lediglich Anpassungen an neue Begrifflichkeiten und an die nach dieser Verordnung erforderlichen Verweisungen auf andere Vorschriften.*"

II. Erläuterungen

1. Abs. 1: Prüfungsausschuss – ärztliche Fachprüfer

Abs. 1 stellt sicher, dass der Prüfungsausschuss nach § 10 Abs. 1 Satz 2 Nr. 1 bis 4 2
PflAPrV um die ärztlichen Fachprüferinnen und Fachprüfer erweitert wird, die die Ausbildungsteilnehmerinnen und Ausbildungsteilnehmer in den erweiterten Kompetenzen zur Ausübung von heilkundlichen Tätigkeiten unterrichtet haben, die Gegenstand der staatlichen Prüfung sind.

2. Abs. 2: Bescheinigung der Ausbildungsstätte

Abs. 2 sieht vor, dass die Ausbildungsstätte den Ausbildungsteilnehmerinnen und 3
Ausbildungsteilnehmern zu bescheinigen hat, welche heilkundlichen Tätigkeiten

Gegenstand ihrer zusätzlichen Ausbildung und erweiterten staatlichen Prüfung waren.

3. Abs. 3: Schriftliche Prüfung

4   Abs. 3 regelt die schriftliche Prüfung für die Ausbildung im Rahmen von Modellvorhaben nach § 14 PflBG.

4. Abs. 4: Mündliche Prüfung

5   Abs. 4 regelt die mündliche Prüfung für die Ausbildung im Rahmen von Modellvorhaben nach § 14 PflBG.

5. Abs. 5: Praktische Prüfung

6   Abs. 5 regelt die praktische Prüfung für die Ausbildung im Rahmen von Modellvorhaben nach § 14 PflBG.

6. Abs. 6: Anwendung der Vorschriften zur staatlichen Prüfung

7   Abs. 6 regelt, dass für die Ausbildung nach § 14 PflBG im Übrigen die Vorschriften des Teils 1 PflAPrV zur staatlichen Prüfung gelten.

Teil 2
Besondere Vorschriften zur beruflichen Pflegeausbildung nach Teil 5 des Pflegeberufegesetzes

Abschnitt 1
Allgemeine Vorschriften

§ 25 Anwendbarkeit der Vorschriften nach Teil 1

Auf die berufliche Pflegeausbildung nach Teil 5 des Pflegeberufegesetzes finden die Vorschriften des Teils 1 Anwendung, soweit sich aus den nachfolgenden Vorschriften dieses Teils nicht etwas anderes ergibt.

Erläuterungen

§ 25 besagt, dass die Vorschriften des Teils 1 der PflAPrV auch auf die besonderen 1 Vorschriften zur beruflichen Pflegeausbildung nach Teil 5 des PflBG Anwendung finden, soweit sich aus den Vorschriften des Teils 2 nichts Gegenteiliges ergibt.

Abschnitt 2
Berufliche Ausbildung zur Gesundheits- und Kinderkrankenpflegerin oder zum Gesundheits- und Kinderkrankenpfleger

§ 26   Inhalt und Durchführung der Ausbildung, staatliche Prüfung

(1) [1]Die Ausbildung zur Gesundheits- und Kinderkrankenpflegerin oder zum Gesundheits- und Kinderkrankenpfleger nach § 58 Absatz 1 des Pflegeberufegesetzes befähigt die Auszubildenden in Erfüllung des Ausbildungsziels nach § 5 in Verbindung mit § 60 Absatz 1 des Pflegeberufegesetzes zur Pflege von Kindern und Jugendlichen. [2]Die hierfür erforderlichen Kompetenzen sind in Anlage 3 konkretisiert.

(2) [1]Die Praxiseinsätze im letzten Ausbildungsdrittel sind gemäß der Stundenverteilung nach Anlage 7 in Bereichen der Versorgung von Kindern und Jugendlichen durchzuführen. [2]Der Pflichteinsatz in der psychiatrischen Versorgung nach § 7 Absatz 2 des Pflegeberufegesetzes erfolgt in der kinder- und jugendpsychiatrischen Versorgung. [3]Der im Ausbildungsvertrag vereinbarte Ausbildungsplan ist, soweit erforderlich, anzupassen.

(3) [1]Gegenstand der staatlichen Prüfung sind die auf der Grundlage von § 5 in Verbindung mit § 60 Absatz 1 des Pflegeberufegesetzes in Anlage 3 aufgeführten Kompetenzen. [2]Die Fachprüferinnen oder Fachprüfer nach § 10 Absatz 1 Satz 2 Nummer 4 sollen im Bereich der Pflege von Kindern und Jugendlichen tätig sein.

Erläuterungen
Übersicht

I. Allgemeines

1   In der Vorschrift werden die Regelungen zu Inhalt und Durchführung der beruflichen Ausbildung zur Gesundheits- und Krankenpflegerin oder zum Gesundheits- und Krankenpfleger sowie zur diese Ausbildung abschließenden staatlichen Prüfung zusammengefasst. Gemäß § 25 PflAPrV gelten hierfür die Regelungen des Teils 1 dieser Verordnung, soweit in § 26 PflAPrV keine abweichenden Regelungen getroffen werden.

II. Erläuterungen

1. Abs. 1: Ausbildung – Kompetenzen

2   Abs. 1 macht deutlich, dass die Ausbildung nach § 26 PflAPrV speziell zur Pflege von Kindern und Jugendlichen befähigt und sich an dem Ausbildungsziel in § 5 in Verbindung mit § 60 Abs. 1 PflBG zu orientieren hat. Die für diese Ausbildung erforderlichen Kompetenzen sind in der Anlage 3 dargestellt. In Umsetzung der

gesetzlichen Beschreibung des Ausbildungsziels in § 60 Abs. 1 PflBG entsprechen diese Kompetenzen im Ausgangspunkt denen der Anlage 2, sind jedoch auf die konkreten Belange der Pflege von Kindern und Jugendlichen bezogen (Begründung zur Verordnung, BT-Drs. 19/2707, S. 103).

2. Abs. 2: Praxiseinsätze im letzten Ausbildungsdrittel

In Abs. 2 wird entsprechend dem Ausbildungsziel nach § 5 PflBG in Verbindung mit § 60 Abs. 1 PflBG festgelegt, dass die Praxiseinsätze im letzten Ausbildungsjahr und der Pflichteinsatz in der psychiatrischen Versorgung in Bereichen der Versorgung von Kindern und Jugendlichen zu erfolgen hat.   3

3. Abs. 3: Gegenstand der staatlichen Prüfung

Klargestellt wird, dass die Gegenstände der staatlichen Prüfung die in der Anlage 3 aufgeführten Kompetenzen sind. Die an den einzelnen Prüfungsteilen beteiligten Fachprüferinnen und Fachprüfer nach § 10 Abs. 1 Satz 2 Nr. 4 PflAPrV sollen im Bereich der Pflege von Kindern und Jugendlichen tätig sein (Begründung zur Verordnung, BT-Drs. 19/2707, S. 103).   4

§ 27   Gegenstände des schriftlichen, mündlichen und praktischen Teils
der Prüfung

(1) Der schriftliche Teil der Prüfung erstreckt sich auf folgende Prüfungsbereiche aus den Kompetenzbereichen I bis V der Anlage 3:

1. Pflegeprozessgestaltung einschließlich Interaktion und Beziehungsgestaltung
   in akuten und dauerhaften Pflegesituationen (Kompetenzschwerpunkte I.1,
   II.1) unter Einbeziehung von lebensweltlichen Aspekten und pflegerischen
   Aufgaben im Zusammenhang mit der Lebensgestaltung sowie unter Berücksichtigung von Autonomieerhalt und Entwicklungsförderung der zu pflegenden Kinder und Jugendlichen (Kompetenzschwerpunkte I.5, I.6), wobei
   darüber hinaus ausgewählte Kontextbedingungen des Kompetenzbereiches
   IV in die Fallbearbeitung einbezogen werden sollen,
2. Pflegeprozessgestaltung bei Kindern und Jugendlichen mit gesundheitlichen
   Problemlagen unter besonderer Berücksichtigung von Gesundheitsförderung
   und Prävention in Verbindung mit verschiedenen Schwerpunkten und Gesichtspunkten von Beratung (Kompetenzschwerpunkte I.2, II.2), wobei im
   Rahmen der Fallbearbeitung erforderliche Handlungsentscheidungen anhand
   von pflegewissenschaftlichem Begründungswissen begründet werden sollen
   (Kompetenzschwerpunkt V.1),
3. Pflegeprozesssteuerung in kritischen und krisenhaften Pflegesituationen
   (Kompetenzschwerpunkte I.3, I.4) in Verbindung mit der eigenständigen
   Durchführung ärztlicher Anordnungen (Kompetenzschwerpunkt III.2) und
   ethischen Entscheidungsprozessen (Kompetenzschwerpunkt II.3).

(2) [1]Der mündliche Teil der Prüfung erstreckt sich auf die folgenden Kompetenzbereiche der Anlage 3:

1. intra- und interprofessionelles Handeln in unterschiedlichen systemischen
   Kontexten verantwortlich gestalten und mitgestalten (Kompetenzbereich III),
2. das eigene Handeln auf der Grundlage von Gesetzen, Verordnungen und
   ethischen Leitlinien reflektieren und begründen (Kompetenzbereich IV),
3. das eigene Handeln auf der Grundlage von wissenschaftlichen Erkenntnissen
   und berufsethischen Werthaltungen und Einstellungen reflektieren und begründen (Kompetenzbereich V).

[2]Den Schwerpunkt des mündlichen Teils der Prüfung bilden die Auseinandersetzung mit der eigenen Berufsrolle und dem beruflichen Selbstverständnis und
teambezogene, einrichtungsbezogene sowie gesellschaftliche Kontextbedingungen und ihr Einfluss auf das pflegerische Handeln.

(3) Der praktische Teil der Prüfung erstreckt sich auf die Kompetenzbereiche I
bis V der Anlage 3.

(4) Die Fallsituationen in den verschiedenen Teilen der Prüfung sind der Pflege
von Kindern und Jugendlichen zu entnehmen.

Erläuterungen

In der Vorschrift wird klargestellt wird, dass sich die Gegenstände der schriftlichen,   1
mündlichen und praktischen Prüfung jeweils auf die in der Anlage 3 aufgeführten
Kompetenzen und Kompetenzschwerpunkte und damit auf den Bereich der Pflege
von Kindern und Jugendlichen beziehen. Fallsituationen für die verschiedenen Teile
der Prüfung sind der Pflege von Kindern und Jugendlichen zu entnehmen.

Abschnitt 3
Berufliche Ausbildung zur Altenpflegerin oder zum Altenpfleger

§ 28   Inhalt und Durchführung der Ausbildung, staatliche Prüfung

(1) [1]Die Ausbildung zur Altenpflegerin oder zum Altenpfleger nach § 58 Absatz 2 des Pflegeberufegesetzes befähigt die Auszubildenden in Erfüllung des Ausbildungsziels nach § 5 in Verbindung mit § 61 Absatz 1 des Pflegeberufegesetzes zur Pflege von alten Menschen. [2]Die hierfür erforderlichen Kompetenzen sind in Anlage 4 konkretisiert.

(2) [1]Die Praxiseinsätze im letzten Ausbildungsdrittel sind gemäß der Stundenverteilung nach Anlage 7 in Bereichen der Versorgung von alten Menschen durchzuführen. [2]Der Pflichteinsatz in der psychiatrischen Versorgung nach § 7 Absatz 2 des Pflegeberufegesetzes erfolgt in der gerontopsychiatrischen Versorgung. [3]Der im Ausbildungsvertrag vereinbarte Ausbildungsplan ist, soweit erforderlich, anzupassen.

(3) [1]Gegenstand der staatlichen Prüfung sind die auf der Grundlage von § 5 in Verbindung mit § 61 Absatz 1 des Pflegeberufegesetzes in Anlage 4 aufgeführten Kompetenzen. [2]Die Fachprüferinnen oder Fachprüfer nach § 10 Absatz 1 Satz 2 Nummer 4 sollen im Bereich der Pflege alter Menschen tätig sein.

Erläuterungen

Übersicht

I. Allgemeines

1   In der Vorschrift werden die Regelungen zu Inhalt und Durchführung der beruflichen Ausbildung zur Altenpflegerin oder zum Altenpfleger sowie zur diese Ausbildung abschließenden staatlichen Prüfung zusammengefasst. Gemäß § 25 PflAPrV gelten hierfür die Regelungen des Teils 1 dieser Verordnung, soweit in § 28 PflAPrV keine abweichenden Regelungen getroffen werden.

II. Erläuterungen

1. Abs. 1: Ausbildung – Kompetenzen

2   Abs. 1 macht deutlich, dass die Ausbildung nach § 28 PflAPrV speziell zur Pflege von alten Menschen befähigt und sich an dem Ausbildungsziel in § 5 PflBG in Verbindung mit § 61 Abs. 1 PflBG zu orientieren hat.   Die für diese Ausbildung erforderlichen Kompetenzen sind in der Anlage 4 dargestellt. Die Aussage in der Begründung zur Verordnung (BT-Drs. 19/2707, S. 103), dass in Umsetzung der gesetzlichen Beschreibung des Ausbildungsziels in § 61 Abs. 1 PflBG diese Kom-

petenzen im Ausgangspunkt denen der Anlage 2 entsprechen, jedoch auf die konkreten Belange der Pflege von alten Menschen bezogen sind, stößt im Vergleich dieser Kompetenzen auf Kritik. S. dazu unten → Rn. 5, den Abdruck der Entschließung des Bundesrates zu dieser Frage.

2. Abs. 2: Praxiseinsätze im letzten Ausbildungsdrittel

In Abs. 2 wird entsprechend dem Ausbildungsziel nach § 5 in Verbindung mit § 61 Abs. 1 PflBG festgelegt, dass die Praxiseinsätze im letzten Ausbildungsjahr und der Pflichteinsatz in der psychiatrischen Versorgung in Bereichen der Versorgung von alten Menschen zu erfolgen hat (Begründung zur Verordnung, BT-Drs. 19/2707, S. 104).   3

3. Abs. 3: Gegenstand der staatlichen Prüfung

Klargestellt wird, dass die Gegenstände der staatlichen Prüfung die in der Anlage 4 aufgeführten Kompetenzen sind. Die an den einzelnen Prüfungsteilen beteiligten Fachprüferinnen und Fachprüfer nach § 10 Abs. 1 Nr. 4 sollen im Bereich der Pflege alter Menschen tätig sein (Begründung zur Verordnung, BT-Drs. 19/2707, S. 104).   4

III. Entschließung des Bundesrates

Der Bundesrat hat in der Sitzung vom 21.9.2018 folgende Entschließung verabschiedet (BR-Drs. 355/18 [Beschluss], S. 1 ff.):   5

„1. Der Bundesrat begrüßt, dass mit der vorliegenden Pflegeberufe-Ausbildungs-und -Prüfungsverordnung (PflAPrV) wesentliche Regelungen zu den Mindestanforderungen an die Ausbildung, zu den Kooperationsvereinbarungen zwischen Pflegeschulen und Trägern der praktischen Ausbildung, zu Inhalt und Verfahren der staatlichen Prüfung einschließlich bundesweit einheitlicher Rahmenvorgaben für die Prüfung der hochschulischen Pflegeausbildung, zur Anerkennung von Ausbildungen aus einem anderen Mitgliedstaat der EU, zur Zusammensetzung und Aufgabenstellung der Fachkommission nach dem Pflegeberufegesetz sowie zur Unterstützung durch das Bundesinstitut für Berufsbildung getroffen werden. Die Regelungen sind dringend erforderlich, um die Umsetzung des Pflegeberufegesetzes durch die Länder zu ermöglichen.

2. Der Bundesrat bedauert, dass in der Anlage 4 der PflAPrV die Kompetenzen für die staatliche Prüfung zur Altenpflegerin oder zum Altenpfleger so festgelegt und beschrieben sind, dass sie gegenüber den Kompetenzen für die staatliche Prüfung zur Pflegefachfrau oder zum Pflegefachmann als Absenkung des Kompetenzniveaus verstanden werden müssen. So wird insbesondere eine auf systematischer Evaluation und auf Evidenz mittels Leitlinien und Standards basierende Pflege nicht mehr gewährleistet werden können. Dies wird der Verantwortung nicht gerecht, die Pflegefachkräfte in der Langzeitpflege für die oft mehrjährige Planung, Durchführung und Evaluation multimorbider Pflegebedürftiger übernehmen. Im Hinblick auf die berufliche Mobilität und eine gleiche Bezahlung von Pflegefachkräften in Krankenhäusern und in der Langzeitpflege setzt die Kompetenzbeschreibung außerdem ein falsches Signal.

3. Der Bundesrat betont, dass das Wahlrecht, im letzten Ausbildungsdrittel eine Ausbildung zur Altenpflegerin oder zum Altenpfleger durchzuführen, beim Auszubil-

denden liegt. Er fordert die Bundesregierung auf, im Rahmen ihrer Informations- und Öffentlichkeitsarbeit vor dem Hintergrund der in Nummer 2 erläuterten Bedenken umfassend über die Konsequenzen dieser Wahl zu informieren.

4. Der Bundesrat fordert die Bundesregierung auf, den Auswirkungen der Regelung nach Anlage 4 PflAPrV im Rahmen einer Evaluierung auf wissenschaftlicher Grundlage gesondert nachzugehen.

5. Die Bundesregierung wird aufgefordert, die einseitige Absenkung des Niveaus der Altenpflegeausbildung in der Pflegeberufe-Ausbildungs- und -Prüfungsverordnung (PflAPrV) zum nächstmöglichen Zeitpunkt aufzuheben und bereits jetzt flankierend geeignete Maßnahmen zu ergreifen, um die sich abzeichnende Benachteiligung für den Beruf und das Arbeitsfeld der Altenpflege zu minimieren."

Zur Begründung zu Nummer 5 wird ausgeführt (S. 2 ff.):

„Durch das Pflegeberufegesetz (PflBG) vom 17. Juli 2017 (BGBl. I S. 2581) wird die gesamte Ausbildung in der Pflege reformiert. Neben den generalistischen Abschlüssen sind auch differenzierte Abschlüsse in der Altenpflege und der Gesundheits- und Kinderkrankenpflege möglich. Nähere Ausgestaltungen werden durch die auf Grundlage der Ermächtigung in § 56 Absatz 1 und Absatz 2 des Pflegeberufegesetzes erlassenen PflAPrV vorgenommen.

Diese hat der Bundestag am 28. Juni 2018 in einer im Vergleich zum Referentenentwurf für die Altenpflegeausbildung stark geänderten Fassung beschlossen. Damit wurde zugestimmt, dass die Ausbildung in der Altenpflege auf einem deutlich niedrigeren Ausbildungsniveau erfolgen wird als die Ausbildung für die Pflegefachfrau beziehungsweise den Pflegefachmann und die Ausbildung in der Gesundheits- und Kinderkrankenpflege.

Das einseitige Absenken des Niveaus der Altenpflegeausbildung in der PflAPrV entspricht nicht den gestiegenen Anforderungen, gefährdet die beabsichtigte Durchlässigkeit der Arbeitsfelder und führt zu einem Imageverlust des Arbeitsbereichs der ambulanten und stationären Altenpflege. Dies schadet nicht nur der gesellschaftlichen Anerkennung und Wertschätzung des Altenpflegeberufs, sondern schreibt eine andauernde Schlechterstellung der Altenpflege auch für die Zukunft fort und konterkariert das Ziel der Ausbildungsreform, allen Menschen, die sich für den Pflegeberuf interessieren, eine hochwertige und zeitgemäße Ausbildung anzubieten, die den breiten beruflichen Einsatzmöglichkeiten und den Entwicklungen in der Gesellschaft und im Gesundheitswesen Rechnung trägt.

Bezeichnend sind insbesondere die in der Anlage 4 PflAPrV im Vergleich zum Referentenentwurf herabgesetzten Anforderungen an die Kompetenzen für die staatliche Prüfung zur Altenpflegerin oder zum Altenpfleger nach § 28 PflBG. Während die Pflegefachfrau und der Pflegefachmann zukünftig über ein breites Verständnis von spezifischen Theorien und Modellen zur Pflegeprozessplanung verfügen und diese zur Steuerung und Gestaltung von Pflegeprozessen bei Menschen aller Altersstufen nutzen, sollen die Altenpflegerin und der Altenpfleger demgegenüber über ein ausreichendes Verständnis von spezifischen Theorien und Modellen zur Pflegeprozessplanung ver-

fügen und diese bei der Steuerung und Gestaltung von Pflegeprozessen bei alten Menschen berücksichtigen. Diese Unterscheidung führt zu deutlichen Auswirkungen im Aufgabenselbstverständnis.

Die Pflegefachfrau und der Pflegefachmann steuern, verantworten und gestalten in Zukunft den Pflegeprozess bei Menschen aller Altersstufen mit akuten und chronischen Schmerzen. Darüber hinaus gestalten sie einen individualisierten Pflegeprozess bei schwerstkranken und sterbenden Menschen aller Alters-stufen in verschiedenen Handlungsfeldern und integrieren die sozialen Netzwerke in das Handeln.

Für die Altenpflegerin und den Altenpfleger ist im Vergleich dazu festgeschrieben, dass sie alte Menschen sowie deren Bezugsperson bei chronischen Krankheitsverläufen, akuten und chronischen Schmerzen sowie am Lebensende pflegen, begleiten, unterstützen und beraten. Ferner wird von ihnen erwartet, die sozialen Netzwerke in das Handeln einzubeziehen. Des Weiteren unterstützen und anerkennen sie die Ressourcen von Familien, die sich insbesondere in Folge von schweren chronischen oder lebenslimitierenden Erkrankungen im höheren Lebensalter in einer Lebenskrise befinden, und wirken bei der Stabilisierung des Familiensystems mit.

Allein diese beispielhaft aufgeführten Unterschiede machen die unterschiedlichen Ausbildungsniveaus deutlich und lassen darauf schließen, dass das Ziel der Ausbildungsreform, für künftige Altenpflegekräfte mehr Entwicklungs-und Einsatzmöglichkeiten zu schaffen, aufgegeben wurde.

Damit wird akzeptiert und festgeschrieben, dass die Altenpflege zu einer Ausbildung zweiter Klasse – zwischen Helferausbildung und generalistischer Ausbildung – wird. Es wird der Eindruck vermittelt, dass der Arbeitsplatz in der Altenpflege mit einem niedrigeren Ausbildungsniveau als in der Gesundheits-und Krankenpflege sowie in der und Gesundheits- und Kinderkrankenpflege bewältigt werden kann. Ferner wird das Ziel einer Angleichung der Entlohnung aufgegeben. Außerdem wird ein Wechsel zwischen den einzelnen Arbeitsbereichen nicht mehr problemlos möglich sein. Hier muss mit Auswirkungen auf die Attraktivität und das Ansehen dieses Arbeitsfeldes sowie eines Rückgangs von Auszubildenden gerechnet werden. Das Ziel der Einführung einer generalistischen Ausbildung – die Verbesserung der Attraktivität des Berufes in allen Pflegebereichen – wird verfehlt.

Es wird ignoriert, dass aufgrund der steigenden Multimorbidität im Alter, der Entwicklung der Pflegewissenschaft und der sozialen Gerontologie neben den steigenden fachlichen Anforderungen durch kurze Verweildauern im Krankenhaus seit Jahren die Anforderungen in der Altenpflege rapide gestiegen sind. Dies zeigt sich unter anderem in der alltäglichen Umsetzung wissenschaftlicher Erkenntnisse, wie zum Beispiel den Expertenstandards oder dem Strukturmodell zur vereinfachten Pflegedokumentation."

§ 29 Gegenstände des schriftlichen, mündlichen und praktischen Teils der Prüfung

(1) Der schriftliche Teil der Prüfung erstreckt sich auf folgende Prüfungsbereiche aus den Kompetenzbereichen I bis V der Anlage 4:

1. Pflegeprozessgestaltung einschließlich Interaktion und Beziehungsgestaltung in akuten und dauerhaften Pflegesituationen (Kompetenzschwerpunkte I.1, II.1) unter Einbeziehung von lebensweltlichen Aspekten und pflegerischen Aufgaben im Zusammenhang mit der Lebensgestaltung sowie unter Berücksichtigung von Autonomieerhalt und Entwicklungsförderung der zu pflegenden alten Menschen (Kompetenzschwerpunkte I.5, I.6), wobei darüber hinaus ausgewählte Kontextbedingungen des Kompetenzbereiches IV in die Fallbearbeitung einbezogen werden sollen,
2. Pflegeprozessgestaltung bei alten Menschen mit gesundheitlichen Problemlagen unter besonderer Berücksichtigung von Gesundheitsförderung und Prävention in Verbindung mit verschiedenen Schwerpunkten und Gesichtspunkten von Beratung (Kompetenzschwerpunkte I.2, II.2), wobei im Rahmen der Fallbearbeitung erforderliche Handlungsentscheidungen anhand von pflegewissenschaftlichem Begründungswissen begründet werden sollen (Kompetenzschwerpunkt V.1),
3. Pflegeprozesssteuerung in kritischen und krisenhaften Pflegesituationen (Kompetenzschwerpunkte I.3, I.4) in Verbindung mit der eigenständigen Durchführung ärztlicher Anordnungen (Kompetenzschwerpunkt III.2) und ethischen Entscheidungsprozessen (Kompetenzschwerpunkt II.3).

(2) ¹Der mündliche Teil der Prüfung erstreckt sich auf die folgenden Kompetenzbereiche der Anlage 4:

1. intra- und interprofessionelles Handeln in unterschiedlichen systemischen Kontexten verantwortlich gestalten und mitgestalten (Kompetenzbereich III),
2. das eigene Handeln auf der Grundlage von Gesetzen, Verordnungen und ethischen Leitlinien reflektieren und begründen (Kompetenzbereich IV),
3. das eigene Handeln auf der Grundlage von wissenschaftlichen Erkenntnissen und berufsethischen Werthaltungen und Einstellungen reflektieren und begründen (Kompetenzbereich V).

²Den Schwerpunkt des mündlichen Teils der Prüfung bilden die Auseinandersetzung mit der eigenen Berufsrolle und dem beruflichen Selbstverständnis und teambezogene, einrichtungsbezogene sowie gesellschaftliche Kontextbedingungen und ihr Einfluss auf das pflegerische Handeln.

(3) Der praktische Teil der Prüfung erstreckt sich auf die Kompetenzbereiche I bis V der Anlage 4.

(4) Die Fallsituationen in den verschiedenen Teilen der Prüfung sind der Pflege von alten Menschen zu entnehmen.

Erläuterungen

In der Vorschrift wird klargestellt wird, dass sich die Gegenstände der schriftlichen, mündlichen und praktischen Prüfung jeweils auf die in der Anlage 4 aufgeführten Kompetenzen und Kompetenzschwerpunkte und damit auf den Bereich der Pflege von alten Menschen beziehen. Fallsituationen für die verschiedenen Teile der Prüfung sind der Pflege von alten Menschen zu entnehmen. **1**

Die in der Anlage 4 zu § 28 Abs. 3 Satz 1 PflAPrV formulierten Kompetenzen für die staatliche Prüfung zur Altenpflegerin oder zum Altenpfleger sind, anders als noch im Referentenentwurf vorgesehen, im Verfahren der Verordnungsgebung im Verhältnis zu den Kompetenzen der Pflegefachfrau und des Pflegefachmanns (Anlage 2) und den Kompetenzen der der Gesundheits- und Kinderkrankenpflegerin und des Gesundheits- und Kinderkrankenpflegers (Anlage 3) abgesenkt worden. S. dazu auch die Begründung zur Beschlussempfehlung und zum Bericht des Gesundheitsausschusses, BT-Drs. 19/3045, S. 136, sowie die Entschließung des Bundesrates (BR-Drs. 355/18 [Beschluss], S. 1 ff.), abgedruckt bei → Erl. zu § 28 PflAPrV, Rn. 5. **2**

Teil 3
Hochschulische Pflegeausbildung

§ 30   Inhalt und Gliederung der hochschulischen Pflegeausbildung

(1) [1]Die hochschulische Pflegeausbildung nach Teil 3 des Pflegeberufegesetzes befähigt dazu, Menschen aller Altersstufen in den allgemeinen und speziellen Versorgungsbereichen der Pflege in Erfüllung der Ausbildungsziele nach § 37 des Pflegeberufegesetzes pflegen zu können. [2]Die hierfür erforderlichen Kompetenzen sind in Anlage 5 konkretisiert. [3]Der Kompetenzerwerb in der Pflege von Menschen aller Altersstufen berücksichtigt auch die besonderen Anforderungen an die Pflege von Kindern und Jugendlichen sowie alten Menschen in den unterschiedlichen Versorgungssituationen.

(2) [1]Die hochschulische Pflegeausbildung umfasst unter Beachtung der Vorgaben der Richtlinie 2005/36/EG des Europäischen Parlaments und des Rates vom 7. September 2005 über die Anerkennung von Berufsqualifikationen (ABl. L 255 vom 30.9.2005, S. 22; L 271 vom 16.10.2007, S. 18) einen Arbeitsaufwand der Studierenden von jeweils insgesamt mindestens 4 600 Stunden. [2]Davon entfallen mindestens 2 100 auf die Lehrveranstaltungen und mindestens 2 300 Stunden auf die Praxiseinsätze in Einrichtungen nach § 7 des Pflegeberufegesetzes. [3]Mindestens jeweils 400 der auf die Praxiseinsätze entfallen den Stunden sind in der allgemeinen Akutpflege in stationären Einrichtungen, der allgemeinen Langzeitpflege in stationären Einrichtungen und der allgemeinen ambulanten Akut- und Langzeitpflege nach § 7 Absatz 1 des Pflegeberufegesetzes durchzuführen.

(3) [1]Die hochschulische Pflegeausbildung erfolgt im Wechsel von Lehrveranstaltungen und Praxiseinsätzen. [2]Die Koordination erfolgt durch die Hochschule.

(4) Das modulare Curriculum wird auf der Grundlage der Ausbildungsziele nach § 37 des Pflegeberufegesetzes und der Vorgaben der Anlage 5 erstellt.

(5) Stellt die Hochschule bei der zuständigen Behörde einen Antrag nach § 38 Absatz 3 Satz 4 des Pflegeberufegesetzes, legt sie in einem Konzept dar, dass das Ziel der Praxiseinsätze, insbesondere das Ziel, als Mitglied eines Pflegeteams in unmittelbarem Kontakt mit zu pflegenden Menschen zu lernen, nicht gefährdet wird.

(6) [1]Fehlzeiten dürfen das Ausbildungsziel nach § 37 des Pflegeberufegesetzes nicht gefährden. [2]Das Nähere regelt die Hochschule.

Erläuterungen

Übersicht

I. Allgemeines

In der Vorschrift werden **Inhalt und Gliederung der hochschulischen Pflegeaus-** **bildung** geregelt. S. dazu §§ 37 bis 39 PflBG. **Abs. 1** enthält dazu die **Inhalte. Abs. 2** befasst sich mit dem **Arbeitsaufwand der Studierenden** und der Verteilung auf die jeweiligen Lehrveranstaltungen und Praxiseinsätze. **Abs. 3** betrifft die **Aufteilung zwischen Lehrveranstaltungen und Praxiseinsätzen. Abs. 4** regelt die **Grundlagen des modularen Curriculums. Abs. 5** behandelt die **Ersetzung von Praxiseinsätzen durch praktische Lerneinheiten** an der Hochschule. **Abs. 6** gibt die Regelung zu den Fehlzeiten in die Hand der Hochschule. **1**

II. Erläuterungen

1. Abs. 1: Inhalt der hochschulischen Ausbildung

Die Vorschrift konkretisiert § 37 PflBG. In der Begründung zur Verordnung (BT-Drs. 19/2707, S. 104) wird zu Abs. 1 ausgeführt: **2**

„Die hochschulische Pflegeausbildung qualifiziert zur unmittelbaren Pflege von Menschen aller Altersstufen unter Zugrundelegung eines erweiterten, in der Anlage 5 weiter ausdifferenzierten Ausbildungsziels. Wie in der beruflichen Pflegeausbildung zur Pflegefachfrau oder zum Pflegefachmann wird jedoch bei der hochschulischen Pflegeausbildung im Rahmen der praktischen Ausbildung ein Vertiefungseinsatz gewählt. Eine Möglichkeit zum Erwerb gesonderter Abschlüsse im Bereich der Altenpflege oder der Kinderkrankenpflege besteht hingegen anders als in der beruflichen Pflegeausbildung nicht.“

2. Abs. 2: Arbeitsaufwand der Studierenden

In der Begründung zur Verordnung (BT-Drs. 19/2707, S. 104 f.) wird zu Abs. 2 ausgeführt: **3**

„Um die erforderliche Berufsfähigkeit im Rahmen eines primärqualifizierenden Studiums sicherzustellen, formuliert Absatz 2 unter Beachtung der für die europaweite automatische Anerkennung des Berufsabschlusses in Artikel 31 Absatz 3 der Richtlinie 2005/36/ EG des Europäischen Parlaments und des Rates vom 7. September 2005 über

die Anerkennung von Berufsqualifikationen (ABl. L 255 vom 30.9.2005, S. 22, L 271 vom 16.10.2007, S. 18) einzuhaltenden Vorgaben Mindestanforderungen an die Dauer der jeweiligen Ausbildungselemente.

Wie bereits in der Begründung des Regierungsentwurfs zum Pflegeberufereformgesetz ausgeführt, wird der Mindestumfang der Praxiseinsätze auf das nach diesen Vorgaben erforderliche Minimum von 2.300 Stunden für die praktische Ausbildung reduziert. Der Mindestumfang der Lehrveranstaltungen beträgt 2.100 Stunden. In der Summe muss der Arbeitsaufwand der Studierenden jedoch mindestens 4.600 Stunden betragen. Die Differenz von 200 Stunden kann grundsätzlich frei auf jeden der beiden Bereiche verteilt werden. Auch ein höherer Stundenumfang als 4.600 Stunden kann von der Hochschule zum Beispiel zur Vermittlung zusätzlicher Kompetenzen nach § 37 Absatz 4 PflBG vorgesehen werden, sofern die Erreichung des durch das Pflegeberufegesetz vorgegebenen Ausbildungsziels dadurch nicht gefährdet wird.

Um den Erfordernissen eines Studiums Rechnung tragen zu können, werden den Hochschulen bei der Gliederung der hochschulischen Pflegeausbildung Gestaltungsspielräume eröffnet. Eine Regelung der Abfolge der Einsätze ist bereits aufgrund der rein generalistischen Ausrichtung des Studiums nicht erforderlich. Von der Vorgabe einer Stundentafel wie bei den beruflichen Pflegeausbildungen wird abgesehen."

4   Weder in der Vorschrift noch in der Begründung zu der Vorschrift finden sich Aussagen darüber, wie die Stunden zu bemessen sind. An der Hochschule wird üblicherweise eine Stunde mit 45 Minuten angesetzt. An Schulen wird dieser Wert in der Regel höher angesetzt. Unabhängig davon enthält die Vorschrift auch keine explizite Aussage darüber, ob eine Stunde im Sinne Artikel 31 Abs. 3 der Richtlinie 2005/36/ EG als Stunde mit 60 Minuten oder als Stunde im Sinne der jeweiligen Gepflogenheiten der die Richtlinie anwendenden Staaten zu verstehen ist. Aus der Fassung der Vorschrift kann jedoch aufgrund der Bezugnahme auf den Arbeitsaufwand der Studierenden indirekt entnommen werden, dass es sich um Stunden im Sinne der hochschulischen Gepflogenheiten handelt.

3. Abs. 3: Gliederung der hochschulischen Ausbildung

5   Die Vorschrift konkretisiert § 38 PflBG. In der Begründung zur Verordnung (BT-Drs. 19/2707, S. 105) wird zu Abs. 3 ausgeführt:

„Aufgrund der Eigenheiten der Strukturen des Hochschulwesens und der Erfahrungen aus den Modellstudiengängen nach dem Altenpflegegesetz und dem Krankenpflegegesetz werden die praktischen Ausbildungsanteile der hochschulischen Pflegeausbildung strukturell abweichend zur beruflichen Ausbildung gestaltet. Dies bedeutet, dass es keinen Träger der praktischen Ausbildung gibt und daher die Hochschule über entsprechende Kooperationsverträge mit Pflegeeinrichtungen auch die praktische Ausbildung sicher zu stellen hat."

4. Abs. 4: Erstellung des modularen Curriculums

6   Die Vorschrift weist darauf hin, dass die Hochschule bei der Erstellung des modularen Curriculums an die Ausbildungsziele nach § 37 PflBG und die Konkretisierung dieser Ausbildungsziele in Anlage 5 der PflAPrV gebunden ist.

5. Abs. 5: Antrag nach § 38 Abs. 3 Satz 4 PflBG

Die Vorschrift konkretisiert § 38 Abs. 3 Satz 4 PflBG. In der Begründung zur 7
Verordnung (BT-Drs. 19/2707, S. 105) wird zu Abs. 5 ausgeführt:

„Eine Besonderheit der hochschulischen Ausbildung ist, dass ein geringer Anteil der Praxiseinsätze in Einrichtungen durch praktische Lerneinheiten an der Hochschule ersetzt werden kann. Als Orientierungsgröße werden in der Begründung zum Pflegeberufereformgesetz fünf Prozent der Praxiszeiten genannt. Die Hochschule hat diesbezüglich ein entsprechendes Konzept vorzulegen, das der Genehmigung durch die zuständige Behörde bedarf. Hierdurch erhält die Hochschule einen erweiterten Spielraum den wissenschaftlichen Anspruch der Ausbildungsziele des Studiums, der auch die Praxiseinsätze umfasst, zu entwickeln, ohne dass die Berufsorientierung der hochschulischen Pflegeausbildung gefährdet wird.“

6. Abs. 6: Fehlzeiten

Anders als für die schulische Ausbildung, für die in § 13 PflBG und § 1 Abs. 4 8
PflAPrV detaillierte Regelungen vorgesehen sind, wird die Regelung von Fehlzeiten hier gänzlich den Hochschulen überlassen. In der Begründung zur Verordnung (BT-Drs. 19/2707, S. 106) wird zu Abs. 6 ausgeführt:

„Von einer differenzierten Fehlzeitenregelung wird in Hinblick auf die eigenen Regelungen der Hochschulen abgesehen. Allerdings gilt auch für die hochschulische Pflegeausbildung der allgemeine Grundsatz, dass Fehlzeiten die Erreichung des Ausbildungsziels nicht gefährden dürfen.“

III. Entschließung des Bundesrates

Der Bundesrat hat in der Sitzung vom 21.9.2018 folgende Entschließung verabschie- 9
det (BR-Drs. 355/18 [Beschluss], S. 4 ff., unter Nr. 6 Buchst. d, e und g):

„6. Der Bundesrat bittet die Bundesregierung zu prüfen,

[…]

d) ob § 30 Absatz 2 Satz 3 PflAPrV gestrichen werden kann;

e) ob § 30 Absatz 6 PflAPrV gestrichen werden kann;

[…]

g) ob die Anlage 5 PflAPrV entfallen kann.

Begründung (zu Nummer 6):

[…]

zu Buchstabe d:

Mit Blick auf die nach § 38 Absatz 4 Satz 1 PflBG bei der Hochschule liegende Gesamtverantwortung für die Durchführung der Praxiseinsätze und die nach § 38 Absatz 6 Satz 2 PflBG festgelegte Verpflichtung der Hochschulen, die Vorgaben der Richtlinie 2005/36/EG zu beachten, ist eine weitere Eingrenzung der Einsatzorte und damit eine weitere Reduzierung der Flexibilität der Hochschulen bezüglich der Praxiseinsätze weder sachlich geboten, noch rechtlich nachvollziehbar. Auch die Berufsanerkennungsrichtlinie stellt hier keine weitergehenden Anforderungen.

zu Buchstabe e:

Für das Erreichen der Ausbildungsziele nach § 37 PflBG kommt es auf den Nachweis an, dass die dort geforderten Kompetenzen auch tatsächlich erworben wurden. Dies setzt implizit voraus, dass die Studierenden die dazu erforderlichen Veranstaltungen besuchen. Anders als in der schulischen Ausbildung besteht im Rahmen eines Studiums jedoch grundsätzlich keine Präsenzpflicht. Entsprechend sieht § 30 Absatz 6 Satz 2 PflAPrV zu Recht vor, dass die Hochschulen das Nähere regeln. Vor diesem Hintergrund ist die Regelung insgesamt verzichtbar.

[...].

zu Buchstabe g:

Nach der Systematik des § 37 PflBG umfasst die hochschulische Pflegeausbildung die bereits in Anlage 2 näher definierten Kompetenzen aus § 5 Absatz 2 und 3 PflBG und die weiteren akademischem Kompetenzen in § 37 Absatz 3 Satz 2 PflBG. Die Festlegungen in Anlage 5 enthalten eine Mischung der dort genannten Kompetenzen. Ziel der oben genannten Regelungen des PflBG ist durch eine Standardisierung der Anforderungen zu den Kompetenzen nach § 5 PflBG sicher zu stellen, dass die Patientensicherheit durch die Reglementierung des Berufszugangs gewahrt ist. § 37 Absatz 3 Satz 2 PflBG schafft andererseits Spielräume für den Erwerb zusätzlicher akademischer Kompetenzen in Verantwortung der Hochschulen, die für die Patienten einen wesentlichen Mehrwert darstellen, die Patientensicherheit aber nicht unmittelbar tangieren. Mit Blick auf die Systematik des § 39 PflBG sind hier daher, soweit eine weitere Konkretisierung der bereits im PflBG definierten Kompetenzen in der Rechtsverordnung erfolgen soll, jeweils getrennte Festlegungen erforderlich. Angesichts der Zielsetzung des § 37 Absatz 3 Satz 2 PflBG bedarf mit Blick auf die dort in den Nummern 1 bis 5 bereits umfassend geregelten Kompetenzen keiner weitergehenden Festlegungen, die die Entwicklungspotentiale an den Hochschulen im Sinne einer weiteren Qualitätsverbesserung für die Patienten einschränken. Soweit die Anlage 5 weitergehende Festlegungen zu den die Patientensicherheit betreffenden Kompetenzen nach § 5 PflBG enthält, wird angeregt diese gegebenenfalls in Anlage 2 zu integrieren."

§ 31 Durchführung der hochschulischen Pflegeausbildung

(1) [1]Die Hochschule gewährleistet über schriftliche Kooperationsverträge mit den Einrichtungen die Durchführung der Praxiseinsätze und stellt damit sicher, dass sie in angemessenem Umfang eine Praxisanleitung entsprechend den Vorgaben des modularen Curriculums der Hochschule durchführen. [2]Die Praxisanleitung erfolgt durch geeignetes, in der Regel hochschulisch qualifiziertes Pflegepersonal. [3]Die Länder können weitergehende Regelungen treffen. [4]Sie können bis zum 31. Dezember 2029 auch abweichende Anforderungen an die Eignung der Praxisanleiterinnen und Praxisanleiter zulassen.

(2) [1]Die Hochschule stellt für die Zeit der Praxiseinsätze die Praxisbegleitung der Studierenden in angemessenem Umfang sicher. [2]Sie regelt über Kooperationsverträge mit den Einrichtungen der Praxiseinsätze die Durchführung der Praxisbegleitung in den Einrichtungen und die Zusammenarbeit mit den Praxisanleiterinnen und Praxisanleitern.

(3) Den Studierenden dürfen im Rahmen der Praxiseinsätze nur Aufgaben übertragen werden, die dem Ausbildungszweck und dem Ausbildungsstand entsprechen; die übertragenen Aufgaben sollen den physischen und psychischen Kräften der Studierenden angemessen sein.

Erläuterungen

Übersicht

I. Allgemeines

Die Vorschrift konkretisiert § 38 Abs. 3 und 4 PflBG. **Abs. 1** regelt die **Verantwortung der Hochschule für die Praxiseinsätze und die Praxisanleitung. Abs. 2** bestimmt die Sicherstellung der Praxisbegleitung durch die Hochschule. **Abs. 3** stellt eine **Schutzvorschrift** für Studierende im Rahmen der Praxiseinsätze dar. 1

Zu den in Abs. 1 und 2 erwähnten **Kooperationsverträgen** s. auch die → Erl. zu § 8 PflAPrV. 2

II. Erläuterungen

1. Abs. 1: Praxiseinsätze – Praxisanleitung

Die Vorschrift konkretisiert § 38 Abs. 3 Satz 1 und 2, Abs. 4 Satz 2 PflBG. In der Begründung zur Verordnung (BT-Drs. 19/2707, S. 105) wird zu Abs. 1 ausgeführt: 3

„Da die Organisation und Koordination der hochschulischen Pflegeausbildung Aufgabe der Hochschule ist, hat diese auch die Praxisanleitung über Kooperationsverträge sicherzustellen. Absatz 1 regelt unter Gewährung einer Übergangsfrist bis zum 31. Dezember 2029 die entsprechenden Mindestanforderungen an die Qualifikation

der Praxisanleiterinnen und Praxisanleiter in Übereinstimmung mit dem wissenschaftlichen Anspruch der hochschulischen Pflegeausbildung. Die Kooperationsverträge bedürfen der Schriftform gemäß § 126 des Bürgerlichen Gesetzbuches."

2. Abs. 2: Praxisbegleitung

4   Die Vorschrift konkretisiert § 38 Abs. 3 Satz 3 PflBG. In der Begründung zur Verordnung (BT-Drs. 19/2707, S. 105) wird zu Abs. 2 ausgeführt:

„Die neue hochschulische Pflegeausbildung erfordert eine enge Zusammenarbeit zwischen der Hochschule und den Einrichtungen der Praxiseinsätze. Um diese Zusammenarbeit abzusichern, erfolgreich und arbeitsteilig zu gestalten, schließen die Beteiligten schriftliche Kooperationsverträge. Hiermit wird im Interesse der Studierenden ein fortlaufender und systematischer Austausch zwischen allen an der Ausbildung beteiligten Akteuren sichergestellt."

3. Abs. 3: Aufgaben im Rahmen der Praxiseinsätze

5   Die Regelung stellt sich als Schutzvorschrift der Studierenden im Rahmen der Praxiseinsätze dar. Sie ist der Schutzvorschrift für die Auszubildenden nachgebildet (vgl. § 18 Abs. 2 PflBG). Die für Personen unter 18 Jahren geltenden Arbeitsschutzvorschriften nach dem Jugendarbeitsschutzgesetz bleiben unberührt.

§ 32 Modulprüfungen und staatliche Prüfung zur Erlangung der Berufszulassung

(1) [1]Die Prüfung umfasst jeweils einen schriftlichen, einen mündlichen und einen praktischen Teil. [2]Gegenstand der staatlichen Prüfung zur Erlangung der Berufszulassung sind die Kompetenzen nach § 39 Absatz 2 Satz 1 des Pflegeberufegesetzes. [3]Im schriftlichen und mündlichen Teil der Prüfung hat die zu prüfende Person ihre Fachkompetenz und die zur Ausübung des Berufs erforderliche personale Kompetenz einschließlich der Sozialkompetenz und der Selbständigkeit nachzuweisen. [4]Im praktischen Teil der Prüfung hat die zu prüfende Person nachzuweisen, dass sie über die zur Pflege von Menschen auch in hochkomplexen Pflegesituationen erforderlichen Kompetenzen verfügt und befähigt ist, die Aufgaben in der Pflege gemäß dem Ausbildungsziel des Pflegeberufegesetzes auszuführen.

(2) Die zu prüfende Person legt den schriftlichen und mündlichen Teil der Prüfung bei der Hochschule ab, an der sie die hochschulische Pflegeausbildung abschließt.

(3) Der praktische Teil der Prüfung wird in der Regel in der Einrichtung abgelegt, in der der Vertiefungseinsatz nach § 38 Absatz 3 Satz 1 des Pflegeberufegesetzes durchgeführt wurde.

(4) Die Hochschule legt mit Zustimmung der zuständigen Behörde die Module des Studiengangs fest, in denen die Überprüfung der Kompetenzen nach § 39 Absatz 2 Satz 1 des Pflegeberufegesetzes erfolgt, sowie die Art der jeweiligen Modulprüfung nach Maßgabe der §§ 35 bis 37.

Erläuterungen

Übersicht

I. Allgemeines

Die Vorschrift konkretisiert § 39 PflBG. **Abs. 1** regelt den **Nachweis von Kompetenzen. Abs. 2** bestimmt den **Ort der schriftlichen und mündlichen Prüfung, Abs. 3** den **Ort der praktischen Prüfung. Abs. 4** äußert sich zur **Modulfestlegung für die Prüfung.**   1

II. Erläuterungen

1. Abs. 1: Nachweis von Kompetenzen

Die Vorschrift konkretisiert § 39 Abs. 3 Satz 2 PflBG. In der Begründung zur   2
Verordnung (BT-Drs. 19/2707, S. 106) wird zu Abs. 1 ausgeführt:

„Die staatliche Prüfung zur Erlangung der Berufszulassung ist Teil der hochschulischen Prüfung zur Erlangung des akademischen Grades. Absatz 1 trifft entsprechend § 39 Absatz 3 Satz 2 PflBG Regelungen zu Aufbau und Gegenstand des staatlichen Anteils an der Prüfung. Die staatlichen Anteile der hochschulischen Prüfung beziehen sich auf die Überprüfung der Kompetenzen, die auch Teil der beruflichen Ausbildung nach § 5 PflBG sind und gegebenenfalls auf die im Rahmen eines Modellvorhabens vermittelten erweiterten Kompetenzen nach § 14 PflBG."

2. Abs. 2: Schriftliche und mündliche Prüfung

3   Die Vorschrift konkretisiert § 39 Abs. 1 PflBG. In der Begründung zur Verordnung (BT-Drs. 19/2707, S. 106) wird zu Abs. 2 ausgeführt:

„Die Vorschrift regelt die Zuständigkeit der Hochschule für den schriftlichen und mündlichen Teil der Prüfung. Zuständig ist die Hochschule, an der die hochschulische Pflegeausbildung abgeschlossen wird, also die Hochschule nach § 39 Absatz 1 PflBG, die den akademischen Grad verleiht."

3. Abs. 3: Praktische Prüfung

4   Die Vorschrift konkretisiert § 39 Abs. 1 PflBG. Der praktische Teil der Prüfung soll wie bei der beruflichen Ausbildung in der Einrichtung abgelegt werden, an der der Vertiefungseinsatz durchgeführt wird.

4. Abs. 4: Festlegung von Modulen für die Prüfung

5   Die Vorschrift konkretisiert § 39 Abs. 3 Satz 1 PflBG. Sie bringt die staatliche Verantwortung bei der Festlegung der Module und der Bestimmung der Art der Modulprüfung zum Ausdruck. In der Begründung zur Verordnung (BT-Drs. 19/2707, S. 106) wird zu Abs. 4 ausgeführt:

„Absatz 4 stellt klar, dass die Festlegung der Module des Studiengangs durch die Hochschule, die im Rahmen der hochschulischen Überprüfung zugleich Teil der staatlichen Prüfung zur Erlangung der Berufszulassung sind, sowie die dabei erforderliche Zustimmung der zuständigen Behörde sich auch auf die Art der jeweiligen Modulprüfung beziehen müssen."

§ 33 Prüfungsausschuss

(1) [1]An jeder Hochschule, die die hochschulische Pflegeausbildung anbietet, wird ein Prüfungsausschuss gebildet, der für die ordnungsgemäße Durchführung der Modulprüfungen nach § 39 Absatz 2 Satz 1 des Pflegeberufegesetzes zuständig ist. [2]Er besteht mindestens aus folgenden Mitgliedern:

1. einer Vertreterin oder einem Vertreter der zuständigen Behörde oder einer von der zuständigen Behörde mit der Wahrnehmung dieser Aufgabe betrauten geeigneten Person,
2. einer Vertreterin oder einem Vertreter der Hochschule,
3. mindestens einer Prüferin oder einem Prüfer, die oder der an der Hochschule für das Fach berufen ist, und einer Prüferin oder einem Prüfer, die oder der über eine Hochschulprüfungsberechtigung verfügen, sowie
4. mindestens einer Prüferin oder einem Prüfer, die oder der für die Abnahme des praktischen Prüfungsteils geeignet ist.

[3]Die Prüferinnen oder Prüfer nach Satz 2 Nummer 3 oder 4 müssen über eine Erlaubnis zum Führen der Berufsbezeichnung nach § 1 Absatz 1, § 58 Absatz 1 oder Absatz 2 oder § 64 des Pflegeberufegesetzes verfügen. [4]Für Prüferinnen oder Prüfer nach Satz 2 Nummer 3 können die Länder bis zum Jahr 2029 Ausnahmen vom Erfordernis nach Satz 3 genehmigen.

(2) [1]Die zuständige Behörde bestellt das Mitglied nach Absatz 1 Satz 2 Nummer 1 sowie dessen Stellvertreterin oder Stellvertreter. [2]Die Hochschule bestimmt das Mitglied nach Absatz 1 Satz 2 Nummer 2 sowie dessen Stellvertreterin oder Stellvertreter.

(3) [1]Der Prüfungsausschuss wird unter dem gemeinsamen Vorsitz der Mitglieder nach Absatz 1 Satz 2 Nummer 1 und Absatz 1 Satz 2 Nummer 2 geführt. [2]Das Mitglied nach Absatz 1 Satz 2 Nummer 1 wird bei der Durchführung seiner Aufgaben durch die zuständige Behörde unterstützt.

(4) Die Vorsitzenden des Prüfungsausschusses bestimmen gemeinsam auf Vorschlag der Hochschule die Prüferinnen oder Prüfer für die einzelnen Prüfungsteile sowie deren Stellvertreterinnen und Stellvertreter.

(5) Die Vorsitzenden des Prüfungsausschusses sind verpflichtet, an den jeweiligen Teilen der Prüfung in dem Umfang teilzunehmen, der zur Erfüllung der in dieser Verordnung geregelten Aufgaben erforderlich ist; eine Verpflichtung zur Anwesenheit während der gesamten Dauer der Prüfung besteht nicht.

(6) Bei Kooperation mit einer Pflegeschule nach § 67 des Pflegeberufegesetzes können die Vorsitzenden auch Vertreterinnen oder Vertreter der Pflegeschule in den Prüfungsausschuss berufen.

Erläuterungen

Übersicht

I. Allgemeines

1   S. insgesamt die die → Erl. zu § 10 PflAPrV unter I. Allgemeines.

II. Erläuterungen

1. Abs. 1: Bildung und Mitglieder des Prüfungsausschusses

2   Ein Prüfungsausschuss ist an jeder Hochschule zu bilden, die die hochschulische Pflegeausbildung anbietet. Er verantwortet die ordnungsgemäße Durchführung der Prüfung (**Abs. 1 Satz 1**).

3   In der Begründung zur Verordnung (BT-Drs. 19/2707, S. 106) wird zu Abs. 1 ausgeführt:

„Die Vorschrift regelt die Bildung und Zusammensetzung des Prüfungsausschusses. Absatz 1 benennt die in den Prüfungsausschuss zu berufenden Mitglieder und die an sie zu stellenden Anforderungen.

Die Behördenvertreterin oder der Behördenvertreter gemäß Absatz 1 Satz 2 Nummer 1 muss zur Wahrnehmung der Aufgaben im Prüfungsausschuss geeignet sein. Es besteht die Möglichkeit, eine andere geeignete Person mit der Wahrnehmung dieser Aufgaben zu betrauen.

Die Hochschule ist in der Auswahl ihres Vertreters gemäß Absatz 1 Satz 2 Nummer 2 an keine Vorgaben gebunden.

Eine Prüferin oder Prüfer nach Absatz 1 Satz 2 Nummer 3 müssen über eine Erlaubnis zum Führen der Berufsbezeichnung nach § 1 Absatz 1, § 58 Absatz 1 oder Absatz 2 oder § 64 PflBG verfügen. Für Prüferinnen oder Prüfer nach Satz 2 Nummer 3 können die Länder bis zum Jahr 2029 Ausnahmen hinsichtlich der Erlaubnis zum Führen der Berufsbezeichnung genehmigen. Mit der Ausnahmeregelung wird berücksichtigt, dass möglicherweise im Jahr 2020 noch nicht genügend Prüferinnen und Prüfer mit einer entsprechenden Qualifikation zur Verfügung stehen.“

2. Abs. 2: Bestellung der Mitglieder

In der Begründung zur Verordnung (BT-Drs. 19/2707, S. 106) wird zu Abs. 2   4
ausgeführt:

„Die zuständige Behörde bestellt ihren Vertreter sowie dessen Stellvertreter in den Prüfungsausschuss. Die Hochschule benennt ihren Vertreter und dessen Stellvertreter unmittelbar, so dass sie ohne weiteres Zutun der Behörde Mitglieder des Ausschusses werden. Die Bestellung beziehungsweise die Benennung von Stellvertreterinnen oder von Stellvertretern ist zur Gewährleistung der Arbeitsfähigkeit des gemeinsamen Vorsitzes erforderlich.“

3. Abs. 3: Gemeinsamer Vorsitz

In der Begründung zur Verordnung (BT-Drs. 19/2707, S. 107) wird zu Abs. 3   5
ausgeführt:

„Die Modulprüfungen, die sich auf die Kompetenzen nach § 37 und gegebenenfalls § 13 PflBG beziehen, werden unter dem gemeinsamen Vorsitz der Hochschule und der Behörde durchgeführt. Für das Bestehen einer Modulprüfung ist ein einheitliches Votum der Vorsitzenden erforderlich. Das Mitglied nach Absatz 1 Satz 2 Nummer 1 wird bei der Wahrnehmung seiner Aufgaben von der zuständigen Behörde unterstützt. Dies betrifft insbesondere die administrativen und organisatorischen Anteile der Aufgaben.“

4. Abs. 4: Bestimmung der Prüfer

In der Begründung zur Verordnung (BT-Drs. 19/2707, S. 107) wird zu Abs. 4   6
ausgeführt:

„Nach Absatz 4 bestellen die Vorsitzenden des Prüfungsausschusses im Interesse einer jederzeitigen Funktionsfähigkeit des Prüfungsausschusses für die Mitglieder nach Absatz 1 Satz 2 Nummer 3 und Nummer 4 jeweils eine Stellvertreterin beziehungsweise einen Stellvertreter.“

5. Abs. 5: Prüfungsteilnahme durch den Prüfungsausschussvorsitzenden

Die Vorsitzenden sind wie bei der beruflichen Prüfung nicht dazu verpflichtet,   7
während der gesamten Dauer der Prüfung anwesend zu sein. S. hierzu die → Erl. zu
§ 10 PflAPrV, Rn. 10.

6. Abs. 6: Prüfungsausschuss bei Kooperationen nach § 67 PflBG

Die Vorschrift regelt den Sonderfall der nach § 67 PflBG befristet bis zum   8
31. Dezember 2031 zulässigen Kooperationsmodelle von Hochschulen mit Pflegeschulen.

III. Entschließung des Bundesrates

9   Der Bundesrat hat in der Sitzung vom 21.9.2018 folgende Entschließung verabschiedet (BR-Drs. 355/18 [Beschluss], S. 4, unter Nr. 6 Buchst. a):

„6. *Der Bundesrat bittet die Bundesregierung zu prüfen,*

a) *wie in § 33 PflAPrV, insbesondere in § 33 Absatz 1 Satz 2 Nummer 4 PflAPrV, klargestellt werden kann, dass nur Personen eine Prüfungsberechtigung erhalten, die auch selbst mindestens über die mit der Prüfung abgeprüfte Qualifikation verfügen;*

[...]

Begründung (zu Nummer 6):

zu Buchstabe a:

Wie sich unter anderem aus § 40 PflAPrV ergibt, sind die in den §§ 30 ff. PflAPrV geregelten Prüfungen zugleich hochschulische und staatliche Prüfungen, so dass auch die hochschulrechtlichen Rahmenbedingungen zu beachten sind. In § 33 PflAPrV ist deshalb (in Anlehnung an die entsprechenden Regelungen im Hochschulrecht aller Länder) sicher zu stellen, dass alle Mitglieder des Prüfungsausschusses hochschulrechtlich über die mit der Prüfung abgeprüfte Kompetenz (also mindestens über einen einschlägigen Bachelorabschluss) verfügen, das heißt eine Hochschulprüferberechtigung haben. Insbesondere § 33 Absatz 1 Satz 2 Nummer 4 PflAPrV ist daher zu präzisieren. Die bloße Eignung für die Abnahme des praktischen Prüfungsteils reicht nicht aus.

[...].“

IV. Literaturhinweise

10   *Niehues, Norbert/ Fischer, Edgar/Jeremias, Christoph:* Prüfungsrecht. 7. Aufl. München 2018.

§34 Zulassung zur Prüfung, Nachteilsausgleich

(1) Die Vorsitzenden des Prüfungsausschusses entscheiden auf Antrag der oder des Studierenden und auf Grundlage der im Studiengangskonzept geregelten Voraussetzungen über die Zulassung zur staatlichen Prüfung.

(2) § 12 ist entsprechend anzuwenden.

Erläuterungen

Abs. 1 regelt die **Zulassung zur Prüfung**. Die Zulassung zur Prüfung bedarf eines   1
Antrages des Studierenden.

Abs. 2 regelt den **Nachteilsausgleich** und verweist dazu auf § 12 PflAPrV.   2

§ 35 Schriftlicher Teil der Prüfung

(1) Der schriftliche Teil der Prüfung umfasst drei Aufsichtsarbeiten.

(2) Für die drei Aufsichtsarbeiten sind Module zu folgenden Prüfungsbereichen aus den Kompetenzbereichen I bis V der Anlage 5 festzulegen:

1. die Planung, Organisation, Gestaltung, Steuerung und Durchführung von Pflegeprozessen bei komplexen und hochkomplexen Pflegebedarfen, spezifischen Klientengruppen in Pflegesituationen mit besonderen gesundheitlichen Problemlagen sowie in hoch belasteten und kritischen Lebenssituationen auf der Grundlage wissenschaftlicher Theorien, Modelle und Forschungsergebnisse übernehmen,

2. die Entwicklung und Autonomie in der Lebensspanne und unterstützen Menschen aller Altersgruppen bei der Lebensgestaltung auf der Grundlage pflege- und bezugswissenschaftlicher Methoden und Forschungsergebnisse fördern,

3. Beratungs- und Schulungskonzepte auf der Basis gesicherter Forschungsergebnisse konzipieren, gestalten, reflektieren und evaluieren,

4. Kommunikations-, Interaktions- und Beratungsprozesse in der Pflegepraxis auf der Grundlage pflege- und bezugswissenschaftlicher Methoden und unter ethischen Gesichtspunkten analysieren, reflektieren und evaluieren,

5. die pflegerischen und gesundheitlichen Versorgungsstrukturen, die Steuerung von Versorgungsprozessen sowie die Formen von intra- und interprofessioneller Zusammenarbeit analysieren und reflektieren und an der Gestaltung von Strukturen und Versorgungsprozessen auf der Basis wissenschaftlicher Erkenntnisse mitwirken,

6. ärztliche Anordnungen und Maßnahmen der Diagnostik, Therapie oder Rehabilitation unter Berücksichtigung vertieften forschungsbasierten Wissens begründen,

7. Forschungsergebnisse bewerten und forschungsgestützte Problemlösungen sowie neue Technologien für die Gestaltung von Pflegeprozessen nutzen.

(3) [1]Soweit Module prüfungsbereichsübergreifend konzipiert sind, müssen die genannten Prüfungsbereiche in den gewählten Modulen jeweils zumindest einen Schwerpunkt bilden. [2]Die zu prüfende Person hat in den Aufsichtsarbeiten schriftlich gestellte fallbezogene Aufgaben zu bearbeiten. [3]Die Fallsituationen für die drei Aufsichtsarbeiten sollen insgesamt variiert werden in Bezug auf

1. die Altersstufe, der die zu pflegenden Menschen angehören,
2. das soziale und kulturelle Umfeld der oder des zu pflegenden Menschen,
3. die Versorgungsbereiche, in denen die Fallsituationen verortet sind.

[4]In allen drei Aufsichtsarbeiten werden die Reflexion und Begründung des eigenen Handelns auf der Grundlage von wissenschaftlichen Erkenntnissen geprüft. [5]Die Aufsichtsarbeiten schließen jeweils das nach Absatz 2 zugeordnete Modul ab.

(4) [1]Die Aufsichtsarbeiten dauern jeweils mindestens 120 Minuten. [2]Sie sind in der Regel an drei aufeinanderfolgenden Werktagen durchzuführen. [3]Die Aufsichtsführenden werden von der Hochschule bestellt.

(5) Die Aufgaben für die Aufsichtsarbeiten werden auf Vorschlag der Hochschule durch die Vorsitzenden des Prüfungsausschusses bestimmt.

(6) [1]Jede Aufsichtsarbeit ist von mindestens zwei Prüferinnen oder Prüfern zu benoten. [2]Aus den Noten der Prüferinnen oder Prüfer bilden die Vorsitzenden des Prüfungsausschusses im Benehmen mit den jeweiligen Prüferinnen oder Prüfern die Note der einzelnen Aufsichtsarbeiten.

(7) Der schriftliche Teil der staatlichen Prüfung ist bestanden, wenn jede der drei Aufsichtsarbeiten mindestens mit „ausreichend" benotet wird.

(8) [1]Die Gesamtnote für den schriftlichen Teil der staatlichen Prüfung ermitteln die Vorsitzenden des Prüfungsausschusses aus den drei Noten der Aufsichtsarbeiten. [2]Soweit die Module im Curriculum hinsichtlich des Arbeitsaufwandes unterschiedlich gewichtet sind, ist dies bei der Ermittlung der Gesamtnote des schriftlichen Prüfungsteils zu berücksichtigen.

Erläuterungen

Übersicht

I. Allgemeines

In der Vorschrift für die hochschulische Prüfung werden die Gegenstände der **schriftlichen Prüfung (Abs. 1 bis 3)**, prüfungsverfahrensrechtliche Punkte (Dauer der Aufsichtsarbeiten, Auswahl der Aufgaben) **(Abs. 4 bis 5)** die Benotung der Leistungen **(Abs. 6 bis 8)** behandelt. Die entsprechenden Vorschriften für die **mündliche Prüfung** finden sich in § 36 PflAPrV und für die **praktische Prüfung** in § 37 PflAPrV. Zur Bildung der Gesamtnote der staatlichen Prüfung s. § 39 Abs. 2 Satz 2 PflAPrV, wobei § 17 PflAPrV zu beachten ist. **1**

Für die **allgemeinen prüfungsrechtlichen Vorschriften** wie die **Niederschrift**, den **Rücktritt von der Prüfung**, **Versäumnisfolgen**, die Ordnungsverstöße und **Täuschungsversuche** sowie die **Einsicht in Prüfungsunterlagen** wird auf die Vorschriften zur staatlichen Prüfung verwiesen (§ 38 PflAPrV). **2**

3   Die **Wiederholungsmöglichkeit** ist in § 39 Abs. 3 PflAPrV, das **Notensystem** in § 39 Abs. 1 PflAPrV und das **Bestehen des staatlichen Prüfungsteils** in § 39 Abs. 2 PflAPrV geregelt.

II. Erläuterungen

1. Abs. 1: Bestandteile der schriftlichen Prüfung

4   Die Vorschrift regelt die Bestandteile der schriftlichen Prüfung.

2. Abs. 2: Festlegung der Prüfungsbereiche

5   In der Begründung zur Verordnung (BT-Drs. 19/2707, S. 107) wird zu Abs. 2 ausgeführt:

„Die Systematik zur Festlegung der Prüfungsbereiche aus Kompetenzbereichen der Anlage 5 entspricht grundsätzlich der Systematik der beruflichen Pflegeausbildungen, jedoch auf einem höheren Abstraktionsniveau und unter Berücksichtigung der erweiterten Ausbildungsziele von § 37 PflBG. Abweichend von dem schriftlichen Teil der Prüfung der beruflichen Ausbildungen bleibt die Zuordnung der konkreten Prüfungsbereiche des Absatzes 2 Nummer 1 bis 7 zu den Aufsichtsarbeiten jedoch der Hochschule überlassen.

In den Nummern 1 bis 7 sind die Kompetenzbereiche aufgeführt, die konkret Gegenstand der schriftlichen Prüfung sind. Im Mittelpunkt stehen die Kompetenzbereiche I und II der Anlage 5. Ergänzt werden diese um ausgewählte Schwerpunkte aus den Kompetenzbereichen III, IV und V der Anlage 5. Hierdurch wird gleichzeitig die Vergleichbarkeit der Prüfungsleistungen gewährleistet.“

3. Abs. 3: Fallsituationen

6   In der Begründung zur Verordnung (BT-Drs. 19/2707, S. 107 f.) wird zu Abs. 3 ausgeführt:

„Jeder der in Absatz 1 [richtig: Absatz 2] Nummer 1 bis 7 genannten Prüfungsbereiche ist in mindestens einer der drei schriftlichen Aufsichtsarbeiten zu bearbeiten. Dabei sind die Fallsituationen, die den Aufsichtsarbeiten zugrunde gelegt werden, in Bezug auf die in den Absatz 3 Satz 3 Nummer 1 bis 3 aufgeführten Aspekte zu variieren. Damit soll erreicht werden, dass die unterschiedlichen Altersstufen und die unterschiedlichen sozialen und kulturellen Rahmenbedingungen der zu pflegenden Menschen sowie die unterschiedlichen Versorgungskontexte möglichst gleichmäßig in den Fallgestaltungen der Aufsichtsarbeiten Berücksichtigung finden. Es soll – im Sinne der generalistisch ausgerichteten Ausbildung – gewährleistet werden, dass die Aufgaben zur Pflege von Menschen unterschiedlicher Altersgruppen und in verschiedenen ambulanten und stationären Versorgungskontexten Gegenstand der Prüfung sind. Der Prüfungsschwerpunkt liegt auf den vorbehaltenen Tätigkeiten nach § 4 PflBG und den damit verbundenen pflegerischen Kernaufgaben zur systematischen Gestaltung und Strukturierung des Pflegearrangements.“

4. Abs. 4: Dauer der Aufsichtsarbeiten

Die Aufsichtsarbeiten dauern jeweils 120 Minuten. Sie sind an drei Tagen zu 7 schreiben, die regelmäßig, aber nicht zwingend aufeinanderfolgen müssen. Die Arbeiten haben unter Aufsicht stattzufinden; die Aufsicht ist durch die Hochschule zu bestellen.

5. Abs. 5: Auswahl der Aufgaben

Die Vorschrift regelt die Bestimmung der Inhalte beziehungsweise Prüfungsthemen 8 für die Aufsichtsarbeiten durch den Vorsitz des Prüfungsausschusses auf Vorschlag der Hochschule. Hierbei sind insbesondere die formalen und inhaltlichen Vorgaben des § 35 PflAPrV zu berücksichtigen.

6. Abs. 6: Benotung

Bei der Bildung der Note für die jeweilige Aufsichtsarbeit stimmen sich die Vor- 9 sitzenden des Prüfungsausschusses mit den Prüferinnen und Prüfern ab. Jede Aufsichtsarbeit ist von mindestens zwei Prüferinnen oder Prüfern nach § 33 Abs. 1 Satz 2 Nr. 3 PflAPrV zu benoten.

7. Abs. 7: Bestehen

Der schriftliche Teil der Prüfung ist bestanden, wenn die zu prüfende Person in jeder 10 der drei Aufsichtsarbeiten mindestens die Note „ausreichend" erhalten hat.

8. Abs. 8: Gesamtnote

Die Gesamtnote für den schriftlichen Teil der staatlichen Prüfung wird von den 11 Vorsitzenden des Prüfungsausschusses aus dem arithmetischen Mittel der Noten der einzelnen Aufsichtsarbeiten gebildet. Anders als in der beruflichen Ausbildung kann eine unterschiedliche Gewichtung der Module, die mit der schriftlichen Prüfung abgeschlossen werden, hinsichtlich des Arbeitsaufwands bei der Ermittlung der Gesamtnote des schriftlichen Prüfungsteils berücksichtigt werden.

III. Entschließung des Bundesrates

Der Bundesrat hat in der Sitzung vom 21.9.2018 folgende Entschließung verabschie- 12 det (BR-Drs. 355/18 [Beschluss], S. 4 f., unter Nr. 6 Buchst. b):

„*6. Der Bundesrat bittet die Bundesregierung zu prüfen,*

[...]

b) ob § 35 Absatz 4 Satz 2 PflAPrV gestrichen werden kann;

[...]

Begründung (zu Nummer 6):

[...]

zu Buchstabe b:

Da es sich bei den Prüfungen gleichzeitig um Modulprüfen im hochschulischen Kontext handelt, ist eine Durchführung der schriftlichen Prüfungen in der Regel an drei Werktagen hintereinander, wie in § 35 Absatz 4 Satz 2 PflAPrV festgelegt, praktisch nahezu nicht umsetzbar. Die Regelung sollte gestrichen werden.

[…]."

§ 36 Mündlicher Teil der Prüfung

(1) Für den mündlichen Teil der Prüfung ist ein Modul oder sind Module zu folgenden Prüfungsbereichen aus den Kompetenzbereichen III bis V der Anlage 5 festzulegen:

1. verantwortliche Gestaltung und Mitgestaltung des intra- und interprofessionellen Handelns in unterschiedlichen systemischen Kontexten und zur Weiterentwicklung der gesundheitlichen und pflegerischen Versorgung,
2. Reflexion und Begründung des eigenen Handelns vor dem Hintergrund von Gesetzen, Verordnungen, ethischen Leitlinien und zur Mitwirkung an der Entwicklung und Implementierung von Qualitätsmanagementkonzepten, Leitlinien und Expertenstandards,
3. Reflexion und Begründung des eigenen Handelns auf der Grundlage von wissenschaftlichen Erkenntnissen und berufsethischen Werthaltungen und Einstellungen sowie zur Beteiligung an der Berufsentwicklung.

(2) [1]Im mündlichen Teil der Prüfung hat die zu prüfende Person berufliche Kompetenzen nachzuweisen. [2]Die Prüfung schließt das nach Absatz 1 zugeordnete Modul oder die zugeordneten Module ab.

(3) [1]Die drei Kompetenzbereiche der mündlichen Prüfung werden anhand von komplexen Aufgabenstellungen unter Berücksichtigung aktueller wissenschaftlicher Erkenntnisse geprüft. [2]Die Prüfungsaufgabe besteht in der Bearbeitung einer Fallsituation aus einem anderen Versorgungskontext als dem der praktischen Prüfung und bezieht sich auch auf eine andere Altersstufe der zu pflegenden Menschen.

(4) [1]Die zu prüfenden Personen werden einzeln oder zu zweit geprüft. [2]Die Prüfung soll für jede zu prüfende Person mindestens 30 Minuten und nicht länger als 45 Minuten dauern. [3]Eine angemessene Vorbereitungszeit unter Aufsicht ist zu gewähren.

(5) [1]Die Prüfung wird von mindestens zwei Prüferinnen oder Prüfern abgenommen und benotet. [2]Die Vorsitzenden des Prüfungsausschusses sind berechtigt, sich an der Prüfung zu beteiligen und dabei selbst Prüfungsfragen zu stellen.

(6) Aus den Noten der Prüferinnen oder Prüfer bilden die Vorsitzenden des Prüfungsausschusses im Benehmen mit den Prüferinnen und Prüfern die Note für die in der Prüfung erbrachte Leistung.

(7) Der mündliche Teil der Prüfung ist bestanden, wenn die Prüfungsleistung mindestens mit „ausreichend" benotet wird.

Erläuterungen

Übersicht

I. Allgemeines

1 In der Vorschrift für die hochschulische Prüfung werden die Gegenstände der mündlichen Prüfung (**Abs. 1 bis 3**), prüfungsverfahrensrechtliche Punkte (Dauer, Zahl der zu prüfenden Personen, Vorbereitungszeit) (**Abs. 4**), die Prüfer (**Abs. 5**), die Benotung (**Abs. 6**) und das Bestehen der Prüfung (**Abs. 7**) behandelt. Die entsprechenden Vorschriften für die **schriftliche Prüfung** finden sich in § 35 PflAPrV und für die **praktische Prüfung** in § 37 PflAPrV. S. weiter die → Erl. zu § 35 PflAPrV, Rn. 2 f.

II. Erläuterungen

1. Abs. 1: Festlegung der Prüfungsbereiche

2 In der Begründung zur Verordnung (BT-Drs. 19/2707, S. 108) wird zu Abs. 1 ausgeführt:

„Die Vorschrift regelt den mündlichen Teil der Prüfung. Die mündliche Prüfung ist ein Modul aus den Prüfungsbereichen III bis V der Anlage 5.

Im mündlichen Teil der Prüfung hat der Prüfling anwendungsbereite hochschulische Kompetenzen nachzuweisen. Gegenstand der Prüfung sind die in Absatz 1 in den Nummern 1 bis 3 benannten drei Kompetenzbereiche der Anlage 5. Diese drei Kompetenzbereiche III, IV und V der Anlage 5 eignen sich besonders für den mündlichen Teil der staatlichen Prüfung, während bei der schriftlichen Prüfung der Schwerpunkt auf den Kompetenzbereichen I und II der Anlage 5 liegt. Damit ist sichergestellt, dass alle Kompetenzbereiche der Anlage 5 Gegenstand der staatlichen Prüfung sind."

2. Abs. 2: Nachweis beruflicher Kompetenzen

3 In der Begründung zur Verordnung (BT-Drs. 19/2707, S. 108) wird zu Abs. 2 ausgeführt:

„Absatz 2 wiederholt für die mündliche Prüfung den Bezug auf die berufliche Tätigkeit als hochschulisch ausgebildete Pflegefachkraft und stellt klar, dass die Prüfung das jeweilige Modul abschließt und dieses damit insgesamt zum Gegenstand der Prüfung macht."

3. Abs. 3: Fallsituationen

In der Begründung zur Verordnung (BT-Drs. 19/2707, S. 108 f.) wird zu Abs. 3 4
ausgeführt:

„Die mündliche Prüfung erfolgt anhand einer komplexen Aufgabenstellung, die es ermöglicht, die in Absatz 1 genannten Kompetenzbereiche einzubeziehen. Die zu prüfenden Personen müssen sich mit einer Fallsituation auseinandersetzen, bei deren Bearbeitung sie nachweisen können, dass sie über die während des Studiums erworbenen Kompetenzen zur situationsangemessenen Handlungsplanung und zur Reflexion der Handlungsfolgen auf hochschulischem Niveau verfügen. In Satz 2 wird vorgegeben, dass sich die Fallsituation, die Gegenstand der mündlichen Prüfung ist, hinsichtlich des Versorgungsbereichs und der Altersstufe der zu pflegenden Menschen von der praktischen Prüfung unterscheiden muss. Dadurch soll – im Sinne der generalistischen Ausrichtung der Ausbildung – gewährleistet werden, dass in der Prüfung alle Versorgungskontexte berücksichtigt werden."

4. Abs. 4: Zahl der zu prüfenden Personen – Dauer der Prüfung

In der Begründung zur Verordnung (BT-Drs. 19/2707, S. 109) wird zu Abs. 4 5
ausgeführt:

„Absatz 4 regelt die Form und die Dauer der mündlichen Prüfung. Festgelegt werden die Anzahl der zu prüfenden Personen an einer mündlichen Prüfung und der zeitliche Rahmen. Für die Vorbereitung auf die mündliche Prüfung ist den zu prüfenden Personen eine angemessene Zeit einzuräumen. Die genaue Festlegung dieser angemessenen Vorbereitungszeit erfolgt auf der Grundlage der Fallsituation, die Gegenstand der Prüfung ist. Da sich die Komplexität verschiedener Fallsituationen und der Aufwand, diese Fallsituationen hinreichend zu erfassen, sehr unterscheiden können, sieht die Verordnung hier von konkreten Vorgaben bewusst ab. Vorgegeben wird, dass die Vorbereitung unter Aufsicht erfolgt, um Manipulationsversuche von vornherein auszuschließen."

5. Abs. 5: Prüfer

Die mündliche Prüfung findet vor mindestens zwei Prüferinnen oder Prüfern nach 6
§ 33 Abs. 1 Satz 2 Nr. 3 PflAPrV statt. Die Vorsitzenden des Prüfungsausschusses können an der Prüfung teilnehmen und sich durch Fragen aktiv in das Prüfungsgeschehen einbringen.

6. Abs. 6: Benotung

Die Vorschrift regelt die Festlegung der Prüfungsnote der mündlichen Prüfung. Die 7
Vorsitzenden des Prüfungsausschusses setzen sich ins Benehmen mit den Prüferinnen und Prüfern und legen die Prüfungsnote auf der Grundlage der Benotungen der Prüferinnen und Prüfer fest.

7. Abs. 7: Bestehen

Voraussetzung für das Bestehen des mündlichen Teils der Prüfung ist, dass er im 8
Ergebnis der Gesamtbetrachtung mindestens mit „ausreichend" benotet wird.

§ 37   Praktischer Teil der Prüfung

(1) Für den praktischen Teil der Prüfung ist ein eigenständiges Modul zu den Kompetenzbereichen I bis V der Anlage 5 festzulegen.

(2) [1]Der praktische Teil der Prüfung besteht aus einer Aufgabe der selbständigen, umfassenden und prozessorientierten Pflege und bezieht sich insbesondere auf die vorbehaltenen Tätigkeiten nach § 4 des Pflegeberufegesetzes. [2]Die zu prüfende Person zeigt die erworbenen Kompetenzen im Bereich einer umfassenden personenbezogenen Erhebung und Feststellung des individuellen Pflegebedarfs, der Planung und Gestaltung der Pflege, der Durchführung der erforderlichen Pflege und der Evaluation des Pflegeprozesses einschließlich der Kommunikation und Beratung sowie in der Qualitätssicherung und in der intra- und interprofessionellen Zusammenarbeit und übernimmt in diesem Rahmen alle anfallenden Aufgaben einer prozessorientierten Pflege. [3]Dabei stellt sie auch die Kompetenz unter Beweis, ihr Pflegehandeln wissenschaftsbasiert oder -orientiert zu begründen und zu reflektieren. [4]Der praktische Teil der Prüfung schließt das Modul nach Absatz 1 ab.

(3) [1]Die Prüfungsaufgabe soll insbesondere den Versorgungsbereich berücksichtigen, in dem die zu prüfende Person im Rahmen der praktischen Ausbildung den Vertiefungseinsatz nach § 6 Absatz 3 Satz 2 des Pflegeberufegesetzes absolviert hat. [2]Sie wird auf Vorschlag mindestens einer Prüferin oder eines Prüfers nach § 33 Absatz 1 Satz 2 Nummer 4 durch die Vorsitzenden des Prüfungsausschusses bestimmt.

(4) [1]Die Prüfung findet in realen und hochkomplexen Pflegesituationen statt. [2]Sie erstreckt sich auf die Pflege von mindestens zwei Menschen, von denen einer einen erhöhten Pflegebedarf und eine hochkomplexe Pflegesituation aufweist. [3]Die zu prüfenden Personen werden einzeln geprüft.

(5) [1]Die Prüfung besteht aus der vorab zu erstellenden schriftlichen oder elektronischen Ausarbeitung des Pflegeplans (Vorbereitungsteil), einer Fallvorstellung mit einer Dauer von maximal 20 Minuten, der Durchführung der geplanten und situativ erforderlichen Pflegemaßnahmen und einem Reflexionsgespräch mit einer Dauer von maximal 20 Minuten. [2]Mit der schriftlichen oder elektronischen Ausarbeitung des Pflegeplans stellt die zu prüfende Person unter Beweis, dass sie in der Lage ist, das Pflegehandeln fall-, situations- und zielorientiert sowie wissenschaftsbasiert oder -orientiert zu strukturieren und zu begründen. [3]Die Prüfung ohne den Vorbereitungsteil soll einschließlich des Reflexionsgesprächs die Dauer von 240 Minuten nicht überschreiten und kann durch eine organisatorische Pause von maximal einem Werktag unterbrochen werden. [4]Für den Vorbereitungsteil ist eine angemessene Vorbereitungszeit unter Aufsicht zu gewähren.

(6) [1]Die Prüfung wird von mindestens einer Prüferin oder einem Prüfer nach § 33 Absatz 1 Satz 2 Nummer 3 und einer Prüferin oder einem Prüfer nach § 33 Absatz 1 Satz 2 Nummer 4 abgenommen und benotet. [2]Die Vorsitzenden des Prüfungsausschusses sind berechtigt, sich an der Prüfung zu beteiligen und dabei selbst Prüfungsfragen zu stellen.

(7) **Aus den Noten der Prüferinnen oder Prüfer bilden die Vorsitzenden des Prüfungsausschusses im Benehmen mit den Prüferinnen und Prüfern die Note für die in der Prüfung erbrachte Leistung.**

(8) **Der praktische Teil der Prüfung ist bestanden, wenn die Prüfungsleistung mindestens mit „ausreichend" benotet wird.**

Erläuterungen

Übersicht

I. Allgemeines

In der Vorschrift werden die Gegenstände der **praktischen Prüfung (Abs. 1, 2, 3 und 4)**, die Strukturierung der Prüfung **(Abs. 5)**, die Prüfungsabnahme und Benotung der Leistungen **(Abs. 6, 7, 8 und 9)** behandelt. Die entsprechenden Vorschriften für die **schriftliche Prüfung** finden sich in § 35 PflAPrV und für die **mündliche Prüfung** in § 36 PflAPrV. S. weiter die → Erl. zu § 35 PflAPrV, Rn. 2 f. 1

II. Erläuterungen

1. Abs. 1: Prüfungsbereiche

Gegenstand der praktischen Prüfung sind die **Kompetenzbereiche III bis V der Anlage 5 (Abs. 1)**. In der Begründung zur Verordnung (BT-Drs. 19/2707, S. 109) wird zu Abs. 1 ausgeführt: 2

„Die Vorschrift regelt den praktischen Teil der Prüfung. Die praktische Prüfung findet im Rahmen eines eigenständigen Moduls zu den Kompetenzbereichen I bis V der Anlage 5 statt.

In der praktischen Prüfung sollen sich die Anforderungen des Berufes vollumfänglich widerspiegeln, deshalb ist sie auf alle fünf Kompetenzbereiche auszurichten. Um sie möglichst valide entsprechend den situativen Anforderungen gestalten zu können, macht die Ausbildungs- und Prüfungsverordnung hierzu keine eingrenzenden Angaben. Der Gegenstand der praktischen Prüfung ergibt sich aus dem Arbeitsalltag in der Pflege. In welchem Umfang die einzelnen Kompetenzbereiche im Rahmen der praktischen Prüfung eine Rolle spielen, hängt von der konkreten Pflegesituation und der zu pflegenden Person ab."

2. Abs. 2: Aufgabenstellung

3   Die **Aufgabe** soll in der selbständigen, umfassenden und prozessorientierten Pflege bestehen (**Abs. 2**). In der Begründung zur Verordnung (BT-Drs. 19/2707, S. 109) wird zu Abs. 2 ausgeführt:

„Absatz 2 regelt umfassend den Gegenstand der praktischen Prüfung. Es muss sicher-gestellt sein, dass alle Prüfungsinhalte ordnungsgemäß abgebildet und geprüft werden können. In der praktischen Prüfung muss die zu prüfende Person ihre Kompetenzen in der pflegerischen Versorgung demonstrieren. Die zu prüfende Person übernimmt dabei alle für eine fachgerechte Versorgung der zu pflegenden Menschen notwendigen Aufgaben.

Die praktische Prüfung ermöglicht den Nachweis über das Vorliegen der im Aus-bildungsziel nach § 37 PflBG beschriebenen Kompetenzen. Es ist Aufgabe der zu prüfenden Person, alle Kompetenzen auf hochschulischem Niveau einzubringen, die für eine angemessene Bewältigung der als Prüfungssituation ausgewählten Pflegesi-tuationen erforderlich sind.

Die – erstmalig für den Pflegebereich eingeführten – vorbehaltenen Tätigkeiten nach § 4 PflBG sind bei der praktischen Prüfung als wesentliches Prüfungselement zu berücksichtigen. Die vorbehaltenen Tätigkeiten, die künftig ausschließlich von aus-gebildeten Pflegefachkräften mit einer Berufserlaubnis wahrgenommen werden dürfen, spielen bei der künftigen pflegerischen Versorgung eine wichtige Rolle. Gerade durch die praktische Prüfung ist sicherzustellen, dass die zu prüfenden Personen in der Lage sind, die in § 4 PflBG im Einzelnen geregelten vorbehaltenen Tätigkeiten unter Anwendung der erforderlichen und im Studium erworbenen Kompetenzen fachgerecht auszuüben."

3. Abs. 3: Zu berücksichtigender Versorgungsbereich

4   Die Vorschrift bestimmt den in der Prüfungsaufgabe zu berücksichtigenden **Ver-sorgungsbereich**. Zum Begriff der Versorgungsbereiche s. → Erl. zu § 14 PflAPrV, Rn. 5.

5   In der Begründung zur Verordnung (BT-Drs. 19/2707, S. 110) wird zu Abs. 3 ausgeführt:

„Der praktische Prüfungsteil soll insbesondere den Versorgungsbereich einbeziehen, in dem die zu prüfende Person den Vertiefungseinsatz absolviert hat. In diesem Bereich hat die zeitlich umfassendste und intensivste Ausbildung stattgefunden; deshalb muss die zu prüfende Person gerade hier in der Lage sein, ihre pflegerischen Kompetenzen in einem praktischen Umfeld nachzuweisen.

Die Aufgabe wird durch die Vorsitzenden des Prüfungsausschusses festgelegt. Mindes-tens eine Prüferin oder ein Prüfer nach § 33 Absatz 1 Satz 2 Nummer 4 schlägt eine Aufgabe vor. Dabei ist von wesentlicher Bedeutung, dass dieser Vorschlag nur erfolgen kann, wenn zum einen der zu pflegende Mensch und zum anderen das für den zu pflegenden Menschen verantwortliche Fachpersonal damit einverstanden sind. Damit soll vor allem verhindert werden, dass zu pflegende Menschen ohne oder gegen ihren Willen Mitwirkende einer praktischen Prüfung werden. Auch mit den Prüferinnen und Prüfern hat die Schule für ihren Vorschlag das Benehmen herzustellen. Nur unter Einbeziehung all dieser Beteiligten kann sichergestellt werden, dass es sich bei dem Vorschlag um eine für eine praktische Prüfung der jeweiligen zu prüfenden Person geeignete Aufgabe handelt."

4. Abs. 4: Prüfung in Pflegesituationen

In der Begründung zur Verordnung (BT-Drs. 19/2707, S. 10) wird zu Abs. 4 ausgeführt: 6

„Die Prüfung wird in einer realen und hochkomplexen Pflegesituation durchgeführt. Nur in einer Situation des pflegerischen Alltags können die Kompetenzen der zu prüfenden Person hinreichend nachgewiesen werden. Dabei umfasst die Prüfung die Pflege von zwei Menschen, von denen einer einen erhöhten Pflegebedarf und eine hochkomplexe Pflegesituation aufweist.

Vorgegeben wird, dass die zu prüfenden Personen einzeln geprüft werden. Damit wird gewährleistet, dass die Kompetenzen der einzelnen zu prüfenden Person zur umfassenden Bewältigung von Pflegesituationen und die damit verbundene Verantwortungsübernahme Gegenstand der Prüfung und Beurteilung sind. Bei einer Gruppenprüfung mit Beteiligung mehrerer zu prüfender Personen können die individuellen Anteile nicht zuverlässig bestimmt und nachgewiesen werden. Dies wäre besonders problematisch, wenn Fehler gemacht würden und diese nicht eindeutig einer zu prüfenden Person zugerechnet werden könnten."

5. Abs. 5: Strukturierung der Prüfung

In der Begründung zur Verordnung (BT-Drs. 19/2707, S. 110) wird zu Abs. 5 ausgeführt: 7

„Absatz 5 regelt den Ablauf der praktischen Prüfung und den zeitlichen Umfang. Die praktische Prüfung beginnt mit einer vorab zu erstellenden Ausarbeitung der Pflegeplanung, anhand derer die zu prüfende Personen dokumentiert, dass sie in der Lage ist, das Pflegehandeln fall- und situationsorientiert zu strukturieren und zu begründen. Für die Pflegeplanung ist eine – der Komplexität und dem Umfang der Aufgabe – angemessene Vorbereitungszeit einzuräumen, in der die zu prüfende Person zu beaufsichtigen ist. Anschließend erfolgen ein Übergabegespräch, die Durchführung der Pflegemaßnahmen durch die zu prüfende Person und abschließend ein Reflexionsgespräch. Im Interesse der zu prüfenden Person und zur Gewährleistung der Chancengleichheit im Prüfungsverfahren sollen Übergabe- und Reflexionsgespräch jeweils höchstens 20 Minuten dauern und die praktische Prüfung ohne den Vorbereitungteil höchstens 240 Minuten. Um dem Prüfungsausschuss zeitliche Flexibilität bei der Organisation des praktischen Teils der Prüfung zu ermöglichen, ist eine organisatorische Pause von maximal einem Werktag zulässig.

Voraussetzung für die ordnungsgemäße Erledigung der Prüfungsaufgaben sind die während der hochschulischen Ausbildung erworbenen Kompetenzen, auf die es bei der späteren Berufsausübung entscheidend ankommt. Die zu prüfende Person hat daher in einem sich an die Pflegemaßnahme anschließenden Reflexionsgespräch Erläuterungen und Begründungen zu der von ihm geplanten und durchgeführten pflegerischen

Versorgung abzugeben. Er erhält dadurch die Gelegenheit nachzuweisen, dass er nicht nur Prüfungsaufgaben sachgerecht erledigen kann, sondern auch in der Lage ist, sein Handeln auf andere Fallkonstellationen zu übertragen. Mit dem Beleg für ein begründetes Handeln in der pflegerischen Versorgung und der Aufforderung, das eigene Tun kritisch zu hinterfragen, wird im Rahmen der praktischen Prüfung eine wichtige Grundlage für die selbständige Gestaltung des Arbeitsprozesses während der späteren Tätigkeit in der Pflege gelegt. Das Prüfungsgeschehen stellt eine Einheit mit der handlungsorientierten Ausrichtung des Unterrichts und der praktischen Ausbildung dar und schließt damit den Kreis zur Erreichung der im Pflegeberufegesetz formulierten Ausbildungsziele. Bei dem Reflexionsgespräch ist darauf zu achten, dass die Nachfragen der prüfenden Personen nicht zur Situation einer weiteren mündlichen Prüfung führen."

6. Abs. 6: Abnahme der Prüfung

8   In der Begründung zur Verordnung (BT-Drs. 19/2707, S. 111) wird zu Abs. 6 ausgeführt:

„Die praktische Prüfung wird von mindestens einer Prüferin oder einem Prüfer nach § 33 Absatz 1 Satz 3 Nummer 3 und einer Prüferin oder einem Prüfer nach § 33 Absatz 1 Satz 3 Nummer 4 abgenommen und benotet. Damit soll gewährleistet werden, dass auf Seiten der Prüferinnen und Prüfer auch praktische Erfahrungen in der Pflege vorhanden sind, die für die Bewertung der Prüfungsleistungen unverzichtbar sind. Die Vorsitzenden des Prüfungsausschusses können an der Prüfung teilnehmen und sich durch Fragen aktiv in das Prüfungsgeschehen einbringen."

7. Abs. 7: Benotung

9   Die Vorschrift regelt die Festlegung der Prüfungsnote der mündlichen Prüfung. Die Vorsitzenden des Prüfungsausschusses setzen sich ins Benehmen mit den Prüferinnen und Prüfern und legen die Prüfungsnote auf der Grundlage der Benotungen der Prüferinnen und Prüfer fest.

8. Abs. 8: Bestehen

10   Voraussetzung für das Bestehen des praktischen Teils der Prüfung ist, dass er im Ergebnis der Gesamtbetrachtung mindestens mit „ausreichend" benotet wird.

§ 38 Niederschrift, Rücktritt von der Prüfung, Versäumnisfolgen, Ordnungsverstöße und Täuschungsversuche, Prüfungsunterlagen

Die §§ 18, 20 bis 23 sind entsprechend anzuwenden.

Erläuterungen

Die Vorschrift verweist auf die entsprechenden Regelungen für die staatliche Prüfung.   1

§ 39   Bestehen und Wiederholung des staatlichen Prüfungsteils

(1) [1]Die Beurteilung der Prüfungsleistungen erfolgt durch Noten. [2]Die Benotung basiert auf einer Bewertung der Prüfungsleistung in Bezug auf die vollständige Erfüllung der Prüfungsanforderungen. [3]Es gilt das Notensystem nach § 17.

(2) [1]Die staatliche Prüfung zur Berufszulassung ist bestanden, wenn jeder der nach § 32 Absatz 1 vorgeschriebenen Prüfungsteile bestanden ist. [2]Aus dem arithmetischen Mittel der drei Prüfungsteile wird eine Gesamtnote gebildet.

(3) [1]Jede Modulprüfung, die Teil der staatlichen Überprüfung ist, kann einmal wiederholt werden, wenn die zu prüfende Person die Note „mangelhaft" oder „ungenügend" erhalten hat. [2]§ 19 Absatz 4 ist entsprechend anzuwenden.

Erläuterungen

Übersicht

I. Allgemeines

1   Mit §§ 39, 40 PflAPrV wird **die rechtliche und faktische Einheit der hochschulischen und der staatlichen Prüfung** hergestellt. Erst vor dem Hintergrund dieses Anliegens des Gesetz- und Verordnungsgebers sind diese Vorschriften zu verstehen (s. Begründung zu § 40 PflAPrV, BT-Drs. 19/2707, S. 111). Es wird keine zusätzliche oder ergänzende staatliche Prüfung in dem Sinn vorgenommen, dass neben der schriftlichen, mündlichen und praktischen hochschulischen Prüfung gemäß den §§ 35, 36 und 37 PflAPrV eine zusätzliche oder ergänzende staatliche Prüfung zu absolvieren ist. Da die hochschulische Prüfung auch die staatliche Prüfung darstellt und damit eine der Voraussetzungen für die Erteilung der Erlaubnis zum Führen der Berufsbezeichnung nach § 1 Abs. 1 PflBG (vgl. § 2 Nr. 1 PflBG) ist, bedarf es **koordinierender Vorschriften**, wie sie in §§ 39, 40 PflAPrV zu finden sind. § 39 PflAPrV stellt diese Koordinierung in Hinblick auf die **Notengebung (Abs. 1)** und das **Bestehen (Abs. 2)** her. § 40 PflAPrV verknüpft die hochschulische Prüfung mit der staatlichen Prüfung in Hinblick auf den hochschulischen Abschluss. § 39 PflAPrV enthält in **Abs. 3** eine Vorschrift zur **Wiederholungsmöglichkeit**.

II. Erläuterungen

1. Abs. 1: Benotung – Notensystem

2   Die Vorschrift regelt die Beurteilung der Prüfungsleistungen durch Noten, wobei das Notensystem nach § 8 PflAPrV gilt. Die Verwendung desselben Notensystems für die staatliche und die hochschulische Prüfung erleichtert die Beurteilung der Prüfungsleistungen wesentlich, auch wenn ein sechsstufiges Notensystem, wie es § 17 PflAPrV zugrunde liegt, für hochschulische Prüfungen unüblich ist. Dort wird in der

Regel ein fünfstufiges Notensystem verwendet. Aufgrund des einheitlichen Notensystems erübrigt sich die Herstellung einer Konkordanzliste, mit der die Noten umgerechnet werden können.

2. Abs. 2: Bestehen

Voraussetzung für das Bestehen der staatlichen Prüfung zur Berufszulassung ist das   3
Bestehen der drei Prüfungsteile nach § 32 Abs. 1 PflAPrV, wobei jedes geprüfte Modul der vorgeschriebenen Prüfungsteile gemäß § 35 Abs. 9, § 36 Abs. 7 und § 37 Abs. 8 PflAPrV mindestens mit „ausreichend" benotet worden sein muss, um die staatliche Prüfung zur Berufszulassung insgesamt zu bestehen.

3. Abs. 3: Wiederholung von Modulprüfungen

Eine einmalige Wiederholung jeder Modulprüfung ist zulässig.   4

§ 40 Erfolgreicher Abschluss der hochschulischen Pflegeausbildung, Zeugnis

(1) [1]Die hochschulische Pflegeausbildung ist erfolgreich abgeschlossen, wenn sowohl der hochschulische als auch der staatliche Prüfungsteil bestanden sind. [2]Ist die hochschulische Pflegeausbildung nicht insgesamt erfolgreich abgeschlossen worden, ist eine Erlaubniserteilung nach § 1 Absatz 1 des Pflegeberufegesetzes ausgeschlossen.

(2) [1]Das Zeugnis zur hochschulischen Pflegeausbildung stellt die Hochschule im Einvernehmen mit der zuständigen Behörde aus. [2]Das Ergebnis der staatlichen Prüfung zur Berufszulassung wird im Zeugnis getrennt ausgewiesen und von der zuständigen Behörde unterzeichnet.

Erläuterungen

Übersicht

I. Allgemeines

1   Zum Verständnis der Vorschrift s. die → Erl. zu § 39 PflAPrV, Rn. 1. Während § 39 PflAPrV die Regelungen zur Benotung und zum Bestehen der staatlichen Prüfung enthält, regelt § 40 PflAPrV die **rechtliche und faktische Einheit der staatlichen und der hochschulischen Prüfung.**

II. Erläuterungen

1. Abs. 1: Erfolgreicher Abschluss

2   In der Begründung zur Verordnung (BT-Drs. 19/2707, S. 111) wird zu der Vorschrift ausgeführt:

„Die hochschulische Überprüfung der Studienziele und die staatliche Prüfung zur Erlangung der Berufszulassung bilden innerhalb der hochschulischen Pflegeausbildung eine rechtliche und faktische Einheit. Durch diese Ausgestaltung werden Doppelprüfungen für die Studierenden vermieden und zugleich die staatliche Verantwortung für den Pflegeberuf als Heilberuf gewahrt. Ein Auseinanderfallen der hochschulischen Prüfung und der staatlichen Prüfung mit unterschiedlichen Ergebnissen wird verhindert. Die Studierenden können den akademischen Grad nicht ohne das Bestehen der staatlichen Prüfungsanteile erhalten. Das Zeugnis der hochschulischen Pflegeausbildung kann daher auch nur im Einvernehmen mit der zuständigen Behörde ausgestellt werden.

Entsprechend § 2 Nummer 1 PflBG kann die Erlaubnis zum Führen der Berufsbezeichnung nur erteilt werden, wenn die staatliche Abschlussprüfung bestanden worden ist und die hochschulische Pflegeausbildung erfolgreich durchlaufen wurde."

2. Abs. 2: Ausstellung des Zeugnisses

Das Ergebnis der staatlichen Prüfung zur Berufszulassung ist im Zeugnis zur hoch- 3 schulischen Pflegeausbildung von der Hochschule so darzustellen, dass es von sonstigen Prüfungsbestandteilen klar abgegrenzt ist und von der zuständigen Behörde unterzeichnet werden kann.

§ 41 Prüfung bei Modellvorhaben nach § 14 des Pflegeberufegesetzes

[1]Die Prüfung bei Ausbildungen nach § 14 des Pflegeberufegesetzes, die im Rahmen der hochschulischen Pflegeausbildung stattfinden, ist an einer Hochschule abzulegen. [2]Für die Ausbildung nach § 14 des Pflegeberufegesetzes gelten die Vorschriften dieses Teils zur staatlichen Prüfung, wobei die Ergänzungen nach § 24 Absatz 1 bis 5 entsprechend anzuwenden sind.

Erläuterungen

1 Die Vorschrift verweist auf die für die Modellvorhaben bei Prüfungen im Rahmen der beruflichen Ausbildung geltenden Vorschriften, wobei die Prüfung an der Hochschule abzulegen ist, an der auch die hochschulische Pflegeausbildung erfolgt. Es wird damit verdeutlicht, dass auch ein nachträglicher Erwerb der erweiterten Kompetenzen an einer Hochschule möglich ist (Begründung zur Verordnung, BT-Drs. 19/2707, S. 111). Durch Satz 2 wird klargestellt, dass für die hochschulischen Modellvorhaben die Prüfungsvorschriften der hochschulischen Ausbildung gelten und die Vorschrift des § 24 Abs. 1 bis 5 PflAPrV zu den Modellvorhaben der beruflichen Pflegeausbildung nur ergänzend anzuwenden ist (so die Begründung zur Beschlussempfehlung und zum Bericht des Ausschusses für Gesundheit, BT-Drs. 19/3045, S. 139).

Teil 4
Sonstige Vorschriften

Abschnitt 1
Erlaubniserteilung

§ 42   Erlaubnisurkunde

[1]Sind die Voraussetzungen nach § 2 des Pflegeberufegesetzes für die Erteilung der Erlaubnis zum Führen der Berufsbezeichnung nach § 1 Absatz 1 Satz 1 des Pflegeberufegesetzes, nach § 1 Absatz 1 Satz 2 des Pflegeberufegesetzes, nach § 58 Absatz 1 des Pflegeberufegesetzes oder nach § 58 Absatz 2 des Pflegeberufegesetzes erfüllt, so stellt die zuständige Behörde die Erlaubnisurkunde nach dem Muster der Anlage 13 aus. [2]Für die Ausbildung nach Teil 2 des Pflegeberufegesetzes enthält die Urkunde nach § 1 Absatz 2 des Pflegeberufegesetzes einen Hinweis auf den nach § 7 Absatz 4 Satz 1 des Pflegeberufegesetzes durchgeführten Vertiefungseinsatz nach dem Muster der Anlage 14.

Erläuterungen

Die Vorschrift verweist in **Satz 1** auf das in Anlage 13 vorgeschriebene **amtliche**   1
Muster für die Urkunde über die Erlaubnis zur Führung der Berufsbezeichnung. Um eine **einheitliche Berufsurkunde** für die berufliche Pflegeausbildung und die hochschulische Pflegeausbildung zu gewährleisten, erfolgt der Hinweis auf den Vertiefungseinsatz nach § 7 Abs. 4 Satz 1 PflBG nach dem Muster der Anlage 14 **(Satz 2).**

Abschnitt 2
Anerkennung von ausländischen Berufsabschlüssen, erforderliche Anpassungsmaßnahmen und Erbringung von Dienstleistungen

§ 43 Allgemeines Verfahren, Bescheide, Fristen

(1) Eine Person, die außerhalb des Geltungsbereiches des Pflegeberufegesetzes eine Ausbildung absolviert hat, kann bei der zuständigen Behörde beantragen, dass ihr die Erlaubnis erteilt wird,

1. die Berufsbezeichnung „Pflegefachfrau" oder „Pflegefachmann" nach § 1 Absatz 1 des Pflegeberufegesetzes zu führen,
2. die Berufsbezeichnung „Gesundheits- und Kinderkrankenpflegerin" oder „Gesundheits- und Kinderkrankenpfleger" nach § 58 Absatz 1 des Pflegeberufegesetzes zu führen oder
3. die Berufsbezeichnung „Altenpflegerin" oder „Altenpfleger" nach § 58 Absatz 2 des Pflegeberufegesetzes zu führen.

(2) [1]Die Erlaubnis wird erteilt, wenn die Voraussetzungen nach § 2 des Pflegeberufegesetzes vorliegen. [2]Nach Erlaubniserteilung führt die Person die Berufsbezeichnung „Pflegefachfrau" oder „Pflegefachmann", „Gesundheits- und Kinderkrankenpflegerin" oder „Gesundheits- und Kinderkrankenpfleger" oder „Altenpflegerin" oder „Altenpfleger".

(3) [1]Die zuständige Behörde hat über Anträge auf Erteilung einer Erlaubnis nach Absatz 1 kurzfristig, spätestens vier Monate nach Vorlage der vollständigen Unterlagen durch die antragstellende Person zu entscheiden. [2]In den Fällen des § 41 Absatz 1 des Pflegeberufegesetzes hat die Entscheidung abweichend von Satz 1 spätestens drei Monate nach Vorlage der vollständigen Unterlagen durch die antragstellende Person zu erfolgen.

(4) [1]Stellt die Behörde hinsichtlich der Gleichwertigkeit der Berufsqualifikation wesentliche Unterschiede fest, erteilt sie der antragstellenden Person einen rechtsmittelfähigen Bescheid. [2]Der Bescheid enthält folgende Angaben:

1. das Niveau der in Deutschland verlangten Qualifikation und das Niveau der von der antragstellenden Person vorgelegten Qualifikation gemäß der Klassifizierung in Artikel 11 der Richtlinie 2005/36/EG des Europäischen Parlaments und des Rates vom 7. September 2005 über die Anerkennung von Berufsqualifikationen (ABl. L 255 vom 30.9.2005, S. 22; L 271 vom 16.10.2007, S. 18) in der jeweils geltenden Fassung,
2. die Themenbereiche oder Ausbildungsbestandteile, bei denen wesentliche Unterschiede festgestellt wurden,
3. eine inhaltliche Erläuterung der wesentlichen Unterschiede sowie eine Begründung, warum diese dazu führen, dass die antragstellende Person nicht in ausreichender Form über die Kompetenzen verfügt, die in Deutschland zur Ausübung des Berufs der Pflegefachfrau oder des Pflegefachmanns, der Gesundheits- und Kinderkrankenpflegerin oder des Gesundheits- und Kinderkrankenpflegers oder der Altenpflegerin oder des Altenpflegers notwendig sind, und

4. eine Begründung, warum die antragstellende Person die wesentlichen Unterschiede nicht durch Kompetenzen hat ausgleichen können, die sie im Sinne des § 40 Absatz 2 Satz 2 des Pflegeberufegesetzes im Rahmen ihrer nachgewiesenen Berufspraxis oder durch lebenslanges Lernen erworben hat.

Erläuterungen

Übersicht

I. Allgemeines

1. Regelungsinhalt

Die Vorschrift enthält Verfahrensvorschriften für die Erteilung der Erlaubnis zum Führen der Berufsbezeichnung bei Personen, die ihre Ausbildung außerhalb des Geltungsbereiches des PflBG absolviert haben. **Abs. 1** betrifft den **Antrag auf die Erlaubnis, Abs. 2 die Voraussetzungen der Erlaubniserteilung** und **Abs. 3** die **Fristen für die Bescheiderteilung. Abs. 4** regelt den **Inhalt des Bescheides bei Vorliegen von wesentlichen Unterschieden in der Gleichwertigkeit der Berufsqualifikation.** 1

2. Korrespondierende Vorschriften des PflBG

Die korrespondierenden Vorschriften des PflBG sind die §§ 1 und 2, 41 Abs. 1, 58 Abs. 1 und 2 PflBG. 2

II. Erläuterungen

1. Abs. 1: Betroffener Personenkreis

Abs. 1 bezieht sich auf Personen, die ihre Ausbildung außerhalb des Geltungsbereichs des Pflegeberufegesetzes, also sowohl in einem Mitgliedstaat der Europäischen Union oder eines anderen Vertragsstaates des Abkommens über den Europäischen Wirtschaftsraum als auch in einem Drittstaat absolviert haben. 3

2. Abs. 2: Voraussetzungen der Erlaubniserteilung

Abs. 2 dient, bezogen auf Personen, die über einen Ausbildungsnachweis aus einem anderen Mitgliedstaat der Europäischen Union oder einem anderen Vertragsstaat des Abkommens über den Europäischen Wirtschaftsraum verfügen, der Umsetzung von Art. 52 Abs. 1 der Richtlinie 2005/36/EG, der zum Führen der Berufsbezeichnung des Aufnahmemitgliedstaates verpflichtet (Begründung zur Verordnung, BT-Drs. 19/2707, S. 112). 4

3. Abs. 3: Fristen für die Erlaubniserteilung

5   Die Vorschrift enthält die Fristen für die Bescheiderteilung. Die Vorschrift ist an § 13 Abs. 2 Berufsqualifikationsfeststellungsgesetz (BQFG) angelehnt, wonach innerhalb von drei Monaten über die Gleichwertigkeit von im Ausland erworbenen Ausbildungsnachweisen zu entscheiden ist. In § 43 Abs. 1 PflAPrV sind unterschiedliche Fristen angesetzt, um dem Arbeitsaufwand der zuständigen Behörde Rechnung zu tragen.

4. Abs. 4: Bescheiderteilung bei wesentlichen Unterschieden in der Berufsqualifikation

6   Die Vorschrift ist an § 10 Berufsqualifikationsfeststellungsgesetz (BQFG) angelehnt, jedoch wesentlich detaillierter gefasst. Die Bescheiderteilung über die Feststellung wesentlicher Unterschiede dient insofern Rechtsschutzzwecken, als ein solcher Bescheid rechtsmittelfähig sein muss.

§ 44 Inhalt und Durchführung des Anpassungslehrgangs nach § 40 Absatz 3 Satz 2 des Pflegeberufegesetzes

(1) [1]Ziel des Anpassungslehrgangs nach § 40 Absatz 3 Satz 2 des Pflegeberufegesetzes ist es, festzustellen, dass die Teilnehmerin oder der Teilnehmer über die Kompetenzen verfügt, die zur Ausübung des Berufs der Pflegefachfrau oder des Pflegefachmanns, des Berufs der Gesundheits- und Kinderkrankenpflegerin oder des Gesundheits- und Kinderkrankenpflegers oder des Berufs der Altenpflegerin oder des Altenpflegers erforderlich sind. [2]Die zuständige Behörde legt die Dauer und die Inhalte des Anpassungslehrgangs so fest, dass das Ziel des Anpassungslehrgangs erreicht werden kann.

(2) [1]Der Anpassungslehrgang wird entsprechend dem Ziel des Anpassungslehrgangs in Form von theoretischem und praktischem Unterricht, einer praktischen Ausbildung mit theoretischer Unterweisung oder beidem an Einrichtungen nach § 6 Absatz 2 oder Absatz 3 Satz 1 des Pflegeberufegesetzes oder an von der zuständigen Behörde als vergleichbar anerkannten Einrichtungen durchgeführt. [2]An der theoretischen Unterweisung sollen Praxisanleiterinnen oder Praxisanleiter, die die Voraussetzungen nach § 4 Absatz 2 erfüllen, in angemessenem Umfang beteiligt werden.

(3) [1]Der Anpassungslehrgang nach § 40 Absatz 3 Satz 2 des Pflegeberufegesetzes schließt mit einer Prüfung über die vermittelten Kompetenzen in Form eines Abschlussgespräches ab. [2]Das erfolgreiche Bestehen der Prüfung ist durch eine Bescheinigung nach dem Muster der Anlage 9 nachzuweisen.

(4) [1]Das Abschlussgespräch eines Anpassungslehrgangs nach § 40 Absatz 3 Satz 2 des Pflegeberufegesetzes wird von einer Fachprüferin oder einem Fachprüfer nach § 10 Absatz 1 Satz 2 Nummer 3 gemeinsam mit der Lehrkraft oder der Praxisanleiterin oder dem Praxisanleiter nach Absatz 2 Satz 2, die den Teilnehmer oder die Teilnehmerin während des Lehrgangs betreut hat, geführt. [2]Ergibt sich in dem Abschlussgespräch, dass die Teilnehmerin oder der Teilnehmer den Anpassungslehrgang nicht erfolgreich abgeleistet hat, entscheidet die Fachprüferin oder der Fachprüfer nach § 10 Absatz 1 Satz 2 Nummer 3 im Benehmen mit der an dem Gespräch teilnehmenden Lehrkraft oder der Praxisanleiterin oder dem Praxisanleiter über eine angemessene Verlängerung des Anpassungslehrgangs. [3]Eine Verlängerung ist nur einmal zulässig. [4]Der Verlängerung folgt ein weiteres Abschlussgespräch. [5]Kann auch nach dem Ergebnis dieses Gesprächs die Bescheinigung nach Absatz 3 Satz 2 nicht erteilt werden, darf die Teilnehmerin oder der Teilnehmer den Anpassungslehrgang einmal wiederholen.

Erläuterungen

In der Begründung zur Verordnung (BT-Drs. 19/2707, S. 112) wird zu der Vorschrift ausgeführt: 1

„In Absatz 1 bis 4 wird der Anpassungslehrgang nach § 40 Absatz 3 Satz 2 PflBG näher beschrieben. In Absatz 2 wird bestimmt, in welcher Form und an welchen Einrichtungen der Lehrgang durchzuführen ist. Dabei sollen insbesondere die Einrich-

535

tungen genutzt werden, die an der Regelausbildung beteiligt sind. Nach Absatz 3 Satz 1 wird die vorgesehene Prüfung über den Inhalt des Anpassungslehrgangs in Form eines Abschlussgesprächs durchgeführt. Wird dabei festgestellt, dass die antragstellende Person den Anpassungslehrgang ohne Erfolg abgeleistet hat, wird der Lehrgang verlängert und ein erneutes Abschlussgespräch geführt (Absatz 4 Satz 2 bis 4). Die Wiederholung des Abschlussgesprächs setzt eine erneute Teilnahme an einem Anpassungslehrgang voraus. Kann auch dabei kein erfolgreicher Abschluss des Lehrgangs festgestellt werden, darf die gesamte Anpassungsmaßnahme nur einmal wiederholt werden (Absatz 4 Satz 5).

Ein endgültig nicht bestandenes Abschlussgespräch schließt eine spätere Anerkennung der Berufsqualifikation der antragstellenden Person nicht aus. Gemäß § 51 VwVfG können neue Tatsachenvorträge ein Wiederaufgreifen des Verfahrens rechtfertigen. Als solche kommen Nachweise weiterer Qualifikationen in Betracht, die die antragstellenden Personen nach dem endgültigen Abschluss eines vorhergehenden Anerkennungsverfahrens, in dem die Anpassungsmaßnahmen nicht bestanden wurden, erworben haben."

§45 Inhalt und Durchführung der Kenntnisprüfung nach § 40 Absatz 3 Satz 2 des Pflegeberufegesetzes

(1) [1]In der Kenntnisprüfung hat die zu prüfende Person nachzuweisen, dass sie über die Kompetenzen verfügt, die zur Ausübung des Berufs der Pflegefachfrau oder des Pflegefachmanns, des Berufs der Gesundheits- und Kinderkrankenpflegerin oder des Gesundheits- und Kinderkrankenpflegers oder des Berufs der Altenpflegerin oder des Altenpflegers erforderlich sind. [2]Die Kenntnisprüfung umfasst einen mündlichen und einen praktischen Teil. [3]Sie ist erfolgreich abgeschlossen, wenn die zu prüfende Person beide Prüfungsteile bestanden hat. [4]Gegenstand der Kenntnisprüfung sind:

1. bei Personen, die eine Erlaubnis nach § 1 Absatz 1 des Pflegeberufegesetzes beantragen, die Kompetenzbereiche I bis V der Anlage 2,
2. bei Personen, die eine Erlaubnis nach § 58 Absatz 1 des Pflegeberufegesetzes beantragen, die Kompetenzbereiche I bis V der Anlage 3,
3. bei Personen, die eine Erlaubnis nach § 58 Absatz 2 des Pflegeberufegesetzes beantragen, die Kompetenzbereiche I bis V der Anlage 4.

(2) [1]Im mündlichen Teil der Prüfung ist eine komplexe Aufgabenstellung zu bearbeiten, die Anforderungen aus mindestens drei verschiedenen Kompetenzbereichen enthält. [2]Die Prüfungsaufgabe besteht in der Bearbeitung einer Fallsituation aus einem anderen Versorgungskontext als dem der praktischen Prüfung und bezieht sich bei Personen, die eine Erlaubnis nach § 1 Absatz 1 des Pflegeberufegesetzes beantragen, auf eine andere Altersstufe der zu pflegenden Menschen.

(3) [1]Der mündliche Teil der Prüfung soll mindestens 45 und nicht länger als 60 Minuten dauern. [2]Er wird von zwei Fachprüferinnen oder Fachprüfern, von denen eine Person die Voraussetzungen des § 10 Absatz 1 Nummer 3 erfüllen muss, abgenommen und bewertet. [3]Der mündliche Teil der Kenntnisprüfung ist erfolgreich abgeschlossen, wenn die Fachprüferinnen und Fachprüfer in einer Gesamtbetrachtung die mit der Aufgabenstellung geforderten Kompetenzen aus den Kompetenzbereichen I bis V übereinstimmend mit „bestanden" bewerten. [4]Das Bestehen setzt mindestens voraus, dass die Leistung der zu prüfenden Person trotz ihrer Mängel noch den Anforderungen genügt. [5]Kommen die Fachprüferinnen oder Fachprüfer zu einer unterschiedlichen Bewertung, entscheidet die oder der Vorsitzende des Prüfungsausschusses nach Rücksprache mit den Fachprüferinnen oder Fachprüfern über das Bestehen.

(4) [1]Im praktischen Teil der Kenntnisprüfung hat die zu prüfende Person in mindestens zwei und höchstens vier Pflegesituationen nachzuweisen, dass sie die vorbehaltenen Tätigkeiten wahrnehmen und damit die erforderlichen Pflegeprozesse und die Pflegediagnostik verantwortlich planen, organisieren, gestalten, durchführen, steuern und evaluieren kann. [2]Im Rahmen der pflegerischen Versorgung hat eine situationsangemessene Kommunikation mit den zu pflegenden Menschen, ihren Bezugspersonen und den beruflich in die Versorgung eingebundenen Personen deutlich zu werden. [3]Die zuständige Behörde legt einen

Einsatzbereich, der im Sinne der Anlage 7 als Pflichteinsatz aufgeführt ist, sowie die Zahl der Pflegesituationen fest.

(5) [1]Der praktische Teil der Prüfung soll für jede Pflegesituation nicht länger als 120 Minuten dauern und als Patientenprüfung ausgestaltet sein. [2]Sie wird von einer Fachprüferin oder einem Fachprüfer nach § 10 Absatz 1 Nummer 3 und einer Fachprüferin oder einem Fachprüfer nach § 10 Absatz 1 Nummer 4 abgenommen und bewertet. [3]Während der Prüfung sind den Fachprüferinnen und Fachprüfern Nachfragen gestattet, die sich auf das praktische Vorgehen und insbesondere auf die vorbehaltenen Tätigkeiten im Rahmen des Pflegeprozesses beziehen.

(6) [1]Der praktische Teil der Prüfung ist erfolgreich abgeschlossen, wenn die Fachprüferinnen und Fachprüfer jede Pflegesituation übereinstimmend mit „bestanden" bewerten. [2]Das Bestehen setzt mindestens voraus, dass die Leistung der zu prüfenden Person trotz ihrer Mängel noch den Anforderungen genügt. [3]Kommen die Fachprüferinnen und Fachprüfer zu einer unterschiedlichen Bewertung, entscheidet der oder die Vorsitzende des Prüfungsausschusses nach Rücksprache mit den Fachprüferinnen und Fachprüfern über das Bestehen.

(7) Die Kenntnisprüfung soll mindestens zweimal jährlich angeboten werden und darf im mündlichen Teil sowie in jeder Pflegesituation des praktischen Teils, die nicht bestanden wurde, einmal wiederholt werden.

(8) [1]Die Kenntnisprüfung findet in Form einer staatlichen Prüfung vor einer staatlichen Prüfungskommission statt. [2]Die Länder können zur Durchführung der Prüfungen die regulären Prüfungstermine der staatlichen Prüfung nach § 9 Absatz 1 nutzen; sie haben dabei sicherzustellen, dass antragstellende Personen die Prüfung innerhalb von sechs Monaten nach der Entscheidung nach § 43 Absatz 4 ablegen können. [3]Soweit in diesem Abschnitt nichts anderes bestimmt ist, gelten die §§ 18, 20 bis 23 für die Durchführung der Kenntnisprüfung entsprechend.

(9) Über die bestandene Kenntnisprüfung wird eine Bescheinigung nach dem Muster der Anlage 10 erteilt.

Erläuterungen

1   In der Begründung zur Verordnung (BT-Drs. 19/2707, S. 112 f.) wird zu dieser Vorschrift ausgeführt:

„Zu Absatz 1

In Satz 1 wird das Ziel der Kenntnisprüfung bestimmt. Satz 2 legt fest, dass die Prüfung einen mündlichen und einen praktischen Teil umfasst. Beide Prüfungsteile erstrecken sich gemäß Satz 4 auf ausgewählte Kompetenzbereiche, die Kernbereiche der Ausbildung betreffen und deren Kenntnis damit für die Ausübung des Berufs der Pflegefachfrau oder des Pflegefachmanns oder des Berufs der Gesundheits- und Kinderkrankenpflegerin oder des Gesundheits- und Kinderkrankenpflegers oder des Berufs der Altenpflegerin oder des Altenpflegers wesentliche Voraussetzung ist.

Zu Absatz 2 und 3

Absatz 2 regelt den Inhalt sowie die Anforderungen an die mündliche Prüfung. Absatz 3 regelt die Dauer der Prüfung und die Zusammensetzung des Prüfungsausschusses.

Zu Absatz 4, 5, 6

In Absatz 4, 5 und 6 wird der praktische Teil der Kenntnisprüfung näher beschrieben. Absatz 4 regelt die Inhalte der Prüfung. Absatz 5 regelt die Dauer der Prüfung, die Zusammensetzung des Prüfungsausschusses sowie Verfahrensfragen. Die Bewertung und das Bestehen der Prüfung sind in Absatz 6 geregelt.

Gerade in der praktischen Prüfung sind die in der Ausbildung erworbenen Fertigkeiten unter Praxisbedingungen nachzuweisen. Zusammen mit einem Fachgespräch ist diese Art der Überprüfung daher besonders geeignet, um festzustellen, dass die Qualifikation der antragstellenden Person sich nicht von der Qualifikation unterscheidet, die zur Ausübung des Berufs der Pflegefachfrau oder des Pflegefachmanns oder der Gesundheits- und Kinderkrankenpflegerin oder des Gesundheits- und Kinderkrankenpflegers oder der Altenpflegerin oder des Altenpflegers in Deutschland erforderlich ist.

Zu Absatz 7

Eine endgültig nicht bestandene Eignungsprüfung Kenntnisprüfung schließt eine spätere Anerkennung der Berufsqualifikation der antragstellenden Person nicht aus. Gemäß § 51 des Verwaltungsverfahrensgesetzes können neue Tatsachenvorträge ein Wiederaufgreifen des Verfahrens rechtfertigen. Als solche kommen Nachweise weiterer Qualifikationen in Betracht, die die antragstellenden Personen nach dem endgültigen Abschluss eines vor-hergehenden Anerkennungsverfahrens, in dem die Anpassungsmaßnahmen nicht bestanden wurden, erworben haben.

Zu Absatz 8

Absatz 8 enthält Regelungen zur Durchführung der Anpassungsmaßnahmen. Er legt fest, dass die Kenntnisprüfung in Form einer staatlichen Prüfung stattfindet. Um den Verwaltungsaufwand zu verringern, können dabei insbesondere die regulär durchgeführten Prüfungsveranstaltungen genutzt werden.

Zu Absatz 9

Absatz 9 betrifft den Nachweis über die bestandene Kenntnisprüfung."

§ 46   Inhalt und Durchführung des Anpassungslehrgangs nach § 41 Absatz 2 Satz 4 oder Absatz 3 Satz 2 des Pflegeberufegesetzes

(1) [1]Ziel des Anpassungslehrgangs nach § 41 Absatz 2 Satz 4 oder Absatz 3 Satz 2 des Pflegeberufegesetzes ist es, die von der zuständigen Behörde festgestellten wesentlichen Unterschiede auszugleichen. [2]Die zuständige Behörde legt die Dauer und die Inhalte des Anpassungslehrgangs so fest, dass das Ziel des Anpassungslehrgangs erreicht werden kann.

(2) [1]Der Anpassungslehrgang wird entsprechend dem Ziel des Anpassungslehrgangs in Form von theoretischem und praktischem Unterricht, einer praktischen Ausbildung mit theoretischer Unterweisung oder beidem an Einrichtungen nach § 6 Absatz 2 oder Absatz 3 Satz 1 des Pflegeberufegesetzes oder an von der zuständigen Behörde als vergleichbar anerkannten Einrichtungen durchgeführt. [2]An der theoretischen Unterweisung sollen Praxisanleiterinnen oder Praxisanleiter, die die Voraussetzungen nach § 4 Absatz 2 erfüllen, in angemessenem Umfang beteiligt werden.

(3) Die Ableistung des Anpassungslehrgangs ist durch eine Bescheinigung nach dem Muster der Anlage 11 nachzuweisen.

Erläuterungen

1   In der Begründung zur Verordnung (BT-Drs. 19/2707, S. 113) wird zu dieser Vorschrift ausgeführt:

„In Absatz 1, 2 und 3 wird der Anpassungslehrgang nach § 41 Absatz 2 Satz 4 oder § 41 Absatz 3 Satz 2 PflBG näher beschrieben. Absatz 1 Satz 1 legt das Ziel des Anpassungslehrgangs fest. Absatz 1 Satz 2 betreffen Entscheidungen der zuständigen Behörde. In Absatz 2 wird bestimmt, in welcher Form und an welchen Einrichtungen der Lehrgang durchzuführen ist. Dabei sollen insbesondere die Einrichtungen genutzt werden, die an der Regelausbildung beteiligt sind. Absatz 3 betrifft den Nachweis über die Durchführung des Lehrgangs.“

§ 47   Inhalt und Durchführung der Eignungsprüfung nach § 41 Absatz 2 Satz 4 oder Absatz 3 Satz 2 des Pflegeberufegesetzes

(1) In der Eignungsprüfung hat die zu prüfende Person nachzuweisen, dass sie über die zum Ausgleich der von der zuständigen Behörde festgestellten wesentlichen Unterschiede erforderlichen Kompetenzen verfügt.

(2) [1]Die Eignungsprüfung besteht aus einer praktischen Prüfung, die mit einem Prüfungsgespräch verbunden ist. [2]Die zu prüfende Person hat in der praktischen Prüfung in mindestens zwei und höchstens vier Pflegesituationen nachzuweisen, dass sie die vorbehaltenen Tätigkeiten wahrnehmen und damit die erforderlichen Pflegeprozesse und die Pflegediagnostik verantwortlich planen, organisieren, gestalten, durchführen, steuern und evaluieren kann. [3]Im Rahmen der pflegerischen Versorgung hat eine situationsangemessene Kommunikation mit den zu pflegenden Menschen, ihren Bezugspersonen und den beruflich in die Versorgung eingebundenen Personen deutlich zu werden. [4]Die zuständige Behörde legt einen Einsatzbereich, der im Sinne der Anlage 7 als Pflichteinsatz aufgeführt ist, sowie die Zahl der Pflegesituationen fest. [5]Gemäß den festgestellten Unterschieden sind in der praktischen Prüfung nachzuweisen:

1. von Personen, die eine Erlaubnis nach § 1 Absatz 1 des Pflegeberufegesetzes beantragen, die Kompetenzen aus den Kompetenzbereichen I bis V der Anlage 2,
2. von Personen, die eine Erlaubnis nach § 58 Absatz 1 des Pflegeberufegesetzes beantragen, die Kompetenzen aus den Kompetenzbereichen I bis V der Anlage 3,
3. von Personen, die eine Erlaubnis nach § 58 Absatz 2 des Pflegeberufegesetzes beantragen, Kompetenzen aus den Kompetenzbereichen I bis V der Anlage 4.

(3) [1]Die Prüfung soll für jede Pflegesituation nicht länger als 120 Minuten dauern und als Patientenprüfung ausgestaltet sein. [2]Sie wird von einer Fachprüferin oder einem Fachprüfer nach § 10 Absatz 1 Nummer 3 und einer Fachprüferin oder einem Fachprüfer nach § 10 Absatz 1 Nummer 4 abgenommen und bewertet. [3]Während der Prüfung sind den Fachprüferinnen und Fachprüfern Nachfragen gestattet, die sich auf das praktische Vorgehen und insbesondere auf die vorbehaltenen Tätigkeiten im Rahmen des Pflegeprozesses beziehen.

(4) [1]Die Eignungsprüfung ist erfolgreich abgeschlossen, wenn die Fachprüferinnen und Fachprüfer jede Pflegesituation übereinstimmend mit „bestanden" bewerten. [2]Das Bestehen setzt mindestens voraus, dass die Leistung der zu prüfenden Person trotz ihrer Mängel noch den Anforderungen genügt. [3]Kommen die Fachprüferinnen und Fachprüfer zu einer unterschiedlichen Bewertung, entscheidet der oder die Vorsitzende des Prüfungsausschusses nach Rücksprache mit den Fachprüferinnen und Fachprüfern über das Bestehen.

(5) [1]Die Eignungsprüfung soll mindestens zweimal jährlich angeboten werden und darf in jeder Pflegesituation, die nicht bestanden wurde, einmal wiederholt werden. [2]Über die bestandene Eignungsprüfung wird eine Bescheinigung nach dem Muster der Anlage 12 erteilt.

(6) [1]Die Eignungsprüfung findet in Form einer staatlichen Prüfung vor einer staatlichen Prüfungskommission statt. [2]Die Länder können zur Durchführung der Prüfungen die regulären Prüfungstermine der staatlichen Prüfung nach § 9 Absatz 1 nutzen; sie haben dabei sicherzustellen, dass antragstellende Personen die Prüfung innerhalb von sechs Monaten nach der Entscheidung nach § 43 Absatz 4 ablegen können. [3]Soweit in diesem Abschnitt nichts anderes bestimmt ist, gelten die §§ 18, 20 bis 23 für die Durchführung der Eignungsprüfung entsprechend.

Erläuterungen

1   In der Begründung zur Verordnung (BT-Drs. 19/2707, S. 113 f.) wird zu dieser Vorschrift ausgeführt:

„In Absatz 1 bis 5 wird die Eignungsprüfung näher beschrieben. In Absatz 1 wird das Ziel der Eignungsprüfung bestimmt. Absatz 2 regelt die Inhalte der Prüfung näher. Absatz 3 regelt die Dauer der Prüfung, die Zusammensetzung des Prüfungsausschusses sowie Verfahrensfragen. Die Bewertung und das Bestehen der Prüfung sind in Absatz 4 geregelt.

Gerade in der praktischen Prüfung sind die in der Ausbildung erworbenen Fertigkeiten unter Praxisbedingungen nachzuweisen. Zusammen mit einem Fachgespräch ist diese Art der Überprüfung daher besonders geeignet, um festzustellen, dass die Qualifikation der antragstellenden Person sich nicht von der Qualifikation unterscheidet, die zur Ausübung des Berufs der Pflegefachfrau oder des Pflegefachmanns oder der Gesundheits- und Kinderkrankenpflegerin oder des Gesundheits- und Kinderkrankenpflegers oder der Altenpflegerin oder des Altenpflegers in Deutschland erforderlich ist.

Eine endgültig nicht bestandene Eignungsprüfung schließt eine spätere Anerkennung der Berufsqualifikation der antragstellenden Person nicht aus. Gemäß § 51 des Verwaltungsverfahrensgesetzes können neue Tatsachenvorträge ein Wiederaufgreifen des Verfahrens rechtfertigen. Als solche kommen Nachweise weiterer Qualifikationen in Betracht, die die antragstellenden Personen nach dem endgültigen Abschluss eines vorhergehenden Anerkennungsverfahrens, in dem die Anpassungsmaßnahmen nicht bestanden wurden, erworben haben.

Absatz 6 enthält Regelungen zur Durchführung der Anpassungsmaßnahmen. Er legt fest, dass die Eignungsprüfung in Form einer staatlichen Prüfung stattfindet. Um den Verwaltungsaufwand zu verringern, können dabei insbesondere die regulär durchgeführten Prüfungsveranstaltungen genutzt werden.“

§ 48   Nachweis der Zuverlässigkeit und der gesundheitlichen Eignung durch Inhaberinnen und Inhaber von Ausbildungsnachweisen aus einem anderen Mitgliedstaat der Europäischen Union oder einem anderen Vertragsstaat des Abkommens über den Europäischen Wirtschaftsraum

(1) [1]Eine Person, die über einen Ausbildungsnachweis aus einem anderen Mitgliedstaat der Europäischen Union oder einem anderen Vertragsstaat des Abkommens über den Europäischen Wirtschaftsraum verfügt und eine Erlaubnis nach § 1 Absatz 1, § 58 Absatz 1 oder Absatz 2 des Pflegeberufegesetzes beantragt, kann zum Nachweis, dass bei ihr die in § 2 Nummer 2 des Pflegeberufegesetzes genannte Voraussetzung vorliegt, eine von der zuständigen Behörde ihres Herkunftsmitgliedstaates ausgestellte entsprechende Bescheinigung oder einen von einer solchen Behörde ausgestellten Strafregisterauszug oder, wenn ein solcher nicht beigebracht werden kann, einen gleichwertigen Nachweis vorlegen. [2]Hat die für die Erteilung der Erlaubnis zuständige Behörde berechtigte Zweifel, kann sie von der zuständigen Behörde eines Mitgliedstaates eine Bestätigung verlangen, aus der sich ergibt, dass der antragstellenden Person die Ausübung des Berufs, der dem der Pflegefachfrau oder des Pflegefachmanns, der Gesundheits- und Kinderkrankenpflegerin oder des Gesundheits- und Kinderkrankenpflegers oder der Altenpflegerin oder des Altenpflegers entspricht, nicht auf Grund eines schwerwiegenden standeswidrigen Verhaltens oder einer Verurteilung wegen strafbarer Handlungen dauerhaft oder vorübergehend untersagt worden ist.

(2) Hat die für die Erteilung der Erlaubnis zuständige Behörde von Tatsachen Kenntnis, die außerhalb des Geltungsbereichs des Pflegeberufegesetzes eingetreten sind und im Hinblick auf die Voraussetzungen des § 2 Nummer 2 des Pflegeberufegesetzes von Bedeutung sein können, so hat sie die zuständige Stelle des Herkunftsmitgliedstaates zu unterrichten und sie zu bitten, diese Tatbestände zu überprüfen und ihr das Ergebnis und die Folgerungen, die sie hinsichtlich der von ihr ausgestellten Bescheinigungen und Nachweise daraus zieht, mitzuteilen.

(3) Werden von der zuständigen Stelle des Herkunftsmitgliedstaates die in Absatz 1 Satz 1 genannten Bescheinigungen nicht ausgestellt oder die nach Absatz 1 Satz 2 oder nach Absatz 2 nachgefragten Mitteilungen innerhalb von zwei Monaten nicht gemacht, kann die antragstellende Person sie durch Vorlage einer Bescheinigung über die Abgabe einer eidesstattlichen Erklärung gegenüber der zuständigen Behörde des Herkunftsmitgliedstaates ersetzen.

(4) [1]Eine antragstellende Person nach Absatz 1 kann zum Nachweis, dass bei ihr die in § 2 Nummer 3 des Pflegeberufegesetzes genannte Voraussetzung vorliegt, einen entsprechenden Nachweis ihres Herkunftsmitgliedstaates vorlegen. [2]Wird im Herkunftsmitgliedstaat ein solcher Nachweis nicht verlangt, ist eine von einer zuständigen Behörde dieses Staates ausgestellte Bescheinigung anzuerkennen, aus der sich ergibt, dass die in § 2 Nummer 3 des Pflegeberufegesetzes genannte Voraussetzung erfüllt ist.

(5) [1]Die für die Erteilung der Erlaubnis zuständige Behörde behandelt die in den Absätzen 1, 2 und 4 genannten Bescheinigungen und Mitteilungen vertraulich. [2]Die Bescheinigungen und Mitteilungen dürfen von der zuständigen Behör-

de der Beurteilung nur zugrunde gelegt werden, wenn der Zeitpunkt, zu dem sie ausgestellt worden sind, höchstens drei Monate zurückliegt.

(6) Die Absätze 1 bis 5 gelten entsprechend für Inhaberinnen und Inhaber von Drittstaatsdiplomen, für deren Anerkennung sich nach dem Recht der Europäischen Union eine Gleichstellung ergibt.

Erläuterungen

1 In der Begründung zur Verordnung (BT-Drs. 19/2707, S. 114) wird zu dieser Vorschrift ausgeführt:

„Zu Absatz 1, 2 und 3

Die Absätze 1, 2 und 3 betreffen die Nachweise zur Zuverlässigkeit von Personen, die mit einer Ausbildung aus einem anderen Mitgliedstaat der Europäischen Union oder einem anderen Vertragsstaat des Abkommens über den Europäischen Wirtschaftsraum eine Berufserlaubnis nach § 1 Absatz 1 oder § 58 Absatz 1 oder Absatz 2 PflBG beantragen. Die Vorschrift entspricht den in den anderen Ausbildungs- und Prüfungsverordnungen der Heilberufe üblichen Regelungen.

Nach Absatz 3 können Bescheinigungen, die von der zuständigen Stelle des Herkunftsmitgliedstaates nicht oder nicht rechtzeitig ausgestellt werden, durch eidesstattliche Erklärungen ersetzt werden.

Zu Absatz 4 und 5

Absatz 4 betrifft den Nachweis zur gesundheitlichen Eignung von Personen, die mit einer Ausbildung aus einem anderen Mitgliedstaat der Europäischen Union oder einem anderen Vertragsstaat des Abkommens über den Europäischen Wirtschaftsraum eine Berufserlaubnis nach § 1 Absatz 1 oder § 58 Absatz 1 oder Absatz 2 PflBG beantragen. Die Vorschrift entspricht den in den anderen Ausbildungs- und Prüfungsverordnungen der Heilberufe üblichen Regelungen.

Absatz 5 regelt das Verfahren und den Umgang mit vorgelegten Bescheinigungen nach den Absätzen 1, 2 und 4.

Zu Absatz 6

Nach Absatz 6 erstreckt sich die Geltung der Absätze 1 bis 5 auch auf Ausbildungsnachweise aus der Schweiz.“

§ 49 Verfahren bei Erbringung von Dienstleistungen durch Inhaberinnen und Inhaber von Ausbildungsnachweisen aus einem anderen Mitgliedstaat der Europäischen Union oder einem anderen Vertragsstaat des Abkommens über den Europäischen Wirtschaftsraum

(1) [1]Die zuständige Behörde hat die Person, die beabsichtigt, eine Dienstleistung im Sinne des § 44 Absatz 1 oder 2 des Pflegeberufegesetzes zu erbringen, und dies erstmalig anzeigt, binnen eines Monats nach Eingang der Meldung und der Begleitdokumente über das Ergebnis ihrer Prüfung gemäß § 46 Absatz 3 des Pflegeberufegesetzes zu unterrichten. [2]In der Unterrichtung teilt die Behörde der Person mit, ob sie der Person erlaubt, die Dienstleistung zu erbringen, oder von ihr verlangt, eine Eignungsprüfung nach § 47 abzulegen.

(2) [1]Ist der zuständigen Behörde in besonderen Ausnahmefällen nicht möglich, die Prüfung nach § 46 Absatz 3 des Pflegeberufegesetzes innerhalb eines Monats vorzunehmen, teilt sie der Person innerhalb dieser Frist die Gründe der Verzögerung mit. [2]Die zuständige Behörde hat die der Verzögerung zugrunde liegenden Schwierigkeiten binnen eines Monats nach dieser Mitteilung zu beheben. [3]Die zuständige Behörde unterrichtet spätestens innerhalb von zwei Monaten nach Behebung der Schwierigkeiten die Person über das Ergebnis ihrer Prüfung nach § 46 Absatz 3 des Pflegeberufegesetzes.

(3) Bleibt eine Reaktion der zuständigen Behörde in den in Absatz 1 Satz 1 und Absatz 2 Satz 1 und 3 genannten Fristen aus, so darf die Dienstleistung erbracht werden.

(4) Die Absätze 1 bis 3 gelten entsprechend für Inhaberinnen und Inhaber von Drittstaatsdiplomen, für deren Anerkennung sich nach dem Recht der Europäischen Union eine Gleichstellung ergibt.

Erläuterungen

In der Begründung zur Verordnung (BT-Drs. 19/2707, S. 114) wird zu der Vorschrift ausgeführt: 1

„Zu Absatz 1, 2 und 3

Absatz 1, 2 und 3 regeln die Vorlage der erforderlichen Nachweise im Falle der Dienstleistungserbringung.

Zu Absatz 4

Nach Absatz 4 erstreckt sich die Geltung der Absätze 1 bis 3 auch auf Ausbildungsnachweise aus der Schweiz."

Abschnitt 3
Fachkommission und Bundesinstitut für Berufsbildung

§ 50   Aufgaben der Fachkommission

[1]Die Fachkommission übernimmt die ihr nach dem Pflegeberufegesetz zugewiesenen Aufgaben. [2]Sie

1. erarbeitet für die berufliche Ausbildung in der Pflege nach Teil 2 des Pflegeberufegesetzes unter Berücksichtigung der in Teil 5 des Pflegeberufesetzes geregelten Möglichkeit gesonderter Berufsabschlüsse einen Rahmenlehrplan für den theoretischen und praktischen Unterricht und einen Rahmenausbildungsplan für die praktische Ausbildung als Bestandteile integrierter Bildungspläne,
2. überprüft die Rahmenpläne nach Nummer 1 kontinuierlich auf ihre Aktualität und passt sie gegebenenfalls an,
3. kann für die erweiterte Ausbildung nach § 14 des Pflegeberufegesetzes und § 37 Absatz 5 in Verbindung mit § 14 des Pflegeberufegesetzes standardisierte Module entwickeln.

Erläuterungen

Übersicht

I. Allgemeines

1   Die Vorschrift konkretisiert in **Nr. 1 und 2** die in § 53 PflBG beschriebenen **Aufgaben der Fachkommission**. In **Nr. 3** wird auf die Möglichkeit der **Entwicklung standardisierter Module** im Zusammenhang der erweiterten Ausbildung nach § 14 PflBG und § 37 Abs. 5 in Verbindung mit § 14 PflBG hingewiesen.

II. Erläuterungen

1. Nr. 1: Rahmenlehrplan – Rahmenausbildungsplan

2   Die Fachkommission soll insbesondere **bundesweit einheitliche integrierte Bildungspläne**, bestehend aus Rahmenlehr- und Rahmenausbildungsplänen für die beruflichen Pflegeausbildungen entwerfen.

2. Nr. 2: Kontinuierliche Überprüfung

3   Bei der Überprüfung der Rahmenpläne handelt es sich um einen kontinuierlichen Prozess, um so die Aktualität der Bildungspläne zu gewährleisten (Begründung zur Verordnung, BT-Drs. 19/2707, S. 114).

3. Nr. 3: Entwicklung standardisierter Module

In der Begründung zur Verordnung (BT-Drs. 19/2707, S. 115) wird zu der Vorschrift 4
ausgeführt:

„Die Fachkommission entwickelt auch Rahmenpläne für die zusätzlichen Ausbildungen gemäß §14 und §37 Absatz 5 PflBG im Rahmen von Modellvorhaben nach §63 Absatz 3c des fünften Sozialgesetzbuchs. Die Modellvorhaben dienen der zeitlich befristeten Erprobung von Ausbildungsangeboten zur Weiterentwicklung der beruflichen Pflegeausbildungen beziehungsweise der hochschulischen Pflegeausbildung nach dem Pflegeberufegesetz. Hierbei können über die in §5 und §37 PflBG beschriebenen Aufgaben hinausgehende erweiterte Kompetenzen zur Ausübung heilkundlicher Tätigkeiten vermittelt werden.“

§ 51   Erarbeitung und Inhalte der Rahmenpläne

(1) [1]Die Fachkommission erarbeitet die Rahmenpläne auf der Grundlage der in den Anlagen 1 bis 4 dieser Verordnung beschriebenen Kompetenzen, die in den beruflichen Pflegeausbildungen vermittelt werden sollen. [2]Die in Anlage 6 festgelegte Stundenverteilung für den theoretischen und praktischen Unterricht legt die Fachkommission dem Rahmenlehrplan und die in Anlage 7 festgelegte Stundenverteilung für die praktische Ausbildung legt sie dem Rahmenausbildungsplan zugrunde.

(2) [1]Im Rahmenlehrplan und Rahmenausbildungsplan werden kompetenzorientierte und fächerintegrative Curriculumeinheiten mit Ziel- und Inhaltsempfehlungen für den theoretischen und praktischen Unterricht sowie für die praktische Ausbildung festgelegt. [2]Im Rahmenlehrplan kann die Fachkommission unterschiedliche vertiefende Angebote hinsichtlich spezifischer Fallsituationen und Zielgruppen im Pflegealltag berücksichtigen.

(3) Die Rahmenpläne haben empfehlende Wirkung.

Erläuterungen

1   In der Begründung zur Verordnung (BT-Drs. 19/2707, S. 115) wird zu der Vorschrift ausgeführt:

„Die Rahmenpläne entfalten als Orientierungshilfe zur Umsetzung der Ausbildung nach dem Pflegeberufsgesetz und der Ausbildungs- und Prüfungsverordnung empfehlende Wirkung für die Lehrpläne der Länder und die schulinternen Curricula der Pflegeschulen, ohne in die Durchführungszuständigkeit der Länder einzugreifen. In dieser Form sind die Rahmenpläne wichtige Grundlagen für eine inhaltlich möglichst bundeseinheitliche Umsetzung der neuen Pflegeausbildung. Die in der Anlage 6 festgelegte Stundenverteilung für den theoretischen und praktischen Unterricht sowie die in der Anlage 7 festgelegte Stundenverteilung für die praktische Ausbildung legt die Fachkommission den Rahmenplänen zu Grunde. Dabei kann die Fachkommission im Rahmen des theoretischen und praktischen Unterrichts vertiefende Angebote für spezifische Fallsituationen und Zielgruppen vorsehen. Dies kann unterschiedliche Bereiche mit unterschiedlichen Schwerpunkten betreffen, etwa die Sicherung der Lebensqualität und der Autonomie pflegebedürftiger Menschen, die Unterstützung und Förderung einer gesunden Entwicklung von Kindern und Jugendlichen, die Begleitung und Unterstützung dementiell erkrankter Menschen, die Sterbebegleitung, das professionelle Führen von Gesprächen, das Erhalten und Fördern von physischer und psychischer Unversehrtheit von Kindern und Jugendlichen, das Verstehen von und den angemessenen sowie spezifischen Umgang mit Krisen, die Förderung von Familiengesundheit durch Stärkung elterlicher Kompetenzen oder auch die Kompetenz, rechtssicher handeln und informieren zu können.“

§ 52 Überprüfung und Anpassung der Rahmenpläne

(1) [1]Die Fachkommission überprüft die Rahmenpläne mindestens alle fünf Jahre. [2]Das Bundesministerium für Familie, Senioren, Frauen und Jugend und das Bundesministerium für Gesundheit können eine Überprüfung jederzeit gemeinsam veranlassen. [3]Die Fachkommission schließt das Verfahren zur Prüfung und gegebenenfalls Anpassung der Rahmenpläne in diesen Fällen innerhalb von neun Monaten ab.

(2) [1]Die Fachkommission legt die Rahmenpläne oder das Ergebnis einer späteren Überprüfung dem Bundesministerium für Familie, Senioren, Frauen und Jugend und dem Bundesministerium für Gesundheit zur Prüfung der Vereinbarkeit mit dem Pflegeberufegesetz vor. [2]Die Bundesministerien schließen die Prüfung innerhalb von drei Monaten ab.

(3) Stellen das Bundesministerium für Familie, Senioren, Frauen und Jugend und das Bundesministerium für Gesundheit gemeinsam fest, dass die Rahmenpläne nicht mit dem Pflegeberufegesetz zu vereinbaren sind, überarbeitet die Fachkommission ihre Empfehlungen unter Beachtung der Feststellungen der beiden Bundesministerien innerhalb von drei Monaten.

Erläuterungen

Übersicht

I. Allgemeines

Die Vorschrift regelt die **Überprüfung und Anpassung der Rahmenpläne**. Sie bezieht sich auf § 53 Abs. 2 Satz 1 PflBG. 1

II. Erläuterungen

1. Abs. 1: Überprüfung der Rahmenpläne

In der Begründung zur Verordnung (BT-Drs. 19/2707, S. 115) wird zu der Vorschrift ausgeführt: 2

„Bei dem Fünfjahresintervall handelt es sich um eine Mindestanforderung, die jederzeit nach dem Ermessen der Fachkommission beziehungsweise auf Verlangen des Bundesministeriums für Familie, Senioren, Frauen und Jugend und des Bundesministeriums für Gesundheit unterschritten werden kann. Ziel ist die Gewährleistung von Aktualität. Sollte eine Aktualisierung über einen Zeitraum von fünf Jahren nicht erfolgt sein ist eine Überprüfung zwingend durchzuführen, da angesichts des pflegewissenschaftlichen Fortschritts die Notwendigkeit zur Anpassung der Rahmenpläne wahrscheinlich erscheint. Das Prüfverfahren durch die Fachkommission darf neun Monate nicht überschreiten.“

2. Abs. 2: Vorlage der Rahmenpläne zur Rechtmäßigkeitsprüfung

3   In der Begründung zur Verordnung (BT-Drs. 19/2707, S. 115) wird zu der Vorschrift ausgeführt:

„Das Bundesministerium für Familie, Senioren, Frauen und Jugend und das Bundesministerium für Gesundheit führen eine Rechtmäßigkeitsprüfung durch. Die Prüfung ist von beiden Ministerien im Einvernehmen, innerhalb von drei Monaten durchzuführen.

Die Prüfung umfasst die Einhaltung des Pflegeberufegesetzes und nach dem Grundsatz der Rechtmäßigkeit der Verwaltung auch die Einhaltung der Rechtsordnung insgesamt, insbesondere des Grundgesetzes. Sowohl ein positives als auch ein negatives Prüfergebnis ist mitzuteilen."

3. Abs. 3: Überarbeitungspflicht

4   Die Vorschrift regelt das Verfahren zur Feststellung des Rechtsverstoßes und zur Überarbeitung der Rahmenpläne.

§ 53 Mitgliedschaft in der Fachkommission

(1) ¹Das Bundesministerium für Familie, Senioren, Frauen und Jugend und das Bundesministerium für Gesundheit berufen gemeinsam im Benehmen mit den Ländern bis zu elf Expertinnen und Experten zu Mitgliedern der Fachkommission. ²Bei der Berufung ist dafür Sorge zu tragen, dass die verschiedenen Versorgungsbereiche der Pflege angemessen berücksichtigt werden.

(2) ¹Die Tätigkeit in der Fachkommission wird ehrenamtlich ausgeübt. ²Die Mitglieder sind zur Verschwiegenheit verpflichtet. ³Für die Ausübung der ehrenamtlichen Tätigkeit und die Verschwiegenheitspflicht gelten die §§ 83 und 84 des Verwaltungsverfahrensgesetzes entsprechend.

(3) ¹Die Mitgliedschaft in der Fachkommission ist an die Person gebunden. ²Sie beginnt, sofern die Person der Berufung zustimmt, zu dem im Berufungsschreiben hierfür angegebenen Zeitpunkt oder, wenn ein solcher nicht angegeben ist, mit der Bekanntgabe des Berufungsschreibens an den Adressaten.

(4) ¹Die Mitgliedschaft endet mit der Beendigung des jeweiligen Einsetzungszeitraumes der Fachkommission. ²Ein Mitglied kann schriftlich oder elektronisch mit einer Frist von drei Monaten dem Bundesministerium für Familie, Senioren, Frauen und Jugend oder dem Bundesministerium für Gesundheit gegenüber sein Ausscheiden aus der Fachkommission erklären. ³Die Wiederberufung ist zulässig.

(5) Verletzt ein Mitglied seine Pflichten nach dem Pflegeberufegesetz, nach dieser Verordnung oder nach der Geschäftsordnung gröblich oder kommt es dauerhaft seinen Aufgaben nicht nach, kann es durch das Bundesministerium für Familie, Senioren, Frauen und Jugend und das Bundesministerium für Gesundheit gemeinsam abberufen werden.

(6) ¹Scheidet ein Mitglied vorzeitig aus der Fachkommission aus, so wird ein neues Mitglied bis zur Beendigung des jeweiligen Einsetzungszeitraumes der Fachkommission berufen. ²Das Bundesministerium für Familie, Senioren, Frauen und Jugend und das Bundesministerium für Gesundheit hören die Fachkommission an, bevor sie ein neues Mitglied berufen.

Erläuterungen

Übersicht

I. Allgemeines

1 Die Vorschrift regelt die Mitgliedschaft in der Fachkommission. Sie konkretisiert § 53 Abs. 3 PflBG.

II. Erläuterungen

1. Abs. 1: Berufung von Experten

2 In der Begründung zur Verordnung (BT-Drs. 19/2707, S. 115 f.) wird zu der Vorschrift ausgeführt:

„Die Vorschrift regelt die Errichtung und Zusammensetzung der Fachkommission. Das Gremium darf aus Gründen der Arbeitsfähigkeit die Zahl von elf Mitgliedern nicht überschreiten, kann jedoch weniger Mitglieder haben.

Kriterium für die Auswahl der Expertinnen und Experten durch das Bundesministerium für Familie, Senioren, Frauen und Jugend und das Bundesministerium für Gesundheit ist die fachliche Expertise der Mitglieder. Dabei ist darauf zu achten, dass alle Versorgungsbereiche der Pflege angemessen berücksichtigt werden."

2. Abs. 2: Ehrenamtliche Tätigkeit – Verschwiegenheit

3 **Satz 1** bestimmt die **Ehrenamtlichkeit der Mitgliedschaft**. Das bedeutet, dass eine Vergütung nicht bezahlt wird. Die Zahlung einer **Aufwandsentschädigung** ist **zulässig**. Sie richtet sich nach § 56 PflAPrV. Satz 1 bezieht sich auf die Vorschrift in § 83 Verwaltungsverfahrensgesetz (VwVfG), auf die in Satz 3 verwiesen wird. Diese Vorschrift lautet:

§ 83
Ausübung ehrenamtlicher Tätigkeit

(1) Der ehrenamtlich Tätige hat seine Tätigkeit gewissenhaft und unparteiisch auszuüben.

(2) Bei Übernahme seiner Aufgaben ist er zur gewissenhaften und unparteiischen Tätigkeit und zur Verschwiegenheit besonders zu verpflichten. Die Verpflichtung ist aktenkundig zu machen.

4 **Satz 2** regelt die **Verschwiegenheitspflicht** und bezieht sich auf § 84 Verwaltungsverfahrensgesetz (VwVfG), worauf in Satz 3 hingewiesen wird. Diese Vorschrift lautet:

§ 84
Verschwiegenheitspflicht

(1) Der ehrenamtlich Tätige hat, auch nach Beendigung seiner ehrenamtlichen Tätigkeit, über die ihm dabei bekannt gewordenen Angelegenheiten Verschwiegenheit zu wahren. Dies gilt nicht für Mitteilungen im dienstlichen Verkehr oder über Tatsachen, die offenkundig sind oder ihrer Bedeutung nach keiner Geheimhaltung bedürfen.

(2) Der ehrenamtlich Tätige darf ohne Genehmigung über Angelegenheiten, über die er Verschwiegenheit zu wahren hat, weder vor Gericht noch außergerichtlich aussagen oder Erklärungen abgeben.

(3) Die Genehmigung, als Zeuge auszusagen, darf nur versagt werden, wenn die Aussage dem Wohl des Bundes oder eines Landes Nachteile bereiten oder die Erfüllung öffentlicher Aufgaben ernstlich gefährden oder erheblich erschweren würde.

(4) Ist der ehrenamtlich Tätige Beteiligter in einem gerichtlichen Verfahren oder soll sein Vorbringen der Wahrnehmung seiner berechtigten Interessen dienen, so darf die Genehmigung auch dann, wenn die Voraussetzungen des Absatzes 3 erfüllt sind, nur versagt werden, wenn ein zwingendes öffentliches Interesse dies erfordert. Wird sie versagt, so ist dem ehrenamtlich Tätigen der Schutz zu gewähren, den die öffentlichen Interessen zulassen.

(5) Die Genehmigung nach den Absätzen 2 bis 4 erteilt die fachlich zuständige Aufsichtsbehörde der Stelle, die den ehrenamtlich Tätigen berufen hat.

3. Abs. 3: Persönliche Mitgliedschaft – Beginn der Mitgliedschaft

In der Begründung zur Verordnung (BT-Drs. 19/2707, S. 116) wird zu der Vorschrift   5
ausgeführt:

„Die Mitglieder der Fachkommission werden nicht als Vertreter von Verbänden oder Institutionen berufen, sondern als natürliche Personen. Dementsprechend ist auch eine Vertretung nicht zulässig. Umgekehrt steht eine Mitgliedschaft in einem Verband oder die Zugehörigkeit zu einer Institution einer Berufung jedoch auch nicht entgegen."

4. Abs. 4: Ende der Mitgliedschaft – Ausscheiden – Wiederberufungsmöglichkeit

In der Begründung zur Verordnung (BT-Drs. 19/2707, S. 116) wird zu der Vorschrift   6
ausgeführt:

„Eine Wiederberufung ist zulässig. Auf eine feste zeitliche Begrenzung wurde verzichtet. Gleichwohl wird auf eine kontinuierliche personelle Erneuerung der Kommission zu achten sein."

5. Abs. 5: Pflichtverletzung

In der Begründung zur Verordnung (BT-Drs. 19/2707, S. 116) wird zu der Vorschrift   7
ausgeführt:

„Die Vorschrift regelt Konsequenzen aus Pflichtverletzungen beziehungsweise Verstößen gegen relevante Normen (dies können auch strafrechtliche Verstöße sein). Nach dem Ermessen des Bundesministeriums für Familie, Senioren, Frauen und Jugend und des Bundesministeriums für Gesundheit kann dies zur Abberufung des Mitglieds führen."

6. Abs. 6: Vorzeitiges Ausscheiden

Um die Arbeitsfähigkeit des Gremiums zu gewährleisten, ist bei einem vorzeitigen   8
Ausscheiden eines Mitglieds ein neues Mitglied nachzubesetzen.

§ 54   Vorsitz, Vertretung

(1) ¹Die Mitglieder der Fachkommission wählen aus ihrer Mitte ein Mitglied, das den Vorsitz übernimmt, und ein Mitglied, das die Vertretung des Vorsitzes übernimmt. ²§ 92 Absatz 1 und 2 des Verwaltungsverfahrensgesetzes gilt entsprechend.

(2) ¹Der Vorsitz endet spätestens mit der Mitgliedschaft des Mitglieds, das das Amt innehat. ²Gleiches gilt für die Vertretung des Vorsitzes. ³Der Rücktritt von dem Vorsitz oder von der Vertretung des Vorsitzes ist zulässig. ⁴In diesem Fall ist Absatz 1 anzuwenden.

Erläuterungen

1   Die Aufgaben des Vorsitzes der Fachkommission werden durch die Geschäftsordnung nach § 56 PflAPrV näher definiert. Die Wiederwahl der oder des Vorsitzenden und der Stellvertreterin oder des Stellvertreters ist zulässig.

2   § 92 Abs. 1 und 2 Verwaltungsverfahrensgesetz (VwVfG) bestimmt zur Wahl des Vorsitzes:

§ 92
Wahlen durch Ausschüsse

(1) Gewählt wird, wenn kein Mitglied des Ausschusses widerspricht, durch Zuruf oder Zeichen, sonst durch Stimmzettel. Auf Verlangen eines Mitglieds ist geheim zu wählen.

(2) Gewählt ist, wer von den abgegebenen Stimmen die meisten erhalten hat. Bei Stimmengleichheit entscheidet das vom Leiter der Wahl zu ziehende Los.

§ 55 Sachverständige, Gutachten

(1) Die Fachkommission kann im Rahmen der verfügbaren Haushaltsmittel schriftlich beschließen, zu einzelnen Beratungsthemen Sachverständige hinzuzuziehen oder Gutachten, Expertisen oder Studien einzuholen, soweit dies im Einzelfall erforderlich ist.

(2) [1]Der Beschluss bedarf einer Begründung, aus der sich die tragenden Erwägungen und die fachliche Notwendigkeit für die jeweilige Maßnahme ergeben. [2]Er ist der Geschäftsstelle sowie dem Bundesministerium für Familie, Senioren, Frauen und Jugend und dem Bundesministerium für Gesundheit schriftlich bekannt zu geben.

(3) [1]Für die Umsetzung des Beschlusses ist die Geschäftsstelle zuständig. [2]Diese prüft, ob Rechtsgründe entgegenstehen.

(4) [1]Für die Sachverständigen gelten die Pflichten zur Verschwiegenheit nach § 53 Absatz 2 Satz 2 entsprechend. [2]Zum Schutz vor Interessenkonflikten und zur Vermeidung der Besorgnis der Befangenheit sind die §§ 20 und 21 des Verwaltungsverfahrensgesetzes entsprechend anzuwenden. [3]Hierauf sind Sachverständige vor Beginn ihrer Tätigkeit für die Fachkommission in geeigneter Form hinzuweisen.

Erläuterungen

Übersicht

I. Allgemeines

1. Regelungsinhalt

Die Vorschrift regelt die **Heranziehung externen Sachverstandes** durch die Hinzuziehung von Sachverständigen und der Einholung von Gutachten, Expertisen oder Studien (**Abs. 1**). Dazu bedarf es eines **Beschlusses (Abs. 2)**, der durch die **Geschäftsstelle** (§ 57 PflAPrV) **umzusetzen** ist (**Abs. 3**). Sachverständige unterliegen der **Verschwiegenheitspflicht** nach § 92 Abs. 1 und 2 VwVfG (**Abs. 4 Satz 1**). Zur **Vermeidung von Interessenkonflikten** sind die diesbezüglichen Vorschriften des Verwaltungsverfahrensgesetzes (§§ 20, 21 VwVfG) entsprechend anzuwenden (**Abs. 4 Satz 2 und 3**). 1

II. Erläuterungen

1. Abs. 1: Sachverständige – Gutachten etc.

In der Begründung zur Verordnung (BT-Drs. 19/2707, S. 116) wird zu der Vorschrift ausgeführt: 2

„Sachverständige, die hinzugezogen werden, werden dadurch nicht Mitglied der Fach-kommission.

Im Rahmen ihrer Zuständigkeit zur Umsetzung der Beschlüsse der Fachkommission, hat die Geschäftsstelle insbesondere auch die Einhaltung der haushaltsrechtlichen Vorgaben zu überprüfen. Außerdem müssen Sachverständige und Gutachten der Erfüllung der Aufgaben gemäß § 50 dienen. Zudem muss eine Beauftragung in konkreten Einzelfall erforderlich sein, darf also nicht in gleicher Weise von der Kommission selbst zu erbringen sein."

2. Abs. 2 und 3: Beschluss und Umsetzung des Beschlusses

3   Die Heranziehung externen Sachverstandes bedarf eines begründeten Beschlusses, der dem BMFSFJ und dem BMG bekannt zu geben ist **(Abs. 2)**. Der Beschluss wird durch die Geschäftsstelle (§ 57 PflAPrV) umgesetzt, die auch zu prüfen hat, ob Rechtsgründe entgegenstehen **(Abs. 3)**.

3. Abs. 4: Pflichten der Sachverständigen

4   Sachverständige unterliegen der **Verschwiegenheitspflicht** nach §§ 83, 84 VwVfG **(Abs. 4 Satz 1)**. S. Abdruck der Vorschriften bei → Erl. zu § 53 PflAPrV, Rn. 3 und 4.

5   Zur **Vermeidung von Interessenkonflikten** sind die diesbezüglichen Vorschriften des Verwaltungsverfahrensgesetzes (§§ 20, 21 VwVfG) entsprechend anzuwenden **(Abs. 4 Satz 2)**. Diese Vorschriften lauten:

§ 20
Ausgeschlossene Personen

(1) In einem Verwaltungsverfahren darf für eine Behörde nicht tätig werden,

1. *wer selbst Beteiligter ist;*
2. *wer Angehöriger eines Beteiligten ist;*
3. *wer einen Beteiligten kraft Gesetzes oder Vollmacht allgemein oder in diesem Verwaltungsverfahren vertritt;*
4. *wer Angehöriger einer Person ist, die einen Beteiligten in diesem Verfahren vertritt;*
5. *wer bei einem Beteiligten gegen Entgelt beschäftigt ist oder bei ihm als Mitglied des Vorstands, des Aufsichtsrates oder eines gleichartigen Organs tätig ist; dies gilt nicht für den, dessen Anstellungskörperschaft Beteiligte ist;*
6. *wer außerhalb seiner amtlichen Eigenschaft in der Angelegenheit ein Gutachten abgegeben hat oder sonst tätig geworden ist.*

Dem Beteiligten steht gleich, wer durch die Tätigkeit oder durch die Entscheidung einen unmittelbaren Vorteil oder Nachteil erlangen kann. Dies gilt nicht, wenn der Vor- oder Nachteil nur darauf beruht, dass jemand einer Berufs- oder Bevölkerungs-gruppe angehört, deren gemeinsame Interessen durch die Angelegenheit berührt werden.

(2) Absatz 1 gilt nicht für Wahlen zu einer ehrenamtlichen Tätigkeit und für die Abberufung von ehrenamtlich Tätigen.

(3) Wer nach Absatz 1 ausgeschlossen ist, darf bei Gefahr im Verzug unaufschiebbare Maßnahmen treffen.

(4) Hält sich ein Mitglied eines Ausschusses (§ 88) für ausgeschlossen oder bestehen Zweifel, ob die Voraussetzungen des Absatzes 1 gegeben sind, ist dies dem Vorsitzenden des Ausschusses mitzuteilen. Der Ausschuss entscheidet über den Ausschluss. Der Betroffene darf an dieser Entscheidung nicht mitwirken. Das ausgeschlossene Mitglied darf bei der weiteren Beratung und Beschlussfassung nicht zugegen sein.

(5) Angehörige im Sinne des Absatzes 1 Nr. 2 und 4 sind:

1. *der Verlobte, auch im Sinne des Lebenspartnerschaftsgesetzes,*
2. *der Ehegatte,*
2a. *der Lebenspartner,*
3. *Verwandte und Verschwägerte gerader Linie,*
4. *Geschwister,*
5. *Kinder der Geschwister,*
6. *Ehegatten der Geschwister und Geschwister der Ehegatten,*
6a. *Lebenspartner der Geschwister und Geschwister der Lebenspartner,*
7. *Geschwister der Eltern,*
8. *Personen, die durch ein auf längere Dauer angelegtes Pflegeverhältnis mit häuslicher Gemeinschaft wie Eltern und Kind miteinander verbunden sind (Pflegeeltern und Pflegekinder).*

Angehörige sind die in Satz 1 aufgeführten Personen auch dann, wenn

1. *in den Fällen der Nummern 2, 3 und 6 die die Beziehung begründende Ehe nicht mehr besteht;*
1a. *in den Fällen der Nummern 2a, 3 und 6a die die Beziehung begründende Lebenspartnerschaft nicht mehr besteht;*
2. *in den Fällen der Nummern 3 bis 7 die Verwandtschaft oder Schwägerschaft durch Annahme als Kind erloschen ist;*
3. *im Falle der Nummer 8 die häusliche Gemeinschaft nicht mehr besteht, sofern die Personen weiterhin wie Eltern und Kind miteinander verbunden sind.*

§ 21
Besorgnis der Befangenheit

(1) Liegt ein Grund vor, der geeignet ist, Misstrauen gegen eine unparteiische Amtsausübung zu rechtfertigen, oder wird von einem Beteiligten das Vorliegen eines solchen Grundes behauptet, so hat, wer in einem Verwaltungsverfahren für eine Behörde tätig werden soll, den Leiter der Behörde oder den von diesem Beauftragten zu unterrichten und sich auf dessen Anordnung der Mitwirkung zu enthalten. Betrifft die Besorgnis der Befangenheit den Leiter der Behörde, so trifft diese Anordnung die Aufsichtsbehörde, sofern sich der Behördenleiter nicht selbst einer Mitwirkung enthält.

(2) Für Mitglieder eines Ausschusses (§ 88) gilt § 20 Abs. 4 entsprechend.

Die Sachverständigen sind auf diese Vorschriften vor Beginn ihrer Tätigkeit für die Fachkommission hinzuweisen **(Abs. 4 Satz 3).** 6

§ 56   Geschäftsordnung

(1) Die Fachkommission übermittelt innerhalb von vier Wochen ab der Berufung aller Mitglieder der Fachkommission nach § 53 Absatz 1 den Entwurf einer Geschäftsordnung an das Bundesministerium für Familie, Senioren, Frauen und Jugend und das Bundesministerium für Gesundheit zur Zustimmung.

(2) Die Geschäftsordnung regelt insbesondere das Nähere zur Einberufung, Vorbereitung und Durchführung der Sitzungen der Fachkommission sowie zu den Aufgaben der am Bundesinstitut für Berufsbildung angesiedelten Geschäftsstelle nach § 53 Absatz 5 des Pflegeberufegesetzes.

(3) [1]Die Fachkommission kann sich in jedem weiteren Einsetzungszeitraum eine neue Geschäftsordnung nach Maßgabe des Absatzes 1 geben. [2]Die vorherige Geschäftsordnung bleibt bis zu dem Zeitpunkt in Kraft, ab dem das Bundesministerium für Familie, Senioren, Frauen und Jugend und das Bundesministerium für Gesundheit die jeweils neue Geschäftsordnung gemeinsam genehmigen.

Erläuterungen

1   Die Vorschrift regelt die Verpflichtung der Fachkommission, sich eine Geschäftsordnung zu geben, um so nach Maßgabe dieser Verordnung und im Rahmen des PflBG ihre Arbeitsweise selbstständig regeln zu können. Hierbei wird die Fachkommission auch durch die Geschäftsstelle beim Bundesinstitut für Berufsbildung (§ 57 PflAPrV) unterstützt (so die Begründung zur Verordnung, BT-Drs. 19/2707, S. 116).

§ 57 Aufgaben der Geschäftsstelle

[1]Die beim Bundesinstitut für Berufsbildung angesiedelte Geschäftsstelle unterstützt die Fachkommission bei ihrer Arbeit. [2]Sie übernimmt die administrativen Aufgaben für die Fachkommission.

Erläuterungen

Die Vorschrift regelt die Aufgaben der Geschäftsstelle als administrative Unterstützungseinheit der Fachkommission. Die **Fachaufsicht** über die Geschäftsstelle liegt gemäß § 53 Abs. 5 Satz 2 PflBG beim Bundesministerium für Familie, Senioren, Frauen und Jugend und dem Bundesministerium für Gesundheit gemeinsam. 1

§ 58   Sitzungen der Fachkommission

(1) Die Beratungen der Fachkommission sind nicht öffentlich.

(2) Das Bundesministerium für Familie, Senioren, Frauen und Jugend und das Bundesministerium für Gesundheit, die oder der Bevollmächtigte der Bundesregierung für Pflege sowie jeweils eine Vertreterin oder ein Vertreter der Arbeits- und Sozialministerkonferenz, der Gesundheitsministerkonferenz und der Kultusministerkonferenz der Länder können beratend an den Sitzungen der Fachkommission teilnehmen.

Erläuterungen

1   Um vertrauliche Beratungen in der Fachkommission sicherzustellen, sind die Sitzungen nicht öffentlich (**Abs. 1**).

2   Die Anzahl der Vertreterinnen und Vertreter der Bundesregierung ist nicht begrenzt und orientiert sich am Kriterium der Erforderlichkeit (**Abs. 2**) (Begründung zur Verordnung, BT-Drs. 19/2707, S. 118 f.).

§ 59 Reisen und Abfindungen

Die Erstattung von Reisekosten und sonstigen Abfindungen für Mitglieder richtet sich nach den Richtlinien für die Abfindung der Mitglieder von Beiräten, Ausschüssen, Kommissionen und ähnlichen Einrichtungen im Bereich des Bundes (GMBl 2002 S. 92) in der jeweils geltenden Fassung.

Erläuterungen

Für die Erstattung von Reisekosten und sonstigen Abfindungen wird auf die insofern 1 einheitlich für den Bereich des Bundes geltenden Richtlinien verwiesen. Die Richtlinien für die Abfindung der Mitglieder von Beiräten, Ausschüssen, Kommissionen und ähnlichen Einrichtungen im Bereich des Bundes finden sich in einem Rundschreiben des Bundesministeriums der Finanzen vom 31.10.2001, das im Gemeinsamen Ministerialblatt (GMBl 2002 S. 92) veröffentlicht ist. Diese Richtlinien weichen zum Teil von den Regelungen des Bundesreisekostengesetzes (BRKG) ab.

§ 60   Aufgaben des Bundesinstituts für Berufsbildung

(1) Das Bundesinstitut für Berufsbildung berät und informiert über die berufliche Ausbildung und die hochschulische Ausbildung, insbesondere die Pflegeschulen, die Träger der praktischen Ausbildung sowie die weiteren an der Ausbildung beteiligten Einrichtungen und die Hochschulen.

(2) [1]Das Bundesinstitut für Berufsbildung baut unterstützende Angebote und Strukturen zur Organisation der beruflichen Ausbildung und der hochschulischen Ausbildung auf. [2]Zu den Aufgaben zählen insbesondere

1. die Erarbeitung von Konzepten zur Umsetzung der Ausbildung und Unterstützung bei der Umsetzung,
2. der Aufbau und die Unterstützung von Netzwerken, Lernortkooperationen und Ausbildungsverbünden zwischen den Pflegeschulen, den Trägern der praktischen Ausbildung sowie den weiteren an der Ausbildung beteiligten Einrichtungen und den Hochschulen und
3. die Beratung über Kooperationsverträge nach den §§ 8 und 31 Absatz 2.

(3) Soweit das Bundesamt für Familie und zivilgesellschaftliche Aufgaben die Aufgabe übernimmt, unmittelbare Beratungs-, Informations- und Unterstützungsangebote nach den Absätzen 1 und 2 vor Ort zu gewährleisten, stimmen sich das Bundesamt für Familie und zivilgesellschaftliche Aufgaben und das Bundesinstitut für Berufsbildung bei der Wahrnehmung ihrer Aufgaben untereinander ab.

(4) [1]Das Bundesinstitut für Berufsbildung übernimmt zur Unterstützung der Arbeit der Fachkommission die Aufgabe der Forschung zur beruflichen Ausbildung und zur hochschulischen Ausbildung und zum Pflegeberuf. [2]Es erstattet dem Bundesministerium für Familie, Senioren, Frauen und Jugend und dem Bundesministerium für Gesundheit hierzu einmal jährlich Bericht. [3]Die Forschung wird auf der Grundlage eines in der Regel jährlichen Forschungsprogramms durchgeführt. [4]Das Forschungsprogramm bedarf der Genehmigung des Bundesministeriums für Familie, Senioren, Frauen und Jugend und des Bundesministeriums für Gesundheit.

(5) Das Bundesinstitut für Berufsbildung entwickelt unter Beteiligung der Fachkommission den Musterentwurf zum Ausbildungsnachweis für die praktische Ausbildung gemäß § 3 Absatz 5 Satz 1.

(6) [1]Das Bundesinstitut für Berufsbildung führt ein Monitoring zur Umsetzung der beruflichen und der hochschulischen Ausbildung in der Pflege durch. [2]Es erstattet dem Bundesministerium für Familie, Senioren, Frauen und Jugend und dem Bundesministerium für Gesundheit hierzu einmal jährlich Bericht.

(7) Das Bundesministerium für Familie, Senioren, Frauen und Jugend und das Bundesministerium für Gesundheit können das Bundesinstitut für Berufsbildung im Einvernehmen mit dem Bundesministerium für Bildung und Forschung mit der Erstellung von Sondergutachten und Stellungnahmen beauftragen.

(8) Das Bundesinstitut für Berufsbildung unterliegt bei der Erfüllung seiner Aufgaben nach dieser Verordnung den Weisungen des Bundesministeriums für Familie, Senioren, Frauen und Jugend und des Bundesministeriums für Gesundheit.

Erläuterungen

Übersicht

I. Allgemeines

1. Regelungsinhalt

Dem **Bundesinstitut für Berufsbildung** werden mit der Vorschrift wichtige Auf- 1 gaben zugewiesen. Das Bundesinstitut für Berufsbildung übernimmt die Aufgabe der Beratung und Information zur Pflegeausbildung, die Aufgabe des Aufbaus unterstützender Angebote und Strukturen zur Organisation der Pflegeausbildung sowie zur Unterstützung der Arbeit der Fachkommission die Aufgabe der Forschung zur Pflegeausbildung nach dem PflBG und zum Pflegeberuf nach Weisung des Bundesministeriums für Familie, Senioren, Frauen und Jugend und des Bundesministeriums für Gesundheit (vgl. § 54 PflBG).

Das Bundesinstitut für Berufsbildung ist eine **bundesunmittelbare rechtsfähige** 2 **Anstalt des öffentlichen Rechts** mit Sitz in Bonn (§ 89 Berufsbildungsgesetz – BBiG). Seine originären Aufgaben beziehen sich vor allem auf die berufliche Bildung und die Berufsbildungsforschung (§ 90 BBiG). Aufgaben auf dem Gebiet der hochschulischen Bildung hatte das Bundesinstitut für Berufsbildung bisher nicht zu erfüllen. Nunmehr hat das Bundesinstitut für Berufsbildung auch Aufgaben auf dem Gebiet der hochschulischen Pflegeausbildung wahrzunehmen.

Die Vorschrift präzisiert § 54 PflBG. 3

II. Erläuterungen

1. Abs. 1: Information und Beratung

In der Begründung zur Verordnung (BT-Drs. 19/2707, S. 117) wird zu der Vorschrift 5 ausgeführt:

„Das Bundesinstitut für Berufsbildung wird entsprechend der Aufgabenzuweisung des § 54 Pflegeberufegesetz sowohl zur beruflichen als auch zur hochschulischen Pflegeausbildung beraten und informieren. Es wird unterstützende Angebote und Strukturen

zur Organisation und Implementierung der beruflichen und hochschulischen Pfle-
geausbildung aufbauen. Als Adressat kommen unter anderem alle an den Pflegeaus-
bildungen beteiligten Akteure in Betracht."

2. Abs. 2: Unterstützende Angebote und Strukturen

6 In der Begründung zur Verordnung (BT-Drs. 19/2707, S. 117) wird zu der Vorschrift
ausgeführt:

„Absatz 2 zählt exemplarisch die zentralen Aufgaben des Bundesinstituts für Berufs-
bildung auf, die vordringlich zu bearbeiten sind. Die Aufzählung ist jedoch nicht
abschließend, sondern kann in sinnvoller Weise und in Übereinstimmung mit dem
Pflegeberufegesetz erweitert werden."

3. Abs. 3: Abstimmung von Aufgaben

7 Das **Bundesamt für Familie und zivilgesellschaftliche Aufgaben** und das **Bundesinstitut für Berufsbildung** stimmen sich bei der Wahrnehmung ihrer Aufgaben
miteinander ab. In diesen Prozess sind das Bundesministerium für Familie, Frauen,
Jugend und Senioren und das Bundesministerium für Gesundheit einzubeziehen. Zu
den Aufgaben des **Bundesamtes für Familie und zivilgesellschaftliche Aufgaben**
gehört auch die Qualifizierung der Pflegeberufe. Diese Aufgabe wird durch das
Referat 306 und dessen Geschäftsstelle Qualifizierung Pflegeberufe wahrgenommen.
Die Tätigkeit beschränkt sich auf die Altenpflege.

4. Abs. 4: Forschung

8 Die Vorschrift regelt die Aufgaben des Bundesinstituts für Berufsbildung im Bereich
der Forschung. Die Forschungsaufgaben zu den unterschiedlichen Pflegeberufen
müssen der Überstützung der Arbeit der Fachkommission dienen.

5. Abs. 5: Musterentwurf zum Ausbildungsnachweis

9 In der Begründung zur Verordnung (BT-Drs. 19/2707, S. 117) wird zu der Vorschrift
ausgeführt:

„Die Fachkommission hat die Aufgabe, gemäß § 50 Satz 2 Nummer 1 einen Rahmen-
ausbildungsplan als empfehlende Grundlage für den Träger der praktischen Ausbil-
dung zu entwickeln. Der Ausbildungsnachweis muss daran anknüpfen. Das Bundes-
institut für Berufsbildung entwickelt deshalb unter Beteiligung der Fachkommission
den Musterentwurf zum Ausbildungsnachweis für die praktische Ausbildung gemäß
§ 3 Absatz 5 Satz 1."

6. Abs. 6: Monitoring

10 Abs. 6 regelt das jährliche Monitoring der Umsetzungsmaßnahmen nach dem
Pflegeberufegesetz und dieser Verordnung durch das Bundesinstitut für Berufsbildung.

7. Abs. 7: Sondergutachten und Stellungnahmen

Abs. 7 regelt die Möglichkeit zur Beauftragung von Sondergutachten und Stellung-   11
nahmen des Bundesinstituts für Berufsbildung.

8. Abs. 8: Weisungen

Das Bundesministerium für Familie, Frauen, Jugend und Senioren und das Bundes-   12
ministerium für Gesundheit üben gemeinsam die **Fachaufsicht** über das Bundesinstitut für Berufsbildung aus. Die Fachaufsicht erstreckt sich auf die Rechtmäßigkeit
und die Zweckmäßigkeit des Verwaltungshandelns.

Abschnitt 4
Übergangs- und Schlussvorschriften

§ 61   Übergangsvorschriften

(1) **Für Ausbildungen, die nach dem Krankenpflegegesetz vor Ablauf des 31. Dezember 2019 begonnen wurden, ist bis zum 31. Dezember 2024 die Ausbildungs- und Prüfungsverordnung für die Berufe in der Krankenpflege in der am 31. Dezember 2019 geltenden Fassung anzuwenden.**

(2) **Für Ausbildungen, die nach dem Altenpflegegesetz vor Ablauf des 31. Dezember 2019 begonnen wurden, ist bis zum 31. Dezember 2024 die Ausbildungs- und Prüfungsverordnung für den Beruf der Altenpflegerin und des Altenpflegers in der am 31. Dezember 2019 geltenden Fassung anzuwenden.**

Erläuterungen

1   Die Vorschriften in Abs. 1 und Abs. 2 korrespondieren mit den Übergangsvorschriften für begonnene Ausbildungen nach dem Krankenpflegegesetz (§ 66 Abs. 1 PflBG) oder dem Altenpflegegesetz (§ 66 Abs. 2 PflBG), wie sie im PflBG geregelt sind. Damit ist klargestellt, dass die vor Ablauf des 31. Dezember 2019 begonnenen Ausbildungen nach diesen Gesetzen bis zum 31. Dezember 2024, also insgesamt fünf Jahre nach Inkrafttreten des PflBG, nach dem zum 31. Dezember 2019 geltenden Recht weitergeführt werden können.

2   Diese Regelung erstreckt sich nicht nur auf die schulische Ausbildung nach dem AltPflG/KrPflG, sondern auch auf **Modellvorhaben**, auch solche zur hochschulischen Ausbildung, die nach § 4 Abs. 6 AltPflG/KrPflG eingerichtet worden sind.

3   Die Übergangsvorschriften betreffen nicht nur die Ausbildungsvorschriften im engeren Sinn, sondern **auch die Vorschriften zum Ausbildungsvertrag** und zur **Ausbildungsvergütung**.

4   Der **Bundesrat** hat in der Sitzung vom 21.9.2018 folgende **Entschließung** verabschiedet (BR-Drs. 355/18 [Beschluss], S. 4 f., unter Nr. 6 Buchst. f):

„*6. Der Bundesrat bittet die Bundesregierung zu prüfen,*

[...]

f) ob in § 61 PflAPrV Übergangsvorschriften zu Kooperationen von Hochschulen und Pflegeschulen aufgenommen werden können;

[...]

Begründung (zu Nummer 6):

[...]

zu Buchstabe f:

Es ist systematisch zwingend erforderlich auch die weiteren Übergangsvorschriften des § 67 PflBG zu Kooperationsmodellen aufzunehmen.

[...]."

§ 62 Inkrafttreten, Außerkrafttreten

(1) [1]Die §§ 50 bis 60 treten am Tag nach der Verkündung in Kraft. [2]Im Übrigen tritt diese Verordnung am 1. Januar 2020 in Kraft.

(2) Die Altenpflege-Ausbildungs- und Prüfungsverordnung vom 26. November 2002 (BGBl. I S. 4418, 4429), die zuletzt durch Artikel 35 des Gesetzes vom 18. April 2016 (BGBl. I S. 886) geändert worden ist, und die Ausbildungs- und Prüfungsverordnung für die Berufe in der Krankenpflege vom 10. November 2003 (BGBl. I S. 2263), die zuletzt durch Artikel 33 des Gesetzes vom 18. April 2016 (BGBl. I S. 886) geändert worden ist, treten am 31. Dezember 2019 außer Kraft.

Erläuterungen

Abs. 1 betrifft das **gestufte Inkrafttreten der Verordnung**. Zunächst treten die 1 Vorschriften zur Tätigkeit der **Fachkommission** und des **Bundesinstituts für Berufsbildung** in Kraft, die vorbereitende beziehungsweise unterstützende Aufgaben zur Implementierung des Pflegeberufegesetzes wahrnehmen (**Abs. 1 Satz 1**). Diese Vorschriften sind am Tag nach der Verkündung der PflAPrV im Bundesgesetzblatt (BGBl. I S. 1572) am 11.10.2018 in Kraft getreten. Alle **übrigen Regelungen** treten am 1.1.2020 mit dem Start der neuen Pflegeausbildungen in Kraft (**Abs. 1 Satz 2**).

Abs. 2 betrifft das **Außerkrafttreten** der bisher geltenden Ausbildungs- und Prü- 2 fungsverordnungen für die Pflegeberufe.

Anlagen

Hinweis des Verlages: Die Anlagen 1 bis 14 finden sich beim Abdruck des Textes der PflAPrV in Teil C.

E.

Verordnungstext

Verordnung über die Finanzierung der beruflichen Ausbildung nach dem Pflegeberufegesetz sowie zur Durchführung statistischer Erhebungen (Pflegeberufe-Ausbildungsfinanzierungsverordnung – PflAFinV)

vom 2.10.2018 (BGBl. I S. 1622)

Auf Grund des § 55 Absatz 1 und des § 56 Absatz 3 des Pflegeberufegesetzes vom 17. Juli 2017 (BGBl. I S. 2581) verordnen das Bundesministerium für Familie, Senioren, Frauen und Jugend und das Bundesministerium für Gesundheit gemeinsam und hinsichtlich § 56 Absatz 3 des Pflegeberufegesetzes vom 17. Juli 2017 (BGBl. I S. 2581) im Benehmen mit dem Bundesministerium der Finanzen:

Inhaltsübersicht

Teil 1
Finanzierung der beruflichen Ausbildung in der Pflege

§ 1   Begriffsbestimmungen

(1) Sektor im Sinne dieser Verordnung bezeichnet die jeweilige Gesamtheit der Pflegeeinrichtungen im Sinne des § 7 Absatz 1 Nummer 2 oder 3 des Pflegeberufege-setzes in den Bereichen „voll- und teilstationär" oder „ambulant".

(2) Pflegefachkräfte im Sinne dieser Verordnung sind Personen, denen die Erlaub-nis zum Führen einer Berufsbezeichnung nach dem Krankenpflegegesetz, dem Altenpflegegesetz oder dem Pflegeberufegesetz erteilt wurde.

(3) Festsetzungsjahr im Sinne dieser Verordnung ist das Vorjahr des jeweiligen Finanzierungszeitraums nach dem Pflegeberufegesetz.

(4) Träger der praktischen Ausbildung im Sinne dieser Verordnung sind Einrich-tungen nach § 8 Absatz 2 des Pflegeberufegesetzes, die mindestens einen Ausbil-dungsvertrag mit einer Auszubildenden oder einem Auszubildenden abgeschlossen haben.

(5) Träger im Sinne dieser Verordnung bezeichnet den Rechtsträger einer Einrich-tung oder Pflegeschule.

§ 2   Rechtsträgerschaft bei staatlichen Pflegeschulen

[1]Die Befugnis der Länder, für staatliche Pflegeschulen die Rechtsträgerschaft für das Finanzierungsverfahren nach dieser Verordnung gesondert zu regeln, bleibt unberührt. [2]Eine Aufteilung dieser Rechtsträgerschaft auf die Kostenträger ist zulässig.

§ 3   Bestimmung der Ausbildungskosten und Bemessung von Pauschal- und Individualbudgets

(1) Die bei der Finanzierung der Pflegeausbildung nach § 27 des Pflegeberufege-setzes berücksichtigungsfähigen Kosten sind anhand der in Anlage 1 aufgeführten Kostentatbestände zu bestimmen.

(2) Die Ausbildungskosten sind prospektiv zu bestimmen.

(3) [1]Werden bei einem Träger der praktischen Ausbildung oder in einer Pflegeschule andere Ausbildungsberufe unterrichtet, die nicht unter das Pflegeberu-fegesetz fallen, sind Kosten, die für diese Ausbildungsberufe anfallen, nicht berück-sichtigungsfähig. [2]Soweit Personal- oder Sachmittel sowohl für andere Ausbildungs-

berufe als auch für die Ausbildung nach dem Pflegeberufegesetz genutzt werden, können diese in Höhe des auf die Ausbildung nach dem Pflegeberufegesetz entfallenden Anteils der Kosten berücksichtigt werden.

(4) [1]Zur Plausibilisierung der kalkulierten Kosten können Ist-Kosten-Daten herangezogen werden. [2]Die Richtigkeit der Ist-Kosten ist durch geeignete Belege nachzuweisen.

(5) Die Pauschalen nach § 30 des Pflegeberufegesetzes und die Individualbudgets nach § 31 des Pflegeberufegesetzes sind so zu bemessen, dass die Kosten der Pflegeausbildung bei Einhaltung aller Qualitätsvorgaben des Pflegeberufegesetzes und der landesrechtlichen Vorgaben vollständig durch die Ausbildungsbudgets finanziert werden.

§ 4 Unterschiedliche Pauschalen bei Pauschalbudgets

(1) Werden Pauschalen nach § 30 des Pflegeberufegesetzes vereinbart, können mehrere oder alle Kostentatbestände der Anlage 1 in einer Pauschale zusammengefasst werden.

(2) [1]Eine Differenzierung der Pauschalen für einen Kostentatbestand ist nur bis zum Festsetzungsjahr 2028 zulässig und nur dann, wenn die Differenzierung nach sachgerechten, allgemeinen, objektiven und für alle Träger der praktischen Ausbildung oder für alle Pflegeschulen gleichen Kriterien erfolgt. [2]Unzulässig ist insbesondere eine Differenzierung nach Versorgungsbereichen oder Trägerstrukturen ohne einen sachlichen Grund.

(3) Die zuständige Stelle veröffentlicht die Pauschalen und die Differenzierungskriterien.

§ 5 Mitteilungspflichten vor Festsetzung von Ausbildungsbudgets

(1) [1]Die Träger der praktischen Ausbildung und die Pflegeschulen haben der zuständigen Stelle bis zum 15. Juni des Festsetzungsjahres jeweils folgende Angaben mitzuteilen:

1. die erforderlichen Angaben zur Festsetzung der Ausbildungsbudgets nach Anlage 2,
2. die Zahl der voraussichtlichen Ausbildungsverhältnisse oder voraussichtlichen Schülerzahlen im Finanzierungszeitraum,
3. bei einer Finanzierung über Pauschalbudgets die Angaben, die im Falle von § 4 Absatz 2 Satz 1 zur Festsetzung der Pauschalen nach den vereinbarten Differenzierungskriterien maßgeblich sind,
4. bei einer Finanzierung über Individualbudgets die Höhe des vereinbarten oder von der Schiedsstelle festgesetzten Individualbudgets.

[2]Die Angaben nach Satz 1 Nummer 2 und 3 sind zu begründen.

(2) Die Träger der praktischen Ausbildung haben jeweils mit den Angaben nach Absatz 1 zugleich die Angaben zur Berechnung der Mehrkosten der Ausbildungsvergütung nach § 27 Absatz 2 des Pflegeberufegesetzes mitzuteilen.

(3) [1]Die Träger der praktischen Ausbildung und die Pflegeschulen teilen der zuständigen Stelle zwei Monate vor Zahlung der ersten Ausgleichszuweisung eine Aktualisierung der Angaben nach Absatz 1 Satz 1 Nummer 1 und 2 mit. [2]Danach teilt jeder Träger der praktischen Ausbildung und jede Pflegeschule der zuständigen Stelle eingetretene Änderungen hinsichtlich der Angaben nach Absatz 1 Satz 1 Nummer 1 unverzüglich mit. [3]Die Pflegeschulen teilen bei der Mitteilung nach Satz 1 oder Satz 2 zusätzlich mit, ob wegen der Änderung der Schülerzahl eine Klasse neu eingerichtet wird oder wegfällt.

§ 6   Zurückweisung unangemessener Ausbildungsvergütungen

(1) [1]Teilt ein Träger der praktischen Ausbildung der zuständigen Stelle eine unangemessen niedrige Ausbildungsvergütung mit, wirkt die zuständige Stelle darauf hin, dass der Träger der praktischen Ausbildung eine angemessene Ausbildungsvergütung vereinbart, und fordert den Träger der praktischen Ausbildung auf, der zuständigen Stelle innerhalb eines Monats die Vereinbarung einer angemessenen Ausbildungsvergütung nachzuweisen. [2]Weist der Träger der praktischen Ausbildung die vereinbarte angemessene Ausbildungsvergütung nicht innerhalb der Monatsfrist nach, informiert die zuständige Stelle die Behörde, die für die Überprüfung der Geeignetheit dieser Einrichtung zur Durchführung der Ausbildung nach dem Pflegeberufegesetz zuständig ist.

(2) [1]Teilt ein Träger der praktischen Ausbildung der zuständigen Stelle eine unangemessen hohe Ausbildungsvergütung mit, berücksichtigt die zuständige Stelle die mitgeteilte Ausbildungsvergütung bei der Festsetzung des Ausbildungsbudgets nur bis zur Höhe einer angemessenen Ausbildungsvergütung. [2]Die zuständige Stelle teilt dem Träger der praktischen Ausbildung mit, in welcher Höhe die mitgeteilte Ausbildungsvergütung als angemessene Ausbildungsvergütung berücksichtigt wird.

§ 7   Zurückweisung unplausibler Angaben

(1) [1]Die zuständige Stelle prüft die Plausibilität der mitgeteilten Auszubildenden- oder Schülerzahlen anhand der mitgeteilten Begründung und der bisherigen Auszubildenden- oder Schülerzahlen. [2]Hält die zuständige Stelle die Angaben für unplausibel, fordert sie den Träger der praktischen Ausbildung oder die Pflegeschule auf, innerhalb von zwei Wochen plausible Auszubildenden- oder Schülerzahlen mitzuteilen.

(2) [1]Teilt ein Träger der praktischen Ausbildung oder eine Pflegeschule der zuständigen Stelle innerhalb der Frist nach Absatz 1 Satz 2 keine plausiblen Auszubildenden- oder Schülerzahlen mit, nimmt die zuständige Stelle eine Schätzung anhand der ihr vorliegenden Erkenntnisse vor. [2]Ist eine Schätzung nach Satz 1 nicht möglich, weil keine Erkenntnisse zu den voraussichtlichen Auszubildenden- oder Schülerzahlen vorliegen, setzt die zuständige Stelle das Ausbildungsbudget auf null fest.

§ 8 Festsetzung der Ausbildungsbudgets

(1) [1]Die zuständige Stelle setzt für jeden Träger der praktischen Ausbildung und für jede Pflegeschule das jeweilige Ausbildungsbudget fest. [2]Auf dieser Grundlage berechnet die zuständige Stelle für jeden Träger der praktischen Ausbildung und für jede Pflegeschule den Anteil je Auszubildender oder Auszubildendem oder Pflegeschülerin oder Pflegeschüler je Monat.

(2) [1]Wenn ein Träger der praktischen Ausbildung eine unangemessen niedrige Ausbildungsvergütung mitgeteilt hat, ermittelt die zuständige Stelle für diesen Träger zur Festsetzung des Finanzierungsbedarfs ein vorläufiges Ausbildungsbudget. [2]Dabei berücksichtigt sie eine Ausbildungsvergütung in angemessener Höhe. [3]Erst wenn der Träger der praktischen Ausbildung die Vereinbarung einer angemessenen Ausbildungsvergütung nachgewiesen hat, setzt die zuständige Stelle das Ausbildungsbudget fest.

§ 9 Ermittlung des Finanzierungsbedarfs

(1) [1]Im Festsetzungsjahr 2019 setzt die zuständige Stelle zur Bildung einer Liquiditätsreserve einen Aufschlag von 3 Prozent auf die Summe aller Ausbildungsbudgets fest. [2]Ab dem Festsetzungsjahr 2020 berechnet die zuständige Stelle den Aufschlag so, dass im Ausgleichsfonds erneut 3 Prozent der Summe aller Ausbildungsbudgets als Liquiditätsreserve zur Verfügung stehen.

(2) Ab dem Festsetzungsjahr 2021 berücksichtigt die zuständige Stelle die Summe der Differenzbeträge, die von den Krankenhäusern und Pflegeeinrichtungen im Sinne des § 7 Absatz 1 des Pflegeberufegesetzes nach § 17 Absatz 1 mitgeteilt werden, bei der Festsetzung des Finanzierungsbedarfs getrennt für den Bereich der Krankenhäuser und den Bereich der Pflegeeinrichtungen.

(3) Die zuständige Stelle setzt die Höhe des gesamten Finanzierungsbedarfs und die Finanzierungsanteile der Krankenhäuser und der Pflegeeinrichtungen gesondert bis zum 15. September des Festsetzungsjahres fest und veröffentlicht diese.

§ 10 Mitteilungspflichten und Aufteilung des Finanzierungsbedarfs auf die Krankenhäuser

(1) [1]Die Landeskrankenhausgesellschaften teilen der zuständigen Stelle bis zum 1. April des Festsetzungsjahres Name, Träger und Anschrift der Krankenhäuser im Sinne des § 7 Absatz 1 Nummer 1 des Pflegeberufegesetzes mit. [2]Die zuständige Stelle wird die Daten nach Satz 1 aus dem bundesweiten Verzeichnis nach § 293 Absatz 6 des Fünften Buches Sozialgesetzbuch über die zugelassenen Krankenhäuser abrufen, sobald es seinen Regelbetrieb aufnimmt.

(2) [1]Die Vertragsparteien nach § 18 Absatz 1 Satz 2 des Krankenhausfinanzierungsgesetzes teilen der zuständigen Stelle bis zum 30. November des Festsetzungsjahres gemeinsam die Höhe des vereinbarten Zuschlags oder des Teilbetrags nach § 33 Absatz 3 Satz 1 des Pflegeberufegesetzes sowie die voraussichtliche Anzahl der voll- und teilstationären Fälle des jeweiligen Krankenhauses mit. [2]Die zuständige Stelle setzt diesen Zuschlag oder Teilbetrag und den monatlichen Umlagebetrag bis zum 15. Dezember des Festsetzungsjahres gegenüber den Krankenhäusern fest. [3]Der

Umlagebetrag ergibt sich aus der Multiplikation des Zuschlags oder des Teilbetrags mit der voraussichtlichen Zahl der voll- und teilstationären Fälle des Krankenhauses und der Berücksichtigung des Differenzbetrags nach § 17 Absatz 1 beim jeweiligen Krankenhaus.

§ 11 Mitteilungspflichten zur Aufteilung des Finanzierungsbedarfs auf die Pflegeeinrichtungen

(1) Die Landesverbände der Pflegekassen teilen der zuständigen Stelle bis zum 1. April des Festsetzungsjahres Name, Träger und Anschrift der stationären und ambulanten Pflegeeinrichtungen im Sinne des § 7 Absatz 1 Nummer 2 und 3 des Pflegeberufegesetzes mit.

(2) [1]Die stationären und ambulanten Pflegeeinrichtungen teilen der zuständigen Stelle bis zum 15. Juni des Festsetzungsjahres die Anzahl der Vollzeitäquivalente der Pflegefachkräfte mit, die am 15. Dezember des Vorjahres des Festsetzungsjahres in der Einrichtung beschäftigt oder eingesetzt sind. [2]Ambulante Pflegeeinrichtungen teilen dabei zusätzlich mit, welcher Anteil an Vollzeitäquivalenten auf Pflegeleistungen nach dem Elften Buch Sozialgesetzbuch entfällt.

(3) Die stationären Pflegeeinrichtungen teilen der zuständigen Stelle bis zum 15. Juni des Festsetzungsjahres zusätzlich die für die jeweilige Einrichtung nach den geltenden Vergütungsvereinbarungen zum 1. Mai des Festsetzungsjahres vorzuhaltenden Pflegefachkräfte nach Vollzeitäquivalenten mit.

(4) Die ambulanten Pflegeeinrichtungen teilen der zuständigen Stelle bis zum 15. Juni des Festsetzungsjahres zusätzlich die Anzahl der in den zwölf Monaten vor dem 1. Januar des Festsetzungsjahres von der jeweiligen Einrichtung nach dem Elften Buch Sozialgesetzbuch entsprechend des im jeweiligen Land geltenden Abrechnungssystems abgerechneten Punkte oder Zeitwerte mit.

§ 12 Aufteilung des Finanzierungsbedarfs auf die Pflegeeinrichtungen

(1) [1]Der Finanzierungsbedarf, der nach § 33 Absatz 1 Nummer 2 des Pflegeberufegesetzes durch die Pflegeeinrichtungen aufzubringen ist, wird im Verhältnis der Zahl der in den jeweiligen Sektoren beschäftigten und eingesetzten Pflegefachkräfte zur Gesamtzahl der Pflegefachkräfte auf die Sektoren aufgeteilt. [2]Bei ambulanten Pflegeeinrichtungen wird bei dieser Aufteilung nur der Anteil an Pflegefachkräften berücksichtigt, der auf Pflegeleistungen nach dem Elften Buch Sozialgesetzbuch entfällt.

(2) Der auf die einzelne stationäre Einrichtung entfallende Anteil an dem nach Absatz 1 für den stationären Sektor ermittelten Betrag bemisst sich nach dem Verhältnis der nach den geltenden Vergütungsvereinbarungen für die Einrichtung zum 1. Mai des Festsetzungsjahres vorzuhaltenden Pflegefachkräfte nach Vollzeitäquivalenten zu der Gesamtzahl der vereinbarten Pflegefachkräfte nach Vollzeitäquivalenten im stationären Sektor zum selben Zeitpunkt.

(3) [1]Der auf die einzelne ambulante Einrichtung entfallende Anteil an dem nach Absatz 1 für den ambulanten Sektor ermittelten Betrag bemisst sich nach dem

Verhältnis der in den zwölf Monaten vor dem 1. Januar des Festsetzungsjahres von der jeweiligen Einrichtung nach dem Elften Buch Sozialgesetzbuch entsprechend des im jeweiligen Land geltenden Abrechnungssystems abgerechneten Punkte oder Zeitwerte zur Gesamtzahl der Punkte oder Zeitwerte im ambulanten Sektor im selben Zeitraum. [2]Das Nähere zu diesem Verfahren regeln die Länder.

(4) [1]Die zuständige Stelle setzt bis zum 31. Oktober des Festsetzungsjahres den monatlichen Umlagebetrag gegenüber den Pflegeeinrichtungen fest. [2]Hierbei berücksichtigt sie den Differenzbetrag nach § 17 Absatz 1 der jeweiligen Einrichtung.

§ 13   Einzahlungen in den Ausgleichsfonds

(1) [1]Die Krankenhäuser und Pflegeeinrichtungen im Sinne des § 7 Absatz 1 des Pflegeberufegesetzes zahlen den monatlichen Umlagebetrag nach § 10 Absatz 2 oder § 12 Absatz 4 jeweils bis zum 10. eines Kalendermonats, erstmals zum 10. Januar 2020. [2]Abweichend von Satz 1 gilt für Länder, in denen die Ausbildung nach dem Pflegeberufegesetz nicht bereits am 1. Januar 2020 beginnt, Folgendes: Die Krankenhäuser und Pflegeeinrichtungen zahlen ihren monatlichen Umlagebetrag erstmals bis zum 10. des Monats, in welchem die Ausbildung nach dem Pflegeberufegesetz beginnt.

(2) [1]Die jährlichen Direktzahlungen des Landes und der sozialen Pflegeversicherung erfolgen jeweils zum 30. November des Festsetzungsjahres, erstmals zum 30. November 2019. [2]Abweichend von Satz 1 gilt für Länder, in denen die Ausbildung nach dem Pflegeberufegesetz nicht bereits zum 1. Januar 2020 beginnt, Folgendes: Die jährlichen Direktzahlungen des Landes und der sozialen Pflegeversicherung erfolgen erstmals zum letzten Tag des vorletzten Monats, vor dem die Ausbildung nach dem Pflegeberufegesetz beginnt.

§ 14   Höhe der Ausgleichszuweisungen

(1) Die Höhe der Ausgleichszuweisung ergibt sich aus der Multiplikation der Zahl der Auszubildenden des jeweiligen Trägers der praktischen Ausbildung oder der Zahl der Schülerinnen und Schüler der jeweiligen Pflegeschule mit dem Anteil des monatlichen Ausbildungsbudgets nach § 8 Absatz 1 Satz 2.

(2) [1]Die zuständige Stelle berücksichtigt die mitgeteilten Änderungen der Angaben nach § 5 Absatz 3 Satz 1 und 2 im monatlichen Zahlverfahren zum nächstmöglichen Zeitpunkt. [2]Bei Pflegeschulen berücksichtigt die zuständige Stelle abweichend von Satz 1 Änderungen der Schülerzahlen nach Beginn eines Schuljahres nicht.

§ 15   Zahlung der Ausgleichszuweisungen

(1) Die Ausgleichszuweisungen werden zum letzten Tag jeden Monats an die Träger der praktischen Ausbildung und an die Pflegeschulen gezahlt, erstmals mit Beginn des Ausbildungsjahres 2020, frühestens am 31. Januar 2020.

(2) Ist ein Träger der praktischen Ausbildung von der zuständigen Stelle nach § 6 Absatz 1 Satz 1 aufgefordert worden, der zuständigen Stelle die Vereinbarung einer

angemessenen Ausbildungsvergütung nachzuweisen, setzt die zuständige Stelle die Zahlung der Ausgleichszuweisung bis zum Eingang dieses Nachweises aus.

§ 16 Abrechnung der Ausgleichszuweisungen

(1) [1]Die Träger der praktischen Ausbildung und die Pflegeschulen legen der zuständigen Stelle die Abrechnung nach § 34 Absatz 5 und 6 des Pflegeberufegesetzes bis zum 30. Juni des auf den Finanzierungszeitraum folgenden Jahres vor. [2]Sofern eine Bestätigung eines Jahresabschlussprüfers für den Träger der praktischen Ausbildung oder die Pflegeschule vorliegt, ist auch diese vorzulegen.

(2) Ein Träger der praktischen Ausbildung hat der zuständigen Stelle auf Anforderung Nachweise für die nach § 5 mitzuteilenden Angaben zur Festsetzung des Ausbildungsbudgets und zur Berechnung der Ausgleichszuweisung, insbesondere die Ausbildungsverträge, vorzulegen.

§ 17 Abrechnung der Umlagebeträge

(1) [1]Die Krankenhäuser und Pflegeeinrichtungen im Sinne des § 7 Absatz 1 des Pflegeberufegesetzes legen der zuständigen Stelle bis zum 30. Juni des auf den Finanzierungszeitraum folgenden Jahres eine Abrechnung über die im Finanzierungszeitraum geleisteten monatlichen Umlagebeträge und die jeweils in Rechnung gestellten Ausbildungszuschläge vor und teilen den sich hieraus ergebenden Differenzbetrag mit. [2]Sofern eine Bestätigung eines Jahresabschlussprüfers für das Krankenhaus oder die Pflegeeinrichtung vorliegt, ist auch diese vorzulegen.

(2) Die zuständige Stelle gleicht den Differenzbetrag nach Absatz 1 innerhalb des nächsten Finanzierungszeitraums durch Anpassung des monatlichen Umlagebetrages der jeweiligen Einrichtung aus.

§ 18 Aufnahme und Aufgabe des Betriebs von Einrichtungen

(1) [1]Nach dem 1. April des Festsetzungsjahres teilen die Landeskrankenhausgesellschaften der zuständigen Stelle unverzüglich jede eingetretene Änderung im Bestand der Krankenhäuser im Sinne des § 7 Absatz 1 Nummer 1 des Pflegeberufegesetzes mit. [2]§ 10 Absatz 1 Satz 2 gilt entsprechend. Die zuständige Stelle setzt den monatlichen Umlagebetrag gegenüber einem Krankenhaus, das den Betrieb aufgenommen hat, zum nächstmöglichen Zeitpunkt fest. [3]Der Umlagebetrag wird nach § 10 Absatz 2 Satz 3 ermittelt.

(2) [1]Nach dem 1. April des Festsetzungsjahres teilen die Landesverbände der Pflegekassen der zuständigen Stelle unverzüglich jede eingetretene Änderung im Bestand der Pflegeeinrichtungen im Sinne des § 7 Absatz 1 Nummer 2 oder 3 des Pflegeberufegesetzes mit. [2]Pflegeeinrichtungen, die den Betrieb aufgenommen haben, nehmen die Mitteilungen nach § 11 Absatz 3 oder 4 unverzüglich vor. [3]Die zuständige Stelle setzt den monatlichen Umlagebetrag gegenüber einer Pflegeeinrichtung, die den Betrieb aufgenommen hat, zum nächstmöglichen Zeitpunkt fest. [4]Der Umlagebetrag wird nach § 12 Absatz 2 oder 3 ermittelt.

(3) Mit der endgültigen Aufgabe des Betriebs eines Krankenhauses oder einer Pflegeeinrichtung endet die Pflicht zur Zahlung von Umlagebeträgen für die Zukunft.

§ 19 Aufnahme und Aufgabe des Betriebs von Trägern der praktischen Ausbildung oder Pflegeschulen

(1) Wer den Betrieb eines Trägers der praktischen Ausbildung nach § 8 des Pflegeberufegesetzes oder einer Pflegeschule nach § 9 und § 65 des Pflegeberufegesetzes aufnimmt oder aufgibt, hat dies der zuständigen Stelle unverzüglich mitzuteilen.

(2) Träger der praktischen Ausbildung oder Pflegeschulen, die den Betrieb aufnehmen, teilen der zuständigen Stelle unverzüglich die Angaben nach § 5 mit und erhalten zum nächstmöglichen Zeitpunkt Ausgleichszuweisungen.

(3) ^{1}Mit der endgültigen Aufgabe des Betriebs eines Trägers der praktischen Ausbildung oder einer Pflegeschule endet der Anspruch auf Ausgleichszuweisungen für die Zukunft. ^{2}Eine Abrechnung nach § 16 hat zu erfolgen.

§ 20 Rechnungslegung

(1) Die zuständige Stelle stellt für das Sondervermögen für den Schluss eines jeden Finanzierungszeitraums je nach Rechtsform eine Jahresrechnung (Haushalts- und Vermögensrechnung) nach den Vorgaben der anzuwendenden Landeshaushaltsordnung oder einen Jahresabschluss nach den Vorgaben des Handelsgesetzbuchs auf.

(2) Die Jahresrechnung oder der Jahresabschluss sind bis zum 31. Oktober des auf den Finanzierungszeitraum folgenden Kalenderjahres aufzustellen.

Teil 2
Durchführung statistischer Erhebungen

§ 21 Art und Zweck, Umfang

(1) Zur Darstellung und Bewertung der beruflichen Ausbildung in der Pflege sowie zur Beurteilung gesetzlicher Maßnahmen werden Erhebungen als Bundesstatistik durchgeführt.

(2) Die Erhebungen erfassen

1. die Träger der praktischen Ausbildung und die Pflegeschulen,
2. die in der Ausbildung nach Teil 2 und Teil 5 des Pflegeberufegesetzes befindlichen Personen und
3. die Ausbildungsvergütungen.

§ 22 Erhebungsmerkmale

(1) Bei den Erhebungen nach § 21 Absatz 2 Nummer 1 werden Angaben zu folgenden Erhebungsmerkmalen erfasst:

1. Art des Trägers der praktischen Ausbildung nach § 7 Absatz 1 Nummer 1 bis 3 des Pflegeberufegesetzes,
2. Art der Trägerschaft jedes Trägers der praktischen Ausbildung und jeder Pflegeschule nach öffentlich, privat oder frei gemeinnützig.

(2) Bei den Erhebungen nach § 21 Absatz 2 Nummer 2 werden Angaben zu folgenden Erhebungsmerkmalen erfasst:

1. für jede sich in der Ausbildung nach Teil 2 oder Teil 5 des Pflegeberufegesetzes befindliche Person:
   a) das Geschlecht,
   b) das Geburtsjahr,
   c) das Datum des Beginns der Ausbildung,
   d) der Ausbildungsumfang nach Voll- oder Teilzeit,
   e) die Tatsache des Erhalts von Fördermitteln nach § 81 des Dritten Buches oder nach § 16 des Zweiten Buches in Verbindung mit § 81 des Dritten Buches Sozialgesetzbuch,
   f) die Bezeichnung des Trägers der praktischen Ausbildung und der besuchten Pflegeschule,
2. für Personen, die die Ausbildung während des Berichtsjahres beendet haben, zusätzlich Angaben zu Datum und Grund der Beendigung der Ausbildung einschließlich Art des Abschlusses.

(3) Bei den Erhebungen nach § 21 Absatz 2 Nummer 3 werden für jede sich in der Ausbildung befindliche Person Angaben über die vertraglich vorgesehene Ausbildungsvergütung pro Ausbildungsjahr erfasst.

§ 23 Hilfsmerkmale

Hilfsmerkmale sind:

1. Bezeichnung und Anschrift der auskunftpflichtigen Stelle,
2. für die Erhebungen Name und Anschrift des Trägers der praktischen Ausbildung und der Pflegeschule,
3. Name und Kontaktdaten der für Rückfragen zur Verfügung stehenden Person.

§ 24 Periodizität, Berichtszeitraum und Berichtszeitpunkt

(1) Die Erhebungen werden jährlich für das vorangegangene Kalenderjahr (Berichtsjahr) durchgeführt, erstmals für das Jahr 2020.

(2) Die Angaben nach § 22 werden jeweils nach dem Stand vom 31. Dezember des Berichtsjahres erhoben.

(3) Die Angaben nach § 22 und § 23 sind bis zum 15. Februar des auf das Berichtsjahr folgenden Jahres dem zuständigen statistischen Landesamt zu melden, erstmals zum 15. Februar 2021.

§ 25 Auskunftspflicht

(1) [1]Für die Erhebungen besteht Auskunftspflicht. [2]Die Auskunftserteilung zu den Angaben nach § 23 Nummer 3 ist freiwillig.

(2) Auskunftspflichtig sind die zuständigen Stellen der Länder.

§ 26 Übermittlung

Für die Verwendung gegenüber den gesetzgebenden Körperschaften und für Zwecke der Planung, jedoch nicht für die Regelung von Einzelfällen, dürfen den fachlich zuständigen obersten Bundes- oder Landesbehörden vom Statistischen Bundesamt und den statistischen Ämtern der Länder Tabellen mit statistischen Ergebnissen übermittelt werden, auch soweit Tabellenfelder nur einen einzigen Fall ausweisen.

Teil 3
Verarbeitung personenbezogener Daten; Inkrafttreten

§ 27 Verarbeitung personenbezogener Daten

(1) Die zuständige Stelle ist berechtigt, die in § 16 Absatz 2, § 23 Nummer 3 und Anlage 2 enthaltenen personenbezogenen Daten zu verarbeiten, soweit dies zur Erfüllung der Aufgaben nach dieser Verordnung erforderlich ist.

(2) [1]Die personenbezogenen Daten sind mindestens fünf Jahre nach Ende des Finanzierungszeitraums aufzubewahren, es sei denn, andere gesetzliche Regelungen sehen eine längere Aufbewahrungsfrist vor. [2]Danach sind sie zu löschen, sobald sie nicht mehr erforderlich sind.

§ 28 Inkrafttreten

Diese Verordnung tritt am 1. Januar 2019 in Kraft.

Anlage 1

(zu § 3 Absatz 1, § 4 Absatz 1)

Kosten der Träger der praktischen Ausbildung und der Pflegeschulen ohne Mehrkosten der Ausbildungsvergütung

Aufstellung über die im Rahmen der Vereinbarung von Ausbildungsbudgets zu finanzierenden Tatbestände nach Teil 2 Abschnitt 3 und nach Teil 5 des Pflegeberufegesetzes

Lfd. Nr.	Kostenarten (zu finanzierende Tatbestände)[1]	Kostenartengruppen
A.	**Kosten der Pflegeschule**	
1.	**Kosten des haupt- und nebenberuflichen Lehrpersonals einschließlich Kosten der Praxisbegleitung**	Theoretischer und praktischer Unterricht
1.1	Schulleitung (insbesondere administrative und organisatorische Aufgaben, auch soweit Aufgaben des Lehrpersonals)	
1.2	Hauptamtliches Lehrpersonal	
1.3	Nebenberufliches Lehrpersonal	
2.	**Fahrtkostenerstattung des haupt- und nebenberuflichen Lehrpersonals während der Praxisbegleitung**	
3.	**Sachaufwandskosten**	Sachaufwand
3.1	Lehr- und Arbeitsmaterialien	
3.2	Lernmittel für Auszubildende, Ausbildungsteilnehmerinnen und Ausbildungsteilnehmer und Lehrpersonal (z. B. Fachbücher und Fachzeitschriften)	
3.3	Reisekosten und Gebühren z. B. für Studienfahrten, Seminare, Arbeitstagungen, Fort- und Weiterbildungsmaßnahmen	
3.4	Büro- und Schulbedarf	
3.5	Porto- und Kommunikationskosten (z. B. Telefon und Onlinedienste)	
3.6	Rundfunk- und Fernsehgebühren	
3.7	Anwendungssoftware	
3.8	Honorare und Reisekosten für Prüfungen und Klausuren	
3.9	Raum- und Geschäftsausstattung (Gebrauchsgüter und Verbrauchsgüter einschließlich Anlagegüter mit An-	

---

1 Die Kosten von weiteren aufgrund von Kooperationsverträgen an der praktischen Ausbildung beteiligten Einrichtungen sind miteinzubeziehen.

Lfd. Nr.	Kostenarten (zu finanzierende Tatbestände)[2]	Kostenarten-gruppen
	schaffungs- oder Herstellungskosten bis zur Höchstgrenze gemäß § 6 Absatz 2 des Einkommensteuergesetzes)	
3.10	Kosten der Qualitätssicherung, Evaluation, Zertifizierung	
3.11	Personalbeschaffungskosten	
3.12	Beratungs-, Abschluss- und Prüfungskosten	
3.13	Sonstige Sachaufwandskosten	
4.	**Sonstiger Personalaufwand sowie Personalaufwand der zentralen Verwaltung und sonstiger zentraler Dienste**	
4.1	Sonstige direkt gebuchte Personalkosten (z. B. Sekretariat)	
4.2	Allgemeine Verwaltung (z. B. Personalabteilung, Wirtschaftsabteilung u. ä.)	
4.3	Sonstige zentrale Dienste (z. B. Technischer Dienst, Werkstätten, Hausmeister, Reinigungsdienst u. ä.)	
5.	**Betriebskosten des Schulgebäudes**	
5.1	Betriebskosten der Gebäude(-teile) und Räume, die von der Pflegeschule genutzt werden, ggf. anteilige Zurechnung (Unterrichtsräume, Demonstrationsräume, Gruppenarbeitsräume, Büros, Laboratorien, Medienräume, Besprechungsräume, Bibliothek, Sanitärräume, Archiv u. ä.) wie Wasser, Abwasser, Energie, Brennstoffe Wirtschaftsbedarf (z. B. Gebäudereinigung) Steuern, Abgaben (z. B. Müllentsorgung), Versicherungen Instandhaltung/Unterhalt der Außenanlagen Gebrauchsgüter Mietnebenkosten für Ausbildungsräume	Gemeinkosten (ggf. anteilig)
6.	**Sonstige Gemeinkosten**	

---

2 Die Kosten von weiteren aufgrund von Kooperationsverträgen an der praktischen Ausbildung beteiligten Einrichtungen sind miteinzubeziehen.

Lfd. Nr.	Kostenarten (zu finanzierende Tatbestände)[2]	Kostenarten-gruppen
B.	**Kosten des Trägers der praktischen Ausbildung**	
1.	**Kosten der Praxisanleitung**	Praktische Ausbildung
1.1	Praktische Anleitung durch Praxisanleiterinnen und Praxisanleiter einschließlich Reisekosten	
1.2	Kosten der Organisation nach § 8 des Pflegeberufegesetzes einschließlich Reisekosten	
1.3	Arbeitsausfallkosten für die Teilnahme an Weiterbildungs- und Qualifizierungsmaßnahmen zur Praxisanleiterin oder zum Praxisanleiter	
1.4	Kosten der Qualifikation von Praxisanleiterinnen und Praxisanleitern, einschließlich der erforderlichen Fortbildungskosten	
1.5	Kosten der Auszubildenden während der Praxiseinsätze mit Ausnahme der Ausbildungsvergütung (z. B. Fahrtkostenerstattung)	
2.	**Sachaufwandskosten**	Sachaufwand
2.1	Lehr- und Arbeitsmaterialien	
2.2	Lernmittel für Auszubildende, Ausbildungsteilnehmerinnen und Ausbildungsteilnehmer und Lehrpersonal (z. B. Fachbücher und Fachzeitschriften)	
2.3	Reisekosten und Gebühren z. B. für Studienfahrten, Seminare, Arbeitstagungen, Fort- und Weiterbildungsmaßnahmen	
2.4	Bürobedarf	
2.5	Porto- und Kommunikationskosten (z. B. Telefon und Onlinedienste)	
2.6	Rundfunk- und Fernsehgebühren	
2.7	Anwendungssoftware	
2.8	Honorare und Reisekosten für Prüfungen und Klausuren	
2.9	Raum- und Geschäftsausstattung (Gebrauchsgüter und Verbrauchsgüter einschließlich Anlagegüter mit Anschaffungs- oder Herstellungskosten bis zur Höchstgrenze gemäß § 6 Absatz 2 des Einkommensteuergesetzes)	

---

2 Die Kosten von weiteren aufgrund von Kooperationsverträgen an der praktischen Ausbildung beteiligten Einrichtungen sind miteinzubeziehen.

Lfd. Nr.	Kostenarten (zu finanzierende Tatbestände)[3]	Kostenarten-gruppen
2.10	Kosten der Qualitätssicherung, Evaluation, Zertifizierung	
2.11	Personalbeschaffungskosten	
2.12	Beratungs-, Abschluss- und Prüfungskosten	
2.13	Sonstige Sachaufwandskosten	
3.	**Sonstiger Personalaufwand sowie Personalaufwand der zentralen Verwaltung und sonstiger zentraler Dienste**	
3.1	Sonstige direkt gebuchte Personalkosten (z. B. Sekretariat)	
3.2	Allgemeine Verwaltung (z. B. Personalabteilung, Wirtschaftsabteilung u. ä.)	
3.3	Sonstige zentrale Dienste (z. B. Technischer Dienst, Werkstätten, Hausmeister, Reinigungsdienst u. ä.)	
4.	**Betriebskosten der Gebäude**	
4.1	Betriebskosten der Gebäude(-teile) und Räume, die von der Ausbildungsstätte für die praktische Ausbildung genutzt werden, ggf. anteilige Zurechnung (Unterrichtsräume, Demonstrationsräume, Gruppenarbeitsräume, Büros, Laboratorien, Medienräume, Besprechungsräume, Bibliothek, Sanitärräume, Archiv u. ä.) wie Wasser, Abwasser, Energie, Brennstoffe Wirtschaftsbedarf (z. B. Gebäudereinigung) Steuern, Abgaben (z. B. Müllentsorgung), Versicherungen Instandhaltung/Unterhalt der Außenanlagen Gebrauchsgüter Mietnebenkosten für Ausbildungsräume	Gemeinkosten (ggf. anteilig)
5.	**Sonstige Gemeinkosten**	

---

3 Die Kosten von weiteren aufgrund von Kooperationsverträgen an der praktischen Ausbildung beteiligten Einrichtungen sind miteinzubeziehen.

Anlage 2
(zu § 5 Absatz 1 Nummer 1)

Erforderliche Angaben zur Festsetzung der Ausbildungsbudgets

I. Träger der praktischen Ausbildung:

1. Name und Anschrift des Trägers der Einrichtung und die Bankverbindung, sowie Name und Anschrift des Trägers der praktischen Ausbildung sowie Angabe einer vertretungsberechtigten Person,
2. Art der Einrichtung,
3. in der Ausbildung befindliche Personen (Name, Geburtsdatum, Geschlecht), einschließlich des Datums des Ausbildungsbeginns, des Datums des Ausbildungsendes und des Ausbildungsumfangs (Vollzeit oder Umfang der Teilzeit),
4. Zahl der im Finanzierungszeitraum in der Ausbildung befindlichen Personen, aufgeschlüsselt nach Teilzeit und Vollzeit,
5. Mehrkosten der Ausbildungsvergütung nach § 27 des Pflegeberufegesetzes je Auszubildender oder Auszubildendem, aufgeschlüsselt nach Monaten,
6. Zeitpunkt des Abschlusses der Ausbildung einschließlich der Art (kein Abschluss, Abschluss nach § 1 Absatz 1 des Pflegeberufegesetzes, § 58 Absatz 1 des Pflegeberufegesetzes oder § 58 Absatz 2 des Pflegeberufegesetzes) und
7. die für das jeweilige Ausbildungsjahr vertraglich vorgesehene Ausbildungsvergütung je Auszubildender oder Auszubildendem sowie den Arbeitgeberbruttobetrag.

II. Pflegeschulen:

1. Name und Anschrift des Trägers der Pflegeschule und die Bankverbindung, sowie Name und Anschrift der Pflegeschule sowie Angabe einer vertretungsberechtigten Person,
2. in der Ausbildung befindliche Personen (Name, Geburtsdatum, Geschlecht), einschließlich des Ausbildungsbeginns und des Ausbildungsendes und des Umfangs (Vollzeit oder Umfang der Teilzeit),
3. Zahl der im jeweiligen Schuljahr in der Ausbildung befindlichen Personen, aufgeschlüsselt nach Teilzeit und Vollzeit,
4. anderweitig erhaltene Leistungen zur Finanzierung der Ausbildung, beispielsweise Fördermittel nach dem Dritten Kapitel des Dritten Buches Sozialgesetzbuch.

F.

Kommentar

Verordnung über die Finanzierung der beruflichen Ausbildung nach dem Pflegeberufegesetz sowie zur Durchführung statistischer Erhebungen (Pflegeberufe-Ausbildungsfinanzierungsverordnung – PflAFinV)

vom 2.10.2018 (BGBl. I S. 1622)

Auf Grund des § 55 Absatz 1 und des § 56 Absatz 3 des Pflegeberufegesetzes vom 17. Juli 2017 (BGBl. I S. 2581) verordnen das Bundesministerium für Familie, Senioren, Frauen und Jugend und das Bundesministerium für Gesundheit gemeinsam und hinsichtlich § 56 Absatz 3 des Pflegeberufegesetzes vom 17. Juli 2017 (BGBl. I S. 2581) im Benehmen mit dem Bundesministerium der Finanzen:

Teil 1
Finanzierung der beruflichen Ausbildung in der Pflege

§ 1   Begriffsbestimmungen

(1) Sektor im Sinne dieser Verordnung bezeichnet die jeweilige Gesamtheit der Pflegeeinrichtungen im Sinne des § 7 Absatz 1 Nummer 2 oder 3 des Pflegeberufegesetzes in den Bereichen „voll- und teilstationär" oder „ambulant".

(2) Pflegefachkräfte im Sinne dieser Verordnung sind Personen, denen die Erlaubnis zum Führen einer Berufsbezeichnung nach dem Krankenpflegegesetz, dem Altenpflegegesetz oder dem Pflegeberufegesetz erteilt wurde.

(3) Festsetzungsjahr im Sinne dieser Verordnung ist das Vorjahr des jeweiligen Finanzierungszeitraums nach dem Pflegeberufegesetz.

(4) Träger der praktischen Ausbildung im Sinne dieser Verordnung sind Einrichtungen nach § 8 Absatz 2 des Pflegeberufegesetzes, die mindestens einen Ausbildungsvertrag mit einer Auszubildenden oder einem Auszubildenden abgeschlossen haben.

(5) Träger im Sinne dieser Verordnung bezeichnet den Rechtsträger einer Einrichtung oder Pflegeschule.

Erläuterungen

Übersicht

I. Allgemeines

1   Die Vorschrift enthält die Begriffsbestimmung der Sektoren (Abs. 1), der Pflegefach-kräfte (Abs. 2), des Festsetzungsjahrs (Abs. 3), der Träger der praktischen Ausbil-dung (Abs. 4) und des Trägers (Abs. 5).

II. Erläuterungen

1. Abs. 1: Begriffsbestimmung der Sektoren

2   In der Begründung zur Verordnung (BR-Drs. 360/18, S. 21) wird zu dieser Vorschrift Folgendes ausgeführt:

„Der Finanzierungsbedarf für die Pflegeausbildung im Land wird nach § 33 Absatz 1 PflBG über ein Umlageverfahren durch Krankenhäuser, stationäre und ambulante Pflegeeinrichtungen und durch Direktzahlungen des Landes sowie der sozialen Pflege-versicherung aufgebracht. Der von den Pflegeeinrichtungen zu zahlende Anteil ist nach § 33 Absatz 4 PflBG zunächst auf die Sektoren „voll- und teilstationär" und „ambu-lant" aufzuteilen. Absatz 1 definiert daher den Begriff Sektor für den Anwendungs-bereich dieser Verordnung."

2. Abs. 2: Begriffsbestimmung der Pflegefachkräfte

3   In der Begründung zur Verordnung (BR-Drs. 360/18, S. 21) wird zu dieser Vorschrift Folgendes ausgeführt:

„Die Aufteilung des durch die Pflegeeinrichtungen zu zahlenden Anteils am Finanzie-rungsbedarf auf die Sektoren ‚voll- und teilstationär' sowie ‚ambulant' erfolgt nach § 33 Absatz 4 PflBG nach dem Verhältnis der in den Sektoren beschäftigten Pflegefach-kräfte. Die Aufteilung des sektoralen Betrages auf die einzelnen stationären Einrich-tungen erfolgt gemäß § 12 Absatz 2 entsprechend der nach den geltenden Vergütungs-vereinbarungen zum 1. Mai des Festsetzungsjahres vorzuhaltenden Pflegefachkräften nach Vollzeitäquivalenten. Absatz 2 definiert daher den Begriff Pflegefachkraft für den Anwendungsbereich dieser Verordnung. Pflegehilfskräfte, die eine landesrechtlich geregelte Assistenz- oder Helferausbildung in der Pflege von mindestens einjähriger Dauer abgeschlossen haben, welche die von der Arbeits- und Sozialministerkonferenz 2012 und von der Gesundheitsministerkonferenz 2013 als Mindestanforderungen beschlossenen ‚Eckpunkte für die in Länderzuständigkeit liegenden Ausbildungen zu

Assistenz- und Helferberufen in der Pflege' (BAnz AT 17. Februar 2016 B3) erfüllen, oder die eine landesrechtlich geregelte Ausbildung in der Krankenpflegehilfe oder Altenpflegehilfe abgeschlossen haben, sind keine Pflegefachkräfte."

S. den Abdruck der „Eckpunkte für die in Länderzuständigkeit liegenden Ausbildungen zu Assistenz- und Helferberufen in der Pflege" bei den → Erl. zu § 11 PflBG, Rn. 8.

3. Abs. 3: Begriffsbestimmung des Festsetzungsjahres

In der Begründung zur Verordnung (BR-Drs. 360/18, S. 21 f.) wird zu dieser Vorschrift Folgendes ausgeführt: 4

„Nach § 26 Absatz 5 PflBG ist Finanzierungs- und Abrechnungszeitraum für die Finanzierung der beruflichen Ausbildung nach dem Pflegeberufegesetz jeweils das Kalenderjahr. Im jeweiligen Vorjahr sind die Vorbereitungen zu treffen, damit im Finanzierungszeitraum Umlagebeträge nach § 33 Absatz 1 PflBG von allen Krankenhäusern und Pflegeeinrichtungen erhoben werden und Ausgleichszuweisungen nach § 34 Absatz 1 PflBG an die Träger der praktischen Ausbildung und an die Pflegeschulen gezahlt werden können. Zur terminologischen Vereinfachung wird in dieser Verordnung für den im Pflegeberufegesetz verwandten Ausdruck ‚Vorjahr des Finanzierungszeitraumes' der Begriff Festsetzungsjahr eingeführt."

4. Abs. 4: Begriffsbestimmung des Trägers der praktischen Ausbildung

In der Begründung zur Verordnung (BR-Drs. 360/18, S. 22) wird zu dieser Vorschrift Folgendes ausgeführt: 5

„Die Begriffe ‚Träger der praktischen Ausbildung' und ‚Träger' werden in den Absätzen 4 und 5 für den Anwendungsbereich der Verordnung unter Berücksichtigung der im PflBG verwandten Terminologie definiert. Der Begriff ‚Träger der praktischen Ausbildung' bezieht sich nach § 8 Absatz 2 PflBG ausschließlich auf Einrichtungen nach § 7 Absatz 1 PflBG. Der Träger der praktischen Ausbildung trägt die Verantwortung für die Durchführung einschließlich der Organisation der praktischen Ausbildung."

5. Abs. 5: Begriffsbestimmung des Trägers

Der Begriff Träger bezieht sich auf den Rechtsträger der jeweiligen Einrichtung oder Pflegeschule (BR-Drs. 360/18, S. 22). Zur Rechtsträgerschaft bei staatlichen Pflegeschulen s. § 2 PflAFinV. 6

§ 2   Rechtsträgerschaft bei staatlichen Pflegeschulen

[1]Die Befugnis der Länder, für staatliche Pflegeschulen die Rechtsträgerschaft für das Finanzierungsverfahren nach dieser Verordnung gesondert zu regeln, bleibt unberührt. [2]Eine Aufteilung dieser Rechtsträgerschaft auf die Kostenträger ist zulässig.

Erläuterungen

1   In der Begründung zur Verordnung (BR-Drs. 360/18, S. 22) wird zu dieser Vorschrift ausgeführt:

„Wenn in dieser Verordnung Rechte und Pflichten der Pflegeschulen geregelt werden, bezieht sich dies auf die Träger der Pflegeschulen. In einigen Ländern unterliegen die Pflegeschulen dem Schulrecht und sind nichtrechtsfähige Anstalten des öffentlichen Rechts. Für diese Pflegeschulen regelt das Schulrecht teilweise, dass Kommunen Schulträger sind, aber der Personalaufwand vom Land getragen wird. § 2 stellt daher klar, dass das Land für staatliche Pflegeschulen für das Finanzierungsverfahren nach dieser Verordnung die Rechtsträgerschaft gesondert regeln kann. Der gesonderte Rechtsträger nimmt dann alle Rechte und Pflichten wahr, die sich aus dieser Verordnung ergeben. Dies kann dazu führen, dass der gesonderte Rechtsträger die gesamten Ausgleichszuweisungen nach § 15 vereinnahmt. Er muss dann Zuweisungen für Aufwand, den er nicht selbst trägt, entsprechend weiterleiten. Die Vorschrift verwendet den auch vom PflBG verwandten Begriff „staatliche Pflegeschulen" und umfasst alle öffentlichen Schulen sowie auch Schulen in kommunaler Trägerschaft."

2   Der Bundesrat hat in seiner Sitzung vom 21.9.2018 beschlossen, dem § 2 den Satz 2 anzufügen. Zur Begründung wird ausgeführt (BR-Drs. 360/18 [Beschluss] S. 1 f.):

„§ 2 PflAFinV sieht vor, dass die Befugnis der Länder, für staatliche Pflegeschulen die Rechtsträgerschaft für das Finanzierungsverfahren nach dieser Verordnung gesondert zu regeln, unberührt bleibt.

Dies ist dem Umstand geschuldet, dass die Kompetenzverteilung des Grundgesetzes den Bildungsbereich bis auf wenige punktuelle Ausnahmen der ausschließlichen Kompetenz der Länder zuweist. Artikel 74 Absatz 1 Nummer 19 GG ('Zulassung zu ärztlichen und anderen Heilberufen') gibt dem Bund nach den maßgeblichen verfassungsrechtlichen Kommentierungen keine umfassende, sondern eine deutlich eingeschränkte Gesetzgebungskompetenz. Danach kann der Bund allenfalls gewisse berufsspezifische Mindestanforderungen an die Ausbildung an den Beruflichen Schulen und die praktische Ausbildung festlegen. Er kann aber nicht nach Artikel 74 Absatz 1 Nummer 19 GG Regelungen treffen, die die Beruflichen Schulen selbst betreffen (Organisation, Finanzierung und so weiter). Wenn die Länder die Pflegeausbildung dem Schulbereich unterwerfen, muss der Bund daher, wenn es um Fragen der Organisation und Finanzierung der Beruflichen Schulen geht, auf die landesrechtlichen Regelungen Rücksicht nehmen.

Sehen die landesrechtlichen Regelungen bezüglich der öffentlichen beruflichen Schulen eine Aufteilung der Kosten vor – etwa Sachkosten vom (kommunalen) Schulträger und Personalkosten für das Lehrpersonal vom Land – kann auch nur eine Aufteilung der

Finanzierung entsprechend der Kostenverteilung sachgerecht und rechtmäßig sein. Denn jeder Aufgaben- / Kostenträger nimmt seine Rechte / Pflichten selbstständig in seinem eigenen Zuständigkeitsbereich wahr. Weder kann das Land die Aufgaben des Schulträgers noch der Schulträger die Aufgaben des Landes übernehmen (beziehungsweise diese an sich ziehen). Würde das Land nur einen gesonderten Rechtsträger festlegen, so würde dies dazu führen, dass entweder die öffentlichen Schulträger auch die Budgets für die Kosten des Landes anmelden, abrechnen und auszahlen müssten und mit der zuständigen Behörde die entsprechenden Pauschal- beziehungsweise Individualbudgets verhandeln, oder spiegelbildlich das Land für die Verhandlung, Abrechnung, Auszahlung et cetera der Kosten der öffentlichen Schulträger verantwortlich wäre.

Vor diesem Hintergrund muss die Regelungskompetenz gemäß § 2 der PflAFinV im weitesten Sinne ausgelegt werden. Der neue Satz 2 dient insoweit der Klarstellung."

§ 3   Bestimmung der Ausbildungskosten und Bemessung von Pauschal- und Individualbudgets

(1) Die bei der Finanzierung der Pflegeausbildung nach § 27 des Pflegeberufegesetzes berücksichtigungsfähigen Kosten sind anhand der in Anlage 1 aufgeführten Kostentatbestände zu bestimmen.

(2) Die Ausbildungskosten sind prospektiv zu bestimmen.

(3) [1]Werden bei einem Träger der praktischen Ausbildung oder in einer Pflegeschule andere Ausbildungsberufe unterrichtet, die nicht unter das Pflegeberufegesetz fallen, sind Kosten, die für diese Ausbildungsberufe anfallen, nicht berücksichtigungsfähig. [2]Soweit Personal- oder Sachmittel sowohl für andere Ausbildungsberufe als auch für die Ausbildung nach dem Pflegeberufegesetz genutzt werden, können diese in Höhe des auf die Ausbildung nach dem Pflegeberufegesetz entfallenden Anteils der Kosten berücksichtigt werden.

(4) [1]Zur Plausibilisierung der kalkulierten Kosten können Ist-Kosten-Daten herangezogen werden. [2]Die Richtigkeit der Ist-Kosten ist durch geeignete Belege nachzuweisen.

(5) Die Pauschalen nach § 30 des Pflegeberufegesetzes und die Individualbudgets nach § 31 des Pflegeberufegesetzes sind so zu bemessen, dass die Kosten der Pflegeausbildung bei Einhaltung aller Qualitätsvorgaben des Pflegeberufegesetzes und der landesrechtlichen Vorgaben vollständig durch die Ausbildungsbudgets finanziert werden.

Erläuterungen

Übersicht

I. Allgemeines

1 Die Vorschrift trifft allgemeine Regelungen für die Vereinbarung von Pauschalen nach § 30 Abs. 1 Satz 1 oder Satz 2 PflBG und für die Vereinbarung von Individualbudgets nach § 31 Abs. 1 PflBG durch die dort jeweils genannten Parteien. Beim Träger der praktischen Ausbildung umfasst das nach § 30 Abs. 1 Satz 1 PflBG von der zuständigen Stelle festzusetzende Ausbildungsbudget neben den Pauschalen die Mehrkosten der Ausbildungsvergütung. Diese sind nach § 30 Abs. 1 Satz 3 PflBG für jede Einrichtung individuell zu ermitteln; sie können nicht pauschaliert werden. Individualbudgets werden nur dann vereinbart, wenn dies das jeweilige Land oder

übereinstimmend die für die Verhandlung der Pauschalbudgets zuständigen Parteien schriftlich erklären. Diese Erklärungen können auch nur für die Finanzierung der Träger der praktischen Ausbildung oder die Finanzierung der Pflegeschulen abgegeben werden (§ 29 Abs. 5 Satz 2 und 3 PflBG) (Begründung zur Verordnung, BR-Drs. 360/18, S. 22).

II. Erläuterungen

1. Abs. 1: Berücksichtigungsfähige Kosten – Kostentatbestände

In der Begründung zur Verordnung (BR-Drs. 360/18, S. 22) wird zu dieser Vorschrift   2
Folgendes ausgeführt:

„Die bei der Finanzierung der beruflichen Pflegeausbildung zu berücksichtigenden Kostentatbestände der praktischen Ausbildung und der Pflegeschulen werden in Anlage 1 abschließend aufgeführt. Anlage 1 orientiert sich an der Anlage 1 zur Rahmenvereinbarung gemäß § 17a Absatz 2 Nummer 1 KHG, die die im Rahmen der Finanzierung von Ausbildungskosten nach dem KHG zu berücksichtigenden Tatbestände enthält.“

2. Abs. 2: Prospektive Kalkulation

Die Ausbildungskosten sind stets prospektiv, also in die Zukunft gerichtet, zu   3
ermitteln (Begründung zur Verordnung, BR-Drs. 360/18, S. 23).

3. Abs. 3: Kosten bei gleichzeitiger Ausbildung anderer Ausbildungsberufe

In der Begründung zur Verordnung (BR-Drs. 360/18, S. 23) wird zu dieser Vorschrift   4
Folgendes ausgeführt:

„Aus Absatz 3 ergibt sich, dass nur diejenigen Kosten berücksichtigungsfähig sind, die für die Ausbildung nach dem Pflegeberufegesetz anfallen. Nach Satz 2 können Personal- und Sachmittel, die teilweise für die Ausbildung nach dem Pflegeberufegesetz und teilweise für andere Ausbildungsberufe genutzt werden, anteilig als Kosten berücksichtigt werden. In diesem Fall ist der prozentuale Anteil der Nutzung für Ausbildungen nach dem Pflegeberufegesetz zu ermitteln, und es ist dieser Anteil zu Grunde zu legen.“

4. Abs. 4: Plausibilisierung der kalkulierten Kosten

In der Begründung zur Verordnung (BR-Drs. 360/18, S. 23) wird zu dieser Vorschrift   5
Folgendes ausgeführt:

„Absatz 4 sieht vor, dass im Rahmen der Vereinbarung von Pauschalen nach § 30 Absatz 1 Satz 1 oder Satz 2 PflBG und im Rahmen der Vereinbarung von Individualbudgets nach § 31 Absatz 1 PflBG Ist-Kosten-Daten zur Plausibilisierung der kalkulierten Kosten herangezogen werden können. Sofern Ist-Kosten zur Plausibilisierung herangezogen werden, ist deren Richtigkeit durch geeignete Belege nachzuweisen. Hierzu kommt beispielsweise das Testat eines Wirtschaftsprüfers in Betracht. In diesem Fall sind auch die dem Wirtschaftsprüfer vorgelegten Ist-Kosten und Einnahmen der Pflegeeinrichtung, des Krankenhauses oder der Pflegeschule vorzulegen.“

5. Abs. 5: Bemessung der Pauschalen und Individualbudgets

6   In der Begründung zur Verordnung (BR-Drs. 360/18, S. 23) wird zu dieser Vorschrift Folgendes ausgeführt:

„Nach Absatz 5 sind die Pauschalen so zu bemessen, dass die Kosten der Pflegeaus- bildung bei Einhaltung aller Qualitätsvorgaben des Pflegeberufegesetzes und der landesrechtlichen Vorgaben vollständig finanziert werden. Für die Pflegeschulen sind die Qualitätsvorgaben insbesondere in § 9 Absatz 1, Absatz 2 und Absatz 3 Satz 1 PflBG in Verbindung mit § 65 Absatz 4 PflBG geregelt. Nach § 9 Absatz 3 PflBG können die Länder auch über die in § 9 geregelten Mindestanforderungen hinaus- gehende Anforderungen festlegen, welche die Pflegeschulen ebenfalls zu erfüllen ha- ben.“

III. Entschließung des Bundesrates

7   Der Bundesrat hat in seiner Sitzung vom 21.9.2018 folgende Entschließung ver- abschiedet (BR-Drs. 360/18 [Beschluss], S. 8 f., unter Nr. 6):

„Die Bundesregierung möge dafür Sorge tragen, dass es keine finanzielle Benach- teiligung der aus Altenpflegeschulen hervorgehenden Pflegeschulen gibt, um die Vielfalt und die Anzahl der Angebote an Ausbildungsstätten erhalten zu können.

Die Mietkosten der Pflegeschulen, sind – anders als bei den Krankenpflegeschulen an Krankenhäusern – nicht als Investitionskosten über Landes- und Bundesmittel re- finanzierbar. Eine Finanzierung über den Umlagefonds würde eine zusätzliche antei- lige Belastung der Pflegebedürftigen mit diesen Kosten nach sich ziehen.

Der Bundesrat fordert daher eine bundeseinheitliche Refinanzierung der Miet- und Investitionskosten für alle Pflegeschulen. Ein Vorbild kann die Finanzierung der bisherigen Krankenpflegeschulen nach dem Krankenhausfinanzierungsgesetz sein.

Dafür soll die Anlage 1 (zu § 3 Absatz 1, zu § 4 Absatz 1) der PflAFinV um eine entsprechende Regelung ergänzt werden.

Begründung (zu Nummer 6):

Die Verordnung sieht keine Regelung vor, wonach die Investitions- beziehungsweise Mietkosten der (Alten-)Pflegeschulen umgelegt werden können. Hier müsste eine Regelung in der PflAFinV neu geschaffen werden.

Über das Krankenhausfinanzierungsgesetz (KHG) werden die Investitions- beziehungs- weise Mietkosten bei Krankenpflegeschulen gefördert. Durch die Nichteinbeziehung der Mietkosten für die Räumlichkeiten der (Alten-)Pflegeschulen als Betriebskosten des Schulgebäudes ergeben sich für diese ungleiche Finanzierungsvoraussetzungen. Mit § 24 Absatz 3 Nummer 1 PflBG wird die Erhebung eines Schulgeldes als Weg der Refinanzierung ausgeschlossen. Daraus ergibt sich eine Besserstellung von Pflegeschulen, die an Krankenhäuser angebunden sind gegenüber Pflegeschulen, die früher Altenpfle- geschulen waren.

Die deutliche Schlechterstellung der Pflegeschulen, die nicht mit einem Krankenhaus verbunden sind, hat möglicherweise zur Konsequenz, dass frühere Altenpflegeschulen schließen werden. Das PflBG hat aber zum Ziel, mehr Auszubildende für die pflegerischen Berufe zu gewinnen und sollte daher den Erhalt von Pflegeschulen fördern. Ein Wettbewerbsnachteil durch schlechtere Finanzierungsvoraussetzungen ist deshalb zu vermeiden."

§ 4   Unterschiedliche Pauschalen bei Pauschalbudgets

(1) Werden Pauschalen nach § 30 des Pflegeberufegesetzes vereinbart, können mehrere oder alle Kostentatbestände der Anlage 1 in einer Pauschale zusammengefasst werden.

(2) [1]Eine Differenzierung der Pauschalen für einen Kostentatbestand ist nur bis zum Festsetzungsjahr 2028 zulässig und nur dann, wenn die Differenzierung nach sachgerechten, allgemeinen, objektiven und für alle Träger der praktischen Ausbildung oder für alle Pflegeschulen gleichen Kriterien erfolgt. [2]Unzulässig ist insbesondere eine Differenzierung nach Versorgungsbereichen oder Trägerstrukturen ohne einen sachlichen Grund.

(3) Die zuständige Stelle veröffentlicht die Pauschalen und die Differenzierungskriterien.

Erläuterungen

Übersicht

I. Allgemeines

1   Die Vorschrift trifft allgemeine Regelungen für die Vereinbarung von Pauschalen nach § 30 PflBG (Abs. 1) und für die Differenzierung von Pauschalen für einen Kostentatbestand (Abs. 2). Weiter ist eine Veröffentlichungspflicht der zuständigen Stelle für die Pauschalen und die Differenzierungskriterien geregelt (Abs. 3).

II. Erläuterungen

1. Abs. 1: Gestaltung der Pauschalen

2   In der Begründung zur Verordnung (BR-Drs. 360/18, S. 23) wird zu dieser Vorschrift Folgendes ausgeführt:

„Absatz 1 stellt klar, dass mehrere oder alle Kostentatbestände der Anlage 1 in einer Pauschale zusammengefasst werden können. Die Mehrkosten der Ausbildungsvergütung sind nach § 30 Absatz 1 Satz 3 PflBG nicht in die Vereinbarung von Pauschalen aufzunehmen. Das Pauschalbudget wird nach § 34 Absatz 5 Satz 2 PflBG der Abrechnung zu Grunde gelegt. Es erfolgt keine Abrechnung der einzelnen Kostenbestandteile.“

2. Abs. 2: Zeitlich begrenzte Differenzierung von Pauschalen

3   In der Begründung zur Verordnung (BR-Drs. 360/18, S. 23 f.) wird zu dieser Vorschrift Folgendes ausgeführt:

„Im Rahmen der Vereinbarung von Pauschalen sind Unterschiede zwischen Trägern der praktischen Ausbildung oder Pflegeschulen miteinander in Einklang zu bringen. Daher sind Pauschalen grundsätzlich einheitlich zu verhandeln oder von der Schiedsstelle festzulegen. Wenn dies nicht für sinnvoll erachtet wird, besteht die Möglichkeit, nach § 29 Absatz 5 Satz 2 und 3 PflBG für Individualbudgets zu optieren. Um Fehlsteuerungen bei der vom Pflegeberufegesetz als Regelfall vorgesehenen Finanzierung über Pauschalbudgets zu vermeiden, wird in Absatz 2 dennoch eine Differenzierung von Pauschalen für einen Kostentatbestand für einen Übergangszeitraum bis zum Festsetzungsjahr 2028 zugelassen. Gleichlaufend zur Frist in § 9 Absatz 3 PflBG sind daher Differenzierungen bei den Pauschalen bis zum Finanzierungszeitraum 2029 zulässig.

Die Differenzierung darf nur in eng begrenzten Ausnahmefällen erfolgen. Sie muss nach sachgerechten, allgemeinen und für alle Träger der praktischen Ausbildung oder Pflege-schulen gleichen Kriterien erfolgen. Als Differenzierungskriterium kommt bei Pflegeschulen beispielsweise der Grad der Umsetzung der in § 9 PflBG enthaltenen Mindestanforderungen in Betracht. Ein weiteres Differenzierungskriterium könnte die Lage eines Trägers der praktischen Ausbildung oder einer Pflegeschule sein. Je nachdem, ob er oder sie in einem städtischen oder einem ländlichen Raum liegt, kann eine Differenzierung nach Höhe der zu kalkulierenden Fahrtkosten erfolgen.

Die Differenzierung kann auch als Zu- und Abschlag von einer landesweit vereinbarten Pauschale, zum Beispiel in Form eines Prozentanteils, vorgenommen werden.

Satz 2 nennt Differenzierungen, die unzulässig sind, nämlich die Differenzierung nach Versorgungsbereichen oder Trägerstrukturen. Die Regelung ist nicht abschließend.“

Der Bundesrat hat in der Sitzung vom 21.9.2018 beschlossen, in § 4 Abs. 2 in Satz 2 nach dem Wort „Trägerstrukturen“ die Wörter „ohne einen sachlichen Grund“ anzufügen. Zur Begründung (BR-Drs. 360/18 [Beschluss], S. 2) wird hierzu Folgendes ausgeführt: 4

„Durch die Klarstellung, dass das Verbot der Differenzierung nach Versorgungsbereichen oder Trägerstrukturen nur gilt, wenn es keine sachlichen Gründe dafür gibt, wird die Möglichkeit erhalten, flexibel auf unterschiedliche Bedingungen, wie zum Beispiel unterschiedliche Tarifsysteme zwischen einzelnen Versorgungsbereichen, bei der Festlegung von Pauschalen reagieren zu können. Auch eine Differenzierung nach sachlichen Kriterien könnte im Ergebnis dazu führen, dass Budgets mit bestimmten Trägerstrukturen korrelieren. Dies darf aber nicht zum Ausschluss unterschiedlicher Budgets führen.“

3. Abs. 3: Veröffentlichung der Pauschalen und Differenzierungskriterien

In der Begründung zur Verordnung (BR-Drs. 360/18, S. 24) wird zu dieser Vorschrift Folgendes ausgeführt: 5

„Absatz 3 enthält eine Pflicht zur Veröffentlichung der Pauschalen und der Differenzierungskriterien. Dies dient der Schaffung von Transparenz und der Information von Pflegeeinrichtungen, die noch nicht ausbilden, aber möglicherweise zukünftig ausbilden möchten. Die Veröffentlichung ist an geeigneter Stelle durchzuführen.“

Zur zuständigen Stelle s. § 26 Abs. 6 PflBG (s. → Erl. zu § 26 PflBG, Rn. 17).

§ 5   Mitteilungspflichten vor Festsetzung von Ausbildungsbudgets

(1) [1]Die Träger der praktischen Ausbildung und die Pflegeschulen haben der zuständigen Stelle bis zum 15. Juni des Festsetzungsjahres jeweils folgende Angaben mitzuteilen:

1. die erforderlichen Angaben zur Festsetzung der Ausbildungsbudgets nach Anlage 2,
2. die Zahl der voraussichtlichen Ausbildungsverhältnisse oder voraussichtlichen Schülerzahlen im Finanzierungszeitraum,
3. bei einer Finanzierung über Pauschalbudgets die Angaben, die im Falle von § 4 Absatz 2 Satz 1 zur Festsetzung der Pauschalen nach den vereinbarten Differenzierungskriterien maßgeblich sind,
4. bei einer Finanzierung über Individualbudgets die Höhe des vereinbarten oder von der Schiedsstelle festgesetzten Individualbudgets.

[2]Die Angaben nach Satz 1 Nummer 2 und 3 sind zu begründen.

(2) Die Träger der praktischen Ausbildung haben jeweils mit den Angaben nach Absatz 1 zugleich die Angaben zur Berechnung der Mehrkosten der Ausbildungsvergütung nach § 27 Absatz 2 des Pflegeberufegesetzes mitzuteilen.

(3) [1]Die Träger der praktischen Ausbildung und die Pflegeschulen teilen der zuständigen Stelle zwei Monate vor Zahlung der ersten Ausgleichszuweisung eine Aktualisierung der Angaben nach Absatz 1 Satz 1 Nummer 1 und 2 mit. [2]Danach teilt jeder Träger der praktischen Ausbildung und jede Pflegeschule der zuständigen Stelle eingetretene Änderungen hinsichtlich der Angaben nach Absatz 1 Satz 1 Nummer 1 unverzüglich mit. [3]Die Pflegeschulen teilen bei der Mitteilung nach Satz 1 oder Satz 2 zusätzlich mit, ob wegen der Änderung der Schülerzahl eine Klasse neu eingerichtet wird oder wegfällt.

Erläuterungen

Übersicht

I. Allgemeines

1   § 5 konkretisiert diejenigen Sachverhalte, die der zuständigen Stelle zu übermitteln sind, sodass diese die Ausbildungsbudgets festlegen kann. Die Ausbildungsbudgets sind Grundlage für die Ermittlung der Höhe des Finanzierungsbedarfs für die Pflegeausbildung im Land nach § 32 Abs. 1 PflBG und für die Ermittlung der Höhe der Ausgleichszuweisungen nach § 34 PflBG. § 5 regelt außerdem eine Frist für die erstmalige Übermittlung (15. Juni des Festsetzungsjahres) (so die Begründung zur Verordnung, BR-Drs. 360/18, S. 24).

II. Erläuterungen

1. Abs. 1: Mitteilungspflichten

In der Begründung zur Verordnung (BR-Drs. 360/18, S. 24) wird zu dieser Vorschrift   2
Folgendes ausgeführt:

„Absatz 1 enthält die Mitteilungspflichten der Träger der praktischen Ausbildung und der Pflegeschulen. Wesentliches Element der Mitteilungspflichten sind die Daten zur Ausbildung nach Anlage 2. Diese umfassen sowohl Angaben, die Grundlage für die Ermittlung der Höhe des Ausbildungsbudgets sind, als auch organisatorische Angaben, zum Beispiel die Bankverbindung, die zur Zahlung der Ausgleichszuweisungen erforderlich ist. Soweit Daten auf Grund des zeitlichen Vorlaufs noch nicht vorliegen, sind diese zunächst zu schätzen. Konkrete Angaben sind zu übermitteln, sobald sie vorliegen. Dies betrifft auch die Zahl der voraussichtlichen Ausbildungsverhältnisse und Schülerzahlen für den Finanzierungszeitraum, die nach Satz 1 Nummer 2 zu übermitteln sind. Satz 2 setzt § 30 Absatz 4 Satz 3 PflBG um, wonach die angenommenen Auszubildenden- oder Schülerzahlen zu begründen sind. Im Falle differenzierter Pauschalen sind nach Satz 1 Nummer 3 weitere Angaben zu den vereinbarten Differenzierungskriterien erforderlich. Auch diese sind nach Satz 2 zu begründen. Nach Satz 1 Nummer 4 ist die Höhe des vereinbarten oder von der Schiedsstelle festgesetzten Individualbudgets an die zuständige Stelle zu übermitteln. Das Pflegeberufegesetz weist diese Übermittlungspflicht in § 31 Absatz 4 Satz 1 PflBG den Parteien der Budgetverhandlungen nach § 31 Absatz 1 PflBG gemeinsam zu. Diese können die Ausführung den Pflegeschulen oder den Trägern der praktischen Ausbildung übertragen.“

2. Abs. 2: Weitere Mitteilungspflichten der Träger der praktischen Ausbildung

In der Begründung zur Verordnung (BR-Drs. 360/18, S. 24 f.) wird zu dieser Vor-   3
schrift Folgendes ausgeführt:

„Der Träger der praktischen Ausbildung hat zusätzlich die Berechnung der Mehrkosten der Ausbildungsvergütung nach § 27 Absatz 2 PflBG zu übermitteln. In Krankenhäusern und in stationären Pflegeeinrichtungen sind Personen, die beruflich in der Pflege ausgebildet werden, im Verhältnis 9,5 zu 1 auf die Stelle einer voll ausgebildeten Pflegefachkraft anzurechnen; bei ambulanten Pflegeeinrichtungen erfolgt eine Anrechnung im Verhältnis von 14 zu 1. Der Ermittlung der Mehrkosten der Ausbildungsvergütung ist der Arbeitgeberbruttobetrag zu Grunde zu legen. Daneben ist nach Anlage 2 die vertraglich vereinbarte Ausbildungsvergütung anzugeben. Diese Meldung ermöglicht die Zurückweisung unangemessener Ausbildungsvergütungen nach § 30 Absatz 4 Satz 4 zweiter Halbsatz PflBG.“

3. Abs. 3: Sonstige Mitteilungspflichten

In der Begründung zur Verordnung (BR-Drs. 360/18, S. 25) wird zu dieser Vorschrift   4
Folgendes ausgeführt:

„Die Ausgleichszuweisungen erfolgen nach dem Anteil am Ausbildungsbudget je Auszubildender oder Auszubildendem oder Pflegeschülerin oder Pflegeschüler je Monat (§ 8 Absatz 1 Satz 2). Die Festsetzung des Ausbildungsbudgets erfolgt bis Mitte des

Festsetzungsjahres. Die Zahlung der Ausgleichszuweisungen beginnt jedoch erst mit Beginn der jeweiligen Ausbildung, wenn tatsächlich Kosten entstehen. Häufig beginnt die Ausbildung zum Schuljahr, also am 1. August oder 1. September des Finanzierungszeitraums. Daher haben die Träger der praktischen Ausbildung und die Pflegeschulen nach Satz 1 einen Monat vor Zahlung des ersten Monatsbetrages eine Aktualisierung der Angaben der Anlage 2 für die jeweilige Auszubildende oder Auszubildenden oder Pflegeschülerin oder Pflegeschüler zu übermitteln. Zum gleichen Zeitpunkt übermitteln sie eine Aktualisierung der Zahl der voraussichtlichen Ausbildungsverhältnisse oder Schülerzahlen im Finanzierungszeitraum.

Nach Satz 2 teilt der Träger der praktischen Ausbildung oder die Pflegeschule der zuständigen Stelle unverzüglich Änderungen im Finanzierungszeitraum mit. Die Aktualisierungspflichten nach Satz 2 sind erforderlich, um die in § 34 Absatz 1 Satz 3 und 4 PflBG vorgesehene Anpassung der Ausgleichszuweisungen an Mehr- oder Minderausgaben, die durch Änderungen der tatsächlichen Auszubildenden- oder Schülerzahlen entstehen können, umzusetzen. Mehr- oder Minderausgaben können sich ergeben, wenn Auszubildende die Ausbildung regulär beenden, aussetzen oder abbrechen oder zu einer anderen Einrichtung oder Pflegeschule wechseln. Die Aktualisierung der Angaben nach Absatz 1 Nummer 1 und 2 ist die Grundlage für die Höhe der jeweiligen Ausgleichszahlung an die Träger der praktischen Ausbildung. Dort erfolgt nach § 14 Absatz 2 Satz 1 eine monatliche Anpassung der Ausgleichszuweisungen an die tatsächlichen Auszubildendenzahlen.

Satz 3 regelt eine zusätzliche Mitteilungspflicht für die Pflegeschulen. Grund dafür ist, dass die Ausgleichszahlungen an die Pflegeschulen nach § 14 Absatz 2 Satz 2 nur angepasst werden, wenn durch die Änderungen der Schülerzahlen eine Klasse neu eingerichtet wird oder wegfällt."

5   Der Bundesrat hat in der Sitzung vom 21.9.2018 beschlossen, in § 5 Abs. 3 Satz 1 die Wörter „einen Monat" durch die Wörter „zwei Monate" zu ersetzen. Zur Begründung (BR-Drs. 360/18 [Beschluss] S. 3) wird ausgeführt:

„Da die Ausgleichzuweisungen nach § 15 Absatz 1 PflAFinV erstmals zum 31. Januar 2020 erfolgen soll, kann die in § 5 Absatz 3 Satz 1 PflAFinV vorgesehene Frist von einem Monat vor Zahlung des ersten Monatsbetrags dazu führen, dass eine berücksichtigungsfähige Meldung zum 31. Dezember 2019 bei der zuständigen Stelle eingegangen sein muss. Aufgrund der Jahreswende handelt es sich um einen ungünstigen Termin sowohl für die Einrichtungen als auch für die zuständige Stelle. Die Frist ist daher auf zwei Monate zu verlängern."

III. Entschließung des Bundesrates

6   Der Bundesrat hat in der Sitzung vom 21.9.2018 anlässlich der Beschlussfassung zur Pflegeberufe-Ausbildungsfinanzierungsverordnung folgende Entschließung verabschiedet und die Bundesregierung aufgefordert, die beschriebenen Probleme zeitnah aufzugreifen und einer Lösung zuzuführen (Bundesrat, Drucksache 360/18 [Beschluss], S. 7, unter Nr. 2 und 3):

„2. *Probleme im Verordnungswege zu lösen. Dies sind insbesondere*

[…]

die fehlende Bußgeldregelung für ausbleibende Meldungen (§ 5 PflAFinV).

[…]."

§ 6   Zurückweisung unangemessener Ausbildungsvergütungen

(1) [1]Teilt ein Träger der praktischen Ausbildung der zuständigen Stelle eine unangemessen niedrige Ausbildungsvergütung mit, wirkt die zuständige Stelle darauf hin, dass der Träger der praktischen Ausbildung eine angemessene Ausbildungsvergütung vereinbart, und fordert den Träger der praktischen Ausbildung auf, der zuständigen Stelle innerhalb eines Monats die Vereinbarung einer angemessenen Ausbildungsvergütung nachzuweisen. [2]Weist der Träger der praktischen Ausbildung die vereinbarte angemessene Ausbildungsvergütung nicht innerhalb der Monatsfrist nach, informiert die zuständige Stelle die Behörde, die für die Überprüfung der Geeignetheit dieser Einrichtung zur Durchführung der Ausbildung nach dem Pflegeberufegesetz zuständig ist.

(2) [1]Teilt ein Träger der praktischen Ausbildung der zuständigen Stelle eine unangemessen hohe Ausbildungsvergütung mit, berücksichtigt die zuständige Stelle die mitgeteilte Ausbildungsvergütung bei der Festsetzung des Ausbildungsbudgets nur bis zur Höhe einer angemessenen Ausbildungsvergütung. [2]Die zuständige Stelle teilt dem Träger der praktischen Ausbildung mit, in welcher Höhe die mitgeteilte Ausbildungsvergütung als angemessene Ausbildungsvergütung berücksichtigt wird.

Erläuterungen

Übersicht

I. Allgemeines

1   Die Vorschrift regelt **Einzelheiten zur angemessenen Höhe der Ausbildungsvergütungen**.

II. Erläuterungen

1. Abs. 1: Unangemessen niedrige Ausbildungsvergütung

2   In der Begründung zur Verordnung (BR-Drs. 360/18, S. 25) wird zu dieser Vorschrift Folgendes ausgeführt:

„*§ 19 Absatz 1 PflBG regelt, dass der Träger der praktischen Ausbildung der oder dem Auszubildenden eine angemessene Ausbildungsvergütung zu zahlen hat. Eine Ausbildungs-vergütung kann nicht als unangemessen zurückgewiesen werden, soweit ihr tarifvertraglich vereinbarte Ausbildungsvergütungen sowie entsprechende Vergütungen nach kirchlichen Arbeitsrechtsregelungen zugrunde liegen (§ 29 Absatz 2 Satz 4 zweiter Halbsatz PflBG).*

Die zuständige Stelle wirkt im Falle einer unangemessen niedrigen Ausbildungsver-gütung zunächst darauf hin, dass der Träger der Ausbildung innerhalb eines Monats eine angemessene Ausbildungsvergütung vereinbart und nachweist (Satz 1). Die Beur-teilung der Angemessenheit der Ausbildungsvergütung erfolgt nach der aktuellen arbeitsgerichtlichen Rechtsprechung. Nach Ablauf der Monatsfrist informiert sie die Behörde, die für die Überprüfung der Geeignetheit einer Einrichtung zur Durch-führung der Ausbildung nach dem Pflegeberufegesetz zuständig ist (Satz 2)."

2. Abs. 2: Unangemessen hohe Ausbildungsvergütung

In der Begründung zur Verordnung (BR-Drs. 360/18, S. 26) wird zu dieser Vorschrift   3
Folgendes ausgeführt:

„Nach Absatz 2 berücksichtigt die zuständige Stelle eine unangemessen hohe Aus-bildungsvergütung bei der Festsetzung des Ausbildungsbudgets nur in angemessener Höhe und teilt dies dem Träger der praktischen Ausbildung mit."

§ 7   Zurückweisung unplausibler Angaben

(1) [1]Die zuständige Stelle prüft die Plausibilität der mitgeteilten Auszubilden-den- oder Schülerzahlen anhand der mitgeteilten Begründung und der bisherigen Auszubildenden- oder Schülerzahlen. [2]Hält die zuständige Stelle die Angaben für unplausibel, fordert sie den Träger der praktischen Ausbildung oder die Pflegeschule auf, innerhalb von zwei Wochen plausible Auszubildenden- oder Schülerzahlen mitzuteilen.

(2) [1]Teilt ein Träger der praktischen Ausbildung oder eine Pflegeschule der zuständigen Stelle innerhalb der Frist nach Absatz 1 Satz 2 keine plausiblen Auszubildenden- oder Schülerzahlen mit, nimmt die zuständige Stelle eine Schätzung anhand der ihr vorliegenden Erkenntnisse vor. [2]Ist eine Schätzung nach Satz 1 nicht möglich, weil keine Erkenntnisse zu den voraussichtlichen Auszubildenden- oder Schülerzahlen vorliegen, setzt die zuständige Stelle das Ausbildungsbudget auf null fest.

Erläuterungen

Übersicht

		Rn			Rn
I.	Allgemeines	1	2.	Abs. 2: Schätzungsmög-	
II.	Erläuterungen	2 – 4		lichkeit	3, 4
	1. Abs. 1: Plausibilitätsprü-				
	fung	2			

I. Allgemeines

1   Die Vorschrift regelt die **Zurückweisung unplausibler Angaben bei den Auszubildenden- oder Schülerzahlen** (Abs. 1) sowie **eine Schätzungsmöglichkeit** (Abs. 2).

II. Erläuterungen

1. Abs. 1: Plausibilitätsprüfung

2   In der Begründung zur Verordnung (BR-Drs. 360/18, S. 26) wird zu dieser Vorschrift Folgendes ausgeführt:

„Absatz 1 enthält eine Prüfpflicht der zuständigen Stelle im Hinblick darauf, dass sie unplausible Auszubildenden- oder Schülerzahlen nach § 30 Absatz 4 Satz 3 zweiter Halbsatz oder § 31 Absatz 4 Satz 3 PflBG zurückzuweisen hat.

Satz 1 konkretisiert als Prüfmaßstab die nach § 5 Absatz 1 Satz 2 zu übermittelnde nähere Begründung der angenommenen Auszubildendenzahlen und die bisherigen Ausbildungs- oder Schülerzahlen.

Satz 2 regelt, dass die zuständige Stelle im Falle unplausibler Ausbildungs- und Schülerzahlen den Träger der praktischen Ausbildung oder die Pflegeschule auffordert, innerhalb eines Monats plausible Angaben zu machen."

2. Abs. 2: Schätzungsmöglichkeit

In der Begründung zur Verordnung (BR-Drs. 360/18, S. 26) wird zu dieser Vorschrift 3
Folgendes ausgeführt:

„Die Vorschrift konkretisiert die in § 30 Absatz 5 und § 31 Absatz 5 PflBG enthaltene Regelung, dass die zuständige Stelle unter bestimmten Voraussetzungen eine Schätzung der Auszubildenden- oder Schülerzahlen vorzunehmen hat. Dies hat dann zu erfolgen, wenn auch die nach Absatz 1 Satz 2 nachgereichten Auszubildenden- oder Schülerzahlen unplausibel sind oder der Träger der praktischen Ausbildung oder die Pflegeschule innerhalb der von der zuständigen Stelle gesetzten Frist keine Angaben nachreicht. Die zuständige Stelle nimmt die Schätzung anhand der ihr vorliegenden Erkenntnisse vor."

Der Bundesrat hat in der Sitzung vom 21.9.2018 die Anfügung des Satz 2 an § 7 4
Abs. 2 beschlossen. Zur Begründung (BR-Drs. 360/18 [Beschluss] S. 3) wird Folgendes ausgeführt:

„Aufgrund des Fehlens von anderen Sanktionsmöglichkeiten der zuständigen Stelle bei ausbleibenden oder unplausiblen Angaben der Einrichtungen und der unter Umständen fehlenden Basis für das Schätzen der Angaben durch die zuständige Stelle eröffnet für diese Fälle die Festsetzung des Ausbildungsbudgets auf null die einzige Sanktionsmöglichkeit."

§ 8 Festsetzung der Ausbildungsbudgets

(1) [1]Die zuständige Stelle setzt für jeden Träger der praktischen Ausbildung und für jede Pflegeschule das jeweilige Ausbildungsbudget fest. [2]Auf dieser Grundlage berechnet die zuständige Stelle für jeden Träger der praktischen Ausbildung und für jede Pflegeschule den Anteil je Auszubildender oder Auszubildendem oder Pflegeschülerin oder Pflegeschüler je Monat.

(2) [1]Wenn ein Träger der praktischen Ausbildung eine unangemessen niedrige Ausbildungsvergütung mitgeteilt hat, ermittelt die zuständige Stelle für diesen Träger zur Festsetzung des Finanzierungsbedarfs ein vorläufiges Ausbildungsbudget. [2]Dabei berücksichtigt sie eine Ausbildungsvergütung in angemessener Höhe. [3]Erst wenn der Träger der praktischen Ausbildung die Vereinbarung einer angemessenen Ausbildungsvergütung nachgewiesen hat, setzt die zuständige Stelle das Ausbildungsbudget fest.

Erläuterungen

Übersicht

I. Allgemeines

1   **Abs. 1** regelt die Festsetzung der Ausbildungsbudgets. **Abs. 2** legt die Bestimmungen für den Fall fest, dass ein Träger ein unangemessen niedriges Ausbildungsbudget mitgeteilt hat.

II. Erläuterungen

1. Abs. 1: Plausibilitätsprüfung

2   In der Begründung zur Verordnung (BR-Drs. 360/18, S. 26) wird zu dieser Vorschrift Folgendes ausgeführt:

„Die Ausbildungsbudgets sind eine kalkulatorische Größe. Sie sind zum einen erforderlich, um die Höhe des Finanzierungsbedarfs für die Pflegeausbildung im Land zu ermitteln (§ 32 Absatz 1 PflBG), der Grundlage für das Umlage- und Zahlungsverfahren nach § 33 Absatz 1 und Absatz 2 PflBG ist. Zum zweiten dienen die Ausbildungsbudgets der Ermittlung der Höhe der monatlichen Ausgleichszuweisungen an die Träger der praktischen Ausbildung und die Pflegeschulen. Diese Ausgleichszuweisungen werden auf der Basis des festgesetzten Ausbildungsbudgets je Auszubildender oder Auszubildendem oder Pflegeschülerin oder Pflegeschüler je Monat gezahlt. Absatz 1 regelt, dass der Anteil entsprechend zu berechnen ist.“

2. Abs. 2: Schätzungsmöglichkeit

In der Begründung zur Verordnung (BR-Drs. 360/18, S. 26) wird zu dieser Vorschrift 3 Folgendes ausgeführt:

„Absatz 2 regelt den Fall, in dem ein Träger der praktischen Ausbildung eine unangemessen niedrige Ausbildungsvergütung mitgeteilt hat. Zunächst wirkt die zuständige Stelle nach § 6 Absatz 1 darauf hin, dass der Träger der praktischen Ausbildung eine angemessene Ausbildungsvergütung vereinbart. Zur Festsetzung des Finanzierungsbedarfs ermittelt die zuständige Stelle ein vorläufiges Ausbildungsbudget, welchem sie eine Ausbildungsvergütung in angemessener Höhe zugrunde legt. So wird die Festsetzung des Gesamtfinanzierungsbedarfs nach § 9 Absatz 3 ermöglicht, auch wenn einzelne Träger der praktischen Ausbildung Angaben nachreichen müssen. Das tatsächliche Ausbildungsbudget wird erst dann festgesetzt, wenn der Träger der praktischen Ausbildung eine angemessene Ausbildungsvergütung nachweist.“

§ 9 Ermittlung des Finanzierungsbedarfs

(1) [1]Im Festsetzungsjahr 2019 setzt die zuständige Stelle zur Bildung einer Liquiditätsreserve einen Aufschlag von 3 Prozent auf die Summe aller Ausbildungsbudgets fest. [2]Ab dem Festsetzungsjahr 2020 berechnet die zuständige Stelle den Aufschlag so, dass im Ausgleichsfonds erneut 3 Prozent der Summe aller Ausbildungsbudgets als Liquiditätsreserve zur Verfügung stehen.

(2) Ab dem Festsetzungsjahr 2021 berücksichtigt die zuständige Stelle die Summe der Differenzbeträge, die von den Krankenhäusern und Pflegeeinrichtungen im Sinne des § 7 Absatz 1 des Pflegeberufegesetzes nach § 17 Absatz 1 mitgeteilt werden, bei der Festsetzung des Finanzierungsbedarfs getrennt für den Bereich der Krankenhäuser und den Bereich der Pflegeeinrichtungen.

(3) Die zuständige Stelle setzt die Höhe des gesamten Finanzierungsbedarfs und die Finanzierungsanteile der Krankenhäuser und der Pflegeeinrichtungen gesondert bis zum 15. September des Festsetzungsjahres fest und veröffentlicht diese.

Erläuterungen

Übersicht

I. Allgemeines

1 Die Vorschrift bezieht sich auf § 32 Abs. 1 PflBG und regelt Einzelheiten zur Ermittlung und Festsetzung der Höhe des Finanzierungsbedarfs für den jeweiligen Finanzierungszeitraum. **Abs. 1** befasst sich mit der Bildung einer Liquiditätsreserve. **Abs. 2** regelt die Berücksichtigung der Differenzbeträge. In **Abs. 3** wird die Festsetzung der Höhe des gesamten Finanzierungsbedarfs und der Finanzierungsanteile der Krankenhäuser und der Pflegeeinrichtungen bestimmt.

II. Erläuterungen

1. Abs. 1: Bildung einer Liquiditätsreserve

2 In der Begründung zur Verordnung (BR-Drs. 360/18, S. 27) wird zu dieser Vorschrift Folgendes ausgeführt:

„Absatz 1 betrifft den nach § 32 Absatz 1 Nummer 2 PflBG vorgesehenen Aufschlag zur Bildung einer Liquiditätsreserve. Im Festsetzungsjahr 2019 ist der Aufschlag in Höhe von 3 Prozent zu Grunde zu legen (Satz 1). Ab dem Festsetzungsjahr 2020 ist nur dann ein Aufschlag zu Grunde zu legen, wenn dieser benötigt wird, um die Liquiditätsreserve auf 3 Prozent der Summe aller Ausbildungsbudgets aufzufüllen. Dies kann zum Beispiel der Fall sein, wenn die Summe aller festgesetzten Ausbildungsbudgets

eines Landes gegenüber dem Vorjahr gestiegen ist. Insofern konkretisiert Satz 2 das Pflegeberufegesetz. In der Begründung zum Gesetzentwurf wird ausgeführt, dass die Liquiditätsreserve einmalig bereitzustellen ist (Bundestagsdrucksache 18/7823, S. 3, S. 57). So kann die Liquidität des Ausgleichsfonds dauerhaft gesichert werden. Gleichzeitig wird ein nicht notwendiges Anwachsen der Liquiditätsreserve verhindert."

2. Abs. 2: Berücksichtigung der Differenzbeträge

In der Begründung zur Verordnung (BR-Drs. 360/18, S. 27) wird zu dieser Vorschrift   3
Folgendes ausgeführt:

„Die Regelung ist erforderlich, um den einrichtungsindividuellen Ausgleich der Über- oder Unterfinanzierung bei der Refinanzierung der Umlagebeträge zu ermöglichen. Sie ist erstmals im Festsetzungsjahr 2021 für den Finanzierungszeitraum 2022 anzuwenden. Das Verfahren ist für Krankenhäuser und Pflegeeinrichtungen getrennt durchzuführen.

Es ist jeweils zunächst die Summe der nach § 17 Absatz 1 übermittelten Differenzbeträge zu ermitteln. Dies kann ein Überschuss oder ein Defizit sein. Ein Überschuss wird von dem jeweiligen Finanzierungsanteil nach § 33 Absatz 1 Nummer 1 PflBG (Krankenhäuser) oder nach § 33 Absatz 1 Nummer 2 PflBG (Pflegeeinrichtungen) abgezogen; ein Defizit wird hinzugefügt."

3. Abs. 3: Festsetzung des Finanzierungsbedarfs und der Finanzierungsanteile

In der Begründung zur Verordnung (BR-Drs. 360/18, S. 27) wird zu dieser Vorschrift   4
Folgendes ausgeführt:

„Absatz 2 enthält eine Frist für die Festsetzung des Gesamtfinanzierungsbedarfs und eine Pflicht zur Veröffentlichung des festgesetzten Betrages an geeigneter Stelle. Der Gesamtfinanzierungsbedarf, der nach § 33 Absatz 1 PflBG zu refinanzieren ist, umfasst auch die Verwaltungskostenpauschale nach § 32 Absatz 2 PflBG. Diese Regelungen sind erforderlich, da nach § 10 Absatz 2 Satz 1 die Vertragsparteien nach § 18 Absatz 1 Satz 2 KHG bis zum 30. November des Festsetzungsjahres den Zuschlag oder Teilbetrag nach § 33 Absatz 3 Satz 1 PflBG vereinbaren und der zuständigen Stelle mitteilen müssen.

Die zuständige Stelle setzt den Finanzierungsanteil nach § 33 Absatz 1 Nummer 1 PflBG (Krankenhäuser) und den Finanzierungsanteil nach § 33 Absatz 1 Nummer 2 PflBG (Pflegeeinrichtungen) zusätzlich zum Gesamtfinanzierungsbedarf fest. Dies ist notwendig, um das Ausgleichsverfahren nach § 17 Absatz 1 zu Über- oder Unterdeckungen im Rahmen der Refinanzierung der Umlagebeträge zu ermöglichen. Die zuständige Stelle veröffentlicht diese Finanzierungsanteile zusätzlich zu dem Gesamtfinanzierungsbedarf."

§ 10   Mitteilungspflichten und Aufteilung des Finanzierungsbedarfs auf die Krankenhäuser

(1) [1]Die Landeskrankenhausgesellschaften teilen der zuständigen Stelle bis zum 1. April des Festsetzungsjahres Name, Träger und Anschrift der Krankenhäuser im Sinne des § 7 Absatz 1 Nummer 1 des Pflegeberufegesetzes mit. [2]Die zuständige Stelle wird die Daten nach Satz 1 aus dem bundesweiten Verzeichnis nach § 293 Absatz 6 des Fünften Buches Sozialgesetzbuch über die zugelassenen Krankenhäuser abrufen, sobald es seinen Regelbetrieb aufnimmt.

(2) [1]Die Vertragsparteien nach § 18 Absatz 1 Satz 2 des Krankenhausfinanzierungsgesetzes teilen der zuständigen Stelle bis zum 30. November des Festsetzungsjahres gemeinsam die Höhe des vereinbarten Zuschlags oder des Teilbetrags nach § 33 Absatz 3 Satz 1 des Pflegeberufegesetzes sowie die voraussichtliche Anzahl der voll- und teilstationären Fälle des jeweiligen Krankenhauses mit. [2]Die zuständige Stelle setzt diesen Zuschlag oder Teilbetrag und den monatlichen Umlagebetrag bis zum 15. Dezember des Festsetzungsjahres gegenüber den Krankenhäusern fest. [3]Der Umlagebetrag ergibt sich aus der Multiplikation des Zuschlags oder des Teilbetrags mit der voraussichtlichen Zahl der voll- und teilstationären Fälle des Krankenhauses und der Berücksichtigung des Differenzbetrags nach § 17 Absatz 1 beim jeweiligen Krankenhaus.

Erläuterungen

Übersicht

I. Allgemeines

1   Die Vorschrift regelt Mitteilungspflichten an die zuständige Stelle. Sie bezieht sich auf die Aufteilung des nach § 32 Abs. 1 PflBG ermittelten Finanzierungsbedarfs auf die Krankenhäuser. Dazu ist zunächst der Anteil der Krankenhäuser nach § 33 Abs. 1 PflBG zu ermitteln. Dieser Anteil ist dann im Verfahren nach § 33 Abs. 3 PflBG auf die einzelnen Krankenhäuser aufzuteilen.

II. Erläuterungen

1. Abs. 1: Mitteilungspflichten der Landeskrankenhausgesellschaften

2   In der Begründung zur Verordnung (BR-Drs. 360/18, S. 28) wird zu dieser Vorschrift Folgendes ausgeführt:

„Die Vorschrift regelt eine Mitteilungspflicht an die zuständige Stelle. Diese Mitteilungspflicht stellt sicher, dass der zuständigen Stelle alle zahlungspflichtigen Krankenhäuser bekannt werden. Der Spitzenverband Bund der Krankenkassen und die Deutsche Krankenhausgesellschaft werden nach § 293 Absatz 6 SGB V ein bundes-

weites Verzeichnis der Standorte der Krankenhäuser und ihrer Ambulanzen einfüh-
ren, welches zum 1. Januar 2020 seinen Regelbetrieb aufnehmen soll. Ab Einführung
des Standortverzeichnisses wird sich die zu-ständige Stelle die erforderlichen Informa-
tionen aus diesem im Internet veröffentlichten Verzeichnis beschaffen. Es enthält die
Angaben nach Satz 1. So kann der Verwaltungsaufwand minimiert werden. Die
Mitteilungspflicht der Landeskrankenhausgesellschaften besteht nur bis zur Einfüh-
rung des Standortverzeichnisses. Die zuständige Stelle teilt den Landeskrankenhausge-
sellschaften mit, wenn sie keine Datenlieferungen mehr benötigt."

2. Abs. 2: Mitteilungspflichten der Vertragsparteien nach § 18 Abs. 1 Satz 2 KHG

In der Begründung zur Verordnung (BR-Drs. 360/18, S. 28) wird zu dieser Vorschrift   3
Folgendes ausgeführt:

„Nach § 33 Absatz 3 PflBG erfolgt die Aufteilung auf die Krankenhäuser nach dem
Verfahren, das in § 17a KHG für die Finanzierung von Ausbildungskosten vorgesehen
ist. Dazu vereinbaren die Vertragsparteien nach § 18 Absatz 1 Satz 2 KHG einen
Teilbetrag des Ausbildungszuschlags je voll- und teilstationärem Fall nach § 17a
Absatz 5 Satz 1 Nummer 2 KHG oder einen eigenständigen Ausbildungszuschlag je
voll- und teilstationärem Fall. Satz 1 regelt, dass die genannten Vertragsparteien die
Höhe dieses Zuschlags oder Teilbetrags bis zum 30. November des Festsetzungsjahres
an die zuständige Stelle übermitteln.

Dieser Zuschlag oder Teilbetrag ist dann nach Satz 2 von der zuständigen Stelle bis
zum 15. Dezember des Festsetzungsjahres gegenüber den Krankenhäusern festzuset-
zen. Gleiches gilt für den monatlichen Umlagebetrag. Dieser ist beim jeweiligen
Krankenhaus in zwei Schritten zu ermitteln. Zunächst ist der Zuschlag oder Teilbetrag
mit der voraussichtlichen Zahl der voll- und teilstationären Fälle des Krankenhauses
zu multiplizieren. Anschließend ist der von dem jeweiligen Krankenhaus nach § 17
Absatz 1 mitgeteilte Differenzbetrag abzuziehen oder hinzuzufügen. Ein negativer
Differenzbetrag (Unterfinanzierung im vorangegangen Finanzierungszeitraum) ver-
ringert den Umlagebetrag entsprechend; ein positiver Differenzbetrag (Überfinanzie-
rung im vorangegangen Finanzierungszeitraum) erhöht den Umlagebetrag entspre-
chend.

In der Vereinbarung der erforderlichen Verfahrensregelungen im Zusammenhang mit
der Einzahlung der Finanzierungsmittel und den in Rechnung zu stellenden Zuschlä-
gen nach § 33 Absatz 6 PflBG können die Beteiligten regeln, wie die zuständige Stelle
die Information über die voraussichtliche Zahl der voll- und teilstationären Fälle der
einzelnen Krankenhäuser erhält."

Der Bundesrat hat in der Sitzung vom 21.9.2018 beschlossen, in § 10 Abs. 2 Satz 1   4
nach dem Wort „Pflegeberufegesetzes" die Wörter „sowie die voraussichtliche
Anzahl der voll- und teilstationären Fälle des jeweiligen Krankenhauses" einzufügen.
Zur Begründung (BR-Drs. 360/18 [Beschluss] S. 3 f.) wird ausgeführt:

„In der Regelung zu den Mitteilungspflichten der Krankenhäuser für die Aufteilung des
Finanzierungsbedarfs ist bislang nur vorgesehen, dass der von den Vertragsparteien
nach § 18 Absatz 1 Satz 2 KHG für die Aufbringung des Finanzierungsbedarfs verein-
barte Zuschlag beziehungsweise Teilbetrag mitzuteilen ist. Mit Blick auf die im Folge-

jahr von den ausbildenden Krankenhäusern nach § 17 Absatz 1 PflAFinV vorzulegen-
den Abrechnung über die geleisteten und in Rechnung gestellten Ausbildungszuschläge
sollte die zuständige Stelle bereits im Festsetzungsjahr über die vereinbarten Fallzahlen
informiert sein."

§ 11 Mitteilungspflichten zur Aufteilung des Finanzierungsbedarfs auf die Pflegeeinrichtungen

(1) Die Landesverbände der Pflegekassen teilen der zuständigen Stelle bis zum 1. April des Festsetzungsjahres Name, Träger und Anschrift der stationären und ambulanten Pflegeeinrichtungen im Sinne des § 7 Absatz 1 Nummer 2 und 3 des Pflegeberufegesetzes mit.

(2) [1]Die stationären und ambulanten Pflegeeinrichtungen teilen der zuständigen Stelle bis zum 15. Juni des Festsetzungsjahres die Anzahl der Vollzeitäquivalente der Pflegefachkräfte mit, die am 15. Dezember des Vorjahres des Festsetzungsjahres in der Einrichtung beschäftigt oder eingesetzt sind. [2]Ambulante Pflegeeinrichtungen teilen dabei zusätzlich mit, welcher Anteil an Vollzeitäquivalenten auf Pflegeleistungen nach dem Elften Buch Sozialgesetzbuch entfällt.

(3) Die stationären Pflegeeinrichtungen teilen der zuständigen Stelle bis zum 15. Juni des Festsetzungsjahres zusätzlich die für die jeweilige Einrichtung nach den geltenden Vergütungsvereinbarungen zum 1. Mai des Festsetzungsjahres vorzuhaltenden Pflegefachkräfte nach Vollzeitäquivalenten mit.

(4) Die ambulanten Pflegeeinrichtungen teilen der zuständigen Stelle bis zum 15. Juni des Festsetzungsjahres zusätzlich die Anzahl der in den zwölf Monaten vor dem 1. Januar des Festsetzungsjahres von der jeweiligen Einrichtung nach dem Elften Buch Sozialgesetzbuch entsprechend des im jeweiligen Land geltenden Abrechnungssystems abgerechneten Punkte oder Zeitwerte mit.

Erläuterungen

Übersicht

I. Allgemeines

Die Vorschrift regelt Mitteilungspflichten an die zuständige Stelle. Diese sind erforderlich, um den nach § 32 PflBG ermittelten Finanzierungsbedarf auf die stationären und ambulanten Pflegeeinrichtungen nach § 7 Abs. 1 Nr. 2 und 3 PflBG aufzuteilen. 1

II. Erläuterungen

1. Abs. 1: Mitteilungspflicht der Landesverbände der Pflegeeinrichtungen

In der Begründung zur Verordnung (BR-Drs. 360/18, S. 28) wird zu dieser Vorschrift Folgendes ausgeführt: 2

„Absatz 1 enthält eine Mitteilungspflicht der Landesverbände der Pflegekassen. Diese Mitteilungspflicht stellt sicher, dass der zuständigen Stelle alle zahlungspflichtigen stationären und ambulanten Pflegeeinrichtungen bekannt werden."

2. Abs. 2: Mitteilungspflichten der stationären und ambulanten Pflegeeinrichtungen

3   In der Begründung zur Verordnung (BR-Drs. 360/18, S. 29) wird zu dieser Vorschrift Folgendes ausgeführt:

„Absatz 2 regelt Mitteilungspflichten der stationären und ambulanten Pflegeeinrichtungen. Diese Mitteilungen sind erforderlich, um die Aufteilung des Finanzierungsbedarfs auf die Sektoren vorzunehmen. Um den Verwaltungsaufwand für die Pflegeeinrichtungen möglichst gering zu halten, wird für die Mitteilung der in den Einrichtungen beschäftigten und eingesetzten Pflegefachkräfte der Stichtag der Pflegestatistik nach § 109 SGB XI zu Grunde gelegt."

3. Abs. 3: Mitteilungspflicht der stationären Pflegeeinrichtungen

4   Abs. 3 enthält eine Mitteilungspflicht für die stationären Pflegeeinrichtungen, die erforderlich ist, um den Finanzierungsbedarf auf die Einrichtungen im stationären Sektor aufzuteilen.

4. Abs. 4: Mitteilungspflicht der ambulanten Pflegeeinrichtungen

5   Abs. 4 enthält eine Mitteilungspflicht für die ambulanten Pflegeeinrichtungen, die erforderlich ist, um den Finanzierungsbedarf auf die Einrichtungen im ambulanten Sektor aufzuteilen.

§ 12   Aufteilung des Finanzierungsbedarfs auf die Pflegeeinrichtungen

(1) [1]Der Finanzierungsbedarf, der nach § 33 Absatz 1 Nummer 2 des Pflegeberufegesetzes durch die Pflegeeinrichtungen aufzubringen ist, wird im Verhältnis der Zahl der in den jeweiligen Sektoren beschäftigten und eingesetzten Pflegefachkräfte zur Gesamtzahl der Pflegefachkräfte auf die Sektoren aufgeteilt. [2]Bei ambulanten Pflegeeinrichtungen wird bei dieser Aufteilung nur der Anteil an Pflegefachkräften berücksichtigt, der auf Pflegeleistungen nach dem Elften Buch Sozialgesetzbuch entfällt.

(2) Der auf die einzelne stationäre Einrichtung entfallende Anteil an dem nach Absatz 1 für den stationären Sektor ermittelten Betrag bemisst sich nach dem Verhältnis der nach den geltenden Vergütungsvereinbarungen für die Einrichtung zum 1. Mai des Festsetzungsjahres vorzuhaltenden Pflegefachkräfte nach Vollzeitäquivalenten zu der Gesamtzahl der vereinbarten Pflegefachkräfte nach Vollzeitäquivalenten im stationären Sektor zum selben Zeitpunkt.

(3) [1]Der auf die einzelne ambulante Einrichtung entfallende Anteil an dem nach Absatz 1 für den ambulanten Sektor ermittelten Betrag bemisst sich nach dem Verhältnis der in den zwölf Monaten vor dem 1. Januar des Festsetzungsjahres von der jeweiligen Einrichtung nach dem Elften Buch Sozialgesetzbuch entsprechend des im jeweiligen Land geltenden Abrechnungssystems abgerechneten Punkte oder Zeitwerte zur Gesamtzahl der Punkte oder Zeitwerte im ambulanten Sektor im selben Zeitraum. [2]Das Nähere zu diesem Verfahren regeln die Länder.

(4) [1]Die zuständige Stelle setzt bis zum 31. Oktober des Festsetzungsjahres den monatlichen Umlagebetrag gegenüber den Pflegeeinrichtungen fest. [2]Hierbei berücksichtigt sie den Differenzbetrag nach § 17 Absatz 1 der jeweiligen Einrichtung.

Erläuterungen

Übersicht

I. Allgemeines

In der Begründung zur Verordnung (BR-Drs. 360/18, S. 29) wird zu dieser Vorschrift Folgendes ausgeführt: 1

„Die Aufteilung des Finanzierungsbedarfs auf die Pflegeeinrichtungen erfolgt gemäß § 33 Absatz 4 PflBG in zwei Schritten. Zunächst wird der gemäß § 33 Absatz 1 Nummer 2 PflBG von den stationären und ambulanten Pflegeeinrichtungen auf-

zubringende Anteil am Finanzierungsbedarf auf die Sektoren ‚voll- und teilstationär' *und ‚ambulant' aufgeteilt. Im zweiten Schritt ist der auf den jeweiligen Sektor* *entfallende Finanzierungsbedarf auf die einzelnen Einrichtungen aufzuteilen."*

Zum **Begriff der Sektoren** s. § 1 Abs. 1 PflAFinV.

II. Erläuterungen

1. Abs. 1: Aufteilung des Finanzierungsbedarfs

2　In der Begründung zur Verordnung (BR-Drs. 360/18, S. 29) wird zu dieser Vorschrift Folgendes ausgeführt:

„Absatz 1 Satz 1 setzt die Vorgabe in § 33 Absatz 4 Satz 3 PflBG um, dass die *Aufteilung auf die Sektoren im Verhältnis der in diesen Sektoren beschäftigten* *Pflegefachkräfte erfolgt. Die Berechnung der Pflegefachkräfte erfolgt nach Vollzeit-* *äquivalenten. In der Einrichtung eingesetzte Zeitarbeitskräfte sind einzubeziehen.* *Maßgeblicher Zeitpunkt ist der in § 11 Absatz 2 geregelte Stichtag (15. Dezember des* *Vorjahres des Festsetzungsjahres). Satz 2 enthält eine Ergänzung für die Bestimmung* *der Pflegefachkräfte in ambulanten Pflegeeinrichtungen nach § 7 Absatz 1 Nummer 3* *PflBG. Bei diesen Einrichtungen ist nur der Anteil der Pflegefachkräfte zu berück-* *sichtigen, der auf Pflegeleistungen nach dem SGB XI entfällt. Häusliche Krankenpflege* *wird über das Fünfte Buch Sozialgesetzbuch (SGB V) finanziert und bleibt daher hier* *außer Betracht."*

2. Abs. 2: Berechnung des Einrichtungsanteils bei stationären Pflegeeinrichtungen

3　In der Begründung zur Verordnung (BR-Drs. 360/18, S. 29) wird zu dieser Vorschrift Folgendes ausgeführt:

„Absatz 2 regelt die Aufteilung der sektoralen Beträge auf die einzelnen stationären *Einrichtungen. Die Aufteilung erfolgt entsprechend dem Verhältnis der nach den* *geltenden Vergütungsvereinbarungen zum 1. Mai des Festsetzungsjahres vorzuhalten-* *den Pflegefachkräfte nach Vollzeitäquivalenten zur Gesamtzahl der vereinbarten* *Pflegefachkräfte nach Vollzeitäquivalenten im stationären Sektor zum selben Zeit-* *punkt."*

3. Abs. 3: Berechnung des Einrichtungsanteils bei ambulanten Pflegeeinrichtungen

4　In der Begründung zur Verordnung (BR-Drs. 360/18, S. 29 f.) wird zu dieser Vor- schrift Folgendes ausgeführt:

„Absatz 3 regelt die Aufteilung der sektoralen Beträge auf die einzelnen ambulanten *Einrichtungen. Die Aufteilung erfolgt nach den entsprechend des im Land geltenden* *Abrechnungssystems für Leistungen nach dem SGB XI abgerechneten Punkten oder* *Zeitwerten. Auch hier bleibt die über das SGB V finanzierte häusliche Krankenpflege* *außer Betracht. Die Länder regeln die nähere Ausgestaltung dieses Verfahrens. Sie* *regeln dabei insbesondere, wie Zeitwerte zu berücksichtigen sind, wenn in einem Land*

nach Punkten und Zeitwerten abgerechnet wird. Für die nähere Ausgestaltung des Verfahrens können die Länder auch weitere Mitteilungspflichten vorsehen."

4. Abs. 4: Zeitpunkt der Festsetzung des Umlagebetrags

In der Begründung zur Verordnung (BR-Drs. 360/18, S. 30) wird zu dieser Vorschrift 5 Folgendes ausgeführt:

„Absatz 4 regelt den Termin, bis zu dem die zuständige Stelle den monatlichen Umlagebetrag gegenüber den Pflegeeinrichtungen festsetzt (31. Oktober des Festsetzungsjahres). Bei der Festsetzung ist der nach § 17 Absatz 1 bei der jeweiligen Pflegeeinrichtung auszugleichende Differenzbetrag zu berücksichtigen. Ein negativer Differenzbetrag (Unterfinanzierung im vorangegangen Finanzierungszeitraum) verringert den Umlagebetrag entsprechend; ein positiver Differenzbetrag (Überfinanzierung im vorangegangen Finanzierungszeitraum) erhöht den Umlagebetrag entsprechend."

§ 13   Einzahlungen in den Ausgleichsfonds

(1) [1]Die Krankenhäuser und Pflegeeinrichtungen im Sinne des § 7 Absatz 1 des Pflegeberufegesetzes zahlen den monatlichen Umlagebetrag nach § 10 Absatz 2 oder § 12 Absatz 4 jeweils bis zum 10. eines Kalendermonats, erstmals zum 10. Januar 2020. [2]Abweichend von Satz 1 gilt für Länder, in denen die Ausbildung nach dem Pflegeberufegesetz nicht bereits am 1. Januar 2020 beginnt, Folgendes: Die Krankenhäuser und Pflegeeinrichtungen zahlen ihren monatlichen Umlagebetrag erstmals bis zum 10. des Monats, in welchem die Ausbildung nach dem Pflegeberufegesetz beginnt.

(2) [1]Die jährlichen Direktzahlungen des Landes und der sozialen Pflegeversicherung erfolgen jeweils zum 30. November des Festsetzungsjahres, erstmals zum 30. November 2019. [2]Abweichend von Satz 1 gilt für Länder, in denen die Ausbildung nach dem Pflegeberufegesetz nicht bereits zum 1. Januar 2020 beginnt, Folgendes: Die jährlichen Direktzahlungen des Landes und der sozialen Pflegeversicherung erfolgen erstmals zum letzten Tag des vorletzten Monats, vor dem die Ausbildung nach dem Pflegeberufegesetz beginnt.

Erläuterungen

Übersicht

I. Allgemeines

1   Die Aufbringung des auf der Grundlage der Ausbildungsbudgets ermittelten Finanzierungsbedarfes ist in § 32 Abs. 1 und 2 PflBG geregelt. § 13 regelt Einzelheiten der Einzahlung und Zahlungstermine (Begründung zur Verordnung, BR-Drs. 360/18, S. 30).

II. Erläuterungen

1. Abs. 1: Zeitpunkt der Zahlung des Umlagebetrages

2   In der Begründung zur Verordnung (BR-Drs. 360/18, S. 30) wird zu dieser Vorschrift Folgendes ausgeführt:

„Die zahlungspflichtigen Krankenhäuser und Pflegeeinrichtungen führen ihre Zahlungen nach § 33 Absatz 2 Satz 1 PflBG als monatliche Teilbeträge an die zuständige Stelle ab. Die Zahlungen werden jeweils bis zum zehnten eines Kalendermonats geleistet. Sie erfolgen erstmals zum 10. Januar 2020. Die Verhandlungsparteien nach § 30 Absatz 1 Satz 1 PflBG vereinbaren die Verfahrensregeln im Zusammenhang mit der Einzahlung nach § 33 Absatz 6 PflBG selbst.“

Der Bundesrat hat in seiner Sitzung vom 21.9.2018 beschlossen, dem Abs. 1 einen Satz anzufügen. Zur Begründung (BR-Drs. 360/18 [Beschluss], S. 4 f.) wird ausgeführt: **3**

„Die zahlungspflichtigen Krankenhäuser und Pflegeeinrichtungen führen ihre Zahlungen als monatliche Teilbeträge an die zuständige Stelle ab. Sie erfolgen erstmals zum 10. Januar 2020. Dies ist erforderlich in den Ländern, in denen die Ausbildung nach dem Pflegeberufegesetz bereits am 1. Januar 2020 beginnt.

In einigen Ländern beginnt die Ausbildung nach dem Pflegeberufegesetz jedoch zu einem deutlich späteren Zeitpunkt, zum Beispiel mit Beginn des neuen Schuljahres am 1. August 2020 oder am 1. September 2020. Das bedeutet, dass die Krankenhäuser und Pflegeeinrichtungen acht oder neun Monate vor dem Beginn der Ausbildung zur Zahlung verpflichtet wären und über diesen langen Zeitraum in Vorleistung treten müssten. Dies ist nicht sachgerecht und unwirtschaftlich.

Der neu anzufügende § 13 Absatz 1 Satz 2 PflAFinV ermöglicht die rechtzeitige Zahlung der monatlichen Umlagebeträge durch die Krankenhäuser und Pflegeeinrichtungen im Startjahr der neuen Ausbildung, ohne dass diese für einen unverhältnismäßig langen Zeitraum in Vorleistung treten müssten.“

2. Abs. 2: Zeitpunkt der Direktzahlungen

In der Begründung zur Verordnung (BR-Drs. 360/18, S. 30) wird zu dieser Vorschrift Folgendes ausgeführt: **4**

„Die Direktzahlungen des Landes und der sozialen Pflegeversicherung erfolgen nach § 33 Absatz 5 Satz 1 PflBG je Finanzierungszeitraum als Einmalzahlung zwei Monate vor Fälligkeit der ersten Ausgleichszahlung im Finanzierungszeitraum. § 15 regelt eine Zahlung der Ausgleichszuweisungen jeweils zum Monatsende. Daraus ergibt sich der 30. November des Festsetzungsjahres als Zahlungstermin für das Land und die soziale Pflegeversicherung.“

Der Bundesrat hat in seiner Sitzung vom 21.9.2018 beschlossen, dem Abs. 2 einen Satz anzufügen. Zur Begründung (BR-Drs. 360/18 [Beschluss], S. 5) wird ausgeführt: **5**

„Der neu anzufügende § 13 Absatz 2 Satz 2 PflAFinV verfolgt dieselbe Zielrichtung in Bezug auf die jährlichen Direktzahlungen des Landes und der sozialen Pflegeversicherung. Auch für diese ist es nicht sachgerecht, wenn sie ihre Leistungen erstmals zum 30. November 2019 erbringen, die Ausbildung nach dem Pflegeberufegesetz aber erst am 1. August 2020 oder 1. September 2020 beginnt. Auch für diese gibt es keinen Grund für einen so langen Zeitraum der Vorleistung.“

§ 14   Höhe der Ausgleichszuweisungen

(1) Die Höhe der Ausgleichszuweisung ergibt sich aus der Multiplikation der Zahl der Auszubildenden des jeweiligen Trägers der praktischen Ausbildung oder der Zahl der Schülerinnen und Schüler der jeweiligen Pflegeschule mit dem Anteil des monatlichen Ausbildungsbudgets nach § 8 Absatz 1 Satz 2.

(2) [1]Die zuständige Stelle berücksichtigt die mitgeteilten Änderungen der Angaben nach § 5 Absatz 3 Satz 1 und 2 im monatlichen Zahlverfahren zum nächstmöglichen Zeitpunkt. [2]Bei Pflegeschulen berücksichtigt die zuständige Stelle abweichend von Satz 1 Änderungen der Schülerzahlen nach Beginn eines Schuljahres nicht.

Erläuterungen

Übersicht

I. Allgemeines

1   Die Vorschrift regelt die Ermittlung der Höhe der Ausgleichszuweisungen, die an die Träger der praktischen Ausbildung und die Pflegeschulen zu zahlen sind. Diese erfolgt auf Basis des nach § 8 festgesetzten Ausbildungsbudgets, gemäß § 34 Abs. 1 Satz 1 PflBG in monatlichen Beträgen (Begründung zur Verordnung, BR-Drs. 360/18, S. 30).

II. Erläuterungen

1. Abs. 1: Modalitäten der Berechnung der Ausgleichszuweisungen

2   Die Vorschrift enthält die Berechnung der Höhe der Ausgleichszuweisungen der einzelnen Ausbildungsstätten. Diese werden monatlich gezahlt.

2. Abs. 2: Berücksichtigung geänderter Angaben

3   In der Begründung zur Verordnung (BR-Drs. 360/18, S. 30 f.) wird zu dieser Vorschrift Folgendes ausgeführt:

„Die Mitteilungen nach § 5 Absatz 3 Satz 1 und 2 berücksichtigt die zuständige Stelle im monatlichen Zahlverfahren zum nächsten zahlungstechnisch umsetzbaren Zeitpunkt. Damit werden die Ausgleichszuweisungen entsprechend § 34 Absatz 1 Satz 3 und 4 PflBG an Mehr- oder Minderausgaben, die durch Änderungen der tatsächlichen Auszubildenden der Schülerzahlen entstehen können, angepasst. Bei den Trägern der praktischen Ausbildung erfolgt dies durch eine monatliche Anpassung an die tatsächlichen Auszubildendenzahlen.

Für die Pflegeschulen sieht Satz 2 vor, dass die Ausgleichszuweisungen nur angepasst werden, wenn durch die Änderungen der Schülerzahlen eine Klasse neu eingerichtet wird oder wegfällt. Nur in diesem Fall erfolgt eine Anpassung an die tatsächlichen Schülerzahlen. Grund dafür sind die Vorhaltekosten der Pflegeschulen, wie z. B. die Kosten für Lehrpersonal oder für angemietete Räume, die sich bei einer geringen Veränderung der Schülerzahlen grundsätzlich nicht ändern. Bei Einrichtung oder Wegfall einer Klasse können jedoch Mehr- oder Minderausgaben i. S. d. § 34 Absatz 1 Satz 3 zweiter Halbsatz PflBG entstehen. Das Abstellen auf die Einrichtung oder den Wegfall einer Klasse entspricht damit dem Sinn und Zweck des § 34 Absatz 1 Satz 3 zweiter Halbsatz PflBG.

Bei Trägern der praktischen Ausbildung und Pflegeschulen ist § 34 Absatz 1 Satz 4 zweiter Halbsatz PflBG zu beachten. Danach sind Mehrausgaben nur zu berücksichtigen, soweit die Liquiditätsreserve dies zulässt."

Der Bundesrat hat in der Sitzung vom 21.9.2018 beschlossen, § 14 Abs. 2 Satz 2 wie folgt zu fassen: „Bei Pflegeschulen berücksichtigt die zuständige Stelle abweichend von Satz 1 Änderungen der Schülerzahlen nach Beginn eines Schuljahres nicht." Gleichzeitig soll § 16 Abs. 2 gestrichen werden. Zur Begründung (BR-Drs. 360/18 [Beschluss], S. 5) wird ausgeführt: **4**

„Aus der Begründung der Verordnung geht zutreffend hervor, dass sich die Vorhaltekosten der Pflegeschulen bei einer geringen Veränderung der Schülerzahlen grundsätzlich nicht ändern, weil die Fixkosten gleich hoch bleiben. Diese müssen vorzugsweise durchgängig, zumindest aber für ein Schuljahr verlässlich refinanziert werden. Deshalb ist in der Verordnung auf das Schuljahr und nicht auf das Kalenderjahr (Finanzierungszeitraum) abzustellen, weil sonst der bezweckte „Bestandsschutz" zum Beispiel bei einem Ausbildungsstart im Herbst (September/Oktober) eines Kalenderjahres schnell ins Leere läuft. Durch den Bezug auf das Schuljahr kann zudem auf die tatsächliche Schülerzahl bei einem Ausbildungsgang abgestellt werden anstelle der im Vorjahr zum 15. Juni prospektiv geschätzten und gemeldeten Zahl. Mit dem Bezug auf das Schuljahr anstelle des Kalenderjahres entfällt außerdem das Erfordernis zur Anknüpfung an die Einrichtung einer neuen oder den Wegfall einer bestehenden Klasse. Denn dieser Fall wird während eines laufenden Schuljahres praktisch nie eintreten. Für das neue Schuljahr wäre dann ohnehin die tatsächliche Zahl der Schüler zu Schuljahresanfang maßgeblich. Sinkt die Schülerzahl in einer Klasse zum neuen Schuljahr auf Null, so erfolgt auch keine Finanzierung mehr."

S. dazu auch die → Erl. zu § 16 PflAFinV, Rn. 2.

§ 15   Zahlung der Ausgleichszuweisungen

(1) Die Ausgleichszuweisungen werden zum letzten Tag jeden Monats an die Träger der praktischen Ausbildung und an die Pflegeschulen gezahlt, erstmals mit Beginn des Ausbildungsjahres 2020, frühestens am 31. Januar 2020.

(2) Ist ein Träger der praktischen Ausbildung von der zuständigen Stelle nach § 6 Absatz 1 Satz 1 aufgefordert worden, der zuständigen Stelle die Vereinbarung einer angemessenen Ausbildungsvergütung nachzuweisen, setzt die zuständige Stelle die Zahlung der Ausgleichszuweisung bis zum Eingang dieses Nachweises aus.

Erläuterungen

Übersicht

I. Allgemeines

1   Die Vorschrift bestimmt in **Abs. 1** den Zeitpunkt der Zahlung der Ausgleichszuweisungen, die an die Träger der praktischen Ausbildung und die Pflegeschulen zu zahlen sind. In **Abs. 2** wird ein Fall der Aussetzung der Zahlung einer Ausgleichszuweisung geregelt.

II. Erläuterungen

1. Abs. 1: Zeitpunkt der Zahlung der Ausgleichszuweisungen

2   Die Vorschrift regelt den Termin der Zahlung der Ausgleichszuweisungen an die Träger der praktischen Ausbildung und die Pflegeschulen. Die Zahlungen erfolgen zum letzten Tag jeden Monats, erstmals mit Beginn des Ausbildungsjahres 2020, frühestens am 31.1.2020. Diese Fassung der Vorschrift ist vom Bundesrat in der Sitzung vom 21.9.2018 mit folgender Begründung (BR-Drs. 360/18 [Beschluss], S. 6) beschlossen worden:

„Das Ausbildungsjahr beginnt in der Regel nicht am 1. Januar eines Jahres, sondern korrespondierend zum Schuljahresbeginn (zum Beispiel 1. August) und somit auch die neue Ausbildung nach dem PflBG. Im Einzelfall kann es auch davon abweichende Termine geben.

Eine allgemeine, bundesrechtlich normierte Verpflichtung zur Auszahlung der Ausgleichszuweisungen sieben Monate vor Beginn der eigentlichen Ausbildung ist mit dem Sinn und Zweck des PflBG nicht vereinbar.

Nach der Begründung zu § 5 Absatz 3 PflAFinV geht auch die PflAFinV grundsätzlich von dieser Auffassung aus. So beginnt danach die Zahlung der Ausgleichszuweisungen erst mit Beginn der jeweiligen Ausbildung, wenn tatsächlich Kosten entstehen.

Die Pflegeschulen und die Träger der praktischen Ausbildung werden bis zum Ablauf des vorangegangenen Schuljahrs (31. Juli 2020) noch vollständig nach den bis dahin gültigen Vorschriften finanziert, so dass es zu einer nicht sachgerechten vorzeitigen Liquiditätsaufstockung käme.

Zudem besteht die Gefahr, dass die Ausgleichszuweisungen zulasten aller Einzahler verloren gehen, wenn Einrichtungen in dieser Zeit insolvent gehen."

2. Abs. 2: Aussetzung der Zahlung

In der Begründung zur Verordnung (BR-Drs. 360/18, S. 31) wird zu dieser Vorschrift 3
Folgendes ausgeführt:

„Die zuständige Stelle setzt die Ausgleichszuweisungen nach § 34 Absatz 1 Satz 1 PflBG bis zum Nachweis der Vereinbarung einer angemessenen Ausbildungsvergütung aus. Rechtsgrundlage hierfür ist § 34 Absatz 4 Satz 3 PflBG, wonach die Ausgleichszuweisung bis zum Vorliegen aller erforderlichen Angaben ausgesetzt wird."

III. Entschließung des Bundesrates

Der Bundesrat hat in seiner Sitzung vom 21.9.2018 folgende Entschließung ver- 4
abschiedet (BR-Drs. 360/18 [Beschluss], S. 7 f., unter Nr. 4):

„Der Bundesrat regt an, in die PflAFinV eine Regelung zur Weiterleitung der Ausgleichszuweisung an die weiteren an der Ausbildung beteiligten Kooperationspartner vorzugeben, um so zu vermeiden, dass der Wettbewerb um Kooperationspartner durch sachfremde Erwägungen beeinflusst wird. Eine bundeseinheitliche Regelung könnte als § 15a PflAFinV folgenden Inhalt haben:

‚Bei der Weiterleitung von den in den Ausgleichszuweisungen enthaltenen Kosten der Kooperationspartner sind die für die Kostentatbestände vereinbarten Pauschalen beziehungsweise individuell vereinbarten Kosten zugrunde zu legen. In den Kooperationsverträgen sind hierzu die näheren Festlegungen zu vereinbaren, die für alle Kooperationspartner nach einheitlichen, objektiven und sachgerechten Kriterien festzulegen sind.'"

§ 16   Abrechnung der Ausgleichszuweisungen

(1) ¹Die Träger der praktischen Ausbildung und die Pflegeschulen legen der zuständigen Stelle die Abrechnung nach § 34 Absatz 5 und 6 des Pflegeberufegesetzes bis zum 30. Juni des auf den Finanzierungszeitraum folgenden Jahres vor. ²Sofern eine Bestätigung eines Jahresabschlussprüfers für den Träger der praktischen Ausbildung oder die Pflegeschule vorliegt, ist auch diese vorzulegen.

(2) Ein Träger der praktischen Ausbildung hat der zuständigen Stelle auf Anforderung Nachweise für die nach § 5 mitzuteilenden Angaben zur Festsetzung des Ausbildungsbudgets und zur Berechnung der Ausgleichszuweisung, insbesondere die Ausbildungsverträge, vorzulegen.

Erläuterungen

Übersicht

I. Allgemeines

1   Die Vorschrift bezieht sich auf die Abrechnung, die die Empfänger der Ausgleichszuweisungen nach § 34 Abs. 5 PflBG durchzuführen haben. Wenn die Abrechnung ergibt, dass die tatsächlichen Ausgaben auf Grund gestiegener Ausbildungszahlen die Höhe der Ausgleichszuweisungen überschreiten, werden diese Mehrausgaben nach § 34 Abs. 6 Satz 1 PflBG in der folgenden Festlegung oder Vereinbarung des Ausbildungsbudgets berücksichtigt. Überzahlungen aufgrund gesunkener Ausbildungsvergütungen sind nach § 34 Abs. 6 Satz 2 PflBG unverzüglich an die zuständige Stelle zurückzuzahlen (Begründung zur Verordnung, BR-Drs. 360/18, S. 31).

2   In der ursprünglichen Fassung der Verordnung (BR-Drs. 360/18) enthielt § 16 PflAFinV vier Absätze. Der Bundesrat hat in seiner Sitzung vom 21.9.2018 beschlossen, Abs. 2 zu streichen. Damit ist der ursprüngliche Abs. 3 zu Abs. 2 geworden. S. zu dieser Änderung die → Erl. zu § 14 PflAFinV, Rn. 4.

II. Erläuterungen

1. Abs. 1: Vorlage der Abrechnung

3   In der Begründung zur Verordnung (BR-Drs. 360/18, S. 31) wird zu dieser Vorschrift Folgendes ausgeführt:

„Satz 1 regelt als Termin für die Vorlage der Abrechnung den 30. Juni des auf den Finanzierungszeitraum folgenden Jahres. Satz 2 regelt die Vorlage einer Bestätigung eines Jahresabschlussprüfers. Diese ist für private oder freigemeinnützige Träger oder Pflegeschulen verpflichtend.“

2. Abs. 2: Nachweise – Vorlage der Ausbildungsverträge

4

„Im Hinblick auf die Kontrolle der Festsetzungsvoraussetzungen des Ausbildungs-budgets und seiner zweckentsprechenden Verwendung gelten die allgemeinen haus-haltsrechtlichen Regeln. Der Träger der praktischen Ausbildung hat auf Anforderung der zuständigen Stelle insbesondere die Ausbildungsverträge vorzulegen, um eine stichprobenhafte Überprüfung der Richtigkeit der Angaben zu ermöglichen.“

Diese Erläuterungen (BR-Drs. 360/18, S. 32) in der Begründung zur Verordnung (BR-Drs. 360/18, S. 32) betreffen den ursprünglichen Abs. 3, der jetzt Abs. 2 gewor-den ist, s. oben → Rn. 2.

§ 17   Abrechnung der Umlagebeträge

(1) [1]Die Krankenhäuser und Pflegeeinrichtungen im Sinne des § 7 Absatz 1 des Pflegeberufegesetzes legen der zuständigen Stelle bis zum 30. Juni des auf den Finanzierungszeitraum folgenden Jahres eine Abrechnung über die im Finanzierungszeitraum geleisteten monatlichen Umlagebeträge und die jeweils in Rechnung gestellten Ausbildungszuschläge vor und teilen den sich hieraus ergebenden Differenzbetrag mit. [2]Sofern eine Bestätigung eines Jahresabschlussprüfers für das Krankenhaus oder die Pflegeeinrichtung vorliegt, ist auch diese vorzulegen.

(2) Die zuständige Stelle gleicht den Differenzbetrag nach Absatz 1 innerhalb des nächsten Finanzierungszeitraums durch Anpassung des monatlichen Umlagebetrages der jeweiligen Einrichtung aus.

Erläuterungen

Übersicht

I. Allgemeines

1   In der Begründung zur Verordnung (BR-Drs. 360/18, S. 32) wird zu dieser Vorschrift Folgendes ausgeführt:

„Nach § 33 Absatz 1 und Absatz 2 PflBG wird der nach § 32 PflBG für die Pflegeausbildung im Land ermittelte Finanzierungsbedarf unter anderem durch die Erhebung von monatlichen Umlagebeträgen aufgebracht. Diese Umlagebeträge werden bei den Einrichtungen nach § 7 Absatz 1 Nummer 1 PflBG (Krankenhäuser) und bei den Einrichtungen nach § 7 Absatz 1 Nummer 2 und 3 PflBG (stationäre und ambulante Pflegeeinrichtungen) erhoben.

Die Krankenhäuser refinanzieren die Umlagebeträge durch Ausbildungszuschläge je voll- und teilstationärem Fall. Der jeweiligen Festsetzung des Umlagebetrages liegt gemäß § 10 Absatz 2 Satz 3 eine voraussichtliche Zahl der voll- und teilstationären Fälle eines Krankenhauses zu Grunde. Es ist in der Praxis zu erwarten, dass die tatsächliche Zahl der Fälle von der voraussichtlichen Fallzahl abweicht. Dann kommt es für das jeweilige Krankenhaus zu einer Überfinanzierung, wenn die Fallzahl tatsächlich höher ist als im Festsetzungsjahr angenommen, und zu einer Unterfinanzierung, wenn die Fallzahl niedriger ist als im Festsetzungsjahr angenommen.

Die Pflegeeinrichtungen refinanzieren den Umlagebetrag nach § 34 Absatz 4 Satz 1 PflBG ebenfalls über Ausbildungszuschläge. Auch bei diesem Verfahren kann es für die Pflege-einrichtungen im Verhältnis zu den zu zahlenden Umlagebeträgen zu einer Überfinanzierung oder zu einer Unterfinanzierung kommen.

Die Über- oder Unterfinanzierung eines Finanzierungszeitraumes wird im übernächsten Finanzierungszeitraum einrichtungsindividuell ausgeglichen, indem der Umlage-

betrag entsprechend verringert oder erhöht wird (§ 10 Absatz 2 Satz 3 für die Krankenhäuser und § 12 Absatz 4 Satz 2 für die stationären und ambulanten Pflegeeinrichtungen).

Die Vorschrift regelt daher die Abrechnung der Umlagebeträge und ordnet den Ausgleich der Abrechnung eines Finanzierungszeitraums im nächstmöglichen Finanzierungszeitraum an. Dieser Ausgleich erfolgt erstmals im Finanzierungszeitraum 2022 für den Finanzierungszeitraum 2020."

II. Erläuterungen

1. Abs. 1: Abrechnung der Umlagebeträge

In der Begründung zur Verordnung (BR-Drs. 360/18, S. 32) wird zu dieser Vorschrift   2
Folgendes ausgeführt:

„Nach Absatz 1 legen die Krankenhäuser und Pflegeeinrichtungen der zuständigen Stelle bis zum 30. Juni des auf den Finanzierungszeitraum folgenden Jahres eine Abrechnung über die im Finanzierungszeitraum geleisteten monatlichen Umlagebeträge und die jeweils in Rechnung gestellten Ausbildungszuschläge vor (Satz 1). Sofern eine Bestätigung eines Jahresabschlussprüfers für die jeweilige Einrichtung vorliegt, ist diese vorzulegen."

2. Abs. 2: Ausgleich des Differenzbetrages

Abs. 2 regelt das Ausgleichsverfahren, das auf die Abrechnung folgt.   3

§ 18   Aufnahme und Aufgabe des Betriebs von Einrichtungen

(1) [1]Nach dem 1. April des Festsetzungsjahres teilen die Landeskrankenhausgesellschaften der zuständigen Stelle unverzüglich jede eingetretene Änderung im Bestand der Krankenhäuser im Sinne des § 7 Absatz 1 Nummer 1 des Pflegeberufegesetzes mit. [2]§ 10 Absatz 1 Satz 2 gilt entsprechend. Die zuständige Stelle setzt den monatlichen Umlagebetrag gegenüber einem Krankenhaus, das den Betrieb aufgenommen hat, zum nächstmöglichen Zeitpunkt fest. [3]Der Umlagebetrag wird nach § 10 Absatz 2 Satz 3 ermittelt.

(2) [1]Nach dem 1. April des Festsetzungsjahres teilen die Landesverbände der Pflegekassen der zuständigen Stelle unverzüglich jede eingetretene Änderung im Bestand der Pflegeeinrichtungen im Sinne des § 7 Absatz 1 Nummer 2 oder 3 des Pflegeberufegesetzes mit. [2]Pflegeeinrichtungen, die den Betrieb aufgenommen haben, nehmen die Mitteilungen nach § 11 Absatz 3 oder 4 unverzüglich vor. [3]Die zuständige Stelle setzt den monatlichen Umlagebetrag gegenüber einer Pflegeeinrichtung, die den Betrieb aufgenommen hat, zum nächstmöglichen Zeitpunkt fest. [4]Der Umlagebetrag wird nach § 12 Absatz 2 oder 3 ermittelt.

(3) Mit der endgültigen Aufgabe des Betriebs eines Krankenhauses oder einer Pflegeeinrichtung endet die Pflicht zur Zahlung von Umlagebeträgen für die Zukunft.

Erläuterungen

Übersicht

I. Allgemeines

1   Die Vorschrift enthält Regelungen zur Teilnahme von Einrichtungen, die den Betrieb aufgenommen oder aufgegeben haben, an den Einzahlungen in den Ausgleichsfonds.

II. Erläuterungen

1. Abs. 1: Umlagebeträge bei Bestandsänderungen der Krankenhäuser

2   In der Begründung zur Verordnung (BR-Drs. 360/18, S. 33) wird zu dieser Vorschrift Folgendes ausgeführt:

„Absatz 1 dient der kontinuierlichen Erfassung von Änderungen im Bestand der Krankenhäuser durch die zuständige Stelle. Die zuständige Stelle setzt den Umlagebetrag gegenüber den Krankenhäusern, die den Betrieb aufgenommen haben, zum nächstmöglichen Zeitpunkt fest, sodass diese an den Einzahlungen in den Ausgleichsfonds teilnehmen. Für die Krankenhäuser wird die Höhe des Umlagebetrages nach § 10 Absatz 2 Satz 3 ermittelt, d. h. der gemäß § 10 Absatz 2 Satz 1 von den Vertrags-

parteien nach § 18 Absatz 1 Satz 2 KHG mitgeteilte Zuschlag oder Teilbetrag wird mit der voraussichtlichen Zahl der voll- und teilstationären Fälle des Krankenhauses multipliziert."

2. Abs. 2: Umlagebeträge bei Bestandsänderungen der Pflegeeinrichtungen

In der Begründung zur Verordnung (BR-Drs. 360/18, S. 33) wird zu dieser Vorschrift 3 Folgendes ausgeführt:

„Absatz 2 dient der kontinuierlichen Erfassung von Änderungen im Bestand der Pflegeeinrichtungen durch die zuständige Stelle. Pflegeeinrichtungen, die den Betrieb aufgenommen haben, haben die Mitteilungen nach § 11 Absatz 3 oder 4 unverzüglich vorzunehmen. Dies ist notwendig, damit die zuständige Stelle den monatlichen Umlagebetrag festsetzen kann. Die zuständige Stelle setzt den nach § 12 Absatz 2 oder 3 zu ermittelnden Umlagebetrag gegenüber den Pflegeeinrichtungen, die den Betrieb aufgenommen haben, zum nächstmöglichen Zeitpunkt fest, sodass diese an den Einzahlungen in den Ausgleichsfonds teilnehmen. Der Finanzierungsbedarf für Pflegeeinrichtungen, die den Betrieb aufgenommen haben, errechnet sich nach § 12 Absatz 2 oder 3. Dabei werden bezüglich der Gesamtzahl der vereinbarten Pflegefachkräfte nach Vollzeitäquivalenten nach § 12 Absatz 2 und der Gesamtzahl der Punkte oder Zeitwerte nach § 12 Absatz 3 die im Festsetzungsjahr ermittelten Werte zugrunde gelegt."

3. Abs. 3: Umlagebeträge bei endgültiger Betriebsaufgabe

Abs. 3 regelt, dass die Pflicht zur Zahlung der Umlagebeträge für die Zukunft endet, 4 wenn eine Einrichtung den Betrieb endgültig aufgibt.

§ 19   Aufnahme und Aufgabe des Betriebs von Trägern
der praktischen Ausbildung oder Pflegeschulen

(1) Wer den Betrieb eines Trägers der praktischen Ausbildung nach § 8 des Pflegeberufegesetzes oder einer Pflegeschule nach § 9 und § 65 des Pflegeberufegesetzes aufnimmt oder aufgibt, hat dies der zuständigen Stelle unverzüglich mitzuteilen.

(2) Träger der praktischen Ausbildung oder Pflegeschulen, die den Betrieb aufnehmen, teilen der zuständigen Stelle unverzüglich die Angaben nach § 5 mit und erhalten zum nächstmöglichen Zeitpunkt Ausgleichszuweisungen.

(3) [1]Mit der endgültigen Aufgabe des Betriebs eines Trägers der praktischen Ausbildung oder einer Pflegeschule endet der Anspruch auf Ausgleichszuweisungen für die Zukunft. [2]Eine Abrechnung nach § 16 hat zu erfolgen.

Erläuterungen
Übersicht

I. Allgemeines

1   In der Begründung zur Verordnung (BR-Drs. 360/18, S. 33) wird zu dieser Vorschrift Folgendes ausgeführt:

„Die Vorschrift enthält Regelungen zur Teilnahme von Trägern der Ausbildung oder Pflegeschulen, die den Betrieb aufgenommen oder aufgegeben haben, an den Zahlungen der Ausgleichszuweisungen. Die Aufnahme des Betriebs eines Trägers der Ausbildung liegt vor, wenn eine Einrichtung die Voraussetzungen nach § 8 Absatz 2 PflBG erfüllt und mindestens einen Ausbildungsvertrag mit einer Auszubildenden oder einem Auszubildenden abgeschlossen hat. Die Aufgabe des Betriebs eines Trägers der Ausbildung ist gegeben, wenn dies nicht mehr gegeben ist."

II. Erläuterungen

1. Abs. 1: Mitteilung bei Betriebsaufnahme oder –aufgabe

2   Abs. 1 dient der kontinuierlichen Erfassung von Änderungen im Bestand der Träger der praktischen Ausbildung und der Pflegeschulen durch die zuständige Stelle.

2. Abs. 2: Mitteilung der Angaben nach § 5 PflAFinV bei Betriebsaufnahme der Pflegeeinrichtungen

In der Begründung zur Verordnung (BR-Drs. 360/18, S. 33) wird zu dieser Vorschrift   3
Folgendes ausgeführt:

„Absatz 2 regelt, dass die Träger der praktischen Ausbildung und Pflegeschulen, die den Betrieb aufgenommen haben, der zuständigen Stelle die Angaben nach § 5 unverzüglich mitteilen. Dies ist zur Ermittlung der Höhe der Ausgleichszuweisungen notwendig. Die Träger der praktischen Ausbildung und Pflegeschulen erhalten die Ausgleichszuweisungen zum nächsten zahlungstechnisch umsetzbaren Zeitpunkt. Der Gesamtfinanzierungsbedarf wird nicht neu berechnet.“

3. Abs. 3: Wirkungen der Betriebsaufgabe

Abs. 3 regelt, dass der Anspruch auf Zahlung von Ausgleichszuweisungen für die   4
Zukunft endet, wenn ein Träger der praktischen Ausbildung oder eine Pflegeschule
den Betrieb endgültig aufgibt. Die Ausgleichszuweisungen müssen nach § 16 PflAFinV
abgerechnet werden.

§ 20   Rechnungslegung

(1) Die zuständige Stelle stellt für das Sondervermögen für den Schluss eines jeden Finanzierungszeitraums je nach Rechtsform eine Jahresrechnung (Haushalts- und Vermögensrechnung) nach den Vorgaben der anzuwendenden Landeshaushaltsordnung oder einen Jahresabschluss nach den Vorgaben des Handelsgesetzbuchs auf.

(2) Die Jahresrechnung oder der Jahresabschluss sind bis zum 31. Oktober des auf den Finanzierungszeitraum folgenden Kalenderjahres aufzustellen.

Erläuterungen

1   Die Vorschrift bezieht sich auf die Rechnungslegung, die die zuständige Stelle gemäß § 35 Abs. 1 PflBG nach Ablauf des Finanzierungszeitraums und nach der Abrechnung nach § 16 PflAFinV durchzuführen hat (**Abs. 1**). Als Termin für die Rechnungslegung wird der 31. Oktober des auf den Finanzierungszeitraum folgenden Jahres festgelegt (**Abs. 2**).

Teil 2
Durchführung statistischer Erhebungen

§ 21   Art und Zweck, Umfang

(1) Zur Darstellung und Bewertung der beruflichen Ausbildung in der Pflege sowie zur Beurteilung gesetzlicher Maßnahmen werden Erhebungen als Bundesstatistik durchgeführt.

(2) Die Erhebungen erfassen

1. die Träger der praktischen Ausbildung und die Pflegeschulen,
2. die in der Ausbildung nach Teil 2 und Teil 5 des Pflegeberufegesetzes befindlichen Personen und
3. die Ausbildungsvergütungen.

Erläuterungen

Übersicht

I. Allgemeines

Die Vorschrift regelt, dass Zweck der Statistik die Darstellung und Bewertung der   1
beruflichen Ausbildung in der Pflege sowie die Beurteilung gesetzlicher Maßnahmen ist. Die zu beurteilende gesetzliche Maßnahme ist das Pflegeberufegesetz. Die Vorschrift legt weiterhin die Erhebung als Bundesstatistik fest. Die Erhebungen werden von den Statistischen Landesämtern dezentral durchgeführt.

II. Erläuterungen

1. Abs. 1: Bundesstatistik

In der Begründung zur Verordnung (BR-Drs. 360/18, S. 34) wird zu dieser Vorschrift   2
Folgendes ausgeführt:

„Die Vorschrift regelt, dass Zweck der Statistik die Darstellung und Bewertung der beruflichen Ausbildung in der Pflege sowie die Beurteilung gesetzlicher Maßnahmen ist. Die zu beurteilende gesetzliche Maßnahme ist das Pflegeberufegesetz. Die Vorschrift legt weiterhin die Erhebung als Bundesstatistik fest. Die Erhebungen werden von den Statistischen Landesämtern dezentral durchgeführt.“

2. Abs. 2: Datenerhebung

In der Begründung zur Verordnung (BR-Drs. 360/18, S. 34) wird zu dieser Vorschrift   3
Folgendes ausgeführt:

„Absatz 2 legt unter Bezugnahme auf § 55 Absatz 1 Satz 2 PflBG den Umfang der Statistik fest.

Zu Nummer 1

Nummer 1 nimmt die in § 55 Absatz 1 Satz 2 Nummer 1 PflBG erwähnten ‚weiteren an der Ausbildung beteiligten Einrichtungen' nicht in die Statistik auf. Die ‚weiteren an der Ausbildung beteiligten Einrichtungen' werden im Rahmen der Finanzierung nach Teil 2 Abschnitt 3 und Teil 5 PflBG (siehe Anlage 2 dieser Verordnung) nicht erfasst.

Zu Nummer 2

Nummer 2 präzisiert den Hinweis auf die in der Ausbildung befindlichen Personen in § 55 Absatz 1 Satz 2 Nummer 2 PflBG insoweit, als diese den Teilen 2 (Berufliche Ausbildung in der Pflege) und 5 (Besondere Vorschriften über die Berufsabschlüsse in der Gesundheits- und Kinderkrankenpflege sowie in der Altenpflege) des Pflegeberufegesetzes zugeordnet werden.

Zu Nummer 3

Nummer 3 entspricht § 55 Absatz 1 Satz 2 Nummer 3 PflBG."

§22 Erhebungsmerkmale

(1) Bei den Erhebungen nach § 21 Absatz 2 Nummer 1 werden Angaben zu folgenden Erhebungsmerkmalen erfasst:

1. Art des Trägers der praktischen Ausbildung nach § 7 Absatz 1 Nummer 1 bis 3 des Pflegeberufegesetzes,
2. Art der Trägerschaft jedes Trägers der praktischen Ausbildung und jeder Pflegeschule nach öffentlich, privat oder frei gemeinnützig.

(2) Bei den Erhebungen nach § 21 Absatz 2 Nummer 2 werden Angaben zu folgenden Erhebungsmerkmalen erfasst:

1. für jede sich in der Ausbildung nach Teil 2 oder Teil 5 des Pflegeberufegesetzes befindliche Person:
   a) das Geschlecht,
   b) das Geburtsjahr,
   c) das Datum des Beginns der Ausbildung,
   d) der Ausbildungsumfang nach Voll- oder Teilzeit,
   e) die Tatsache des Erhalts von Fördermitteln nach § 81 des Dritten Buches oder nach § 16 des Zweiten Buches in Verbindung mit § 81 des Dritten Buches Sozialgesetzbuch,
   f) die Bezeichnung des Trägers der praktischen Ausbildung und der besuchten Pflegeschule,
2. für Personen, die die Ausbildung während des Berichtsjahres beendet haben, zusätzlich Angaben zu Datum und Grund der Beendigung der Ausbildung einschließlich Art des Abschlusses.

(3) Bei den Erhebungen nach § 21 Absatz 2 Nummer 3 werden für jede sich in der Ausbildung befindliche Person Angaben über die vertraglich vorgesehene Ausbildungsvergütung pro Ausbildungsjahr erfasst.

Erläuterungen

Übersicht

I. Allgemeines

In der Begründung zur Verordnung (BR-Drs. 360/18, S. 34) wird zu dieser Vorschrift 1 Folgendes ausgeführt:

„Erhebungsmerkmale umfassen nach § 10 Absatz 1 Satz 2 Bundesstatistikgesetz (BStatG) Angaben über persönliche und sachliche Verhältnisse, die zur statistischen Verwendung bestimmt sind. Die Vorschrift legt unter Bezugnahme auf § 55 Absatz 1 Satz 2 PflBG die in den Erhebungseinheiten zu erhebenden Merkmale und damit den

Inhalt der Statistik fest. Gemäß § 55 Absatz 2 PflBG können die Länder zusätzliche, von § 55 Absatz 1 PflBG nicht erfasste Erhebungen über Sachverhalte des Pflege- und Gesundheitswesens als Landesstatistik anordnen."

II. Erläuterungen

1. Abs. 1: Erhebungsmerkmale nach § 21 Abs. 2 Nr. 1

2   In der Begründung zur Verordnung (BR-Drs. 360/18, S. 35) wird zu dieser Vorschrift Folgendes ausgeführt:

„Als Erhebungseinheiten, auf die sich die nachfolgenden Erhebungsmerkmale beziehen, werden die Träger der praktischen Ausbildung und die Pflegeschulen bestimmt. Die Anzahl der Träger der praktischen Ausbildung und der Pflegeschulen erlaubt Aussagen darüber, wie viele Einrichtungen und Schulen im Rahmen des Pflegeberufegesetzes ausbilden.

Zu Nummer 1

Die Angabe über die Art der Träger der praktischen Ausbildung ermöglicht eine Differenzierung der ausbildenden Einrichtungen nach den in § 7 Absatz 1 Nummer 1 bis 3 PflBG aufgeführten Bereichen.

Zu Nummer 2

Die Angabe über die Art der Trägerschaft jeden Trägers der praktischen Ausbildung und jeder Pflegeschule erlaubt Aussagen darüber, ob es sich um öffentliche, private oder frei gemeinnützige Träger handelt."

2. Abs. 2: Erhebungsmerkmale nach § 21 Abs. 2 Nr. 2

3   In der Begründung zur Verordnung (BR-Drs. 360/18, S. 35 f.) wird zu dieser Vorschrift Folgendes ausgeführt:

„Als Erhebungseinheiten, auf die sich die nachfolgenden Erhebungsmerkmale beziehen, werden die in der Ausbildung nach Teil 2 und Teil 5 des Pflegeberufegesetzes befindlichen Personen bestimmt.

Zu Nummer 1

Die Anzahl der sich in der Ausbildung nach Teil 2 und Teil 5 des Pflegeberufegesetzes befindlichen Personen erlaubt Aussagen darüber, wie viele Personen im Rahmen des Pflegeberufegesetzes ausgebildet werden.

Zu Buchstabe a und b

Die Angabe des Geschlechts und des Geburtsjahres ermöglicht eine weitere Differenzierung der Aussagen über die in Ausbildung befindlichen Personen nach Geschlecht und Alter.

Zu Buchstabe c

Die Angabe des Beginns der Ausbildung ermöglicht Aussagen darüber, wie viele Personen die Ausbildung nach dem Pflegeberufegesetz im Erhebungszeitraum begonnen haben. Zu erfassen ist der vertragsgemäße Beginn des Ausbildungsverhältnisses.

Zu Buchstabe d

Die Angabe über den Ausbildungsumfang erlaubt Aussagen darüber, wie viele in der Ausbildung befindliche Personen ihre Ausbildung jeweils in Voll- oder Teilzeit absolvieren.

Zu Buchstabe e

Die Angabe über den Erhalt von Fördermitteln nach § 81 des Dritten Buches oder nach § 16 des Zweiten Buches in Verbindung mit § 81 des Dritten Buches Sozialgesetzbuch ermöglicht Aussagen darüber, ob in der Ausbildung befindliche Personen die Ausbildung nach dem Pflegeberufegesetz im Rahmen einer von der Bundesagentur für Arbeit geförderten Weiterbildung absolvieren.

Zu Buchstabe f

Die Angabe über die Bezeichnung des Trägers der praktischen Ausbildung und der besuchten Pflegeschule ermöglicht es, dass die Angaben über die in der Ausbildung befindlichen Personen je Träger der praktischen Ausbildung und je Pflegeschule erhoben werden. Um den Träger der praktischen Ausbildung und die Pflegeschule zu bezeichnen, ist ein Identifikator oder eine Schlüsselnummer ausreichend. Über den Identifikator oder die Schlüsselnummer entsteht eine Verknüpfung mit den Erhebungen nach § 22 Absatz 1.

Zu Nummer 2

Bei Personen, die die Ausbildung während des Berichtsjahres beendet haben, sollen zusätzlich das Datum der Beendigung und der Grund der Beendigung erhoben werden, d. h. ob die Ausbildung ohne Abschluss, mit einem Abschluss nach § 1 Absatz 1 PflBG als Pflegefachfrau oder Pflegefachmann, einem Abschluss nach § 58 Absatz 1 PflBG als Gesundheits- und Kinderkrankenpflegerin oder Gesundheits- und Kinderkrankenpfleger oder einem Abschluss nach § 58 Absatz 2 PflBG Altenpflegerin oder Altenpfleger beendet wurde. Damit wird sichergestellt, dass für alle in der Ausbildung befindlichen Personen die Art des Abschlusses entsprechend der gewählten Fachrichtung erhoben wird. So kann die in § 62 Absatz 1 PflBG enthaltene Berichtspflicht an den Deutschen Bundestag erfüllt werden."

3. Abs. 3: Erhebungsmerkmale nach § 21 Abs. 2 Nr. 3

Es wird die für das jeweilige Ausbildungsjahr vertraglich vorgesehene Ausbildungsvergütung je Auszubildender oder Auszubildendem erhoben.

4

§ 23   Hilfsmerkmale

Hilfsmerkmale sind:

1. **Bezeichnung und Anschrift der auskunftspflichtigen Stelle,**
2. **für die Erhebungen Name und Anschrift des Trägers der praktischen Ausbildung und der Pflegeschule,**
3. **Name und Kontaktdaten der für Rückfragen zur Verfügung stehenden Person.**

Erläuterungen

1   Hilfsmerkmale sind nach § 10 Absatz 1 Satz 3 BStatG Angaben, die der technischen Durchführung von Bundesstatistiken dienen. Nach § 25 Abs. 1 Satz 2 PflAFinV sind die Angaben zu Nr. 3 freiwillig. Name und Anschrift des Trägers der praktischen Ausbildung und der Pflegeschule sind für die Durchführung der Erhebungen nach § 21 Abs. 2 unerlässlich. Sie liegen den zuständigen Stellen im Rahmen der Finanzierung vor (s. § 5 Abs. 1 Nr. 1 PflAFinV in Verbindung mit Anlage 2) (Begründung zur Verordnung, BR-Drs. 360/18, S. 36).

§ 24   Periodizität, Berichtszeitraum und Berichtszeitpunkt

(1) Die Erhebungen werden jährlich für das vorangegangene Kalenderjahr (Berichtsjahr) durchgeführt, erstmals für das Jahr 2020.

(2) Die Angaben nach § 22 werden jeweils nach dem Stand vom 31. Dezember des Berichtsjahres erhoben.

(3) Die Angaben nach § 22 und § 23 sind bis zum 15. Februar des auf das Berichtsjahr folgenden Jahres dem zuständigen statistischen Landesamt zu melden, erstmals zum 15. Februar 2021.

Erläuterungen

Die Vorschrift regelt die Periodizität, den Berichtszeitraum und den Berichtszeitpunkt für die Erhebungen.   1

Abs. 1 bestimmt die **jährliche Durchführung der Statistik**. Als erstes Berichtsjahr   2
wird das Jahr 2020 festgeschrieben.

Abs. 2 schreibt vor, dass die Angaben nach § 22 PflAFinV zum **Stichtag 31. Dezem-**   3
ber zu erheben sind.

Abs. 3 schreibt die **Frist**, innerhalb derer die Auskünfte zu den **Erhebungsmerkma-**   4
len nach § 22 PflAFinV und den **Hilfsmerkmalen** nach § 23 PflAFinV zu erteilen
sind, auf den 15. Februar des Folgejahres fest.

§ 25   Auskunftspflicht

(1) [1]**Für die Erhebungen besteht Auskunftspflicht.** [2]**Die Auskunftserteilung zu den Angaben nach § 23 Nummer 3 ist freiwillig.**

(2) **Auskunftspflichtig sind die zuständigen Stellen der Länder.**

Erläuterungen

1   Die Vorschrift regelt die **Auskunftspflichten** (Satz 1) und **zur Auskunft verpflichteten Stellen** (Satz 2). Die Regelung bestimmt, dass mit Ausnahme der Angaben des Namens und der Kontaktdaten der für Rückfragen zur Verfügung stehenden Person, Auskunftspflicht i. S. d. § 15 BStatG besteht. Damit werden die zuständigen Stellen verpflichtet, die erforderlichen Auskünfte zu erteilen (Begründung zur Verordnung, BR-Drs. 360/18, S. 37).

§ 26 Übermittlung

Für die Verwendung gegenüber den gesetzgebenden Körperschaften und für Zwecke der Planung, jedoch nicht für die Regelung von Einzelfällen, dürfen den fachlich zuständigen obersten Bundes- oder Landesbehörden vom Statistischen Bundesamt und den statistischen Ämtern der Länder Tabellen mit statistischen Ergebnissen übermittelt werden, auch soweit Tabellenfelder nur einen einzigen Fall ausweisen.

Erläuterungen

Die Vorschrift erlaubt die Übermittlung statistischer Ergebnisse an die fachlich zuständigen Bundes- oder Landesbehörden im Sinne des § 16 Abs. 4 BStatG. 1

Teil 3
Verarbeitung personenbezogener Daten; Inkrafttreten

§ 27   Verarbeitung personenbezogener Daten

(1) Die zuständige Stelle ist berechtigt, die in § 16 Absatz 2, § 23 Nummer 3 und Anlage 2 enthaltenen personenbezogenen Daten zu verarbeiten, soweit dies zur Erfüllung der Aufgaben nach dieser Verordnung erforderlich ist.

(2) [1]Die personenbezogenen Daten sind mindestens fünf Jahre nach Ende des Finanzierungszeitraums aufzubewahren, es sei denn, andere gesetzliche Regelungen sehen eine längere Aufbewahrungsfrist vor. [2]Danach sind sie zu löschen, sobald sie nicht mehr erforderlich sind.

Erläuterungen

Übersicht

		Rn			Rn
I.	Allgemeines	1, 2	2.	Abs. 2: Aufbewahrungs-	
II.	Erläuterungen	3, 4		frist – Datenlöschung	4
	1. Abs. 1: Verarbeitung personenbezogener Daten	3			

I. Allgemeines

1   Die Vorschrift regelt die **Verarbeitung personenbezogener Daten**. Dazu sind in Art. 4 Nr. 1 und 2 der Datenschutz-Grundverordnung (DSGVO) die entsprechenden Begriffsbestimmungen geschaffen worden (Verordnung (EU) 2016/679 des Europäischen Parlaments und des Rates v. 27.4.2016 zum Schutz natürlicher Personen bei der Verarbeitung personenbezogener Daten, zum freien Datenverkehr und zur Aufhebung der Richtlinie 95/46/EG (Datenschutz-Grundverordnung), ABl. L 119 v. 4.5.2016, S. 1–88).

2   Art. 4 DSGVO bestimmt:

Im Sinne dieser Verordnung bezeichnet der Ausdruck:

1. „personenbezogene Daten" alle Informationen, die sich auf eine identifizierte oder identifizierbare natürliche Person (im Folgenden „betroffene Person") beziehen; als identifizierbar wird eine natürliche Person angesehen, die direkt oder indirekt, insbesondere mittels Zuordnung zu einer Kennung wie einem Namen, zu einer Kennnummer, zu Standortdaten, zu einer Online-Kennung oder zu einem oder mehreren besonderen Merkmalen, die Ausdruck der physischen, physiologischen, genetischen, psychischen, wirtschaftlichen, kulturellen oder sozialen Identität dieser natürlichen Person sind, identifiziert werden kann;

2. „Verarbeitung" jeden mit oder ohne Hilfe automatisierter Verfahren ausgeführten Vorgang oder jede solche Vorgangsreihe im Zusammenhang mit personenbezogenen Daten wie das Erheben, das Erfassen, die Organisation, das Ordnen, die Speicherung, die Anpassung oder Veränderung, das Auslesen, das Abfragen, die

Verwendung, die Offenlegung durch Übermittlung, Verbreitung oder eine andere Form der Bereitstellung, den Abgleich oder die Verknüpfung, die Einschränkung, das Löschen oder die Vernichtung.

[...]

II. Erläuterungen

1. Abs. 1: Verarbeitung personenbezogener Daten

In der Begründung zur Verordnung (BR-Drs. 360/18, S. 37) wird Folgendes zu dieser Vorschrift ausgeführt: 3

„Personenbezogene Daten werden im Rahmen dieser Verordnung nach § 5 Absatz 1 Nummer 1 in Verbindung mit Anlage 2 an die zuständige Stelle übermittelt. Absatz 1 bezieht sich daher auf die in Anlage 2 enthaltenen personenbezogenen Daten. Außerdem enthalten insbesondere die nach § 16 Absatz 3 auf Anforderung vorzulegenden Ausbildungsverträge personenbezogene Daten. Darüber hinaus wird auf § 23 Nummer 3 Bezug genommen. Diese Vorschrift regelt im Rahmen der Hilfsmerkmale für die Statistik, dass Name und Kontaktdaten der für Rückfragen zur Verfügung stehenden Person von der zuständigen Stelle an die Statistischen Landesämter übermittelt werden können. Dabei handelt es sich um weitere personenbezogene Daten, die von der zuständigen Stelle verarbeitet werden können. Absatz 1 regelt entsprechend § 3 Bundesdatenschutzgesetz (BDSG), dass diese Daten nur verarbeitet werden dürfen, soweit dies zur Erfüllung der Aufgaben nach dieser Verordnung erforderlich ist. Die Übermittlung von personenbezogenen Daten der in der Ausbildung befindlichen Personen (insbesondere Name und Geburtsdatum) an die zuständige Stelle gemäß Anlage 2 ist zur Plausibilisierung der gemeldeten Auszubildendenzahlen erforderlich. Die zuständige Stelle benötigt diese Daten, um die Angaben der Träger der praktischen Ausbildung und der Pflegeschulen nachprüfen zu können.“

2. Abs. 2: Aufbewahrungsfrist – Datenlöschung

In der Begründung zur Verordnung (BR-Drs. 360/18, S. 37) wird Folgendes zu dieser Vorschrift ausgeführt: 4

„Absatz 2 regelt, dass die personenbezogenen Daten mindestens fünf Jahre nach Ende des Finanzierungszeitraums aufzubewahren sind (Aufbewahrungsfrist), es sei denn, andere gesetzliche Regelungen sehen eine längere Aufbewahrungsfrist vor. Dies können insbesondere abweichende Länderregelungen sein. Die Aufbewahrung der Daten über mindestens fünf Jahre ist erforderlich, um eine nachträgliche Überprüfung des Verfahrens nach dieser Verordnung durch die jeweiligen Rechnungshöfe zu ermöglichen. Nach Ablauf der Aufbewahrungsfrist sind die Daten dann zu löschen, wenn sie nicht mehr benötigt werden.“

§ 28 Inkrafttreten

Diese Verordnung tritt am 1. Januar 2019 in Kraft.

Erläuterungen

1 S. dazu Art. 15 Abs. 2 des Gesetzes zur Reform der Pflegeberufe (PflBRefG).

Anlagen

Hinweis des Verlages: Die Anlagen 1 und 2 finden sich beim Abdruck des Textes der PflAFinV in Teil E.

Anhang

Richtlinie 2005/36/EG des Europäischen Parlaments und des Rates über die Anerkennung von Berufsqualifikationen

vom 7.9.2005 (ABl. L 255 S. 22, ber. 2007 ABl. L 271 S. 18, ber. 2008 ABl. L 93 S. 28, ber. 2009 ABl. L 33 S. 49, ber. 2014 ABl. L 305 S. 115), zuletzt geändert durch BS 2017/2113/EU vom 11.9.2017 (ABl. L 317 S. 119) (Text von Bedeutung für den EWR)

– Anhang zur Richtlinie auszugsweise –

DAS EUROPÄISCHE PARLAMENT UND DER RAT DER EUROPÄISCHEN UNION –

gestützt auf den Vertrag zur Gründung der Europäischen Gemeinschaft, insbesondere auf Artikel 40, Artikel 47 Absatz 1, Artikel 47 Absatz 2 Sätze 1 und 3 und Artikel 55,

auf Vorschlag der Kommission[1],

nach Stellungnahme des Europäischen Wirtschafts- und Sozialausschusses[2],

gemäß dem Verfahren des Artikels 251 des Vertrags[3],

in Erwägung nachstehender Gründe:

(1) Nach Artikel 3 Absatz 1 Buchstabe c des Vertrages ist die Beseitigung der Hindernisse für den freien Personen- und Dienstleistungsverkehr zwischen den Mitgliedstaaten eines der Ziele der Gemeinschaft. Dies bedeutet für die Staatsangehörigen der Mitgliedstaaten insbesondere die Möglichkeit, als Selbstständige oder abhängig Beschäftigte einen Beruf in einem anderen Mitgliedstaat als dem auszuüben, in dem sie ihre Berufsqualifikationen erworben haben. Ferner sieht Artikel 47 Absatz 1 des Vertrags vor, dass Richtlinien für die gegenseitige Anerkennung der Diplome, Prüfungszeugnisse und sonstigen Befähigungsnachweise erlassen werden.

(2) Nach der Tagung des Europäischen Rates in Lissabon vom 23. und 24. März 2000 hat die Kommission eine Mitteilung „Eine Binnenmarktstrategie für

---

1 ABl. C 181 E vom 30.7.2002, S. 183.
2 ABl. C 61 vom 14.3.2003, S. 67.
3 Stellungnahme des Europäischen Parlaments vom 11. Februar 2004 (ABl. C 97 E vom 22.4.2004, S. 230), Gemeinsamer Standpunkt des Rates vom 21. Dezember 2004 (ABl. C 58 E vom 8.3.2005, S. 1) und Standpunkt des Europäischen Parlaments vom 11. Mai 2005 (noch nicht im Amtsblatt veröffentlicht). Beschluss des Rates vom 6. Juni 2005.

den Dienstleistungssektor" vorgelegt, die insbesondere darauf abzielt, die Erbringung von Dienstleistungen innerhalb der Gemeinschaft ebenso einfach zu machen wie innerhalb eines Mitgliedstaats. Nach Annahme der Mitteilung „Neue europäische Arbeitsmärkte – offen und zugänglich für alle" durch die Kommission hat der Europäische Rat auf seiner Tagung vom 23. und 24. März 2001 in Stockholm die Kommission beauftragt, für die Frühjahrstagung des Europäischen Rates im Jahr 2002 spezifische Vorschläge für ein einheitlicheres, transparenteres und flexibleres System der Anerkennung von beruflichen Qualifikationen zu unterbreiten.

(3) Diese Richtlinie gibt Personen, die ihre Berufsqualifikationen in einem Mitgliedstaat erworben haben, Garantien hinsichtlich des Zugangs zu demselben Beruf und seiner Ausübung in einem anderen Mitgliedstaat unter denselben Voraussetzungen wie Inländern; sie schließt jedoch nicht aus, dass der Migrant nicht diskriminierende Ausübungsvoraussetzungen, die dieser Mitgliedstaat vorschreibt, erfüllen muss, soweit diese objektiv gerechtfertigt und verhältnismäßig sind.

(4) Es ist angezeigt, zur Erleichterung des freien Dienstleistungsverkehrs besondere Vorschriften zu erlassen, durch die die Möglichkeiten zur Ausübung beruflicher Tätigkeiten unter der im Herkunftsmitgliedstaat erworbenen Berufsbezeichnung erweitert werden. Für Dienstleistungen der Informationsgesellschaft, die im Fernabsatz erbracht werden, gilt neben dieser Richtlinie noch die Richtlinie 2000/31/EG des Europäischen Parlaments und des Rates vom 8. Juni 2000 über bestimmte rechtliche Aspekte der Dienste der Informationsgesellschaft, insbesondere des elektronischen Geschäftsverkehrs, im Binnenmarkt[4].

(5) Da für die zeitweilige und gelegentliche grenzüberschreitende Erbringung von Dienstleistungen einerseits und für die Niederlassung andererseits jeweils unterschiedliche Regelungen gelten, sollten für den Fall, dass sich der Dienstleister in den Aufnahmemitgliedstaat begibt, die Kriterien für die Unterscheidung zwischen diesen beiden Konzepten genauer bestimmt werden.

(6) Im Rahmen der Erleichterung der Erbringung von Dienstleistungen ist der öffentlichen Gesundheit und Sicherheit sowie dem Verbraucherschutz unbedingt Rechnung zu tragen. Daher sollten spezifische Bestimmungen für reglementierte Berufe vorgesehen werden, die die öffentliche Gesundheit oder Sicherheit berühren und deren Angehörige vorübergehend oder gelegentlich grenzüberschreitende Dienstleistungen erbringen.

(7) Die Aufnahmemitgliedstaaten können erforderlichenfalls im Einklang mit dem Gemeinschaftsrecht Meldevorschriften erlassen. Diese Vorschriften sollten nicht zu einer unverhältnismäßig hohen Belastung der Dienstleister führen und die Ausübung des freien Dienstleistungsverkehrs nicht behindern oder weniger attraktiv machen. Die Notwendigkeit derartiger Vorschriften sollte regelmäßig unter Berücksichtigung der Fortschritte, die bei der Schaffung eines Gemeinschaftsrahmens für eine behördliche Zusammenarbeit zwischen den Mitgliedstaaten erzielt worden sind, überprüft werden.

---

4   ABl. L 178 vom 17.7.2000, S. 1.

(8) Für den Dienstleister sollten Disziplinarvorschriften des Aufnahmemitgliedstaats gelten, die unmittelbar und konkret mit den Berufsqualifikationen verbunden sind, wie die Definition des Berufes, der Umfang der zu einem Beruf gehörenden oder diesem vorbehaltenen Tätigkeiten, das Führen von Titeln und schwerwiegende berufliche Fehler in unmittelbarem und spezifischem Zusammenhang mit dem Schutz und der Sicherheit der Verbraucher.

(9) Die Grundsätze und Garantien für die Niederlassungsfreiheit, die in den verschiedenen derzeit geltenden Anerkennungsregelungen enthalten sind, sollen aufrechterhalten werden, wobei aber die Vorschriften dieser Anerkennungsregeln im Lichte der Erfahrungen verbessert werden sollten. Außerdem sind die einschlägigen Richtlinien mehrfach geändert worden, und es sollte daher durch eine Vereinheitlichung der geltenden Grundsätze eine Neuordnung und Straffung ihrer Bestimmungen vorgenommen werden. Es ist daher erforderlich, folgende Richtlinien aufzuheben und in einem einzigen neuen Text zusammenzufassen: die Richtlinien 89/48/EWG[5] und 92/51/EWG[6] des Rates sowie die Richtlinie 1999/42/EG des Europäischen Parlaments und des Rates über die allgemeine Regelung zur Anerkennung beruflicher Befähigungsnachweise[7] sowie die Richtlinien 77/452/EWG[8], 77/453/EWG[9], 78/686/EWG[10], 78/687/EWG[11], 78/1026/EWG[12], 78/1027/EWG[13], 80/154/EWG[14], 80/155/EWG[15], 85/384/EWG[16], 85/432/EWG[17], 85/433/EWG[18] und 93/16/EWG[19] des Rates, die die Tätigkeiten der Krankenschwester und des Krankenpflegers, die für die allgemeine Pflege verantwortlich sind, des Zahnarztes, des Tierarztes, der Hebamme, des Architekten, des Apothekers bzw. des Arztes betreffen.

(10) Diese Richtlinie hindert die Mitgliedstaaten nicht daran, gemäß ihren Rechtsvorschriften Berufsqualifikationen anzuerkennen, die außerhalb des Gebiets der Europäischen Union von einem Staatsangehörigen eines Drittstaats erworben wurden. In jedem Fall sollte die Anerkennung unter Beachtung der Mindestanforderungen an die Ausbildung für bestimmte Berufe erfolgen.

(11) Für die Berufe, die unter die allgemeine Regelung zur Anerkennung von Ausbildungsnachweisen – nachstehend „allgemeine Regelung" genannt – fallen,

---

5 ABl. L 19 vom 24.1.1989, S. 16. Geändert durch die Richtlinie 2001/19/EG des Europäischen Parlaments und des Rates (ABl. L 206 vom 31.7.2001, S. 1).
6 ABl. L 209 vom 24.7.1992, S. 25. Zuletzt geändert durch die Entscheidung 2004/108/EG (ABl. L 32 vom 5.2.2004, S. 15).
7 ABl. L 201 vom 31.7.1999, S. 77.
8 ABl. L 176 vom 15.7.1977, S. 1. Zuletzt geändert durch die Beitrittsakte von 2003.
9 ABl. L 176 vom 15.7.1977, S. 8. Zuletzt geändert durch die Richtlinie 2001/19/EG.
10 ABl. L 233 vom 24.8.1978, S. 1. Zuletzt geändert durch die Beitrittsakte von 2003.
11 ABl. L 233 vom 24.8.1978, S. 10. Zuletzt geändert durch die Beitrittsakte von 2003.
12 ABl. L 362 vom 23.12.1978 S. 1. Zuletzt geändert durch die Richtlinie 2001/19/EG.
13 ABl. L 362 vom 23.12.1978, S. 7. Zuletzt geändert durch die Richtlinie 2001/19/EG.
14 ABl. L 33 vom 11.2.1980, S. 1. Zuletzt geändert durch die Beitrittsakte von 2003.
15 ABl. L 33 vom 11.2.1980, S. 8. Zuletzt geändert durch die Richtlinie 2001/19/EG.
16 ABl. L 223 vom 21.8.1985, S. 15. Zuletzt geändert durch die Beitrittsakte von 2003.
17 ABl. L 253 vom 24.9.1985, S. 34. Geändert durch die Richtlinie 2001/19/EG.
18 ABl. L 253 vom 24.9.1985, S. 37. Zuletzt geändert durch die Beitrittsakte von 2003.
19 ABl. L 165 vom 7.7.1993, S. 1. Zuletzt geändert durch die Verordnung Nr. 1882/2003 des Europäischen Parlaments und des Rates (ABl. L 284 vom 31.10.2003, S. 1).

sollten die Mitgliedstaaten die Möglichkeit behalten, das Mindestniveau der notwendigen Qualifikation festzulegen, um die Qualität der in ihrem Hoheitsgebiet erbrachten Leistungen zu sichern. Nach den Artikeln 10, 39 und 43 des Vertrags sollten sie einem Angehörigen eines Mitgliedstaates jedoch nicht vorschreiben, dass er Qualifikationen, die sie in der Regel durch schlichte Bezugnahme auf die in ihrem innerstaatlichen Bildungssystem ausgestellten Diplome bestimmen, erwirbt, wenn die betreffende Person diese Qualifikationen bereits ganz oder teilweise in einem anderen Mitgliedstaat erworben hat. Deshalb sollte vorgesehen werden, dass jeder Aufnahmemitgliedstaat, in dem ein Beruf reglementiert ist, die in einem anderen Mitgliedstaat erworbenen Qualifikationen berücksichtigen und dabei beurteilen muss, ob sie den von ihm geforderten Qualifikationen entsprechen. Dieses allgemeine System zur Anerkennung steht jedoch dem nicht entgegen, dass ein Mitgliedstaat jeder Person, die einen Beruf in diesem Mitgliedstaat ausübt, spezifische Erfordernisse vorschreibt, die durch die Anwendung der durch das allgemeine Interesse gerechtfertigten Berufsregeln begründet sind. Diese betreffen insbesondere die Regeln hinsichtlich der Organisation des Berufs, die beruflichen Standards, einschließlich der standesrechtlichen Regeln, die Vorschriften für die Kontrolle und die Haftung. Schließlich zielt diese Richtlinie nicht auf einen Eingriff in das berechtigte Interesse der Mitgliedstaaten ab, zu verhindern, dass einige ihrer Staatsangehörigen sich in missbräuchlicher Weise der Anwendung des nationalen Rechts im Bereich der Berufe entziehen.

(12) Diese Richtlinie regelt die Anerkennung von in anderen Mitgliedstaaten erworbenen Berufsqualifikationen durch die Mitgliedstaaten. Sie gilt jedoch nicht für die Anerkennung von aufgrund dieser Richtlinie gefassten Anerkennungsbeschlüssen anderer Mitgliedstaaten durch die Mitgliedstaaten. Eine Person, deren Berufsqualifikationen aufgrund dieser Richtlinie anerkannt worden sind, kann sich somit nicht auf diese Anerkennung berufen, um in ihrem Herkunftsmitgliedstaat Rechte in Anspruch zu nehmen, die sich nicht aus der in diesem Mitgliedstaat erworbenen Berufsqualifikation ableiten, es sei denn, sie weist nach, dass sie zusätzliche Berufsqualifikationen im Aufnahmemitgliedstaat erworben hat.

(13) Um den Anerkennungsmechanismus aufgrund der allgemeinen Regelung festzulegen, müssen die einzelstaatlichen Systeme der allgemeinen und beruflichen Bildung in Niveaus unterteilt werden. Diese Niveaus, die nur zum Zweck der Anwendung der allgemeinen Regelung festgelegt werden, haben keine Auswirkungen auf die einzelstaatlichen Strukturen der allgemeinen und beruflichen Bildung oder auf die Zuständigkeit der Mitgliedstaaten auf diesem Gebiet.

(14) Der durch die Richtlinien 89/48/EWG und 92/51/EWG eingeführte Anerkennungsmechanismus ändert sich nicht. Folglich sollte der Inhaber eines Zeugnisses, das den erfolgreichen Abschluss einer postsekundären Ausbildung von mindestens einem Jahr bescheinigt, Zugang zu einem reglementierten Beruf in einem Mitgliedstaat erhalten, in dem dieser Zugang von der Vorlage eines Zeugnisses über den erfolgreichen Abschluss einer Hochschul- oder Universitätsausbildung von vier Jahren abhängt, unabhängig von dem Niveau, zu dem der im Aufnahmemitgliedstaat verlangte Ausbildungsabschluss gehört. Umgekehrt sollte der Zugang zu einem reglementierten Beruf, soweit er vom erfolgreichen Abschluss einer Hochschul-

oder Universitätsausbildung von mehr als vier Jahren abhängt, nur den Inhabern eines Zeugnisses über den erfolgreichen Abschluss einer Hochschul- oder Universitätsausbildung von mindestens drei Jahren gewährt werden.

(15) Da die Mindestanforderungen an die Ausbildung für die Aufnahme und Ausübung der unter die allgemeine Regelung fallenden Berufe nicht harmonisiert sind, sollte der Aufnahmemitgliedstaat die Möglichkeit haben, eine Ausgleichsmaßnahme vorzuschreiben. Diese Maßnahme sollte dem Grundsatz der Verhältnismäßigkeit entsprechen und insbesondere die Berufserfahrung des Antragstellers berücksichtigen. Die Erfahrung zeigt, dass die Möglichkeit, dem Migranten nach seiner Wahl einen Eignungstest oder einen Anpassungslehrgang vorzuschreiben, hinreichende Garantien hinsichtlich seines Qualifikationsniveaus bietet, so dass jede Abweichung von dieser Wahlmöglichkeit in jedem Einzelfall durch einen zwingenden Grund des Allgemeininteresses gerechtfertigt sein müsste.

(16) Um die Freizügigkeit von Berufstätigen zu fördern und gleichzeitig ein angemessenes Qualifikationsniveau zu gewährleisten, sollten verschiedene Berufsverbände und -organisationen oder die Mitgliedstaaten auf europäischer Ebene gemeinsame Plattformen vorschlagen können. Unter bestimmten Voraussetzungen und unter Beachtung der Zuständigkeit der Mitgliedstaaten für die Festlegung der für die Ausübung der Berufe in ihrem Hoheitsgebiet erforderlichen beruflichen Qualifikationen sowie für den Inhalt und die Organisation ihrer Systeme für die allgemeine und berufliche Bildung und unter Beachtung des Gemeinschaftsrechts, insbesondere des gemeinschaftlichen Wettbewerbsrechts, sollte diese Richtlinie diesen Initiativen Rechnung tragen, während sie gleichzeitig einen stärkeren Automatismus der Anerkennung im Rahmen der allgemeinen Regelung fördert. Die Berufsverbände, die gemeinsame Plattformen vorlegen können, sollten auf einzelstaatlicher und europäischer Ebene repräsentativ sein. Eine gemeinsame Plattform besteht in einer Reihe von Kriterien, mit denen wesentliche Unterschiede, die zwischen den Ausbildungsanforderungen in mindestens zwei Dritteln der Mitgliedstaaten, einschließlich all jener Mitgliedstaaten, in denen der Beruf reglementiert ist, festgestellt wurden, möglichst umfassend ausgeglichen werden können. Zu den Kriterien könnten beispielsweise Anforderungen wie eine Zusatzausbildung, ein Anpassungslehrgang in der Praxis unter Aufsicht, eine Eignungsprüfung, ein vorgeschriebenes Minimum an Berufserfahrung oder eine Kombination solcher Anforderungen gehören.

(17) Damit alle Sachverhalte berücksichtigt werden, die bisher keiner Regelung zur Anerkennung von Berufsqualifikationen unterliegen, sollte die allgemeine Regelung auf die Fälle ausgedehnt werden, die nicht durch eine Einzelregelung abgedeckt werden, entweder weil der Beruf unter keine der Regelungen fällt oder weil der Beruf zwar unter eine bestimmte Regelung fällt, der Antragsteller aus besonderen und außergewöhnlichen Gründen die Voraussetzungen für die Inanspruchnahme dieser Regelung jedoch nicht erfüllt.

(18) Es ist geboten, die Vorschriften zu vereinfachen, die in den Mitgliedstaaten, in denen die betreffenden Berufe reglementiert sind, die Aufnahme bestimmter Tätigkeiten in Industrie, Handel und Handwerk ermöglichen, sofern die entsprechenden Tätigkeiten in einem Mitgliedstaat während eines angemessenen, nicht zu weit

zurückliegenden Zeitraums ausgeübt worden sind; gleichzeitig gilt es aber, an einem System der automatischen Anerkennung auf der Grundlage der Berufserfahrung für diese Tätigkeiten festzuhalten.

(19) Die Freizügigkeit und die gegenseitige Anerkennung der Ausbildungsnachweise der Ärzte, Krankenschwestern und Krankenpfleger, die für die allgemeine Pflege verantwortlich sind, Zahnärzte, Tierärzte, Hebammen, Apotheker und Architekten sollte sich auf den Grundsatz der automatischen Anerkennung der Ausbildungsnachweise im Zuge der Koordinierung der Mindestanforderungen an die Ausbildung stützen. Ferner sollte die Aufnahme und Ausübung der Tätigkeiten des Arztes, der Krankenschwester und des Krankenpflegers, die für die allgemeine Pflege verantwortlich sind, des Zahnarztes, des Tierarztes, der Hebamme und des Apothekers vom Besitz eines bestimmten Ausbildungsnachweises abhängig gemacht werden, wodurch gewährleistet wird, dass die betreffenden Personen eine Ausbildung absolviert haben, die den festgelegten Mindestanforderungen genügt. Dieses System sollte durch eine Reihe erworbener Rechte ergänzt werden, auf die sich qualifizierte Berufsangehörige unter bestimmten Voraussetzungen berufen können.

(20) Um den Besonderheiten des Ausbildungssystems der Ärzte und Zahnärzte und dem entsprechenden gemeinschaftlichen Besitzstand im Bereich der gegenseitigen Anerkennung Rechnung zu tragen, ist es gerechtfertigt, für alle Fachrichtungen, die zum Zeitpunkt des Erlasses der vorliegenden Richtlinie anerkannt sind, den Grundsatz der automatischen Anerkennung der medizinischen und zahnmedizinischen Fachrichtungen, die mindestens zwei Mitgliedstaaten gemeinsam sind, beizubehalten. Hingegen sollte sich im Interesse der Vereinfachung des Systems die Erweiterung der automatischen Anerkennung auf neue medizinische Fachrichtungen nach dem Zeitpunkt des Inkrafttretens der vorliegenden Richtlinie auf diejenigen beschränken, die in mindestens zwei Fünfteln der Mitgliedstaaten vertreten sind. Im Übrigen hindert die vorliegende Richtlinie die Mitgliedstaaten nicht daran, untereinander für bestimmte medizinische und zahnmedizinische Fachrichtungen, die sie gemeinsam haben und die nicht Gegenstand einer automatischen Anerkennung im Sinne dieser Richtlinie sind, eine automatische Anerkennung nach ihren eigenen Regeln zu vereinbaren.

(21) Die automatische Anerkennung der Ausbildungsnachweise des Arztes mit Grundausbildung sollte nicht die Zuständigkeit der Mitgliedstaaten berühren, diesen Nachweis mit beruflichen Tätigkeiten zu verbinden oder auch nicht.

(22) Alle Mitgliedstaaten sollten den Beruf des Zahnarztes als eigenen Beruf anerkennen, der sich von dem des Arztes oder Facharztes für Zahn- und Mundheilkunde unterscheidet. Die Mitgliedstaaten sollten sicherstellen, dass dem Zahnarzt in seiner Ausbildung die erforderlichen Fähigkeiten zur Ausübung aller Tätigkeiten der Verhütung, Diagnose und Behandlung von Anomalien und Krankheiten von Zähnen, Mund und Kiefer sowie der dazugehörigen Gewebe vermittelt werden. Die Tätigkeit des Zahnarztes sollte nur von Inhabern eines zahnärztlichen Ausbildungsnachweises im Sinne dieser Richtlinie ausgeübt werden.

(23) Es erscheint nicht wünschenswert, für alle Mitgliedstaaten einen einheitlichen Ausbildungsgang für Hebammen vorzuschreiben. Es ist sogar angezeigt, den Mitgliedstaaten möglichst viel Freiheit bei der Gestaltung der Ausbildung zu lassen.

(24) Im Interesse der Vereinfachung ist es angezeigt, die Bezeichnung „Apotheker" zu verwenden, um den Anwendungsbereich der Bestimmungen über die automatische Anerkennung der Ausbildungsnachweise abzugrenzen, unbeschadet der Besonderheiten der nationalen Vorschriften für diese Tätigkeiten.

(25) Inhaber eines Ausbildungsnachweises des Apothekers sind Arzneimittelspezialisten und sollten grundsätzlich in allen Mitgliedstaaten Zugang zu einem Mindesttätigkeitsfeld innerhalb dieses Fachgebiets haben. Mit der Definition dieses Mindesttätigkeitsfeldes sollte diese Richtlinie weder eine Begrenzung der Betätigungsmöglichkeiten für Apotheker in den Mitgliedstaaten, insbesondere hinsichtlich der biomedizinischen Analysen, bewirken noch zugunsten dieser Berufsangehörigen ein Monopol begründen, da die Einräumung eines solchen Monopols weiterhin in die alleinige Zuständigkeit der Mitgliedstaaten fällt. Diese Richtlinie hindert die Mitgliedstaaten nicht daran, die Aufnahme von Tätigkeiten, die nicht in das koordinierte Mindesttätigkeitsfeld einbezogen sind, an zusätzliche Ausbildungsanforderungen zu knüpfen. Daher sollte der Aufnahmemitgliedstaat, der solche Anforderungen stellt, die Möglichkeit haben, Staatsangehörige der Mitgliedstaaten, die im Besitz von Ausbildungsnachweisen sind, die unter die automatische Anerkennung im Sinne dieser Richtlinie fallen, diesen Anforderungen zu unterwerfen.

(26) Diese Richtlinie gewährleistet nicht die Koordinierung aller Bedingungen für die Aufnahme und die Ausübung der Tätigkeiten des Apothekers. Insbesondere sollten die geografische Verteilung der Apotheken und das Abgabemonopol für Arzneimittel weiterhin in die Zuständigkeit der Mitgliedstaaten fallen. Diese Richtlinie berührt keine Rechts- und Verwaltungsvorschriften der Mitgliedstaaten, die Gesellschaften die Ausübung bestimmter Tätigkeiten des Apothekers verbieten oder ihnen für die Ausübung solcher Tätigkeiten bestimmte Auflagen machen.

(27) Die architektonische Gestaltung, die Qualität der Bauwerke, ihre harmonische Einpassung in die Umgebung, der Respekt vor der natürlichen und der städtischen Landschaft sowie vor dem kollektiven und dem privaten Erbe sind von öffentlichem Interesse. Daher sollte sich die gegenseitige Anerkennung der Ausbildungsnachweise auf qualitative und quantitative Kriterien stützen, die gewährleisten, dass die Inhaber der anerkannten Ausbildungsnachweise in der Lage sind, die Bedürfnisse der Einzelpersonen, sozialen Gruppen und Gemeinwesen im Bereich der Raumordnung, der Konzeption, der Vorbereitung und Errichtung von Bauwerken, der Erhaltung und Zurgeltungbringung des architektonischen Erbes sowie des Schutzes der natürlichen Gleichgewichte zu verstehen und ihnen Ausdruck zu verleihen.

(28) Die nationalen Vorschriften für das Gebiet der Architektur und die Aufnahme und Ausübung der Architektentätigkeit sind ihrem Geltungsumfang nach sehr unterschiedlich. In den meisten Mitgliedstaaten werden die Tätigkeiten auf dem Gebiet der Architektur de jure oder de facto von Personen mit dem Berufstitel Architekt, gegebenenfalls in Verbindung mit einem weiteren Berufstitel, ausgeübt, ohne dass deshalb ausschließlich diese Personen das Recht hätten, diese Tätigkeiten

auszuüben, es sei denn, es liegen gegenteilige Rechtsvorschriften vor. Diese Tätigkeiten, oder einige davon, können auch von Angehörigen anderer Berufe ausgeübt werden, insbesondere von Ingenieuren, die auf dem Gebiet des Bauwesens oder der Baukunst eine besondere Ausbildung erhalten haben. Im Interesse der Vereinfachung dieser Richtlinie ist es angezeigt, die Bezeichnung „Architekt" zu verwenden, um den Anwendungsbereich der Bestimmungen über die automatische Anerkennung der Ausbildungsnachweise auf dem Gebiet der Architektur abzugrenzen, unbeschadet der Besonderheiten der nationalen Vorschriften für diese Tätigkeiten.

(29) Wenn die nationale oder europäische Berufsorganisation bzw. der nationale oder europäische Berufsverband eines reglementierten Berufs ein begründetes Ersuchen um eine Sonderregelung für die Anerkennung der Berufsqualifikationen im Hinblick auf die Koordinierung der Mindestanforderungen an die Ausbildung vorlegt, prüft die Kommission die Möglichkeit, einen Vorschlag zur Änderung dieser Richtlinie zu verabschieden.

(30) Um die Wirksamkeit des Systems der Anerkennung von Berufsqualifikationen zu gewährleisten, sollten einheitliche Formalitäten und Verfahrensregeln für seine Anwendung sowie bestimmte Modalitäten für die Ausübung der Berufe festgelegt werden.

(31) Da die Zusammenarbeit zwischen den Mitgliedstaaten sowie zwischen den Mitgliedstaaten und der Kommission die Anwendung dieser Richtlinie und die Beachtung der sich daraus ergebenden Verpflichtungen sicher erleichtert, ist es angezeigt, die Einrichtungen dafür festzulegen.

(32) Mit der Einführung von Berufsausweisen auf europäischer Ebene durch Berufsverbände und -organisationen kann sich die Mobilität von Berufsangehörigen erhöhen, insbesondere durch Beschleunigung des Austauschs von Informationen zwischen dem Aufnahmemitgliedstaat und dem Herkunftsmitgliedstaat. Diese Berufsausweise sollen es ermöglichen, den beruflichen Werdegang von Berufsangehörigen zu verfolgen, die sich in verschiedenen Mitgliedstaaten niederlassen. Die Ausweise könnten unter voller Einhaltung der Datenschutzvorschriften Informationen über die beruflichen Qualifikationen des Berufsangehörigen (Universität bzw. Bildungseinrichtungen, Qualifikationen, Berufserfahrungen), seine Niederlassung und die gegen ihn verhängten berufsbezogenen Sanktionen sowie Einzelangaben der zuständigen Behörde umfassen.

(33) Die Einrichtung eines Systems von Kontaktstellen, die die Bürger der Mitgliedstaaten informieren und unterstützen sollen, wird die Transparenz der Anerkennungsregelung gewährleisten. Die Kontaktstellen liefern den Bürgern die von ihnen angeforderten Informationen und übermitteln der Kommission alle Angaben und Anschriften, die für das Anerkennungsverfahren von Nutzen sein können. Durch die Benennung einer einzigen Kontaktstelle durch jeden Mitgliedstaat im Rahmen des Netzes bleibt die Zuständigkeitsverteilung auf nationaler Ebene unberührt. Insbesondere steht dies dem nicht entgegen, dass auf nationaler Ebene mehrere Stellen benannt werden, wobei der im Rahmen dieses Netzes benannten

Kontaktstelle die Aufgabe zukommt, die anderen Stellen zu koordinieren und den Bürger erforderlichenfalls im Einzelnen über die für ihn zuständige Stelle zu informieren.

(34) Die Verwaltung der unterschiedlichen Anerkennungssysteme, die in den Einzelrichtlinien und in der allgemeinen Regelung festgelegt sind, hat sich als schwerfällig und komplex erwiesen. Es ist daher angezeigt, die Verwaltung dieser Richtlinie und ihre Aktualisierung zwecks Anpassung an den wissenschaftlichen und technischen Fortschritt zu vereinfachen, insbesondere, wenn die Mindestanforderungen an die Ausbildungen zur automatischen Anerkennung der Ausbildungsnachweise koordiniert werden. Zu diesem Zweck sollte ein gemeinsamer Ausschuss für die Anerkennung der Berufsqualifikationen eingesetzt und gleichzeitig eine angemessene Einbindung der Vertreter der Berufsorganisationen, auch auf europäischer Ebene, sichergestellt werden.

(35) Die zur Durchführung dieser Richtlinie erforderlichen Maßnahmen sollten gemäß dem Beschluss 1999/468/EG des Rates vom 28. Juni 1999 zur Festlegung der Modalitäten für die Ausübung der der Kommission übertragenen Durchführungsbefugnisse[20] erlassen werden.

(36) Ein regelmäßig vorgelegter Bericht der Mitgliedstaaten mit statistischen Daten über die Anwendung dieser Richtlinie wird Aufschluss über die Wirkung des Systems zur Anerkennung von Berufsqualifikationen geben.

(37) Für den Fall, dass die Anwendung einer Bestimmung dieser Richtlinie einem Mitgliedstaat erhebliche Schwierigkeiten bereitet, sollte ein geeignetes Verfahren für die Annahme befristeter Maßnahmen vorgesehen werden.

(38) Die Bestimmungen dieser Richtlinie berühren nicht die Zuständigkeit der Mitgliedstaaten für die Gestaltung ihres nationalen Sozialversicherungssystems und die Festlegung der Tätigkeiten, die im Rahmen dieses Systems ausgeübt werden müssen.

(39) Angesichts der raschen Weiterentwicklung von Wissenschaft und Technik ist das lebenslange Lernen in einer Vielzahl von Berufen äußerst wichtig. Vor diesem Hintergrund ist es Aufgabe der Mitgliedstaaten, die Regelungen einer angemessenen Fortbildung im Einzelnen festzulegen, die die Berufsangehörigen auf dem neuesten Stand von Wissenschaft und Technik hält.

(40) Da die Ziele dieser Richtlinie, nämlich die Straffung, Vereinfachung und Verbesserung der Vorschriften für die Anerkennung beruflicher Qualifikationen, auf Ebene der Mitgliedstaaten nicht ausreichend erreicht werden können und daher besser auf Gemeinschaftsebene zu erreichen sind, kann die Gemeinschaft im Einklang mit dem in Artikel 5 des Vertrags niedergelegten Subsidiaritätsprinzip tätig werden. Entsprechend dem in demselben Artikel genannten Verhältnismäßigkeitsprinzip geht diese Richtlinie nicht über das für die Erreichung dieser Ziele erforderliche Maß hinaus.

---

20   ABl. L 184 vom 17.7.1999, S. 23.

(41) Diese Richtlinie berührt nicht die Anwendung des Artikels 39 Absatz 4 und des Artikels 45 des Vertrags, insbesondere auf Notare.

(42) In Bezug auf das Niederlassungsrecht und die Erbringung von Dienstleistungen gilt diese Richtlinie unbeschadet anderer spezifischer Rechtsvorschriften über die Anerkennung von Berufsqualifikationen, wie zum Beispiel der bestehenden Vorschriften in den Bereichen Verkehr, Versicherungsvermittler und gesetzlich zugelassene Abschlussprüfer. Diese Richtlinie berührt nicht die Anwendung der Richtlinie 77/249/EWG des Rates vom 22. März 1977 zur Erleichterung der tatsächlichen Ausübung des freien Dienstleistungsverkehrs der Rechtsanwälte[21] oder der Richtlinie 98/5/EG des Europäischen Parlaments und des Rates vom 16. Februar 1998 zur Erleichterung der ständigen Ausübung des Rechtsanwaltsberufs in einem anderen Mitgliedstaat als dem, in dem die Qualifikation erworben wurde[22]. Die Anerkennung der Berufsqualifikationen von Anwälten zum Zwecke der umgehenden Niederlassung unter der Berufsbezeichnung des Aufnahmemitgliedstaats sollte von dieser Richtlinie abgedeckt werden.

(43) Diese Richtlinie betrifft auch freie Berufe soweit sie reglementiert sind, die gemäß den Bestimmungen dieser Richtlinie auf der Grundlage einschlägiger Berufsqualifikationen persönlich, in verantwortungsbewusster Weise und fachlich unabhängig von Personen ausgeübt werden, die für ihre Kunden und die Allgemeinheit geistige und planerische Dienstleistungen erbringen. Die Ausübung der Berufe unterliegt möglicherweise in den Mitgliedstaaten in Übereinstimmung mit dem Vertrag spezifischen gesetzlichen Beschränkungen nach Maßgabe des innerstaatlichen Rechts und des in diesem Rahmen von der jeweiligen Berufsvertretung autonom gesetzten Rechts, das die Professionalität, die Dienstleistungsqualität und die Vertraulichkeit der Beziehungen zu den Kunden gewährleistet und fortentwickelt.

(44) Diese Richtlinie lässt die Maßnahmen unberührt, die erforderlich sind, um ein hohes Gesundheits- und Verbraucherschutzniveau sicherzustellen –

HABEN FOLGENDE RICHTLINIE ERLASSEN:

Titel I
Allgemeine Bestimmungen

Artikel 1   Gegenstand

Diese Richtlinie legt die Vorschriften fest, nach denen ein Mitgliedstaat, der den Zugang zu einem reglementierten Beruf oder dessen Ausübung in seinem Hoheitsgebiet an den Besitz bestimmter Berufsqualifikationen knüpft (im Folgenden „Aufnahmemitgliedstaat" genannt), für den Zugang zu diesem Beruf und dessen Ausübung die in einem oder mehreren anderen Mitgliedstaaten (im Folgenden „Herkunftsmitgliedstaat" genannt) erworbenen Berufsqualifikationen anerkennt, die ihren Inhaber berechtigen, dort denselben Beruf auszuüben.

---

21 ABl. L 78 vom 26.3.1977, S. 17. Zuletzt geändert durch die Beitrittsakte von 2003.
22 ABl. L 77 vom 14.3.1998, S. 36. Geändert durch die Beitrittsakte von 2003.

Mit dieser Richtlinie werden auch Regeln über den partiellen Zugang zu einem reglementierten Beruf sowie die Anerkennung von in einem anderen Mitgliedstaat absolvierten Berufspraktika festgelegt.

Artikel 2   Anwendungsbereich

(1) Diese Richtlinie gilt für alle Staatsangehörigen eines Mitgliedstaats, die als Selbstständige oder abhängig Beschäftigte, einschließlich der Angehörigen der freien Berufe, einen reglementierten Beruf in einem anderen Mitgliedstaat als dem, in dem sie ihre Berufsqualifikationen erworben haben, ausüben wollen.

Diese Richtlinie gilt auch für alle Staatsangehörigen eines Mitgliedstaats, die ein Berufspraktikum außerhalb ihres Herkunftsmitgliedstaats abgeleistet haben.

(2) Jeder Mitgliedstaat kann in seinem Hoheitsgebiet nach Maßgabe seiner Vorschriften den Staatsangehörigen der Mitgliedstaaten, die eine Berufsqualifikation vorweisen können, die nicht in einem Mitgliedstaat erworben wurde, die Ausübung eines reglementierten Berufs im Sinne von Artikel 3 Absatz 1 Buchstabe a gestatten. Für die Berufe in Titel III Kapitel III erfolgt diese erste Anerkennung unter Beachtung der dort genannten Mindestanforderungen an die Ausbildung.

(3) Wurden für einen bestimmten reglementierten Beruf in einem gesonderten gemeinschaftlichen Rechtsakt andere spezielle Regelungen unmittelbar für die Anerkennung von Berufsqualifikationen festgelegt, so finden die entsprechenden Bestimmungen dieser Richtlinie keine Anwendung.

(4) Diese Richtlinie gilt für nicht für durch einen Hoheitsakt bestellte Notare.

Artikel 3   Begriffsbestimmungen

(1) Für die Zwecke dieser Richtlinie gelten folgende Begriffsbestimmungen:

a) „reglementierter Beruf" ist eine berufliche Tätigkeit oder eine Gruppe beruflicher Tätigkeiten, bei der die Aufnahme oder Ausübung oder eine der Arten der Ausübung direkt oder indirekt durch Rechts- und Verwaltungsvorschriften an den Besitz bestimmter Berufsqualifikationen gebunden ist; eine Art der Ausübung ist insbesondere die Führung einer Berufsbezeichnung, die durch Rechts- oder Verwaltungsvorschriften auf Personen beschränkt ist, die über eine bestimmte Berufsqualifikation verfügen. Trifft Satz 1 dieser Begriffsbestimmung nicht zu, so wird ein unter Absatz 2 fallender Beruf als reglementierter Beruf behandelt;

b) „Berufsqualifikationen" sind die Qualifikationen, die durch einen Ausbildungsnachweis, einen Befähigungsnachweis nach Artikel 11 Buchstabe a Ziffer i und/oder Berufserfahrung nachgewiesen werden;

c) „Ausbildungsnachweise" sind Diplome, Prüfungszeugnisse und sonstige Befähigungsnachweise, die von einer Behörde eines Mitgliedstaats, die entsprechend dessen Rechts- und Verwaltungsvorschriften benannt wurde, für den Abschluss einer überwiegend in der Gemeinschaft absolvierten Berufsausbildung ausgestellt werden. Findet Satz 1 keine Anwendung, so sind Ausbildungsnachweise im Sinne des Absatzes 3 den hier genannten Ausbildungsnachweisen gleichgestellt;

d) „zuständige Behörde": jede von den Mitgliedstaaten mit der besonderen Befugnis ausgestattete Behörde oder Stelle, Ausbildungsnachweise und andere Dokumente oder Informationen auszustellen bzw. entgegenzunehmen sowie Anträge zu erhalten und Beschlüsse zu fassen, auf die in der vorliegenden Richtlinie abgezielt wird;

e) „reglementierte Ausbildung" ist eine Ausbildung, die speziell auf die Ausübung eines bestimmten Berufes ausgerichtet ist und aus einem abgeschlossenen Ausbildungsgang oder mehreren abgeschlossenen Ausbildungsgängen besteht, der gegebenenfalls durch eine Berufsausbildung, durch ein Berufspraktikum oder durch Berufspraxis ergänzt wird;

Der Aufbau und das Niveau der Berufsausbildung, des Berufspraktikums oder der Berufspraxis müssen in den Rechts- und Verwaltungsvorschriften des jeweiligen Mitgliedstaats festgelegt sein oder von einer zu diesem Zweck bestimmten Behörde kontrolliert oder genehmigt werden;

f) „Berufserfahrung" ist die tatsächliche und rechtmäßige Ausübung des betreffenden Berufs als Vollzeitbeschäftigung oder als entsprechende Teilzeitbeschäftigung in einem Mitgliedstaat;

g) „Anpassungslehrgang" ist die Ausübung eines reglementierten Berufs, die in dem Aufnahmemitgliedstaat unter der Verantwortung eines qualifizierten Berufsangehörigen erfolgt und gegebenenfalls mit einer Zusatzausbildung einhergeht. Der Lehrgang ist Gegenstand einer Bewertung. Die Einzelheiten des Anpassungslehrgangs und seiner Bewertung sowie die Rechtsstellung des beaufsichtigten zugewanderten Lehrgangsteilnehmers werden von der zuständigen Behörde des Aufnahmemitgliedstaats festgelegt.

Die Rechtsstellung des Lehrgangsteilnehmers im Aufnahmemitgliedstaat, insbesondere im Bereich des Aufenthaltsrechts sowie der Verpflichtungen, sozialen Rechte und Leistungen, Vergütungen und Bezüge wird von den zuständigen Behörden des betreffenden Mitgliedstaats gemäß dem geltenden Gemeinschaftsrecht festgelegt;

h) „Eignungsprüfung" ist eine die beruflichen Kenntnisse, Fähigkeiten und Kompetenzen des Antragstellers betreffende und von den zuständigen Behörden des Aufnahmemitgliedstaats durchgeführte oder anerkannte Prüfung, mit der die Fähigkeit des Antragstellers, in diesem Mitgliedstaat einen reglementierten Beruf auszuüben, beurteilt werden soll.

Um die Durchführung dieser Prüfung zu ermöglichen, erstellen die zuständigen Behörden ein Verzeichnis der Sachgebiete, die aufgrund eines Vergleichs zwischen der im Aufnahmemitgliedstaat verlangten Ausbildung und der bisherigen Ausbildung des Antragstellers von dem Diplom oder den sonstigen Ausbildungsnachweisen, über die der Antragsteller verfügt, nicht abgedeckt werden.

Bei der Eignungsprüfung muss dem Umstand Rechnung getragen werden, dass der Antragsteller in seinem Herkunftsmitgliedstaat oder dem Mitgliedstaat, aus dem der Antragsteller kommt, über eine berufliche Qualifikation verfügt. Die Eignungsprüfung erstreckt sich auf Sachgebiete, die aus dem Verzeichnis ausgewählt werden und deren Kenntnis eine wesentliche Voraussetzung für die Ausübung des Berufs im Aufnahmemitgliedstaat ist. Diese Prüfung kann sich auch auf die Kenntnis der sich auf die betreffenden Tätigkeiten im Aufnahmemitgliedstaat beziehenden berufsständischen Regeln erstrecken.

Die Einzelheiten der Durchführung der Eignungsprüfung und die Rechtsstellung des Antragstellers in dem Aufnahmemitgliedstaat, in dem er sich auf die Eignungsprüfung vorzubereiten wünscht, werden von den zuständigen Behörden dieses Mitgliedstaats festgelegt;

i) „Betriebsleiter" ist eine Person, die in einem Unternehmen des entsprechenden Berufszweigs

   i) die Position des Leiters des Unternehmens oder einer Zweigniederlassung innehat oder

   ii) Stellvertreter eines Inhabers oder Leiters eines Unternehmens ist, sofern mit dieser Position eine Verantwortung verbunden ist, die der des vertretenen Inhabers oder Leiters vergleichbar ist, oder

   iii) in leitender Stellung mit kaufmännischen und/oder technischen Aufgaben und mit der Verantwortung für eine oder mehrere Abteilungen des Unternehmens tätig ist.

j) „Berufspraktikum" ist unbeschadet des Artikels 46 Absatz 4 ein Zeitraum der Berufstätigkeit unter Aufsicht, vorausgesetzt, es stellt eine Bedingung für den Zugang zu einem reglementierten Beruf dar; es kann entweder während oder nach dem Abschluss einer Ausbildung stattfinden, die zu einem Diplom führt;

k) „Europäischer Berufsausweis" ist eine elektronische Bescheinigung entweder zum Nachweis, dass der Berufsangehörige sämtliche notwendigen Voraussetzungen für die vorübergehende und gelegentliche Erbringung von Dienstleistungen in einem Aufnahmemitgliedstaat erfüllt oder zum Nachweis der Anerkennung von Berufsqualifikationen für die Niederlassung in einem Aufnahmemitgliedstaat;

l) „lebenslanges Lernen" umfasst jegliche Aktivitäten der allgemeinen Bildung, beruflichen Bildung, nichtformalen Bildung und des informellen Lernens während des gesamten Lebens, aus denen sich eine Verbesserung von Kenntnissen, Fähigkeiten und Kompetenzen ergibt und zu denen auch Berufsethik gehören kann;

m)„zwingende Gründe des Allgemeininteresses" sind Gründe, die als solche in der Rechtsprechung des Gerichtshofs der Europäischen Union anerkannt sind;

n) „Europäisches System zur Übertragung von Studienleistungen oder ECTS-Punkte" ist das Punktesystem für Hochschulausbildung, das im Europäischen Hochschulraum verwendet wird.

(2) Einem reglementierten Beruf gleichgestellt ist ein Beruf, der von Mitgliedern von Verbänden oder Organisationen im Sinne des Anhangs I ausgeübt wird.

Die in Unterabsatz 1 genannten Verbände oder Organisationen verfolgen insbesondere das Ziel der Wahrung und Förderung eines hohen Niveaus in dem betreffenden Beruf. Zur Erreichung dieses Ziels werden sie von einem Mitgliedstaat in besonderer Form anerkannt; sie stellen ihren Mitgliedern einen Ausbildungsnachweis aus, gewähren, dass ihre Mitglieder die von ihnen vorgeschriebenen berufsständischen Regeln beachten und verleihen ihnen das Recht, einen Titel zu führen, eine bestimmte Kurzbezeichnung zu verwenden oder einen diesem Ausbildungsnachweis entsprechenden Status in Anspruch zu nehmen.

Die Mitgliedstaaten unterrichten die Kommission über jede Anerkennung eines Verbandes oder einer Organisation im Sinne des Unterabsatzes 1. Die Kommission prüft, ob dieser Verband oder diese Organisation die Bedingungen nach Unterabsatz 2 erfüllt. Um die ordnungspolitischen Entwicklungen in den Mitgliedstaaten gebührend zu berücksichtigen, wird der Kommission die Befugnis übertragen, gemäß Artikel 57c in Bezug auf die Aktualisierung des Anhangs I delegierte Rechtsakte zu erlassen, wenn die Bedingungen nach Unterabsatz 2 erfüllt sind.

Sind die Bedingungen nach Unterabsatz 2 nicht erfüllt, so erlässt die Kommission einen Durchführungsrechtsakt zur Ablehnung der beantragten Aktualisierung des Anhangs I.

(3) Einem Ausbildungsnachweis gleichgestellt ist jeder in einem Drittland ausgestellte Ausbildungsnachweis, sofern sein Inhaber in dem betreffenden Beruf drei Jahre Berufserfahrung im Hoheitsgebiet des Mitgliedstaats, der diesen Ausbildungsnachweis nach Artikel 2 Absatz 2 anerkannt hat, besitzt und dieser Mitgliedstaat diese Berufserfahrung bescheinigt.

Artikel 4   Wirkungen der Anerkennung

(1) Die Anerkennung der Berufsqualifikationen durch den Aufnahmemitgliedstaat ermöglicht es den begünstigten Personen, in diesem Mitgliedstaat denselben Beruf wie den, für den sie in ihrem Herkunftsmitgliedstaat qualifiziert sind, aufzunehmen und unter denselben Voraussetzungen wie Inländer auszuüben.

(2) Für die Zwecke dieser Richtlinie ist der Beruf, den der Antragsteller im Aufnahmemitgliedstaat ausüben möchte, derselbe wie derjenige, für den er in seinem Herkunftsmitgliedstaat qualifiziert ist, wenn die Tätigkeiten, die er umfasst, vergleichbar sind.

(3) Abweichend von Absatz 1 wird partieller Zugang zu einem Beruf im Aufnahmemitgliedstaat unter den in Artikel 4f genannten Bedingungen gewährt.

Artikel 4a   Europäischer Berufsausweis

(1) Die Mitgliedstaaten stellen Inhabern einer Berufsqualifikation auf Antrag einen Europäischen Berufsausweis aus, sofern die Kommission die in Absatz 7 vorgesehenen entsprechenden Durchführungsrechtsakte erlassen hat.

(2) Wurde ein Europäischer Berufsausweis für einen bestimmten Beruf mittels entsprechender, nach Absatz 7 erlassener Durchführungsrechtsakte eingeführt, so kann der Inhaber einer betreffenden Berufsqualifikation entscheiden, einen solchen Ausweis zu beantragen oder sich der Verfahren nach den Titeln II und III zu bedienen.

(3) Die Mitgliedstaaten sorgen dafür, dass der Inhaber eines Europäischen Berufsausweises alle Rechte aus den Artikeln 4b bis 4e wahrnehmen kann.

(4) Sofern der Inhaber einer Berufsqualifikation Dienstleistungen im Rahmen von Titeln II erbringen will, die nicht von Artikel 7 Absatz 4 erfasst werden, stellt die zuständige Behörde des Herkunftsmitgliedstaats den Europäischen Berufsausweis gemäß den Artikeln 4b und 4c aus. Der Europäische Berufsausweis stellt gegebenenfalls die Meldung nach Artikel 7 dar.

(5) Beabsichtigt der Inhaber einer Berufsqualifikation, sich im Rahmen von Titel III Kapitel I bis IIIa in einem anderen Mitgliedstaat niederzulassen oder dort Dienst-

leistungen im Rahmen von Artikel 7 Absatz 4 zu erbringen, so muss die zuständige Behörde des Herkunftsmitgliedstaats alle vorbereitenden Schritte hinsichtlich der eigenen Datei des Antragstellers abschließen, die innerhalb des Binnenmarkt-Informationssystems (im Folgenden „IMI") entsprechend der Regelung der Artikeln 4b und 4d erstellt wird (im Folgenden „IMI-Datei"). Die zuständige Behörde des Aufnahmemitgliedstaats stellt den Europäischen Berufsausweis gemäß den Artikeln 4b und 4d aus.

Für die Zwecke der Niederlassung begründet die Ausstellung eines Europäischen Berufsausweises kein automatisches Recht zur Ausübung eines bestimmten Berufs, wenn es im Aufnahmemitgliedstaat bereits vor Einführung des Europäischen Berufsausweises für diesen Beruf Registrierungsanforderungen oder andere Kontrollverfahren gibt.

(6) Die Mitgliedstaaten benennen die für die Handhabung der IMI-Dateien und die Ausstellung des Europäischen Berufsausweises zuständigen Behörden. Diese Behörden gewährleisten eine unparteiische, objektive und zeitnahe Bearbeitung der Anträge auf Europäische Berufsausweise. Die in Artikel 57b genannten Beratungszentren können ebenfalls als zuständige Behörde fungieren. Die Mitgliedstaaten gewährleisten, dass die zuständigen Behörden und Beratungszentren die Bürger, einschließlich möglicher Antragsteller, über die Funktion und den zusätzlichen Nutzen eines Europäischen Berufsausweises bei den Berufen, für die er verfügbar ist, informieren.

(7) Die Kommission erlässt im Wege von Durchführungsrechtsakten die Maßnahmen, die notwendig sind, um für die einheitliche Anwendung der Vorschriften über den Europäischen Berufsausweis auf diejenigen Berufe zu sorgen, die die Bedingungen nach Unterabsatz 2 dieses Absatzes erfüllen, einschließlich Maßnahmen bezüglich des Formats des Europäischen Berufsausweises, der Bearbeitung schriftlicher Anträge, der Übersetzungen, die der Antragsteller zur Unterstützung einer Beantragung eines Europäischen Berufsausweises vorlegen muss, der Einzelheiten der Dokumente, die nach Artikel 7 Absatz 2 oder Anhang VII für die Einreichung eines vollständigen Antrags erforderlich sind, und der Verfahren für die Leistung und Bearbeitung von Zahlungen für den Europäischen Berufsausweis, und berücksichtigt dabei die Besonderheiten des jeweiligen Berufs. Die Kommission legt zudem im Wege von Durchführungsrechtsakten fest, wie, wann und bei welchen Dokumenten die zuständigen Behörden beglaubigte Kopien gemäß Artikel 4b Absatz 3 Unterabsatz 2, Artikel 4d Absatz 2 und Artikel 4d Absatz 3 im Zusammenhang mit dem jeweiligen Beruf verlangen dürfen.

Für die Einführung eines Europäischen Berufsausweises für einen bestimmten Beruf durch den Erlass entsprechender Durchführungsrechtsakte nach Unterabsatz 1 müssen alle folgenden Bedingungen erfüllt sein:

a) Es gibt eine signifikante Mobilität oder ein Potenzial für eine signifikante Mobilität in dem Beruf.

b) Die betroffenen Interessenträger haben ein ausreichendes Interesse geäußert.

c) Der Beruf oder die allgemeine und berufliche Bildung, die auf die Ausübung des Berufs ausgerichtet ist, ist in einer signifikanten Anzahl von Mitgliedstaaten reglementiert.

Diese Durchführungsrechtsakte werden gemäß dem in Artikel 58 Absatz 2 genannten Prüfverfahren erlassen.

(8) Eventuelle den Antragstellern in Verbindung mit den Verwaltungsverfahren zur Ausstellung eines Europäischen Berufsausweises entstehende Gebühren müssen vertretbar und verhältnismäßig sein und den dem Herkunfts- und Aufnahmemitgliedstaat entstandenen Kosten entsprechen; sie dürfen keinen Hinderungsgrund für die Beantragung eines Europäischen Berufsausweises darstellen.

Artikel 4b   Beantragung eines Europäischen Berufsausweises und Erstellung einer IMI-Datei

(1) Der Herkunftsmitgliedstaat ermöglicht es dem Inhaber einer Berufsqualifikation, einen Europäischen Berufsausweis über ein durch die Kommission zur Verfügung gestelltes Online-Instrument zu beantragen, durch das eine eigene IMI-Datei für diesen Antragsteller erstellt wird. Lässt der Herkunftsmitgliedstaat auch schriftliche Anträge zu, so trifft er die notwendigen Vorkehrungen für die Erstellung der IMI-Datei, für alle Informationen, die dem Antragsteller zu übermitteln sind, und für die Ausstellung des Europäischen Berufsausweises.

(2) Den Anträgen sind die in den nach Artikel 4a Absatz 7 erlassenen Durchführungsrechtsakten vorgeschriebenen Dokumente beizufügen.

(3) Binnen einer Woche nach Eingang des Antrags bestätigt die zuständige Behörde des Herkunftsmitgliedstaats dem Antragsteller den Empfang der Unterlagen und teilt ihm gegebenenfalls mit, welche Unterlagen fehlen.

Gegebenenfalls stellt die zuständige Behörde des Herkunftsmitgliedstaats alle unterstützenden Bescheinigungen, die nach dieser Richtlinie erforderlich sind, aus. Die zuständige Behörde des Herkunftsmitgliedstaats überprüft, ob der Antragsteller im Herkunftsmitgliedstaat rechtmäßig niedergelassen ist und ob alle notwendigen Dokumente, die im Herkunftsmitgliedstaat ausgestellt wurden, gültig und echt sind. Im Fall hinreichend begründeter Zweifel konsultiert die zuständige Behörde des Herkunftsmitgliedstaats die einschlägige Stelle, und sie kann vom Antragsteller beglaubigte Kopien der Dokumente verlangen. Stellt derselbe Antragsteller mehrere Anträge nacheinander, so dürfen die zuständigen Behörden der Herkunfts- und der Aufnahmemitgliedstaaten nicht die Wiedereinreichung von Dokumenten verlangen, die bereits in der IMI-Datei enthalten und nach wie vor gültig sind.

(4) Die Kommission kann im Wege von Durchführungsrechtsakten die technischen Spezifikationen und Maßnahmen, die zur Gewährleistung der Integrität, Vertraulichkeit und Richtigkeit der Angaben im Europäischen Berufsausweis und in der IMI-Datei erforderlich sind, sowie die Bedingungen und Verfahren für die Ausstellung eines Europäischen Berufsausweises festlegen; dazu gehört die Möglichkeit, dass der Inhaber den Ausweis herunterlädt oder aktualisierte Fassungen für die IMI-Datei einreicht. Diese Durchführungsrechtsakte werden nach dem Prüfverfahren gemäß Artikel 58 Absatz 2 erlassen.

Artikel 4c　Europäischer Berufsausweis für die vorübergehende und gelegentliche Erbringung von Dienstleistungen, die nicht unter Artikel 7 Absatz 4 fallen

(1) Die zuständige Behörde des Herkunftsmitgliedstaats prüft den Antrag und die Dokumente in der IMI-Datei und stellt den Europäischen Berufsausweis für die vorübergehende und gelegentliche Erbringung von Dienstleistungen, die nicht unter Artikel 7 Absatz 4 fallen, binnen drei Wochen aus. Diese Frist beginnt mit dem Eingang der fehlenden Dokumente, die in Artikel 4b Absatz 3 Unterabsatz 1 genannt werden, oder, wenn keine weiteren Dokumente verlangt wurden, nach Ablauf des in jenem Unterabsatz genannten Zeitraums von einer Woche. Daraufhin übermittelt sie den Europäischen Berufsausweis unverzüglich der zuständigen Behörde jedes Aufnahmemitgliedstaats und informiert den Antragsteller darüber. Der Aufnahmemitgliedstaat darf während der folgenden 18 Monate keine weitere Meldung nach Artikel 7 verlangen.

(2) Gegen die Entscheidung der zuständigen Behörde des Herkunftsmitgliedstaats oder das Nichtvorliegen einer Entscheidung innerhalb des in Absatz 1 genannten Zeitraums von drei Wochen müssen Rechtsbehelfe nach innerstaatlichem Recht eingelegt werden können.

(3) Will der Inhaber eines Europäischen Berufsausweises Dienstleistungen in anderen als den ursprünglich in dem Antrag gemäß Absatz 1 genannten Mitgliedstaaten erbringen, so kann dieser Inhaber eine solche Erweiterung beantragen. Will der Inhaber Dienstleistungen über den in Absatz 1 erwähnten Zeitraum von 18 Monaten hinaus erbringen, so informiert dieser Inhaber die zuständige Behörde darüber. In beiden Fällen muss der Inhaber Informationen zu wesentlichen Änderungen der in der IMI-Datei gespeicherten Sachlage liefern, die von der zuständigen Behörde des Herkunftsmitgliedstaats im Einklang mit den nach Artikel 4a Absatz 7 zu erlassenden Durchführungsrechtsakten verlangt werden können. Die zuständige Behörde des Herkunftsmitgliedstaats übermittelt den betroffenen Aufnahmemitgliedstaaten den aktualisierten Europäischen Berufsausweis.

(4) Der Europäische Berufsausweis ist im gesamten Hoheitsgebiet aller betroffenen Aufnahmemitgliedstaaten so lange gültig, wie sein Inhaber das Recht behält, auf der Grundlage der in der IMI-Datei enthaltenen Dokumente und Informationen tätig zu sein.

Artikel 4d　Europäischer Berufsausweis für die Niederlassung und die vorübergehende und gelegentliche Erbringung von Dienstleistungen gemäß Artikel 7 Absatz 4

(1) Die zuständige Behörde des Herkunftsmitgliedstaats prüft binnen eines Monats die Echtheit und Gültigkeit der in der IMI Datei hinterlegten Dokumente zum Zweck der Ausstellung des Europäischen Berufsausweises für die Niederlassung oder für die vorübergehende und gelegentliche Erbringung von Dienstleistungen gemäß Artikel 7 Absatz 4. Diese Frist beginnt mit dem Eingang der fehlenden Dokumente, die in Artikel 4b Absatz 3 Unterabsatz 1 genannt werden, oder, wenn keine weiteren Dokumente verlangt wurden, nach Ablauf des in jenem Unterabsatz genannten

Zeitraums von einer Woche. Sie übermittelt den Antrag dann unverzüglich der zuständigen Behörde des Aufnahmemitgliedstaats. Der Herkunftsmitgliedstaat unterrichtet den Antragsteller über den Verfahrensstand zur gleichen Zeit, zu der er den Antrag dem Aufnahmemitgliedstaat übermittelt.

(2) In den in den Artikeln 16, 21, 49a und 49b genannten Fällen entscheidet ein Aufnahmemitgliedstaat, ob er einen Europäischen Berufsausweis nach Absatz 1 binnen einem Monat nach Eingang des vom Herkunftsmitgliedstaat übermittelten Antrags ausstellt. Bei hinreichend begründeten Zweifeln kann der Aufnahmemitgliedstaat vom Herkunftsmitgliedstaat weitere Informationen oder die Beifügung einer beglaubigten Kopie eines Dokuments durch den Herkunftsmitgliedstaat anfordern, die dieser spätestens zwei Wochen nach Einreichung des Ersuchens zur Verfügung stellen muss. Die Frist von einem Monat ist vorbehaltlich des Absatzes 5 Unterabsatz 2 anwendbar, ungeachtet eines solchen Ersuchens.

(3) In den in Artikel 7 Absatz 4 und Artikel 14 genannten Fällen entscheidet ein Aufnahmemitgliedstaat, ob er einen Europäischen Berufsausweis ausstellt oder dem Inhaber einer Berufsqualifikation binnen zwei Monaten nach Eingang des vom Herkunftsmitgliedstaat übermittelten Antrags Ausgleichsmaßnahmen auferlegt. Bei hinreichend begründeten Zweifeln kann der Aufnahmemitgliedstaat vom Herkunftsmitgliedstaat weitere Informationen oder die Beifügung einer beglaubigten Kopie eines Dokuments durch den Herkunftsmitgliedstaat anfordern, die dieser spätestens zwei Wochen nach dem Ersuchen zur Verfügung stellen muss. Die Frist von zwei Monaten ist vorbehaltlich des Absatzes 5 Unterabsatz 2 anwendbar, ungeachtet eines solchen Ersuchens.

(4) Falls der Aufnahmemitgliedstaat nicht die notwendigen Informationen erhält, die er gemäß dieser Richtlinie für eine Entscheidung über die Ausstellung des Europäischen Berufsausweises entweder von dem Herkunftsmitgliedstaat oder dem Antragsteller verlangen kann, darf er die Ausstellung des Ausweises verweigern. Eine solche Verweigerung wird ordnungsgemäß begründet.

(5) Trifft der Aufnahmemitgliedstaat eine Entscheidung nicht binnen der in den Absätzen 2 und 3 dieses Artikels festgelegten Fristen oder führt er keinen Eignungstest gemäß Artikel 7 Absatz 4 durch, so gilt der Europäische Berufsausweis als ausgestellt, und er wird automatisch über das IMI dem Inhaber einer Berufsqualifikation übermittelt.

Der Aufnahmemitgliedstaat hat die Möglichkeit, die Fristen nach den Absätzen 2 und 3 für die automatische Ausstellung des Europäischen Berufsausweises um zwei Wochen zu verlängern. Er erläutert die Gründe für eine solche Verlängerung und unterrichtet den Antragsteller entsprechend. Eine solche Verlängerung kann einmal und nur dann wiederholt werden, wenn dies unbedingt notwendig ist, insbesondere aus Gründen im Zusammenhang mit der öffentlichen Gesundheit oder der Sicherheit der Dienstleistungsempfänger.

(6) Die vom Herkunftsmitgliedstaat gemäß Absatz 1 ergriffenen Maßnahmen ersetzen jeden Antrag auf Anerkennung von Berufsqualifikationen im Rahmen des einzelstaatlichen Rechts des Aufnahmemitgliedstaats.

(7) Gegen die vom Herkunfts- und vom Aufnahmemitgliedstaat nach den Absätzen 1 bis 5 getroffenen Entscheidungen oder das Fehlen einer Entscheidung durch den Herkunftsmitgliedstaat müssen Rechtsbehelfe nach dem innerstaatlichen Recht des betreffenden Mitgliedstaats eingelegt werden können.

Artikel 4e   Datenverarbeitung und Zugang zu Daten bezüglich des Europäischen Berufsausweises

(1) Unbeschadet der Unschuldsvermutung aktualisieren die zuständigen Behörden der Herkunfts- und Aufnahmemitgliedstaaten rechtzeitig die entsprechende IMI-Datei mit Angaben über das Vorliegen disziplinarischer oder strafrechtlicher Sanktionen, die sich auf eine Untersagung oder Beschränkung beziehen und die sich auf die Ausübung von Tätigkeiten durch den Inhaber eines Europäischen Berufsausweises nach dieser Richtlinie auswirken. Dabei halten sie die Vorschriften zum Schutz personenbezogener Daten ein, die in der Richtlinie 95/46/EG des Europäischen Parlaments und des Rates vom 24. Oktober 1995 zum Schutz natürlicher Personen bei der Verarbeitung personenbezogener Daten und zum freien Datenverkehr[1] und der Richtlinie 2002/58/EG des Europäischen Parlaments und des Rates vom 12. Juli 2002 über die Verarbeitung personenbezogener Daten und den Schutz der Privatsphäre in der elektronischen Kommunikation (Datenschutzrichtlinie für elektronische Kommunikation)[2] festgelegt sind. Zu diesen Aktualisierungen gehört auch das Löschen von Informationen, die nicht mehr benötigt werden. Der Inhaber des Europäischen Berufsausweises und die zuständigen Behörden, die Zugang zu der entsprechenden IMI-Datei haben, werden unverzüglich über etwaige Aktualisierungen informiert. Durch diese Pflicht werden die Pflichten der Mitgliedstaaten zu Vorwarnungen gemäß Artikel 56a nicht berührt.

(2) Die Aktualisierungen der Informationen nach Absatz 1 beschränken sich inhaltlich auf folgende Angaben:

a) die Identität des Berufsangehörigen,
b) den betroffenen Beruf,
c) Informationen über die nationale Behörde oder das nationale Gericht, die/das die Entscheidung über die Beschränkung oder die Untersagung getroffen hat,
d) den Umfang der Beschränkung oder Untersagung und
e) den Zeitraum, für den die Beschränkung oder Untersagung gilt.

(3) Der Zugang zu den Informationen in der IMI-Datei wird gemäß der Richtlinie 95/46/EG auf die zuständigen Behörden der Herkunfts- und Aufnahmemitgliedstaaten beschränkt. Die zuständigen Behörden unterrichten den Inhaber des Europäischen Berufsausweises über den Inhalt der IMI-Datei, wenn der Inhaber dies beantragt.

---

1   ABl. L 281 vom 23.11.1995, S. 31.
2   ABl. L 201 vom 31.7.2002, S. 37.

(4) Die in den Europäischen Berufsausweis aufgenommenen Angaben beschränken sich auf die Daten, die zur Überprüfung des Rechts des Inhabers auf die Ausübung des Berufs, für den der Ausweis ausgestellt wurde, erforderlich sind, nämlich Vorname, Nachname, Geburtstag und -ort, Beruf, förmliche Qualifikationen des Inhabers, und die anwendbare Regelung, beteiligte zuständige Behörden, Ausweisnummer, Sicherheitsmerkmale, Bezug auf ein gültiges Identitätsdokument. Informationen über die durch den Inhaber des Europäischen Berufsausweises erworbene Berufserfahrung oder bestandene Ausgleichsmaßnahmen werden in die IMI-Datei aufgenommen.

(5) Die in der IMI-Datei enthaltenen personenbezogenen Daten können so lange verarbeitet werden, wie es für die Zwecke des Anerkennungsverfahrens als solchem und als Nachweis der Anerkennung oder der Übermittlung der nach Artikel 7 erforderlichen Meldung notwendig ist. Die Mitgliedstaaten gewährleisten, dass der Inhaber eines Europäischen Berufsausweises jederzeit berechtigt ist, die Berichtigung unrichtiger oder unvollständiger Daten oder die Löschung und Sperrung der entsprechenden IMI-Datei zu verlangen, ohne dass diesem Inhaber hierdurch Kosten entstehen. Der Inhaber wird über dieses Recht zum Zeitpunkt der Ausstellung des Ausweises informiert und alle zwei Jahre danach daran erinnert. Wurde der ursprüngliche Antrag auf einen Europäischen Berufsausweis online eingereicht, wird die Erinnerung automatisch über das IMI übermittelt.

Steht der Antrag auf Löschung einer IMI-Datei im Zusammenhang mit einem Europäischen Berufsausweis für die Zwecke der Niederlassung oder der vorübergehenden und gelegentlichen Erbringung von Dienstleistungen gemäß Artikel 7 Absatz 4, so erteilen die zuständigen Behörden des betroffenen Aufnahmemitgliedstaats dem Inhaber einer Berufsqualifikation einen Nachweis zur Bescheinigung der Anerkennung seiner Berufsqualifikationen.

(6) Bezüglich der Verarbeitung personenbezogener Daten im Europäischen Berufsausweis und allen IMI-Dateien gelten die jeweils zuständigen Behörden der Mitgliedstaaten als für die Verarbeitung Verantwortliche im Sinne von Artikel 2 Buchstabe d der Richtlinie 95/46/EG. Bezüglich ihrer Aufgaben gemäß den Absätzen 1 bis 4 dieses Artikels und die damit verbundene Verarbeitung personenbezogener Daten gilt die Kommission als für die Verarbeitung Verantwortlicher im Sinne von Artikel 2 Buchstabe d der Verordnung (EG) Nr. 45/2001 des Europäischen Parlaments und des Rates vom 18. Dezember 2000 zum Schutz natürlicher Personen bei der Verarbeitung personenbezogener Daten durch die Organe und Einrichtungen der Gemeinschaft und zum freien Datenverkehr[3].

(7) Unbeschadet des Absatzes 3 bestimmen die Aufnahmemitgliedstaaten, dass Arbeitgeber, Kunden, Behörden, Patienten und andere Interessengruppen die Echtheit und Gültigkeit eines ihnen vom Inhaber vorgelegten Europäischen Berufsausweises prüfen können.

Die Kommission legt im Wege von Durchführungsrechtsakten die Bedingungen für den Zugang zur IMI-Datei, die technischen Mittel und die Verfahren für die in

---

3   ABl. L 8 vom 12.1.2001, S. 1.

Unterabsatz 1 genannte Prüfung fest. Diese Durchführungsrechtsakte werden nach dem Prüfverfahren gemäß Artikel 58 Absatz 2 erlassen.

Artikel 4f   Partieller Zugang

(1) Die zuständige Behörde des Aufnahmemitgliedstaats gewährt auf Einzelfallbasis partiellen Zugang zu einer Berufstätigkeit im Hoheitsgebiet dieses Staates nur, wenn alle folgenden Bedingungen erfüllt sind:

a) der Berufsangehörige ist ohne Einschränkung qualifiziert, im Herkunftsmitgliedstaat die berufliche Tätigkeit auszuüben, für die im Aufnahmemitgliedstaat ein partieller Zugang begehrt wird;

b) die Unterschiede zwischen der rechtmäßig ausgeübten Berufstätigkeit im Herkunftsmitgliedstaat und dem reglementierten Beruf im Aufnahmemitgliedstaat sind so groß, dass die Anwendung von Ausgleichsmaßnahmen der Anforderung an den Antragsteller gleichkäme, das vollständige Ausbildungsprogramm im Aufnahmemitgliedstaat zu durchlaufen, um Zugang zum ganzen reglementierten Beruf im Aufnahmemitgliedstaat zu erlangen;

c) die Berufstätigkeit lässt sich objektiv von anderen im Aufnahmemitgliedstaat unter den reglementierten Beruf fallenden Tätigkeiten trennen.

Für die Zwecke von Buchstabe c berücksichtigt die zuständige Behörde des Aufnahmemitgliedstaats, ob die berufliche Tätigkeit im Herkunftsmitgliedstaat eigenständig ausgeübt werden kann.

(2) Der partielle Zugang kann verweigert werden, wenn diese Verweigerung durch zwingende Gründe des Allgemeininteresses gerechtfertigt und geeignet ist, die Erreichung des verfolgten Ziels zu gewährleisten und nicht über das hinaus geht, was zur Erreichung dieses Ziels erforderlich ist.

(3) Anträge für die Zwecke der Niederlassung in einem Aufnahmemitgliedstaat werden gemäß Titel III Kapitel I und IV geprüft.

(4) Anträge für die Zwecke der vorübergehenden und gelegentlichen Erbringung von Dienstleistungen im Aufnahmemitgliedstaat im Zusammenhang mit Berufstätigkeiten, die die öffentliche Gesundheit und Sicherheit berühren, werden gemäß Titel II geprüft.

(5) Abweichend von Artikel 7 Absatz 4 Unterabsatz 6 und Artikel 52 Absatz 1 wird die Berufstätigkeit unter der Berufsbezeichnung des Herkunftsmitgliedstaats ausgeübt, sobald partieller Zugang gewährt worden ist. Der Aufnahmemitgliedstaat kann vorschreiben, dass die Berufsbezeichnung in den Sprachen des Aufnahmemitgliedstaats benutzt wird. Berufsangehörige, denen partieller Zugang gewährt wurde, müssen den Empfängern der Dienstleistung eindeutig den Umfang ihrer beruflichen Tätigkeiten angeben.

(6) Dieser Artikel gilt nicht für Berufsangehörige, für die die automatische Anerkennung ihrer Berufsqualifikationen nach Titel III Kapitel II, III und IIIa gilt.

Titel II
Dienstleistungsfreiheit

Artikel 5   Grundsatz der Dienstleistungsfreiheit

(1) Unbeschadet spezifischer Vorschriften des Gemeinschaftsrechts sowie der Artikel 6 und 7 dieser Richtlinie können die Mitgliedstaaten die Dienstleistungsfreiheit nicht aufgrund der Berufsqualifikationen einschränken,

a) wenn der Dienstleister zur Ausübung desselben Berufs rechtmäßig in einem Mitgliedstaat niedergelassen ist (nachstehend „Niederlassungsmitgliedstaat" genannt) und

b) für den Fall, dass sich der Dienstleister in einen anderen Mitgliedstaat begibt, wenn er diesen Beruf in einem oder mehreren Mitgliedstaaten mindestens ein Jahr während der vorhergehenden zehn Jahre ausgeübt hat, sofern der Beruf im Niederlassungsmitgliedstaat nicht reglementiert ist. Die Bedingung, dass der Dienstleister den Beruf ein Jahr ausgeübt haben muss, gilt nicht, wenn der Beruf oder die Ausbildung zu diesem Beruf reglementiert ist.

(2) Die Bestimmungen dieses Titels gelten nur für den Fall, dass sich der Dienstleister zur vorübergehenden und gelegentlichen Ausübung des Berufs nach Absatz 1 in den Aufnahmemitgliedstaat begibt.

Der vorübergehende und gelegentliche Charakter der Erbringung von Dienstleistungen wird im Einzelfall beurteilt, insbesondere anhand der Dauer, der Häufigkeit, der regelmäßigen Wiederkehr und der Kontinuität der Dienstleistung.

(3) Begibt sich der Dienstleister in einen anderen Mitgliedstaat, so unterliegt er im Aufnahmemitgliedstaat den berufsständischen, gesetzlichen oder verwaltungsrechtlichen Berufsregeln, die dort in unmittelbarem Zusammenhang mit den Berufsqualifikationen für Personen gelten, die denselben Beruf wie er ausüben, und den dort geltenden Disziplinarbestimmungen; zu diesen Bestimmungen gehören etwa Regelungen für die Definition des Berufs, das Führen von Titeln und schwerwiegende berufliche Fehler in unmittelbarem und speziellem Zusammenhang mit dem Schutz und der Sicherheit der Verbraucher.

Artikel 6   Befreiungen

Gemäß Artikel 5 Absatz 1 befreit der Aufnahmemitgliedstaat den Dienstleister, der in einem anderen Mitgliedstaat niedergelassen ist, insbesondere von den folgenden Erfordernissen, die er an die in seinem Hoheitsgebiet niedergelassenen Berufsangehörigen stellt:

a) Zulassung, Eintragung oder Mitgliedschaft bei einer Berufsorganisation. Um die Anwendung der in ihrem Hoheitsgebiet geltenden Disziplinarbestimmungen gemäß Artikel 5 Absatz 3 zu erleichtern, können die Mitgliedstaaten entweder eine automatische vorübergehende Eintragung oder eine Pro-Forma-Mitgliedschaft bei einer solchen Berufsorganisation vorsehen, sofern diese Eintragung oder Mitgliedschaft die Erbringung der Dienstleistungen in keiner Weise verzögert oder erschwert und für den Dienstleister keine zusätzlichen Kosten verursacht. Die zuständige Behörde übermittelt der betreffenden Berufsorganisation eine Kopie der Meldung und gegebenenfalls der erneuerten Meldung nach Artikel 7 Absatz 1, der im Falle der in Artikel 7 Absatz 4 genannten Berufe, die die öffentliche Gesundheit und Sicherheit berühren, oder im Falle von Berufen, die unter die automatische Anerkennung nach Artikel III Kapitel III fallen, eine Kopie der in Artikel 7 Absatz 2 genannten Dokumente beizufügen ist; für die Zwecke der Befreiung gilt dies als automatische vorübergehende Eintragung oder Pro-Forma-Mitgliedschaft.

b) Mitgliedschaft bei einer Körperschaft des öffentlichen Rechts im Bereich der sozialen Sicherheit zur Abrechnung mit einem Versicherer für Tätigkeiten zugunsten von Sozialversicherten.

Der Dienstleister unterrichtet jedoch zuvor oder in dringenden Fällen nachträglich die in Absatz 1 Buchstabe b bezeichnete Körperschaft von der Erbringung seiner Dienstleistungen.

Artikel 7   Vorherige Meldung bei Ortswechsel des Dienstleisters

(1) Die Mitgliedstaaten können verlangen, dass der Dienstleister in dem Fall, dass er zur Erbringung von Dienstleistungen erstmals von einem Mitgliedstaat in einen anderen wechselt, den zuständigen Behörden im Aufnahmemitgliedstaat vorher schriftlich Meldung erstattet und sie dabei über Einzelheiten zu einem Versicherungsschutz oder einer anderen Art des individuellen oder kollektiven Schutzes in Bezug auf die Berufshaftpflicht informiert. Diese Meldung ist einmal jährlich zu erneuern, wenn der Dienstleister beabsichtigt, während des betreffenden Jahres vorübergehend oder gelegentlich Dienstleistungen in dem Mitgliedstaat zu erbringen. Der Dienstleister kann die Meldung in beliebiger Form vornehmen.

(2) Darüber hinaus können die Mitgliedstaaten fordern, dass, wenn Dienstleistungen erstmals erbracht werden oder sich eine wesentliche Änderung gegenüber der in den Dokumenten bescheinigten Situation ergibt, der Meldung folgende Dokumente beigefügt sein müssen:

a) ein Nachweis über die Staatsangehörigkeit des Dienstleisters;

b) eine Bescheinigung darüber, dass der Dienstleister in einem Mitgliedstaat rechtmäßig zur Ausübung der betreffenden Tätigkeiten niedergelassen ist und dass ihm die Ausübung dieser Tätigkeiten zum Zeitpunkt der Vorlage der Bescheinigung nicht, auch nicht vorübergehend, untersagt ist;

c) ein Berufsqualifikationsnachweis;

d) in den in Artikel 5 Absatz 1 Buchstabe b genannten Fällen ein Nachweis in beliebiger Form darüber, dass der Dienstleister die betreffende Tätigkeit mindestens ein Jahr während der vorhergehenden zehn Jahre ausgeübt hat;

e) im Fall von Berufen im Sicherheitssektor, Berufen im Gesundheitswesen und Berufen im Bereich der Erziehung Minderjähriger, einschließlich Kinderbetreuungseinrichtungen und frühkindliche Erziehung, eine Bescheinigung, zur Bestätigung, dass die Ausübung des Berufs weder vorübergehend noch endgültig untersagt wurde und keine Vorstrafen vorliegen, soweit der Mitgliedstaat diesen Nachweis von den eigenen Staatsangehörigen verlangt.

f) für Berufe, die die Patientensicherheit berühren, eine Erklärung über die Sprachkenntnisse des Antragstellers, die für die Ausübung des Berufs im Herkunftsmitgliedstaat notwendig sind;

g) für Berufe, die die Tätigkeiten nach Artikel 16 umfassen und die vom Mitgliedstaat gemäß Artikel 59 Absatz 2 mitgeteilt wurden, eine Bescheinigung über die Art und Dauer der Tätigkeit, die von der zuständigen Behörde oder Stelle des Mitgliedstaats ausgestellt wird, in dem der Dienstleister niedergelassen ist.

(2a) Die Vorlage einer erforderlichen Meldung durch einen Dienstleister gemäß Absatz 1 berechtigt diesen Dienstleister zum Zugang zu der Dienstleistungstätigkeit oder zur Ausübung dieser Tätigkeit im gesamten Hoheitsgebiet des betreffenden Mitgliedstaats. Ein Mitgliedstaat kann die zusätzlichen, in Absatz 2 aufgeführten Informationen bezüglich der Berufsqualifikationen des Dienstleisters vorschreiben, wenn

a) der Beruf in Teilen des Hoheitsgebiets dieses Mitgliedstaats unterschiedlich reglementiert ist,

b) eine solche Reglementierung auch für alle Staatsangehörigen des Mitgliedstaats gilt,

c) die Unterschiede bei dieser Reglementierung aus zwingenden Gründen des Allgemeininteresses im Zusammenhang mit der öffentlichen Gesundheit oder Sicherheit der Empfänger der Dienstleistung gerechtfertigt sind und

d) der Mitgliedstaat diese Informationen nicht auf andere Weise erlangen kann.

(3) Die Dienstleistung wird unter der Berufsbezeichnung des Niederlassungsmitgliedstaats erbracht, sofern in diesem Mitgliedstaat für die betreffende Tätigkeit eine solche Berufsbezeichnung existiert. Die Berufsbezeichnung wird in der Amtssprache oder einer der Amtssprachen des Niederlassungsmitgliedstaats geführt, und zwar so, dass keine Verwechslung mit der Berufsbezeichnung des Aufnahmemitgliedstaats möglich ist. Falls die genannte Berufsbezeichnung im Niederlassungsmitgliedstaat nicht existiert, gibt der Dienstleister seinen Ausbildungsnachweis in der Amtssprache oder einer der Amtssprachen dieses Mitgliedstaats an. In den im Titel III Kapitel III genannten Fällen wird die Dienstleistung ausnahmsweise unter der Berufsbezeichnung des Aufnahmemitgliedstaats erbracht.

(4) Im Fall reglementierter Berufe, die die öffentliche Gesundheit oder Sicherheit berühren und die nicht unter die automatische Anerkennung gemäß Titel III Kapitel II, III oder IIIa fallen, kann die zuständige Behörde im Aufnahmemitgliedstaat bei der erstmaligen Erbringung einer Dienstleistung die Berufsqualifikationen des Dienstleisters vor dieser erstmaligen Erbringung nachprüfen. Eine solche Nachprüfung ist nur möglich, wenn ihr Zweck darin besteht, eine schwerwiegende Beeinträchtigung der Gesundheit oder Sicherheit des Dienstleistungsempfängers aufgrund einer mangelnden Berufsqualifikation des Dienstleisters zu verhindern, und sofern die Nachprüfung nicht über das für diesen Zweck erforderliche Maß hinausgeht.

Die zuständige Behörde unterrichtet den Dienstleister spätestens einen Monat nach Eingang der in den Absätzen 1 und 2 genannten Meldung und Begleitdokumente über ihre Entscheidung

a) die Erbringung der Dienstleistungen zuzulassen, ohne seine Berufsqualifikationen nachzuprüfen,

b) nach der Nachprüfung seiner Berufsqualifikationen

   i) von dem Dienstleister zu verlangen, sich einem Eignungstest zu unterziehen, oder

   ii) die Erbringung der Dienstleistungen zuzulassen.

Sollten Schwierigkeiten auftreten, die zu einer Verzögerung der Entscheidung nach Unterabsatz 2 führen könnten, so unterrichtet die zuständige Behörde den Dienstleister innerhalb derselben Frist über die Gründe für diese Verzögerung. Die Schwierigkeiten werden binnen eines Monats nach dieser Mitteilung behoben und die Entscheidung ergeht binnen zwei Monaten nach Behebung der Schwierigkeiten.

Besteht ein wesentlicher Unterschied zwischen der beruflichen Qualifikation des Dienstleisters und der im Aufnahmemitgliedstaat geforderten Ausbildung und ist er so groß, dass dies der öffentlichen Gesundheit oder Sicherheit abträglich ist und durch Berufserfahrung oder durch Kenntnisse, Fähigkeiten und Kompetenzen des Dienstleisters, die durch lebenslanges Lernen erworben und hierfür förmlich von einer einschlägigen Stelle als gültig anerkannt wurden, nicht ausgeglichen werden kann, so muss der Aufnahmemitgliedstaat diesem Dienstleister die Möglichkeit geben, durch eine in Unterabsatz 2 Buchstabe b genannte Eignungsprüfung nachzuweisen, dass er die fehlenden Kenntnisse, Fähigkeiten oder Kompetenzen erworben hat. Der Aufnahmemitgliedstaat trifft auf dieser Grundlage eine Entscheidung, ob er die Erbringung dieser Dienstleistungen erlaubt. In jedem Fall muss die Erbringung der Dienstleistung innerhalb des Monats erfolgen können, der auf die nach Unterabsatz 2 getroffene Entscheidung folgt.

Bleibt eine Reaktion der zuständigen Behörde binnen der in den Unterabsätzen 2 und 3 festgesetzten Fristen aus, so darf die Dienstleistung erbracht werden.

In den Fällen, in denen die Berufsqualifikationen gemäß diesem Absatz nachgeprüft worden sind, erfolgt die Erbringung der Dienstleistung unter der Berufsbezeichnung des Aufnahmemitgliedstaats.

Artikel 8   Verwaltungszusammenarbeit

(1) Die zuständigen Behörden des Aufnahmemitgliedstaats können bei berechtigten Zweifeln von den zuständigen Behörden des Niederlassungsmitgliedstaats alle Informationen über die Rechtmäßigkeit der Niederlassung und die gute Führung des Dienstleisters anfordern sowie Informationen darüber, dass keine berufsbezogenen disziplinarischen oder strafrechtlichen Sanktionen vorliegen. Entscheiden die zuständigen Behörden des Aufnahmemitgliedstaats, die Berufsqualifikationen des Dienstleisters zu kontrollieren, so können sie bei den zuständigen Behörden des Niederlassungsmitgliedstaats Informationen über die Ausbildungsgänge des Dienstleisters anfordern, soweit dies für die Beurteilung der Frage, ob wesentliche Unterschiede vorliegen, die der öffentlichen Gesundheit oder Sicherheit wahrscheinlich abträglich sind, erforderlich ist. Die zuständigen Behörden des Niederlassungsmitgliedstaats übermitteln diese Informationen gemäß Artikel 56. Im Fall von Berufen,

die in dem Herkunftsmitgliedstaat nicht reglementiert sind, können auch die in Artikel 57b genannten Beratungszentren diese Informationen zur Verfügung stellen.

(2) Die zuständigen Behörden sorgen für den Austausch aller Informationen, die im Falle von Beschwerden eines Dienstleistungsempfängers gegen einen Dienstleister für ein ordnungsgemäßes Beschwerdeverfahren erforderlich sind. Der Dienstleistungsempfänger wird über das Ergebnis der Beschwerde unterrichtet.

Artikel 9 Unterrichtung der Dienstleistungsempfänger

Wird die Dienstleistung unter der Berufsbezeichnung des Niederlassungsmitgliedstaats oder auf der Grundlage des Ausbildungsnachweises des Dienstleisters erbracht, so können die zuständigen Behörden des Aufnahmemitgliedstaats verlangen, dass der Dienstleister zusätzlich zur Erfüllung der sonstigen Informationsanforderungen nach dem Gemeinschaftsrecht dem Dienstleistungsempfänger jeder oder alle der folgenden Informationen liefert:

a) falls der Dienstleister in ein Handelsregister oder ein ähnliches öffentliches Register eingetragen ist, das Register, in das er eingetragen ist, und die Nummer der Eintragung oder gleichwertige, der Identifikation dienende Angaben aus diesem Register;

b) falls die Tätigkeit im Niederlassungsmitgliedstaat zulassungspflichtig ist, den Namen und die Anschrift der zuständigen Aufsichtsbehörde;

c) die Berufskammern oder vergleichbare Organisationen, denen der Dienstleister angehört;

d) die Berufsbezeichnung oder, falls eine solche Berufsbezeichnung nicht existiert, den Ausbildungsnachweis des Dienstleisters und den Mitgliedstaat, in dem die Berufsbezeichnung verliehen bzw. der Ausbildungsnachweis ausgestellt wurde;

e) falls der Dienstleister eine mehrwertsteuerpflichtige Tätigkeit ausübt, die Umsatzsteueridentifikationsnummer nach Artikel 22 Absatz 1 der Richtlinie 77/388/EWG des Rates vom 17. Mai 1977 zur Harmonisierung der Rechtsvorschriften der Mitgliedstaaten über die Umsatzsteuern – Gemeinsames Mehrwertsteuersystem: einheitliche steuerpflichtige Bemessungsgrundlage[1];

f) Einzelheiten zu einem Versicherungsschutz oder einer anderen Art des individuellen oder kollektiven Schutzes in Bezug auf die Berufshaftpflicht.

---

[1] ABl. L 145 vom 13.6.1977, S. 1. Zuletzt geändert durch die Richtlinie 2004/66/EG (ABl. L 168 vom 1.5.2004, S. 35).

Titel III
Niederlassungsfreiheit

Kapitel I
Allgemeine Regelung für die Anerkennung von Ausbildungsnachweisen

Artikel 10   Anwendungsbereich

Dieses Kapitel gilt für alle Berufe, die nicht unter Kapitel II und III dieses Titels fallen, sowie für die folgenden Fälle, in denen der Antragsteller aus besonderen und außergewöhnlichen Gründen die in diesen Kapiteln genannten Voraussetzungen nicht erfüllt:

a) für die in Anhang IV aufgeführten Tätigkeiten, wenn der Migrant die Anforderungen der Artikel 17, 18 und 19 nicht erfüllt,

b) für Ärzte mit Grundausbildung, Fachärzte, Krankenschwestern und Krankenpfleger für allgemeine Pflege, Zahnärzte, Fachzahnärzte, Tierärzte, Hebammen, Apotheker und Architekten, wenn der Migrant die Anforderungen der tatsächlichen und rechtmäßigen Berufspraxis gemäß den Artikeln 23, 27, 33, 37, 39, 43 und 49 nicht erfüllt,

c) für Architekten, wenn der Migrant über einen Ausbildungsnachweis verfügt, der nicht in Anhang V Nummer 5.7 aufgeführt ist,

d) unbeschadet des Artikels 21 Absatz 1 und der Artikel 23 und 27 für Ärzte, Krankenschwestern und Krankenpfleger, Zahnärzte, Tierärzte, Hebammen, Apotheker und Architekten, die über einen Ausbildungsnachweis für eine Spezialisierung verfügen, der nach der Ausbildung zum Erwerb einer der in Anhang V Nummern 5.1.1, 5.2.2, 5.3.2, 5.4.2, 5.5.2, 5.6.2 und 5.7.1 aufgeführten Bezeichnungen erworben worden sein muss, und zwar ausschließlich zum Zwecke der Anerkennung der betreffenden Spezialisierung,

e) für Krankenschwestern und Krankenpfleger für allgemeine Pflege und für spezialisierte Krankenschwestern und Krankenpfleger, die über einen Ausbildungsnachweis für eine Spezialisierung verfügen, der nach der Ausbildung zum Erwerb einer der in Anhang V Nummer 5.2.2 aufgeführten Bezeichnungen erworben wurde, wenn der Migrant die Anerkennung in einem anderen Mitgliedstaat beantragt, in dem die betreffenden beruflichen Tätigkeiten von spezialisierten Krankenschwestern und Krankenpflegern, die keine Ausbildung für die allgemeine Pflege absolviert haben, ausgeübt werden,

f) für spezialisierte Krankenschwestern und Krankenpfleger, die keine Ausbildung für die allgemeine Pflege absolviert haben, wenn der Migrant die Anerkennung in einem anderen Mitgliedstaat beantragt, in dem die betreffenden beruflichen Tätigkeiten von Krankenschwestern und Krankenpflegern für allgemeine Pflege, von spezialisierten Krankenschwestern und Krankenpflegern, die keine Ausbildung für die allgemeine Pflege absolviert haben, oder von spezialisierten Krankenschwestern und Krankenpflegern, die über einen Ausbildungsnachweis für eine Spezialisierung verfügen, der nach der Ausbildung zum Erwerb einer der in Anhang V Nummer 5.2.2 aufgeführten Bezeichnungen erworben wurde, ausgeübt werden,

g) für Migranten, die die Anforderungen nach Artikel 3 Absatz 3 erfüllen.

Artikel 11   Qualifikationsniveaus

Für die Zwecke des Artikel 13 und des Artikel 14 Absatz 6 werden die Berufsqualifikationen den nachstehenden Niveaus wie folgt zugeordnet:

a) Befähigungsnachweis, den eine zuständige Behörde des Herkunftsmitgliedstaats,
   die entsprechend dessen Rechts- und Verwaltungsvorschriften benannt wurde,
   ausstellt

   i) entweder aufgrund einer Ausbildung, für die kein Zeugnis oder Diplom im
      Sinne der Buchstaben b, c, d oder e erteilt wird, oder einer spezifischen
      Prüfung ohne vorhergehende Ausbildung oder aufgrund der Ausübung des
      Berufs als Vollzeitbeschäftigung in einem Mitgliedstaat während drei auf-
      einander folgender Jahre oder als Teilzeitbeschäftigung während eines ent-
      sprechenden Zeitraums in den letzten zehn Jahren;

   ii) oder aufgrund einer allgemeinen Schulbildung von Primär- oder Sekundär-
      niveau, wodurch dem Inhaber des Befähigungsnachweises bescheinigt wird,
      dass er Allgemeinkenntnisse besitzt.

b) Zeugnis, das nach Abschluss einer Ausbildung auf Sekundärniveau erteilt wird,

   i) entweder einer allgemein bildenden Sekundärausbildung, die durch eine Fach-
      oder Berufsausbildung, die keine Fach- oder Berufsausbildung im Sinne von
      Buchstabe c ist, und/oder durch ein neben dem Ausbildungsgang erforderli-
      ches Berufspraktikum oder eine solche Berufspraxis ergänzt wird;

   ii) oder einer technischen oder berufsbildenden Sekundärausbildung, die gege-
      benenfalls durch eine Fach- oder Berufsausbildung gemäß Ziffer i und/oder
      durch ein neben dem Ausbildungsgang erforderliches Berufspraktikum oder
      eine solche Berufspraxis ergänzt wird.

c) Diplom, das erteilt wird nach Abschluss

   i) einer postsekundären Ausbildung von mindestens einem Jahr oder einer
      Teilzeitausbildung von entsprechender Dauer, die keine postsekundäre Aus-
      bildung im Sinne der Buchstaben d und e ist und für die im Allgemeinen eine
      der Zugangsbedingungen der Abschluss einer zum Universitäts- oder Hoch-
      schulstudium berechtigenden Sekundärausbildung oder eine abgeschlossene
      entsprechende Schulbildung der Sekundarstufe II ist, sowie der Berufsaus-
      bildung, die gegebenenfalls neben der postsekundären Ausbildung gefordert
      wird;

   ii) eines reglementierten Ausbildungsgangs oder – im Fall eines reglementierten
      Berufs – einer dem Ausbildungsniveau gemäß Ziffer i entsprechenden beson-
      ders strukturierten Berufsausbildung, durch die Kompetenzen vermittelt wer-
      den, die über das hinausgehen, was durch das Qualifikationsniveau nach
      Buchstabe b vermittelt wird, wenn diese Ausbildung eine vergleichbare Be-
      rufsbefähigung vermittelt und auf eine vergleichbare berufliche Funktion und
      Verantwortung vorbereitet, sofern dem Diplom eine Bescheinigung des Her-
      kunftsmitgliedstaats beigefügt ist.

d) Diplom, mit dem nachgewiesen wird, dass der Inhaber eine postsekundäre
   Ausbildung von mindestens drei und höchstens vier Jahren oder eine Teilzeitausbildung von entsprechender Dauer, die zusätzlich in der entsprechenden

Anzahl von ECTS-Punkten ausgedrückt werden kann, an einer Universität oder einer anderen Hochschule oder einer anderen Ausbildungseinrichtung mit gleichwertigem Ausbildungsniveau erfolgreich abgeschlossen sowie gegebenenfalls die Berufsausbildung, die neben dem Studium gefordert wird, erfolgreich abgeschlossen hat.

e) Diplom, mit dem nachgewiesen wird, dass der Inhaber einen postsekundären Ausbildungsgang von mindestens vier Jahren oder eine Teilzeitausbildung von entsprechender Dauer, die zusätzlich in der entsprechenden Anzahl an ECTS-Punkten ausgedrückt werden kann, an einer Universität oder einer anderen Hochschule oder in einer anderen Ausbildungseinrichtung mit gleichwertigem Ausbildungsniveau erfolgreich abgeschlossen sowie gegebenenfalls die Berufsausbildung, die neben dem Studium gefordert wird, erfolgreich abgeschlossen hat.

Artikel 12   Gleichgestellte Ausbildungsgänge

Jeder Ausbildungsnachweis oder jede Gesamtheit von Ausbildungsnachweisen, die von einer zuständigen Behörde in einem Mitgliedstaat ausgestellt wurden, sofern sie den erfolgreichen Abschluss einer in der Union auf Voll- oder Teilzeitbasis im Rahmen formaler oder nichtformaler Ausbildungsprogramme erworbenen Ausbildung bescheinigen und von diesem Mitgliedstaat als gleichwertig anerkannt werden und in Bezug auf die Aufnahme oder Ausübung eines Berufs dieselben Rechte verleihen oder auf die Ausübung dieses Berufs vorbereiten, sind Ausbildungsnachweisen nach Artikel 11 gleichgestellt, auch in Bezug auf das entsprechende Niveau.

Unter den Voraussetzungen des Absatzes 1 sind solchen Ausbildungsnachweisen Berufsqualifikationen gleichgestellt, die zwar nicht den Erfordernissen der Rechts- oder Verwaltungsvorschriften des Herkunftsmitgliedstaats für die Aufnahme oder Ausübung eines Berufs entsprechen, ihrem Inhaber jedoch erworbene Rechte gemäß diesen Vorschriften verleihen. Dies gilt insbesondere, wenn der Herkunftsmitgliedstaat das Niveau der Ausbildung, die für die Zulassung zu einem Beruf oder für dessen Ausübung erforderlich ist, hebt und wenn eine Person, die zuvor eine Ausbildung durchlaufen hat, die nicht den Erfordernissen der neuen Qualifikation entspricht, aufgrund nationaler Rechts- oder Verwaltungsvorschriften erworbene Rechte besitzt; in einem solchen Fall stuft der Aufnahmemitgliedstaat zur Anwendung von Artikel 13 diese zuvor durchlaufene Ausbildung als dem Niveau der neuen Ausbildung entsprechend ein.

Artikel 13   Anerkennungsbedingungen

(1) Setzt die Aufnahme oder Ausübung eines reglementierten Berufs in einem Aufnahmemitgliedstaat den Besitz bestimmter Berufsqualifikationen voraus, so gestattet die zuständige Behörde dieses Mitgliedstaats den Antragstellern die Aufnahme oder Ausübung dieses Berufs unter denselben Voraussetzungen wie Inländern, wenn sie den Befähigungs- oder Ausbildungsnachweis nach Artikel 11 besitzen, der in einem anderen Mitgliedstaat erforderlich ist, um in dessen Hoheitsgebiet die Erlaubnis zur Aufnahme und Ausübung dieses Berufs zu erhalten.

Befähigungs- oder Ausbildungsnachweise werden in einem Mitgliedstaat von einer nach dessen Rechts- und Verwaltungsvorschriften benannten zuständigen Behörde ausgestellt.

(2) Aufnahme und Ausübung eines Berufs, wie in Absatz 1 beschrieben, müssen auch den Antragstellern gestattet werden, die den betreffenden Beruf ein Jahr lang in Vollzeit oder während einer entsprechender Gesamtdauer in Teilzeit in den vorangegangenen zehn Jahren in einem anderen Mitgliedstaat, in dem dieser Beruf nicht reglementiert ist, ausgeübt haben und die im Besitz eines oder mehrerer in einem anderen Mitgliedstaat, in dem dieser Beruf nicht reglementiert ist, ausgestellten Befähigungs- oder Ausbildungsnachweise sind.

Die Befähigungs- oder Ausbildungsnachweise müssen

a) in einem Mitgliedstaat von einer entsprechend dessen Rechts- und Verwaltungsvorschriften benannten zuständigen Behörde ausgestellt worden sein;
b) bescheinigen, dass der Inhaber auf die Ausübung des betreffenden Berufs vorbereitet wurde.

Die in Unterabsatz 1 genannte einjährige Berufserfahrung darf allerdings nicht verlangt werden, wenn durch den Ausbildungsnachweis, über die der Antragsteller verfügt, ein reglementierter Ausbildungsgang belegt wird.

(3) Der Aufnahmemitgliedstaat erkennt das vom Herkunftsmitgliedstaat gemäß Artikel 11 bescheinigte Ausbildungsniveau und die Bescheinigung an, durch die der Herkunftsmitgliedstaat bestätigt, dass die in Artikel 11 Buchstabe c Ziffer ii genannte Ausbildung dem in Artikel 11 Buchstabe c Ziffer i vorgesehenen Niveau gleichwertig ist.

(4) Abweichend von den Absätzen 1 und 2 dieses Artikels und von Artikel 14 kann die zuständige Behörde des Aufnahmemitgliedstaats den Inhabern eines Befähigungs- oder Ausbildungsnachweises, der unter Artikel 11 Buchstabe a eingestuft ist, die Aufnahme oder Ausübung eines Berufs verweigern, wenn die zur Ausübung des Berufes im Hoheitsgebiet des Aufnahmemitgliedstaats erforderliche nationale Berufsqualifikation unter Artikel 11 Buchstabe e eingestuft ist.

Artikel 14   Ausgleichsmaßnahmen

(1) Artikel 13 hindert den Aufnahmemitgliedstaat nicht daran, in einem der nachstehenden Fälle vom Antragsteller zu verlangen, dass er einen höchstens dreijährigen Anpassungslehrgang absolviert oder eine Eignungsprüfung ablegt,

a) wenn die bisherige Ausbildung des Antragstellers sich hinsichtlich der beruflichen Tätigkeit auf Fächer bezieht, die sich wesentlich von denen unterscheiden, die durch den Ausbildungsnachweis im Aufnahmemitgliedstaat abgedeckt werden,
b) wenn der reglementierte Beruf im Aufnahmemitgliedstaat eine oder mehrere reglementierte berufliche Tätigkeiten umfasst, die im Herkunftsmitgliedstaat des Antragstellers nicht Bestandteil des entsprechenden reglementierten Berufs sind, und wenn sich die im Aufnahmemitgliedstaat geforderte Ausbildung auf Fächer bezieht, die sich wesentlich von denen unterscheiden, die von dem Befähigungs- oder Ausbildungsnachweis des Antragstellers abgedeckt werden.

(2) Wenn der Aufnahmemitgliedstaat von der Möglichkeit nach Absatz 1 Gebrauch macht, muss er dem Antragsteller die Wahl zwischen dem Anpassungslehrgang und der Eignungsprüfung lassen.

Wenn ein Mitgliedstaat es für erforderlich hält, für einen bestimmten Beruf vom Grundsatz der Wahlmöglichkeit des Antragstellers nach Unterabsatz 1 zwischen Anpassungslehrgang und Eignungsprüfung abzuweichen, unterrichtet er vorab die anderen Mitgliedstaaten und die Kommission davon und begründet diese Abweichung in angemessener Weise.

Gelangt die Kommission zu der Ansicht, dass die in Unterabsatz 2 bezeichnete Abweichung nicht angemessen ist oder nicht dem Unionsrecht entspricht, erlässt sie binnen drei Monaten nach Erhalt aller nötigen Informationen einen Durchführungsrechtsakt, um den betreffenden Mitgliedstaat aufzufordern, von der geplanten Maßnahme Abstand zu nehmen. Wenn die Kommission innerhalb dieser Frist nicht tätig wird, darf der Mitgliedstaat von der Wahlfreiheit abweichen.

(3) Abweichend vom Grundsatz der freien Wahl des Antragstellers nach Absatz 2 kann der Aufnahmemitgliedstaat bei Berufen, deren Ausübung eine genaue Kenntnis des einzelstaatlichen Rechts erfordert und bei denen Beratung und/oder Beistand in Bezug auf das einzelstaatliche Recht ein wesentlicher und beständiger Teil der Berufsausübung ist, entweder einen Anpassungslehrgang oder eine Eignungsprüfung vorschreiben.

Dies gilt auch für die Fälle nach Artikel 10 Buchstaben b und c, für die Fälle nach Artikel 10 Buchstabe d – betreffend Ärzte und Zahnärzte –, für die Fälle nach Artikel 10 Buchstabe f – wenn der Migrant die Anerkennung in einem anderen Mitgliedstaat beantragt, in dem die betreffenden beruflichen Tätigkeiten von Krankenschwestern und Krankenpflegern für allgemeine Pflege oder von spezialisierten Krankenschwestern und Krankenpflegern, die über einen Ausbildungsnachweis für eine Spezialisierung verfügen, der nach der Ausbildung zur Erlangung einer der in Anhang V Nummer 5.2.2 aufgeführten Berufsbezeichnungen erworben wurde, ausgeübt werden – sowie für die Fälle nach Artikel 10 Buchstabe g.

In den Fällen nach Artikel 10 Buchstabe a kann der Aufnahmemitgliedstaat einen Anpassungslehrgang oder eine Eignungsprüfung verlangen, wenn Tätigkeiten als Selbstständiger oder als Betriebsleiter ausgeübt werden sollen, die die Kenntnis und die Anwendung der geltenden spezifischen innerstaatlichen Vorschriften erfordern, soweit die zuständige Behörde des Aufnahmemitgliedstaats für die eigenen Staatsangehörigen die Kenntnis und die Anwendung dieser innerstaatlichen Vorschriften für den Zugang zu den Tätigkeiten vorschreibt.

Abweichend von dem Grundsatz, dass der Antragsteller die Wahlmöglichkeit nach Absatz 2 hat, kann der Aufnahmemitgliedstaat entweder einen Anpassungslehrgang oder einen Eignungstest vorschreiben, wenn

a) der Inhaber einer Berufsqualifikation gemäß Artikel 11 Buchstabe a die Anerkennung seiner Berufsqualifikation beantragt und die erforderliche nationale Berufsqualifikation unter Artikel 11 Buchstabe c eingestuft ist, oder

b) der Inhaber einer Berufsqualifikation gemäß Artikel 11 Buchstabe b die Anerkennung seiner Berufsqualifikationen beantragt und die erforderliche nationale Berufsqualifikation unter Artikel 11 Buchstabe d oder e eingestuft ist.

Beantragt ein Inhaber einer Berufsqualifikation gemäß Artikel 11 Buchstabe a die Anerkennung seiner Berufsqualifikationen und ist die erforderliche Berufsqualifikation unter Artikel 11 Buchstabe d eingestuft, so kann der Aufnahmemitgliedstaat sowohl einen Anpassungslehrgang als auch eine Eignungsprüfung vorschreiben.

(4) Für die Zwecke der Absätze 1 und 5 sind unter „Fächer, die sich wesentlich unterscheiden" jene Fächer zu verstehen, bei denen Kenntnis, Fähigkeiten und Kompetenzen eine wesentliche Voraussetzung für die Ausübung des Berufs sind und bei denen die bisherige Ausbildung des Migranten wesentliche Abweichungen hinsichtlich des Inhalts gegenüber der im Aufnahmemitgliedstaat geforderten Ausbildung aufweist.

(5) Bei der Anwendung des Absatzes 1 ist nach dem Grundsatz der Verhältnismäßigkeit zu verfahren. Insbesondere muss der Aufnahmemitgliedstaat, wenn er beabsichtigt, dem Antragsteller einen Anpassungslehrgang oder eine Eignungsprüfung aufzuerlegen, zunächst prüfen, ob die vom Antragsteller im Rahmen seiner Berufspraxis oder durch lebenslanges Lernen in einem Mitgliedstaat oder einem Drittland erworbenen Kenntnisse, Fähigkeiten und Kompetenzen, die hierfür von einer einschlägigen Stelle formell als gültig anerkannt wurden, den wesentlichen Unterschied in Bezug auf die Fächer im Sinne des Absatzes 4 ganz oder teilweise ausgleichen können.

(6) Der Beschluss zur Auferlegung eines Anpassungslehrgangs oder einer Eignungsprüfung muss hinreichend begründet sein. Insbesondere sind dem Antragsteller folgende Informationen mitzuteilen:

a) das Niveau der im Aufnahmemitgliedstaat verlangten Berufsqualifikation und das Niveau der vom Antragsteller vorgelegten Berufsqualifikation gemäß der Klassifizierung in Artikel 11; und
b) die wesentlichen in Absatz 4 genannten Unterschiede und die Gründe, aus denen diese Unterschiede nicht durch Kenntnisse, Fähigkeiten und Kompetenzen, die durch lebenslanges Lernen erworben und hierfür von einer einschlägigen Stelle formell als gültig anerkannt wurden, ausgeglichen werden können.

(7) Die Mitgliedstaaten stellen sicher, dass der Antragsteller die Möglichkeit hat, die Eignungsprüfung nach Absatz 1 spätestens sechs Monate nach der ursprünglichen Entscheidung, dem Antragsteller eine Eignungsprüfung aufzuerlegen, abzulegen.

Artikel 15

(gestrichen)

Kapitel II
Anerkennung der Berufserfahrung

Artikel 16   Erfordernisse in Bezug auf die Berufserfahrung

Wird in einem Mitgliedstaat die Aufnahme einer der in Anhang IV genannten Tätigkeiten oder ihre Ausübung vom Besitz allgemeiner, kaufmännischer oder fachlicher Kenntnisse und Fertigkeiten abhängig gemacht, so erkennt der betreffende Mitgliedstaat als ausreichenden Nachweis für diese Kenntnisse und Fertigkeiten die vorherige Ausübung der betreffenden Tätigkeit in einem anderen Mitgliedstaat an. Die Tätigkeit muss gemäß den Artikeln 17, 18 und 19 ausgeübt worden sein.

Artikel 17   Tätigkeiten nach Anhang IV Verzeichnis I

(1) Im Falle der in Anhang IV Verzeichnis I aufgeführten Tätigkeiten muss die betreffende Tätigkeit zuvor wie folgt ausgeübt worden sein:

a) als ununterbrochene sechsjährige Tätigkeit als Selbstständiger oder als Betriebsleiter; oder

b) als ununterbrochene dreijährige Tätigkeit als Selbstständiger oder als Betriebsleiter, wenn die begünstigte Person für die betreffende Tätigkeit eine mindestens dreijährige vorherige Ausbildung nachweist, die durch ein staatlich anerkanntes Zeugnis bescheinigt oder von einer zuständigen Berufsorganisation als vollwertig anerkannt ist; oder

c) als ununterbrochene vierjährige Tätigkeit als Selbstständiger oder als Betriebsleiter, wenn die begünstigte Person für die betreffende Tätigkeit eine mindestens zweijährige vorherige Ausbildung nachweisen kann, die durch ein staatlich anerkanntes Zeugnis bescheinigt oder von einer zuständigen Berufsorganisation als vollwertig anerkannt ist; oder

d) als ununterbrochene dreijährige Tätigkeit als Selbstständiger, wenn die begünstigte Person für die betreffende Tätigkeit eine mindestens fünfjährige Tätigkeit als abhängig Beschäftigter nachweisen kann; oder

e) als ununterbrochene fünfjährige Tätigkeit in leitender Stellung, davon eine mindestens dreijährige Tätigkeit mit technischen Aufgaben und mit der Verantwortung für mindestens eine Abteilung des Unternehmens, wenn die begünstigte Person für die betreffende Tätigkeit eine mindestens dreijährige Ausbildung nachweisen kann, die durch ein staatlich anerkanntes Zeugnis bescheinigt oder von einer zuständigen Berufsorganisation als vollwertig anerkannt ist.

(2) In den Fällen der Buchstaben a und d darf die Beendigung dieser Tätigkeit nicht mehr als zehn Jahre zurückliegen, gerechnet ab dem Zeitpunkt der Einreichung des vollständigen Antrags der betroffenen Person bei der zuständigen Behörde nach Artikel 56.

(3) Auf Tätigkeiten der Gruppe Ex 855 (Frisiersalons) der ISIC-Systematik findet Absatz 1 Buchstabe e keine Anwendung.

Artikel 18   Tätigkeiten nach Anhang IV Verzeichnis II

(1) Im Falle der in Anhang IV Verzeichnis II aufgeführten Tätigkeiten muss die betreffende Tätigkeit zuvor wie folgt ausgeübt worden sein:

a) als ununterbrochene fünfjährige Tätigkeit als Selbstständiger oder als Betriebsleiter; oder

b) als ununterbrochene dreijährige Tätigkeit als Selbstständiger oder als Betriebsleiter, wenn die begünstigte Person für die betreffende Tätigkeit eine mindestens dreijährige vorherige Ausbildung nachweist, die durch ein staatlich anerkanntes Zeugnis bescheinigt oder von einer zuständigen Berufsorganisation als vollwertig anerkannt ist; oder

c) als ununterbrochene vierjährige Tätigkeit als Selbstständiger oder als Betriebsleiter, wenn die begünstigte Person für die betreffende Tätigkeit eine mindestens zweijährige vorherige Ausbildung nachweisen kann, die durch ein staatlich anerkanntes Zeugnis bescheinigt oder von einer zuständigen Berufsorganisation als vollwertig anerkannt ist; oder

d) als ununterbrochene dreijährige Tätigkeit als Selbstständiger oder Betriebsleiter, wenn die begünstigte Person in der betreffenden Tätigkeit eine mindestens fünfjährige Tätigkeit als abhängig Beschäftigter nachweisen kann; oder

e) als ununterbrochene fünfjährige Tätigkeit als abhängig Beschäftigter, wenn die begünstigte Person für die betreffende Tätigkeit eine mindestens dreijährige vorherige Ausbildung nachweisen kann, die durch ein staatlich anerkanntes Zeugnis bescheinigt oder von einer zuständigen Berufsorganisation als vollwertig anerkannt ist; oder

f) als ununterbrochene sechsjährige Tätigkeit als abhängig Beschäftigter, wenn die begünstigte Person für die betreffende Tätigkeit eine mindestens zweijährige vorherige Ausbildung nachweisen kann, die durch ein staatlich anerkanntes Zeugnis bescheinigt oder von einer zuständigen Berufsorganisation als vollwertig anerkannt ist.

(2) In den Fällen der Buchstaben a und d darf die Beendigung dieser Tätigkeit nicht mehr als zehn Jahre zurückliegen, gerechnet ab dem Zeitpunkt der Einreichung des vollständigen Antrags der betroffenen Person bei der zuständigen Behörde nach Artikel 56.

Artikel 19   Tätigkeiten nach Anhang IV Verzeichnis III

(1) Im Falle der in Anhang IV Verzeichnis III aufgeführten Tätigkeiten muss die betreffende Tätigkeit zuvor wie folgt ausgeübt worden sein:

a) als ununterbrochene dreijährige Tätigkeit entweder als Selbstständiger oder als Betriebsleiter; oder

b) als ununterbrochene zweijährige Tätigkeit als Selbstständiger oder als Betriebsleiter, wenn die begünstigte Person für die betreffende Tätigkeit eine vorherige Ausbildung nachweisen kann, die durch ein staatlich anerkanntes Zeugnis bescheinigt oder von einer zuständigen Berufsorganisation als vollwertig anerkannt ist; oder

c) als ununterbrochene zweijährige Tätigkeit als Selbstständiger oder als Betriebsleiter, wenn die begünstigte Person nachweist, dass sie die betreffende Tätigkeit
mindestens drei Jahre als abhängig Beschäftigter ausgeübt hat; oder

d) als ununterbrochene dreijährige Tätigkeit als abhängig Beschäftigter, wenn die
begünstigte Person für die betreffende Tätigkeit eine vorherige Ausbildung nachweisen kann, die durch ein staatlich anerkanntes Zeugnis bescheinigt oder von
einer zuständigen Berufsorganisation als vollwertig anerkannt ist.

(2) In den Fällen der Buchstaben a und c darf die Beendigung dieser Tätigkeit nicht
mehr als zehn Jahre zurückliegen, gerechnet ab dem Zeitpunkt der Einreichung des
vollständigen Antrags der betroffenen Person bei der zuständigen Behörde nach
Artikel 56.

Artikel 20   Anpassung der Verzeichnisse der Tätigkeiten in Anhang IV

Die Kommission wird ermächtigt, delegierte Rechtsakte nach Artikel 57c zur
Anpassung der Verzeichnisse der Tätigkeiten in Anhang IV zu erlassen, für die die
Berufserfahrung nach Artikel 16 anerkannt wird, um die in Anhang IV aufgeführten
Tätigkeiten zu aktualisieren oder klarzustellen, insbesondere, um den Umfang zu
präzisieren und die jüngsten Entwicklungen im Bereich der tätigkeitsbezogenen
Nomenklaturen zu berücksichtigen, vorausgesetzt, dass dadurch nicht der Umfang
der Tätigkeiten eingeschränkt wird, auf die sich die einzelnen Kategorien beziehen,
und dass es keine Übertragung von Tätigkeiten zwischen den bestehenden Verzeich-
nissen I, II und III in Anhang IV gibt.

Kapitel III
Anerkennung auf der Grundlage der Koordinierung der Mindestanforde-
rungen an die Ausbildung

Abschnitt 1
Allgemeine Bestimmungen

Artikel 21   Grundsatz der automatischen Anerkennung

(1) Jeder Mitgliedstaat erkennt die in Anhang V unter den Nummern 5.1.1, 5.1.2,
5.2.2, 5.3.2, 5.3.3, 5.4.2, 5.6.2 und 5.7.1 aufgeführten Ausbildungsnachweise an, die
die Mindestanforderungen für die Ausbildung nach den Artikeln 24, 25, 31, 34, 35,
38, 44 und 46 erfüllen und die Aufnahme der beruflichen Tätigkeiten des Arztes mit
Grundausbildung und des Facharztes, der Krankenschwester und des Krankenpflegers für allgemeine Pflege, des Zahnarztes und Fachzahnarztes, des Tierarztes,
des Apothekers und des Architekten gestatten, und verleiht diesen Nachweisen in
Bezug auf die Aufnahme und Ausübung der beruflichen Tätigkeiten in seinem
Hoheitsgebiet dieselbe Wirkung wie den von ihm ausgestellten Ausbildungsnachweisen.

Diese Ausbildungsnachweise müssen von den zuständigen Stellen der Mitgliedstaaten ausgestellt und gegebenenfalls mit den Bescheinigungen versehen sein, die in

Anhang V unter den Nummern 5.1.1, 5.1.2, 5.2.2, 5.3.2, 5.3.3, 5.4.2, 5.6.2 bzw. 5.7.1 aufgeführt sind.

Die Bestimmungen der Unterabsätze 1 und 2 gelten unbeschadet der erworbenen Rechte nach den Artikeln 23, 27, 33, 37, 39 und 49.

(2) Jeder Mitgliedstaat erkennt im Hinblick auf die Ausübung des Berufs des praktischen Arztes im Rahmen seines Sozialversicherungssystems die in Anhang V Nummer 5.1.4 aufgeführten Ausbildungsnachweise an, die andere Mitgliedstaaten den Staatsangehörigen der Mitgliedstaaten unter Beachtung der Mindestanforderungen an die Ausbildung nach Artikel 28 ausgestellt haben.

Die Bestimmung des Unterabsatzes 1 gilt unbeschadet der erworbenen Rechte nach Artikel 30.

(3) Jeder Mitgliedstaat erkennt die in Anhang V Nummer 5.5.2 aufgeführten Ausbildungsnachweise der Hebamme an, die Staatsangehörigen der Mitgliedstaaten von anderen Mitgliedstaaten ausgestellt wurden und die den Mindestanforderungen nach Artikel 40 und den Modalitäten im Sinne von Artikel 41 entsprechen, und verleiht ihnen in seinem Hoheitsgebiet in Bezug auf die Aufnahme und Ausübung der beruflichen Tätigkeiten dieselbe Wirkung wie den von ihm ausgestellten Ausbildungsnachweisen. Diese Bestimmung gilt unbeschadet der erworbenen Rechte nach Artikel 23 und 43.

(4) In Bezug auf den Betrieb von Apotheken, die keinen territorialen Beschränkungen unterliegen, kann ein Mitgliedstaat im Wege einer Ausnahmeregelung entscheiden, Ausbildungsnachweise nach Anhang V Nummer 5.6.2 für die Errichtung neuer, der Öffentlichkeit zugänglicher Apotheken nicht wirksam werden zu lassen. Als solche gelten im Sinne dieses Absatzes auch Apotheken, die vor weniger als drei Jahren eröffnet wurden.

Diese Ausnahmeregelung darf nicht auf Apotheker angewandt werden, deren förmliche Qualifikationen bereits durch die zuständigen Behörden des Aufnahmemitgliedstaats für andere Zwecke anerkannt wurden, und die tatsächlich und rechtmäßig die beruflichen Tätigkeiten eines Apothekers mindestens drei Jahre lang ununterbrochen in diesem Mitgliedstaat ausgeübt haben.

(5) Die in Anhang V Nummer 5.7.1 aufgeführten Ausbildungsnachweise des Architekten, die Gegenstand einer automatischen Anerkennung nach Absatz 1 sind, schließen eine Ausbildung ab, die frühestens in dem in diesem Anhang genannten akademischen Bezugsjahr begonnen hat.

(6) Jeder Mitgliedstaat macht die Aufnahme und Ausübung der beruflichen Tätigkeiten des Arztes, der Krankenschwester und des Krankenpflegers, die für die allgemeine Pflege verantwortlich sind, des Zahnarztes, des Tierarztes, der Hebamme und des Apothekers vom Besitz eines in Anhang V Nummern 5.1.1, 5.1.2, 5.1.4, 5.2.2, 5.3.2, 5.3.3, 5.4.2, 5.5.2 bzw. 5.6.2 aufgeführten Ausbildungsnachweises abhängig, der nachweist, dass der betreffende Berufsangehörige im Verlauf seiner Gesamtausbildungszeit die in Artikel 24 Absatz 3, Artikel 31 Absätze 6 und 7, Artikel 34 Absatz 3, Artikel 38 Absatz 3, Artikel 40 Absatz 3 und Artikel 44 Absatz 3 aufgeführten Kenntnisse und Fähigkeiten erworben hat.

Um den allgemein anerkannten wissenschaftlichen und technischen Fortschritt zu berücksichtigen, wird die Kommission ermächtigt, delegierte Rechtsakte nach Artikel 57c zur Aktualisierung der in Artikel 24 Absatz 3, Artikel 31 Absatz 6, Artikel 34 Absatz 3, Artikel 38 Absatz 3, Artikel 40 Absatz 3, Artikel 44 Absatz 3 und Artikel 46 Absatz 4 genannten Kenntnisse und Fähigkeiten zu erlassen, um die Entwicklung des Unionsrechts, das unmittelbare Auswirkungen auf die betroffenen Berufsangehörigen hat, widerzuspiegeln.

Diese Aktualisierungen dürfen keine Änderung der in den Mitgliedstaaten bestehenden wesentlichen gesetzlichen Grundsätze der Struktur der Berufe hinsichtlich der Ausbildung und der Bedingungen für den Zugang natürlicher Personen zu dem Beruf erfordern. Bei diesen Aktualisierungen ist die Verantwortung der Mitgliedstaaten für die Gestaltung der Bildungssysteme entsprechend der Regelung in Artikel 165 Absatz 1 des Vertrags über die Arbeitsweise der Europäischen Union (AEUV) zu achten.

Artikel 21a   Meldeverfahren

(1) Jeder Mitgliedstaat teilt der Kommission die von ihm erlassenen Rechts- und Verwaltungsvorschriften über die Ausstellung von Ausbildungsnachweisen in den unter dieses Kapitel fallenden Berufen mit.

Im Fall von Ausbildungsnachweisen im Bereich des Abschnitts 8 wird diese Meldung gemäß Unterabsatz 1 auch an die anderen Mitgliedstaaten gerichtet.

(2) Die Meldung nach Absatz 1 enthält Informationen über die Dauer und den Inhalt der Ausbildungsgänge.

(3) Die Meldung nach Absatz 1 wird über das IMI übermittelt.

(4) Um die legislativen und administrativen Entwicklungen in den Mitgliedstaaten gebührend zu berücksichtigen und unter der Bedingung, dass die gemäß Absatz 1 dieses Artikels mitgeteilten Rechts- und Verwaltungsvorschriften im Einklang mit den in diesem Kapitel festgelegten Bedingungen stehen, wird die Kommission ermächtigt, delegierte Rechtsakte nach Artikel 57c zu erlassen, um Anhang V Nummern 5.1.1 bis 5.1.4, 5.2.2, 5.3.2, 5.3.3, 5.4.2, 5.5.2, 5.6.2 und 5.7.1 zu ändern, die die Aktualisierung der von den Mitgliedstaaten festgelegten Bezeichnungen der Ausbildungsnachweise sowie gegebenenfalls der Stelle, die den Ausbildungsnachweis ausstellt, der zusätzlichen Bescheinigung und der entsprechenden Berufsbezeichnung betreffen.

(5) Stehen die gemäß Absatz 1 mitgeteilten Rechts- und Verwaltungsvorschriften nicht im Einklang mit den in diesem Kapitel festgelegten Bedingungen, so erlässt die Kommission einen Durchführungsrechtsakt zur Ablehnung der beantragten Änderung von Anhang V Nummern 5.1.1 bis 5.1.4, 5.2.2, 5.3.2, 5.3.3, 5.4.2, 5.5.2, 5.6.2 und 5.7.1.

Artikel 22   Gemeinsame Bestimmungen zur Ausbildung

Bei den in den Artikeln 24, 25, 28, 31, 34, 35, 38, 40, 44 und 46 erwähnten Ausbildungen

a) können die Mitgliedstaaten gestatten, dass die Ausbildung unter von den zuständigen Behörden genehmigten Voraussetzungen auf Teilzeitbasis erfolgt; die Behörden stellen sicher, dass die Gesamtdauer, das Niveau und die Qualität dieser Ausbildung nicht geringer sind als bei einer Vollzeitausbildung;

b) Die Mitgliedstaaten sorgen im Einklang mit den spezifischen Verfahren der einzelnen Mitgliedstaaten durch die Stärkung einer steten beruflichen Fortbildung dafür, dass Berufsangehörige, deren Berufsqualifikation von Kapitel III dieses Titels erfasst wird, ihre Kenntnisse, Fähigkeiten und Kompetenzen aktualisieren können, um eine sichere und effektive Praxis zu wahren und mit den beruflichen Entwicklungen Schritt zu halten.

Die Mitgliedstaaten teilen der Kommission die gemäß Absatz 1 Buchstabe b ergriffenen Maßnahmen bis zum 18. Januar 2016 mit.

Artikel 23   Erworbene Rechte

(1) Unbeschadet der spezifischen erworbenen Rechte in den betreffenden Berufen erkennt jeder Mitgliedstaat bei Staatsangehörigen der Mitgliedstaaten als ausreichenden Nachweis deren von Mitgliedstaaten ausgestellte Ausbildungsnachweise an, die die Aufnahme des Berufes des Arztes mit Grundausbildung und des Facharztes, der Krankenschwester und des Krankenpflegers, die für die allgemeine Pflege verantwortlich sind, des Zahnarztes und des Fachzahnarztes, des Tierarztes, der Hebamme und des Apothekers gestatten, auch wenn diese Ausbildungsnachweise nicht alle Anforderungen an die Ausbildung nach den Artikeln 24, 25, 31, 34, 35, 38, 40 und 44 erfüllen, sofern diese Nachweise den Abschluss einer Ausbildung belegen, die vor den in Anhang V Nummern 5.1.1, 5.1.2, 5.2.2, 5.3.2, 5.3.3, 5.4.2, 5.5.2 bzw. 5.6.2 aufgeführten Stichtagen begonnen wurde, und sofern ihnen eine Bescheinigung darüber beigefügt ist, dass der Inhaber während der letzten fünf Jahre vor Ausstellung der Bescheinigung mindestens drei Jahre lang ununterbrochen tatsächlich und rechtmäßig die betreffenden Tätigkeiten ausgeübt hat.

(2) Dieselben Bestimmungen gelten für auf dem Gebiet der ehemaligen Deutschen Demokratischen Republik erworbene Ausbildungsnachweise, die die Aufnahme des Berufes des Arztes mit Grundausbildung und des Facharztes, der Krankenschwester und des Krankenpflegers, die für die allgemeine Pflege verantwortlich sind, des Zahnarztes und des Fachzahnarztes, des Tierarztes, der Hebamme und des Apothekers gestatten, auch wenn sie nicht alle Mindestanforderungen an die Ausbildung gemäß den Artikeln 24, 25, 31, 34, 35, 38, 40 und 44 erfüllen, sofern diese Nachweise den erfolgreichen Abschluss einer Ausbildung belegen, die

a) im Falle von Ärzten mit Grundausbildung, Krankenschwestern und Krankenpflegern, die für die allgemeine Pflege verantwortlich sind, Zahnärzten mit Grundausbildung und Fachzahnärzten, Tierärzten, Hebammen und Apothekern vor dem 3. Oktober 1990 begonnen wurde,

b) im Falle von Fachärzten vor dem 3. April 1992 begonnen wurde.

Die in Unterabsatz 1 aufgeführten Ausbildungsnachweise berechtigen zur Ausübung der beruflichen Tätigkeiten im gesamten Hoheitsgebiet Deutschlands unter denselben Voraussetzungen wie die in Anhang V Nummern 5.1.1, 5.1.2, 5.2.2, 5.3.2,

5.3.3, 5.4.2, 5.5.2 und 5.6.2 aufgeführten Ausbildungsnachweise, die von den zuständigen deutschen Behörden ausgestellt werden.

(3) Unbeschadet des Artikels 37 Absatz 1 erkennt jeder Mitgliedstaat bei den Staatsangehörigen der Mitgliedstaaten, deren Ausbildungsnachweise von der früheren Tschechoslowakei verliehen wurden und die Aufnahme des Berufs des Arztes mit Grundausbildung und des Facharztes, der Krankenschwester und des Krankenpflegers, die für die allgemeine Pflege verantwortlich sind, des Tierarztes, der Hebamme, des Apothekers sowie des Architekten gestatten bzw. deren Ausbildung im Falle der Tschechischen Republik und der Slowakei vor dem 1. Januar 1993 aufgenommen wurde, diese Ausbildungsnachweise an, wenn die Behörden eines der beiden genannten Mitgliedstaaten bescheinigen, dass diese Ausbildungsnachweise hinsichtlich der Aufnahme und Ausübung des Berufs des Arztes mit Grundausbildung und des Facharztes, der Krankenschwester und des Krankenpflegers, die für die allgemeine Pflege verantwortlich sind, des Tierarztes, der Hebamme, des Apothekers – bezüglich der Tätigkeiten nach Artikel 45 Absatz 2 – sowie des Architekten – bezüglich der Tätigkeiten nach Artikel 48 – in ihrem Hoheitsgebiet die gleiche Rechtsgültigkeit haben wie die von ihnen verliehenen Ausbildungsnachweise und, im Falle von Architekten, wie die für diese Mitgliedstaaten in Anhang VI Nummer 6 aufgeführten Ausbildungsnachweise.

Dieser Bescheinigung muss eine von den gleichen Behörden ausgestellte Bescheinigung darüber beigefügt sein, dass die betreffende Person in den fünf Jahren vor Ausstellung der Bescheinigung mindestens drei Jahre ununterbrochen tatsächlich und rechtmäßig die betreffenden Tätigkeiten in ihrem Hoheitsgebiet ausgeübt hat.

(4) Bei den Staatsangehörigen der Mitgliedstaaten, deren Ausbildungsnachweise von der früheren Sowjetunion verliehen wurden und die Aufnahme des Berufs des Arztes mit Grundausbildung und des Facharztes, der Krankenschwester und des Krankenpflegers, die für die allgemeine Pflege verantwortlich sind, des Zahnarztes, des Fachzahnarztes, des Tierarztes, der Hebamme, des Apothekers sowie des Architekten gestatten bzw. deren Ausbildung

a) im Falle Estlands vor dem 20. August 1991,
b) im Falle Lettlands vor dem 21. August 1991,
c) im Falle Litauens vor dem 11. März 1990

aufgenommen wurde, erkennt jeder der Mitgliedstaaten diese Ausbildungsnachweise an, wenn die Behörden eines der drei genannten Mitgliedstaaten bescheinigen, dass diese Ausbildungsnachweise hinsichtlich der Aufnahme und Ausübung des Berufes des Arztes mit Grundausbildung und des Facharztes, der Krankenschwester und des Krankenpflegers, die für die allgemeine Pflege verantwortlich sind, des Zahnarztes, des Fachzahnarztes, des Tierarztes, der Hebamme, des Apothekers – bezüglich der Tätigkeiten nach Artikel 45 Absatz 2 – sowie des Architekten – bezüglich der Tätigkeiten nach Artikel 48 – in ihrem Hoheitsgebiet die gleiche Rechtsgültigkeit haben wie die von ihnen verliehenen Ausbildungsnachweise und, im Falle von Architekten, wie die für diese Mitgliedstaaten in Anhang VI Nummer 6 aufgeführten Ausbildungsnachweise.

Dieser Bescheinigung muss eine von den gleichen Behörden ausgestellte Bescheinigung darüber beigefügt sein, dass die betreffende Person in den fünf Jahren vor Ausstellung der Bescheinigung mindestens drei Jahre ununterbrochen tatsächlich und rechtmäßig die betreffenden Tätigkeiten in ihrem Hoheitsgebiet ausgeübt hat.

Bei Tierärzten, deren Ausbildungsnachweise von der früheren Sowjetunion verliehen wurden oder deren Ausbildung im Falle Estlands vor dem 20. August 1991 aufgenommen wurde, muss der Bescheinigung nach Unterabsatz 2 eine von den estnischen Behörden ausgestellte Bescheinigung darüber beigefügt sein, dass die betreffende Person in den sieben Jahren vor Ausstellung der Bescheinigung mindestens fünf Jahre ununterbrochen tatsächlich und rechtmäßig die betreffenden Tätigkeiten in ihrem Hoheitsgebiet ausgeübt hat.

(5) Bei den Staatsangehörigen der Mitgliedstaaten, deren Ausbildungsnachweise vom früheren Jugoslawien verliehen wurden und die Aufnahme des Berufes des Arztes mit Grundausbildung und des Facharztes, der Krankenschwester und des Krankenpflegers, die für die allgemeine Pflege verantwortlich sind, des Zahnarztes, des Fachzahnarztes, des Tierarztes, der Hebamme, des Apothekers sowie des Architekten gestatten bzw. deren Ausbildung

a) im Falle Sloweniens vor dem 25. Juni 1991 und
b) im Falle Kroatiens vor dem 8. Oktober 1991

aufgenommen wurde, erkennt jeder der Mitgliedstaaten unbeschadet der Artikels 43b diese Ausbildungsnachweise an, wenn die Behörden der vorgenannten Mitgliedstaaten bescheinigen, dass diese Ausbildungsnachweise hinsichtlich der Aufnahme und Ausübung des Berufes des Arztes mit Grundausbildung und des Facharztes, der Krankenschwester und des Krankenpflegers, die für die allgemeine Pflege verantwortlich sind, des Zahnarztes, des Fachzahnarztes, des Tierarztes, der Hebamme, des Apothekers – bezüglich der Tätigkeiten nach Artikel 45 Absatz 2 – sowie des Architekten – bezüglich der Tätigkeiten nach Artikel 48 – in ihrem Hoheitsgebiet die gleiche Rechtsgültigkeit haben wie die von ihnen verliehenen Ausbildungsnachweise und, im Falle von Architekten, wie die für diese Mitgliedstaaten in Anhang VI Nummer 6 aufgeführten Ausbildungsnachweise.

Dieser Bescheinigung muss eine von den gleichen Behörden ausgestellte Bescheinigung darüber beigefügt sein, dass die betreffende Person in den fünf Jahren vor Ausstellung der Bescheinigung mindestens drei Jahre ununterbrochen tatsächlich und rechtmäßig die betreffenden Tätigkeiten in ihrem Hoheitsgebiet ausgeübt hat.

(6) Jeder Mitgliedstaat erkennt bei Staatsangehörigen der Mitgliedstaaten als ausreichenden Nachweis deren Ausbildungsnachweise des Arztes, der Krankenschwester und des Krankenpflegers, die für die allgemeine Pflege verantwortlich sind, des Zahnarztes, des Tierarztes, der Hebamme und des Apothekers an, auch wenn sie den in Anhang V Nummern 5.1.1, 5.1.2, 5.1.3, 5.1.4, 5.2.2, 5.3.2, 5.3.3, 5.4.2, 5.5.2 bzw. 5.6.2 aufgeführten Bezeichnungen nicht entsprechen, sofern ihnen eine von den zuständigen Behörden oder Stellen ausgestellte Bescheinigung beigefügt ist.

Die Bescheinigung im Sinne des Unterabsatzes 1 gilt als Nachweis, dass diese Ausbildungsnachweise den erforderlichen Abschluss einer Ausbildung bescheinigen, die den in den Artikeln 24, 25, 28, 31, 34, 35, 38, 40 und 44 genannten Bestimmungen entspricht, und dass sie von dem Mitgliedstaat, der sie ausgestellt hat, den Ausbildungsnachweisen gleichgestellt werden, deren Bezeichnungen in Anhang V Nummern 5.1.1, 5.1.2, 5.1.3, 5.1.4, 5.2.2, 5.3.2, 5.3.3, 5.4.2, 5.5.2 bzw. 5.6.2 aufgeführt sind.

Artikel 23a   Besondere Umstände

(1) Abweichend von dieser Richtlinie kann Bulgarien den Inhabern eines vor dem 31. Dezember 1999 in Bulgarien ausgestellten Befähigungsnachweises für den Beruf des „фелдшер" („Feldscher"), die diesen Beruf im Rahmen der staatlichen bulgarischen Sozialversicherung am 1. Januar 2000 ausgeübt haben, gestatten, diesen Beruf weiterhin auszuüben, auch wenn ihre Tätigkeit teilweise unter die Bestimmungen dieser Richtlinie für Ärzte bzw. Krankenschwestern und Krankenpfleger für allgemeine Pflege fällt.

(2) Die Inhaber eines bulgarischen Befähigungsnachweises für den Beruf des „фелдшер" („Feldscher") nach Absatz 1 haben keinen Anspruch darauf, dass ihr beruflicher Befähigungsnachweis in anderen Mitgliedstaaten im Rahmen dieser Richtlinie als der eines Arztes oder einer Krankenschwester bzw. eines Krankenpflegers für allgemeine Pflege anerkannt wird.

Abschnitt 2
Arzt

Artikel 24   Ärztliche Grundausbildung

(1) Die Zulassung zur ärztlichen Grundausbildung setzt den Besitz eines Diploms oder eines Prüfungszeugnisses voraus, das für das betreffende Studium die Zulassung zu den Universitäten ermöglicht.

(2) Die ärztliche Grundausbildung umfasst mindestens fünf Jahre (kann zusätzlich in der entsprechenden Anzahl von ECTS-Punkten ausgedrückt werden) und besteht aus mindestens 5 500 Stunden theoretischer und praktischer Ausbildung an einer Universität oder unter Aufsicht einer Universität.

Bei Berufsangehörigen, die ihre Ausbildung vor dem 1. Januar 1972 begonnen haben, kann die in Unterabsatz 1 genannte Ausbildung eine praktische Vollzeitausbildung von sechs Monaten auf Universitätsniveau unter Aufsicht der zuständigen Behörden umfassen.

(3) Die ärztliche Grundausbildung gewährleistet, dass die betreffende Person die folgenden Kenntnisse und Fähigkeiten erwirbt:

a) angemessene Kenntnisse in den Wissenschaften, auf denen die Medizin beruht, und ein gutes Verständnis für die wissenschaftlichen Methoden, einschließlich der Grundsätze der Messung biologischer Funktionen, der Bewertung wissenschaftlich festgestellter Sachverhalte sowie der Analyse von Daten;

b) angemessene Kenntnisse über die Struktur, die Funktionen und das Verhalten gesunder und kranker Menschen sowie über die Einflüsse der physischen und sozialen Umwelt auf die Gesundheit des Menschen;

c) angemessene Kenntnisse hinsichtlich der klinischen Sachgebiete und Praktiken, die ihr ein zusammenhängendes Bild von den geistigen und körperlichen Krankheiten, von der Medizin unter den Aspekten der Vorbeugung, der Diagnostik und der Therapeutik sowie von der menschlichen Fortpflanzung vermitteln;

d) angemessene klinische Erfahrung unter entsprechender Leitung in Krankenhäusern.

Artikel 25   Fachärztliche Weiterbildung

(1) Die Zulassung zur fachärztlichen Weiterbildung setzt voraus, dass eine ärztliche Grundausbildung nach Artikel 24 Absatz 2 abgeschlossen und als gültig anerkannt worden ist, mit der angemessene medizinische Grundkenntnisse erworben wurden.

(2) Die Weiterbildung zum Facharzt umfasst eine theoretische und praktische Ausbildung an einem Universitätszentrum, einer Universitätsklinik oder gegebenenfalls in einer hierzu von den zuständigen Behörden oder Stellen zugelassenen Einrichtung der ärztlichen Versorgung.

Die Mitgliedstaaten sorgen dafür, dass die in Anhang V Nummer 5.1.3 für die verschiedenen Fachgebiete angegebene Mindestdauer der Facharztausbildung eingehalten wird. Die Weiterbildung erfolgt unter Aufsicht der zuständigen Behörden oder Stellen. Die Facharztanwärter müssen in den betreffenden Abteilungen persönlich zur Mitarbeit herangezogen werden und Verantwortung übernehmen.

(3) Die Weiterbildung erfolgt als Vollzeitausbildung an besonderen Weiterbildungsstellen, die von den zuständigen Behörden anerkannt sind. Sie setzt die Beteiligung an sämtlichen ärztlichen Tätigkeiten in dem Bereich voraus, in dem die Weiterbildung erfolgt, einschließlich des Bereitschaftsdienstes, so dass der in der ärztlichen Weiterbildung befindliche Arzt während der gesamten Dauer der Arbeitswoche und während des gesamten Jahres gemäß den von den zuständigen Behörden festgesetzten Bedingungen seine volle berufliche Tätigkeit dieser praktischen und theoretischen Weiterbildung widmet. Dementsprechend werden diese Stellen angemessen vergütet.

(3a) Die Mitgliedstaaten können in ihren nationalen Rechtsvorschriften Befreiungen für Teilbereiche der in Anhang V Nummer 5.1.3 aufgeführten fachärztlichen Weiterbildungen festlegen, über die im Einzelfall zu entscheiden ist, wenn dieser Teil der Ausbildung bereits im Rahmen einer anderen fachärztlichen Weiterbildung nach Anhang V Nummer 5.1.3 absolviert wurde und sofern der Berufsangehörige bereits die frühere fachärztliche Berufsqualifikation in einem Mitgliedstaat erworben hat. Die Mitgliedstaaten sorgen dafür, dass die gewährte Befreiung höchstens der Hälfte der Mindestdauer der jeweiligen Facharztausbildung entspricht.

Jeder Mitgliedstaat teilt der Kommission und den übrigen Mitgliedstaaten die einschlägigen nationalen Rechtsvorschriften für jede dieser teilweisen Befreiungen mit.

(4) Die Mitgliedstaaten machen die Ausstellung eines Ausbildungsnachweises des Facharztes vom Besitz eines der in Anhang V Nummer 5.1.1 aufgeführten Ausbildungsnachweise für die ärztliche Grundausbildung abhängig.

(5) Die Kommission wird ermächtigt, zur Anpassung der Mindestdauer der Weiterbildung nach Anhang V Nummer 5.1.3 an den wissenschaftlichen und technischen Fortschritt delegierte Rechtsakte nach Artikel 57c zu erlassen.

Artikel 26   Bezeichnungen der fachärztlichen Weiterbildungen

Als Ausbildungsnachweise des Facharztes nach Artikel 21 gelten diejenigen Nachweise, die von einer der in Anhang V Nummer 5.1.2 aufgeführten zuständigen Behörden oder Stellen ausgestellt sind und hinsichtlich der betreffenden fachärztlichen Weiterbildung den in den einzelnen Mitgliedstaaten geltenden Bezeichnungen entsprechen, die in Anhang V Nummer 5.1.2 aufgeführt sind.

Die Kommission wird ermächtigt, delegierte Rechtsakte nach Artikel 57c zur Aufnahme neuer Facharztrichtungen, die in mindestens zwei Fünfteln der Mitgliedstaaten vertreten sind, in Anhang V Nummer 5.1.3 zu erlassen, um Änderungen der nationalen Rechtsvorschriften gebührend Rechnung zu tragen und diese Richtlinie zu aktualisieren.

Artikel 27   Besondere erworbene Rechte von Fachärzten

(1) Jeder Aufnahmemitgliedstaat ist berechtigt, von Fachärzten, deren Facharztausbildung auf Teilzeitbasis nach Rechts- und Verwaltungsvorschriften erfolgte, die am 20. Juni 1975 in Kraft waren, und die ihre ärztliche Weiterbildung spätestens am 31. Dezember 1983 begonnen haben, neben ihren Ausbildungsnachweisen eine Bescheinigung darüber zu verlangen, dass sie in den fünf Jahren vor Ausstellung der Bescheinigung mindestens drei Jahre lang ununterbrochen tatsächlich und rechtmäßig die betreffende Tätigkeiten ausgeübt haben.

(2) Jeder Mitgliedstaat erkennt den Facharzttitel an, der in Spanien Ärzten ausgestellt worden ist, die ihre Facharztausbildung vor dem 1. Januar 1995 abgeschlossen haben, auch wenn sie nicht den Mindestanforderungen nach Artikel 25 entspricht, sofern diesem Nachweis eine von den zuständigen spanischen Behörden ausgestellte Bescheinigung beigefügt ist, die bestätigt, dass die betreffende Person den beruflichen Eignungstest erfolgreich abgelegt hat, der im Rahmen der im Königlichen Dekret 1497/99 vorgesehenen außerordentlichen Regulierungsmaßnahmen abgenommen wird, um zu überprüfen, ob die betreffende Person Kenntnisse und Fähigkeiten besitzt, die denen der Ärzte vergleichbar sind, die die Ausbildungsnachweise des Facharztes besitzen, die für Spanien in Anhang V Nummer 5.1.2 und 5.1.3 aufgeführt sind.

(2a) Die Mitgliedstaaten erkennen die in Anhang V Nummern 5.1.2 und 5.1.3 aufgeführten in Italien verliehenen Facharztqualifikationen von Ärzten an, die ihre Facharztausbildung nach dem 31. Dezember 1983 und vor dem 1. Januar 1991 begonnen haben, obgleich deren Ausbildung nicht allen Ausbildungsanforderungen nach Artikel 25 genügt, sofern der Qualifikation eine von den zuständigen italienischen Behörden ausgestellte Bescheinigung beigefügt ist, aus der hervorgeht, dass der betreffende Arzt während der letzten zehn Jahre vor Ausstellung der Bescheinigung mindestens sieben Jahre lang ununterbrochen tatsächlich und rechtmäßig in Italien die Tätigkeiten eines Facharztes auf dem entsprechenden Facharztgebiet ausgeübt hat.

(3) Jeder Mitgliedstaat, der Rechts- oder Verwaltungsvorschriften über die Ausstellung von Ausbildungsnachweisen des Facharztes, die in Anhang V Nummer 5.1.2 und Anhang V Nummer 5.1.3 aufgeführt sind, aufgehoben und Maßnahmen in Bezug auf die erworbenen Rechte zugunsten seiner eigenen Staatsangehörigen getroffen hat, räumt Staatsangehörigen der anderen Mitgliedstaaten das Recht auf die Inanspruchnahme derselben Maßnahmen ein, wenn deren Ausbildungsnachweise vor dem Zeitpunkt ausgestellt wurden, an dem der Aufnahmemitgliedstaat die Ausstellung von Ausbildungsnachweisen für die entsprechende Fachrichtung eingestellt hat.

Der Zeitpunkt der Aufhebung der betreffenden Rechts- und Verwaltungsvorschriften ist in Anhang V Nummer 5.1.3 aufgeführt.

Artikel 28   Besondere Ausbildung in der Allgemeinmedizin

(1) Die Zulassung zur besonderen Ausbildung in der Allgemeinmedizin setzt voraus, dass eine ärztliche Grundausbildung nach Artikel 24 Absatz 2 abgeschlossen und als gültig anerkannt worden ist, mit der der Auszubildende die angemessenen medizinischen Grundkenntnisse erworben hat.

(2) Bei der besonderen Ausbildung in der Allgemeinmedizin, die zum Erwerb von Ausbildungsnachweisen führt, die vor dem 1. Januar 2006 ausgestellt werden, muss es sich um eine mindestens zweijährige Vollzeitausbildung handeln. Für Ausbildungsnachweise, die ab diesem Datum ausgestellt werden, muss eine mindestens dreijährige Vollzeitausbildung abgeschlossen werden.

Umfasst die in Artikel 24 genannte Ausbildung eine praktische Ausbildung in zugelassenen Krankenhäusern mit entsprechender Ausrüstung und entsprechenden Abteilungen für Allgemeinmedizin oder eine Ausbildung in einer zugelassenen Allgemeinpraxis oder einem zugelassenen Zentrum für ärztliche Erstbehandlung, kann für Ausbildungsnachweise, die ab 1. Januar 2006 ausgestellt werden, bis zu einem Jahr dieser praktischen Ausbildung auf die in Unterabsatz 1 vorgeschriebene Ausbildungsdauer angerechnet werden.

Von der in Unterabsatz 2 genannten Möglichkeit können nur die Mitgliedstaaten Gebrauch machen, in denen die spezifische Ausbildung in der Allgemeinmedizin am 1. Januar 2001 zwei Jahre betrug.

(3) Die besondere Ausbildung in der Allgemeinmedizin muss als Vollzeitausbildung unter der Aufsicht der zuständigen Behörden oder Stellen erfolgen. Sie ist mehr praktischer als theoretischer Art.

Die praktische Ausbildung findet zum einen während mindestens sechs Monaten in zugelassenen Krankenhäusern mit entsprechender Ausrüstung und entsprechenden Abteilungen und zum anderen während mindestens sechs Monaten in zugelassenen Allgemeinpraxen oder in zugelassenen Zentren für Erstbehandlung statt.

Sie erfolgt in Verbindung mit anderen Einrichtungen oder Diensten des Gesundheitswesens, die sich mit Allgemeinmedizin befassen. Unbeschadet der in Unterabsatz 2 genannten Mindestzeiten kann die praktische Ausbildung jedoch während eines Zeitraums von höchstens sechs Monaten in anderen zugelassenen Einrichtungen oder Diensten des Gesundheitswesens, die sich mit Allgemeinmedizin befassen, stattfinden.

Die Anwärter müssen von den Personen, mit denen sie beruflich arbeiten, persönlich zur Mitarbeit herangezogen werden und Mitverantwortung übernehmen.

(4) Die Mitgliedstaaten machen die Ausstellung von Ausbildungsnachweisen in der Allgemeinmedizin vom Besitz eines der in Anhang V Nummer 5.1.1 aufgeführten Ausbildungsnachweise für die ärztliche Grundausbildung abhängig.

(5) Die Mitgliedstaaten können die in Anhang V Nummer 5.1.4 aufgeführten Ausbildungsnachweise einem Arzt ausstellen, der zwar nicht die Ausbildung nach diesem Artikel absolviert hat, der aber anhand eines von den zuständigen Behörden eines Mitgliedstaates ausgestellten Ausbildungsnachweises eine andere Zusatzausbildung nachweisen kann. Sie dürfen den Ausbildungsnachweis jedoch nur dann ausstellen, wenn damit Kenntnisse bescheinigt werden, die qualitativ den Kenntnissen nach Absolvierung der in diesem Artikel vorgesehenen Ausbildung entsprechen.

Die Mitgliedstaaten regeln unter anderem, inwieweit die von dem Antragsteller absolvierte Zusatzausbildung sowie seine Berufserfahrung auf die Ausbildung nach diesem Artikel angerechnet werden können.

Die Mitgliedstaaten dürfen den in Anhang V Nummer 5.1.4 aufgeführten Ausbildungsnachweis nur dann ausstellen, wenn der Antragsteller mindestens sechs Monate Erfahrung in der Allgemeinmedizin nachweisen kann, die er nach Absatz 3 in einer Allgemeinpraxis oder in einem Zentrum für Erstbehandlung erworben hat.

Artikel 29   Ausübung der Tätigkeit des praktischen Arztes

Jeder Mitgliedstaat macht vorbehaltlich der Vorschriften über erworbene Rechte die Ausübung des ärztlichen Berufs als praktischer Arzt im Rahmen seines Sozialversicherungssystems vom Besitz eines in Anhang V Nummer 5.1.4 aufgeführten Ausbildungsnachweises abhängig.

Von dieser Bedingung können die Mitgliedstaaten jedoch Personen freistellen, die gerade eine spezifische Ausbildung in der Allgemeinmedizin absolvieren.

Artikel 30   Besondere erworbene Rechte von praktischen Ärzten

(1) Jeder Mitgliedstaat bestimmt die erworbenen Rechte. Er muss jedoch das Recht, den ärztlichen Beruf als praktischer Arzt im Rahmen seines Sozialversicherungssystems auszuüben, ohne einen in Anhang V Nummer 5.1.4 aufgeführten Ausbildungsnachweis zu besitzen, im Falle solcher Ärzte als erworbenes Recht betrachten, die dieses Recht bis zu dem im oben genannten Anhang aufgeführten Stichtag aufgrund der Vorschriften über den Arztberuf, die die Ausübung der beruflichen Tätigkeit des Arztes mit Grundausbildung betreffen, erworben haben und sich bis zu

diesem Zeitpunkt unter Inanspruchnahme von Artikel 21 oder Artikel 23 im Gebiet des betreffenden Mitgliedstaats niedergelassen haben.

Die zuständigen Behörden jedes Mitgliedstaats stellen auf Antrag eine Bescheinigung aus, mit der den Ärzten, die gemäß Unterabsatz 1 Rechte erworben haben, das Recht bescheinigt wird, den ärztlichen Beruf als praktischer Arzt im Rahmen des betreffenden einzelstaatlichen Sozialversicherungssystems auszuüben, ohne einen in Anhang V Nummer 5.1.4 aufgeführten Ausbildungsnachweis zu besitzen.

(2) Jeder Mitgliedstaat erkennt die Bescheinigungen nach Absatz 1 Unterabsatz 2 an, die andere Mitgliedstaaten den Staatsangehörigen der Mitgliedstaaten ausstellen, und verleiht ihnen in seinem Hoheitsgebiet dieselbe Wirkung wie den von ihm ausgestellten Ausbildungsnachweisen, die die Ausübung des ärztlichen Berufes als praktischer Arzt im Rahmen seines Sozialversicherungssystems gestatten.

Abschnitt 3
Krankenschwestern und Krankenpfleger für allgemeine Pflege

Artikel 31   Ausbildung von Krankenschwestern und Krankenpflegern für allgemeine Pflege

(1) Die Zulassung zur Ausbildung zur Krankenschwester und zum Krankenpfleger, die für die allgemeine Pflege verantwortlich sind, setzt Folgendes voraus:

a) entweder eine zwölfjährige allgemeine Schulausbildung, deren erfolgreicher Abschluss durch ein von den zuständigen Behörden oder Stellen eines Mitgliedstaats ausgestelltes Diplom oder Prüfungszeugnis oder durch einen sonstigen Befähigungsnachweis oder durch ein Zeugnis über eine bestandene Prüfung von gleichwertigem Niveau bescheinigt wird, das zum Besuch von Universitäten oder anderen Hochschuleinrichtungen mit anerkannt gleichwertigem Niveau berechtigt, oder

b) eine mindestens zehnjährige allgemeine Schulausbildung, deren erfolgreicher Abschluss durch ein von den zuständigen Behörden oder Stellen eines Mitgliedstaats ausgestelltes Diplom oder Prüfungszeugnis oder durch einen sonstigen Befähigungsnachweis oder durch ein Zeugnis über eine bestandene Prüfung von gleichwertigem Niveau bescheinigt wird, das zum Besuch von Berufsschulen für Krankenpflege oder zur Teilnahme an Berufsausbildungsgängen für Krankenpflege berechtigt.

(2) Die Ausbildung zur Krankenschwester und zum Krankenpfleger, die für die allgemeine Pflege verantwortlich sind, erfolgt als Vollzeitausbildung und umfasst mindestens das in Anhang V Nummer 5.2.1 aufgeführte Programm.

Die Kommission wird ermächtigt, delegierte Rechtsakte nach Artikel 57c zur Änderung des Verzeichnisses in Anhang V Nummer 5.2.1 zu erlassen, um dieses an den wissenschaftlichen und technischen Fortschritt anzupassen.

Die Änderungen nach Unterabsatz 2 dürfen keine Änderung der in den Mitgliedstaaten bestehenden wesentlichen gesetzlichen Grundsätze der Berufsstruktur in den Mitgliedstaaten hinsichtlich der Ausbildung und der Bedingungen für den Zugang natürlicher Personen zu dem Beruf erfordern. Bei derartigen Änderungen ist die Verantwortung der Mitgliedstaaten für die Gestaltung der Bildungssysteme im Sinne des Artikels 165 Absatz 1 AEUV zu achten.

(3) Die Ausbildung zur Krankenschwester und zum Krankenpfleger für allgemeine Pflege umfasst insgesamt mindestens drei Jahre (kann zusätzlich in der entsprechenden Anzahl von ECTS-Punkten ausgedrückt werden) und besteht aus mindestens 4 600 Stunden theoretischer und klinisch-praktischer Ausbildung; die Dauer der theoretischen Ausbildung muss mindestens ein Drittel und die der klinisch-praktischen Ausbildung mindestens die Hälfte der Mindestausbildungsdauer betragen. Ist ein Teil der Ausbildung im Rahmen anderer Ausbildungsgänge von mindestens gleichwertigem Niveau erworben worden, so können die Mitgliedstaaten den betreffenden Berufsangehörigen für Teilbereiche Befreiungen gewähren.

Die Mitgliedstaaten tragen dafür Sorge, dass die mit der Ausbildung der Krankenschwestern und Krankenpfleger betrauten Einrichtungen die Verantwortung dafür übernehmen, dass Theorie und Praxis für das gesamte Ausbildungsprogramm koordiniert werden.

(4) Die theoretische Ausbildung ist der Teil der Krankenpflegeausbildung, in dem die Krankenpflegeschülerinnen und -schüler die in den Absätzen 6 und 7 verlangten beruflichen Kenntnisse, Fähigkeiten und Kompetenzen erwerben. Die Ausbildung wird an Universitäten, an Hochschulen mit anerkannt gleichwertigem Niveau oder Berufsschulen für Krankenpflege oder in Berufsausbildungsgängen für Krankenpflege von Lehrenden für Krankenpflege und anderen fachkundigen Personen durchgeführt.

(5) Die klinisch-praktische Unterweisung ist der Teil der Krankenpflegeausbildung, in dem die Krankenpflegeschülerinnen und -schüler als Mitglied eines Pflegeteams und in unmittelbarem Kontakt mit Gesunden und Kranken und/oder im Gemeinwesen lernen, anhand ihrer erworbenen Kenntnisse, Fähigkeiten und Kompetenzen die erforderliche umfassende Krankenpflege zu planen, durchzuführen und zu bewerten. Die Krankenpflegeschülerinnen und -schüler lernen nicht nur, als Mitglieder eines Pflegeteams tätig zu sein, sondern auch, ein Pflegeteam zu leiten und die umfassende Krankenpflege einschließlich der Gesundheitserziehung für Einzelpersonen und kleine Gruppen im Rahmen von Gesundheitseinrichtungen oder im Gemeinwesen zu organisieren.

Diese Unterweisung wird in Krankenhäusern und anderen Gesundheitseinrichtungen sowie im Gemeinwesen unter der Verantwortung des Krankenpflegelehrpersonals und in Zusammenarbeit mit anderen fachkundigen Krankenpflegern bzw. mit deren Unterstützung durchgeführt. Auch anderes fachkundiges Personal kann in diesen Unterricht mit einbezogen werden.

Die Krankenpflegeschülerinnen und Krankenpflegeschüler beteiligen sich an dem Arbeitsprozess der betreffenden Abteilungen, soweit diese Tätigkeiten zu ihrer Ausbildung beitragen und es ihnen ermöglichen, verantwortliches Handeln im Zusammenhang mit der Krankenpflege zu erlernen.

(6) Die Ausbildung von Krankenschwestern/Krankenpflegern, die für die allgemeine Pflege verantwortlich sind, stellt sicher, dass der betreffende Berufsangehörige folgende Kenntnisse und Fähigkeiten erwirbt:

a) umfassende Kenntnisse in den Wissenschaften, auf denen die allgemeine Krankenpflege beruht, einschließlich ausreichender Kenntnisse über den Organismus, die Körperfunktionen und das Verhalten des gesunden und des kranken Menschen sowie über die Einflüsse der physischen und sozialen Umwelt auf die Gesundheit des Menschen;

b) Kenntnisse in der Berufskunde und in der Berufsethik sowie über die allgemeinen Grundsätze der Gesundheit und der Krankenpflege;

c) eine angemessene klinische Erfahrung; diese muss der Ausbildung dienen und unter der Aufsicht von qualifiziertem Krankenpflegepersonal an Orten erworben werden, die aufgrund ihrer Ausstattung und wegen des in ausreichender Anzahl vorhandenen Personals für die Krankenpflege geeignet sind;

d) die Fähigkeit, an der praktischen Ausbildung von Angehörigen von Gesundheitsberufen mitzuwirken, und Erfahrung in der Zusammenarbeit mit diesem Personal;

e) Erfahrung in der Zusammenarbeit mit anderen im Gesundheitswesen tätigen Berufsangehörigen.

(7) Formale Qualifikationen von Krankenschwestern/Krankenpflegern, die für die allgemeine Pflege verantwortlich sind, dienen unabhängig davon, ob die Ausbildung an einer Universität, einer Hochschule mit anerkannt gleichwertigem Niveau oder einer Berufsschule für Krankenpflege oder in einem Berufsausbildungsgang für Krankenpflege erfolgte, als Nachweis dafür, dass der betreffende Berufsangehörige mindestens über die folgenden Kompetenzen verfügt:

a) die Kompetenz, den Krankenpflegebedarf unter Rückgriff auf aktuelle theoretische und klinisch-praktische Kenntnisse eigenverantwortlich festzustellen und die Krankenpflege im Rahmen der Behandlung von Patienten auf der Grundlage der gemäß Absatz 6 Buchstaben a, b und c erworbenen Kenntnisse und Fähigkeiten im Hinblick auf die Verbesserung der Berufspraxis zu planen, zu organisieren und durchzuführen;

b) die Kompetenz zur effektiven Zusammenarbeit mit anderen Akteuren im Gesundheitswesen, einschließlich der Mitwirkung an der praktischen Ausbildung von Angehörigen von Gesundheitsberufen, auf der Grundlage der gemäß Absatz 6 Buchstaben d und e erworbenen Kenntnisse und Fähigkeiten;

c) die Kompetenz, Einzelpersonen, Familien und Gruppen auf der Grundlage der gemäß Absatz 6 Buchstaben a und b erworbenen Kenntnisse und Fähigkeiten zu einer gesunden Lebensweise und zur Selbsthilfe zu verhelfen;

d) die Kompetenz, eigenverantwortlich lebenserhaltende Sofortmaßnahmen einzuleiten und in Krisen- und Katastrophenfällen Maßnahmen durchzuführen;

e) die Kompetenz, pflegebedürftige Personen und deren Bezugspersonen eigenverantwortlich zu beraten, anzuleiten und zu unterstützen;

f) die Kompetenz, die Qualität der Krankenpflege eigenverantwortlich sicherzustellen und zu bewerten;

g) die Kompetenz zur umfassenden fachlichen Kommunikation und zur Zusammenarbeit mit anderen im Gesundheitswesen tätigen Berufsangehörigen;

h) die Kompetenz, die Pflegequalität im Hinblick auf die Verbesserung der eigenen Berufspraxis als Krankenschwestern und Krankenpfleger, die für die allgemeine Pflege verantwortlich sind, zu analysieren.

Artikel 32   Ausübung der Tätigkeiten der Krankenschwester und des Krankenpflegers für allgemeine Pflege

Für die Zwecke dieser Richtlinie sind die Tätigkeiten der Krankenschwester und des Krankenpflegers, die für die allgemeine Pflege verantwortlich sind, die Tätigkeiten, die unter den in Anhang V Nummer 5.2.2 aufgeführten Berufsbezeichnungen ausgeübt werden.

Artikel 33   Besondere erworbene Rechte von Krankenschwestern und Krankenpflegern für allgemeine Pflege

(1) Die allgemeinen Vorschriften über die erworbenen Rechte sind auf Krankenschwestern und Krankenpfleger, die für die allgemeine Pflege verantwortlich sind, nur dann anwendbar, wenn sich die Tätigkeiten nach Artikel 23 auf die volle Verantwortung für die Planung, Organisation und Ausführung der Krankenpflege des Patienten erstreckt haben.

(2) (gestrichen)

(3) Die Mitgliedstaaten erkennen Ausbildungsnachweise an:

a) die in Polen für Krankenschwestern und Krankenpfleger verliehen wurden, deren Ausbildung vor dem 1. Mai 2004 abgeschlossen wurde und den Mindestanforderungen an die Berufsausbildung gemäß Artikel 31 nicht genügte, und

b) die durch ein „Bakkalaureat-Diplom" bescheinigt sind, das auf der Grundlage eines speziellen Aufstiegsfortbildungsprogramms erworben wurde, welches in folgenden Gesetzen enthalten ist

  i) Artikel 11 des Gesetzes vom 20. April 2004 zur Änderung des Gesetzes über den Beruf der Krankenschwester, des Krankenpflegers und der Hebamme und zu einigen anderen Rechtsakten (Amtsblatt der Republik Polen vom 2004 Nr. 92 Pos. 885 und von 2007, Nr. 176 Pos. 1237), und Verordnung des Gesundheitsministers vom 11. Mai 2004 über die Ausbildungsbedingungen für Krankenschwestern, Krankenpfleger und Hebammen, die einen Sekundarschulabschluss (Abschlussexamen – Matura) und eine abgeschlossene medizinische Schul- und Fachschulausbildung für den Beruf der Krankenschwester, des Krankenpflegers und der Hebamme nachweisen können (Amtsblatt der Republik Polen von 2004 Nr. 110 Pos. 1170 und von 2010 Nr. 65 Pos. 420); oder

  ii) Artikel 52.3 Nummer 2 des Gesetzes vom 15. Juli 2011 über den Krankenpfleger- und Hebammenberuf (Amtsblatt der Republik Polen von 2011 Nr. 174 Pos. 1039) und Verordnung des Gesundheitsministers vom 14. Juni 2012 über die genauen Bedingungen der Hochschulkurse für Krankenschwestern, Krankenpfleger und Hebammen, die einen Sekundarschulabschluss (Abschlussexamen – Matura) und eine abgeschlossene medizinische Sekundarschul- oder Postsekundarschulausbildung für den Beruf der Krankenschwester, des Krankenpflegers und der Hebamme nachweisen können (Amtsblatt der Republik Polen von 2012, Pos. 770),

um zu überprüfen, ob die betreffende Krankenschwester bzw. der betreffende Krankenpfleger über einen Kenntnisstand und eine Fachkompetenz verfügt, die mit denen der Krankenschwestern und Krankenpfleger vergleichbar sind, die Inhaber der für Polen in Anhang V Nummer 5.2.2. genannten Ausbildungsnachweise sind.

Artikel 33a

Auf rumänische Ausbildungsnachweise für Krankenschwestern und Krankenpfleger, die für die allgemeine Pflege verantwortlich sind, finden ausschließlich folgende Bestimmungen über die erworbenen Rechte Anwendung:

Im Fall der Staatsangehörigen von Mitgliedstaaten, die in Rumänien als Krankenschwester oder Krankenpfleger, die für die allgemeine Pflege verantwortlich sind, ausgebildet wurden und deren Ausbildung den Mindestanforderungen an die Berufsausbildung gemäß Artikel 31 nicht genügt, erkennen die Mitgliedstaaten die nachstehend genannten Ausbildungsnachweise für Krankenschwestern und Krankenpfleger, die für die allgemeine Pflege verantwortlich sind, als hinreichend an, sofern diesen Nachweisen eine Bescheinigung beigefügt ist, aus der hervorgeht, dass diese Staatsangehörigen von Mitgliedstaaten während der letzten fünf Jahre vor der Ausstellung der Bescheinigung mindestens drei Jahre lang ununterbrochen tatsächlich und rechtmäßig in Rumänien die Tätigkeiten einer Krankenschwester bzw. eines Krankenpflegers, die bzw. der für die allgemeine Pflege verantwortlich ist, ausgeübt haben und dabei die volle Verantwortung für Planung, Organisation und Durchführung der Krankenpflege von Patienten hatten:

a) „Certificat de competenţe profesionale de asistent medical generalist" mit einer postsekundären Ausbildung an einer „şcoală postliceală', wobei zu bescheinigen ist, dass die Ausbildung vor dem 1. Januar 2007 begonnen wurde;

b) „Diplomă de absolvire de asistent medical generalist" mit einer Hochschulausbildung von kurzer Dauer, wobei zu bescheinigen ist, dass die Ausbildung vor dem 1. Oktober 2003 begonnen wurde;

c) „Diplomă de licenţă de asistent medical generalist" mit einer Hochschulausbildung von langer Dauer, wobei zu bescheinigen ist, dass die Ausbildung vor dem 1. Oktober 2003 begonnen wurde.

Abschnitt 4
Zahnärzte

Artikel 34   Grundausbildung des Zahnarztes

(1) Die Zulassung zur zahnärztlichen Grundausbildung setzt den Besitz eines Diploms oder Prüfungszeugnisses voraus, das in einem Mitgliedstaat für das betref-

fende Studium die Zulassung zu den Universitäten oder den Hochschulen mit anerkannt gleichwertigem Niveau ermöglicht.

(2) Die zahnärztliche Grundausbildung umfasst mindestens fünf Jahre (kann zusätzlich in der entsprechenden Anzahl von ECTS-Punkten ausgedrückt werden) und besteht aus mindestens 5 000 Stunden theoretischer und praktischer Ausbildung auf Vollzeitbasis, die mindestens das in Anhang V Nummer 5.3.1 aufgeführte Ausbildungsprogramm umfasst und an einer Universität, einer Hochschule mit anerkannt gleichwertigem Niveau oder unter Aufsicht einer Universität erteilt wurde.

Die Kommission wird ermächtigt, zur Änderung des Verzeichnisses in Anhang V Nummer 5.3.1 delegierte Rechtsakte nach Artikel 57c zu erlassen, um es an den wissenschaftlichen und technischen Fortschritt anzupassen.

Die Änderungen nach Unterabsatz 2 dürfen keine Änderung der in den Mitgliedstaaten bestehenden wesentlichen gesetzlichen Grundsätze der Berufsstruktur hinsichtlich der Ausbildung und der Bedingungen für den Zugang natürlicher Personen zu dem Beruf erfordern. Bei derartigen Änderungen ist die Verantwortung der Mitgliedstaaten für die Gestaltung der Bildungssysteme im Sinne des Artikels 165 Absatz 1 AEUV zu achten.

(3) Die zahnärztliche Grundausbildung gewährleistet, dass die betreffende Person die folgenden Kenntnisse und Fähigkeiten erwirbt:

a) angemessene Kenntnisse in den Wissenschaften, auf denen die Zahnheilkunde beruht, und ein gutes Verständnis für die wissenschaftlichen Methoden, einschließlich der Grundsätze der Messung biologischer Funktionen, der Bewertung wissenschaftlich festgestellter Sachverhalte sowie der Analyse von Daten;

b) angemessene Kenntnisse – soweit für die Ausübung der Zahnheilkunde von Belang – des Körperbaus, der Funktionen und des Verhaltens des gesunden und des kranken Menschen sowie des Einflusses der natürlichen und sozialen Umwelt auf die Gesundheit des Menschen;

c) angemessene Kenntnisse der Struktur und der Funktion der Zähne, des Mundes, des Kiefers und der dazugehörigen Gewebe, jeweils in gesundem und in krankem Zustand, sowie ihr Einfluss auf die allgemeine Gesundheit und das allgemeine physische und soziale Wohlbefinden des Patienten;

d) angemessene Kenntnisse der klinischen Disziplinen und Methoden, die ihr ein zusammenhängendes Bild von den Anomalien, Beschädigungen und Verletzungen sowie Krankheiten der Zähne, des Mundes, des Kiefers und der dazugehörigen Gewebe sowie von der Zahnheilkunde unter dem Gesichtspunkt der Verhütung und Vorbeugung, der Diagnose und Therapie vermitteln;

e) angemessene klinische Erfahrung unter entsprechender Leitung.

Diese Ausbildung vermittelt dem Betroffenen die erforderlichen Fähigkeiten zur Ausübung aller Tätigkeiten der Verhütung, Diagnose und Behandlung von Krankheiten der Zähne, des Mundes, des Kiefers und der dazugehörigen Gewebe.

Artikel 35   Ausbildung zum Fachzahnarzt

(1) Die Zulassung zur fachzahnärztlichen Weiterbildung setzt voraus, dass eine zahnärztliche Grundausbildung nach Artikel 34 abgeschlossen und als gültig anerkannt worden ist, oder den Besitz der in den Artikeln 23 und 37 genannten Unterlagen.

(2) Die fachzahnärztliche Ausbildung umfasst ein theoretisches und praktisches Studium in einem Universitätszentrum, einem Ausbildungs- und Forschungszentrum oder gegebenenfalls in einer hierzu von den zuständigen Behörden oder Stellen zugelassenen Gesundheitseinrichtung.

Fachzahnarztlehrgänge auf Vollzeitbasis dauern mindestens drei Jahre und stehen unter Aufsicht der zuständigen Behörden oder Stellen. Die Fachzahnarztanwärter müssen in der betreffenden Einrichtung persönlich zur Mitarbeit herangezogen werden und Verantwortung übernehmen.

(3) Die Mitgliedstaaten machen die Ausstellung eines Ausbildungsnachweises des Fachzahnarztes vom Besitz eines der in Anhang V Nummer 5.3.2 aufgeführten Ausbildungsnachweise für die zahnärztliche Grundausbildung abhängig.

(4) Die Kommission wird ermächtigt, zur Anpassung der Mindestdauer der Weiterbildung nach Absatz 2 an den wissenschaftlichen und technischen Fortschritt delegierte Rechtsakte nach Artikel 57c zu erlassen.

(5) Die Kommission wird ermächtigt, delegierte Rechtsakte nach Artikel 57c zur Aufnahme neuer Fachzahnarztrichtungen, die in mindestens zwei Fünfteln der Mitgliedstaaten vertreten sind, in Anhang V Nummer 5.3.3 zu erlassen, um Änderungen der nationalen Rechtsvorschriften gebührend Rechnung zu tragen und um diese Richtlinie zu aktualisieren.

Artikel 36   Ausübung der Tätigkeiten des Zahnarztes

(1) Für die Zwecke dieser Richtlinie sind Tätigkeiten des Zahnarztes die in Absatz 3 definierten Tätigkeiten, die unter den in Anhang V Nummer 5.3.2 aufgeführten Berufsbezeichnungen ausgeübt werden.

(2) Der Beruf des Zahnarztes basiert auf der zahnärztlichen Ausbildung nach Artikel 34 und stellt einen eigenen Beruf dar, der sich von dem des Arztes und des Facharztes unterscheidet. Die Ausübung der Tätigkeiten des Zahnarztes setzt den Besitz eines in Anhang V Nummer 5.3.2 aufgeführten Ausbildungsnachweises voraus. Den Inhabern eines solchen Ausbildungsnachweises gleichgestellt sind Personen, die Artikel 23 oder 37 in Anspruch nehmen können.

(3) Die Mitgliedstaaten sorgen dafür, dass die Zahnärzte allgemein Tätigkeiten der Verhütung, Diagnose und Behandlung von Anomalien und Krankheiten der Zähne, des Mundes und der Kiefer und des dazugehörigen Gewebes aufnehmen und ausüben dürfen, wobei die für den Beruf des Zahnarztes zu den in Anhang V Nummer 5.3.2 aufgeführten Stichtagen maßgeblichen Rechtsvorschriften und Standesregeln einzuhalten sind.

Artikel 37   Erworbene Rechte von Zahnärzten

(1) Jeder Mitgliedstaat erkennt zum Zwecke der Ausübung der Tätigkeiten des Zahnarztes unter den in Anhang V Nummer 5.3.2 aufgeführten Berufsbezeichnungen die Ausbildungsnachweise des Arztes an, die in Italien, Spanien, Österreich, der Tschechischen Republik, der Slowakei und Rumänien Personen ausgestellt worden sind, die ihre ärztliche Ausbildung spätestens an dem im oben genannten Anhang für den betreffenden Mitgliedstaat aufgeführten Stichtag begonnen haben, sofern ihnen eine von den zuständigen Behörden des betreffenden Mitgliedstaats ausgestellte Bescheinigung darüber beigefügt ist.

Aus dieser Bescheinigung muss hervorgehen, dass die beiden folgenden Bedingungen erfüllt sind:

a) Die betreffende Person hat sich während der letzten fünf Jahre vor Ausstellung der Bescheinigung mindestens drei Jahre lang ununterbrochen tatsächlich und rechtmäßig sowie hauptsächlich den Tätigkeiten nach Artikel 36 gewidmet, und

b) die betreffende Person ist berechtigt, diese Tätigkeiten unter denselben Bedingungen auszuüben wie die Inhaber des für diesen Mitgliedstaat in Anhang V Nummer 5.3.2 aufgeführten Ausbildungsnachweises.

Von dem in Unterabsatz 2 Buchstabe a genannten Erfordernis einer dreijährigen Tätigkeit befreit sind Personen, die ein mindestens dreijähriges Studium erfolgreich absolviert haben, dessen Gleichwertigkeit mit der in Artikel 34 genannten Ausbildung von den zuständigen Behörden des betreffenden Staates bescheinigt wird.

Was die Tschechische Republik und die Slowakei anbelangt, so werden die in der früheren Tschechoslowakei erworbenen Ausbildungsnachweise in gleicher Weise wie die tschechischen und slowakischen Ausbildungsnachweise unter den in den vorstehenden Unterabsätzen genannten Bedingungen anerkannt.

(2) Jeder Mitgliedstaat erkennt die Ausbildungsnachweise des Arztes an, die in Italien Personen ausgestellt wurden, die ihre Universitätsausbildung nach dem 28. Januar 1980, spätestens jedoch am 31. Dezember 1984 begonnen haben, sofern eine diesbezügliche Bescheinigung der zuständigen italienischen Behörden beigefügt ist.

Aus dieser Bescheinigung muss hervorgehen, dass die drei folgenden Bedingungen erfüllt sind:

a) Die betreffende Person hat mit Erfolg eine von den zuständigen italienischen Behörden durchgeführte spezifische Eignungsprüfung abgelegt, bei der überprüft wurde, ob sie Kenntnisse und Fähigkeiten besitzt, die denen derjenigen Personen vergleichbar sind, die Inhaber eines in Anhang V Nummer 5.3.2 für Italien aufgeführten Ausbildungsnachweises sind;

b) die betreffende Person hat sich während der letzten fünf Jahre vor Ausstellung der Bescheinigung mindestens drei Jahre lang ununterbrochen in Italien tatsächlich und rechtmäßig sowie hauptsächlich den Tätigkeiten nach Artikel 36 gewidmet;

c) die betreffende Person ist berechtigt, die Tätigkeiten nach Artikel 36 unter denselben Bedingungen wie die Inhaber der Ausbildungsnachweise, die für Italien in Anhang V Nummer 5.3.2 aufgeführt sind, auszuüben oder übt diese tatsächlich, rechtmäßig sowie hauptsächlich aus.

Von der in Unterabsatz 2 Buchstabe a genannten Eignungsprüfung befreit sind Personen, die ein mindestens dreijähriges Studium erfolgreich absolviert haben, dessen Gleichwertigkeit mit der Ausbildung nach Artikel 34 von den zuständigen Behörden bescheinigt wird.

Personen, die ihre medizinische Universitätsausbildung nach dem 31. Dezember 1984 begonnen haben, sind den oben genannten Personen gleichgestellt, sofern das im vorstehenden Unterabsatz genannte dreijährige Studium vor dem 31. Dezember 1994 aufgenommen wurde.

(3) Die Mitgliedstaaten erkennen die Ausbildungsnachweise von Zahnärzten gemäß Artikel 21 an, wenn die Antragsteller ihre Ausbildung spätestens am 18. Januar 2016 begonnen haben.

(4) Jeder Mitgliedstaat erkennt die Ausbildungsnachweise von Ärzten an, die in Spanien Berufsangehörigen ausgestellt wurden, die ihre ärztliche Universitätsausbildung zwischen dem 1. Januar 1986 und dem 31. Dezember 1997 begonnen haben, sofern eine diesbezügliche Bescheinigung der zuständigen spanischen Behörden beigefügt ist.

Durch die Bescheinigung ist zu bestätigen, dass folgende Bedingungen erfüllt sind:

a) Der betreffende Berufsangehörige hat ein mindestens dreijähriges Studium erfolgreich abgeschlossen, und die zuständigen spanischen Behörden haben dessen Gleichwertigkeit mit der in Artikel 34 genannten Ausbildung bescheinigt;
b) der betreffende Berufsangehörige hat während der letzten fünf Jahre vor Ausstellung der Bescheinigung mindestens drei Jahre lang ununterbrochen in Spanien tatsächlich, rechtmäßig und hauptsächlich die Tätigkeiten nach Artikel 36 ausgeübt;
c) der betreffende Berufsangehörige ist berechtigt, die Tätigkeiten nach Artikel 36 unter denselben Bedingungen wie die Inhaber der Ausbildungsnachweise, die für Spanien in Anhang V Nummer 5.3.2 aufgeführt sind, auszuüben, oder übt sie tatsächlich, rechtmäßig und hauptsächlich aus.

Abschnitt 5
Tierärzte

Artikel 38   Ausbildung des Tierarztes

(1) Die tierärztliche Ausbildung umfasst insgesamt mindestens fünf Jahre theoretischen und praktischen Unterricht auf Vollzeitbasis (kann zusätzlich in der entsprechenden Anzahl von ECTS-Punkten ausgedrückt werden), der mindestens das in Anhang V Nummer 5.4.1 aufgeführte Ausbildungsprogramm umfasst und an einer Universität, einer Hochschule mit anerkannt gleichwertigem Niveau oder unter Aufsicht einer Universität erteilt wurde.

Die Kommission wird ermächtigt, zur Änderung des Verzeichnisses in Anhang V Nummer 5.4.1 delegierte Rechtsakte nach Artikel 57c zu erlassen, um es an den wissenschaftlichen und technischen Fortschritt anzupassen.

Die Änderungen nach Absatz 2 dürfen keine Änderung der in den Mitgliedstaaten bestehenden wesentlichen gesetzlichen Grundsätze der Berufsstruktur hinsichtlich der Ausbildung und der Bedingungen für den Zugang natürlicher Personen zu dem Beruf erfordern. Bei derartigen Änderungen ist die Verantwortung der Mitgliedstaaten für die Gestaltung der Bildungssysteme im Sinne des Artikels 165 Absatz 1 AEUV zu achten.

(2) Die Zulassung zur tierärztlichen Ausbildung setzt den Besitz eines Diploms oder eines Prüfungszeugnisses voraus, das in einem Mitgliedstaat für das betreffende Studium die Zulassung zu den Universitäten oder den Hochschulen mit anerkannt gleichwertigem Niveau ermöglicht.

(3) Die Ausbildung des Tierarztes stellt sicher, dass der betreffende Berufsangehörige folgende Kenntnisse und Fähigkeiten erwirbt:

a) angemessene Kenntnis in den Wissenschaften, auf denen die Tätigkeiten eines Tierarztes beruhen, und der diese Tätigkeiten betreffenden Rechtsvorschriften der Union;

b) angemessene Kenntnisse über die Struktur, die biologischen Funktionen, das Verhalten und die physiologischen Bedürfnisse von Tieren sowie die Fähigkeiten und Kompetenzen, die allgemein zur Zucht, zur Ernährung, zum Wohlergehen, zur Fortpflanzung und zur Hygiene im Allgemeinen im Zusammenhang mit Tieren gehören;

c) die klinischen, epidemiologischen und analytischen Fähigkeiten und Kompetenzen, die für die Prävention, Diagnose und Behandlung der Krankheiten von Tieren erforderlich sind, einschließlich der Anästhesie, der aseptischen Chirurgie und der schmerzlosen Tötung, unabhängig davon, ob sie einzeln oder in Gruppen betrachtet werden, einschließlich besonderer Kenntnisse der auf Menschen übertragbaren Krankheiten;

d) angemessene Kenntnisse, Fähigkeiten und Kompetenzen auf dem Gebiet der Präventivmedizin, einschließlich Kompetenzen in Bezug auf Auskunftsersuchen und Zertifizierung;

e) angemessene Kenntnisse der Hygiene und der Technologie bei der Gewinnung, der Herstellung und dem Inverkehrbringen von Futtermitteln oder von zum menschlichen Verzehr bestimmten Lebensmitteln tierischer Herkunft, einschließlich der Fähigkeiten und Kompetenzen, die zum Verständnis und zur Erläuterung der diesbezüglichen bewährten Praxis notwendig sind;

f) die Kenntnisse, Fähigkeiten und Kompetenzen, die im Hinblick auf die Behandlung von Tieren sowie die Sicherheit der Lebensmittelkette und den Schutz der Umwelt für einen verantwortungsvollen und sinnvollen Umgang mit Tierarzneimitteln benötigt werden.

Artikel 39   Erworbene Rechte von Tierärzten

Unbeschadet des Artikels 23 Absatz 4 erkennen die Mitgliedstaaten bei den Staatsangehörigen der Mitgliedstaaten, deren Ausbildungsnachweise des Tierarztes von Estland vor dem 1. Mai 2004 verliehen wurden bzw. deren Ausbildung in Estland vor dem 1. Mai 2004 aufgenommen wurde, diese Ausbildungsnachweise des Tierarztes an, wenn ihnen eine Bescheinigung darüber beigefügt ist, dass die betreffende Person in den sieben Jahren vor Ausstellung der Bescheinigung die betreffenden Tätigkeiten mindestens fünf Jahre ohne Unterbrechung tatsächlich und rechtmäßig in Estland ausgeübt hat.

Abschnitt 6
Hebammen

Artikel 40   Ausbildung der Hebamme

(1) Die Ausbildung zur Hebamme muss mindestens eine der folgenden Ausbildungen umfassen:

a) eine spezielle Ausbildung zur Hebamme auf Vollzeitbasis, die theoretischen und praktischen Unterricht von mindestens drei Jahren (Ausbildungsmöglichkeit I) umfasst, der mindestens das in Anhang V Nummer 5.5.1 aufgeführte Ausbildungsprogramm beinhaltet; oder

b) eine spezielle Ausbildung zur Hebamme von mindestens 18 Monaten (Ausbildungsmöglichkeit II) auf Vollzeitbasis, die mindestens das in Anhang V Nummer 5.5.1 aufgeführte Ausbildungsprogramm umfasst, das nicht Gegenstand eines gleichwertigen Unterrichts im Rahmen der Ausbildung zur Krankenschwester und zum Krankenpfleger, die für die allgemeine Pflege verantwortlich sind, war.

Die Mitgliedstaaten tragen dafür Sorge, dass die mit der Ausbildung der Hebammen betrauten Einrichtungen die Verantwortung dafür übernehmen, dass Theorie und Praxis für das gesamte Ausbildungsprogramm koordiniert werden.

Die Kommission wird ermächtigt, zur Änderung des Verzeichnisses in Anhang V Nummer 5.5.1 delegierte Rechtsakte nach Artikel 57c zu erlassen, um es an den wissenschaftlichen und technischen Fortschritt anzupassen.

Die Änderungen nach Unterabsatz 3 dürfen keine Änderung der in den Mitgliedstaaten bestehenden wesentlichen gesetzlichen Grundsätze der Berufsstruktur hinsichtlich der Ausbildung und der Bedingungen für den Zugang natürlicher Personen zu dem Beruf erfordern. Bei derartigen Änderungen ist die Verantwortung der Mitgliedstaaten für die Gestaltung der Bildungssysteme im Sinne des Artikels 165 Absatz 1 AEUV zu achten.

(2) Für die Zulassung zur Hebammenausbildung muss eine der folgenden Voraussetzungen erfüllt sein:

a) Abschluss einer mindestens zwölfjährigen allgemeinen Schulausbildung oder der Besitz eines Zeugnisses, durch das eine bestandene Aufnahmeprüfung von gleich-

wertigem Niveau für die Hebammenschule bescheinigt wird, für Ausbildungsmöglichkeit I;

b) Besitz eines in Anhang V Nummer 5.2.2 aufgeführten Ausbildungsnachweises der
Krankenschwester/des Krankenpflegers, die/der für die allgemeine Pflege verantwortlich sind, für Ausbildungsmöglichkeit II.

(3) Die Ausbildung der Hebamme muss sicherstellen, dass der betreffende Berufsangehörige folgende Kenntnisse und Fähigkeiten erwirbt:

a) genaue Kenntnisse der Wissenschaften, auf denen die Tätigkeiten der Hebamme
beruhen, insbesondere der Geburtshilfe und der Frauenheilkunde;

b) angemessene Kenntnisse der Berufsethik und der Rechtsvorschriften, die für die
Ausübung des Berufs einschlägig sind;

c) angemessene Kenntnisse der Allgemeinmedizin (biologische Funktionen, Anatomie und Physiologie) und der Pharmakologie auf den Gebieten der Geburtshilfe
und der perinatalen Medizin, sowie Kenntnisse über den Zusammenhang zwischen dem Gesundheitszustand und der physischen und sozialen Umwelt des
Menschen und über sein Verhalten;

d) angemessene, in anerkannten Einrichtungen erworbene klinische Erfahrung,
durch die die Hebamme in der Lage ist, unabhängig und in eigener Verantwortung in dem nötigen Umfang und mit Ausnahme von pathologischen Situationen
vorgeburtliche Gesundheitsfürsorge zu leisten, die Entbindung und die Folge-
maßnahmen in anerkannten Einrichtungen durchzuführen sowie die Wehen und
die Geburt, die nachgeburtliche Gesundheitsfürsorge und die Wiederbelebung
von Neugeborenen bis zum Eintreffen eines Arztes zu überwachen;

e) angemessenes Verständnis der Ausbildung des Personals im Gesundheitswesen
und Erfahrung in der Zusammenarbeit mit diesem Personal.

Artikel 41   Bedingungen der Anerkennung der Ausbildungsnachweise der Hebamme

(1) Die in Anhang V Nummer 5.5.2 aufgeführten Ausbildungsnachweise der
Hebamme werden nur dann nach Artikel 21 automatisch anerkannt, wenn sie eine
der folgenden Ausbildungen abschließen:

a) eine mindestens dreijährige Hebammenausbildung auf Vollzeitbasis (kann zusätzlich in der entsprechenden Anzahl von ECTS-Punkten ausgedrückt werden),
die aus mindestens 4 600 Stunden theoretischer und praktischer Ausbildung
besteht, mit mindestens einem Drittel der Mindestausbildungsdauer in Form
klinisch-praktischer Ausbildung;

b) eine mindestens zweijährige Hebammenausbildung auf Vollzeitbasis (kann zusätzlich in der entsprechenden Anzahl von ECTS-Punkten ausgedrückt werden),
die aus mindestens 3 600 Stunden besteht und die den Besitz eines der in
Anhang V Nummer 5.2.2 aufgeführten Ausbildungsnachweise der Krankenschwester und des Krankenpflegers, die für die allgemeine Pflege verantwortlich
sind, voraussetzt;

c) eine mindestens 18-monatige Hebammenausbildung auf Vollzeitbasis (kann
zusätzlich in der entsprechenden Anzahl von ECTS-Punkten ausgedrückt werden), die aus mindestens 3 000 Stunden besteht und die den Besitz eines der in

Anhang V Nummer 5.2.2 genannten Ausbildungsnachweise der Krankenschwester und des Krankenpflegers, die für die allgemeine Pflege verantwortlich sind, voraussetzt, nach deren Abschluss eine einjährige Berufserfahrung erworben wird, über die die in Absatz 2 genannte Bescheinigung ausgestellt wird.

(2) Die in Absatz 1 genannte Bescheinigung wird von den zuständigen Behörden des Herkunftsmitgliedstaats ausgestellt. In ihr wird bescheinigt, dass der Inhaber nach Erhalt des Ausbildungsnachweises der Hebamme in zufriedenstellender Weise alle mit dem Beruf einer Hebamme verbundenen Tätigkeiten in einem Krankenhaus oder in einer Einrichtung des Gesundheitswesens, die im Hinblick auf diesen Zweck anerkannt worden ist, während eines entsprechenden Zeitraums ausgeübt hat.

Artikel 42   Ausübung der Tätigkeiten der Hebamme

(1) Dieser Abschnitt gilt für die von den einzelnen Mitgliedstaaten unbeschadet des Absatzes 2 definierten und unter den in Anhang V Nummer 5.5.2 aufgeführten Berufsbezeichnungen ausgeübten Tätigkeiten der Hebamme.

(2) Die Mitgliedstaaten sorgen dafür, dass Hebammen zumindest die Aufnahme und Ausübung folgender Tätigkeiten gestattet wird:

a) angemessene Aufklärung und Beratung in Fragen der Familienplanung;
b) Feststellung der Schwangerschaft und Beobachtung der normal verlaufenden Schwangerschaft, Durchführung der zur Beobachtung eines normalen Schwangerschaftsverlaufs notwendigen Untersuchungen;
c) Verschreibung der Untersuchungen, die für eine möglichst frühzeitige Feststellung einer Risikoschwangerschaft notwendig sind, oder Aufklärung über diese Untersuchungen;
d) Vorbereitung auf die Elternschaft, umfassende Vorbereitung auf die Niederkunft und Beratung in Fragen der Hygiene und Ernährung;
e) Betreuung der Gebärenden während der Geburt und Überwachung des Fötus in der Gebärmutter mit Hilfe geeigneter klinischer und technischer Mittel;
f) Durchführung von Normalgeburten bei Kopflage, einschließlich – sofern erforderlich – des Scheidendammschnitts sowie im Dringlichkeitsfall Durchführung von Steißgeburten;
g) Erkennung der Anzeichen von Anomalien bei der Mutter oder beim Kind, die das Eingreifen eines Arztes erforderlich machen, sowie Hilfeleistung bei etwaigen ärztlichen Maßnahmen; Ergreifen der notwendigen Maßnahmen bei Abwesenheit des Arztes, insbesondere manuelle Ablösung der Plazenta, an die sich gegebenenfalls eine manuelle Nachuntersuchung der Gebärmutter anschließt;
h) Untersuchung und Pflege des Neugeborenen; Einleitung und Durchführung der erforderlichen Maßnahmen in Notfällen und, wenn erforderlich, Durchführung der sofortigen Wiederbelebung des Neugeborenen;
i) Pflege der Wöchnerin, Überwachung des Zustandes der Mutter nach der Niederkunft und zweckdienliche Beratung über die bestmögliche Pflege des Neugeborenen;
j) Durchführung der vom Arzt verordneten Behandlung;
k) Abfassen der erforderlichen schriftlichen Berichte.

Artikel 43   Erworbene Rechte von Hebammen

(1) Jeder Mitgliedstaat erkennt bei Staatsangehörigen von Mitgliedstaaten, deren Ausbildungsnachweise den in Artikel 40 gestellten Mindestanforderungen an die Ausbildung entsprechen, jedoch gemäß Artikel 41 nur anerkannt werden müssen, wenn gleichzeitig die in Artikel 41 Absatz 2 genannte Bescheinigung über die Berufspraxis vorgelegt wird, die von diesen Mitgliedstaaten vor dem in Anhang V Nummer 5.5.2 aufgeführten Stichtag ausgestellten Ausbildungsnachweise der Hebamme als ausreichenden Nachweis an, wenn ihnen eine Bescheinigung darüber beigefügt ist, dass die betreffende Person in den letzten fünf Jahren vor Ausstellung der Bescheinigung mindestens zwei Jahre ohne Unterbrechung tatsächlich und rechtmäßig den Beruf der Hebamme ausgeübt hat.

(1a) Bezüglich der Ausbildungsnachweise von Hebammen erkennen die Mitgliedstaaten die Qualifikationen automatisch an, bei denen die Antragsteller die Ausbildung vor dem 18. Januar 2016 begonnen haben und die Zulassungsvoraussetzung für diese Ausbildung eine zehnjährige allgemeine Schulausbildung oder ein gleichwertiges Ausbildungsniveau im Fall der Ausbildungsmöglichkeit I war, oder wenn sie vor Beginn der Hebammenausbildung, die unter Ausbildungsmöglichkeit II fällt, eine Ausbildung zur Krankenschwester/zum Krankenpfleger, die für die allgemeine Pflege verantwortlich sind, bescheinigt durch einen Ausbildungsnachweis gemäß Anhang V Nummer 5.2.2, abgeschlossen haben.

(2) Die Bestimmungen von Absatz 1 gelten für auf dem Gebiet der ehemaligen Deutschen Demokratischen Republik erworbene Ausbildungsnachweise der Hebamme, die den in Artikel 40 gestellten Mindestanforderungen an die Ausbildung entsprechen, jedoch gemäß Artikel 41 nur anerkannt werden, wenn gleichzeitig die in Artikel 41 Absatz 2 genannte Bescheinigung über die Berufspraxis vorgelegt wird, sofern sie eine Ausbildung abschließen, die vor dem 3. Oktober 1990 begonnen wurde.

(3) (gestrichen)

(4) Die Mitgliedstaaten erkennen Ausbildungsnachweise an:

a) wenn sie in Polen für Hebammen verliehen wurden, deren Ausbildung vor dem 1. Mai 2004 abgeschlossen wurde und den Mindestanforderungen an die Berufsausbildung gemäß Artikel 40 nicht genügte, und

b) die durch ein „Bakkalaureat"-Diplom bescheinigt sind, das auf der Grundlage eines speziellen Aufstiegsfortbildungsprogramms erworben wurde, das in folgenden Gesetzen enthalten ist:

i) Artikel 11 des Gesetzes vom 20. April 2004 zur Änderung des Gesetzes über den Beruf der Krankenschwester, des Krankenpflegers und der Hebamme und zu einigen anderen Rechtsakten (Amtsblatt der Republik Polen von 2004 Nr. 92 Pos. 885 und von 2007 Nr. 176 Pos. 1237) und Verordnung des Gesundheitsministers vom 11. Mai 2004 über die Ausbildungsbedingungen für Krankenschwestern, Krankenpfleger und Hebammen, die einen Sekundarschulabschluss (Abschlussexamen – Matura) und eine abgeschlossene medizinische Schul- und Fachschulausbildung für den Beruf der Krankenschwester, des Krankenpflegers und der Hebamme nachweisen können (Amtsblatt der

Republik Polen von 2004 Nr. 110 Pos. 1170 und von 2010 Nr. 65 Pos. 420); oder

ii) Artikel 53.3 Nummer 3 des Gesetzes vom 15. Juli 2011 über den Krankenpfleger- und Hebammenberuf (Amtsblatt der Republik Polen von 2011 Nr. 174 Pos. 1039) und Verordnung des Gesundheitsministers vom 14. Juni 2012 über die genauen Bedingungen der Hochschulabschlüsse für Krankenschwestern, Krankenpfleger und Hebammen, die einen Sekundarschulabschluss (Abschlussexamen – Matura) und eine abgeschlossene medizinische Sekundarschul- und Postsekundarschulausbildung für den Beruf der Krankenschwester, des Krankenpflegers und der Hebamme nachweisen können (Amtsblatt der Republik Polen von 2012, Pos. 770),

um zu überprüfen, ob die Hebamme über einen Kenntnisstand und eine Fachkompetenz verfügt, die mit denen der Herbammen vergleichbar sind, die Inhaber der für Polen in Anhang V Nummer 5.5.2 genannten Ausbildungsnachweise sind.

Artikel 43a

Auf die rumänischen Ausbildungsnachweise für Hebammen finden lediglich die folgenden Bestimmungen über die erworbenen Rechte Anwendung.

Bei den Staatsangehörigen der Mitgliedstaaten, deren Ausbildungsnachweis für Hebammen (asistent medical obstetrică-ginecologie/Krankenschwestern bzw. Krankenpfleger für Frauenheilkunde und Geburtshilfe) von Rumänien vor dem Tag des Beitritts verliehen wurde und den Mindestanforderungen an die Berufsausbildung nach Artikel 40 nicht genügt, erkennen die Mitgliedstaaten den gesamten Ausbildungsnachweis als ausreichenden Nachweis für die Zwecke der Ausübung der Tätigkeiten einer Hebamme an, wenn ihm eine Bescheinigung darüber beigefügt ist, dass die betreffende Person die Tätigkeiten einer Hebamme in den sieben Jahren vor Ausstellung der Bescheinigung mindestens fünf Jahre ohne Unterbrechung in Rumänien tatsächlich und rechtmäßig ausgeübt hat.

Artikel 43b

Erworbene Rechte für die Tätigkeit als Hebamme/Geburtshelfer gelten nicht für die folgenden Ausbildungsnachweise, die in Kroatien vor dem 1. Juli 2013 erworben wurden: viša medicinska sestra ginekološko-opstetričkog smjera (Oberschwester/Oberpfleger für Frauenheilkunde und Geburtshilfe), medicinska sestra ginekološko-opstetričkog smjera (Krankenschwester/Krankenpfleger für Frauenheilkunde und Geburtshilfe), viša mediciniska sestra primaljskog smjera (Oberschwester/Oberpfleger mit Hebammen-/Geburtshelferabschluss), medicinska sestra primaljskog smjera (Krankenschwester/Krankenpfleger mit Hebammen-/Geburtshelferabschluss), ginekološko-opstetrička primalja (Hebamme/Geburtshelfer für Frauenheilkunde und Geburtshilfe) und primalja (Hebamme/Geburtshelfer).

Abschnitt 7
Apotheker

Artikel 44   Ausbildung des Apothekers

(1) Die Zulassung zur Apothekerausbildung setzt den Besitz eines Diploms oder eines Prüfungszeugnisses voraus, das in einem Mitgliedstaat für das betreffende Studium die Zulassung zu den Universitäten oder den Hochschulen mit anerkannt gleichwertigem Niveau ermöglicht.

(2) Der Ausbildungsnachweis des Apothekers schließt eine Ausbildung ab, die sich auf einen Zeitraum von mindestens fünf Jahren (kann zusätzlich in der entsprechenden Anzahl von ECTS-Punkten ausgedrückt werden) erstreckt und mindestens Folgendes umfasst:

a) eine vierjährige theoretische und praktische Vollzeitausbildung an einer Universität oder einer Hochschule mit anerkannt gleichwertigem Niveau oder unter der Aufsicht einer Universität;

b) während oder am Ende der theoretischen und praktischen Ausbildung ein sechsmonatiges Praktikum in einer der Öffentlichkeit zugänglichen Apotheke oder in einem Krankenhaus unter der Aufsicht des pharmazeutischen Dienstes dieses Krankenhauses.

Der in diesem Absatz genannte Ausbildungsgang umfasst mindestens das in Anhang V Nummer 5.6.1 aufgeführte Ausbildungsprogramm. Die Kommission wird ermächtigt, zur Änderung des Verzeichnisses in Anhang V Nummer 5.6.1 delegierte Rechtsakte nach Artikel 57c zu erlassen, um es an den wissenschaftlichen und technischen Fortschritt, einschließlich der Entwicklung der pharmazeutischen Praxis, anzupassen.

Die Änderungen nach Unterabsatz 2 dürfen keine Änderung der in den Mitgliedstaaten bestehenden wesentlichen gesetzlichen Grundsätze der Berufsstruktur hinsichtlich der Ausbildung und der Bedingungen für den Zugang natürlicher Personen zu dem Beruf erfordern. Bei derartigen Änderungen ist die Verantwortung der Mitgliedstaaten für die Gestaltung der Bildungssysteme im Sinne des Artikels 165 Absatz 1 AEUV zu achten.

(3) Die Ausbildung des Apothekers gewährleistet, dass die betreffende Person die folgenden Kenntnisse und Fähigkeiten erwirbt:

a) angemessene Kenntnisse der Arzneimittel und der zur Arzneimittelherstellung verwendeten Stoffe;

b) angemessene Kenntnisse der pharmazeutischen Technologie und der physikalischen, chemischen, biologischen und mikrobiologischen Prüfung der Arzneimittel;

c) angemessene Kenntnisse des Metabolismus und der Wirkungen von Arzneimitteln und Giftstoffen sowie der Anwendung von Arzneimitteln;

d) angemessene Kenntnisse zur Beurteilung der die Arzneimittel betreffenden wissenschaftlichen Angaben zur Erteilung einschlägiger Informationen;

e) angemessene Kenntnisse der rechtlichen und sonstigen Voraussetzungen im Zusammenhang mit der Ausübung der pharmazeutischen Tätigkeiten.

Artikel 45   Ausübung der Tätigkeiten des Apothekers

(1) Für die Zwecke dieser Richtlinie sind Tätigkeiten des Apothekers die Tätigkeiten, deren Aufnahme und Ausübung in einem oder mehreren Mitgliedstaaten beruflichen Eignungsbedingungen unterliegen und die den Inhabern eines der in Anhang V Nummer 5.6.2 aufgeführten Ausbildungsnachweise offen stehen.

(2) Die Mitgliedstaaten sorgen dafür, dass Inhaber eines pharmazeutischen Ausbildungsnachweises einer Universität oder eines als gleichwertig anerkannten Ausbildungsnachweises, der den Anforderungen des Artikels 44 genügt, mindestens die folgenden Tätigkeiten aufnehmen und ausüben dürfen, gegebenenfalls vorbehaltlich des Erfordernisses einer ergänzenden Berufserfahrung:

a) Herstellung der Darreichungsform von Arzneimitteln,

b) Herstellung und Prüfung von Arzneimitteln,

c) Arzneimittelprüfung in einem Laboratorium für die Prüfung von Arzneimitteln,

d) Lagerung, Qualitätserhaltung und Abgabe von Arzneimitteln auf der Großhandelsstufe,

e) Bevorratung, Herstellung, Prüfung, Lagerung, Verteilung und Verkauf von unbedenklichen und wirksamen Arzneimitteln der erforderlichen Qualität in der Öffentlichkeit zugänglichen Apotheken,

f) Herstellung, Prüfung, Lagerung und Verkauf von unbedenklichen und wirksamen Arzneimitteln der erforderlichen Qualität in Krankenhäusern,

g) Information und Beratung über Arzneimittel als solche, einschließlich ihrer angemessenen Verwendung,

h) Meldung von unerwünschten Arzneimittelwirkungen an die zuständigen Behörden,

i) personalisierte Unterstützung von Patienten bei Selbstmedikation,

j) Beiträge zu örtlichen oder landesweiten gesundheitsbezogenen Kampagnen.

(3) Ist in einem Mitgliedstaat die Aufnahme oder Ausübung einer der Tätigkeiten des Apothekers nicht nur vom Besitz eines der in Anhang V Nummer 5.6.2 aufgeführten Ausbildungsnachweise abhängig, sondern auch von dem Erfordernis zusätzlicher Berufserfahrung, so erkennt dieser Mitgliedstaat als ausreichenden Nachweis hierfür die Bescheinigung des Herkunftsmitgliedstaats darüber an, dass die betreffende Person diese Tätigkeiten während einer gleichen Zeitdauer im Herkunftsmitgliedstaat ausgeübt hat.

(4) Die Anerkennung gemäß Absatz 3 gilt nicht für die Berufserfahrung von zwei Jahren, die im Großherzogtum Luxemburg für die Erteilung einer staatlichen Konzession für eine der Öffentlichkeit zugängliche Apotheke vorgeschrieben ist.

(5) War in einem Mitgliedstaat am 16. September 1985 ein Auswahlverfahren aufgrund von Prüfungen vorgeschrieben zur Auswahl der in Absatz 2 genannten Inhaber, die zu Inhabern neuer Apotheken bestellt werden, deren Errichtung im Rahmen eines nationalen Systems geografischer Aufteilung beschlossen worden ist, so kann dieser Mitgliedstaat abweichend von Absatz 1 dieses Auswahlverfahren

beibehalten und es auf Staatsangehörige der Mitgliedstaaten anwenden, die Inhaber eines in Anhang V Nummer 5.6.2 aufgeführten Ausbildungsnachweises sind oder Artikel 23 in Anspruch nehmen.

Abschnitt 8
Architekt

Artikel 46   Ausbildung von Architekten

(1) Die Ausbildung zum Architekten umfasst

a) insgesamt mindestens fünf Studienjahre auf Vollzeitbasis an einer Hochschule oder einer vergleichbaren Bildungseinrichtung, die mit einer Prüfung auf Hochschulniveau erfolgreich abgeschlossen werden, oder

b) mindestens vier Studienjahre auf Vollzeitbasis an einer Hochschule oder einer vergleichbaren Bildungseinrichtung, die mit einer Prüfung auf Hochschulniveau erfolgreich abgeschlossen werden, und ein Zeugnis, das den Abschluss von zwei Jahren Berufspraktikum gemäß Absatz 4 bescheinigt.

(2) Das Studium nach Absatz 1 muss hauptsächlich auf Architektur ausgerichtet sein. In dem Studium müssen die theoretischen und praktischen Aspekte der Architekturausbildung ausgewogen zur Geltung kommen und mindestens der Erwerb der folgenden Kenntnisse, Fähigkeiten und Kompetenzen sichergestellt werden:

a) die Fähigkeit zu architektonischer Gestaltung, die sowohl ästhetischen als auch technischen Erfordernissen gerecht wird;

b) angemessene Kenntnisse der Geschichte und Lehre der Architektur und damit verwandter Künste, Technologien und Geisteswissenschaften;

c) Kenntnisse in den bildenden Künsten wegen ihres Einflusses auf die Qualität der architektonischen Gestaltung;

d) angemessene Kenntnisse in der städtebaulichen Planung und Gestaltung, der Planung im Allgemeinen und in den Planungstechniken;

e) Verständnis der Beziehung zwischen Menschen und Gebäuden sowie zwischen Gebäuden und ihrer Umgebung und Verständnis der Notwendigkeit, Gebäude und die Räume zwischen ihnen mit menschlichen Bedürfnissen und Maßstäben in Beziehung zu bringen;

f) Verständnis des Architekten für seinen Beruf und seine Aufgabe in der Gesellschaft, besonders bei der Erstellung von Entwürfen, die soziale Faktoren Rechnung tragen;

g) Kenntnis der Methoden zur Prüfung und Erarbeitung des Entwurfs für ein Gestaltungsvorhaben;

h) Kenntnis der strukturellen und bautechnischen Probleme im Zusammenhang mit der Baugestaltung;

i) angemessene Kenntnisse der physikalischen Probleme und der Technologien, die mit der Funktion eines Gebäudes – Schaffung von Komfort und Schutz gegen Witterungseinflüsse – im Rahmen nachhaltiger Entwicklung zusammenhängen;

j) die technischen Fähigkeiten, die erforderlich sind, um den Bedürfnissen der Benutzer eines Gebäudes innerhalb der durch Kostenfaktoren und Bauvorschriften gesteckten Grenzen Rechnung zu tragen;

k) angemessene Kenntnisse derjenigen Gewerbe, Organisationen, Vorschriften und Verfahren, die bei der praktischen Durchführung von Bauplänen betroffen sind, sowie der Eingliederung der Pläne in die Gesamtplanung.

(3) Die Anzahl der Studienjahre auf Hochschulniveau nach den Absätzen 1 und 2 kann zusätzlich in der entsprechenden Anzahl von ECTS-Punkten ausgedrückt werden.

(4) Das Berufspraktikum nach Absatz 1 Buchstabe b darf erst nach Abschluss der ersten drei Studienjahre stattfinden. Mindestens ein Jahr des Berufspraktikums muss auf den während des Studiums nach Absatz 2 erworbenen Kenntnissen, Fähigkeiten und Kompetenzen aufbauen. Hierzu wird das Berufspraktikum unter der Aufsicht einer Person oder einer Stelle absolviert, die von der zuständigen Behörde des Herkunftsmitgliedstaates zugelassen wurde. Ein solches Praktikum unter Aufsicht kann in einem beliebigen Land absolviert werden. Das Berufspraktikum ist von der zuständigen Behörde des Herkunftsmitgliedstaates zu bewerten.

Artikel 47   Ausnahmen von den Bedingungen für die Ausbildung des Architekten

Abweichend von Artikel 46 wird ferner als den Bestimmungen des Artikels 21 entsprechend anerkannt: die Ausbildung im Rahmen der sozialen Förderung oder eines Hochschulstudiums auf Teilzeitbasis, die den Erfordernissen des Artikels 46 entspricht und von einem Berufsangehörigen, der seit mindestens sieben Jahren in der Architektur unter der Aufsicht eines Architekten oder Architekturbüros tätig war, durch eine erfolgreiche Prüfung auf dem Gebiet der Architektur abgeschlossen wird. Diese Prüfung muss Hochschulniveau aufweisen und dem in Artikel 46 Absatz 1 Buchstabe b genannten Abschlussexamen gleichwertig sein.

Artikel 48   Ausübung der Tätigkeiten des Architekten

(1) Für die Zwecke dieser Richtlinie sind Tätigkeiten des Architekten die Tätigkeiten, die üblicherweise unter der Berufsbezeichnung „Architekt" ausgeübt werden.

(2) Die Voraussetzungen für die Ausübung der Tätigkeiten des Architekten unter der Berufsbezeichnung „Architekt" sind auch bei Staatsangehörigen eines Mitgliedstaats als gegeben anzusehen, die zur Führung dieses Titels aufgrund eines Gesetzes ermächtigt worden sind, das der zuständigen Behörde eines Mitgliedstaats die Befugnis zuerkennt, diesen Titel Staatsangehörigen der Mitgliedstaaten zu verleihen, die sich durch die Qualität ihrer Leistungen auf dem Gebiet der Architektur besonders ausgezeichnet haben. Den betreffenden Personen wird von ihrem Herkunftsmitgliedstaat bescheinigt, dass ihre Tätigkeit als Architektentätigkeit gilt.

Artikel 49   Erworbene Rechte von Architekten

(1) Jeder Mitgliedstaat erkennt die in Anhang VI aufgeführten Ausbildungsnachweise des Architekten an, die die anderen Mitgliedstaaten ausgestellt haben und die eine Ausbildung abschließen, die spätestens im akademischen Bezugsjahr begann,

das in diesem Anhang angegeben ist, selbst wenn sie den Mindestanforderungen von Artikel 46 nicht genügen, und verleiht ihnen in seinem Hoheitsgebiet dieselbe Wirkung wie den Ausbildungsnachweisen, mit denen er selbst die Aufnahme und Ausübung der Tätigkeiten des Architekten ermöglicht.

Die von den zuständigen Behörden der Bundesrepublik Deutschland ausgestellten Bescheinigungen über die Gleichwertigkeit der nach dem 8. Mai 1945 von den zuständigen Behörden der Deutschen Demokratischen Republik ausgestellten Ausbildungsnachweise und der in diesem Anhang aufgeführten Nachweise werden nach diesen Bedingungen anerkannt.

(1a) Absatz 1 gilt auch für die in Anhang V aufgeführten Ausbildungsnachweise als Architekt, sofern die Ausbildung vor dem 18. Januar 2016 aufgenommen wurde.

(2) Jeder Mitgliedstaat erkennt unbeschadet des Absatzes 1 folgende Ausbildungsnachweise an und verleiht ihnen im Hinblick auf die Aufnahme und Ausübung der Tätigkeiten des Architekten in seinem Hoheitsgebiet dieselbe Wirkung wie den von ihm selbst ausgestellten Ausbildungsnachweisen: Bescheinigungen, die Staatsangehörigen der Mitgliedstaaten von denjenigen Mitgliedstaaten ausgestellt wurden, in denen die Aufnahme und Ausübung der Tätigkeiten des Architekten an den nachstehenden Stichtagen reglementiert war:

a)   1. Januar 1995 für Österreich, Finnland und Schweden;

b)   1. Mai 2004 für Tschechische Republik, Estland, Zypern, Lettland, Litauen, Ungarn, Malta, Polen, Slowenien und die Slowakei;

ba) 1. Juli 2013 für Kroatien;

c)   5. August 1987 für alle anderen Mitgliedstaaten.

Die in Unterabsatz 1 genannten Bescheinigungen bestätigen, dass ihr Inhaber spätestens am betreffenden Stichtag die Berechtigung erhielt, die Berufsbezeichnung „Architekt" zu führen und dass er die entsprechend reglementierten Tätigkeiten während der letzten fünf Jahre vor Ausstellung der Bescheinigung mindestens drei Jahre lang ununterbrochen tatsächlich ausgeübt hat.

(3) Jeder Mitgliedstaat erkennt in seinem Hoheitsgebiet folgenden Nachweis als gleichwertig mit den Ausbildungsnachweisen an, die er selbst im Hinblick auf die Aufnahme und die Ausübung der beruflichen Tätigkeiten eines Architekten ausstellt: Nachweis darüber, dass die am 5. August 1985 bestehende dreijährige Ausbildung an den Fachhochschulen in der Bundesrepublik Deutschland, die den Anforderungen des Artikels 46 Absatz 2 entspricht und die Aufnahme der in Artikel 48 genannten Tätigkeiten in diesem Mitgliedstaat unter der Berufsbezeichnung „Architekt" ermöglicht, abgeschlossen und spätestens am 17. Januar 2014 begonnen wurde, sofern die Ausbildung durch eine vierjährige Berufserfahrung in der Bundesrepublik Deutschland ergänzt wurde; diese Berufserfahrung muss durch eine Bescheinigung bestätigt werden, welche von der Architektenkammer ausgestellt wird, in deren Architektenliste der Architekt eingetragen ist, der die Vorschriften dieser Richtlinie in Anspruch nehmen möchte.

Kapitel IIIa
Automatische Anerkennung auf der Grundlage gemeinsamer Ausbildungsgrundsätze

Artikel 49a   Gemeinsamer Ausbildungsrahmen

(1) Für die Zwecke dieses Artikels bedeutet „gemeinsamer Ausbildungsrahmen" ein gemeinsames Spektrum von für die Ausübung des betreffenden Berufs mindestens erforderlichen Kenntnissen, Fähigkeiten und Kompetenzen. Ein gemeinsamer Ausbildungsrahmen darf nationale Ausbildungsprogramme nicht ersetzen sofern nicht ein Mitgliedstaat nach innerstaatlichem Recht eine andere Regelung trifft. Für die Zwecke der Aufnahme und Ausübung eines Berufs in Mitgliedstaaten, die diesen Beruf reglementieren, verleiht ein Mitgliedstaat den auf der Grundlage dieses Ausbildungsrahmens erworbenen Ausbildungsnachweisen in seinem Hoheitsgebiet dieselbe Wirkung wie den von ihm ausgestellten Ausbildungsnachweisen, sofern dieser Ausbildungsrahmen die Bedingungen nach Absatz 2 erfüllt.

(2) Ein gemeinsamer Ausbildungsrahmen erfüllt folgende Bedingungen:

a) der gemeinsame Ausbildungsrahmen ermöglicht mehr Berufsangehörigen den Wechsel in einen anderen Mitgliedstaat;

b) der betreffende Beruf, auf den der gemeinsame Ausbildungsrahmen anwendbar ist, oder die Bildung und Ausbildung, die zu dem Beruf hinführt, ist in mindestens einem Drittel der Mitgliedstaaten reglementiert;

c) das gemeinsame Spektrum von Kenntnissen, Fähigkeiten und Kompetenzen kombiniert die in den nationalen Systemen der allgemeinen und beruflichen Bildung von mindestens einem Drittel der Mitgliedstaaten verlangten Kenntnisse, Fähigkeiten und Kompetenzen; es kommt nicht darauf an, ob die jeweiligen Kenntnisse, Fähigkeiten und Kompetenzen im Rahmen einer allgemeinen Ausbildung an einer Universität oder einer anderen Hochschuleinrichtung oder im Rahmen einer beruflichen Ausbildung in Mitgliedstaaten erworben worden sind;

d) der gemeinsame Ausbildungsrahmen beruht auf den Niveaus des EQR gemäß Anhang II der Empfehlung des Europäischen Parlaments und des Rates vom 23. April 2008 zur Einrichtung des Europäischen Qualifikationsrahmens für lebenslanges Lernen[1];

e) der betreffende Beruf fällt weder unter einen anderen gemeinsamen Ausbildungsrahmen noch unterliegt er der automatischen Anerkennung nach Titel III Kapitel III;

f) der gemeinsame Ausbildungsrahmen wurde in einem geeigneten transparenten Verfahren unter Beteiligung der betroffenen Interessenträger aus Mitgliedstaaten, in denen der Beruf nicht reglementiert ist, festgelegt;

g) der gemeinsame Ausbildungsrahmen ermöglicht es Staatsangehörigen aller Mitgliedstaaten, die Berufsqualifikation innerhalb dieses Rahmens zu erwerben, ohne zunächst Mitglied einer berufsständischen Organisation oder bei einer solchen Organisation registriert sein zu müssen.

---

1 ABl. C 111 vom 6.5.2008, S. 1.

(3) Repräsentative Berufsorganisationen auf Unionsebene und nationale Berufsorganisationen oder zuständige Behörden, die mindestens einem Drittel der Mitgliedstaaten angehören, können der Kommission Vorschläge für gemeinsame Ausbildungsrahmen, die die Bedingungen des Absatzes 2 erfüllen, vorlegen.

(4) Die Kommission wird ermächtigt, delegierte Rechtsakte nach Artikel 57c zu erlassen, um einen gemeinsamen Ausbildungsrahmen für einen bestimmten Beruf nach Maßgabe der Bedingungen des Absatzes 2 dieses Artikels festzulegen.

(5) Ein Mitgliedstaat ist ausgenommen von der Verpflichtung, den gemeinsamen Ausbildungsrahmen nach Absatz 4 auf seinem Hoheitsgebiet einzuführen, und von der Verpflichtung, die in dem gemeinsamen Ausbildungsrahmen erworbenen Berufsqualifikationen automatisch anzuerkennen, wenn eine der folgenden Bedingungen erfüllt ist:

a) Auf seinem Hoheitsgebiet bestehen keine Bildungs- oder Ausbildungseinrichtungen, die die entsprechende Ausbildung für den jeweiligen Beruf anbieten;
b) die Einführung des gemeinsamen Ausbildungsrahmens würde die Organisation seines Bildungs- und Berufsbildungssystems beeinträchtigen;
c) zwischen dem gemeinsamen Ausbildungsrahmen und der auf seinem Hoheitsgebiet verlangten Ausbildung bestehen wesentliche Unterschiede, die erhebliche Risiken für die öffentliche Ordnung, die öffentliche Sicherheit, die öffentliche Gesundheit oder die Sicherheit der Dienstleistungsempfänger oder für den Schutz der Umwelt mit sich bringen.

(6) Die Mitgliedstaaten unterrichten binnen sechs Monaten ab dem Inkrafttreten des delegierten Rechtsakts nach Absatz 4 die Kommission und die übrigen Mitgliedstaaten über

a) die dem gemeinsamen Ausbildungsrahmen entsprechenden nationalen Berufsqualifikationen und, soweit relevant, nationalen Berufsbezeichnungen oder
b) jede Inanspruchnahme der in Absatz 5 aufgeführten Ausnahmen mit einer Begründung, welche der in jenem Absatz genannten Bedingungen erfüllt wurden. Die Kommission kann binnen drei Monaten eine zusätzliche Klarstellung verlangen, wenn sie der Auffassung ist, dass ein Mitgliedstaat nicht oder nicht ausreichend begründet hat, dass eine der genannten Bedingungen erfüllt ist. Der Mitgliedstaat beantwortet eine solche Aufforderung binnen drei Monaten.

Die Kommission kann durch einen Durchführungsrechtsakt ein Verzeichnis der nationalen Berufsqualifikationen und nationalen Berufsbezeichnungen festlegen, die unter die automatische Anerkennung aufgrund des gemäß Absatz 4 festgelegten gemeinsamen Ausbildungsrahmens fallen.

(7) Dieser Artikel gilt auch für Spezialisierungen von Berufen, wenn die Spezialisierungen berufliche Tätigkeiten betreffen, deren Aufnahme und Ausübung in den Mitgliedstaaten reglementiert sind, sofern der Beruf, nicht jedoch die betreffende Spezialisierung, bereits der automatischen Anerkennung gemäß Titel III Kapitel III unterliegt.

Artikel 49b   Gemeinsame Ausbildungsprüfungen

(1) Für die Zwecke dieses Artikels bedeutet „gemeinsame Ausbildungsprüfung" eine standardisierte Eignungsprüfung, die in allen teilnehmenden Mitgliedstaaten zur Verfügung steht und den Inhabern einer bestimmten Berufsqualifikation vorbehalten ist. Das Bestehen einer solchen Prüfung in einem Mitgliedstaat berechtigt den Inhaber einer bestimmten Berufsqualifikation zur Ausübung des Berufs in jedem der betroffenen Aufnahmemitgliedstaaten unter den gleichen Bedingungen, wie sie für Inhaber von in diesem Mitgliedstaat erworbenen Berufsqualifikationen gelten.

(2) Die gemeinsame Ausbildungsprüfung muss folgende Bedingungen erfüllen:

a) die gemeinsame Ausbildungsprüfung ermöglicht mehr Berufsangehörigen den Wechsel in einen anderen Mitgliedstaat;

b) der Beruf, auf den die gemeinsame Ausbildungsprüfung angewandt wird, ist in mindestens einem Drittel aller Mitgliedstaaten reglementiert oder die Bildung und Ausbildung, die zu dem Beruf hinführen, sind in mindestens einem Drittel der Mitgliedstaaten reglementiert;

c) die gemeinsame Ausbildungsprüfung wurde in einem geeigneten transparenten Verfahren unter Beteiligung der betroffenen Interessenträger aus Mitgliedstaaten, in denen der Beruf nicht reglementiert ist, festgelegt;

d) die gemeinsame Ausbildungsprüfung ermöglicht es Staatsangehörigen aller Mitgliedstaaten, an einer solchen Prüfung und der praktischen Organisation dieser Prüfungen in den Mitgliedstaaten teilzunehmen, ohne zunächst Mitglied einer berufsständischen Organisation oder bei einer solchen Organisation registriert sein zu müssen.

(3) Repräsentative Berufsorganisationen auf Unionsebene und einzelstaatliche Berufsorganisationen oder zuständige Behörden, die mindestens einem Drittel der Mitgliedstaaten angehören, können der Kommission Vorschläge für gemeinsame Ausbildungsprüfungen, die die Bedingungen des Absatzes 2 erfüllen, vorlegen.

(4) Die Kommission wird ermächtigt, delegierte Rechtsakte nach Artikel 57c zu erlassen, um die Inhalte einer gemeinsamen Ausbildungsprüfung und die Bedingungen für die Teilnahme an der Prüfung und das Bestehen der Prüfung festzulegen.

(5) Ein Mitgliedstaat ist von der Verpflichtung, die gemeinsame Ausbildungsprüfung nach Absatz 4 auf seinem Hoheitsgebiet einzuführen, und den Personen, die die gemeinsame Ausbildungsprüfung bestanden haben, automatische Anerkennung zu gewähren ausgenommen wenn eine der folgenden Bedingungen erfüllt ist:

a) der jeweilige Beruf ist in seinem Hoheitsgebiet nicht reglementiert;

b) durch die Inhalte der gemeinsamen Ausbildungsprüfung werden erhebliche und in seinem Hoheitsgebiet relevante Risiken für die öffentliche Gesundheit oder die Sicherheit der Dienstleistungsempfänger nicht ausreichend gemindert;

c) infolge der Inhalte der gemeinsamen Ausbildungsprüfung, verglichen mit nationalen Anforderungen, würde die Aufnahme des Berufs deutlich weniger attraktiv.

(6) Die Mitgliedstaaten unterrichten binnen sechs Monaten ab dem Inkrafttreten des delegierten Rechtsakts nach Absatz 4 die Kommission und die übrigen Mitgliedstaaten über

a) die zur Durchführung solcher Prüfungen verfügbaren Kapazitäten oder

b) eine Inanspruchnahme der in Absatz 5 aufgeführten Ausnahmen mit der Begründung, welche der in jenem Absatz genannten Bedingungen erfüllt wurden. Die Kommission kann binnen drei Monaten eine zusätzliche Klarstellung verlangen, wenn sie der Auffassung ist, dass ein Mitgliedstaat nicht oder nicht ausreichend begründet hat, dass eine der genannten Bedingungen erfüllt ist. Der Mitgliedstaat beantwortet eine solche Aufforderung binnen drei Monaten.

Die Kommission kann im Wege eines Durchführungrechtsakts die Liste der Mitgliedstaaten, in denen die gemäß Absatz 4 verabschiedeten gemeinsamen Ausbildungsprüfungen stattfinden sollen, sowie die Häufigkeit innerhalb eines Kalenderjahrs und andere zur Veranstaltung gemeinsamer Ausbildungsprüfungen in den Mitgliedstaaten notwendige Regelungen festlegen.

Kapitel IV
Gemeinsame Bestimmungen für die Niederlassung

Artikel 50   Unterlagen und Formalitäten

(1) Wenn die zuständigen Behörden des Aufnahmemitgliedstaates in Anwendung der Bestimmungen dieses Titels über einen Antrag auf Zulassung zu einem reglementierten Beruf befinden, können sie die in Anhang VII aufgeführten Unterlagen und Bescheinigungen verlangen.

Die in Anhang VII Nummer 1 Buchstaben d, e und f genannten Bescheinigungen dürfen bei ihrer Vorlage nicht älter als drei Monate sein.

Die Mitgliedstaaten, Stellen und sonstigen juristischen Personen sorgen für die Vertraulichkeit der übermittelten Angaben.

(2) Hat der Aufnahmemitgliedstaat berechtigte Zweifel, so kann er von den zuständigen Behörden eines Mitgliedstaats eine Bestätigung der Authentizität der in jenem Mitgliedstaat ausgestellten Bescheinigungen und Ausbildungsnachweise sowie gegebenenfalls eine Bestätigung darüber verlangen, dass der Antragsteller für die in Kapitel III genannten Berufe die Mindestanforderungen der Ausbildung erfüllt, die in den Artikeln 24, 25, 28, 31, 34, 35, 38, 40, 44 und 46 verlangt werden.

(3) Beziehen sich Ausbildungsnachweise nach Artikel 3 Absatz 1 Buchstabe c, die von der zuständigen Behörde eines Mitgliedstaats ausgestellt wurden, auf eine Ausbildung, die ganz oder teilweise in einer rechtmäßig im Hoheitsgebiet eines anderen Mitgliedstaats niedergelassenen Einrichtung absolviert wurde, so kann der Aufnahmemitgliedstaat bei berechtigten Zweifeln bei der zuständigen Stelle des Ausstellungsmitgliedstaats überprüfen,

a) ob der Ausbildungsgang in der betreffenden Einrichtung von der Ausbildungseinrichtung des Ausstellungsmitgliedstaats offiziell bescheinigt worden ist;

b) ob der ausgestellte Ausbildungsnachweis dem entspricht, der verliehen worden wäre, wenn der Ausbildungsgang vollständig im Ausstellungsmitgliedstaat absolviert worden wäre, und

c) ob mit dem Ausbildungsnachweis im Hoheitsgebiet des Ausstellungsmitgliedstaats dieselben beruflichen Rechte verliehen werden.

(3a) Hat der Aufnahmemitgliedstaat berechtigte Zweifel, so kann er von den zuständigen Behörden eines Mitgliedstaats eine Bestätigung der Tatsache verlangen, dass die Ausübung dieses Berufes durch den Antragsteller nicht aufgrund eines schwerwiegenden standeswidrigen Verhaltens oder einer Verurteilung wegen strafbarer Handlungen ausgesetzt oder untersagt wurde.

(3b) Der Informationsaustausch, der aufgrund dieses Artikels zwischen den zuständigen Behörden der einzelnen Mitgliedstaaten stattfindet, erfolgt über das IMI.

(4) Verlangt ein Aufnahmemitgliedstaat von seinen Staatsangehörigen für die Aufnahme oder Ausübung eines reglementierten Berufes eine Eidesleistung oder eine feierliche Erklärung, so sorgt er dafür, dass die Angehörigen der anderen Mitgliedstaaten, die die Formel dieses Eides oder dieser feierlichen Erklärung nicht benutzen können, auf eine geeignete, gleichwertige Formel zurückgreifen können.

Artikel 51   Verfahren für die Anerkennung der Berufsqualifikationen

(1) Die zuständige Behörde des Aufnahmemitgliedstaates bestätigt dem Antragsteller binnen eines Monats den Empfang der Unterlagen und teilt ihm gegebenenfalls mit, welche Unterlagen fehlen.

(2) Das Verfahren für die Prüfung eines Antrags auf Zulassung zu einem reglementierten Beruf muss innerhalb kürzester Frist abgeschlossen werden, spätestens jedoch drei Monate nach Einreichung der vollständigen Unterlagen der betreffenden Person; die Entscheidung muss von der zuständigen Behörde des Aufnahmemitgliedstaates ordnungsgemäß begründet werden. Diese Frist kann jedoch in Fällen, die unter die Kapitel I und II dieses Titels fallen, um einen Monat verlängert werden.

(3) Gegen diese Entscheidung bzw. gegen eine nicht fristgerecht getroffene Entscheidung müssen Rechtsbehelfe nach innerstaatlichem Recht eingelegt werden können.

Artikel 52   Führen der Berufsbezeichnung

(1) Ist in einem Aufnahmemitgliedstaat das Führen der Berufsbezeichnung im Zusammenhang mit einer der betreffenden beruflichen Tätigkeiten reglementiert, so führen die Angehörigen der übrigen Mitgliedstaaten, die nach Titel III einen reglementierten Beruf ausüben dürfen, die entsprechende Berufsbezeichnung des Aufnahmemitgliedstaats und verwenden deren etwaige Abkürzung.

(2) Wenn ein Beruf im Aufnahmemitgliedstaat durch einen Verband oder eine Organisation im Sinne des Artikels 3 Absatz 2 reglementiert ist, dürfen die Staatsangehörigen der Mitgliedstaaten die von diesem Verband oder dieser Organisation zuerkannte Berufsbezeichnung oder deren Abkürzung nur führen, wenn sie nachweisen, dass sie Mitglied des betreffenden Verbandes oder der betreffenden Organisation sind.

Wenn der Verband oder die Organisation die Mitgliedschaft von bestimmten Qualifikationen abhängig macht, sind bei Angehörigen anderer Mitgliedstaaten, die über die Berufsqualifikationen verfügen, die Vorschriften dieser Richtlinie zu beachten.

(3) Ein Mitgliedstaat darf die Führung der Berufsbezeichnung nicht den Inhabern einer Berufsqualifikation vorbehalten, wenn er der Kommission und den übrigen Mitgliedstaaten nicht nach Artikel 3 Absatz 2 den Verband oder die Organisation gemeldet hat.

Titel IV
Modalitäten der Berufsausübung

Artikel 53   Sprachkenntnisse

(1) Berufsangehörige, deren Berufsqualifikation anerkannt wird, müssen über die Sprachkenntnisse verfügen, die für die Ausübung ihrer Berufstätigkeit im Aufnahmemitgliedstaat erforderlich sind.

(2) Ein Mitgliedstaat stellt sicher, dass Überprüfungen, die von der zuständigen Behörde oder unter ihrer Aufsicht zur Überprüfung der Einhaltung der Verpflichtung nach Absatz 1 vorgenommen werden, auf die Kenntnis einer Amtssprache des Aufnahmemitgliedstaats oder einer Verwaltungssprache des Aufnahmemitgliedstaats, sofern diese Verwaltungssprache auch Amtssprache der Union ist, beschränkt sind.

(3) Die gemäß Absatz 2 durchgeführten Überprüfungen können vorgeschrieben werden, wenn der auszuübende Beruf Auswirkungen auf die Patientensicherheit hat. Die Überprüfungen können im Fall anderer Berufe vorgeschrieben werden, wenn erhebliche und konkrete Zweifel daran bestehen, dass der Berufsangehörige hinsichtlich der beruflichen Tätigkeit, die der Berufsangehörige auszuüben beabsichtigt, über ausreichende Sprachkenntnisse verfügt.

Die Überprüfungen dürfen erst nach der Ausstellung eines Europäischen Berufsausweises gemäß Artikel 4d bzw. nach der Anerkennung einer Berufsqualifikation vorgenommen werden.

(4) Überprüfungen der Sprachkenntnisse müssen in angemessenem Verhältnis zur auszuübenden Tätigkeit stehen. Der betroffene Berufsangehörige kann gegen diese Überprüfungen Rechtsbehelfe nach nationalem Recht einlegen.

Artikel 54   Führen von Ausbildungsbezeichnungen

Unbeschadet der Artikel 7 und 52 trägt der Aufnahmemitgliedstaat dafür Sorge, dass die betreffenden Personen zum Führen von Ausbildungsbezeichnungen ihres Herkunftsmitgliedstaats und gegebenenfalls der entsprechenden Abkürzung in der Sprache des Herkunftsmitgliedstaats berechtigt sind. Der Aufnahmemitgliedstaat kann vorschreiben, dass neben dieser Bezeichnung Name und Ort der Lehranstalt oder des Prüfungsausschusses aufgeführt werden, die bzw. der diese Ausbildungsbezeichnung verliehen hat. Kann die Ausbildungsbezeichnung des Herkunftsmitgliedstaats im Aufnahmemitgliedstaat mit einer Bezeichnung verwechselt werden, die in Letzterem eine zusätzliche Ausbildung voraussetzt, die die betreffende Person aber nicht erworben hat, so kann der Aufnahmemitgliedstaat vorschreiben, dass die betreffende Person ihre im Herkunftsmitgliedstaat gültige Ausbildungsbezeichnung in einer vom Aufnahmemitgliedstaat festgelegten Form verwendet.

Artikel 55   Kassenzulassung

Unbeschadet des Artikels 5 Absatz 1 und des Artikels 6 Absatz 1 Buchstabe b gilt Folgendes: Mitgliedstaaten, die den Personen, die ihre Berufsqualifikationen in ihrem Hoheitsgebiet erworben haben, nur dann eine Kassenzulassung erteilen, wenn sie einen Vorbereitungslehrgang absolviert und/oder Berufserfahrung erworben haben, befreien die Personen, die ihre Berufsqualifikationen als Arzt bzw. Zahnarzt in einem anderen Mitgliedstaat erworben haben, von dieser Pflicht.

Artikel 55a   Anerkennung eines Berufspraktikums

(1) Wenn der Abschluss eines Berufspraktikums Voraussetzung für den Zugang zu einem reglementierten Beruf ist, erkennt die zuständige Behörde des Herkunftsmitgliedstaats bei der Prüfung von Anträgen auf Genehmigung der Ausübung des reglementierten Berufs in einem anderen Mitgliedstaat absolvierte Berufspraktika an, sofern sie den veröffentlichten Leitlinien nach Absatz 2 entsprechen, und berücksichtigt in einem Drittland absolvierte Berufspraktika. Die Mitgliedstaaten können jedoch in nationalen Rechtsvorschriften die Dauer des Teils des Berufspraktikums, der im Ausland absolviert werden kann, auf einen angemessenen Zeitraum begrenzen.

(2) Die Anerkennung des Berufspraktikums ersetzt nicht die Erfüllung geltender Anforderungen bezüglich des Bestehens einer Prüfung, die den Zugang zu dem jeweiligen Beruf ermöglicht. Die zuständigen Behörden veröffentlichen Leitlinien zur Organisation und Anerkennung von in einem anderen Mitgliedstaat oder einem Drittland absolvierten Berufspraktika und insbesondere zu den Aufgaben der Person, die das Berufspraktikum überwacht.

Titel V
Verwaltungszusammenarbeit und Durchführungsbefugnis gegenüber den Bürgern

Artikel 56   Zuständige Behörden

(1) Die zuständigen Behörden der Aufnahme- und Herkunftsmitgliedstaaten arbeiten eng zusammen und leisten sich Amtshilfe, um die Anwendung dieser Richtlinie zu erleichtern. Sie stellen die Vertraulichkeit der ausgetauschten Informationen sicher.

(2) Die zuständigen Behörden im Herkunfts- und im Aufnahmemitgliedstaat unterrichten sich gegenseitig über das Vorliegen disziplinarischer oder strafrechtlicher Sanktionen oder über sonstige schwerwiegende, genau bestimmte Sachverhalte, die sich auf die Ausübung der in dieser Richtlinie erfassten Tätigkeiten

auswirken könnten. Dabei sind die Rechtsvorschriften über den Schutz personenbezogener Daten im Sinn der Richtlinien 95/46/EG und 2002/58/EG einzuhalten.

Der Herkunftsmitgliedstaat prüft die Richtigkeit der Sachverhalte; seine Behörden befinden über Art und Umfang der durchzuführenden Prüfungen und unterrichten den Aufnahmemitgliedstaat über die Konsequenzen, die sie aus den übermittelten Auskünften ziehen.

(2a) Für die Zwecke der Absätze 1 und 2 nutzen die zuständigen Behörden das IMI.

(3) Jeder Mitgliedstaat benennt bis 20. Oktober 2007 die Behörden und Stellen, die für die Ausstellung oder Entgegennahme der in dieser Richtlinie genannten Ausbildungsnachweise und sonstigen Unterlagen oder Informationen zuständig sind; ferner benennt er die Behörden und Stellen, die die Anträge annehmen und die Entscheidungen treffen können, die im Zusammenhang mit dieser Richtlinie stehen, und unterrichtet unverzüglich die anderen Mitgliedstaaten und die Kommission hiervon.

(4) Jeder Mitgliedstaat benennt einen Koordinator für die Tätigkeiten der in Absatz 1 genannten zuständigen Behörden und setzt die anderen Mitgliedstaaten und die Kommission davon in Kenntnis.

Die Koordinatoren haben folgende Aufgaben:

a) Die Förderung der einheitlichen Anwendung dieser Richtlinie;
b) Sammlung aller Informationen, die für die Anwendung dieser Richtlinie nützlich sind, insbesondere aller Informationen über die Bedingungen für den Zugang zu reglementierten Berufen in den Mitgliedstaaten;
c) Prüfung von Vorschlägen für gemeinsame Ausbildungsrahmen und gemeinsame Ausbildungsprüfungen;
d) Austausch von Informationen und bewährten Verfahren im Hinblick auf die Optimierung der ständigen beruflichen Weiterbildung in den Mitgliedstaaten;
e) Austausch von Informationen und bewährten Verfahren zur Anwendung von Ausgleichsmaßnahmen nach Artikel 14.

Zur Erfüllung ihrer Aufgabe nach Buchstabe b dieses Absatzes können die Koordinatoren die Hilfe der in Artikel 57b genannten Kontaktstellen in Anspruch nehmen.

Artikel 56a   Vorwarnmechanismus

(1) Die zuständigen Behörden eines Mitgliedstaats unterrichten die zuständigen Behörden aller anderen Mitgliedstaaten über einen Berufsangehörigen, dem von nationalen Behörden oder Gerichten die Ausübung folgender beruflicher Tätigkeiten im Hoheitsgebiet dieses Mitgliedstaats ganz oder teilweise – auch vorübergehend – untersagt worden ist oder diesbezügliche Beschränkungen auferlegt worden sind:

a) Arzt und Arzt für Allgemeinmedizin als Inhaber eines in Anhang V Nummern 5.1.1 und 5.1.4 aufgeführten Ausbildungsnachweises;
b) Facharzt, der eine in Anhang V Nummer 5.1.3 aufgeführte Bezeichnung führt;

c) Krankenschwester/Krankenpfleger, die/der für die allgemeine Pflege verantwortlich ist, als Inhaber eines in Anhang V Nummer 5.2.2 aufgeführten Ausbildungsnachweises;

d) Zahnarzt als Inhaber eines in Anhang V Nummer 5.3.2 aufgeführten Ausbildungsnachweises;

e) Fachzahnarzt als Inhaber eines in Anhang V Nummer 5.3.3 aufgeführten Ausbildungsnachweises;

f) Tierarzt als Inhaber eines in Anhang V Nummer 5.4.2. aufgeführten Ausbildungsnachweises;

g) Hebamme als Inhaber eines in Anhang V Nummer 5.5.2 aufgeführten Ausbildungsnachweises;

h) Apotheker als Inhaber eines in Anhang V Nummer 5.6.2 aufgeführten Ausbildungsnachweises;

i) Inhaber von in Anhang VII Nummer 2 genannten Bescheinigungen, die bescheinigen, dass der Inhaber eine Ausbildung abgeschlossen hat, die den in den Artikeln 24, 25, 31, 34, 35, 38, 40 oder 44 aufgeführten Mindestanforderungen jeweils entspricht, jedoch vor den in Anhang V Nummer 5.1.3, 5.1.4, 5.2.2, 5.3.2, 5.3.3, 5.4.2, 5.5.2 bzw. 5.6.2 genannten Stichtagen für die Qualifikationen begonnen wurde;

j) Inhaber von Bescheinigungen über die erworbenen Rechte nach den Artikeln 23, 27, 29, 33, 33a, 37, 43 und 43a;

k) sonstige Berufsangehörige, die Tätigkeiten ausüben, die Auswirkungen auf die Patientensicherheit haben, sofern diese Berufsangehörigen einen in dem jeweiligen Mitgliedstaat reglementierten Beruf ausüben;

l) Berufsangehörige, die Tätigkeiten im Bereich der Erziehung Minderjähriger, einschließlich Kinderbetreuungseinrichtungen und frühkindliche Erziehung, ausüben, sofern diese Berufsangehörigen einen in dem jeweiligen Mitgliedstaat reglementierten Beruf ausüben.

(2) Die zuständigen Behörden übermitteln die in Absatz 1 genannten Angaben mittels einer Warnung über das IMI spätestens drei Tage nach Erlass der Entscheidung über die vollständige oder teilweise Beschränkung oder Untersagung der Ausübung der beruflichen Tätigkeit durch den betreffenden Berufsangehörigen. Die Angaben beschränken sich auf Folgendes:

a) Identität des Berufsangehörigen;

b) betroffener Beruf;

c) Angaben über die einzelstaatliche Behörde oder das einzelstaatliche Gericht, die/das die Entscheidung über die Beschränkung oder Untersagung getroffen hat;

d) Umfang der Beschränkung oder Untersagung;

e) Zeitraum, in dem die Beschränkung oder Untersagung gilt.

(3) Die zuständigen Behörden eines betroffenen Mitgliedstaats unterrichten die zuständigen Behörden aller übrigen Mitgliedstaaten spätestens drei Tage nach Annahme der Gerichtsentscheidung mittels einer Warnung über das IMI von der Identität von Berufsangehörigen, die die Anerkennung einer Qualifikation gemäß dieser Richtlinie beantragt haben und bei denen später gerichtlich festgestellt wurde, dass sie dabei gefälschte Berufsqualifikationsnachweise verwendet haben.

(4) Die Verarbeitung personenbezogener Daten für die Zwecke des Informations-austauschs nach den Absätzen 1 und 3 erfolgt im Einklang mit den Richtlinien 95/46/EG und 2002/58/EG. Die Verarbeitung personenbezogener Daten durch die Kommission erfolgt im Einklang mit der Verordnung (EG) Nr. 45/2001.

(5) Die zuständigen Behörden aller Mitgliedstaaten sind unverzüglich zu unterrichten, wenn die Geltungsdauer einer Untersagung oder Beschränkung nach Absatz 1 abgelaufen ist. Hierzu ist die zuständige Behörde des Mitgliedstaats, der die Informationen nach Absatz 1 übermittelt, auch zu verpflichten, das Datum des Ablaufs der Geltungsdauer und spätere Änderungen dieses Datums anzugeben.

(6) Die Mitgliedstaaten sehen vor, dass Berufsangehörige, bezüglich derer Warnungen an andere Mitgliedstaaten übermittelt werden, gleichzeitig mit der Warnung schriftlich von der Entscheidung über die Warnung unterrichtet werden, nach nationalem Recht Rechtsbehelfe gegen die Entscheidung einlegen oder die Berichtigung dieser Entscheidung verlangen können und Zugang zu Abhilfemaßnahmen im Fall von Schäden haben, die durch zu Unrecht an andere Mitgliedstaaten übermittelte Warnungen entstanden sind; in diesen Fällen wird die Entscheidung über die Warnung durch den Hinweis ergänzt, dass der Berufsangehörige Rechtsmittel gegen die Entscheidung eingelegt hat.

(7) Daten bezüglich Warnungen dürfen nur so lange im IMI bleiben, wie sie gültig sind. Warnungen sind binnen drei Tagen ab dem Datum der Annahme der Entscheidung über ihren Widerruf oder ab dem Zeitpunkt des Ablaufs der Geltungsdauer der Untersagung oder Beschränkung nach Absatz 1 zu löschen.

(8) Die Kommission erlässt Durchführungsrechtsakte für die Anwendung des Vorwarnmechanismus. Diese Durchführungsrechtsakte enthalten Bestimmungen über die Behörden, die berechtigt sind, Warnungen zu übermitteln oder entgegenzunehmen und über Widerruf und Aufhebung von Warnungen und über Maßnahmen zur Gewährleistung der Sicherheit bei der Datenverarbeitung. Die Durchführungsrechtsakte werden nach dem Prüfverfahren gemäß Artikel 58 Absatz 2 erlassen.

Artikel 57   Zentraler Online-Zugang zu Informationen

(1) Die Mitgliedstaaten tragen dafür Sorge, dass folgende Informationen über die einheitlichen Ansprechpartner nach Artikel 6 der Richtlinie 2006/123/EG des Europäischen Parlaments und des Rates vom 12. Dezember 2006 über Dienstleistungen im Binnenmarkt[1] online zugänglich sind und regelmäßig aktualisiert werden:

a) ein Verzeichnis aller in dem Mitgliedstaat reglementierten Berufe im Sinn von Artikel 3 Absatz 1 Buchstabe a sowie die Kontaktdaten der für die einzelnen reglementierten Berufe zuständigen Behörden und der Beratungszentren nach Artikel 57b;

b) ein Verzeichnis aller Berufe, für die ein Europäischer Berufsausweis verfügbar ist, der Funktionsweise des Ausweises – einschließlich aller für die Berufsangehörigen anfallenden Gebühren – und der für seine Ausstellung zuständigen Behörden;

---

1   ABl. L 376 vom 27.12.2006, S. 36.

c) ein Verzeichnis aller Berufe, auf die nach den nationalen Rechts- und Verwaltungsvorschriften des Mitgliedstaats Artikel 7 Absatz 4 Anwendung findet;

d) ein Verzeichnis der reglementierten Ausbildungsgänge und der besonders strukturierten Ausbildungsgänge nach Artikel 11 Buchstabe c Ziffer ii;

e) die in den Artikeln 7, 50, 51 und 53 aufgeführten Anforderungen und Verfahren für die in den Mitgliedstaaten reglementierten Berufe, einschließlich aller damit verbundenen von den Bürgern zu entrichtenden Gebühren und aller von den Bürgern bei den zuständigen Behörden vorzulegenden Unterlagen;

f) Angaben über das Einlegen von Rechtsbehelfen gemäß den nationalen Rechts- und Verwaltungsvorschriften gegen aufgrund dieser Richtlinie erlassene Entscheidungen der zuständigen Behörden.

(2) Die Mitgliedstaaten stellen sicher, dass die Informationen nach Absatz 1 in für die Nutzer klarer und umfassender Weise erteilt werden, aus der Ferne und elektronisch leicht zugänglich sind und dem neuesten Stand entsprechen.

(3) Die Mitgliedstaaten stellen sicher, dass an die einheitlichen Ansprechpartner gerichtete Informationsersuchen so rasch wie möglich beantwortet werden.

(4) Die Mitgliedstaaten und die Kommission ergreifen begleitende Maßnahmen, um den einheitlichen Ansprechpartnern nahe zu legen, die Informationen nach Absatz 1 auch in anderen Amtssprachen der Union bereitzustellen. Die Rechtsvorschriften der Mitgliedstaaten über die Verwendung von Sprachen bleiben davon unberührt.

(5) Die Mitgliedstaaten arbeiten für die Zwecke der Umsetzung der Absätze 1, 2 und 4 miteinander und mit der Kommission zusammen.

Artikel 57a   Elektronische Verfahren

(1) Die Mitgliedstaaten stellen sicher, dass alle Verfahren und Formalitäten, die die unter diese Richtlinie fallenden Angelegenheiten betreffen, leicht aus der Ferne und elektronisch über den jeweiligen einheitlichen Ansprechpartner oder die jeweiligen zuständigen Behörden abgewickelt werden können. Dies hindert die zuständigen Behörden der Mitgliedstaaten nicht daran, später im Fall begründeter Zweifel und soweit unbedingt geboten beglaubigte Kopien zu verlangen.

(2) Absatz 1 findet keine Anwendung auf die Durchführung eines Anpassungslehrgangs oder einer Eignungsprüfung.

(3) Wenn es gerechtfertigt ist, dass die Mitgliedstaaten zur Abwicklung der Verfahren nach Absatz 1 dieses Artikels um die Verwendung fortgeschrittener elektronischer Signaturen im Sinne der Definition in Artikel 2 Nummer 2 der Richtlinie 1999/93/EG des Europäischen Parlaments und des Rates über gemeinschaftliche Rahmenbedingungen für elektronische Signaturen[1] bitten, akzeptieren die Mitgliedstaaten elektronische Signaturen, die mit der Entscheidung 2009/767/EG der Kommission vom 16. Oktober 2009 über Maßnahmen zur Erleichterung der Nutzung elektronischer Verfahren über „einheitliche Ansprechpartner" gemäß der Richtlinie

---

1   ABl. L 13 vom 19.1.2000, S. 12.

2006/123/EG des Europäischen Parlaments und des Rates über Dienstleistungen im Binnenmarkt[2] konform sind, und sorgen für die technischen Mittel zur Verarbeitung von Dokumenten mit fortgeschrittenen elektronischen Signaturen in Formaten, die in dem Beschluss 2011/130/EU der Kommission vom 25. Februar 2011 über Mindestanforderungen für die grenzüberschreitende Verarbeitung von Dokumenten, die gemäß der Richtlinie 2006/123/EG des Europäischen Parlaments und des Rates über Dienstleistungen im Binnenmarkt von zuständigen Behörden elektronisch signiert worden sind[3], festgelegt sind.

(4) Alle Verfahren werden in Einklang mit Artikel 8 der Richtlinie 2006/123/EG, der einheitliche Ansprechpartner betrifft, durchgeführt. Die Verfahrensfristen nach Artikel 7 Absatz 4 und Artikel 51 dieser Richtlinie laufen ab dem Zeitpunkt, in dem ein Bürger seinen Antrag oder ein fehlendes Dokument bei einem einheitlichen Ansprechpartner oder unmittelbar bei der jeweiligen zuständigen Behörde einreicht. Eine Aufforderung zur Vorlage beglaubigter Kopien im Sinn von Absatz 1 dieses Artikels gilt nicht als Aufforderung zur Vorlage fehlender Dokumente.

Artikel 57b   Beratungszentren

(1) Jeder Mitgliedstaat benennt bis spätestens 18. Januar 2016 ein Beratungszentrum, das den Auftrag hat, die Bürger und die Beratungszentren der anderen Mitgliedstaaten hinsichtlich der Anerkennung von Berufsqualifikationen gemäß dieser Richtlinie zu beraten, einschließlich der Information über die nationalen Rechtsvorschriften für die Aufnahme und Ausübung einer Berufstätigkeit, des Sozialrechts, sowie über etwaige Standesregeln und berufsethische Regeln.

(2) Die Beratungszentren in den Aufnahmemitgliedstaaten unterstützen die Bürger bei der Wahrnehmung der Rechte aus dieser Richtlinie, bei Bedarf unter Einschaltung des Beratungszentrums im Herkunftsmitgliedstaat sowie der zuständigen Behörden und des einheitlichen Ansprechpartners im Aufnahmemitgliedstaat.

(3) Alle zuständigen Behörden im Herkunfts- oder im Aufnahmemitgliedstaat sind aufgefordert, mit dem Beratungszentrum im Aufnahmemitgliedstaat und, soweit zweckmäßig, im Herkunftsmitgliedstaat uneingeschränkt zusammenzuarbeiten und diesen Beratungszentren auf Antrag und unter Einhaltung der Datenschutzvorschriften entsprechend den Richtlinien 95/46/EG und 2002/58/EG alle relevanten Informationen über Einzelfälle bereitzustellen.

(4) Auf Ersuchen der Kommission unterrichten die Beratungszentren binnen zwei Monaten nach Eingang dieses Ersuchens die Kommission über die Ergebnisse der Untersuchungen, mit denen sie befasst sind.

Artikel 57c   Ausübung der Befugnisübertragung

(1) Die Befugnis zum Erlass delegierter Rechtsakte wird der Kommission unter den in diesem Artikel festgelegten Bedingungen übertragen.

---

2   ABl. L 274 vom 20.10.2009, S. 36.
3   ABl. L 53 vom 26.2.2011, S. 66.

(2) Die Befugnis zum Erlass delegierter Rechtsakte nach Artikel 3 Absatz 2 Unterabsatz 3, Artikel 20, Artikel 21 Absatz 6 Unterabsatz 2, Artikel 21a Absatz 4, Artikel 25 Absatz 5, Artikel 26 Absatz 2, Artikel 31 Absatz 2 Unterabsatz 2, Artikel 34 Absatz 2 Unterabsatz 2, Artikel 35 Absätze 4 und 5, Artikel 38 Absatz 1 Unterabsatz 2, Artikel 40 Absatz 1 Unterabsatz 3, Artikel 44 Absatz 2 Unterabsatz 2, Artikel 49a Absatz 4 und Artikel 49b Absatz 4 wird der Kommission für einen Zeitraum von fünf Jahren ab dem 17. Januar 2014 übertragen. Die Kommission erstellt spätestens neun Monate vor Ablauf des Zeitraums von fünf Jahren einen Bericht über die Befugnisübertragung. Die Befugnisübertragung verlängert sich stillschweigend um Zeiträume gleicher Länge, es sei denn, das Europäische Parlament oder der Rat widersprechen einer solchen Verlängerung spätestens drei Monate vor Ablauf des jeweiligen Zeitraums.

(3) Die Befugnisübertragung nach Artikel 3 Absatz 2 Unterabsatz 3, Artikel 20, Artikel 21 Absatz 6 Unterabsatz 2, Artikel 21a Absatz 4, Artikel 25 Absatz 5, Artikel 26 Absatz 2, Artikel 31 Absatz 2 Unterabsatz 2, Artikel 34 Absatz 2 Unterabsatz 2, Artikel 35 Absätze 4 und 5, Artikel 38 Absatz 1 Unterabsatz 2, Artikel 40 Absatz 1 Unterabsatz 3, Artikel 44 Absatz 2 Unterabsatz 2, Artikel 49a Absatz 4 und Artikel 49b Absatz 4 kann vom Europäischen Parlament oder vom Rat jederzeit widerrufen werden. Der Beschluss über den Widerruf beendet die Übertragung der in diesem Beschluss genannten Befugnis. Er wird am Tag nach seiner Veröffentlichung im Amtsblatt der Europäischen Union oder zu einem im Beschluss angegebenen späteren Zeitpunkt wirksam. Die Gültigkeit von delegierten Rechtsakten, die bereits in Kraft sind, wird von dem Beschluss über den Widerruf nicht berührt.

(4) Sobald die Kommission einen delegierten Rechtsakt erlässt, teilt sie ihn gleichzeitig dem Europäischen Parlament und dem Rat mit.

(5) Ein delegierter Rechtsakt, der gemäß Artikel Artikel 3 Absatz 2 Unterabsatz 3, Artikel 20, Artikel 21 Absatz 6 Unterabsatz 2, Artikel 21a Absatz 4, Artikel 25 Absatz 5, Artikel 26 Absatz 2, Artikel 31 Absatz 2 Unterabsatz 2, Artikel 34 Absatz 2 Unterabsatz 2, Artikel 35 Absätze 4 und 5, Artikel 38 Absatz 1 Unterabsatz 2, Artikel 40 Absatz 1 Unterabsatz 3, Artikel 44 Absatz 2 Unterabsatz 2, Artikel 49a Absatz 4 und Artikel 49b Absatz 4 erlassen wurde, tritt nur in Kraft, wenn weder das Europäische Parlament noch der Rat innerhalb von zwei Monaten nach Übermittlung dieses Rechtsakts an das Europäische Parlament und den Rat Einwände erhoben haben oder wenn vor Ablauf dieser Frist das Europäische Parlament und der Rat beide der Kommission mitgeteilt haben, dass sie keine Einwände erheben werden. Auf Initiative des Europäischen Parlaments oder des Rates wird diese Frist um zwei Monate verlängert.

Artikel 58   Ausschussverfahren

(1) Die Kommission wird von einem Ausschuss für die Anerkennung von Berufsqualifikationen unterstützt. Dabei handelt es sich um einen Ausschuss im Sinne der Verordnung (EU) Nr. 182/2011.

(2) Wird auf diesen Absatz Bezug genommen, so gilt Artikel 5 der Verordnung (EU) Nr. 182/2011.

Artikel 59   Transparenz

(1) Die Mitgliedstaaten übermitteln der Kommission bis zum 18. Januar 2016 ein Verzeichnis der derzeit reglementierten Berufe mit Angabe der Tätigkeiten, die durch die einzelnen Berufe abgedeckt werden, sowie ein Verzeichnis der in ihrem Hoheitsgebiet reglementierten Ausbildungsgänge und der besonders strukturierten Berufsausbildungen im Sinne von Artikel 11 Buchstabe c Ziffer ii. Auch jede Änderung dieser Verzeichnisse wird der Kommission unverzüglich mitgeteilt. Die Kommission richtet eine öffentlich verfügbare Datenbank der reglementierten Berufe, einschließlich einer allgemeinen Beschreibung der Tätigkeiten, die durch die einzelnen Berufe abgedeckt werden, ein und unterhält sie.

(2) Die Mitgliedstaaten übermitteln der Kommission bis zum 18. Januar 2016 das Verzeichnis der Berufe, bei denen eine Nachprüfung der Qualifikationen gemäß Artikel 7 Absatz 4 erforderlich ist. Die Mitgliedstaaten rechtfertigen gegenüber der Kommission gesondert die Aufnahme jedes einzelnen Berufs in dieses Verzeichnis.

(3) Die Mitgliedstaaten prüfen, ob nach ihrer Rechtsordnung geltende Anforderungen zur Beschränkung der Aufnahme oder Ausübung eines Berufs durch die Inhaber einer bestimmten Berufsqualifikation, einschließlich des Führens der Berufsbezeichnung und der im Rahmen dieser Berufsbezeichnung erlaubten beruflichen Tätigkeiten, die in diesem Artikel als „Anforderungen" bezeichnet werden, mit folgenden Grundsätzen vereinbar sind:

a) Die Anforderungen dürfen weder eine direkte noch eine indirekte Diskriminierung aufgrund der Staatsangehörigkeit oder des Wohnsitzes darstellen;
b) die Anforderungen müssen durch übergeordnete Gründe des Allgemeininteresses gerechtfertigt sein;
c) die Anforderungen müssen zur Verwirklichung des mit ihnen verfolgten Ziels geeignet sein und dürfen nicht über das hinausgehen, was zur Erreichung dieses Ziels erforderlich ist.

(4) Absatz 1 gilt auch für Berufe, die in einem Mitgliedstaat durch einen Verband oder eine Organisation im Sinne des Artikels 3 Absatz 2 reglementiert sind, sowie für alle Anforderungen in Verbindung mit der Mitgliedschaft dieser Verbände oder Organisationen.

(5) Bis zum 18. Januar 2016 geben die Mitgliedstaaten der Kommission bekannt, welche Anforderungen sie aufrechterhalten wollen und aus welchen Gründen die Anforderungen ihrer Ansicht nach mit Absatz 3 konform sind. Zudem machen die Mitgliedstaaten binnen sechs Monaten nach ihrer Annahme Angaben dazu, welche Anforderungen sie zu einem späteren Zeitpunkt eingeführt haben und aus welchen Gründen die Anforderungen ihrer Ansicht nach mit Absatz 3 konform sind.

(6) Bis zum 18. Januar 2016 und danach alle zwei Jahre erstatten die Mitgliedstaaten der Kommission außerdem Bericht über die Anforderungen, die aufgehoben oder gelockert wurden.

(7) Die Kommission leitet die in Absatz 6 genannten Berichte an die anderen Mitgliedstaaten weiter, die binnen sechs Monaten ihre Anmerkungen dazu vorlegen.

Innerhalb desselben Zeitraums konsultiert die Kommission interessierte Parteien einschließlich der Angehörigen der betreffenden Berufe.

(8) Die Kommission erstellt auf der Grundlage der von den Mitgliedstaaten vorgelegten Angaben einen zusammenfassenden Bericht für die durch den Beschluss 2007/172/EG der Kommission vom 19. März 2007 zur Einsetzung einer Koordinatorengruppe auf dem Gebiet der Anerkennung der Berufsqualifikationen eingesetzte Koordinatorengruppe, die dazu Stellung nehmen kann[1].

(9) Unter Berücksichtigung der in den Absätzen 7 und 8 genannten Stellungnahme legt die Kommission dem Europäischen Parlament und dem Rat bis zum 18. Januar 2017 einen zusammenfassenden Bericht vor; diesem fügt sie gegebenenfalls Vorschläge für ergänzende Initiativen bei.

Titel VI
Sonstige Bestimmungen

Artikel 60   Berichte

(1) Ab 20. Oktober 2007 legen die Mitgliedstaaten der Kommission alle zwei Jahre einen Bericht über die Anwendung des eingeführten Systems vor. Neben den allgemeinen Ausführungen enthält dieser Bericht eine statistische Aufstellung der getroffenen Entscheidungen sowie eine Beschreibung der Hauptprobleme, die sich aus der Anwendung dieser Richtlinie ergeben.

Ab dem 18. Januar 2016 umfasst die statistische Aufstellung der getroffenen Entscheidungen nach Unterabsatz 1 ausführliche Angaben über die Anzahl und die Art der aufgrund dieser Richtlinie getroffenen Entscheidungen, einschließlich der Art von Entscheidungen, die die zuständigen Behörden gemäß Artikel 4f über partiellen Zugang treffen, und eine Darlegung der wichtigsten Probleme, die sich aus der Anwendung dieser Richtlinie ergeben.

(2) Bis zum 18. Januar 2019 und danach alle fünf Jahre veröffentlicht die Kommission einen Bericht über die Durchführung dieser Richtlinie.

In dem ersten Bericht ist ein besonderer Schwerpunkt auf die durch diese Richtlinie eingeführten neuen Elemente zu legen, und es sind folgende Themen besonders zu behandeln:

a) Funktion des Europäischen Berufsausweises,
b) Aktualisierung der Kenntnisse, Fähigkeiten und Kompetenzen bei den unter Titel III Kapitel III fallenden Berufen, einschließlich der Liste der Kompetenzen gemäß Artikel 31 Absatz 7,
c) Funktion der gemeinsamen Ausbildungsrahmen und der gemeinsamen Ausbildungsprüfungen,
d) Ergebnisse des in den rumänischen Rechts- und Verwaltungsvorschriften festgelegten speziellen Aufstiegsfortbildungsprogramms für die Inhaber der Ausbildungsnachweise nach Artikel 33a und die Inhaber der Ausbildungsnachweise der

---

1 ABl. L 79 vom 20.3.2007, S. 38.

postsekundären Stufe, damit geprüft werden kann, ob die aktuellen Bestimmungen über das System der erworbenen Rechte, das auf die rumänischen Ausbildungsnachweise von für die allgemeine Pflege verantwortlichen Krankenschwestern/Krankenpflegern Anwendung findet, geändert werden müssen.

Die Mitgliedstaaten stellen sämtliche Informationen zur Verfügung, die zur Ausarbeitung dieses Berichts notwendig sind.

Artikel 61   Ausnahmebestimmung

Falls ein Mitgliedstaat bei der Anwendung einer Bestimmung dieser Richtlinie in bestimmten Bereichen auf erhebliche Schwierigkeiten stößt, untersucht die Kommission diese Schwierigkeiten gemeinsam mit diesem Mitgliedstaat.

Bei Bedarf erlässt die Kommission einen Durchführungsrechtsakt, um dem betreffenden Mitgliedstaat zu erlauben, vorübergehend von der Anwendung der betreffenden Vorschrift abzusehen.

Artikel 62   Aufhebung

Die Richtlinien 77/452/EWG, 77/453/EWG, 78/686/EWG, 78/687/EWG, 78/1026/EWG, 78/1027/EWG, 80/154/EWG, 80/155/EWG, 85/384/EWG, 85/432/EWG, 85/433/EWG, 89/48/EWG, 92/51/EWG, 93/16/EWG und 1999/42/EG werden mit Wirkung vom 20. Oktober 2007 aufgehoben. Bezugnahmen auf die aufgehobenen Richtlinien sind als Bezugnahmen auf diese Richtlinie zu verstehen und erfolgen unbeschadet der auf der Grundlage dieser Richtlinien verabschiedeten Rechtsakte.

Artikel 63   Umsetzung

Die Mitgliedstaaten setzen die Rechts- und Verwaltungsvorschriften in Kraft, die erforderlich sind, um dieser Richtlinie bis spätestens bis 20. Oktober 2007 nachzukommen. Sie unterrichten die Kommission unverzüglich darüber.

Wenn die Mitgliedstaaten diese Vorschriften erlassen, nehmen sie in diesen Vorschriften selbst oder durch einen Hinweis bei der amtlichen Veröffentlichung auf diese Richtlinie Bezug. Die Mitgliedstaaten regeln die Einzelheiten der Bezugnahme.

Artikel 64   Inkrafttreten

Diese Richtlinie tritt am zwanzigsten Tag nach ihrer Veröffentlichung[1] im *Amtsblatt der Europäischen Union* in Kraft.

Artikel 65   Adressaten

Diese Richtlinie ist an die Mitgliedstaaten gerichtet.

---

1 **Anm. d. Verlages:**
  Veröffentlicht am 30.9.2005.

Anhang V
Anerkennung auf der Grundlage der Koordinierung der Mindestanforderungen an die Ausbildung
– Auszug –

V.2. Krankenschwester und Krankenpfleger, die für die allgemeine Pflege verantwortlich sind

5.2.1 Ausbildungsprogramm für Krankenschwestern und Krankenpfleger, die für die allgemeine Pflege verantwortlich sind

Das Programm der Ausbildung, die zum Ausbildungsnachweis für Krankenschwestern und Krankenpfleger führt, die für die allgemeine Pflege verantwortlich sind, umfasst die folgenden beiden Abschnitte und mindestens die dort aufgeführten Fachgebiete

A. Theoretischer Unterricht
- a. Krankenpflege:
  - Berufskunde und Ethik in der Krankenpflege
  - Allgemeine Grundsätze der Gesundheitslehre und der Krankenpflege
  - Grundsätze der Krankenpflege in Bezug auf
    - allgemeine Medizin und medizinische Fachgebiete
    - allgemeine Chirurgie und chirurgische Fachgebiete
    - Kinderpflege und Kinderheilkunde
    - Wochen- und Säuglingspflege
    - Geisteskrankenpflege und Psychiatrie
    - Altenpflege und Alterskrankheiten

- b. Grundwissen:
  - Anatomie und Physiologie
  - Krankheitslehre
  - Bakteriologie, Virologie und Parasitologie
  - Biophysik, Biochemie und Radiologie
  - Ernährungslehre
  - Hygiene:
    - Gesundheitsvorsorge
    - Gesundheitserziehung
  - Pharmakologie

- c. Sozialwissenschaften:
  - Soziologie
  - Psychologie
  - Grundbegriffe der Verwaltung
  - Grundbegriffe der Pädagogik
  - Sozial- und Gesundheitsgesetzgebung
  - Berufsrecht

B. Klinisch-praktische Ausbildung
   – Krankenpflege auf folgenden Gebieten:
     – allgemeine Medizin und medizinische Fachgebiete
     – allgemeine Chirurgie und chirurgische Fachgebiete
     – Kinderpflege und Kinderheilkunde
     – Wochen- und Säuglingspflege
     – Geisteskrankenpflege und Psychiatrie
     – Altenpflege und Alterskrankheiten
     – Hauskrankenpflege

Der Unterricht in einem oder mehrerer dieser Fächer kann im Rahmen anderer Fächer oder in Verbindung mit ihnen erteilt werden.

Der theoretische Unterricht muss mit der klinisch-praktischen Ausbildung so abgewogen und abgestimmt werden, dass die in diesem Anhang genannten Kenntnisse und Fähigkeiten in angemessener Weise erworben werden können.

5.2.2 Ausbildungsnachweise für die Krankenschwestern und Krankenpfleger, die für die allgemeine Pflege verantwortlich sind

Hinw. d. Verl.: *Anhang V.2. Nr. 5.2.2 findet sich im Anhang zum Abdruck des Textes des PflBG in Teil A.*

Stichwortverzeichnis

Die fetten Ziffern verweisen auf die Paragrafen, die mageren auf die Randnummern.

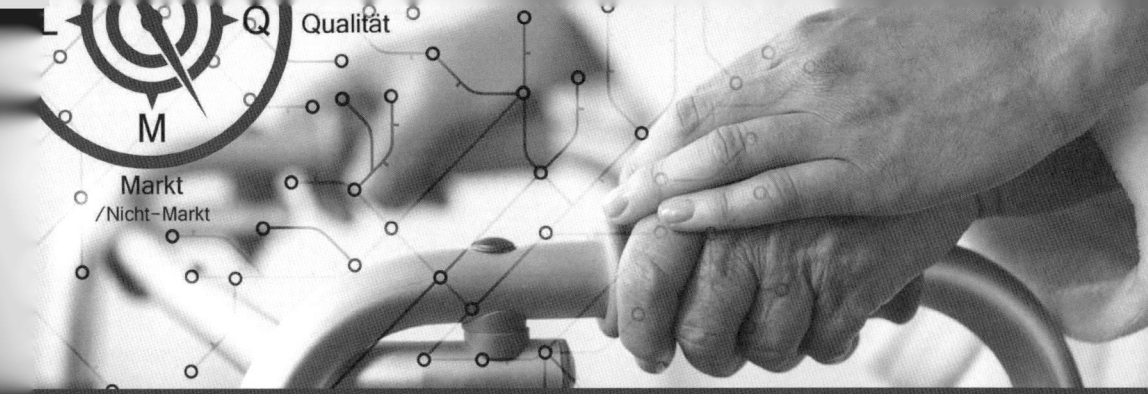